MW00563353

1682
J.B.METZLER

Interkulturelle Literatur in Deutschland

Ein Handbuch

Herausgegeben von Carmine Chiellino

mit 77 Abbildungen

Sonderausgabe

Verlag J. B. Metzler
Stuttgart · Weimar

Der Herausgeber
Carmine Chiellino, geb. 1946; Studium der Italianistik und der Soziologie in Rom; Studium der Germanistik in Gießen; 1976 Promotion; 1995 Habilitation; Professor für Vergleichende Literaturwissenschaft an der Universität Augsburg; hat vier eigene Lyrikbände veröffentlicht. Bei J. B. Metzler ist erschienen »Am Ufer der Fremde. Literatur und Arbeitsmigration. 1870–1991«, 1995.

Bibliografische Information der Deutschen Bibliothek
Die Deutsche Bibliothek verzeichnet diese Publikation in der Deutschen Nationalbibliografie; detaillierte bibliografische Daten sind im Internet über <http://dnb.ddb.de> abrufbar.

ISBN 978-3-476-02185-4
ISBN 978-3-476-05264-3 (eBook)
DOI 10.1007/978-3-476-05264-3

Ursprünglich erschienen bei J. B. Metzler'sche Verlagsbuchhandlung
und Carl Ernst Poeschel Verlag GmbH in Stuttgart 2007
www.metzlerverlag.de
info@metzlerverlag.de

Vorwort

Dieses Buch ist als abgeschlossene Bilanz der letzten fünf Jahrzehnte (1955–2000) der bundesrepublikanischen Literaturgeschichte zu verstehen. Die verschiedenen Beiträge zeigen, daß Einwanderung, Exil und Repatriierung sämtliche Bereiche im Leben der Republik auf unerwartete Weise geprägt, ja verändert haben. Die Verfasser/innen der verschiedenen Beiträge möchten den Blick dabei auf Entwicklungen lenken, die für die Zukunft des Landes von wachsender Bedeutung sind.

Bis in die 90er Jahre bestand in der parteipolitischen und öffentlichen Meinung der selten angefochtene Konsens, daß Einwanderung und Exil als vorübergehende und unwesentliche Erscheinung im Leben der Republik zu betrachten und dementsprechend zu behandeln seien. Währenddessen hatten Einwanderer und Exilierte ihr ›vorläufiges‹ Dasein durch harte Arbeit in eine Anwärterschaft auf gleichberechtigte Zugehörigkeit umgewandelt. Mit dem Instrument der doppelten Staatsangehörigkeit hätte sich aus langjähriger Loyalität zur Gastgesellschaft demokratische Normalität für die gesamte Wohnbevölkerung der Republik ergeben können. Doch die geplante Gesetzesinitiative wurde im Frühjahr 1999 durch die von der CDU/CSU veranstaltete Unterschriftenaktion gestoppt.

Ein derartiger Rückschlag auf dem Weg zur Entnationalisierung der Bürgerrechte in den westeuropäischen Demokratien, die sich als Europa zu begreifen haben, schreckt auf. Der Grundton des Buches ist dennoch zuversichtlich, weil es Veränderungsprozesse ohne Rückschläge nicht gibt. In der Einwanderungs- und Asylgeschichte der Bundesrepublik hat es zwei beispielhafte Rückschläge gegeben: den Anwerbestopp (1973) und die Reform des Asylrechtes (1993), auf die in Teil I eingegangen wird.

Teil I ist als übergreifende Einführung gedacht: Die drei Kapitel untersuchen die Geschichte, die politisch-rechtlichen Bedingungen und die wirtschaftliche und soziale Situation der Einwanderer. In den Beiträgen von Hisashi Yano (Tokyo) über die Geschichte der Einwanderung und von Gianni D'Amato (Zürich) über die Entwicklung der politisch-rechtlichen Bedingungen von Einwanderung und Asyl wird dargelegt, mit welchen Absichten und Strategien solche Steuerungsversuche gestartet werden. Inzwischen steht fest, daß in Deutschland die Zahl der angeworbenen Arbeitskräfte seit 1973 gestiegen ist, und auch die Zahl der Asylsuchenden in Europa wächst. Der Beitrag von Werner Sesselmeier (Darmstadt) über die wirtschaftliche und soziale Situation der Migranten zeigt, daß die kultur-ethnischen Minderheiten eine eigene erfolgreiche Wirtschaftsdynamik entwickeln, die auch Arbeit produziert. Dieser Dynamik vor allem ist es zu verdanken, daß administrative Rückschläge wie der Anwerbestopp durch innere Wirtschaftsstabilität der Minderheiten kompensiert werden konnte. Dies beweist, daß die Minderheiten in der Bundesrepublik ihre Gründungszeit hinter sich gelassen haben. Dennoch stimmen die drei Autoren darin überein, daß Einwanderung und Asyl für die Bundesrepublik weiterhin Herausforderungen bleiben. Und sie werden es weiterhin bleiben, weil es Deutschland nicht gegeben ist, sich als Einwanderungs- und Asylland im klassischen Sinn zu begreifen. Deutschland kann es nicht, weil das Land Einwanderungs- und Exilprozessen zu einem Zeitpunkt seiner Geschichte ausgesetzt worden ist, in dem das Land selbst infolge der Römischen Verträge (1957) und des Inkrafttretens des Europäischen Binnenmarktes (1993) dabei war und ist (Europäische Währungsunion 1999), sich nach draußen, nach Europa, zu orientieren. Der Widerspruch besteht darin, daß die Bundesrepublik mit der Mehrheit der Staaten, aus denen die Einwanderer stammen, eine übergeordnete Identität anstrebt. Das Vorhaben einer kulturenübergreifenden, europäischen Identität macht es jedem Mitgliedsstaat der Europäischen Union unmöglich, sich als Einwanderungsland für jetzige und zukünftige Mitstreiter des Europaprojekts zu begreifen. Zu den zukünftigen Mitstreitern gehört bekanntlich die Türkei, und sie stellt die stärkste Minderheit. Die Kapitel in Teil I haben eine eigene, selbständige Funktion. Sie sollen die neuesten Ergebnisse aus der Forschung in diesen Bereichen vorstellen. Daß davon der Literatur- und Kunstinteressent profitieren kann, steht außer Zweifel. Dennoch sind diese Texte nicht als Brückenschlag zu Kunst und Literatur der Minderheiten gedacht. All zu oft sind Kunst und Literatur der Minderheiten als Spiegel der menschlichen Situation der Einwanderer, Asylsuchenden und Repatriierten mißverstanden worden. Das Ziel dieses Bandes, insbesondere der Kapitel in Teil II ist es, die vielsprachigen Literaturen der kultur-ethnischen Minderheiten in der Bundesrepublik zu erfassen, und sie als Teil einer interkulturellen Literatur zu verstehen.

Die Kapitel in Teil II geben einen chronologischen Überblick über die Literatur der verschiedenen Minderheiten und stellen die wichtigsten Autor/innen in kurzen Porträts vor. In diesen Porträts wird die Entwicklung von führenden Autor/innen anhand einer kritischen Würdigung ihrer Werke rekonstruiert. Kurze Lebensläufe und ausführliche Bibliographien sind im Anhang zu finden.

Angesichts der steigenden Bedeutung der Interkulturalität als Forschungsgebiet sollte der Band erfahrene mit jungen Wissenschaftler/innen zusammenführen. Aus der Mitarbeit an dem Projekt ist eine Kontinuität zwischen zwei Forschergenerationen entstanden, deren fruchtbare Identifikation mit ihrem Forschungsgebiet auf weitere wichtige Werke hoffen läßt. Während Sargut Şölçün (Essen), Elena Tichomirova (Berlin), Annelore Engel-Braunschmidt (Kiel), Thomas Krause (Chemnitz), János Riesz (Bayreuth), Eva Weber (Frankfurt a.M.), Andreas Goldberg (Essen) und Carmine Chiellino (Augsburg) für ihre Beiträge auf eigene und fremde Vorstudien zurückgreifen konnten, standen die weiteren Verfasser/innen weiterer Kapitel für Teil II vor einer zerstreuten, kaum erreichbaren Künstler- und Autorenschaft.

Zudem sollten die Verfasser/innen der Literaturbeiträge zweisprachig sein und der betreffenden Sprachkultur angehören. Dies war schwer einzulösen. Es gelang dank der Bereitschaft von Ana Ruiz (Madrid), Aglaia Blioumi (Thesaloniki/Berlin), Azra Džajić und Pero Mate Anušić (Göttingen/Sarajevo und Kassel), Fernanda da Silva Brummel (Bonn), Gisela Pimentel (Darmstadt), Tomás Stefanovics (München), Mustafa Al-Slaiman (Germersheim), sowie der erwähnten Carmine Chiellino, Sargut Şölçün und Elena Tichomirova.

Die Beiträge zur Literatur der deutschsprachigen Autor/innen aus der ehemaligen

Sowjetunion und aus Rumänien wurden von erfahrenen bundesdeutschen Wissenschaftler/innen wie Annelore Engel-Braunschmidt und Thomas Krause verfaßt. Für drei weitere Kulturbereiche, die als pragmatische Konstruktionen zu verstehen sind, konnten Wissenschaftler/innen gewonnen werden, die schon Pionierarbeit im Bereich der Exil- und Einwanderungsliteratur geleistet haben. Für Asien: Ulrike Reeg (Bari), für den schwarzafrikanischen Kulturraum: János Riesz (Bayreuth) und für Vorderosteuropa Klaus-Peter Walter (Bitburg). Daß kein Beitrag zum Kulturraum des Neupersischen in dem Band enthalten ist, liegt daran, daß sich Iranisten und Mitglieder der iranischen Minderheit schwer tun, Vermittlungsarbeit zu leisten. Von außen betrachtet vermittelt die iranische Minderheit den beunruhigenden Eindruck, eine in sich gekehrte Exilgemeinschaft zu sein. Das Fehlen von Autor/innen wie Gaston Salvatore ist dadurch zu erklären, daß Autoren wie er sein Wirken nicht in Kategorien von Exil, Einwanderung oder Repatriierung begreifen.

Pionierleistungen sind auch die Beiträge zum Theater von Sven Sappelt (Hildesheim), zum Kabarett von Mark Terkessidis (Köln), zur Musik von Hans-Dieter Grünefeld (Kiel) und zum Film von Deniz Göktürk (Southampton/Berlin). Die hohe Qualität sämtlicher Beiträge aus Teil II ist dem detektivischen Spürsinn der Beteiligten zu verdanken, mit dem sie dürftige Hinweise (Besprechungen in der alternativen Presse, Veröffentlichungen als Privatdruck, Adressen von instabilen Kulturvereinen und nicht mehr existierenden Verlagen, Telefonnummern von umzugsfreudigen Autor/innen) in Deutschland und anderswo hartnäckig verfolgt haben, und natürlich ihrer Kompetenz in ihren Forschungsbereichen. Und nicht zuletzt ihrer Bereitschaft, die Beiträge so zu gestalten, daß sie mit ihrer je eigenen Spezifik doch vergleichbar sind. Denn bei allen möglichen Entsprechungen zwischen den Literaturen und Künsten, die z.Zt. in der Bundesrepublik geschrieben oder gepflegt werden, ging es darum, das Spezifische herauszustellen, das nicht als kollektives Ergebnis beschreibbar ist, sondern als die Summe der Beiträge einzelner Autor/innen. Denn nur so wird es möglich, die Autor/innen in den Mittelpunkt der Forschung zu stellen, ihren Werken die gebührende Aufmerksamkeit zu schenken und das Arbeiten mit vorschnellen Urteilen und Gemeinplätzen aus der Forschung zu verbannen.

Teil III ist der Interkulturalität als Auslöser von kreativen Prozessen in den unterschiedlichsten Bereichen gewidmet, daher die Überschrift: »Interkulturelle Synergien«. In dem einführenden Beitrag von Konrad Köstlin (Wien) über »Kulturen im Prozeß der Migration und die Kultur der Migrationen« wird Bilanz gezogen und vieles zurechtgerückt. Der Verfasser nennt die Kernfragen der gegenwärtigen Diskussion über Kultur und Migration. Der Beitrag zur interkulturellen Literaturwissenschaft von Carmine Chiellino ist in engem Bezug zu den Kapiteln aus Teil II zu lesen. Dort wird der Stand der Forschung und das Verhältnis der literaturwissenschaftlichen Institutionen zum Forschungsgebiet kritisch durchleuchtet. Chiellinos Bilanz fällt u.a. deswegen positiv aus, weil gerade die im Buch vertretenen jungen Wissenschaftler/innen für eine neue Generation sprechen, die auf Grund ihres erlebten Wissens mehr Verantwortung übernehmen wird. In dem Beitrag über Deutsch als Fremdsprache von Stefanie Ohnesorg und Bernhard R. Martin (USA) wird deutlich, wie Sprachen durch Einwanderungsprozesse miteinander in Kontakt geraten und welche Integrationsleistungen die Sprache der Gastgesellschaft zu erbringen hat. Der Beitrag von Andreas Goldberg (Essen) über die Medien der Minderheiten führt anschaulich vor, wie sich die eingewanderten Sprachen tagtäglich als Auslöser von interkulturellen Synergien auswirken.

Schließlich werden die wichtigsten bestehenden Initiativen in diesem Bereich vorgestellt. Hierzu gehören: Preise, die zur Förderung der Literatur oder der Forschung im Kontext der Interkulturalität gedacht sind; bundesdeutsche Institutionen, die die steigende Bedeutung der Vielfalt der Kulturen im Land früh erkannt haben und sich weiterhin dafür einsetzen wollen. Aus der Fülle der Forschungszentren und Instituten werden diejenigen vorgestellt, die besondere Forschungsimpulse in bezug auf Einwanderungsprozesse im Bereich der Kulturwissenschaften verdeutlichen. Das Frankfurter ›Amt für multikulturelle Angelegenheiten‹ wird als einzigartiges Pilotprojekt vorgestellt. ›PoLiKunst‹, ›Buchstäblich‹, der Dükkan Kulturladen in München, »Kanak Attack!« & Co, die ›Migranten Litera-touR‹ und das Essener ›Zentrum für Türkeistudien‹ werden als Erfolgsinitiativen präsentiert.

Erfreulicherweise ist aus sämtlichen Beiträgen jeder Zwang zur Solidarisierung verschwunden, der so viele Werke aus den 80er und 90er Jahren unlesbar macht. Die Beteiligten schreiben aus der ruhigen Sicherheit heraus, sich mit einer fruchtbaren und zukunftweisenden Entwicklung zu befassen, die zu verstehen und zu achten ist, die jedoch niemandem aufgezwungen werden kann. Interkulturalität ist kein Modell, das als Lebensform mehr soziale Gerechtigkeit bedeutet als das Modell der 68er-Revolte oder die Projekte der Frauenbewegung. Interkulturalität ist ein Angebot, sich von den Zwängen einer zu eng gefaßten monokulturellen Selbstwahrnehmung zu befreien. Aus dem Anerkennen der Unterschiede ergeben sich erstaunliche Möglichkeiten für das eigene Fortkommen. Dies schafft Verständnis und Achtung für jede moderne interkulturelle Gesellschaft, gerade weil man selbst ein Teil davon ist. Insofern freut es mich besonders, daß der Metzler Verlag in Stuttgart, der selbst in einem interkulturell geprägten Stadtviertel liegt, sich mit dem vorliegenden Werk weiterhin zur veränderten Wirklichkeit der Stadt und der Republik bekennt.

Dieses Buch will mehr sein, als die bloße Ankündigung dessen, was eine interkulturelle Gesellschaft in Europa sein wird. Es erscheint zu Beginn eines neuen Jahrtausends. Im Namen aller Beteiligten wünsche ich ihm, zur Visitenkarte für ein Land zu werden, das durch Einwanderung, Asyl und Repatriierung erneut eine Möglichkeit erhalten hat, sich mit sich selbst zu versöhnen.

Augsburg, im April 2000 Carmine Chiellino

Inhalt

V. Anhang

I. Allgemeiner Teil

1. Migrationsgeschichte

Hisashi Yano

Die Migrationsgeschichte der Bundesrepublik Deutschland befaßt sich vor allem, aber nicht allein mit den sogenannten Gastarbeitern, sondern auch mit anderen Ausländergruppen; in letzter Zeit zudem mit den Aussiedlern, d.h. den Deutschen aus Osteuropa. Im folgenden werden die Wanderungen und Integrationsprobleme, die als komplexe Kultur- und Sozialprozesse zu verstehen sind, zunächst der ausländischen Arbeitnehmer als der wichtigsten und größten Gruppe, sodann der Flüchtlinge und Asylbewerber sowie schließlich der deutschstämmigen Aussiedler behandelt. Hierbei sind die strukturellen und historischen Bedingungen der Migration im Aufnahmeland zu beschreiben und die Migrant/innen nicht nur als Opfer des Einwanderungsprozesses, sondern auch als selbständige Akteure zu betrachten.

Unabhängig von dem seit den 50er Jahren bestehenden Begriff des Gastarbeitnehmers, der zu seiner beruflichen und sprachlichen Fortbildung für eine begrenzte Zeit in der Bundesrepublik arbeitet, wurde für die Ausländer, die zum Zweck der Arbeitsaufnahme in die Bundesrepublik einwanderten, in den 60er und 70er Jahren zunächst – der Umgangssprache entstammend – der Begriff ›Gastarbeiter‹ zur gängigsten Bezeichnung. In dem Maße jedoch, wie deren Aufenthaltsdauer zusammen mit dem Familiennachzug anwuchs und somit die Zuwanderungs- in eine faktische Einwanderungssituation überging, wurde der Begriff zunehmend als ungeeignet empfunden. Seit den 70er Jahren kam der amtlich bestätigte Begriff ›ausländische Arbeitnehmer‹ in Gebrauch. Seit Anfang der 80er Jahre wurde es üblich, allgemeiner von ›Ausländern‹ zu sprechen, doch wurde dieser Terminus durch ›Ausländer-raus‹-Parolen und Polemiken über das ›Ausländerproblem‹ negativ besetzt. Da zudem längst nicht mehr nur die ausländischen Arbeitnehmer allein, sondern auch andere Gruppen, wie Flüchtlinge, Asylbewerber und Aussiedler, das Wanderungsthema definierten, ging man dazu über, von ›Einwanderern‹ oder ›Migranten‹ zu sprechen; doch sind diese Bezeichnungen politisch und rechtlich unkorrekt, weil die Bundesrepublik sich immer noch nicht als Einwanderungsland versteht. Begriffe wie ethnische, kulturelle oder sprachliche Minderheiten wurden daher in letzter Zeit oft als am besten geeignet empfunden.

Gastarbeiter

1. Die erste von fünf Phasen der Ausländerpolitik reicht von 1955 bis 1973 und kann als ›Anwerbephase‹ oder ›Gastarbeiterperiode‹ bezeichnet werden. Ohne langfristige Konzepte erfolgte ›Gastarbeiterpolitik‹ ausschließlich unter arbeitsmarktpolitischen Gesichtspunkten. In diesen Anfangsjahren galt die Ausländerbeschäftigung als vorübergehende Erscheinung.

Infolge des dynamischen Wirtschaftswachstums kam es während der 50er Jahre zu drastischen Veränderungen der bundesdeutschen Arbeitsmarktverhältnisse, in deren Verlauf eine erhebliche, wenngleich regional unterschiedlich ausgeprägte Arbeitslosigkeit in einen Arbeitskräftemangel umschlug. Daraufhin schloß die Bundesregierung 1955 mit Italien, 1960 mit Griechenland und Spanien, 1961 mit der Türkei, 1963 mit Marokko, 1964 mit Portugal, 1965 mit Tunesien und 1968 mit Jugoslawien Anwerbevereinbarungen ab, um dem deutschen Arbeitsmarkt kontrolliert ausländische Arbeitskräfte zuzuführen. Die Verhandlungen waren jedoch nicht von der Bundesregierung, sondern von Initiativen der Anwerbeländer ausgegangen, wobei ökonomische Faktoren wie Unterbeschäftigung und Arbeitslosigkeit, aber auch Devisenbeschaffung eine nicht unwesentliche Rolle spielten. Zudem machten sich in diesen Ländern Auswanderungswünsche bemerkbar, die auf nicht immer realistischen, oft sogar phantastischen Vorstellungen über die Arbeits- und Lebensverhältnisse in der Bundesrepublik Deutschland beruhten. Die Bundesregierung ihrerseits akzeptierte Anwerbevereinbarungen erst, als der westdeutsche Arbeitsmarkt eine organisierte Hereinnahme ausländischer Arbeitnehmer im Interesse der deutschen Unternehmen notwendig machte.

Wenngleich einige Gewerkschaften Bedenken gegen die Anwerbevereinbarungen äußerten, blieben jedoch heftige Auseinandersetzungen aus, denn die westdeutschen Gewerkschaften pochten lediglich auf die Gleichstellung der ausländischen Arbeitnehmer mit den Einheimischen im Bereich der Löhne und Arbeitsbedingungen, ohne die Ausländerbeschäftigung grundsätzlich abzulehnen. Zu dieser Zeit gab es daher weder Anlaß für Befürchtungen vor unliebsamen Auswirkungen dieser Anwerbepolitik noch öffentliche fremdenfeindliche Äußerungen, da längerfristige Perspektiven der nun verstärkt einsetzenden Arbeitswanderungen noch nicht absehbar waren und auch nicht diskutiert wurden.

Das Anwerbeverfahren begann mit den Anträgen der Arbeitgeber bei den Arbeitsämtern, die die Anwerbeverträge prüften und an die jeweilige Anwerbekommission weiterleiteten. Diese wählte ihrerseits nach den jeweils angeforderten beruflichen Arbeitsqualifikationen sowie nach den medizinischen Selektionskriterien die von den jeweiligen ausländischen Arbeitsverwaltungen vorgestellten ausländischen Arbeitskräfte aus. Es gab aber auch Möglichkeit für Ausländer, auf dem ›zweiten Weg‹ ohne Anwerbekommission mit Sichtvermerk der deutschen Auslandskonsulate zur Arbeitsaufnahme in das Bundesgebiet einzureisen, wobei die deutschen Ausländerbehörden und Arbeitsämter jeweils ihre ausländerpolizeilichen bzw. arbeitsmarktpolitischen Überprüfungen durchführten und den ausländischen Arbeitnehmern die Aufenthalts- und Arbeitserlaubnis ausstellten.

Die deutschen Behörden verfügten zunächst über beträchtliche Entscheidungsge-

Unterzeichnung des ersten Anwerbevertrags mit Italien am 20. 12. 1955 durch Bundesarbeitsminister Storch

walt bezüglich der Verlängerung der Aufenthalts- und Arbeitserlaubnisse. Bis 1965 wies die Ausländerpolizeiverordnung von 1938 die Ausländerpolizei an, Ausländern den Aufenthalt zu erlauben. Allerdings konnten die Ausländer durch persönliche ›Würdigkeit‹ die Dauer ihres Aufenthalts beeinflussen. Das Ausländergesetz von 1965 bestimmte dann, daß anstelle der ›Würdigkeit‹ die ›öffentlichen Belange‹ den verbindlichen Maßstab für die Aufenthaltsgewährung zu Arbeitszwecken abgeben sollten. Damit wurde die Erteilung der Aufenthaltserlaubnis weitestgehend in das Ermessen der Behörden gestellt. Indessen war die Erteilung der Arbeitserlaubnis von der deutschen Arbeitsmarktsituation abhängig, doch sind kaum Versuche der Behörden zu beobachten, den Strom der Arbeitskräfte zu lenken. Entscheidender waren in dieser Phase die ökonomischen Interessen der deutschen Arbeitgeber, zumal ein Ende der Nachfrage nach Arbeitskräften angesichts der wirtschaftlichen Expansion bei gleichzeitigem Rückgang des Angebots an inländischen Arbeitskräften inklusive DDR-Flüchtlingen nicht abzusehen war.

Die seit 1955 mit den ›Anwerbestaaten‹ abgeschlossenen Vereinbarungen waren nicht einheitlich formuliert, sondern enthielten jeweils unterschiedliche Bestimmungen. So sahen nur die Abkommen mit der Türkei und mit Marokko eine Begrenzung des Aufenthalts auf zwei Jahre vor; ein Hinweis auf die jährliche Verlängerungsmöglichkeit der Arbeits- und Aufenthaltserlaubnis fehlte in den Vereinbarungen mit Ausnahme Marokko, Tunesien und der Türkei. Nur die deutsch-türkische sowie die deutsch-tunesische Vereinbarung schrieben eine Überprüfung der gesundheitlichen Eignung »für den Aufenthalt in der Bundesrepublik« vor. Drittens fehlte in den Abkommen mit der Türkei, mit Marokko, Tunesien und Jugoslawien ein Abschnitt über die Möglichkeit eines Familiennachzugs, wie er in den Abkommen mit Italien, Spanien, Griechenland und Portugal vorhanden war. Unter dem Eindruck der dringenden Arbeitskräftenachfrage in der Bundesrepublik wurde aber nach Verhandlungen mit der türkischen Regierung 1964 die Beschränkung der Aufenthaltsdauer auf zwei Jahre gestrichen. Damit war ein entscheidender erster Schritt weg vom Rotationsprinzip und hin zur De-facto-Einwanderung von Arbeitsmigranten aus der Türkei getan.

Die erste Rezession von 1966/67 bewirkte eine Abnahme der Ausländerbeschäftigung um ca. 400.000; erstmals wurde jetzt die konjunkturelle Ausgleichsfunktion der Ausländerbeschäftigung erkennbar. Die Rezession ging beachtlich schnell wieder in eine bis 1973 dauernde Hochkonjunktur über; parallel wuchs die Zahl der beschäftigten Ausländer von 991.300 auf 2.595.000 an.

Die Einführung der Freizügigkeit innerhalb der Europäischen Wirtschaftsgemeinschaft im Jahre 1968 weckte Bedenken, da sie die staatliche Verfügungsmacht über die Italiener, die 1969 mit 23% das größte Ausländerkontingent stellten, einschränkte. Doch gerade unter den Italienern blieb die freiwillige Rückwanderung hoch. Zudem konnten die deutschen Arbeitgeber durchsetzen, daß die EG-Priorität faktisch unbeachtet blieb. Vielmehr erfolgten seit 1969 verstärkte Anwerbungen in Jugoslawien und in der Türkei.

Ab Mitte des Jahres 1970 wurde die Zahl der italienischen Beschäftigten von den Jugoslawen überflügelt; bereits im Januar 1971 schoben sich die Türken an die zweite Stelle, die 1972 die meisten ausländischen Beschäftigten stellten. Um 1973 erreichte die Zuwanderung ihren Höhepunkt. Mit Abstand am stärksten war in dieser Zeit der Beschäftigungszuwachs bei den Jugoslawen und bei den Türken, die zusammen fast zwei Drittel der Zunahme der Ausländerbeschäftigung bestritten. Allein die Deutsche Verbindungsstelle in Istanbul schleuste im Juli 1971 täglich mehr als 700 türkische Bewerber durch ihre Untersuchungen. Nicht nur in der Rezession, sondern auch in Zeiten des Aufschwungs kehrten aber auch nicht wenige ausländische Arbeitnehmer in ihre Heimat zurück. Dies belegt nicht nur die Rückkehrbereitschaft eines beachtlichen Teils der ausländischen Arbeitnehmerschaft, sondern auch das – mehr oder minder reibungslose – Funktionieren der strengen Kontrollmechanismen der Aufenthalts- und Arbeitserlaubnisbestimmungen, an denen die Bundesregierung trotz des von ihr zugunsten der Arbeitgeber-Interessen praktizierten ›Laisser-faire‹ festhielt.

Der Auswanderungsdruck war in der Türkei sehr stark, wo sich 1961–1973 viermal so viele Bewerber registrieren ließen, als dann tatsächlich nach Deutschland vermittelt wurden. Diese Situation gab den deutschen Arbeitgebern und der Deutschen Verbindungsstelle die Möglichkeit, eine Auswahl zu treffen, und machte Unregelmäßigkeiten, Bestechung und Begünstigung möglich.

Um dem Interesse vieler Arbeitgeber an einer geringen Fluktuation der ausländischen Arbeitnehmer sowie den sich ändernden Erwartungen der ausländischen Arbeitnehmer Rechnung zu tragen, wurde 1971 die Arbeitserlaubnisregelung derart verändert, daß die ausländischen Arbeitnehmer, die länger als fünf Jahre rechtmäßig und ununterbrochen in Deutschland gearbeitet hatten, eine besondere Arbeitserlaubnis erhalten konnten, und zwar unabhängig von der Lage des Arbeitsmarktes und ohne Bindung an einen bestimmten Betrieb oder Beruf. Trotzdem kehrten viele ausländischen Arbeitnehmer wieder in ihr Herkunftsland zurück.

Von den ca. 5,1 Mio. Personen, die zwischen 1956 und 1973 zur Arbeitsaufnahme einreisten, waren rund 54% ohne die in den Anwerbeländern eingerichteten Deutschen Kommissionen und Verbindungsstellen gekommen. Da die Arbeitgeber daran interessiert waren, eingearbeitete Arbeitnehmer dauerhaft in ihren Betrieben zu halten, ermunterten sie vielfach ihre ausländischen Beschäftigten, Landsleute nachzuholen. Zudem ließen sich Neuzuwanderer gerne in der Nähe früher eingereister Verwandter oder Bekannter nieder. Beide Faktoren führten zur ›Kettenmigration‹.

In dem Maße, wie sich bei wachsender Gesamtzahl die Gastarbeiter nicht nur als wohlfeile Arbeitskräfte, sondern auch als kulturelle, soziale und politische Akteure darstellten, begann eine heftiger werdende Diskussion um die ›Gastarbeiterfrage‹. In der deutschen Bevölkerung entstanden ›Überfremdungs‹-Ängste etwa angesichts des unter dem damaligen Gesichtspunkt starken Anstiegs des Ausländeranteils an allgemeinbildenden Schulen von rund 35.000 im Schuljahr 1965/66 auf 159.000 im Schuljahr 1970/71. Schon im Verlauf des Jahres 1972, d.h. noch vor der Ölkrise, faßte die Bundesregierung deshalb eine Beschränkung der Ausländerzahl ins Auge, was zum »Aktionsprogramm für Ausländerbeschäftigung« vom Juni 1973 führte.

In dieser Situation kam es in den Kölner Ford-Werken 1973 zu wilden Streiks der türkischen Arbeiter. Gleichzeitig gab es mehr als 80 Streikaktionen in anderen westdeutschen Fabriken, bei denen Türken eine wichtige Rolle spielten. Obwohl solche Aktionen eine Ausnahme bildeten, verschärften die Bundesregierung, der Verfassungsschutz, aber auch die Arbeitgeber ihre Beobachtung, und selbst der Deutsche Gewerkschaftsbund unterstützte diese Variante der Ausländerpolitik. Am 23. November 1973 verordnete die Bundesregierung einen ›Anwerbestopp‹, womit die Anwerbephase der Ausländerpolitik endete.

2. Die folgende zweite Phase (1973–1979) wird durch die ›Konsolidierung der Ausländerbeschäftigung‹ gekennzeichnet. Im Mittelpunkt standen drei Grundgedanken: Zuwanderungsbegrenzung, Rückkehrförderung und eine soziale Integration auf Zeit.

Als Folge des Anwerbestopps nahm die Ausländerbeschäftigung zwischen September 1973 und September 1980 um etwa 20% von ca. 2,6 Mio. auf ca. 2,1 Mio. Personen ab, während im gleichen Zeitraum die ausländische Wohnbevölkerung um 12,3% von ca. 3,5 Mio. bis auf ca. 4,5 Mio. anwuchs. Als Reaktion auf die ökonomische Krise von 1974/76 (Ölkrise) wurde versucht, die Ausländer durch eine restriktive Handhabung des Arbeitserlaubnisverfahrens sowie durch diskriminierende Praktiken bei der Gewährung von Arbeitslosengeld und -hilfe zu verdrängen. Dies führte zum beträchtlichen Abbau der Ausländerbeschäftigung sowie zu einer hohen Arbeitslosenquote unter den Arbeitsmigranten. Während bis 1974 die ausländische Arbeitslosigkeit unter dem Durchschnitt (von 4,7%) lag, stieg sie danach an. Die quantitativ stärksten Gruppen der ausländischen Arbeitslosen stellten die Türken und Jugoslawen, deren Arbeitslosenzahl allerdings nach der Überwindung dieser Rezession absank. Ein erheblicher Teil der arbeitslosen Ausländer kehrte Deutschland nicht den Rücken, sondern verblieb als stille Arbeitsmarktreserve.

Zur Zuwanderungsbegrenzung gehörte auch die Regionalsteuerung ausländischer Arbeitnehmer, die 1975 mit dem Ziel eingeführt wurde, die Städte mit einem Ausländeranteil von über 12%, wie zum Beispiel Frankfurt, München, Köln, zu entlasten. Dies mißlang jedoch und wurde 1977 wieder aufgegeben, weil die Bewegungsfreiheit der EG-Ausländer, der Spanier und Griechen, ab 1976 auch der türkischen Arbeitnehmer, die mehr als fünf Jahre in der BRD arbeiteten, nicht eingeschränkt werden durfte und die Arbeitgeber darüber hinaus viele Ausnahmen durchsetzten.

Mit der Beruhigung der Arbeitsmarktsituation nahm von 1978 bis 1980 auch die Ausländerbeschäftigung wieder von ca. 1,9 Mio. auf ca. 2,1 Mio. zu. Hinter dieser Gesamtzahl verbirgt sich allerdings ein unterschiedliches Wanderungsverhalten der ausländischen Bevölkerung. Bei den Spaniern und Griechen nahm die Zahl der Beschäftigten und in der Bevölkerung ab, da beide Länder Mitte der 70er Jahre zur Demokratie zurückkehrten und eine positive wirtschaftliche Entwicklung erlebten (vgl. Breitenbach 1982, S. 34–37; Papalekas 1986, S. 261–271, S. 234–242). Anders verhielten sich die türkischen Arbeitnehmer. Nachdem zwischen 1974 und 1976 mehr Personen in die Heimat zurückgegangen waren als diese in Richtung Bundesrepublik verließen, kehrte sich das Verhältnis ab 1977 wieder um, wodurch sich die Zahl der türkischen Beschäftigten in der Bundesrepublik von 517.500 (1977) auf 591.800 (1980) und die türkische Bevölkerungszahl von 1.118.000 (1973) auf 1.462.000 (1980) erhöhten, zumal aufgrund des Familiennachzugs bei den Türken überwiegend Nichterwerbspersonen in das Bundesgebiet kamen (Papalekas 1986, S. 272–300; Papalekas 1983, S. 14; Bischoff/Teubner 1991, S. 118). Auch die jugoslawischen Arbeitnehmer, deren Zahl nach der Rezession ebenfalls abnahm, holten ihre Familien nach, so daß auch die Bevölkerungszahl der Jugoslawen von 1978 bis 1980 von 610.200 auf 632.000 anstieg (Papalekas 1986, S. 248–260).

Zugleich verlängerte sich die durchschnittliche Verweildauer der ausländischen Arbeitnehmer; zwischen 1973 und 1980 erhöhte sich der Anteil derjenigen, die schon länger als zehn Jahre in Deutschland lebten, von 16 % auf 38 %. Etwa zwei Drittel aller Ausländer hielten sich länger als sechs Jahre im Bundesgebiet auf. Die Bundesrepublik war jetzt faktisch zum Einwanderungsland geworden. Diese Veränderung führte zu Kosten-Nutzen-Überlegungen bezüglich der Ausländerbeschäftigung, darüber hinaus zum Wegfall ihrer Pufferfunktion.

3. Die dritte Phase 1979–1981: Im zeitlichen Zusammenhang mit der zweiten Ölpreisexplosion 1979 wurde das ›Türkenproblem‹ zum Gegenstand einer Kampagne, die bis zur Jahreswende 1982/83 einen beherrschenden Platz in der öffentlichen Diskussion einnahm. Die Berichterstattung der populären Zeitungen wurde schärfer und kritischer, und die Gewaltanschläge auf Unterkünfte von Türken und asiatisch-afrikanischen Flüchtlingen erreichten einen Höhepunkt. Jetzt begann die ›Phase der Integrationskonzepte‹. Erstmals wurden die Voraussetzungen und Auswirkungen der Zuwanderung realistisch diagnostiziert; die Integrationspolitik trat nun in den Mittelpunkt der Debatte.

Statt weiterer Restriktionen schlug das sogenannte Kühn-Memorandum vom September 1979 einen Richtungswechsel vor, der die Anerkennung der Bundesrepublik als faktisches Einwanderungsland implizierte und eine Abkehr von der ›Integration auf Zeit‹ erforderlich machte. An ihre Stelle sollten Maßnahmen treten, die der Ausländerbevölkerung die Chance zur dauerhaften Eingliederung eröffneten; beispielsweise durch die Intensivierung der vorschulischen und schulischen Integration, durch die Realisierung des Anspruchs der Jugendlichen auf ungehinderten Zugang zu Arbeits- und Ausbildungsplätzen, durch eine Einbürgerungsoption für Jugendliche sowie durch die Gewährung des kommunalen Wahlrechts für Ausländer.

Das Memorandum hatte keine unmittelbare Wirkung, da die SPD/FDP-Bundesregierung auf ihrer bisherigen Linie verharrte, den Arbeitsmarktgesichtspunkten Priorität einzuräumen und sie lediglich durch Integrationskonzepte zu ergänzen. Zwischen 1978 und 1981 entstanden weiterhin ›Wanderungsgewinne‹, es kamen aber überwiegend Nichterwerbspersonen. Die Einbürgerungsrate betrug 1980 0,9% der seit mindestens zehn Jahren in der Bundesrepublik befindlichen Ausländer, bei den Türken nur 0,1%. Noch wichtiger war die Tatsache, daß sich in vielen Familien seit Ende der 70er Jahre Kulturkonflikte zwischen Eltern und Kindern ankündigten und daß die Ausländerpolitik außerstande war, die anstehenden gesellschaftspolitischen Aufgaben zu bewältigen.

4. Das Jahr 1981 bildete eine neue Zäsur und leitete die bis heute nachwirkende ›Wende in der Ausländerpolitik‹ ein. Es begann die bis 1990 dauernde vierte Phase der Ausländerpolitik (1981–1990), in deren Verlauf die Asylproblematik hinzukam. Die Begrenzungsmaßnahmen gegenüber den Ausländern der Nicht-EG-Mitgliedstaaten vom Dezember 1981, die den Ehegattennachzug der zweiten Generation beschränkten und das Nachzugsalter für Kinder auf das 16. Lebensjahr herabsetzten, verlagerten Kompetenzen in der Ausländerpolitik von den arbeitsmarktpolitischen zu den ordnungspolitischen Instanzen.

Zugleich versuchte die sozial-liberale Koalition in Bonn, die Rückkehr zu fördern, was im Juli 1982 durch entsprechende Maßnahmen konkretisiert wurde: Im Mittelpunkt standen eine ›Rückkehrprämie‹ und die vorzeitige Erstattung von Arbeitnehmerbeiträgen aus der Rentenversicherung ohne Wartezeit sowie Beratungsangebote für rückkehrwillige Arbeitnehmer. Darauf fußte das im November 1983 von der neuen CDU/CSU-FDP-Koalition beschlossene Gesetz zur Förderung der Rückkehrbereitschaft. Die Rückkehrprämien verfehlten indessen ihre Wirkung; vielmehr holten nach wie vor viele ausländische Arbeitnehmer, vor allem türkische, jugoslawische und griechische, auch ihre Familienmitglieder aus der Heimat nach, während die Zuzugsraten aus Italien trotz der Freizügigkeit innerhalb der EG-Staaten seit Jahren niedriger waren. Die Zahl der ausländischen Bevölkerung nahm in dem Zeitraum zwischen 1983 und 1989 insgesamt um 6% von ca. 4,5 Mio. auf ca. 4,8 Mio. zu.

Je länger sich die ausländischen Arbeitnehmer in der Bundesrepublik aufhielten, desto größer wurden ihre arbeits- und aufenthaltsrechtlichen sowie wohlfahrtsstaatlichen Ansprüche. 1988 lebten 16% der 4,49 Mio. Ausländer seit über zwanzig Jahren in Deutschland, 1991 56,7% länger als zehn Jahre und waren damit längst De-facto-Einwanderer geworden. Dies bedeutet, daß sich in den 80er Jahren die politischen Steuerungsmöglichkeiten verringerten. Diese soziale und rechtliche Realität wurde aber nicht in eine konsistente Politik zur Lösung der drängenden Probleme umgesetzt. Statt dessen wurde die Ausländerpolitik für den politischen Machtkampf instrumentalisiert. 1986 häuften sich gewaltsame Anschläge auf Flüchtlinge, weshalb 1987 das Asylthema in den Vordergrund des Bundestagswahlkampfes geriet. 1990 wurde ein neues Ausländergesetz verabschiedet.

5. Mit der Reform des Ausländerrechts kurz vor der deutschen Vereinigung begann die fünfte Phase der Ausländerpolitik (1990–2000), die durch verstärkte Zuwanderung

sowie durch eine neue Zuwanderungssituation gekennzeichnet ist. Das Ausländergesetz von 1990 zielte zwar auf Erleichterungen für die Einbürgerung vor allem für Jugendliche, erweiterte aber auch die Ermessensspielräume der Verwaltung bei der Verlängerung befristeter Aufenthaltserlaubnisse, verlangte den Nachweis von ausreichendem Wohnraum und verschärfte die Ausweisungsbestimmungen. Das Ausländergesetz ist v.a. ein Zuwanderungsbegrenzungsgesetz.

Zudem schuf das Gesetz eine Art neuen ›Gastarbeiterstatus‹, denn es eröffnete die Möglichkeit, nach dem Prinzip der Rotation eine beschränkte Anzahl ausländischer Arbeitnehmer mit befristeten Arbeitsverträgen nach Deutschland zu holen. Im ›Asylkompromiß‹ von 1992 wurden dann drei neue Kategorien ausländischer Arbeitnehmer auf Zeit definiert: Werkvertrags-, Gastarbeit- und Saisonarbeitnehmer. Anfang 1995 gab es ca. 56.000 Werkvertragsarbeitnehmer vor allem aus Mittel- und Osteuropa, davon für das Baugewerbe ca. 36.000. Sie werden bis zu zwei Jahre von einem ausländischen Subunternehmen, das mit einem deutschen Generalunternehmen Werkverträge abschließt, beschäftigt. Bei den Gastarbeitnehmern, die sich zur Verbesserung ihrer beruflichen und sprachlichen Kenntnisse ein Jahr in Deutschland aufhalten, wurde das Kontingent auf ca. 12.000 Arbeitnehmer festgesetzt (und 1994 nur zur Hälfte ausgeschöpft). 1995 gab es ca. 177.000 aus Osteuropa, überwiegend aus Polen kommende ungelernte Saisonarbeitnehmer, die auf Anforderung deutscher Unternehmen aus Land- und Forstwirtschaft sowie dem Weinbau und bis September 1993 auch aus der Bauwirtschaft Arbeitserlaubnisse bis zu drei Monaten erhielten. So wuchs Anfang der 90er Jahre die Ausländerbeschäftigung bei vorübergehend sinkender Ausländerarbeitslosigkeit stark an. 1992 kamen insgesamt ca. 312.000 ausländische Arbeitskräfte neu in das Bundesgebiet; das waren mehr als 1973, wobei der Anteil der nicht aus den ehemaligen Anwerbeländern stammenden ausländischen Arbeitnehmer merklich stieg.

Obwohl die Arbeitsmigranten bis Anfang der 90er Jahre keine bedeutende Verbesserung ihrer beruflichen Position erlangten, erreichten sie danach eine relative Absicherung ihrer Position bei angelernten und gelernten Tätigkeiten. Diese Tätigkeitsfelder waren seit dem Beschäftigungseinbruch von 1993 wieder durch verstärkte Rationalisierungsprozesse bedroht. Dementsprechend lag die Arbeitslosenquote der ausländischen Erwerbsbevölkerung im November 1993 mit 16,8 % um das Doppelte über derjenigen der deutschen. Die Arbeitsmigranten gehörten weiterhin zu der unteren sozialen Schicht der Bundesrepublik. Indessen zeigt der Anstieg des Anteils der Angestellten und Selbständigen unter den Ausländern, daß die Arbeitsmigranten nicht nur als Opfer der Ausländerpolitik betrachtet werden dürfen.

Erst unter dem Druck der fremdenfeindlichen Gewaltanwendungen von 1992/93, die nicht nur Asylbewerber und Flüchtlinge, sondern auch Arbeitsmigranten betrafen, wurde über einen Kurswechsel von der Ausländerpolitik zu einer Einwanderungspolitik intensiv nachgedacht. Praktische Konsequenzen blieben jedoch aus. Angesichts dieser Situation ist es beachtlich, daß die Zahl der Einbürgerungen von 24.744 im Jahre 1974 auf 199.433 im Jahr 1993 anstieg, daß nach einer Befragung von 1994 rund 52 % der Ausländer Interesse an der Einbürgerung hatten. Der Regierungswechsel im Herbst 1998 führte allerdings zur Veränderung des Staatsangehörigkeitsrechts am 7. Mai 1999, wonach vom 1. Januar 2000 an die in der BRD geborenen Ausländer-

Gastarbeiter-
unterkunft
in den 60er Jahren

kinder mit zwei Pässen aufwachsen können und sich bis zum 23. Lebensjahr für eine Staatsbürgerschaft entscheiden müssen. Wie diese veränderte Ausländerpolitik aussehen wird, ist in absehbarer Zeit noch nicht festzustellen.

Wohnen

Die Arbeitsmigranten, die weniger aus materieller Not als vielmehr mit dem Motiv, ihre berufliche und familiäre Zukunft zu sichern und zu planen, ihre Heimat verließen, waren in der Regel voller positiver Erwartungen in die Bundesrepublik eingereist. Viele stießen aber bei der Wohnungssuche auf eine ablehnende Haltung der Vermieter, bzw. waren nicht bereit, einen größeren Teil ihres Einkommens für die Miete aufzuwenden. Nicht selten mußten sie deshalb mit Wohnheimen für ausländische Arbeitnehmer oder Barackenunterkünften, die von Einheimischen kaum in Anspruch genommen wurden, vorlieb nehmen. Zwar verbesserten sich die Bedingungen in den Arbeiterwohnheimen allmählich, doch blieb gerade vielen Ausländern nichts anderes übrig, als in Ein-Zimmer-Unterkünften ohne Bad und eigene Toilette zu wohnen. Zudem war das Leben in den Wohnheimen streng reglementiert.

Auf Grund des natürlichen Wunsches nach Privatsphäre, aber auch, um günstige Voraussetzungen für die Familienzusammenführung zu schaffen, strebten viele Ausländer sehr bald eine private Unterkunft oder Wohnung an. Schon 1968 lebten über 60% der Arbeitsmigranten in privaten Wohnungen, 1980 mehr als 90%. Allerdings konzentrierten sie sich auf infrastrukturell vernachlässigte Wohnquartiere, was v.a. auf die Diskriminierung auf dem Wohnungsmarkt und mittlerweile weniger auf die geringe Zahlungsfähigkeit der Ausländer zurückzuführen ist (vgl. Breitenbach 1982, S. 98; Blanke 1993, S. 224; Jamin u.a. 1998, S. 350). Die Situation der Ausländer verbesserte sich jedoch im Hinblick auf die Größe und Ausstattung der Wohnungen im Verlauf der Zeit entscheidend. Selbst der Anteil der Ausländer, die Besitzer von Eigenheimen und Eigentumswohnungen waren, nahm von 2,3% (1980) auf 7% (1995) zu.

Dennoch sind die Wohnverhältnisse der Ausländer noch immer schlechter als die vergleichbarer deutscher Familien; der von ihnen gezahlte Durchschnittsmietpreis liegt über dem der deutschen Bevölkerung. Die Tatsache, daß noch Mitte der 70er Jahre 40 % der Türken, 33 % der Italiener und ein Viertel der Spanier, Griechen und Jugoslawen keinerlei Kontakte zu Deutschen hatten (vgl. Forschungsverband 1979, S. 209) und daß auch heute noch Ausländer und Deutsche relativ getrennt voneinander leben, weist auf die wichtige Funktion der ›Einwandererkolonie‹ hin, die eine Form des Zusammenhalts gegenüber der von der fremden Umgebung ausgehenden Verunsicherung bildet.

Rückkehr

Zu Beginn der Migration war die feste Absicht, bald zurückzukehren, für fast alle Zuwanderer selbstverständlich. In der Tat kehrten mindestens rund drei Viertel aller in die Bundesrepublik eingereisten Arbeitsmigranten zwischen 1956 und 1983 wieder in ihre Heimat zurück. Von deutscher Seite wurde kein Zwang ausgeübt, doch viele, vor allem arbeitslose Ausländer, fühlten in den 70er Jahren einen Rückkehrdruck. Er verstärkte sich Anfang der 80er Jahre etwa durch die Rückkehrprämien und wurde seit ungefähr 1985 durch die Asylproblematik nochmals forciert. In Spanien und Griechenland führten die Demokratisierung sowie die günstige wirtschaftliche Entwicklung seit der Mitte der 70er Jahre zur Erhöhung der Absorptionskraft der Arbeitsmärkte, die ihre Landsleute wieder remigrieren ließen, während die Italiener vor allem wegen der Freizügigkeit für EG-Bürger am stärksten rückkehrbereit waren (vgl. Breitenbach 1982, S. 41 ff., S. 68–74; Pagenstecher 1994, S. 86–92).

Bei der Rückwanderung sind zwei Aspekte zu berücksichtigen. Zum einen war sie eine negative Auswahl, denn nur wenige kehrten zurück, weil sie ihre Migrationsziele erreicht hatten. Eher war das Gegenteil der Fall, denn Arbeitslosigkeit oder familiäre Gründe, auch Heimweh spielten eine wichtige Rolle. In den 80er Jahren kamen noch die Ausländerfeindlichkeit, aber auch Schwierigkeiten beim Familiennachzug hinzu. 1985 hielten sich 63,2 % der Migrant/innen länger als geplant in der Bundesrepublik auf. Die Mehrheit der Einwanderer war unentschieden, hatte die Rückkehrpläne noch nicht aufgegeben, aber hinausgezögert. Obwohl der Anteil der Arbeitsmigranten, die sich für den endgültigen Verbleib in Deutschland entschieden, seit Jahren kontinuierlich anstieg, gab es auch viele, die gegen ihren Willen in Deutschland blieben: etwa wegen der beginnenden Verwurzelung der Familie in der Bundesrepublik oder wegen der besseren medizinischen Versorgung, die vor allem angesichts des Alters der ersten Generation eine wichtige Rolle spielt.

Zum anderen wurde der Rückkehrwunsch häufig von der Sehnsucht nach dem Heimatdorf und von Diskriminierungserfahrungen gespeist. Die Rückkehrorientierung sicherte die Loyalität innerhalb der Arbeitsmigranten und stabilisierte die ethnische Identität. Sie war, im faktischen Einwanderungsprozeß zunehmend irrealer werdend, eine der Strategien der Arbeitsmigranten, die aus der Migration entstandenen Probleme zu umgehen. Insofern war sie sinnvoll, sogar lebensnotwendig.

Differenzierung

Im Lauf der Jahre hat sich die Gastarbeiterschaft sozial deutlich differenziert. Auf der einen Seite gab es einen sozialen Aufstieg von der ungelernten zur angelernten Arbeitskraft, aber auch zum Facharbeiter und – als oberste Stufe – zum Selbständigen. In den 60er Jahren traten Italiener und Jugoslawen, in den 70er Jahren Griechen, danach Türken verstärkt mit Betriebsgründungen hervor. So boten Ende der 90er Jahre rund 269.000 ausländische Selbständige ca. 750.000 Arbeitsplätze an; davon machten die Italiener mit 45.000 Selbständigen die größte, die Türken die zweitgrößte Gruppe mit 42.000 Betrieben aus: in der Gastronomie und im Einzelhandel als den bevorzugten Geschäftsfeldern, aber auch bei den Dienstleistungen und im Handwerk. Ende der 90er Jahre besitzen beispielsweise von den ca. 525.000 türkischen Haushalten in der Bundesrepublik schon über 54.000 eigene Häuser oder Eigentumswohnungen. Ferner haben rund 130.000 Türken Bausparverträge abgeschlossen.

Andererseits hat sich eine ethnosoziale Unterschicht herausgebildet, die ohne zureichende schulische und berufliche Qualifikation einen erheblichen Teil der an- und ungelernten Erwerbstätigen darstellt. Auf dem deutschen Arbeitsmarkt entstand ein Segment typischer Ausländerarbeitsplätze, in dem die Arbeit unattraktiv, eintönig, schwer sowie gefährlich ist und zumeist auch schlecht bezahlt wird. Sie hat deshalb geringes Ansehen und wird von den Deutschen möglichst gemieden.

Bei den ausländischen Frauen sind zwei Kategorien zu unterscheiden: Einmal diejenigen, die sich als Ehefrauen männlicher ausländischer Arbeitnehmer in der BRD aufhalten, und zum zweiten die Ausländerinnen, die selbst direkt zur Arbeitsaufnahme in das Bundesgebiet kamen oder hier ihre Arbeitsplätze gefunden haben. Der Frauenanteil an der Ausländer-Bevölkerung der sechs Anwerbeländer stieg von 28,5 % (1967) auf 41 % (1979) an, weist aber erhebliche interne Differenzierungen auf: So ist der Anteil der Griechinnen (1967: 37 %, 1979: 48 %) nach wie vor überdurchschnittlich, während die Türkinnen (1967: 22 %, 1979: 41 %) sich erst im Verlauf der 70er Jahre dem Durchschnitt anglichen (vgl. Papalekas 1983, S. 15). Die Ehefrauen aus den Nicht-EG-Staaten waren benachteiligt, weil sie bis zum Erhalt der Arbeitserlaubnis eine bestimmte Zeit warten mußten. Als Hausfrauen lebten sie oft isoliert und hatten – vor allem wegen ihrer Sprachschwierigkeiten – geringere Kontakte mit der deutschen Bevölkerung als die Männer.

Der Anteil der ausländischen Arbeitnehmerinnen an den Beschäftigten war dagegen relativ stabil: 1967 betrug er 29,3 %, erhöhte sich bis 1974 geringfügig auf 31,1 % und blieb danach fast unverändert (1989: 31,4 %) (vgl. Pröbsting 1992, S. 49). Im Vergleich zu den ausländischen Männern als auch zu deutschen Frauen waren die Ausländerinnen überdurchschnittlich oft als un- und angelernte Arbeiterinnen tätig. Auch die Löhne lagen sie deutlich niedriger als bei ausländischen Männern, wobei allerdings Unterschiede zwischen den Nationalitäten zu bemerken sind: Griechinnen, Jugoslawinnen und Spanierinnen verdienten in den 70er Jahren besser als Italienerinnen und Türkinnen (vgl. Bundesanstalt für Arbeit 1970, S. 80 f.; Bundesanstalt für Arbeit 1973, S. 93 f.; Forschungsverband 1979, S. 141).

Nach wie vor bedeutet für die Hausfrauen, insbesondere für die türkischen Ehefrauen, die Anpassung an die deutschen Verhältnisse das größte Problem und verstärkt u. U. das Gefühl der Isolation. Ganz anders ist demgegenüber die Situation der berufstätigen Ausländerinnen, und v.a. derjenigen, die in den 60er Jahren allein in die Bundesrepublik gekommen waren. Ihre wirtschaftliche Unabhängigkeit und die geringere soziale Kontrolle bewirkten eine Veränderung ihres Lebensstils, allerdings auch Konflikte mit den traditionellen Normen ihres sozialen Umfeldes.

Asyl

Bis Anfang der 70er Jahre kamen die meisten Asylanträge aufgrund des Grundgesetzes (Artikel 16) aus Ostmitteleuropa. In den 70er Jahren kamen die Flüchtlinge häufiger aus der Dritten Welt, aber auch aus der Türkei, da seit dem Anwerbestopp viele potentielle Arbeitsmigranten dazu übergingen, Asylanträge zu stellen. Während 1973 nur Anträge für ca. 5.600 Personen gestellt wurden, waren es 1978 über 33.000 Personen und 1980 über 100.000. Bis in die frühen 80er Jahre wurden die Mehrzahl der Asylbewerber als politische Flüchtlinge anerkannt.

Obwohl die Zuwanderung der Asylbewerber erheblich unter derjenigen der Aussiedler lag, entfachte sich seit Ende der 70er Jahre eine politische Auseinandersetzung um das ›Asylantenproblem‹, in deren Folge vor allem Maßnahmen zur Verhinderung des ›Asylmißbrauchs‹ eingeführt wurden, die der Erschwerung der Einreise, der Beschleunigung des Asylverfahrens sowie der effektiveren Abschiebung dienten. Damit wandelte sich die Bundesrepublik in den 80er Jahren von der Aufnahme- zur Abwehrgesellschaft. Selbst eine Änderung des Grundgesetzes wurde zum Thema.

Nachdem Mitte der 80er Jahre rund drei Viertel der Asylanträge aus der Dritten Welt gekommen waren, kamen seit 1988 durch den Zerfall des Sozialismus in Osteuropa wieder mehr Flüchtlinge aus Europa. Die Zahl der Asylbewerber überschritt 1989 rund 120.000 und erreichte 1992 fast 440.000, davon zwei Drittel aus Ost- und Südosteuropa. Bei der erheblichen Zunahme ab 1991 handelte es sich vor allem um Bürgerkriegsflüchtlinge aus dem zerfallenden Jugoslawien. Auf Grund der neuen Praxis der Asylgewährung wurden 1990 nicht einmal mehr 10% der Asylgesuche positiv entschieden. Personen mit noch laufenden Asylverfahren sowie die Mehrzahl der Abgewiesenen konnten als tolerierte De-facto-Flüchtlinge im Lande bleiben, waren aber bis zur Ausländergesetzesänderung 1990 vom Arbeitsmarkt ausgeschlossen.

Die Regierungsparteien CDU/CSU und FDP einigten sich im Dezember 1992 mit der SPD auf die Grundsätze eines ›Asylkompromisses‹. Bis zum März 1993 sollten die Voraussetzungen geschaffen werden, das Grundgesetz zu ändern und die Asylverfahren weiter zu straffen und zu beschleunigen. Im Kern des Kompromisses stand der Gedanke, aus ›verfolgungsfreien‹ Herkunftsländern stammenden oder über ›sichere Drittländer‹ einreisenden Flüchtlingen Asyl zu verwehren. Ferner sollten neben der Verfahrensbeschleunigung verschiedene Leistungen für Asylbewerber beschränkt werden, um die materiellen Anreize für ›Scheinasylanten‹ und somit die Zahl der Asylbewerber zu reduzieren.

Andererseits wurde für Kriegs- und Bürgerkriegsflüchtlinge ein gesondertes Verfahren eingerichtet, um das eigentliche Asylverfahren zu entlasten. Kriegs- und Bürgerkriegsflüchtlinge sollten ohne Asylverfahren ein befristetes Aufenthaltsrecht bekommen, anschließend aber keinen Asylantrag mehr stellen dürfen. Die Änderung des Grundgesetzes wurde am 26. Mai 1993 verabschiedet und trat am 1. Juli 1993 in

Kraft. Das Asylverfahrensrecht wurde dadurch so verändert, daß die Bundesrepublik für asylsuchende Flüchtlinge auf dem Landweg kaum mehr erreichbar war. Dementsprechend ging die Zahl der Asylbewerber von 440.000 (1992) auf 320.000 (1993) zurück. 1995 kamen nur noch 128.000 Personen nach Deutschland. Fast drei Viertel der Asylbewerber stammten 1993 aus Europa und vor allem aus Osteuropa (insbesondere aus dem ehemaligen Jugoslawien, aus Rumänien und Bulgarien). Parallel dazu dürfte sich aber die Zahl der irregulären bzw. illegalen Einwanderer erhöht haben. Seit der Asylrechtsänderung nahm die Zahl der abgeschobenen, weil abgelehnten Asylbewerber erheblich zu; 1994 stieg sie auf über 44.000 Personen gegenüber 8.300 im Jahre 1991.

Ende 1996 hielten sich insgesamt rund 1,6 Mio. Flüchtlinge und Asylbewerber in der Bundesrepublik auf. 170.000 Asylberechtigte und im Ausland anerkannte Flüchtlinge, 130.000 Familienangehörige von Asylberechtigten, 16.000 Konventionsflüchtlinge im Sinne der Genfer Flüchtlingskonvention von 1951, 103.000 Kontingentflüchtlinge (boat people aus Vietnam), 17.000 heimatlose Ausländer, 350.000 Asylbewerber, 320.000 Bürgerkriegsflüchtlinge aus Bosnien-Herzegowina und schließlich 500.000 De-facto-Flüchtlinge, die als Asylberechtigte nicht anerkannt wurden und auch nicht unter den Schutz der Genfer Flüchtlingskonvention fielen, die aber aus humanitären Gründen nicht ausgewiesen wurden.

Aussiedler/innen

Zu den sogenannten Aussiedler/innen aus Ost- und Südosteuropa zählen solche Personen, die zwar keine Ausländer sind, weil sie ihrer Abstammung einen grundgesetzlich (Art. 116) garantierten Rechtsanspruch auf die deutsche Staatsbürgerschaft besitzen, sich jedoch sozial, kulturell und mental in einer echten Einwanderungssituation befinden. Bis Mitte der 80er Jahre kamen im Jahresdurchschnitt weniger als 30.000 Aussiedler in die Bundesrepublik. Mit dem Zerfall des sozialistischen Staatensystems nahm die Aussiedlerzuwanderung stark zu; 1990 reisten rund 397.000 meist aus der Sowjetunion, aus Polen und Rumänien in das Bundesgebiet ein.

Angesichts des Anschwellens dieses Zuwandererstroms wurden die Sozialleistungen für die Aussiedler, darüber hinaus aber auch ihr ›Deutschtum‹ selbst, in Frage gestellt. Das Aussiedleraufnahmegesetz von 1990 machte die Aufnahme von der Durchführung des Aufnahmeverfahrens im Herkunftsland abhängig. Dies führte zur Drosselung der Zuwanderung auf ca. 222.000/230.000 (1991/92) Personen. Auch der Anspruch der Aussiedler auf Eingliederungshilfen und berufsqualifizierende Maßnahmen wurde sukzessiv beschränkt. Dennoch blieben die Aussiedler gegenüber den anderen Einwanderergruppen privilegiert.

Die Aussiedlerzuwanderung wurde schließlich im sogenannten Asylkompromiß vom Dezember 1992 und im Anschluß daran vom Kriegsfolgenbereinigungsgesetz desselben Monats auf das durchschnittliche Maximum von ca. 220.000 der Jahre 1991/92 begrenzt. Regional definierte Kontingentierungen sollten die Aussiedlerzuwanderung (nach dem 31. Dezember 1992 Spätaussiedler) berechenbar machen. Zudem wurden 1993 die Eingliederungshilfen weiter gekürzt.

1995 wurden rund 218.000 Personen als Spätaussiedler registriert. Die meisten kamen auf Grund der Anerkennung des Kriegsfolgenschicksals aus der ehemaligen

Sowjetunion. Ihre Integration wirft aber ebenfalls Probleme auf, zumal ihre Deutschkenntnisse oft minimal sind und ihr Ausbildungsstand häufig nicht den Anforderungen des deutschen Arbeitsmarktes entspricht. In Deutschland schlug eine gegenüber den Aussiedlern anfänglich nicht unfreundliche Stimmung ins Gegenteil um, und die Aussiedler fühlten sich als fremde Deutsche ausgegrenzt. Die sozialen Spannungen wurden schärfer.

Fremdenfeindlichkeit und Konflikte

Zu einer ersten negativen Thematisierung der Ausländer in der Bundesrepublik kam es zunächst mit der Wirtschaftskrise von 1966/67. Eine weitere Welle der Ausländerfeindlichkeit entstand im Zusammenhang mit der zweiten Ölkrise ab 1979; sie kreiste um das ›Türkenproblem‹, das bis zur Jahreswende 1982/83 ein beherrschendes Thema der Politik blieb. Die Berichterstattung der populären Zeitungen war intensiv und emotional; erstmals kam es gehäuft zu Gewaltanschlägen auf Unterkünfte von Türken und asiatisch-afrikanischen Flüchtlingen.

Die neue, vor allem durch die Aussiedlerzuwanderung entstandene Einwanderungssituation führte im vereinten Deutschland Anfang der 90er Jahre zu weiteren Ängsten, Aggressionen und Spannungen zwischen einheimischer und zugewanderter Bevölkerung. Die Ausländer/innen fühlten sich abgelehnt, zumal das Ausländergesetz 1990 ohne größere öffentliche Aufmerksamkeit, die ganz auf die deutsche Vereinigung gerichtet war, verabschiedet wurde.

Die Zahl der fremdenfeindlichen Straftaten stieg vom Ende der 80er Jahre bis 1991 von rund 250 auf mehr als 2.400. Und anläßlich der Ausschreitungen in Hoyerswerda im Herbst 1991 fand Gewaltanwendung erstmals offene Zustimmung in Teilen der deutschen Bevölkerung. Ziel weiterer Brandanschläge waren nicht nur die Unterkünfte von Aussiedlern und Asylbewerbern sondern auch die Wohnungen türkischer Familien.

Die politische Diskussion und die Berichterstattung insbesondere der Boulevardpresse schürte die Konflikte noch, was zur Steigerung der Spannungen ebenso beitrug wie zur Verstärkung des ethnozentrischen Blicks auf die Ausländer als Fremde. Damit eng zusammenhängend schlugen die Ängste der einheimischen Bevölkerung sich in Abwehr gegenüber den Ausländer/innen nieder, während der eigentliche Grund für Ablehnung und Aggression in der Desorientierung beträchtlicher Gruppen der Bevölkerung gegenüber den anhaltenden sozioökonomischen Krisenerscheinungen am Ende des 20. Jahrhunderts zu suchen ist. Die Fremdenfeindlichkeit hat bekanntlich weniger mit den Fremden als vielmehr mit den Einheimischen zu tun.

Indessen gab es auch Anzeichen einer Gegenbewegung, denn ›Hoyerswerda‹ wurde nicht nur zum Symbol für eine neue Qualität von Fremdenfeindlichkeit, sondern löste auch eine breite Solidarisierungswelle aus. So ist das Meinungsbild der deutschen Bevölkerung gegenüber den Ausländern keineswegs einheitlich. Ebenso sind bei der ausländischen Bevölkerung Ängste vor Gewaltanwendungen, aber auch Suche nach Identität auf eigene Faust zu bemerken. Oft fehlte es der ausländischen Bevölkerung an Verständnis für die Interessen und Ängste der deutschen Bevölkerung. Darüber hinaus machten sich innerhalb der ausländischen Bevölkerung Konflikte vor allem zwischen der jungen Gastarbeiterbevölkerung und jungen Aussiedlern bemerkbar. Zu den Schwierigkeiten, die von der Arbeitsmigration ausgingen, kamen so zusätzliche neue Probleme innerhalb der verschiedenen Minderheiten hinzu.

Am Vorabend der deutschen Vereinigung 1990 lebten rund 5,2 Mio. Ausländer/innen in der Bundesrepublik. Seitdem ist die Zahl weiter gestiegen, so daß die ausländische Bevölkerung Ende 1998 insgesamt 7.320.000 Personen umfaßte, d.h. 8,9% der gesamten in Deutschland lebenden Bevölkerung. Die größte Gruppe bilden die Türken mit 2,11 Mio. (28,8%), es folgen die Zuwanderer und Flüchtlinge aus dem ehemaligen Jugoslawien mit 1,12 Mio. (15,3%), die Italiener mit 612.048 (8,4%), die Griechen mit 363.514 (5,0%), die Polen mit 283.604 (3,9%), die Portugiesen mit 132.578 (1,8%), die Spanier mit 131.121 (1,8%), aber auch die Rumänen mit 89.801 (1,2%), die Russen mit 81.079 (1,1%), die Ungarn mit 51.905 (0,7%), die Iraner mit 115.094 (1,6%), und die Vietnamesen mit 85.452 (1,2%). Nach den verschiedenen Prognosen zur Bevölkerungsentwicklung der Bundesrepublik kann als gesichert gelten, daß sich die Bevölkerungszahl Deutschlands trotz des Zuwanderungsüberschusses im nächsten Jahrhundert verringern wird und daß sich die Deutschen in den großen Ballungszentren in der Minderheit befinden werden.

Bei dieser Bevölkerungsentwicklung wird es für die kulturelle Kompetenz der Bundesrepublik künftig von entscheidender Bedeutung sein, mit den Migranten aus anderen Gesellschaften und Kulturen in Frieden zusammenzuleben, denn die Bundesrepublik ist nicht nur de facto ein Einwanderungsland, sondern hat auch rein demographisch gesehen gar nicht die Wahl. Nötig ist eine möglichst umfassende, gesellschaftspolitisch fundierte Migrationspolitik bzw. Einwanderungspolitik mit einem neuen Grundsatz: Deutschland ist ein Einwanderungsland. Der Regierungswechsel im Herbst 1998 weist auf eine mögliche Veränderung der bisherigen Ausländerpolitik hin.

Literatur

Bade, Klaus J.: *Vom Auswanderungsland zum Einwanderungsland? Deutschland 1880–1980*. Berlin 1983.

– (Hg.): *Ausländer – Wanderarbeiter – Gastarbeiter. Bevölkerung, Arbeitsmarkt und Wanderung in Deutschland seit der Mitte des 19. Jahrhunderts*. 2 Bde. Ostfildern 1984.

– : »Einwanderungsland Bundesrepublik? Probleme und Perspektiven«. In: *Universitas* 45 (1990), S. 755–763.

– (Hg.): *Deutsche im Ausland – Fremde in Deutschland. Migration in Geschichte und Gegenwart*. München 1992.

– : *Ausländer, Aussiedler, Asyl. Eine Bestandsaufnahme*. München 1994.

– (Hg.): *Das Manifest der 60. Deutschland und die Einwanderung*. München 1994.

– (Hg.): *Migration – Ethnizität – Konflikt: Systemfragen und Fallstudien*. Osnabrück 1996.

– (Hg.): *Fremde im Land. Zuwanderung und Eingliederung im Raum Niedersachsen seit dem Zweiten Weltkrieg*. Osnabrück 1997.

Beauftragte der Bundesregierung für die Integration der ausländischen Arbeitnehmer und ihrer Familienangehörigen (Hg.): *Bericht '99. Zur Situation der ausländischen Arbeitnehmer und ihrer Familien – Bestandsaufnahme und Perspektiven für die 90er Jahre*. Bonn [2]1990.

Bender, Stefan/Werner Karr: »Arbeitslosigkeit von ausländischen Arbeitnehmern. Ein Versuch,

nationalitätenspezifische Arbeitslosenquoten zu erklären«. In: *Mitteilungen aus der Arbeitsmarkt- und Berufsforschung* 26 (1993), S. 192–206.
Bischoff, Detlev/Werner Teubner: *Zwischen Einbürgerung und Rückkehr. Ausländerpolitik und Ausländerrecht der Bundesrepublik Deutschland.* Berlin 1991.
Blanke, Bernhard (Hg.): *Zuwanderung und Asyl in der Konkurrenzgesellschaft.* Opladen 1993.
Boos-Nünning, Ursula: »Einwanderung ohne Einwanderungsentscheidung«. In: *Aus Politik und Zeitgeschichte* B 23–24 (1990), S. 16–25.
Breitenbach, Barbara von: *Italiener und Spanier als Arbeitnehmer in der Bundesrepublik Deutschland. Eine vergleichende Untersuchung zur europäischen Arbeitsmigration.* München/Mainz 1982.
Bundesanstalt für Arbeit (Hg.): *Ergebnisse der Repräsentativ-Untersuchung vom Herbst 1968 über die Beschäftigung ausländischer Arbeitnehmer und ihre Familien- und Wohnverhältnisse.* Nürnberg 1970.
– (Hg.): *Repräsentativ-Untersuchung 1972 über die Beschäftigung ausländischer Arbeitnehmer im Bundesgebiet und ihre Familien- und Wohnverhältnisse.* Nürnberg 1973.
Castels, Stephen: *Here for Good. Western Europe's New Ethnic Minorities.* London/Sydney 1984.
Chapin, Wesley D.: *Germany for the Germans? The Political Effects of International Migration.* Westport 1997.
Dohse, Knuth: *Ausländische Arbeiter und bürgerlicher Staat. Genese und Funktion von staatlicher Ausländerpolitik und Ausländerrecht. Vom Kaiserreich bis zur Bundesrepublik Deutschland.* Königstein/Ts. 1981.
Dominik, Katja/Marc Jünemann u.a. (Hg.): *Angeworben – eingewandert – abgeschoben. Ein anderer Blick auf die Einwanderungsgesellschaft Bundesrepublik Deutschland.* Münster 1999.
Ethnische Minderheiten in der Bundesrepublik Deutschland. Ein Lexikon. München 1995.
Fassmann, Heinz/Rainer Münz (Hg.): *Migration in Europa. Historische Entwicklung, aktuelle Trends und politische Reaktionen.* Frankfurt a.M./New York 1996.
Fijalkowski, Jürgen: »Gastarbeiter als industrielle Reservearmee? Zur Bedeutung der Arbeitsimmigration für die wirtschaftliche und gesellschaftliche Entwicklung der Bundesrepublik Deutschland«. In: *Archiv für Sozialgeschichte* 24 (1984), S. 399–456.
Forschungsverband »Probleme der Ausländerbeschäftigung« (Hg.): *Integrierter Endbericht.* o.O. 1979.
Friedrich Ebert Stiftung (Hg.): *Einwanderungsland Deutschland. Bisherige Ausländer- und Asylpolitik, Vergleich mit anderen europäischen Ländern.* Düsseldorf 1992.
Glebe, Günther/John O'Loughlin (Hg.): *Foreign Minorities in Continental European Cities.* Stuttgart 1987.
Guerin-Conzales, Camille/Carl Striwerda (Hg.): *The Politics of Immigrant Workers. Labor Activism and Migration in the World Economy Since 1830.* New York 1993.
Harbach, Heinz: *Internationale Schichtung und Arbeitsmigration.* Reinbek 1976.
Heckmann, Friedrich: *Die Bundesrepublik: Ein Einwanderungsland? Zur Soziologie der Gastarbeiterbevölkerung als Einwandererminorität.* Stuttgart 1981.
Herbert, Ulrich: *Geschichte der Ausländerbeschäftigung in Deutschland 1880 bis 1980.* Bonn 1986.
Höhn, Charlotte/Detlev B. Rein (Hg.): *Ausländer in der Bundesrepublik Deutschland.* Boppard 1990.
Hoffmann, Lutz: *Die unvollendete Republik. Zwischen Einwanderungsland und deutschem Nationalstaat.* Köln 1992.
Hoffmann-Nowotny, Hans-Joachim: *Ausländer in der Bundesrepublik Deutschland und in der Schweiz.* Frankfurt a.M./New York 1982.
Hyams, C. Barry/Helge-Ulrike Peter (Hg.): *Arbeitermigration. Beiträge zu Problemen der Arbeitskräftewanderung nach Westeuropa.* Marburg 1975.
Jamin, Mathilde u.a. (Hg.): *Fremde Heimat. Eine Geschichte der Einwanderung aus der Türkei.* Essen 1998.

Just, Wolf-Dieter/Anette Groth (Hg.): *Wanderarbeiter in der EG.* Mainz/München 1985.
King, Russel (Hg.): *Mass Migrations in Europe. The Legacy and the Future.* London 1993.
Meier-Braun, Karl-Heinz: *›Freiwillige Rotation‹ – Ausländerpolitik am Beispiel der baden-württembergischen Landesregierung.* München 1979.
– : *Integration oder Rückkehr? Zur Ausländerpolitik des Bundes und der Länder, insbesondere Baden-Württembergs.* Mainz 1988.
Pagenstecher, Cord: *Ausländerpolitik und Immigrantenidentität. Zur Geschichte der »Gastarbeit« in der Bundesrepublik.* Berlin 1994.
– : »Die ›Illusion‹ der Rückkehr. Zur Mentalitätsgeschichte von ›Gastarbeit‹ und Einwanderung«. In: *Soziale Welt* 47 (1996), S. 149–179.
Papalekas, Johannes Chr. (Hg.): *Die Ausländerfrage. Gastarbeiter im Spannungsfeld von Integration und Reintegration.* Herford 1983.
– (Hg.): *Strukturwandel des Ausländerproblems. Trends – Modelle – Perspektiven.* Bochum 1986.
Pröbsting, Karl: »Wohlstandsfestung oder multikulturelle Gesellschaft?«. In: *Arbeit und Sozialpolitik* 46 (1992), S. 44–51.
Rist, Ray C.: *Die ungewisse Zukunft der Gastarbeiter. Eingewanderte Bevölkerungsgruppen verändern Wirtschaft und Gesellschaft.* Stuttgart 1980.
Schäfers, Bernhard/Wolfgang Zapf (Hg.): *Handwörterbuch zur Gesellschaft Deutschlands.* Opladen 1998.
Schulte, Axel: »Multikulturelle Gesellschaft: Chance, Ideologie oder Bedrohung?« In: *Aus Politik und Zeitgeschichte* B 23–24 (1990), S. 3–15.
Schumacher, Harald: *Einwanderungsland BRD.* Düsseldorf 1992.
Seifert, Wolfgang: *Die Mobilität der Migranten. Die berufliche, ökonomische und soziale Stellung ausländischer Arbeitnehmer in der Bundesrepublik.* Berlin 1995.
Senfft, Heinrich: »Arbeitsmarktpolitik, Migration und rechtliche Stigmatisierung von Fremden. Von Weimar nach Bonn«. In: *1999. Zeitschrift für Sozialgeschichte des 20. und 21. Jahrhunderts* 1 (1999), S. 92–125.
Steinert, Johannes-Dieter: *Migration und Politik. Westdeutschland-Europa-Übersee 1945–1961.* Osnabrück 1995.
Thränhardt, Dietrich: »Die Bundesrepublik Deutschland – ein unerklärtes Einwanderungsland«. In: *Aus Politik und Zeitgeschichte* B 24 (1988), S. 3–13.
Tichy, Roland: *Ausländer rein! Deutsche und Ausländer- verschiedene Herkunft, gemeinsame Zukunft.* München 1993.
Treibel, Annette: *Migration in modernen Gesellschaften. Soziale Folgen von Einwanderung und Gastarbeit.* Weinheim/München 1990.
Velling, Johannes (Hg.): *Immigration und Arbeitsmarkt: eine empirische Analyse für die Bundesrepublik Deutschland.* Baden-Baden 1995.
Weber, Albrecht (Hg.): *Einwanderungsland Bundesrepublik Deutschland in der Europäischen Union: Gestaltungsauftrag und Regelungsmöglichkeiten.* Osnabrück 1997.
Winkler, Beate: *Zukunftsangst Einwanderung.* München 1992.

2. Die politisch-rechtlichen Bedingungen

Gianni D'Amato

Der vorliegende Beitrag möchte die Partizipation der Migranten in der öffentlichen Sphäre Deutschlands nach dem Zweiten Weltkrieg analysieren. Eine solche Studie könnte Hinweise dafür liefern, in welchem Grad der Einfluß der Massenmigrationen nach dem Zweiten Weltkrieg auf die Selbstdefinition von Nationen sowie auf die Gründung und Entwicklung transnationaler Gewerkschaften gewirkt hat. Dieser Prozeß, der sich auf das von dem englischen Soziologen Thomas Marshall (1893–1981) definierte Konzept der Staatsbürgerschaft bezieht – Integration durch Ausweitung der *Citizenship* – soll eine Antwort auf das ›Europäische Dilemma‹ skizzieren, nämlich die staatsbürgerliche ›Unsichtbarkeit‹ jener Einwohner, die den Aufbau Europas als Arbeitnehmer nach dem Krieg mitgestaltet haben. Die demokratischen Rechte sind dieser Bevölkerungsgruppe auch als Folge einer nicht explizit formulierten Immigrations- und Integrationspolitik in Deutschland entzogen. Die vollen zivilen Rechte werden durch bilaterale und multilaterale Abkommen sowie über das Ausländergesetz bestimmt und eingeschränkt. In bezug auf die politischen Rechte soll untersucht werden, welche Strategien in Deutschland unter den gegebenen politischen Chancenstrukturen (Kriesi 1991) erfolgreich waren. Mein Ziel bleibt, den Beitrag aktiver ›Bürger ohne Bürgerstatus‹ an einer sich reflexiv zivilisierenden Gesellschaft zu messen.

Die Entwicklung der zivilen Rechte

Das Anwerbeabkommen mit Italien von 1955

Als Mitte der 50er Jahre befürchtet wurde, daß der nationale Arbeitsmarkt im Agrarbereich und in der Industrie bald nicht mehr über genügend Arbeitskräftereserven verfügen würde, wurde zum ersten Mal nach dem Krieg die Anwerbung ausländischer Arbeitskräfte erwogen. Eine weitere Expansion der einheimischen Arbeitskräfte, sei es durch die Motivierung erwerbsfähiger Frauen, durch die Rekrutierung bereits im Arbeitsprozeß integrierter Arbeitskräfte oder durch die Mobilisierung ländlicher Arbeitnehmer, implizierte zudem aufgrund der Konkurrenzsituation steigende Lohnkosten (Dohse 1981, S. 153). Nur mit der Öffnung des nationalen Arbeitsmarktes ließ sich das Arbeitskräfteangebot ausweiten, ohne die inländischen Lohn- und Arbeitsbedingungen verbessern zu müssen.

Obwohl die Rekrutierungsinteressen der deutschen Industrie eine maßgebliche Rolle bei der Öffnung des Arbeitsmarktes gespielt haben (Fijalkowski 1984, S. 416), sollte man die Interessen der Herkunftsländer beim Aushandlungsprozeß der bilateralen Abkommen nicht aus den Augen verlieren. Das Interesse Italiens bestand weniger darin, die Auswanderung allgemein zu erhöhen, als vielmehr in Europa neue Arbeitsmärkte für die Auswanderer zu suchen (Steinert 1993, S. 145). 1953 begannen die ersten Gespräche mit der italienischen Regierung, die das italienische Zahlungsbilanz- und Handelsbilanzdefizit mit der Beschäftigung von Saisonarbeitskräften in Deutschland auszugleichen wünschte. Die italienischen Auswanderungsbehörden gingen davon aus, daß im Falle einer Wiederbewaffnung Deutschlands der bundesdeutsche Arbeitsmarkt einen erneuten Bedarf an Arbeitskräften haben würde. Um in diesem Fall schnell handeln zu können, wollte Italien schon die bilateralen Voraussetzungen schaffen. Deutschland sah allerdings Anfang 1954 noch keinen Handlungsbedarf (ebd., S. 1 46). Erst im September 1954 erklärte sich der Bundeswirtschaftsminister Ludwig Erhard bei Gesprächen in Mailand bereit, die Beschäftigung von italienischen Saisonarbeitskräften zu prüfen. Gegen diese Absicht erhob sich nicht nur der Protest der Gewerkschaften, sondern auch der Widerstand aller Ministerien mit Ausnahme des Wirtschaftministeriums. Auch im Deutschen Bundestag regte sich Widerstand gegen die Anwerbung italienischer Arbeiter, solange keine Vollbeschäftigung unter den Deutschen erreicht sei.

Die Verhandlungen der Bundesregierung mit Italien begannen im Januar 1955 in Rom. Die deutsche Seite verlangte schon in den ersten Gesprächen, daß die Rekrutierung der Arbeitskräfte durch eine mit der italienischen Arbeitsverwaltung operierende Anwerbekommission der Bundesanstalt für Arbeitsvermittlung vollzogen werden sollte, um nichtstaatliche Rekrutierungen zu verhindern und das Rekrutierungsmonopol auf deutscher Seite zu halten. Die italienischen Verhandlungsführer unterstützten dieses Anliegen, da eine freie Rekrutierung die Gleichbehandlung nicht hätte garantieren können. Des weiteren sollten im Abkommen Einreiseformalitäten und Transportmodalitäten geregelt, sowie Schutzklauseln für die angeworbenen Arbeitskräfte eingebaut werden, welche die Gleichberechtigung und einen sicheren Tariflohn garantierten. Weitere Punkte im Protokoll betrafen die arbeitsvertragliche Zusicherung einer angemessenen Unterkunft, das Recht auf Lohntransfer und den Familiennachzug. Im Abkommen sollte sich Italien zusätzlich verpflichten, die angeworbenen Arbeitskräfte jederzeit zurückzunehmen. Die deutsche Seite ging jedoch davon aus, daß eine Rekrutierung erst zu einem späteren Zeitpunkt in Frage käme, wenn die Arbeitskraftreserven auf dem einheimischen Arbeitsmarkt aufgebraucht seien (ebd., S. 152).

Das Abkommen wurde am 20. Dezember 1955 in Rom unterzeichnet. Für die deutsche Seite war die Vereinbarung ausschließliche Angelegenheit der Regierung, die ihren Handlungsspielraum nutzte, um den Bundestag aus den Entscheidungsprozessen auszuschließen. Nur vereinzelt wurde das Abkommen angesprochen, eine grundlegende Diskussion im Parlament fand darüber jedoch nicht statt (Dohse 1981, S. 173). Dennoch wurde das Ende der Verhandlung relativ schnell herbeigeführt, weil deutsche Arbeitsämter befürchteten, andere europäische Länder könnten der Bundesrepublik mit der Anwerbung auf dem italienischen Arbeitsmarkt zuvorkommen. Im wesentlichen räumte das Abkommen der deutschen Arbeitsverwaltung das Recht ein, in Kooperation mit italienischen Stellen auf italienischem Territorium Arbeitskräfte für deutsche Betriebe anzuwerben, sofern deutsche Tarifbedingungen eingehalten und angemessene Unterkünfte zur Verfügung gestellt wurden. Zudem mußten die Unternehmen die Kosten der Bundesanstalt mit 300 DM (später 1000 DM) pro vermitteltem ausländischen Arbeitnehmer bezahlen. Bis zum Anwerbestopp 1973 wurde ein Großteil der ausländischen Arbeitskräfte mit diesem System rekrutiert, was der Bundesverwaltung eine Kontrolle über die Einwanderung erlaubte.

Obwohl die Abkommen mit Griechenland, Spanien, der Türkei, Marokko, Portugal und Tunesien, die Anfang der 60er Jahre in der Anfangsphase der Ausländerbeschäftigung geschlossen wurden, weitaus stärker auf das unmittelbare Auswanderungsverhalten der Emigranten wirkten als das Italienabkommen, liegt die Bedeutung des letzteren in der nachhaltigen Entdramatisierung der Arbeitsmarktöffnung, die es nach sich zog. Es nahm der Ausländerzulassung erstmals den Charakter einer jeweils zu legitimierenden Ausnahmeerscheinung, erleichterte und rationalisierte die Einreise-, Transport- und Selektionsmodalitäten und schaffte einen Präzedenzfall für die Erschließung von Arbeitskräften.

Das multilaterale Abkommen von Rom

Neben den bilateralen Vereinbarungen zwischen Italien und der Bundesrepublik Deutschland muß auch das Römer Abkommen erwähnt werden, das die Europäische Wirtschaftsgemeinschaft 1958 lancierte und im Zusammenhang mit der gesteigerten wirtschaftlichen Integration der Mitgliedsländer einen weiteren Schritt für die Freizügigkeit der italienischen Arbeiter bedeutete. Das Abkommen setzte eine schon in dem Vertrag über die Gründung der Europäischen Gemeinschaft für Kohle und Stahl vom 18. April 1951 (BGBl II, S. 447) und im Beschluß des Europäischen Wirtschaftsrates vom 2. November 1953 feststellbare Bestrebung fort, Beschränkungen auf den Arbeitsmärkten der Mitgliedstaaten zu beseitigen, wobei die Freizügigkeit zunächst auf Fachkräfte beschränkt blieb. Die in den Artikeln 48 und 49 zusammengefaßten Bestimmungen des ›Vertrags zur Gründung der Europäischen Wirtschaftsgemeinschaft‹ wurden als Bemühungen interpretiert, ein Über- und Unterangebot an Arbeitskräften in einem gegebenen Wirtschaftsraum ins Gleichgewicht zu bringen (Böhning 1972). Der Vertrag begünstigte in erster Linie die Italiener. Laut EWG-Vertrag sollte im Lauf einer langfristig angesetzten Übergangszeit schrittweise die volle Freizügigkeit der Arbeitnehmer innerhalb der Gemeinschaft hergestellt werden. Zugleich sollte jede auf der Staatsangehörigkeit beruhende unterschiedliche Behandlung bezüglich der Beschäftigung, Entlohnung und sonstiger Arbeitsbedingungen verhindert werden. Arbeitnehmer hatten

> »vorbehaltlich der aus Gründen der öffentlichen Ordnung, Sicherheit und Gesundheit gerechtfertigten Beschränkungen das Recht [...], sich für tatsächlich angebotene Stellen zu bewerben, sich zu diesem Zweck im Hoheitsgebiet der Mitgliedstaaten frei zu bewegen und aufzuhalten, um dort nach den für die inländischen Beschäftigten geltenden Rechts- und Verwaltungsvorschriften eine Erwerbstätigkeit auszuüben und auch nach deren Beendigung unter von der EWG-Kommission festzulegenden Bedingungen zu verbleiben« (Art. 48 III EWG-Vertrag).

1961 und 1964 ergänzten liberalere Bestimmungen das Abkommen, bis 1968 die vollständige Freizügigkeit von Bürgern der EWG postuliert wurde, welche die merkantilistischen Vorstellungen von Arbeitsmigration nur im Zusammenhang mit offenen Stellen obsolet machte. Angehörige der Mitgliedstaaten der EWG waren auf den Arbeitsmärkten den einheimischen Arbeitskräften gleichgestellt und wurden Teil des ›nationalen Klassenkompromisses‹ (Dohse 1981, S. 220), der sie vor der Abdrängung schützte. Freilich hat dies die Ausländerbehörden nicht daran gehindert, auch bei

Am 10.September 1964 wird der millionste Gastarbeiter der Bundesrepublik, Armando Sa. Rodrigues aus Portugal, auf dem Köln-Deutzer Bahnhof feierlich begrüßt und mit einem Motorrad beschenkt.

dieser Personengruppe restriktiv zu verfahren und bei ausländerrechtlichen Entscheidungen die Grundsätze des Ausländergesetzes anzuwenden. Zudem wurden in Krisenzeiten wie in den Jahren 1966/67 auch von den Gewerkschaften keine Maßnahmen unternommen, um die Rückwanderung von ›privilegierten‹ Ausländern zu verhindern. Aus diesem Grund nahm der prozentuale Anteil der Italiener – trotz der relativ liberalen Regelung – seit den 70er Jahren kontinuierlich ab.

Wie bereits erwähnt, beendete 1973 der Anwerbestopp die Politik der erwünschten Aufnahme ausländischer Arbeitsmigranten und bewirkte in der Folge eine Konsolidierung der Zahl der ausländischen Wohnbevölkerung (Miller 1981, S. 71). Die Steuerungsversuche der Regierung beschränkten sich auf weitere Maßnahmen zur Reduzierung der Zuwanderung und Arbeitsaufnahme von Ausländern. Ab 1974 wurde die Erteilung einer Arbeitserlaubnis von einer strengen Einzelfallprüfung und vom ›Inländerprimat‹ abhängig gemacht, für nachgezogene Familienmitglieder zusätzlich noch von Wartezeiten. Ab 1975 wurde das Territorialprinzip bei Kindergeldzahlungen konsequent angewendet und die Zahlungen an im Herkunftsland verbliebene Kinder vermindert. Zusätzlich wurden Rückkehrprämien und Zuzugssperren in großstädtischen Ballungsgebieten eingeführt (Angenendt 1992, S. 157). Mit dem ›Aktionsprogramm‹ der sozialliberalen Koalition wurden erstmals integrationspolitische Notwendigkeiten formuliert, die allerdings lediglich als temporäre Maßnahmen gegenüber einer sich durch die Krise verringernden Ausländerbevölkerung angelegt waren (Bischoff/Teubner 1990, S. 48).

1977 erklärte die Bundesregierung auf der Grundlage eines Kommissionsberichts ihre ausländerpolitischen Grundpositionen. Einerseits stellte sie fest, daß Deutschland kein Einwanderungsland sei, andererseits anerkannte sie die dauerhafte Niederlassung ausländischer Arbeitnehmer. Politische Leitlinien der Ausländerpolitik waren seither die Begrenzung weiterer Zuwanderung und die Integration der im Land lebenden Immigranten. Damit krankte auch diese Politik an dem unauflösbaren Widerspruch, die Bundesrepublik nicht als Einwanderungsland zu bezeichnen, aber die ausländische Bevölkerung integrieren zu wollen. Die Bezeichnung ›Integration auf Zeit‹ war ein deutlicher Ausdruck dieses unverbindlichen Integrationsbegriffes (Angenendt 1992, S. 158). Die politische Relevanz des Themas zeigte sich ebenfalls in der Schaffung des Amtes des ›Beauftragten der Bundesregierung für die Integration der ausländischen Arbeitnehmer und ihrer Familien‹. Aufgabe dieses Amtes war es, Regierung und Öffentlichkeit mit Informationen und Konzepten zur Lage der ausländischen Bevölkerung zu versorgen und für Verständnis zu werben. Kernpunkt der Forderungen der verschiedenen Amtsträger (Heinz Kühn, Liselotte Funcke, Cornelia Schmalz-Jacobsen) an die Bundesregierung war die Anerkennung der faktischen Einwanderungssituation und der Beginn einer wirklichen Integrationspolitik. Ausländerpolitik sollte nicht länger nur Arbeitsmarktpolitik sein, sondern endlich auch die politischen und sozialen Folgen der jahrzehntelangen Arbeitskräfteanwerbung regeln. Als politische Leitlinie galt die Begrenzung der weiteren Zuwanderung, die die Integration der Ausländer sichern sollte.

In den 80er Jahren wurden nach der Regierungsübernahme der christlich-liberalen Koalition zahlreiche restriktive ausländerpolitische Maßnahmen getroffen. Der Deutsche Bundestag verabschiedete 1983 das ›Gesetz zur Förderung der Rückkehrbereitschaft von Ausländern‹. Treibel sieht dieses Gesetz in erster Linie an türkische Arbeitskräfte gerichtet, die man für ›integrationsunfähig‹ hielt und denen mit der Aufforderung zur Rückkehr ihre Unerwünschtheit signalisiert werden sollte (Treibel 1990, S. 48). Die gesetzliche Regelung wurde allerdings nicht konsequent verfolgt. Vielmehr wurde die Verabschiedung des Gesetzes immer wieder vertagt, wegen der anhaltenden Kontroversen zwischen der FDP und dem Arbeitnehmerflügel der CDU einerseits, der CSU und der restlichen CDU andererseits sowie auf der Länderebene in den Gegensätzen zwischen den SPD- und den CDU/CSU-regierten Ländern. Statt eine zeitgemäße Novellierung des Ausländerrechts anzugehen, griff die christlich-liberale Regierung, wie schon ihre Vorgängerin, auf das Instrument der Verwaltungsanordnung zurück. Dieses Regelungsinstrumente ist besonders dann lohnend, wenn restriktive Einzelmaßnahmen schnell und unter Umgehung größerer öffentlicher Diskussionen durchgesetzt werden sollen (Angenendt 1992, S. 160).

Das neue Ausländergesetz von 1990 (1993)

Die in den 80er Jahren vermehrt geäußerte Kritik an der Ermessensfreiheit der Verwaltung, welche die Migrant/innen in den Zustand der Rechtsunsicherheit versetzte, führte zu einer Neufassung des Ausländergesetzes von 1965. Am 26. April 1990 beschloß der Deutsche Bundestag ein neues Ausländergesetz, das am 1. Januar 1991 in Kraft trat. Die Bundesregierung verfolgte das Ziel, die Integration der in Deutschland lebenden Ausländer, insbesondere der angeworbenen Arbeitnehmer und ihrer Familien zu fördern. Dieses eigentlich liberale Vorhaben wurde als Gesetz im Eilverfahren und ungeachtet der dagegen erhobenen Kritik verabschiedet (Schiffer 1990; Hailbronner 1990). Von konservativer Seite wurde bemängelt, daß die Maßnahmen zur Reduzierung der Ausländer nicht weit genug gingen. Nach Aussage einiger Kommentatoren aus dem Umfeld der SPD, der Gewerkschaften, der Grünen, der Bürgerbewegungen, Kirchen und Wohlfahrtsverbände wurde hingegen die verpaßte Möglichkeit, das Ausländergesetz grundlegend zu reformieren, bedauert. Ihrer Meinung nach seien nach wie vor die ›Belange‹ der Bundesrepublik Deutschland maßgeblich für die Erteilung und Verlängerung des Aufenthaltsstatus (Franz 1993, S. 75). Sie äußerten das Bedauern, daß der Gesetzgeber die Chance versäumt habe, der Realität eines faktischen Einwanderungslandes durch eine Gesetzesreform Rechnung zu tragen. Anstatt einer Minderheitenpolitik wurde weiterhin Ausländerpolitik betrieben. Allerdings sei ohne Rechtssicherheit keine konsequente Rechtspolitik möglich.

Das neue Ausländerrecht ist in der Tat im Wortlaut durch eine *restriktive Zuwanderungspolitik* gekennzeichnet. »Ausländer bedürfen für die Einreise und den Aufenthalt im Bundesgebiet einer Aufenthaltsgenehmigung« (§ 3 AuslG). EU-Angehörige, die nach dem Gemeinschaftsrecht Freizügigkeit genießen, erhalten auf Antrag eine besondere, rein deklaratorische Aufenthaltserlaubnis für EU-Bürger (Bundesministerium des Innern 1993, S. 20). Nicht-EU-Angehörige erhalten nur in Ausnahmefällen eine Aufenthaltsgenehmigung: zur Familienzusammenführung, zeitlich befristet zu Studienzwecken sowie zur beruflichen Bildung oder aber aus humanitären Gründen (§ 32a AuslG). Das Bundesinnenministerium formuliert die Begrenzung von Zuwanderung als zentralen Grundsatz der Ausländerpolitik.

Ein weiteres Merkmal des neuen Ausländerrechts ist die Beibehaltung des selektiven Zugangs zum Arbeitsmarkt. Die Erteilung einer Arbeitserlaubnis setzt eine Aufenthaltsgenehmigung voraus. Aufenthaltsgenehmigungen zum Zweck der Arbeitsaufnahme stellen jedoch Ausnahmen zur geltenden Regel des Anwerbestopps aus dem Jahre 1973 dar, die die Gewährung der allgemeinen Arbeitserlaubnis an die Entwicklung auf dem Arbeitsmarkt, d.h. die Nichtverfügbarkeit inländischer oder EU-Arbeitskräfte, bindet (§ 19 AFG).

Eine letzte Eigenschaft des neuen Ausländerrechts ist die ungleiche Stellung von Ausländern und Deutschen bezüglich der *politischen und staatsbürgerlichen Rechte*. Ausländer genießen zwar die Meinungs- und Vereinigungsfreiheit und können Mitglied in politischen Parteien und Gewerkschaften werden, ihre politische Betätigung kann jedoch beschränkt oder untersagt werden (§ 37 AuslG). Wesentliche Formen des grundrechtlichen Schutzes sind Deutschen vorbehalten: Freizügigkeit (Art. 11 GG), Versammlungsfreiheit (Art. 8 GG), Koalitionsfreiheit (Art. 9 GG), Berufsfreiheit (Art. 12 GG) sowie der Zugang zu öffentlichen Ämtern (Art. 33 GG) sind als ›Deutschenrechte‹ definiert. De facto hingegen haben Ausländer in Deutschland grundlegende zivile Rechte, die durch die allgemeine Handlungsfreiheit (Art. 2, Abs. 1 GG) und die Gleichheit vor dem Gesetz (Art. 3) geschützt werden. Ausländer/innen können demnach Mitglieder von Vereinen sein, sofern sie die Prinzipien des Grundgesetzes achten.

Die Auseinandersetzung um politische Rechte in Deutschland

Das Ausländerwahlrecht

Gemäß dem Ausländerrecht und den bilateralen Abkommen beschränken sich die Rechte der Ausländer/innen wie oben beschrieben auf die ökonomische Sphäre des Arbeitsmarktes. Die Frage, ob politische Grundrechte einen menschenrechtlichen Charakter besitzen oder nur Staatsbürgern vorbehalten sind, ist in Deutschland seit den 70er Jahren Gegenstand juristischer und politischer Auseinandersetzungen. Die Europäische Menschenrechtskonvention, die eine Anerkennung der Grundrechtsträgerschaft von Ausländer/innen begrüßt und eine Überwindung der Unterscheidung zwischen Staatsbürger/innen und langansässigen Fremden befürwortet, ist allerdings für die nähere Bestimmung von geringer Bedeutung, da der Art. 16 der Konvention wichtige Grundrechte (freie Meinungsäußerung, Versammlungs- und Vereinsfreiheit, Verbot von Diskriminierung) dem nationalen Souveränitätsrecht unterordnet, das als höheres Rechtsgut angesehen wird (Thürer 1990). Allerdings sind Teilhaberechte, die als politisch betrachtet werden können, im Bereich des Meinungsbildungsprozesses durch die Möglichkeit der *Mitgliedschaft in politischen Parteien* gegeben. Das Interesse der Migranten daran scheint jedoch gering zu sein, da die Implementierung der eigenen minoritären Interessen als allgemeine parteipolitische Interessen aufgrund des mangelnden politischen Wahlrechts nur schlecht durchgeführt werden kann (Karakasoglu 1994; Decker 1982). Um diesem Problem entgegenzutreten, wurden in den 70er Jahren in den Parteien Arbeitsgruppen gebildet, die sich spezifisch mit den Ausländerproblemen auseinandersetzten, jedoch mit geringem Erfolg (Kevenhörster 1974).

Parallel zum Aufbruch der deutschen Gesellschaft in den 70er Jahren, wie er sich in verschiedenen sozialen Bewegungen äußerte, gab es allerdings auch innerhalb der Immigrantengemeinden in Deutschland Kritik an der institutionalisierten Ausländerarbeit der Wohlfahrtsverbände, die mit ihrem Beschwichtigungs- und Betreuungsansatz als unpolitisch und damit die Benachteiligung von Nichtbürgern stabilisierend angesehen wurden. Diese Generation begann, sich vermehrt kritisch mit ihrer Situation als Einwanderer in Deutschland auseinanderzusetzen. In dieser Situation entstanden Ende der 70er Jahre bundesweit eine Vielzahl von interkulturellen Vereinen, die engagiert versuchten, auf die gesellschaftliche Wahrnehmung der Immigranten Einfluß zu nehmen und gleichzeitig deren Emanzipation zu fördern. Trotz der Mängel und Begrenzungen dieser Arbeit fand in diesen Bürgerbewegungen und Initiativen ein großer Teil der jungen Ausländergeneration erstmals Eingang in die bundesdeutsche Realität. Hier erschlossen sich ihnen Möglichkeiten der persönlichen Entfaltung, und es entstanden Plattformen, um Interessen und Forderungen wie die des lokalen Wahlrechts zu formulieren (Özdemir 1995).

Die langanhaltende Niederlassung der Migrant/innen schaffte auch in Deutschland einen jener typischen Fälle von ›Taxation without Representation‹, die mit dem demokratietheoretischen Selbstverständnis moderner Gesellschaften nur schwer in Einklang zu bringen sind. Zudem stellte sich für lokale Verwaltungen auf der Ebene der Policy die Frage, wie sie Integrationsmaßnahmen gestalten und durchsetzen wollten, wenn die Betroffenen nicht partizipieren konnten. Unter dieser Voraussetzung wurden Mitte der 70er und Anfang der 80er Jahre von den Lokalverwaltungen unterschiedliche Organisationsformen eingeführt, welche die Repräsentierung der Ausländer garantieren sollten. Auf dieser Grundlage gründeten etliche Gemeinden *Ausländerparlamente* und *Ausländerbeiräte*, um mit den Fragen der Migranten besser zurechtzukommen (Sasse/Kempen 1974; Andersen/Cryns 1984).

Die Funktion der Ausländerparlamente war jedoch lediglich beratend, ihre Entscheidungen waren für die effektiven entscheidungsbefugten Parlamente nicht bindend. Als parallele Institutionen hatten sie lediglich die Funktion, das demokratische Gewissen der Entscheidungsträger zu beruhigen. Die hohe Partizipationsrate jedoch machte deutlich, daß die ausländischen Arbeiter ein Interesse hatten, ihre Stimme hören zu lassen (Kevenhorster 1974, S. 20). Daher wurden diese erfolglosen Institutionen vielfach mit neuen Körperschaften ersetzt, den Ausländerbeiräten.

Ausländerbeiräte sollen dazu dienen, in Ausländerfragen Grundlagen für die lokalen Entscheidungsträger zur Verfügung zu stellen. Es geht dabei mehrheitlich um Fragen der Schule, der Kindertagesstätten, der Sprachkurse und der behördlichen Informationsvermittlung. Ein großer Teil der Ausländervertreter – Deutsche und Ausländer –, die sich aus den Wohlfahrtsverbänden, der Kirche und den Gewerkschaften rekrutieren, werden von den Kommunen direkt bestimmt, obschon seit den 80er Jahren die Tendenz zunimmt, sie durch die ausländische Wohnbevölkerung wählen zu lassen. Allerdings ist die Institution durch diese Form ihrer Besetzung unzureichend legitimiert und arbeitet praktisch ohne Rückkoppelung an die ausländische Bevölkerung. Auch in diesem Fall haben die Beiräte lediglich beratende Funktionen zu erfüllen. Der Mißerfolg dieser verschiedenen konsultativen Körperschaften besteht mehrheitlich in der Tatsache, daß die politischen Entscheidungsträger die ›Ausländerfrage‹ für lange Zeit als reine sozioökonomische Frage betrachtet haben und nicht als politische. Dies sollte sich im Verlauf der 80er Jahre ändern.

Die Frage des *Ausländerwahlrechts* auf lokaler Ebene wurde seit der Implementierung in Schweden 1976 bei den deutschen Wohlfahrtsverbänden, Kirchen und Gewerkschaften auf breiter Basis zunächst rein akademisch diskutiert (Sievering 1981). Obschon die sozialen Organisationen diese Vorlage im Grundsatz unterstützten, blieb das Thema lange Zeit kontrovers, da wichtige politische Institutionen sich der Debatte entzogen und gegen die politische Partizipation von Ausländer/innen eingestellt waren. Dennoch fand in den 80er Jahren eine umfassende rechtliche und politische Diskussion statt, die als Grundlage die Tatsache berücksichtigen mußte, daß ein großer Teil der langzeitresidierenden Ausländer für lange Zeit, wenn nicht für immer in der Bundesrepublik bleiben würde. Aus temporär angesiedelten Arbeitskräften waren Immigranten geworden, die mehrheitlich über 20 Jahre in der Bundesrepublik lebten, deren Kinder in der BRD geboren und aufgewachsen waren, während in der Zwischenzeit schon eine dritte Generation heranwuchs. Ein anderes Thema, das die

Debatte beeinflußte, war der europäische Einigungsprozeß. Die schwindende ökonomische Bedeutung von nationalen Grenzen und der Transfer bestimmter Entscheidungsbefugnisse an die werdende Europäische Union ließ die Weigerung, langzeitresidierenden Ausländern politische Rechte zu gewähren, als Anachronismus erscheinen, zumindest in einer Situation, in der andere EU-Staaten wie die Niederlande und Dänemark diese Rechte weitaus großzügiger verliehen. Es stellte sich auch in Deutschland die Frage, inwiefern ein großer Teil der Bevölkerung vom demokratischen Entscheidungsfindungsprozeß ausgeschlossen bleiben sollte. Nicht nur die grundsätzliche Frage nach der Stellung des Fremden in der Gesellschaft war zu beantworten, sondern auch ob die Staatsbürgerschaft als Kriterium weiterhin benutzt werden könne, um einen Teil der Gesellschaft permanent einem anderen unterzuordnen. Es ging daher auch um eine Neudefinition des staatlichen Selbstverständnisses, das in Deutschland wie auch in anderen westeuropäischen Staaten als Resultat der Entwicklungen im 19. Jahrhundert zu verstehen ist. Dieser Prozeß der Neuorientierung konnte auf zwei Arten erfolgen: entweder mit der schon angesprochenen Ausweitung des Kommunalwahlrechts für Ausländer oder der Erleichterung des Einbürgerungsverfahrens.

Die andauernden rechtlichen und politischen Debatten kulminierten in den 80er Jahren in verschiedenen Versuchen, das kommunale Wahlrecht für Ausländer/innen zu realisieren. Ende der 80er Jahre entschlossen sich die Länder Hamburg und Schleswig-Holstein, das Ausländerwahlrecht einzuführen. Die Bürgerschaft der Freien Hansestadt Hamburg beschloß am 1. Februar 1989, den seit über 8 Jahren in der Stadt residierenden, aufenthaltsberechtigten Ausländern das aktive und passive Wahlrecht auf Bezirksebene zu übertragen. Von den 180.000 Ausländern der Stadt wären somit 90.000 für die Bezirkswahl im Jahre 1991 wahlberechtigt gewesen. Das Gesetz war von der Koalitionsregierung bestehend aus SPD und FDP vorgeschlagen und von den Grünen, nicht aber von den Christdemokraten (CDU), unterstützt worden. Dem Hamburger Entscheid wurde deutschlandweit eine hohe Signalwirkung im Kampf zugesprochen. In diesem Kontext war es leicht vorauszusehen, daß das Ausländerwahlrecht schnell zum Spielball politischer Interessen werden würde, vor allem bei den Christdemokraten, die nun mit den rechtsextremen Republikanern um das rechte Wählersegment streiten mußten. Der damalige Innenminister Zimmermann kündigte daher an, daß er gegen das Gesetz des Hamburger Senats beim Bundesverfassungsgericht in Karlsruhe Berufung einlegen würde.

Am 14. Februar zog Schleswig-Holstein als erstes Bundesland nach und anerkannte das Ausländerwahlrecht, baute jedoch nationale Einschränkungen ein. Aufgrund des Reziprozitätsprinzips durften Bürger aus Dänemark, Schweden, den Niederlanden, Irland, Norwegen und der Schweiz mit einem fünfjährigen Aufenthalt in der Bundesrepublik an den Kommunalwahlen 1990 teilnehmen. Etwa 10.000 Ausländer waren von dieser Neuerung betroffen, jedoch sollte dieses Recht auf alle Ausländer ausgeweitet werden. Daraufhin kündigten die Fraktionsvorsitzende der CDU im Landtag und im Bundestag eine scharfe Opposition gegen dieses Gesetz an. Gemäß dem *General Anzeiger* vom 2. Februar 1989 war die Verunsicherung in Bonn über die Parteigrenzen hinweg groß, weswegen die Aussetzung des Gesetzesvollzugs durch das Bundesverfassungsgericht befürwortet wurde, damit der politische und juristische

Kontext sowie die Dimension der europäischen Einigung gewürdigt werden konnten. Eine Anordnung des Bundesverfassungsgerichts verbot daraufhin die Beteiligung der Ausländer an den Wahlen vom 25. März in Schleswig-Holstein und verfügte, daß das Ausländerwahlrecht (in diesem Bundesland) so lange ausgesetzt bleibt, bis ein Entscheid in dieser Frage von Karlsruhe getroffen worden ist.

Der europäische Einigungsprozeß, die deutsche Wiedervereinigung und die Notwendigkeit eines neuen Ausländergesetzes, das auf eine veränderte Migrationslage mit einem neuen Rahmenwerk antworten sollte, bildeten den Kontext, innerhalb dessen das Bundesverfassungsgericht seinen Entscheid bezüglich der Verfassungsmäßigkeit der Gesetze aus Hamburg und Schleswig-Holstein zu treffen hatte. Zumindest auf europäischer Ebene hatten die Befürworter des Ausländerwahlrechts in der Zwischenzeit Unterstützung erhalten. Laut einem Beschluß des Europäischen Parlaments vom 15. März 1989 konnten Ausländer aus EG-Staaten das aktive und passive Wahlrecht in ihrer Kommune erhalten, wenn sie im Gastland schon 5 Jahre lebten, freilich mit der Auflage, daß sie nicht ebenfalls in ihrer Herkunftsgemeinde abstimmen würden.

Trotz der langjährigen Debatte und der sich abzeichnenden europäischen Konvergenz in der Frage einer Ausweitung der politischen Rechte auf die Ausländer, erließ der Zweite Senat des Bundesverfassungsgerichts auf den Antrag von 224 Abgeordneten des Bundestages (praktisch die Unionsfraktion), das schleswig-holsteinische Gesetz zur Änderung des Gemeinde- und Kreiswahlgesetzes für nichtig zu erklären, eine einstweilige Anordnung und setzte den Vollzug des Gesetzes aus (BVerfGE, Nr. 81, S. 53–57). Das Bundesverfassungsgericht wollte zu diesen Fragen kein grundsätzliches Urteil fällen, wertete jedoch die Auswirkungen eines Vollzugs als schwerwiegend, sollte sich die Verfassungsmäßigkeit nicht begründen lassen. Die Richter kamen zum Schluß, daß in einem solchen Fall nicht nur eine Verfassungsbestimmung verletzt worden, sondern das Wahlvolk und damit der Ausgangspunkt aller demokratischer Legitimation falsch bestimmt worden wäre.

Grundsätzlich verhinderte die Suspension des Gesetzes einen Aufbruch zu einer neuen Ausländerpolitik, wie das endgültige Urteil es auch belegte. Im einstimmig gefaßten Urteil des Zweiten Senats vom 31. Oktober wurde die Aussetzung bestätigt. Das Bundesverfassungsgericht stellte fest, daß das Staatsvolk der Bundesrepublik Deutschland alleiniger Träger der Staatsgewalt sei. Nach der Konzeption des Grundgesetzes setze das Wahlrecht die Eigenschaft, Deutscher zu sein, voraus (BVerfGE, Nr. 83, S. 37 ff.). Allerdings empfahl das Karlsruher Gericht die Einbürgerung als Lösung für die politischen Begehren der Immigranten, da durch das Grundgesetz eine bevölkerungsmäßige Übereinstimmung zwischen den Inhabern der politischen Rechte und den dauerhaft einer bestimmten staatlichen Herrschaft Unterworfenen versperrt werde (BVerfGE, Nr. 83, S. 52).

Erst mit dem Maastrichter Vertrag (1992), der die Mitgliedstaaten ersuchte, bis 1997 allen EU-Bürgern die kommunalen Wahlrechte zu gewähren, mußte das Bundesverfassungsgericht ein endgültiges Urteil ablegen. Hierfür wurde Art. 28, Abs. 1, Satz 3 so ergänzt, daß Personen, welche die Staatsangehörigkeit eines anderen EG Staates besitzen, bei Wahlen zu den Vertretungskörperschaften der Kreise und Gemeinden das passive und aktive Wahlrecht gewährt wurde (BGBl. II, S. 1253). Die Erweiterung des Volksbegriffs wurde im Maastricht-Urteil des Bundesverfassungsgerichts im Hinblick auf den europäischen Integrationsprozeß nicht problematisiert (BVerfGE Nr. 89, S. 155ff.). Ein großes Problem dieser gesamteuropäischen Entwicklung bilden allerdings die geschaffenen neuen Differenzen innerhalb der ausländischen Gemeinden: Die Ausländer aus EU-Staaten erhalten graduell mehr Rechte und gleichen sich ihrem Status den Inländern an, während Bürger aus Nicht-EU-Staaten – besonders die große türkische Gemeinde in Deutschland – von solchen Entwicklungen ausgeschlossen werden und einen Zustand relativer Depravierung erfahren (Sen/Karakasoglu 1994).

Die erleichterte Einbürgerung

Nicht zuletzt auch in Immigrantenkreisen war die Debatte um das Kommunalwahlrecht ein erster Schritt, um die Frage der deutschen Staatsbürgerschaft zu diskutieren (Keskin 1994b, S. 178). Der Druck seitens der Befürworter des kommunalen Wahlrechts, endlich Möglichkeiten der Teilhabe für die langresidierenden Migranten in Deutschland zu schaffen, verfehlte sein Ziel insofern nicht, als Bundesinnenminister Zimmermann relativ schnell versprach, im neuen Ausländergesetz die Bedingungen für die Einbürgerungen zu erleichtern (Süddeutsche Zeitung v. 8. 2. 1989). Die parlamentarische Forderung indessen, die Einbürgerung zu erleichtern, fand in zwei dem Bundestag vorliegenden Gesetzesentwürfen der SPD-Fraktion vom 23. 3. 1989 und der Fraktion DIE GRÜNEN vom 3. 5. 1989 einen Ausdruck, die beide einen Anspruch auf Einbürgerung, die Einführung des jus soli und der doppelten Staatsbürgerschaft vorsahen (BT-Drs 11/4268 und 11/4463–66). Ausländer/innen hätten mit Hilfe der deutschen Staatsbürgerschaft neben politischen Teilhaberechten auch den Schutz vor gesellschaftlichen Einschränkungen erhalten, da unter den Gesichtspunkten der nationalen Souveränität die Marshallschen Rechtskategorien für Migranten nicht uneingeschränkt gelten. In der Bundesrepublik gab es bis dahin keinen Anspruch auf Einbürgerung, obschon viele angeworbene Ausländer sich längst innerlich zu Deutschland bekannten (Keskin 1994a, S. 46): Gültigkeit für das damalige Einbürgerungsrecht hatten die Bestimmungen der Paragraphen 8 und 9 des Reichs- und Staatsangehörigkeitsgesetzes (RuStaG), das weitgehend aus dem Jahr 1913 stammte, in Verbindung mit den Einbürgerungsrichtlinien von 1977. Als Mindestvoraussetzungen für die Einbürgerung (RuStaG § 8) galten »die unbeschränkte Geschäftsfähigkeit des Ausländers nach bundesdeutschem Recht oder dem des jeweiligen Heimatlandes, ein unbescholtener Lebenswandel, ein fester Wohnsitz am Wohnort sowie die Bestreitung des Lebensunterhalts aus eigenem Einkommen« (Mitteilungen 1993, S. 7). Die Ermessensentscheidung orientierte sich selbst an den zwischen Bund und Ländern abgestimmten Einbürgerungsrichtlinien, wobei die Entscheidung auf der Ebene des Regierungspräsidenten getroffen wurde. Neben der Aufenthaltsdauer, die für gewöhnlich 10 Jahre vor der Antragstellung betragen mußte, bezogen sich die anderen Präliminarien, auf die der Einbürgerungswillige keinen Einfluß hatte, auf die persönlichen Verhältnisse des Antragstellers und das öffentliche Interesse der Behörden an einer Einbürgerung. Die Richtlinien gingen vom Prinzip der Vermeidung der Mehrstaatigkeit aus. Daher wurde im Grundsatz auch bei der Einbürgerung nach § 8 RuStaG die Aufgabe oder der Verlust der bisherigen Staatsangehörigkeit vorausgesetzt (Mitteilungen 1993).

Neben dem unbescholtenen Lebenswandel des Bewerbers beurteilten die Behörden auch seine Einstellung gegenüber dem deutschen Kulturkreis. Überprüft wurden insbesondere Grundkenntnisse des deutschen Grundgesetzes, die Zustimmung zu Prinzipien der Demokratie und die Beherrschung der deutschen Sprache. Die Teilnahme an und das Engagement in ausländischen politischen Vereinigungen wurde hingegen als Zeichen mangelnder Adaption gewertet. Das auf den Erhalt der deutschen ›Kulturnation‹ abzielende Interesse wird deutlich, wenn man das Verfahren der Ermessenseinbürgerung mit jenem der Anspruchseinbürgerung für Volksdeutsche vergleicht. Gemäß Art. 116 GG werden ethnische Deutsche bei Eintritt auf dem Territorium der Bundesrepublik Deutschland automatisch zu deutschen Bürgern. Mit diesem Gesetz sollte den Vertriebenen nach dem Krieg ein Schutz garantiert werden, es wurde jedoch weit über die direkte Vertreibungsphase angewandt (Ohliger 1997). Der Einbürgerung von Angehörigen des deutschen Volkes wurde seitens der Behörden eine besondere Bedeutung beigemessen, ohne daß hier im speziellen Assimilationsbedingungen an den deutschen Alltag gestellt wurden. Die gleichen Erleichterungen wurden aber Jugendlichen verweigert, die als Kinder von Anwerbeausländern in zweiter oder dritter Generation schon im Land lebten und vollständig in Deutschland sozialisiert wurden.

Die geringe Einbürgerungsrate jener Menschen, die ihren Lebensmittelpunkt in Deutschland haben, wurde von der christlich-liberalen Regierung zwar als problematisch empfunden (Brubaker 1992, S. 173). Die ethno-kulturelle Definition des Staates, wie sie aber in der rechtlichen Privilegierung und gesellschaftlichen Bevorzugung von Volksdeutschen zum Tragen kam und von einer Mehrheit der CDU gewünscht wird, verhinderte jedoch, daß die Staatsbürgerrechte nach und nach auch auf Zugezogene ausgeweitet werden konnten. Wenn es zutrifft, daß die Spannungen, wie sie aus der kulturellen Heterogenisierung moderner Gesellschaften zwangsläufig erfolgen, durch einen gleichen Zugang zur Staatsbürgerschaft zumindest ausgeglichen werden können, dann verhindert das Fehlen einer solchen Institution, gekoppelt mit der Bevorzugung der eigenen Abstammung und die übertriebene Betonung der Loyalitätsfrage die Integration von Immigranten. Eine vorrepublikanische Interpretation des deutschen Selbstverständnisses bildet das größte Hindernis hinsichtlich eines reibungsfreieren Integrationsprozesses.

Der Erwerb der Staatsbürgerschaft als eine für den Lebensweg eines Ausländers zentrale Angelegenheit würde nach Kriterien des Territorialprinzips nicht in das ›historisch gewachsene System‹ des deutschen Staatsangehörigkeitsrechts passen, meinte der parlamentarische Staatssekretär Dr. Spranger im Verlauf einer Bundestagsdebatte im Mai 1989. Die Einbürgerung sollte auf diejenigen beschränkt bleiben, »die integrationswillig sind« (MdB Gerster, Verhandlungen des Deutschen Bundestages, Stenographischer Bericht, Plenarprotokoll 11/144 (12. 5. 1989), S. 10717). Die Hinnahme der doppelten Staatsbürgerschaft kam aus ähnlichen Loyalitätserwägungen für die christdemokratische Fraktion nicht in Frage, obschon die Front der Gegner schon damals etliche Brüche zeigte.

Der Gesetzesentwurf der Bundesregierung zur Neuregelung des Ausländerrechts kann dennoch als ein Versuch gewertet werden, der überholten Vorstellung, wonach Ausländer ihre Fremdeigenschaften nie verlieren würden und sie deshalb vom inländischen Staatsvolk auf Dauer zu unterscheiden seien, entgegenzutreten. Im Gesetz wurden als Einbürgerungserleichterungen gemäß § 85 AuslG die Reduzierung des Mindestaufenthalts von zehn auf acht Jahre für Ausländer im Alter von 16 bis 23 Jahren (sechs Jahre Schulbesuch im Bundesgebiet), der Verzicht auf das Prinzip der einheitlichen Staatsangehörigkeit innerhalb einer Familie und die Senkung der Einbürgerungsgebühren von bis zu 5000 DM auf 100 DM eingeführt. Auch die erste Generation sollte vom neuen Ausländergesetz profitieren. Wer als angeworbener Arbeitnehmer nach Deutschland gekommen ist, sollte nach 15 Jahren ebenso wie seine Kinder und Enkelkinder eine erleichterte Möglichkeit gegenüber der bisherigen Rechtslage erhalten, die deutsche Staatsangehörigkeit zu erwerben (§ 86 AuslG). Daß dies die zweckdienlichste Form der Integration sei, wurde von der Bundesregierung im Einklang mit den Karlsruher Verfassungsrichtern anerkannt, welche in ihrem Urteil zur Verfassungswidrigkeit des kommunalen Wahlrechts den Gesetzgeber darauf hingewiesen hatten, daß das Ziel der Aktivbürgerschaft von Ausländern nur über das Instrument der erleichterten Einbürgerung zu erreichen sei. Dieser Meinung scheinbar folgend, war die Regierung der Auffassung, daß nur Staatsbürger ein unmittelbar in der Verfassung begründetes Recht auf Freizügigkeit, auf die Grundrechte und die Teilhabe an der Willensbildung hätten (Schiffer 1990, S. 55). Während jedoch die Bestimmungen der Paragraphen 85 und 86 des Ausländergesetzes bisher nur einen Regelanspruch auf die erleichterte Einbürgerung begründeten, wurde dieser im Rahmen des Änderungsgesetzes zur Verwirklichung des Asylkompromisses auf den 1. Juli 1993 in einen definitiven Rechtsanspruch umgewandelt.

Allerdings – und das sahen Juristen schon bei der Diskussion des Ausländergesetzes voraus – war durch die Erfordernis der Aufgabe der bisherigen Staatsangehörigkeit die Wirksamkeit der erleichterten Einbürgerung eingeschränkt (Hailbronner 1990). Die Regierung begründete die Vermeidung der Mehrstaatigkeit mit Argumenten der internationalen Rechtssicherheit, wie sie schon in den Einbürgerungsrichtlinien von 1977 enthalten waren (Ziffer 5.3. EbR). Ein Grund hierfür wurde in der Wahrnehmung der konsularischen Schutzpflichten gesehen, die gegenüber Mehrstaatern eingeschränkt sei. Zudem verlöre die Staatsangehörigkeit ihre zuordnende Kraft. Aus diesem Grund bleibt der Einbürgerungsbewerber auf eine Entlassung aus der bisherigen Staatsangehörigkeit angewiesen, auch wenn die Wartefrist für einen Entlassungsantrag mehrere Jahre dauern sollte oder den Bewerber wirtschaftliche Nachteile im Heimatstaat erwarteten (Erbrechtsbeschränkungen oder die Auflage, Grundbesitz zu veräußern).

Die Debatte um das jus soli und die doppelte Staatsbürgerschaft

Seit den Ereignissen in Mölln und Solingen 1993 ist in der bundesrepublikanischen Öffentlichkeit der Druck gestiegen, die letzten Hindernisse für eine vollständige politische Eingliederung der Ausländer zu beseitigen (Regierungserklärung Bundeskanzler Kohl. In: Verhandlungen, PlPr 12/162, S. 13855–13862). Ministerpräsident Johannes Rau (Nordrhein-Westfalen) forderte nach den rassistischen Angriffen auf türkische Familien in Solingen die deutsche Regierung auf anzuerkennen, daß Deutschland ein Einwanderungsland sei:

»Wer persönlichen Unmut und sozialen Unfrieden, wer Agitation bis zur offenen Gewalt verhindern will, der muß in Bayern und in Schleswig-Holstein, in Hessen und in Nordrhein-Westfalen und überall sonst in der Bundesrepublik Deutschland geborene Töchter und Söhne von Müttern und Vätern aus Italien oder der Türkei als Gleiche unter Gleiche behandeln.« (Verhandlungen, PlPr, 12/162, S. 13866)

Die Worte des Ministerpräsidenten Rau fanden regen Widerhall in der seither andauernden Debatte um die Ersetzung des Abstammungsprinzips (jus sanguinis) durch das Territorialprinzip (jus soli) und die Hinnahme der doppelten Staatsangehörigkeit. Gerade im Hinblick auf das deutsche Selbstverständnis müsse, so der nordrhein-westfälische Ministerpräsident, anerkannt werden, daß der Zwang zur Aufgabe der bisherigen Staatsangehörigkeit einer unzumutbaren Lossagung und Treulosigkeit gegenüber der Herkunftsnation und darüber hinaus einem Zerreißen von starken emotional-mentalen Bindungen gleichkommt, auch wenn keine konkreten Rückkehrabsichten bestünden. Die Befürworter einer Hinnahme der Mehrstaatigkeit weisen daher darauf hin, daß eine Veränderung des Nationenbegriffs als Folge der europäischen Integration auch eine veränderte Funktion der Staatsangehörigkeit und damit auch eine andere Bewertung der doppelten Staatsangehörigkeit nach sich ziehen würde. Nicht nur im Europarat, sondern auch in mehreren neueren Einbürgerungsregelungen europäischer Staaten sind daher Anstrengungen unverkennbar – entgegen dem ›Europaratsübereinkommen über die Verringerung der Mehrstaatigkeit und über die Wehrpflicht von Mehrstaatern‹ –, in stärkerem Maße als bisher die doppelte Staatsbürgerschaft zu tolerieren (Hailbronner 1990, S. 62; 1992, S. 99). Auf diese Weise versuchen einige westeuropäische Staaten, der ›doppelten Identität‹ von eingewanderten Wanderarbeitnehmern Rechnung zu tragen, ohne sie von der politischen Mitbestimmung auf Dauer ausschließen zu wollen. Außerdem verliert der existentielle Konflikt aus doppelter Loyalitäts- und Treuebindung überall dort an Relevanz, wo der Ernstfall – eine kriegerische Auseinandersetzung – praktisch nicht mehr vorstellbar ist und der allgemeine Wehrdienst aufgrund neuer Sicherheitsstrategien überdacht wird. Das ist in vielen EU-Staaten und bei Nato-Partnern der Fall. In dieser Frage kann man zu verträglichen Lösungen kommen, wenn der politische Wille vorhanden ist, die Problematik der konkurrierenden Bindungen zugunsten der politischen Eingliederung von langzeitresidierenden Ausländern zu lösen. Die Frage ist, ob der Bundesgesetzgeber die Integration der Ausländer der Anwerbegeneration und ihrer Kinder als einen besonderen historischen Vorgang betrachtet, der mit spezifischen Maßnahmen bewältigt werden kann. Daß dies nicht notwendigerweise mit einer politischen Dramatisierung und dem Verdacht der Illoyalität gegenüber Deutschland einhergehen muß, zeigt das Entgegenkommen, mit dem der deutsche Staat die doppelte Staatsbürgerschaft bei Kindern aus binationalen Ehen, bei der Wiedereinbürgerung von ehemals Verfolgten des Nazi-Regimes und bei Aussiedlern akzeptiert. Zur Zeit sind in Deutschland 1,8 Millionen Bürger zugleich im Besitz der deutschen wie auch einer anderen Staatsangehörigkeit (Verhandlungen, PlPr 13/200).

Die grundsätzliche Opposition eines gewichtigen Teils der Regierungskoalition gegenüber der doppelten Staatsbürgerschaft bezieht sich allerdings formal auf die 1963 vom Europarat unterzeichnete Konvention zur Vermeidung multipler Staatsangehörigkeiten sowie einer Entscheidung des Bundesverfassungsgerichts aus dem Jahre 1974, das den ausschließlichen Anspruch des deutschen Staates auf seine Angehörigen begründete, damit klare Grenzen der Staatsgewalt gesetzt werden konnten und die Loyalitätspflicht der Bürgerinnen und Bürger garantiert sei (BVerfGE 37, S. 217 und S. 254, bestätigt in BVerwGE 64, S. 710). Seither wird die doppelte Staatsangehörigkeit in Deutschland von Behörden und Gerichten als ein Übel betrachtet, das im Interesse der Staaten und der Bürger vermieden werden sollte, obwohl das Völkerrecht die mehrfache Staatsangehörigkeit nicht verbietet.

Die seither in dieser Frage geführten parlamentarischen Debatten dürfen jedoch nicht darüber hinwegtäuschen, daß beim Bestreben, die doppelte Staatsbürgerschaft zu verhindern, alte ethnonationale Loyalitätsvorstellungen im parlamentarischen Gefecht eine gewichtige Rolle spielen.

Symptomatisch für den Symbolcharakter des Themas waren die beiden Debatten im 13. Bundestag kurz vor dem Wahltermin 1998. Schon mit der Aufnahme von Elementen des jus soli mit der sogenannten ›Schnupperstaatsbürgerschaft‹ am Anfang der letzten Legislaturperiode war ein wesentlicher Bruch mit dem ausschließlich vom jus sanguinis geprägten deutschen Staatsangehörigkeitsrecht begangen worden. Für einen zukünftigen Wandel vielversprechend war auch der Umstand, daß interfraktionell eine Mehrheit für ein inkorporierenderes Staatsangehörigkeitsrecht vorhanden war (Die Zeit, Nr. 6, 2. 2. 1996, S. 4)

Trotz angeblicher Mehrheit für eine Reform im Bundestag und dem seit der Regierungserklärung von 1993 im Raum stehenden Versprechen des Bundeskanzlers, eine Reform des Staatsangehörigkeitsgesetzes anzustreben, wurde auch während der ersten Hälfte der 13. Legislaturperiode kein Wandel erreicht. Viele Mitglieder der Regierungskoalition zögerten vor allem deshalb, ihren Innenminister, der eine Reform strikt ablehnte, öffentlich zu desavouieren, weil Opponenten der Liberalisierung des Ausländerrechts Stimmenverluste an rechtsextreme Parteien an die Wand malten.

Laut der Mehrheit der CDU/CSU-Fraktion sollten die Immigrantenkinder alle Brücken hinter sich abbrechen, um sich erst dann für die deutsche Staatsbürgerschaft bewerben zu können. Diese Meinung war nicht nur bei der Opposition umstritten, sondern auch innerhalb der CDU, wobei die Befürworter einer Liberalisierung schwer zu quantifizieren waren.

Um den parlamentarischen Stillstand zu überwinden, wurden mehrere Gesetzesentwürfe vom SPD-mehrheitsgeführten Bundesrat sowie der SPD und BÜNDNIS 90/DIE GRÜNEN vorgelegt, welche Kindern der sogenannten dritten Ausländergeneration den Anspruch auf die deutsche Staatsbürgerschaft erleichtern sollte (BT-Drs 13/8157 und 13/3657). Bei diesen Reformentwürfen sollte ergänzend zum jus soli das Territorialprinzip eingeführt werden, wobei die Mehrstaatigkeit kein Einbürgerungshindernis mehr sein sollte, so daß nach einem achtjährigen rechtmäßigen Aufenthalt in der BRD die Voraussetzungen für eine Anspruchseinbürgerung erfüllt wären. Die Vorschläge von BÜNDNIS 90/DIE GRÜNEN sahen die automatische Einbürgerung schon bei Kindern der zweiten Generation vor und nicht erst bei den Enkeln der Einwanderer.

Diese Vorschläge verstanden sich als Beiträge zu einer Diskussion, die dazu führen sollte, daß Menschen, die in Deutschland ihren Lebensmittelpunkt haben, nicht länger Objekte des Ausländergesetzes sind. Ende 1997 schien die Chance, eine solche Reform des Staatsangehörigkeitsgesetzes durchzubringen, besonders günstig zu sein, weil erstens die Möglichkeit der Einreichung eines Gruppenantrages bestand, mit dem die reformwilligen Abgeordneten ihre Entschiedenheit demonstrieren könnten, und zweitens weil der von seiten der Reformgegner häufig zu hörende Verweis auf das Europaratsabkommen seine Gültigkeit verloren hatte, da im Herbst 1997 ein neues Europaratsabkommen vorgelegt worden war, welches die doppelte Staatsbürgerschaft erleichtern sollte.

Dennoch konnte in der letzten Koalitionsrunde vor der Debatte von Ende Oktober 1997 keine Einigung mehr erzielt werden. Auch ein weiterer Vorstoß der SPD scheiterte an der Disziplinierung potentieller Befürworter der CDU. Mit einer Mehrheit von 338 gegen 316 Abgeordneten schlug so auch in der 13. Legislaturperiode der Versuch fehl, das seit 85 Jahren geltende Staatsbürgerschaftsrecht zu reformieren. Die Entsorgung des RuStaG »auf dem Schrottplatz der Geschichte, Abteilung Völkisches« (MdB Özdemir, BÜNDNIS 90/DIE GRÜNEN) ließ jedoch nicht lange auf sich warten.

Die 1998 neugewählte rot-grüne Regierungskoalition unter Bundeskanzler Schröder hatte sich rasch auf ein neues Staatsbürgerschaftsgesetz geeinigt. Ähnlich wie in Frankreich, den USA und der Schweiz wäre darin die doppelte Staatsbürgerschaft toleriert, was bislang das Haupthemmnis vieler Migranten gewesen ist, die deutsche Staatsangehörigkeit anzunehmen. Zudem sollte das jus soli-Prinzip für zwei Gruppen eingeführt werden: erstens für in Deutschland geborene Einwohner, von denen ein Elternteil ebenfalls in Deutschland geboren wurde (dritte Generation), zweitens für in Deutschland geborene Einwohner, von denen ein Elternteil vor dem 14. Lebensalter nach Deutschland eingewandert ist. Die Grünen wollten außerdem einen Rechtsanspruch der zweiten Generation auf die deutsche Staatsbürgerschaft kodifizieren, sie konnten sich aber nicht gegen die sozialdemokratische Parteielite durchsetzen. Am 7. Mai 1999 hat dann der Deutsche Bundestag nach jahrelangem Streit eines der wichtigsten Reformvorhaben der jüngsten Zeit beschlossen. Mit großer Mehrheit stimmten die Abgeordneten dem von SPD, Grünen und der FDP eingebrachten Antrag zu, das Staatsangehörigkeitsgesetz von 1913 zu modernisieren. Vom 1. Januar 2000 an erhalten in Deutschland geborene Ausländerkinder automatisch die deutsche Staatsangehörigkeit und können mit zwei Pässen aufwachsen. Bis zum 23. Lebensjahr müssen sie sich für eine Staatsangehörigkeit entscheiden. Die generelle Hinnahme der doppelten Staatsbürgerschaft wurde hingegen nach lauten Protesten der CDU/CSU-Fraktion aus dem Gesetz gestrichen.

Literatur

Andersen, Uwe/Cryns, Manfred: »Politische Beteiligungsmöglichkeiten von Ausländern im Kommunalbereich«. In: *Aus Politik und Zeitgeschichte* B32 (1984), S. 35–46.

Angenendt, Steffen: *Ausländerforschung in Frankreich und der Bundesrepublik Deutschland. Gesellschaftliche Rahmenbedingungen und inhaltliche Entwicklung eines aktuellen Forschungsbereiches.* Frankfurt a. M./New York 1992.

Bischoff, Detlef/Teubner Werner: *Zwischen Einbürgerung und Rückkehr. Ausländerpolitik und Ausländerrecht der Bundesrepublik Deutschland.* Berlin 1990.

Böhning, Roger: *The Migration of Workers in the United Kingdom and the European Community.* Oxford 1972.

Brubaker, Rogers: *Citizenship and Nationhood in France and Germany.* Cambridge 1992.

Bundesministerium des Innern: *Aufzeichnung zur Ausländerpolitik und zum Ausländerrecht in der Bundesrepublik Deutschland.* Bonn 1993.

Decker, Fraucke: *Ausländer im politischen Abseits. Möglichkeiten ihrer politischen Beteiligung.* Frankfurt a. M./New York 1982.

Dohse, Knuth: *Ausländische Arbeiter und bürgerlicher Staat. Genese und Funktion von staatlicher Ausländerpolitik und Ausländerrecht. Vom Kaiserreich bis zur Bundesrepublik Deutschland.* Königstein/Ts. 1981.

Fijalkowski, Jürgen: »Gastarbeiter als industrielle Reservearmee? Zur Bedeutung der Arbeitsimmigration für die wirtschaftliche und gesellschaftliche Entwicklung der Bundesrepublik Deutschland«. In: *Archiv für Sozialgeschichte* 24 (1984), S. 399–456.

Franz, Fritz : »Schleusen und Schranken der Einwanderung nach Deutschland«. In: Manfred Hessler (Hg.): *Zwischen Nationalstaat und multikultureller Gesellschaft. Einwanderung und Fremdenfeindlichkeit in der Bundesrepublik Deutschland.* Berlin 1993.

Hailbronner, Kay: »Der Gesetzesentwurf der Bundesregierung zur Neuregelung des Ausländerrechts«. In: *ZAR* 2 (1990), S. 56–62.

Karakasoglu, Yasemin: »Vom Gastarbeiter zum Einwanderer. Zur Lebenssituation der türkischen Bevölkerung«. In: Forschungsinstitut der Friedrich-Ebert-Stiftung (Hg.): *Von der Ausländer- zur Einwanderungspolitik.* Bonn 1994.

Keskin, Hakki: »Staatsbürgerschaft im Exil. Schwierigkeiten, staatsbürgerliche Rechte und Pflichten fern der Passheimat wahrzunehmen«. In: Senatsverwaltung für Soziales (Hg.): *Doppelte Staatsbürgerschaft – ein europäischer Normalfall?* Berlin 1994a.

– : »Doppelstaatsbürgerschaft: Der Weg zur rechtlichen Gleichstellung der Einwanderer«. In: Senatsverwaltung für Soziales (Hg.): *Doppelte Staatsbürgerschaft – ein europäischer Normalfall?* Berlin 1994b.

Kevenhörster, Paul: *Ausländische Arbeitnehmer im politischen System der BRD.* Opladen 1974.

Kriesi, Hanspeter: *The Political Opportunity Structure of New Social Movements: Its Impacts on Their Mobilization.* WZB Discussion Papers FS III 91–103. Berlin 1991.

Marshall, Thomas H.: *Citizenship and Social Class and Other Essays.* Cambridge 1950. (dt.: *Bürgerrechte und soziale Klassen. Zur Soziologie des Wohlfahrtsstaates.* Frankfurt a. M. 1992).

Miller, Mark J.: *Foreign Workers in Western Europe. An Emerging Political Force.* New York 1981.

Mitteilungen der Beauftragten der Bundesregierung für die Belange der Ausländer: *Das Einbürgerungs- und Staatsangehörigkeitsrecht der Bundesrepublik Deutschland.* Bonn 1993.

– : *In der Diskussion: Das Ausländergesetz. Erfahrungen nach drei Jahren.* Bonn 1994.

Ohliger, Rainer: *Imagined Homeland Germany: Historical Preconditions of Ethnic German Migration from Romania.* Paper Prepared for Session Two of GAAC Summer Institute on Immigration, Integration and Incorporation into Advanced Democracies (July 14–24), Humboldt University Berlin 1997.

Özdemir, Cem: »Die stürmischen Zeiten sind offenbar vorbei«. In: *Das Parlament* 7/8 (1995)

Sasse, Christoph/Kempen, Ernst: »Kommunalwahlrecht für Ausländer?« In: *Aus Politik und Zeitgeschichte* B8 (1974), S. 3–31.

Schiffer, Eckart: »Vor der Neuregelung des Ausländerrechts«. In: *ZAR* 2 (1990), S. 51–56.

Sen, Faruk/Karakasoglu, Yasemin: »Ausländer und politische Partizipation. Einstellungen zum kommunalen Wahlrecht, zu Parteien und zu der doppelten Staatsbürgerschaft«. In: *ZfT aktuell* 30 (1994).

Sievering, Ulrich O. (Hg.): *Integration ohne Partizipation? Ausländerwahlrecht in der Bundesrepublik Deutschland zwischen (verfassungs-)rechtlicher Möglichkeit und politischer Notwendigkeit.* Frankfurt a.M. 1981.

Steinert, Johannes-Dieter: »L'accordo di emigrazione italo-tedesco e il reclutamento di manodopera italiana negli anni Cinquanta«. In: Jens Petersen (Hg.): *L'emigrazione tra Italia e Germania.* Manduria/Bari/Roma 1993.

Treibel, Annette: *Migration in modernen Gesellschaften. Soziale Folgen von Einwanderung und Gastarbeit.* Weinheim 1990.

Thürer, Daniel: »Der politische Status der Ausländer in der Schweiz«. In: *ZAR* 1 (1990), S. 26–36.

3. Die wirtschaftliche und soziale Situation

Werner Sesselmeier

›Ausländer‹ bilden einen wesentlichen Anteil der Bevölkerung in Deutschland. Doch obwohl ihr Anteil an der Bevölkerung und an den Erwerbstätigen jeweils bei rund 9 % liegt, betrachtet sich die Bundesrepublik Deutschland offiziell nicht als Einwanderungsland. Für ein besseres Verständnis von Inländern und Ausländern muß allerdings nicht nur deren rechtliche Stellung beurteilt werden, sondern auch und gerade die ökonomische und soziale Position, die Ausländer im Vergleich zu den Deutschen einnehmen. Auf dieser Grundlage wird im folgenden zunächst die für die relative Stellung der Ausländer entscheidende Arbeitshypothese, daß deren ökonomische und soziale Situation entscheidend von ihrer Positionierung am Arbeitsmarkt determiniert wird, formuliert. Entsprechend dieser These werden dann die wirtschaftliche und die soziale Situation der Ausländer skizziert. Der Beitrag endet mit einem Ausblick auf die zukünftige Entwicklung und die Rolle der Migration vor dem Hintergrund der demographischen Entwicklung in Deutschland. Es geht also auch um die Frage, welche Auswirkungen der Anteil ausländischer Arbeitnehmer auf den inländischen Arbeitsmarkt und die Volkswirtschaft hat. Diese Fragestellung ist deshalb so eminent wichtig, da einerseits Arbeitsmigration aus volkswirtschaftlicher Sicht als Teil der für eine Marktwirtschaft notwendigen Flexibilität zunächst positiv zu bewerten ist. Andererseits weckt Zuwanderung gerade in Zeiten der Arbeitslosigkeit Verdrängungsängste in der Bevölkerung. Eine differenzierte Argumentation sollte auch diesen Befürchtungen vorbeugen.

Zunächst ist jedoch zu klären, welche Personen bzw. Personengruppen unter dem Begriff ›Ausländer‹ bzw. ›Migrant‹ subsumiert werden. Als Ausländer gelten alle, die ihren Wohnsitz in Deutschland haben, jedoch nicht die deutsche Staatsangehörigkeit besitzen. Des weiteren ist zu beachten, daß die Begriffe ›Ausländer‹ und ›Migrant‹ nicht die gleichen Personengruppen abdecken, da die zweite und dritte Generation der einmal zugewanderten Personen zwar Ausländer, nicht jedoch Migranten sind. Daneben gibt es Zuwanderer, die die deutsche Staatsbürgerschaft angenommen haben und deshalb aus der hier zu betrachtenden Gruppe herausfallen. Auch bleibt mit den Aussiedlern eine große Zuwanderungsgruppe unbeachtet. Schließlich wird die Gruppe der Asylbewerber und Bürgerkriegsflüchtlinge nicht in die Analyse einbezogen, so daß unter dem Begriff ›Ausländer‹ die Gastarbeiter und deren Nachkommen zu verstehen sind.

Anfang 1998 hielten sich nach Angaben des Statistischen Bundesamtes 7,37 Millionen Ausländer in Deutschland auf. Der Anteil der EU-Ausländer beträgt gut 25 %, was insofern interessant ist, als vier der in den 50er und 60er Jahren abgeschlossenen Gastarbeiterabkommen mit Ländern erfolgten, die im Laufe der Jahre der EU beitraten, weswegen man von einem höheren Anteil hätte ausgehen können. Die größte Ausländergruppe stellen die Türken mit einem Anteil von 28 % dar, der somit über der Zahl der EU-Ausländer liegt. Die zweitgrößte Gruppe sind mit gut 10 % Personen aus dem ehemaligen Jugoslawien. Es folgen Italiener und Griechen mit gut 8 % bzw.

5 %. Diesen Größenordnungen entsprechend beziehen sich die meisten empirischen Hinweise auch auf diese Gruppen.

Theoretische Zusammenhänge zwischen der Arbeitsmarktposition sowie der wirtschaftlichen und sozialen Situation von Ausländern

Die wirtschaftliche und soziale Position von Ausländern – wie von Inländern – wird in einer Erwerbsgesellschaft vor allem durch ihre Position und Integration am Arbeitsmarkt, also aufgrund der Erwerbsarbeit, determiniert. Die Auswirkungen von Zuwanderung auf verschiedene volkswirtschaftliche Kenngrößen wie Lohnniveau und -struktur, die Produktivitätsentwicklung, das Verhältnis der Produktionsfaktoren und das gesamtwirtschaftliche Wachstum werden im folgenden ausgehend von einfachen arbeitsmarkttheoretischen Überlegungen skizziert.

Der Einfluß der Zuwanderung auf einen nationalen Arbeitsmarkt hängt im einfachsten Fall vom Umfang der Zuwanderung ab. Eine unbegrenzte Zuwanderung führt zu einer sinkenden Beschäftigung der inländischen Arbeitnehmer bei gleichzeitigem Anstieg der Gesamtbeschäftigung und der Gesamtbevölkerung. Eine unbeschränkte Zuwanderung hätte somit im Vergleich zur Ausgangssituation eine höhere Arbeitslosigkeit der inländischen Beschäftigten bei einem für sie niedrigeren Lohnniveau zur Folge. Dies ergibt sich aus der Überlegung, daß die Zuwanderung erst endet, wenn das inländische Lohnniveau auf das des Weltarbeitsmarktes abgesunken ist. Eine Zuwanderungsbegrenzung führt demgegenüber zu einer geringeren Arbeitslosigkeit der einheimischen Erwerbstätigen und zu einem ebenfalls für sie geringeren Lohnrückgang. Neben diesen Bewegungen wird es allerdings aufgrund der durch die Zuwanderung angestiegenen gesamtwirtschaftlichen Produktion auch zu einer vermehrten Arbeitsnachfrage kommen. Abhängig von deren Ausmaß kann das im neuen Arbeitsmarktgleichgewicht nun auch zu höheren Beschäftigungs- und Lohnniveaus inländischer Arbeitnehmer führen.

Will man nun die möglichen Auswirkungen der Migration auf Löhne, Produktivität, den Einsatz von Arbeit und Kapital sowie auf das Wirtschaftswachstum analysieren, muß als nächstes vom Bild eines einheitlichen Arbeitsmarktes abgerückt werden. Denn für die Untersuchung dieser Fragestellungen ist vor allem die Positionierung sowohl in- als auch ausländischer Arbeitskräfte am Arbeitsmarkt von entscheidender Bedeutung. Näher an der Realität und der theoretischen Fragestellung angemessener sind deshalb Überlegungen zu segmentierten Arbeitsmärkten. Ausgehend von einer einfachen Dualisierung des Gesamtarbeitsmarktes in einen primären und einen sekundären Teilarbeitsmarkt, läßt sich dann nach dem Verhältnis von inländischen zu ausländischen Arbeitnehmern fragen und danach, ob die Beziehung zwischen beiden komplementärer oder substitutiver Natur ist. Komplementarität bedeutet in diesem Zusammenhang, daß eine Zuwanderung ausländischer Arbeitnehmer zu einem vermehrten Bedarf an inländischen Arbeitskräften führt, wohingegen sich Substitutionalität in einer rückläufigen Nachfrage nach einheimischen Erwerbstätigen ausdrücken würde. Segmentationsansätze messen der Struktur der Arbeitsmärkte einen erheblichen Einfluß auf die Berufschancen verschiedener Arbeitnehmergruppen bei. Es wird unterstellt, daß der Arbeitsmarkt in mindestens zwei Segmente unterteilt ist, die untereinander wenig oder gar nicht durchlässig sind. Unabhängig von ihrem mitgebrachten Humankapital können demnach bestimmte Migrantengruppen nur in das sekundäre Arbeitsmarktsegment gelangen, das durch schlechte Arbeitsbedingungen, niedrige Bezahlung und geringe Beschäftigungsstabilität gekennzeichnet ist. Es handelt sich dabei um sogenannte ›Jedermannsarbeitsplätze‹, die für ein Unternehmen mit geringen Einstellungs- und Ausbildungskosten verbunden sind und eine hohe Fluktuation haben. Diese Arbeitsplätze bieten keine Aufstiegsmöglichkeiten, zudem herrscht ein hoher Substitutionsdruck. Demgegenüber gibt es im primären Sektor Arbeitsplätze, die hohe Löhne, gute Arbeitsbedingungen, Aufstiegschancen und stabile Beschäftigungsverhältnisse bieten.

Der Komplementaritätsthese zufolge besetzen ausländische Arbeitnehmer Arbeitsplätze, die die inländischen Arbeitnehmer aus verschiedensten Gründen nicht einnehmen wollen oder können, sie nehmen somit eine Arbeitsmarktergänzungsfunktion ein. Dagegen behaupten Vertreter der Substitutionshypothese, daß Ausländer inländischen Arbeitnehmern die Arbeitsplätze wegnehmen, letztere also durch erstere substitutiert werden. Von empirischer Seite kann man davon ausgehen, daß ausländische Arbeitnehmer in einem segmentierten Arbeitsmarkt sowohl eine komplementäre als auch eine substitutive Rolle einnehmen. Diese Sichtweise ergibt sich automatisch aufgrund der Arbeitsmarktsegmentation: Treffen die Ausländer auf inländische Arbeitnehmer, zu denen sie sich sowohl komplementär als auch substitutiv verhalten, so treten Phänomene im Sinne beider oben genannter Zusammenhänge auf.

Schließlich ist das Verhältnis von inländischen zu ausländischen Arbeitnehmern nicht nur von den strukturellen Arbeitsmarktgegebenheiten abhängig sondern auch von den konjunkturellen Situationen: Je günstiger die Arbeitsmarktsituation sich darstellt, umso eher wirken Ausländer als Komplemente, und umgekehrt gilt, je höher die Arbeitslosigkeit steigt, umso mehr treten Ausländer in eine substitutive Beziehung zu den inländischen Erwerbspersonen.

Der Zusammenhang zwischen Zuwanderung und Wachstum muß anhand verschiedener Wirkungsketten untersucht werden. Direkte Wirkungen ergeben sich wiederum in Abhängigkeit von der Komplementaritäts-/Substitutionalitätshypothese: Unterstellt man letztere, müßte eine Erhöhung des Arbeitsangebots aufgrund von Immigration zu einer tendenziellen Wachstumsabschwächung führen. Umgekehrt erhöhen Immigranten das Wachstum dann, wenn sie spezifische Mismatchsituationen am Arbeitsmarkt – also Nachfrageüberhänge auf spezifischen Teilarbeitsmärkten – ausgleichen, die ein mögliches Wachstum beschränken.

Die partialanalytischen Auswirkungen des vermehrten Arbeitsangebotes am Arbeitsmarkt werden durch die gesamtwirtschaftlichen Wirkungen des Kreislaufzusammenhanges der Ausländerbeschäftigung ergänzt. Makroökonomisch tragen die Zuwanderer durch ihre Konsumausgaben zum Wachstum bei. Aber nicht nur aufgrund der erhöhten gesamtwirtschaftlichen Nachfrage, sondern auch aufgrund des erhöhten Verwaltungsaufwandes, Infrastruktur-, Wohnungs- und Kulturbedarfs der Migranten werden neue Investitionen nötig und somit neue Beschäftigungsmöglichkeiten geschaffen. Die Nachfrage nach dem Faktor Arbeit steigt also. Es existiert sozusagen ein

Multiplikatoreffekt der Ausländerbeschäftigung. Der Wert dieses Multiplikators ist einerseits abhängig von der Höhe der Wachstumsrate im Aufnahmeland. Andererseits ist er abhängig von der Art der Migration. Wenn die Migration sich auf das einzelne Individuum beschränkt, ist der Effekt geringer als wenn ganze Familien wandern. Die Nachfragesteigerung nach Konsumgütern und anderen Leistungen ist höher, wenn die Familie des Migranten mit in das Aufnahmeland wandert. Wie positiv diese Nachfrageeffekte ausfallen, ist wiederum von der wirtschaftlichen Lage des Aufnahmelandes abhängig. In einer Phase, in der die Kapazitäten beispielsweise nicht ausgelastet sind, kann der Nachfrageüberhang durch die Nutzung dieser brachliegenden Kapazität bedient werden, es kommt zu keinen nennenswerten Neueinstellungen, und die positive Wirkung auf den Arbeitsmarkt stellt sich nicht ein.

Diese kursorischen Ausführungen verdeutlichen, daß die Position und damit auch die Integration von Ausländer/innen von ihrem Arbeitsmarktverhältnis zu den inländischen Arbeitnehmer/innen abhängig ist. Ob dieses Verhältnis mehrheitlich komplementär oder substitutiv ist, hängt insbesondere von konjunkturellen und strukturellen Größen ab. Darüber hinaus ist dieses Verhältnis im Zeitablauf auch Änderungen unterworfen.

Die wirtschaftliche Situation von Ausländern

Die Wirtschaftsstruktur zur Zeit der Hochphase der Gastarbeiterwanderung prägte und prägt die Arbeitsbereiche und Arbeitsmarktpositionen der Zuwanderer trotz einer mittlerweile relativ starken Verschiebung dieser sektoralen Strukturen. Die ausländischen Arbeitskräfte wurden vor allem für Tätigkeiten im Produzierenden Gewerbe und im Bau angeworben. Entsprechend waren 1960 45 % bzw. 26 % der Ausländer in diesen Bereichen beschäftigt. Die Werte stiegen im Produzierenden Gewerbe bis Mitte der 80er Jahre auf 63 %, um bis 1995 wieder auf 50 % zu fallen. Dagegen sind heute nur noch ein Drittel der deutschen Arbeitnehmer/innen in diesem Sektor tätig. Das Baugewerbe verlor an Relevanz und beschäftigte bereits Anfang der 80er Jahre nur noch die Hälfte der ausländischen Arbeiter der 60er Jahre. An diesem Beschäftigungsniveau änderte sich seitdem nichts. Der Anteil von Ausländer/innen in den Bereichen Handel, Verkehr, produktionsnahe Dienstleistungen, konsumnahe Dienstleistungen sowie soziale und staatliche Dienste stieg dagegen auf 35 %. Entsprechend der Verhältnisse im Produzierenden Gewerbe sind hier allerdings 60 % der deutschen Arbeitnehmer/innen beschäftigt. Zu dieser sektoralen Bindung ausländischer Arbeitnehmer kommt hinzu, daß sie über die Zeit hinweg nur in wenig Berufsgruppen tätig waren bzw. sind und dies in der Hauptsache als un- oder angelernte Kräfte.

Somit kann festgehalten werden: Als die ausländischen Arbeitskräfte nach Deutschland geholt wurden, geschah dies aufgrund der damaligen Arbeitskräfteknappheit. Diese Angebotsknappheit war durch einen beständigen Rückgang der Arbeitslosenquote seit Anfang der 50er Jahre gekennzeichnet, der sein Ende in der Rezession 1967 fand. Der damalige Bundeskanzler Erhard sprach in seiner Regierungserklärung 1965 von einer Erschöpfung des Arbeitsmarktes und den damit verbundenen Auswirkungen auf das Wirtschaftswachstum. Die Beschäftigung der Ausländer/innen konzentrierte sich bis zu Beginn der 80er Jahre auf nur wenige Branchen, Berufe und Regionen. Ihre Anwesenheit ermöglichte es den deutschen Arbeitnehmern, sich weiterzubilden und sich Arbeitsplätze in besser bezahlten Sektoren und in angenehmeren Arbeitsbedingungen zu beschaffen. Insofern waren die ausländischen Arbeitskräfte komplementär zu den einheimischen Arbeitnehmern.

An den Arbeitsbedingungen, mit denen ausländische Arbeitnehmer/innen in den Betrieben konfrontiert werden, kann zum einen ihr sozialer Status in der deutschen Gesellschaft zum Ausdruck kommen, zum anderen sind Arbeitsbedingungen ein Indikator für die Qualität von Arbeitsplätzen. Gerade im sekundären Arbeitsmarkt sind oftmals auf Grund der Art der Tätigkeit die Arbeitsbedingungen härter als in anderen Bereichen. Entsprechend bewerten Ausländer/innen ihren Arbeitsplatz weniger positiv und haben auch in allen Arbeitsmarktsegmenten die Arbeitsplätze mit der geringsten Attraktivität inne. So sind die Arbeitsplätze von Ausländer/innen und insbesondere die von türkischen Arbeitnehmer/innen weniger abwechslungsreich. Bedingt durch die Anwerbung von ausländischen Arbeitskräften in den 50er und 60er Jahren, speziell für Aufgaben in der industriellen Fertigung und der Schwerindustrie, sind die körperlichen Belastungen im Arbeitsalltag für Ausländer deutlich größer.

Ausländische Arbeitnehmer arbeiten im Schnitt 38,0 Stunden pro Woche und damit länger als deutsche Arbeitskollegen. Letztere sind nur 35,2 Stunden in der Woche tätig. Eine noch größere Abweichung ist zwischen ungelernten deutschen Arbeitnehmern mit 31 Wochenstunden und Ausländern mit 39 Stunden pro Woche erkennbar. Die für inländische Arbeitnehmer geringe Arbeitszeit in diesem Bereich läßt darauf schließen, daß deutsche ungelernte Arbeiter meist Zweitverdiener sind. Für höher qualifizierte Gruppen sind nur geringere Abweichungen feststellbar.

Auf Grund der kurzen bzw. befristeten Aufenthaltsdauer gab es während der 60er Jahre in Deutschland keine Arbeitslosigkeit für Gastarbeiter. Arbeitslos gewordene Gastarbeiter mußten kurzfristig heimkehren, wodurch sie die Statistik nicht belasteten. In Deutschland erreichte die Zahl der beschäftigungslosen Ausländer nach der Ölpreiskrise von 1973 ein erstes Maximum und pendelte sich dann im Jahresdurchschnitt bei rund 100.000 ein. Nach einem kräftigen Anstieg zu Beginn der 80er Jahre erhöhte sich diese Zahl auf nahezu 300.000 Ausländer ohne Beschäftigung. Bis Ende der 80er Jahre sank die Zahl der arbeitslosen Ausländer im Jahresdurchschnitt auf annähernd 200.000, um dann wieder sprunghaft anzusteigen. 1990 wurden zum ersten Mal über 400.000 arbeitslose Ausländer registriert. – Diese Zahlen spiegeln auch die Konjunkturabhängigkeit der Wanderungen bis Anfang der 1970er Jahre sowie die dann folgende Trendwende am Arbeitsmarkt wider.

Während 1966 ein Wanderungsgewinn von 97.000 Personen gegenüber dem Ausland zu verzeichnen war, gab es 1967 einen Wanderungsverlust von 198.000 Ausländer/innen. Schon das Jahr darauf erholte sich die Wirtschaft und sorgte für eine extensive Anwerbung von neuen Arbeitskräften. Von 1968 bis 1973 kamen mehr Gastarbeiter nach Deutschland als je zuvor. Für diese Zeit läßt sich ein durchschnittlicher Wanderungsgewinn von 387.000 Personen pro Jahr nachweisen. Die ausländische Bevölkerung wuchs in dieser Zeit von 1,9 auf 4,0 Mio. Personen. Die Zahl der ausländischen Arbeitskräfte stieg von 1,1 Mio. (1968) auf den bisher

Ausländische Arbeitnehmerinnen in einem Betrieb um 1990

höchsten Stand von 2,6 Mio. (1973). Zum Vergleich: 1996 waren 2,1 Mio. Ausländer unselbständig erwerbstätig.

Das bis dahin angewandte Rotationsprinzip der temporären Zu- und Abwanderung wurde in den späten 60er Jahren immer stärker in Frage gestellt. Zwei Gründe waren dafür verantwortlich: Zum einen konnten die Gastarbeiter in der kurzen Zeit ihres Aufenthaltes das selbstgesetzte Sparziel nicht erreichen. Zum anderen erwies sich das Rotationsmodell für die westdeutschen Arbeitgeber als unrentabel. Jeder der neu eingetroffenen Gastarbeiter mußte vor seinem Einsatz angelernt werden; durch die Übergangsphasen senkte sich die Produktivität in den entsprechenden Arbeitsbereichen. Die Bundesregierung führte 1971 per Gesetz die Verlängerung von Aufenthaltsgenehmigungen ein. Damit begann für viele die Verfestigung ihres Status, da dieses Gesetz in den Augen vieler Ausländer/innen den Nachzug ihrer Familienangehörigen ermöglichte.

Das Jahr 1973 bedeutete für die Zuwanderungsbewegung grundlegende Veränderungen. Die deutsche Regierung erhöhte in einem ersten Schritt die Gebühren, die für die Anwerbung neuer Gastarbeiter von den Arbeitgebern gezahlt werden mußten, um das Dreifache. Nach dem OPEC-Embargo verkündete die Bundesregierung im Oktober 1973 als zweiten Schritt die Beendigung der Anwerbung von ausländischen Arbeitnehmern. Das Steuerungsinstrument Anwerbestopp griff nur vorübergehend und einseitig. Zwar wurde der Arbeitsmarkt zwischen 1974 und 1977 um 706.000 entlastet (1977: 1,9 Mio.), doch bereits 1979 nahm die Ausländerbeschäftigung wieder zu. Insgesamt ging die Zahl der in Deutschland lebenden Ausländer/innen in diesen vier Jahren um weniger als 200.000 Personen zurück. Ein negativer Wanderungssaldo stellte sich nur zwischen 1974 und 1977 ein.

1980 lebten 4,5 Mio. Ausländer in der Bundesrepublik (Ausländeranteil 7 %), von denen 2,1 Mio. einer Beschäftigung nachgingen. In den darauffolgenden Jahren ging die Zahl der Ausländer trotz der Rezession der frühen 80er Jahre nur unwesentlich zurück, während die Zahl der ausländischen Beschäftigten deutlich sank (1985: 4,4 Mio.). Mit dem Anwerbestopp setzte der Familiennachzug in den 70er Jahren ein. Die neue Regelung stellte Ausländer vor die Zwangsalternative, entweder endgültig ins Herkunftsland zurückzukehren oder sich in Deutschland niederzulassen und Familienmitglieder nachkommen zu lassen. Die Rückkehrbereitschaft der Ausländer aus Nicht-EU-Staaten verringerte sich deutlich. Durch den Anwerbestopp wurde zwar der Neuzuzug gebremst, nicht aber die Rückkehrbereitschaft gefördert. Der Anwerbestopp hatte also in erster Linie eine Veränderung in der Struktur der ausländischen Bevölkerung bewirkt.

Trotz einer relativ günstigen Konjunktur in dieser Phase kann angenommen werden, daß die große Zahl an Zuwanderern zu diesem Zeitpunkt auch die Konkurrenz um knappe Arbeitsplätze wachsen ließ. Dies gilt in weit stärkerem Maße für die darauffolgende Phase der konjunkturellen Abschwächung. Für die zuletzt zugereisten Gruppen können ungünstigere Rahmenbedingungen hinsichtlich der Arbeitsmarktintegration angenommen werden.

Die Arbeitslosenquote der ausländischen Erwerbspersonen lag seit Beginn der 80er Jahre in jedem Jahr über jener der westdeutschen Erwerbspersonen. Abgesehen von einer kurzen Phase der Wiederannäherung in der zweiten Hälfte der 80er Jahre entwickelten sich die Quoten von ausländischen und deutschen Erwerbspersonen weiter auseinander, wobei zu Beginn der 80er Jahre wie auch während der 90er Jahre die Arbeitslosenquote ausländischer Erwerbspersonen bei wachsender Arbeitslosigkeit überproportional anstieg und zum Jahresende 1996 einen neuen Rekord von 20,5% erreichte. Mehr als andere Ausländer waren türkische Erwerbspersonen von diesem Trend betroffen. Ihre Arbeitslosenquote lag Ende 1996 mit 24,4% über jener der Ausländer insgesamt. Dies galt insbesondere in Phasen allgemein steigender Arbeitslosigkeit. Bei sinkenden Arbeitslosenzahlen, wie zwischen 1987 und 1990, reduzierte sich die Arbeitslosenquote von Türken allerdings überproportional und erreichte 1990 sogar das Niveau der Ausländer insgesamt.

Unterscheidet man zwischen Ausländern aus den EU-Staaten und Drittländern, so liegen die Arbeitslosenquoten bei Bürger/innen aus Drittländern zum Teil erheblich über der Quote der Ausländer/innen insgesamt. Es lassen sich drei Gründe dafür aufzeigen: Die Zuwanderung der EU-Bürger/innen liegt zeitlich gesehen weiter zurück. Sie sind im Durchschnitt höher qualifiziert und sie können aufgrund der Bewegungsfreiheit innerhalb der EU konjunkturreagibel wandern. Eine Ausnahme von dieser Regel bilden die Zuwanderer aus dem ehemaligen Jugoslawien, deren Arbeitslosenquote über die Jahre hinweg sehr niedrig und Ende 1996 mit 11,1% gut halb so hoch wie die durchschnittliche Arbeitslosenquote der Ausländer/innen war.

Insgesamt lassen sich die Gründe für eine höhere Arbeitslosigkeit der Ausländer folgendermaßen zusammenfassen: Ausländer weisen einen überproportional hohen Beschäftigungsanteil im Produzierenden Gewerbe auf. Das Produzierende Gewerbe ist jedoch am stärksten vom Umstrukturierungs- und Rationalisierungsprozeß betroffen. Zudem steigt die Nachfrage nach qualifizierten Arbeitnehmern, die ausländische Arbeitnehmer aufgrund ihrer im Durchschnitt niedrigeren Qualifikationen nicht erfüllen können. Der tertiäre Sektor bleibt vielen Ausländern wegen kundennäheren Tätigkeiten versperrt, und selbständige Tätigkeiten scheitern oft an fehlenden Möglichkeiten zur Kapitalbeschaffung.

Gleichwohl ist die Selbständigkeit für Ausländer eine in den letzten Jahren vermehrt feststellbare Alternative zur abhängigen Beschäftigung. Die Migranten haben offensichtlich erst nach einem längeren Prozeß in die selbständige Erwerbstätigkeit gefunden. Dieser Prozeß ist durch vier Aspekte gekennzeichnet. Zunächst ist der Anwerbestopp zu nennen, mit dem eine Konsolidierungsphase auf dem Arbeitsmarkt eingeleitet wurde. Die Gastarbeiter blieben auf Grund der schlechten ökonomischen Situation im Heimatland in Deutschland, wodurch der Familiennachzug einsetzte. Sie schätzten ihre individuellen Erwerbschancen im Gastland besser ein als in der Heimat. Der zweite Aspekt bezieht sich auf die schlechte konjunkturelle Entwicklung, die mit einer sinkenden Nachfrage nach Arbeitskräften einherging. Um der Arbeitslosigkeit zu entgehen, versuchten die ersten Ausländer, sich selbständig zu machen. Der dritte Aspekt ist in einer im Vergleich zu deutschen Arbeitnehmer/innen höheren Akzeptanz niedrigerer Einkommen aus der Selbständigkeit zu sehen. Der vierte Aspekt betrifft die rechtlichen Voraussetzungen, die für eine Aufnahme und Ausübung der selbständigen Erwerbstätigkeit gegeben sein müssen. Darunter fallen zum einen die Erteilung einer Aufenthaltsgenehmigung und zum anderen eine Streichung von Auflagen bei der Ausländerbehörde.

Die Zahl der selbständigen Ausländer/innen (ohne mithelfende Familienmitglieder) stieg von etwa 40.000 Anfang 1970 auf rund 240.000 im Jahr 1995. Das bewirkt einen Anstieg der Selbständigenquote – also des Anteils ausländischer Selbständiger an allen ausländischen Erwerbstätigen – von 3 % auf 8,7 % und damit eine Annäherung an die Quote von 10 % der deutschen Selbständigen. Im Vergleich zu deutschen Selbständigen weisen die Tätigkeiten der Ausländer eine andere sektorale Struktur auf. In den Jahren zwischen 1972 und 1992 entfielen rund drei Viertel aller ausländischen Selbständigen auf die Bereiche Handel, Verkehr und Dienstleistung. Im Bereich Land- und Forstwirtschaft, in dem jeder vierte deutsche Selbständige tätig war, war nur ein vernachlässigbarer Anteil von ausländischen Selbständigen vertreten. Den Schwerpunkt der Existenzgründungen von Deutschen und Ausländern bildete der Dienstleistungsbereich. Eine gegenläufige Entwicklung fand bei den Warenproduzenten statt. Während die Zahl der ausländischen Warenproduzenten stetig stieg, zogen sich immer mehr deutsche aus diesem Feld zurück.

Die größten Gruppen ausländischer Selbständiger stellen Italiener, Türken, ehemalige Jugoslawen und Griechen. Gleichzeitig sind dies die Gruppen mit den höchsten Arbeitslosenquoten und zwar konstant über die letzten zehn Jahre. Während sich bis Ende der 70er Jahre kein durch die Arbeitslosigkeit verursachter Aufbruch in die Selbständigkeit abzeichnet, macht die Selbständigenquote zwischen 1980 und 1982 einen Sprung um 10 % auf 15 %. Die Vermutung liegt nahe, daß sich die in Deutschland lebenden Ausländer endgültig für Deutschland als ihren Lebensmittelpunkt entschieden haben und mit dem Generationswechsel verstärkt auf die selbständige Erwerbstätigkeit gesetzt wurde. Mit zunehmender Arbeitslosigkeit wagen sich deutlich mehr Italiener in die Selbständigkeit als Türken. 1994 sind rund 12,1 % der Italiener als selbständige Unternehmer tätig (1980: 4,9 %), während sich unter den Türken nur 4,1 % gegenüber 1,2 % 1980 in die Selbständigkeit gewagt haben. Der ununterbrochene Anstieg der Arbeitslosenzahlen bei den Italienern kann als Grund für den anhaltenden positiven Trend zur Selbständigkeit gesehen werden. Für die Türken verbesserte sich Mitte der 80er Jahre die Arbeitsmarktlage, so daß weniger türkische Arbeitnehmer einen Grund für einen Statuswechsel in die Selbständigkeit sahen.

Untersucht man die spezifischen Größen der von selbständigen Ausländern geführten Unternehmen, kristallisieren sich zwei Typen heraus. Fast jeder zweite Ausländer betreibt ein Self-Employed Unternehmen ohne Angestellte. Daneben existieren Self-Employment Unternehmen, bei denen die Eigner mit einigen Angestellten zusammenarbeiten. In nur seltenen Fällen finden sich Unternehmen, bei denen sich der ausländische Unternehmer allein auf das Management beschränkt.

Im Unterschied zu deutschen Vollhandwerkern betreiben Ausländer häufig handwerksähnliche Gewerbe. Dabei handelt es sich meist um Nischen bzw. Bereiche (Schneider, Speiseeishersteller), in denen für Deutsche ein zu geringes Einkommen abfällt. Der Weg in das Vollhandwerk wird Ausländern durch das Fehlen notwendiger Abschlüsse bzw. die Nichtanerkennung von ausländischen Zeugnissen erschwert. Ein wichtiges Standbein für ausländische Selbständige bildet neben dem Handwerk der Einzelhandel, und hier insbesondere der Nahrungsmittelbereich. Diese Geschäfte können im wesentlichen dadurch bestehen, daß sie kulturspezifische Güter importieren und so die Nachfrage der eigenen ethnischen Minderheit befriedigen. Vor diesem Hintergrund dürfte ein substitutives Verhältnis zu Deutschen auch dann auszuschließen sein, wenn sie mit ihrer spezifischen Produktpalette deutsche Kunden in größerem Maße für sich gewinnen würden. Ausländische Einzelhändler stoßen nämlich meist in Nischen, die zuvor bereits von Deutschen aufgegeben wurden. Dies hängt zum einen eben mit einer unterschiedlichen Warenpalette, aber auch mit der Akzeptanz niedrigerer Einkommen der Ausländer zusammen.

Vergleicht man die Positionierung der In- und Ausländer am Arbeitsmarkt, so kann man feststellen, daß diese trotz einzelner Verdrängungsfälle doch eher die Auffassung von einem komplementären Verhältnis nahelegt, das sich auch dann fortsetzt, wenn beide Gruppen nach Alternativen zur bisherigen Erwerbstätigkeit suchen.

Die soziale Situation von Ausländern

Die soziale Situation von Ausländern ergibt sich primär aus ihrer ökonomischen Lage, weshalb zunächst die Einkommensverteilung und die Einkommensentwicklung betrachtet werden. Diese ökonomisch begründete Sichtweise wird dann um das Konzept der sozialen Integration erweitert, in dessen Rahmen vor allem die Problematik der Assimilation und der wachsenden Segregationstendenzen in der ausländischen Bevölkerung zu behandeln sind. Stand somit bisher die Frage nach den Auswirkungen von Zuwanderung auf die inländische Volkswirtschaft im Zentrum der Argumentation, so interessieren im folgenden vor allem die Aspekte der Integration und Anpassung.

Das Bruttoeinkommen ausländischer Arbeitnehmer liegt im Vergleich deutlich hinter dem deutscher Arbeitnehmer. Insgesamt gesehen haben Deutsche zwischen 1984 und 1995 einen höheren Zuwachs erfahren als ihre ausländischen Kollegen. Von einem durchschnittlichen Einkommen von 2760 DM im Jahr 1984 vollzog sich eine Steigerung um 55% auf 4290 DM im Jahr 1995. Dagegen erfuhren Ausländer mit

42 % eine geringere Steigerung. Sie verdienten 1995 insgesamt 3430 DM brutto. Eine Anpassung zeichnete sich am ehesten bei den Facharbeiterberufen ab.

Die Einkommenssituation von Personen wird jedoch nicht nur von ihrem eigenen Einkommen bestimmt, sondern in Mehrpersonenhaushalten auch vom Einkommen weiterer Haushaltsmitglieder (Additionseffekt). Es hat sich gezeigt, daß Haushaltseinkommen als Wohlfahrtsindikator wenig aussagekräftig sind, solange nicht Größe und Zusammensetzung der Haushalte berücksichtigt werden. Durch die Berechnung eines sogenannten Haushalts-Äquivalenzeinkommens, bei dem eine Bedarfsgewichtung erfolgt, werden die genannten Faktoren mit in Betrachtung einbezogen.

Die Höhe der Haushalts-Äquivalenzeinkommen hängt von der Familiengröße und -struktur ab. In diesem Punkt unterscheiden sich ausländische Haushalte deutlich von deutschen Haushalten. Den Haushalten mit Kindern stehen bei den Deutschen mit 67 %, und bei den Ausländern mit 47 % Haushalte ohne Kinder gegenüber. Während bei Deutschen inzwischen der Ein-Personen-Haushalt der verbreitetste Haushaltstyp ist, leben Ausländer am häufigsten in Vier- und Mehr-Personen-Haushalten. Allerdings sind aufgrund der Assimilation der Ausländer an die Deutschen auch in diesen Bereichen Konvergenzbewegungen feststellbar. Denn die hohen Anteile an den Vier- und Mehr-Personen-Haushalten kommen nur zum Teil von einem anderen Geburtenverhalten. Daneben ist im Unterschied zur deutschen Bevölkerung die Mehr-Generationen-Familie deutlich häufiger anzutreffen.

Bei Familien mit zwei Kindern gibt es, entsprechend den Mikrozensusuntersuchungen für 1995, die geringsten Unterschiede zwischen deutschen und ausländischen Haushalten. In 34,8 % bzw. 36,9 % der ausländischen bzw. deutschen Haushalte mit Kindern leben 2 Kinder. Die größten Unterschiede finden sich dagegen bei Familien mit vier und mehr Kindern. Bei den Ausländern sind dies 6,2 % aller Haushalte mit Kindern und bei den Deutschen 2,6 %.

Zur Entwicklung eines geeigneten Indikators, der über den materiellen Wohlstand einer Person Auskunft gibt muß – wie bereits erwähnt – das Haushaltseinkommen gewichtet werden. Dabei sollten Unterschiede im Bedarf einzelner Haushaltstypen sowie Haushaltsgrößenersparnisse, die bei gemeinsamem Wirtschaften anfallen, berücksichtigt werden. Eine Division der Haushaltsnettoeinkommen durch die Zahl der Haushaltsmitglieder hätte jedoch ein unrealistisches Ergebnis zur Folge. Vielmehr bekommt jedes Haushaltsmitglied ein altersmäßig gestaffeltes Gewicht, das kleiner ist als das Gewicht des Haushaltsvorstands, welches auf eins normiert ist.

Während die durchschnittliche ausländische Haushaltsgröße konstant bei 3,3 verharrt, verkleinert sie sich unter den Deutschen kontinuierlich. Dies drückt sich auch im Vergleich der Äquivalenzeinkommen der Haushalte aus. Der unterschiedlichen Haushaltsgröße entsprechend haben Deutsche durchschnittlich 1665 DM zur Verfügung und Ausländer nur 1264 DM. Darüber hinaus bleiben die Steigerungsraten mit Blick auf das Pro-Kopf-Einkommen bei beiden Gruppen so gut wie unverändert. Aufgrund des bisherigen Assimilationsverhaltens ist anzunehmen, daß mit den kommenden Generationen auch die Haushaltsstrukturen eine Anpassung erfahren und sich die Einkommensunterschiede damit ausgleichen.

Gemessen am Gini-Koeffizienten – dieser ist ein Maß für die (Un)gleichverteilung von Einkommen oder Vermögen in einer Bevölkerung; er bewegt sich zwischen 0 und

1, wobei gilt: je größer der Gini-Koeffizient, desto ungleicher ist die Verteilung – hat die Einkommensungleichheit der westdeutschen Bevölkerung von 1985 bis 1995 leicht zugenommen (von 0,272 auf 0,277). Diese Differenz erhöht sich durch die Einbeziehung der Zuwanderer. Der Gini-Koeffizient für 1995 steigt dann auf 0,281. Dies liegt – wie gesehen – vor allem daran, daß Zuwanderer unterdurchschnittliche Äquivalenzeinkommen aufweisen.

Diese Einkommensarmut muß als relative Armut bezeichnet werden, die sich nach dem mittleren Einkommen einer Referenzbevölkerung richtet und in Abhängigkeit von Land und absolutem Einkommen starken Schwankungen unterliegt. Beträgt das mittlere Äquivalenzeinkommen einer Person weniger als 50% des mittleren Einkommens in Westdeutschland, dann befindet sie sich im Bereich der mittleren Armut. Liegt das Einkommen unter 40% des Durchschnitts, dann wird dies als strenge Armut bezeichnet.

Für das Jahr 1985 wurde eine Standard-Armutsrate (50%-Schwelle) von 11,9% gemessen. Ohne Berücksichtigung der Zuwanderer ist die Armutsrate im Jahr 1995 praktisch ebenso hoch wie elf Jahre zuvor. Gleiches gilt für die Rate des Niedrigeinkommensbereichs und die Rate der strengen Armut. Berücksichtigt man die Zuwanderung, so erhöhen sich alle drei Armutsindikatoren um etwa einen Prozentpunkt. Da die Zuwanderer-Population jedoch nur mit einem Gewicht von knapp 9% in die Gesamtquote eingeht, muß dieser Anstieg für die Gesamtbevölkerung auf extrem hohe Armutsquoten unter den Zuwanderern selbst zurückgeführt werden. Entsprechend beträgt die Standard-Armutsquote (50%-Schwelle) für Zuwanderer fast 30%. 17% sind sogar als streng arm zu bezeichnen und fast die Hälfte dieser Population lebt im Bereich von Niedrigeinkommen.

Bei der Betrachtung der Sozialhilfebedürftigkeit wird die Position der ausländischen Bevölkerung in der westdeutschen Gesellschaft deutlich. Auf zusätzliche Transferleistungen von seiten des Staates waren unter den Deutschen 1995 rund 2,7% angewiesen. Im Vergleich zu 1980 hat sich der Wert verdoppelt. Die Sozialhilfeempfängerquote aller Ausländer lag im Jahr 1980 unterhalb der deutschen, verfünffachte sich aber schließlich bis 1995 auf 5,5%. Die Einkommensarmut macht die Ausländer zu den Hauptempfängern von Sozialhilfeleistungen.

Betrachtet man die soziale Integration anhand weiterer, außerökonomischer Faktoren, so lassen diese Faktoren keinen optimistischen Schluß auf mögliche Integrationsprozesse zu – denn gerade sie determinieren die wirtschaftliche und soziale Position der Ausländer. Nach Schätzungen des Statistischen Bundesamtes beherrschen 55% aller Ausländer aus den früheren Anwerbeländern die deutsche Sprache gut. Eine unterdurchschnittliche Sprachkompetenz zeigt sich bei türkischen Zuwanderern (49% mit guten Deutschkenntnissen). Bei ausländischen Frauen sind die Deutschkenntnisse geringer (48%) als bei ausländischen Männern. Bei der zweiten Generation bestehen hingegen kaum Sprachbarrieren. 93% der in Deutschland geborenen Ausländer beherrschen die deutsche Sprache gut.

Gute Kenntnisse der deutschen Sprache und längere Aufenthaltsdauer in Deutschland sollten im Prinzip dazu führen, daß sich die sozialen Beziehungen zwischen Migranten und Einheimischen intensivieren. Dies ist jedoch nicht der Fall. Vor allem in der ersten Hälfte der 90er Jahre zeichnete sich eine zunehmende soziale Segregation der ausländischen Bevölkerung ab. So befinden sich für mehr als die Hälfte aller Ausländer unter ihren drei wichtigsten Bezugspersonen keine Deutschen (58%). Zwischen 1992 und 1994 nahm der Anteil der Ausländer mit intensiven Beziehungen zu Deutschen sogar ab (1992: 48%, 1994: 42%). Bei der zweiten Generation sind aufgrund besserer Sprachkenntnisse mehr interethnische Freundschaften zu erwarten. Tatsächlich hat die zweite Generation von Ausländern weitaus mehr soziale Kontakte mit Deutschen als die ausländische Bevölkerung insgesamt. Allerdings zeigte sich auch bei ihnen zwischen 1992 und 1994 ein deutlich rückläufiger Trend. Während 1992 zwei Drittel aller in Deutschland aufgewachsenen Ausländer mindestens einen deutschen Freund oder eine deutsche Freundin hatten (67%), sank dieser Anteil bis 1994 auf 59%. Besonders ausgeprägt war die soziale Segregation bei türkischen Zuwanderern und ihren Kindern. Von ihnen hatte 1994 nur ein Drittel eine deutsche Kontaktperson (1992: 37%). Dieser starke Rückgang interethnischer Freundschaften muß als Indiz für eine wachsende Distanz zwischen der ausländischen und der deutschen Bevölkerung gewertet werden.

Für die hier betrachteten Migrantengruppen ist die Bundesrepublik Deutschland faktisch zum Lebensmittelpunkt und damit zugleich zum Zielland geworden, auch wenn eine Einwanderung auf Dauer ursprünglich gar nicht beabsichtigt war. Es stellt sich dennoch die Frage, ob die Migranten ihren Aufenthalt selbst als zeitlich unbegrenzt verstehen. 1995 hatte sich knapp die Hälfte (47%) der Ausländer aus den Anwerbeländern für einen dauerhaften Aufenthalt entschieden. Dies bedeutet jedoch nicht, daß die andere Hälfte der hier lebenden Ausländer plant, ins Herkunftsland zurückzukehren. Von denjenigen, die nicht für immer in Deutschland bleiben wollen, hat kaum jemand konkrete Rückkehrabsichten. Falls eine Rückkehr überhaupt erwogen wird, so liegt der anvisierte Zeitpunkt in fernerer Zukunft, also z.B. im Rentenalter. Bei der zweiten Generation lag der Anteil derer, die sich für einen dauerhaften Aufenthalt entschieden hatten, stets deutlich über dem Durchschnitt. Dies überrascht nicht. Die zweite Generation ist in Deutschland aufgewachsen und kennt das Herkunftsland der Eltern meist nur aus Ferienaufenthalten. Auffällig ist jedoch, daß der Anteil derer, die sich als Angehörige der zweiten Generation bewußt für einen dauerhaften Aufenthalt entschieden hatten, zwischen 1991 (59%) und 1995 (52%) leicht rückläufig war.

Auch wenn sich viele Ausländer bereits für einen dauerhaften Aufenthalt in Deutschland entschieden haben, fühlen sich nur wenige als Einheimische. 1995 hatten lediglich 11% überwiegend das Gefühl, Deutsche zu sein. Von den türkischen Zuwanderern waren es sogar nur 7%. Bei der zweiten Generation liegt dieser Anteil höher. Von ihnen fühlten sich 1991 30% als Deutsche, 1995 jedoch nur noch 21%. Es ist anzunehmen, daß der abnehmende Identifikationsgrad Mitte der 90er Jahre sowohl eine Reaktion auf erlebte Ausgrenzung der ausländischen Bevölkerung in Deutschland darstellt, als auch Ausdruck eines gewachsenen ethnischen Selbstbewußtseins der ausländischen Migranten und ihrer Kinder ist. Schließlich sind viele Ausländer mit dem verstärkten Zuzug von Aussiedlern in den letzten Jahren einer neuen Konkurrenz ausgesetzt, die die soziale Integration nicht unbedingt fördert.

Ausblick

Die wirtschaftliche und soziale Position und Integration der Ausländer hängt – wie gesehen – vor allem von ihrer Positionierung am Arbeitsmarkt ab. Diese Positionierung ist im Vergleich zu den deutschen Arbeitnehmern relativ schlecht, wie sich insbesondere an der mittlerweile nahezu doppelt so hohen Arbeitslosenquote sehen läßt. Dieses höhere Risiko hängt weniger von konjunkturellen Einflüssen oder dem Arbeitsangebotsverhalten ab, als vielmehr von der Branchenzugehörigkeit und der Qualifikation der Ausländer/innen: Seit dem Beginn der Arbeitskräftezuwanderung vor 40 Jahren sind Ausländer in den (mittlerweile) Krisenbranchen des Produzierenden Gewerbes überrepräsentiert. Hinzu kommt, daß 78% der arbeitslosen Ausländer, aber nur 38% der deutschen Arbeitslosen keine abgeschlossene Ausbildung haben. Während über Jahre hinweg ein steigendes Bildungsniveau bei den Ausländern feststellbar war, muß für die letzten Jahre konstatiert werden, daß dies bestenfalls stagniert, wenn nicht sogar leicht rückläufig ist. Diese Entwicklung dürfte wiederum negative Auswirkungen auf die ökonomische und soziale Integration der Ausländer haben. Für die ökonomische Leistungsfähigkeit der Bundesrepublik Deutschland kann dies vor dem Hintergrund der allgemeinen demographischen Entwicklung ebenfalls negative Wirkungen haben.

Daß die deutsche Gesellschaft altert, ist eine bekannte Tatsache. Deshalb seien an dieser Stelle nur einige wenige aber deutliche Zahlen genannt: Die deutsche Bevölkerung – und damit auch abhängig vom Erwerbsverhalten das Arbeitskräftepotential – wird ab 2005 zunächst langsam und dann immer schneller schrumpfen, bis 2030 je nach angenommener Zuwanderung um bis zu 14 Mio. vermutlich gravierender als die quantitative Entwicklung ist die Veränderung der Altersstruktur: Der Anteil der unter 20jährigen an den 20–59jährigen geht von heute 38% auf ca. 30% im Jahr 2020 zurück, der Anteil der über 60jährigen steigt von heute 35% auf ca. 55% im Jahr 2020 und 70% in 2030. Das Durchschnittsalter steigt im selben Zeitraum von heute 40 Jahren auf 48 Jahre. Der Anteil der Ausländer in den typischen Erwerbspersonengruppen wird aufgrund der immer noch höheren Geburtenhäufigkeit zunehmen. Genau in der Phase, in der der deutsche Arbeitsmarkt wieder verstärkt auf ausländische Arbeitnehmer angewiesen sein wird, werden diese zwar da sein, aber ein Qualifikationsniveau besitzen, das den Anforderungen der künftigen Arbeitswelt nur wenig Rechnung trägt. Folglich wird es in der nahen Zukunft weniger darum gehen, Ausländer nach Deutschland zu holen, als vielmehr zu versuchen, die Ausbildungssituation der bereits hier befindlichen Personen zu verbessern. Nur dann kann sich deren ökonomische und soziale Position und Integration verbessern. Dazu müßte Deutschland allerdings auch die Realität anerkennen und sich zu seinem Status als De-facto-Einwanderungsland bekennen. Ein Einwanderungsgesetz, das vor allem die zersplitterten Zuständigkeiten zwischen dem Bund und den Ländern abstimmt und insgesamt für mehr Transparenz sorgt, wäre ein erster Schritt in die richtige Richtung.

Literatur

Abelshauser, Werner: *Wirtschaftsgeschichte der Bundesrepublik Deutschland 1945–1980.* Frankfurt a. M. 1983.

Bauer, Thomas/Zimmermann, Klaus F.: »Gastarbeiter und Wirtschaftsentwicklung im Nachkriegsdeutschland«. In: *Jahrbuch für Wirtschaftsgeschichte* 2 (1996), S. 73–108.

Becker, Irene: »Entwicklung der Einkommensverteilung in Deutschland. Zunehmende Spaltung der Gesellschaft«. In: *WSI-Mitteilungen* 10 (1997), S. 690–700.

Bedau, Klaus-Dietrich: »Zuwanderung vergrößert Einkommensungleichheit und Einkommensarmut in Deutschland geringfügig. Neue Ergebnisse des Sozio-ökonomischen Panels (SOEP)«. In: *DIW-Wochenbericht* 50 (1996), S. 816–822.

Bender, S./Karr, W.: »Arbeitslosigkeit von ausländischen Arbeitnehmern. Ein Versuch, nationalitätenspezifische Arbeitslosenquoten zu erklären«. In: *Mitteilungen aus der Arbeitsmarkt- und Berufsforschung* 26 (1993), S. 192–206.

Deutscher Bundestag: *Bericht der Beauftragten der Bundesregierung für Ausländerfragen über die Lage der Ausländer in der Bundesrepublik Deutschland.* BT-Drucksache 13/9484, Bonn 1997.

– : *Zweiter Zwischenbericht der Enquete-Kommission »Demographischer Wandel – Herausforderungen unserer älter werdenden Gesellschaft an den einzelnen und die Politik*, BT-Drucksache 13/11460. Bonn 1998.

Fassmann, Heinz/Münz, Rainer/Seifert, Wolfgang: »Die Arbeitsmarktposition ausländischer Arbeitskräfte in Deutschland (West) und Österreich«. In: *Mitteilungen aus der Arbeitsmarkt- und Berufsforschung* 30 (1997), S. 732–745.

Gieseck, A./Loeffelholz, H. D. v.: »Ausländische Selbständige: Entwicklung, Struktur, gesamtwirtschaftliche Bedeutung und Perspektiven«. In: *RWI-Mitteilungen* 45 (1994), S. 345–368.

Jeschek, Wolfgang: »Integration junger Ausländer in das Bildungssystem kommt kaum noch voran«. In: *DIW Wochenbericht* 24 (1998), S. 417–426.

Kiehl, Melanie/Werner, Heinz: *Die Arbeitsmarktsituation von EU-Bürgern und Angehörigen von Drittstaaten in der EU*, IAB Werkstattbericht Nr. 7. Nürnberg 1998.

Münz, Rainer/Seifert, Wolfgang/Ulrich, Ralf: *Einwanderungsland Deutschland.* Frankfurt a. M./New York 1998.

Rürup, Bert/Sesselmeier, Werner: »Einwanderung: Die wirtschaftliche Perspektive«. In: Friedrich, Balke/Rebekka Habermas/Patrizia Nanz/Peter Sillem (Hg.): *Schwierige Fremdheit. Über Integration und Ausgrenzung in Einwanderungsländern.* Frankfurt a. M. 1993, S. 285–304.

–/–: »Einwanderungspolitik im Spannungsfeld zwischen ökonomischer Notwendigkeit und gesellschaftlicher Akzeptanz«. In: *Informationsdienst zur Ausländerarbeit* Nr. 3/4 (1995), S. 18–25.

Seifert, Wolfgang: *Die Mobilität der Migranten. Die berufliche, ökonomische und soziale Stellung ausländischer Arbeitnehmer in der Bundesrepublik.* Berlin 1994.

Sesselmeier, Werner/Blauermel, Gregor: *Arbeitsmarkttheorien. Ein Überblick.* Heidelberg 1998.

Sesselmeier, Werner/Rürup, Bert: »Langfristige Wirkungen der Arbeiterimmigration auf Arbeitsmarkt, Faktorausstattung und Wachstumspfad seit der Reichsgründung«. In: *Jahrbuch für Wirtschaftsgeschichte* 2 (1996), S. 11–38.

Velling, Johannes: *Immigration und Arbeitsmarkt. Eine empirische Analyse für die Bundesrepublik Deutschland.* Baden-Baden 1995.

Werner, Heinz: »Integration ausländischer Arbeitnehmer in den Arbeitsmarkt. Vergleich von Frankreich, Deutschland, Niederlande und Schweden«. In: *Mitteilungen aus der Arbeitsmarkt- und Berufsforschung* 26 (1993), S. 348–361.

Zimmermann, Klaus F.: *Immigration und Arbeitsmarkt: Eine ökonomische Perspektive.* IZA Discussion Paper No. 7, Forschungsinstitut zur Zukunft der Arbeit Bonn.

II. Literatur

Einleitung: Eine Literatur des Konsenses und der Autonomie – Für eine Topographie der Stimmen

Thomasin von Circlaria (1185–1238?) hat von sich geschrieben: »Tiutschiu zunge, enphâhe wol, / als ein guot hûsvrouwe sol, / disen dînen welhschen gast / der dîn êre minnet vast.« (›Deutsche Sprache, nimm, / wie es sich für eine gute Hausherrin gehört, / diesen deinen welschen Gast gut auf,/ der dein Ansehen sehr liebt.‹) Nicht anders hat sich Elias Canetti (1905–1994) im Jahr 1969 vor der Bayerischen Akademie der Schönen Künste definiert: »Ich bin nur ein Gast in der deutschen Sprache, die ich erst mit acht Jahren erlernt habe«. Und dann gab es u.a. den gebürtigen Franzosen Louis Charles Adélaide de Chamisso (1781–1838), der durch *Peter Schlemihl's wundersame Geschichte* und seine Balladen zum deutschen Nationaldichter Adelbert von Chamisso wurde. Ferner hat Theodor Fontane (1819–1898) in seinem autobiographischen Werk *Meine Kinderjahre* gezeigt, wie im Lauf der Generationen die Zweisprachigkeit unter den Hugenotten in Brandenburg einem deutschsprachigen jedoch bikulturellen Gedächtnis gewichen ist. Unter den Autor/innen des 20. Jahrhundert läßt sich über die Sprachentscheidung z.B. von Franz Kafka, Paul Anczel (alias Paul Celan), Rose Ausländer und Jurek Becker nachdenken. Solche Autor/innen und ihre Werke weisen auf eine interkulturelle Kontinuität innerhalb der deutschsprachigen Literatur hin, die nach wie vor auf eine kongruente Auslegung wartet. Dennoch läßt sich schon heute behaupten, daß es die deutsche Literatur nie als reine ›Monokultur‹ gegeben hat.

Das literarische Phänomen, das im folgenden ›interkulturelle Literatur‹ genannt wird, ist also seinem sprachlichen Wesen nach so alt wie die deutsche Literatur selbst. Das Neue an dieser interkulturellen Literatur ist jenseits der Sprachentscheidung der einzelnen Autor/innen zu suchen. Vordergründig handelt sich um eine kulturübergreifende und vielsprachige Literaturbewegung. Dies hängt mit folgenden Fakten zusammen: die Einwanderung aus dem Mittelmeerraum (ab 1955), das politische Exil aus Osteuropa (ab 1968), aus Lateinamerika (ab 1973) und aus Ländern des Nahen Ostens wie Libanon, Syrien und Iran im Lauf der 70er Jahre sowie eine intensivierte Repatriierung deutschstämmiger Familien aus Ost- und Südosteuropa in der zweiten Hälfte der 80er Jahre. Für die Auswanderung aus Fernost sowie aus dem schwarzafrikanischen Kulturraum sind unterschiedliche Ursachen zu berücksichtigen. In knapp fünf Jahrzehnten hat diese kulturübergreifende Literatur eine sprachliche Vielfalt gewonnen, die es im deutschen Kulturraum bisher noch nicht gegeben hat.

PoLiKunst-Tagung »Ziele der Betroffenheit« am 25./26. September 1982 im Café des Theaters am Turm in Frankfurt/Main; auf dem Podium von links: Rafik Schami, Gino Chiellino, Şinasi Dikmen und Suleman Taufiq.

Inzwischen ist vor allem der deutschsprachige Teil dieser interkulturellen Literatur in das Zentrum der Aufmerksamkeit gerückt. Angesichts der Vielzahl der geschriebenen Sprachen, die kein leichtes Durchkommen erlaubt, ist dies verständlich, wenngleich es auch den Blick einschränkt und zu falschen Einschätzungen führen mag. Daher ist es an der Zeit, auch den Autor/innen gebührende Aufmerksamkeit zukommen zu lassen, die im Kontext der eigenen Sprachkultur Wesentliches zur ästhetischen und inhaltlichen Komplexität dieser Literaturen beigetragen haben. Zwei Gründe sprechen für das Vorhaben: Nur eine Darstellung, die die zwei Sprachebenen in der jeweiligen kultur-ethnischen Minderheit berücksichtigt, kann die nötige Klarheit über die Rolle der einzelnen Autor/innen erbringen. Der muttersprachlichen Literatur kommt insbesondere deshalb eine zentrale Bedeutung zu, da sie die interkulturelle Literatur in der Bundesrepublik begründet hat. Mit ihren ersten Werken haben die muttersprachlichen Autor/innen die Grundtendenz für die gesamte Entwicklung festgelegt. Indem gerade diese Autor/innen an die Öffentlichkeit gelangen, wird die bisherige Wahrnehmung korrigiert, vervollständigt und zwangsläufig von jeder deutschsprachigen Priorität befreit.

Um die sprachliche und kulturelle Tragweite dieser interkulturellen Literatur zu erfassen und sie den Leser/innen zugänglich zu machen, reicht es nur bedingt aus, im Bereich der kultur-ethnischen Minderheiten synchron und zweisprachig vorzugehen. Zwar liegen die Anfänge der interkulturellen Literatur bei den Minderheiten der Einwanderer, aber ihre Entwicklung ist ebenso von Exil und Repatriierung geprägt. Zudem haben Arbeitsmigration, Exil und Repatriierung eine existentielle Dimension, die sich dem Blickwinkel des Aufnahmelands nicht erschließt. Für die Bewohner/innen des Aufnahmelands sind Arbeitsmigration, Exil und Repatriierung drei verschiedene Wege, die das gleiche Ziel verfolgen, nämlich die Niederlassung innerhalb einer wohlhabenden und beschützenden Gastgesellschaft. Aus dem Blickwinkel der Arbeitsmigranten, Exilierten und Repatriierten gestalten sich die Wege und die Ziele als ein vielschichtiges Spannungsfeld zwischen Vergangenheit und Zukunft. Da Ver-

Im Saal: von links: Giuseppe Fiorenza Dill'Elba; entlang der Wand zwei Vertreter des Con-Verlags (Bremen); unter dem Lautsprecher: Franco Biondi, rechts von ihm: Hülya Özkan und José F. Oliver (kaum zu erkennen).

gangenheit und Zukunft unterschiedlichen Kulturräumen zugeordnet werden, geraten Raum und Zeit aus dem Gleichgewicht und erhalten unterschiedliche Stellenwerte. Während die Aufnahmegesellschaft die Priorität des Ortes hervorhebt, negiert sie die mitgebrachte Vergangenheit der Ankommenden. Dem gegenüber setzen die Ankommenden die Kontinuität ihrer Vorgeschichte, d.h. die Priorität der Zeit. Diese Kerndiskrepanz erweist sich als besonders ausschlaggebend bei der Gestaltung der Werke sowie bei deren Rezeption innerhalb der Gastgesellschaft. Das Erkennen dieser gestaltgebenden Kerndiskrepanz bildet die entscheidende Voraussetzung für die Auslegung der Werke und trägt dazu bei, die kulturenübergreifende Komplexität dieser Literatur zu erfassen.

Für die Zusammenführung der räumlichen und zeitlichen Dimension der interkulturellen Literatur ist das Modell einer ›Topographie der Stimmen‹ besonders nützlich und führt weiter als ein rein chronologischer Abriß. Eine vollständige Topographie der Stimmen kann wiederum nur mit Hilfe von grenzüberschreitenden Bezugssystemen entworfen werden. Sie erlauben es, gerade die Autor/innen zu berücksichtigen, die außerhalb der Bundesrepublik ihre bundesrepublikanische Erfahrung dargestellt haben. Durch die Erweiterung der Raum-Zeit-Dimension jenseits der bundesdeutschen Grenze können Werke einbezogen werden, die in anderen literarischen Kontexten entstanden sind. Hierzu zählen Werke von Autor/innen, die vorübergehend im Lande tätig waren und später darüber geschrieben haben; so z.B. der türkischsprachige Roman *Türkler Almanyada* (*Die Türken in Deutschland*, Istanbul 1966) von Bekir Yıldız, der Gedichtband *Lingua e Dialetto* (Nuoro 1971) des Sarden Antonio Mura, die Reportage des griechischen Journalisten Giorgos Matzouranis *Man nennt uns Gastarbeiter* (Athen 1977). Um die grenzüberschreitende Gesamtheit der interkulturellen Literatur zu erfassen, sollten auch Werke wie *Tutti dicono Germania Germania. Poesie dell'Emigrazione* des Italieners Stefano Vilardo (Milano 1975), *Theodula, leb wohl* der Griechin Lili Sografou (Athen 1976) oder *Gost* (Gast, Belgrad 1979) von Dragi Bugarčić als extreme literarische Ergebnisse einbezogen werden, da sie von Autor/innen verfaßt worden sind, die keine Einwanderer waren.

Eine Topographie der Stimmen, die chronologische Abläufe und sprachlich-inhaltliche Zusammenhänge des gesamten Phänomens erfassen soll, bedarf einer verbindlichen Ausgangsposition. Und diese lautet: Bei dem betreffenden literarischen Phänomen handelt es sich um eine kulturenübergreifende Literatur, die aus Werken und Autor/innen besteht. Die Betrachtung der Werke unabhängig von den Biographien der Autor/innen ist deswegen notwendig, weil im Kontext von Arbeitsmigration, Exil und Repatriierung Werke entstehen, die zu keiner thematischen Kontinuität bei ihren Verfassern führen. Dies kann aus existentiellen Zwängen geschehen, für den Fall, daß der Autor Land und Inhalt seines Schreibens verläßt, oder weil er seine schriftstellerischen Interessen, aus welchem Grund auch immer, neu definiert, oder weil der Literaturbetrieb vor Ort kein Interesse an seinem Werdegang zeigt. Zu dieser Art von Werken gehören z.B. die Reportage bzw. der Roman des italienischen Gastarbeiters Gianni Bertagnoli *Arrivederci, Deutschland!* (Stuttgart 1964), die Autobiographie der jugoslawischen Arbeiterin Vera Kamenko *Unter uns war Krieg* (Berlin 1978), der Erstling von Akif Pirinçci *Tränen sind immer das Ende* (München 1980), der Erzählband der exilierten Russin Raissa Orlowa-Kopelew *Die Türen öffnen sich langsam* (Hamburg 1984) und der englischsprachige Roman *Der verkaufte Traum* (Stuttgart 1991) der ghanesischen Autorin Amma Darko. Die innere Zusammensetzung der einzelnen Stimmen dieser Literatur ist unterschiedlich. Einige Stimmen haben sich als »monophon«, wenn auch interkulturell, und andere haben sich als polyphon entwickelt.

Am Anfang artikulierte sich diese literarische Bewegung polyphon. Sie setzte sich aus den nationalen Sprachen der kultur-ethnischen Minderheiten zusammen, die seit 1955 eingewandert sind. Innerhalb der italienischen Minderheit haben sich u.a. folgende Autor/innen für ihre Herkunftssprache entschieden: Giuseppe Fiorenza Dill'Elba, Marisa Fenoglio, Giuseppe Giambusso und Salvatore A. Sanna. Für die türkische Minderheit sind die folgenden Autor/innen als Beispiel zu nennen: Aras Ören, Güney Dal, Aysel Özakın und Habib Bektaş. Zugleich haben Antonio Hernando, Kostas Karaoulis und Irena Vrkljan jeweils innerhalb der spanischen, griechischen und der jugoslawischen Minderheit für die Kontinuität der mitgebrachten Sprachen votiert.

Die zweite Stimme ist die Stimme aller Autor/innen aus den Minderheiten, die sich für die deutsche Sprache als Mittel ihrer Kreativität entschieden haben. Zu ihnen gehören u.a. Vera Kamenko, Zvonko Plepelić und Srđan Keko aus dem ehemaligen Jugoslawien; Franco Biondi, Gino Chiellino, Lisa Mazzi und Fruttuoso Piccolo aus Italien; Luisa Costa Hölzl aus Portugal sowie Yüksel Pazarkaya, Emine Sevgi Özdamar, Şinasi Dikmen, Kemal Kurt u.a. aus der Türkei.

Die dritte Stimmen ist die deutsche Stimme jener jüngeren Autor/innen, die aufgrund ihrer Sozialisation und ihrer schulischen Erziehung Deutsch als Muttersprache in der Schule und im sozialen Umfeld sprechen, jedoch nicht in der familiären Umgebung. Hier sind als Beispiel zu nennen: José F.A. Oliver mit andalusischer Herkunft, Zehra Çırak, Zafer Şenocak und Feridun Zaimoğlu mit türkischer Herkunft, Aglaia Blioumi mit griechischer Herkunft, Harris Džajić mit bosnischer Herkunft und Sonja Guerrera mit italienischen Herkunft.

Die vierte Stimme im Bereich der Einwanderung ist von Deutschland aus nur schwer zu vernehmen. Sie lebt in Kontexten anderer nationaler Literaturen weiter. Hierzu gehören zurückgekehrte Autor/innen, die zwar Deutschland aber nicht die thematische Zugehörigkeit zur Einwanderung aufgegeben haben, wie der Italiener Giuseppe Fiorenza Dill'Elba oder der Grieche Napoleon Lasanis. Extreme Beispiele sind jene Autor/innen, die das erste Einwanderungsland verlassen und in der Sprache eines zweiten Einwanderungslands Werke verfassen, die in unmittelbarer Beziehung zu ihren Werken aus der Muttersprache oder aus der Sprache des ersten Einwanderungslands entstehen. Dazu gehören Bekir Yıldız und Antonio Mura. Und dies trifft auf den englischsprachigen Roman *Faith, Lust and Airconditioning* der türkisch- und deutschschreibenden Autorin Aysel Özakın zu. Der Roman ist erstmalig als *Glaube, Liebe, Aircondition* in München (1991) erschienen. Und es gibt Autor/innen, die nie in Deutschland waren, und dennoch über Einwanderung in Deutschland schreiben, indem sie über die Auswanderungsgeschichte der eigenen Familie berichten. Dies macht z.B. der italo-kanadische Autor Romano Perticarini aus Vancouver, der in seinem italienischsprachigen Werk *Via Diaz* (Montréal 1989) auf die Erfahrung seines Vaters im Deutschland der 60er Jahre eingeht.

Bei den Autor/innen, die in Deutschland politisches Asyl suchen, ist gleichfalls eine polyphone und eine monophone, d.h. deutschsprachige Stimme zu vernehmen. Die polyphone besteht aus allen mitgebrachten Sprachen von politischen Flüchtlingen aus dem Mittelmeerraum, Osteuropa, Lateinamerika und aus der ehemaligen Sowjetunion. Diese polyphone Stimme ist aus zwei Gründen schwer zu orten. Die Exilwerke erscheinen in der Regel bei Verlagen, die sich nicht unbedingt in dem Land befinden, in dem die Autor/innen Aufnahme gefunden haben. Zusätzlich werden Exilwerke als interne Auseinandersetzung mit der Opposition im Herkunftsland entworfen und daher selten übersetzt. Man vermutet zum Teil einen schwierigen Zugang zu den Inhalten, und zum Teil kaum Interesse für politische Vorgänge, die die deutschsprachigen Leser/innen nicht direkt berühren. Dies trifft z.B. auf die Mehrheit der international bekannten russischen Autor/innen zu, die in der Bundesrepublik lebt und auf Russisch schreibt (s. Kap. II.8). Leichter zu vernehmen war von Anfang an die deutschsprachige Stimme der Exilautor/innen, die schon vor ihrer Ankunft hier im Lande bekannt waren oder stellvertretend für ihre Landsleute Adressat der politischen Solidarität gegenüber ihrem Land waren. Das trifft besonders für deutschsprachige oder prominente Autor/innen wie Ota Filip aus Tschechien, Antonio Skármeta aus Chile, Said aus dem Iran, György Dalos aus Ungarn und für den Syrer Adel Karasholi in der ehemaligen DDR zu.

Eine besondere Schnittstelle zwischen politischem Exil und Einwanderung hat sich auf Grund der politischen Entwicklung in klassischen Auswanderungsländern wie Griechenland, Spanien, Portugal und Türkei ergeben. Sei es, weil Autor/innen aus diesen kultur-ethnischen Minderheiten Werke verfaßt haben, in denen die Grenze zwischen Arbeitsemigration und Exil aufgehoben worden ist, sei es, weil exilierte Autor/innen sich inhaltlich der Arbeitsmigration der eigenen Minderheit zugewandt haben. Für den ersten Fall sind zu erwähnen: der Grieche Chrisafis Lolakas mit dem Roman *Soweit der Himmel reicht* (Köln 1985) und der Spanier Antonio Hernando mit dem Gedichtband *Emigration/Emigración* (Berlin 1989), aber auch der Libanese Jusuf Naoum, der in seinem Erzählband *Der Scharfschütze* (Fischerhude 1983) seine Erfahrungen aus dem Gastarbeiterleben mit den Erfahrungen aus dem Bürgerkrieg im Libanon zusammenführt. Einen extremen Fall stellt der Zaza-Kurde Kemal Astare (geb. 1960) aus der Türkei dar, da er auf zaza-kurdisch schreibt und seine Gedichte (*Tausend Wogen im Herzen / Hasar Denzige Zerre Mi De*, 1992) und Erzählungen (*Cer Hard, Hor Asmen*; 1994 in Stockholm bzw. in Istanbul veröffentlicht). Für den zweiten Fall stehen der portugiesischsprachige Lyriker Luciano Caetano da Rosa und der türkischsprachige Erzähler und Romancier Fakir Baykurt. In der ersten Hälfte der 90er Jahre wiederholte sich das Gleiche, jedoch auf verwirrende Weise, innerhalb der Minderheiten aus dem ehemaligen Jugoslawien.

Einzigartig ist die Stimme jener Autor/innen, die weder zu den politischen Flüchtlingen noch zu den klassischen Einwanderern gehören. Ihr Weg nach Deutschland hatte besondere Gründe, entweder weil sie aus Ländern stammen, in denen weder politische noch ökonomische Auswanderung vorkommt, oder weil sie auf Grund ihres Lebenslaufs davon nicht berührt worden sind. Dazu gehören Cyrus Atabay aus Iran, die Japanerin Yoko Tawada, Libuše Moníková aus Tschechien, der Tuviner Galsan Tschinag aus der Mongolei, aber auch Rajvinder Singh aus Indien und der US-Amerikaner John Linthicum. Sie alle haben sich für die Sprache des Gastlandes entschieden.

Die achte Stimme stammt aus dem schwarzafrikanischen Kulturraum. Sie ist per se vielsprachig, weil in den Herkunftsländern neben den National- oder Regionalsprachen wie Swahili oder Ibo, infolge der politischen Landesvergangenheit auch Englisch, Französisch oder Portugiesisch geschrieben wird. Die Tradition der Vielsprachigkeit wird in der Bundesrepublik fortgesetzt. Exilautoren wie Ebrahim Hussein und Said Khamis aus Tansania schreiben weiterhin Swahili genauso wie Sénouvo Agbota Zinsou weiterhin Französisch als Sprache seiner Kunst pflegt. Unter diesen Autoren haben einige sich auch für die Sprache der Aufnahmegesellschaft entschieden, nämlich El Loko aus Togo, Chima Oji aus Nigeria, Thomas Mazimpaka aus Ruanda und Daniel Mepin aus Kamerun. Zur selben Zeit verfaßt Elias Anwuantudo Dunu aus Tschad englischsprachige Lyrik, Alain Patrice Nganang aus Kamerun schreibt Gedichte auf Französisch, und Paul Oyema Onovoh aus Nigeria setzt in seiner Lyrik alle Sprachen ein, die ihm zur Verfügung stehen: die Muttersprache Ibo, Englisch, Französisch und Deutsch.

Die neunte Stimme setzt sich aus den Sprachen zusammen, die rußlanddeutsche Schriftsteller/innen bei ihrer Repatriierung mitgebracht haben: Deutsch und Russisch. Die zwei Sprachen können je nach Autor getrennt oder zusammen auftreten. Für die Mehrheit der Autor/innen ist Deutsch die Sprache der Kreativität, darunter Lia Frank oder Viktor Heinz, das Russische hingegen ist die Sprache z.B. der Gedichte von Agnes Giesbrecht. Vor allem ist das Russische die Sprache, in die ihre Werke am meisten übersetzt worden sind und die Sprache des interkulturellen Austausches vor und nach der Repatriierung. In besonderen Fällen wie bei Waldemar Weber liegt eine operative Zweisprachigkeit vor: Deutsch ist die Sprache seiner Lyrik und Russisch die Sprache der Literaturvermittlung. Nicht zu vergessen ist die vorläufig kaum hörbare Stimme jener Schriftsteller/innen, die mit anderer kultureller Herkunft ebenfalls aus Osteuropa kamen. Sie sind im Strudel der Auswanderung nach Deutschland geraten und schreiben weiterhin in ihrer mitgebrachten Sprache.

Soweit zur Topographie der Stimmen, die dazu beitragen soll, die äußeren Merkmale dieser interkulturellen Literaturbewegung zu beschreiben. Eine solche Betrachtungsweise stellt kulturgeschichtliche Auslöser und inhaltliche Schwerpunkte in den Vordergrund und verliert nicht die jeweiligen Sprachen aus dem Blick. An dieser Topographie der Stimmen läßt sich z. B. deutlich ablesen, daß die Literaturbewegung durch die Einwanderung aus dem Mittelmeerraum in Gang kam und daß den Anfängen im Alltag der Gastarbeiter wellenartige Erweiterungen im Bereich der Sprachen, der Inhalte und der Textsorten gefolgt sind. Dennoch wäre es verfehlt, nach einer einheitsstiftenden Homogenität in dieser Literatur zu suchen, gerade weil sie eine externe Hilfskonstruktion ist, die sich nicht in ein analytisches Verfahren umwandeln läßt. Daher verfährt dieser Band anders als die germanistische Literaturwissenschaft der 80er Jahre, die die Deutschsprachigkeit zum Kernauslöser der gesamten Bewegung erhoben hat (s. Kap. IV.2).

In den einzelnen Kapiteln wird ein chronologisches Vorgehen angestrebt, um Herkunftskultur, Sprachoption und Themen so differenziert wie möglich zu erfassen. Im Mittelpunkt der ersten sechs Kapitel, die dieser Einführung folgen, wird eine Rekonstruktion der literarischen Prozesse innerhalb der jeweiligen kultur-ethnischen Minderheit stehen. Im Zuge der Arbeitseinwanderung haben sich sechs Minderheiten gebildet, die hier chronologisch eingeführt werden: die italienische, die griechische, die spanische, die türkische, die portugiesische und die Minderheiten aus dem ehemaligen Jugoslawien.

Bei der Rekonstruktion der literarischen Prozesse werden kollektive sowie individuelle literarische Aktivitäten unabhängig von der Sprache, in der sie geschrieben sind, gleichermaßen berücksichtigt. Ferner werden die Initiativen vorgestellt, die besonders zur Entstehung und zur Verbreitung der Werke beigetragen haben, darunter literarische Zirkel und Wettbewerbe, Zeitschriften und Verlage.

Die darauffolgenden sechs Kapitel sind Kultur- bzw. Sprachräumen gewidmet, wo politische Machtstrukturen und Umwälzungen Exilwellen oder Repatriierungsprozesse ausgelöst haben. Zuflucht in Deutschland fanden beispielsweise Autor/innen aus dem vorderen Osteuropa, aus Iran, aus Lateinamerika mit seinen zwei Sprachkontexten und aus dem arabischen Kulturraum. Die Repatriierungsprozesse betreffen Autor/innen aus den Republiken der ehemaligen Sowjetunion. Exil und Repatriierung treffen jedoch nicht auf alle in der Bundesrepublik wirkenden Autor/innen zu, die aus den genannten Kultur- und Sprachräumen kommen. Einige von ihnen würden mit Recht behaupten, daß sie den eigenen Kulturraum aus freiem Willen verlassen haben. Der Aufbau dieser Kapitel weicht zwangsläufig von dem der ersten Kapitel ab. Dies ist notwendig, weil Ausgangsposition und Zielsetzungen der exilierten oder repatriierten Autor/innen in unterschiedlichen Bezugssystemen eingebettet sind, die weder untereinander noch mit denen der Arbeitsmigration vergleichbar sind.

Es folgen dann drei Kapitel über den schwarzafrikanischen, den arabischen und den asiatischen Kulturraum. Vor allem für das Asienkapitel stellt die Überschrift eine Hilfskonstruktion dar, die primär als geographischer Orientierungshinweis für die Benutzer/innen des Bandes gedacht ist. In der Tat bietet das Kapitel »Asien« keine einleitende Darstellung über existentielle Erfahrungen oder Gemeinsamkeiten unter den dargestellten Autor/innen, die sie zu einer homogenen Gruppe zusammenschweißen könnten. Für den schwarzafrikanischen Kulturraum bestehen andere Bedingungen, hier liegen mit der Kolonisation und der Sprachoption gemeinsame, entscheidende Erfahrungen vor.

Wenn es auf der einen Seite angebracht ist, unterschiedliche sozioökonomische, politische Voraussetzungen sowie die sprachlich-kulturellen Besonderheiten der einzelnen Kontexte scharf herauszustellen, so ist es auf der anderen Seite um so notwendiger, die Gemeinsamkeiten zu beachten, die sich für die Autor/innen in dem neuen Land oder in der neuen Sprache aus unterschiedlichen Gründen ergeben haben. Mit anderen Worten: Trotz der unterschiedlichsten prägenden Erfahrungen der einzelnen ›Stimmen‹ lassen sich parallele Entwicklungen in der gesamten Literaturbewegung kaum übersehen.

Insbesondere bis in die zweite Hälfte der 80er Jahre haben sich Autor/innen aus den verschiedenen Minderheiten den gleichen Themenkomplexen gewidmet. Daher ist folgender Kernfrage nachzugehen: Entsteht die thematische Nähe mancher Werke aus einem inneren Bedürfnis der sich herausbildenden Minderheiten oder aus dem Wunsch der angehenden Autor/innen, sich an der bundesdeutschen Literatur zu beteiligen? Anders gefragt: Stand die kulturübergreifende Bewegung der interkulturellen Literatur schon bei ihrer Entstehung unter dem Einfluß der bundesdeutschen Literatur, oder ist sie fast wie ein notwendiges Projekt über die Minderheiten hinweg entstanden? Um auf diese Frage eine nachvollziehbare Antwort zu formulieren, werden einige der Hauptaspekte dieser interkulturellen Literatur thesenartig herausgestellt, nämlich: Die Themen, das kultur-literarische Projekt, ein Spannungsfeld aus Nähe und Ferne, der Leser als Gesprächspartner oder der Autor als Identifikationsfigur, die Sprache der Provokation und die Vielfalt des Ichs gegen Zeit und Raum.

Die Themen

Da es sich hier um eine Literaturbewegung handelt, die ihren Ursprung in soziokulturellen sowie wirtschaftlichen und politischen Prozessen findet, wundert es nicht, daß ihre Ursachen und Entwicklungen zu den bevorzugten Themen für die Autor/innen geworden sind. Zu den Inhalten, die den Autor/innen seit der Anfangszeit nahelagen oder die von Leser/innen als Adressaten zu Hause oder als Gesprächspartner vor Ort erwartet wurden, gehören: die Auseinandersetzung mit der persönlichen Vorgeschichte, die zu Auswanderung, Exil oder Repatriierung geführt hat; die Reise in die Fremde; die Begegnung mit einer fremden Kultur, Gesellschaft und Sprache; das Projekt einer neuen paritätischen Identität zwischen Inländer/innen und Ausländer/innen; die Eingliederung in die Arbeitswelt und in den Alltag des Aufnahmelandes, bzw. der alten und neuen Heimat; die Auseinandersetzung mit der politischen Entwicklung im Herkunftsland; die geschlechtsspezifische Wahrnehmung der eigenen Anwesenheit innerhalb eines ethischen Wertesystems mit anderen Prioritäten und Zielsetzungen.

Das kultur-literarische Projekt

Angesicht der Pluralität der Sprachen, der literarischen Traditionen und der Kulturen, die hier aufeinandertreffen, scheint es naheliegend, die Werke über sozio-ökonomische Stichwörter, wie ›Gastarbeiter‹ oder ›Ausländer‹, ›Exil‹ und ›Repatriierung‹, zu verbinden und somit von Ausländer- oder Exilliteratur zu reden. Dennoch ist kaum zu verkennen, daß die Autor/innen an einem Projekt arbeiten, das nicht als innere Angelegenheit dieser kulturellen Minderheiten zu betrachten ist. Das Projekt, das mittlerweile zum Bestandteil des offiziellen Kulturbetriebs geworden ist, zielt darauf ab, die deutsche Sprache und Literatur soweit zu sensibilisieren, daß die ethnozentrischen Prioritäten abgebaut werden, die dem Umgang mit fremden Kulturen im Wege stehen. Andere westeuropäische Sprachen und Literaturen, wie die englische, die französische, die spanische, die portugiesische oder die niederländische, sind in diesem Lernprozeß mit sichtbarem Gewinn schon wesentlich weiter.

Ein Spannungsfeld aus Nähe und Ferne

Unmittelbare Nähe zur bundesdeutschen Literatur der Gegenwart ist bei jenen Autor/innen festzustellen, die gezielte Verknüpfungen mit Themen und Erzähltechniken der Literatur der Arbeitswelt gesucht haben. Das gilt auch für die Frauenthematik, wenn manche Autorinnen am Leben in der Fremde besonders Grundsituationen aus der europäischen Frauenliteratur als das Verbindende thematisieren.

Und doch ist eine Betrachtung der betreffenden Autor/innen und Werke ausschließlich unter der Perspektive der Nähe zur bundesdeutschen Literatur der Gegenwart nach wie vor irreführend. Mehr als um die Nähe geht es ihnen um das Spannungsfeld, in dem sich eine Literatursprache entwickelt, mit der das Aufeinandertreffen der Kulturen in der Bundesrepublik zum Ausdruck gebracht wird. Nähe zu einer fremden Kultur ist die Voraussetzung dafür, daß die Muttersprache aufgebrochen wird und von ethnozentrischen Steuerungsmustern befreit wird, bzw. daß die Fremdsprache nicht zur Synthese der Kulturen mißbraucht wird, sondern zu Aufdeckung interkultureller Vorgänge eingesetzt wird.

Der Leser als Gesprächspartner oder der Autor als Identifikationsfigur

Aus einer derartigen existentiellen und doch ästhetischen Grundsituation leitet sich das Hauptmerkmal dieser interkulturellen Literatur ab, das sie als eine Literatur im kulturellen Spannungsfeld zwischen heterogenen kultur-ethnischen Minderheiten und monokultureller Mehrheit besonders hervorhebt. Die meisten Autor/innen, abgesehen von den muttersprachlichen Exilautor/innen, wenden sich an Leser/innen aus der deutschen Mehrheit, die die verbindliche Rolle eines Gesprächspartners erhalten. In diesem unausweichlichen Drang nach einer Zwiesprache mit dem Leser, um sich als Autor konstruktiv an der Zukunft der Republik zu beteiligen, liegt das Hauptmerkmal einer interkulturell engagierten Literatur. Das Fehlen des Lesers als Gesprächspartner bei einigen Autorinnen ergibt sich aus der Tatsache, daß in ihren Reportagen, ihren Erzählungen, ihren Märchen, ihrer Lyrik und ihren Romanen die Aufnahmegesellschaft nicht im Spannungsverhältnis zur kulturellen Andersartigkeit der Protagonistinnen aufgebaut wird. Sie gilt bewußt als beschützendes Niemandsland, wo eine Auflehnung gegen männliche Willkür, die sich in der Fremde fortgesetzt und verschärft hat, gelingen kann. Dieses emanzipatorische Anliegen verleiht den Werken eine Appellfunktion, die nicht im Streitgespräch relativiert werden darf, da der kultureigene Konflikt das beschützende Niemandsland nicht belasten darf.

Das Fehlen des Lesers als impliziten Gesprächspartner ist auch in einigen der erfolgreichsten Werke über die Fremde in der Bundesrepublik zu verzeichnen, die von bundesdeutschen Autor/innen verfaßt worden sind. Hierzu gehört an erster Stelle *Ganz unten* (Köln 1985) von Günter Wallraff. Das Fehlen des Gesprächspartners ist in diesem Fall mit der komplexen Frage der Verantwortung zu erklären. Die implizite Frage lautet: Wer unter den Mitgliedern der Mehrheit ist für unbedachte bis rassistische Handlungen gegen Einwanderer, Exilierte oder Repatriierte verantwortlich? Die Tatsache, daß in solchen Werken den Leser/innen eine Identifikation mit dem ausländerfreundlichen Autor anstelle des Gespräches über Ursachen und Folgen angeboten wird, zielt darauf ab, die Leser/innen von jeder Verantwortung freizusprechen. Diese Grundhaltung der bundesdeutschen Autoren macht ihre Werke besonders lesbar, aber dadurch unterscheiden sie sich auch von denen der nicht bundesdeutschen Autor/innen. Für letztere würde ein derartiges Identifikationsangebot den Verzicht auf ihr Projekt bedeuten. In der Tat ist interkulturelle Literatur ohne impliziten Gesprächspartner undenkbar.

Die Sprache der Provokation

Nach einer verbreiteten Definition zielt jedes Kunstwerk auf Provokation. Daß ein Gespräch zwischen Minderheit und Mehrheit erst recht der Provokation bedarf, um entstehen zu können, ist einleuchtend. Daher ist die Entscheidung für die Sprache des Landes ein Entgegenkommen. Sie signalisiert die Gesprächsbereitschaft der Autor/innen. Da dieses Signal vom Gesprächspartner nicht als Gesprächsbereitschaft sondern als Teil der sprachlichen Normalität im Lande verstanden wird, hat das Gespräch außerhalb der Werke bis heute kaum eine Chance, sich zu entfalten. Das Reden »über« Einwanderung, Exil und Repatriierung setzt sich fort.

Indessen entsteht der Provokationscharakter einiger Werke aus den 80er Jahren nicht durch das ausgesuchte Thema – Gewalt gehört zu den Archetypen jeder Literatur –, vielmehr entspringt er aus der Ungleichzeitigkeit, mit der Mitglieder der Minderheit und der Mehrheit gesellschaftliche Vorgänge erkennen. Gegenüber der Toten in der Novelle *Abschied der zerschellten Jahre* (1984) von Franco Biondi beweisen die Toten von Solingen (1994) erneut, daß jede Ankündigung durch die Minderheit erst durch die Tat verbürgt werden muß, bevor die Mehrheit sie zur Kenntnis nimmt. Gespräche, die darauf abzielen, Schaden abzuwenden, erfüllen eine notwendige Funktion. Sie ist jedoch nicht identisch mit der Gesprächsbereitschaft, die zu einer neuen Gemeinsamkeit verbindet. Ob es den Romanautor/innen und Lyriker/

innen der jüngsten Generation gelingen wird, Lernprozesse bei der Mehrheit durch »kanakenhafte« Sprachprovokation (wie z.B. Feridun Zaimoğlu und Imran Ayata) zu beschleunigen, ist abzuwarten.

Vielfalt der Ichs gegen Zeit und Raum

Anstelle eines einzigen Ich, oder eines gespaltenen Ich, oder eines Ich und seines Alter Ego greifen Autor/innen der interkulturellen Literatur wie Franco Biondi, Aras Ören, Aysel Özakın eine Vielfalt und Gleichzeitigkeit von Ichs auf. Dies ist notwendig, um die interkulturelle Lebensläufe der Protagonisten darstellen zu können. Dabei geht es um die Zusammenfügung von Lebensläufen, die sich in unterschiedlichen Kulturräumen ereignet haben. Die Rekonstruktion des interkulturellen Lebenslaufs der Protagonisten ist die Voraussetzung, ohne die keine soziale Emanzipation erreichbar wäre. Dennoch operieren die interkulturellen Autor/innen immer mit einem vollständigen Ich. Seine Vollständigkeit ist darin zu erkennen, daß jedes Ich im Roman über eine autonome und abgeschlossene Entwicklung im Einklang mit der freigelegten Herkunft verfügt. Jedes Ich bedeutet einen vollendeten Abschnitt ein und desselben interkulturellen Lebenslaufs. Ein vielversprechender Vorschlag, mit dem interkulturelle Autor/innen gegen die sogenannte Zerrissenheit eines Lebens in der Fremde vorgehen. In interkulturellen Romanen werden die Leser/innen keine zerrissenen sondern kontroverse, widersprüchliche und konkurrierende Lebensläufe finden. Sie werden gezielt als solche aufgebaut, weil sich dadurch die Ungleichzeitigkeit von gleichwertigen Kulturen thematisieren läßt. Interkulturelle Lebensläufe werden bewußt gegen jede monokulturelle Priorität von Raum und Zeit eingesetzt.

Hierzu gehören Archetypen wie der Lebenslauf eines erfolgreichen Gastarbeiters im Vergleich mit dem des verarmten Schriftstellers bei Aras Ören, oder die Vita der erfolgreichen Autorin gegenüber dem Lebenslauf der gescheiterten Widersacherin bei Aysel Özakın. Oder der Streit der Protagonisten um die Authentizität ihrer Lebensläufe bei Franco Biondi. Konsequenterweise werden Raum und Zeit im Leben der Protagonisten durch ständige Bewegung ersetzt. Dadurch werden ihnen monokulturelle Räume als Lebensräume entzogen. Die Lebensläufe der Protagonisten erwachsen nach wie vor aus dem Spannungsfeld zwischen den Kulturen, aber sie sind von der Geschwindigkeit geprägt, mit der interkulturelle Autor/innen die Spannungspole in Berührung bringen. Eine chronologische Vermittlung der Zeitläufe und Kulturräume ist jedoch nicht mehr erforderlich, weil interkulturelle Lebensräume in Städten wie Frankfurt, Berlin, Zürich oder Istanbul längst entstanden sind.

Schließlich kann die bisherige Entwicklung auch durch externe Kategorien wie ›Konsens‹ und ›Autonomie‹ auf den Punkt gebracht werden. Konsens hat sich durch die Beteiligung an den bundesdeutschen Literaturströmungen gezeigt: Konkrete Poesie, Literatur der 68er-Generation, Literatur der Arbeitswelt, Frauenliteratur, märchenhafte Literatur und Rap-Literatur. Ästhetische Autonomie offenbart sich immer mehr durch die Fokussierung von interkulturellen Themen und durch das Beharren auf einen kreativem Umgang mit der neuen Sprache. Dieses insbesondere liegt weit entfernt von der Erwartung jener Sprachhüter, die sich eine Revitalisierung der bundesdeutschen Sprache durch Zufuhr von unbekannten Redewendungen und Metaphern wünschen. Die damit verbundene Vorstellung, daß es sich um eine zeitbefristete »kleine Literatur« handelt, die sich mit der dritten Einwanderergeneration auflösen wird, ist eine irreführende Hoffnung, hinter der sich der Wunsch verbirgt, weiter monokulturell denken zu können. Schon eine kongruente Auslegung der Literatur von Thomasin von Circlaria bis Jurek Becker beweist, daß die deutsche Literatur als reine Monokultur ein Konstrukt der nationalen Literaturwissenschaft ist.

Aber wie sieht es nun mit der Zukunft aus? Die bisherige Entwicklung der interkulturellen Literatur in der Bundesrepublik beweist, daß es sich keineswegs um eine »kleine Literatur« handelt. Realistischerweise ist festzustellen, daß das Deutsche kaum zu einer kulturübergreifenden Weltsprache wie Englisch, Französisch oder Spanisch werden kann. Dennoch ist ein Dialog der Kulturen auf deutsch mehr denn je notwendig. Dafür sprechen die Etablierung der kultur-ethnischen Minderheiten in der Bundesrepublik und die geopolitische Lage des wiedervereinten Deutschlands. Deutschland als Kernland zwischen West- und Osteuropa ist längst vom Mittelmeer eingeholt worden. Die Zukunft der interkulturellen Literatur läßt sich daher folgendermaßen wiedergeben: Autor/innen aus bekannten und neuen kultur-ethnischen Minderheiten werden Werke in deutscher Sprache und in anderen Sprachen verfassen, die eine kulturübergreifende Literatur als eigene ästhetische Herausforderung vorantreiben. Diesen Werken und ihren Verfasser/innen ist zu verdanken, daß Deutschlands Literatur zu Beginn des 21. Jahrhunderts Anschluß an die führende Weltliteratur findet, die überall in der Welt von Autor/innen geschrieben wird, die nicht in ihrer Muttersprache schreiben oder die muttersprachliche Werke jedoch außerhalb ihrer Herkunftskultur verfassen.

1. Literatur der italienischen Minderheit

Carmine Chiellino

Die Eigenart der Literatur der italienischen Minderheit in Deutschland läßt sich thematisch und sprachlich beschreiben:

1. Nicht alle italienischen Schriftsteller/innen greifen Themen auf, die das Leben in der Fremde oder die Anwesenheit einer italienischen Minderheit in Deutschland betreffen. Dies tun Gianni Bertagnoli, Giuseppe Fiorenza dill'Elba, Franco Biondi, Fruttuoso Piccolo, Gino Chiellino, Carmine Abate, Lisa Mazzi-Spiegelberg, Maurizio Moretti und Sonja Guerrera. Nur bedingt werden solche Themen von Gaetano Martorino, Giuseppe Giambusso, Ciro Pasquale und Franco Sepe behandelt. In den Werken von Franco Antonio Belgiorno, Salvatore A. Sanna, Marisa Fenoglio, Antonella Villa und Marcella Continanza finden sich deutliche Verbindungen, aber eine thematische Kontinuität fehlt.

2. Ähnliches gilt für die Sprache, in der geschrieben wird. Die literarische Bewegung ist in der italienischen Sprache entstanden und hat sich zweisprachig entwickelt hat. Auf italienisch schreiben: Abate, Belgiorno, Bertagnoli, Continanza, Fenoglio, Fiorenza dill'Elba, Giambusso, Moretti und Sanna. Biondi und Piccolo haben italienisch angefangen und sich später für deutsch entschieden. Chiellino und Mazzi-Spiegelberg schreiben von Anfang an deutsch. Villa und Guerrera schreiben italienisch und deutsch. Neben der in der Gruppe praktizierten Zweisprachigkeit ist eine neuartige Zweisprachigkeit zu vermerken, die von den Werken ausgeht. Es liegt intendierte Zweisprachigkeit in einem Werk vor, wenn der Adressat/Gesprächspartner sich außerhalb der geschriebenen Sprache befindet. Dies trifft zum einen für einige italienischsprachige Texte von Giuseppe Fiorenza dill'Elba und Salvatore A. Sanna zu, da dort ein Gesprächspartner vorkommt, der der Gastgesellschaft zuzuordnen ist, und zum anderen für alle deutschsprachigen Erzählungen, Gedichte und Romane, in denen neben dem deutschkundigen Adressaten ein intendierter Gesprächspartner existiert, der im Bereich der Herkunftskultur zu suchen ist. Hinzu kommt eine faktische Zweisprachigkeit, die daraus resultiert, daß manche italienischsprachigen Werke, wie *Arrivederci, Deutschland!* (1964) von Gianni Bertagnoli, nur auf deutsch vorliegen oder, wie Abates Erzählband *Den Koffer und weg!* (1984), zuerst auf deutsch veröffentlicht wurden. Andere Werke werden bewußt zweisprachig vorgelegt, weil der Adressat/Gesprächspartner sich jenseits der Geburtssprache der Werke befindet. Hierzu gehören die Südwind-Anthologien: *Wurzeln, hier/Le radici, qui* (1982) und *Nach dem Gestern/Dopo ieri* (1983) sowie Giambussos Gedichtbände.

Der Anfang

Die ersten italienischen Bauern, Handwerker, Tagelöhner und Arbeiter kamen Anfang 1956 in Süddeutschland an. Der Veroneser Gianni Bertagnoli traf 1959 in Baden-Württemberg ein und legte mit *Arrivederci, Deutschland!* 1964 ein erstes Buch vor.

Dem Aufbau nach ist das Buch eine Kombination von Tagebuch und Reportage. Bertagnolis Vorgehen entspricht der damals in Italien sowie in Deutschland aufkommenden Literatur der Arbeitswelt. *Arrivederci, Deutschland!* beginnt mit der Musterung von Rino Sorresini durch die deutsche Anwerbekommission in Verona, die ihn als Bauarbeiter nach Poldorf vermittelt. Es folgt eine Zugfahrt, die den Norditaliener in Kontakt mit Auswanderern aus dem Süden bringt. Danach wird über Sorresinis Leben als Gastarbeiter in Poldorf berichtet. Es war ein leiser Anfang, und doch hat Bertagnoli bereits die prägenden Themen der ›Letteratura Gast‹ (s. Kap. IV.2) angekündigt: die Unmöglichkeit der Rückkehr, der Gang in die Fremde als Flucht vor sozialer Kontrolle – vor allem für die Frauen – und die Suche nach einem Niemandsland, um das Dilemma der nationalen Zugehörigkeit zu überwinden. *Arrivederci, Deutschland!* wurde kaum rezipiert, weil das Buch zu früh und auf deutsch erschienen ist. Zudem ist die italienische Minderheit in den 60er Jahren zu sehr mit ihrer eigenen Absicherung beschäftigt. Ein sprachlicher Zugang zum bundesdeutschen Kulturbetrieb ist nur in seltenen Fällen gegeben. Die Kontinuität zwischen Bertagnolis Reportage und der ›Letteratura Gast‹ ergab sich, da Bertagnolis Themen auf der Straße lagen. Sie waren und sind Bestandteil der Erfahrungen in der Fremde, die durch die Ankunft von Millionen von Einwanderern aus dem Mittelmeerraum im Mittelpunkt des öffentlichen Lebens gehalten werden. Diese ›Letteratura Gast‹ liegt ganz im Trend der westeuropäischen Literatur der 60er und 70er Jahre, die als realistische bzw. engagierte Literatur gesellschaftsrelevante Themen aufgreift. Und doch ist *Arrivederci, Deutschland!* ein Dokument besonderer Art. Das Buch ist geprägt von der Euphorie des Wirtschaftswunders und berichtet von jungen Menschen aus Südeuropa, die sich dem deutschen Alltag vertrauensvoll aussetzten.

Die ›Letteratura Gast‹ und die Diskussion der 70er Jahre

Zwischen *Arrivederci, Deutschland!* und der deutschsprachigen Ausgabe von Franco Biondis Erzählband *Passavantis Rückkehr* (1982) liegen 18 Jahre. Im Lauf dieser Jahre wagen einige Mitglieder der italienischen Minderheit, durch das Schreiben ihre Isolation zu verlassen. Das Schreiben ermöglicht Beziehungen außerhalb des Arbeitsplatzes, des Wohnheims oder des ghettoähnlichen Stadtviertels. Angesicht der unsicheren Qualität der Texte aus dieser Zeit ist es fast großzügig, von einer »Literatur von unten« zu sprechen (Reeg 1988, S. 14). Dennoch ist nicht zu verkennen, daß gerade die Debüterfahrungen der 70er Jahre die gesamte Entwicklung befördert haben.

Publizistische Foren dieser Erfahrungen waren die italienische Presse in Deutschland und einige Autoreninitiativen. Als Vertreter der Presse sind zu erwähnen: Die Frankfurter Wochenzeitung *Il Corriere d'Italia* (s. Kap. V.1), die seit Anfang der 70er Jahre regelmäßig Lyrik und Prosa in italienischer Sprache publiziert, die Berliner zweisprachige Monatszeitschrift *Incontri. Zeitschrift für Italiener und Deutsche* (gegr. 1973), die 1988 als *L'agora* nach Zürich ging, sowie der Frankfurter Verlag und Vertrieb für fremdsprachige Bücher von Giuseppe Zambon, der seit 1974 immer wieder Literatur- und Sachbücher der italienischen Minderheit verlegt.

Zu den Förderungsinitiativen gehören in erster Linie Antonio Pesciaiolis Monatszeitschrift *Il Mulino* (gegr. 1975) und *I Quaderni dell'ALFA* (Associazione Letteraria e Facoltà Artistiche, gegr. 1975). Die ALFA fungierte mehr als symbolischer Bezugspunkt denn als Gesellschaft für Literatur und Kunst, da sie kaum Mitglieder hatte. Die Zeitschrift und die ALFA-Hefte brachten Beiträge italienischer Auswanderer aus jedem Teil der Welt. Zwischen 1975 und 1982 wurden mehr als fünfzig Hefte veröffentlicht (Reeg 1988, S. 263–64). Jedes Heft, ca. 40 Seiten, wurde einer Gruppe oder einem Autor gewidmet. Der Vertrieb lief über die Autor/innen.

In der zweiten Hälfte der 70er Jahre organisierte die FISC (Federazione italiana per lo sport e la cultura all'estero) in Hüfingen/Baden einige Lyrikwettbewerbe: »Concorsi di Poesia Gast«. 1980 reagierten die ALFA-Autoren mit dem ersten Wettbewerb für Prosa. Die Jurysitzungen ermöglichten erste kollektive literarische Erfahrungen, und jeder Wettbewerb schuf neue Kontakte. Anläßlich der Preisverleihung 1978 organisierte die FISC das erste Treffen italienischer Schriftsteller in Deutschland. Die Begegnung führte zur Herausgabe des Sammelbandes *Gast. Antologia di opere di emigrati (Gast. Anthologie mit Emigrantenwerken,* 1981) durch Antonio Polidori. Hier ist das kontrovers diskutierte *Manifesto »Gast«* von Vito d'Adamo nachzulesen. Der Abdruck in *Panorama della poesia all'estero* (*Panorama der italienischen Lyrik im Ausland,* 1974) und in *Il Corriere d'Italia* (1976) führte zu heftigen Diskussionen. Es kam zu unterschiedlichsten Äußerungen zu Qualität, Inhalten und Zielen der ›Letteratura Gast‹ (vgl. Reeg 1988, S. 33–36). Am Schluß standen zwei Haupttendenzen fest. Die Gruppe der ALFA- und FISC-Autoren hielt an ihrem Wirken innerhalb der Minderheit fest: als Verbindung zwischen Italien und der Gastgesellschaft und als Bezugspunkt für Autor/innen außerhalb Italiens. Diese Richtung hatte Antonio Pesciaioli mit vier Nummern des Jahrbuches *Panorama della poesia all'estero* (1974–1977) bereits vorweggenommen. Biondi, Chiellino, d'Adamo, Dill'Elba und Giambusso hingegen verfolgen das gemeinsame Anliegen, Kontakte mit dem deutschsprachigen Literaturbetrieb aufzunehmen, um Autoren aus anderen Minderheiten zu erreichen. Dabei stand die Sprachoption der einzelnen Autoren nicht zur Debatte. Dill'Elba, d'Adamo und Giambusso hielten am Italienischen fest, Biondi arbeitete an seinem Sprachwechsel, und Chiellino schrieb weiter deutsch.

Andere Autoren wiederum zogen es vor, sich der Öffentlichkeit im Alleingang zu stellen. Franco Antonio Belgiorno z.B. hat schon 1974 sein Erstlingswerk, den *Quaderno Tedesco* (Deutsches Heft), in Sizilien veröffentlicht, und war so für die hiesige Leserschicht kaum erreichbar. Vor der gleichen Anfangsschwierigkeit stehend, hat Salvatore A. Sanna 1978 seine erste Gedichtsammlung als Privatdruck in Frankfurt vorgelegt. Biondi, der drei *Mulino*-Hefte herausgegeben hatte, machte einen zweifachen neuen Anfang: 1978 ließ er sein Drama *Isolde e Fernandez* mit einem Vorwort von Vito d'Adamo in Italien erscheinen, und 1979 legte er den Gedichtband *Nicht nur gastarbeiterdeutsch* im Selbstverlag vor.

In der zweiten Hälfte der 70er Jahre entstanden die ersten Beziehungen zum deutschen Kulturbetrieb. Die Literatur der Arbeitswelt und die Frankfurter alternative Szene begünstigten die Versuche. Während Biondi aufgrund seiner Fabrikjahre Mitglied im ›Werkkreis Literatur der Arbeitswelt‹ wurde, nahm Chiellino Kontakt mit der Frankfurter *Die andere Zeitung* auf. Für beide erwiesen sich diese Kontakte als geeigneter Ort, um kreative Erfahrungen mit der neuen Sprache in einem liberalen Klima zu machen. Auf Giuseppe Giambussos Initiative fand 1979 ein zweites Autorentreffen in Dortmund statt, mit dem Ziel, in einer zweisprachigen Anthologie diese neue Literatur in ihrer ganzen Breite darzustellen. Die Sammlung ist unter dem programmatischen Titel *Le radici, qui / Wurzeln, hier. Gedichte italienischer Emigranten* 1981 im Selbstverlag erschienen. Die Anthologie mit 37 Gedichten von Abate, Biondi, Chiellino, Fiorenza Dill'Elba, Franca Ferilli, Giambusso, Salvatore Grasso, Gaetano Martorino, Margherita Saccuzzo und Adele Paoli Supertino ist deswegen von Bedeutung, weil bei der Auswahl der Beiträge auf thematische Innovation geachtet wurde. Hierzu stellt Franco Liverani, alias Franco Biondi, im Vorwort zurecht fest: »Neu in dieser Anthologie ist die Identitätsproblematik und das sozial-engagierte Bewußtsein« (S. 13).

Biondi sind auch die ersten Kontakte zu Autor/innen aus anderen Minderheiten zu verdanken. Über seine Erfahrungen im Umfeld der ›Literatur der Arbeitswelt‹ gelang es ihm, eine Herausgebergruppe zu bilden und die Reihe »Südwind-Gastarbeiterdeutsch« beim CON-Verlag in Bremen ins Leben zu rufen. In dieser Reihe konnten sich Autor/innen aus der italienischen Minderheit zweimal vorstellen: mit einer zweiten Auflage von *Wurzeln, hier. Le radici, qui* (1982) und mit der breit angelegten Retrospektive *Nach dem Gestern. Dopo ieri* (1983), herausgegeben von Chiellino. In diesem Band sind 26 Autoren mit 47 Gedichten vertreten. Der Ton der Anthologie mit den drei Abschnitten: »Diesen Sonnenaufgang mit Stimmen füllen«, »Wo gehen meine Gedanken hin? In eine bessere Welt?«, »Werden wir uns verstehen? und dann ...« ist weiterhin programmatisch. Über die Notwendigkeit dieser Gedichte ist in dem »Nachwort für Neugierige« zu lesen: »In einer Umgebung, die sich einer anderen Sprache als Kommunikationsmittel bedient und in der konkreten Unmöglichkeit, Leser der eigenen Muttersprache zu erreichen, übernimmt das Geschriebene zwangsläufig die Funktion eines Hilfsmittels gegen die eigene Isolation. Mit dem Schreiben [...] schafft sich der Autor einen Gesprächspartner: das beschriebene Blatt auf dem Arbeitstisch, dem gegenüber er absolut ehrlich und treu sein muß.« (S. 139)

Im selben Jahr gaben Alice Romberg und Monika Wunderlich eine italienischsprachige Sammlung mit dem Titel *Testi di emigrazione, Lyrik und Prosa* heraus. Die Sammlung mit 28 Beiträgen von 12 Autoren soll die Texte im Italienischunterricht einführen. Auf diesem Weg versuchte man, den Kontakt zu deutschen Interessenten herzustellen bzw. eine neue Leserschicht zu erschließen.

Die 80er Jahre

Die 80er Jahre bringen bundesweit den Durchbruch für die Literatur der Migrant/innen. Für die italienische Minderheit waren die Sammelbände von »Südwind Gastarbeiterdeutsch« beim CON-Verlag und von Südwind-Literatur beim Malik Verlag sowie die Aktivitäten von PoLiKunst (1980–1987, s. Kap. V.2) bedeutsam, da sie konkrete Möglichkeiten der Zusammenarbeit mit Autor/innen aus anderen Minderheiten boten. Die thematische Ausrichtung und die Qualität der Beiträge für die Anthologien und für die PoLiKunst-Jahrbücher änderten sich. Im Mittelpunkt der literarischen Debatte stand nicht mehr die Begegnung mit dem Gastgeber, sondern das Gespräch unter den Minderheiten. Die Diskussion innerhalb von PoLiKunst vermittelte immer deutlicher die Einsicht, daß die Bundesrepublik auf dem Weg war, ihre kulturelle Homogenität zu verlieren und sich in ein Land der Vielfalt der Kulturen zu verwandeln. Den Beteiligten wurde klar, daß es nicht um eine bilaterale Auseinandersetzung, sondern um eine Zukunft der kulturellen Vielfalt gehen würde.

Innerhalb der italienischen Minderheit tritt die Gruppe um *Il Mulino* immer mehr in den Hintergrund; die Veröffentlichung der ALFA-Hefte wird schrittweise eingestellt. Gleichzeitig melden sich einzelne Autoren mit Erstlingswerken, wie z.B. Ciro Pasquale mit seinem Gedichtband *Vagabondaggi in versi* (*Lyrische Streifezüge*, Italien/ 1981) und Fruttuoso Piccolo mit der Gedichtsammlung *1970–1980 Dieci anni fra due mondi* (Zehn Jahre zwischen zwei Welten, als Privatdruck 1980), der *Arlecchino Gastarbeiter. Gedichte und Collagen* erneut als Privatdruck 1985 vorlegt. Fiorenza Dill'Elba läßt seiner ersten Gedichtsammlung *La chiamerei Anna* (Italien, 1981) den Roman *Adernò. Roma della mia infanzia* (1984) folgen. Zuvor hatte Franco Antonio Belgiorno als zweites Buch den Erzählband *Zibaldone estero e casareccio* (Auswärtiges und häusliches Notizbuch, Italien, 1979) vorgelegt. Abates Erzählband *Den Koffer und weg!* (1984) ist ein Einzelfall. Der Autor hat kurz danach Land und Thema gewechselt.

Salvatore A. Sannas zweiter Gedichtband mit dem Titel *Wacholderblüten* erschien 1984 in Frankfurt erneut als Privatdruck. Ein Jahr danach meldete sich Giuseppe Giambusso mit seiner ersten zweisprachigen Gedichtsammlung *Jenseits des Horizonts. Al di là dell'orizzonte.* Literarische Qualität und Häufigkeit der Veröffentlichungen deuten auf eine sichere Kontinuität der italienischsprachigen Literatur hin. Zur selben Zeit, d.h. in der ersten Hälfte der 80er Jahre, intensivierten sich Biondis Veröffentlichungen. Nachdem er sich mit den Erzählungen in *Passavantis Rückkehr* für die deutsche Sprache entschieden hatte, gelang es ihm 1982, eine umfassende Auswahl seiner Erzählungen in zwei Bänden zu veröffentlichen: *Passavantis Rückkehr* und *Die Tarantel.* 1984 folgte die Novelle *Abschied der zerschellten Jahre.* Im selben Jahr ist auch Chiellinos erster Gedichtband *Mein fremder Alltag* erschienen.

In der zweiten Hälfte der 80er Jahre bringt auch eine Autorin ihr erstes Werk zur Veröffentlichung: Lisa Mazzi-Spiegelbergs Band *Der Kern und die Schale. Italienische Frauen in der BRD* (1986). Gleich danach folgt Franco Sepe mit seinem Erstlingswerk *Eligiette Berlinesi* (*Berliner Elegien*, Italien/1987).

Für die Literatur der italienischen Minderheit sind die 80er Jahre eine Zeit gedanklicher Systematisierung. Der Anstoß kam durch Sannas Vorschlag zu ›Letteratura de-centrata‹ (vgl. *Italienisch* 13 (1985), S. 1) und durch Chiellinos Arbeit *Literatur und Identität in der Fremde. Zur Literatur italienischer Autoren in der BRD* (1985). Sanna zufolge sollten sich die italienischsprachigen Autoren als Mitstreiter einer Literatur verstehen, die außerhalb Italiens geschrieben wird, jedoch frei von den sprachlichen Traditionen der Herkunftskultur ist. Ihm schwebte eine Literatur vor, die sich von den Herkunftsmodellen emanzipiert und wesentliche Erfahrungen vor Ort aufgreift. Ihm ging es darum, eine qualitative Synthese durch die Begegnung der Kulturen literarisch zu gestalten. *Literatur und Identität in der Fremde* legt dagegen die zweisprachige Literatur der italienischen Autor/innen als Beitrag zum gesamten

Literaturprojekt der Minderheiten aus. Die Autor/innen und Leser/innen sollten die Werke als Bestandteil einer multikulturellen Literatur verstehen, die aus den Minderheiten kam. Eine erweiterte Auflage bildete die Voraussetzung für weitere Treffen an der Universität Passau (1989), im Frankfurter Literaturhaus (1991) und in der deutsch-italienischen Stiftung Villa Vigoni am Lago Maggiore (1993).

Aus den drei Treffen ist der Band *Letteratura de-centrata. Italienische Autorinnen und Autoren in Deutschland* hervorgegangen, den Caroline Lüderssen und Salvatore S. Sanna 1995 herausgebracht haben. Das Buch dokumentiert die Entwicklung der führenden Autor/innen bis in die 90er Jahre und die Vielfalt der Fragestellungen, mit der Literatur- und Sprachwissenschaftler/innen Autor/innen und Werke begleiten. Unter ihnen befinden sich Ulrike Reeg, Johannes Röhrig und Immacolata Amodeo, die ihre Doktorarbeit in diesem Kontext verfaßt haben.

Die 90er Jahre und weiter!

In den 90er Jahren setzt sich die Tendenz der vorangegangenen Jahrzehnte fort. Es kamen neue Autor/innen wie Maurizio Moretti, Antonella Villa und Marcella Continanza dazu. Mit Morettis *Una faccia made in Italy* (*Ein Gesicht made in Italy*, Italien/1993) und Villas *Brezel calde* (Italien/1995) erhält die Lyrik zum ersten Mal eine ironische Grundtendenz, die das Leben in der Fremde erleichtert. Von den bekannteren Autor/innen legten Sanna, Chiellino, Sepe, Fenoglio, Belgiorno und Biondi neue Arbeiten vor. Mit Veröffentlichungen aus dieser Zeit liegt inzwischen ein vielfältiger Korpus von Werken vor, das einige grundlegende Bemerkungen zum gesamten Phänomen ermöglicht.

Die Vielfalt der Gattungen

Bertagnoli begann mit einem Werk in Prosa, doch rückte das Schreiben von Gedichten sofort in den Mittelpunkt. Um Ausgleich bemüht, veranstalte die ALFA 1980 den ersten Prosawettbewerb. Dennoch hat die Lyrik bis heute Vorrang. Dies ist zwei externen Faktoren geschuldet. Ein themengebundenes Gedicht zu schreiben, setzt eine kurzfristige Erfahrung voraus, die in begrenzter Zeit zum Ausdruck gebracht werden kann. Ein Gedicht ermöglicht ein schnelleres Reagieren auf das soziopolitische Geschehen, entweder als kritische Bestandsaufnahme oder als konstruktiver Einwurf.

Dagegen erlaubt die Erzählung nur bedingt ein schnelles Einmischen, da sie eine langfristige Erfahrung voraussetzt, um die Erzählperspektive zu entwickeln. Das Schreiben von Theaterstücken bietet sich eher an, um aufklärende Handlungen vorzuführen, wie Biondi mit seinen frühesten Dramen-Versuchen zeigte. Da es keine geeignete Spielstätte gab, wurden die Stücke nicht aufgeführt. Das Schreiben von Erzählungen setzt kongeniale und verfügbare Modelle voraus, die z.B. Fiorenza, Biondi und Abate im Bereich der italienischen ›letteratura operaia‹ bzw. der deutschen Literatur der Arbeitswelt gefunden haben. Grundsätzlich ist das Schreiben von Prosa auf größere und kontinuierliche Zeitabschnitte angewiesen. Die Bindung an den Schreibtisch ist bei Prosa rigider als beim Schreiben von Gedichten. Da der Arbeitstag keine größeren Zeitabschnitte für das Schreiben vorsieht und die Autor/

innen weder durch Stipendien noch durch Preise unterstützt wurden, entstanden nur wenig Prosawerke.

In den 80er Jahren können die Autor/innen auf längere Erfahrungen in der Migration aufbauen und wenden sich zudem auch historischen Themen zu. Es entstehen mehrere Romane. Im Lauf der 90er Jahre kommt durch Fenoglio und Belgiorno eine neue Textsorte hinzu, die von Livia Neri mit *Il pane degli altri* (*Das fremde Brot*, Italien/1998) erweitert worden ist. Es handelt sich um autobiographische Prosa, die einen bestimmten Lebensabschnitt der Verfasser im Herkunftsland thematisiert, in dem der Auslöser für die Auswanderung vermutet wird. Das Schreiben von Reportagen im Kontext der Frauenliteratur hat Lisa Mazzi-Spiegelberg aufgegriffen. Es mag sein, daß bei der Entscheidung für das Genre der Reportage im Bereich der Frauenliteratur, der allgemeine Literaturtrend der 70er Jahre eine Rolle gespielt hat.

Die Themen und Positionen

Die Werke der ersten 35 Jahre zeigen, daß die Autor/innen ihrer Grundthematik treu geblieben sind, selbst wenn sie die Herkunftssprache verlassen haben. Geändert hat sich über die Jahre die Herangehensweise an die Thematik. Aufgrund der Erfahrungen mit den Besonderheiten des Schreibens in einem multikulturellen Kontext haben die Inhalte an Komplexität gewonnen. Orte und Ebenen des Geschehens und des Erzählens sind vielfältiger geworden, weil die komplexe Bedeutung einer multikulturellen Zukunft des Landes stärker in den Mittelpunkt gerückt ist.

Jenseits der ethnischen und sprachlichen Herkunft sind es die gemeinsamen Erfahrungen, die aus den italienischen Schriftstellern in Deutschland eine intersprachliche Gruppe gemacht haben. Es mag sein, daß sie am Anfang eine aufgezwungene Solidarität zusammengeführt hat. Ohne das Bewußtsein, sich an einem intersprachlichen Projekt zu beteiligen, wäre jedoch aus der Gruppe kein Diskussionsforum für alle Schreibende geworden, die Anschluß suchen. Das intersprachliche Projekt zeigt sich daran, daß die Option für die eine oder für die andere Sprache als Mittel der eigenen Kreativität und nicht als trennendes Merkmal fungiert.

Die Gruppe der italienischen Schriftsteller hat einen beachtlichen Beitrag zur Entstehung und zur Entwicklung der gesamten Literatur der Minderheiten geleistet. Neben den vorgelegten Werken haben sich mehrere Autor/innen von Anfang an in multikulturellen Kontexten engagiert. Zu erwähnen sind: die Arbeit in PoLiKunst, die interkulturellen Reihen, die Sachbücher und Aktivitäten wie »Buchstäblich« (s. Kap. V.2) von Fruttuoso Piccolo. Dieses interkulturelle Engagement hat zusätzlich dazu geführt, daß den Deutschsprachigen unter ihnen mehr Aufmerksamkeit zukommt als den Italienischsprachigen, die nach wie vor auf italienische Verlage und Leser/innen in Italien angewiesen sind.

Die Zukunft läßt große Hoffnung zu. Erfahrungen aus den USA, Kanada, Argentinien usw. zeigen, daß sich die Autor/innen der folgenden Generationen als Bürger/innen des Landes verstehen. Sie sind jedoch Träger eines interkulturellen Gedächtnisses, wie etwa Mario Puzo oder Hector Bianciotti, und das macht die Andersartigkeit ihrer Kreativität sichtbar.

Giuseppe Fiorenza Dill'Elba

Zur Beantwortung der Frage nach der Qualität der Gastarbeiterliteratur empfiehlt sich ein Blick auf die schriftstellerische Leistung des Opelarbeiters Fiorenza Dill'Elba. Drei Dimensionen machen den Begriff ›Gastarbeiterautor‹ aus: der Gast, der Arbeiter und der Schriftsteller. Sein erstes Gedichtheft *Il tempo stringe* (Die Zeit drängt) hat Fiorenza Dill'Elba 1976 in der ALFA-Reihe publiziert. 1991 ist *Un freddo estraneo. Memorie di un emigrato in Svizzera* (Eine fremde Kälte. Memoiren eines Einwanderers in die Schweiz) als erster Band seiner Biographie in Cosenza erschienen. Sein plötzlicher Tod hat es ihm unmöglich gemacht, das vierzehnbändige Manuskript *Küsselsheim* zu veröffentlichen. Kein italienischer Schriftsteller hatte zuvor eine so breit angelegte Dokumentation über das Leben in der Fremde gewagt. Das Erstaunliche an diesem autodidaktischen Autor ist die in der Fremde gewonnen Klarheit, die ihn zu einem Chronisten der Einwanderung gemacht hat. Sein Anliegen war, das Wesentliche der Aus- und Einwanderung durch alltägliche Begebenheiten zu erfassen. Der von ihm erzählte Mikrokosmos handelt vom Leben der Handwerker und Bauern in einer sizilianischen Ortschaft zur Zeit des Faschismus. Dem folgt seine Auswanderung aus Süditalien, während im Nordwesten Italiens die Wirtschaft Wohlstand schafft. Der Einwanderer lernt, sich als Gast zu benehmen, indem er die eigene Berufsidentität aufgibt und sich als ungelernte Arbeitskraft verdingt. Er lernt, daß in der Fremde Fließband, Akkordarbeit oder Überstunden die Zeit bestimmen. Hinzu kommen ihm unbekannte Erfahrungen wie das Leben im Opelwohnheim, die Freizeit am Schreibtisch, das jährliche Pendeln zwischen Arbeitsplatz und Geburtsort und die Ferngespräche. Er lernt, als Gast und als Arbeiter zu leben, und dabei passiert es: »Brachte Bietigheim mir das Reisen bei, lehrte mich Rüsselsheim das Schreiben.« (*Un freddo estraneo*, S. 169).

Die fünf ALFA-Hefte (1976–1978), die Sammlung *La chiamerei Anna* (Ich würde sie Anna nennen, Italien, 1981), die zweihundert meistens unveröffentlichten Erzählungen, der Roman *Adernò: Roma della mia infanzia* (Adernò: Rom meiner Kindheit, Italien, 1984), *Fast ein Leben. Quasi una vita* (1991) – sie alle gehen auf Erfahrungen in der Fremde oder am Geburtsort ein, die sich am Rande des gesellschaftlichen Zusammenlebens und der Arbeitswelt abspielen. Aber sie werden keineswegs als Zustände ausgelegt, die auf politische Emanzipation oder moralische Aufwertung warten. Die Lebensumstände werden dem Leser stets als Träger einer eigenen Selbstachtung vermittelt und als lebenswürdig bestätigt. Dabei verfolgt Fiorenza Dill'Elba folgende Erzählstrategie: Die Erzählung wird meistens durch eine Zufälligkeit aus dem Alltag angekündigt. Im Lauf der Erzählung wird aus dem Zufall ein Knäuel von Gegensätzen. Je intensiver der Protagonist versucht, sich ein klares Bild davon zu machen, was ihm im Alltag zustößt, um so mehr gerät er in einen Strudel von Möglichkeiten, die das Leben um so lebenswürdiger machen. Beispiele dafür finden sich in dem zweisprachigen Band *Fast ein Leben / Quasi una vita*, der im Zusammenhang mit der Verleihung des Kulturpreises der Stadt Rüsselsheim an den Autor entstanden ist.

Um eine Erklärung für seinen Lebenslauf zu finden und um den Betroffenen eine Begründung für die unscheinbaren Begebenheiten seiner Erzählungen zu verschaffen, hat Dill'Elba ein weiteres Projekt verwirklicht: ein Museum der Auswanderung in seinem Geburtsort Centuripe, Enna auf Sizilien. Das Museum ist in der Wohnung zu besichtigen, wo auch sein Archiv untergebracht ist. Dill'Elba sammelte alles, was sein Leben außerhalb des Raums und der Zeit seines Geburtsortes belegen konnte. Die Sammlung bestätigt das Verlangen des Sammlers, sich im Einklang mit seiner Vergangenheit in der Fremde zu fühlen. »Viele Rückkehrer, einmal am Geburtsort, haben versucht, jede Erinnerungsspur zu tilgen, die sie untereinander verband: Sie verbrennen den Paß und sämtliche Fotos, die Spuren nach dem Leben in der Fremde hinterlassen hätten. [...] Mir liegt es nicht, die Spuren der Auswanderung zu tilgen: ich habe sie ausgelebt, ich lebe sie weiter aus, sie ist ein Teil von mir!« (*Un freddo estraneo*, S. 115).

Ob weitere Bände aus dem Nachlaß jemals veröffentlicht werden, ist ungewiß. Der Leser ist auf den Band *Un freddo estraneo. Memorie di un emigrato in Svizzera* angewiesen. Hier wird über die ersten drei der 25 Jahre berichtet, die der Ich-Erzähler in der Fremde verbracht hat. Der Band beginnt mit der Aussage: »Mein größtes Unglück ist, im ganzen Leben nur den einen Autor gelesen zu haben: Fiorenza« (S. 13). Der Satz ist nicht frei von Ironie und zum Teil rätselhaft. Die Ironie stellt das Hauptmerkmal seines Erzählens dar. Das Rätselhafte an der Formulierung ergibt sich aus der Tatsache, daß Fiorenza zugleich als Erzählmodell und Inhalt eingeführt wird. Der Aussage nach hätte Dill'Elba bis zu diesem Zeitpunkt nur daran gearbeitet, aus dem Schuster aus Centuripe einen Schriftsteller zu machen. Die Jahre in der Fremde sind für den Ich-Erzähler eine lebensnahe Einübung in die Kunst des Erzählens gewesen, die er von nun an ausführen will. Fiorenzas Leben in der Fremde ist ein Übungsfeld der Erkenntnis und der Ausbildung gewesen. Seine Inhalte haben ihn zum Schriftsteller gemacht. Nach dem Abschluß von *Un freddo estraneo* hat er in weiteren 14 Manuskripten das Leben des Fiorenza Dill'Elba zu Ende verfaßt. Sie liegen in seinem Privatarchiv und warten auf Leser/innen.

Franco Antonio Belgiorno

Im Lauf der 70er Jahre hatte Belgiorno drei Gedichthefte verfaßt: *Quaderno tedesco* (Deutsches Heft, Italien, 1974), *Quaderno di Ulisse – Liriche* (Ulysses' Heft-Gedichte 1977/78) und *Aspettando la notizia – Liriche* (In der Erwartung einer Nachricht – Gedichte 1978/1979). Allerdings liegt nur das erste als Veröffentlichung vor. In den 80er Jahren hat er sich der Übersetzung von Werken über Sizilien sowie der Vermittlung der Kochkunst aus dem Mittelmeerraum zugewandt und sich mit eigenen Werken zurückgehalten. Zu Beginn der 90er Jahre ist Belgiorno zur essayistischen Erzählprosa zurückgekehrt, die er 1979 mit *Zibaldone estero e casereccio* angekündigt hatte. Inzwischen liegen zwei Prosabände vor: *Il giardino e l'assenza* (Der Garten und die Abwesenheit, Italien, 1996), eine Erzählung in 26 Abschnitten, und *L'arca sicula* (Die sizilianische Arche, Italien, 1997), ein Sammelband mit elf Erzählungen.

Das Zentrum von Belgiornos literarischen Arbeiten ist der Ort seiner Jugend. Die sizilianische Stadt Modica mit ihrem vergangenen Glanz und ihrer gegenwärtigen Mittelmäßigkeit ist Gegenstand der Gedichte und Erzählungen. Da Modica zugleich der Erscheinungsort der Werke ist, erhält die Stadt eine spezifische Funktion für die Leserschaft. Der Autor verfolgt das Ziel, aus der Stadt einen Ort des Gedächtnisses für einen Ich-Erzähler oder Beobachter zu machen, der die Stadt verlassen hat. Gedichte und Erzählungen offenbaren den Leser/innen vor Ort ihre Ganzheit und werden dadurch Bestandteile eines kollektiven Gedächtnisses, aus dem auch der ausgewanderte Autor sich nicht mehr verdrängt fühlt. Die Eindeutigkeit bei der Festlegung des monokulturellen Adressaten bestimmt auch die Sprache der Erzählungen. Das Italienische, das von Belgiorno außerhalb der Herkunftskultur geschrieben wird, ist monologisch. Er hat keinen deutschsprachigen Leser vorgesehen, mit dem das lyrische Ich oder der Ich-Erzähler in Kontakt treten will. Die Auseinandersetzung findet innerhalb der Vergangenheit und der Gegenwart der Stadt Modica statt. Nichts ist von den zaghaften Versuchen aus *Quaderno Tedesco* hinübergerettet worden, wo das Dialogische zwischen den Sprachkulturen sowohl im Titel als auch in Begriffen wie ›Babele‹ oder ›Zusammenhang‹ angedeutet worden war.

Das Fremde, das in den Gedichtheften thematisiert wird, ist weder ein fremder Alltag, noch die Grunderfahrung sozialer Ausgrenzung, existentieller Ängste oder der Suche nach Ausgeglichenheit für einen Neuanfang. Fremde wird von Belgiorno an der Unmöglichkeit festgemacht, sich am Leben im Geburtsort zu beteiligen, (»Incontro di Ulisse con Penelope«, Ulysses' Begegnung mit Penelope, S. 39–41). Fremde ist die alltägliche Kommunikation, die außerhalb der Herkunftssprache stattfinden muß (»Zusammenhang«, S. 38). Daher ergibt sich ein Festhalten an der Herkunftssprache als Kontinuität zwischen Gegenwart und Gedächtnis (»L'albero«, Der Baum, S. 32, und »Si diceva arrivederci«, Man sagte Auf Wiedersehen, S. 33), das vor allem in *L'arca sicula* um so deutlicher wird. Auch in *Il giardino e l'assenza* und in *L'arca sicula* wird die ethnozentrische Priorität des Italienischen kaum durchbrochen.

Überdies markiert die Wiederkehr derselben Landschaften, wie zum Beispiel der Strand von Sampieri, derselben Stadtviertel, wie Cartellone, und derselben Figuren, wie der Maler und Freund Piero Guccione, das Vorhaben eines Autors, der in der Fremde die Herkunftssprache schreibt. Geht man davon aus, daß das Leben in der Fremde erst durch die Versöhnung mit der verlassenen Herkunftskultur lebenswürdig wird, dann stellt sich auch für Belgiorno die Frage nach dem Raum, wo die Versöhnung stattfinden kann. Daher verändert der Ich-Erzähler und Beobachter aus *Il giardino e l'assenza* den Ort seiner Jugend im Gedächtnis so, daß er in ihm überall anwesend sein kann (*Il giardino e l'assenza*, S. 31). Der Ich-Erzähler und Beobachter unternimmt daher so etwas wie die Chronik des Lebens in der Stadt Modica im 20. Jahrhundert. Er verschmilzt Teile der Geschichte Italiens mit Lebensläufen aus der Generation der Eltern, Züge und Winkel der Stadt mit Lebensabschnitten des Beobachters. Die Stadtarchitektur wird zu einem einzigartigen Schauplatz, wo Erzählen oder Beobachten niemals an Lebensnähe verliert. Meisterhaft nimmt der Ich-Erzähler und Beobachter den Gang der Nachbarn seiner Jugendzeit in die Fremde vorweg (S. 42–48). Die abschließende Erkenntnis, daß inzwischen eine neue »razza« (›Generation‹) den Schauplatz seines Gedächtnisses bewohnt, bekräftigt ihn in seinem Vorhaben, da er sich in der Lage sieht, das Gedächtnis als Zugang zur Zukunft der neuen »razza« zur Verfügung zu stellen.

Dagegen wirken die Erzählungen aus *L'arca sicula* distanziert und nüchtern. Sie folgen einem eher realistischen Erzählmodell, mit dem sizilianische Autor/innen der Gegenwart beeindruckende Ergebnisse erzielt haben. Das Erzählen lebt nicht von kollektiven Ereignissen sondern es entwickelt sich um eine Figur, die auf ihre Art und Weise Teil des Stadtgeschehens ist. Die Stadt bleibt dennoch im Hintergrund, weil den Protagonisten die sozio-kulturelle Prägnanz der Personen aus *Il giardino e l'assenza* fehlt. Die Leser/innen erfahren zwar mehr über die Stadt, aber diese Informationen nutzen ihnen nicht viel. Vielmehr ist zu vermuten, daß sich der Autor mit seiner Sprache und mit dieser gesuchten Nähe zur Stadt an konkrete Leser/innen vor Ort wendet; und wer könnte es einem Schriftsteller in der Fremde vergelten, daß er sich durch die Sprache zu seiner Herkunftskultur bekennt? Als problematisch erweist sich das Vorgehen nur, wenn dadurch Qualitätsverluste entstehen.

Franco Biondi

Biondis Werdegang als deutschsprachiger Autor gestaltet sich als äußerst aufschlußreiche Interaktion zwischen zwei Sprachkulturen. Das Spezifische an seinem Debüt ist sein dreistufiger Sprachentwurf: Italienisch in der Fremde, »Nicht nur Gastarbeiterdeutsch« und Deutsch als Ort der Kreativität.

Das Italienische der kurzen Dramen *R. F. T. una favola* (R. F. T. ein Märchen, 1975) und *Isolde e Fernandez* (1978), sowie der Gedichthefte *Corsa verso il mito* (Wettlauf nach einem Mythos, 1976) und *Tra due sponde* (Zwischen zwei Ufern, 1978) ist durch die ›letteratura operaia‹ der 70er Jahre geprägt. Szene fünf in *R. F. T. una favola* z. B. gibt die Situation in den Betrieben mit Grundbegriffen der Arbeiterliteratur wieder. Unter den Arbeitern herrscht Mißtrauen – allerdings nicht weil sie alle aus unterschiedlichen Kulturen stammen, sondern es resultiert aus der Spaltung der Arbeiterschaft. Die internationale Solidarität ist der kollektive Schutz vor Ausbeutung, und sie macht keinen Halt vor nationaler Zugehörigkeit. Klassensolidarität öffnet den Fremden den Zugang zum politischen, soziokulturellen Alltag. Schauplatz des zweiten Dramas ist die Wohnung von Isolde und Fernandez – nicht mehr der Arbeitsplatz sondern das private Leben eines bikulturellen Paares. Nun werden Erfahrungen mit dem Ausländerrecht und mit der bundesdeutschen Öffentlichkeit als Ursache von interkulturellen Konflikten thematisiert.

Die Dramen und Gedichthefte helfen, Biondis Sprachwechsel zu erkunden, weil der Autor eine Art zwischensprachliche Verlagerung betreibt: »Il clima aziendale è roba da vomito« (*R. F. T. una favola*, S. 27), was so viel heißt wie ›das Betriebsklima ist zum Kotzen‹. Zudem setzt er Verben wie ›geistern‹, ›Wurzeln schlagen‹, ›stürmen‹, ›spinnen‹ und ›tropfen‹ als semantische Auslöser für Metaphern in der mitgebrachten Sprache ein, wie z. B. »Gocciolano le ore libere« (*Corsa verso il mito*, S. 26), ›die Freizeit tropft dahin‹. Mit solchen Sprachdisharmonien erkundet er durch die mitgebrachte Sprache den fremden Alltag, indem die monokulturelle Wahrnehmung der Sprache entkernt wird. Der Umgang mit den Pronomen in den italienischen Gedichten ist dualistisch ausgerichtet nach dem Grundschema: ich/du; ich/ihr; wir/sie. Dies zeigt, wie Biondi – um den Wechsel zu wagen – auf interkulturelle Authentizität und klare Fronten gesetzt hat. Dieses Vorgehen findet sich in Biondis Gedichten aus *Nicht nur gastarbeiterdeutsch* und auch in den Dramen und den Gedichtheften (1973–1977/78). Die thematische Nähe zwischen *Nicht nur gastarbeiterdeutsch* (1979) und Biondis Prosa-Anfängen ist besonders offenkundig. Als Lektürebeispiele empfehlen sich: der Bericht über die fahrende Welt der Schausteller mit dem Titel »Entdeckung« (»Geschichten aus der Kindheit«, 1997, S. 18–28) oder die Reportage über den Alltag des Jugendlichen aus »Das hier ist meine Heimat, Mann!« (In: Kursbuch Nr. 62, 1980) und »Die bessere Mannschaft« (1980) als kleine Parabel über die Solidarität junger Fabrikarbeiter. Dagegen bieten die weiteren Erzählungen aus den Bänden *Passavantis Rückkehr* (1982) und *Die Tarantel* (1982) eine intensive Darstellung des Lebens als Gastarbeiter in der Bundesrepublik der 60er und 70er Jahre.

In der Novelle *Abschied der zerschellten Jahre* (1984) greift der Autor ein existentielles Problem auf, das sich immer wieder stellt. Obwohl der Protagonist Mamo sogar durch Gewalt erfahren hat, daß das Land für ihn keine Heimat sein will, weigert er sich, es zu verlassen. Er weigert sich »ein braver Gastarbeiter!« (S. 141) wie der Vater zu sein. Er bewaffnet sich und wartet auf die Polizisten, die ihn abschieben sollen. Das tödliche Ende seines Widerstandes ist um so schmerzhafter, weil Mamo keine dualistische Vorstellung von der Welt hat. Er führt das Leben eines Jugendlichen seiner Generation in einem Stadtviertel, in dem die Vielfalt der Kulturen soziale Wirklichkeit ist. Die Sprache der Novelle hat sich von der derben Klarheit der Erzählungen befreit, sie ist nicht mehr der Literatur der Arbeitswelt verpflichtet. Sie lebt aus der Vielfalt der deutschen Sprache, die das Leben einer Großstadt prägt. Auf diese Weise entwirft der Autor ein komplexes Gegenmodell zur vorgespielten Sprachhomogenität des Landes.

Mit dem Roman *Die Unversöhnlichen. Im Labyrinth der Herkunft* (1991) verlagert Biondi seine Aufmerksamkeit auf Italien; die Interpretation des Romans als Geburtsvorgang eines interkulturellen Gedächtnissen bietet sich an. Nachdem sich die zwei Protagonisten – ein Sozialarbeiter und ein Schriftsteller – mit Hilfe der neuen Sprache eine klare Berufsidentität gegeben haben, unternehmen sie eine Reise in ihre Vergangenheit. Die Reise dient dazu, die Vergangenheit am Herkunftsort mittels der neuen Sprache zu erforschen und sie in ihr aufzunehmen, denn »ohne Gedächtnis ist das Leben Abwesenheit« (S. 9–10). Am Ende der Reise – am Schreibtisch – bzw. am Ende des Romans ist eine deutsche Sprache entstanden, die als Trägerin eines interkulturellen Gedächtnisses zu verstehen ist, weil sich in ihr Vergangenheit und Gegenwart vereint haben.

Im Roman *In deutschen Küchen* (1997) wird die Vorgeschichte des ersten Romans nachgeholt, da hier die Ankunft der Familie Binachi und das Heranwachsen von Dario im Deutschland der 70er Jahre erzählt wird. Ohne Sprache ist Dario zuerst auf die Augen angewiesen, während die Akkordarbeit ihn zur Entdeckungsreise durch den eigenen Leib zwingt, um seine Fähigkeit zum Widerstand zu ergründen. Zu den Augen und zur Widerstandskraft als Wahrnehmungsmittel kommt allmählich die Sprache. Augen, Widerstandskraft und Sprache verhalten sich solidarisch untereinander und bilden die drei Erzählebenen des Romans ab. Die semantische Nähe zu Gegenständen, Gestalten, Sprechweisen, Pflanzen, Gerüchen, Geräuschen, Lichtverhältnissen und Frauenhaut ist Resultat einer existentiellen sprachlichen Herausforderung, der sich der junge Arbeiter bewußt aussetzt, um sein Leben in der Fremde auf sicheren Boden zu stellen. So entsteht eine Erzählweise, die als sprachliche Zeitlupe vorgeht. Die Augen markieren den Anfang. Sie nehmen Auffälliges auf als Ersatz für einen sprachlichen Kontakt. Der Körper leitet durch Arbeit oder durch Nähe zum Gegenstand oder Person eine zweite Stufe der Wahrnehmung ein. Aus dem schmerzlichen Bewußtsein, daß weder das eine noch das andere ausreicht, hat sich der Verfasser – wie kein anderer Autor – an die deutsche Sprache herangewagt. Nur dem Leser, der keine Fakten sucht, werden sich alle Lebensbereiche einer kleinen Gemeinde zur Zeit des Wirtschaftswunders erschließen. Das Wundersame besteht darin, daß alles durch die sprachliche Zeitlupe eines Fremden erfaßt wird. Es ist aber nicht kulturelle Andersartigkeit, die dem Verfasser die rettende Wahrheit der Dinge eröffnet, sondern die Notwendigkeit, sich das eigene Leben in der Fremde durch eine unbekannte Sprache anzueignen.

Salvatore A. Sanna

Von Sanna lagen schon die zwei Gedichtbände *Fünfzehn Jahre. Augenblicke* (1978) und *Wacholderblüten* (1984) vor, als er sich 1985 zu Wort meldet, um Aufmerksamkeit für »die Versuche ausländischer Autoren« zu fördern, »[die] ihre alltäglichen Erfahrungen in einem ihnen fremden Milieu mittels ihrer Muttersprache [...] beschreiben« (*Italienisch* 13 (1984), S. 1). Die Entscheidung, seinen Gedichtbänden deutschsprachige Titel zu geben, kündigt Zweisprachigkeit an. Diese besagt, daß – obwohl der Lyriker auf italienisch schreibt – die andere Sprache stets anwesend ist. In der späteren Sammlung *Feste* (1991) findet sich sogar ein »cane da veglia«, der als ›zwischensprachliche Verlagerung‹ für den deutschen Wachhund in einen italienischsprachigem Kontext aufgenommen wird (*Feste*, S. 34). Ferner bestätigt die Ausstattung aller seiner Bände (Original und fremde Übersetzung) die innere Tendenz zur Zweisprachigkeit. Die Gedichte im ersten Teil des Erstlingswerks *Fünfzehn Jahre. Augenblicke* bilanzieren die lehrreichen Erfahrungen in der Fremde (S. 36, S. 38, S. 44). Im zweiten Teil folgt ein Zyklus über Sardinien, bzw. über das Bewußtsein, daß die Entscheidung, die Insel zu verlassen, an Endgültigkeit gewinnt (S. 54, 56, 58). Hier finden sich bereits die Hauptthemen der späteren Sammlungen: Trennung, Reise und tröstende Heiterkeit angesichts der Unmöglichkeit, Raum und Zeit außerhalb der Muttersprache wieder in Einklang zu bringen.

In *Wacholderblüten* greift Sanna zurück auf Erfahrungen der ersten Begegnung mit den Landschaften (»Karbach« S. 6, »Ascona« S. 8, »Elm« S. 2) und der Kultur des Landes (»Karneval '59« S. 10, »Ingrid« S. 12), von dem er nun schreibt: »In diesem Garten / bin ich der Gärtner / und die Pflanzen / gehorchen mir« (S. 49). Aber es sind die Reisegedichte, die den Hauptteil der Sammlung ausmachen. Und die Tendenz zum Gedicht, zur Begegnung mit fremden oder unbekannten Städten und Landschaften nimmt in den späteren Bänden zu. Eine wichtige Quelle von Sannas Kreativität scheint in der Reise zu liegen. Diese zielgerichtete Kreativität hilft dem Heimatlosen, sich von jedem Zwang zur raum-zeitlichen, d.h. ethnozentrischen Zugehörigkeit zu befreien (S. 37).

Diese Art von zielgerichteter Kreativität findet ihre Bestätigung in Sannas sprachlicher Entwicklung. In allen vier Gedichtbänden ist die Tendenz zur Leichtigkeit erfahrbar; diese entsteht, weil der Lyriker konkrete oder zufällige Auslöser vermeidet und zugleich nach einer existentiellen Ausgangsposition für sein Schaffen sucht. Als Auslöser für Sannas Bilder der Fremde stand am Anfang die örtlich-zeitliche Begegnung mit einer ihm unbekannten Kulturlandschaft. In der Sprache des letzten Bandes findet sich keine Spur von ›Erdigkeit‹ mehr. Dort hat der Blick des Betrachters den Bürgersteig verlassen, um die »Feste« zu betrachten: »Die Himmelsfeste / ist göttlichen Ursprungs / sie hält stand / und fördert dankbar / Erkundung« (S. 25). Dagegen richten die betrachteten Gegenstände ihren Blick nach unten: »Hoch oben schaut der Hippogryph gen Morgenland« (S. 12, S. 14). Auch hier wird das Bestreben des Betrachters deutlich, sich jeder Logik von Zeit-Raum zu entziehen, denn sie ist ihm abhanden gekommen. Die Rettung, ja die Erlösung kann nur vom Fluchtpunkt her erfolgen. Eine derartige Erwartung verleitet den Dichter dazu, sich mit dem rettenden Hinweis zu verabschieden: »Die Ordnung stellt sich wieder her / und Freiheit wird / der Weg zu den Sternen« (S. 93). Die Anspielung auf Dante, der die Hölle verläßt, um die Sterne wieder zu sehen, ist gewollt. Genauso gewollt ist Sannas ständiges Bekenntnis zu Modellen der italienischen Lyrik der Gegenwart: von den hermetischen Gedichten Giuseppe Ungarettis bis zu den Landschaftsgedichten Eugenio Montales. Das Festhalten an vertrauten Modellen dient der Vermittlung der eigenen Kultur, spendet aber auch Trost in den Augenblicken, in denen sich die Begegnung mit dem eigenem Leben vor Ort als hart und schwierig erweist.

Im Vorwort zu *Fünfzehn Jahre. Augenblicke* schreibt der Verfasser über sich: »In dieser Zeit ist er der Versuchung erlegen, [...] zwei Kulturen und Lebensauffassungen näher zu bringen« (S. 5). Inzwischen hat er die lyrische Versuchung um andere Aktivitäten erweitert. Abgesehen von der kulturvermittelnden Tätigkeit als Dozent für italienische Sprache und Literatur an der Universität Frankfurt leitet Sanna die von ihm 1966 mitbegründete ›Deutsch-Italienische Vereinigung‹ und ist als ehemaliger Mitbegründer weiterhin Mitherausgeber der Zeitschrift *Italienisch.*

Gino/Carmine Chiellino

Zwischen 1984 und 1992 hat Gino Chiellino die folgenden vier Gedichtbände veröffentlicht: *Mein fremder Alltag* (1984), *Sehnsucht nach Sprache* (1987), *Equilibri estranei* (Fremde Gleichgewichte, Italien, 1991) und *Sich die Fremde nehmen* (1992). *Canti per M. /Lieder für einen Buchstaben* ist seine jüngste, noch unveröffentlichte Sammlung seiner zwischen 1992 und 1998 entstandenen Gedichte. Chiellinos ersten deutschsprachigen Texte waren Prosabeiträge für die Frankfurter alternative Monatszeitschrift *die Andere Zeitung* unter dem Stichwort: »Gastarbeiter« (zwischen Dezember 1977 und Juli 1978), hier erschienen auch Chiellinos ersten Gedichte. Vergleicht man die Prosabeiträge mit den Gedichten, die 1984 unter dem Titel *Mein fremder Alltag* erschienen sind, zeigt sich, daß Chiellinos Prosa und seine Lyrikanfänge nicht weit voneinander liegen. In der Tat ist die Lyriksammlung ein Sprachtagebuch zum Leben in der Fremde.

Die Mehrheit der Gedichte kreist um Grundbegriffe wie: »Gastarbeiter« (S. 8), »Bahnhof« (S. 14), »Identität« (S. 22), »Isolation« (S. 27), »Heimweh« (S. 39) oder »Der deutsche Paß« (S. 91). Solche Stichwörter bildeten den Grundwortschatz jeder öffentlichen Diskussion über die Anwesenheit der Gastarbeiter in der Bundesrepublik der 70er Jahre, und so verfolgte Chiellino mit jedem Gedicht das Ziel, den Begriff von der Sprachlogik der Mehrheit zu lösen, ihn so auszustatten, daß das fremdsprachige lyrische Ich sich auf ihn verlassen kann. Der Autor wollte eine Sprache entwerfen, in der es keine ausgrenzende Priorität mehr gibt. Schon der Titel der Sammlung verdeutlicht dieses Vorgehen. *Mein fremder Alltag* erlaubt, genau wie die späteren Titel *Die Reise hält an* und *Am Ufer der Fremde*, die Anwesenheit von zwei sich integrierenden Aspekten der geänderten Wirklichkeit im Lande zu erfassen, sie Teil einer offenen Sprache werden zu lassen. ›Mein Alltag ist mir fremd geworden‹, bzw. ›ein fremder Alltag gehört mir‹. *Die Reise hält an*: ›die Reise dauert an‹, ›die Reise kommt zum Stillstand‹. *Am Ufer der Fremde*: Fremde als Standort, aber auch als Ziel einer Erkundungsreise. Anders gesagt: durch die Entscheidung für die Sprache der Aufnahmegesellschaft teilt Chiellino Gesprächsbereitschaft und ›Konsens‹ mit, dieser Konsens gilt aber nicht einer statischen Wirklichkeit, sondern einer gesellschaftlichen Entwicklung, die per se nicht monokulturell sein kann.

In dem Band *Sehnsucht nach Sprache* (1987) geht Chiellino auf Distanz zur engagierten Literatur der 60er Jahre, zur Literatur der Arbeitswelt und zur Sprache der alternativen Szene der Großstädte, die ihn dazu bewogen haben, sich für die Sprache der Gastgesellschaft zu entscheiden. Die Gedichte sind nach wie vor thematisch gebunden und als Zyklen konzipiert. Sie sind dialogischer angelegt, das heißt, die Herkunftskultur des Autors und die Sprache des Landes treten in einen konstruktiven Austausch. Vor allem im Zyklus »Nach Cosenza, ohne Proust« (S. 17–29) löst sich Chiellinos Lyrik von der bedrängenden Aktualität der Bundesrepublik und wendet sich der Vergangenheit des lyrischen Ichs zu, die in einem entlegenen kulturellen Kontext stattgefunden hat. Die Reise nach Cosenza ist eine Sprachreise auf der Suche nach dem Gedächtnis, das sich in der Sprache der Herkunftskultur niedergesetzt hat. Dem Verfasser geht es darum, diesen Teil seines Gedächtnisses in die neu gewählte Sprache hinüberzuretten. Am deutlichsten wird dieses Verfahren in dem dreisprachigen Zyklus »Sehnsucht nach Sprache« (S. 55–63). Jedes Gedicht ist dreisprachig aufgebaut: kalabresisch, italienisch, Fremdsprache. Jedes Gedicht bildet eine in sich geschlossene Spracheinheit um ein zentrales Thema, das im Titel angekündigt wird. Die acht Gedichte können jedoch auch, je nach Sprache, als drei Gedichte gelesen werden, und dann ergibt sich, daß im Kalabresischen die Geschichte des Großvaters, im Italienischen die der Eltern und in der Fremdsprache die des lyrischen Ichs erzählt werden. Verstehen kann den Zyklus nur der, der gleichzeitig über die drei Sprachen verfügt. Und doch hält Chiellino auch in späteren Veröffentlichungen an der Darstellung interkultureller Vorgänge durch Vielsprachigkeit fest.

Der Kunstband *Equilibri estranei* (1991), der sechs Werke des Malers Gjelosh Gjokai und sieben Gedichte von Chiellino enthält, ist ein sichtbares Ergebnis seiner Zusammenarbeit mit anderen Künstlern. In der Tat hat seine Lyrik immer wieder andere Kulturschaffende zu Kreativität angeregt. Den Anfang machten die Filmemacher Hilde Becher und Klaus Drexel mit der literarischen Verfilmung FELICE HEISST DER GLÜCKLICHE (1984). Später folgten vier Grafik- und Lyrikprojekte mit Gjelosh Gjokai, darunter die jüngste Kunstmappe mit dem Titel *Die großen Mythen um das Wort* (1997). Inzwischen hat der aus Ungarn stammende Komponist András Hamary seine *Chiellino-Lieder* (Augsburg 1999) uraufgeführt.

Bei den letzten zwei Sammlungen, *Sich die Fremde nehmen* (1992) und die unveröffentlichten *Canti per M / Lieder für einen Buchstaben*, stand Chiellino – wie jeder andere interkulturelle Autor – vor der grundlegenden Entscheidung, entweder durch Zweisprachigkeit die paritätische Begegnung der Kulturen in einer dialogischen Sprache zu fördern, oder aber Themen jenseits der eigenen Lebenssituation aufzugreifen und so auf die Solidarität mit der Minderheit zu verzichten. Zyklen wie »Sich die Fremde nehmen« (S. 17–28) und die »Nacht der Republik« (S. 49–66) machen deutlich, daß er diesem Dilemma entgangen ist, indem er das interkulturelle Gedächtnis in den Mittelpunkt seiner Kreativität gerückt hat. Dies erlaubt ihm, seiner Grundthematik, der Fremde, treu zu bleiben, gerade weil das interkulturelle Gedächtnis die Möglichkeit in sich trägt, den Gegensatz Inländer-Ausländer aufzulösen. Im Kontext eines interkbikulturellen Gedächtnisses erscheint Chiellinos Sprachentscheidung (vgl. Canto 21 und Canto 31) als Akt des Vertrauens in die eigene Anwesenheit in der neuen Sprachkultur. Aus der existentiellen Anwesenheit eines ausländischen Dichters wird konstruktive Gesprächsbereitschaft. Der Dialog bzw. der intersprachliche Austausch über Wertsysteme, Sprachkulturen und ästhetische Modelle zielt darauf ab, die jüngste Entwicklung der Republik als Teil der Landessprache zu erfassen, um die Kluft zwischen interkultureller Wirklichkeit und monokultureller Sprache stets zu reduzieren.

Als Literaturwissenschaftler hat Chiellino mehrere Aufsätze und drei Monographien veröffentlicht, mit denen er die Erforschung der betreffenden Literatur maßgebend geprägt hat. Dem erwähnten Band *Literatur und Identität in der Fremde. Zur Literatur italienischer Autoren in der Bundesrepublik* (1985) folgte 1988 *Die Reise hält an. Ausländische Künstler in der Bundesrepublik*, das die ganze Vielfalt der Kulturen im Deutschland der 80er Jahre vorstellt. Im dritten Buch *Am Ufer der Fremde. Literatur und Arbeitsmigration 1870–1991* (1995) unternimmt er einen Vergleich der Literaturen über die folgenden drei Bezugssysteme: Auswanderung als Gegenstand der italienischen Literatur zwischen 1870 und 1950; Einwanderung und die bundesrepublikanische Literatur der späten 60er und der 70er Jahre und die Literatur von muttersprachigen und deutschsprachigen Autor/innen, die im bundesdeutschen Kontext der Einwanderung schreiben.

Giuseppe Giambusso

Von Giambusso liegen zwei Gedichtbände vor: *Jenseits des Horizonts. Al di là dell' orizzonte* (1985) und *Partenze – Abfahrten* (Italien, 1991). Die thematische Vielfalt und die ästhetische Komplexität der ersten Sammlung lassen auf schriftstellerische Erfahrungen schließen. Der zyklische Aufbau des Bandes zeigt, daß der Lyriker diskontinuierliche Kreativität mit einem weitverzweigten Projekt zu verbinden weiß. In der Tat sind der erste und der letzte Zyklus eine thematische Weiterführung von Giambussos Ansätzen vor seiner Auswanderung. Im letzten Zyklus »Lettere dalla Sicilia in versi« (Briefe aus Sizilien in Versen) wird z.B. das Scheitern der eigenen Sinnlichkeit vor der Fremde besungen (S. 138/139). Im Kontext von Literatur und Auswanderung erweist sich die Ausgangsposition des lyrischen Ichs bei Giambusso als innovativ. Zum ersten Mal greift das wartende Ich in das Geschehen ein. Indem ein weibliches Ich sein Verlangen nach dem fernen Geliebten besingt, erfährt es, daß die Sprache des Verlangens vor der Fremde versagt. Der stumme Geliebte hat sich einem progressiven Verlust seines Selbst ausgeliefert, der aus ihm ein Haus am Geburtsort macht, das er nie bewohnen wird (S. 138–39). Währenddessen kann sich seine Geliebte ihrem veränderten Lebenszustand nicht mehr entziehen: »ich warte auf dich / ohne auf dich zu warten« (S. 142–143).

Es ist eigenartig, daß Giambusso gerade ein zyklisches Verfahren wählt, um einen soziokulturellen Prozeß wie die Einwanderung darzustellen, der eigentlich linear und zielgerichtet ist. Giambussos zyklisches Vorgehen erweist sich dennoch als besonders geeignet, da es ihm erlaubt, Kernerfahrungen auf dem Weg in die Fremde analytisch zu erfassen. Neben dem Verzicht auf Sinnlichkeit, wird im Zyklus »Dietro le bandiere« (Hinter den Fahnen) der Widerspruch zwischen Nationalismus bzw. internationaler Solidarität und Einwanderung thematisiert. Der Zyklus »Tre seni per la luna« (Drei Herzen für den Mond) besteht aus drei Gedichten über Lyrik und Engagement. In »Morgenröte« wird die Liebe besungen, jedoch nicht mehr im Kontext der Aus- und Einwanderung. Der Zyklus »Vorrei essere popolo« (Volk möchte ich sein) mit seinen verzweigten Lebensläufen ist eine große Ballade auf die Einwanderung. Und hier zeigt sich Giambussos Nähe zur literarischen Tradition der *cantastorie* (Liedermacher) aus Sizilien. Wie sie besingt Giambusso in langen Gedichten gesellschaftliche Ereignisse und private Schicksale, jedoch im Kontext der Aus- und Einwanderung. Zu den Höhepunkten der einzigartigen Ballade gehören: »Sono tornate le giostre« (Die Karussells sind wieder da, S. 16/18), »Alba al mio paese« (Sonnenaufgang in meinem Dorf, S. 32/35), »Emigrante« (S. 36/41) und »Germania« (S. 66/71).

In seinem zweiten Band geht Giambusso dennoch nicht mehr zyklisch vor. Es ist anzunehmen, daß die erworbene Sicherheit ihn ermutigt hat, ein großes Projekt zu wagen. Mit *Partenze-Abfahrten* hat Giambusso ein ganzes Werk um die *pendolarità* als zentralen Aspekt im Leben der Italiener in Deutschland geschaffen. *Pendolarità* ist mehr als ›Pendeln‹. Während mit Pendeln eine sich wiederholende Handlung gemeint ist, definiert *pendolarità* eine innere Einstellung. *Pendolarità* ist nicht mit Entwurzelung gleichzusetzen, da Entwurzelung ein schmerzhafter Prozeß ist. Und noch weniger ist sie mit mißlungener Rückkehr zu vergleichen, wie es bei Bertagnoli oder Biondi der Fall ist. Unter *pendolarità* hat Giambusso die spezifische Instabilität im

Leben der Generation ausgemacht, die eine Aus- und Einwanderungswelle auslöst: »Già prima di partire / cominciai a ritornare / e ogni volta che torno / mi preparo alla partenza.« (Noch vor der Abfahrt / trat ich den Rückweg an / bei jeder Rückkehr / richte ich meine Abfahrt aus, S. 14–15. Übers. G. Chiellino).

Querverweise, Einzelheiten und Variationen machen den Band zu einer eindringlichen Erkundung von Ursachen (»Pane e silenzio« / »Brot und Schweigen«, S. 20/23), Fakten (»Un giorno nella tua pelle« / »Ein Tag in deiner Haut«, S. 92/93, »Anderssein«, S. 102–103) und Befunden (»Morire d'integrazione« / »Sterben an Integration«, S. 38/39, »Sala d'attesa« / »Warteraum«, S. 100/101), die eine Generation von Aus-/Einwanderer-Ichs zur *pendolarità* zwingen. Auf diese Weise erhält der Leser die Möglichkeit, sich dem Klärungsprozeß eines lyrischen Ichs anzuschließen, das ihm am Schluß verrät, worin sein unmöglicher Wunsch besteht: »vivermi / essere dentro e fuori / di me // essere dentro e fuori / di voi / essermi contemporaneo.« (mich zu leben / in mir und außerhalb von mir / zu sein // in euch / und außerhalb von euch zu sein / mir gleichzeitig zu sein, S. 108/109). Es geht um den Einklang von Raum (innerhalb und außerhalb) und Zeit (Leben), der am Geburtsort und durch die Muttersprache entsteht und den die Auswanderung für immer außer Kraft setzt.

Fruttuoso Piccolo

Piccolos literarische Entwicklung ist in drei Bänden dokumentiert: *1970–1980. Dieci anni fra due mondi* (*Zehn Jahre zwischen zwei Welten*, 1980), *Arlecchino »Gastarbeiter«* (1985) und *durch DIE SPRACHE ein ander(es) ICH* (1987). Die Titel erklären seinen Werdegang: Dem italienischsprachigen Anfang folgt eine Zeit der Suche nach einem Ausgleich zwischen der Herkunftssprache und der Sprache im Lande. Angesichts der erlebten Unmöglichkeit, alte gegen neue Normen auszutauschen, entscheidet sich Piccolo in einem dritten Anlauf für befreiende Sprachexperimente.

Sein Erstlingswerk ist als monologisches Tagebuch angelegt und kreist um zwei Grunderfahrungen: der Militärdienst in Trieste (S. 9–64) und die Rückkehr nach Hannover (S. 64–100). Eine Auswahl mit Gedichten aus der Zeit vor der Auswanderung leitet den Band ein. Ein lyrisches Tagebuch hilft dem Verfasser, die Zeit der Unfreiheit zu bestehen. Es hilft ihm bei der Klärung der Frage, wie seine Kreativität mit einem sozialkritischen Auftrag zu verbinden sei. Immer wieder wird Anarchie als Motor des Widerstands gegen Militär und Kapital beschworen, ihre Ziele bleiben aber im Rahmen individueller Lebensvorstellungen stecken. Kaum in Hannover, um sich von der Zeit der Unfreiheit zu erholen, muß das lyrische Ich feststellen, daß ihm die Flucht vor der Unfreiheit nicht glücken kann, denn »Il capitale mi insegue / ed io devo fuggire« (Das Kapital setzt mir nach / und ich muß fliehen, S. 70). Kreativer Höhepunkt der Sammlung ist das Gedicht mit dem Hinweis »Trieste, 7/6/74« (S. 45–47). Hier erprobt Piccolo das akustische Prinzip, das er als tragende Idee seiner visuellen und akustischen Performances im Lauf der 80er Jahre ausbauen wird.

Die italienisch- oder deutschsprachigen Texte aus *Arlecchino »Gastarbeiter«* zeichnen sich durch die Leichtigkeit der Sprache aus. Das ursprüngliche Unbehagen wurde von bekennendem Engagement abgelöst. Das lyrische Ich ist kein Beobachter seiner selbst, sondern Teil der sozioökonomischen Verhältnisse, denen die Gastarbeiter ausgesetzt sind. Seine engagierte Präsenz hat das einzige Ziel, dem Leben in der Fremde Würde zu verschaffen. In dem Anhang »La mia poesia d'emigrazione è poesia visiva« (Meine Poesie in der Emigration ist visuelle Poesie, S. 134–149) steckt Piccolo seine Position innerhalb der literarischen Bewegung scharf ab. Dabei begründet er, wieso bei ihm die Sprache stets an Bedeutung verliert und Grafik, Akustik, Bild und Körpersprache als gleichberechtigte Komponenten seiner Poesie hinzukommen. Das neue Vorgehen sieht folgendermaßen aus: Zuerst werden aus der Sprache im Lande einzelne Klangbilder gewonnen, wie: ›Asylbewerber‹, ›Ausländer‹, ›Gastarbeiter‹, ›Asylanten‹, ›Emigranten‹, ›ausländische Mitbürger‹ oder ›Integration‹. In einem zweiten Moment werden sie zu Sprachkollagen montiert (S. 16 u. S. 17). Aus der starren, lautlosen Haltung werden sie durch Sprachklänge, akustische Effekte, Licht, Grafik, Dias und Körperlichkeit befreit und durch die Performance zum mehrdimensionalen Leben erweckt.

Die überzeugendsten und reifsten Ergebnisse dieses Verfahrens hat Piccolo in *durch DIE SPRACHE ein ander(es) ICH* veröffentlicht. Hierzu gehören: »DURCHEINANDER: NA UND!« (S. 79), »Wortakrobat« (S. 54), »Keine Zeit zum Nachdenken« (S. 46) und »Emigration« (S. 7). Es liegt nahe, bei Piccolo Anlehnung an konkrete, visuelle Poesie oder an Sprachspiele von Ernst Jandl zu vermuten, doch der Verdacht ist irreführend. Mit der Entscheidung, einzig auf die Sprache im Lande zu setzen, beendet Piccolo den Versuch, unterschiedliche Sprachkulturen in Einklang zu bringen. Was dann folgt, sind Experimente mit einer Sprache ohne gemeinsame Vergangenheit, eine Sprache, die allerdings zur Gegenwart der bundesdeutschen Bevölkerung gehört.

Lisa Mazzi-Spiegelberg

In ihrer einzigen Buchveröffentlichung *Der Kern und die Schale* (1986) hat Lisa Mazzi-Spiegelberg die Lebensläufe von fünf italienischen Frauen in Deutschland entworfen. Sie sind zum Teil als Reportage und zum Teil als monologische Selbstporträts aufgebaut. Aurora, die junge Italienerin aus Genua, die nach wie vor in Arno verliebt ist, kehrt nach Frankfurt zurück, um festzustellen, daß sie dort von niemandem erwartet wird. Vera befindet sich auf der Flucht vor der autoritären Mutter, die der »entlobten« Tochter nie das Recht auf freie Sinnlichkeit zugestanden hätte. Und doch fährt Vera nach Hause, um sich auf die endgültige Trennung vorzubereiten. Marta, die sich in ihrem Mutterdasein an der Nordsee aufgehoben fühlt, vertraut der Schulfreundin ihre Entfremdungsängste an. Es folgt ein Gespräch zwischen Vera und Gabriella, die aus Liebe zu Detlef Rom verlassen hat. Durch den Kontakt mit der Frankfurter Frauenwelt ist es ihr inzwischen gelungen, zu sich zu finden und die eigene Homosexualität zu befreien. Die Sammlung schließt mit einem Porträt der arrivierten Schauspielerin Rebecca. Sie hat das ersehnte Engagement an einem Theater in Florenz erhalten, und doch wird sie es ablehnen, um ihren Lebensstil in Frankfurt nicht zu gefährden.

Der Band, der in enger Anlehnung an die deutsche Frauenliteratur entstanden ist, läßt sich auch als Bericht über die italienisch-deutschen Beziehungen im Frankfurt der 70er Jahre lesen. Er ähnelt stark dem anonym erschienenen Band *Gardenie e proletari* (Gardenien und Proletarier, Italien, 1979), in dem das Leben eines italienischen Arbeiters in einer Frankfurter Wohngemeinschaft erzählt wird. In beiden Werken wird auf die Sehnsucht der deutschen Linken eingegangen, die in den Frankfurter Italienern die Vorboten der Revolution sahen. Kein wirtschaftlicher Notstand, sondern der Wunsch, über das eigene Leben zu entscheiden, ist nach Mazzi-Spiegelberg das Spezifische an der Auswanderung von Frauen. Das bedeutet aber nicht, daß das Leben in der Fremde die Emanzipation der Frau ermöglicht. Das Scheitern von Vera, die Zweifel von Marta, Gabriella und Rebecca zeigen, daß ein Ausgleich nur über die Auflösung des Konflikts zu erreichen ist, der sie zur Auswanderung gedrängt hat. Da dieser einzig in dem Kontext lösbar ist, wo er weiterlebt, wird die Fremde zwangsläufig zur schützenden Nische, bzw. zum Ort der Verdrängung bis zur nächsten Heimfahrt. In dem jüngsten Band mit dem Titel *Unbehagen* (1998) spielt die kulturelle Zugehörigkeit der Protagonisten keine gestaltgebende Funktion mehr. Es handelt sich vorwiegend um Frauengestalten, die ihrem fast schicksalhaften Lebenslauf nicht entrinnen können oder die weiterhin mit einer erkannten jedoch ungelösten Existenzfrage leben werden. Auch die Sprache hat sich verändert. Sie wird sehr eng geführt und gerät oft in ein Crescendo von knappen Sätzen. Damit gelingt es Lisa Mazzi-Spiegelberg, das Bedrohliche aus dem Leben der Protagonisten auf stringente Art wiederzugeben, es den Leser/innen schonungslos nahezulegen.

Marisa Fenoglio

Das Erzählen von Marisa Fenoglio kreist um die Erfahrungen im Leben einer Italienerin, die aufgrund ihrer gesellschaftlichen Stellung einen anderen Zugang zur Gastgesellschaft hat. Erzählungen wie »Ein Sommer mit Hühnern« oder »Allendorf« bestätigen die ungewöhnliche Erzählperspektive der Autorin. Andere wie »Eine verhinderte Reise nach Mailand« und »Schwärmerei/Mittagessen auf italienisch« sind dem Pendeln zwischen Orten, Gewohnheiten, Sprachen und Kulturen gewidmet. Erst mit dem Band *Casa Fenoglio* (Haus Fenoglio, Italien, 1995) hat sich Marisa Fenoglio einem Genre der italienischen Literatur zugewandt, das unter den italienischen Autoren in Deutschland nicht präsent war. *Casa Fenoglio* rekonstruiert die Chronik der betreffenden Familie. Formal betrachtet, wechseln sich Erzählung und Essay ab bzw. fließen zusammen. Die Chronik ist auf Daten angewiesen, die in einen soziohistorischen Erzählkontext einzubetten sind, daher entwickelt sich die Erzählung auf drei Stufen: Ausgehend von der Hauptfigur wird das Familienleben als Entwicklungskontext des Protagonisten ausgelegt. Der familiäre Kontext wird über Berufe und Sozialkontakte in enge Verbindung zum öffentlichen Leben vor Ort gestellt, das wiederum Teil des historisch-politischen Geschehens im Land ist. Der letzte Übergang wird durch den Lebenslauf des Protagonisten gesichert. In Fenoglios Werk greifen die drei Kontexte folgendermaßen ineinander: Als zentrale Figur tritt der ältere Bruder der Autorin, der Schriftsteller Beppe Fenoglio, auf; das Familienleben kreist um die schwierigen Beziehungen zwischen den Kindern und der Mutter, die Geschäft und Familie fest im Griff hat. Ort des Geschehens ist die Stadt Alba im Nordwesten des Landes. Das Geschehen erstreckt sich vom Faschismus über den Widerstand bis zum Wiederaufbau der Republik.

Fenoglios Werk unterscheidet sich dennoch von seinen italienischen Modellen, da die Erzählperspektive außerhalb des Herkunftslandes liegt. Das Auslagern der Perspektive unter Beibehaltung der Herkunftssprache eröffnet dem Genre neue Möglichkeiten. Der Ich-Erzähler besichtigt mit Hilfe der Herkunftssprache Orte und Fakten, die zwar zu seinem Leben gehören, jedoch außerhalb seiner Sprachgegenwart liegen. Das Schreiben dient der Wiederentdeckung einer Stadt, die nach dem Tod der Mutter zum Verweilen auffordert. Das Auftreten des Wortes »alba« (Morgengrauen) gegenüber dem Stadtnamen Alba läßt vermuten, daß sich nach den Jahren der Abwesenheit das Schreiben über Alba als die ersehnte Ankunft der »alba«, des Tagesanbruches, erweist, die ein neues Verhältnis zu Geburtsstadt ankündigt. Wer zwischen den Sprachen liest, kann leicht feststellen, daß die Wechselwirkung ›Alba‹ – ›alba‹ das Morgengrauen am Ort des Schreibens erhellt. Jede Aufarbeitung der Vergangenheit trägt bekanntlich zur Klärung der Gegenwart bei, um so mehr, wenn sie außerhalb der eigenen Herkunft stattfindet.

In seinen »Reflexionen aus dem beschädigten Leben« hat Theodor W. Adorno (*Minima Moralia*, 1975, S. 32) darauf hingewiesen, daß die Ankunftsgesellschaft jede Vergangenheit negiert, die sich irgendwo anders zugetragen hat. Daher ist das betreffende Genre besonders geeignet, die Vergangenheit an den Ort zu binden, an dem die Gegenwart stattfindet. Ferner bietet sich an, eine klärende Auseinandersetzung mit denen zu führen, die am Geburtsort zurückgeblieben sind. Fenoglios Entscheidung, ihr Werk in der Herkunftssprache zu verfassen, ist um so zwingender, weil das Italienische sich weiterhin gegen derartige Untersuchungen sperrt, da die Auswanderung das größte Tabu ist, das die italienische Kultur je kannte.

Fenoglios zweites Buch *Vivere altrove* (Woanders leben, 1997) ist erneut autobiographisch angelegt. Protagonisten dieser komplexen Geschichte aus der Zeit des Wirtschaftswunders sind eine junge Mutter, eine Fabrik, die aufgebaut wird, und die Stadt Allendorf (Hessen) mit ihrer problematischen Vergangenheit und einer interkulturellen Zukunft. Anders als in *Casa Fenoglio* ist die Sprache der Autorin hier durch unvermittelte Gleichzeitigkeit des Italienischen und des Deutschen geprägt. Die Entscheidung der Autorin, mehrsprachig vorzugehen, macht deutlich, daß inzwischen die interkulturelle Wirklichkeit so weit entwickelt ist, daß sie nach eigener ästhetischer Wiedergabe verlangt. Im Bereich der italienischen Minderheit ist Fenoglios Versuch sicherlich geglückt.

2. Literatur der spanischen Minderheit

Ana Ruiz

Das wissenschaftliche Interesse an ›Migrantenliteratur‹ von Autor/innen spanischer Herkunft ist relativ neu im Vergleich zu dem, das Autor/innen anderer Nationalitäten entgegengebracht worden ist. Auf Grund der Art, des Umfangs und der Verstreutheit der Literatur ist die Hilfe der Emigrant/innen, die aus Eigeninitiative jahrelang Zeitschriften, Publikationen aus Eigenfinanzierung, Werke und graphische Dokumente diverser Art zusammengestellt haben, von unschätzbarem Wert. Es handelt sich hierbei um Personen, die Initiatoren bedeutender Kulturinitiativen in diesem Bereich sind, wie z. B. Ricardo Bada, Nono Carrillo und Remedios Quintana, die Brüder Epifanio und Florencio Domínguez und der Professor José Rodríguez Richart.

Eines der wichtigsten Merkmale der Migrantenliteratur von Autor/innen spanischer Herkunft ist der ausgesprochen individuelle, ja geradezu Donquijoteske Charakter ihrer Aktivitäten, da öffentliche Einrichtungen kein Interesse zeigen, sich der verschiedenen kulturellen Initiativen anzunehmen. Mit Ausnahme der Aufsatzwettbewerbe, die die zweite Generation zum Gebrauch der spanischen Sprache anregen sollen, stützen sich diese Aktivitäten auf den persönlichen, intellektuellen und finanziellen Einsatz der Autor/innen selbst, die aber damit überfordert sind, Initiativen auf überregionaler Ebene zu koordinieren. Außer herausragenden Schriftstellern wie José A. Oliver, Guillermo Aparicio oder Antonio Hernando pflegten die spanischen Autor/innen wenig Kontakt mit den literarischen Kreisen anderer Nationalitäten. Als Kollektiv und ganz offensichtlich aus sprachlichen Gründen knüpften sie Beziehungen zur iberoamerikanischen Welt in Deutschland, die nicht selten von einer gewissen Haßliebe geprägt waren.

Deshalb läßt sich im Bereich der spanischen Einwanderung kein solch breites und fruchtbares Nachdenken über das literarische Geschehen finden wie bei den italienischen Immigrant/innen. Auch an die Tragkraft und Koordinierung der türkischen Initiativen kommen die spanischen nicht heran. Dennoch liegt eine literarische Produktion vor, die als Teil der Migrantenliteratur dieses literarische Feld wesentlich bereichert.

Unter den Autor/innen sind zwei Gruppen zu erwähnen: Zur ersten gehören diejenigen, bei denen die Emigrationserfahrung so entscheidend ist, daß sie als Motor ihrer literarischen Produktion wirkt. Sie haben meist keine akademische Bildung und schreiben im allgemeinen in ihrer Muttersprache, sei es Spanisch, Galicisch oder Katalanisch (baskische Texte liegen bisher nicht vor). Die bevorzugte literarische Gattung ist die Lyrik. Die meisten dieser Autor/innen publizieren in Zeitschriften und schaffen es nicht, ihre literarische Karriere zu konsolidieren. Besondere Bedeutung haben in dieser Gruppe allerdings Patricio Chamizo (geb. 1936) (Drama und Roman) und Antonio Hernando (1936–1986) (Lyrik) zu.

In der zweiten Gruppe finden sich Autor/innen mit akademischer Bildung und einer literarischen Berufung. Die Beweggründe für ihre Auswanderung waren nicht rein finanzieller Natur, so daß die Emigration nur ein Thema unter mehreren darstellt. Bei ihnen gibt es eine größere Vielfalt an Gattungen: Sie schreiben vor allem Romane, aber auch Gedichte, Essays und Theater. Sie begannen ihre literarische Produktion auf spanisch und wechseln dann ins Deutsche über oder praktizieren eine faktische Zweisprachigkeit. Zu dieser Gruppe gehören u. a. Víctor Canicio (geb. 1937), Guillermo Aparicio (geb. 1940), Teresa Cervantes und Heleno Saña (geb. 1930).

Die Anfänge

1960 wird der Abschluß eines deutsch-spanischen Abkommens über Anwerbung und Vermittlung spanischer Arbeitskräfte für die deutsche Wirtschaft unterzeichnet, mit dem offiziell eine Migrationsbewegung eingeleitet wird. Die literarische Produktion, die daraus hervorging, läßt sich in drei große Etappen teilen: Die erste entwickelt sich in den 60er und 70er Jahren, die zweite geht bis zum Ende der 80er Jahre, und die dritte beginnt mit den 90er Jahren und fällt mit einer neuen Ära der deutschen Geschichte zusammen.

1967 veröffentlicht Patricio Chamizo in Spanien den Roman *En un lugar de Alemania. Novela de los trabajadores españoles*, den er 1964 als Theaterstück geschrieben hat (1964 in Frankfurt uraufgeführt). Chamizo war 1963 nach Deutschland gekommen, um als Arbeiter in den Postdienst des Frankfurter Flughafens zu treten. Mit der Absicht, die Lebenssituation der spanischen Immigranten so dramatisch wie möglich zu beschreiben, wählte er anfangs das Theaterstück als Schreibform: Die Immigranten erschienen allein, von ihrem Familienkreis abgeschnitten und in einem sozialen Umfeld, das sie ihnen gegenüber als feindlich empfinden und gegen das sie sich kaum wehren können. Deshalb konzentriert sich Chamizo bewußt mehr auf die soziale Dimension seines Themas als auf die literarische Qualität. In seinem Streben nach Realitätstreue reproduziert er auch linguistische Eigentümlichkeiten, je nach geographischer Herkunft und Kulturniveau der Figuren, ohne auf stilistische Ausschmückung Wert zu legen.

Dennoch verfügt die literarische Produktion anderer Immigranten zu dieser Zeit größtenteils weder über die Dichte noch über die Breite, die man bei Chamizo vorfindet. Es gibt viele Immigranten, die ihr Denken in literarische Form kleiden wollen. Nach Meinung von Florencio Dominguez schreiben sie jedoch nicht auf Grund einer schriftstellerischen Berufung, sondern aus einem Kommunikationsbedürfnis heraus, um ihre persönlichen Erfahrungen in der literarischen Fiktion zu verarbeiten und sie sich so von der Seele zu schreiben. Die meisten von ihnen haben kaum eine Schulbildung genossen und schreiben zum ersten Mal.

In den 60er Jahren besteht eine klare Vorliebe für die Lyrik, die schneller ausgearbeitet ist und größere Publikationsmöglichkeiten verspricht. Hierbei herrschen volkstümliche Formen wie Lied und Romanze vor. Die Themen, die sich am häufigsten wiederholen, sind die Emigration an sich – die als negativ erlebt wird – die Sehnsucht nach den Angehörigen, die Heimat, die aus verschiedenen Perspektiven betrachtet wird – entweder mit Heimweh, Patriotismus oder mit kritischen Augen – die Suche nach einer eigenen Identität, die kritische Beobachtung der deutschen Umgebung oder auch das Erstaunen über sie und schließlich andere, allgemeinere Themen wie

Liebe, Moral und Phantasie. Die Gedichte richten sich immer an Spanier/innen, sei es das Kollektiv der Immigranten oder die Familie.

Angesichts des anwachsenden Interesses an Literatur beginnen einige Zeitschriften für Immigranten, diese Lyrik sporadisch oder in einer eigenen Rubrik zu publizieren. 1989 schien die Anthologie *Huérfanos de sol en estas tierras*, von Epifanio Domínguez und Karl-Heinz Anton in einer Nummer der Zeitschrift *Hispanorama* veröffentlicht. Sie stellte 100 Gedichte zusammen, die zwischen 1974 und 1978 in der Zeitschrift *7 Fechas*, in den Sparten »La poesía del emigrante« und »Emigroteca« publiziert worden waren. *7 Fechas* wurde von dem Schriftsteller Víctor Canicio koordiniert. Ende der 60er Jahre entstehen einige weitere meist sehr kurzlebige Zeitschriften wie z.B. *El Mundillo* (Gelsenkirchen), die sich später *Subahnstruchenbachen* nennen wird, um durch die Mischung von Spanisch und Deutsch einen humoristischen Effekt zu erzielen; *Al Margen* (Wetzlar); *El Mundillo. Revista literaria libre emigrante*, die sich an das internationale Kollektiv der Immigranten in Europa richtete. Die erfolgreichste dieser Publikationen war zweifellos *Viento Sur*, eine in Hamburg herausgegebene literarische Zeitschrift, die von dem andalusischen Maler Nono Carrillo und dessen Frau Remedios Quintana geleitet wurde (s.u.).

Neben dieser lyrischen Produktion erscheinen in den 70er Jahren die ersten Romane: *Historia de la misteriosa desaparición de Porfiria Santillana, fregona española en un país superdesarrollado* von José Martín-Artajo, der in Spanien zensiert und danach 1970 in Mexiko veröffentlicht wurde. Wie aus dem Titel zu erkennen ist, handelt es sich um einen Roman, der zwischen Kriminalroman und Schelmendichtung anzusiedeln ist und historische Belege und politische Forderungen völlig beiseite läßt. Es folgen *Los extraños peregrinos de Hamburgo* (1971) und *El cuarto Reich* (1972) von Torcuato Miguel, der im ersteren sein Leben als Immigrant in Hamburg zwischen 1958–1959 darstellt. Das umfangreiche Werk verbindet autobiographische, geschichtliche mit fiktiven Elementen. Im selben Zeitraum erscheinen ebenfalls drei Werke Víctor Canicios, ein anerkannter, in Deutschland ansässiger spanischer Schriftsteller und Übersetzer. Es sind: *¡Contamos contigo! Krónikas de la emigración* (Barcelona 1972), *Pronto sabré emigrar* (Barcelona 1974) und *Vida de un emigrante español. Testimonio auténtico de un obrero que emigró a Alemania* (Barcelona, 1979).

Die 80er Jahre

Im Lauf der 80er Jahre etablieren sich bestimmte Initiativen. Es erscheinen jetzt Texte spanischer Autor/innen in Anthologien über Migrantenliteratur, so z.B. von Antonio Hernando in *Im neuen Land* (1980), von Guillermo Aparicio in *Annäherungen* (1982), von Franco. Biondi in der Reihe »Südwind« herausgegeben, zusammen mit dem jungen José F. Agüera Oliver, der auch in *Zwischen zwei Giganten* (1983) publiziert, in *Zwischen Fabrik und Bahnhof* (1981), in *Das Unsichtbare sagen* (1983) und in seinem Werk *Dies ist nicht die Welt, die wir suchen. Ausländer in Deutschland* (Essen 1983). Gleichzeitig finden sich auch weniger bekannte Autor/innen wie Conchita Hernando (Tochter des Dichters), José Bosch y Barrera und José Luis Gordillo Leal. Es entsteht ein größerer Kontakt zu Autor/innen und Initiativen anderer Nationalitäten, wodurch die Literatur spanischen Ursprungs interkulturell verankert wird. Der Autor wendet sich nicht mehr nur an die potentiellen spanischen Leser/innen, sondern spricht auch andere immigrierte Minderheiten sowie das deutsche Publikum an. So zeichnet sich auch die Notwendigkeit ab, auf deutsch zu publizieren, für bestimmte Autor/innen sogar auf deutsch zu schreiben. Das Thema der Emigration bleibt bei den meisten Schriftsteller/innen bestehen, aber es eröffnet sich für sie ein neuer Horizont: Außer dem rein literarischen Vorgehen setzen sie sich auch für die Annäherung der beiden Kulturen ein, denken über die Sprache nach und analysieren die literarische Produktion der Immigranten. Während der Bezug auf das Ursprungsland praktisch verschwindet, richtet sich der Blick nun auf das »gastgebende« Land. Die literarische Qualität der Werke verbessert sich beträchtlich.

Die 80er Jahre stellen das goldene Zeitalter für *Viento Sur* dar, die bekannteste selbstproduzierte literarische Zeitschrift der Immigranten spanischen Ursprungs. Diese entstand als Heft des literarischen Treffpunkts ›El Butacón‹ in Hamburg. Unter der Leitung des Ehepaares Nono Carrillo und Remedios Quintana erschien die Zeitschrift von Weihnachten 1977 bis zum Winter 1993. Dann trat das Ehepaar von der Leitung zurück, weil es sich mit dem Gedanken trug, nach Spanien zurückzukehren. Nach einer zweijährigen Pause erschien im Sommer 1996 die Nummer 29 von *Viento Sur* unter der Leitung von José Napoleón Mariona (ein Autor, der gewöhnlich unter dem Pseudonym Chema Grande schreibt) und im neuen Design. *Viento Sur* hat aus verschiedenen Gründen seinen eigenen Platz in der spanischen Migrantenliteratur: Im Vergleich zu anderen Zeitschriften sind die hier publizierten Texte von zunehmender Qualität, ohne daß dabei das Ziel aus den Augen verloren wird, als Organ der Migrantenliteratur zu dienen. Es finden sich z. B. Texte des jungen Luis Sepúlveda, eines damals unbekannten Romanschriftstellers, der heute weltbekannt ist. Im Rahmen der literarischen Aktivitäten des Vereins ›El Butacón‹, der hauptsächlich auf die kulturelle Förderung der Immigranten durch die Literatur ausgerichtet war, wurde zur Lektüre der großen Meister der Literatur in spanischer Sprache aufgerufen. Bekannte Autor/innen, die sich in Hamburg auf der Durchreise befanden (Camilo José Cela, Miguel Barnett, Rosa Montero, Noel Navarro unter anderen), wurden dazu eingeladen, an den literarischen Begegnungen auf die eine oder andere Weise teilzunehmen. Jeder Besuch wurde durch Texte, Berichte oder Autogramme in der Zeitschrift dokumentiert. Ihr Design war von einer hohen graphischen Qualität, für die der Maler Nono Carrillo verantwortlich war. *Viento Sur* schreibt außerdem jedes Jahr einen literarischen Wettbewerb aus, der schon beim dritten Mal international bekannt wurde. Dieser Einsatz für die kulturelle Förderung trug seine Früchte: *Viento Sur* gab den Anstoß zu neuen, mehr oder weniger erfolgreichen literarischen Zeitschriften in und außerhalb Deutschlands und war im Bereich der spanischen Immigration die langlebigste unabhängige Publikation.

Die 90er Jahre

Die geschichtlichen Ereignisse in Deutschland seit 1989 sind so bedeutend, daß auch die spanischen Schriftsteller/innen ihnen gegenüber nicht gleichgültig bleiben. Die

Frage nach der Identität, das zentrale Thema der Migrantenliteratur, stellt sich nun plötzlich auch für die ganze Gesellschaft des gastgebenden Landes. Das Interesse für die Migrantenliteratur sinkt oder wird von den aktuellen Ereignissen in den Schatten gestellt. Die spanischen Immigrant/innen, die in Deutschland bleiben, sind mehr oder weniger integriert. Sie haben ihre kulturellen Bezüge wiederaufgebaut, und ihre Identität ist gewissermaßen schon an die Gesellschaft des gastgebenden Landes gebunden. Es ist also sinnlos geworden, weiterhin über die Erfahrung der Emigration zu schreiben. Die zweite Generation verliert das Interesse daran, die Sprache und Kultur ihrer Eltern kennenzulernen, wodurch die kulturellen Initiativen, die eigens diesem Zweck dienten, an Bedeutung verlieren. Und dennoch melden sich die immigrierten Schriftsteller/innen und Journalist/innen – die noch leben oder noch nicht nach Spanien zurückgekehrt sind – auf die eine oder andere Art und Weise in ihren Texten zu Wort. Sie tun dies mit einem kritischen Bewußtsein, dem Ereignisse wie die von Mölln oder Solingen nicht entgehen. Der unauflösbare, den Autor angesichts der gastgebenden Gesellschaft unterhöhlende Zweifel an der Identität ist allerdings geblieben. Es macht sich nun in den Texten eine Sicherheit bemerkbar, die aus der Überzeugung erwächst, daß der Autor einer im Aufbau befindlichen Gesellschaft, der deutschen, etwas zu sagen hat. Zweifellos ist die bedeutendste literarische Figur dieser dritten Etappe José F. A. Oliver.

Patricio Chamizo

Die kurze Erfahrung, die dieser Autor als Immigrant in Deutschland gemacht hat, prägte ihn tief und hat im Hinblick auf geschichtliche Authentizität und Gefühle ein literarisches Werk von höchstem Wert hervorgebracht. Er stammte aus bescheidenen Familienverhältnissen und war in einer der ärmsten Regionen Spaniens aufgewachsen. 1963 wird sein Stück *La margarita deshojada* in Deutschland uraufgeführt. Chamizo hatte schon seit seiner Jugend bei Theaterstücken mitgewirkt und war in diesem Jahr emigriert. Ein Jahr später wird in Frankfurt *En un lugar en Alemania* (1964) uraufgeführt, ein Theaterstück in zwei Akten, die jeweils in zwei und drei Bilder sehr unterschiedlicher Dimensionen eingeteilt sind. Ziel des Stückes ist es zum einen, das Leben der spanischen Immigranten in Deutschland zu beschreiben, ihren konstanten inneren Kampf, ihre Erwartungen, die sie haben emigrieren lassen, und zum anderen, die neue und unbekannte Umgebung und ihre eigene Identität miteinander in Einklang zu bringen. Der Autor benutzt als Titel den berühmten Eingangssatz des *Don Quijote*, der ihm dazu dient, die Industriestadt, in der die Handlung spielt, nicht genau zu bestimmen und somit den Erfahrungen der Figuren einen universelleren Charakter zu verleihen. Wie im *Don Quijote*, wo der Protagonist in einem Anfall von Wahnsinn gegen die Windmühlen kämpft, sind auch die Protagonisten von *En un lugar de Alemania* einsame Wanderer, die gegen einen Giganten ankämpfen. Ihr Lebensraum reduziert sich auf drei Orte: die Baracke, die Straße und die Kneipe. Die Figuren, Immigranten, die aus den damals ärmsten Regionen stammen und die im Werk durch ihre regionalen sprachlichen Eigentümlichkeiten identifiziert werden, handeln kurzsichtig, denn sie tun alles, um in möglichst kurzer Zeit die

Mittel zu erlangen, die ihnen eine würdige Rückkehr erlauben. Daran ändert sich erst dann etwas, als einem der Kollegen ungerechterweise gekündigt wird. Das Interesse des dokumentarischen Werks richtet sich auf die solidarische Entwicklung der Arbeiterklasse, eine Konstante in allen Werken Chamizos, im Sinne des sozialen Romans im Spanien der 60er Jahre.

Von diesem Theaterstück schrieb Chamizo, der inzwischen nach Spanien zurückgekehrt war, nur sehr unwillig und auf Bitte eines Verlags eine Version in Prosa, die 1967 erschien. Diese Version ist literarisch wesentlich ausgefeilter; es erscheinen neue Figuren und die persönlichen Schicksale werden hervorgehoben. Sie büßt hingegen viel Spontaneität und realistischen Charakter gegenüber der dramatischen Version ein.

Nach seiner Rückkehr nach Spanien verhinderte die Krise, in der sich das spanische Theater damals befand, daß Chamizo sich als Autor und Theaterproduzent durchsetzen konnte. Er schreibt weiterhin Stücke wie *Ganarás el pan con el sudor del de enfrente* (1974), *Paredes, un campesino español* (1976), *Don Benito* (1976), *Rudens* (1986). Er bleibt bei seiner Thematik der solidarischen sozialen Forderungen, aber bis heute hat er nicht mehr über die Immigration geschrieben. Dennoch hatte *En un lugar de Alemania* innerhalb der spanischen literarischen Kreise seine Bedeutung. Der Kritiker José Monleón beschrieb das Stück schon 1975 trotz seines naturalistischen, elementaren und leicht melodramatischen Charakters als ein Werk, das einen herausragenden Platz in der Literatur einnehmen würde und das für das Thema der spanischen Immigration sensibilisiert, weil es die Leser/innen bzw. das das Publikum dazu zwingt, Respekt zu wahren und gleichzeitig eine kritische Haltung einzunehmen.

Víctor Canicio

Die literarischen Werke des Schriftstellers Canicio orientieren sich mit wenigen Ausnahmen vollständig am spanischen Literaturmarkt. Canicio widmet sich dem Thema der Emigration nach Deutschland erstmals in der Erzählung »El españolito bueno« (Der brave kleine Spanier), die Anfang der 60er Jahre im *Heraldo de Aragón* veröffentlicht und preisgekrönt wurde. Der Erfolg, den er mit dieser Erzählung hatte, spornte ihn dazu an, weiterzuschreiben. Bei den weiteren Werken handelt es sich um: *Contamos contigo. Krónikas de la emigración* (Wir rechnen mit dir. Chroniken der Emigration, 1972), *Pronto sabré emigrar* (Ich werde das Auswandern bald beherrschen, 1974), *Vida de un emigrante español. Testimonio auténtico de un obrero que emigró a Alemania* (Leben eines spanischen Auswanderers. Die authentische Geschichte eines Arbeiters, der nach Deutschland auswanderte, 1979), die alle in Barcelona veröffentlicht wurden.

Canicio gesteht, daß er mehr aus Zufall als aus einem existentiellen eigenen Erleben an dieses Thema geriet, da er sich selbst nie als Teil der spanischen Emigrantenbewegung sah, obwohl er enge Beziehungen zu ihr unterhielt, so unter anderem zu den Emigranten in Weinheim, das wegen des hohen Anteils an spanischen Arbeitern als »zweites Madrid« bezeichnet wurde. Die drei oben aufgeführten Werke bilden einen thematisch abgeschlossenen Zyklus in der literarischen Entwicklung des Autors. In den Kommentaren einiger Literaturwissenschaftler wurden sie auch als eine Trilogie bezeichnet. Zu diesem Thema schreibt Canicio danach nur noch die Erzählung »Veinte años y un día« (1980). Dennoch sind diese Werke durch ihre Thematik und literarische Ausarbeitung eine Art Pflichtlektüre für jede nähere Beschäftigung mit der Migrantenliteratur.

Contamos contigo. Krónikas de la emigración (1972) soll eine Chronik der spanischen Emigration nach Deutschland sein und ist damit ein dokumentarisches Werk, für das die unterschiedlichsten Quellen aufgearbeitet werden, so z.B. Zeitungsausschnitte aus Deutschland und Spanien, Gesprächsfragmente, Briefe an die Leser/innen, Sprichwörter, literarische Zitate, Auszüge aus Fachliteratur zur Sozialwissenschaft, Statistiken und Ergebnisse von Umfragen. Trotz der stilistischen Sprünge, die sich aus der Verarbeitung von derart unterschiedlichen Materialien ergeben, sind die typischen Merkmale der Literatur von Canicio zu erkennen: ein kraftvoller und flüssiger Erzählstil, ein tiefgründiger Sinn für Humor, eine Begabung dafür, Quellen umzugestalten und damit auch die Wirklichkeit, die diese widerspiegeln. Dadurch kann er seiner bissigen und manchmal zynischen Kritik Ausdruck verleihen. Unter den Materialien, die Canicio mit Vorliebe benutzt, ist auch die Sprache selbst. Er entdeckt damit seine Stimme als Schriftsteller, und diese Fähigkeit ist ein Schlüssel zu seinen späteren Werken, in denen diese Reflexion über die Sprache immer präsent sein wird. Der spielerische Umgang mit Sprache auf allen Ebenen wird zum eindeutig wichtigsten Kennzeichen für das schriftstellerische Schaffen Canicios. In dieser Form kann er sein interkulturelles Erleben am besten zum Ausdruck bringen, dem er sich »aus einer Berufskrankheit oder durch die bleibende Identität als Ausländer« nicht entziehen kann.

Die neun Kapitel des Werks sind nach neun grundlegenden Aspekten der Emigrationserfahrung benannt: die Ankunft im Gastland, der Eingewöhnungsprozeß, die Arbeits- und Lebensbedingungen, die Gemeinschaft unter den Emigranten in der imaginären Welt von Migroburgo, die rechtliche und soziale Situation und die Integrationsprobleme bei der Rückkehr in die alte Heimat. Es gibt kaum einen Aspekt, auf den Canicio mit seinem kritischen Weitblick nicht eingeht. Er bringt Politik, Behörden, das Verhalten der Gesellschaft und Einzelner – Deutscher wie Spanier – eingehend zur Sprache. Das Werk rührte auf beiden Seiten an wunde Punkte, und so bezeichneten ihn die einen als Deutschenhasser und die anderen als Schande für den spanischen Nationalstolz.

Trotz der Kritik und angesichts des Interesses, das seinem Thema während dieser Zeit entgegengebracht wurde, wird Canicio gebeten, weiterhin in dieser Richtung literarisch zu arbeiten. Und so erschien zwei Jahre später das Buch *Pronto sabré emigrar* (1974), eine Sammlung kurzer Prosa und Dialoge, nie länger als zwei Seiten, die im *Tele/exprés* in Barcelona und in der Kölner Emigrantenzeitung *7 fechas* veröffentlicht worden waren. Da das Buch nicht über die alte Thematik hinausgeht, sondern die gewählten Themen stark beschreibend, oft oberflächlich und mit vielen Anekdoten behandelt, büßt es im Vergleich zum ersten inhaltlich an Qualität ein, zeichnet sich jedoch durch einen noch ausgefeilteren Gebrauch der Sprache aus.

Von seinem Verleger Eduardo Galeano ermutigt, berichtet Canicio in seinem 1979 veröffentlichten Roman *Vida de un emigrante español. Testimonio auténtico de un obrero que emigró a Alemania* vom Leben eines spanischen Auswanderers. Als Ausgangspunkt für das Buch dient ein vom Protagonisten selbst aufgenommenes Tonband, das er kaum überarbeitet hat. Mit Anklängen an den Schelmenroman, viel Humor und zahlreichen Anekdoten präsentiert er den Leser/innen eine Geschichte, die eine bittere Entwurzelung dokumentiert. Damit schließt Canicio eine literarische Phase ab und wendet sich danach mit noch größerer stilistischer Reife anderen Themen zu, behält aber seinen sehr individuellen Arbeitsstil bei. Víctor Canicio sieht sich selbst als »montador de historias«, als einer, der Geschichten fachmännisch zusammensetzt. Er arbeitet gerne langsam, denkt viel nach und läßt vieles im Papierkorb verschwinden, bis wieder ein neues Werk von ihm erscheint. Die Themen spiegeln seine persönlichen fixen Ideen wieder, von denen er sich durch das Schreiben als Therapie befreien will. Hat er ein Thema gewählt, so sucht er sich die Grundlagen für seine literarische Arbeit aus vielen unterschiedlichen Quellen zusammen. Neben dem täglichen Leben verwendet Canicio auch Zeitungsartikel, Kommentare von Experten, Gesprächsaufzeichnungen und literarische Stoffe. Man sagt Canicio nach, daß er einen »stark ausgeprägten Sinn für Worte« besitzt, »knapp, manchmal lapidar, immer ironisch«. Damit bringt er den Leser/innen seine kritische und nachdenkliche Sichtweise der Realität und der Sprache nahe.

Antonio Hernando

Antonio Hernando ist der einzige hier behandelte Autor, der zum Zeitpunkt dieser Veröffentlichung nicht mehr lebt. Die hier gesammelten Informationen verdanken wir Berichten seiner Familie und Freunde, da es bisher noch keinerlei Sekundärliteratur über ihn gibt. Hernando wird immer als Mensch im Zwiespalt beschrieben. Seine Beziehung zur ihn umgebenden Wirklichkeit war von einer angespannten Haßliebe geprägt. Er hatte Heimweh nach Spanien und machte dem Land doch gleichzeitig schmerzliche Vorwürfe. Er verwarf Deutschland und sah es doch gleichzeitig als einzig möglichen Lebensraum. Er lebte integriert in einer Kolonie von Spaniern und empfand dennoch die Einsamkeit eines sich gerade entfaltenden Intellektuellen. In dieser Wirklichkeit begann Antonio Hernando zu schreiben und erhoffte sich davon eine therapeutische Wirkung, die den Schmerz der Situation lindert, in der er lebte. Von seinen immer wieder überarbeiteten und korrigierten spanischen Manuskripten ausgehend, arbeitete er mit Hilfe von Guillermo Aparicio an der Übersetzung seiner Gedichte ins Deutsche. Sein einziges veröffentlichtes Werk ist eine Anthologie von Gedichten, die von seiner Tochter zusammengestellt und mit der intellektuellen und finanziellen Hilfe seiner Freunde – viele von ihnen waren Emigranten verschiedener Nationalitäten – nach seinem Tod herausgegeben wurde. Es handelt sich um eine zweisprachige Ausgabe seiner zwischen 1977 und 1982 geschriebenen Gedichte, die 1989 vom Verlag Karin Kramer unter dem Titel *Emigración-Emigration* veröffentlicht wurde.

Wie für die Geschichte eines echten spanischen Emigranten nicht anders zu erwarten, ist dieses Buch in Spanien völlig unbekannt. Durch die bewußte und detaillierte Einflußnahme von Antonio Hernando auf den Übersetzungsprozeß kommt es im Deutschen zu einer Interpretation des spanischen Textes. Während bei den spanischen Gedichten die literarische Qualität mit der Kürze des Gedichtes proportional zunimmt, ist die deutsche Version gelegentlich nicht nur von einer größeren inhaltlichen Klarheit sondern auch schlichter in der Form.

Antonio Hernando baut vor den Leser/innen seine ganze Gedankenwelt auf und nimmt sie mit hinein in die Konflikte und den Zwiespalt des Emigrantenlebens. Er bezieht Stellung zu gesellschaftlichen Phänomenen (Emigration, Rückkehr, zweite Generation) und weitet sie dann auf Themen aus, die ihn, den Schriftsteller, zutiefst persönlich angehen. So bekommen Begriffe wie die Nacht, die Zeit, die Ankunft und das Andere eine ganz neue Dimension. Er stellt eine gequälte, gespaltene Welt dar, aber er überwindet dabei den Tenor der Klage; Ergebnis seines Verarbeitungsprozesses sind eine strukturierte Wut und Verzweiflung, die nicht irrational sind und deshalb inhaltlichen Tiefgang besitzen und die Gedanken des Autors sorgfältig geordnet ausdrücken.

Die dem Werk zugrundeliegende thematische Einheit in den Gedanken wird im Jahr 1982 durchbrochen. Der allgemeine Tenor des Schmerzes und der Suche in den zwischen 1977 und 1981 geschriebenen Gedichten wird ab 1982 nicht mehr beibehalten. Das Thema der Liebe, das in den neuen Gedichten präsent ist, wirft das alte Konzept vollständig um. Die späten Gedichte schlagen einen fröhlichen und hoffnungsvollen Ton an.

Im Gegensatz zu den meisten anderen Gedichten, die in den Emigrantenzeitschriften veröffentlicht wurden, wird bei Hernando weder alles Spanische ausdrücklich gepflegt, noch ist alles vom Heimweh nach Spanien bestimmt. Statt dessen beschreibt Hernando, ohne es jemals ganz zu erklären, ein universelles Gefühl, den Ausdruck der Brüderlichkeit, der auf der Würde des Menschen beruht, der Einsamkeit des Einzelnen und der Notwendigkeit von Beziehungen und Liebe. Diese interkulturelle thematische Suche schlägt sich jedoch nicht in seiner Ausdrucksweise nieder. Knapp an Worten und Bildern, die dadurch eine große Ausdruckskraft bekommen, wurden seine Gedichte zuerst auf spanisch verfaßt und wurzeln ausschließlich in der spanischen literarischen Tradition. Am deutlichsten sind die Einflüsse der Lyrik von Antonio Machado.

Guillermo Aparicio

Er emigrierte nicht aus wirtschaftlichen Gründen nach Deutschland. Auf einer Reise durch das Land lernte er seine spätere Frau kennen und ließ sich in Deutschland nieder. Sein ganzes literarisches Werk wird von dieser biographischen Tatsache bestimmt: Sein Bezug zur deutschen Sprache und Kultur wird von ihm als »grundlegend erotisch« definiert, weil er seinen Ursprung und Grund in der Liebe hat. Deshalb sieht er es zum einen als seine Aufgabe an, zwischen den Kulturen zu vermitteln, was sich vor allem in der vom Autor gewählten Thematik niederschlägt, und zum anderen wacht er eifersüchtig über die deutsche und spanische Sprache, was in der Migrantenliteratur nur selten vorkommt. Als begeisterter Leser zählt er Kurt Tucholsky, Heinrich Heine, Lion Feuchtwanger, Oskar Maria Graf und, nicht zu vergessen, Heinrich Mann zu seinen deutschen Vorbildern. Spanische Vorbilder sind Miguel de Cervantes, Camilo J. Cela und Antonio Machado. Aparicio schreibt von Anfang an auf deutsch und veröffentlicht 1979, durch seine Freunde ermutigt, sein Erstlingswerk *Meine Wehen vergehen*. Literarisch identifiziert er sich nie mit der damaligen sogenannten »Gastarbeiterliteratur«, weil er sich selbst nie als Immigrant sah. Schon das Wort an sich hat für ihn eine negative Konnotation und vor allem sieht er hinter der Betonung der »Gastarbeiterliteratur« deutliche Hinweise auf den manipulativen Einfluß linksradikaler Kräfte, die diese Literatur als Tendenzliteratur für ihre Zwecke benutzen. Seiner Meinung nach gibt es nur einen Autor der authentische »Gastarbeiterliteratur« schrieb, einen einzigen spanischen Gastarbeiter der wirklich schrieb: Antonio Hernando. Nach dessen Tod gab Aparicio zusammen mit dessen Tochter einen Band seiner Gedichte heraus.

Für Aparicio gibt es zwei Grundformen der Literatur: die Erzählung und den Dialog. Literatur ist nichts anderes als Geschichten erzählen und hoffen, daß jemand anderes zuhört. Deshalb ist für Aparicio eine klare Sprache so wichtig, die für die Leser/innen nicht schwieriger sein soll als die Gedanken, die sie ausdrückt. Diese Grundsätze, die er heute vertritt, sind schon in seinem ersten Buch *Meine Wehen vergehen* (1979) präsent, eine Sammlung von Gedichten in freiem Versmaß, die jedoch schon die beiden Grundformen enthält. Damit erklären sich auch der so stark erzählerische Charakter des Buches und die Anrede eines Du/Ihr in vielen der Stücke. Es handelt sich um eine Sammlung von Gedichten, die Aparicio zwischen Februar 1978 und November 1979 in Aachen schrieb. In nicht immer ganz gelungenen freien Versen beschreibt er seine Sicht des täglichen Lebens. Unter der Vielfalt der behandelten Themen treten schon hier diejenigen hervor, die auch später für ihn typisch sein werden: solidarische interkulturelle Erfahrungen, Kritik an politischen Ereignissen, das Thema der Liebe und, wie bei Victor Canicio, das Nachdenken über und Spielen mit der deutschen Sprache. Für Aparicio besteht die wesentliche Eigenschaft der Poesie darin, mit einer einfachen Sprache scharfsinnige Gedanken auszudrücken. Im Rahmen seiner Aufgaben als Vermittler zwischen den Kulturen, die er unter anderem als Spanischlehrer für Nichtspanier ausübt, gibt er 1996 das Buch *Lob der Pellkartoffel, Ess- und Kochgeschichten für Deutsche, Halbdeutsche und Undeutsche* heraus, eine Sammlung von Artikeln, in denen ihm die Küche als Ausgangspunkt für kritische Kommentare dient. Diese Artikel hatte der Autor in der Zeitschrift *Stuttgarter Osten* unter einer Rubrik gleichen Namens veröffentlicht. Im gleichen Jahr erscheint auch das Buch *Spanisch für Besserwisser. Was den Deutschen am Spanischen spanisch vorkommt.*

José F. A. Oliver

Oliver (geb. 1961), der 1997 mit dem Adelbert von Chamisso-Preis ausgezeichnet wurde, ist unter den Schriftstellern spanischer Herkunft in Deutschland zweifelsohne derjenige, dessen Werke die höchste literarische Qualität aufweisen. Er ist vor allem Dichter und gestaltet seine Lyrik von drei Sprachen ausgehend, Deutsch, Alemannisch und Spanisch. Zum vielfältigen kulturellen Hintergrund der Dichtung Olivers gehören gleichermaßen die alemannische Umgebung, in der er als Sohn andalusischer Immigranten aufwächst, die deutsche Kultur, mit der er verwachsen ist – und die er selbst bereichert –, und die hispanische Kultur, die durch seine andalusische Herkunft und seine langen Aufenthalte in Peru eine besondere Prägung erhalten. Aus diesen Lebensräumen empfängt er seine hauptsächlichen literarischen Einflüsse, unter ihnen, wie z. B. die Kritiker Fritz Raddatz und Harald Weinrich aufgezeigt haben, Autor/innen wie Friederike Mayröcker, Paul Celan, Hilde Domin, Miguel Hernández, Rafael Alberti, Juan Ramón Jiménez und Federico García Lorca. Weinrich unterteilt seine bisherige literarische Produktion in drei Zeitabschnitte: Weinrich spricht von einer »olivgrünen« Etappe, in der die Gedichtsammlungen *Auf-Bruch* (1987) und *HEIMATT und andere FOSSILE TRÄUME* (1989) entstehen. In diesen ersten Gedichten finden sich schon zwei seiner konstanten Themen: das kritische Nachdenken über die Identität und die Realität, die ihn umgibt, und die poetische Gestaltung seiner andalusischen, hispanoamerikanischen und deutschen Welt. Die »aschengraue Periode« bezeichnet einen zweiten Abschnitt, der sich in *Weil ich dieses Land liebe* (1991), *Vater unser in Lima* (1991) und *Gastling* (1993) widerspiegelt. Diese aschengraue Schattierung drückt eine geistige Gegenwart aus, die durch ein Gefühl von Beklommenheit, Sorge, Angst und Bitternis charakterisiert wird, ausgelöst durch die brodelnde politische Realität, die der Fall der Berliner Mauer und bestimmte ausländerfeindliche Ereignisse hervorgerufen haben. Die dritte Etappe, die mit der Gedichtsammlung *austernfischer marinero vogelfrau* (1997) beginnt, ist von einem distanziert-kalten Meerblau. Diesen noch nicht abgeschlossenen Abschnitt zeichnet eine extreme sprachliche Kreativität aus, die die Dichtung Olivers schwierig, dunkel und vielfach hermetisch macht.

Doch auch schon Olivers frühere Lyrik ist schwer zu verstehen. Sein literarisches Unterfangen konfrontiert die Leser/innen/Zuhörer/innen mit einem »*Entautomatisierungs*prozeß« – ›Entautomatisierung‹ im wahrsten Sinne des Wortes – auf drei Ebenen: ›Entautomatisierung‹ der Sprache, da Oliver sie gern zerstückelt, um sie dann wieder zusammenzusetzen, da er in den verstecktesten Winkeln des Wortes die letzten Spuren von Bedeutung oder Form sucht, die es ihm in einem unaufhörlichen Spiel erlauben, Bilder zu benennen, die für die Leser/innen neu, dem Autor jedoch zutiefst vertraut sind. So wird auch das Bild selbst ›entautomatisiert‹, und der Mond, das Meer und die Vögel werden abgelöst von der Möndin, der Meerin und den Vogelfrauen, die, weit entfernt davon, sprachliche Liebhabereien zu sein, eine Phantasiewelt mit eigenen Charakterzügen zeichnen. Die dritte Ebene der ›Entautomatisierung‹ liegt im Bereich der literarischen Tradition selbst. Nicht nur die bereits genannte sprachliche Kreativität, sondern auch die besondere Beobachtungsgabe Olivers als Fremder und Einheimischer zugleich, sein hervorragender Sinn für Rhythmus, sein Gefühl des Zerrissenseins und sein Vorstellungsvermögen, das klar von der andalusischen Welt, genauer gesagt, von der Sensibilität des Flamenco genährt wird, bestimmen seinen poetischen Gebrauch der deutschen Sprache. Oliver schreibt, weil er begreifen, nicht erklären will, und meint, daß der primäre Zugang zum Gedicht das Hören sein sollte, weshalb die Dichtung bei ihm mit der Musik und dem Vortrag verbunden ist.

Im Gegensatz zu den anderen hier vorgestellten Autor/innen spanischer Herkunft ist José F. A. Oliver ein Dichter mit klar definiertem Profil. Obwohl er noch sehr jung ist, steht er bereits mitten in seiner literarischen Produktion, so daß jede Untersuchung zu seiner Dichtung immer einen vorläufigen Charakter haben muß.

3. Literatur der griechischen Minderheit

Aglaia Blioumi

Entstehung und Entwicklung der griechischen Migrationsliteratur

Die Anfänge der Literatur griechischer Migranten kann mit der Entstehung der »Dokumentationsliteratur« des von 1966 bis 1976 in München lebenden Journalisten Giorgos Matzouranis angesetzt werden (vgl. Elsaesser 1988, S. 160). In seinem 1977 in Griechenland veröffentlichten Buch *Mas lene Gastarbeiter* (*Man nennt uns Gastarbeiter,* 1985) hat er Interviews, Briefe und Selbstzeugnisse von Landsleuten zusammengetragen, um die Situation und das Schicksal der griechischen Arbeitsmigranten zu dokumentieren. Dramaturgisch umgesetzt wurden die Lebensumstände der ersten Migranten bereits 1967 im unveröffentlichten Theaterstück von Vangelis Sakkatos *Die Baracke* (ebd., S. 162; vgl. auch Eideneier 1985, S. 267).

Einen wichtigen Beitrag zur Entstehung des Genres haben Autoren geleistet, die von ihrem Heimatland aus und auf griechisch sich mit dem Phänomen der Migration beschäftigt und es literarisch gestaltet haben, so z. B. die Schriftstellerin Lili Sografou mit ihrer Erzählung »Theodula, leb wohl« (1976), in der die Remigration eines Arbeiters nach Griechenland thematisiert wird. Hier werden die Heimatlosigkeit und die Entwurzelung des Migranten, die soziale Unterdrückung sowohl in der Fremde als auch im Heimatland in fiktiver Form dargestellt. Die Kritik der Erzählerin richtet sich gegen die Erwartungen der eigenen Landsleute, die den Rückwanderer ausschließlich im Licht der eigenen Wertvorstellungen wahrnehmen.

Die Kurzgeschichte von Maro Duka »Wie ein Photoroman« (1977) erzählt die Lebensgeschichte der Protagonistin, die in einem Athener Krankenhaus im Sterben liegt. In dieser Erzählung steht nicht die Schilderung der Migration im Zentrum, sondern sie schildert die schwierige Situation von Frauen anhand einer Lebensgeschichte – die unter anderem auch von Erfahrungen in der Emigration geprägt ist.

In seinen Erzählungen mit dem Titel *Tris chiliades chiliometra* (Dreitausend Kilometer, 1980) stellt Dimosthenis Kourtovik die Aktivitäten einer griechischen Gemeinde in Deutschland während der Militärdiktatur dar. Die Konzentration auf die Aktivitäten von griechischen Migranten erklärt sich aus der Intention des Autors, griechische Exilanten und Arbeiter in Deutschland während der Obristenzeit zu präsentieren (vgl. Blioumi 1996b, S. 102).

Explizit thematisiert der Roman von Galatia Grigoriadu-Sureli *Pechnidi choris kanones* (Spiel ohne Regeln, 1982) Fremderfahrungen griechischer Arbeiter in Deutschland. Es geht um die Ankunft in Deutschland, die erste Begegnung mit den Arbeitgebern, die Wohnsituation in den Wohnbaracken und die Lebensbedingungen einer Gruppe von Gastarbeitern. Der Erzählerin kommt es vor allem darauf an, den aus ihrer Sicht problematischen, ja unwürdigen Aufenthalt der Migrant/innen in Deutschland darzustellen und auf die Problematik der Auswanderung aufmerksam zu machen. Eine nähere Analyse der deutschen Gesellschaft wird allerdings auch in diesem Roman nicht geleistet. Die Beschreibungen gehen nicht über den Horizont der kleinen Gastarbeitergemeinde hinaus.

In dem Roman *Otan figame* (Als wir gingen, 1989) von Eleni Saraditi-Panajotou schildert der Ich-Erzähler in einer Retrospektive seine Kindheit in Griechenland, die anschließenden Erfahrungen in Deutschland und letztlich den Entschluß, nicht wie die Eltern in die Heimat zurückzukehren, sondern sich auf eine lange Schiffsreise zu begeben. Kurze unglücklich endende Episoden werden immer wieder – nicht zufällig – in eine Geschichte über Migration eingeflochten. Die im Jahre 1990 erschienene Erzählung von Euripidis Kleopas »O Marathonodromos« (Der Marathonlauf) verbindet Reminiszenzen aus der Zeit der Militärdiktatur mit dem Leben des Ich-Erzählers in der Fremde. Durch die Geschichte werden Elemente der jüngeren politischen Vergangenheit Griechenlands und das Bild einer durch die Auswanderung entwurzelten Existenz vermittelt. Andere Autoren, die von Griechenland aus und ausschließlich in ihrer Muttersprache geschrieben haben, sind Thanassis Chalkou mit *Metanastes* (1973), Kostoula Mitropoulou mit *Randgruppenleben* (1980), Giorgos Skourtis mit dem Theaterstück *Der Einwanderer* (1980), Kostas Valetas mit *Die Einwanderer* (1983), Petros Markaris mit dem in griechischer Sprache unveröffentlichten Theaterstück *Fremdgeblieben*, das 1983 in deutscher Sprache erschien, Michalis Ganas mit *Stiefmutter Heimat* (1989), Napoleon Lazanis mit *I psarades* (Die Fischer, 1989), *Ichni zois* (Spuren des Lebens, 1991) und *Ego o Petros* (Ich, Peter, 1993), Christoforos Milionis mit *Kalamas ki Acherontas* (1990) (vgl. Eideneier 1991, S. 130), Wasilis Wasilikos mit *Glafkos Thrasakis* (1990), Dimitris Nollas mit *Auf dem Weg nach Wuppertal* (1996).

In das Herkunftsland zurückgekehrte Autor/innen

Bedeutend für die in griechischer Sprache verfaßte Migrationsliteratur sind die Autoren Dimitris Chatzis, Antonis Sourounis und Miltiadis Papanagnou, die jahrelang in Deutschland gelebt haben. Im Jahre 1976 veröffentlichte Dimitris Chatzis *Das doppelte Buch*, das zu einem Bestseller und 1983 vom Romiosini Verlag ins Deutsche übertragen wurde. Die Erzählung führt über das spezifisch griechisch-deutsche Gastarbeiterschicksal hinaus und nimmt die Problematik der Entwurzelung sowie die Schwierigkeiten des Akkulturationsprozesses in einer fremden Umgebung ins Visier.

Antonis Surunis zählt zu den profiliertesten Autoren in Griechenland. Er emigrierte als Achtzehnjähriger nach Deutschland, wo bereits seine Eltern lebten (vgl. Elsaesser 1988, S. 164). 1977 veröffentlichte er den Roman *Die Mitspieler*, 1988 den Erzählungsband *Meronychta Frankfurtis*, (*Frankfurter Tage und Nächte*, 1992) und 1994 den Roman *Der Tanz der Rosen*, mit dem er den ersten staatlichen Roman-Preis in Griechenland gewann. Seine Erzählungen spielen in Spielcasinos in Deutschland und verbinden Themen, die die Spieler bewegen – wie Liebe und Sexualität mit allgemeinen Fragen, der menschlichen Existenz, z. B. nach dem schrittweisen Verlust der körperlichen Vitalität, dem Altern, dem Tod oder dem Glaube an Werte.

Im Mittelpunkt des Erzählungsbands *Die Fremden* (1979) von Miltiadis Papanagnou stehen die Fremdheitserfahrungen der ersten Generation von griechischen

Gastarbeitern. Die Fronten zwischen der deutschen Mehrheit und der ausländischen Minorität werden aus der Sicht der Minderheit beschrieben. Der prekäre Ausländerstatus, sei er sozial oder rechtlich, wird subtil – nicht als offene Anklage – fiktionalisiert. Eine Absage an die Konsumgesellschaft und eine unterschwellige Kapitalismuskritik kommen deutlich heraus. Sein zweiter Erzählungsband *Lasogermani* (1985) kreist um die Rückkehrproblematik. Die Entwurzelung, die Isolation, der Identitätsverlust, der Wandel der Werte und die Entwicklung des Herkunftslandes zur Konsumgesellschaft werden auch hier nicht in einer offenen politisierenden Anklage ausgedrückt, sondern fiktiv vermittelt.

In der Bundesrepublik lebende Autor/innen

Der auf deutsch verfaßte Roman *So weit der Himmel reicht* (1985) von Chrisafis Lolakas erzählt mit einem geradezu ›labyrinthischen‹ Handlungsaufbau, in dem die Grenzen zwischen Haupthandlung und Binnengeschichte zerfließen (vgl. Eideneier 1987, S. 82). Lolakas wurde während der Obristenzeit verhaftet und gefoltert. Er erhielt politisches Asyl in der Bundesrepublik und lebt seit 1957 in Esslingen am Neckar. – Kostas Karaoulis lebt ebenfalls in Deutschland. Sein Roman *Die Finsternis (I eklipsi)* wurde 1984 in griechischer Sprache geschrieben und 1988 ins Deutsche übersetzt. Es ist eine Kriminalgeschichte, in der die Frage nach der Zukunft der »zweiten Generation« gestellt wird.

Eleni Torossi publiziert seit 1985 Kurzgeschichten in deutscher Sprache. Vaios Fassoulas hat seit 1981 eine beachtliche Zahl an Veröffentlichungen auf griechisch und deutsch, Giorgos Krommidas schreibt seit 1987 ausschließlich auf deutsch und Eleni Delidimitriou-Tsakmaki seit 1994 ausschließlich auf griechisch. Leonidas Panagiotidis hat neben seiner in die deutsche Sprache übersetzten Kurzgeschichtensammlung *Ein paar Zentimeter unter der Oberfläche* (1995) lyrische Beiträge in verschiedenen Anthologien veröffentlicht. Hier ist auch die auf griechisch veröffentlichte Novelle *I kardia tou kotzifa* (Das Herz der Amsel, 1998) von Petros Kirimis zu erwähnen. Seit Mitte der 80er Jahre ist Lyrik von griechischen Autor/innen, die dauerhaft in Deutschland leben, stark vertreten, so z.B. Karavia Maria mit *Stigmes* (1983) in griechischer Sprache, Jakovos Papadopoulos mit einer Reihe von Veröffentlichungen auf deutsch und griechisch, Garefis Delingas mit *Ta Endiamesa* (1987) und *Unsere Schatten in Offenbach* (1991) in griechischer Sprache, Kostas Giannakakos mit *Frühe Dämmerung* (1989) und *Ohne Gegenwert* (1997), zweisprachig griechisch-deutsch, Dimitris Kosmidis mit *Der Muschel zugeflüstert* (1991) und *Die Botschaft der Zikaden* (1995) auf deutsch, Zacharias Mathioudakis mit *Unter der Platane von Gortyna – kretische Prosa und Lyrik* (1992). Mathioudakis ist ebenfalls Herausgeber der Anthologie *Gute Reise meine Augen. Texte von Griechinnen und Griechen in Deutschland* (1993). Beide Werke sind in deutscher Sprache erschienen. Weiter sind zu nennen: Ewa Boura mit *Proben aus der Erotik der Stadt* (1993), *Das erste Buch Eytyxia* (1994), *Lyrische Szenen* (1994), *Narzissen für Persephone* (1995) und *Engeltexte* (1998). Boura ist auch Mitherausgeberin des Almanachs im Literaturforum im Brecht-Haus Berlin (1996). Weitere Autoren sind: Glavkos Koumidis mit *Peri Poiiseos* (1995), ›*pnades*‹95 (1995) auf griechisch und *Von Stiftern und Anstiftern* (1995) auf deutsch, Antonis Rizos mit *Ksorkia* (1995) auf griechisch, Angou Theologos mit *Odofragma* (1996) ebenfalls auf griechisch. – Zur Gattung des Dramas haben die in Deutschland lebenden griechischen Autoren keine Beiträge geliefert. Nur der Einakter von Aris Christidis *Weisen Sie sich aus!* (1986) kann an dieser Stelle genannt werden.

Junge Autor/innen sind bislang nur mit kleinen Schritten an die Öffentlichkeit getreten. Sie alle bevorzugen die Lyrik. Bekannt für sprachlich reduzierte, aber aussagekräftige Gedichte ist Tryphon Papastamelos. Mit seiner Poesie trifft er den Kern der Problematik der ›zweiten Generation‹, wie sie sich Mitte der 80er Jahre entfaltete. In den Gedichten werden Identitäts- und Sprachprobleme, Isolation, Entwurzelung und Heimatlosigkeit vermittelt. Das Gedicht »warum water / du mich holen / in dieses Land / wo ich nicht / auf strassen / spielen kann die / du so schön / putzen hast« gilt als der Prototyp der Gastarbeiterlyrik, seit es die Herausgeber der Südwind-Gastarbeiterdeutsch-Reihe Franco Biondi, Jusuf Naoum, Rafik Schami und Suleman Taufiq auf der Rückseite des ersten Bandes *Im neuen Land* (1980) veröffentlicht haben (vgl. Chiellino 1995, S. 292 f.). Vereinzelte lyrische Beiträge in Anthologien haben Fanny Atheras und Maria Gavranidou vorgelegt. In ihren Gedichten wird Sprache nicht nur unter dem Aspekt der schwierigen Aneignung, sondern auch als Jonglieren mit Wörtern und dementsprechend als Erweiterung der Ausdrucksmöglichkeiten und der eigenen Identität thematisiert (vgl. Elsaesser 1988, S. 175 f.). Neben lyrischen Beiträgen in Anthologien hat Aglaia Blioumi die Kurzgeschichte »Das Andere in mir« (1997) publiziert. In der Vermischung zwischen Retrospektive und gegenwärtigem Zeit- und Raumempfinden werden Reminiszenzen aus der Kindheit in Deutschland und aus dem Akkulturationsprozeß nach der Remigration in Griechenland in einer selbstkritischen Abrechnung mit der Identität der Ich-Erzählerin vermittelt.

Ein umfangreiches literarisches Werk hat der früh verstorbene Dimitris Papakonstantinou mit dem Roman *Die Dunkelziffer. Kriminalroman um eine Männerfreundschaft* (1988) geliefert. In der Anthologie *Dimitrakis ’86* sind ebenfalls Gedichte von ihm aufgenommen worden. Michalis Patentalis hat, untypisch für die Vertreter der sogenannten ›zweiten Generation‹, seinen ersten Gedichtband *Kurzsichtigkeit einer Stadt* (1998) in griechischer Sprache veröffentlicht (vgl. Blioumi 1998, Nachwort). In Vorbereitung ist der Gedichtband *Notizen im Deich*, das Kinderbuch *Ein Würmchen mit dem Namen Anzi* und der Roman *Das Geheimnis der Sonate*. Die geplanten Werke sollen zweisprachig auf griechisch und französisch erscheinen.

Initiativen für die Verbreitung der griechischen Migrationsliteratur

Die Herausgabe von Anthologien war ein bedeutender Schritt für griechische Autor/innen, um ein breites Lesepublikum zu erreichen. Als erste erschien *Dimitrakis ’86*, die von Niki Eideneier im Romiosini Verlag 1985 auf deutsch herausgegeben wurde. Im Vorwort berichtet Niki Eideneier von der Idee der Herausgabe einer »Gastarbeiterliteratur« und benennt mit diesem sehr weit gefaßten Begriff die inhaltlichen Konturen. In der Anthologie dominieren die typischen Themen der Fremderfahrungen der ersten Ausländer: Sprachschwierigkeiten, Identitätsprobleme, etc. und ein einfacher, der Alltagssprache ähnelnder Schreibstil. Ähnliches gilt für die Lyrik: die meisten Gedichte behandeln die ›Gastarbeiterproblematik‹.

Bei der zweiten Anthologie dagegen *Gute Reise, meine Augen*, herausgegeben in deutscher Sprache von Zacharias Mathioudakis (1993), fehlt der Begriff der ›Gastarbeiterliteratur‹ gänzlich. Zu den Vorzügen der Anthologie zählt, dem Herausgeber zufolge, die literarische, sprachliche und stilistische Vielfalt. So gibt es zum Beispiel mehrere Texte, die im Original auf deutsch verfaßt wurden, aber ausschließlich in Griechenland spielen oder der griechischen literarischen Tradition verpflichtet sind. Zu nennen sind die Kurzgeschichten »Der Steinadler« von Kostas Karaoulis, »Gute Reise, meine Augen ... « von Marianthi Jakobs-Samolis, »Die Frau von der Insel Petálas« von Adonis Christodoulis und »Wäre Hades schön« vom Herausgeber selbst. Schauplatz dieser Kurzgeschichten ist die griechische Provinz, und der Sprachstil gleicht der volkstümlichen griechischen Überlieferungstradition. Eine politisierte Grundeinstellung gegen die deutsche Gesellschaft oder die deutsche Ausländerpolitik zeichnet sich auch in den Texten dieser Anthologie ab, wird aber subtil in der Fiktionalisierung verborgen. Paradigmatisch ist hier die Erzählung von Fotini Ladaki »Griechengift und Bienenlügen«, die keinen konkreten Bezug auf Deutschland nimmt, doch durch Anspielungen auf die deutsche Geschichte und existierende deutsche Vorurteile gegen Ausländer den deutschen Bezugsrahmen suggeriert. Erzähltechnisch ist die Handlung auf dem Wechsel zwischen Monolog, längeren neutralen Dialogen und auktorialer Erzählung aufgebaut. Die strukturelle und semantische Vielfalt schafft einen ästhetisch beachtlichen Text. Auch Chrisafis Lolakas Erzählung »Bezug« ist strukturell und semantisch vielfältig aufgebaut. Die zweite Anthologie weist somit nicht nur inhaltliche Abweichungen und Unterschiede zu der ersten auf, sondern liefert durchaus eine stilistische Weiterentwicklung.

Die dritte Anthologie ist in Griechenland entstanden. Sie trägt den Titel: *Zwischen zwei Welten. Autoren in Deutschland mit griechischem Paß* (1995) herausgegeben von Giorgos Matzouranis. Sie ist ausschließlich in griechisch verfaßt – im Gegensatz zu den zwei vorigen, die auf deutsch erschienen sind – und versammelt Texte, die entweder aus den oben angeführten Anthologien stammen oder früheren Werken der Autor/innen entnommen sind. Insofern gelten die bereits erwähnten thematischen und stilistischen Schwerpunkte. Eine vierte, zweisprachige Anthologie ist von der ›Vereinigung griechischer Schriftsteller in Deutschland‹ (1998) beim Romiosini Verlag veröffentlicht worden. Sie konnte an dieser Stelle noch nicht ausgewertet werden, doch bietet sie sicherlich einen guten Vergleichsansatz, um ästhetische Differenzierungen zu den anderen Anthologien ausmachen zu können.

Der schon seit sechzehn Jahren in Köln existierende Romiosini Verlag leistet einen bedeutenden Beitrag zur Bekanntmachung griechischer Autoren beim deutschen Publikum. Die Verlegerin Niki Eideneier hat nicht nur die oben erwähnte Anthologie herausgegeben, sondern auch andere – zusammen mit deutschen und ausländischen Autor/innen. Zu erwähnen sind: Kalimerhaba. Griechisch – Deutsch – Türkisches Lesebuch (1992), herausgegeben zusammen mit Arzu Toker und *... die Visionen deiner Liebeslust. Liebe und Erotik in der Fremde* (1995) und *Kinder des Meeres. Geschichten der Heimat und der Fremde* (1997).

Literarische und künstlerische Aktivitäten

Ein bedeutendes Forum für griechische Autoren ist die ›Vereinigung griechischer Schriftsteller/innen in Deutschland‹ (gegründet 1996). Ziel des Vereins ist es, die Kontakte zwischen den Autor/innen zu fördern, Verbindungen zum Herkunftsland und zu entsprechenden Institutionen in Deutschland herzustellen, die literarischen Produktionen der Mitglieder der Öffentlichkeit sowohl in Deutschland als auch in Griechenland bekannt zu machen und ein Archiv mit den Werken der Autoren zu erstellen (vgl. Blioumi 1997a, S. 10). Vorsitzender der Vereinigung ist Kostas Giannakakos, der die Anthologie *Deutschland Deine Griechen* mit herausgab.

Die Initiative zur Gründung des ›Vereins Griechischer Autor/innen Nordrhein-Westfalen‹ ging 1998 von den Dichtern Petros Kirimis und Michalis Patentalis aus. Ziel des Vereins ist es, die Werke seiner Mitglieder bei einem größeren Publikum bekannt zu machen, die griechische Sprache in Deutschland zu pflegen, interkulturelle Kontakte mit deutschen und anderen ausländischen Literaturvereinen zu knüpfen sowie Kommunikationsbrücken zu Verlegern und Vereinen in Griechenland zu schaffen. Das erste Forum griechischer Literatur wurde in Düsseldorf im März 1999 veranstaltet. Zur Zeit wird das erste Symposium griechischer Migrationsautoren (September 2000) vorbereitet.

Das ›Deutsch Griechische Theater e.V (D. G. T.)‹ in Köln, das 1990 vom Regisseur Kostas Papakostopoulos gegründet wurde, bietet ein Forum für den Austausch deutscher und griechischer Traditionen und Kultur. Es bietet die Inszenierung und Aufführung antiker Dramen, zeitgenössischer deutscher Adaptionen griechischer Mythen sowie deutschsprachige Uraufführungen wichtiger Stücke des modernen griechischen Theaters. Aufgeführte Theaterstücke sind unter anderem: *Plutos* von Aristophanes (1990) in griechischer Sprache, *Philoktet* von Heiner Müller in deutscher Sprache, *Ehering* von Kechaidis (1992) in griechischer Sprache, *Die Bacchen* von Euripides (1993) in deutscher Sprache, *Herakles 5* von Heiner Müller in deutscher Sprache.

Das ›Griechische Theater Wuppertal‹ wurde 1990 von der Schauspielerin Maria Karavia gegründet, die seither auch die Leiterin ist. Einige Theaterstücke, die bisher aufgeführt wurden, sind: *Yerma* von Federico García Lorca (1990–1991), *Die Mandelplätzchen* von Chassapoglou (1991–1992), *Lysistrata* von Aristophanes (1995–1996), *Medea* von Euripides 1998–1999. Außer den Theaterstücken umfaßt das Repertoire auch literarische Abende in deutscher und griechischer Sprache, die griechischen Dichtern gewidmet sind, z. B. *Zwiesprache mit einer Blume* für Jannis Ritsos, *Dieser Kosmos, der kleine, der große!* für Odysseas Elytis (vgl. Rosenthal-Kamarinea 1996, S. 184 ff.).

Eleni Torossi

Ihre Märchen, Fabeln und Kurzgeschichten, bekannt als »Betthupferl«, werden seit 1973 im bayrischen Rundfunk in zwei Sprachen für deutsche und griechische Kinder gesendet. Diese Sendungen bildeten die Grundlage für ihre ersten Publikationen. In ihren ersten zwei Büchern *Tanz der Tintenfische* (1986) und *Paganinis Traum* (1988), die auf deutsch verfaßt wurden, dominieren das märchenhaft-phantastische Element und die sinnliche Direktheit. Sehr häufig geht es um etwas Faßbares, Riechbares und zu Schmeckendes. Es werden Tintenfische, Birnen, Feigen und Melonen, Knoblauch und Honigbrote personifiziert. Speziell über den Gebrauch der deutschen Sprache behauptet die Autorin in einem Interview (Iliadou/Chatzoglou 1994, S. 64), daß sie sich selbst durch die deutsche Sprache von ihrer Muttersprache distanzieren konnte. *Paganinis Traum* wurde 1991 auf griechisch neu geschrieben und stellt somit den ersten Versuch der Autorin dar, die griechische Sprache literarisch umzusetzen. Inhaltlich ist bereits in den ersten Werken die Auseinandersetzung mit den eigenen Wurzeln vernehmbar. Diese Tendenz wird in den späteren Veröffentlichungen ausgeweitet. Das Phantastische rückt in den Hintergrund und eine realistisch-autobiographische Schreibweise wird eingesetzt. Exemplarisch dafür ist die zuletzt erschienene Kurzgeschichte »Zwei Städte – zwei Rhythmen« (1997). In der Erzählung »Brief an meinem Vater« von 1992 wird die Suche der Ich-Erzählerin nach dem seit ihrem Kindesalter verschollenen Vater zu einer ersten Begegnung mit der eigenen Herkunft.

Vaios Fassoulas

1981 veröffentlichte er im Dialekt seines Dorfes den Roman *Auf den Spuren des Lebens*, der den Zeitraum der Kriegs- und Nachkriegszeit seit 1940 aufarbeitet. 1994 erschien das Werk *An der Kreuzung der Nachbarschaft*, das gattungsmäßig im Grenzbereich zwischen Poesie und Prosa liegt und in das auch folkloristische Liedertexte eingebettet sind. Das große Versepos *Griechenland in unserem Jahrhundert* (1996) zählt über tausend Strophen und ist metrisch in gereimten Jamben verfaßt. 1997 veröffentlichte er den Roman *Das große Opfer* sowie die Lyriksammlung *Die Sirenen der Fremde*, 1998 den Roman *Leben, deine Spuren suchend* und im selben Jahr der Roman *Politeies*. Auf deutsch wurden nur wenige seiner Werke übersetzt; darunter die Lyriksammlung der *Trobadour der Fremde* (1995) und *Die Sirenen der Fremde* (1998). Bislang sind alle seine Bücher im Eigenverlag erschienen. Über einige griechische und deutsche Rezensionen in lokalen Zeitschriften hinaus gibt es noch keine literaturwissenschaftliche Untersuchung zum umfangreichen Werk von Fassoulas.

Jakovos Papadopoulos

Er hat eine Reihe von Lyriksammlungen veröffentlicht und erhielt 1989 den zweiten Preis im Lyrik-Wettbewerb der Zeitschrift *Die Brücke*. Es sind ebenfalls zwei Kinderbücher erschienen: *Kinder der Fremde* (1988) auf griechisch und *Elli – Wege in die Freiheit* (1990) auf deutsch, die das Ziel verfolgen, Griechenland und die griechische Gemeinde in Deutschland vorzustellen.

Thematischer Schwerpunkt der Lyrik Jakovos Papadopoulos' ist die dichterische Konstitution des Fremden. Von der Beschreibung der unterschiedlichen klimatischen Bedingungen, »Zum ersten Mal sah ich / diese graue Farbe des Tageslichtes / und den bedeckten Himmel, / den Regen und die Kälte«, gehen die Beobachtungen auf die Gesellschaft im allgemeinen über. Einheimische und ausländische Bürger/innen werden in ihren alltäglichen Verhaltensweisen beschrieben. Bei der Preisvergabe des Lyrikwettbewerbs der *Brücke* begründete die Jury ihre Entscheidung damit, daß »Seine Gedichte [...] durch ihre klare Form, ihre Beschränkung auf wenige sprechende Bilder, auf ausdruckstarke Symbole und poetische Motive [überzeugen] (Prüfer 1989, S. 39).« In vielen Gedichten sind starke politische Aussagen enthalten. Alle seine Werke, außer den Kurzgeschichten, sind zweisprachig veröffentlicht worden.

Giorgos Krommidas

Bei seiner ersten längeren Erzählung »Ithaka« (1989) handelt es sich um die autobiographische Ich-Erzählung in Form einer Retrospektive. Sie schildert die Reise und die Ankunft in Deutschland, die ersten Fremdheitserfahrungen im deutschen und griechischen Milieu und die Situation auf den ersten Arbeitsstellen. Es dominiert ein kritisch-beschreibender Unterton, der von interkulturellen Vergleichen untermauert wird. Der Hauptteil der Geschichte schildert die kleine Welt der Spielcasinos. Erzähltechnisch besteht die Geschichte aus verstreuten Episoden aus der Kindheit. Hier herrschen die Erinnerungen an die familiäre Geborgenheit und die Armut in Griechenland während der deutschen Besatzungszeit vor.

»Der Ölberg« (1996) ist die Geschichte eines ehemaligen Casinospielers, der sich als Autor profiliert hat. In der Erzählung werden Entwicklung und Stabilisierung des dichterischen Selbstverständnisses thematisiert. Der größte Teil der Geschichte behandelt die Schwierigkeiten, als Autor ohne Etikettierungen anerkannt zu werden, die Wahl der deutschen Sprache, das Schreiben als Verewigungsakt (»Der Ölberg«, S. 86) und als Versuch, die Todesangst zu besiegen (ebd., S. 79). Die Gedichtbände *Du aber, Lissi, hab keine Angst* (1987) und *Tagebuch einer Trennung* (1987) enthalten größtenteils erotische Gedichte, die – wie erklärt wird – anläßlich einer großen Liebesenttäuschung entstanden sind. Der zuletzt erschienene Gedichtband *Die Liebe übrigens* (1994) bietet eine facettenreiche Palette erotischer Gedichte, Gedichte über die Kunst der Poesie und diverse Aphorismen.

Kostas Giannakakos

Er ist Mitherausgeber der Zeitschrift *Sirene*, zur Zeit Vorsitzender der ›Vereinigung griechischer Schriftsteller in Deutschland‹ und Übersetzer von Karyotakis, Ritsos und Papoulias. Giannakos hat zahlreiche Beiträge in Zeitschriften und Anthologien veröffentlicht. Er schreibt auf griechisch und auf deutsch. Bislang sind seine Lyriksammlungen *Frühe Dämmerung* (1989) und *Ohne Gegenwert* (1997) erschienen. In *Frühe Dämmerung* dominieren leitmotivisch Naturbilder, die Kritik am Leben in Griechenland und die Auseinandersetzung mit der Kunst des Dichtens (Blioumi 1997a, S. 58 f.). Die lyrische Sprache enthält zahlreiche Metaphern und eine komplexe Syntax, sowohl in den griechischen als auch in den deutschen Gedichten (vgl. Blioumi 1998, S. 182). In *Ohne Gegenwert* ist die politische Anklage verschärft und die reflexive Auseinandersetzung mit der Dichtung zugespitzt. Giannakakos beschreibt ironisch oder gar spöttisch Sitzungen in Gremien (S. 49) oder Lesungen für ausländische Autoren, die von Sozialarbeitern initiiert wurden (S. 57). Ein Novum dieses Gedichtbandes ist, daß verschiedene Aphorismen miteinbezogen wurden. Beide Veröffentlichungen sind zweisprachig erschienen.

Eleni Delidimitriou-Tsakmaki

Sie veröffentlichte bislang in deutscher Übersetzung die Romane *Die Stoffpuppe* (1994) und *Die ewige Suche nach der Heimat* (1994). Wie Krommidas hat auch sie spät mit dem Schreiben angefangen. Die Gründe hierfür werden in den jeweiligen Einführungen beider Romane aufgeführt: In *Die Stoffpuppe* wird die Pensionierung und die daraus entstandene »unerträgliche Stille« (S. 7) als Ursache angegeben. Der Ruhestand habe sie zur Rückblende und zur kritischen Analyse des eigenen Lebens veranlaßt. Das reale Dilemma, sich entweder in der Heimat niederzulassen oder bei den Kindern in Deutschland zu bleiben, führt zur existentiellen Reflexion. »Jetzt, da alles fertig ist, könntet ihr mich fragen, wieso gehst du nun nicht endlich? [...] ich weiß nicht, was ich will« (S. 8).

Die Stoffpuppe ist die Lebensgeschichte der Erzählerin. Sie schildert ihre Kindheit in einem griechischen Dorf, das Aufwachsen bei Adoptiveltern, die Suche nach der leiblichen Mutter und schließlich den Entschluß, nach Deutschland auszuwandern. Die verschiedenen Stationen ihres Lebens werden in einer dokumentarisch-kritischen Darstellung vorgeführt. Der Fokus der Erzählerin richtet sich ausdrücklich auf die Frage, warum Menschen ihre Heimat verlassen. »Nicht nur Armut und finanzielle Misere, sondern auch ein ungebrochenes Selbstvertrauen in das Leben und in die eigene Fähigkeit, es meistern zu können« rücken somit in das Blickfeld (Wuckel 1995, S. 96).

Im Vorwort zu *Die ewige Suche nach der Heimat* dominiert erneut die Frage, »wo werden wir die letzten Jahre unseres Lebens verbringen?« (ebd., S. 7). Die Autorin kündigt an, daß sie in Fortsetzung des ersten Buches rückblickend die Erfahrungen von dreiunddreißig Jahren Aufenthalt in Deutschland schildern wolle. Bei dem Werk handelt es sich nicht um eine bloße Akkumulation von Lebenserinnerungen, sondern, ähnlich wie im ersten Roman, um eine kritische Durchsicht bestehender Werte und Lebenserwartungen. Auch ihre Kurzgeschichte »Abschied vom Leben oder Seniorenheim« (1998) hat als Grundlage die Problematik des Alterns. Nicht nur die Freizeit im Ruhestand, sondern die existentielle Frage nach der Zukunft der letzten Lebensjahre sind für Eleni Delidimitriou-Tsakmaki wichtige Schreibimpulse.

4. Autor/innen aus dem ehemaligen Jugoslawien und den Nachfolgstaaten (Kroatien, Bosnien-Herzegowina und Bundesrepublik Jugoslawien)

Pero Mate Anušić und Azra Džajić

Der Titel dieses Beitrags kann sicherlich in Frage gestellt werden, vor allem von jenen, die aus welchem Grund auch immer, nicht wollen, daß die Nachfolgestaaten der Sozialistischen Föderativen Republik Jugoslawien mit diesem Staat in Verbindung gebracht werden, da sie befürchten, daß dadurch die schwer erkämpfte staatliche Selbständigkeit negiert werde. Um aber einen Überblick über das bundesdeutsche literarische Wirken der Autor/innen aus Exjugoslawien und aus den drei von fünf durch ihren Zerfall entstandenen Staaten zu geben, schien es sinnvoll, die Autor/innen aus den Staaten vorzustellen, nämlich aus Exjugoslawien, aus Bosnien-Herzegowina, der Bundesrepublik Jugoslawien (Serbien und Montenegro) und aus Kroatien. Für die Autor/innen aus Exjugoslawien gebrauchen wir für diesen Zeitraum die Sprachbezeichnungen, die von der deutschen Slawistik geprägt wurde, d.h. Serbokroatisch, Mazedonisch und Slowenisch. Serbokroatisch nehmen wir als Terminus auf, obwohl Lauer (1994, S. 34) dagegen anführt: »Man hat, wenn man an den serbo-kroatischen Krieg denkt, seine Schwierigkeiten, diese Sprachbezeichnung in den Mund zu nehmen. In letzter Zeit wird über eine Neubenennung der Sprache nachgedacht. Unstrittig ist, daß sie ›Kroatisch‹ bei den Kroaten, ›Serbisch‹ bei den Serben und ›Bosnisch‹ bei den Bosniaken heißt, doch wird dabei der gerade für den Fremdbetrachter wichtige Umstand vernachlässigt, daß es sich nach linguistischen Kriterien um eine Sprache handelt.« (zur Problematik der Sprachbezeichnung vgl. die Zeitschrift *Die slawischen Sprachen* 33 (1993); Okukas 1998). Ab 1991 werden entsprechend der Nationalität der Autor/innen, die Sprachbezeichnungen ›Bosnisch‹, ›Kroatisch‹ und ›Serbisch‹ verwendet, das soll keinen »Wechsel« der Muttersprache bedeuten, sondern die verfassungsmäßige Veränderung der Sprachbezeichnung respektieren. Eine Übersicht über die Autor/innen aus Exjugoslawien in Deutschland existiert nicht, einen guten Überblick bieten die zwei bislang unveröffentlichte Magisterarbeiten von Inge Poljak und Azra Džajić.

Die Literatur der jugoslawischen Minderheit von 1978 bis 1991

Ihrem Umfang nach sind die literarischen Aktivitäten der Jugoslawen in Deutschland sehr bescheiden, ihrer Bedeutung innerhalb der Migrantenliteratur ist nahezu marginal, obwohl die Jugoslaw/innen die zweitgrößte Gruppe nach den Türken waren. Ein Grund mag auch die Tatsache sein, daß Deutschland und Jugoslawien erst 1968 – 13 Jahren nach vergleichbaren Abkommen mit Italien – ein Abkommen über die Anwerbung und Vermittlung von jugoslawischen Gastarbeitern unterzeichnet haben, was eine massenhafte Migration ermöglichte. 1974 erreichte diese ihren Höhepunkt mit über 700.000 Arbeitsmigranten. Ein anderer Grund mag in der verbreiteten Meinung liegen, die Jugoslaw/innen »gelten als ›leicht integrierbar‹ und ›unauffällig‹ und auch die Migrantenforschung in der Bundesrepublik hat sich – vielleicht aus diesem Grunde – relativ wenig mit dieser Gruppe beschäftigt« (Baur 1992, S. 6)

Die Tatsache, daß die Jugoslaw/innen aus einem Vielvölkerstaat kommen und keine einheitliche Muttersprache oder einheitlich Schrift haben, hatte zur Folge, daß sie nicht als eine einheitliche, soziokulturelle Gruppe auftraten. Die jugoslawischen Vereine, die sich in den 70er Jahren gründeten, funktionierten meistens als geschlossene, sehr oft von der Heimat kontrollierte Kollektive, mit dem Ziel, die Sprache und Kultur der Heimat zu bewahren.

1978, zehn Jahre nach ihrer organisierten Ankunft, in einer Atmosphäre beginnender Ausländerfeindlichkeit, traten die Jugoslaw/innen durch einige Veröffentlichungen und Aktivitäten auf. Zvonko Plepelić veröffentlichte den Lyrikband *Jedem das seine oder auch nicht*, im Rotbuch Verlag erschien die Autobiographie *Unter uns war Krieg* von Vera Kamenko, Milo Dor publizierte in München *Alle meine Brüder* und Irena Vrkljan bei Reclam die *Sonne des fremden Himmels* sowie die Folge einer TV-Serie *Ivanka, die Fremde*. Ende 1978 wandte sich die Jugoslawien-Redaktion der Deutschen Welle Köln an die jugoslawischen Hörer/innen mit der Bitte »beschreiben Sie uns ein eigenes Erlebnis mit Deutschen«. Die Ergebnisse des Hörerwettbewerbs *Mein Erlebnis mit den Deutschen* waren 470 Beiträge mit »beachtlichem stilistischen Niveau« (S. 6). Davon wurden 25 Beiträge durch die Redaktion ausgezeichnet, die Juroren waren Herbert Korfmacher, Josef Sichinger, Gojko Borić und Dušan Pejčić. Bei der Auswahl war nicht die Perspektive – Krieg, Gastarbeiter, Tourismus – entscheidend, sondern »vielmehr die Geschichte und wie sie erzählt wurde« (S. 6). Zwölf der prämierten Beiträge sowie Zitate aus den anderen Einsendungen wurden in einer kleinen Broschüre in deutscher Übersetzung veröffentlicht. Diese wurde anläßlich des 25jährigen Bestehens der Jugoslawien Redaktion, unter dem Titel *Deutsche und Jugoslawen – Begegnungen und Erfahrungen* wieder aufgelegt.

Ebenfalls 1978 widmete die Stadt Dortmund ihre »Ausländertage« Jugoslawien. Begleitend zum literarischen Teil des Programms erschien eine Übersicht aller deutschen Übersetzungen der jugoslawischen Literaturen. In diesem Jahr veröffentlichte der Sprachen- und Geschichtskenner Nikola Othmar Haberl die erste ernstzunehmende Forschungsarbeit über die jugoslawischen Migrant/innen: *Die Abwanderung von Arbeitskräften aus Jugoslawien*. Von Reinhard Lauer erschien die Studie »Zur Rezeption serbischer und kroatischer Autoren im deutschen Sprachraum«. An vielen slawistischen Zentren Deutschlands wird anläßlich des 200. Jahrestags der von Goethe nachgedichteten Ballade »Hasanaginica«, die in Herders Volksliedersammlung erschien, über deutsch-jugoslawische Literaturbeziehungen geforscht. Durch diese und andre Aktivitäten wurde diese »leicht integrierbare Gruppe« in den Medien und der Öffentlichkeit präsent, was dazu führte, daß zunächst einzelne Autor/innen, später die Autor/innen als Gruppe durch das Schreiben einen Ausweg aus der gesellschaftlichen Isolation suchten.

Plepelićs *Jedem das Seine oder auch nicht* und Kamenkos *Unter uns war Krieg* stehen symbolisch für zwei Betrachtungsweisen der Position des Ausländers, des Fremden.

Kamenko spricht als eine direkt betroffene Arbeitsmigrantin darüber, was eine Ästhetik der Erfahrung ist; Plepelić nimmt als ein Intellektueller eine Position an der Peripherie ein, was zur Ästhetik des Subjekts führt. Beide Varianten sind noch bei den Autor/innen der 80er Jahre zu finden, die die Gattung Poesie und Autobiographie quasi von Plepelić und Kamenko übernommen haben. Schließlich ziehen die Bedingungen, unter denen diese Literatur entsteht, eine Reihe von thematischen Schwerpunkten sowie einige charakteristische Formen und Verfahrensweisen nach sich.

Auch in Jugoslawien selbst wird die Gastarbeiterproblematik in den literarischen. Werken dort lebender Autor/innen thematisiert. In den 70er Jahren erschien der Roman *Gost* (Gast, Belgrad 1979) von Dragi Bugarčić, in den 80er Jahren die Erzählung *Gastarbajteri* (Gastarbeiter, Zagreb 1982) von Ivan Raos und das Gedicht »Pesničko veče za gastarbajtere« (Dichterabend für die Gastarbeiter) von Vasko Popa, Belgrad 1981). Die Migrantenliteratur wurde durch zwei Sammlungen in Jugoslawien bekannt: *Horizonti* (Horizonte, Sarajevo/Paris 1980) und *Domovino, noćas sam te sanjao* (Heimat, heute nacht träumte ich von dir, Kruševac 1980). Auf größtes Interesse in Jugoslawien stieß 1988 eine Ausstellung und ein Symposium im Sava-Zentrum in Belgrad unter dem Motto »Književnost maternjeg i novousvojenog jezika« (Die Literatur der Mutter- und der neu erworbenen Sprache), organisiert von der serbischen Migrantenorganisation und dem serbischen Schriftstellerverband. 1989 folgte ein Symposium unter dem Titel »Književnost između dvije domovine« (Literatur zwischen zwei Heimaten) in der Zagreber Nationalbibliothek und eine Bücherausstellung.

Literarische Organisationen

Im Mai 1981 gründeten Vjekoslav Uremović, Momčilo Mićović, Miladinka und Vladimir Staničić, Vladimir Kažić und Jadranka Zovko für alle außerhalb Jugoslawiens lebenden Autor/innen die Dachorganisation ›Radnik-pjesnik u tuđini‹ (Arbeiter-Dichter in der Fremde). Der Verein hat seinen Sitz in Frankfurt. Kurz danach wurde das »Prvi festival poezije / Erstes Poesie-Festival« in Offenbach unter dem Motto »Tito, Heimat, Jugend« abgehalten, was in der Anfangsphase auch die dominierende Thematik der Mitglieder war. Der Verein veranstaltete zahlreiche Lesungen, zumeist in jugoslawischen Clubs, und stellte erste Kontakte zur Literaturszene in Jugoslawien her. Von Juni bis Dezember 1982 erschien monatlich in der Auslandsausgabe der Zagreber Zeitung *Vjesnik* (Der Bote) in Frankfurt am Main die Beilage *Poezija* (Poesie), die vom Verein Arbeiter-Dichter selbst finanziert wurde. Die *Poesie* wurde vom Literaturkritiker Vladimir Kažić redigiert. Im November 1981 hatte dieser Verein bereits einen internen Vordruck des Sammelbandes *Radnik pjesnik u tuđini* (Hameln 1981) hergestellt, in dem 33 Dichter vertreten waren. Nach der Einstellung der *Poesie* entstand eine Zusammenarbeit mit der Dobojer Zeitschrift *Glas komune* (Stimme des Landkreises) und dem hiesigen Schriftsteller Kasim Deraković. 1984 erschienen die Einzelveröffentlichungen der Mitglieder Zdravko Dekić, Relja M. Lukić, Dijana Midžić, Nada Mutić, Marija Fujer, Pero Dardan, und 1985 erschien die Lyriksammlung mit 21 Autor/innen in Stuttgart unter dem Vereinsnamen, als Beispiel einer typischen Kompromißlösung: »So ist allein der Name ›Radnik-pjesnik‹ die kroatische Variante; serbisch hieße es ›pesnik‹, obwohl im Vergleich mehr Arbeiter aus Serbien in diesem Verein aktiv sind. Das Buch ist in Bosnien in Druck gegeben worden und trotz der überwiegend serbischen Beiträge in lateinischer Schrift erschienen.« (Poljak 1993, S. 8). Im Juli 1986 widmete die Literaturzeitschrift *Osvit* (Morgendämmerung) aus Karlovac dieser Gruppe eine zweisprachige, serbokroatisch-deutsche Sondernummer.

Im August 1987 wurde in Frankfurt die ›Jugoslawische Literaturwerkstatt / Jugoslovenska književna radionica‹ gegründet, deren Hauptanliegen die »Pflege des muttersprachlichen literarischen Wortes und die Präsentation des jugoslawischen Literaturerbes« (*Naše staze*, S. 17) war. Die Gruppe veröffentlichte die Anthologien *Usnule zvezde* (Schlafende Sterne, 1989) und *Pismo sa Majne* (Brief vom Main, Priština 1991) sowie muttersprachliche Texte in der Frankfurter Ausgabe der Tageszeitung *Večernje novosti* (Abendnachrichten; Europa-Ausgabe), in der wöchentlichen Rubrik »Autoren aus der Diaspora«. Die Gruppe veranstaltete jährlich ein Literaturforum während der Frankfurter Buchmesse und viele Wettbewerbe. Die ersten Einzelveröffentlichungen von Milorad Miki Milenković, *Sunce sa pegom* (Sonne mit dem Fleck, 1988) und Ljiljana Vukić, *Predeli sna* (Traumlandschaft, 1989), sind in Zusammenarbeit mit der Literaturwerkstatt entstanden. Unter dem Titel *Man muß irgendwohin ...* veröffentlichte der *Hessische Literaturbote* Gedichte von Milutin Alempijević, M.M. Milenković, Anica Jednar, Lazar Rajko Dašić, Mirjana Vručkić, Vesko Vujić, Dragan Vasić, Vito Šipragić und Milosav Jocić.

Die zwei genannten Gruppen sind Beispiele dafür, daß in nationalen Organisationen die Herkunftssprache als Literatur- und Publikationssprache dient. In Sarajevo veröffentlichte Šimo Ešić die Migrantenanthologie *Ptice bez gnijezda* (Vögel ohne Nester, 1986). Am 30. April 1988 organisierten Arbeiterwohlfahrt, Kreisverband Duisburg, Volkshochschule, Forum – Internationales Zentrum Duisburg und der jugoslawische Club »Bratstvo i jedinstvo« ein Literaturtreffen, bei dem das Schreiben in Deutschland im Vordergrund stand. Mit dem Vortrag »In welcher Sprache schreiben und veröffentlichen in Deutschland« von S. Keko und *Schreiben, um zu verändern? – Satire als Darstellungsform in der Migrantenliteratur* von R. Baur, nahm die Gruppe Abschied von einer nationalen Konzeption und wählte eine binationale.

Am 8. 10. 1988 trafen sich die Mitglieder in Bielefeld zu einem jugoslawischen Literaturkolloquium, um die Gründung eines eingetragenen Vereins vorzubereiten. Der Name sollte ›Gruppe 88‹, der Vereinssitz in Duisburg sein. Bei einer Podiumsdiskussion zum Thema »Zwischen den Stühlen« wurde die Situation der jugoslawischen Autor/innen in der BRD dargestellt und eine Lesung in deutscher Sprache abgehalten. Die Gruppe plante, ein Verzeichnis aller in Deutschland lebenden Autor/innen aus Jugoslawien herzustellen, um so die Koordination zu pflegen. Am 15. 2. 1989 gab P. Pušić eine *Arbeitsmappe* als Gruppendokumentation für 1988 heraus. Das Beispiel dieser Gruppe, die nicht ›offiziell‹ agierte, zeigt, wie schwer es die Jugoslawen hatten, eine nicht nationale Gruppe zu bilden. Vielleicht hat aus diesem Grund S. Keko, dem das »alles zu eng« war, sich mit folgendem Brief von der Gruppe distanziert: »Schon seit über 23 Jahren sagen mir gewisse Deutsche, daß ich nie ein Deutscher sein werde. (Ich habe nie gesagt, daß ich das will). In den letzten 8 Jahren, seitdem ich den westdeutschen Paß besitze, sagen mir gewisse Jugoslawen, daß ich kein Jugoslawe mehr sei. Einem relativ rationalen Menschen bleibt nur die Resignation oder die Suche nach einer neuen, dritten, übernationalen Identität [...]. Mit dieser Gewißheit, scheint mir eine Organisation auf nationaler oder binationaler Basis als ein Rückschritt.« Tatsächlich war Keko schon längst in Aktivitäten mit multinationalem Charakter eingebunden, insbesondere bei der in Düsseldorf ins Leben gerufenen Lesereihe »Literatur ohne Grenzen« mit Künstler/innen aus verschiedenen Ländern.

In Hamburg gründete Emina Čabaravdić-Kamber mit einer Gruppe internationaler Künstler/innen 1989 den ›Deutsch-Jugoslawischen Literaturclub‹, deren Mitglieder neben zahlreichen Lesungen in Deutschland, auch literarische Begegnungen in Sarajevo, Struga und Belgrad durchführten. Eine geplante deutsch-serbokroatische Anthologie konnte wegen des Kriegsausbruchs nicht fertiggestellt werden. Der Verein wurde Anfang 1992 in den Internationalen Literaturclub ›La Bohemia‹ umbenannt.

Das »Augsburger Treffen« wurde durch Bratislav Rakić in Zusammenarbeit mit dem städtischen Literaturbeauftragten von Augsburg, Wolfgang Kunz und Kurt Idrizović von der Büchergilde sowie der Augsburger Zeitschrift *Gegenwind* ins Leben gerufen, und es sollte eine feste Institution werden. In der Eröffnungsrede appellierte Gino Chiellino an die Mitwirkenden, »sich der Sprache des Aufnahmelandes zu öffnen« (Poljak 1993, S. 13). Der Appell zeigte erst bei »dem zweiten Augsburger Treffen jugoslawischer Autoren« (*Feuilleton Regional*, 15. 6. 1992) seine Wirkung. Die meisten der 20 Autor/innen lasen zweisprachig. Und obwohl an dem Treffen mehrere Nationalitäten, Serben, Kroaten und Muslime, aus (unterdessen) Ex-Jugoslawien, teilgenommen haben – wie etwa Rakić, Milica Klose, Dašić, Fatima Grbić, Milenković, Vukić, Alenpijević, Luburić –, war sehr vielen klar, daß angesichts der andauernden kriegerischen Auseinandersetzungen in der nicht mehr existierenden gemeinsamen Heimat ein solches Zusammentreffen zukünftig nicht mehr möglich sein würde. Dieses Treffen, das Erich Pfefferlen mit den fast programmatischen Versen »Es glimmt / erschossener Frieden / am Docht / der Hoffnung« eröffnete, war das letzte der schreibenden jugoslawischen Minderheit in Deutschland.

In den 80er Jahren waren die Autor/innen zwar präsent, standen jedoch nicht im Mittelpunkt des Interesses. Eine fruchtbare Diskussion mit Schriftsteller/innen anderer Minderheiten, fand kaum statt. Mit Ausnahme der aktiveren Autor/innen wie Trumbetaš, Plepelić, Antov, Keko, Kamber, Vukić und Rakić spielte die jugoslawische schreibende Minderheit in der lebhaften Diskussion um die Migrantenliteratur in den 80er Jahren eine eher passive Rolle.

Die Literaturproduktion ist im Heimatland durch zahlreiche Veröffentlichungen dokumentiert, leider aber wissenschaftlich nicht ausreichend untersucht und wird daher von den ›professionellen literarischen Kreisen‹ oft nicht ernsthaft wahrgenommen. Die Produktion der jugoslawischen Gruppe im Gastland ist nicht in einer einzigen Anthologie dokumentiert, und da das Herkunftsland nicht mehr existiert, wird es wegen nationaler Befindlichkeiten der Autor/innen schwierig sein, dieses nachzuholen. Es bleibt zu hoffen, daß mit den neu entstandenen Staaten, mit denen sich deren Bürger/innen auch identifizieren wollen, obwohl sie weiterhin in Deutschland leben und schreiben, ein Klima von Offenheit ohne Berührungsängste entsteht, das auch die literarischen Beiträge der Bosniern, Kroaten und Serben innerhalb einer entstehenden Weltkunst/Globalkultur sichtbar werden läßt.

Zwischen 1978 und 1985 konnten nur wenige Autor/innen eigene Bücher in deutsch vorweisen, so z.B. Plepelić, Vrkljan, Edita Bermel-Rodominsky, Marina Micić, Drago Čuturić. Die jugoslawische Minderheit war in fast jeder Anthologie zum Thema Gastarbeiter, Fremde und Migration vertreten und nutzte das Angebot, durch Schreiben aus der Isolation auszutreten, doch sie hat nie als Gruppe von sich aus an einem multinationalen Projekt mitgearbeitet. In der zweiten Hälfte der 80er Jahre entdeckten viele jugoslawische Autor/innen die Zeitschrift *Die Brücke* als Veröffentlichungsmöglichkeit, neben schon erwähnten muttersprachlichen Anthologien in der Heimat.

Die Lyriker produzierten meistens weiterhin ihre Werke in ihrer Muttersprache. In deutscher Sprache erschien 1989 *Die unvergeßlichen Dinge* von Bruna Albaneze. Sie schreibt von der Erfahrung des Verlustes der Heimat und der eigenen Identität. In dem mühsamen Prozeß, sich zu erinnern und auf deutsch zu schreiben, dient der Erzählverlauf einer Therapie, die eine neue Identität und damit auch Zukunftsmöglichkeiten eröffnete. Veseljka Katharina Billich (seit 1961 in Heidelberg) veröffentlichte bereits 1968 die Gedichtsammlung *Verwandlungen*. Ihre fünf phantastischen Geschichten in *Die Tür zum Hof* (1986) bilden eine Art Collage von realen und surrealen Elementen, die die Leser/innen in einen Zwischenraum führen, wo selbst die einfachsten Dinge eine neue Bedeutung bekommen (die uns in eine »reale Irrealität«, um mit einem Oxymoron zu sprechen, pressen). Vor dem Zerfall des Jugoslawischen Staates (1991) erschienen u.a. noch folgende Werke: Keko: *Marko Anderswo* (Roman, 1990), Olga Sedlar: *Putz oder stirb* (1990) und Vrkljan: *Schattenberlin* (1990). Neben Lyrik und kürzeren Erzählungen oder Berichten, nahmen die realen oder fiktiven Biographien bei den jugoslawischen Autor/innen eine wichtige Rolle ein. Diese sind auch dann, wenn sie ohne literarischen Anspruch geschrieben sind, z.B. bei Kamenko, nicht bloß eine reportagenartige Darstellung, sondern eine durch Zeit-Raum-Zufall-Schicksal entstandene soziale und gesellschaftliche Bestimmung eines Wegs, der an seinem Anfang die Illusion einer besseren Welt und am Ende die Enttäuschung an dieser idealisierten Welt darstellt.

Grundmotive der literarischen Bearbeitung des Ausländerthemas sind: Heimat, Fremde und das Wandern zwischen zwei Welten. Innerhalb dieser Motivkomplexe ist das jeweilige Grundmotiv unterschiedlich gestaltet. In den meisten Texten hat die Heimat eine zentrale Stellung, wobei die muttersprachlichen Texte die Motivvariante ›Heimkehr‹ wählen, um ihre Heimatverbundenheit und ihr Heimweh zum Ausdruck zu bringen. Die Isolation in der Fremde läßt die Heimat idyllische und idealisierte Züge annehmen, während aus der Ferne der Heimat die Fremde als Hoffnung erscheint, stellt sich die Konfrontation mit dem »gelobten Land« als Zusammenprall von Ideal und Wirklichkeit dar. Als Ausweg aus dieser Enttäuschung benutzten viele Autor/innen Ironie und Humor als Stilelemente.

Vera Kamenko

Die ›Gastarbeiterin par excellence‹ (Poljak 1993, S. 54) (geb. 1947 in Sombor) veröffentlichte 1978 *Unter uns war Krieg – Autobiographie einer jugoslawischen Arbeiterin*. Damit gehört Kamenko neben der Japanerin Hisako Matsubura und der Bulgarin Rumjana Zacharieva zu den ersten Ausländerinnen, die in deutscher Sprache geschrieben und veröffentlicht haben (Ackermann 1990). Das Buch selbst hat zwei Teile, ein zuerst in gebrochenem Deutsch geschriebener und von Marianne Herzog für die Deutschen lesbar gemachter Text, der Kamenkos Leben bis zum Gefängnis beschreibt. Der zweite Teil bietet im Gefängnis geschriebene »Tagebücher« und nach der Freilassung entstandene Texte »Leben im Gefängnis« und »Rückkehr nach Hause«. Dieser wurde nicht grammatikalisch korrigiert, sondern so gedruckt, wie Kamenko ihn geschrieben hatte, als sie noch deutsch lernte.

Der Titel meint nicht den Krieg zwischen Kamenko und dem Gastland oder den zwischen Jugoslawien und Deutschland, sondern es geht um den Kampf zwischen ihr und dem eigenen Sohn. Denn für sie gibt es »keine Person, außer ihrem Kind, mit dem sich Vera hätte als Einheit bezeichnen und von einem ›wir‹ sprechen könnte« (Poljak 1993, S. 6). Das Buch beschreibt nicht nur Kamenkos tragische Geschichte, sondern führt vor Augen, wie aussichtslos das Bedürfnis nach Zugehörigkeit, nach dem »Wir«, das auch mindestens einen Teil vom »Ich« beinhaltet, in einer fremden Umgebung sein kann. Es zeigt auch, wie grausam die Menschentransaktion innerhalb der Industriewelt sein kann und bleibt als ein einzigartiges Dokument »Broken but not silent« (Clausen) bestehen.

Zvonko Plepelić

Als 11jähriger Junge wanderte er 1957 in die Bundesrepublik aus. Bei seiner Ankunft war er nicht mit der Gastarbeiterproblematik konfrontiert, weil diese Problematik erst in den 60er Jahren auftauchte. Während seiner Ausbildung, die zwar nicht reibungslos, doch ohne spezifische Benachteiligungen abgelaufen ist, fühlte er sich nicht als Gastarbeiter, und nach seinem Studium der Slavistik und Balkanologie in Berlin, war er statistisch zwar ›Gastarbeiter‹, doch so weit vom klassischen Gastarbeiterbild – was auch ein besonderes kulturelles und soziales Umfeld nach sich zieht – entfernt, daß man ihn ›nur‹ als Schriftsteller und nicht als ›schreibender Gastarbeiter‹ betrachten kann. So gesehen und wegen seiner sprachlichen Kompetenz, kann er als deutscher Schriftsteller gelten, der die Gastarbeiterproblematik in seinen Werken thematisiert. Vielleicht hat er eine schärfere Sensibilität oder einen ungewöhnlichen Blickwinkel? In jedem Fall aber eine in der deutschen Literatur ungewohnte Ironie und ein tiefsinnigeres Wissen über die, zu denen er »nicht gehört«, denen er sich aber solidarisch verbunden fühlt.

Seine erste Gedichtsammlung *Jedem das Seine oder auch nicht* (1978) enthält 50 Gedichte, eingeteilt in sechs Kapitel. Obwohl sie sich mit Alltäglichem befassen, haben sie gesellschaftskritische und damit politische Implikationen, die in seiner zweiten Gedichtsammlung *Du kommen um sieben* (1980) durch die Gastarbeiterproblematik noch deutlicher werden. Die Sprache der Verse ist wie im ersten Band kühl und knapp, mit einer leichten satirischen Pointierung. Der Band war ursprünglich für ein Projekt in Belgrad zweisprachig konzipiert. Da er mit seinem Manuskript nicht rechtzeitig fertig war, hat er das Buch geteilt. Der muttersprachliche Teil ist unter dem treffenden Titel *Niti ovdje, niti tamo* (Weder hier noch dort, Zagreb 1981) erschienen.

Irena Vrkljan

Bevor sie in den 70er Jahren nach Deutschland kam, war Vrkljan (geb. 1930 in Belgrad) in Jugoslawien eine bekannte und vielversprechende Lyrikerin. In ihren Gedichtbänden *Krik je samo tišina* (Der Schrei ist nur Stille, 1954), *Paralele* (Parallelen, 1957), *Stvari već daleke* (Dinge schon fern, 1962) und *Soba, taj strašan vrt* (Das Zimmer, der schreckliche Garten, 1966) beschreibt sie das Verhältnis »von Ton und Bild, der Stimme die spricht, und dem Ohr, das hört« (Donat 1985, S. 377). Ende der 60er Jahre suchte sie ein anders Medium, es entstanden mehrere Drehbücher. Als »dichterische Gastarbeiterin« (ebd., S. 399) wechselte sie 1966 den Blickwinkel vom Universellen zur »persönlichen Nostalgie«. Die Dichterin schaut nicht mehr in die weite, fremde Welt, sondern beobachtet oder sucht ihre Wurzeln. 1971 veröffentlichte sie *Moderkrebse* und *Sonne des fremden Himmels*. Erst 1981 erschien in Deutschland der Lyrikband *Stationen* und 1982 in Zagreb der Band *U koži moje sestre* (In der Haut meiner Schwester). Die Rezeption ihres erstens Roman in deutscher Sprache *Tochter zwischen Süd und West* (1982) war in Deutschland nicht so umfangreich wie in ihrer Heimat, wo das Buch als *Svila, škare* in ihrer eigener Übersetzung 1984 erschien. Den zweiten Roman, *Marina ili o biografiji* (Zagreb 1986) schrieb Vrkljan zum Teil in deutsch, zum Teil in ihrer Muttersprache; er wurde in Jugoslawien als das beste Buch mit dem Kovačić-Preis ausgezeichnet. In deutsch erschien es als *Marina im Gegenlicht* (1988). Ihren dritten Roman *Berlinski rukopis* (1988) schrieb sie ganz in ihrer Muttersprache, er erschien 1990 als *Schattenberlin* in Österreich. Dieser seltsame sprachliche Weg in ihren Romanen ist einmalig. Sie fing in der deutschen Sprache an, doch bei zunehmender Beschäftigung und Rekonstruktion ihrer Biographie, landete sie wieder in ihrer Muttersprache. In den 80er Jahren, als der Roman immer mehr eine ›Form ohne Form‹ einnahm, lag sie mit der Gestaltung ihrer Texte ganz im Trend: »Gar keine Struktur in unserem Leben, keine Linie. Alles ist wie eine Erosion, wir bewegen uns durch Sand« (*Schattenberlin*, S. 11). Erinnerungen, Zeitungsnotizen, Briefe und Texte, eigene sowie fremde, vor allem von Marina Zwetajeva und Walter Benjamin, wurden ›gemischt‹ und miteinander in Beziehung gebracht, so daß die Leser/innen das Mosaik dieses Biographiegemäldes nicht nur als Biographie der Ich-Erzählerin oder dargestellter Personen versteht, sondern als eine erfundene Biographie, die hilft, das Leben leichter zu ertragen. Erst wenn wir die Biographie des Fremden durchleben, werden wir fähig, die Angst vor dem Fremden abzubauen.

Srđan Keko

Keko (geb. 1950 in Zagreb) lebt seit 1965 in Deutschland und ist Dozent für Deutsch, Englisch und Serbokroatisch. Seit 1985 veröffentlicht er »Satiren, poltisch-satirische Gedichte, Kekoismen, Bücher«, die er auch gelegentlich selbst illustriert. Bis jetzt hat er ausschließlich in Deutschland veröffentlicht, zuerst in der Anthologie *In zwei Sprachen leben* (1983). Obwohl von ihm bislang nur eine Einzelveröffentlichung vorliegt, gehört er zu den aktivsten Autoren der jugoslawischen Minderheit. Er hat 1980 die deutsche Staatsbürgerschaft angenommen, bezeichnet sich aber selbst als »schreibenden Ausländer« (*Die Brücke* 32, 1986, S. 34) und versteht sich als Sprachrohr derer, die« sehr wohl etwas zu sagen haben, jedoch über die sprachlichen Ausdrucksmittel nicht verfügen« (ebd., S. 32). Wort- und Klangspiele, Mischung aus Satire- und Märchenelementen, charakterisieren seine Lyrik- und Prosatexte, in denen er manchmal die alltägliche Sprach- und Gedankenlogik bloßstellt und die Leser/innen zum Nachdenken bringt. Den Roman *Marko Anderswo. Brechung einer Kindheit* (1990) hat er »allen entwurzelten Kindern dieser Welt« gewidmet. Ursprünglich war er als Teil einer Trilogie geplant, die aber wegen des Kriegs nicht realisiert werden konnte. Das Buch, eine verdeckte Autobiographie, schildert die Folgen der Arbeitsmigration aus der Perspektive eines Kindes, das in Zagreb bleibt und versucht, den Verlust des Vaters zu verkraften. Es ist in 20 gleich lange Kapitel gegliedert, dessen Titel an Märchen- oder Abenteuerromane erinnern. Es beginnt mit einer Trennung am Bahnhof und endet mit einem Wiedersehen. Zwischen diesen zwei Bildern, dem Bleiben und Ankommen, entwickelt sich in einer chronologischen und klassischen Erzählweise der sechsjährige Reifeprozeß eines neunjährigen Kindes, gekennzeichnet durch den Zerfall der Familie und zunehmende Vereinsamung.

Die Literatur über die Arbeitsmigration in der BRD und auch in Jugoslawien, hat selten auf die Idealisierung der Heimat verzichtet und oft das tragische Schicksal der ›Zuhausegebliebenen‹ nicht literarisch wahrgenommen. Unter diesem Gesichtspunkt ist der Roman *Marko Anderswo* ein wichtiges Dokument dafür, daß ›Zuhausesein‹ nicht unbedingt auch Zufriedenheit bedeutet. Es endet mit Markos Ankunft in Deutschland. »Nach einer langen und stürmischen Begrüßungsumarmung ließ Vater ihn wieder von seinem Bauch hinunter. Marko Anderswo stand nur mit beiden Beinen auf dem kalten Boden einer ungewissen Zukunft« (S. 105).

In seinem ersten Gedichtband *Sunce sa pegom* (Sonne mit Fleck, 1988) gebraucht Milorad Milenković Miki (geb. 1941 in Belgrad) die Motive, die in den 80er Jahren bei den meisten jugoslawischen Migrant/innen von Bedeutung waren: die Sehnsucht nach der idealisierten Heimat. Im zweiten Gedichtband *Ukleta utva* (Verfluchter Drache, Kruševac 1990) hat er sich vom pathetischen Patriotismus befreit. Das allgemeinmenschliche Motiv der Liebe tritt in den Vordergrund, aber beide Bände sind Ausdruck einer bewußten Lebenseinstellung, die der Dichter auch auf seiner Visitenkarte erklärt: Arbeiter, Dichter, Maler.

Relja Lukić ist der Vertreter jener Autoren, die ihr Schreiben vor allem als Bewahrung der Heimatidentität betrachten. In seinem Erstlingswerk *Zlato Zlatiborsko* (Zlatibors Gold, 1983) variiert er das Thema Kindheit und Dorfidylle mit folkloristischen Motiven, in einem lyrischen Ton, der durch betonte Pathetik fast einen ironischen Ton erreicht. Dieses ironische Verfahren hat er im zweiten Gedichtband *Ne ujedam, niti lajem* (Weder beiße ich, noch belle ich, Karlovac 1986) konsequenter verfolgt, was ihn neben Antov, Plepelić, Keko und Pušić zum bedeutendsten Vertreter der satirischen Poesie innerhalb der jugoslawischen Gruppe macht. Die deutsche Übersetzung von Predrag Lukić, dem Sohn des Autors, erschien 1989. 1990 veröffentlichte Lukić *Zlato Zlatiborsko II* und das Poem *Smrtokosci* (Die Sensenmänner). Er war über mehrere Jahre Vorsitzender des Stuttgarter Vereins ›Radnik, pjesnik u tuđini‹ (Arbeiter, Dichter in der Fremde), veröffentlichte in den Literaturzeitschriften aller jugoslawischen Republiken und bereitete den ersten muttersprachlichen Almanach der jugoslawischen Autoren *Radnik, pjesnik u tuđini* (1985) vor.

Literatur der kroatischen Minderheit seit 1991

Die Literatur der kroatischen Minderheit in der BRD kann in drei Zeitabschnitte geteilt werden: 1) die Literatur der politischen Emigranten von 1945 bis 1991; 2) die Literatur der kroatischen innerhalb der exjugoslawischen Minderheit der BRD, von 1968 bis 1991 und 3) die Literatur der kroatischen Minderheit seit der staatlichen Unabhängigkeit Kroatiens 1991.

Den Autor/innen der kroatischen Minderheit wurde vor allem ein politisch motiviertes Interesse an ihren Biographien entgegengebracht. Eine eingehende Rezeption der Werke von Vinko Nikolić, Boris Maruna oder Malkica Dugeč fand kaum statt. Über die Literatur der Kroat/innen innerhalb der jugoslawischen Minderheit (in der Gastarbeiterliteraturperiode) schweigt man in Kroatien zur Zeit wegen Berührungsängsten, und selbst die kroatischen Schriftsteller/innen, wollen nicht gern an diese Zeit erinnert werden, weil man ihnen ›jugonostalgische Tendenzen‹ unterstellen könnte. Durch die Anerkennung Kroatiens wurde die kroatische Minderheit in der BRD ›legalisiert‹, d.h. von der Ausländerbehörde als solche registriert. Die kroatischen Autor/innen waren jetzt vor die Aufgabe gestellt, die kroatische Minderheitenliteratur in Deutschland sichtbar zu machen und dafür geeignete Organisationsformen zu schaffen. Erst die Kriegsereignisse weckten das deutsche Interesse an kroatischen Autor/innen. Neben Autor/innen wie Keko, Vrkljan und Plepelić tauchten neue Namen auf: Slavenka Drakulić und Dubravka Ugrešić, die zwei bekanntesten unter ihnen, gaben in ihren zahlreichen Veröffentlichungen Hintergrundinformationen und weckten beim deutschen Publikum Interesse für Autor/innen aus Kroatien. Dragica Rajčić und Marian Nakitsch, beide Träger des Adelbert-von-Chamisso-Förderpreises (1994 bzw. 1996), machten die kroatische Migrantenliteratur in Deutschland sichtbar.

Seit Beginn des Kriegs bekamen die in vielen deutschen Städten vorhandenen kroatischen katholischen Missionen eine zentrale Rolle, nicht nur bei der Öffentlichkeits- und Aufklärungsarbeit zum Krieg, sondern auch als Kulturzentren und -vermittler zwischen Kroaten und Deutschen. *Živa zajednica* (Lebendige Gemeinde, Frankfurt), das Mitteilungsblatt der kroatisch-katholischen Mission, bot auch die

Möglichkeit zu kroatischen Veröffentlichungen und Buchbesprechungen. Auch die wichtigste kroatische Kulturinstitution, ›Matica Hrvarska‹ (Matrix Croatica, Zagreb) wurde in den 90er Jahren in der BRD aktiv und begründete Zweigstellen in mehreren deutschen Städten. Es wurden Literaturabende, Filmproduktionen sowie kroatische Kulturtage veranstaltet, ferner wurden einige, zumeist kroatischsprachige Periodika herausgegeben, wie *Glasnik* (Karlsruhe), *Riječ* (Wiesbaden) und *Pleter* (München).

In einer Vortragsreihe der Kroatischen Kulturgemeinschaft Wiesbaden, stellten Milan Ivkošić und Stjepan Šešelj 1991/92 die »Hrvatska književnost u iseljeništvu« (Die kroatische Literatur der Diaspora) vor. Auch die in Frankfurt eingetragene ›Vereinigung ehemaliger Studenten und Freunde kroatischer Universitäten – Deutschland e. V.‹ griff in ihren Vorträgen oft literarische Themen auf, besonders wirkungsvoll während der Frankfurter Buchmesse. Am 18. 6. 1994 fand in der kroatischen Botschaft in Bonn das erste Zusammentreffen von in Deutschland lebenden Autor/innen statt, allerdings ohne konkrete Ergebnisse für die kroatische Minderheitenliteratur in Deutschland. Bis heute gibt es keine Vereinigung, Vertretung oder Gruppierung in der BRD, die sich ausdrücklich mit kroatischen Autor/innen in der BRD befaßt. Zwei Verlage setzen sich für die Popularisierung der kroatischen Literatur ein: In Wuppertal ist dies der von zwei kroatischen Autoren aus Bosnien-Herzegowina gegründete Verlag ›Lijepa Naša‹ (Unsere Schöne), der vor allem eine kroatische Kinderbuchedition in 25 Bänden herausgibt. Die meisten Werke werden in kroatischer Sprache veröffentlicht. Die Verlagsbuchhandlung ›Šulek‹ (Köln) dagegen widmet sich ausschließlich dem deutschen Publikum. Sie hat sich auf geschichtliche Darstellungen zu Kroatien und den Krieg aus kroatischer Sicht spezialisiert, u. a. wurde Franjo Tuđman verlegt.

Die maßgeblichen Autor/innen der 90er Jahre sind Vrkljan, Z. Plepelić, S. Keko, M. Dugeč, A. Stipetić, I. Ott, in der Prosa und P. M. Anušić, M. Jovalekić, B. Lorenz und Nada Pomper in der Lyrik. Sie waren mit ihren Werken sowohl in Deutschland, als auch in Kroatien präsent. Plepelić behandelt in seinem Erzählungsband *Marthas Kimono* (1992) den Tod als etwas Alltägliches und Unspektakuläres, was im Gegensatz zu den Tagesereignissen fast ironisch klingt. 1997 veröffentlichte er den zweisprachigen Band *Ein Tisch muß her!* (Trebamo stol!, Zagreb). Dem Buch lag auch eine Eintrittskarte für die gleichnamige Berliner Theateraufführung (der Theatergruppe ›Wind-Spiel‹) bei.

Aleksandra Stipetić (geb. 1943 in Novska), lebt seit 1974 in Leverkusen. Ihre pädagogische Tätigkeit beeinflußt ihre Themen. Sie schreibt vorwiegend Kurzprosa auf kroatisch, »für Kinder, Eltern und andere Erwachsene«, die sie von ihrer Tochter, einer Literaturübersetzerin, ins Deutsche übersetzen läßt. Die fünf Erzählungen ihres ersten Erzählbands *Die Holzschatulle* (1992) haben die Kindheit als Mittelpunkt. Neben der Problematik der in Deutschland lebenden, nicht nur kroatischen Migrantenkinder, greift sie auch unbequeme und in der Migrantenliteratur unübliche Themen auf: z. B. den sexuellen Mißbrauch von Kindern. Die Konflikte innerhalb der ersten und zweiten Gastarbeitergeneration werden vorzüglich in der Erzählung »Der Stein« dargestellt, in der der Vater nicht mehr die »Sprache des eigenen Kindes« (Hoos 1992, S. 5) versteht.

Ivan Ott (geb. 1934 in Zagreb) lebt seit 1961 in Deutschland. Er schreibt in Kroatisch, hat aber seinen ersten Roman, *Ukradeno otroštvo* (Geraubte Kindheit,

1991), auf slowenisch, in Slowenien veröffentlicht. Erst acht Jahre später erschien das Buch deutsch und kroatisch bei ›Lijepa Naša‹. Wie Vrkljan und Keko wählte Ott die biographisch-autobiographische Form für seinen umfangreichen Roman mit historischem Hintergrund. Er beschreibt die Ereignisse zwischen September 1945–46 in drei großen Kapiteln »Exodus«, »Passion« und »Umerziehung«. Er schildert die Erlebnisse eines 11jährigen Kindes, das die Rache des Siegers mitverfolgt. Der Roman weckte eine lebhafte Kontroverse in Slowenien, da Ott ein vernachlässigtes Kapitel der slowenischen Geschichte beleuchtet. Eine Hörspielfassung des Romans wurde am 22. März 1998 im SDR gesendet. In Zusammenarbeit mit der kroatischen Kulturgemeinschaft in Stuttgart hat Ott eine literarische Tribüne ins Leben gerufen, die sich vorgenommen hat, die kroatische Literatur bekannt zu machen. Auf der ersten Lesung waren Jovalekić, Vlasta Jambrak, Dudeč, Ešić und Hrvoje Zovko vertreten.

Die fünf Gedichtbände von Malkica Dugeč (geb. 1963 in Zavidovići) sind alle auf kroatisch geschrieben und in drei verschiedenen Staaten erschienen: *Crveni biseri* (Rote Perlen, 1960 Exjugoslawien), *Zemlja moja, nebo moje* (Mein Land, mein Himmel; 1984 BRD) und in Kroatien *Kriška dobrote* (Schnitte der Güte, 1994), *Sve dalje od sebe* (Immer weiter von mir, 1996) und *S Hrvatskom u sebi* (In mir Kroatien, 1998). Diese Staaten bestimmten nicht nur ihren künstlerischen Weg. Sie kam 1972 als politische Emigrantin nach Stuttgart, wo sie noch heute lebt. Antijugoslawisch orientiert, träumte sie von einem »freien Kroatien«, ein Traum, der als thematische Obsession in allen Gedichtbänden spürbar ist. Ihre Gedichte sind nicht bloß politische Parolen oder haßerfüllte Emigrantenrede, sondern stille Beobachtungen innerer und äußerer Veränderungen. Beeinflußt von der ›klassischen kroatischen Dichtung‹ ist ihre Lyrik in Form und Metaphorik eher traditionell. Die patriotische Lyrik des 20. Jahrhunderts war meistens voller naiver, gefährlicher politischer Parolen, mit kitschigen Glorifizierungen oder Idealisierungen der existierenden oder erwünschten Heimat. Dugeč hingegen geht sehr souverän mit allen Gefahren patriotischer Lyrik um und zeigt die positiven Möglichkeiten dieses Genres, wenn der Mensch im Mittelpunkt der Dichtung bleibt.

Pero Mate Anušić (geb. 1953 in G. Motičina) veröffentlichte bereits ein Jahr vor seiner Ankunft in Deutschland in Banja Luka die Erzählung »Krug« (Der Kreis, 1975). In den zwei Lyrikbänden, *U uglu usana mojih* (In den Winkeln meines Mundes, 1988) und *Amateri sjećanja* (Amateure der Erinnerung, 1998) bewegen sich seine Texte »im Bereich der Konkreten Poesie und erinnern wegen der Verknüpfung von Sprache und piktoralen Elementen an den Italiener Fruttuoso Piccolo« (Poljak 1993, S. 19). Er schreibt in kroatischer und deutscher Sprache und erhielt bei dem Schreibwettbewerb »40 Jahre ›Gastarbeiter‹ – Deutschland auf dem Weg zur multikulturellen Gesellschaft« (1996) den vierten Preis für seinen Lyrikzyklus. In seiner Laudatio erklärte das Jurymitglied José F.A. Oliver: »Pero M. Anušić hat mit seiner *Ballade oder Die Orangen sind reif* Verse geschrieben, die zauberisch sind. Zauberformeln quasi, die im Ritual der Volkserzählung wurzeln und damit aus dem abgebildeten Raum zwischen Traum und Illusion aus jedem Familienalbum selbstredend werden« (*Dokumentation*, S. 47). Für die Präsentation seiner auf deutsch geschriebenen Texte hat er die Literaturperformance – eine Mischung aus Text, Bild, Ton und Installation – als künstlerische Form unter dem Oberbegriff »Projekt

Heimat« entwickelt. Dieses Projekt begann 1989 mit der Literaturperformance *Die überflüssige Heimat* im Foyer des Opernhauses in Kassel. Es folgten u.a.: *Gastarbeitersonette* (1989), *Des Anderen Sprache* (1990), *Ist die Erde süß?* (1991), *Gastbilder – Slawischer Ikarus* (1992), *Erfundene Erinnerungen* (1994) und *Ehemalige Ewigkeit* (1995).

Mirna Jovalekić (geb. 1952 in Trogir) veröffentlichte 1977 ihren ersten Gedichtband *Ein Mandelbaum im Weltall* und erhielt im gleichen Jahr den Förderpreis der IGdA. Sie benutzt mathematische Begrifflichkeiten, um die Geometrie des Individuums im Weltall zu erforschen, denn »Wir sind nicht / der Grund, nicht die Mitte- / nur gleiche Punkte / im bewegten/Raum« (S. 36). Das dritte Buchkapitel ist ein Gedichtherbarium, gefüllt mit mediterraner Flora, »Der Lavendel« (S. 45), »Der Oleander« (S. 49), »Der Granatapfel« (S. 51), »Der Ölbaum« (S. 57), ferner mit Licht und Gerüchen, die den Leser/innen helfen, die eigene Kindheit wieder zu erleben. Ihr Gedichtband zählt sicherlich zu den erfrischendsten literarischen Arbeiten der kroatischen Minderheitenliteratur im Deutschland der 90er Jahre.

Nada Pomper (geb. 1942 in Repušinci) und Barica Lorenz (geb. in Zlatar) sind nicht nur Dichterinnen, sondern auch Redaktionsmitglieder des in München erscheinenden Blattes *Pletar*, wo sie auch ihre literarischen und publizistischen Arbeiten veröffentlichten. Ihre Lyrik ist durch die Tagesereignisse stark beeinflußt und meistens ohne kritische Distanz. Einzelne Gedichte erinnern auffallend an Gedichte der 80er Jahre, in denen die Jugoslawienidealisierung auf die Spitze getrieben wurde. Natürlich sind Sprache und Symbolik ›kroatisiert‹, aber die Metaphern, Verse und der übertriebene Pathos sind vergleichbar. Anders als bei Dugeč haben die Gefahren der patriotischen Lyrik den talentierten Dichterinnen Pomper und Lorenz geschadet. Bis jetzt hat Pomper drei Gedichtbände veröffentlicht: *Opipljiv san* (Antastbarer Traum, 1992), *Između* dva svijeta (Zwischen zwei Welten, 1997) und *Deinetwegen Kroatien* (1994). Alle drei Bände sind von Stjepan Pomper niveauvoll und künstlerisch gestaltet und illustriert.

Der Band *Molba suncu – An die Sonne* (1994) von Lorenz ist eine dreisprachige Veröffentlichung, nämlich in deutsch, in der kroatischen Standardsprache (Štokavisch) und im kajkavischen Dialekt. Diese Dreisprachigkeit verwirrt selbst sprachkundige Leser/innen, da der »rote Faden« zwischen den drei Teilen nicht sichtbar genug ist, und das Buch so keine Einheit bildet. Der beste Teil sind die kajkawischen Gedichte und es ist zu bedauern, daß die Autorin nicht das gesamte Buch in diesem Dialekt geschrieben hat. Außerdem haben die oft mehrsprachigen Ausgaben der Migrantenliteratur nicht den gewünschten Effekt, ein breiteres Publikumsspektrum zu erreichen, sondern stoßen ganz im Gegenteil oft nur auf geringes Interesse.

Literatur der bosnisch-herzegowinischen Minderheit seit 1992

Die Autor/innen aus Bosnien-Herzegowina (BiH), die in der BRD leben, befanden sich am Anfang der Kriegsereignisse in ihrer Heimat in einem »leerem Raum«. Die bis dahin existierenden jugoslawischen Vereine wurden von den Kroaten verlassen, die ihre neue Organisationsform zunächst vorwiegend bei der katholisch-kroatischen

Mission fanden, während die Serben bei der jugoslawischen verblieben, so daß die bosnischen Muslime als einzige der bosnischen Volksgruppen eine Zeit lang keine eigenen Organisationen für ihre kulturellen Aktivitäten in Deutschland besaßen. Erst allmählich entstanden bosnische Vereine, Clubs und Bürgerinitiativen, die sich aber verständlicherweise mehr um humanitäre Hilfe für die vom Krieg betroffene Heimat kümmerten als um kulturelle Projekte. Hinzu kam, daß die deutsche Bezeichnung ›Bosnier‹ vom serbisch-orthodoxen und römisch-katholischen Bevölkerungsteil weitgehend nicht akzeptiert wurde. Dadurch wurde dieser Begriff vor allem auf die bosnischen Muslime bzw. Bosniaken (so die bosnische Sprachbezeichnung) bezogen. Ähnliches widerfuhr auch der Sprachbenennung, so daß durch die drei Nationalitäten, besser gesagt die drei Konfessionen, drei Sprachbezeichnungen existieren: bosnisch, kroatisch, serbisch.

Durch die Romane *Die Brücke über die Drina* (Zürich 1953) des jugoslawischen Nobelpreisträgers Ivo Andrić und *Der Derwisch und der Tod* (Berlin 1969) von Meša Selimović war Bosnien in der BRD literarisch präsent. Dennoch weckte das fälschlicherweise als »Scheidelinie zwischen Orient und Okzident«, und nicht als »Sowohl-als-auch« gesehene Bosnien, erst Interesse, als die Kriegsflüchtlinge nach Deutschland kamen. Unter diesen waren viele Künstler/innen, vor allem Schriftsteller/innen, z.B. Dragoslav Dedović, Kaća Čelan, Davor Korić, Safeta Obhodjaš, Stevan Tontić, Dževad Karahasan, Šimo Ešić, Senada Marjanović, Vanja Rorić, Džemaludin Alić, Midhat Hrnčić, Mirjana Lesić u.a. um nur die zu nennen, die bereits in Exjugoslawien großes Ansehen und eine große Produktion erreicht hatten. Nicht, weil es sich um bedeutende Autor/innen handelte, sondern weil sie aus Bosnien kamen, wurden sie zu zahlreichen Lesungen geladen und erhielten Publikationsmöglichkeiten. Viele der Werke sind gekennzeichnet durch »eine eigentlich edle, aber nicht literarische Geste« (Dedović 1998, S. 40) und gerieten schnell in Vergessenheit.

Neben den österreichischen Verlagen Wieser, Folio und Drawa, die sich in den 90er Jahren sehr für bosnische Literatur eingesetzt haben, widmet sich der Exilverlag ›Bosnisches Wort‹ (Wuppertal) ausschließlich den bosnischen Autor/innen und veröffentlicht in bosnischer und deutscher Sprache. Das ›Europäische Literaturbüro e.V.‹ in Kassel rief in Zusammenarbeit mit dem Ausländerbeirat der Stadt eine Vortrags- und Lesereihe ins Leben, mit dem Titel »Krieg in der Literatur – Literatur im Krieg«, um den BiH-Autor/innen ein Forum zu bieten. U.a. lasen Karahasan, Tontić, Amir Tolić, Željko Ivanković und Harris Džajić. In vielen deutschen Städten fanden Lesungen, Filmvorführungen und Ausstellungen statt. In der Hessischen Landesvertretung in Bonn wurde Anfang 1995 das »Symposium zur Verteidigung der Kultur in Bosnien und Herzegowina – Bücher sind Brücken« abgehalten (vgl. *Neue Literatur* Bukarest 1/1995). Die Zeitschrift *du* (Nr. 5 1993) behandelt das Thema »Balkan. Ein europäisches Desaster« und »Hommage an Sarajevo« war das Motto der Kulturzeitschrift *Lettre international* (Heft 31, 1995).

Bei der Auswahl der Autor/innen berücksichtigen wir vor allem jene, die über einen längeren Zeitraum in Deutschland leben bzw. hier geboren sind. Von den Exil-Autor/innen haben wir uns für jene entschieden, die hauptsächlich in Deutschland lebten und veröffentlichten. Autor/innen, die ihren nicht nur »literarischen Mittelpunkt« in Österreich und der Schweiz wählten, können hier daher nicht vorgestellt werden, obwohl einige von ihnen wie beispielsweise Dž. Karahasan zu den bekanntesten BiH-Autor/innen im deutschsprachigen Raum zählen.

Die Autor/innen Tontić, Alić, Obhodjaš, Ešić und Marjanović, die in den 90er Jahren nach Deutschland gekommen sind, und Kamber, Dana Nain-Rudović und Džajić, die seit vielen Jahren in der BRD leben, stehen repräsentativ für die bosnisch-herzegowinische Literatur: Stevan Tontić (geb. 1946 in Sanski Most) war vor seiner Ankunft in Berlin (1993) bei dem angesehensten Literaturverlag Bosniens ›Svjetlost‹ tätig. Er ist Lyriker, Essayist, Romancier, Übersetzer und Herausgeber. Er hat die Anthologien *Novije pjesništvo Bosne i Hercegovine* (Neuere Dichtung aus Bosnien-Herzegowina, Sarajevo 1990) und *Moderno srpsko pjesništvo* (Moderne serbische Dichtung, Sarajevo 1991) herausgegeben. Er schrieb zwölf Gedichtbänden und in Berlin den Roman *Tvoje srce, zeko* (Dein Herz, Häslein, Belgrad 1998). In Deutsch ist Tontić durch den Gedichtband *Handschrift aus Sarajevo* (Landpresse, 1994 und 1998) und *Mein Psalm – Paraphrase zu Psalm 90* (*Neue Wege*, 1997) vertreten. Den Gedichtband *Handschrift aus Sarajevo* schrieb er zum Teil im belagerten Sarajevo und beendete ihn in Berlin. Tontić glaubt fest an die Kraft der Poesie und dieser Glaube hilft ihm, das Unaussprechbare mit der Lyrik auszudrücken.

Džemaludin Alić (geb. 1947 Tetovo bei Zenica) war bis zum Kriegsausbruch Direktor des Verlags ›Oslobođenje‹. Seinem ersten Lyrikband *Razbijanje površine* (Zerbrochene Oberfläche, 1969) folgten sieben weitere. Die Kritik lobte aber besonders seine Romane, von denen *Demiurg* (1989) während seines Exils in Saarbrücken 1995 auf deutsch erschienen ist. Sein magisch-phantastischer Realismus stellt eine »düstere Welt in Bosnien« in Beziehung mit den geschichtlichen Symbolen des Landes.

Safeta Obhodjaš (geb. 1951 in Pale) veröffentlichte vor ihrer Ankunft in Deutschland (1993) mehrere Erzählungen und Hörspiele. Der Melina-Verlag in Rattingen veröffentlichte nicht nur ihre älteren Werke, sondern auch die in Deutschland entstandenen, die noch nicht in bosnisch erschienen sind. Die Romane *Hana* (1995), *Rache und Illusion* (1996) und *Scheherzade im Winterland* (1997) sind alle thematisch mit Bosnien verbunden. Sie hat im Gegensatz zu vielen anderen BiH-Autoren eine Ausdrucksweise gefunden, die die deutschen Leser/innen nicht mit »historischem Material« belastet, was eine Annäherung erschweren würde, wobei die bosnische Frau zwischen Tradition und Emanzipation im Mittelpunkt steht.

Šimo Ešić (geb. 1954 in Breza) gründete 1993 mit M. Vranić und I. V. Rorić in Wuppertal den Verlag ›Bambi‹, aus dem sich der bosnische Exil-Verlag ›Bosnisches Wort‹ entwickelte. Ešić ist vor allem als Kinderbuchautor bekannt, auf deutsch liegen von ihm die Bücher vor: *Begegnung mit der Heimat* (1987) und *Weiße Welt, bunte Welt* (1997). Senada Marjanović (geb. 1954 in Sarajevo) hatte als Germanistin keine Sprachprobleme, als sie 1992 nach Deutschland kam. Ihr erstes Buch schrieb sie auf deutsch unter dem Titel *Herzschmerzen* (1994). Ihr Exiltagebuch in 50 Bildern *Warten auf den nächsten Tag* (1997) besticht durch ein gelungenes literarisches Erzählverfahren. Von den unzähligen Kriegstagebüchern zeichnet sich das von Marjanovićs durch literarische Qualität aus.

Emina Čabaravdić Kamber (geb. 1947) kam 1968 als Arbeitsemigrantin nach Hamburg und lebt hier als freie Schriftstellerin. Sie ist die Gründerin des internationalen Literaturclubs zur Förderung internationaler Begegnungen, ›La Bohemina‹. Sie schreibt auf bosnisch und deutsch. In den 90er Jahren hat sie sich aktiv um die Exilautoren gekümmert, was auch in ihrem umfangreichen *Hamburger Kriegstagebuch – Die blutige Epoche Exjugoslawiens 1991–95* (1997), eigentlich eine Sammlung von Briefen, dokumentiert ist. Die Erinnerung ist das Thema ihrer kurzen Erzählung, *Oskrvnitel – Schänder* (1998), die zweisprachig vorliegt.

D. N. Rudović (geb. 1950 in Pjenovac) lebt seit 1974 in Berlin, wo sie ihr Studium der Slawistik, Germanistik und Balkanologie beendete und wissenschaftlich über die Roma in Südosteuropa forschte. Sie lebt als freie Schriftstellerin, schreibt Lyrik und Prosa in ihrer Muttersprache und auf deutsch. Seit 1996 ist sie Mitglied des Verbandes Deutscher Schriftsteller. In ihrem 1995 zweisprachig veröffentlichten Lyrikband *Wind & Stein – Vjetar & Kamen* spricht sie »von Liebe und Tod, Licht und Dunkel, Sanftmut und Wildheit, von Krieg und Frieden, von der Erde und den Sternen« (Rehbein 1996, S. 72).

Harris Džajić (geb. 1973 in Kassel) ist in Deutschland aufgewachsen. Zur Zeit studiert er in Göttingen Rechtswissenschaften und Literatur. Er schreibt Prosa und Lyrik in deutscher und bosnischer Sprache und veröffentlicht in verschiedenen deutschen und bosnischen Literaturzeitschriften. In seinem *Slawischen Adagio* (1994) ist er der lyrische Chronist, der aus mitfühlender, europäischer Perspektive die Ereignisse auf dem Balkan skizziert. Er ist in der Anthologie *Literaritäten* (1998) mit seiner Lyrik vertreten. Seit 1999 ist er Chefredakteur der Literaturzeitschrift *wortlaut* in Göttingen. Džajić ist einer der wenigen deutsch-bosnischen Autoren, die die neuen Möglichkeiten der Literaturvermittlung durch das Internet nutzen.

Literatur der jugoslawischen Minderheit seit 1992

Die in Deutschland lebenden jugoslawischen Autor/innen, vor allem die Serben, fühlten sich durch die ›ehemaligen Brüder‹ Slowenen, Kroaten und Bosnier verraten. Dazu kam die während des Kriegs entstandene – ihrer Meinung nach – ›Verurteilung‹ Restjugoslawiens (Serbien/Montenegro) durch die deutschen Medien. Das führte zu einer Art selbstgewählter ›innerer Emigration‹ dieser Minderheit, die mit 721.000 Personen immerhin die zweitgrößte Gruppe unter den Migrant/innen in Deutschland ist (vgl. *Parlament*, 20. 11. 1998). Diese Isolation führte zu einer verstärkten Heimatbindung, was sich in einer Fülle muttersprachlicher Veröffentlichung der Migrantenliteratur in Jugoslawien widerspiegelte. Dies ist durch zahlreiche Anthologien dokumentiert. ›Literarische Verstärkung‹ bekam diese Gruppe, als in den 90er Jahren renommierte serbische Autor/innen aus Restjugoslawien oder Bosnien-Herzegowina nach Deutschland kamen: Die deutschen Veröffentlichungen von Stevan Tontić, Janko Vujinović, Dragoslav Dedović und Snežana Minić intensivierten den Kontakt zum deutschen Publikum. Die ›Jugoslawische Literaturwerkstatt‹ in Frankfurt, die 1997 ihr zehnjähriges Jubiläum feierte, ist heute die aktivste und einflußreichste Vereinigung der jugoslawischen Migrantenliteratur. Sie hat eine rege Zusammenarbeit mit den Institutionen in der Heimat hergestellt, besonders mit dem Belgrader Rundfunk, den

Tageszeitungen *Politika* und *Večernje novosti* sowie mit den Verlagshäusern ›Naša reč‹ aus Leskovac und ›Dečije novine‹, ›Dositej‹ und ›Lio‹ aus Gornji Milanovac. Jährlich finden »Kulturtreffen im Frühling« und Literaturforen während der Frankfurter Buchmesse statt, sowie Literaturabende, bei denen die neuen Veröffentlichungen der Mitglieder vorgestellt werden. *Kapi života* (Lebenstropfen, 1992) und *Razglednica iz Nemačke* (Ansichtskarte aus Deutschland, 1992) sind die ersten Anthologien dieser Gruppe nach dem Zerfall Exjugoslawiens. Es folgten *Večna pesma* (Ewiges Lied, 1995) mit 29 Lyrikern und *Tamo gde vrhovi podupiru nebo* (Dort, wo die Gipfel den Himmel stützen, 1996) mit 9 Prosaautoren. In Stuttgart ist beim Verein »Radnik-pjesnik u tuđini« die Anthologie *Pesma je biljka* (Das Gedicht ist eine Pflanze, 1997) mit ausführlichen Bio- und Bibliographien der 58 Autor/innen erschienen.

Zu den genannten Literaturvereinen, kamen in den 90er Jahren noch zwei weitere hinzu: ›Udruženje pisaca 7‹ (Schriftstellerverein 7) in Frankfurt als Filiale des Serbischen Schriftstellerverbandes, veranstaltet jährlich »Oktobarske susrete pisaca iz evropske dijaspore« (Oktobertreffen der Schriftsteller aus der europäischen Diaspora) und Schreibwettbewerbe für Prosa und Lyrik. Drei Anthologien preisgekrönter Beiträge liegen bis heute vor: *Susreti pisaca u dijaspori* (1995), *Jezik nam je otadžbina* (Die Sprache ist unser Vaterland, 1996) und *Jezik roda mog* (Die Sprache meines Volkes, 1997). Die in Dortmund ins Leben gerufene ›Petar-Kočić-Stiftung‹, benannt nach dem bekannten aus Bosnien stammenden serbischen Schriftsteller Petar Kočić (1877–1916), schreibt jährlich einen Literaturwettbewerb aus für alle Autor/innen, »die in der Diaspora in der serbischen Sprache schreiben«. Diese sprachliche Teilnahmevoraussetzung ist typisch für die meisten jugoslawischen Schreibwettbewerbe in Deutschland, wodurch leider die Autor/innen ausgegrenzt werden, die in der Sprache des Gastlandes schreiben. So erschien 1978 die Sammlung von Lyrik und Prosa, *Ideš li, rode* (Gehst du, mein Lieber), die bislang literarisch wertvollste Anthologie dieser Art, die nicht in deutscher Übersetzung vorliegt. In Jugoslawien selbst erschien 1997 die erste Nummer der Literaturzeitschrift *Naše staze* (Unsere Pfade), die sich ausschließlich der jugoslawischen Migrantenliteratur widmet. In den 90er Jahren sind zahlreiche serbischsprachige Gedichtbände von in Deutschland lebenden Autor/innen in Jugoslawien erschienen.

Neben der Lyrik, sind nur drei Romane erschienen, nämlich von Aleksandar Obradović *Na čijoj strani je Valter* (Auf welcher Seite ist Valter, 1995) und *Ikarov san* (Traum des Ikarus, 1996) und von Petar Blažević *Via Lihtenberg* (Via Lichtenberg, 1997). Erzählungen veröffentlichten J. Vujinović *Peške po Srbiji* (Zu Fuß durch Serbien, 1993) und M. Alempijević *Teče Rajna* (Der Rhein fließt, 1995). Deutschsprachige Veröffentlichungen sind eher selten; aber es gibt die zweisprachigen Lyrikbände von Slobodanka L. Betler *Šutnje kraj – Des Schweigens Ende* (1996) und Radovan Bajić *Dunja na ormaru – Quitte auf dem Schrank* (1996). Die Zeitschrift *Zeitriß* aus Augsburg hat in Zusammenarbeit mit dem Dichter Bratislav Rakić eine Ausgabe Jugoslawien gewidmet, mit deutschen Texten und Übersetzungen. Der *Literat* aus Bad Soden berichtet in seiner Novemberausgabe 1992 ausführlich über die Arbeit der Jugoslawischen Literaturwerkstatt, im gleichen Jahr veranstaltete die Romanfabrik in Frankfurt eine Lesung jugoslawischer Autor/innen der BRD. Der multikulturelle und multimediale Verein ›Tenenum‹, mit Sitz in Basel, ist die produktivste Gruppierung jugoslawischer Autor/innen aus Frankreich, Deutschland und der Schweiz. In den 90er Jahren erschienen hier viele deutsche Texte jugoslawischer Autoren.

Vukić, Dašić, Alempijević, Minić, Vujinović und Blažić sind neben Kamenko, Lukić und Milenković die wichtigsten Vertreter/innen der jugoslawischen Minderheitenliteratur in der BRD. Alempijević (geb. 1927 in Drača) hat mehrere Anthologien zur Migrantenliteratur herausgegeben und ist Mitbegründer der ›Jugoslawischen Literaturwerkstatt‹ (1987) sowie des ›Schriftstellerverein 7‹ (1995). Er schreibt Aphorismen, Gedichte und Erzählungen. Bis jetzt liegen von ihm vier Bücher in serbischer Sprache vor: *Nekud se mora* (Irgendwo muß man hin, 1974), *Vojišta* (Kriegsschauplätze, 1981), *Reč kao nada* (Das Wort als Hoffnung, 1993) sowie *Teče Rajna* (Der Rhein fließt, 1995). In der Fremde rezipiert er die Ereignisse in der Heimat, »ohne daß sie direkt politisch oder gar polemisch umgesetzt werden« (*Der Literat* 1992, S. 9).

Ljiljana Vukić (geb. 1940 in Belgrad) ist Mitglied sowohl des Deutschen wie auch des Serbischen Schriftstellerverbandes. *Predeli sna*, *Strela Predaka*, *Pupoljak na dlanu* (Blütenknospe, 1995) und *Čarobni svet detinjstva* (Zauberwelt der Kindheit, 1996) sind ihre Lyrikbände. Sie ist eine der wenige Kinderbuchautor/innen unter den Migrant/innen. In ihrer Anfangsphase erinnert ihr Werk sehr an das von Desanka Maksimović, der bedeutendsten Dichterin Serbiens. Ihre Themen sind Liebe, Sehnsucht und Kindheit, wobei das Leben außerhalb der Heimat für Vukić eine Erweiterung des Horizonts darstellt. Dies gilt auch für den aus Montenegro stammenden Lazar Dašić (geb. 1949), einer der wenigen jugoslawischen Autoren, die auch in deutscher Sprache schreiben. Bislang veröffentlichte er aber nur Bücher in der Muttersprache: *Časna reč* (Ehrenwort, 1987), *Kosovske elegije*, *Kosovski venac* und *Azbučni tipik* (1997). Während er im ersten Band noch Exjugoslawien idealisierte, mit nostalgischen Motiven eines Gastarbeiters, ist im zweiten und dritten der Kosovo als Ort seiner Kindheit präsent. Im vierten Lyrikband stellt Dašić vom Mittelalter bis heute die serbische Orthodoxie bravourös als ein Lebensmodell dar. Im Gegensatz zu ihm, der seit 1979 in Deutschland lebt, ist Snežana Minić (geb. 1958 in Niš) erst seit 1992 in der BRD. In Belgrad studierte sie Germanistik und übersetzte Benn, Handke, Fassbinder und Sarah Kirsch ins Serbische. Sie ist Mitglied des Serbischen Schriftstellerverbandes sowie des Jugoslawischen PEN-Clubs im Exil. Drei Gedichtbände sind bislang erschienen: *Slike za kulise* (Bühnenbilder, 1981), *Devet duša* (Neun Seelen, 1986) und *Jednolija, dvolija* (Einmal, zweimal, 1994). In ihrer Lyrik rekonstruiert sie jene Bilder, die uns vererbt wurden und durch die wir den Alltag neu erfahren.

Janko Vujinović (geb. 1945 in Bradinci) lebt seit 1994 in der BRD. In Belgrad war er als Schriftsteller und Journalist tätig und war stellvertretender Chefredakteur der Literaturzeitschrift *Književne novine*. Seine Gedichte und Erzählungen sind in ungarischer, türkischer, rumänischer, chinesischer und deutscher Sprache übersetzt. In mehreren Auflagen erschienen: *Mukla raspuklina* (Verstummter Riß, 1973), *Knjiga o radovanju* (Buch über die Freude, 1976), *Vučiji nakot* (Wolfsblut, 1989), *Kosovo je grdno sudilište!* (Kosovo, ein schreckliches Gericht, 1989). In seinen Arbeiten verbindet er Geschichte mit Gegenwart, um den Leser/innen einen Ausgangspunkt für die Zukunft zu geben. In deutsch liegen Veröffentlichungen in Literaturzeitschriften und Anthologien vor, zuletzt in der Anthologie *Brüche und Übergänge – Gedichte und Prosa aus 23 Ländern* (1997). Er ist ein Mitbegründer des angesehensten Literaturpreises der jugoslawischen Migrantenliteratur, »Petar Kočić«. Der aus Bosnien stammende Autor Petar Blažić (geb. 1951 Banja Luka) ist im Gegensatz zu Vujinović bereits vor dem Krieg nach Deutschland gekommen. In seinen Prosaarbeiten setzt er den Menschen in den Vordergrund, der durch die Wiederentdeckung der Natur auch seine eigenen Wurzeln entdeckt. Der Roman *Via Lihtenberg* (1997) zeigt den Verlust der Heimat aus der Perspektive sowohl eines Arbeitsemigranten, wie auch eines Kriegsflüchtlings. Damit hat er jene Perspektiven im Roman vereinigt, die in den 90er Jahren am häufigsten bei der jugoslawischen Minderheit auftraten.

5. Literatur der portugiesischen Minderheit

Fernanda Silva-Brummel

Die ersten portugiesischen Gastarbeiter, die in den 60er Jahren in Deutschland ankamen, standen in einer jahrhundertealten Tradition, denn seit fünfhundert Jahren ist die Auswanderung ein fester Bestandteil der portugiesischen Geschichte. Fast ebenso alt wie das Phänomen der Emigration ist auch ihre Behandlung in der Literatur. Bis zum 19. Jahrhundert war sie Spiegel und Verstärker des Emigrationsmythos, nach dem die Portugiesen die Verwirklichung eines menschenwürdigen Lebens, das ihnen in der Heimat verwehrt wurde, in der Ferne suchen mußten. Die Literatur war in jener Zeit nicht das Abbild der Realität des Emigranten, sondern stellte den Auswanderer als Karikatur dar. Er war immer der Heimkehrer, dem es gelungen war, sich in der Ferne zu bewähren, und der *reich* zurückkehrte, um die Früchte seines Erfolges in der Heimat vorzuführen und zu genießen.

Eine Literatur, die nicht einen Mythos pflegt, sondern sich mit der Realität der Emigration auseinandersetzt, entsteht in Portugal erst 1928 mit der Veröffentlichung des Romans *Emigrantes* (Lissabon 1928) von Ferreira de Castro. Die Autoren sind ehemalige Auswanderer, die später berühmte Schriftsteller geworden sind und vor allem in Romanen und Erzählungen u. a. die eigene Emigrationserfahrung literarisch verarbeitet haben. Zu erwähnen sind hier z. B. *Gente da terceira classe* (Lissabon ^{2}1971) von José Rodrigues Miguéis, *Mina de diamantes* (Lissabon 1958) von Aquilino Ribeiro und *A criação do mundo*, Band I u. II. (Coimbra ^{4}1969 und ^{4}1970) von Miguel Torga. Zu ihnen gesellen sich aber auch andere, die sich mit diesem wichtigen Thema der portugiesischen Gesellschaft befassen, weil sie Literatur als Zeugnis und als Instrument der Einflußnahme auf die gesellschaftliche Realität verstehen, so z. B. *Vindima de fogo* (Coimbra 1979) von Cristovão de Aguiar, *A floresta em Bremerhaven* (Lissabon 1975) und *Este verão o emigrante là-bas* (Lissabon 1978) von Olga Gonçalves und *Viúvas de vivo* (Lissabon ^{2}1967) von Joaquim Lagoeiro.

Die Erzählperspektive ist die des Emigranten, der durch die Erinnerung an seine Auswanderungserfahrung den Leser/innen enthüllt, warum er sein Land verlassen hat. Geschildert werden, die fast immer schmerzhafte Begegnung mit der neuen Realität in der Fremde und das Projekt oder gar schon die Erfüllung der Rückkehr in die Heimat. Diese Werke handeln von Menschen, die ausziehen auf der Suche nach besseren Lebensbedingungen und nicht nach großen Reichtümern. Selbst wenn sie sehr lange im Ausland leben, durchtrennen sie selten die Wurzeln, die sie mit ihrer Heimat verbinden. Ihre zeitlichen Bezugspunkte sind immer Vergangenheit und Zukunft, beide verortet in dem Land, in dem sie geboren wurden. Die Gegenwart im Ausland ist immer provisorisch, aufgeschoben. Sie leben Jahre in der Diaspora, verschlossen gegenüber sozialen und kulturellen Kontakten mit der Gesellschaft, in der sie sich niedergelassen haben. Sie hören nie auf, die eigene Sprache zu sprechen, erlernen – wenn überhaupt – die fremde Sprache schlecht und übernehmen selten andere Sitten und Gebräuche. Sie integrieren sich somit kaum. Diese Romane und Erzählungen wurden ausschließlich für ein portugiesisches Publikum geschrieben, und zwar mit dem doppelten Ziel, die Figur des Emigranten zu humanisieren und zur Demontage des Emigrationsmythos beizutragen (vgl. Silva-Brummel 1987, S. 276–290).

Von den 80er Jahren bis zur Gegenwart

Das Erlebnis der Emigration ist auch für die Schriftsteller/innen der portugiesischen Minderheit in der Bundesrepublik Deutschland ein zentrales Thema. Sie nehmen gegenüber dieser Problematik aber eine andere Haltung ein als die Autoren, die in Portugal geschrieben haben. Sie berichten über ihre Erfahrungen nicht in Form von Vergegenwärtigung der Vergangenheit. Sie schreiben in der Gegenwart über ihre eigene Gegenwart als in die deutsche Gesellschaft integrierte Mitglieder einer Minderheit. Sie schreiben nicht ausschließlich für portugiesische Leser/innen in Portugal, bei denen man ein Bewußtsein für die globale Problematik der Emigration wecken muß. Ihre Literatur ist eine Form der Behauptung der eigenen kulturellen Identität, gerichtet an ein mehrsprachiges und multikulturelles Publikum: Die eigene Minderheit, die anderen Minderheiten und die deutsche Mehrheit. Diese Literatur ist auch eine Form des Ausbruchs aus dem Ghetto, ein Versuch interkultureller Kommunikation.

Von ihrem Umfang her kann man die Literatur der in Deutschland lebenden portugiesischen Minderheit keinesfalls mit der anderer Minderheiten wie z. B. der türkischen oder italienischen vergleichen. Trotzdem hat sie genug Gewicht, um die kulturelle Identität der portugiesischen Minderheit in der multikulturellen und vielsprachigen Gesellschaft der Bundesrepublik zum Ende des 20. Jahrhunderts zu behaupten. Die Erfassung dieser Literatur ist nicht leicht, da sie kaum in Buchform, sondern überwiegend in Zeitschriften und Anthologien veröffentlicht wurde und somit schwer zugänglich ist.

Zeitungen, Zeitschriften, Anthologien

Eine wichtige Rolle bei der Veröffentlichung der Literatur der portugiesischen Minderheit in Deutschland hat die Presse gespielt, auch wenn in ihr kulturellen Themen eine nur untergeordnete Bedeutung zukam. Bis in die 80er Jahre gab es in der portugiesischen Gemeinschaft in der Bundesrepublik lediglich zwei Zeitungen, den *Diálogo do Emigrante* (Redaktion in Mainz, Druck in Portugal) und den *Correio de Portugal* (Dortmund). Später kamen *O. Emigrante* und *O Lusitano* hinzu (Portugal). Mit ausführlichen Nachrichten über Portugal und wichtigen Informationen zu praktischen Fragen des täglichen Lebens in Deutschland erfüllen sie bis heute im Einvernehmen mit der offiziellen portugiesischen und deutschen Emigrationspolitik eine doppelte Funktion: Sie erleichtern die Integration in der Bundesrepublik und halten gleichzeitig die Bindungen und Kontakte zum Heimatland lebendig (vgl. Hamm 1994). Eine Seite ist regelmäßig kulturellen Ereignissen in der portugiesischen Gemeinschaft vorbehalten, wobei sich das kulturelle Leben der Mehrheit der Portugiesen in der Diaspora bis heute fast ausschließlich auf sportliche Veranstaltungen, besonders Fußball, und auf Folkloreaufführungen (Tanz und Volkslieder) beschränkt.

Es waren diese Zeitungen, die den ersten literarischen Versuchen in Deutschland einen Raum gegeben haben. Es handelt sich dabei vor allem um Gedichte in Form der portugiesischen Volksdichtung, die das Erlebnis der Emigration zum Thema haben: die Sehnsucht nach der Heimat und der Familie, die Einsamkeit, die soziale Isolierung, verschärft durch die sprachlichen Barrieren, die Härte des Klimas und des Arbeitslebens. Es sind sehr spontan geschriebene Texte, manchmal in einem fehlerhaften Portugiesisch, die Gefühlsausbrüchen über Ereignisse und Situationen des täglichen Lebens Ausdruck verleihen. Angesichts ihres unregelmäßigen Erscheinens und vor allem der sehr unterschiedlichen ästhetischen Qualität kann man sie nur sehr bedingt als Ansätze einer Literatur bezeichnen. Ihr großes Verdienst ist es jedoch, den Weg für die Literatur in den 80er Jahren bereitet zu haben.

Eine entscheidende Rolle für das Entstehen einer wirklichen Literatur der portugiesischen Minderheit in Deutschland hat die Zeitschrift *Peregrinação – Revista de Artes e Letras da Diáspora Portuguesa* (Juni 1983-Juni 1989) gespielt, obwohl sie in Baden, in der Schweiz, gegründet worden ist. Dort lebte und arbeitete ihr Herausgeber und Direktor José David Rosa, ein autodidaktischer Arbeiter, der nicht einmal einen Grundschulabschluß hatte. Mit Redaktionen überall auf der Welt, wo es portugiesische Gemeinschaften gab (in Deutschland, in Frankfurt und Hamburg), war *Peregrinação* während ihres sechsjährigen Bestehens ein Bindeglied nicht nur zwischen den über den Globus verstreuten portugiesischen Minderheiten, sondern auch zwischen ihnen und der Heimatkultur in Portugal. Die Zeitschrift veröffentlichte regelmäßig Belletristik, Artikel zur Literaturkritik, bildenden Kunst und Musik, Interviews mit Schriftsteller/innen und Künstler/innen, Kulturnachrichten und Buchbesprechungen. Die Herausgeber unternahmen darüber hinaus erste Schritte, um Kontakte zu anderen Kulturen herzustellen, indem sie Ausstellungen, Lesungen und Buchpräsentationen organisierten. Dennoch wandten sie sich überwiegend an die portugiesischen Minderheiten. Die Publikation erschien nicht nur ausschließlich auf portugiesisch, sondern hatte auch keinerlei Verbindungen zum Literaturbetrieb der Länder, in denen diese Minderheiten lebten. Auch Deutschland war da keine Ausnahme.

Ihr großes Verdienst war es jedoch, eine kulturelle Bewegung angestoßen zu haben, die zu einem Bewußtwerdungsprozeß auf verschiedenen Ebenen geführt hat. Die Inlandsportugiesen nahmen erstmals wahr, daß es ›dort draußen‹ auch noch eine andere portugiesische Kultur gab. Die Auslandsportugiesen wurden sich über zwei Faktoren klar, die für die Herausbildung einer eigenen kulturellen Identität entscheidend waren. Zum einen wurde ihnen bewußt, daß sie aus einem Land kamen, das über eine mindestens genauso reiche Kultur verfügt wie ihr Gastland. Zum anderen begannen sie, daran zu glauben, daß sie fähig waren, eine eigene Kultur zu schaffen, jenseits des Fußballs und der Folklore. Das war der maßgebliche Beitrag, den *Peregrinação* für das Erblühen der Literatur der portugiesischen Minderheit in Deutschland geleistet hat (vgl. Rosa 1977, S. 49–51).

Es gab noch zwei weitere Faktoren, die das Wirken der Zeitschrift auf das kulturelle und besonders literarische Leben der portugiesischen Gemeinschaft in der Bundesrepublik verstärkt haben. Ebenfalls in den 80er Jahren erschien eine neue Generation von Schriftsteller/innen, die bereit und in der Lage war, in beiden Sprachen zu schreiben, überwiegend sogar auf deutsch. Sie waren etwa zehn Jahre später in die Bundesrepublik gekommen als die zwölf Autor/innen aus Deutschland, die regelmäßig für die *Peregrinação* geschrieben haben (Manuel Campos, Luís Carvalho, Amândio Sousa Dantas, José Silva Duarte, António Ferreira, B. Henriques, Luísa Costa Hölzl, Henrique Madeira, Fernando Matos, Luciano Caetano da Rosa, Mário Santos Schulte und Josué da Silva). Während die Autoren/innen dieser Generation noch stark aus der Welt der Arbeiterschaft kamen, tief verwurzelt in der Kultur ihrer Heimat und angewiesen auf ihre Muttersprache als literarisches Ausdrucksmittel, hat die jüngere Generation in der Regel ein höheres kulturelles und Bildungsniveau und steht anderen Kulturen offener gegenüber. Es sind Portugiesischlehrer/innen in Deutschland, Übersetzer/innen und Studierende des Deutschen als Fremdsprache. Es sind schließlich Frauen aus gemischten Ehen oder Töchter aus Emigrantenfamilien der ersten Generation. Sie beherrschen die deutsche Sprache und veröffentlichen in ihr. Auch wenn sie der Mehrheitskultur manchmal etwas kritischer gegenüberstehen als ihre Vorläufer, sind sie für den interkulturellen Dialog wesentlich aufgeschlossener.

Parallel dazu ist ein wachsendes Interesse der deutschen Gesellschaft (der Verlage und der Literaturwissenschaftler/innen) an der Literatur der verschiedenen in Deutschland lebenden Minderheiten zu beobachten. Während der gesamten 80er und auch in den 90er Jahren wurde eine beachtliche Zahl von Anthologien veröffentlicht, die sich ausschließlich der Literatur der Minderheiten widmeten. In neun davon fand auch die portugiesische einen breiten Raum. Die meisten Texte in diesen Anthologien sind von Frauen geschrieben; das gilt auch für jene Anthologien, die nicht ausschließlich weiblicher Literatur vorbehalten sind.

Wenn *Peregrinação* wesentlich dazu beigetragen hat, das Bewußtsein einer eigenen kulturellen Identität der portugiesischen Gemeinschaft in Deutschland zu entwickeln, so bedeutete die auf deutsch verfaßte und von deutschen Verlegern veröffentlichte portugiesische Literatur nun ihre Behauptung und Bestätigung gegenüber anderen Minderheiten und der deutschen Mehrheit.

Die Formen und Themen

Zwei Charakteristika bestimmen die zugänglichen literarischen Texte der Portugies/innen in Deutschland:

1. Die vorherrschenden Gattungen sind Poesie und Kurzerzählung. Die Autor/innen schreiben über ihre eigenen Erlebnisse in einer Gegenwart, die die ihre ist. Zeitlich und emotional haben sie noch nicht den Abstand und die Perspektivierung geschaffen, die Voraussetzungen dafür sind, z. B. einen Roman zu schreiben. Diese Literatur ist die spontane und momentane Reaktion auf die Erfahrungen des täglichen Lebens.
2. Es gibt zweifellos ein weites Themenspektrum, in dem sich die Autor/innen in sehr differenzierter Form mit ihrem Emigrantendasein auseinandersetzen. Es gibt dar-

über hinaus aber auch andere Schriftsteller/innen, die sich für diese Problematik nicht interessieren.

Bei nur vier Dichtern der *Peregrinação* (B. Henriques, Fernando Santos, Fernando Matos und António Ferreira) wird das Emigrationserlebnis in einer Art und Weise behandelt, wie auch in der in Portugal verfaßten Literatur. Die starke Verwurzelung in ihrem Herkunftsland und seiner Kultur errichtet in ihnen eine Sperre gegenüber der Wirklichkeit des Landes, in dem sie die Gegenwart leben. Diese Gegenwart wird ständig aufgeschoben. Das lyrische Ich projiziert sich entweder sehnsüchtig auf eine idyllische Vergangenheit, die in ihrem Heimatort liegt, oder auf eine idealisierte und glückliche Zukunft, in der sich die Rückkehr noch erfüllen wird.

Mário Santos Schulte und Amândio Sousa Dantas, zwei weitere Dichter der Zeitschrift sehen ihr Emigrantendasein in ganz anderer Weise. Sie verleihen dem schmerzhaften Erlebnis Ausdruck, gespalten zwischen zwei Vaterländern und immer voller Sehnsucht nach dem, in dem sie sich gerade nicht befinden. Beide leben ihre Gegenwart sehr bewußt und denken kritisch nach über diese beiden Vaterländer. Bezogen auf ihr Herkunftsland thematisieren sie die Enttäuschung über Portugal, wo es zehn Jahre nach dem Sturz der Diktatur noch nicht gelungen ist, ein neues Land aufzubauen, in dem alle Portugies/innen einen Platz finden. Am neuen ›Heimatland‹ kritisieren sie einerseits die Vereinsamung des Individuums in einer Gesellschaft, in der das Wort ›Solidarität‹ immer mehr an Bedeutung verliert; zum anderen den Verlust an Menschlichkeit im Arbeitsleben, in dem die Maschine den Menschen zusehends verdrängt. Bei beiden Autoren führt diese Zweigleisigkeit, dieses Leben in zwei Realitäten aber noch nicht zu einem Konflikt zwischen den Kulturen. Claudina Marques Coelho betrachtet in ihrem kurzen, auf deutsch geschriebenen Gedicht »Sprachlos« (In: *Als Fremder in Deutschland*, S. 162) dieses Leben in zwei Kulturen sogar als Vorteil, weil die Autor/innen so in der Lage seien, in der Muttersprache die Traurigkeit und Enttäuschung des täglichen Lebens herausschreien zu können.

Die anderen Autor/innen der jüngeren Generation, die überwiegend in deutsch schreiben, nehmen eine ganz andere Haltung ein. In dem Prosatext »Die Zeit der Bilder« (In: *Über Grenzen*, S. 146–151) schildert João da Costa den Schock, den er zu Beginn seines Aufenthaltes in Deutschland zwischen den Bildern seiner heimatlichen kulturellen Identität und den Bildern der deutschen Kultur erlebt hat, in die er sich hat einfügen wollen. Aus diesem Konflikt wurde letztendlich eine neue Persönlichkeit geboren, die die Bilder aus der Heimatkultur verwarf, die sie als überholt betrachtete, und aus der ausgewählten Kultur das genutzt hat, was ihr positiv erschien.

Die Folge des Konflikts zwischen zwei Kulturen ist aber keineswegs immer eine neue Persönlichkeitsentwicklung. Schmerzhafter ist das Drama einer fehlenden kulturellen Identität der zweiten Generation der Portugiesen in der Bundesrepublik, ohne Wurzeln in der Heimat ihrer Eltern und häufig abgelehnt von der Gesellschaft, in der sie schließlich aufgewachsen oder, in einigen Fällen, sogar geboren ist. Dies ist das Thema von den zwei kurzen Prosatexten »Wie man Tau zieht« von Maria do Rosário Matos (In: *In zwei Sprachen leben*, S. 19–20) und »Wohin gehöre ich« von Ana Cristina Dias (ebd., S. 22–24). Das Leben auf einer Insel im luftleeren Raum, ohne Wurzeln im Heimatland, und ohne daß es gelungen ist, neue Wurzeln in der erwählten Heimat zu finden, weil die inneren ›Barrieren‹ zu hoch waren, beschreibt

Clara Tauchert-da Cruz in ihren beiden Gedichten »Über Grenzen« und »Die Insel« (In: *Über Grenzen*, S. 172–173).

Das hier eher schematisch aufgeführte Themenspektrum ist aber nicht das einzige in der Literatur der portugiesischen Minderheit in Deutschland. Andere Autor/innen, wie z.B. José Duarte da Silva und Henrique Madeira, haben ihr Emigrantendasein überhaupt nicht thematisiert. Im Mittelpunkt ihrer Gedichte (ausschließlich veröffentlicht in *Peregrinação*) steht immer das von existentieller Einsamkeit bedrohte Individuum, charakteristisch für eine Gesellschaft, die in hohem Maße durch den Konsum, durch die Gesetze schärfster Konkurrenz und durch das Fehlen menschlicher Solidarität bestimmt wird. Es wird bedroht durch sinnlosen Fortschritt, der die Natur und letztendlich auch den Menschen zerstört, und durch den Interessenkampf einer korrupten politischen Klasse, die die Rüstung bis zum Wahn steigert und damit nicht nur den Weltfrieden, sondern auch das Überleben der Menschheit aufs Spiel setzt. Die Dichtung dieser beiden Schriftsteller, obwohl auf portugiesisch geschrieben, befaßt sich wesentlich mit einem *Hier* und *Jetzt*, wie es in ganz Mitteleuropa und besonders in Deutschland anzutreffen ist. José Duarte Silva und Henrique Madeira behandeln somit eine Thematik, die die gegenwärtige portugiesische Poesie fast völlig ignoriert.

Manuel Salvador Campos

Er hat bislang lediglich ein Buch mit einundvierzig Gedichten auf portugiesisch und deutsch veröffentlicht. *Novas descobertas. Poemas e Canções/Entdeckungen. Lieder und Gedichte* (1990) ist eine Auswahl aus seinem poetischen Werk. Der größte Teil ist unveröffentlicht. Darüber hinaus hat er regelmäßig bei *Peregrinação* mitgearbeitet, wo er sieben Gedichte, ausschließlich auf portugiesisch veröffentlicht hat. Ein kleines Gedicht von ihm »Es irrt« findet sich in der Anthologie *Dies ist nicht die Welt, die wir suchen* (1983).

Campos ist eine Ausnahme in der Literatur der portugiesischen Minderheit in Deutschland. Als er Portugal 1971 aus politischen Gründen verließ, brachte er eine Tradition des portugiesischen Widerstands mit, die gesungene *poesia de intervenção* (Poesie der Gesellschaftskritik). Dieses Verständnis von Dichtung als Instrument sozialer und politischer Bewußtseinsvermittlung verband er in Deutschland mit dem stilistischen Einfluß von Kurt Tucholsky, dessen Texte er musikalisch verarbeitete. Diese beiden Einflüsse sind wichtig für das Verständnis der Poesie von Campos. Sie wird geschrieben, um gesungen, gehört und mitgesungen zu werden. Deshalb ist seine Sprache sowohl auf portugiesisch wie auf deutsch sehr rhythmisch, klar, sonor und appellativ. Seine wesentlichen stilistischen Merkmale sind die sarkastische Ironie, die Aufmüpfigkeit und die Provokation.

Die in *Novas descobertas* zusammengefaßten Gedichte sind paradigmatisch für den Lebensweg von Campos. Sie gruppieren sich um drei Themenbereiche. Der erste übermittelt eine tiefgehende Reflexion über die kulturelle Identität, die er aus seiner

Heimat mitgebracht hat. Vor dem Hintergrund seines Lebens im Exil (»Nem sol nem sul«, S. 15 oder »Sorte de cão«, S. 46) begreift er die heutige portugiesische Emigration als Fortsetzung des jahrhundertealten Exodus seit Beginn der Entdeckungen. Er entzaubert die Mythen, hinter denen sich immer die wahren Ursachen der Auswanderung verborgen haben (»Retornar e partir de novo«, S. 11), und kommt voller Bitterkeit zu dem Schluß, daß selbst nach dem Fall der Diktatur noch immer kein Portugal für alle Portugiesen geschaffen worden ist. Und obwohl er nun heimkehren könnte, trifft er die mutige Entscheidung, ein Leben in dem erwählten Vaterland aufzubauen (»Epopeia«, S. 25; »Onde a terra se acaba e o mar começa«, S. 35).

Der zweite Themenkreis umfaßt den Dialog, den er von nun an mit dem ›Du/Ihr‹ aufnimmt, das manchmal für die deutsche Mehrheit steht, ein anderes Mal für die eigene Minderheit. Wenn sich der Autor an die deutsche Mehrheit wendet, sind seine Texte fast immer eine sarkastische Provokation. Von dem Augenblick an, als der Dichter trotz des Ausländerhasses der Deutschen kategorisch erklärt, daß sein Land nun hier ist (»Fremdenhaß? Mein Land ist hier!«, S. 23), konfrontiert er die deutsche Mehrheit mit den Lebensbedingungen der Ausländer in der Bundesrepublik (vor allem: »Deutscher Paß«, S. 16; »Einer wie ihr«, S. 18; »Ausländer«, S. 31; »Hundeleben«, S. 45). Richtet er seine Worte dagegen an seine eigene Minderheit, so sind seine Gedichte ein Appell. Ihr Anliegen ist es nun, seinen Landsleuten bewußt zu machen, daß sie vereint ihrer kulturellen Identität Respekt verschaffen und hier eine neue Existenz aufbauen müssen (»Getto«, S. 33; »Quando seremos povo?«, S. 54).

Das dritte Thema ist die Schilderung eines Traums. Gesprächspartner des Dichters sind wieder die deutsche Mehrheit, aber auch alle in der Bundesrepublik lebenden Ausländer. Die Gedichte sind ein Aufruf zu einem solidarischen Leben in einer multirassischen, multikulturellen Gesellschaft (»Brüder sein«, S. 13; »Leben ohne Haß«, S. 14; »Heimat«, S. 17; »Lei da união«, S. 39; »Ja zum Miteinander«, S. 53; »Miteinander hier«, S. 62). Seine große Hoffnung setzt der Dichter auf die Kinder, gegenwärtig noch Opfer sozialer Ungerechtigkeiten, die in Zukunft aber in der Lage sein werden, eine neue Welt zu schaffen (»Menino vadio«, S. 59; »Crianças dos continentes«, S. 60). – Die Poesie von Campos ist Ausdruck einer sozialen und politischen Utopie, die durch die Zweisprachigkeit und die graphische Gestaltung der in *Novas descobertas* zusammengestellten Texte symbolisch unterstrichen wird.

Elizabeth Gonçalves

Ihre Poesie, immer auf deutsch, findet man verstreut in verschiedenen Anthologien, es liegt noch keine Buchveröffentlichung von ihr vor. Ihr zentrales Thema ist der Konflikt zwischen der Kultur ihrer Herkunft und der deutschen. In einer ersten Annäherung, noch in der Position einer Außenseiterin, kritisiert sie ironisch die Welt, in die sie sich eingliedern möchte. In Gedichten mit einem schnellen Rhythmus, in einer präzisen Sprache, scheinbar ohne jede emotionale Betroffenheit, macht sie einige paradigmatische ›Schnappschüsse‹ von der deutschen Gesellschaft, z.B.: die soziale Ausgrenzung der Kinder (»In der U-Bahn«, in: *Als Fremder in Deutschland*, S. 64), das falsche Verständnis von weiblicher Emanzipation (»Bekanntschaft«, in:

ebd., S. 63), die schwerwiegenden Folgen des Konsums, der zu einer Gesellschaft führt, in der sich das Individuum definiert durch das, was es besitzt, und nicht durch das, was es ist (»Weil ...« in: ebd., S. 167), und in der für Gefühle Geld bezahlt wird (»Mit Geld«, in: *Eine Fremde wie ich*, S. 82).

Ein anderer Aspekt dieses Konfliktes drückt die Verbitterung über ihr Scheitern aus. Die Dichterin bringt ihre Muttersprache zum Schweigen und versucht, mit der ›anderen Seite‹ in der deutschen Sprache zu kommunizieren, die sie so gut wie möglich lernt, um über die Liebe, die Freundschaft und die Arbeit zu sprechen (»Der Weg zur Liebe«, »Dafür«, »Zwei Aphorismen über die Liebe«, in: ebd., S. 133–134). Die Folge ist der Verlust der eigenen Identität, ohne eine neue gefunden zu haben. Es ist das schmerzhafte Bewußtsein, sich so wie Tauchert-da Cruz in eine Insel verwandelt zu haben, die von einem Meer fehlender Kommunikationsfähigkeit umgeben ist.

Luísa Costa Hölzl

Die Autorin zahlreicher Gedichte und Kurzerzählungen auf portugiesisch und deutsch hat ihr Werk in verschiedenen Anthologien veröffentlicht. Unveröffentlicht sind eine kleine Erzählung »Foi menina de tranças« und ein Gedichtband *Perdidos e achados*.

Das zentrale Thema ihres Werks hat wenig zu tun mit der Ausländerproblematik in Deutschland. Bei ihr findet sich kein kultureller Konflikt, weil es diesen für sie nicht gegeben hat. Als Schülerin der deutschen Schule in Lissabon vom Kindergarten bis zum Abitur ist sie davon überzeugt und unterstreicht dies kategorisch, daß sie die deutsche Sprache besser beherrscht und die deutsche Kultur besser zu würdigen weiß als vor allem die Deutschen, die den Ausländern zurufen: ›Raus!‹ (»Fühle mich heimisch in dieser Sprache«, in: *Freihändig auf dem Tandem*, S. 75). Ihr Werk ist überwiegend literarischer Ausdruck ihrer ›Vita‹, seit sie 1975 nach Deutschland gekommen ist, um in München zu studieren. Drei grundlegende Momente kennzeichnen ihren Lebenslauf.

Der erste ist charakterisiert durch einen Akt der Befreiung: Das Erlebnis der ersten Liebesnacht. Von diesem Augenblick an übernimmt die Autorin die Verantwortung für ihr Handeln, für ihr Leben und lehnt es definitiv ab, nach dem sozialen und familiären Verhaltenskodex zu leben, der der Frau durch die Tradition ihres Heimatlandes auferlegt wird (»Der Tag danach« in: ebd., S. 103–106). Nachdem sie sich dieses Recht genommen hat, entscheidet sie sich dafür, eine Familie in Deutschland zu gründen und hier zu bleiben. So beginnt der zweite Teil dieser ›Vita‹. Er ist bestimmt sowohl durch die zunehmende Entfernung »von ihrem kleinen Land«, »von einem Land, das schon verschwunden ist« (»Saudades 4« unveröffentlicht), wie auch durch die Übernahme der Regeln des familiären und sozialen Lebens in ihrem erwählten Vaterland. Die Gedichte und Erzählungen, die sich mit diesem Prozeß befassen, sind voller Begeisterung, voller Zärtlichkeit für die neue ›Stadt‹, die Hölzl als Heimat erkoren hat und wo ihr erster Sohn geboren wird (»Mit der Stadt schwanger«, in: *Eine Fremde wie ich*, S. 84–87), oder auch von einer ironischen, ja fast sarkastischen Distanzierung von den von ihr beschriebenen Erlebnissen. Wir haben es hier mit Texten zu tun, die Zeugnis ablegen von der intellektuellen Frustration der Schriftstellerin, eingeschnürt von ihrer Rolle als Mutter, Ehe- und Hausfrau (»Fragmente aus dem Hausfrauendasein«, in: *Freihändig auf dem Tandem*, S. 12–16; »Bundesdeutscher Abend«, in: *L'80*, Nr. 43 (1987), S. 87–89; »Stellengesuch«, in: *Die Palette*, Nr. 6 (1990), S. 7), aber auch von der wachsenden Übernahme kleiner Gewohnheiten des täglichen Familienlebens (»Bilanz zu fünf Jahren Deutschland«, in: *Als Fremder in Deutschland*, 1982, S. 73–79) und den herrschenden Regeln des gesellschaftlichen Lebens (»Einschulung, wie beschrieben«, in: *Lachen aus dem Ghetto*, S. 129–132). Zu erwähnen sind auch die Texte, die die Befreiung aus einem unbefriedigenden Alltag durch das gemeinsame Liebeserlebnis ausdrücken (»Ziehst mich in die Nacht«, in: ... *die Visionen deiner Liebeslust*, S. 60) oder durch das Geschenk der Mutterliebe (»Heimatsprache«, in: *Freihändig auf dem Tandem*, S. 83). Aber der ernüchterte Blick der Autorin fällt nicht nur auf die neue Heimat. Er fällt auch auf ihr Herkunftsland und verleiht ihrer Enttäuschung, die das Leben im nachrevolutionären Portugal bei ihr verursacht, ebenso Ausdruck wie der Zärtlichkeit für die »Stadt ihrer Erinnerung«, die fast verwischt ist, und der schmerzhaften Empfindung, Touristin in ihrem Geburtsland zu sein (»Lisboa 1985 em seis andamentos«, in: *Peregrinação* 16 (1986), S. 59–61).

Der bislang dritte Aspekt ihres Werks findet sich in der unveröffentlichten Sammlung *Perdidos e achados*, aus der im folgenden die Gedichtanfänge zitiert werden. Hier treffen die Leser/innen vor allem auf die Erkenntnis der Autorin, daß sie doch noch tief in ihrem Heimatland verwurzelt ist (»vielleicht könnte ich eines Tages das Blau des aufschäumenden Meeres vergessen ...«; »als ich mich im Sand ausstreckte ...«). Später äußern sich die tiefe Sehnsucht, eine Synthese der beiden kulturellen Identitäten zu erreichen, um sie ihren Kindern als Erbe zu lassen (»Landschaft miteinander verschlungener Dichter ...«), und der Schmerz, der dadurch verursacht wird, daß man ein Individuum auf Wanderschaft ist, das sich wie ein Zugvogel zyklisch zwischen den beiden Vaterländern hin und her bewegt (»aves de migração 1 e 2«), ohne in einem wirklich Fuß fassen zu können »Wanderschaft meine Flucht Verwirrung ...«). Dichtung und Prosa von Luisa Hölzl sind zweifellos Ausdruck eines konkreten Erlebnisses der Wanderschaft, geschrieben aus einer weiblichen Perspektive.

Luciano Caetano da Rosa

Er ist vor allem ein Forscher der portugiesischen Sprache und besonders der portugiesischsprachigen Literatur. In seinem literarischen Werk beschäftigt er sich nicht mit der Ausländerproblematik. Er schreibt ausschließlich auf portugiesisch. Er veröffentlichte ein Gedicht, zwei Kurzerzählungen und drei kurze Essays über die portugiesische Gegenwartsliteratur in *Peregrinação*. Darüber hinaus hat er noch zwei kleine Bände geschrieben. Der erste *O ofício da voz* (1986) ist eine Sammlung von Chroniken mit Erinnerungen an eine ausgelassene, glückliche Kindheit und Jugend, an Verhaltensnormen jugendlicher Cliquen und an charakteristische Typen, aber auch mit sorgenvollen Überlegungen zur sozialen und wirtschaftlichen Entwicklung seines heimatlichen Alentejo. *O ofício da voz* schildert voller Rührung die Heimkehr an seinen Geburtsort Beja.

In dem anderen Band *Da inspiração avulsa* (1989 herausgegeben von *Peregrinação* in Baden/Schweiz) hat der Autor 27 Gedichte zusammengefaßt. Sie sind eine Reflexion über die Beziehung zwischen Dichter und Wort. Als Schöpfer unbegrenzter Bedeutungen für ein Wort ist der Dichter absoluter Herrscher über das Wort. Er kann es erschaffen, zerstören und von neuem erschaffen – und auch dies unbegrenzt.

6. Literatur der türkischen Minderheit

Sargut Şölçün

Im allgemeinen drückt die Literatur der türkischen Migrant/innen in Deutschland die dichterische Reflexion der Einwanderung aus. Auf eine spezifische Weise haben sich die Begegnung der unterschiedlichsten Lebensweisen und Auffassungen, ihre Konfrontationen sowie ihr Ineinandergreifen in literarischen Modellen niedergeschlagen. Sie enthalten aber auch Rückblicke, Bilder und Vorstellungen, die auf eine zum Teil starke Präsenz der verlassenen Heimat im schriftstellerischen Bewußtsein hinweisen, und werden dadurch zugleich Objektivierungsversuche der Auswanderung, die in der türkischen Geschichte eine phänomenale Öffnung des Landes zur Welt bildet. Nicht nur die Anfangsphase, sondern auch die späteren Entwicklungstendenzen der türkischstämmigen Migrantenliteratur stehen mit den gesellschaftlichen und politischen Ereignissen in der Türkei in loser oder enger Verbindung. Die Identitätsfrage zum Beispiel, die sich in der fremden Umwelt in aller Kraßheit stellte und ein vertrautes literarisches Sujet wurde, hängt offensichtlich auch mit der bis dahin fast unbekannten Zerrissenheit der türkischen Gesellschaft zusammen. Die Autor/innen, die infolge der politischen Unterdrückung ihr Land verlassen mußten, brachten die eigenständige, im Endeffekt heimatorientierte Perspektive der Exilanten in diese Literatur ein. Selbst diejenigen, die sich in späteren Jahren auf der literarischen Szene der Migranten zu Wort melden, können sich, auch wenn sie die heimatlichen Realitäten nicht aus der Nähe kennengelernt haben, nicht immer von diesem historischen und sozialen Hintergrund loslösen.

Das bedeutet aber nicht, daß das Verhältnis zwischen Heimat und Fremde ohne Veränderungen ist. Bei den künstlerischen Intentionen, bei der Wahl der Themen und Gattungen spielen die unterschiedlichen Standorte der Autor/innen eine wichtige Rolle; das Spektrum der literarischen Auseinandersetzung verweist auf die Kluft zwischen Geschichte und Gegenwart, die teilweise größer werden kann. Die türkische Migrantenliteratur – eine Bezeichnung, die übrigens nicht von allen Beteiligten akzeptiert wird – ist weder die unmittelbare Verlängerung der heimatlichen Literatur noch einfach ein Teil der deutschen Literatur; sie weist vielmehr eine gewisse Selbständigkeit auf, ja bedeutet so etwas wie eine Gratwanderung zwischen den beiden literarischen Kulturen, denen sie ihre literarhistorische Legitimation verdankt. Die drei Komponenten der Migrantenliteratur stehen spätestens seit den 80er Jahren in einem widersprüchlichen Verhältnis zueinander. Die türkischen Autor/innen wollen vor allem als Künstler/innen anerkannt werden, während die multikulturelle Industriegesellschaft in ihnen genuine Kulturvermittler sieht. Sie wollen sich doch schon lange von den eigenen Landsleuten, den ehemaligen ›Gastarbeitern‹, emanzipiert haben, die ihrerseits weder mit den Integrationsvorschlägen der einheimischen Mehrheit einverstanden sind noch die Fremde verlassen wollen.

»Narben« des Zusammenlebens

Der Anfang der literarischen Tätigkeit liegt immer in der Frage nach der eigenen Identität. Der Autor war nämlich zumeist der Arbeiter selbst – wie Bekir Yıldız (geb. 1933), der zwischen 1962 und 1966 bei Heidelberg arbeitete und gleich nach seiner Rückkehr nach Istanbul publizierte. Symptomatisch für die erste Phase der fiktiven Wahrnehmung der Migration ist eine Erzählung aus Yıldız' 1974 veröffentlichtem Band *Alman Ekmeği* (dt. als »Das deutsche Brot«, in *Kürbiskern* Nr. 4. 1977, S. 95–97). Der ehemalige ›Gastarbeiter‹ zeichnet hier ein weitgehend negatives Bild der Bundesrepublik Deutschland. In Europa, das in der Vorstellung des Autors durch Dekadenz geprägt ist, verkörpert der türkische Arbeiter Asien, das heißt die Reinheit, gewissermaßen die unberührte Natur; gleichwohl glaubt er als Träger der revolutionären Ideen auch an den Fortschritt. Diese und andere Erzählungen von Yıldız zeigen, was für eine schwierige Zeit der Autor in der Fremde verbracht haben muß. Jedoch wirken seine Schwarzweißbilder und seine leichtfertige Doppeloptik störend. In diesen Texten kommen auch die gemischten Reaktionen der ersten Arbeitergeneration zur Sprache. Es sind trotzdem heute immer noch nicht wenige – bezeichnenderweise auch unter den jungen Türken –, die gerne bereit sind, die blinde Kritik von Yıldız an der deutschen Gesellschaft zu teilen, nicht aber seine revolutionären Gedanken. Yıldız gehört gleichzeitig zu den Autoren in der Türkei, die sich, schon vor dem literarhistorisch relevanten Beginn der Migrantenliteratur, dem Thema »Türken in Deutschland« widmeten. Manche von ihnen reisten sogar auf den Spuren ihrer Landsleute in die Bundesrepublik, ihre Veröffentlichungen trugen zur vielschichtigen und kritischen Erweiterung des bis dahin eher positiven Deutschlandbildes in der türkischen Literatur bei (vgl. Riemann 1983).

Die Anfangsphase der Migrantenliteratur wurde noch vorwiegend von Übersetzungen beherrscht, die Sprache der Fremde war noch Fremdsprache. Das Schreiben in der Muttersprache deckte sich auch mit dem Bedürfnis nach kollektiver Identität, die sich – ohne die primäre Sorge um die literarische Anerkennung – im supranationalen und klassenbewußten Sinne behaupten wollte. In der internationalen Gemeinschaft der ›Gastarbeiter‹ war das eine paradoxe Situation, jedoch bildete diese Distanzierung von der Gesamtrealität, in der man als Ausländer lebte, ihre Kompetenz. In solchen Distanzierungen konnte sich die heimatliche Perspektive schneller durchsetzen, deren Abgrenzungsmechanismen die Fremdheit erleichterten. Ein typisches Beispiel dafür ist Fethi Savaşçi (1930–1989), der seit 1965 als Industriearbeiter in München lebte und ab 1970 fast jedes Jahr einen Band publizierte. Außer den zweisprachigen Geschichten in *Bei laufenden Maschinen* (1983) und dem Band *München im Frühlingsregen* (1987) mit Erzählungen und Gedichten sind seine Texte nur in türkischer Sprache erschienen. Savaşçi war ein produktiver Arbeiterdichter, schrieb einfach und moralisierend; in seinen scheinbar distanzierten Beobachtungen projizierte er seine eigene Betroffenheit auf seine Figuren, die hauptsächlich aus den ländlichen Gebieten der Türkei stammende Arbeiter waren.

Zwischen den Betroffenen und den Beobachtenden vertritt Yüksel Pazarkaya, der schon vor der endgültigen Migration in der Bundesrepublik lebte und studierte, eine besondere Position. Am Migrationsprozeß nahm er nicht als Arbeiter teil, sondern als engagierter Intellektueller, für den die Begegnung mit den Landarbeitern und Handwerkern aus der Heimat äußerst anregend war. Die Naivität der anatolischen Bauern, ihre Ungeschicklichkeit in den hochtechnologisierten Fabriken und ihre Sprachlosigkeit in der von anonymen Systemen gesteuerten Gesellschaft waren Motive, die Pazarkayas zwischen 1960 und 1968 in verschiedenen Periodika erschienenen Gedichte kennzeichneten. Diese Texte, die Jahre später in dem zweisprachigen Band *Irrwege/Koca Sapmalar* (1985) gesammelt wurden, gelten zu Recht als erste literarische Äußerungen zum Thema der türkischen Migration in Deutschland und besitzen einen dokumentarischen Wert in der Chronologie der dichterischen Reflexionen.

In den Anfangsjahren gingen die Autoren, die die deutsche Öffentlichkeit erreichen konnten noch davon aus, eine Vermittlungsfunktion erfüllen zu können; sie wollten eine verhältnismäßig neue literarische Kultur zugänglich machen. Neben Pazarkaya zählen Aras Ören und Güney Dal zu den wichtigsten Autoren, die sich bemühten, die Grenzen jener spezifischen Fremdheit zu definieren. Ihre Werke haben die 70er Jahre geprägt. Während Güney Dal bei dieser literarischen Vermessungsarbeit seine ironische Distanz nicht aufgab, versuchte Aras Ören, wie kein anderer Migrantenschriftsteller, eine realitätsbezogene Sprache zu finden; sie sollte die Wirklichkeiten der deutschen und der türkischen Gesellschaft von neuem ausmessen. Seine »Berlin-Trilogie«, bestehend aus den Bänden *Was will Niyazi in der Naunynstraße?* (1973), *Der kurze Traum aus Kagithane* (1974) und *Die Fremde ist auch ein Haus* (1980), erhebt deshalb die Typen, denen sich Pazarkayas Gedichte widmen, gewissermaßen auf eine synthetische Ebene; sie alle stehen für soziale und individuelle Lebensabschnitte und sind von der Sehnsucht nach einem besseren Leben ergriffen.

In Güney Dals 1979 erschienenem ersten Roman *Wenn Ali die Glocken läuten hört* (*İs Sürgünleri*, 1976) sind die Schauplätze Köln und Berlin, und die episodenhafte Entwicklung des Romans führt die Hauptfiguren langsam zusammen. Bei aller Außergewöhnlichkeit der Erlebnisse dominiert dennoch das Trennende als alltägliche Erfahrung. Weder das politische Engagement bei einem Streik noch die gemeinsamen Arbeitsplätze schaffen eine menschliche Grundlage für die gegenseitige Annäherung von deutschen und türkischen Arbeitern. *Europastraße 5* (1981) ist Dals zweiter Roman. Schon der Titel, der Name der Hauptverkehrsverbindung zwischen Deutschland und der Türkei, steht symbolisch über dem ganzen Romangeschehen. Den Leser/innen, die sich auf den abenteuerlichen Transport eines Toten auf dieser Strecke konzentrieren, wird vorgeführt, daß das Verbindende die Kluft zwischen zwei Welten noch deutlicher machen kann. Das seltsame Unternehmen des Sargtransports ironisiert das eigentliche Thema der Auswanderung.

Diese Beispiele zeigen, daß fast alle Modulationen und Brüche diesem dynamischen Literaturprozeß aus der Realität der Migration selbst entspringen. Die literarische Verarbeitung von ersten Erfahrungen und Erlebnissen zeugt davon, daß die türkischen Literaten in Deutschland Chronisten und Kritiker ihrer Zeit geworden sind.

Am Ende der ersten Phase der Migrantenliteratur zeigte sich ein weiteres literarisches Phänomen, das auf eine charakteristische Berührung der türkischen Einwanderung und der einheimischen Rezeption hinweist. Während die Türken, Intellektuelle wie Arbeiter, in erster Linie ihren Ausländerkomplex zu überwinden versuchten, waren sie in den Augen der ›Gastgeber‹ bestenfalls Exoten im eigenen Land.

In den 70er Jahren hat sich auch deutlich herausgestellt, daß die Migrant/innen ein Protestpotential bildeten. Es ist kein Zufall, daß sich bundesdeutschen Autoren wie Siegfried Lenz, Heinrich Böll, Max von der Grün und Günter Wallraff der Randzonen der Gesellschaft annahmen, in denen der Fremde als potentielle Oppositionsfigur erschien. Und die Nichtdeutschen, die sie literarisch gestalteten, werden Jahre später als »Chamissos Enkel« (Ackermann/Weinrich 1986, S. 99) bezeichnet.

Die 80er Jahre – Erweiterung literarischer Aktivitäten

In der zweiten Phase, in den 80er Jahren, haben sich politische Exilanten und literarische Vertreter der jungen Türk/innen in Deutschland der Migrantenliteratur angeschlossen. Die Exilanten richteten ihren Blick noch auf die alte Heimat, ihre literarische Auseinandersetzung war – zumindest am Anfang – nicht frei von politischen Missionierungsversuchen. Die junge Generation dagegen verstand ihre literarische Tätigkeit vor allem als eine Suche nach der eigenen Identität. In der zweiten Phase sind die Autor/innen von der unmittelbaren Migrationsproblematik über die politische Auseinandersetzung mit der Zeitgeschichte zur persönlichen Abrechnung gekommen. Bevor aber die Fremde ein Ort geworden ist, der sich selbst in Frage stellt und die Schreibenden in ihre private Geschichte zurückführt, findet man in den Texten dieser Periode vielfältige sprachliche und thematische Stellungnahmen auch pädagogische Konzepte, die ergiebige Modelle für das Leben in der multikulturellen Gesellschaft liefern sollten (vgl. Frederking 1985, Heinze 1986). In den Gedichten sind aber stets auch subjektive Erfahrungen enthalten. Deshalb sollen ihre paradoxen und kontradiktorischen Aussagen nicht leichtfertig auf exotische Integrationsmodelle reduziert werden.

In seinem Gedicht »Die Fremdheit des ausländischen Arbeiters« beschreibt der seit 1980 in Berlin lebende Dichter Gültekin Emre (geb. 1951) den Menschen, der unter den schwierigen Bedingungen des Lebens in der Fremde bei seinen »Erinnerungen« Zuflucht sucht: »Erinnerungen / Verlaßt mich nicht / Hier kennt mich doch keiner / [...] / Wenn ich meine Koffer in die Hand nehme / Sind Wege zu mir feindlich gesinnt / Diese Orte hier kann ich nicht verlassen / [...]« (Lorenz/Pazarkaya 1985, S. 75). Die Koffer wirken hier nicht wie gewöhnliches Gepäck, mit dem eine provisorische Reise identifiziert wird, sondern verbildlichen Requisiten, die den Auswanderer ständig an die Gegenwart binden. Sie besteht jedoch fast nur aus dem Vergangenen, und so bedeutet das Fußfassen in der Fremde paradoxerweise nichts anderes als ständiges Unterwegssein.

Als Ende der 70er Jahre der Alltag in der Türkei durch Terror und politische Morde bestimmt war, und die Generäle schließlich durch einen Putsch im September 1980 ihre brutale Militärdiktatur errichteten, hielten sich manche Schriftsteller/innen in der Bundesrepublik auf. Als Vertreter der sogenannten Dorfliteratur hatten sie sich schon in der Türkei einen Namen gemacht und waren auch für ihre politischen Aktivitäten bekannt. Sie setzten ihre literarische Arbeit auch in Deutschland fort und brachten Erzählungen und Reportagen heraus, die verdeutlichen, wie schnell sie sich in den Kontexten des Migrationsprozesses zurechtfanden. Sie richteten ihren Blick hauptsächlich auf die Menschen aus Anatolien, die ihnen bekannt waren. Dabei vergaßen sie aber, die historische und gegenwärtige Wirklichkeit der deutschen Gesellschaft in ihre Konstruktionen mit einzubeziehen. Bemerkenswert ist, daß diese Schriftsteller, wie z.B. Fakir Baykurt (1929–1999) mit seinen Erzählungen in *Die Friedenstorte* (1980) und *Nachtschicht* (1984) und Dursun Akçam (geb. 1930) mit seinen Reportagen in *Deutsches Heim, Glück allein* (1982), mit Interesse aufgenommen wurden. Wahrscheinlich deshalb, weil die hier artikulierte genuin anatolische Befindlichkeit dem deutschen Publikum die viel beschworene Außenperspektive ersetzte und sein Bedürfnis nach einer, zweifelsohne vorläufigen »Konventikelbildung« (Waldenfels 1990, S. 63) mit dem Fremdartigen ansprach. Relativ wenig Echo fanden dagegen die Erzählbände *Zwischen zwei Welten* (1980) und *In der Dunkelheit des Flures* (1984) von Yusuf Ziya Bahadınlı (geb. 1927), in denen ebenfalls Türken aus ländlichen Gebieten im Mittelpunkt stehen. Die objektive Möglichkeit, sich in einer Gesellschaft des entwickelten Kapitalismus von der Tradition zu befreien, stand in den Köpfen dieser Menschen der schweren Last der mitgebrachten Werte und Normen gegenüber.

Die Bücher von Baykurt, Akçam und Bahadınlı geben einen Einblick in die Gesamtentwicklung der Migration. Anfang der 70er Jahre hatten nicht wenige Intellektuelle und Studierende geglaubt, daß die Arbeiter nach einer nicht allzu langen Zeit in ihre Heimat zurückkehren und mit ihren sozialen, politischen und kulturellen Erfahrungen, die sie in der Industriegesellschaft und durch die Vermittlung ihrer klassenbewußten deutschen Kollegen gesammelt haben, zu strukturellen Veränderungen in der Türkei beitragen würden. Diese Erwartungen stellten sich schon bald als ein gewaltiger Irrtum heraus, und die Figuren der ehemaligen Dorfliteraten zeigen, daß die Idealisierung der Migrant/innen als potentielle Klassenkämpfer aus der Verkennung der eigenen Gesellschaft resultiert; die Migration verhalf vielen Intellektuellen zur besseren Kenntnis dieser Menschen, was sich mit der Zeit auch in der Literatur niederschlug. Andererseits gerieten die selbstkritischen Schriftsteller in eine schwierige Lage; denn die Erwartungen beruhten auf einem falschen, unkritischen Deutschland-Bild, und die neue Heimat bot in Wirklichkeit nicht viel anderes als Diskriminierung.

Der Anwerbestopp der türkischen Arbeitskräfte im Jahre 1973 brachte selbst die Rückkehrwilligen von ihren Plänen ab, und die Masse der Dagebliebenen entschied sich für spießbürgerliche oder bäuerlich-traditionelle Lebensformen. Bezeichnenderweise wurde der in diesem Kontext typische Charakterzug des Anatoliers von dem türkischen Erzähler Haldun Taner (1915–1985) aufgegriffen, der sich als Gast des Deutschen Akademischen Austauschdienstes in der Bundesrepublik aufhielt. Er war ein ausgezeichneter Deutschland-Kenner und wußte um das Seelenleben seiner eigenen Landsleute. Seine in Briefform verfaßte satirische Erzählung »Hexenzauber« (In: *Die ZEIT* vom 26. 2. 1982) wurde eine Wendemarke im literarischen Prozeß der türkischen Migration. Die Hauptfigur der Erzählung, ist ein »illegaler Gastarbeiter«, der die Kompetenzen eines erfahrenen, durch den ständigen Kampf um das nackte Dasein geschulten Schelms besitzt. Er hat sich sozusagen in die Gesellschaft integriert, indem er, in ein Bärenfell geschlüpft, sich zu einer touristischen Attraktion auf dem Berliner Kurfürstendamm gemacht hat. Seine Verstellung verhilft ihm zur kritischen Distanz der fremden Umgebung gegenüber sowie zur Demaskierung mancher Verhaltensweisen und Auswüchse; seine Maske dient aber zugleich der Demaskierung seines Charakters. Er betrügt, um existieren zu können.

In seinem Erzählungsband *Teoman, der Ungültige* (1984) thematisiert Özdemir Başargan (geb. 1935) eine Variante des Lebens, das seine Gültigkeit verloren hat; ein literarisch hochbrisanter Stoff kommt jedoch hier wegen der oberflächlichen Gestaltung nicht zu seinem Recht. Beeindruckend beschreibt Pazarkaya dagegen in seinem zweisprachigen Erzählungsband *Heimat in der Fremde?* (1979) das Elend eines Illegalen, der sich bei einer Razzia in einer Mülltonne verstecken mußte. In seiner ersten Prosaarbeit *Bitte nix Polizei* (1981) behandelte auch Ören das Thema der Illegalität, doch seine Hauptgestalt kämpft, bei allem Versteckspiel, um seine Legalität und zugleich um seine Persönlichkeit. Ören, Pazarkaya und Dal publizierten in den 80er Jahren neue Werke, besonders Ören war, vielleicht aus Gründen des dringend gewordenen Paradigmenwechsels, in dieser Phase sehr produktiv. Neben seinen Gedicht- und Erzählungsbänden *Mitten in der Odyssee* (1980), *Der Gastkonsument* (1982), *Manege* (1983), *Paradies kaputt* (1986) und *Das Wrack* (1986) brachte er seinen ersten Roman *Eine verspätete Abrechnung oder Der Aufstieg der Gündogdus* (1988) heraus. Güney Dal blieb im Bereich der Prosa. Während seine zweisprachigen Erzählungen in *Die Vögel des falschen Paradieses* (1985) einen produktionsästhetischen Rückzug in die Privatsphäre markierten, war seine für ihn typische ironische Beschäftigung mit einem pathologischen Fall in seinem neuen Roman *Der enthaarte Affe* (1988) eine wirkliche Horizonterweiterung durch Narrativität in einer komplizierten Welt.

In den 80er Jahren stießen jüngere Autor/innen zur literarischen Szene. Sie waren zum großen Teil in Deutschland geboren oder hier aufgewachsen, schrieben in deutscher Sprache und veröffentlichten ihre ersten Texte in Zeitschriften und Anthologien (vgl. Ackermann 1982, 1983, 1984). Lyrik war ihre bevorzugte Form, womit sie an die türkische Literaturtradition, die Kultur der Heimat ihrer Eltern anknüpften. Ansonsten konzentrierten sie sich auf die konkreten Probleme ihrer Generation und ihre eigenen Visionen. Identitätsverlust, Heimatlosigkeit, Zerrissenheit und Unentschlossenheit kristallisierten sich als ihre thematischen Schwerpunkte heraus; bei aller Emotionalität konnten sie sich auch mit den negativ wahrgenommenen Wirklichkeiten der deutschen Gesellschaft realistisch auseinandersetzen. Ihren explosionsartigen Durchbruch verdankte die neue literarische Entwicklung nicht den deutschen Verlagen, sondern den Vereinen wie z. B. dem ›Förderzentrum Jugend schreibt‹ (*Täglich eine Reise von der Türkei nach Deutschland. Texte der zweiten türkischen Generation in der Bundesrepublik*, 1980). Mit *Flammentropfen* (1985) von Zafer Şenocak, *Scheingedichte* (1986) von Kemal Kurt, *Ein Stein, der blühen kann* (1985) von Levent Aktoprak, *Flugfänger* (1987) von Zehra Çırak und *Die Deutschprüfung* (1989) von Alev Tekinay bewies diese Autorengeneration ihren meisterhaften Umgang mit der deutschen Sprache. Selbst in der ganz persönlichen Artikulation von Gefühlen, Leiden und Enttäuschungen gelang ihnen eine bilderreiche Verbindung von Realitätsbezogenheit und Sensibilität.

Außerhalb dieser Gruppe stehend, konnte Habib Bektaş schon mit seinem ersten Band *Belagerung des Lebens* (1981) die Aufmerksamkeit der aufgeschlossenen Öffentlichkeit auf sich lenken. Şinasi Dikmen und Osman Engin (geb. 1960) setzten zum ersten Mal die Satire bei der Bewältigung der Migrationssituation als eine funktionsfähige Literaturgattung ein (s. Kap. Satire und Kabarett, S. 294f.). Die Wirklichkeit, die in *Wir werden das Knoblauchkind schon schaukeln* (1983) und *Der andere Türke* (1986) von Dikmen und in *Deutschling* (1985) von Engin modellhaft angeordnet wurde, war geprägt von einem grundsätzlichen Mißverhältnis. Das Gattungsbewußtsein war ein Hinweis auf das neue Migrantenbewußtsein.

In dieser Phase meldeten sich auch immer mehr Schriftstellerinnen zu Wort. Daß sie später als ihre männlichen Kollegen an die Öffentlichkeit traten, hing mit den allgemeinen Bedingungen der Migration ebenso zusammen wie mit ihren spezifischen Sozialisationsbedingungen. Gegenüber den anderen Autorinnen nimmt Aysel Özakın (geb. 1942) wegen ihrer schriftstellerischen Vergangenheit in der Türkei eine gesonderte Stellung ein. In den ersten Jahren ihres Deutschland-Aufenthalts brachte sie mit *Soll ich hier alt werden?* (1982) und *Die Leidenschaft der Anderen* (1983) ihre Erzählungen und Aufzeichnungen heraus, die von der ambivalenten Perspektive einer Exilierten zeugen. Anders als Özakın unternahm Saliha Scheinhardt (geb. 1950) die ersten literarischen Gehversuche nach ihrem abgeschlossenen Studium in Deutschland. Ihre Erzählungen in *Frauen, die sterben, ohne daß sie gelebt hätten* (1983) und *Drei Zypressen* (1984) haben eine starke Tendenz zur Reportage. Während Scheinhardt in erster Linie mit ihrer abwechslungsreichen Biographie Interesse weckte, war Özakıns vermeintlich feministische Position ein Grund der literaturkritischen Aufmerksamkeit. In Deutschland wurden beide Stadtschreiberinnen.

In den 80er Jahren nahmen Rassismus und Ausländerfeindlichkeit, zumeist in Form der Türkenfeindlichkeit sprunghaft zu (vgl. Meinhardt 1984). Die türkischen Autor/innen reagierten darauf mit einer gesteigerten literarische Produktivität. Zudem fiel auch die erste organisatorische Zusammenarbeit der ausländischen Künstler in diesen Zeitraum. Mit ihrem als ›PoLiKunst‹ bekannten ›Polynationalen Literatur- und Kunstverein‹ (1980–1987) kämpften sie ohne deutsche Bevormundung für ihre Rechte und für eine bessere Kommunikation unter nichtdeutschen Künstler/innen. Die multinationale Solidarisierung in diesen Vereinen konzentrierte sich auf die Unterstützung der Türken, der am meisten diskriminierten Migrantengruppe, und nicht von ungefähr lautete der Titel des ersten PoLiKunst-Jahrbuches *Ein Gastarbeiter ist ein Türke* (1983). Hinter dieser ironischen Formulierung verbarg sich offensichtlich das der Migrantenliteratur eigene, durchaus politische Bewußtsein der Zusammengehörigkeit in der Fremde. Jedoch blieb, außer Şinasi Dikmen, der große Teil der türkischen Autor/innen den Aktivitäten der PoLiKunst-Bewegung fern.

Gleichzeitig verbesserte sich die literarische Infrastruktur der Türken. Der Ararat Verlag gehörte, vor allem nach seinem Umzug von Stuttgart nach Berlin 1980, zu den etablierten ausländischen Verlagen; seine Reihe »Texte in zwei Sprachen«, in der unter anderem die Arbeiten von Ören, Pazarkaya und Bektaş publiziert wurden, wurde preisgekrönt. Im Publikationsangebot des Dağyeli Verlags in Frankfurt am Main lag der Akzent seit Mitte der 80er Jahre auf den türkischen Migrantenautoren. Von Dezember 1980 bis Dezember 1982 erschien die von Yüksel Pazarkaya herausgebrachte Literaturzeitschrift *Anadil* mit türkischen und deutschen Texten. Auch das 1985 vom Dagyeli Verlag übernommene vierteljährlich erscheinende *Forum* und das seit 1986 von der ›Duisburger Initiative‹ alle zwei Monate herausgebrachte Periodikum *dergi/die Zeitschrift* legten großen Wert darauf, literarische Texte und politischkulturelle Stellungnahmen der türkischen Schriftsteller zu veröffentlichen. Zur Verbesserung der Produktions- und Distributionsbedingungen konnten die türkischen Verlage und Zeitschriften nur in begrenztem Maße beitragen; aus verschiedenen Gründen mußten sie bis Anfang der 90er Jahre, obwohl das multikulturell interessierte Publikum inzwischen breiter wurde, ihre Tätigkeiten einstellen. Neben dem geringen Leseinteresse der türkischen Bevölkerung spielten dabei die allmählich divergierenden Lebensläufe der Schriftsteller/innen eine wichtige Rolle. Zudem erhielten die bei der Kritik und dem Literaturbetrieb anerkannten Autor/innen nun bei bekannten deutschen Verlagen Veröffentlichungsmöglichkeiten.

Die 90er Jahre: Selbstbegegnung als neue Bodenständigkeit

In dieser bisher letzten Phase der türkischen Migrantenliteratur ist eine gewisse Ich-Erweiterung, eine egozentrische Perspektive in den literarischen Äußerungen als eine allgemeine Tendenz feststellbar. Dieses Phänomen, das schon Ende der 80er Jahre zu erkennen war, begründet die deutliche Wendung von der Begegnung mit der Fremde zur Selbstbegegnung in der Fremde. Gute Beispiele dafür liefern Ören, Kurt und Şenocak, also die Autoren, die mit ihrer intensiven literarischen Arbeit auch für die Heterogenität der individuellen Positionen stehen. Diese Entwicklung macht die jahrelange Erwartung der kulturellen Vermittlung noch problematischer. Eine neue Stimme, der in Köln lebende Erzähler Özgen Ergin (geb. 1947), deckt sogar andeutungsweise ein theoretisches Dilemma der Interkulturellen Pädagogik auf. In »Zigeuner« aus seinem Erzählband *Charlie Kemal* (1992) befindet sich der Ich-Erzähler in der Einsamkeit des Mittagessens in einem vollen deutschen Lokal. Sein innerer Monolog wird unterbrochen von einer Frau: »Sind Sie Zigeuner?« »Leider nicht. Ich bin Türke.« Diesen Widerspruch zwischen Assimilation/Integration und der Suche nach einer individuellen Existenzform stellt auch der Satiriker Dikmen in seinem neuen Band *Hurra, ich lebe in Deutschland* (1995) ironisch dar. Denn die älteren wie die jüngeren wollen weder Sprachrohr ihrer Minderheit noch integrierter Ausländer des Kulturbetriebs sein.

Insbesondere die jüngeren Autor/innen greifen dieses Motiv literarisch auf, so z.B. Şenocak mit dem Band *Das senkrechte Meer* (1991), Ören zusammen mit Peter Schneider mit *Wie die Spree in den Bosporus fließt* (1991) und Levent Aktoprak mit *Das Meer noch im Kopf* (1991). Zu dieser Thematik gehören auch Gültekin Emres ins Deutsche übersetzte Gedichte in *Liebe und Miniaturen* (1991). Emre schreibt nur auf türkisch, und artikuliert deutlich das Bedürfnis nach einem Gegenüber. In Zafer Şenocaks *Fernwehanstalten* (1994), Çıraks *Fremde Flügel auf eigener Schulter* (1994) und Bektaş' *Zaghaft meine Sehnsucht* (1997) ist die Suche nach der zukünftigen Identität verbunden mit der Suche nach der entsprechenden Sprache. Mit diesen Werken und mit dieser Thematik wollen die Autor/innen auch Kinder und Jugendliche ansprechen.

Yüksel Pazarkaya, der seit den 70er Jahren auch Kinderbücher schreibt, veröffentlicht 1993 seinen neuen Kinderroman *Kemal und sein Widder.* Seit den 80er Jahren versucht Habib Bektaş mit seinen Kindergedichten, gewissermaßen die Erwachsenenwelt auf den Kopf zu stellen. Anders als Bektaş, aber ähnlich wie Ören, der sich immer wieder der lyrischen Auflösung der Märchenform widmet, will Kemal Kurt mit der Aktualisierung der alten türkischen Märchen in *Wenn der Meddah kommt* (1995) die internationale Kinderwelt in der Fremde mit didaktischem Engagement unterhalten. Dieses Engagement für die Situation der Heranwachsenden zeugt von einer tiefen Unzufriedenheit mit der Gegenwart.

Die 90er Jahre scheinen eine Ära der Prosawerke, vor allem der Romane zu sein. Şenocak bringt seinen ersten Roman *Die Prärie* (1997) heraus. Mit *Berlin Savignyplatz* (1995) und *Unerwarteter Besuch* (1997) beleuchtet Ören die politische Geschichte und das ungebundene Alltagsleben seiner geteilten und nicht mehr geteilten Stadt mit der Freizügigkeit eines erfahrenen Autors. In seinem bisher letzten Roman *Granatapfelblüte* (1998) wird dagegen die uralte Vergangenheit der verlassenen heimatlichen Orte aus der Perspektive eines fiktiven Migrantendichters mosaikartig zusammengesetzt. Eine intellektuelle Exkursion in die Orte der Kindheit unternimmt auch Güney Dal in dem Roman *Eine kurze Reise nach Gallipoli* (1994). Selbst Osman Engins erster Roman *Kanaken-Gandhi* (1998), eine breit angelegte Satire, die sowohl die deutsche Bürokratie als auch das multikulturelle Leben aufs Korn nimmt, kann als Bilanz seiner schriftstellerischen Vergangenheit betrachtet werden.

Mit Emine Sevgi Özdamar und Renan Demirkan (geb. 1955) wird die Szene der schreibenden Frauen um zwei Namen erweitert. Özdamars erster Roman mit dem merkwürdigen Titel *Das Leben ist eine Karawanserei, hat zwei Türen, aus einer kam ich rein, aus der anderen ging ich raus* (1992) zeigt, wie weit eine konkret-sinnliche Reflexion der Bilingualität gehen kann. Wie dieser erzählt auch ihr zweiter Roman *Die Brücke vom goldenen Horn* (1998) eine autobiographisch geprägte Geschichte, die sich zwischen Istanbul und Berlin abspielt. Demirkans Erzählungen *Schwarzer Tee mit drei Stück Zucker* (1991) und *Die Frau mit Bart* (1994) bleiben, auch wenn sie eher dilettantische Schreibversuche sind, nicht ohne Echo, weil die Autorin eine bekannte Fernsehschauspielerin ist. In ihren Romanen *Die Stadt und das Mädchen* (1993) und *Mondscheinspiele* (1996) befaßt sich Saliha Scheinhardt weiterhin mit den ihr persönlich nicht ganz unbekannten Frauenschicksalen in der Fremde. Offensichtlich geht auch Tekinay teilweise von ihren eigenen Erfahrungen aus, wenn sie sich in ihrem Roman *Nur ein Hauch vom Paradies* (1993) mit den Problemen der literarisch tätigen jüngeren Migrant/innen auseinandersetzt.

Zwei Essaybände, Şenocaks *War Hitler Araber? IrreFührungen an den Rand Europas* (1994) und Kurts *Was ist die Mehrzahl von Heimat?* (1995), die sich der problematischen Ost-West-Beziehungen annehmen, beweisen den Einfluß des ›prosaischen Jahrzehnts‹ auf die Lyriker. Von Pazarkayas verstreuten Essays zur Migration und Kultur abgesehen, weist die Wahl des Essays als Äußerungsform auf eine neue Haltung hin. Entscheidend sind dabei nicht allein literaturexterne Gründe wie deutscher Eurozentrismus und Prestigeverlust der Türkei im Westen, sondern auch eine künstlerisch-geistige Entwicklung, die ihre neuen Ausdrucksformen braucht.

Die Emotionalität der Anfangsphase artikulierte sich in der Lyrik; der Übergang zum Roman deutete auf eine schriftstellerische Erfahrung, der weder die Tiefe der historischen Betrachtung noch die analytische Fähigkeit fremd sein sollte. Mit der Essayform aber beteiligt der radikal subjektive Literat die Außenwelt an seinen

Denkprozessen. Es ist kein Zufall, daß die Essayisten Pazarkaya, Şenocak und Kurt das Türkische und das Deutsche als Literatursprache beherrschen. Für sie besteht keine Gefährdung der Muttersprache und sie sind nicht auf fremdbestimmte Übersetzungen angewiesen. Die Übersetzung, wenn sie zugleich als Negation und Bejahung der Ausgangssprache verstanden wird, ähnelt dem ambivalenten Zustand des türkischen Migranten zwischen Heimat und Fremde. Die Essayisten überwinden diesen Teufelskreis mit der Absicht, die Sprache als Heimat und Fremde in literarische Normalität zu verwandeln. Der Überblick über die Literatur der türkischen Minderheit soll folgendes verdeutlichen: Sie ist ein Bestandteil der Realität, die von ihr abgelehnt wird, ist ein Versuch, die Bedingungen, unter denen sie entstanden ist, überflüssig zu machen.

Yüksel Pazarkaya

Mehr als alle anderen Autor/innen der türkischen Minderheit hat Yüksel Pazarkaya das Phänomen der Migration analysiert, zur Enthüllung der schwerwiegenden Defizite des als »Standort Deutschland« mythologisierten Systems beigetragen und gleichzeitig auch noch sehr lesenswerte Werke hervorgebracht. Er ist in erster Linie Autor von den Gedichtbänden *Ich möchte Freuden schreiben* (1983), *Die Liebe von der Liebe* (1988) und *Der Babylonbus* (1989) aber auch als Essayist, Journalist, Kritiker, Drehbuchautor und Herausgeber tätig und widmete sich auch sprachwissenschaftlichen und übersetzerischen Arbeiten.

Aufgrund seiner Bilingualität und Bikulturalität verfolgte er die migrationsbedingten Veränderungsprozesse von außen wie von innen aufmerksam, so z.B. in seinen essayistischen *Beobachtungen zum »Deutschland-Türkischen«* (1983). Kulturvermittlung ist vor allem eine konstruktive Arbeit und verlangt einen grundsätzlichen Optimismus. Und Pazarkaya legt einen solchen in seiner Studie *Rosen im Frost, Einblicke in die türkische Kultur* (1982) an den Tag, sowie in seinen literarischen Texten generell. Eine Ausnahme bildet vielleicht die Geschichte »Müll« in dem Band *Heimat in der Fremde?* (1979). Der innere Monolog des illegalen Arbeiters hier ist eines der ersten und besten Beispiele der Selbstauseinandersetzung, mit der die introvertierte Welt des Anatoliers dargelegt wird. Pazarkayas Gedichte in *Ich möchte Freuden schreiben* (1983) und *Der Babylonbus* (1989) haben ebenfalls einen optimistischen Ton, und wiederholen dabei die bekannten Motive wie Ich-Erweiterung, Glaube an die menschliche Güte und Liebe als Widerstand. – Diese freiwillig übernommene Vermittlungsfunktion zwischen deutscher und türkischer Kultur stand jedoch immer im Zentrum der Aufmerksamkeit und seine literarische Tätigkeit, seine dichterische Arbeit an der spezifischen türkischen Fremdheit wurde relativ selten berücksichtigt.

In seinen frühen Gedichten verwandeln sich die einzelnen Menschen in lyrischer Undistanziertheit in authentische Zeugen der Migration und ihrer Widersprüchlichkeiten, deren Bewältigung eine offene Frage bleiben muß. Unter dem unmittelbaren

Eindruck des gemeinsamen Lebens im Ausland geschrieben, vermitteln diese Gedichte ein Wir-Gefühl, das weniger auf die gemeinsame Herkunft zurückzuführen ist als vielmehr auf das humanistische Engagement des Dichters für die sprachlosen Arbeiter.

Der Band *Irrwege/Koca Sapmalar* (1985) enthält auch Gedichte, in denen der Einfluß der Meister der modernen türkischen Lyrik wie Nazım Hikmet (1902–63) und Orhan Veli Kanık (1914–1950) spürbar ist. Durch diese Gedichte, die mit den begrifflichen und bildlichen Möglichkeiten des lyrischen Denkens allgemeine Fragen des Daseins thematisieren, erscheinen die Arbeiterporträts in einem neuen Licht; die spezifische Fremdheit, die diesen anhaftet, verspricht – wenn sie durch einen kreativen Umgang mit der Sprache auch visuelle Dimensionen annimmt, was allerdings in deutscher Übersetzung selten wiedergegeben werden kann – eine poetische Orientierung zu werden, die einen Paradigmenwechsel in der Welt des Dichters herbeiführen kann.

Aras Ören

Sein Name erinnert sofort an seine »Berlin-Trilogie«, bestehend aus den Bänden *Was will Niyazi in der Naunynstraße?* (1973), *Der kurze Traum aus Kagithane,* (1974) und *Die Fremde ist auch ein Haus* (1980). Die Trilogie macht die Geschichte der türkischen Migration anschaulich und entwirft gleichzeitig in Kreuzberg ein Modell der multikulturellen Gesellschaft, das über den radikalen Bruch mit alten Vorstellungen zur Emanzipation führen kann.

Die beiden ersten Bände sind mit dem Untertitel »Ein Poem« versehen; der des letzten Bandes ist »Ein Berlin-Poem«. Die Bezeichnung »Poem« ist zum einen ein Hinweis auf die vielfältigen Gestaltungselemente; lyrische, prosaische und dramatische Formen bilden hier eine große fiktive Synthese: das kommende Zusammenleben von Deutschen und Türken. Die erwartete Harmonie ist zugleich etwas Legendenhaftes, denn »Poem« bedeutet, zum zweiten, auch Legende. Mit seinen gesellschaftlichen Beziehungsgefügen beabsichtigt Ören wahrscheinlich nicht unbedingt, eine konkrete Utopie zu entwerfen; vielmehr wollte er, von einer einmaligen historischen Gelegenheit inspiriert, einen literarischen Vorschlag zur Aufhebung des entfremdeten Lebens machen. Im Rückblick wirken seine Imaginationen zum Teil zu sehr idealisiert, sind jedoch nicht unergründlich, weil sie von der Befragung der eigenen und der deutschen Geschichte ausgehen und die Gegenwart in bezug auf eine konkret erlebte Zeit-Raum-Konstellation unter die Lupe nehmen. Dargestellt werden nicht nur die zwischenmenschlichen Beziehungen, sondern auch ihr Ordnungsraum Berlin. In seiner Vergangenheit wurden Spannungen zwischen individuellen Wünschen und gesellschaftlichen Bedingungen ausgetragen, und Lösungswege beschritten, die heute tatsächlich legendenhaft scheinen.

Nicht von ungefähr spielt die Großstadt als Kulisse und Schauplatz vielfältiger Verwandlungsmöglichkeiten in den Migrantentexten eine wichtige Rolle. In der

Großstadt finden nicht allein Konfrontationen statt, hier ist das Leben anonym, was die Simultanität des Fremdartigen kompensiert. Bekanntlich haben die Großstadtwahrnehmungen als Thema, Motiv und Problem einen wichtigen Platz in der Literaturgeschichte. In der Großstadtliteratur des 19. Jahrhunderts befand sich der Mensch im Mittelpunkt des Geschehens, im 20. Jahrhundert dagegen transformierte die Literatur das gesellschaftliche Leben in die einzelnen Menschen. Örens »Berlin-Trilogie« komponiert beide Formen zu einem Bilderbuch der Migration. Ihre Bilder beziehen sich sowohl auf das Individuelle in der Gesellschaft als auch auf das Gesellschaftliche im Individuum. Diese Verknüpfung verleiht den Gestalten eine besondere Plastizität, sie zeigen sich bereit zur Öffnung und Veränderung.

Doch die imaginative Richtung ändert sich in den weiteren Werken Örens. Der Illegale in *Bitte nix Polizei* (1981), der um eine akzeptable Existenzgrundlage kämpfen muß, wird am Ende tot im Landwehrkanal gefunden. Nun weicht der anfängliche Optimismus dem Unverstand und der Isolierung in der Kreuzberger Szene; und dem folgt, wie die eintägige Reise in die persönliche Vergangenheit des Protagonisten in der langen Erzählung *Manege* (1983) verdeutlicht, eine radikale Kritik an den ehemaligen Hoffnungsträgern, den eigenen Landsleuten, die in Berlin wie in ihren alten Provinzen leben. In den Gedichten des Bandes *Gefühllosigkeiten. Reisen von Berlin nach Berlin* (1986) zieht Ören Bilanz – stellvertretend für eine Generation, die keine Grenze zwischen Phantasie und Realität kennt. Örens literarisches Bewußtsein muß sich immer wieder auf die Migration beziehen. Der Roman *Eine verspätete Abrechnung* (1988) verbindet deshalb das bedrückende Gefühl der Fremdheit, das aus dem ständigen Hin und Her zwischen Vergangenheit und Zukunft entsteht, mit der Suche nach einer vertrauten Menschenlandschaft. Weder Europa als Idee und Realität noch der türkische Mikrokosmos in Berlin können die Defizite aufheben.

Daß die Vertreibung die Kreativität anregt, beweisen über dreißig Bände Örens, die in deutscher Übersetzung erschienen sind. In seinen weiteren Werken tauchen die aus der Trilogie bekannten Gestalten wieder auf, so z. B. in dem Roman *Berlin Savignyplatz*. Örens Wunsch, die aus der Heimat mitgebrachte Sprache, die der Kindheit, restlos zu verbrauchen, ist eine Reaktion auf die Sprache der Fremdheit. Er ist vielleicht der einzige Autor, der als deutscher Schriftsteller anerkannt ist, obwohl er nicht in deutscher Sprache schreibt. Das ist ein symbolisch bedeutsamer Zustand für einen Schriftsteller, der seinen literarischen Standort nicht festlegen will. Schon Anfang der 80er Jahre, als seine zweisprachigen Erzählungen in *Der Gastkonsument* (1982) erschienen, zählte er sich, wie er im Nachwort schrieb, zu denjenigen, »auf deren Werk der Schatten zweier Sprachen fällt« (S. 125). Die Fremdheit, die der Autor während seiner unendlichen Suche nach einer vertrauten Welt braucht, zeigt sich am deutlichsten durch diese sprachliche Distanziertheit.

Von dem auf türkisch schon abgeschlossenen Opus *Auf der Suche nach der Gegenwart* liegen zur Zeit vier von den sechs Bänden auf deutsch vor: *Berlin Savignyplatz* (Bd. 5/1995), *Unerwarteter Besuch* (Bd. 6/1987), *Granatapfelblüte* (Bd. 2/1998) und *Sehnsucht nach Hollywood* (Bd. 4/1999). Obwohl lokal und historisch die Romane *Berlin Savignyplatz* und *Unerwarteter Besuch* den früheren Werken Örens sehr nah stehen, wirken die Anspielungen auf Figuren aus der Berliner Trilogie oder aus *Bitte nix Polizei* fast wie eine Reminiszenz aus einer anderen kreativen Periode. Das

Erzählen in *Berlin Savignyplatz* und in *Unerwarteter Besucht* hat sich aus jeder zeitlichen und räumlichen Kausalität befreit. Die Figuren verfolgen kaum ein Ziel, sie begründen sich durch ihr Auftreten im täglichen Geschehen der Großstadt Berlin, sei es im Osten oder im Westen, vor oder nach dem Mauerfall. Beide Romane setzten sich aus Segmenten von Lebensläufen zusammen, die sich kaum einwandfrei den einzelnen Figuren zuordnen lassen. Das Erzählen der Lebensläufe lebt aus der Möglichkeit, die Figuren so zueinander zu führen, ja so zu verschmelzen, daß sich den Leser/innen immer neue Aspekte einer Wirklichkeit erschließen, die sie zu kennen glaubten. Dagegen kündigt der Titel von *Granatapfelblüte* (1998) eine ganz andere Richtung an.

Der Granatapfel steht für jene Kulturwelt, die sich seit Jahrhunderten durch den Granatapfel als Symbol der Vollkommenheit definiert. Obwohl jede Rückkehr in die Heimat stets mit der Suche nach der ›verlorenen‹ Identität gleichgesetzt wird, trifft dies im Fall von *Granatapfelblüte* kaum zu. Die Reise eines türkischen Dichters von Berlin nach Side in der Türkei ist in der Tat ein sprachliches Eintauchen in Vergangenheit und Gegenwart eines Landes, das die Wiege verschiedener Kulturen gewesen ist. Die Reise durch die Sprachen der Kulturen dieses Landes ist ein Sich-Vergewissern-Wollen, daß die eigene Sprache als Quelle der eigenen Kreativität dort absolut zu erfahren ist, wo sie identisch mit ihrem Gedächtnis ist. So gesehen ist der Roman *Granatapfelblüte* ein extremer Testfall für den türkischen Dichter, der Berlins Gegenwart und Vergangenheit zum Kern seiner Kreativität erhoben hat. Und so verwundert es nicht, daß in dem Roman *Sehnsucht nach Hollywood* (1999) statt des reisenden Dichters ein alter Mann auftritt, der sein aktives, kreatives Leben hinter sich gebracht hat. Je mehr er seinen Willen und Empfinden nun der Pflegerin unterordnen muß, desto mehr vertraut er sich den Begleitern seiner Erinnerungen oder den Erscheinungen seiner Phantasie an, so z. B. den Schauspielern Sally und Archie, die seine Freunde waren. Für den Autor selbst ist der Roman ein Ringen mit jenem Teil der Geschichte der Stadt, die bei seiner Ankunft durch die politische Aktualität überlagert war und daher nicht erfaßbar war. Nachdem nun die Stadt Berlin zu sich gefunden hat, eröffnet sich dem Verfasser auf der Suche nach der Gegenwart die Möglichkeit, das zu erfassen, was vor seiner Ankunft geschehen war.

Zu diesem Zweck entwirft Aras Ören in *Sehnsucht nach Hollywood* die Protagonistin Susanne, deren Leben in gefährlicher Nähe zur Stadtgeschichte verläuft. Aras Örens schwieriges und doch notwendiges Unterfangen, die eigene Muttersprache zu Trägerin eines Gedächtnisses zu machen, das in einer anderen Sprache kodifiziert ist, kann ihm als einem der Gründer der interkulturellen Literatur in Deutschland, nicht erspart bleiben. Daß er dieses Unternehmen mit einer derartigen Fülle von Werken auf sich genommen hat, bestätigt ihn erneut als den Autor, der aufs Ganze geht.

Güney Dal

Mit dem Ausdruck ›epische Langsamkeit‹ lassen sich Dals literarische Arbeiten treffend charakterisieren. Seine Erzählungen in *Die Vögel des falschen Paradieses* (1985) sind, wie das Genre voraussetzt, situationsbedingt und fallen durch ihr extrem langsames Tempo auf. Sie stammen eigentlich aus den 70er und 80er Jahren; die deutsche Übersetzung von 1985 ist jedoch nicht ganz fehlerfrei (vgl. S. 32 und 38). Die rückblickenden Notizen des Ich-Erzählers in »Guten Tag, Berlin!« zeigen, wie der Autor von seinen Landsleuten in Berlin abrückt. Er leidet nun nicht mehr unter der Abnormität, daß die Bauern aus Anatolien in Berlin Fuß gefaßt haben. Stillschweigende Kunstgriffe des Autors entblößen die anfängliche Harmlosigkeit der Menschen als zeitwidrige Befindlichkeit. Der Roman *Der enthaarte Affe* (1988) bietet demgegenüber eine Horizonterweiterung. Dal versieht weiterhin seine Arbeit als Chronist der Migration, wendet sich nun aber auch freieren Themen zu: Der verzweifelte Kampf des türkischen Arbeiters Kul gegen die falschen Nachrichten über die Welt konfrontiert seinen eigenen krankhaften Zustand mit einer schizophrenen und auch katastrophalen Welt. Das zeigt sich insbesondere dem, der eine Reise macht. In seinem letzten Roman *Eine kurze Reise nach Gallipoli* (1994) hat Dal seine Gestalten besser ausgerüstet; die Ferne des Raums und der Zeit, d.h. das Thema der Reise, ist ein günstiger Ausgangspunkt für das Erzählen. Da ist die Migrationsthematik hinfällig. Die alten Ängste des Lebens in der Fremde werden nämlich ersetzt durch das Leben in einer Welt, deren normaler Zustand der Tod ist.

Dals jüngster Roman *Teestunden am Ring* (1999) ist eine Überraschung. Nach Jahren der Beschäftigung mit zeitgenössischen Themen ist ein narrativer Gang durch die Geschichte der neuen Heimat, d.h. der Stadt Berlin, unausweichlich. Der Gang durch die Vergangenheit erlaubt dem fremdsprachigen Romancier, die Tragfähigkeit seiner Sprache, d.h. seiner Kunst auf die Probe zu stellen. Die Literaturkritiker der großen Tageszeitungen haben Dal das Gelingen seines Unterfangens einstimmig bescheinigt. Dabei heben sie den Protagonisten Sabri Mahir als überraschende Figur hervor. Sabri Mahir, der als Maler und Philosoph aus der Türkei in das Berlin der 20er Jahre übersiedelt und dort den literarischen und künstlerischen Größen der Zeit begegnet, der als Boxlehrer erfolgreich ist und als Boxer scheitern wird und der sich schließlich nach Kunst und Heimat sehnt, trägt alle Züge einer Lebensart in sich, die für das aufbrechende Jahrhundert exemplarisch ist.

Aysel Özakın

Die Erfahrung der Migration im Spannungsverhältnis zwischen Heimat und Fremde ist vor allem in ihre ersten in Berlin entstandenen Texte eingeflossen (vgl. Frederking 1985, S. 133). In dieser Zeit sperrt sie sich noch der Gegenwart in der neuen Umgebung. Sicher ist das neue Lebensgefühl in einem fremden Land ambivalent und mit Zukunftsangst verbunden, wie die Erzählungen in *Soll ich hier alt werden?* (1982) zeigen. In Berlin zu bleiben, kommt ihr vor wie Freitod oder Neugeburt; doch der Verlust der Heimat ist ein schon in der Heimat angebahnter Bewußtseinsprozeß. Ihre Aufzeichnungen mit dem Titel *Die Leidenschaft der Anderen* (1983) beginnen mit der Abreise aus Berlin. Zerrissenheit und Traurigkeit bestimmen die Atmosphäre, die auf die Stadt projiziert wird. Aber durch verschiedene Lernprozesse knüpft sie schließlich die zerrissenen Fäden zur Stadt wieder an. Die zentrale Erfahrung ist widersprüchlich: Es gilt, jenen verdammten Ausländerkomplex zu überwinden, andererseits darf das Gefühl der Fremdheit auf der Suche nach einer individuellen Existenz nicht unterschlagen werden. Die weibliche Perspektive macht die Widersprüchlichkeit noch deutlicher, sie braucht das Fremdheitsgefühl, um nicht vom anderen Geschlecht abhängig zu werden, und das realisiert sie am besten im Schreiben.

Mit ihren ersten beiden englischsprachigen Romanen: *Glaube, Liebe und Aircondition* (1991) und *Die Zunge der Berge* (1994) kehrt Özakın zu den Themen zurück, die den Leser/innen aus *Der fliegende Teppich* (1975/1987) und aus *Die Preisvergabe* (1980/1982) bekannt sind. In *Glaube, Liebe und Aircondition* greift sie die Erfahrungen einer Kindheit in Anatolien auf. Der Erzählstandort des Romans liegt genau so wie in *Der fliegende Teppich* in einem fernen Land. Für *Der fliegende Teppich* war es Kanada, wohin die Protagonistin dem ausgewanderten Vater nachgereist war. In *Glaube, Liebe und Aircondition* ist die Ich-Erzählerin eine Wissenschaftlerin, die ihre Schwester in einer nordamerikanischen Stadt aufsucht. Ihre so unterschiedlichen Erinnerungen an die gemeinsame Kindheit fügen sich zu einem historischen und gesellschaftlichen Bild eines Landes im Umbruch zusammen.

In *Die Zunge der Berge* geht es dagegen um eine zufällige Begegnung zwischen Samo aus Kosovo und Leyla aus der Türkei auf dem New Yorker Flughafen. Aber es geht auch um die hoffnungsvolle Flucht einer jungen Frau aus einer repressiven Gesellschaft, die dieses Mal weder nach Berlin noch nach Zürich führt, wie etwa in *Die blaue Maske* (1989). Und auch dieses Mal setzt bei der Protagonistin nach einer euphorischen Phase der Befreiung ein Prozeß der Ernüchterung ein. Da sogar das Leben in einer erträumten sozialistischen Gesellschaft keine emanzipierende Rolle für die Frau vorsieht, wird Leyla Samos Liebe zum Schluß entfliehen.

Habib Bektaş

»das weinen hat keine muttersprache« – schreibt der Dichter-Arbeiter in seiner ersten Buchpublikation *Belagerung des Lebens* (1981, S. 7). Die Sprachlosigkeit des Fremden hat offensichtlich eine universelle Sprache gefunden, aber seine Einsamkeit bleibt nach wie vor unaussprechlich. Diese Passage erklärt sich auch daraus, daß Bektaş seine Muttersprache Türkisch nicht verlassen kann; und die hervorragende Übersetzung seines letzten Gedichtbandes *Zaghaft meine Sehnsucht* (1997) zeigt, daß das auch nicht unbedingt nötig ist. Insofern bieten die in der BRD entstandenen Gedichte ein Resümee; die bisherigen Erfahrungen mit der Muttersprache ermöglichen es, eine allgemeingültige Kommunikationsform zu finden. Unter dem bedeutsamen Titel »Von dir erfaßt« schreibt Bektaş: »Eine Geschichte, dachte ich, / die nicht geschrieben werden kann: / Die Liebe, die wir erlebten, / wählte sich ein Gedicht. / Aus dem Feuer rettete ich / das Wort. / [...]« (S. 78). Das Gerettete ist das dichterische Leben selbst, deshalb kann das Im-Wort-isoliert-Sein ein Zuhause bedeuten. Das gilt auch für die Gedichte, die sich in diesem Band um einen festgefahrenen Begriff wie ›Fremde‹ gruppieren. Sie entmythologisieren ihn, wodurch ein durchaus menschliches, das heißt ambivalentes Verhältnis zu den Orten der Identität entsteht. So liebt der Mensch seine ›Heimat‹ jedesmal von neuem, wenn er sie mit der ›Fremde‹ betrügt.

Şinasi Dikmen

Der türkische Satiriker aus Ulm betreibt heute ein Kabarett in Frankfurt am Main und findet hierzulande immer wieder genügend Stoff für seine Aufklärungsarbeit. Ein international anerkannter deutscher Germanist rechnete im blinden Eifer die Texte der Herren Dikmen und Ören der »von Frauen geschriebene Migrantenliteratur« (Lützeler 1992) zu. Das wäre ein Fall für Dikmen, für den das Satirische gerade darin besteht, eine neue Kultur des Sehens zu schaffen. Wenn er sich der Ignoranz der Mehrheit, ihren Selektionsgewohnheiten widmet, gewinnt das Wort eine optische Wahrnehmbarkeit. Vor der Gefahr, in den Augen der Einheimischen »ein richtiger Türke« zu sein, rettet sich der Ich-Erzähler, weil er ein *ZEIT*-Leser ist *(Hurra, ich lebe in Deutschland*, S. 75–79). Mit dem deutschen Spießbürgertum rechnet der Satiriker auch in »Kein Geburtstag, keine Integration« (ebd., S. 22–34) ab. Zwischen den Zeilen liest man aber auch seine eigene Zerrissenheit, die auf die Mitmenschen projiziert wird. Bestimmt verunsichern sie ihn mit den Fragen »Wer ist eigentlich ein Türke?« oder »Wann ist sein eigentlicher Geburtstag?« in seiner Identität, die bis dahin keine Eigentlichkeiten kannte. Das Selbstverständliche erweist sich nur in der fremden Perspektive als eine Abweichung vom Normalitätsideal; aber auch umgekehrt, erst die Perspektive des Fremden kann die Normalität kritisch beleuchten. Deshalb zieht Dikmen vor, seine Satiren in deutscher Sprache zu verfassen, allerdings »so, wie ich sie meine, nicht unbedingt so, wie sie der Deutsche versteht« (Chiellino 1988, S. 121). Die eventuellen Mißverständnisse sollen dabei behilflich sein, die gemeinsame Sprache der Zukunft zu finden.

Kemal Kurt

Ein kurzes, unvergeßliches Gedicht von Kemal Kurt mit dem Titel »'schuldigung«, endet mit den Zeilen: »wir wollen nicht gehen / vor dem aufstehen« (Lorenz/ Pazarkaya 1985, S. 65). Dabei ist es gar nicht sehr aufständisch gemeint, es spiegelt aber die bittere Ironie eines von der Bundesrepublik enttäuschten Intellektuellen wider. Er war nicht mehr jung, aber sein literarisches Leben fing gerade an, als eine Art Schutzreflex auf den menschenfeindlichen Alltag. Die Literatur sollte die Herausforderung definieren und selbst zu einer werden. »Achillesferse«, ein weiteres Gedicht, fixiert die Stimmung jener Zeit poetisch: »in der fremde ist / der gesamte Körper / eine achillesferse« (ebd., S. 76). Die bekannte Metapher gewinnt im intertextuellen Zusammenhang von Kurts Gedichten eine spezifische Bedeutung. Die Verwundbarkeit des Fremden in der Fremde enthüllt zugleich die schwächste Stelle der

Gastgesellschaft, nämlich ihren Umgang mit den Minderheiten. Kurts »Bilder eines türkisch-deutschen Doppellebens«, so der Untertitel seines Essaybandes *Was ist die Mehrzahl von Heimat?*, bestehen aus Erinnerungen und erzählerisch gefärbten Reflexionen. Seine thematischen Schwerpunkte sind die historisch-kritische Betrachtung der Beziehungen zwischen Fremdem und Eigenem und eine zum Teil ironische Auseinandersetzung mit der Sprache der Fremde. Die Gedankengänge, die sich in erster Linie auf Vergleiche stützen, laufen allerdings Gefahr, den Gegenstand des Denkens aus den Augen zu verlieren. Kurt stellt fest, daß ein Schriftsteller weder eine Heimat noch eine Muttersprache braucht – eine seiner zentralen Aussagen, die eigentlich eine gewagte Verallgemeinerung ist.

Zafer Şenocak

Zafer Şenocak gehört zu den literarischen Stimmen der zweiten Generation. In seinen Publikationen der 90er Jahren tritt er allerdings eher als ein unruhiger Lyriker auf aber auch als zorniger Essayist, der, noch relativ unerfahren in dieser Form der nichtfiktionalen Prosa, manchmal ihre Anforderungen ignoriert. Vor allem dann, wenn er sich, aufgrund seiner Enttäuschungen über das westliche Europa, um die Toleranz gegenüber den Defiziten seiner alten Heimat bemüht. Şenocaks Gedichtband *Das senkrechte Meer* (1991) ist voll von schwer auslegbaren Versatzstücken, die jedoch nie den eigentlichen Orientierungspunkt verdecken. Erst von dort aus sind die symbolhaften Wahrnehmungen und Mitteilungen über eine potentielle Synthese von Ost und West aufzuspüren. Da ist zuerst einmal das alte Istanbul; sein Kosmopolitismus hebt die geographische Entfernung auf: »Pera ist eine altmodische Lampe / du bläst in sie und sie wird Europa« (S. 46). Es ist die gläubige Skepsis, die zur Geburtshelferin einer anderen Geschichte wird: »Dichter sind Lastenträger ohne Strecken / ein wartender Lastenträger wirft Trauer / er wird zur Gefahr / [...] / ein sich verweigernder Lastenträger / mit einem schweigenden Körper / ist ein Verdächtiger« (S. 28). Der Wartende ist der Suchende, der sich, wie Şenocak in *Fernwehanstalten* (1994) zeigt, von historischen und national-kulturellen Beschränkungen befreien will: »[...] den Stadtplan in der Hand läuft er noch / [...] / entfaltet er den Plan, wird er zu einer Karte der Welt« (S. 58). Şenocaks literarisches Bewußtsein kommt in seinen Gedichten deutlicher zu seinem Recht als in seinen Essays.

Zehra Çırak

Ihre Gedichtbände können als lyrische Studien über das Fliegen bezeichnet werden. Schon im ersten Band *Flugfänger* (1987) taucht die Flugmetapher auf; sie verheißt Befreiung, Distanz und auch Scheu vor dem festen Boden unter den Füßen. Die ersten selbständigen Gehversuche müssen schwebend sein, gegen das Gesetz der Schwerkraft muß sich das Ich in der Luft festhalten. Çıraks Antwort auf die Frage nach kultureller Identität, die sich in der Fremde unvermeidlich stellt, ist deshalb eine eindeutige Absage an das schablonenhafte Denken: Englisch frühstücken, chinesisch arbeiten, türkisch träumen etc. (vgl. *Vogel auf dem Rücken eines Elefanten*, 1991, S. 94). Diese Utopie eines touristisch anmutenden Tagesablaufs ist nicht ohne Ironie erzählt. Die lockere Form von Çıraks Gedichten muß in diesem Zusammenhang gesehen werden. Es geht in ihnen nicht nur um inhaltliche Authentizität; das verborgene Organisationsprinzip sind Bildschichten und die Dynamik der Bilder und Begriffe, wie das Gedicht »Wen die Götter erheben« verdeutlicht (in *Fremde Flügel auf eigener Schulter*, 1994, S. 66 f.). Durch diesen kombinatorischen Reichtum tendieren Çıraks Gedichte manchmal zu essayistischen Äußerungen, die mit ihrer Spontaneität neue Luftaufnahmen bewirken. Die bereits angekündigte Sammlung *Leibesübungen* mit ihren neuesten Gedichten wird im Frühjahr 2000 erscheinen.

Emine Sevgi Özdamar

Die Erzählungen in ihrem ersten Band *Mutterzunge* (1990) drehen sich um die Migration als thematischen Mittelpunkt. Die Entfremdung von der Muttersprache und der Versuch, sie durch die Rückkehr zu den kulturellen Wurzeln aufzuheben, verbinden sich hier mit den Erlebnissen der Erzählerin. Mit ihrem ersten Roman *Das Leben ist eine Karawanserei* (1992) wird dieser Versuch erneut, diesmal aber ohne den Migrationszusammenhang, unternommen. Er handelt von der Kindheit und Jugend der Ich-Erzählerin in der Türkei und endet mit ihrer Auswanderung nach Deutschland. Aus Mythos, Märchen und Realität entsteht ein Prosawerk über die kulturellen Konflikte zwischen der orientalischen und der europäischen Türkei; eine Fülle von einzelnen Lebensmomenten, erzählt in einer Sprache, die die Banalität des Alltags bei jeder Gelegenheit verklärend deuten will; ein umfangreiches sprachliches Experiment, durchgeführt von einer Autorin, die das Denken im Türkischen ins Schreiben auf deutsch transformiert. Die deutschen Leser/innen scheint fasziniert zu haben, wie sie den archaischen Orient in die festen Strukturen seiner Sprache hineinpassen kann. Auch mit ihrem zweiten Roman *Die Brücke vom goldenen Horn* (1998), der die Geschichte einer Türkin mit eindrucksvollen Bildern aus Berlin und Istanbul erzählt, beweist Özdamar ihr, natürlich orientalisches, Erzähltalent und ihre Fähigkeit, die deutsche Sprache mit Bruchstücken aus dem Türkischen zu verfremden.

7. Literatur der Rußlanddeutschen

Annelore Engel-Braunschmidt

Mit der Betonung ihrer Eigenart – in Rußland Deutsche, in Deutschland dem Selbstgefühl nach auch Deutsche, als solche jedoch von der einheimischen Bevölkerung nicht wahrgenommen – haben es Rußlanddeutsche im Unterschied zu anderen Minderheiten schwer. Weder verstehen sie selbst sich als ›Einwanderer‹ noch sind sie es *de iure*, sondern als Aussiedler deutscher Abstammung kommen sie – oft nach mehreren Generationen – zurück in das Land ihrer Vorfahren. An ihrer problematischen Befindlichkeit ist in erster Linie die Sprache schuld. Rußlanddeutsche kommen als Deutsche nach Deutschland, folglich wird von ihnen erwartet, daß sie deutsch sprechen. Doch vor allem die Jüngeren kennen die deutsche Sprache nicht, was historische, nicht selten auch psychologische Gründe hat. Sie stoßen damit auf Unverständnis bei den Einheimischen und sehen sich permanent zur Rechtfertigung genötigt. Seit mit dem Jahr 1987 die Zahl der Aussiedler/innen aus der UdSSR sprunghaft anstieg (14.488 gegenüber 753 im Jahre 1986) und sich dieselbe nach dem Zusammenbruch der Union nochmals um ein Vielfaches erhöhte – das Maximum mit 213.214 Personen war 1994 erreicht (*Volk auf dem Weg* 2/99, S. 10) –, fragt man sich in Deutschland, wer die Rußlanddeutschen sind.

Mit rasanter Geschwindigkeit wird heute die Geschichte und Kultur der Rußlanddeutschen – der Wolgadeutschen (besonders zur Zeit der Autonomie) und Ukrainedeutschen (Dahlmann/Tuchtenhagen 1994, Neutatz 1993), der Krim- und Kaukasusdeutschen, der Deutschen aus dem Orenburgischen und dem Fernen Osten (Stricker 1997, Deeg 1996), aber auch der städtischen Deutschen (Busch 1995) – aufgearbeitet, zur Selbstvergewisserung dieser Volksgruppe und zur Information für alle anderen. In Rußland ist das erst seit der Perestrojka uneingeschränkt möglich, und so steigen rußlanddeutsche und westliche Wissenschaftler/innen in die Archive hinab und kommen mit neuen Erkenntnissen herauf, auch zum deutschen Unternehmertum in Rußland (Dahlmann/Scheide 1998); zur Musikgeschichte (Stöckl 1993), Dialektologie (Berend/Jedig 1991), Architektur (Terechin 1993, Heidebrecht 1996) und Bildenden Kunst (Markina 1997, Solowjowa-Wolynskaja 1997).

Die Leistungen der Wissenschaftler/innen sind das eine, aber das anschauliche Bild, die emotionale Anteilnahme vermitteln der Öffentlichkeit erst die Texte der Literaten. Das beste Beispiel bietet Nelly Däs (geb. 1930 in der Ukraine), deren Bücher mit rußlanddeutschen Themen, *Wölfe und Sonnenblumen* (1969), *Der Zug der Freiheit* (1971), *Schicksalsjahre in Sibirien* (1985) große Verbreitung fanden und deren Erzählung »Das Mädchen vom Fährhaus« – (1988) unter dem Titel »Nadja – Heimkehr in die Fremde« im Herbst 1996 für das ZDF verfilmt wurde. Die Autorin war 1945 über den Warthegau nach Schwaben geflohen, lernte schwäbeln, schneidern und schreiben und wird von ihren Landsleuten ebenso gern gelesen wie von deutschen »Altbürgern«.

Rußlanddeutsche Geschichte ist aufgehoben in ›rußlanddeutscher Literatur‹ – womit jene Literatur gemeint ist, die seit der Ansiedlung unter Katharina d. Gr. (seit 1764) in den über das Russische Reich verstreuten deutschen Sprachinseln entstand, vor allem an der Wolga und in der Ukraine. Vor der Revolution haben sie, wenn auch nicht in nennenswertem Maße, die Lehrer und Pastoren aus den Dörfern hervorgebracht, danach – mit ideologischen Scheuklappen zwar, aber mit verbaler Schlagkraft – aus den Dörfern stammende Literaten, die sich Anfang der 30er Jahre in städtischen Zentren wie Charkow und Engels organisiert hatten. Zahlreiche Verhaftungen unter den Rußlanddeutschen gab es zur Stalinzeit schon seit der ersten Hälfte der 30er Jahre. Doch erst mit dem Deportationserlaß vom 28. August 1941 (wenn es einen eigenen rußlanddeutschen nationalen Gedenktag gäbe, wäre es dieser!) und dessen Vollzug bei Nacht und Nebel wurde endgültig vernichtet, was bis dahin an geschlossener Siedlungs- und Sprachgemeinschaft noch existierte – ohne im Einzelfall Sprache, Religion, Tradition, Brauchtum und vor allem deutsches Bewußtsein gänzlich ausrotten zu können. Als nach der ›Zeit des Schweigens‹ – dies der lange verwendete Euphemismus für die Zäsur von 1941 bis 1956 –, d.h. nach Arbeitsarmee, Sondersiedlung und allgemeiner Diskriminierung, sich Deutsche in der Sowjetunion in dünnen Zeitungsblättchen wie der *Arbeit* aus Barnaul wieder zu Wort meldeten, taten sie das auf deutsch.

Wie die Geschichte der Volksgruppe ist auch ihre Literatur ständigen Veränderungen unterworfen, thematisch wie stilistisch: »Wir sind jetzt hier, und wir bleiben hier; noch sind wir anders, aber wir bleiben nicht für immer wir selbst«, sinniert Altmeister Johann Warkentin (geb. 1923) über die gegenwärtige Situation der Rußlanddeutschen in Deutschland (*Wir selbst* 1996, S. 8). Warkentin zählt zu jenen rußlanddeutschen Autoren der alten Generation, für die es nur die eine Sprache, Deutsch als Muttersprache, gibt, darin gleichen ihm Peter Klassen (1906–1998),Waldemar Herdt (1917–1997), Alexander Brettmann (geb. 1918), Rosa Pflug (geb. 1919), Nelly Wacker (geb. 1919), Nora Pfeffer (geb. 1920), Andreas Kramer (geb. 1920), Artur Hörmann (geb. 1920) oder Hermann Arnhold (1921–1991). Sie alle begannen ihre literarische Tätigkeit in der Sowjetunion (Engel-Braunschmidt 1988, Belger 1996), leben jetzt in Deutschland und bringen ein Erbe mit, das den Einheimischen zum besseren Verstehen der Rußlanddeutschen verhilft. Diese alte Generation kennt noch das mennonitische Platt, das Wolgadeutsch und das Schwäbisch der Heimatdörfer und verwendet es ganz ohne ein Schielen nach literarischen Moden. Einer alten volkstümlichen Gattung rußlanddeutschen Schrifttums, dem Schwank, bekommt der Dialekt allemal besser als die Hochsprache. Selbst in den in Deutschland veröffentlichten rußlanddeutschen Sammlungen finden sich noch Texte in Mundart von Jakob Hummel (geb. 1925) und Peter Klassen (*Wir selbst* 1998, S. 93–96, 99–101).

Verbreitung rußlanddeutscher Literatur in Deutschland

Den Anstoß zur Verbreitung rußlanddeutscher Literatur in der Bundesrepublik gab der westdeutsche Germanist Alexander Ritter mit der von ihm zusammengestellten Anthologie mit Gedichten und Erzählungen: *Nachrichten aus Kasachstan* (1974). Bedenkt man, daß das erste nach dem Krieg gedruckte rußlanddeutsche Buch in der UdSSR 1960 – fünfzehn Jahre nach Kriegsende – der von Anna Gaus(s) herausgegebene Sammelband *Hand in Hand* war, so ist das 1974 in die *Nachrichten* gelangte

Material hauptsächlich als Zeichen ›nationaler Existenzbeschreibung‹ (Ritter 1976) zu werten. Viel Gelegenheit zum Schreiben hatten die Autor/innen bis dahin nicht. Das Dekret über die Rehabilitierung vom 13. Dezember 1955 führte zwar zur Entlassung aus den Sondersiedlungen in den Deportationsgebieten, es war aber erst 1964 öffentlich bekannt geworden, so daß die Deutschen in der unendlichen Zerstreuung noch nicht zusammengefunden und sich ihrer selbst noch nicht vergewissert hatten. Auf der Suche nach Überbrückung der historischen Zäsur forschte Ernst Kontschak (1903–1979) in bewegenden Erinnerungen an die Frühphase der sowjetdeutschen Literatur nach Autoren, die seinerzeit (1930–1935) der deutschen Sektion des Allukrainischen Verbandes proletarischer Kollektivisten-Schriftsteller ›Pflug‹ in Charkow angehört hatten und vielleicht irgendwo überlebt hatten.

Die Frage nach der Existenz einer ›sowjetdeutschen‹ Literatur, die Ritter in seiner Einführung zu den *Nachrichten* zum wiederholten Male aufgriff, gilt genauso für eine ›rußlanddeutsche‹ Literatur. Das Fazit von damals, daß es die Literatur einer deutschsprachigen Minderheit in der UdSSR zwar gibt, daß sie aber bei uns »weitgehend unbekannt« ist (Ritter 1974, S. VII), braucht nur geringfügig abgewandelt zu werden, um für das Hier und Heute zu gelten. Es sei vorausgeschickt, daß an diese Literatur nicht mit hohen Erwartungen an ästhetische Qualitäten herangegangen werden sollte. Die Rußlanddeutschen sind hauptsächlich Nachkommen bäuerlicher Bevölkerungsschichten in geschlossenen Siedlungsräumen ohne Verbindung zum Mutterland und haben sich anders entwickelt als die in Interaktion mit anderen Ethnien befindlichen städtischen Deutschen in St. Petersburg oder Moskau, ganz zu schweigen von den Baltendeutschen.

Die DDR, in der ›Rußlanddeutsche‹ kein Thema sein konnten, weil es auf Grund der Idee von der ›Völkerfreundschaft‹ in der Sowjetunion keine Probleme mit nationalen Minderheiten geben durfte, zog 1982 schließlich mit der von Lothar Grünewald und Marijke Lanius herausgegebenen Sammlung *Zehn sowjetdeutsche Erzähler* nach. Zu diesem Zeitpunkt hatte die nach dem XX. Parteitag der KPdSU 1956 mögliche Autonomiebewegung der Rußlanddeutschen – einer staatlich anerkannten nationalen Minderheit – dank der politischen Gegebenheiten an Lebenskraft gewonnen, und es sah fast so aus, als würde man das Territorium der bis 1941 *de facto* bestehenden – *de iure* nie aufgelösten – Autonomen Wolgarepublik zurückerhalten, als würde die ›historische Gerechtigkeit‹ wiederhergestellt. Woldemar Ekkert (1910–1991) eroberte der ›deutschen Sowjetliteratur‹ (nemeckaja sovetskaja literatura) 1978 einen Platz im Nachtragsband der sowjetischen *Kratkaja literaturnaja ėnciklopedija* (Kleine Literaturenzyklopädie). Kurz darauf (1981) erschien die erste Nummer der von Hugo Wormsbecher betreuten *Heimatlichen Weiten,* eines Almanachs für *Sowjetdeutsche Prosa, Poesie und Publizistik*, der es bis 1990 zu neunzehn Halbjahresummern brachte. In Alma-Ata schließlich wurde 1981/82 die dreibändige *Anthologie der sowjetdeutschen Literatur* veröffentlicht, eine gültige Bestandsaufnahme. Den ersten, der vorrevolutionären Literatur gewidmeten Band, gab Ernst Kontschak heraus, Band zwei Rudolf Jacquemien (1908–1992), Band drei Konstantin Ehrlich (geb. 1948), der zugleich Herausgeber der in Alma-Ata erscheinenden deutschsprachigen Zeitung *Freundschaft* ist (seit 1991 *Deutsche Allgemeine Zeitung*).

Rußlanddeutsche Literatur in den 90er Jahren

Auch die mittlere Generation schreibt (zumeist) deutsch: Viktor Heinz (geb. 1937), Wendelin Mangold (geb. 1940), Waldemar Weber (geb. 1944), Lore Reimer (geb. 1947) u. a., wenn auch nicht immer in dem Reichtum und mit der Selbstverständlichkeit der Zwischenkriegsgeneration. Die Autor/innen sind sich des Sprachproblems bewußt und haben es vielfach in Worte gekleidet, Viktor Schnittke z. B. bekannte 1981: »Ich hab mich in fremde Sprachen verirrt, / zu fremden Stämmen gesellt. / Mit vierundvierzig steh ich verwirrt / in einer fremden Welt« (*Stimmen des Schweigens*, 1992, S. 168). Agnes Giesbrecht (geb. 1953, Ausreise 1989) schreibt Gedichte und Prosa fast nur noch auf deutsch, schätzt aber für die intime Lyrik immer auch das Russische (vgl. ihre Gedichtsammlung *Labirinti stichi*). Sie versteht sich auf die herkömmliche Reimtechnik ebenso wie auf Assonanz, auf metrische Dichtung wie auf den (die Intervalle zwischen einer festen Zahl von Hebungen mit einer freien Zahl von Senkungen füllenden) Dolnik. Ihr Gedicht »Nebo vyplakav glaza« (Der Himmel weinte sich die Augen aus) spielt mit der rhythmischen Variabilität des Dolnik, mit der Gegenbewegung von Realität und Traum; es endet mit einem überzähligen dreizehnten Vers, dessen letztes Wort »nasovsem« (ganz und gar) – durch Assonanz mit dem vorausgegangenen »NE« (nicht) und »sne« (Traum) verbunden – die Endgültigkeit einer Trennung unterstreicht (*Rußlanddeutscher Literaturkalender 1998*, S. 10). Empfindungen wie Einsamkeit und Trennung klingen in russischer Diktion schmerzlicher als in deutscher, Aussagen über die Befindlichkeit in den deutschen Verhältnissen schieben sich mehr und mehr in den Vordergrund, ein Telephonmonolog in Prosa (russ. »Gololed«, deutsch »Telefongespräch«, in: *Rußlanddeutscher Literaturkalender 1997*, S. 14 f.) skizziert in dreißig Zeilen ein ganzes Leben. Mit ihren Ansprüchen an die Qualität der Texte und auch an die Aufmachung des ›Rußlanddeutschen Literaturkalenders‹ setzt Agnes Giesbrecht Maßstäbe für die junge Generation.

Für diese junge Generation der Aussiedler, oft Kinder aus ethnisch gemischten Ehen und durchweg Absolventen russischer Bildungsinstitutionen, ist die Umgangssprache das Russische und das Deutsche (noch) das ›Fremde‹, etwa für Angelika Miller (geb. 1971 in Pawlodar), Dmitrij German (geb. 1973 in Alma-Ata) oder Olga Kelm (geb. 1976 im Gebiet Koktschetaw). Wir lesen das in ihren Versen: »Ty govoriš' uže so mnoj / na inostrannom jazyke« (Schon sprichst du in fremder Sprache mit mir) von Swetlana Bondarenko (*Rußlanddeutscher Literaturkalender 1997*, S. 8) oder »Och, kuda že menja vse tjanet, ot Rossii otvyk uže ...« (Oh, wohin zieht es mich denn so stark, von Rußland bin ich entwöhnt) von Dmitrij German (*Rußlanddeutscher Literaturkalender 1997*, S. 10). Manche, wie Johann Bär (geb. 1962 in Sibirien), schreiben auf russisch und auf deutsch. Bei Waldemar Hermann (geb. 1951), der seit 1979 in Deutschland lebt und Erzählungen in deutscher Sprache verfaßt, sieht es so aus, als habe seine Tätigkeit als Maschinenbauingenieur auf sein Schreiben eingewirkt: Bar jeder Weitschweifigkeit und überflüssigen Kommentierung des Dargestellten, präzise in der Beschreibung, schafft er Spannung und plastische Gestalten. Wo Johann Warkentin für die ›Literaturblätter‹ noch fordert, »[t]hematisch müssen wir mal langsam raus aus der Taiga, in der wir vierzig Jahre nicht mehr waren, und uns dem Hier und Heute stellen« (*Wir selbst*, 1998, S. 13), haben die jungen russisch und deutsch schreibenden Autoren im ›Literaturkalender‹ diesen Schritt schon vollzogen.

Giesbrecht stellt den in der UdSSR geborenen Jungstars Jana Sawatzky (geb. 1970) und Lena Klassen (geb. 1971), Edith Leinweber (geb. 1972), Alexander Gossen (geb. 1975), Olga Reichert (geb. 1978) sowie den beiden oben genannten Dmitrij German und Olga Kelm die Seiten ihres ›Literaturkalenders‹ zur Verfügung, sie regt zu Kreativität an, fördert den Gedankenaustausch und verliert »Integration« nicht aus den Augen. Johann Bär und Ildar Safin (geb. 1968) haben schon zwei Gedichtbände veröffentlicht. Lydia Rosin (geb. 1948), eine von den »vielen hier« (»Nas mnogo zdes'«, S. 13), hat 1994 der »Filiale der Hölle« (»filial[...] ada«, S. 29) den Rücken gekehrt und schildert in ihrem Lyrikbändchen *Transplantacija duši* (Die Transplantation der Seele, 1997) die allmähliche Überwindung des Fremdseins (»Zdes' vse ne tak«, S. 23), unterstützt von ihrer Übersetzerin Eva Rönnau (*Zweiseitig – Zwiespältig. Gedichte*, Bonn 2000).

Den Verfassern von Erlebnisberichten über die Kriegs- und Nachkriegszeit, die für die rußlanddeutsche Literatur von ähnlicher Bedeutung ist wie die Holocaust-Literatur für die deutsche (bei nicht vergleichbarer Opfer-Täter-Konstellation), wird allmählich das Interesse entzogen. Noch aber haben sie das Bedürfnis, über ihre Vergangenheit zu sprechen, Nelli Kossko z. B. (*Die geraubte Kindheit*, Ahlen/Westf. 1998), Martin Thielmann (*Junost' Viktora Kocha*, Bonn 1998) oder Alexander Prieb (*Geiseln. Von Deutschland nach Rußland und zurück*, Kleve 1998). Still geworden ist es um Rosa Pflug (geb. 1918), der früher einprägsame Zeilen wie »Barfuß liefen meine Kinderträume« gelungen sind, die zahllose Gedichte ins Deutsche übersetzt und weit über einhundert deutsche Liedertexte verfaßt hat (*Feniks/Phönix* 3 (1993), S. 294). Sie war Mitglied des Schriftstellerverbandes und lebt seit 1994 in Berlin. Ruhiger ist es auch um die ebenfalls 1994 nach Deutschland eingereiste Elsa Ulmer (geb. 1944) geworden, deren selbständige Publikationen allesamt in der Sowjetunion erschienen sind. Sie nahm 1992 an den Rußlanddeutschen Autorentagen II in Alma-Ata teil und trat zuletzt noch mit zwei Gedichten in *Wir selbst* (1996, S. 161) auf.

In der gegenwärtigen rußlanddeutschen Literatur dominiert nach wie vor die Lyrik, bei den Jungen in russischer, bei den Älteren in deutscher Sprache. Gebundene Rede hat in Rußland eine ungebrochene Tradition. Auf Grund der Sprachstruktur des Russischen, das vielfältige Mittel zum Vermeiden leiernder Metren und abgedroschener Reime bereithält, ist das Gedicht nicht zum Ausweichen auf den freien Vers genötigt. Überdies kommt die russische Lyrik aus einer der Deklamation zugewandten Tradition, wohingegen die deutsche gern in der Stille gelesen wird. Daher ist ein aus dem Russischen ins Deutsche übersetztes Gedicht nicht dasselbe, und wer in beiden Sprachen schreibt, empfindet auch in beiden Mentalitäten. Ob die heute in Deutschland russisch schreibenden Autoren einst der russischen oder der deutschen Literatur zugerechnet werden, wird sich zeigen. Ein Oleg Kling in Rußland (geb. 1953), Prosaschriftsteller und Literaturwissenschaftler, und ein Alexander Schmidt in Kasachstan (geb. 1949), Lyriker, die beide deutscher Herkunft sind und auch rußlanddeutsche Themen behandeln, schreiben ausschließlich russisch und betrachten sich als russische Autoren. »Großmutters Gebet« aber (»Müde bin ich, geh zur Ruh«), an das sich Schmidt wehmütig erinnert (in: *Feniks/Phönix* 20 (1997), S. 255), gab (oder gibt) es nur auf deutsch. Allgemein ist bemerkenswert, daß Wirklichkeitsflucht und Verdrängungstopik der Sowjetzeit einem deutlicheren Hinschauen und Sagen gewichen sind.

Das Drama und die Satire sind absolute Stiefkinder in der rußlanddeutschen Szene, ebenso der Roman, dessen Stelle von Erinnerungsliteratur besetzt ist. Das Drehbuch taucht nur bei Waldemar Weber auf, der Essay ist häufiger vertreten. Jedoch bricht sich im Bereich der Erzählung das fiktionale Element allmählich Bahn. Die 90er Jahre sind so erfüllt von äußeren und inneren Veränderungen für die rußlanddeutsche Volksgruppe, daß noch einige Zeit ins Land gehen wird, ehe die Ankunft sprachlich und psychologisch vollzogen ist. Es scheint aber, daß die rußlanddeutsche Literatur sich hier im selben Maße konsolidiert wie sie in der GUS schwindet, auch wenn die Aussiedlerzahlen zurückgehen. Die Assimilation dort wie hier ist unaufhaltsam.

Organisationen rußlanddeutscher Autor/innen

Wer von den Autor/innen in die Bundesrepublik übersiedelte und zuvor in der relativen Schutzzone staatlich geförderter Minderheitenliteraturen in der UdSSR publiziert hatte, setzte darauf, in der neuen Heimat weder Zensurbehinderungen noch Papiermangel anzutreffen. Zwar hatte sich das Regulativ des Marktes nach dem Zusammenbruch der UdSSR 1989 auch dort schon angebahnt, weil angesichts ›wirtschaftlicher Rechnungsführung‹ kasachische und russische Verlage schwer absetzbare rußlanddeutsche Literatur nicht mehr in ihr Programm aufnahmen, es zeigte seine Wirkung aber erst recht in Deutschland. Bisher sind selbständige Publikationen äußerst selten, und in einem namhaften deutschen Verlag ist kein einziges Werk eines rußlanddeutschen Autors erschienen; Verfasser der bei Hoffmann und Campe veröffentlichten Erzählung über eine deutschstämmige Ludmilla Fiedler aus Tomsk, »Ludmilla« (1996), ist Siegfried Lenz.

Davon nicht entmutigt, nahmen Mitte der 90er Jahre rußlanddeutsche Autoren im Organ der ›Landsmannschaft der Deutschen aus Rußland‹ *Volk auf dem Weg* ihre Angelegenheiten in Deutschland selbst in die Hand. Anfang der 90er Jahre im Rahmen einer Starthilfe von der Landsmannschaft zu ›Autorentagen‹, d.h. zu Schriftstellerseminaren in Hohenheim (1991), Alma-Ata (1992), Eriskirch (1993) und Würzburg (1994) eingeladen und anschließend mit der Publikation des Vorgetragenen bedacht, schritten die Autoren 1995 aus eigener Kraft voran. Die rußlanddeutschen Schriftsteller Viktor Heinz (geb. 1937, Ausreise 1992), Wendelin Mangold (geb. 1940, Ausreise 1990), Nora Pfeffer (geb. 1920, Ausreise 1992) und Lore Reimer (geb. 1947, Ausreise 1974) schlossen sich zu einem ›Autorenkreis‹ zusammen, mit Johann Warkentin als Vorsitzendem und mit tatkräftiger Unterstützung der Autorin Agnes Giesbrecht, die im Hauptberuf Bibliothekarin ist. Ein Aufruf der Landsmannschaft brachte literarische Texte ins Haus, und im Juni 1996 konnten die *Rußlanddeutschen Literaturblätter* erscheinen, die 26 Autoren vereinen. Von ihnen lebt nur der 1917 geborene Waldemar Herdt noch in Rußland. Der Haupttitel der *Literaturblätter, Wir selbst*, stammt aus dem gleichnamigen Roman von Gerhard Sawatzky (1901–1944), einem breiten sowjetdeutschen Epos aus den 30er Jahren, das erst fünfzig Jahre später veröffentlicht wurde (*Heimatliche Weiten* 1/1984–1/1988).

Hiesige Organisationen wie der ›Verein für das Deutschtum im Ausland‹ (VDA) oder die ›Gesellschaft für Technische Zusammenarbeit‹ (GTZ) hatten über Jahre mit Bundesmitteln deutschsprachige Buchpublikationen in Rußland subventioniert, z.B. Viktor Schnittkes (1937–1994) *Stimmen des Schweigens* (1992), Waldemar Webers (geb. 1944) *Tränen sind Linsen* (1992) oder Dominik Hollmanns (1899–1990) *Ich schenk dir, Heimat, meine Lieder* (1998). In Deutschland greift jetzt paradoxerweise ein großer Teil der ausgereisten Autor/innen und vor allem die Jüngeren zur russischen Sprache. Die mangelnde deutsche Sprachkompetenz hat auch die literarische Szene verändert. Weil die Landsmannschaft russisch schreibende Autoren nicht toleriert, hat Agnes Giesbrecht im Oktober 1995 in Bonn einen ›Literaturkreis der Deutschen aus Rußland‹ gebildet. Im Unterschied zu dem vom Bundesministerium des Innern geförderten ›Autorenkreis‹ bei der Landsmannschaft handelt es sich beim ›Literaturkreis‹ um einen Verein, der auf Spenden angewiesen ist. Besondere Anliegen des ›Literaturkreises‹ sind die Publikation russisch- und deutschsprachiger Texte sowie die Förderung des Nachwuchses. 1996 trat der ›Literaturkreis‹ mit seinem ersten *Rußlanddeutschen Literaturkalender 1997* in beiden Sprachen an die Öffentlichkeit; auch für die Folgejahre liegen großformatige, gut ausgestattete *Literaturkalender* mit Lyrik und Prosa vor. Ein Teil der Autoren ist sowohl im Stuttgarter ›Autorenkreis‹ der Landsmannschaft als auch im Bonner ›Literaturkreis‹ vertreten, man findet die gleichen Namen aber auch im *Phönix/Feniks*, dem Almanach aus Almaty mit seinem wechselvollen Editorial, den der in Engels geborene, im kasachischen Aul aufgewachsene Rußlanddeutsche Herold Belger (geb. 1934) als Mittler zwischen deutscher, russischer und kasachischer Literatur ins Leben rief, nachdem Wormsbechers *Heimatliche Weiten* ihr Erscheinen eingestellt hatten. Und wer in das eine oder andere Sammelwerk nicht aufgenommen wird oder nicht aufgenommen werden möchte, verlegt sich selbst.

Waldemar Weber

Es hat zu sowjetischen Zeiten im Gefolge ideologischer Vorgaben (»Volksnähe«) in der rußlanddeutschen Literaturkritik Meinungsverschiedenheiten darüber gegeben, ob Literatur allgemeinverständlich sein und pädagogisch-didaktischen Zwecken dienen müsse und ob sie formal-ästhetische Ziele verfolgen dürfe. Damit hingen ihre Themen und auch ihre Formen zusammen: traditionelle Metren und Reime oder freier Vers und neue Formen. Wortführer der ersten, weitaus größeren Phalanx war Hugo Wormsbecher (geb. 1938). Er stellte alles, auch die Literatur, in den Dienst seiner politischen Idee, seiner Vision einer wiedergewonnenen rußlanddeutschen Autonomie an der Wolga. Die andere Seite vertrat Waldemar Weber, durch und durch Literat, in gleicher Weise zuhause in der russischen und der deutschen Kultur. Geschult an Gottfried Benn, Hans Magnus Enzensberger, Ingeborg Bachmann und vielen anderen, die er in den 1980er Jahren von Moskau aus, wo er damals lebte, als Herausgeber von Anthologien mit eigenen und kollektiven Übersetzungen dem russischen Leser erschloß, konnte er nicht einfach von literarischer Qualität absehen und forderte die Orientierung an der deutschsprachigen Literatur des Westens im 20. Jahrhundert (»Wozu sich abkapseln«, in: Weber: *Tränen sind Linsen*, S. 113–122, zuerst 1968). Mit literarischem Anspruch und intellektueller Kompetenz, die den Sarkasmus einschließt, reich an emotionaler Energie, an Stoffen und Motiven und sicher im Gebrauch rhetorischer Mittel, läßt Weber die meisten rußlanddeutschen Autoren weit hinter sich. Alle seine Gedichte sind kurz, zwei oder drei bis maximal sechzehn Zeilen, sie neigen zum Epigramm: »Gebirgsbach: Der Bach hält sich an nichts in dieser Landschaft / Alles in ihr hält sich an ihn« (*Tränen sind Linsen*, S. 67), sie bringen einen Gedanken auf den Punkt (»Meine Schreibmaschine«), nehmen eine Redewendung beim Wort (»Solikamsk«), und wo ein Naturbild sich einstellt, dient auch dieses einem Hintersinn (»Idyllische Landschaft«). Weber ist einer der wenigen, die die dichterischste der rhetorischen Figuren, die Metapher, kennen: »Die Mondsichel schneidet / die Ähren des Tages« (»August«).

Als selbständige Publikationen sind Webers Gedichte auf deutsch (*Tränen sind Linsen*, 1992) und auf russisch (*Teni na obojach*, 1995) bisher nur in Rußland erschienen. Seine Essays aus der ersten Hälfte der 90er Jahre über die geistige Situation in Rußland nach dem Zusammenbruch der Union sind klare Analysen alter und neuer Mythen sowie eines Systems, das die »Verwahrlosung des Alltags und der zwischenmenschlichen Beziehungen« zu verantworten hat (»Nach Osten – nach Westen«, S. 115), sie kreisen um die Wahrnehmung des Ostens durch den Westen und haben an Aktualität nicht eingebüßt: »Die Lage ist unberechenbar, unklar, unsicher« (»Schuld und Sühne«, S. 129). Einige Essays widmen sich speziell rußlanddeutschen Problemen (*Tränen sind Linsen*, S. 113–294).

Lia Frank

Es ist kein Wunder, daß Waldemar Weber Gedichte von Lia Frank (geb. 1921, ausgereist 1988) ins Russische übertragen hat (Frank 1986), steht ihm doch diese Autorin jüdischer Herkunft, intellektuell und künstlerisch nahe. Die Lyrikerin hatte als Kind in Deutschland gelebt und die deutsche Sprache mit großer Energie über alle Stationen ihres wechselvollen, von der Deportation unberührten Schicksals zwischen dem lettischen Riga und dem tadschikischen Duschanbe gerettet: »An euch gekettet / durch eure Sprache / eure Gedichte / und eure Lieder, / [...] / an denen ich zerre, / mich zerfleischend, / und die ich nicht lassen kann, / wie mein Leben ...« (»Lebenslänglich«, 1991). Ihr Deutsch konnte Lia Frank auf Grund der politischen Umstände an ihre Kinder nicht weitergeben, wohl aber an ihre Enkelin Jana, so daß sich diese trotz ihrer jüdisch-russisch-tadschikisch-usbekischen Vorfahren jetzt in Berlin wie eine Deutsche fühlt (Duwidowitsch/Dietzel 1993, S. 81).

Was Abschied (von Duschanbe) bedeutet, was Ankunft (in Zittau), hat Lia Frank in ihren mit *Ein Exodus* überschriebenen Gedichten in Bilder gefaßt, die ihre Erlebnisse, Gedanken und Empfindungen in den Jahren 1989–1991 zwischen Festhalten und

Loslassen zum Ausdruck bringen. Wie in ihrer autobiographischen Skizze »Feldzug gegen das Vergessen« geschildert, rang sie um den Erhalt der deutschen Sprache, indem sie deutsche Bücher las, wo immer sie ihrer habhaft werden konnte (*Wir selbst* 1998, S. 53–58), aber ihr Blick, scharf im Erspähen von Möglichkeiten stilistischer Verknappung, ging über sprachliche Tropen wie Metapher und Metonymie hinaus und entdeckte – angeregt durch die Lyrik des japanischen Dichters Ishikawa Takuboku (1886–1912) – das japanische Haiku. Indem sie zusammen mit dem japanischen Germanisten Tsutomu Itoh die Siebzehnsilber Takubokus nachdichtete, entwickelte sie eine Meisterschaft für das Kurzgedicht und verfaßte schließlich auch eine theoretische Abhandlung über das Haiku in deutscher Sprache (1993). Die Sammlung *Ein Exodus* enthält mehrere Haikus, das Widmungsgedicht darin faßt Abschied und Ankunft in drei Versen à 5–7–5 Silben in einem Naturbild zusammen, das beim Nachdenken metaphorische Bedeutung annimmt: »Die Wipfel lösen / sich aus der Starre: Sachsens / Hügel erwachen!« – Den von Lia Frank eingeschlagenen Haiku-Pfaden folgend, versuchte sich auch Rosa Pflug (geb. 1919, ausgereist 1995) mehrfach in Dreizeilern (*Feniks/Phönix* 18/1997, S. 112–117), wohl wissend, daß die ungewohnte Form der Aussage von rußlanddeutschen Lesern in der Regel als ›Schwachsinn‹ eingestuft wurde (*Deutsche Allgemeine Zeitung* 66/1991, S. 3).

Die sowjetdeutsche Presse war seinerzeit allerdings klug genug, den Rang Lia Franks zu erkennen, hinsichtlich der jüdischen Herkunft der Autorin über den nationalen Schatten zu springen und ihre Gedichte zu veröffentlichen. Selbst in den rußlanddeutschen ›Literaturblättern‹ des landsmannschaftlichen ›Autorenkreises‹ ist sie wieder vertreten. Ihr Umgang mit der Geschichte (»Im Herbst«, »Nach der Aussprache mit einem Antisemiten«), das Bewußtsein ihrer Individualität (»Mein Gesicht«), der häufige Gebrauch des Ich (»Exodus drei«) binden den Leser in eine ferne Welt ein, die zutiefst mit sowjetdeutschem Schicksal durchsetzt ist.

Nora Pfeffer

Das Schicksal hat Nora Pfeffer (geb. 1919, ausgereist 1992) hart mitgespielt. Nach zehn Jahren im GULag jenseits des Polarkreises und Verbannung in Kasachstan erkämpfte sie sich 1953 ein Germanistikstudium. Es folgten Jahre aktiver Tätigkeit an der Universität und bei der rußlanddeutschen Presse. Nachdem sie 1989 ihren Sohn verloren hatte, der in Tiflis ein bedeutender Germanist war, brach sie ihre Zelte in Rußland allmählich ab. Nichts aber konnte ihr den Lebensmut rauben. Aus ihren Worten spricht weder Wehleidigkeit noch Verbitterung, vielmehr sind es »des Geistes Beschwingtheit« (»Meine fliegenden Träume«, 1998), ihre Liebesfähigkeit und Liebebedürftigkeit, festgehalten in der Gedichtsammlung *Zeit der Liebe/Vremja ljubvi* (1998), die sie eilends zu allem Lebendigen in Beziehung treten lassen, die sie Kindern besonders geneigt macht und sie prädestiniert für öffentliche Lesungen. Von ihr stammen zahlreiche Kinderbücher, teils in Alma-Ata veröffentlicht, wie *Fracki, der Kaiserpinguin* (1978), teils in Bonn, wie *Sieben junge Schnatterenten* (1997). Oskar Geilfuß (1933–1981), einer der wenigen bekannten rußlanddeutschen Komponisten, hat ihre Gedichte vertont; der Titel seines Liederbuchs, *Für alle Kinder* (Alma-Ata

1979), nimmt eine Zeile von Nora Pfeffer auf. Die Lyrikerin schätzt freie reimlose Verse, sie spürt den Rhythmus der Worte: »Übergroß / steigt der Mond / aus dunstloser Dämmerung / ein schweigender Gong« (»Der Saksaul«). Natur- und Liebesgedichte nehmen breiten Raum ein, der Grundton ist oft sehnsüchtig, jedoch nicht pessimistisch.

Nelly Wacker

Nelly Wacker (geb. 1919, ausgereist 1993), Altersgenossin von Nora Pfeffer, hörte als Schülerin auf der Krim eine Lesung mit Gerhard Sawatzky und folgte dem Aufruf des Dichters zum Studium an der Lehrerhochschule in Engels an der Wolga, so zumindest berichtet es Viktor Heinz (geb. 1937) in seinem Vorwort zu Nelly Wackers Gedichtsammlung *Es eilen die Tage...* (1996). Als mit einiger Verzögerung auch die Rußlanddeutschen der von Gorbatschow propagierten ›Glasnost‹ zu vertrauen wagten, hat Nelly Wacker ihrem als »Volksfeind« verhafteten Vater, dem Trauma von der Vernichtung Unschuldiger und dem Schweigen darüber (welches ja keineswegs nur ein rußlanddeutsches, sondern auch ein russisches Trauma ist) ein Denkmal gesetzt in ihrem kleinen Poem »Ich bitte ums Wort!« (1988): »Heut fordert Vaters Stimme immerfort: / ›Sag du die Wahrheit über mich, / Kind, bitte du ums Wort...‹« Nelly Wackers Grundton ist leise, empfindsam-introvertiert, eher der entschwundenen Kindheit und der Natur gewidmet als der Politik, und so durchziehen Tränen, Hunger, Tod, als junger Mensch durchlitten, auch die »Gedichte aus der Kriegszeit (1941–1945)«. Wehklagen und die Frage nach den Ursachen tönen vernehmlicher als jede Form von Anklage. Für die Rußlanddeutschen war das Aussprechen ihrer Erlebnisse in der Öffentlichkeit und die damit einhergehende Solidarität ein lange unterdrücktes Bedürfnis. In diesem Kontext ist Nelly Wackers erzählendes Gedicht ein fast schon kanonischer, rußlanddeutsche Identität stiftender Text.

Ein anderes ihrer bekannten Gedichte handelt von »Zwei Muttersprachen«: »Als seltnen Reichtum hat das Leben / zwei Muttersprachen mir gegeben. / Bei Mutter ich die eine fand, / die andre spricht mein Vaterland.« Veröffentlicht in Moskau in einem Almanach sowjetdeutscher Lyrik unter dem Titel *Ein Hoffen in mir lebt* (1972), bringen die Verse eine Überzeugung zum Ausdruck, von der sich die Autorin heute distanziert hat. In ihrer von der Stuttgarter ›Landsmannschaft der Deutschen aus Rußland‹ herausgegebenen Gedichtsammlung *Es eilen die Tage...* (1998) zählt nur noch eine »Muttersprache«: »O liebe Muttersprache, trautes, angebornes Wort! / Du bliebst bei mir auch an dem trostlosesten Ort.«

Johann Warkentin

Wie Nelly Wacker hat auch Johann Warkentin (geb. 1920) die deutsche Oberschule in Spat besucht, einem der größten und reichsten Mennonitendörfer auf der Krim. Später verfaßte er Lehr- und Lesebücher für deutsche Schulen in der Hoffnung, es würde solche Institutionen einmal wieder geben. Man kann sich kaum einen größeren Kontrast zu Nelly Wacker vorstellen als den kraftvollen Johann Warkentin, dessen Skala von tiefem, ohne Sentimentalität vorgebrachtem Gefühl bis zu fröhlicher Respektlosigkeit reicht. Warkentin lebt seit 1981 in Berlin und hat einen ganzen Band – nahezu einhundert Seiten –, *Rußlanddeutsche Berlin-Sonette* (1996) verfaßt, in denen er die Geschichte der Wolgadeutschen, Aussiedlerthemen (»Stufenleiter Wessi-Ossi-Russi- . . .«) und -typen (»Hurra, ein Russi hat's geschafft!«), das geteilte Deutschland (»Deutsch-deutsche Gleichheit«) und das wieder zusammengefügte (»Was wäre, wenn . . .«) behandelt.

›Sowjetdeutsche Literatur‹ kennt Warkentin in- und auswendig aus seiner Zeit als Ressortleiter beim *Neuen Leben*, der einstigen Zentralzeitung der Sowjetdeutschen. Sein Sprach- und Unterscheidungsvermögen, seine wohlverarbeitete Lebenserfahrung, seine schwungvolle Unverblümtheit machen ihn zu einer ersten, wenn auch nicht unumstrittenen Autorität unter den Rußlanddeutschen. Dazu bereiten sie wahre Lesevergnügen, gleich, ob es sich um originale oder übersetzte Gedichte, um Literaturkritik oder Reportagen handelt. Zu Unrecht sind seine Übersetzungen russischer Gedichte von Valerij Brjusov (1873–1924) bis Andrej Voznesenskij (geb. 1933) bei uns unbekannt (Warkentin 1980, 2000). Nur der 1974 des Landes verwiesene Leningrader Literaturwissenschaftler Efim Etkind wußte Warkentin zu schätzen und nahm »An die Heimat«, ein Gedicht des ersten russischen Nobelpreisträgers Ivan Bunin (1870–1953) in Warkentins Übersetzung in seine Anthologie *Russische Lyrik. Gedichte aus drei Jahrhunderten* (1981) auf.

Temperamentvoll redet Warkentin angesichts des Niedergangs des Rußlanddeutschtums nach über zweihundert Jahren seinen Landsleuten ins Gewissen: »Wir Taiga- und Wüstendeutsche müssen endlich los von der Illusion, von der Einbildung, dem kindischen Irrtum, unsere Restidentität wäre ein Wert an sich, ein bewahrenswertes Kulturgut – (Warkentin 1992, S. 256). Immer wieder aber mischt sich Enttäuschung in den Realismus, über das »Autonomiegerangel«, darüber, daß man sich nicht hatte durchringen können zu der Einsicht, »daß nationaler Wiederaufbau höher zu bewerten ist als die verflossenen Hühnerställe am trauten Wolgastrom« (*Berlin-Sonette*, S. 47).

Viktor Heinz

Für einen Autor wie den Germanisten Viktor Heinz (geb. 1937) war das Gemisch aus DDR-gefärbtem Hochschuldeutsch und deftiger Volkssprache, wie es Victor Klein (1909–1975) seit 1959 an der Novosibirsker Pädagogischen Hochschule lehrte, der

Nährboden, der seinen Texten ihr unverwechselbares Kolorit verlieh, schlicht und volksnah, durchsetzt mit kräftigen Flüchen, die über manch eine sprachliche Entgleisung hinwegsehen lassen. Was seinem Lehrer versagt blieb: das Leben der Deutschen an der Wolga und ihre Zwangsumsiedlung darzustellen, übernimmt wie ein Vermächtnis der Schüler und beschreibt den Weg der Rußlanddeutschen von Stalins Tod 1953 bis zum Putsch in Moskau 1991. Sein (nichtfiktionaler) Roman *In der Sackgasse* (1996) fällt unter Erinnerungsliteratur, reale Gestalten und Ereignisse sind beim Namen genannt. »Die Literatur war seine Domäne«, erinnert sich Heinz an Victor Klein, »ohne Antike ging es nicht [...] Aber die vielen Götter- und Heldennamen, die vielen [...] Ausdrücke und Wendungen ... Jemine-je! Was sollten die armen Studenten mit ihrem armseligen Küchendeutsch damit anfangen? Klein schrieb eine Masse von Wörtern, ja ganze Sätze geduldig an die Tafel [...]. Die deutsche Folklore war sein Hobby. Jeder saftige Vergleich aus dem Volksmunde war für ihn ein Leckerbissen und jedes neue Sprichwort ein Labetrunk. Und in jedem deutschen Volkslied hörte er ›den Herzschlag seines Volkes‹« (*In der Sackgasse,* S. 94–95).

Ende der 80er Jahre hatte sich Heinz, der dem sowjetischen Leser seit den 60er Jahren als Lyriker bekannt war, mehr und mehr der Prosa zugewandt und in Erzählungen die entbehrungsreiche Kindheit seiner Altersgenossen in der Kriegs- und Nachkriegszeit geschildert, ihre Suche nach verschollenen Angehörigen, die allgemeine Diskriminierung als Deutsche und die Versuche, sich im sowjetischen Vielvölkerstaat auf irgendeine Weise Anerkennung zu verschaffen. Seine Erzählung von 1989 »Wo bist du, Vater?« (in: *Herbstwind*, S. 123–167) gab 1994 einer umfangreichen Anthologie rußlanddeutscher Prosa den Titel.

Heinz' lyrisches und erzählendes Talent, seine Fähigkeit, wie sein akademischer Lehrer den »Herzschlag des Volkes« zu spüren und in Worte zu fassen, flossen zusammen in dem Chronikstück *Auf den Wogen der Jahrhunderte* (gedruckt 1993). Hier hatte Heinz ein brennendes Thema der Zeit aufgegriffen, einfache Argumente vorgebracht, Dialektrede und Sprichwörter eingeflochten und nicht nur sich, sondern auch dem rußlanddeutschen Thema zu einem durchschlagenden Erfolg verholfen. Das Stück, das durch drei verschiedene Epochen rußlanddeutscher Geschichte die immer gleiche Frage stellt, ›Bleiben oder Auswandern‹, löste bei Gastspielen des deutschen Theaters aus Alma-Ata bei den Rußlanddeutschen in den Dörfern und Kolchosen Kasachstans und Westsibiriens heftige Diskussionen über die eigene Geschichte und die Autonomiebewegung aus; es berührte auch den deutschen Zuschauer, der es 1989 in Ulm an der Donau auf der Bühne sah. Heinz ist unter den rußlanddeutschen Autoren das einzige dramatische Talent (»Der rote Kavalier«, ein Lustspiel nach E.T.A. Hoffmanns Erzählung »Klein Zaches«, in: *Deutsche Allgemeine Zeitung* 33–36, 1992).

Wendelin Mangold

Wendelin Mangold (geb. 1940), auf dessen Stimme man schon gehorcht hatte, als er noch dort (in Koktschetaw) war, scheint unter dem Ansturm von Wörtern fast unterzugehen. Germanist auch er, verdankt er seinem Lehrer Victor Klein die deutsche Sprache als ein lebensnotwendiges Element: »Wie Brot, das süß und bitter ist. / Wie Brot, das nach Steppe / und Wermut duftet« (»In memoriam Victor Klein«, Mangold 1998, S. 154). Als Rezipient verfolgt von einem großen Nachholbedarf in deutscher Lyrik (»Lyrischer Befund«, Mangold 1998, S. 138), als Produzent besessen von dem Wunsch, Erlebnisse, Gegenstände, Gefühle poetisch umzusetzen, gelingen ihm einprägsame Zeilen: »Silbrige Kätzchen / beklettern / die Spießruten / angstlos« (»Weiden im März«, Mangold 1998, S. 72). Daneben stehen aber auch schwer verdauliche, umständliche oder schiefe Formulierungen, geboren aus der Lust am Experiment. Sprachspiele, Originalität, Neologismen gelingen Mangold besser auf der heiteren Seite: »Jandl wird 70« oder »Das nasse Ge« (Mangold 1998, S. 115, 117). Was der geographische Wechsel sprachlich bedeutet, wird bei kaum einem rußlanddeutschen Autor so greifbar wie bei Mangold, kaum einer bemüht sich wie er, das Geschehene sprachlich zu gestalten.

Lore Reimer

»[E]inzig im Elternhaus von Lore Reimer« (geb. 1947, Ausreise 1974), weiß Johann Warkentin zu berichten, »hoch in den Kirgisischen Bergen, war Deutsch auch über die Kriegszeit hinaus das bestgehütete Gut. Und wie sich das ausgezahlt hat!« (*Wir selbst* 1997, S. 16). Lore Reimer spricht Mennonitenplatt: »Du kaunst mine Sproak vestone« (*Wir selbst*, 1996, S. 155), sie spricht russisch metrisch und gereimt: »V zelenoj prazdnosti lesov« (*Morgenstern* 1996, S. 207), sie spricht wie Rilke: »die herbstende Gebärde / im Baumgeäst« (ebd., S. 206), sie spricht aber vor allem ihre eigene Sprache, bildhaft, verstörend, in großem Abstand zu den herkömmlichen rußlanddeutschen Versen. Sie ist eine eminent poetische Begabung, die durch die Ausreise 1974 – da war sie noch keine dreißig – keine politischen Zugeständnisse zu machen brauchte und nach langer Pause wieder Gedichte schreibt, uneindeutige Gedichte, in denen das einzelne Wort schwer wiegt. Wenn Herold Belger in seinem Bio-bibliographischen Lexikon vorwurfsvoll urteilt: »losgelöst von den volkstümlich-poetischen Wurzeln der rußlanddeutschen Literatur, schreibt sie im Fahrwasser der deutschen Gegenwartslyrik, struktural und theoretisch, kompliziert, abstrakt-rational« (Belger 1996, S. 92), so vertritt er damit immer noch die antiästhetische Position der Stagnationszeit. Außerdem übersieht er die von erbaulichen Elementen völlig freie Religiosität der Autorin, die in schmalen Lyrikbänden wie *Wunderwort* (1997) und *Lichte Räume* (1998) zum Ausdruck kommt. Lore Reimer ist Theologin, aber Bibel, Gesangbuch, Gebet und Predigt haben in der Sowjetära die deutsche Sprache bewahren geholfen, und Religiosität ist eines der Merkmale rußlanddeutscher Mentalität. Johann Warkentin hat das in den Versen »Das Buch der Bücher« (Warkentin 1996) zum Ausdruck gebracht, Alexander Reser in seiner Nacherzählung des Johannesevangeliums (*Staroe Evangelie ot Ioanna*, Moskau 1996).

8. Literatur der russischen Emigrant/innen

Elena Tichomirova

Begegnung zwischen Emigranten verschiedener Epochen

Die Schriftsteller/innen, die in den 70er und 80er Jahren nach Deutschland kamen, gehörten bereits zur dritten Emigration aus Rußland; man spricht auch von der ›dritten Welle‹. Die Russen der ersten Emigrantenwelle wurden von der Oktoberrevolution aus Rußland vertrieben. Es kamen Russen, deren sozialer Status und weltanschauliche Überzeugungen das Leben im Land des siegreichen Proletariats gefährlich machten. Die Emigrant/innen der zweiten Welle haben ihre Heimat während des Zweiten Weltkriegs oder unmittelbar danach verlassen, einige, überzeugt von der Unvereinbarkeit ihrer Weltsicht mit dem sowjetischen Regime, freiwillig, andere infolge ihrer Deportation als Zwangsarbeiter durch die Deutschen. Sie kehrten nach Kriegsende nicht in ihre Heimat zurück, weil sie Repressalien befürchteten.

In den 70er und 80er Jahren setzten einige Institutionen der zweiten Welle ihre Tätigkeit fort, z. B. der Verlag ›Posev‹ (Die Saat) in Frankfurt a. M. mit seiner gesellschaftspolitischen Zeitschrift *Posev* und der Literatur- und Kunstzeitschrift *Grani* (Die Schliffe). Sie spielten eine große Rolle als ›Kontaktbörse‹ zwischen den Emigrant/innen der verschiedenen Wellen. Als Vertreter/innen der Dritten Welle wirkten Georgij Vladimov, Vladimir Vojnovič, Vladimir Batšev, Lev Kopelev, Lev Druskin, Julija Voznesenskaja u. a. in *Grani* mit, einige schon vor ihrer Einreise nach Deutschland.

Die dritte Emigration erfolgte aus der Enttäuschung der Intelligenz über die Entwicklung der Sowjetgesellschaft in den 60er und 70er Jahren. Die Liberalisierung der Gesellschaft nach dem Tode Stalins hatte sich als oberflächlich und kurzlebig erwiesen. Daher emigrierten Russen, die unter den Bedingungen der politischen Unfreiheit keinen Spielraum für die eigenen schöpferischen Kräfte fanden und sich der intellektuellen Opposition anschlossen.

Zur Massenerscheinung wurde die dritte Emigration in den 70er Jahren. Weil die Sowjetregierung annahm, daß Andersdenkende außerhalb der Grenzen eine kleinere Gefahr für das Regime darstellten, gestattete sie oppositionellen Intellektuellen die Ausreise und versuchte sogar, sie ins Exil abzudrängen. Viele Autor/innen dieses Emigrantenstroms waren mit der politischen Ordnung unzufrieden und wurden deshalb zu Dissident/innen und Kämpfer/innen für die Menschenrechte, sie setzten sich für die Freiheit des Wortes und des Gewissens sowie für eine freie Wahl des Aufenthaltsortes ein. Nicht selten unterschrieben sie Briefe zur Unterstützung unterdrückter Intellektueller und gerieten, wie Kopelev, Vladimov und Vojnovič, wegen ihres Engagements in Konflikt mit der Staatsmacht.

Auch wenn diese Autor/innen nicht direkt auf das politische Leben Bezug nahmen, waren ihre Werke stets von Zensurmaßnahmen bedroht. Schriftsteller/innen, deren Denken und Schreiben abseits des Mainstreams standen, wie z. B. Fridrich Gorenštejn, konnten im eigenen Land nichts veröffentlichen und mußten eine Ausreisegenehmigung beantragen.

Talentierte Schriftsteller/innen, deren Werke von der sowjetischen Zensur blockiert wurden und in der Heimat nicht veröffentlicht werden durften, erreichten ihre Leser/innen durch andere Verbreitungskanäle, wie *Samizdat* und *Tamizdat*. In Rußland bedeutet *Samizdat* (Selbstverlag), daß die Bücher wegen der Zensur nicht in den staatlichen Verlagen gedruckt, sondern manuell vervielfältigt wurden (oft auf der Schreibmaschine abgetippt). *Samizdat* hat sich häufig im *Tamizdat* (Dort-Verlag) fortgesetzt, d.h. die selbstgemachten Bücher wurden in ausländischen Verlagen veröffentlicht. *Tamizdat* war im Grunde genommen eine Form der Emigration der Bücher. Unter den nach Deutschland emigrierten Autor/innen publizierten im Sam- und Tamizdat Igor' Burichin, Boris Chazanov, Boris Fal'kov, Igor' Pomerancev, Vilen Barskij, Ol'ga Denisova u.a. Einige Bücher, die im Samizdat kursierten und später in ausländischen Periodika und als Bücher abgedruckt wurden, hatten eine starke Wirkung auf ihre Leserschaft, z.B. die Erzählung über einen Lagerhund nach der Auflösung des Lagers *Vernyj Ruslan* (1975; *Die Geschichte vom treuen Hund Ruslan*, 1975) von Vladimov, das satirische Panorama der sowjetischen Wirklichkeit mit Kolchosen, Militär, Miliz und Partei *Žizn' i neobyčajnye priključenija soldata Ivana Čonkina* (1975; *Die denkwürdigen Abenteuer des Soldaten Ivan Tschonkin*, 1975) von Vojnovič, und auch *Zijauščie vysoty* (1976; *Gähnende Höhen*, 1981) von Aleksandr Zinov'ev.

Viele Nonkonformist/innen wurden aus dem Schriftstellerverband ausgeschlossen, ihre Bücher erhielten Druckverbot. Damit hatte man den Autor/innen die Möglichkeiten entzogen, ihren Unterhalt durch literarische Tätigkeit zu verdienen, und sie blieben ohne Einkünfte. Auf diese Weise drängte man sie ins Exil. Zinov'ev beispielsweise war Leiter des Lehrstuhls für Logik an der prestigereichen Moskauer Universität und Abteilungsleiter am Institut für Philosophie der Akademie der Wissenschaften. Nach dem Erscheinen seiner Bücher im Tamizdat jedoch verlor er seine Stellen, man schloß ihn aus der Partei aus, und sämtliche Auszeichnungen und Titel sowie der Doktorgrad wurden ihm aberkannt.

Manchmal bekam ein Vertreter dieser Gruppe eine Einladung von einer westlichen Organisation, Vorlesungen zu halten, aber nach der Ausreise wurde ihm durch Ausbürgerung die Rückreisemöglichkeit entzogen. Das geschah mit Kopelev, Vojnovič und Zinov'ev.

Themen und Gattungen der Literatur der ›dritten Welle‹

Im Ausland verbreiteten viele Schriftsteller/innen der Dritten Emigration weiter ihre Erfahrungen mit dem politischen System und dem Alltag in der Sowjetunion. Oft nahmen solche Werke Memoirenform an, wie z.B. die autobiographische Trilogie des bekanntesten Emigranten in Deutschland Lev Kopelevs *Chranit' večno!* (1975; *Aufbewahren für alle Zeit!*, 1976), *I sotvoril sebe kumira* (1978; *Und schuf mir einen Götzen*, 1979), *Utoli moja pečali* (1981; *Tröste meine Trauer*, 1981). Ein weitaus weniger bekannter Memoirenband von Semën Badaš *Kolyma ty moja, Kolyma* (1986) beschreibt den siebenjährigen Aufenthalt des Autors in den sowjetischen Sonderlagern. Badaš schrieb seine Erinnerungen auf Anregung von Solženicyn. Sie behandeln historische Episoden, die in Solženicyns berühmter Lagerenzyklopädie ohne Berücksichtigung bleiben.

Aber auch andere Formen wurden zur schonungslosen Aufzeichnung der Wahrheit genutzt: Zinov'ev behält die Objektivität der Darstellung bei, wendet sich aber von gängigen Formen ab, z.B. in den Werken: *Žëltyj dom* (1980), *Gomo sovetikus* (1982; *Homo sovieticus* 1984), *Našej junosti polët* (1983), *Idi na Golgofu* (1985), *Živi* (1988) u.a. Er schuf eine originelle Gattung, den soziologischen Roman, in dem alle vom Autor verwendeten Mittel wie Kurzerzählungen, Verse, Anekdoten u.a. dem Hauptzweck der soziologischen Analyse dienen. Auch bei anderen Autor/innen wird die Wahrheit nicht wie eine photographische Aufnahme aufgezeichnet, da sich die Lebenserfahrungen in der Fantasie eines Künstlers wandeln. Zu Werken dieser Art zählen die Antiutopie von Vojnovič *Moskva 2042* (1987; *Moskau 2042*, 1988) oder die Werke von Boris Fal'kov.

Fridrich Neznanskij nutzt unterhaltsame Gattungen der Populärliteratur, um einem breiten Leserkreis Einblick in die sowjetische Wirklichkeit zu geben. Er stützt sich auf seine Erfahrungen als Ermittler bei der Staatsanwaltschaft, um in Gattungen wie Thriller und Kriminalroman die sowjetische Verbrecherwelt und kriminalisierte Machtschichten zu beschreiben. Schon in den 70er und 80er Jahren wurden seine Werke zu Bestsellern und sind in viele Sprachen übersetzt worden, wie z.B. der Roman *Operacija Faust* (1986, *Drogen für den Kreml*, 1988), den der Autor nach der Übersiedlung nach Deutschland geschrieben hat.

Emigrant/innen der dritten Welle verlassen Rußland in ihren Werken relativ selten und scheinbar nicht gern. Ihrem Schaffen brachte die Emigration eher die Freiheit vor der Zensur als neues Material. Z.B. führt Vladimov in seinem Hauptwerk der Emigrantenzeit, dem Roman *General i ego armija* (1994), die Gestalt des sowjetischen Generals Vlasov ein, der im Zweiten Weltkrieg in Gefangenschaft geriet, auf die deutsche Seite überging und an der Spitze einer von ihm aufgestellten Armee gegen die Rote Armee aufzog. Hier benutzte Vladimov Erinnerungen ehemaliger Vlasov-Anhänger, die er in der Emigration traf.

Zu den eher seltenen Büchern, die Erlebnisse im Ausland beschreiben, gehört *Wir lebten in Köln* (1996), eine Übersetzung von Briefen und Tagebuchfragmenten von Kopelev und Raisa Orlova, aber z.B. auch einige Romane von Sergej Jur'jenen, die direkt oder indirekt die Emigration betreffen, wie z.B. *Narušitel' granicy* (1986). Die Emigration geschieht hier zuerst im Inneren, lange vor dem Territoriumswechsel. Das ist ein Akt, der lange vorbereitet, gleichsam geprobt wird: der Romanheld durchbricht nach und nach die vom sowjetischen System aufgestellten Tabus. Einige Bücher über den sog. ›Homo Soveticus‹, der in die Fremde umsiedelt und in die komplizierte Struktur der neuen Gesellschaft einsteigt, verfaßte Zinov'ev, z.B. *Moj dom – moja čužbina* (1982), *Gomo sovetikus* (1982; *Homo sovieticus*, 1984) und *Para bellum* (1986).

Neben Autor/innen, die konventionelle Gattungen und Stile bevorzugen, kamen auch Schriftsteller/innen nach Deutschland, die eine eigene Formensprache suchen und zu experimentellen Formen neigen, wie z.B. Aleksandr Suslov, Dmitrij Dobrodeev u.a. Nicht selten versuchten sie, die Grenzen der rein verbalen Kunst zu überschreiten und sich der visuellen Kunst zu nähern. Viele Bücher von Anri (Henri)

Volochonskij wurden vom Autor und seinen Freunden selbst illustriert – manchmal weisen sie eine ungewöhnliche Gestaltung auf, wie *Pochvala Toporovu* (1986): das Buch wurde auf besonderem, z. T. silber- und goldfarbigem Papier gedruckt – oder wurden vom Autor eigenhändig hergestellt. Vilen Barskij, der aus den Traditionen der Avantgarde seinen Weg in die Literatur fand, schreibt nunmehr visuelle Gedichte und sucht eine Synthese von Lyrik und visueller Poesie. Sein Buch visueller Dichtung *Wörter* (1983) eröffnete die Reihe »Experimentelle Texte«.

Der Kontakt mit dem ausländischen Publikum kann nicht nur im Bereich des Wortes stattfinden. Igor' Burichin, für den die Visualität von Texten immer von großer Bedeutung war, findet damit seit der 80er Jahre einen Ausweg aus der sprachlichen Isolation und gewinnt ein neues Publikum, z. B. mit seinem geopolitischen Zyklus: er schreibt Gedicht-Kommentare zu eigenen Zeichnungen auf Landkarten. Die Bilder sind symbolisch: der Dichter errät in den Konturen des jeweiligen Landes ein Lebewesen, am häufigsten ein Tier, in einer bezeichnenden Haltung, die etwas über das politische Verhalten des Staats aussagt. So erinnert ihn die Sowjetunion an eine große Bärin, die versucht, Amerika einzuholen u. ä.; Burichin spielt so mit den Thesen sowjetischer Propaganda. Er betrachtet ein künstlerisches Werk als etwas Synthetisches, das in vielen Sprachen zu sprechen vermag, wobei die Zeichnung als eine Übersetzung der Hauptmetapher des Textes in eine andere Technik verstanden wird. Text und Zeichnung sind für Burichin gleichwertige Versuche, einen gewissen schöpferischen Ausgangszustand zu fixieren.

So entstehen Textobjekte, Performance, Installationen oder auch ein Ausstellungs-Spektakulum, wie *Igor' Burichin vyzyvaet otblesk* *T*^{E}*OD*$_{ES}$*CHINI iz kopiroval'nogo groba* (Igor' Burichin ruft den Abglanz von T^{E}OD$_{ES}$CHINI aus dem Kopiersarg) – hier, wie immer bei Burichin, ist die Grafik bedeutungsvoll, sie erlaubt, beide Wortwurzeln, Teo und Tod, gleichzeitig aus dem Titel herauszulesen.

90er Jahre: die vierte Emigration

Ende der 90er Jahre starben zwei berühmte russische Autoren der ersten Emigration in Deutschland, Vladimir Lindenberg und Vera Lur'e. Ab 1988 reduzierte der ›Posev‹ seine Verlagstätigkeit in Deutschland und gründete Anfang der 90er Jahre in Rußland eine Zweigstelle. 1995 sind ›Radio Liberty / Radio Free Europe‹ nach Prag umgesiedelt. Die beiden amerikanischen Radiosender, die 1950 und 1953 gegründet wurden, um in die osteuropäischen Länder zu senden, hatten in München ihren Hauptsitz und boten für viele russische Schriftsteller/innen Arbeitsmöglichkeiten, z. B. für Jur'enen, Dobrodeev, Aleksej Cvetkov, Leonid Icelev, Dmitrij Tarasenkov, Igor' Pomerancev, Lev Rojtman, Ewgenij Kušev, Aleksandr Suslov und schließlich Voznesenskaja, die Autorin des in mehr als 20 Sprachen übersetzten Buchs *Ženskij dekameron* (1987; *Das Frauen-Dekameron*, 1985). Die ersten sieben genannten zogen mit dem Radiosender nach Prag um.

Mit der ›Perestrojka‹ endete in Rußland eine Epoche der politischen Unfreiheiten, und es war wieder möglich, Werke mit politischen Stellungnahmen zu veröffentlichen. Die Grenzen der Sowjetunion wurden geöffnet. 1990 wurde die Aberkennung der Staatsbürgerschaft bei 23 russischen Schriftstellern aufgehoben. Die Emigrant/innen bekamen die Möglichkeit, dauerhaft oder auf Besuch in ihre Heimat zurückzukehren. Infolgedessen halten sich jetzt einige Emigranten, z.B. Burichin und Vojnovič, teils in Deutschland und teils in Rußland auf.

Zugleich führte die Öffnung der Grenzen in Verbindung mit neuen inneren Problemen Rußlands zu einer neuen Welle der Emigration. In der Tat kamen die meisten Schriftsteller/innen, die heute in Deutschland leben, erst im Laufe der vergangenen zehn Jahren, in einer Welle der ›ökonomischen Emigration‹, weil die Ausreise für die meisten von ihnen vor allem durch ökonomische Faktoren, durch wirtschaftliche Instabilität und Sorgen um die Zukunft ihrer Kinder bedingt war. Ein wichtiger Auswanderungsgrund sind die verschlechterten Beziehungen zwischen den ethnischen Gruppen, insbesondere der wachsende Antisemitismus. Gerade dieser Umstand wurde zum offiziellen Grund der Aufnahme der ›Russen‹ in Deutschland.

Als Russen bezeichnet man in Deutschland generell eine ziemlich bunte, multiethnische Gruppe. Abgesehen von den sog. Rußland-Deutschen (s. S. 153f.), den Spätaussiedlern, die in ihrer historischen Heimat, Deutschland, einen besonderen Status bekommen, machen die Juden den Großteil der russischen Emigranten aus. Streng genommen kommen die jüdischen Einwanderer nicht nur aus Rußland, sondern auch aus den anderen ehemaligen Sowjetrepubliken; sie sprechen aber in der Regel russisch und sind Träger der russischen Kultur. Nachdem die DDR-Regierung 1989 entschied, den sowjetischen Juden Aufnahme zu gewähren, kamen schon im April 1990 die ersten Zuwanderer an. Diese Gruppe bekam in Deutschland den Status von Kontingentflüchtlingen.

Auch unter den Emigrant/innen der vierten Welle gab es ehemalige Sam- und Tamizdat-Autor/innen. Viele nonkonformistische Autor/innen blieben lange der Heimat fremd, und viele von ihnen sahen auch im neuen Rußland als nicht-kommerzielle Künstler/innen keine Perspektive.

Die Literatur der vierten Emigration ist weniger stark politisiert und weniger mit allgemeinen ethischen Fragen beschäftigt, als die der dritten Welle. Nach Deutschland kamen viele Autor/innen, die in Gattungen der Massenliteratur schreiben; einer der bekanntesten ist Veniamin Skvirskij. Boris Racer wurde durch seine vielen Komödien und Drehbücher populär. Michail Genin ist ein anerkannter Meister des Aphorismus. Andrej Kučaev hat zahllose Humoresken veröffentlicht. Vladimir Porudominskij schrieb viele historisch-biographische Bücher.

Die jüngere Generation zieht Vers libre und avantgardistische Poesie vor, so wie Valerij Safranskij und Irina Raškovskaja, oder sie verfassen, wie Sun Komarova, fantasievolle intellektuelle Werke, die die Realität des Übersinnlichen und die Gesetze des künstlerischen Schaffens thematisieren.

Die neuen Emigrant/innen thematisieren stärker als ihre Vorläufer den Aufbau eines neuen Lebens. Unter den Veröffentlichungen sind zu nennen: *Moj nemeckij dom. Emigranty* (1997) von Michail Veršvovskij oder *Moja ėmigracija* (1997) von Anna Sochrina. Die Handlung spielt sich hier zumeist im Alltag ab, während die dritte Emigration in ähnlichen Werken über das Eintauchen in die fremde Kultur erzählte. *Viewasen. Istorija s geografiej, ili dnevnik serditogo ėmigranta* (1998) etwa steht diesen Werken näher. Es ist der erste Versuch von Ol'ga Bešenkovskaja, in Prosa zu schreiben. Hier steht das Poetische im Kontrast zu der verzweifelten und verblüffenden Prosa, die den Zusammenstoß mit dem Alltag in Deutschland schildert.

Von diesem Hintergrund hebt sich das Buch des Philologen Michail Bezrodnyj *Konec Citaty* (1996) stark ab. Er verbindet intertextuelle Skizzen und Analysen zu künstlerisch glänzenden Essays, das Thema der Heimatlosigkeit und der Bibliothek als Vaterland entwickelt sich dabei zum Leitmotiv. Der Name des Autors bedeutet im Deutschen soviel wie ›der Heimatlose‹ oder ›der Mensch ohne Vorfahren‹.

Die neugegründeten Periodika

Die dritte Emigration publizierte nur vereinzelt Zeitschriften, wie die Münchener Exilzeitschrift *Strana i mir* (Das Land und die Welt), die Chazanov gemeinsam mit Kronid Ljubarskij 1984 gründete und bis 1992 als Mitherausgeber und Redakteur leitete. Die Zeitschrift war kulturphilosophischen Themen gewidmet. Dagegen steckten die russischen Schriftsteller/innen der vierten Welle ihre schöpferischen Kräfte zuerst in den Ausbau der Kommunikationskanäle, durch die sie sich mit ihren Leser/innen verständigen, und gründeten etliche Periodika. Auch in letzter Zeit kamen einige ehemalige Redakteure nach Deutschland, die jetzt vorhaben, ihre Zeitschriften wieder herauszugeben, wie Safranskij seine Zeitschrift moderner Avantgarde-Poesie *Voum!*, Aleksej Gur'janov und Aleksandr Novakovskij die Zeitschrift *Sumerki* (Das Dämmerlicht).

Ostrov (Die Insel) ist der älteste Almanach Berlins. In der Redaktion sind der bemerkenswerte Moskauer Prosaiker Evgenij Popov, der Berliner Karikaturist Viačeslav Sysoev und Larisa Sysoeva. Die Redaktion gibt realistischer, ›ernster‹ Literatur klar den Vorzug. Der Name des Almanachs ist nicht zufällig. Wenn Rußland der Kontinent ist, dann leben die Emigranten auf einer Insel, wollen aber dort den Kontinent nicht vergessen. Für *Ostrov* schreiben Emigrant/innen (nicht nur in Deutschland) und in Rußland lebende Autor/innen. Deshalb kann man *Ostrov* nicht als reines Emigrantenjournal bezeichnen.

Darin unterscheidet es sich vom anderen Berliner Journal *Spiegel der Geheimnisse* (gegr. 1995) mit seinem Chefredakteur Igor' Poljanskij. Die Zeitschrift setzt sich am intensivsten mit der Emigrantenproblematik auseinander, und zwar im Dreieck der russisch-jüdischen und der deutschen Kultur. Die Texte sind meist nicht-literarisch, andererseits versucht das Journal, Schriftsteller/innen mit vielversprechenden Namen anzuwerben. Ein Stammautor ist der berühmte Prosaiker Gorenštejn. In den Rubriken »Spaziergänge durch Berlin« und »Literatur und Kunst« sind die Untersuchungen über den Aufenthalt der großen russischen Schriftsteller/innen in Deutschland am interessantesten. Die Initiatorin und Autorin der meisten Artikel über die deutsche Literaturlandschaft ist die Literaturredakteurin der Zeitschrift Mina Poljanskaja.

Studija (Das Studio) erscheint seit 1995. Die Redakteure der Zeitschrift waren bis 1997 Alexander Lajko, ein Poet des Moskauer Untergrunds, und Andreas Mazurkov, der früher bei einer zentralen russischen Zeitung arbeitete. Die Besonderheit des Literaturjournals ist die Zweisprachigkeit: es erscheinen viele literarische Übersetzungen in beide Richtungen. Seit 1997 haben sich die Redakteure der Zeitschrift getrennt. Mazurkov gibt die Zeitschrift *Novaja studija* (Das neue Studio) heraus, und Lajko betreut *Studija*, beide zweisprachig. *Studija* kümmert sich außerdem um das Erbe verstorbener Autor/innen.

Rodnaja reč' (Die Heimatsprache) wurde in Hannover 1998 als literarische Beilage der Zeitung *Kontakt* gegründet. Ein Redakteur der Zeitung, der graphische Künstler und Journalist Vladimir Mar'in, wurde Chefredakteur der Zeitschrift. Als stellvertretende Redakteurin ist Ol'ga Bešenkovskaja tätig, eine Dichterin aus S.-Petersburg und ehemalige Samizdat-Autorin, deren Werke in den 90er Jahren endlich einen Zugang zu einem breiten Leserkreis fanden. In der Redaktion sind auch der Petersburger Prosaiker Michail Gorodinskij sowie Daniil Čkonija und Waldemar Weber, beide Dichter und Übersetzer. Weber ist gleichzeitig Chefredakteur der Münchner *Deutsch-Russischen Zeitung*, Čkonija redigiert *Literaturnye vedomosti* (Die literarischen Nachrichten), die literarische Beilage zur Dortmunder Wochenzeitung *Vedomosti* (Die Nachrichten). *Rodnaja reč'* ist eine sehr lebendige, unkonventionelle Zeitschrift, die russischen Autor/innen aus Deutschland in allen Stillagen Raum bietet. Obwohl die Zeitschrift das Leben in Rußland nicht unberücksichtigt läßt, ist sie der Themenauswahl nach eher eine Emigrantenveröffentlichung.

Literaturnyj evropeec (Der literarische Europäer) versteht sich als Sprachrohr des ›Verbandes russischer Schriftsteller in Deutschland‹ und erscheint seit 1998. Der Redakteur ist Vladimir Batšev. Er war ein Samizdat-Autor und Dissident, der dreimal verhaftet und verurteilt wurde, bevor er nach Deutschland kam, zuerst 1989–1991 als Vertreter des Verlags ›Posev‹ in Moskau, dann 1995 als offizieller Emigrant. Batšev begann seine literarische Laufbahn als Dichter, verfaßte später Werke in verschiedenen Gattungen, heute schreibt er überwiegend Thriller. Die von Batšev geleitete Zeitschrift hat eine konventionelle und ausgewogene Struktur, ist aber nicht starr, sondern variiert mit jeder Nummer. *Literaturnyj evropeec* orientiert sich prinzipiell an Werken, die von Russen in der Fremde verfaßt wurden: der Redakteur setzte sich das Ziel, die Emigranten-Literatur zu unterstützen und ihre gegenüber der heimischen Literatur führende Rolle unter Beweis zu stellen. Die Stärke der Zeitschrift sind bislang historisch geprägte Werke und Erinnerungen in belletristischer Form.

Unter den Zeitschriften, die in großen Abständen erscheinen, sind vor allem zwei zu nennen: *Kreščatik* (Kreschtschatik, die Hauptstraße Kievs), die Boris Markovskij herausgibt, und die von Samuella und Jurij Odesser redigierte *Gamburgskaja mozaika* (Hamburger Mosaik).

›Der Verband russischer Autoren in Deutschland‹ in Frankfurt a.M. wurde 1998 von Vladimir Batšev gegründet. Er ist keine Zweigstelle ähnlicher Verbände in Rußland, sondern wurde als Emigranten-Verein konzipiert. Der Verband hat kein ideologisches Programm, sein Ziel ist ausschließlich die berufliche Unterstützung und Hilfe bei der Integration russischer Schriftsteller in die deutsche Gesellschaft und Kultur.

Wechselbeziehungen der Kulturen

In Deutschland leben zur Zeit mehr als hundert russische Schriftsteller/innen, die sich dauerhaft mit Literatur beschäftigen, Veröffentlichungen in beachtenswerten Ausgaben haben und von den Kritikern zur Kenntnis genommen werden. Die russische Emigrantenwelt ist keinesfalls isoliert.

Einige Schriftsteller/innen arbeiten intensiv als Übersetzer/innen ins Russische, so Aleksandr Malyj, Boris Markovskij, der viel deutsche Lyrik ins Russische überträgt, oder Ol'ga Denisova, die an den Moskauer und Kiever Fremdspracheninstituten studierte und viele Übersetzungen deutscher und österreichischer Lyrik vorlegte. Die Aufklärungsrolle der Übersetzer/innen darf nicht unterschätzt werden.

Unter den Emigranten war Kopelev am stärksten an die deutsche Kultur gebunden. Der studierte Germanist hatte schon in der Heimat einige populärwissenschaftliche Bücher über deutsche Literatur geschrieben. Von 1982 bis zu seinem Tod leitete Kopelev an der Universität Wuppertal eine Gruppe, die die Geschichte russisch-deutscher kultureller Kontakte erforschte und die Reihe »West-Östliche Spiegelungen« herausgab. Viele andere Schriftsteller/innen wurden stark durch deutsche Philosophie und Literatur beeinflußt. Burichin hat schon in Rußland einige Abhandlungen zum Schaffen Brechts verfaßt. Spuren deutscher literarischer Traditionen finden sich außerdem im Schaffen von Dobrodeev, Chazanov, Fal'kov u. a.

Neben der Emigrationserfahrung thematisieren die Autor/innen auch die Wechselbeziehungen zwischen Russentum, Judentum und Deutschtum in diesem Jahrhundert. Der vielversprechende Autor Leonid Giršovič beispielsweise stellt in seinen Romanen *Obmenënnye golovy* (1992) und *Bremenskie muzykanty* (1997) die drei Kulturen gegenüber. Begegnungen der russisch-jüdisch-deutschen Schicksale und Welten sind Thema auch bei Gorenštejn und Chazanov und z. T. bei Oleg Jurjew.

Die Rückwirkung auf die deutsche Kultur hängt stark davon ab, ob ein/e Schriftsteller/in sich auch in der Sprache an deutsche Adressaten wendet. Viele russische Bücher wurden zwar ins Deutsche übersetzt, doch die Autor/innen selber hatten sich eher an einer russischen Leserschaft orientiert. Unter den Emigrant/innen der 70er bis 90er Jahre gibt es nur einzelne Dichter/innen, bei denen die Sprache des Zufluchtslandes zur Sprache des Schaffens wurde. In der Emigration hat Bešenkovskaja angefangen, auf deutsch zu schreiben, z. B. ihre Lyrik im Gedichtband *Zwei Sprachen. Zwei Farben* (1997). Das erste Buch von Boris Šapiro *Metamorphosenkorn* (1981) enthält außer Übersetzungen einiger russischer auch die ersten auf deutsch verfaßten Gedichte. Bei keinem Autor aber verdrängt der Reiz der fremden Sprache und der neuen Poetik die Heimatsprache und die russischen literarischen Traditionen aus dem Schaffen.

Erstaunlicherweise entscheiden sich die zeitgenössischen russischen Prosaiker/innen in Deutschland immer seltener für die deutsche Sprache. Nur Boris Al'tšuler hat die deutsche Sprache gewählt. Nicht selten erscheinen deutsche Ausgaben seiner Werke früher als die russischen. Sogar der fließend deutsch sprechende Chazanov, der die Werke einiger deutscher Philosophen übersetzt hat, läßt seine Romane von A. Nitschke professionell übersetzen.

Für viele Schriftsteller/innen verbirgt sich hinter einer fremden Sprache eine andere

Kultur und Denkweise, die ihnen nicht immer nahesteht. Die eigene Sprache wird als das Haus des Auswanderers begriffen, die einzige noch denkbare Heimat für den Emigranten. Eine Formel in dieser Art kann man bei Chazanov in den Artikeln »Novaja Rossija« und »Exsilium« finden (*Literaturnoe obozrenie* 10 (1991), S. 47, *Novyj mir* 12 (1994), S. 156), wie auch bei Barskij und Denisova im Essay »Nomady?« (Forum 13 (1985), S. 230) und Bešenkovskaja in »Viewasen 22« (Rodnaja reč 2 (1998), S. 181). Für die Zeitschrift *Rodnaja reč'* ist diese Vorstellung ein Teil der ›Satzung‹.

Das bedeutet aber nicht, daß neue Adressaten die Russen nicht interessieren. Sie verlassen sich aber lieber auf die Übersetzer/innen als Vermittler, und wenn sie doch persönlich einen Zugang zu der deutschen Leserschaft suchen, dann oft auf experimentellen Wegen, wie Burichin, der die Muttersprache nicht aufgibt, sondern sie mit Übersetzungen, Kommentaren und neuen Kommunikationsmitteln ergänzt.

Boris Chazanov

In der Sowjetunion hat Chazanov nur zwei populärwissenschaftliche Bücher für Kinder veröffentlicht. Seine Übersetzungen der philosophischen Abhandlungen von Leibniz erschienen ohne Angabe von Chazanovs Familiennamen. Seine literarischen Werke konnten nur im Ausland erscheinen. So existierte er in der Heimat nur als illegaler Schriftsteller. In der Emigration bleibt Chazanov seinen Stammthemen treu: Erinnerungen an die Kindheit und Jugend in den 30er und 40er Jahren, das Lebensgefühl des Menschen in der totalitären Welt: die Kraft der Angst und Quellen des Mutes; Russentum, Christentum und Judentum. Chazanovs Prosa ist durch eine Zeitkonzeption gekennzeichnet, die die Komposition seiner Werke bedingt und die er z.B. in dem Roman *Antivremja* (1991; *Gegenzeit*, 1986) sowie in verschiedenen Essays artikuliert. Chazanov stellt die Zeit hier als zwei entgegengerichtete Ströme dar. In der alltäglichen Zeit, die von der Vergangenheit in die Zukunft fließt, offenbart sich das Leben als ein Chaos der Zufälle, aber es kann sich auch als etwas Bedeutungsvolles und einem Plan Unterworfenes erweisen. Die Blickweise hängt nur von der Stellung des Zuschauers in der Zeit ab. Die Zeit, die sich von der Zukunft in die Vergangenheit erstreckt, also das Gedächtnis, bringt dem Leben die Harmonie. Diese zweite Zeit gehört vorzugsweise dem Künstler. Chazanov setzt seinen Gedanken fort: die Gegenzeit ist auch die Zeit Gottes; er ist nicht außerhalb der Zeit zu finden, sondern in der Zukunft; er schafft die Welt aus seinem Gedächtnis. Aber genau das ist für Chazanov eine Metapher für die Kunst. So wird das künstlerische Schaffen mit dem Schöpfungsakt eines Gottes verglichen. Damit ergibt sich der Titel des Werks *Ja Voskresenije i Žizn'* (1985; *Ich bin die Auferstehung und das Leben*, 1990), ein Zitat aus dem Neuen Testament, auch als Äußerung des Prosaikers: das Gedächtnis und das literarische Schaffen sind imstande, das Leben zurückzugeben. In der Verwirklichung seines Zeitkonzeptes strukturiert Chazanov die meisten seiner Werke als Erinnerung, die sich assoziativ entwickelt und die Sinnzusammenhänge wiederherstellt.

Zugleich überläßt Chazanovs Prosa die Leser/innen dem Gefühl des Geheimnisses.

Er bedient sich verschiedener Techniken der Verschlüsselungen und der Verweise, die neue Kontexte einbeziehen wie mythologische Gestalten, Elemente des Mysteriösen u.s.w. Doch ist Chazanovs Prosa nicht nur an Intellektuelle gerichtet, sie beinhaltet Charaktere und Fabelelemente, die das Lesen spannend machen, wie Liebe und Denunziation in *Antivremja*, den rätselhaften Tod in *Nagl'far v okeane vremën* (1993; *Unten ist Himmel: ein Roman aus Rußland*, 1993), wo auch das tollkühne, freche, eigenwillige Mädchen die Aufmerksamkeit des Lesers auf sich zieht, oder die Moskauer Vorstadt- und Untergrundwelt sowie die kriminelle Atmosphäre rund um den allmächtigen Leiter einer autonomen Republik in *Posle nas potop . . .* (1997). Fast alle Werke Chazanovs sind ins Deutsche übersetzt worden; einige sogar ins Französische und Italienische.

Fridrich Gorenštejn

Gorenštejn hat einen eigenen, recht eigentümlichen Stil; er schreibt in harter schonungslos realistischer Manier. Er zeigt seine Vorlieben deutlich: sowohl Pathetisches, als auch Sarkastisches findet seinen Platz in seiner Prosa. Einige Werke von Gorenštejn verließen Rußland früher, als der Schriftsteller selbst, einige, die er für die Schublade schreiben mußte, hat er in die Emigration mitgebracht. Wie viele andere Autoren seiner Generation hat Gorenštejn in der Emigration nicht so sehr neue Themen und Ideen entdeckt, sondern eher alte weiter entwickelt. Wie z.B. in den Romanen *Iskuplenie* (1984; *Die Sühne*, 1979) und *Mesto* (vollständig in *Izbrannoe*, Moskau 1991; *Der Platz*, 1995), schenkt er in *Jakov Kaša* (1981) den Typen und Charakteren aus der Stalinzeit seine Aufmerksamkeit. In *Iskuplenie* aus der russischen Periode und in *Jakov Kaša*, *Kuča* (1984), *Poputčiki* (1989), *Poslednee leto na Volge* (1982; *Abschied von der Wolga*, 1982) sowie in *Pritča o bogatom junoše* (1994) interessieren ihn die Beziehungen zwischen Russentum und Judentum. Neben den reflektierenden jüdischen und russischen Intellektuellen erscheinen einfache russische Menschen, die oft spontan wie die Natur leben, sich dem Strom der Ereignisse unterwerfen und so widersprüchlich sind, daß sie gleichzeitig zur kalten Grausamkeit und zur spontanen Herzensgüte fähig sind. Wie auch in *Psalom* (1986; *Psalm*, 1992), behandelt Gorenštejn in *Pritča o bogatom junoše* das Thema des Glaubens, spricht apokalyptische Warnungen aus und versucht das, was er für das echte Christentum hält, zu rekonstruieren, indem er die Lüge der ›himmlischen Liebe‹ und die Wahrheit des ›irdischen Hasses‹ behauptet. Ein Unterschied zwischen früheren und gegenwärtigen Werken besteht nur darin, daß Gorenštejn seine Überlegungen mit der Zeit immer weniger in die künstlerischen Werke einbringt, sondern für sie einen Platz in der Publizistik findet; er schreibt zum Judentum, Russentum, schließlich auch zum Deutschtum. Letztendlich setzt Gorenštejn auch sein ständiges Thema, der Fluch der Wollust, der fleischlichen Liebe, fort. Es durchdringt *Iskuplenie und Psalom* als Leitmotiv und tritt in *Mucha u kapli čaja* (1983) und *Čok-Čok* (1992; *Tschok-Tschok*, 1993), einem »philosophisch-erotischen Roman«, wie der Unteritel erklärt, in den Vordergrund. Zu den neuen Gattungen gehört der »Kinoroman« *Letit sebe aėroplan* (1996; *Malen, wie die Vögel singen. Ein Chagall-Roman*, 1996).

Vladimir Vojnovič

In der Sowjetunion hatte Vojnovič den Ruf des Realisten und Satirikers. Im Ausland, frei von Zensureinschränkungen, konnte sich sein Talent weiter entwickeln. In den in Rußland erschienenen Werken entstand ein satirischer Effekt vor allem durch den Charakter und die Sicht des einfachen Helden, z. B. des Soldaten Čonkin. Im Ausland ging Vojnovič von der realistischen zur fantastischen Satire über und erprobte die Gattung der Antiutopie. Das geschah im Roman *Moskva 2042* (1987; *Moskau 2042* 1988), dem wahrscheinlich berühmtesten Werk aus der Emigrantenperiode Vojnovičs. Hier gerät der Held in die Zukunft, um zu entdecken, daß in Moskau der Kommunismus gesiegt hat. Die Darstellung ›des neugebauten Paradieses‹ bei Vojnovič zeigt nicht selten in übertriebener Form die realen Tendenzen in der Sowjetunion, so besitzen im neuen Moskau die Kommunisten zusammen mit den Priestern die Macht. In einer sarkastisch angelegten Schriftstellerperson, die nach der autoritären Monarchie strebt und fast zur Macht kommt, haben die Leser/innen Solženicyn entschlüsselt. Viele Details sind witzig: in dieser Zukunft ist das Motto der Kommunisten über vollständig befriedigte Bedürfnisse verwirklicht worden – doch diese werden von oben vorgegeben und reduzieren sich schließlich auf das Minimum.

Die utopische Welt existiert bei Vojnovič eigentlich vor allem als ein künstlerisches Werk. Deswegen transportiert sich der Held in *Moskva 2042* mit einer Zeitmaschine in die Zukunft: er muß seine zukünftigen Memoiren ändern und den Gang der Ereignisse korrigieren. So kombiniert Vojnovič einen totalen Ästhetizismus des 20. Jahrhunderts mit dem Glauben an die Kraft des künstlerischen Wortes, der für die sowjetische Literatur so typisch war.

Zamysel (1995), ein ebenfalls in der Emigration geschriebenes Buch, gehört zur synthetischen Gattung: hier sind Memoiren, satirische Episoden, ästhetische Essays und philosophische Überlegungen vereinigt. In letzter Zeit versuchte sich Vojnovič, nicht ohne Erfolg, auch in der Malerei.

9. Literatur der deutschsprachigen Minderheit Rumäniens

Thomas Krause

Es ist keineswegs schon immer selbstverständlich, von einer »rumäniendeutschen Literatur« zu sprechen. Die unzähligen Versuche, diese Literatur zu definieren, schwanken zwischen den Spannungspolen »völkisch-heimatlich« (vor 1944), dem Begriff »mitwohnende Nationalität« (ab Ende der 60er bis Ende der 80er Jahre vor allem in Rumänien), und »fünfte deutsche Literatur« neben der Literatur der BRD, der DDR, Österreichs und der deutschsprachigen Schweiz ab Mitte der 80er Jahre. Neben prinzipiellen Einwänden, die sich auf eine politische Funktionalisierung beziehen, erschwert auch der Fakt der Exterritorialisierung eine Begriffsbestimmung zusätzlich. Oft wird bei der Suche nach einem geeigneten Terminus verkannt, daß viele Autor/innen Rumänien schon vor 1944 verlassen haben und in europäischen Metropolen zu Ansehen gelangten (so z.B. Alfred Margul-Sperber, Rose Ausländer). Zusätzlich müssen die staatlichen Gebietsverschiebungen als wichtige Ursachen für immer neue Wanderungsbewegungen oder kulturelle Neuorientierungen angesehen werden. Spricht man von der Literatur der deutschsprachigen Literatur Rumäniens, impliziert man zumeist die Literatur der Siebenbürger Sachsen, der Banater Schwaben (»Donauschwaben«), der Bukowina und anderer kleinerer Sprachinseln. Die deutsche Minderheit in Rumänien setzt sich also aus verschiedenen Gruppen zusammen, die eine voneinander unabhängige kulturelle Entwicklung zu verzeichnen haben.

Viele rumäniendeutsche Autor/innen sind auch nach 1944 in der Bundesrepublik dem soziokulturellen Kontext ihrer Herkunftsregion besonders stark verbunden geblieben. Stoffe und Motive, sprachliche Gestaltungsmittel, Referenzen spielen immer wieder auf die multiethnische Herkunftsregion an, der aus diesen Gründen eine besondere Aufmerksamkeit zukommen muß.

Nach dem Zweiten Weltkrieg bis Ende der 60er Jahre

Obwohl die Rumäniendeutschen die einzige deutsche Volksgruppe in Ost- und Südosteuropa ist, die nicht sofort vertrieben wird, beginnt nach dem Krieg eine Migrationswelle nach Deutschland. Einerseits gibt es viele Armeeangehörige, die von ihrer Heimat durch den Kriegsverlauf abgeschnitten sind und nicht mehr zurück wollen. Andererseits werden in Rumänien durch das »Agrarreformgesetz« (1945) praktisch alle Deutschen enteignet, und das Minderheiten-Statut vom 6. 2. 1945 mißachtet die Existenz einer deutschen Minderheit in Rumänien. Psychologisch entscheidend ist, daß das unbestrittene Engagement vieler Rumäniendeutscher für die nationalsozialistische Politik auf die noch verbliebenen Deutschen projiziert und pauschalisiert wird.

Eine erste Welle von Autoren verläßt ab 1944 das Land, um sich in den Westzonen oder in Österreich niederzulassen. Unter diesen Migranten sind eher konservativ eingestellte Autoren wie Hans Diplich (1909–1990), der Literaturhistoriker Karl Kurt

Klein oder Otto Folbert; einige von ihnen scharen sich später um ihren Mentor Heinrich Zillich, der das Südostdeutsche Kulturwerk in München mitbegründet und zusammen mit Diplich ab 1951 in München die Zeitschrift *Südostdeutsche Vierteljahresblätter* herausgibt. Eine Ausnahme ist Hans Wolfram Hockl (1912–1998).

Gleichzeitig gibt es nicht nur eine Wanderung von Rumänien in die Westzonen oder nach Österreich, sondern auch aus der Bukowina nach Bukarest. Dabei handelt es sich zumeist um Überlebende des Holocaust, wie Paul Celan (1920–1970), der zwischen 1945 und 1947 in Bukarest lebt und 1947 nach Wien flüchtet, oder Immanuel James Weißglas (1920–1979). Ihr Mentor, Alfred Margul-Sperber (1898–1967), – er lebt schon seit 1940 in Bukarest – fördert und entdeckt eine Vielzahl dieser Autoren. Freilich kann er nicht verhindern, daß für die meisten Autor/innen Rumänien nur eine Zwischenstation ist. Manche bleiben, wie Rose Ausländer, nur einige Wochen, andere, wie Alfred Kittner, Jahrzehnte, bis sie in verschiedene Staaten, auch in die deutschsprachigen, umsiedeln.

Ein dritter kleiner Migrationsstrom geht von den Westzonen/ BRD zurück. Hier handelt es sich zumeist um Menschen, wie den Kronstädter Autor Georg Scherg, die infolge der Wirren des Krieges aus ihrem Herkunftsgebiet herausgerissen worden sind.

Eine Ausnahme bleibt wohl der Lyriker und Essayist Georg Maurer (1907–1971), der in der DDR ab 1948 Popularität erlangt. Er hat schon vor dem Krieg in Leipzig studiert und gelebt und kommt nach Kriegsdienst und Gefangenschaft in Rumänien und der Sowjetunion 1945 in die damalige Ostzone zurück. Angelehnt an die Traditionen der antiken und klassischen Dichtung und mit einer marxistischen Weltanschauung wirkt er nachhaltig in der DDR, ab 1955 als Dozent am Institut für Literatur Johannes R. Becher in Leipzig. Im Zyklus *Das Unsere* (1962) erläutert er sein Verständnis einer sozialistischen Gesellschaftsordnung, die aus geschichtlichen Lehren entstehen würde.

Nachhaltige Auswirkungen auf die Migrationsströme hat vor allem die angespannte Lage in Rumänien für die Deutschen: Noch in den letzten Tagen des Zweiten Weltkriegs wird eine Vielzahl von ihnen, zumeist unschuldig wie Oskar Pastior (geb. 1927), von 1945 bis 1949, in die Sowjetunion zur Zwangsarbeit deportiert, andere Autoren – als einer der ersten Vergeltungsopfer stirbt Otto Alscher 1944 im rumänischen Internierungslager Tîrgu Jiu – werden inhaftiert. Erst 1949 können die meisten zurückkehren. Obwohl sich die Situation kurzzeitig bessert, folgt 1951 ein nächster Schlag. Zehntausende Bewohner aus dem Banat, zumeist Deutsche, aber auch Menschen anderer Nationalitäten, werden in den Bărăgan – ein unwirtliches und dünn besiedeltes Gebiet südöstlich von Bukarest – zwangsumgesiedelt. Die meisten dürfen erst um 1956 nach Hause zurück.

Doch es gibt auch andere Einschränkungen: Etliche Autoren werden von den neuen Machthabern inhaftiert oder bekommen Publikationsverbot ausgesprochen. So wird Oskar Walter Cisek 1948 als ›Spion‹ inhaftiert. Dazu kommt, daß die deutschen Verlage, die die rumäniendeutschen Autor/innen bisher betreuten, nach dem Krieg ihre Tätigkeit eingestellt haben. So wird der Verlag Erwin Wittstocks (1899–1962; Langen-Müller-Verlag München) treuhänderisch verwaltet und die Autor/innen werden aufgefordert, sich an andere Verlage zu wenden.

Allerdings verlassen die wichtigsten drei deutschsprachigen Autoren der ersten Jahre nach 1944 – zu ihnen ist noch Margul-Sperber zu zählen – Rumänien nicht. Das kulturelle Zentrum der deutschen Minderheit ist jetzt Bukarest, und in Temeswar entwickeln sich erste Ansätze literarischen Lebens um die Zeitschrift *Banater Schrifttum* (1949–1955, ab 1/1956 *Neue Literatur*). Viele siebenbürgische Autor/innen können jedoch ihre Bücher nicht in Rumänien publizieren: Hans Bergel (geb. 1925) wird 1947 und 1954 verhaftet, Wolf von Aichelburg (1912–1994) wird von 1948 bis 1952 inhaftiert.

Andererseits kommt es zu einer langsamen Konsolidierung des kulturellen Lebens. Daß die Angst der Migranten vor einem totalitären Staat nicht unbegründet war, zeigt vor allem der Kronstädter Prozeß 1959, in dessen Verlauf Andreas Birkner (1911–1998), Wolf von Aichelburg, Georg Scherg, Hans Bergel und Harald Siegmund unter fadenscheinigen Vorwänden zu hohen Haftstrafen verurteilt wurden. Nach ihrer Rehabilitation wanderten die meisten der damals Angeklagten in die Bundesrepublik aus. Hans Bergel hat später in seinem Roman *Der Tanz in Ketten* (1977) die unerträglichen Haftbedingungen und die Terrorformen des diktatorischen Staates eindrucksvoll geschildert.

Mitte der 60er bis Anfang der 70er Jahre

Mit der Machtübernahme durch Nicolae Ceauşescu (1965) beginnt in Rumänien eine Politik angeblicher politischer Neutralität und die Aufnahme von diplomatischen Beziehungen mit der BRD. Die neue Verfassung von 1965 garantierte allen Minderheiten zwar eine Vielzahl von Rechten, die aber eine demokratische Mitsprachemöglichkeit nur vortäuschen. Dennoch ist die Entdeckung und Förderung der *Banater Autorengruppe* Ende der 60er/Anfang der 70er Jahre, deren bekannteste Autoren Herta Müller und Richard Wagner später in der Bundesrepublik fälschlicherweise synonym mit der rumäniendeutschen Literatur gesetzt werden, ohne diesen Hintergrund nicht denkbar.

Auffällig ist jedoch, daß sich viele siebenbürgische Autoren in diesen Jahren der inszenierten politischen Aufbruchsstimmung entschließen, in die Bundesrepublik Deutschland umzusiedeln. Zwei ehemalig Verhaftete des Kronstädter Prozesses, Andreas Birkner 1966 und Hans Bergel 1968, kommen kurze Zeit nach ihrer Entlassung aus der Haft in die Bundesrepublik. Oskar Pastior, einer der bekanntesten Autoren aus Rumänien, damals als Redakteur des rumänischen Rundfunks tätig, nutzt eine Auslandsreise, um in Westberlin zu bleiben. Dieter Schlesak (geb. 1934), in diesen Jahren als Redakteur der Literaturzeitschrift *Neue Literatur* eher kommunistischen Utopien verpflichtet, bleibt während einer Reise ebenfalls in der BRD. Sein kurz darauf in der Bundesrepublik erschienenes Buch *Visa. Ost West Lektionen* (1970) berichtet von den ersten Tagen im Westen, den sofortigen Freiheitsempfindungen, den späteren Schuld- und Heimwehgefühlen und vom schmerzhaften Zurechtfinden in einer vom Umgang mit Geld geprägten Warenwelt. Paul Schuster (geb. 1930), dem mit *Fünf Liter Zuika* ein Achtungserfolg in der DDR gelang, kommt Anfang der 70er Jahre in die BRD, um hier nach mehreren vergeblichen Bemühungen literarisch relativ bedeutungslos zu werden. Nur als Übersetzer, beispielsweise von Norman Manea, gelingt ihm eine bescheidene Öffentlichkeitswirkung.

Die 80er Jahre bis heute

Obwohl es auch in den 70er Jahren ständige Übersiedlungen von Autor/innen in die BRD oder nach Österreich gegeben hat, kommt es erst wieder ab Mitte der 80er Jahre, als sich die Lebensbedingungen in Rumänien verschlechtern, zu einer verstärkten Ausreise. Es kommen zum einen noch jüngere Autoren (Banater Autorengruppe), die Ende der 60er Jahre vom Staat gefördert wurden, in ihren ersten Veröffentlichungen häufig kommunistisch-utopische Vorstellungen vertraten und jetzt zumeist eine Dissidentenrolle einnehmen, zum anderen ihre damaligen Förderer (Nikolaus Berwanger, Gerhardt Csejka, Eduard Schneider), die nun, ihrer Utopien beraubt, der beengt werdenden Lebenssituation entfliehen wollen.

Der in Kronstadt geborene Klaus Hensel (geb. 1954) übersiedelt 1981 und Werner Söllner (geb. 1951) 1982 in die BRD. Gerade Söllner ist in Rumänien schon mit einigen wichtigen Lyrikbänden an die Öffentlichkeit getreten, die mit einer intensiven, an westlichen Vorbildern geschulten Sprache, wie im letzten Band *Eine Entwöhnung* (1980), die Entfremdung des lyrischen Ichs von den Verhältnissen in Rumänien oder, wie in *Mitteilungen eines Privatmannes* (1978), die Flucht aus doktrinierten gesellschaftlichen Zwängen zeigen. Er durchlebt bis 1987 eine problematische Zeit, in der er schriftstellerische und auch persönliche Ablehnung zu spüren bekommt.

Nikolaus Berwanger (1935–1989), Kulturfunktionär und rastloser Förderer der deutschen Kultur im Banat, Mitglied der politischen Nomenklatura und populärer Mundarttexter, kommt 1984 in die BRD. Seine politische Vita in Rumänien, aber auch Unverständnis für seine dortigen Erfolge hemmen und zerreiben ihn psychisch und physisch im schmerzhaften Integrationsprozeß. Posthum wird ihm noch einige Anerkennung zuteil, beispielsweise mit seinen Gedichten aus dem Nachlaß *Du hast nicht Dein Leben, Du hast Deine Zeit gelebt* (1992).

Ungefähr gleichzeitig mit der plötzlichen Öffentlichkeitswirkung der rumäniendeutschen Literatur in der BRD, die vor allem von Herta Müllers (geb. 1953) mehrfach preisgekrönten Prosatexten in *Niederungen* (1984) ausgelöst wird, kommt es zu einer Verschärfung der Situation in Rumänien und zu einer erneuten Ausreisewelle. *Niederungen* (1982) enthält Texte, die schon zuvor in zwei Büchern in Rumänien erschienen sind und in bedrückenden Bildern eine dörfliche Kindheit inmitten festgefahrener Traditionen in einem lakonischen, fast an Kindersprache erinnernden Duktus beschreiben. Vor allem die Erzählung *Das schwäbische Bad*, die das Sauberkeitsstreben der Banater Schwaben mit dem schwäbischen Schlüsselschimpfwort »dreckiger Wallach« verknüpft, löst 1981 im Banat einen regionalen (Generations-) Konflikt aus. In der BRD greifen 1984 einige ›Kritiker‹ erneut den Streit auf und verknüpfen die damaligen Argumentationsstrukturen mit politischen Anschuldigungen. Dabei steht nicht die literarische Qualität der Texte, sondern die Person der Autorin im Mittelpunkt des Medieninteresses.

In einem unmittelbaren Zusammenhang mit den Vorgängen in Rumänien ist auch das tragische Schicksal Rolf Bosserts (1952–1986) zu sehen. Nachdem er ähnlich wie Söllner schon in Rumänien mit einigen bemerkenswerten Lyrikbänden auf sich aufmerksam gemacht hat, kommt er Dezember 1985 in die BRD, mit Vorschußlorbeeren bedacht und von einigen bundesdeutschen Autoren gefördert. Er wählt im Februar 1986 den Freitod, und sein bewegendes Lebensende wird kurzzeitig von vielen bundesdeutschen Kritikern synonym für den Exitus der rumäniendeutschen Literatur überhaupt gesetzt. Sein Schicksal steht beispielhaft für das Nichtbewältigen eines schmerzvollen Zustandes, der beim Warten auf die Landveränderung durch die Vermischung von direkt erfahrener Wirklichkeit und einer imaginierten ausgelöst wird. Davon zeugte vor allem der posthum herausgegebene Lyrikband *Auf der Milchstraße kein Licht* (1986), der ebenfalls viele bereits in Rumänien veröffentlichte Texte enthält.

Das öffentliche Interesse fokussiert sich Mitte der 80er Jahre zunehmend auf eine Autorengeneration – zwischen 1951 und 1955 vor allem im Banat geboren –, deren Vertreter zumeist in der BRD leben bzw. in Rumänien teilweise mit Berufsverbot auf die Ausreise warten. Dabei wird häufig vergessen, daß eine ganze Reihe von Autor/innen schon lange Zeit in Deutschland und Österreich publizieren oder als Förderer deutschsprachiger Autoren eine wichtige Rolle spielen, wie Ernest Wichner, das ehemalige Gruppenmitglied der »Aktionsgruppe Banat«, der 1976 nach Berlin gekommen ist und später den beachteten Lyrikband *Steinsuppe* (1988) veröffentlicht.

Oft wird ignoriert, daß älteren Schriftstellern ebenfalls im bundesdeutschen Literaturbetrieb eine Rolle zukommt, die freilich weniger Resonanz als in Rumänien erzeugt: Wolf von Aichelburg, seit 1980 in der BRD, veröffentlicht – streng klassischen Mustern verpflichtet – beispielsweise den Lyrikband *Aller Ufer Widerschein* (1984), dem sicherlich als Literaturzeugnis einer älteren Generation Bedeutung zukommt. Zusätzlich nehmen auch die Autor/innen rege am literarischen Leben teil, die schon kurz nach dem Zweiten Weltkrieg übergesiedelt sind: Der Publizist und Schriftsteller Hans Wolfram Hockl macht mit dokumentarischen Sachbüchern über die Verstrickung der Rumäniendeutschen zwischen 1933 und 1944 sowie durch die Thematisierung der Vergangenheitsverdrängung in bundesdeutschen Verbänden auf sich aufmerksam (z.B. *Offene Karten. Dokumente zur Geschichte der Deutschen in Rumänien 1930–1980*; 1980). Etliche sind Autoren und Förderer zugleich: Walter Myß (geb. 1920 in Kronstadt/Siebenbürgen und seit 1945 in Innsbruck) gründete 1971 den Wort und Welt Verlag, der sich der älteren Autorengeneration und stark heimatbezogenen Themen widmet. Besonders wichtig ist in diesem Zusammenhang die Zeitschrift *Südostdeutsche Vierteljahresblätter* (seit 1951), von Heinrich Zillich und Hans Diplich herausgegeben, die sich nicht nur der Literatur, sondern auch der Kunst und Geschichte verpflichtet fühlt.

Spätestens Ende der 80er Jahre hat sich der Schwerpunkt der rumäniendeutschen Kultur in die Bundesrepublik verlagert. Daß aber die Popularität immens produktiver Autoren (Hans Bergel) nur auf eine bestimmte Klientel beschränkt bleibt, hängt besonders mit dem Schicksal derjenigen jungen Autor/innen zusammen, die jetzt im bundesdeutschen Literaturbetrieb Furore machen: 1987 ist das Jahr, in dem fast alle Autoren der Banater Autorengruppe unter großer öffentlicher Anteilnahme in die BRD kommen: Herta Müller mit ihrem damaligen Ehemann Richard Wagner (geb.

1952), William Totok (geb. 1951), Horst Samson (geb. 1954), Johann Lippet (geb. 1951) und Helmuth Frauendorfer (geb. 1959).

Noch während des Wartens auf die Ausreise hat Herta Müller den Roman *Der Mensch ist ein großer Fasan auf der Welt* geschrieben und 1986 in der BRD veröffentlicht. Sie beschreibt anhand des Schicksals der schwäbischen Müllerfamilie Windisch die endlose Zeit, die zwischen der Antragstellung und der tatsächlichen Ausreise vergeht. Der Erhalt des begehrten Passes wird durch den Verlust der materiellen (Geld, Haus) und ideellen Werte (Moral, Sexualität) erkauft.

Diese Autorengruppe meldet sich in den nächsten Jahren mit einer Vielzahl von Veröffentlichungen zu Wort, die in drei Gruppen unterteilt werden können: Zur ersten Gruppe gehören die Bücher, wie Herta Müllers *Barfüßiger Februar* (1987), Richard Wagners Erzählung *Ausreiseantrag* (1988) oder Johann Lippets dokumentarisches Buch *Protokoll eines Abschieds oder die Angst vor dem Schwinden der Einzelheiten* (1990), die den Zustand des Wartens auf die Ausreise in die BRD beschreiben und auch in Rumänien geschriebene Sequenzen enthalten. Eine zweite Gruppe bilden diejenigen Bücher, die sich mit den Erfahrungen in der BRD beschäftigen: Herta Müllers *Reisende auf einem Bein* (1989) und Richard Wagners *Begrüßungsgeld* (1989) gehören dazu. Zur dritten Gruppe zählen die Veröffentlichungen, die sich stärker zurück an das Herkunftsland orientieren, beispielsweise Richard Wagners Roman *Die Muren von Wien* (1990).

Der enorme Bonus, den diese Autorengruppe in jenen Jahren besitzt, ist ihrem politischen Engagement für die Menschenrechte in Rumänien in den letzten Jahren der Ceaușescu-Dikatur, aber auch ihrem öffentlichkeitswirksamen Auftreten zu verdanken. Hinzu kommen emotionsgeladene Sachbücher, wie u.a. William Totoks *Die Zwänge der Erinnerung. Aufzeichnungen aus Rumänien* (1988) oder Wagners *Mythendämmerung. Einwürfe eines Mitteleuropäers* (1993), die durch ihre packende Sprache und Verständlichkeit einige ihrer Ungereimtheiten vergessen machen. Als während des politischen Umbruchs in Rumänien 1989/90 der Nachrichtenschwerpunkt Temeswar einen Bedarf an fachkundigen Kommentatoren schafft, füllen diese Lücke die Autor/innen der Banater Autorengruppe.

Spätestens während der Marburger Tagung »Nachruf auf die rumäniendeutsche Literatur«, zu der zumeist Autor/innen und Förderer der Generation um Herta Müller und Richard Wagner eingeladen wurden, zeigt sich die tiefe Zerrissenheit zwischen den Autor/innen. Die emotionsgeladenen und teilweise unsachlichen Diskussionen zeigen nicht nur den Graben zwischen den meisten Autoren der älteren Generation und den jüngeren, sondern auch erste Risse im Zusammenhalt der zwischen 1950 und 1955 geborenen. Die Diskussionen erschöpfen sich in den nächsten Jahren auch an der Frage, wer denn tatsächlich in Rumänien Widerstand geleistet habe. Insbesondere wurde der Versuch der jüngeren Generation kritisiert, sich als die einzigen Vertreter rumäniendeutscher Literatur zu präsentieren.

Die Literatur- und Fachzeitschriften, die sich dieser Thematik widmen, sind, trotz aller Unterschiedlichkeit, ein Integrationsfaktor für die Autoren in der BRD und bilden eine Plattform für literarische Wortmeldungen unterschiedlichster Art. Wichtig sind die *Neue Literatur. Zeitschrift für Querverbindungen, Neue Folge* (Bukarest/Frankfurt a.M., Redaktionsleitung Gerhardt Csejka), die schon 1949 vom rumänischen Schriftstellerverband gegründet wurde, dann die *Südostdeutschen Vierteljahresblätter* (München, jetzt herausgegeben von Hans Bergel und Franz Hutterer), die seit 1951 bestehen, und die seit 1988 von Johann Böhm herausgegebene *Halbjahresschrift für südosteuropäische Geschichte, Literatur und Politik* (Dinklage). Auch einige Verlage, in denen rumäniendeutsche Literaturwissenschaftler/innen und Publizist/innen wirken, machen, wie beispielsweise das »Südostdeutsche Kulturwerk« (Peter Motzan, Stefan Sienerth), mit interessanten Neuerscheinungen von sich reden.

Ungefähr zwischen 1990 und 1992 ebbt der neuerliche Migrationsstrom ab. Georg Scherg, bis zu seiner Rente Leiter des Lehrstuhls für Philologie in Sibiu/Hermannstadt, siedelt erst 1990 in die Nähe von Tübingen um. Franz Hodjak (geb. 1944), der die rumäniendeutsche Literatur der 70er und 80er Jahre entscheidend geprägt hat, kommt 1992 in die Bundesrepublik. In Rumänien bleibt von den prominenten Autoren nur noch Joachim Wittstock (geb. 1939) zurück. 1998 landet der in der Nähe von Hermannstadt/Sibiu lebende Pfarrer Eginald Schlattner mit seinem umfangreichen Roman *Der geköpfte Hahn* einen bundesdeutschen Überraschungserfolg. Darin entfaltet er mit Fabulierlust ein breites Panorama eines untergegangenen siebenbürgischen Mikrokosmos, den die Ereignisse von 1944 endgültig auseinanderbrechen lassen. »Exitus« und »Exitus letalis« sind die bezeichnenden ersten und letzten Worte seines Buches.

Es steht außer Frage, daß etliche Autoren trotz des beengten Rezeptionsverständnisses im bundesdeutschen Literaturbetrieb Anfang bis Mitte der 90er Jahre Fuß fassen können. Herta Müller und Oskar Pastior, die in rascher Folge seit Jahren publizieren, sind sicherlich die herausragendsten Beispiele. In *Der Teufel sitzt im Spiegel* (1991) beschreibt Müller die Entstehung ihrer Texte aus der Angst vor der Sprachlosigkeit und den Folgen dumpfer Unterdrückung in einer dikatorischen Gesellschaft, die dem Individium keine Chance gibt, sich zu entwickeln. Ähnliche Thematiken greift sie in abgewandelter Form auch in *Der Fuchs war damals schon der Jäger* (1992), *Herztier* (1994) und *Heut wär ich mir lieber nicht begegnet* (1997) auf. Pastior eröffnet mit seinen Büchern eine Bilderwelt, die von Sprache, genauer Vielsprachigkeit, und Sprachmusikalität lebt. *Das Hören des Genitivs* und *Gimpelschneise in die Winterreise – Texte von Wilhelm Müller* (beide 1997) sind seine letzten vielbeachteten Veröffentlichungen.

Auch Franz Hodjak, Werner Söllner und Richard Wagner haben ihren Platz in der bundesdeutschen Literatur gefunden und behaupten können. Andere Autoren, wie Klaus Hensel, Johann Lippet, Horst Samson oder Helmuth Frauendorfer, konnten nur temporär oder gar keine Rolle spielen – nicht immer gerechtfertigt, wie die Lyrikbände *Stradivaris Geigenstein* (1990) von Klaus Hensel oder *Was noch blieb von Edom* von Horst Samson (1994) beweisen.

In den meisten Veröffentlichungen werden bei diesen genannten Autor/innen drei Komponenten besonders deutlich: Die überraschende Erkenntnis, daß der Warencharakter der westlichen Welt alle Lebensbereiche bestimmt, auch die Kultur. Andererseits ist für die ausgereisten Autoren besonders die Erfahrung bedrückend, daß der Schriftsteller in der BRD seine gesellschaftliche Funktion verloren hat. Das Zwischen-den-Zeilen-Lesen oder versteckte Andeutungen zählen hier nicht mehr. Und schließlich schmerzt die Erfahrung, daß man in Rumänien als Deutscher, hier aber, vor allem wegen seiner Sprache, als Rumäne beschimpft wird. Gerade diese Komponenten gestaltet Richard Wagner überzeugend zwischen 1988 und 1991/92. Daß ihm der Erfolg später versagt geblieben ist, hat auch mit seiner Hinwendung zu seichten, sexuell motivierten Boulevardthemen, wie in *Lisas geheimes Buch* (1996), zu tun.

Viele Autor/innen der mittleren und älteren Generation machten immer wieder mit Büchern auf sich aufmerksam, die eng mit siebenbürgischen Themen verknüpft sind; so z. B. Dieter Schlesak, der jetzt in Stuttgart und in Camairo/Italien lebt, schon mit seinem Roman *Vaterlandstage* (1986) oder Hans Bergel mit dem Roman *Wenn die Adler kommen* (1996): Die siebenbürgische Geschichte des 20. Jahrhunderts mit allen politischen Verstrickungen und Wirrungen erscheint als ein Kosmos für ein multiethnisches Zusammenleben.

Herta Müller

Ihre ersten Veröffentlichungen als Studentin sind bukolische Liebes- und naturmagische Gedichte, die kaum Leser/innen finden. Obwohl die meisten Mitglieder der ›Aktionsgruppe Banat‹ ihre Kommilitonen sind, stößt sie erst um 1976 zur Banater Autorengruppe. Ihre ersten Prosatexte, später zumeist in *Niederungen* (Bukarest 1982) und *Drückender Tango* (Bukarest 1984) veröffentlicht, werden u. a. in der Literaturzeitschrift *Neue Literatur* publiziert bzw. von ihr im Temeswarer Adam-Müller-Guttenbrunn-Literaturkreis vorgestellt. Schon 1981 führt der kurze Prosatext *Das schwäbische Bad* zu polemischen Auseinandersetzungen zwischen den traditionsverhafteten Autoren und den modern und kritisch eingestellten. 1984 erscheint in Westberlin der Band *Niederungen*, der Müller schlagartig in der BRD bekannt macht und ihr viele Preise einbringt. Auch in der BRD wird die Polemik der 81er Auseinandersetzungen weitergeführt, allerdings erfolgen hier die Vorwürfe von einigen Vertretern der Landsmannschaften.

1986 erscheint in der BRD die Erzählung *Der Mensch ist ein großer Fasan auf der Welt*, in der das Warten der Familie Windisch auf die Ausreise unter Aufgabe aller moralischen und materiellen Werte gestaltet wird. Kurz vor der Ausreise engagiert sich Müller für in Bedrängnis geratene Autoren der Banater Autorengruppe, wird von der Securitate mehrmals verhört und erhält Reiseverbot. 1987 kommt sie – zusammen mit ihrem damaligen Ehemann Richard Wagner – in die BRD. Im selben Jahr erscheint *Barfüßiger Februar*, der 26 Prosatexte enthält, die überwiegend kurz vor der Ausreise aus Rumänien in der Zeit des Wartens entstanden sind und die deutlicher als vorher politische Mißstände in Rumänien ansprechen und eine noch stärker anmutende Surrealität besitzen.

Müllers erstes nach der Ausreise entstandenes Buch ist *Reisende auf einem Bein* (1989), welches die Erfahrungen einer jungen Deutschen, Irene, aus einem Land, das leicht als Rumänien identifiziert werden kann, in Deutschland darstellt. Ihre Beobachtungen werden von einer unterschwelligen Angst und Grausamkeit überlagert und spiegeln ihr Inneres wieder, welches vom Nichtankommen im neuen Land und Nichtvergessen des alten geprägt ist.

Ende der 80er bis Anfang der 90er Jahre steht die Autorin erneut im Mittelpunkt des öffentlichen Interesses: Sie engagiert sich für Menschenrechtsgruppen und den Sturz des Ceauşescu-Regimes, ist eine gefragte Gesprächspartnerin während des gewaltsamen politischen Umbruchs in Rumänien und veröffentlicht eine Vielzahl von Essays und Kurzgeschichten zu den damaligen Geschehnissen, die später in *Eine warme Kartoffel ist ein warmes Bett* (1992) und *Hunger und Seide* (1995) zusammengefaßt werden. Herta Müllers Schaffen ist vielfältig: Stärker in *Der Teufel sitzt im Spiegel* (1991), aber auch in *In der Falle* (1996) hält sie an konstitutiven Elementen ihres Schreibens fest.

Unterdrückung in einer diktatorischen Gesellschaft, das Klima von Angst und Bespitzelung in einem Land im Endzustand und seine Bewohner, deren Innerstes durch die Umstände mehrfach gebrochen ist, sind auch die Themen ihrer symbolreichen Bücher, die sich der Rückschau nach Rumänien widmen: *Der Fuchs war damals schon der Jäger* (1992), *Herztier* (1994) und *Heut wär ich mir lieber nicht begegnet* (1997). In *Der Wächter nimmt seinen Kamm* (1993) experimentiert sie mit Umsetzung von Sprach- in Bildcollagen.

Oskar Pastior

In Rumänien veröffentlicht er zwei Lyrikbände *Offne Worte* (1964 Bukarest) und *Gedichte* (1965 Bukarest), die zwar spätere Lyrikkonzepte erahnen lassen, thematisch jedoch von Zugeständnissen an den sozialistischen Kulturbetrieb geprägt sind. Seit 1968 lebt er in der BRD. Von Pastior sind seither mehr als 25 Bücher und zahlreiche Tonaufnahmen erschienen, u. a. *Höricht. Sechzig Übertragungen aus einem Frequenzbereich* (1975), *Der krimgotische Fächer. Lieder und Balladen* (1978), *Lesen mit Tinnitus. Gedichte 1980–1985* (1986), *Vokalisen und Gimpelstifte* (1992) und zuletzt *Das Hören des Genitivs* (1997) und *Gimpelschneise in die Winterreise-Texte von Wilhelm Müller* (1997), die mit einer Vielzahl von Preisen honoriert worden wurden. Durch seinen sprachexperimentellen Ansatz steht er Ernst Jandl, aber auch Friedericke Mayröcker, der Wiener Gruppe oder Franz Mon nahe, jedoch erreicht er durch Einflechtung von aus dem multikulturellen Erfahrungshorizont bedingten Sprachstrukturen und -fetzen, seine besondere Formzuwendung, wie zu Palindrom oder den Vokalisen, und die Beziehung zur »Sprachmusik« einen hohen Bekanntheitsgrad, der ihn zu einem herausragenden Vertreter der experimentellen Poesie werden läßt. Ab Ende der 70er Jahre verwischen sich immer stärker die Gattungsgrenzen in den Texten Pastiors, denn er nimmt verstärkt Anleihen aus der darstellenden Kunst, aber auch der Musik auf.

Moses Rosenkranz

Mit dem Band *Leben in Versen* (1930 Czernowitz) veröffentlicht Moses Rosenkranz erstmals seine frühen Gedichte, 1935 erscheint eine Biographie der Königin von Rumänien unter dem Titel *Maria von Rumänien. Traum und Leben einer Königin* in Leipzig, allerdings ohne Nennung des Autors Rosenkranz. Zwei weitere kraftvolle Lyrikbände folgen: *Gemalte Fensterscheiben* (1936 Czernowitz) und *Die Tafeln* (1940 Czernowitz), wobei der letztere unter enormem nationalistischen Druck und antisemitischen Ausschreitungen entsteht. Rosenkranz wird in Arbeitslager interniert und lebt ab 1944 in Bukarest. 1947 gerät er in sowjetische Gefangenschaft und ist bis 1957 in Gulags und in Gefängnissen. Während seiner Abwesenheit erscheint 1947 in Bukarest unter dem Pseudonym Martin Brant das Buch *Gedichte*, das in den Jahren zuvor geschriebene Texte enthält. Da er von einem erneuten Prozeß der Securitate gegen ihn erfährt, flüchtet er 1961 aus Rumänien in die BRD, wo er bis heute lebt.

Obwohl er als »Nestor der deutschsprachigen Dichtung der Bukowina« (Sienerth 1997, S. 85) gilt, schafft er es jahrzehntelang in der Bundesrepublik nicht, literarisch Fuß zu fassen. Ein Teil seiner Manuskripte, teilweise auch Prosa, sind durch unstetige Wanderung und Krieg verloren gegangen, andere werden von bundesdeutschen Verlagen abgelehnt. Erst fast vierzig Jahre nach seiner letzten Buchveröffentlichung gelingt es ihm, mit den Lyrikbänden *Im Untergang. Ein Jahrhundertbuch I* (1986) und *II* (1988), mit zumeist im Kreuzreim gehaltenen und einer bildhaften Sprache geschriebenen Gedichten »seinen« Jahrhundertbogen zu spannen und in der bundesdeutschen Öffentlichkeit bekannt zu werden.

Werner Söllner

Schon 1969 debütiert Söllner mit ersten lyrischen Versuchen, 1975 erscheint *Wetterberichte*, ein Lyrikband, der vorwiegend politische Bekenntnisgedichte enthält. In seinem zweiten Lyrikband *Mitteilungen eines Privatmannes* (1978) setzt er sich mit der Isolation des Ichs und seinem Ankämpfen gegen Sprachlosigkeit und Bedrohung in der Form des Langgedichts auseinander. Sein letzter in Rumänien publizierter Band *Eine Entwöhnung* (1980) zeigt noch stärker die Entfremdung des lyrischen Ichs von der gesellschaftlichen Identität.

Seit 1982 lebt Söllner in der BRD, zuerst ohne öffentlichen Erfolg. Ungefähr bis 1987 erlebt er eine Zeit der Enttäuschungen und der Schwierigkeit, sich im bundesdeutschen Alltag zurechtzufinden. In *Es ist nicht alles in Ordnung, aber o.k. Ein Monolog* (1985) beschreibt er das Hin-und-Hergerissensein zwischen dem alten und dem neuen Land, Verbitterungen und persönliche Zerwürfnisse, die aus einem schmerzvollen Integrationsprozeß in der BRD und einem ohnmächtigen Zustand der Sprachlosigkeit resultieren. Mit den Lyrikbänden *Kopfland. Passagen* (1988) und *Der Schlaf des Trommlers* (1992) gelangt Söllner wieder zu einem Bekanntheitsgrad. Der erste Band enthält Texte, die zwischen 1976 und 1988 entstanden sind und bietet einen Querschnitt vom verknappten Gedicht bis zum freirhythmischen Langgedicht, von der Darstellung existentieller Bedrohung und Sprachangst in Rumänien und

Deutschland. *Der Schlaf des Trommlers* enthält dagegen Texte, die stärker als bisher – chiffriert in einer Naturmetaphorik – die Suche nach dem eigenen Platz in der materiell orientierten westlichen Welt thematisieren. Söllner hat sich auch als Übersetzer und Förderer rumänischer Lyrik, beispielsweise der Texte Mircea Dinescus, einen Namen gemacht.

Richard Wagner

Richard Wagner – einer der produktivsten rumäniendeutschen Autoren – ist zwischen 1972 und 1975 ein führendes Mitglied der Aktionsgruppe Banat, einem Bündnis junger Autoren, entstanden aus einem verschärften politischen (Marxismus) und ästhetischen (moderne Literatur aus dem deutschen Sprachraum) Engagement, welches 1975 von der Securitate zerschlagen wird und dem vor allem die Rolle eines politischen Frühwarnsystems zukommt. 1973 veröffentlicht er seinen ersten Gedichtband *Klartext.* Von einer radikal vertretenen marxistisch-sozialistischen Position ausgehend, wird er unverzichtbarer und unbequemer Bestandteil der rumäniendeutschen Literatur zwischen Ende der 70er bis Mitte der 80er Jahre, z.B. innerhalb des ›Adam-Müller-Guttenbrunn-Literaturkreises‹, als dessen Leiter er kurzzeitig agiert.

In dieser Zeit erscheinen von Wagner in rascher Folge viele Veröffentlichungen: Der Lyrikband *Die Invasion der Uhren* (1977), in dem Subjektives, in Formanlehnung an Rolf Dieter Brinkmann oder Jürgen Theobaldy, noch mit einem didaktischen Bekenntnis zum Sozialismus verknüpft wird. In seinem ersten Prosaband *Der Anfang einer Geschichte* (1980), vor allem im Kerntext *Der junge Berger*, vermischt Wagner erlebte Rede mit auktorialer Erzählweise, um scheinbare Alltäglichkeiten zu beschreiben. Die beiden Bände *Hotel California I* (1980) und *Hotel California II* (1981) schließen sich thematisch an *Die Invasion der Uhren* und formal an die Beat-Lyrik an. Alltägliches wird in langen Gedankenreihen zur Schau gestellt, unterbrochen von Zitaten und Verwischung der Genregrenzen. 1981 erscheint noch das Kinderbuch *Anna und die Uhren*, welches eher als ein Buch für Erwachsene bezeichnet werden kann.

In *Gegenlicht* (1983) wird die zuvor in anderen Lyrikbänden bevorzugte kinemathographische Reihung von Bildern und Sinneseindrücken zugunsten der Beschreibung von Einzelheiten aufgegeben. Sprachlosigkeit, Identitätskrise, bittere Absagen an frühere Utopien sind jetzt Wagners neue Themen. Kurze Zeit später erscheinen noch *Das Auge des Feuilletons. Geschichten und Notizen* (1984) und mit dem Lyrikband *Rostregen* (1986) Wagners erste bundesdeutsche Veröffentlichung. Jetzt artikuliert er stärker politische Mißstände im dahinsiechenden Ceauşescu-Staat.

Nach seiner von großer medialer Präsenz begleiteten Ankunft in der BRD (1987) überzeugt Wagner als Buchautor von Prosa und Lyrik, als gefragter Gesprächspartner und als Sachbuchautor während des Sturzes Ceauşescus. *Ausreiseantrag* (1988) erzählt in fragmentarischen Szenen von Stirner, einem Korrespondenten einer deutschsprachigen Zeitung in Rumänien, und seiner Frau Sabine in einer Diktatur im Endzustand. Im Zusammenhang damit ist die Erzählung *Begrüßungsgeld* (1989) zu sehen, in der er die Ankunft Stirners im westlichen Teil Deutschlands Ende der 80er Jahre und die Schwierigkeiten, sich in der westlichen Warenwelt sprachlich und materiell zurechtzufinden, schildert. Der autobiographisch abgeschwächte Roman *Die Muren von Wien* (1990) beschreibt eine fiktive Rückreise in die unmittelbare Vergangenheit Rumäniens.

Mit dem Lyrikband *Schwarze Kreide* (1991) wird die Rückschau auf die Vergangenheit als eine poetische Haltung gegenüber der vorgefundenen Realität in der BRD eingesetzt. In den nächsten Jahren tritt er auch als Sachbuchautor hervor: *Sonderweg Rumänien. Bericht aus einem Entwicklungsland* (1991), *Völker ohne Signale. Zum Epochenumbruch in Osteuropa* (1992) und *Mythendämmerung. Einwürfe eines Osteuropäers* (1993) verbinden politisches Engagement mit Verständlichkeit, ohne den Anspruch wissenschaftlicher Exaktheit.

Im Prosaband *Der Himmel von New York im Museum von Amsterdam* (1992) und *Der Mann, der Erdrutsche sammelte* (1994) blitzt noch einmal der Flaneur auf, in *Giancarlos Koffer* (1993) greift Wagner auf die Erzähltechniken der Jahre 1988–1991 zurück, und im Lyrikband *Heiße Maroni* (1993) versucht er vergeblich, mittels thematischer Rückbezüge das Niveau seiner früheren Lyrikbände zu erreichen.

Ab Mitte der 90er Jahre legt Wagner die Akzente stärker auf die sexuell-erotische Komponente. Im Roman *In der Hand der Frauen* (1995) wird Berlin als Stadt der Fremden und Heimatlosen aus der Sicht eines Flaneurs dargestellt und mit autobiographischen Anspielungen auf seine Herkunft aus dem rumänischen Banat verknüpft. *Lisas geheimes Buch* (1996), ebenfalls ein Roman, berichtet von einer dreißigjährigen verheirateten Mutter aus Ostberlin, die als Prostituierte im Großstadtdschungel arbeitet und einem Redakteur von ihren Erfahrungen und Erlebnissen erzählt. In *Im Grunde sind wir alle Sieger* (1998), sein bisher letzter Roman, wird die sexuell-erotische Komponente und das boulevardhafte Erzählen noch verstärkt; Wagner bedient sich einer fast vulgären Sprache und lehnt sich thematisch stark an die beiden letzten Berlin-Romane an.

Trotz aller Widersprüche hat Richard Wagner die literarischen Veröffentlichungen seiner Generation, nicht nur der Banater Autorengruppe, innerhalb der deutschen Minderheit in Rumänien entscheidend geprägt. In den ersten Jahren nach der Übersiedlung gelingt es ihm als eloquenten Wortführer der jüngeren rumäniendeutschen Autor/innen, das deutsche Rumänienbild in den deutschen Medien mitzugestalten und als wichtiger Autor auf sich aufmerksam zu machen.

10. Literatur osteuropäischer Migrant/innen

Klaus-Peter Walter

Die jüngsten Migrationswellen aus osteuropäischen Ländern wie der ehemaligen Tschechoslowakei, Ungarn, Polen und Bulgarien sind – direkt und indirekt – eng mit den politischen Ereignissen und Entwicklungen der ehemaligen Sowjetunion verknüpft. Die Emigrationswellen der 60er Jahre waren die Folge der von Nikita Chruschtschow 1956 mit seiner Geheimrede auf dem 20. Parteikongreß eingeleiteten und bald wieder gestoppten Entstalinisierung, für die sich nach einem Romantitel Ilja Ehrenburgs der Begriff ›Tauwetter‹ eingebürgert hat. Es folgte die ›Phase der Stagnation‹, wie die Amtszeit von Leonid Breschnjew (1966–1982) genannt wird, in der jedes politische Leben gewaltsam zum Erliegen kam. Durch die Doktrin von der beschränkten Souveränität sozialistischer Staaten, mit der der Einmarsch in die ČSSR am 21. August 1968 gerechtfertigt wurde, sowie durch die Ausbürgerung von prominenten Regimekritikern und -gegnern, wie Alexander Solschenizyn, wurde die Auswanderung erneut forciert.

In den Jahren der »Normalisierung« nach dem Ende des »Prager Frühlings« suchten auch die sozialistischen Staaten, ihr Ansehen im Westen aufzubessern und unterzeichneten – wie die UdSSR – die Schlußakte von Helsinki. Prag tat dies 1975, doch als sich zeigte, daß die Regierung die von ihr selbst unterzeichnete Schlußakte ignorierte, formierte sich 1977 unter Federführung von Pavel Kohout, Václav Havel, Jan Patočka und Jiří Gruša die »Charta 77«. Bewußt wurde auf eine feste Organisationsform verzichtet, weil jede Organisation »außerhalb der Palisaden des Regimes gnadenlos strafrechtlich verfolgt wurde« (Kohout). Die »Chartisten«, wie sie genannt wurden, formulierten daher lediglich einen Appell an die Regierung mit der Forderung, die Schlußakte von Helsinki zu respektieren und alle bürgerlichen Freiheiten zu gewähren. Mehr als eintausend Menschen unterschrieben diesen Appell sofort; später fanden sich Nachahmer, unter anderem auch in Ungarn. Wer nicht bereits 1968 das Land verlassen hatte, wurde in den folgenden Jahren aus dem Land hinausschikaniert, wie etwa Ota Filip (Ausbürgerung in die Bundesrepublik 1974) oder Pavel Kohout (Ausbürgerung nach Österreich 1979).

So gelangten unter anderem die russischen Satiriker Alexander Sinowjew (geb. 1922) und Wladimir Wojnowitsch (geb. 1932) nach Deutschland, die 1977 beziehungsweise 1980 ausgebürgert wurden und nach München zogen, sowie der studierte Germanist Lew Kopelew (1912–1997) und seine Frau Raissa Orlowa-Kopelew (1918–1989), die sich 1980 in Köln niederließen und bis zu ihrem Tode eine unermüdliche Vermittlertätigkeit ausübten. Raissa Orlowa-Kopelew etwa berichtete in ihrem Buch *Briefe aus Köln über Bücher aus Moskau* (1987) über neueste russische Literatur, Lew Kopelew initiierte und leitete das »Wuppertaler Projekt zur Erforschung der Geschichte deutsch-russischer Fremdenbilder«, das ab 1988 unter dem Reihentitel »West-östliche Spiegelungen« mehrere voluminöse Untersuchungen über »Deutsche und Deutschland aus russischer Sicht« beziehungsweise »Russen und Rußland aus deutscher Sicht« vorlegte.

In der Regel handelt es sich bei diesen Emigrant/innen um Regimekritiker/innen oder Dissident/innen, die bereits vor ihrer Ankunft in Deutschland durch internationale Bestseller auf sich aufmerksam gemacht hatten, Sinowjew etwa durch seine radikale Satire *Gähnende Höhen* (1976), Wojnowitsch durch seine humoristischen *Abenteuer des Iwan Tschonkin* (1975) und Kopelew durch seine Kriegs- und Lagererinnerungen *Aufbewahren für alle Zeit!* (1976). Wegen angeblichen Mitleids mit dem (deutschen) Feind war Kopelew denunziert und in den Archipel Gulag verschleppt worden.

Die von dem sowjetischen Staats- und Parteichef Michail Gorbatschow eingeleitete Reformpolitik der Perestrojka führte viele der einst Ausgebürgerten ganz oder mit zweitem Wohnsitz in die Heimatländer zurück. Die ehemaligen ›Satellitenstaaten‹ setzten die Perestrojka in der Regel konsequenter um als Rußland: Nicht umsonst war es Ungarn, das als erstes Land seine Grenzbefestigungen beseitigte und damit den Anfang vom Ende des Eisernen Vorhangs einleitete.

Sprache, Themen und Motive der Exilliteratur

Auffällig ist, daß russische Autor/innen selbst bei perfekter Beherrschung der fremden Sprache lange oder immer der Muttersprache treu bleiben – Ausnahmen sind beispielsweise *Lolita*-Autor Vladimir Nabokov (1899–1977), der sich dem Englischen zuwandte, und im deutschen Sprachraum Natascha Wodin (geb. 1945), Jurij Treguboff (geb. 1923) und Boris Chasanow (geb. 1928), der zwischen 1983 und 1992 auch die russischsprachige Zeitschrift *Strana i mir* (Land und Welt) in München herausgegeben hat.

Das Beharren auf der Muttersprache hat in der Exilliteratur seine eigene Dynamik. Im bundesrepublikanischen Kontext ist eine weitere Ursache zu berücksichtigen. Möglicherweise sahen sich die russischen Autor/innen in einer thematischen Konkurrenz zu Schriftsteller/innen aus der ehemaligen DDR, die auf ähnliche Erfahrungen mit einem diktatorischen System zurückgreifen konnten und deren Sprachkompetenz nicht ohne weiteres einzuholen war. Anders verhalten sich Exilautor/innen, die aus anderen osteuropäischen Ländern stammen, etwa Tschechien, die Slowakei, Ungarn und Bulgarien (das allerdings weder auf dem Sektor der übersetzten Literatur noch dem der Migrantenliteratur in der Bundesrepublik eine nennenswerte Rolle spielt). Immigrant/innen aus anderen osteuropäischen Ländern wechseln häufiger als russische Autor/innen aus ihrer Muttersprache ins Deutsche. Dies mag unter anderem an der stärkeren Präsenz des Deutschen in den jeweiligen Ländern liegen, die zum Teil zur K. u. k.-Monarchie gehörten und wo trotz der Ereignisse des Zweiten Weltkriegs die Kenntnis des Deutschen lebendig blieb.

Auffallend besonders bei russischen Autor/innen ist das Festhalten an ›russischen‹ Themen; Westerfahrungen werden nicht regelmäßig verarbeitet. Ein Extremfall an Rußland-Fixierung bei gleichzeitiger Weltverweigerung ist Alexander Solschenizyn, der sich nach der Exilierung 1974 zur Abfassung eines auf zehn Bände angelegten, aber dann aus Altersgründen aufgegebenen Romanwerks über die Ursachen der russischen Revolution in einem Bücherbunker in den Wäldern Vermonts vergrub und

1990 ein weltfremdes Manifest zur Neugestaltung Rußlands verfaßte, dessen reaktionäre, wirklichkeitsferne Vorschläge vielfach belächelt wurden.

Autor/innen tschechischer und slowakischer Herkunft

Sieht man einmal von Milan Kundera (geb. 1929) ab, dem Autor von *Die unerträgliche Leichtigkeit des Seins* (1984), der sich in Paris niederließ und zum Frankophonen wurde, zog es die meisten tschechischen und slowakischen Exilant/innen in die Bundesrepublik und nach Österreich. Ein Beispiel ist der Slowake Ladislav Mnăčko (1919–1994), der 1968 nach Österreich emigrierte. In scharfer Form setzte er sich mit dem Krieg, dem Nationalsozialismus und der kommunistischen Diktatur auseinander, etwa in den Romanen *Der Tod heißt Engelchen* (dt. 1962) oder *Wie die Macht schmeckt* (dt. 1967). Einer der wichtigsten Anziehungspunkte ist aber Toronto in Kanada. Hier bot und bietet der Schriftsteller Josef Škvorecký mit seinem Verlag *Sixty Eight Publishers* vielen Landsleuten (und sich selbst) Publikationsmöglichkeiten. Am bekanntesten ist seine aus den Romanen *Feiglinge*, *Eine prima Saison* und *Der Seeleningenieur* bestehende Trilogie um sein literarisches Alter Ego Daniel Smřickí.

Eine zentrale weltliterarische Bezugsgröße der tschechischen Literatur jedweder Art ist Franz Kafka, dem das frühe Schaffen Jiří Grušas – etwa der Roman *Mimner* oder seine eigenen, mit Kafka-Texten unterlegten Fotos des Bildbandes *Franz Kafka aus Prag* (1983) – Wesentliches verdankt. Libuše Moníková führt ihren Entschluß zum Schreiben ebenfalls auf die Lektüre Kafkas zurück und läßt ihn in *Pavane für eine verstorbene Infantin* (1983) leibhaftig auftreten sowie eine Figur im Text seine Erzählung *Das Schloß* fortführen. Bezüge zu *Faust* etwa lassen sich bei Libuše Moníková wie bei Gruša ebenfalls nachweisen, und Analoges gilt bei anderen osteuropäischen Literaturen.

Die wichtigsten Autor/innen, die einen vollständigen Wechsel ins Deutsche vollzogen haben, stammen allesamt aus Tschechien: Gabriel Laub (1928–1998), Jiří Gruša (geb. 1938), Libuše Moníková (1945–1998), Ota Filip (geb. 1930). Fast alle ihre Texte tragen auf die eine oder andere Weise einen vermittelnden, bikulturellen Charakter oder setzen sich mit dem kommunistischen System auseinander.

Häufiger als das Umsatteln auf eine Fremdsprache ist freilich der Fall, daß Autor/innen mit sehr guten Sprachkenntnissen wie etwa Gruša in seiner Anfangszeit, der Neu-Österreicher Pavel Kohout oder auch der Ungar György Dalos sich maßgeblich am Zustandekommen der deutschen Fassung beteiligen. Der in Wien lebende Pavel Kohout (geb. 1928), der wohl bekannteste, angesehenste und einflußreichste Exilschriftsteller Tschechiens, schreibt trotz makelloser Beherrschung des Deutschen seine Romane wie *Meine Frau und ihr Mann. Eine Beichte* (1998) noch immer in seiner Muttersprache und läßt sie übersetzen. Die Übersetzung von *Das Ende der großen Ferien* (1990) – einem Roman über mehrere Emigrantenschicksale – stammt von Jiří Gruša. Im Falle des Tschechen Jan Faktor (geb. 1951) und seines experimentellen, die Grenzen von Prosa und Lyrik sprengenden Buches *Georgs Versuche* (1990) wird der Übersetzerin Annette Simon sogar der Status einer Ko-Autorin zugebilligt.

Libuše Moníková

Als sie 1971 26jährig nach Berlin kam, konnte sie keinerlei belletristische Veröffentlichungen vorweisen. Deutsch, das sie in der Schule gelernt hatte, war von Anfang an ihre Literatursprache. Zum Schreiben angeregt wurde sie eigenen Aussagen zufolge durch den Tod des Studenten Jan Palach. Während dessen Selbstverbrennung 1968 aus Protest gegen die Okkupation der ČSSR durch die Truppen des Warschauer Pakts hielt sie sich in unmittelbarer Nähe in einem Kino auf. Moníková ist eine *poetessa docta*, und ihr Werk zeugt von dem Bestreben, aus Gewußtem, Bewußtem und Unbewußtem eine geistige Heimat im Herzen Europas zu schaffen – ein Unterfangen, das den von Moníková geschaffenen Figuren nur im Ansatz gelingt. Ihr vielbeachtetes und preisgekröntes Debüt *Die Fassade M. N. O.P. Q.* (1987) ist ein Schelmenroman in der Tradition von Jaroslav Hašeks *Schwejk* und ein Gang durch die böhmische Geschichte – reich an historischen und kunsthistorischen Details, wie ihre Essays reich sind an Zitaten und literarischen Anspielungen. Fünf Männer, deren Initialen die titelgebende Buchstabenfolge M. N. O. P. Q. bilden, restaurieren die Fassade eines böhmischen Schlosses. Es ist eine Sisyphos-Arbeit, denn wenn eine Front des Gebäudes in Ordnung gebracht ist, muß an einer anderen neu begonnen werden. Die Arbeiter verweigern sich bewußt einer historistischen Restaurierung; vielmehr aktualisieren sie die jüngste Geschichte ihrer Heimat. So entsteht z. B. ein Bild von der Selbstverbrennung Jan Palachs. Ihre Auffassung von Geschichte müssen sie gegen Traditionalisten, alte Nazis und andere Revanchisten durchsetzen. Eine Einladung nach Japan ist Auftakt zu einer aberwitzigen Odyssee des Quintetts um die halbe Welt, an deren Ende sie ihr Werk wieder einmal, dem Vergessen entgegenarbeitend, von vorn beginnen müssen.

Der arktische Schauplatz von *Treibeis* (1992), über das die Autorin auch einen Film gedreht hat, war seit Sten Nadolnys *Entdeckung der Langsamkeit* (1993) Mode geworden, doch Moníková findet wiederum zu ihrem eigenen Thema und Ton: *Treibeis* ist die Liebesgeschichte eines älteren Pragers und einer jüngeren Exil-Pragerin auf der Suche nach Europa, doch ihre Erinnerungen erweisen sich infolge des Altersunterschiedes und der unterschiedlichen geschichtlichen Erfahrung als unvereinbar. Aus ihren rudimentären Erinnerungen, Filmszenen und Literaturzitaten vermögen die Figuren kein Ganzes zu bilden, sie bleiben ruhelos, ohne Form und ohne Ort im Nirgendwo, wie das titelgebende Treibeis.

In *Verklärte Nacht* (1996), in dem die Autorin Eindrücke und Erfahrungen bei einem Besuch im nachkommunistischen Prag verarbeitet, erzählt sie eine tschechisch-deutsche Liebesgeschichte und unternimmt so den Versuch einer Synthese der Welten, die den Protagonisten von *Treibeis* nicht gelungen ist. *Pavane für eine verstorbene Infantin* gilt – wie bereits ein Blick auf das Aufkommen an frauenbewegter bzw. feministischer Sekundärliteratur zeigt – als Moníkovás wichtigster Beitrag zur Frauenliteratur, reflektiert es doch auf phantasmagorische Weise die Möglichkeiten der Frau, angesichts einer mörderischen Weltgeschichte Betroffenheit und körperlichen Schmerz zu empfinden.

Ota Filip

Er verarbeitet ebenso wie Libuše Moníková in reichem Maße die Geschichte seiner Heimat. Dreh- und Angelpunkt seines Schreibens ist seine mährische Heimat. Filip ist ein Meister im Erfinden von Schwejkiaden, d.h. fiktiver, zum Teil heiter-melancholischer, zum Teil tolldreister Lebensläufe, in denen sich, nicht selten in satirischer Verzerrung und von phantastischen Momenten durchdrungen, Stationen der tschechischen Geschichte wiederspiegeln. Wie viele andere Exilant/innen widmet auch Filip der spannungsgeladenen Beziehung zu Rußland beziehungsweise der Sowjetunion breiten Raum. Totalitäre Institutionen, mögen sie sich nun Kommunistische Partei oder – wie in *Wallenstein und Lukretia* (1978) – Jesuitenorden nennen, werden stets in geradezu vernichtender Weise dargestellt. Das Debüt *Das Café an der Straße zum Friedhof* (1968) spielt als eine Art Heimatroman des deutsch-polnisch-tschechischen Dreiländerecks zur Zeit der deutschen Okkupation. Das Überleben unter der Besatzung kann nur mit Kompromissen erkauft werden, für die später Verantwortung zu tragen ist, unter anderem mit einer achtjährigen Haftstrafe. Nach ihrer Verbüßung kehrt Jan (in *Ein Narr für jede Stadt*, 1969) in seine Heimatstadt zurück, doch die inzwischen kommunistische Gesellschaft ist in eine bedrückende Erstarrung verfallen, kaum besser als zur Zeit der Deutschen.

Die Himmelfahrt des Lojzek Lapaček aus Schlesisch-Ostrau (1972) mit den Folgebänden *Zweikämpfe* (1975) und *Maiandacht* (1977) sind eine teils reale, teils phantasmagorische Reminiszenz an Filips Heimatstadt Schlesisch-Ostrau zwischen Protektorat, ›Befreiung‹ durch die Rote Armee und Kommunistischer Herrschaft, eine Stadt, in der ein buntes Sprachgemisch aus Deutsch, Tschechisch, Jiddisch, Ungarisch, Polnisch sowie verschiedenen slawischen Dialekten gesprochen wird. Der antimilitaristische Roman *Der Großvater und die Kanone* (1981) handelt von einem Erfinder, der zur Zeit der K.u.k.-Monarchie eine Superkanone konstruiert, aus der auch nur einen Schuß abzugeben ihm eine übermächtige Militärbürokratie während vier Kriegsjahren unmöglich macht. *Café Slavia* (1985) erzählt von dem Grafen Belecredos, einer Mischung aus Magier, Casanova und ewigem Juden, der am Ende seines Lebens Vater von über einhundert wahllos gezeugten Kindern ist. Im Zuge seiner rastlosen Beischlaftätigkeit verführt er unter anderem die Geliebte Lenins und endet als mumifizierter Lenin-Doppelgänger.

Seine ersten Prosaarbeiten vernichtete Filip; *Der Großvater und die Kanone* schrieb er zunächst in deutscher Sprache, schuf aber auf Bitten Josef Škvoreckýs eine tschechische Version. Was Filip über das Verhältnis der beiden Fassungen sagt, ist aufschlußreich für jedes Werk, das ein Autor in zwei verschiedenen Sprachen schreibt. Filip betont die Eigenständigkeit der tschechischen Version: »In den slawischen Sprachen, so auch in der tschechischen, ist es möglich, locker zu schwärmen, man kann vieles schön und poetisch sagen, vor allem das Adjektiv und den Nebensatz aufspielen, ohne dabei auf die Genauigkeit der informellen Aussage viel achten zu müssen. [...] In der deutschen Sprache, und das ist mir beim Schreiben des Romans in zwei Sprachen aufgefallen, ist man doch mit der Tradition fest verbunden, mit der Tradition der exakten Denker und des genauen sprachlichen Ausdrucks. Das Deutsche zwang dem Autor sogar eine andere literarische Atmosphäre auf. Diese ist nicht schlechter und nicht besser als die tschechische, sie ist eben nur anders.«(Nachwort zu *Großvater und die Kanone*)

Jiří Gruša

Er engagierte sich zu Beginn seiner Karriere besonders für die Literaturvermittlung, wovon zum Beispiel der gut recherchierte Anthologieband *Stunde namens Hoffnung. Almanach tschechischer Literatur 1968–1978* (1978) Zeugnis ablegt. Als Autor ist Gruša – ebenso wie Libuše Moníková – ein Schriftsteller von umfassender Bildung, insbesondere auf dem Gebiet der deutschen Philosophie und Literatur. Die deutsche Fassung seines Romans *Mimner* (1986), dessen Originalversion einst in der ČSSR wegen angeblich pornographischer Szenen verboten wurde und der auch als verschlüsselte Autobiographie gelesen werden darf, stammt von ihm selbst. *Mimner* ist die düstere Geschichte um die kafkaeske Figur eines namenlosen, in Ich-Form berichtenden Reisenden, der in das halb mittelalterlich, halb neuzeitlich anmutende Land Alchadokien gerät, das Ähnlichkeiten zur »Strafkolonie« weder leugnen kann noch will – und dort trotz verzweifelter Anpassungsbemühungen an die undurchschaubar komplizierten, drakonisch strengen Regeln und Gesetze scheitert. Der Roman trägt auch deutliche Spuren einer intensiven Hegel-Rezeption. So etwa geht der auf den ersten Blick paradox erscheinende Gedanke, daß ein Mensch erst nach dem Tod und durch den Akt der Beerdigung zum Bürger wird, auf Hegel zurück. Aufschlußreich für die sprachliche Befindlichkeit von Migranten ist das von Gruša erfundene, fremdartig klingende alchadokische Vokabular, das sich mit dem Fortschreiten der Handlung im gleichen Maße vermehrt, wie das Verständnis des Helden von Alchadokien abnimmt. Dieser Kunstgriff macht die Bestimmung des Helden zum Scheitern auch sprachlich sinnfällig.

Janinka (1984) ist, wie der Originaltitel *Dr. Kokeš oder Der Meister der Jungfrau* (kokeš, tsch.: Hahn, ein oft mit dem Teufel in Verbindung gebrachtes Tier) andeutet, ein *Faust*-Roman, dessen Interesse sich mehr auf literarische Themen und Motive richtet denn auf Politik oder Gesellschaftskritik. Dies ist anders in *Der sechzehnte Fragebogen* (1979), einem Roman, der die Datenerfassungswut sozialistischer Staaten von der Wiege bis zum Grabe (und in phantasmagorischer Überspitzung darüber hinaus) geißelt. Weil die diplomatische Arbeit Gruša wenig Zeit für größere Prosaarbeiten ließ, wandte er sich der Lyrik zu, die er in deutscher Sprache verfaßt – der Sprache, der er sich seit seiner Ausbürgerung bedient. Seine Gedichte reagieren in z. T. äußerst verknappter Form auf die Erfahrungen des Individuums auf das Leben im Totalitarismus: »Und keine wege mehr/der befehl bloß/sie unentwegt/zu bauen.«

Polen, ein Sonderfall?

Mit dem ›Deutschen Polen-Institut‹ DPI und dessen Gründungsdirektor, dem vielfach ausgezeichneten Übersetzer Karl Dedecius (geb. 1921), hat die polnische Literatur ein einflußreiches außeruniversitäres Repräsentationsinstrument gefunden. Dedecius hat mit der fünfzigbändigen *Polnischen Bibliothek* im Insel-Verlag einen Beitrag für das Verständnis zwischen Polen und Deutschen geleistet, der kaum überschätzt werden kann. Mit zahllosen polnischen Schriftsteller/innen verbinden ihn persönliche Freundschaften, und seinen Übersetzungen verdanken viele von ihnen, darunter die Literatur-Nobelpreisträgerin Wisława Szymborska (geb. 1923) einen nicht unbeträchtlichen Teil ihrer internationalen Bekanntheit. Allerdings wird Dedecius' Nachfolger Dieter Bingen (ab 1998) gemäß den Bedingungen der Stellenausschreibung den Akzent von der Literatur weg auf die Geschichtsforschung verlagern; auch soll der Sitz des DPI nach Leipzig verlegt werden. Neben den *Deutsch-polnischen Ansichten zur Literatur und Kultur*, dem Jahrbuch des DPI, erscheint in Berlin die Zeitschrift *Wir*, die sich ebenfalls der literarischen Vermittlungsarbeit zwischen Deutschland und Polen verschrieben hat.

Gabriel Laub

Er war schon vor seiner Niederlassung im Westen 1968 ein Wanderer zwischen den Sprachwelten (polnisch, tschechisch und russisch) und bezeichnete sich selbst als »Pole von Geburt, Tscheche aus Neigung und Weltbürger ohne Weltpaß«. In Hamburg wurde er rasch zu einem ernsthaften Konkurrenten des aus Ungarn stammenden »Weltmeister des Humors« (Verlagswerbung) Efraim Kishon, mit dem er sich anfangs sogar den Übersetzer Friedrich Torberg teilte, bevor er sich ganz dem Deutschen zuwandte. Laubs Spezialität sind kleine Literaturformen, der Aphorismus und die satirische Kurzgeschichte, in denen er die Erscheinungen des Alltags auf die Schippe nimmt. Besondere satirische Funken schlägt die Konfrontation des Menschlichen mit einem sprechenden Vogel (*Mein lieber Mensch. Gespräche mit dem Vogel*, 1993). Laubs einziger Roman, *Aufstand der Dicken* (1983), hatte ein autobiographisch-sowjetologisches Thema: der selbst schwergewichtige Autor parodierte darin die Oktoberrevolution und die Ideologie des Marxismus-Leninismus, indem er unter dem Banner des »Massismus-Gewichtismus« die »Leibesgenossen« zu einer übergewichtigen Volksgemeinschaft zusammenführt. Die Rolle der Parias und Volksfeinde übernehmen logischerweise die Dünnen. Am Ende stellt sich jedoch heraus, daß die ganze revolutionäre Bewegung auf dem satirischen Manifest eines Spaßvogels gründet.

Der wohl bekannteste deutsche Literat polnischer Herkunft ist dank seiner Medienpräsenz zweifellos der Literaturkritiker Marcel Reich-Ranicki (geb. 1920), der 1958 nach Westdeutschland übersiedelte und zunächst bis 1960 in *Die Welt*, 1960–1974 in *Die ZEIT*, 1974–1988 in der *FAZ* und seit 1989 als spiritus rector der ZDF-Sendung »Das literarische Quartett« das literarische Leben einflußreich kommentierte und mitbestimmte. In *Die Welt* beispielsweise rezensierte er noch den teilweise phantastischen polnischen Kriminalthriller *Der Böse* (1956) von Leopold Tyrmand (1920–

1985), doch vor allem richtete er sein Interesse auf die klassische deutschsprachige Literatur – Thomas Mann, Franz Kafka, Heinrich Heine – und die der Gegenwart. Zahlreiche Auszeichnungen machen ihn zu dem wohl meistgeehrten bundesdeutschen Kritiker, und selbst eine Entlarvung als ehemaliger Geheimdienstmitarbeiter tat seiner Popularität keinen Abbruch. Von unbändigem Drang zur Selbstdarstellung erfüllt, scheute er nicht einmal Auftritte in populären Unterhaltungssendungen wie Thomas Gottschalks »Wetten das?«. Ihren Höhepunkt erreichte seine Popularität mit dem Erscheinen seiner Erinnerungen *Mein Leben* (1999), das durch geschickte Vermarktung – unter anderem auch durch das parallele Erscheinen als von ihm selbst gelesenes Hörbuch – zum Bestseller wurde. Sein prägnant näselndes Lispeln wurde von zahlreichen Imitatoren wie Thomas Freitag parodiert, und seine oft harschen Kritiken schufen ihm zahlreiche Feinde, darunter Günter Grass und Peter Handke; Michael Ende (1929–1995) rächte sich, indem er ihn in seinem Neujahrsmärchen vom *Satanarchogenialkohöllischen Wunschpunsch* (1989) als »Büchernörgele« parodierte, der in Breslau geborene Schriftsteller Michael Zeller (geb. 1944) rechnet in *Kropp* (1996) mit ihm ab.

Polnische Literatur – unter anderem Stanislaw Lem – rezensierte für die *FAZ* lange Jahre der Romancier und Journalist Tadeusz Nowakowski (1929–1996), der anfangs auch mit historisch-biographischen Romanen hervortrat wie *Polonaise Allerheiligen* (dt. 1959), *Die Radziwill*, der *Geschichte einer großen europäischen Familie* (dt. 1962) oder politischen Sachbüchern wie *Zur geistigen Situation der polnischen Kultur vor und nach dem Aufstand* (1960). Während er seine Kritiken, unter anderem über die Werke des SF-Autors Stanislaw Lem, auf deutsch schrieb, entstanden seine Romane in polnischer Sprache und mußten übersetzt werden.

Dem DPI steht in Deutschland nichts Adäquates im Bereich der tschechischen und slowakischen Literatur gegenüber. Kulturvermittelnde Initiativen gehen auf Einzelpersonen zurück wie etwa Grušas anthologische Bemühungen oder die Aktivitäten des in München lebenden Übersetzers Peter Sacher, der sich mittlerweile jedoch dem tschechischen Verlagswesen zugewandt hat.

Ungarn

György Dalos

Ähnlich wie die Kenntnis polnischer Literatur durch das DPI institutionalisiert ist, wird die Kenntnis der ungarischen Literatur durch das »Haus Ungarn« in Berlin gefördert, ein Kulturinstitut, dem der Exilschriftsteller György Dalos vorsteht. In seinen Romanen wie *Die Beschneidung* (1990) und *Der Versteckspieler* (1994) beleuchtet er nicht nur die ungarische Nachkriegs-Geschichte, sondern auch die Situation jüdischer Intellektueller im kommunistischen Ungarn.

Die Beschneidung spielt 1956 und ist ein autobiographischer Roman, worauf unter anderem der Name der Haupt- und Ich-Figur hinweist, Robi Singer (Singer, ung. = Dalos), das gemeinsame Geburtsjahr 1943 von Autor und Figur und beider jüdische Abkunft. Robi Singer ist infolge der Wirren der Zeitläufte als Kind nicht beschnitten worden und gezwungen, diesen Akt nachzuholen. Ob es dazu kommt, bleibt offen, doch im Zuge der Vorbereitungen dazu werden zahlreiche Schicksale ungarischer Juden vor, während und nach dem Krieg sowie ihre mannigfaltigen seelischen Beschädigungen geschildert. So etwa hält Robis Mutter selbst zehn Jahre nach Kriegsende noch immer ihre Handtasche fest gegen die Brust gepreßt, weil sie zur Nazizeit mit dieser Geste den gelben Stern zu verdecken pflegte. *Der Versteckspieler* (1994) handelt von dem genialen diplomlosen Dolmetscher Tamás Cohen, der sich in erotische Eskapaden vor den Forderungen nach Anpassung an die gesellschaftlichen Verhältnisse rettet. In der Geschichtensammlung *Der Rock meiner Großmutter* (1996) gibt Dalos Aufschluß über weitere autobiographische Details, unter anderem über das Schicksal seines früh verstorbenen Vaters, eines wenig erfolgreichen Dichters, und seiner Großmutter, bei der er zeitweise aufwuchs.

Mit der ungarischen Geschichte beschäftigen sich Dalos' essayistische und historisch-dokumentarische Schriften, darunter der in viele Sprachen übersetzte »historische Bericht« (Untertitel) *Neunzehnhundertfünfundachtzig* (1982), dessen Titel sich an Orwells *1984* anlehnt, oder *Archipel Gulasch* (1986), dessen Titel mit dem spezifisch ungarischen »Gulaschkommunismus« und Solschenizyns sowjetologisch-topografischer Worterfindung »Archipel Gulag« spielt; in beiden Werken analysiert Dalos das Verhältnis seiner Heimat zum Kommunismus.

Zsuzsanna Gahse

Die in Wien aufgewachsene Zsuzsanna Gahse, durch ihre Übersetzungen eine der wichtigsten Mittlerinnen zwischen ungarischer und deutscher Sprache, meidet in ihren belletristischen Arbeiten historische oder politische Faktizität. Ihre meist kurzen, sehr filigran gearbeiteten Texte wirken oft wie Prosagedichte, haben eher einen subjektiv-ornamentalen denn einen objektiv-beschreibenden Charakter und weisen viele intertextuelle Bezüge zu westlichen Literaturen auf. Am stärksten gelingen der mit einer hochauflösenden Wahrnehmungsfähigkeit ausgestatteten Autorin ihre preziös-fragilen, sprachverliebten Miniaturen, für die oft – wie in dem Text mit dem programmatischen Titel *Hundertundein Stilleben* (1991) – die Malerei die Vorlage liefert. Selbst längere Texte bestehen aus nichts anderem als detailreichen Momentaufnahmen, oft versetzt mit sprachtheoretischen Betrachtungen. Das Schildern von Handlungen oder das Auflösen ihrer Wahrnehmungen in Handlungen lehnt die Autorin kategorisch ab: »Dabei ist es nicht gut, Dinge zu erfinden. Wozu auch Dinge erfinden. Auch was vorhanden ist, ist noch nicht zu Ende beschrieben. Dinge zu erfinden, hat keinen Sinn. Sich hinzusetzen, um etwas zu erdichten, eine Person und den passenden Hintergrund, neue Geschichten um die Person, und was sie tut, was sie sagt, hat keinen Sinn, und stimmig sind solche Erfindungen ohnehin nie« (*Kellnerroman*, S. 132).

Das Motiv der Migration mit allen seinen Konnotationen – Problemen der Zweisprachigkeit, des Kulturtausches etc. – wird allenfalls am Rande gestreift. Das poetologische Programm des von ihr übersetzten Buches *Ich fing eine Fliege beim Minister* (1991) von István Eörsis deckt sich weitgehend mit ihrem eigenen poetologischen

Programm und besteht ebenfalls aus literarischen Kleinformen wie »Bagatellen« und »Zwischenrufen« (Klappentext).

Jüdische Autor/innen aus Osteuropa

Meist erinnern jüdische oder jüdischstämmige Schriftsteller/innen aus Osteuropa in ihren Werken an das Schicksal der Juden ihres jeweiligen Landes oder zur Zeit des Nationalsozialismus, zum Teil auf humorvolle oder satirische Weise. Ein Beispiel ist Efraim Sevela (geb. 1928), der in *Moische, geh du voran* (1979) auf sehr witzige Weise die Rote Armee des Zweiten Weltkriegs durch den Kakao zieht, indem er ein aus lauter Juden bestehendes, angeblich litauisches Regiment ein angeblich litauisches (in Wahrheit aber jiddisches) Marschlied zum Lobe Stalins singen läßt. Ein anderes Beispiel ist der studierte Mediziner Boris Chasanow (geb. 1928), der eigentlich Geronim Faibussiwitsch heißt und in *Die Königsstunde*, dem titelgebenden Text seines gleichnamigen Erzählbandes (1990), ein faschistisches Deutschland schildert, in dem unschwer die UdSSR wiedererkennbar ist und in dem sich Adolf Hitler wegen seiner Potenzprobleme behandeln läßt. Auf der Brust des Führers findet der behandelnde Arzt eine Tätowierung: einen langen Dolch mit gebogenem Griff und der Aufschrift: »Tod den Juden«.

Osteuropäische Literatur – ganz gleich, ob es sich nun um deutsch geschriebene oder übersetzte handelt – ist in Deutschland weiterhin die Literatur einer Minderheit, geschrieben für eine Minderheit – eine Minderheit von professionellen Spezialisten oder von Connaisseurs. Sie zu popularisieren, »bedarf es geduldiger Kärrner-Arbeit« (Horst Schinzel in *Der Literat* 6/1998, S. 9; vgl. dazu auch die bestätigenden Leserbriefe in *Der Literat* 9/1998, S. 27 f.)

11. Brasilianische Autor/innen in Deutschland

Gisela Pimentel

Die in Deutschland lebenden brasilianischen Schriftsteller/innen lassen sich in zwei Gruppen einteilen: diejenigen, deren Bücher auf dem deutschen Buchmarkt erscheinen, wie im Fall von Felipe Tadeu, José Leal und Zé do Rock; und jene Autor/innen, die ihre Werke in anderen Ländern, in den meisten Fällen in Brasilien, veröffentlicht haben wie z. B. Carlos Azevedo, Chandal Meirelles Nasser, Elza Wagner-Carrozza (Essays) und Zuca Sardan.

Mit Ausnahme von Zuca Sardan behandeln alle diese Schriftsteller/innen das Thema ›Leben im Ausland‹. Die deutsche Umwelt beispielsweise dient als Anlaß zu Erzählungen und Gedichten, die den hemmungslosen technologischen Fortschritt eines von Industrien überfüllten Landes in Frage stellen. Das schlechte Wetter mit den meist grauen Tagen verleiht den Farben der Dinge einen ästhetischen Wert, während die Sonne und die Hitze für den Ursprungsort der Verfasser/innen stehen. In Deutschland verstärkt die Natur die Fähigkeit der Autor/innen zur Betrachtung und die Art und Weise, wie sie die Welt ansehen. Das Ergebnis ist ein intimerer Schreibstil.

In den meisten der Geschichten ist die Hauptperson der Verfasser, und die Handlung spielt an seinem Wohnort. Die Erzählungen in der ersten Person schwanken zwischen Kindheitserinnerungen und der Wahrnehmung der zahllosen Neuigkeiten, die das Leben im Ausland vermittelt. In einigen Fällen, beispielsweise bei der Dichterin Chandal M. Nasser, wirken die Gedichte wie echte Briefe, in denen die Verfasserin ein Zwiegespräch mit einem verborgenen Gesprächspartner nahelegt und so die Leser/innen mit Fragen und Anmerkungen direkt anspricht.

Die Autor/innen, die portugiesisch schreiben, rechnen natürlich mit den Leser/innen des brasilianischen Marktes. Diejenigen, deren Bücher in Deutschland zweisprachig erscheinen, wenden sich an drei Gruppen: an die Brasilianer/innen, die in Brasilien und an die, die außerhalb Brasiliens leben, sowie auch an Deutsche. Zé do Rock ist ein Sonderfall, leistet er sich doch den Luxus, für Deutschland eine Fassung auf ›Ultra-Deutsch‹, und eine zweite für brasilianische Leser/innen auf ›brasilês‹ anzufertigen. Neben Elza Carrozza ist er der einzige, der unmittelbar auf deutsch schreibt. José Leal verfaßt seine Texte auf portugiesisch, um sie anschließend selbst zu übertragen. Felipe Tadeu vertraute sein Buch *Insekten* dem Freund und Übersetzer Michael Kegler an, während etliche noch unveröffentlichte Gedichte Chandal M. Nassers von Curt Meyer-Clason übersetzt wurden. Carlos Azevedo und Zuca Sardan – mit Ausnahme etlicher weniger Gedichte des letzteren, in denen er mit Wörtern aus dem Deutschen spielt – wurden bislang noch nicht ins Deutsche übertragen.

Die Anfänge der Literatur brasilianischer Einwanderer in Deutschland

Im Vergleich zur Einwandererliteratur anderer Länder ist die von der brasilianischen Minderheit in Deutschland hervorgebrachte noch jung. Erst seit der zweiten Hälfte der 80er Jahre stieg die Zahl der Brasilianer/innen im Lande allmählich an. Bis 1987 lebten nur 6.676 Landsleute hier, während diese Zahl sich zehn Jahre später, im Dezember 1997, praktisch verdreifacht hatte und 19.602 von der deutschen Regierung registrierte Brasilianer/innen erreichte.

Selbst zur Zeit der Diktatur, die 1964 begann und offiziell im Jahre 1985 endete (obgleich die erste direkte Präsidentschaftswahl erst im Jahre 1989 stattfand), wählten nur wenige brasilianische Schriftsteller das Exil in Deutschland. In Berlin lebten natürlich zahlreiche Intellektuelle, darunter Philosophen, Essayisten und sogar Journalisten wie Fernando Gabeira (geb. 1943), der dort das Jahr 1970 verbrachte. Aber sie reisten zu jener Zeit oft nach London und Paris, um sich mit ihren Geistes- und Berufsgenossen zu treffen. Nach der Amnestie im Jahre 1979 kehrten die meisten von ihnen nach Brasilien zurück.

Der Hauptgrund für die starke Zunahme von Brasilianer/innen in Deutschland ist die sozioökonomische Krise Brasiliens infolge des über zwanzig Jahre währenden Militärregimes. Die galoppierende Inflation, die unerträgliche Korruption der Regierung und das völlige Fehlen von Berufsaussichten prägten eine gesamte Generation enttäuschter Jugendlicher, die als letzten Ausweg beschlossen, ein Leben im Ausland zu versuchen. Einige reisten mit Hilfe einer Eheschließung aus, andere dank einer Arbeitsmöglichkeit, viele aber lediglich in der Hoffnung auf ein besseres Leben. Der Höhepunkt kam im Jahre 1990 mit der Wahl von Fernando Collor de Mello zum Präsidenten der Republik; von da an glaubten viele nicht mehr an eine Besserung im Lande. So stellte für diese Menschen der Flughafen den einzigen Ausweg dar.

Im September 1992 legte ein parlamentarischer Untersuchungsausschuß schließlich das Ergebnis seiner Arbeit vor und wies damit Mißbrauch und Erpressung von seiten der Regierung Collor nach. In Brasilien zog die Bevölkerung auf die Straßen und forderte die Amtsenthebung des Präsidenten. In München veranstaltete eine Gruppe von Brasilianer/innen eine Kundgebung mit etwa 350 Teilnehmer/innen auf dem Marienplatz. Bei dieser Gelegenheit stellten sie die Notwendigkeit eines stärkeren Zusammenhalts zwischen den im Ausland lebenden Landsleuten fest und beschlossen die Gründung des ›Casa do Brasil e.V.‹ als Informations-, Austausch- und Integrationszentrum. Seitdem hält der Verband mit Vorträgen, Diskussionen, Ausstellungen, Festen und Workshops die Kolonie über die kulturellen, gesellschaftlichen, politischen und wirtschaftlichen Ereignisse Brasiliens auf dem laufenden.

Im April 1993 gründete diese Gruppe das Informationsblatt *Info-Brasil*, das Nachrichten des Landes und nützliche Informationen für die Brasilianer/innen in Deutschland veröffentlichte sowie Interviews mit bedeutenden Persönlichkeiten der Landeskultur und -politik. Während seiner vierjährigen Lebensdauer zirkulierte *Info* in verschiedenen Städten des Landes und verfeinerte allmählich sein graphisches Profil. Zu Beginn des Jahres 1995 übernahm der Dichter Felipe Tadeu die Stellung des Herausgebers. Als Journalist bildete er einen Mitarbeiterstab, zu dem Zé do Rock gehörte, der für eine Spalte auf ›brasilês‹ verantwortlich zeichnete, auf der er die jüngsten Ereignisse in Brasilien erläuterte, sowie Carlos Azevedo, der unter anderem ein Interview mit seinem Berufskollegen Zuca Sardan veröffentlichte. Übrigens schmückten mehrere Zeichnungen Zucas die Zeitschrift.

Parallel zu *Info-Brasil* entstand die zweisprachige Zeitschrift *Circulando*, die auf die Schirmherrschaft eines Importunternehmens bauen konnte. Die marktgerechte Aufmachung des Magazins, das Anzeigen zahlloser Inserent/innen erhielt, ermöglichte eine hohe Auflage sowie die kostenlose landesweite Verteilung. Dennoch brachen die Herausgeber 1997 ihre Beziehungen zu den Produzenten der Zeitschrift ab, und beide Seiten begannen ein neues Projekt: *O Circulador* (gegr. Anfang 1997) kam nicht über die erste Nummer hinaus. Dagegen erscheint das von dem Unternehmer Bernhard Appel herausgegebene Blatt *Vamos!* bis zum heutigen Tag; der Journalist und Schriftsteller José Leal übernahm die Chefredaktion. Dank seiner Einladung schrieb die Dichterin Chandal M. Nasser Kritiken über die neuesten literarischen Veröffentlichungen. Natürlich erscheinen daneben einige andere Druckschriften für die brasilianischen Einwanderer. So geben beispielsweise die Vereine ›Círculo Brasileiro de Colônia‹ und ›Associação Cultural Teuto-Brasileira de Munique‹ Mitteilungsblätter für ihre Mitglieder heraus. Dagegen richtet sich das (zweisprachige) *Tópicos* (Bonn) weitgehend an Unternehmer und Deutsche, die Geschäftsbeziehungen zu Brasilien unterhalten. Daneben gibt es lateinamerikanische Zeitschriften wie *Matices* (Köln) und die *ila – Zeitschrift für Informationsstelle Lateinamerika* (Bonn). Diese mit ihrer von Carlos Azevedo geleiteten Rubrik ›AusSprache‹ stellt in jeder Nummer einen neuen Schriftsteller vor. Unter den bereits erwähnten sind: Chandal M. Nasser, Felipe Tadeu, Viviane de Santana Paulo und Zuca Sardan.

Alle diese Veröffentlichungen bieten den Schriftsteller/innen eine gute Möglichkeit, einander kennenzulernen, und die positive Aufnahme ihrer Arbeiten bei den Leser/innen öffnete ihnen manche Türen. Zudem gibt es einige Buchhandlungen, die portugiesischsprachige Literatur anbieten, wie zum Beispiel die Romanische Buchhandlung – Andenbuch (Berlin) oder die *Colón* (Hamburg), die Lesungen veranstalten. Die TFM (Teo Ferrer de Mesquita) in Frankfurt, die für zwei Jahre Druck und Verteilung von *Info-Brasil* übernahm, fungiert als echtes Informationszentrum. In Berlin unterstützt Tiago de Oliveira Pinto, Exekutiv-Direktor des ›ICBRA‹ (Instituto Cultural Brasileiro na Alemanha) die Bemühungen der Einwanderer auf multikulturellem Gebiet. Im Beirat des Instituts arbeitet der Schriftsteller Carlos Azevedo, der dort auch Kurse über brasilianische Literatur abhält. 1997 war eines seiner Vorlesungsthemen die Werke der in Deutschland lebenden brasilianischen Autor/innen.

Die ›Sociedade Cultural Brasil Alemanha‹ leitet in Tübingen seit 1992 das *Cine Latino* – ein erfolgreiches Festival, um die brasilianische Filmkunst in Deutschland bekannt zu machen. Die Gesellschaft, die zu ihren Filmvorführungen Regisseure, Schauspieler/innen und Produzenten aus Brasilien und anderen Ländern Lateinamerikas einlädt, führt auch Lesungen und Konzertreisen von Musiker/innen und Sänger/innen in Deutschland durch. Gleichzeitig mit der aufstrebenden Literaturszene, erfreut sich übrigens auch die brasilianische Musik eines wachsenden Interesses. Jeden Sommer erfahren Musikfestspiele wie das *Viva Afro-Brasil!* in Tübingen und der *KUZ-Sommer* des Kultur-Zentrums in Mainz zunehmenden Zuspruch.

Die ›Lusofonia‹ – Gesellschaft für die Verbreitung der Kulturen portugiesischsprachiger Länder in München (gegr. 1995) wird von Frau Elza Wagner-Carrozza geleitet, die schon vorher dem ›Centro Cultural Latino Americano‹ vorgestanden und den Literaturkreis ›ALAM‹ (Autores Latino-Americanos de Munique) gegründet hatte. 1997 veranstaltete die Gesellschaft das Programm »Heimat oder Fremde? Drei brasilianische Autoren in Deutschland«, für das sie mit der Unterstützung des ›Instituto Cervantes‹, der ›Associação Cultural Teuto-Brasileira‹ (München) sowie des Kulturrats der Stadt München rechnen konnte. Bei dieser Gelegenheit stellten Carlos Azevedo, Chandal Meirelles Nasser und Felipe Tadeu ihr Arbeiten öffentlich vor und sprachen, moderiert von der Schriftstellerin Elza Carrozza, über die Lage der brasilianischen Autor/innen in Deutschland.

Die Muttersprache als Arbeitswerkzeug – selbst im Ausland ...

Obgleich eher Unterschiede als Gemeinsamkeiten zwischen den hier lebenden brasilianischen Autor/innen vorherrschen – je nach Alter, Aufenthaltsdauer in Deutschland und literarischem Stil –, scheint ein Thema die gemeinsame Herausforderung zu sein: im Ausland leben und trotzdem nach wie vor auf portugiesisch schreiben. Während einige das Deutsche vollkommen beherrschen, wie Elza Carrozza, Chandal M. Nasser und Zé do Rock, sehen sich andere wie Carlos Azevedo und Zuca Sardan – der übrigens Französisch, Englisch, Spanisch und sogar Italienisch spricht – vor einer fast unüberwindlichen Hürde, die sie daran hindert, sich die deutsche Sprache anzueignen. Sie nehmen dies gewissermaßen mit Gelassenheit hin und geben zu verstehen, von ihrem verfeinerten Umgang mit dem Portugiesischen schon völlig in Anspruch genommen zu sein.

Aber natürlich tauchen einige Schwierigkeiten auf. So fühlt Carlos Azevedo durch die riesige Entfernung von seiner Ursprungswelt seinen Sprachreichtum bedroht. Er behauptet, in sich selbst eine unbewußte Auflehnung zu verspüren, die den Satzbau verändere und häufig Irrtümer zulasse: »Ich schreibe einige Satzkonstruktionen hin, die sicherlich nicht mehr brasilianisch sind«, versichert er. Für Chandal M. Nasser bedeutet, fern von Brasilien zu leben, in diesem Sinn eine beträchtliche Einbuße: »Die Poesie besitzt mehrere Inspirationsquellen, einiges wirkt durch den Tonfall. Daher gilt es, die Frische der Sprache im Ohr zu haben«. Als Heilmittel empfiehlt sie viel Lektüre auf portugiesisch. Für Felipe Tadeu ist eines der besten Dinge, die ein Mensch tun kann, fern vom Ursprung zu leben. Für ihn ermöglicht dies einen kritischen Abstand, ähnlich der Isolation, die Dichter/innen sich beim Schreiben auferlegen. Die Schriftstellerin Viviane de Santana Paulo – seit 1988 in Deutschland ansässig, jedoch bislang ungedruckt –, bestätigt die Vorstellung, daß das Leben außerhalb Brasiliens für ihre Art des Schreibens einige positive Aspekte bietet, wie etwa eine andere Gedankenorganisation: ›Ich dachte in chaotischer Form‹, sagt sie, leugnet jedoch nicht Verluste im Wortschatz. Sie gibt zu, Wörter zu verwechseln und beim Wiederlesen ihrer Texte Widersinniges zu entdecken.

Als Mitglied der Gruppe ›ALA‹ (Autores Latino-Americanos na Alemanha), bemüht sie sich, eine Tagung für alle im Land lebenden brasilianischen Autor/innen zu veranstalten und besitzt dafür bereits einige Erfahrungen mit Schriftstellertreffen. Bei diesen Veranstaltungen verwandelte sich der Hauptgrund für die Tagung zwischen den Autoren der ›ALA‹, die Sprache, leider in einen Anlaß zur Entfremdung. Denn obwohl sie alle vom selben Kontinent stammen, ist das Spanische eine vom Portugiesischen sehr verschiedene Sprache – das erschwerte zumindest die Analyse von de Santana Paulos Texten durch die anderen und umgekehrt. Außerdem ist die spanische Literatur in Deutschland viel weiter verbreitet als die der portugiesischen Sprache. Das beginnt bei der Feststellung, daß weit mehr Originale dieser Sprache ins Deutsche übersetzt sind als die 0,5%, die der deutsche Verlegermarkt für die Übersetzung von Büchern aller Länder der lusitanischen Sprache in der Abteilung Fremdsprachenliteratur bereithält.

Wenn selbst erstrangige Autor/innen in Brasilien häufig Probleme haben, einen deutschen Verlag zu finden, so haben es die brasilianischen Einwanderer, die bei der großen Leserschaft noch unbekannt sind und zudem eine Arbeit zum Broterwerb haben, ungleich schwerer, einen an der Veröffentlichung ihres Werkes interessierten Verlag zu gewinnen. Dazu kommt die Schwierigkeit, einen Übersetzer zu finden, mit dem sie sich identifizieren können und der bereit ist, nur Freundschaft als Entgelt zu akzeptieren. Denn obgleich sie gut qualifiziert sind, übernehmen die meisten Schriftsteller/innen in Deutschland Funktionen, die unterhalb ihrer Fähigkeiten liegen. Eine Lehrer- oder Universitätsstelle wie Carlos Azevedo und Elza Carrozza haben, ist da durchaus die Ausnahme.

Der Zugang zum Markt wird auch dadurch erschwert, daß die Leserschaft der Einwandererliteratur schwer zu bestimmen ist. Viviane de Santana Paulo zum Beispiel behandelt in ihrem noch unveröffentlichten Roman *Glashaus* ihr Leben im Ausland und sagt, beim Schreiben denke sie an brasilianische Leser/innen. Dagegen hat die Dichterin Chandal Meirelles Nasser beim Schaffen nur die Dichtung im Sinn. Schließlich haben auch brasilianische Verlage kein Interesse, im Ausland lebende Autor/innen zu veröffentlichen, die weniger von Brasilien als von ihrem neuen Wohnort sprechen. Doch über einen Wunsch sind sich die brasilianischen Schriftsteller/innen wenigstens einig: sie möchten unbedingt in Brasilien bekannt werden.

Carlos Azevedo

Der Schriftsteller Carlos Azevedo ist vor allem ein wichtiger Vermittler der Literatur seines Landes. Ob als Professor des ›Instituto Latino-Americano da Universidade Livre de Berlim‹ oder als Beiratsmitglied des ›ICBRA‹, stellt er Kontakte her, plant Treffen und baut Brücken für den Informationsaustausch zwischen Literaturagent/innen, Autor/innen und Übersetzer/innen. Seine Allgegenwart bei Veranstaltungen wie Lesungen, der Frankfurter Buchmesse, Kursen und Vorträgen macht ihn zu einem echten Kulturvermittler. Der leidenschaftliche Leser von Weltklassikern wie Proust, Nietzsche, Walter Benjamin, Flaubert, Borges und Hermann Hesse hat neun Bücher geschrieben, die meisten davon in Deutschland. Von diesen wurden sechs in Brasilien und drei in Portugal veröffentlicht, doch keines von ihnen wurde bislang ins Deutsche übersetzt.

Sein Bestseller *Hamburgo Blues* (1994), ist eine Chronik, die ins Programm mehrerer Portugiesisch-Kurse übernommen wurde. In ihm wandert Carlos Azevedo durch die Stadt, in der er wohnt, und deutet als Ausländer die ihn umgebende Kultur (zu jener Zeit lebte er bereits zwanzig Jahre in Deutschland). Sein Erzähler hat bereits starke Bande an das Land geknüpft, in dem er lebt, mit diesem verbindet ihn eine Geschichte. Er lehrt die Leser/innen, die Stadt mit den Augen eines Menschen von auswärts zu bewundern, er begegnet der Geschichte der Region mit Neugier und übermittelt interessante Beobachtungen. An einigen Stellen spricht er aus Sehnsucht schwermütig über schöne Erinnerungen an den Ort seiner Jugendjahre, beispielsweise, wenn Carlos Parallelen zwischen Hamburg und Recife als Hafenstädte zieht: »[...] der Welt geöffnet, tolerant, ohne Mauern und Grenzen« (S. 22), oder wenn er sich erinnert: »Gestern, um fünf Uhr in der Frühe, stand ich auf dem berühmten Fischmarkt des Hamburger Hafens und kam mir vor wie am Kai von Recife« (S. 23).

Os Herdeiros do Medo (Die Erben der Angst) ist sein erster historischer Roman und wurde 1996 in Lissabon verlegt. Er handelt von dem Leben des Komödienschreibers António José da Silva aus Rio de Janeiro – auch bekannt als ›der Jude‹, der während der Inquisitionszeit 1740 von lusitanischen Patres getötet wurde. Um die Atmosphäre der Epoche nachzuempfinden, vertiefte sich Azevedo in verschiedene Sprachen vom Kastilianischen zum Herbräischen, schuf eine Reihe von Wörtern nach und arbeitete mit einer großen Anzahl von Archaismen. Ihm zufolge gibt es in seiner Fiktion zwei Ebenen: ›Die deutsche Kultur und die jüdische Kultur‹. Eigentlich versucht er, die beiden Kulturen zu versöhnen und den zwischen ihnen bestehenden Gegensatz zu überwinden.

1997 erschien der Roman *Meu nome é ninguém* (Mein Name ist niemand), in dem Carlos Azevedo sein Großstadtblut zeigt und sich dabei von brasilianischen Schriftstellern wie Rubem Fonseca und Patrícia Melo inspirieren läßt. Der Held der Geschichte, Jota Ninguém, ist ein Brasilianer, der heimlich im Berlin ›pós-muro‹ (in der Zeit nach der Mauer) lebt. Die trockene, wortkarge Sprache schafft einen spannungsgeladenen Rhythmus, in dem die Handlung abläuft: Es geht um die Ängste eines Einwanderers, der gezwungen ist, als Jongleur zu arbeiten, um seine Existenz in einem Lande zu bestreiten, in dem er nicht willkommen ist.

Obwohl Carlos Azevedo dem Portugiesischen treu geblieben ist, räumt er ein, daß das Deutsche seine Muttersprache stark beeinflußt hat, und weiß, was es bedeutet, viele Jahre in einem fremden Land zu leben und in der eigenen Sprache zu schreiben. Da er auf Portugiesisch schreibt, ließ er sein Gesamtwerk außerhalb Deutschlands veröffentlichen und ist sicher, daß dies die beste Möglichkeit für die Vermarktung seiner Bücher ist. Nachdem er zuerst in Brasilien veröffentlicht hatte, betrat Carlos Azevedo über Portugal den europäischen Markt, um so auch das Interesse deutscher Verleger zu wecken.

Chandal Meirelles Nasser

Wie Carlos Azevedo wohnte Chandal Meirelles Nasser viele Jahre in Hamburg, und auch ihre beiden Gedichtsammlungen wurden von brasilianischen Verlagen veröffentlicht. Das erste wurde in Brasilien geschrieben, das zweite nach einem kurzen Aufenthalt in Deutschland. Die Thematik ihrer Werke ist stark von der Kinderliteratur und von Märchen beeinflußt, verbunden mit einer sehr weiblichen Art, die Welt zu sehen und sich über sie zu äußern. In ihrer Dichtung verbindet Chandal Meirelles Nasser zum Beispiel Küsse mit Spielzeug, Engel und Gott mit Angst, Feen mit Drachen, Kuchen und Tod.

Die Geschichten, die sie als kleines Mädchen hörte und las, waren voller Anspielungen auf die europäische Kultur. Daher bedeutete die Ankunft in Deutschland für sie, endlich all das erleben zu können, wovon sie als Kind geträumt hatte, wie Wälder, Schnee, Weihnachten, Rentiere und Eichhörnchen. Mit ihrer kraftvollen Gabe, Bilder zu erschaffen, greift sie in ihren Geschichten geschickt zu den Farben: »Outono à força: / caçar escaravelho / e descascá-lo em dourado e vermelho«. (»Herbst mit Gewalt: / einen Käfer jagen / und ihn in Gold und Rot schälen«, *A alma não encolhe na chuva*, S. 43).

Dadurch daß ihr der Aufenthalt in Europa ein inneres Abtauchen erlaubte und ihr eine stärkere Sammlung ermöglichte (in ihren eigenen Worten: »In Brasilien ist alles so abgedroschen, während es hier heißt: Tee trinken und sich abhärten«), wurde ihre Thematik konkreter. Als Ehefrau und Mutter eines Sohnes, mußte sich Chandal M. Nasser, die bisher mit der Hilfe eines Dienstmädchens rechnen konnte, an die tägliche Hausarbeit gewöhnen. Jetzt ist Schreiben eine mühsame Schlacht: »Hier verliere ich Zeit mit dem Greifbaren, eine Mutter kann nicht abwesend sein. Wenn ich spazierengehe, habe ich Zeit, an den Wahnsinn zu denken«. Zudem hört sie in dem Land, in dem sie lebt, nicht so viel Portugiesisch wie sie möchte, und gewinnt dem immerhin den Vorteil ab, daß die Wörter im Ausland ein viel größeres Gewicht erlangen: »In Deutschland erwirbt man ein Gehör für das Wort, das dem Banalen entstammt, das in Brasilien unbemerkt vorüberhuscht«.

Normalerweise bescheiden, ist Chandal Meirelles Nasser gegenüber der Übersetzung ihrer Arbeiten ins Deutsche sehr anspruchsvoll. Auch wenn die Curitibanerin daran interessiert ist, ihre Bücher in Deutschland verlegt zu sehen, hat sie bislang noch keinen Verleger im Land gesucht. Doch der erste Schritt ist getan: kein Geringerer als Curt Meyer-Clason, *der* Übersetzer aus dem Portugiesischen ins Deutsche, bewundert ihre Gedichte und übertrug sie in die deutsche Sprache. Ihr nächstes Buch, *As sete medidas do sal* (Die sieben Maß Salz), die den sinnbildlichen Weg von Brasilien nach Deutschland verkörpern, befindet sich bereits in der Endphase.

Elza Wagner-Carrozza

Sie ist die brasilianische Schriftstellerin, die am längsten in Deutschland lebt. Sie hat eine Reihe von Gedichten, poetischer Prosa, Chroniken, Erzählungen und Kriminovellen in Sammelbänden und Zeitschriften veröffentlicht. Sie tritt oft bei Lesungen ihrer Texte in der Öffentlichkeit auf und sieht sich als eine ›moderne Troubadore‹. In Brasilien veröffentlichte Wagner-Carrozza 1992 den Essay »Esse incrível jogo de amor« (Dieses unglaubliche Liebesspiel) über das Verhältnis ›Mann-Frau‹ im Werk der Autorin Ligya Fagundes Telles und der Portugiesin Maria Judite de Carvalho.

Obwohl sie die meiste Zeit ihres Lebens im Ausland verbracht hat, bereitet es Elza Carrozza nicht die geringste Schwierigkeit, ebenso Portugiesisch wie Deutsch zu schreiben: Sie schreibt gewöhnlich in der Sprache des Landes, in dem der Text veröffentlicht werden soll, oder wo sie Lesungen halten will. Für ihre Gedichte wählte sie meist die Muttersprache. Sie übersetzt ihre Texte, wenn nötig, selbst und erlaubt sich gelegentlich Änderungen oder Zusätze.

Die Inspiration für Erzählungen und Gedichte gewinnt sie aus eigenen Erlebnissen: »Immer sah ich mich einer neuen Wirklichkeit, dem Verlust gewisser Bindungen gegenüber. Für mich bedeutet dies eine Quelle von Erfahrungen und Gemütsbewegungen«, analysiert die Schriftstellerin und erkennt darin die Aufforderung, diese Suche zu vertiefen.

In *A viagem para a Alemanha* (Die Reise nach Deutschland, 1996) – fast drei Jahrzehnte nach ihrer Ankunft im Land geschrieben – beschreibt Elza Carrozza die Erfahrung des Tages, der ihr Leben am stärksten prägen sollte – den Tag, an dem sie auf deutschem Boden landete. In der Erzählung erinnert sie sich an ihre erste Begegnung mit Deutschen, an den unheilvollen Versuch, sich mitzuteilen, die Mißverständnisse, die dabei entstanden. Die von ihrem Erzählfluß begeisterten Leser/innen lassen sich von ihrer Geschichte mitreißen und von den Erinnerungen der Verfasserin unterhalten.

In dem Gedicht »Fremd« (1998) erörtert die Dichterin die Frage nach dem Leben in der Fremde aus dem Blickwinkel eines seit Jahren fern von Brasilien lebenden Menschen. Sie nimmt die Schwierigkeit auf sich, das ›neue‹ Land als Vaterland anzusehen, und thematisiert gleichzeitig das Befremden, das sie empfindet, wenn sie den Ort ihrer Kindheit aufsucht. Um diese Gefühlsverwirrung zu schildern, erschafft sie Verse wie »die Himmelsrichtungen haben sich verschoben (...)«, oder »(...) da ich ein Fremder in diesem Land zuhause auch so fremd geworden bin«.

In dem geradezu ›ökologischen‹ Gedicht »Feuerrot« (1998) heißt es: »[...] Wolkenverhangen / Sinkt der stahlblaue Himmel in die Erde / Die Luft ist naß und kalt / Und schwanger von Schwermetall und Kohlenruß / Es herrscht kein Chaos auf den Straßen. / Alle schweigen und fahren tapfer weiter / Aber nur bei grün! / Während woanders, im Rausch der Vogelschwärme / Feuerrot die Sonne untergeht«. Die Verfasserin beschuldigt den Menschen – im Einklang mit den Gesetzen (»Aber nur bei grün!«) –, die wenigen verbliebenen Flecken der von der technologischen Entwicklung unberührten Natur zu vergewaltigen. An einem solchen unberührten Ort verbrachte die Autorin ihre Kindheit, als sie nahe am Meer unter dem blauen Himmel spielte, der in vielen ihrer Gedichte aufscheint. Schließlich, wie sie selbst sagt, »besitzt jeder Schriftsteller irgendwo eine Quelle. Und normalerweise verblieb der Herd der Empfindung in der Kindheit und Jugend. Die meinen erlebte ich in Brasilien [...] und heute wohne ich an einem anderen Ort.«

Felipe Tadeu

Deutschland als hochindustrialisiertes Land der Jahrhundertwende und die Zeitnot der Leute, die nicht dazu kommen, die Natur zu betrachten, sind auch in der Dichtung von Felipe Tadeu gegenwärtig. In seinem Lieblingsgedicht »Ainda que seja loucura« (Auch wenn es Wahnsinn ist) aus dem Band *Insekten/Certos Insetos* (1994) geht es um die Macht der Autoindustrie in dem Land, in dem er seit 1991 lebt; gleichzeitig kritisiert er die rationale, berechnende Einstellung derer, für die die Devise ›time is money‹ gilt: »Der Untergang der Sonne / befleckte den Himmel Deutschlands / in einer Farbe / die ihr von den Menschen nicht genehmigt war. / Und daran zu denken, wie viele Unfälle / diese vermaledeite Natur / sich herausnahm, auf den autobãs / zu verursachen, weil ihre robotischen fahrers, / abgelenkt, / den Himmel sehen ein wenig glücklicher waren, / im Angesicht des Schönen zu sterben...« (S. 14). – Dieses Gedicht ist typisch für Felipe Tadeus Leidenschaft für die Beat-Literatur. Enttäuscht von der Übermacht der Industrie, vor allem der Automobilindustrie, die »jeden ökologischen Idealismus zertrampelt«, erwartete er von den Deutschen mehr Rücksichtnahme auf die Umwelt. Auch wenn er zugibt, seit seinem Aufenthalt in Europa noch anspruchsvoller geworden zu sein, findet er sich nicht damit ab, daß »jedes Interesse an der Betrachtung der Schönheit als reiner Wahnsinn angesehen wird«.

Aber die Ökologie ist nicht das einzige Thema von *Insekten*. Felipe Tadeu nahm in sein erstes Buch außer einigen seiner in Brasilien geschriebenen Gedichten 60 Prozent seiner in Deutschland entstandenen Texte auf. So entfaltet er einen Fächer der verschiedensten Themen. Er kritisiert die Religion und den Polizeistaat, er stellt den Klassenkampf in Frage, er lobt die sexuelle Freiheit und vor allem die Musik. So befaßt er sich mit der gleichen universellen und strittigen Thematik wie der Modernismus. Seine frei von rhetorischen Künstlichkeiten (wie Reime und konventionelle metrische Hilfsmittel) geschriebenen Gedichte beweisen seine modernistische Schreibweise.

Viele Gedichte aus *Insekten* entstanden in einer für den Dichter schwierigen Zeit – kurz vor und nach seiner Ankunft in Deutschland –, als er sofort nach Fernando Collors Machtübernahme beschloß, Brasilien zu verlassen. Einige der Verse sprechen daher vom Tod, von Angst und Traurigkeit, doch immer wieder unterbricht sie der kraftvoll spöttische Tonfall des Autors und seine Fähigkeit, Nonsens-Lösungen zu schaffen. Diese Ausbrüche von guter Laune sollen die Moral des Schreibers wie auch die der Leser/innen aufrichten.

José Leal

Sein Buch *Kanniballade – Anthropophagische Erzählungen in zwei Sprachen* (1995) wurde vom ›Internationalen Kulturwerk‹ in Hildesheim-Achtum veröffentlicht, einem Verlag, der sich mit Themen wie sozialer Unterdrückung und Machtmißbrauch befaßt. In seinem Werk beschuldigt der Schriftsteller beispielsweise die Kirche der Heuchelei, erklärt seine Empörung gegen die »Informations- und Manipulationsrechte« (S. 17) der Medien und äußert sich verärgert über den wirtschaftlichen und gesellschaftlichen Verfalls Brasiliens. Er schreit die Frage heraus: »Wo sind sie, die elenden Gauner, die Räuber und Diebe unserer Zukunft?« (S. 19). Der Band ist Oswald de Andrade gewidmet, einem der ›Päpste‹ des *Modernismo Brasileiro* und Verfasser des *Menschenfresser-Manifestes*, das die Vorstellung vom (brasilianischen) Menschen vertritt, der sich aus sich selbst (der eigenen Kultur) ernährt. José Leals Werk ist voller Zitate und Ikonen der von der ›Woche der Modernen Kunst von 1922‹ ausgerufenen Bewegung. Hier öffnete sich das Land der zeitgenössischen Welt und betonte seinen halbkolonialen Zustand, indem es vor allem in Europa seinen Schlüssel zur eigenen Wirklichkeit suchte.

Obgleich die von José Leal angewandte Form und Technik nicht zwangsläufig der modernistischen Tradition zugehören, versucht er, den Nationalismus mit europäischen Einflüssen zu verbinden. Da die Bühne seiner Personen Deutschland ist, dreht er den Spieß um und schreibt Erzählungen wie »Liebeshunger«, in der eine Deutsche an einem hellen Herbstmorgen auf den Straßen Hamburgs dem Samba verfällt. Und da sie verliebt ist, fliegen Schmetterlinge aus ihrem Bauch (ein typisch deutscher, in Brasilien unbekannter Ausdruck).

Schon in *Kanniballade* (1995) besucht ein Hamburger Ehepaar, die Frau ist schwanger, in Brasilien einen Indianer. Als das Paar nach Deutschland zurückkehrt und ihr Sohn geboren wird, stellen die beiden an dem Kind eine ›interkulturelle Synthese‹ fest, die es unablässig zum Absingen eines »menschenfresserischen Gesangs« drängt. Später vermutet der Musiklehrer in dem Knaben »einen gewissen musikalischen Kannibalismus, besitzt dieser doch eine veränderliche Kraft und das starke Bedürfnis, die Dinge zu verwandeln, denn er verändert alles, und er schafft alles neu« (S. 69). Da José Leal ein eingefleischter Bewunderer des *Modernismo* ist, verwendet er Elemente dieser Art in seinen Geschichten, die zum größten Teil in Deutschland spielen.

Zé do Rock

Er gilt als der berühmteste brasilianische Schriftsteller mit festem Wohnsitz in Deutschland. Sein Erstling, *fom winde verfeelt* (1995), erhielt im Lauf der ersten drei Jahre mindestens 87 Pressebesprechungen und wurde in 29 Rundfunk- und 24 Fernsehprogrammen erwähnt.

Die Reform der deutschen Sprache, das Thema, um das sein Buch kreist, dürfte der Grund für diesen Erfolg sein. In seinen hochamüsanten Geschichten über seine Reiseabenteuer in 13 Jahren als Anhalter durch 102 Länder, weist er auf Widersprüche in der deutschen Sprache hin, und, um sich nicht nur auf die Kritik zu beschränken, macht er Vorschläge zur Vereinfachung der geschriebenen Sprache, die sie der gesprochenen angleichen sollen. Zé do Rocks Rezept ist ebenso einfach wie originell. Er führt etliche orthographische, morphologische und syntaktische Regeln ein und verwendet sie anschließend selbst bei der Beschreibung seiner Eindrücke von den bereisten Orten und seinen Begegnungen und Erlebnissen (mitunter fragen sich die Leser/innen, ob der Autor all das Erzählte wirklich erlebt hat). In jedem Kapitel entfernt der Text sich zunehmend von der richtigen (offiziellen) Schreibweise. Seine Absicht ist, 36 Abwandlungen herzustellen, zwei pro Jahr, die erst nach Zustimmung durch eine Volksabstimmung oder durch eine Meinungsumfrage in Kraft treten würden. Im ›ultra-doitsh‹ fallen die 54 Regeln für den Gebrauch des Kommas, und jeder kann nach Lust und Laune Kommata setzen. Die nicht ausgesprochenen Konsonanten werden beschränkt – aus ›Fuchs‹ wird ›fux‹ –, und der Gebrauch der Großbuchstaben und Kleinbuchstaben wird reiner Zufall. Dieses Projekt erklärte Zé do Rock persönlich in zahllosen Lesungen und amüsierte sich dabei über die überraschte Reaktion der Deutschen, die feststellen mußten, daß Goethes Sprache nicht so logisch ist, wie sie vermutet hatten, und daß auch noch ein Brasilianer eine solche Kritik übt. Nach Beendigung der deutschen Ausgabe begann Zé do Rock die Übertragung ins Portugiesische, richtiger, ins ›brasilês‹. Er erzählt dieselbe Reisegeschichte und schlägt eine ›Brasilianisierung‹ seiner Muttersprache vor, damit man »statt verkehrtem Portugiesisch endlich richtiges Brasilianisch spricht«. Zwei Jahre nach der deutschen Ausgabe wurde diese zweite Fassung in Brasilien veröffentlicht.

Doch obwohl die Rezensionen von Zé do Rocks Arbeit meist positiv ausfielen, gab es doch Anlaß zu Kritik, weil Zé do Rock der Versuchung erliegt, die Leser/innen auf Kosten von Minderheiten zum Lachen zu bringen. In seinem zweiten, in Deutschland verlegten Buch, *UFO in der küche* (1998), bringt er beispielsweise bereits auf der vierten Seite einen Witz unter, in dem ein ›Jakob‹ Gott soeben um eine Million Mark gebeten hat – und obgleich er sich an ein deutsches Publikum wendet, läßt er sich nicht vom geschichtlichen Zusammenhang einschüchtern, in dem dieses Volk lebt. Auch wenn die politische Korrektheit seiner Texte strittig sein mag, bleibt Zé do Rock jedenfalls ein höchst kurzweiliger Schriftsteller, der sein Publikum mit einer Reihe allgemein nützlicher und nutzloser Kenntnisse unterhält.

Zuca Sardan

Während Zé do Rock in Deutschland lebt und hier höchstes Ansehen genießt, wird Carlos Felipe Saldanha von einer beschränkten literarischen Elite Brasiliens sehr geschätzt. Er ist zugleich der am häufigsten, fast ausschließlich in Brasilien verlegte Autor. Dagegen wurde von Zuca Sardan – einer seiner vielen Pseudonyme – in Deutschland noch nichts veröffentlicht.

Seine diplomatische Laufbahn führte ihn in verschiedene Länder: Algerien, Dominikanische Republik, USA, die ehemalige Sowjetunion, Holland und schließlich

Deutschland, das er nach seiner Pensionierung 1988 zu seinem Wohnort wählte. So brachte der Dichter und Zeichner nicht nur etliche literarische und künstlerische Einflüsse mit, sondern auch die täglichen Erfahrungen aus völlig anderen Welten. Er weist gewöhnlich auf den größten brasilianischen Dichter hin, auf Manuel Bandeira, wie auf die Symbolisten und Modernisten, doch auch auf die französische Dichtung, insbesondere auf Baudelaire, Mallarmé, Jarry, Appolinaire und die Surrealisten. Auch die Vorsokratiker, Homer, Ovid und Dante zählt er selbst auf, außerdem erwähnt er Collodi (Pinnochio) und Lewis Carroll (Alice), Tao-Te-King (von Lao-Tsé), Baghata-Gita und die Bibel.

In seinen Gedichten, die fast immer in seiner eigenen Schönschrift gedruckt und von originellen Zeichnungen begleitet sind, wird die Internationalität erkennbar, die seine imaginäre Welt durchsetzt, in der seine Gestalten wie auch er selbst leben. In seiner Umwelt erschafft er eine märchenhafte Traumsphäre, in der weder Zeit noch Raum der irdischen Logik zu gehorchen scheinen. Außerdem erhält jedes seiner Gedichte einen Rahmen, der an einen Stich erinnert, mitunter mit Collagen in der Art alter Almanache, andere mit mystischen Orakeln, doch stets lösen sie in den Leser/innen eine scherzhafte, von den kindlichen Zügen der Zeichnungen verstärkte Vorstellung aus.

Um Fragen der Ethik, der Moral, der Macht und der Politik mit kritischem Geist und feinem Spott zu erörtern, ruft der Dichter seine Riesen, Könige, ägyptische Mumien, Astrologen und Sultane herbei, um sie anschließend mit philosophischen Fragen auf menschlicher Ebene zu belasten oder gar um mit den Lesern zu spotten, während er sich über sich selbst und sein ›geistiges Ringen‹ amüsiert, ohne ihnen die geringste Andeutung zu geben, wo mit dem Entwirren des Gesprächsfadens zu beginnen sei. Es ist das Spielerische im Spielerischen, das ihn mit der Dichterin Chandal Meirelles Nasser verbindet. Auf beide übt die Welt der kindlichen Einbildungskraft eine starke Anziehung aus. Seit einigen Jahren plant ein kleiner Berliner Verlag die Herausgabe einer Auswahl zeitgenössischer brasilianischer Dichter, zu der Zuca Sardan gehören soll.

Danksagung an Dr. Wolfgang Kathe
Aus dem Portugiesischen von Curt Meyer-Clason

12. Literatur der spanischsprachigen Autor/innen aus Lateinamerika

Tomás Stefanovics

Zum spanischsprechenden Lateinamerika gehören 18 Staaten: Argentinien, Bolivien, Chile, Costa Rica, Dominikanische Republik, Ecuador, El Salvador, Guatemala, Honduras, Kolumbien, Kuba, Mexiko, Nicaragua, Panama, Paraguay, Peru, Uruguay und Venezuela. Wegen dieser Vielzahl der Herkunftsländer sind die spanischsprachigen Autor/innen aus Lateinamerika nicht als mehr oder weniger homogene Gruppe zu behandeln, sondern vielmehr als Individuen. Daher ist der allgemeine chronologische Teil dieses Kapitels eher knapp.

Für die lateinamerikanischen Autor/innen war Deutschland weit entfernt, die Sprache und der gesamte Kulturraum waren fremd, deswegen gab es nur sporadische Kontakte – der Argentinier Sarmiento, der Peruaner Mariátegui, der Kubaner Carpentier, die Deutschland besuchten – und keine nennenswerte Übersiedlung. Die Lage hat sich aus folgenden Gründen geändert:

1. Der DAAD lancierte ein großzügiges Stipendiumprogramm durch das zwischen 1971 und 1997 im Rahmen eines Berliner Künstlerprogramms 28 lateinamerikanischen Schriftsteller/innen ein einjähriges Stipendium gewährt wurde.

2. Die diktatorischen Regierungen Lateinamerikas haben viele Bürger/innen gezwungen, das Land zu verlassen. In bescheidenem Maß hat auch die ehemalige Deutsche Demokratische Republik lateinamerikanischen Autoren Asyl gewährt.

3. Zu einer dritten Kategorie gehören Autor/innen, die aus ganz unterschiedlichen Motiven dauerhaft nach Deutschland kamen, nach eigenen Angaben: deutsche Eltern (Lengert), Geschäftsgründung (Acuña), Neugier (Sui-Yun), Heirat (González), oder sogar Zufall (Mendívil). Schließlich spielte auch die Anziehungskraft der Bundesrepublik und ihr relativer Wohlstand eine entscheidende Rolle.

Die Tatsache, daß Schriftsteller/innen als Verfolgte nach Deutschland kommen, bedeutet nicht, daß sie nur über politische Themen schreiben bzw., daß sie dieser Thematik lang treu bleiben. Wie viele Beispiele zeigen – Vesely, Sepúlveda, Skármeta – wechseln nach einigen Jahren die Interessen, und neue Motivationen treten in den Vordergrund.

Die lateinamerikanischen Schriftsteller/innen schreiben auch in der Bundesrepublik weiterhin in ihrer eigenen Sprache. Vielleicht ist Nora Becker Alvarez die einzige Ausnahme. Nach zehn- oder zwanzigjährigem Aufenthalt in Deutschland versuchen sie, ihre eigenen Arbeiten ins Deutsche zu übersetzen, aber wenn es um die Veröffentlichung geht, arbeiten die meisten von ihnen mit Übersetzern zusammen. Die meisten haben schon in ihren Heimatländern angefangen zu schreiben oder sogar zu veröffentlichen und hatten bereits eine literarische Vergangenheit als sie nach Deutschland kamen. Schließlich hatte auch der Weltruhm der lateinamerikanischen Literatur und ihre erfolgreiche Rezeption in Deutschland seine Auswirkungen: Auch an die hier lebenden Autor/innen wurden hohe Erwartungen gestellt.

Die Autor/innen der 60er bis 90er Jahre

Es sind nur einige wenige, die im Lauf der 60er Jahre einzeln den Weg nach Deutschland gefunden haben. Der Chilene Luis Gustavo Acuña, der Senior aller lateinamerikanischen Schriftsteller in Deutschland, kam 1961 wegen einer Geschäftsübernahme. Der Uruguayer Tomás Stefanovics (1963) und die Ecuadorianerin Sara Vanégas (1970) kamen, um ihr Studium fortzusetzen, der Peruaner Marco Alcántara (1966) hat, um ansässig zu werden, eine Buchhandelslehre angefangen, die Guatemaltekin Karin Wölfel (1967) ist eine deutschsprachige Erzieherin geworden, sie hat zwei pädagogische Bücher veröffentlicht und schreibt jetzt Kindermärchen, die sie selbst illustriert.

Das tragischste Ereignis in der Geschichte Lateinamerikas der 70er Jahre war der Staatsstreich gegen den chilenischen Präsidenten Salvador Allende. Schätzungsweise ein Zehntel der Bevölkerung, also etwa eine Million Personen haben Chile verlassen, darunter auch unzählige Schriftsteller/innen. Nach Deutschland kam 1973 der erfolgreiche Antonio Skármeta. Die damals noch jungen Carlos Cerda und Omar Saavedra Santis gingen 1973 bzw. 1974 nach Ostberlin. Roberto Ampuero ging zuerst (1973) nach Holland, dann nach Kuba, bis er in Bonn Chefredakteur der Zeitschrift *Desarrollo y Cooperación* wurde. Sein erster (politischer) Kriminalroman *¿Quién mató a Cristián Kustermann?* (1993), (die deutsche Übersetzung erschien mit dem irreführenden Titel *Der Schlüssel liegt in Bonn*) hat 1993 den ersten Preis der Zeitung *El Mercurio*, der ältesten seines Landes, gewonnen. Etwas später kamen – alle aus Chile – Nora Becker Alvarez (1976), Sergio Vesely (1976), Luis Sepúlveda (1980) und über England Hernán Valdés (1980). Sergio Macías (1974), Autor von Gedichtbänden, Essays und dem Roman *El sueño europeo* (1994), blieb vier Jahre als Dozent am Rostocker Lateinamerika-Institut.

Ebenfalls in den 70er Jahren kam der Peruaner Miguel Valle (1974), der heute als Sprachlehrer und Autor von Lehrbüchern in München tätig ist. Er ist Literaturkritiker und Verfasser von zahlreichen philosophischen, lexikographischen und landeskundlichen Aufsätzen. 1976 kam die Argentinierin María Elena Armstrong. Sie hat jedoch ihren Bachelor of Arts, Magister und Doktor in den Vereinigten Staaten erworben. Sie ist als Dozentin für Literatur und Landeskunde Lateinamerikas tätig. Ihr Erzählungsband *Eros el agridulce* ist 1999 herausgekommen.

1976 war auch das Jahr der Peruaner: Melacio Castro Mendoza und Antonio Candela kamen in die BRD, José Pablo Quevedo in die DDR. Castro schrieb ein Gedichtbuch auf spanisch: *De sones y de proles o poemas de las cosas sencillas*, Candela einen Roman in deutscher Sprache: *Ein Stadtviertel genannt Chicago Chico* (1992). Quevedo, der schon mehrfach veröffentlicht hat, ist als Kulturvermittler sehr aktiv. Der Venezolaner Carlos-Ulises Moulines ist ein Wahlmünchner. In München ist er Ordinarius und Vorstand des Instituts für Philosophie, Logik und Wissenschaftstheorie. Er hat zahlreiche wissenschaftliche Bücher und über 130 Aufsätze veröffentlicht und fünfzehn Bücher übersetzt. Moulines ist auch Autor eines Romans: *Antes del olvido. Tríptico de la contemplación del tiempo* (1966). In diesem Jahrzehnt sind noch zwei Lyrikerinnen und einen Lyriker zu erwähnen: die Argentinierin Erna Lengert kam 1978, sie schrieb in ihrem kurzen Leben unglaublich viele Gedichte; sie beherrscht insbesondere die Form des Sonetts; die Chilenin María Eliana Moyano Machmar (1980), die sich schon in ihrer Heimat an Literaturwerkstätten beteiligt hatte und der Peruaner Carlos Mazuré (1980), Physiker von Beruf, der gerade den Gedichtband *Eva, ¿dónde estás?* (1998) veröffentlicht hat.

In den 80er Jahren kamen der Ecuadorianer Hernán Quintana (1981) und die Kolumbianerin Gloria Serpa-Kolbe (1981) in Müchen an. Quintana schreibt Gedichte und Erzählungen und gibt die Kulturzeitschrift *El Colibrí* heraus. Er hat einen Verlag gegründet, in dem lateinamerikanische Autor/innen ihre Werke veröffentlichen. Serpa-Kolbe war zuerst Konsulin ihres Landes, später widmete sie sich nur dem Schreiben. Sie schrieb Erzählungen, übersetzte Sappho aus dem Griechischen und veröffentlichte zwei wichtige Kritikbücher über Eduardo Carranza bzw. Julio Flórez, zwei große Dichter ihrer Heimat. 1982 kam der Peruaner Walter Lingán nach Köln, ein Musikliebhaber und von Politik besessener Erzähler, der Mediziner wurde. Der Honduraner Juan de Dios Pineda Zaldívar (1982) hatte in Kolumbien Theaterwissenschaft studiert und in seiner Heimat einen Chronikband, einen Roman und Erzählungen veröffentlicht und seinen ersten Lyrikband herausgegeben: *Itinerario y otros poemas – Reiseplan und andere Gedichte* (1977). Ein Jahr danach kamen die Chilenin Isabel Lipthay und die Argentinierin Esther Andradi, die auch aus politischen Gründen ihre Heimat verlassen mußten. Der Guatemalteke Raúl de la Horra lebt in dem imaginären Dreieck Leipzig (1984–1990), Paris (insgesamt achtzehn Jahre) und München (1996); er ist Psychologe, schreibt Erzählungen, und für seinen ersten Roman, *Se acabó la fiesta* (1996), hat er einen wichtigen Preis bekommen. 1986 hat der DAAD dem schon damals berühmten Kolumbianer Luis Fayad ein Stipendium gewährt, und seitdem lebt er hier, nachdem er Jahre in Paris und in Spanien verbracht hat. Die Peruanerin Teresa Ruis Rosas hat lange Zeit ein unstetes Leben geführt, aber seit ihrer Übersiedlung nach Deutschland (1987) hat sie anscheinend ihren endgültigen Wohnsitz gefunden. Ihr erster Roman, *El copista* (1994), hat sie über Nacht bekannt gemacht. Der Salvadorianer David Antonio Hernández Santos (1988), Agraringenieur, Germanist, Politologe, Anthropologe, Sprachtalent, schreibt auch Gedichte, Erzählungen und Romane.

1988 war das Jahr der Übersiedlung einiger Kolumbianer: von Olga Lucía Obando Salazar, die Psychologin, Musikpädagogin, Erzieherin und Forscherin ist. Sie schreibt Gedichte und Prosa; von Sonia Solarte (1988), die auch Psychologin ist, außerdem Lehrerin, Hörspielautorin, Kulturbeauftragte, Mitbegründerin von Schreibwerkstätten und Sängerin; sie hat zwei Lyrikbände herausgebracht und von Jorge Avila, der nach dem Studium von Literatur, Philosophie und Kunstgeschichte als freier Schriftsteller und Journalist in Berlin arbeitet. 1989 war das Ankunftsjahr von Luis Pulido Ritter, Irma Berenice González de Jahn und Sui-Yun. Der Panamaer Pulido – Soziologe, Politologe und Dozent für Literatur – hat nach einigen Essays und Gedichten seinen ersten Roman veröffentlicht: *Recuerdo Panamá* (1998). Die mexikanische Dichterin González lebte neun Jahre in Deutschland. Die Peruanerin Sui-Yun ist eine leidenschaftliche Reisende, Verfasserin von unzähligen journalistischen Artikeln über Kulturthemen und schreibt Gedichte auf spanisch, englisch und deutsch. Außerdem ist sie die Autorin von zwei Gedichtbänden. Der Peruaner Julio Mendívil (1990) ist Ethnomusiker, veröffentlichte einen Erzählungsband: *La agonía del condenado* (1998).

In den 90er Jahren kam die argentinische Lyrikerin Patricia Lladó (1991), die in einer deutschen Umgebung aufwuchs, einen Deutschen geheiratet hat und sich mit ihrer Familie in Deutschland niederließ. Der Kolumbianer Jaime de la Gracia (1992) hat Medizin, Kunst, Theater studiert, übersetzt aus dem Portugiesischen und Deutschen. Er ist Zeitungskorrespondent und schreibt hauptsächlich Gedichte. Der Chilene Sergio Rivera (1995) ließ sich nach verschiedenen Studien – Physik, Soziologie, Wirtschaft – und vielem Herumreisen in Wiesbaden nieder, wo er die Zeitschrift *El Rincón del Lector* herausgibt. Sein erster Roman, *Cariño malo*, erschien 1998. Der Peruaner Segundo Castillo (1995) hatte sich seit seinem fünfzehnten Lebensjahr von Kunsthandwerk und Musizieren ernährt, in Berlin ist er freier Mitarbeiter einer Zeitung. Seine Gedichte, Lieder und Erzählungen sind Zeugnisse sozialen Protestes. Sein erster Gedichtband *Versos de dolor y esperanza* ist 1998 veröffentlicht worden. Unser letzter Zugereiste ist der Kolumbianer Germán Cuervo (1998), der schon früher einige Monate hier lebte, dann zwölf Jahre in Paris, bis er sich (endgültig?) in Deutschland niederließ. Er ist auch Maler und schreibt Erzählungen. Er veröffentlichte einen Roman: *El mar* (1994).

Die Institutionen

Neben dem schon erwähnten Deutschen Akademischen Austauschdienst (DAAD) ist das Lateinamerika-Institut an der Freien Universität Berlin die wichtigste Einrichtung für die Forschung und Lehre über Lateinamerika in Deutschland. Das Haus der Kulturen der Welt (Berlin) hat Künstler/innen, Schriftsteller/innen und Intellektuelle zu Veranstaltungen und Symposien eingeladen. Das Ibero-Amerikanische Institut in Berlin (gegr. 1930) mit 730.000 Büchern und 4.300 Zeitschriften ist die größte europäische Spezialbibliothek für Studien über Spanien, Portugal und Lateinamerika. Zu erwähnen sind auch die Gesellschaft zur Förderung der Literatur aus Afrika, Asien und Lateinamerika, e.V., in Frankfurt, die seit 1984 Übersetzungen ins Deutsche von lateinamerikanischen Autor/innen unterstützt hat. Der Deutsche Spanischlehrerverband (gegr. 1970) betreut Spanischlehrer auf allen Ebenen und sorgt sich um die Sprache, Literatur und Landeskunde Spaniens und Lateinamerikas. Die Zeitschrift des Verbands *Hispanorama* (gegr. 1972) beschäftigt sich eingehend auch mit lateinamerikanischer Literatur, speziell mit Besprechungen von Neuerscheinungen. Der Chilene Sergio Villarroel gründete 1978 in Berlin die Kulturgruppe ›Centro Literario-Artístico Latinoamericano‹ (CLAL), die viele Bücher von in Deutschland lebenden lateinamerikanischen Schriftsteller/innen veröffentlichte. ›El Butacón‹ ist eines der bekanntesten Hamburger Foren, wo Autor/innen – auch viele Lateinamerikaner/innen – ihre Texte vortragen. Diese Einrichtung wurde 1977 von dem Spanier Nono Carrillo ins Leben gerufen. ›El Butacón‹ gibt die Literaturzeitung *Viento Sur* heraus, und alle zwei Jahre wird ein Literaturpreis verliehen. Der ›Centro Cultural Latinoamericano‹ (München, gegr. 1984) fördert Lesungen, Vorträge, Filmfestivals, Kunstausstellungen, Theateraufführungen, Konzerte, Feste. Die zweisprachige Zeitschrift des Centro, *Rastros* (früher *Boletín*, gegr. 1984), die sich auch mit Literatur befaßt, erreichte 55 Nummern. In Berlin wird die Gruppe ›Cantos de Flores – Blumengesänge‹ (gegr. 1992) von Sonia Solarte geleitet. Mitglieder sind lateinamerikanische Schriftsteller/innen, die sich regelmäßig treffen. Die Gruppe hat bis jetzt vier Bücher veröffentlicht und gibt das Mitteilungsblatt *Varieté Literario* heraus. ›Autores Latinoamericanos de Múnich‹ (ALAM) wurde 1993 von der Argentinierin Dorita Puig gegründet. Außer den regelmäßigen Treffen, Lesungen und Diskussionen eigener literarischer Texte, haben die Mitglieder viele öffentliche Lesungen veranstaltet und einige Bücher herausgegeben. Melo-Poe-Fant, gegründet in Berlin von dem Peruaner José Pablo Quevedo, gibt die Zeitschrift *La pirámide invertida* und Anthologien heraus und organisiert Ausstellungen und literarische Begegnungen, wie das Berliner Dichtertreffen (das 1999 zum vierten Mal stattfand). In Köln gibt es die ›Asociación Abya-Yala‹, geleitet von Walter Lingán, um die Literatur der in Deutschland lebenden Lateinamerikaner/innen zu fördern. Die Projektgruppe ›Matices e. V.‹ (Köln) gibt die Zeitschrift *Matices* heraus, organisiert Lesungen und kulturelle Aktivitäten und veröffentlicht auch Bücher. Ebenfalls auf Initiative von Walter Lingán wurde 1997 in Essen ›Autores Latinoamericanos en Alemania‹ (ALA) als Dachorganisation gegründet. Inzwischen haben sich Autor/innen in verschiedenen Städten achtmal getroffen.

Der älteste Verlag, der fremdsprachige Literatur und auch Werke von Lateinamerikaner/innen verlegt bzw. verkauft ist, wahrscheinlich der in Frankfurt ansässige italienische Zambon Verlag & Vertrieb. Klaus Dieter Vervuert, auch in Frankfurt, spezialisiert sich auf Spanien, Portugal und Lateinamerika. Er hat wohl die größte Buchhandlung ihrer Art in Deutschland. Seit Jahren ist er auch im Verlagsgeschäft. Vervuert gibt die Zeitschrift *Iberoamericana* heraus, die sich neben anderen Themen auch mit Literatur befaßt. Der Verlag Edition Quinde (München) existiert seit 1994; bisher wurden sechs Bücher veröffentlicht, Lyrik und Erzählungen von in Deutschland lebenden Lateinamerikaner/innen. Der Verlag gibt die Zeitschrift *El Colibrí* heraus. Bis jetzt wurden 11 Nummern publiziert.

Buchhandlungen sind ein wichtiger Bestandteil nicht nur für den Vertrieb von Büchern, sondern auch für Veranstaltungen. ›La Botica – Hispano América‹ in München besteht seit 1985; sie ist ein beliebter Treffpunkt für alle, die an der Sprache und Kultur Spaniens, Portugals und Lateinamerikas interessiert sind; sie organisiert monatlich eine Lesung, Buchvorstellung oder Ausstellung. Andere Buchhandlungen, die regelmäßig Lesungen veranstalten sind Andenbuch (Berlin) und La Librería (Bonn).

Außer den schon erwähnten Zeitschriften gibt es noch einige, die sich gelegentlich mit unserem Thema beschäftigen: *Chasqui* (Berlin), *El Rincón del Lector* (Wiesbaden), *ila latina* (Köln), *Kolumbien aktuell* (Stuttgart), *Mensajero Latino* (Stuttgart), *Mundo Latinoamericano* (Hamburg), *Presse Spiegel Peru* (Heidelberg), *Quetzal* (Leipzig). Zwischen 1978 und 1988 gab es *Khipu* (zuerst Münster, dann München), die mit dem Hauptziel, der Verbreitung der Kultur Lateinamerikas, die Literatur als Schwerpunkt hatte.

Die Autorinnen und Autoren

Der Chilene Luis *Gustavo Acuña* begann schon mit 17 Jahren zu schreiben und schreibt weiter in seiner spanischen Muttersprache. Sein Werk – ausschließlich Gedichte – befaßt sich mit seiner Heimat, insbesondere mit seinem araukanischen Erbe, der Eroberung Amerikas, Themen die er in kraftvollen Bildern, umgangssprachlich, mit viel Humor behandelt, so in dem Lyrikband *Copihual* (1975). Einen der Höhepunkte seines Schaffens erreicht er mit *Sembraré tu memoria* (1983). In hundert Sonetten besingt er seinen mit dreizehn Jahren auf tragische Weise verstorbenen Sohn in Dialog-Monolog-Form. Es ist sowohl wegen seines Inhalts als auch wegen seiner Form ein literarisches Juwel. Mit sensibler Intuition hat sich der Autor über die Gefahr der Monotonie hinweggesetzt, variiert seine Thematik bis fast ins Unendliche und schafft ein tragisch schönes Monument, das die Sublimierung eines unvorstellbaren Leidens verewigt. Die Poesie ermöglicht diesen Dialog zwischen dem Schmerz und der wiedergewonnenen Fassung. Wie Hiob hinterfragt er die göttliche Gerechtigkeit und Güte und sogar die Existenz Gottes. »Sein Werk enthält daher komplexe metaphysische Implikationen, aber es ist mehr als alles andere: eine der schönsten Elegien in kastilischer Sprache«, schrieb der guatemaltekische Dichter Augusto de León Morales. Über sein letztes Buch, *Páginas olvidadas* (1996) sagte der Argentinier Carlos Marcelo Constanzó, daß sein Werk alle Pfade der Kunst und der poetischen Technik zeigt und die kleine Form die große literarische Erfahrung des Baumeisters dokumentiert.

Der Uruguayer *Tomás Stefanovics*, der schon sehr früh zu schreiben begann, ist Autor von belletristischen Texten und auch Essays (Buchbesprechungen, literarische Porträts, Vorlesungen). Viele seiner Erzählungen und kritischen Arbeiten, die er auf spanisch schreibt, erschienen in verschiedenen Sprachen in lateinamerikanischen und europäischen Zeitungen, Zeitschriften und Anthologien. Er hat verschiedene Erzählzyklen geschrieben. Der Band *El divorcio* (1980) besteht aus 16 eigenständigen Erzählungen, verbunden durch das gemeinsame Thema des Scheiterns: alle beschäftigen sich, auf verschiedene Weise, mit dem Zerfall einer Zweierbeziehung. Es geht dabei fast nie um die Schuldfrage. Jede einzelne der Personen handelt subjektiv richtig, ist von ihrer Wahrheit überzeugt, was am Ende freilich jeden Kompromiß ausschließt. Der Ort der Handlung ist zwar immer Montevideo, es sind jedoch immer Dramen des tagtäglichen Lebens, die eigentlich überall und immer hätten geschehen können.

Für den Peruaner *Marco Alcántara* bedeutete Deutschland einen Neubeginn: erst hier begann er zu schreiben. Er schreibt in seiner spanischen Muttersprache – ausschließlich Gedichte – aber seit etwa zehn Jahren übersetzt er seine Texte selbst ins Deutsche. Das zweisprachige Buch *Der Wilde – El salvaje* (1997) ist sein einziger Lyrikband. Im spanischen Originaltext gibt es bei jedem Gedicht nur einen Anfangs-Großbuchstaben und der Rest ist ein einziger Satz ohne Interpunktion und sogar ohne

Endpunkt. So bleiben die Gedanken schwebend in der Luft, man könnte sie weiterverfolgen; das Gedicht ist nur eine herausgerissene Seite, ein Krug Wasser aus einem Fluß, der unaufhörlich fließt. Fast alle Gedichte beschreiben eine Frau, ihre Körperteile, den Geruch, das Stöhnen, die Kraft der Frau oder die Bedeutung dieser Frau, das Zusammensein mit ihr. Andere Gedichte beziehen sich auf das lyrische Ich: den Wilden, der »deinen Schritten auf den Straßen gefolgt« und der zwischen zwei Auffassungen schwankt: das Raubtier, »das in der Frau / nur das Weib sieht«, und jenen der sagt: »du bist erhaben / bis zum Taumel«. Die Grundidee der Aussage ist immer schlicht und wird schon anfangs angekündigt (»Der Geschmack / deines Mundes«) und im folgenden entwickelt, variiert, manchmal zum Höhepunkt gebracht. Das Büchlein kündet von einer komplexen Gefühlswelt: ein Mann, der die Frau anbetet und anbettelt und gleichzeitig »den Zustand der Brunst entdeckt«, den sie ausströmt, also treffen sich der Verliebte und der Macho. Beide haben eines gemeinsam: sie können ohne sie das Glück nicht erlangen.

Die aus Ecuador stammende *Sara Vanégas Coveña* schreibt keine leicht verständlichen Gedichte. Ihr Gebiet ist das Verworrene, das schwer Erfaßbare, Gedankengänge, mit philosophischen Verwicklungen oder zumindest mit einem versteckten ästhetischen Inhalt, ein Weitergehen in der Deutung der Wörter. Um ihre Lyrik verstehen zu können, ist es wahrscheinlich notwendig, auch die Etymologie der Wörter zu kennen und sprachwissenschaftlich geschult zu sein; und um sie zu genießen, wäre es von Vorteil, dieselben gefährlichen Abenteuer und die tiefen Leiden erlebt zu haben wie die Autorin. Es ist anzunehmen, daß je nach ihren eigenen Erfahrung und Empfindsamkeit, diese Gedichte den Leser/innen verschiedene Welten zu entdecken anbieten.

Der bekannte bolivianische Dichter Pedro Shimose schreib über sie: »Sara Vanégas ist Teil jener Legion von Autorinnen, die seit der Kolonialzeit die Kunst und Gedanken von Amerika, das heißt, die unseren, in Ehren halten. Ihr Ton ist persönlich und mächtig. Die Kürze ihrer Gedichte, die Kraft ihrer Bilder, die sonderbare Musikalität ihrer herben Verse bringen sie in die Nähe der Erfahrungen des ›Diwan‹ von Goethe«. Ihre letzte Gedichtsammlung, *Más allá del agua* (1998), wie alle ihre früheren Bände – einige Titel sind *90 Poemas* (1980), *Luciérnaga y otros textos* (1982), *Indicios* (1988), *PoeMAR* (1994) – von kleinem Format und relativ wenigen Seiten, worauf oft nur ein paar Zeilen stehen, ließe sich folgendermaßen zusammenfassen: Das lyrische Ich, eine Frau, wendet sich zuerst an eine andere Frau, später auch an einen Mann. Dieser Mann ist zuerst ein Freund – »eine weitere Sinnestäuschung meiner Seele« – später ein gewünschter, fantasierter Liebhaber, der auf die Andeutung einer Silhouette herabgesetzt wird »in der genauen Minute meines Weggehens«. Die konkreten Erinnerungen beziehen sich auf die fernliegenden, weiten Welten, vielleicht auf das verlorene Paradies.

Der Chilene *Antonio Skármeta* ist Autor von belletristischen Werken und hat mehr Hörspiele verfaßt als jeder andere lateinamerikanische Schriftsteller, zum Beispiel, *Die Suche* (1976), *Der Aufsatz* (1980). Er hat auch Texte für Musik – Rock, Twist und Boleros – geschrieben, aber er wurde berühmt durch seine Drehbücher zu den Filmen von Peter Lilienthal *La Victoria* (1973), *Es herrscht Ruhe im Land* (1975), *Der Aufstand*

(1980), *Der Radfahrer von San Cristóbal* (1987), sowie zum Film *Aus der Ferne sehe ich dieses Land* (1978) – über sein eigenes Buch *Nixpassiert* (1980) – von Christian Ziewer. Seine berühmteste filmische Produktion ist *Mit brennender Geduld* (1983), die Geschichte Nerudas und seines Briefträgers, die laut Skármeta fast frei erfunden und doch der Realität sehr treffend nachempfunden ist. Es handelt sich um eine lyrische Evokation des größten chilenischen Dichters, der aus der Perspektive eines Briefträgers gesehen wird, der selber Dichter werden will. Die Geschichte erzählt von den kleinen Leuten, von ihren Lieben und Lastern, von der Kraft, der wahre Poesie und menschliche Leidenschaft innewohnt. Das Originalbuch mit dem Titel *Ardiente paciencia* (1985), ein Rimbaud-Zitat, das Theaterstück (*El cartero de Pablo Neruda*) und der gleichnamige Film wurde von Skármeta geschrieben, inszeniert bzw. realisiert und hatten einen beachtlichen Erfolg (Preise bei den Festivals von Biarritz und Huelva). Der britische Regisseur Michael Radford hat 1994 das Thema noch einmal aufgenommen und mit dem Titel IL POSTINO (Der Briefträger) einen Welterfolg erzielt.

Skármeta schätzt an Deutschland vor allem, daß man hier der Kultur einen bedeutenden sozialen Raum einräumt. Seine Poetologie, auf den Kern reduziert, lautet: realistische, dynamische, mit den Leser/innen in Dialog stehende Literatur, die wirkliche, fast atmende und in sich widersprüchliche Charaktere ausweist, die fast nie von Politik redet, aber die ganze politische Umgebung wiederspiegelt. Sein Thema war die Gegenüberstellung des Kleinen und Großen, des Intimen und des Fremden, des Privaten und Öffentlichen, des Politischen und des Sentimentalen. Seine Bücher behandeln aktuelle Probleme wie die Pop-Kultur, die Unruhe und die Schwierigkeiten der Jugend, die Gültigkeit der Verschiedenheit, nie den Sur- oder Superrealismus, sondern den Infrarealismus, wo das Banale ästhetischen Rang bekommt. »Ich gestehe, ich bin ein Schriftsteller der Alltäglichkeit. Ich bin ein Autor, der das Konkrete und Volkstümliche auskostet«. Außer seinen belletristischen Texten, die ihn weltberühmt gemacht haben, hat er auch Essays geschrieben.

Seine ersten drei Bücher waren Bände mit Erzählungen. In *El entusiasmo* (1967) sind die Figuren voll Vitalität, Energie und Lebensbejahung; sie sind darüber erstaunt, daß das Leben so schön ist, gleichbedeutend mit Freiheit, und daß sie alle sich so miteinander verbunden fühlen. *Desnudo en el tejado* (1969), hat den Preis Casa de las Américas bekommen; der dritte Band heißt *Tiro libre* (1973). Die drei, teilweise mit unveröffentlichten Erzählungen bereichert, wurden später unter anderen Titeln herausgebracht. *Soñé que la nieve ardía*, 1975 (*Ich träumte, der Schnee brennt*, 1978), sein erster Roman, wurde schon in Berlin geschrieben und ist in etwa zehn Sprachen übersetzt. Dieser Roman des chilenischen Staatstreiches, verknüpft drei Geschichten über drei Personen, die verschiedene Optionen haben, die Epoche des Präsidenten Allende zu durchleben.

No pasó nada, 1980 (*Nixpassiert*, 1982), in 15 Sprachen übersetzt, war für viele der chilenische Roman des Exils in Form eines Bildungsromans über die Erfahrungen eines 14jährigen chilenischen Jungen in Berlin, der in die Pubertät eintritt. In einer einfachen Lesart ist es eines der ehrlichsten, unmittelbarsten, glaubwürdigsten Jugendbücher der letzten Jahre. Lucho mit seinen Sprachproblemen und Eingewöhnungsschwierigkeiten prügelt sich mit anderen, hört endlos Platten, verschlingt Comics und verliebt sich. Aber man kann es auch so lesen: Der Junge ändert sich, aber dabei ändert er die Welt. Zwischen dem elterlichen Haus, das von ihm Zurückhaltung, und der Straße, die Integration verlangt, gibt Lucho seine Berliner Umgebung aber auch seine chilenische Vergangenheit nicht auf. Er wird ein komplexer, die Widersprüche in sich vereinigender Mann sein, ein im Exil lebender Chilene. In einer Parabel ausgedrückt wird der Sohn der Meister seines Vaters, die literarische Figur Meister des Autors, des Kritikers, des Lesers.

In *La insurrección* (1982, *Der Aufstand,* 1981) hat Skármeta endlich die Hauptfigur, die er immer gesucht hat: das ganze Volk. Das Buch handelt von dem Aufstand, den die Bevölkerung der nicaraguanischen Stadt León bis zum Sieg der Sandinisten im Juli 1979 geführt hat. Der Roman konzentriert sich auf die Mitglieder der Familie Menor und deren Konflikte, beweist aber, daß praktisch alle Bewohner/innen der Stadt, vom katholischen Pfarrer angefangen, für die Sandinisten beten, hoffen und kämpfen. Alle miteinander bilden die Nation, es werden unzählige Kinder geboren, getauft, unzählige Leute heiraten, die Personen und Dinge bekommen Namen, die Revolution ist ein Kommunikationsakt.

In *Match Ball,* 1989 (*Sophies Matchball,* 1991) behandelt Skármeta zum ersten Mal keine lateinamerikanischen Figuren oder Themen. Der postmoderne Roman ist ein literarisches, fiktives Konstrukt, das intertextuelle Dialoge führt mit Poe, Nabokov (*Lolita*) und Curt Goetz (*Tatiana*) über einen in Deutschland lebenden 52jährigen Amerikaner, Raymond Papst, von Beruf Arzt, der seine Frau, eine Adlige, die sich für Menschenrechte einsetzende Anwältin Ana, verläßt und sich in eine Proletarierin, die 15jährige Tennisspielerin Sophie, verliebt, die ihn mit anderen betrügt, mit ihm spielt, ihn verläßt, aber verspricht, zu ihm zurückzukommen.

Der Chilene *Carlos Cerda* hat die verschiedensten literarischen Genres kultiviert: Hörspiele (einige Dutzende, die den Preis vom Europäischen Rundfunkrat erhielten), Theaterstücke (einige davon in Zusammenarbeit mit Omar Saavedra Santis), Zeugnisliteratur, politische und literarische Essays, Erzählungen, Romane. 1993 erschien in Santiago de Chile *Morir en Berlín* (*Santiago-Berlin, einfach,* 1995), Cerdas berühmtester Roman, ausgezeichnet mit dem *Premio Pegaso,* der innerhalb kurzer Zeit viele Auflagen erlebte und von der Kritik außerordentlich positiv beurteilt wurde. »In Wirklichkeit war 1993 das Jahr von Carlos Cerda« (Ana María Larrain, in *El Mercurio*); »Ein unverzichtbarer Roman« (Ramiro Rivas, in *La Epoca*); »Es ist gelungen wie einer der besten Romane von Graham Greene« (Carlos Fuentes). Cerda macht in diesem Buch eine schonungslose Abrechnung mit dem DDR-Regime, beginnend mit dem vorangestellten Motto von Paul Bowles: »Die Stadt, der diese Seiten gewidmet sind, besteht seit langem nicht mehr; und die Ereignisse, von denen hier erzählt wird, wären heute unvorstellbar«. Der Erzähler berichtet in verschiedenen, ineinander gewobenen Geschichten hauptsächlich über in Ostberlin lebende Lateinamerikaner, aber außer den persönlichen Schicksalsschlägen – das Alter und die Krankheit, Betrug und Verlassen zwischen Eheleuten, Generationen- und Klassenprobleme – herrscht die allgemeine, manchmal nicht ausgesprochene, nur angedeutete Atmosphäre von staatlicher Willkür und Macht, gegenseitiges Mißtrauen, die fieberhafte Suche nach den kleinen, fast immer halblegalen, vorübergehenden Freiheitsmomenten vor. Es ist die Geschichte des Exils im Exil der Chilenen, eine

Verbannung ins »Paradies«, wo die privatesten Entscheidungen kontrolliert werden vom Chef des Parteibüros der chilenischen Kommunisten in der DDR, in letzter Instanz doch von der ostdeutschen K. P. Meisterhaft beschrieben sind einige Episoden: der Lastwagenfahrer, der sich nach Westdeutschland abgesetzt hat und sich für eine Weile in der DDR als Millionär fühlt und sich auch so lächerlich benimmt, oder die stockkonservative chilenische Mutter, die sich aus finanziellen Gründen plötzlich gezwungen sieht, zu ihrer Tochter nach Ostberlin zu fahren und dort zu bleiben. Außer diesem Roman hat Cerda einige Theaterstücke, ein Drehbuch, verschiedene Erzählungsbände *Encuentro con el tiempo* (1976), *Por culpa de nadie* (1986), *Primer tiempo* (1995) und die Romane *Pan de Pascua* (1978) und *Una casa vacía* (1996) – der mit drei Preisen ausgezeichnet wurde – und *Sombras que caminan* (1999)

Mona Straszynski schrieb folgendes über den Chilenischen Autor *Omar Saavedra Santis*: »Aus verständlichen Gründen, die seiner eigenen privaten Geschichte entspringen, gelten seine schriftstellerischen Bemühungen thematisch meist den sehr komplexen und verschiedenartigen, den sich gegenseitig bereichernden und verarmenden, den beklemmenden und befreienden, den stets sensiblen Beziehungen zwischen dem fremden und dem einheimischen ›Provinzler‹. Wollte man einigen Literaturkritikern Glauben schenken, so ist ›der poetische Humor‹ im Saavedra Santis' Werk ›das tragende Element von Handlung, Struktur und Figurenbau‹«.

Der Roman *Die Große Stadt* (1986) ist eine meisterhafte Allegorie über die drei Jahre dauernde Präsidentschaft des Chilenen Salvador Allende. Mit einigen wenigen Veränderungen, andersartigen Betonungen, Namenswechseln gelingt es dem Autor, das geistige Klima jener Jahre aus seiner originellen Sicht darzustellen: der Leser sieht und freut sich über die Errungenschaften der Unidad-Popular-Regierung, ärgert sich über der Machenschaften, Verdrehungen, offensichtlichen Lügen der Gegenseite, ist stummer Zeuge des Putsches. Es kommen Leute zum Wort, die in den Geschichtsbüchern keine Erwähnung finden: ein armer Buchhändler, ein deutscher Emigrant, ein Chauffeur, besorgte Mütter, Nachbarn, Arbeiter. Auf der anderen Seite agieren Großbankiers, Grundbesitzer, ausländische Investoren, verängstigte Verräter, Militärs der schlimmsten Sorte – alles Personen, die mit der Unidad Popular nur verlieren konnten. Diese heterogene aber politisch und wirtschaftlich sehr mächtige Minderheit wird von einem deutschstämmigen Oberst befehligt. Ihm gehört mehr als ein Drittel des Vermögens von Valparaíso. Es wird nirgendwo erwähnt – womit der Romancharakter des Werkes beibehalten wird – aber die Leser/innen finden bald heraus, daß unter dem Namen »Große Stadt« Valparaíso, die zweitgrößte Stadt Chiles gemeint ist, daß der »Dichtervater« nur Pablo Neruda sein kann. Das Buch zeigt, wie man den Traum eines ganzen Volkes, die endlose Ambition eines einzigen Millionärs, der nie aufgibt, immer mehr Millionen und Macht anzuhäufen, kaputt machen kann, wie leicht man Tatsachen verdrehen kann, wie am Ende immer das internationale Kapital siegt. Es wird im Grunde genommen ein schönes Märchen, ein kulturrevolutionärer Wunschtraum erzählt: wie bringt man die großen Bücher der Weltliteratur den Analphabeten bei: Jungen und Mädchen lernen die Werke auswendig und dann gehen sie als »sprechende Bücher« zu den Leuten, die ihnen abends ehrfurchtsvoll lauschen. Die parabelhafte Erfindung des Autors steht für viele andere einmalige Leistungen der damaligen Regierung, zum Beispiel für die Gründung des Staatsverlages Quimantu, der Taschenbücher der Weltliteratur in so vielen Millionen Exemplaren herausbrachte wie kein anderer Verlag in der Geschichte des Landes. Die Sprache des Erzählers ist lebendig und scharfzüngig, voll von Witz und Ironie; obwohl die Geschichte, der dem Buch unterliegende »plot«, bekannt ist, schafft Saavedra Santis mit unerwarteten Wendungen, lyrischen Episoden, Zeitungszitaten, geheimen Protokollen immer wieder Überraschungsmomente.

Saavedra Santis hat außerdem einige Theaterstücke wie *Historias posibles* (1976), *Willkommen in Amapola* (1980), *Delirium Tremens Americanum* (1999), Hörspiele wie *Eine Uhr im Regen* (1981), *Der Konsul und die Terroristin* (1991), Erzählungen wie *Torero* (1983), *Wirklich ist nur der Ozean* (1987), und Romane wie *Blonder Tango* (1983), *Felipe kommt wieder* (1987), *Das Buch der Verbote* (1994) geschrieben, die meisten davon sind nur auf deutsch erschienen.

Die chilenische Schriftstellerin *Nora Becker Alvarez* hat mit zehn Jahren angefangen, in der Schulzeitung und in den sogenannten Wandzeitungen zu veröffentlichen. Nach fünf Jahren in Deutschland begann sie, auf deutsch zu schreiben, und betrachtet sich nun als zweisprachig. Sie schreibt Prosa und Lyrik in beiden Sprachen, und sie übersetzt auch ihre eigenen Texte. In ihrem Werken befaßt sie sich mit Chile und Deutschland, mit den Problemen Exil, Frauenbewegung, Umweltschutz, mit soziokulturellen Strömungen und mit ihrer eigenen Geschichte. Eines ihrer wichtigsten belletristischen Werke ist das zweisprachig erschienene Buch *Die Geister leben um die Ecke* (1994). Der Lateinamerikanist Martin Franzbach schreibt auf dem Umschlag des Buches: »Diese Geschichten erinnern an die ›Legenden von Guatemala‹ von Asturias. Sie sind auf dem Boden der Mythologie und Volkstradition Chiloés in Süd-Chile gewachsen. Sie erzählen in magischem Realismus von Liebe und Tod, von Freude und Trauer, von Hoffnung und Zukunft. Menschen und Natur sprechen miteinander, weil sie nur die eine Welt bewohnen. Über die Kontinente hinweg rühren diese Bildergeschichten an unsere verschütteten Paradiese, zu denen uns Nora Becker Alvarez Schritt für Schritt zurückführt«. Es sind vier unterschiedlich lange Geschichten voller Poesie und Magie, über eine Inselregion, die auch innerhalb Chiles eine sonderbare Welt bildet, mit eigenen Traditionen was Essen, Wohnen, Kleidung und Sprache sowie die Lebensphilosophie betrifft. Aber es geht nicht nur um Vergangenes. »Die Figuren der Mythologie überwinden hier ihren angestammten Platz und erreichen andere Sphären, in denen sie mit der Realität der Gegenwart in Berührung kommen«, sagt die Autorin.

Ihr Buch *Bremer Stadtmusikanten* (1995) wurde sehr positiv aufgenommen. »Es ist das erste Mal, daß jemand diese berühmte Geschichte weiterverfolgt«, und die Stadtverwaltung gibt dieses Geschenk an die offiziellen Besucher Bremens. Bis zu diesem Erfolg war es ein langer und holpriger Weg. Der Lektor eines großen Verlages hat ihr Manuskript zurückgewiesen mit der Bemerkung: »Es ist unmöglich, daß sie, eine Ausländerin, ein so typisch deutsches Thema annehmen könnten«.

Der Peruaner *José Pablo Quevedo* hat seit 1973 mehrere Gedichtbände im Selbstverlag veröffentlicht; sein bisher bedeutendstes Werk ist das 1996 in deutscher Fassung erschienene Buch *Immer ein Anderer. Gedichte aus drei Jahrzehnten.* Die 44 Gedichte und die 36 von ihm selbst geschaffenen Zeichnungen und Bilder, die den Band illustrieren, zeugen von einer Vielfalt von Themen, Stilmitteln, Ausdrucksweisen und Perspektiven. Der Leser sucht jedoch das Beständige in den Werten und Richtungen. Und das gibt es auch: die Frau, das Weib, in zarten, empfindsamen Liebesgedichten an die Abwesende oder der Gesang an die »geschlechtzersprengten Orgien des Löwen«; Hadern mit dem Schicksal, Klagen an den Allmächtigen und seine irdischen Vertreter: »Tayta Gott! Dein Herz / muß kalt sein, leer / wenn du deine eigene Schöpfung / nicht lieben kannst«; die heutige, sozial-politische Situation des Menschen, ausgeliefert an die nukleare Bedrohung; Postkartenidylle eines ehemaligen Touristenzentrums in Nicaragua; »ein Mörder mit Namen Pinochet«; »Ku'damm« (»Ich frage mich: ob jemand wohl entdeckt / an einer Ecke sein eigen Gesicht«). Auffällig ist, daß von den letzten dreizehn Gedichten in elf von Steinen die Rede ist und in einem, ohne das Wort zu gebrauchen, von einer antiken, halb zerbrochenen Apoll-Statue. Die meisten dieser »Stein-Gedichten« stammen aus dem Band *Torsos y piedras*, 1992 (Torsos und Steine). Das Bild, der Begriff, die Bedeutung von ›Stein‹ wiederholt sich durch die Jahre. Was ist ›Stein‹ für José Pablo Quevedo? Hans Otto Dill hat die poetische Schöpfung Quevedos mit der von Neruda, der des öfteren von Steinen redete, in Zusammenhang gebracht. Antonio Cisneros behauptet jedoch, daß die Steine bei Neruda hauptsächlich Ornament seien, während sie bei Quevedo einen menschlichen Sinn haben, wie die Pyramiden. Andere Kritiker erinnern an die Steine von Rubén Darío und von César Vallejo, wahrscheinlich der größte lateinamerikanische Dichter aller Zeiten. Ist der Stein der Mensch schlechthin? Ist der Stein nur das in sich ruhende, ewige, unveränderliche, das innere Stille bewahrende Weiße, oder rollende, sich multiplizierende oder sogar wachsende, bebende, steigernde, alle Formen brechende Prinzip, das Phantasie haben kann, das sich von sich selbst entfernt, das an der Monotonie stirbt?

Der Chilene *Sergio Vesely* fing sehr früh an zu schreiben, hat aber in seiner Heimat nichts veröffentlicht. Er schreibt weiterhin auf spanisch, aber nach fünf Jahren in Deutschland begann er, seine Texte teilweise ins Deutsche zu übertragen. Er hat Gedichte, Liedertexte, Erzählungen, Fabeln, Theaterstücke, Berichte, Dokumente und Geschichtsbücher geschrieben. Die Nachdichtung von Legenden, Mythen und Märchen der präkolumbianischen Kulturen Lateinamerikas ist jedoch sein eigentliches literarisches Feld, wo er in Deutschland etwas Einmaliges geschaffen hat. Ein gutes Beispiel dafür ist *Im Auge des Jaguars* (1992). In diesem Buch werden einige herausragende Figuren Indo-Amerikas, wie der Dichter-König Nezahualcóyotl oder der Inka Pachacuti, vorgestellt, werden Geschichten nachempfunden (über den Ursprung des Maises oder die Geburt des ersten Mestizen) und es werden bestimmte Einrichtungen und Entwicklungen dramatisch dargestellt: jener Inka, der das System regionaler

Lebensmittelspeicher einführte und damit das Wort ›Hunger‹ aus dem Vokabular tilgte; wie ist der erste Mensch nach Amerika gegangen; warum hatten die Bewohner des größten Indio-Imperiums keine Türen an ihren Wohnungen; was die Musik für die Indios bedeutete. In Anmerkungen werden die wissenschaftlichen Quellen erläutert, und auf weiterführende Bibliographie hingewiesen. Das Schriftsteller-Duo Urs M. Fiechtner/Sergio Vesely wirbt für mehr Verständnis, Nähe und Solidarität. Nur ein Beispiel dafür: Montezuma II. wurde oft kritisiert wegen seiner Verwirrung, Unentschlossenheit und Schwäche, mit der er Cortés begegnete und wodurch er den Fall seines Azteken-Reiches ermöglichte. »Aus der Perspektive seiner eigenen Zeit und Welt gesehen, konnte der zweite Montezuma wohl kaum anders handeln und bewies sogar – nach aztekischen Maßstäben – durchaus taktisches und diplomatisches Geschick. Gerechtigkeit kann man ihm wohl nur widerfahren lassen, wenn man sich ausmalt, wie wohl Karl V. auf die Nachricht reagiert hätte, daß irgendwo an einer fernen Küste seines allerkatholischsten Reiches Truppen eines fremden Planeten gelandet seien, um sich, angekündigt durch bedrohliche Himmelszeichen und düstere Klosterprophezeiungen, unter Bruch aller Natur- und sonstigen Gesetze langsam und unerbittlich seiner Hauptstadt zu nähern ...« (Die Autoren in den »Anmerkungen zu einzelnen Texten«, S. 190).

In einem Interview stellte Vesely (1982) die Probleme vieler Exilierter klar: »Alles, was ein Exilant tut, beinhaltet ein Risiko. Ich wollte hier zunächst keine Beziehung eingehen, so pur wie möglich bleiben [...] Die Frage ist, soll ich dieses Risiko eingehen, ein Kind auf die Welt zu bringen, das nicht weiß, was Chile ist. Oder mit einer Frau zu leben, die kein Spanisch spricht, die nur aus Erzählungen weiß, was ich erlebt habe?« Und insbesondere das Schreiben betreffend: »Ich weiß nicht, warum ich ausgerechnet nach Deutschland kam, aber es ist eine Tatsache, und ich muß mich hier zurechtfinden. Es gibt Konzessionen, die teilweise unheimlich schwer zu akzeptieren sind. Ich kann nicht alles auf Spanisch machen in meinen Konzerten, obwohl ich es gerne so hätte. Ich muß, auch wenn ich Spanisch schreibe, Bilder benutzen, die jemand versteht, der in Deutschland lebt. Unsere Sprache ist auch eine Exilsprache«.

Der Chilene *Luis Sepúlveda* hat sich nie als engagierter Schriftsteller betrachtet. Er ist mit sich selbst, seinen Freunden und der Literatur engagiert. Er hatte schon mehrere Bände herausgebracht, als sein Buch *Un viejo que leía novelas de amor* (*Der Alte, der Liebesromane las*, 1989), bei der Neuauflage von 1992, ihn plötzlich weltberühmt gemacht hat. Während der Spanien gewidmeten Frankfurter Buchmesse (1992) wurden in einer Woche 170.000 Exemplare – insgesamt weit mehr als eine Million – verkauft. Seitdem wurde *Der Alte* 25mal aufgelegt und insgesamt in 21 Sprachen übersetzt. *Der Alte* beschreibt die sieben Monate andauernde Erfahrung des Autors mit den Shuar-Indios des Amazonengebiets (Ecuador), die sein Weltbild veränderte. »Ich begriff, daß das, was ich bis zu diesem Moment wiedergekäut hatte wie ein Steinzeitmarxist, nichts mit der lateinamerikanischen Wirklichkeit zu tun hatte. Ich hatte für eine Vereinheitlichung des Kontinents gekämpft, ohne zu wissen, daß das Wunderbarste, das wir hatten, diese Vielfalt der Kulturen, dieser kulturelle Reichtum war«. Sepúlveda beschreibt in diesem Abenteuerroman das Eindringen überheblicher Weißer in die noch saubere Naturwelt und dessen Konsequenzen.

Der Roman *Mundo del fin del mundo* (1991) erzählt in der besten Tradition von Melville, Conrad, London und Hemingway über den Wahlfang im Südpazifik und behandelt so ein ökologisches Motiv (Sepúlveda ist Mitglied von Greenpeace). Er unterscheidet zwischen dem Jäger, der ein Held ist und der seine Umwelt respektiert, und dem Jäger, der ein räuberischer Plünderer aus Habgier ist, der mit Fabrikschiffen (speziell die Japaner) das ganze Gebiet durchkämmt, das Leben auslöscht und das natürliche Gleichgewicht zerstört. 1994 folgte *Nombre de torero*, sein erster Kriminalroman, der sich hauptsächlich mit deutschen Figuren zwischen Berlin, Hamburg und Chile beschäftigt. Es geht hier um die Ortung von 63 sehr wertvollen alten arabischen Goldmünzen, die während des Zweiten Weltkriegs geraubt und nach Feuerland gebracht wurden, und um deren Rückführung nach Deutschland. In der spannend erzählten Hauptgeschichte geht es auch um die ehrliche Freundschaft zweier Männer, um die Liebe eines chilenischen Abenteurers, um die sehr ähnlichen Methoden, die die Polizei und die Behörden im Nationalsozialismus und in der DDR praktizierten.

Der lebendig erzählte Roman *Patagonia Express* (1995) besteht aus sehr vielen Fragmenten, Erzählungen und Anekdoten, die zu einem Roman zusammengeschweißt wurden. Es geht noch einmal um Reisen durch verschiedene lateinamerikanische Länder. Hier berichtet er zum ersten Mal in literarischer Form über seine Gefängnisjahre. In *Historia de una gaviota y del gato que le enseñó a volar. Una novela para jóvenes de 8 a 88 años* (1996) behandelt der Autor eine moderne Fabel: eine sterbende Möwe überläßt ihr Ei einer Hamburger Katze, der großen, schwarzen und dicken Zorbas, mit dem Auftrag, das Küken zu beschützen und ihm das Fliegen beizubringen. Die kleine Möwe will nicht verstehen, warum sie fliegen sollte, wenn ihre vermeintlichen Eltern und Verwandten das auch nicht tun. Am Ende muß ein Dichter eingreifen und die schon mit richtigen Federn ausgestattete Möwe aus dem Turm der Hamburger Michaeliskirche fallen lassen. Also kann fliegen, wer dazu den Mut hat.

Desencuentros (1997) enthält die Erzählungen, die der Autor ab 1993, dem Jahr des Welterfolges seines *El viejo* geschrieben hat. Die 27 Geschichten – teilweise sehr kurz, einige fantastisch, andere mythologisch, aber immer spannend erzählt und mit viel Aktion, Reisen und Ortswechseln – behandeln gescheiterte Beziehungen (in der Liebe, Freundschaft, mit sich selbst). – »Wir sind eine politische Generation, die in allem aufsehenerregend versagt hat. Aber wir hatten den Mut, uns zu irren«, sagt er. Mehr als zu einem einzigen Land gehörig, betrachtet er sich als Lateinamerikaner und fühlt sich wie in seinen Jugendjahren: »Uns, die Lateinamerikaner, interessiert der verordnete Tod der Ideologien einen Dreck; wir verfolgen weiterhin die Utopie, eine gerechtere und gleichere Gesellschaft zu bauen«. Sein literarisches Credo auf Kurzformel gebracht ist folgendes: »Ich habe mich vom magischen Realismus getrennt und mich zur Magie der Realität bekannt«. (In einer Lesung im Gasteig, München.)

Der Chilene *Hernán Valdés* schrieb drei Romane und einige Gedichte – immer auf spanisch. Keiner vor ihm hat die für Lateinamerikaner unserer Zeit so wichtige Unterscheidung zwischen »Schriftsteller als solche« und »Schriftsteller im Exil« gemacht. In einem Vortrag auf dem Berliner Literaturfestival »Horizonte 1982« sagte er: »Die ersteren sind durch das übliche Verlagssystem einem Publikum mit ausschließlich literarischem Interesse vorgestellt worden [...] wir, die letzteren hingegen, sind durch eine Lücke eingedrungen: wir fühlten uns so gedrängt, die durchlebten Umstände anzuprangern, daß wir in erster Linie von einem mehr oder weniger engagierten Verlagssystem unter einem Publikum verbreitet wurden, das im wesentlichen von politischen oder humanitären Fragen motiviert ist [...] das mit dem Drama unserer jeweiligen Länder solidarisch ist [...]; wenn wir uns auf die Ebene der Opfer oder Ankläger bestimmter politischer Situationen begeben, treffen wir auf die Anhänglichkeit oder das Mitleid der einen; wenn wir uns aber auf die einfache Ebene von Schriftstellern begeben, ohne pathetische Beinamen, ernten wir bei den einen wie den anderen entweder Verwirrung oder Argwohn«. (die *horen*, 129).

Sein berühmteste Werk, *Tejas verdes* (1974; *Auch wenn es nur einer wäre*, 1976, mit dem Untertitel: *Tagebuch eines Konzentrationslagers in Chile*), das in acht Sprachen übersetzt wurde, beschreibt in der Gattung der »novela testimonio« die Erfahrungen des Autors – in knapp fünf Wochen – vom 12. Februar bis 15. März 1974. Ein junger linksgerichteter Intellektueller ohne politische Ambitionen wird von Polizisten in Zivil unter völlig absurden Vorwänden verhaftet und in einen Heizungskeller, später in die Baracken eines schnell aufgebauten Konzentrationslagers gesteckt, wo er ohne Verhör oder gerichtliche Beschlüsse anscheinend nur als Freizeit-Vergnügen den dort hinkommandierten einfachen Soldaten zur Verfügung steht. Ronald Daus schrieb dazu: »Er dokumentiert [...] das unendlich gedehnte Vegetieren in Dreck, Gestank und Kot, dann die Hetze, die Latrine zu zehn oder zwanzig Leuten in nur drei Minuten benutzen zu dürfen, die Witze der Soldaten, die Warnschüsse geben, Hinrichtungen simulieren, sogenannte Freiwillige für Arschtritte selektieren, chilenische Folklore singen lassen. Dann das angekündigte, vorbereitete, gefürchtete, real werdende Verhör mit seiner Elektrofolter, den vorhergesehenen Tritten in die Genitalien, den Schlägen, die das Nasenbein zerbrechen, die Vergewaltigung zur Denunziation und Falschaussage; schließlich der Fußtritt aus dem Militärlaster, der den Gefangenen auf die Straßen des faschistisch gewordenen Santiago zurückwirft«. (In: *Khipu* 12 (1983) S. 4).

Der Peruaner *Carlos Mazuré* begann mit fünfzehn, Gedichte und Geschichten zu schreiben, zuerst natürlich auf spanisch, später auch auf englisch. In seinem ersten Gedichtband, *Eva, ¿dónde estás?* (1998), scheint Eva nicht das modellhafte, universelle Wesen, sondern eine konkrete Frau zu sein, die drei Tage lang den Weg des lyrischen Ichs anstrahlte; die Frau, die notwendige Begleiterin, denn »es ist nicht gut, daß der Mann allein sei« lautet das biblische Zitat des vorangestellten Mottos, die Frau, die das Werk des Dichters ist, vielleicht eine mystische oder metaphysische Schöpfung, verbotene Frucht, schmerzhaft, inzestuös, unmöglich. Der Band enthält einige Dialoge: zwischen der Frau und dem Wein, zwischen der verlorenen Heimat (verlorene?, geträumte?, gab es einmal eine Heimat, ein Vaterland, das einem wirklich gehörte?) und der Welt, breit und fremd. Das lyrische Ich fühlt sich nirgendwo zu Hause, es ist ein Fremder in dem ungewohnten, lächerlichen Fernen Osten, in Texas, wo eine gute Katze eine kastrierte, also baptistische Katze ist. Der ideale Platz scheint Brasil zu sein; der Dichter möchte Porto Alegre als seine Stadt begreifen, möchte sie in das Paradies verwandelt sehen. Ist Brasil die Quintessenz des Lateinamerikanischen, ist Eva die

Frau aus Porto Alegre? Er zeigt sich nackt, verlassen und schreit aus seiner existentiellen Einsamkeit, wie jedes Kind, das sich schutzlos und hilflos fühlt.

Der Peruaner *Walter Lingán* schreibt seit seinen jungen Jahren hauptsächlich immer noch auf spanisch, wenn auch gelegentlich auf deutsch. Er war sehr früh als »der Dichter« bekannt, speziell weil er Liebesbriefe für seine Freunde schrieb, aber er bezeichnet sich nicht als Schriftsteller, höchstens ironisch als »Schreibling« (nach dem berühmten Roman seines Landsmannes, Vargas Llosa). Einen Großteil seiner Schriften hat er selbst ins Deutsche übersetzt. In spanisch geschriebenen Texten, neben zwei Romanen, einige Gedichte und Erzählungen, stellt er viele Wörter, sogar Sätze auf deutsch und umgekehrt. Lingán beschäftigt sich hauptsächlich mit kulturellen und sozialen Problemen, die Deutschland und Peru gemeinsam sind. Eine seiner Devise lautet: »Literatur ist Provokation«, was bei öffentlichen Lesungen oft die Funktion der »Publikumsbeschimpfung« annimmt. »Die Wüsten werden immer größer dank dieser Dinge, die man Zivilisation nennt«.

Sein erstes großes Werk *Por un puñadito de sal* (1993), ist ein Zeugnis-Roman, eine zeitgenössische Gattung, die in Lateinamerika sehr verbreitet ist. Eine etwa 90jährige Frau namens Juana Mendoza erzählt ihr Leben im Elternhaus – sie wurde sehr früh schon Vollwaise – und von ihren verschiedenen männlichen Lebenspartnern, die für sie mehr oder weniger Ehemannpflichten erfüllt hatten, sie aber dabei auch geschlagen und mit anderen Frauen betrogen haben, und von ihren zwölf Kindern, die sie gebar, großzog und für ein tüchtiges eigenständiges Leben vorbereitete. Ihr langes Leben war voll von Entbehrungen, Demütigungen und materieller Not. Sie hat immer gearbeitet, seit sie nur gehen konnte, wenn nicht bei fremden Leuten, bei der Erziehung ihrer Kinder oder bei der Bestellung ihres kleinen Feldes, dann beim Weben, womit sie auch Geld verdiente. Sie hat sehr wahrscheinlich keinen einzigen freien Tag in ihrem Leben gehabt, nicht einmal das Wort ›Ferien‹ oder ›Urlaub‹ gekannt und trotz alledem – von so vielen Leuten ausgebeutet und von vielen einfach vergessen – war sie eine ausgeglichene, den Umständen entsprechend auch fröhliche Frau, die den anderen immer noch Mut gegeben hat.

Sein zweites, größeres Werk, *El lado oscuro de Magdalena* (1996), ist ein Roman im Stil des magischen Realismus, charakteristisch für einen guten Teil der Literatur Lateinamerikas. Die *Magdalena* ist eine Insel im Fluß Marañón in Peru, und auf dieser Insel hat der ehemalige Nazi-Arzt Siegfried Gildemeister, genannt el Gringo, zweimal hintereinander ein wirkliches Schloß bauen lassen von den als Sklaven arbeitenden Indios und Mestizen seiner Hacienda. Der prächtige Bau wurde zweimal zerstört. Das Buch erzählt in zwei großen Teilen das Leben dieses Arztes und das seines Sohnes, Pedro, dessen Mutter von Aguaruna-Indio Abstammung war. Das heißt, neben diesen zwei Leben – wirkliche Wirklichkeit – wird auch die andere Wirklichkeit, die magische, archaische, mythologische der Indios, insbesondere der Schamanen erzählt. Da Pedro seit seiner Kindheit von einer Magierin als Hellseher anerkannt wird und von ihr als Patenkind angenommen wird, schwankt der Mestize Pedro, Sohn eines Nazi – kaum übertreffbar in sexuellen Exzessen und Barbarei – und einer gutmütigen Indio-Frau, zwischen Gut und Böse, Überdruß und Großzügigkeit. Es gibt einen ständigen Wechsel, Austausch, Kampf zwischen der wilden Natur und dem Geist, Gott und den Dämonen, Vergangenheit und Zukunft, oraler Tradition und heutiger Politik, brutaler Wirklichkeit und Phantasie, fast unerträglichen Grausamkeiten und Poesie. Der Autor ist souveräner Herr seiner Sprache, findet immer die richtige Ausdrucksebene, geht spielend mit Indio-Ausdrücken, Neologismen, Erneuerungen um. Auf einigen Seiten taucht ganz unerwartet die Stadt Köln auf, der jetzige Wohnsitz des Autors, wo die Prophezeiungen und Ratschläge aus dem peruanischen Urwald ihre Vollendung zu bekommen scheinen.

Die Chilenin *Isabel Lipthay* begann ihre schriftstellerische Laufbahn mit einem Tagebuch, Schulzeitungen, später Zeitschriften und letztendlich Bücher. Nach zehn Jahren in Deutschland begann sie, einige Texte auf deutsch zu verfassen, obwohl sie sich nie als zweisprachige Autorin bezeichnet und offen sagt, daß sie keine ihrer Schriften selbst übersetzen kann, nicht wegen der Sprache, sondern wegen der »anderen Weltauffassung«, die sie als die größte Schwierigkeit für das Übersetzen betrachtet. Die Übertragung übernimmt ihre Freundin Andrea Rauße, die sie »ihre deutsche Zunge« nennt. Sie bevorzugt die kleine Form: »Ihre lyrischen Miniaturen, die Schlichtes und Geheimnisvolles kombinieren, erinnern manchmal an Haikus«, schrieb Georg Leisten. Laut dem »alive« Verlagsprospekt schöpft »ihre Faszination aus der für lateinamerikanische Literatur typischen Mischung aus Politik, Alltag und Mystik«. Ihre Themen liegen auf der Straße. Sie schreibt im Zug, im Bus, im Café, und selbst auf dem Fahrrad hat sie immer Zettel und Kugelschreiber dabei. In ihren Texten bringt sie eine harte Sozialkritik an der gegenüber den Ausländern praktizierten deutschen und europäischen Kulturpolitik zum Ausdruck.

Ihr erstes Buch *Seltsame Pflanzen und andere Lebensbilder* (1995) ist durchgehend zweisprachig, und wie sie selbst behauptet »ist es ein Buch über Sehnsüchte, Ausländerfeindlichkeit, Diktatur und Frausein«. Es hat drei Teile: Erzählungen, ein Theaterstück und Gedichte. Einige Themen sind allgemeiner Art, zum Beispiel, »Vielleicht die kürzeste Geschichte der Welt«, »Kurzer Brief an die Machos des Planeten«, »science-fiction«; die Mehrheit der Texte jedoch beschäftigt sich mit der Exilsituation der Chilen/innen in Deutschland. Das autobiographische Element bricht manchmal durch, so z.B. wenn die Heldin, wie die Autorin, »Isabel« heißt. Das Gemeinsame fast aller Erzählungen, Gedichte und des Theaterstücks ist die Entdeckung der Hintergründe, der Mitwirkenden, der Einzelheiten der chilenischen Geschehnisse nach 1973. In einem deutschen Café taucht plötzlich der ehemalige Folterer auf, man sieht auf einem touristischen Plakat den eigenen schon gestorbenen Großvater lächeln, man erlebt voller Angst wieder die langen unsicheren Tage des polizeilichen Gewahrsams oder man erfährt, daß die sterblichen Überreste der vor Jahren verschwundenen Brüder in einem Massengrab gefunden wurden. Es gibt Texte, die nicht direkt Anklage erheben, aber auch in diesen Fällen ist die Situation entweder nostalgisch oder voll von Gefahr, zum Beispiel für die Ausländer (Mölln). Überall ist das Andere zu spüren, das Neue, der Wechsel der Dinge, ein einziges Mal auch aus der komischen Warte: Eine alternde Frau braucht in ihrer neuen Umgebung nicht mehr auf ihre schlanke Figur zu achten, um den anderen zu gefallen. Jetzt kann sie, nur in Unterhosen vor dem Spiegel hin- und hergehend, schamlos, glücklich denken: »Wie schön, dicklich zu sein, knitterig«. Neben dem Schmerz und dem Lachen gibt es auch ein Moment der Hoffnung, wenn die Autorin über die seltsamen Pflanzen des Titels spricht, die gleichzeitig in zwei Stück Erde wurzeln. »Diese Pflanze ist merkwürdig, so anders, sie gehört nicht hierher«, sie hat keine Wurzeln, aber »die neue Erde wird vertrauter«, die Pflanze bekommt einige Wurzeln, »das zweite Stück Erde bringt eine neue Kultur«. »Eine dieser Pflanzen bin ich«.

Die Argentinierin *Esther Andradi* hat immer heikle Themen behandelt. Ihr erstes Buch verfaßte sie zusammen mit Ana María Portugal: *Ser mujer en el Perú* (1978, Frau-sein in Perú); eine Informationsbroschüre für vergewaltigte Frauen hatte den Titel *Contra la violencia*. In Lima und in Berlin machte sie Reportagen und Artikel über Schwangerschaftsabbruch, Bevölkerungspolitik, Frauenliteratur, »Tango-Frauen« und über die Diktatur in Argentinien. Für ihre Erzählung »La gota« erhielt sie den nach der 1989 verstorbenen peruanischen Schriftstellerin benannten Literaturpreis »Magda Portal«. Die Grenzgänge zwischen den Kulturen, der Umgang nicht nur mit der eigenen, sondern auch mit der deutschen Sprache, prägen ihre journalistische Tätigkeit und ihr literarisches Schaffen.

In ihrem umfangreichsten und reifsten Band, *Tanta vida* (1998), erzählt, analysiert und vergleicht sie die Ängste und Schmerzen, die Hoffnungen und die Wirklichkeit der werdenden Mutter, den biologischen, psychologischen, geschichtlichen Prozeß der Geburt. Die Erzählerin ist im ständigen Dialog mit einer ihrer weisen Ururgroßmütter und im Frage-und-Antwort-Spiel mit Tarot-Karten. Die Heldin durchschreitet die verschiedenen Etappen einer zukünftigen Mutter: die Möglichkeiten der Vergewaltigung, die Antithesen zwischen den charakteristischen männlichen und weiblichen Prinzipien – Kraft, Dominanz, Krieg gegen gebären, behüten, wachsen lassen – die Alpträume des Schwangerschaftsabbruchs, der gynäkologische Stuhl, das lange Hindösen der Schwangeren, die aus medizinischen Gründen Wochen oder Monate in Krankenhäusern verbringen müssen. Wie in einem Traum erzählt man Geschichten, die Märchen ähnlich sind, webt man unendlich große Wandteppiche. »Laß fünf Generationen vorbeifließen ohne eine einzige gebärende Frau und du wirst sehen, daß die Welt aufhört zu sein, wie sie ist«. Das Buch enthält viele gewagte feministische Aussagen: »Das Glück widersetzt sich der Schöpfung«. Andradi veranstaltet auf einem Schachbrett von 64 Feldern ein kosmisches Mysterienspiel, dirigiert, beeinflußt, leitet die Kräfte um, die für und gegen das Leben agieren.

Der Guatemalteke *Raúl de la Horra* schreibt seit seinem achtzehnten Lebensjahr, immer auf spanisch, und hat schon sehr früh kleine Arbeiten veröffentlicht, von denen er sich jetzt lieber distanziert. Sein erster Roman, *Se acabó la fiesta* (1996), ausgezeichnet mit dem Preis »Mario Monteforte Toledo«, war ein großer Kritik- und Publikumserfolg. Er erzählt die Geschichte eines guatemaltekischen Psychologen, der für sein Postgraduierten-Studium nach Paris fliegt. Es wird aber immer fragwürdiger, warum er eigentlich hingereist ist: wegen des Studiums, wegen eines amourösen Fiaskos, weil er immer reisen wollte oder damit er nicht im Gefängnis oder sogar vor einem Exekutionskommando seines diktatorisch regierten Landes endet. Der junge Mann, der in der Weltstadt geistig und gefühlsmäßig heranwächst – es ist also auch ein Bildungsroman – horcht in sich hinein: Ist Paris wirklich die Wiege der modernen Kultur? Und später stellt er sich auch unbequemere Fragen: wozu studieren? Was ist das Vaterland (»Guatemala ist eine Erfindung«)? Was für Werte besitzen die Erziehung, die politischen Überzeugungen, die Sehnsüchte der Jugend und sogar der geschriebene Text? Der Erzähler wirft die tagtäglichen Konflikte und unentschiedenen Probleme der lateinamerikanischen Generation der 70er auf: Das schlechte Gewissen (»ich muß etwas tun für die Ausgebeuteten und Leidenden«; »kämpfen oder ins Ausland gehen?«), die Angst vor der Staatsgewalt, die Identitätsfragen (»was will ich aus meinem Leben machen?«), und er zeichnet die Widersprüchlichkeit, die in allen wohnt, symbolisiert durch Teodoro, den Psychologen (der mit ideologischen und wissenschaftlichen Kategorien arbeitet) und Virgilio, den Schriftsteller (der letztendlich beweist, daß man immer frei wählen kann). Die ganze Geschichte ist auf Polaritäten aufgebaut, die man zwischen Amerika – Europa, Vergangenheit – Gegenwart, Erzähler – Romanfigur spürt. Trotz seines Tiefgangs, ist der Roman einfach gebaut und mit viel Humor, für heutige Leser/innen geschrieben; er ist auch eine Art moderner Schelmenroman, in dem die Lust zu erzählen wichtiger ist als die formalen Fragen und in dem der Autor sich selbst auf den Arm nimmt. Die Geschichte spielt in Paris, ist aber auch ein gutes Beispiel dafür, wie sich ein Lateinamerikaner in Europa fühlt und wie er agiert.

Luis Fayad gilt als einer der besten kolumbianischen Schriftsteller der Gegenwart. Er schrieb zwei Romane und einige Erzählungen. Sein erster Roman *Los parientes de Ester*, 1978 (*Auskunft über Esters Verwandte*, 1987) über das Leben in der Großstadt, wovon in Kolumbien bis dahin nicht viel zu lesen gewesen war, da alle seine berühmten Vorgänger, von Isaacs bis García Márquez, sich mit dem Landleben befaßten, war von der Kritik außerordentlich positiv bewertet worden und war auch ein großer Publikumserfolg. Die verzweigte Verwandtschaft der schon verstorbenen Ehefrau Ester nützt den Witwer schamlos aus, versucht, sein Leben zu dirigieren, und verleumdet ihn am Ende noch. Fayad zeigt, wie weit Schwager, Tanten und Cousinen in ihrer vermeintlichen Hilfsbereitschaft gehen können, die sich letztendlich als Seifenblase oder als Schmarotzertum entpuppt. Es ist eine getreue Abbildung einer literarisch noch nicht aufgearbeiteten Seite der modernen, mit vielen Projekten und Problemen ausgestatteten Gesellschaft.

Der Peruanerin *Teresa Ruiz Rosas* gelingt in ihrem ersten Roman *El copista*, 1996 (*Der Kopist*, 1998), ein Meisterwerk, durch das sie über Nacht bekannt wurde. Er ist sehr ambitioniert aufgebaut, handelt von einem verschleierten erotischen Verhältnis und ist mit allen Raffinessen in einem delikaten und dekadenten Ton geschrieben. Amancio Castro, der Kopist von Musikpartituren des berühmten Komponisten Lope Burano, erzählt von seiner Leidenschaft für die schöne Marisa, die Geliebte des Komponisten. Die andere Version der Geschehnisse ist enthalten in den Briefen, die Marisa ihrer Freundin schreibt, und diese zwei Geschichten sind wie die sichtbare und unsichtbare Seite des Mondes: Sie ergänzen sich, sie widersprechen sich. Amancio ist ein armer und noch dazu ohne musikalisches Talent vor sich hinvegetierender Mestize, der zwar einzigartig im Kopieren der genialen Werke seiner Meister ist, aber eben nur das: er ist nicht imstande, eigene Werke zu schaffen, seine persönlichen Sehnsüchte auszudrücken und zu erleben. Marisa, die wohlerzogene, aus gutbürgerlicher Familie stammende, aber vom Teufel besessene Frau, nützt diese stumme Hingabe, die Gefühlssklaverei ihres gehorsamen Dieners und konstruiert um sich herum ein mentales Dreieck mit ihrem Liebhaber und dem voyeuristischen Kopisten. Das perverse Spiel muß ein unerwartetes und tragisches Ende finden, und genau das liefert uns Ruiz Rosas auf den letzten Seiten ihres Romans.

Der Salvadorianer *David Antonio Hernández Santos* schrieb Gedichte und zwei Romane: *Putolión* (1995) und *Salvamuerte. Sucesos del amor y de una guerrita*, 1992 (*Salvamuerte. Affairen der Liebe und eines kleinen Krieges*, 1993). Der in Ich-Form erzählende Held Nicolás, ein aus El Salvador stammender Student, erlebt einige erotische Abenteuer in Kiev, Prag und Rom; jedoch keine seiner Liebhaberinnen, nicht einmal seine ukrainische Ehefrau, kann ihn zurückhalten: er muß in die Heimat, wo seit 1980 ein Bürgerkrieg tobt mit Todesschwadronen etc. »Das Schicksal von Nicolás ist besiegelt durch seine Identifikation als Salvadorianer mit der Geschichte seines Volkes. Diesem Schicksal kann niemand entgehen. Man muß sich ihm stellen. Man muß es teilen. Dem entgegen stehen der Tod, der Verrat, der Wahnsinn« (Roberto Armijo in »Nachwort II« zur deutschen Ausgabe, S. 155). Er bekommt eine Guerillaausbildung, nimmt an verschiedenen Kampfhandlungen teil, dabei tötet er einen Menschen, was ihn noch lange beschäftigt, wird verhaftet, gefoltert und am Ende ausgetauscht. Der Roman endet damit, daß er wieder frei ist. Die Leser/innen fragen sich natürlich: Wird alles, was er erlebt und gelernt hat, ihm nützen, um seine Zukunft vernünftiger, reicher an Emotionen, intensiver und besser zu gestalten?

Das Beste an diesem Roman ist jedoch nicht die Geschichte, sondern wie sie erzählt wird. Es geschieht nicht in der oben erwähnten chronologischen Form, sondern Zeiten und Räume sprengend, dynamisch, absichtlich etwas verworren, mit vielen persönlich erlebten Hinweisen, was die Authentizität der Geschehnisse nur bestätigt. Nicolás ist ein sehr komplexer Charakter: extrem leidenschaftlich gegenüber den Frauen, er kann sie aber ohne weiteres verlassen; er ist lyrisch in der Beschreibung dieses typisch lateinamerikanischen Phänomens, des Exils, mit allen seinen vorteilhaften und negativen Aspekten; aufdringlich in den vielen wiederholten Abschiedszenen – Nicolás reist immer ab, kommt jedoch nie irgendwo an, er ist reflektiert, aber intuitiv im Kampf. In Wirklichkeit ist er ein Glückspilz. Er ist auch wahnsinnig clever, träumerisch, wortschöpferisch tätig, widersprechend, frech, impulsiv und selbstironisch. Der Titel spiegelt diese ständige Zweideutigkeit, dieses Immer-auf-der-Messerschneide-tanzen: »salvar« bedeutet retten, erlösen und »muerte« Tod. Also Tod als Erlösung?

Die Kolumbianerin *Olga Lucía Obando Salazar* begann mit vierzehn zu schreiben, und sie hat das Spanische als literarische Sprache beibehalten (ihre wissenschaftlichen Arbeiten verfaßt sie auf deutsch). Sie schreibt Gedichte und Erzählungen. Einige ihrer belletristischen Texten spielen in Deutschland, und die Figuren gehören verschiedenen Nationalitäten an.

Poesía y Prosa (1997) ist ein kurzes Buch ohne Verleger und ohne Ortsangabe, nur einseitig gedruckt. Es wird aufgeteilt in Lyrik und Prosaarbeiten, beide Teile tragen jedoch fast dieselben Untertitel: Liebe, Frauen, Reflexionen usw. Bezüglich des Inhalts ist es schwer, Aussagen zu machen. Hier wird nicht nur die Poesie – laut Mallarmé – mit Wörtern und nicht mit Ideen geschrieben, sondern auch die Prosa. Ein Wort, ein Satz, ganze Gedankenzusammenhänge werden auf Grund von Lauten, Vergleichen, Auflistungen, Träumen aufgebaut. Das Buch enthält wahrscheinlich viel Autobiographisches – »der Buchstabe O in ihrem Namen«, Lucía, Olga, die zehn Geschwister – es ist jedoch alles verschleiert, nur angedeutet, vieles wird in einer sehr lyrischen Sprache gesagt, manchmal in liedähnlicher Form. Einige Erzählungen des Bandes haben kein Ende im traditionellen Sinne. Plötzlich hören sie auf, die Geschichte wird nicht weiter erzählt, der Faden ist abgerissen, und es bleibt alles ohne Folge. Die wenigen konkreten Themen beziehen sich auf Frauenprobleme: die Menstruation, das Vorziehen der Liebe zu einer anderen Frau statt die männliche Penetration zu erleben, der Urwald, Szenen in Deutschland, ein plötzlich gestorbenes Kind, die Entscheidung, keine Kinder zu haben. Einige Sätze bleiben den Leser/innen im Bewußtsein: »Angekommen in einem Land, wo das Schöne ›das Weiße, Blonde und das Europäische ist‹, hatte sie dort sehr wenig Chancen. Zweifelhafte Mischung von Negerin, Indianerin und vielleicht Weißer«. »Sie schaute die Frauen in ihrer Umgebung an und dachte: es wäre gut, wenn sie nicht so sehr Ehefrauen, Mütter, Opfer und arm wären«. »Sie fühlte sich nie eingeladen zur fantastischen Reise des Orgasmus«.

Die zwei Bände der Kolumbianerin *Sonia Solarte* enthalten Lyrik und beide sind in Berlin zweisprachig erschienen. Der erste Band heißt *Para que el olvido no te toque – Damit Dich das Vergessen nicht berührt* (1990); das zweite und bis jetzt ihr letztes Buch *Mundo papel – Papierwelt* (1996) bedeutet den vorläufigen Höhepunkt ihres Schaffens. Aus dem Lyrischen behält sie nur das Allerwesentlichste, den Rhythmus und verzichtet nicht nur auf Reim, regelmäßigen Strophenaufbau, sondern sogar auf orthographische Zeichen, wie Komma und Punkt. Es sind nur die selten verwendeten Großbuchstaben geblieben, die jedesmal auf den Anfang einer neuen Idee hinweisen, das ganze Buch ist jedoch ein unaufhörlicher Gedankenfluß, eine ständige Bewegung zwischen Erinnerung und Prophezeiung, Realität und Illusion, Hoffnung und Verurteilung, Traum, dem Unendlichen, dem Zeitlosen. Der poetische Kosmos von *Papierwelt*, eingeteilt in vier Abschnitte von fortschreitender Eroberung – »Elementare Akte«, »Tödliche Akte«, »Zeremonielle Akte« und »Papierwelt« – erinnert an *Das wüste Land* von T.S. Eliot und in spanischer Sprache an die verinnerlichten Schöpfungen von Alberto Girri. In jeder Zeile von *Papierwelt*, in diesen liebevollen Beschreibungen schwer faßbarer Zustände des sich reflektierenden Bewußtseins merkt man das Gewicht einer langen geistigen Entwicklung, das Hinabseilen in die Tiefe, die Reife des lyrischen Ichs. In der »Vorrede« gesteht die Autorin, daß sie versucht hat, das Hermetische auszusondern, um das Lesen zu erleichtern, dennoch bleibt das Verstehen und die richtige Deutung des Textes keine leichte Aufgabe. »Eine Schreibweise, die im Sakralen oder im Profanen ausgeübt wird, die biographischen Profile durchkreuzt, scheint hier sich selbst aufzulauern in der Erforschung einer von Mauern umzäunten Welt«, schreibt Helena Araújo in der »Einleitung« des Buches. Hinter diesen Mauern, am Ende des Weges, voll von gewagten Metaphern, Hinweisen, Umleitungen, Wechseln, Neuigkeiten, wird sich der Leser mehr als entschädigt fühlen, denn, wie die Autorin es ausdrückt, »die Poesie offenbart uns die Nähe jedes Augenblicks und gibt uns die Kraft, würdiges Leben zu entdecken« (Vorrede).

Der Kolumbianer *Jorge Avila* schreibt hauptsächlich auf spanisch, gelegentlich auf deutsch. Wenn es sich um die Übersetzung seiner wichtigsten Gedichte handelt, bereitet er, um sicherzugehen, zuerst eine Rohübersetzung auf deutsch vor, die er dann dem Übersetzer gibt. Gedichte von ihm sind auch ins Französische übersetzt worden. Der einzige scheue Kommentar, den er über sein eigenes Schaffen in einem Fragebogen abgegeben hat, lautet: »Meine Dichtung wird durchquert von Koordinaten und Strömungen, die in ihren Bewegungen weite und nahe, unbekannte und bekannte Inseln mitschleppen; in diesem Sinne kann man sagen, daß es eine innere Ortsbeschreibung in meiner Dichtung gibt, die mit Deutschland in Verbindung steht«. Juan Manuel Roca schreibt im Vorwort zu Avilas Gedichtband *La alquimia de la hidra* (1985): »Man tritt jetzt in das Territorium des Spähers ein, in das geistige Tauchen, vielleicht bewußt oder unbewußt, mit oder ohne der von Mallarmé gestifteten Devise, daß der Fall eines Würfels den Zufall nicht aufheben wird: Die Dichtung als die einzige geistige Aufgabe«. Der Gedichtband *La alquimia de la hidra* besteht, ähnlich dem Recycling der Träume, aus den Funken, die uns an diese Aufgabe der Dichtung erinnern. Die Poesie von Avila ist mit absichtsvollem Schweigen und Intuitionen gemacht; es ist eine Dichtung, die dem inneren Puls ihres Diktates lauscht.

Der erste Roman, *Recuerdo Panamá* (1998), von *Luis Pulido Ritter*, ist, wie alle guten Bücher, viele Bücher in einem. In erster Linie – der Titel verrät es – ist es ein Erinnerungsbuch über Panamá, über das Land, die gleichnamige Hauptstadt und insbesondere eine Straße der Hauptstadt, wo sich die Geschichte abspielt. Es ist auch ein Bildungsroman über das Heranreifen eines Jungen durch die vielen Phasen, die

die entscheidenden Jahre – zwischen fünfzehn und siebzehn – seines Lebens prägten: Seine selbstsichere Mutter, die als Journalistin arbeitet in einer Zeit, wo das überhaupt nicht üblich war, die Streitereien und die Trennung seiner Eltern, die ständigen kleinen und großen Probleme, die tagtäglich in seinem Viertel auftauchen, die zarte Freundschaft mit einem alten kranken Priester. Es ist auch die lange, unschöne Lebensbeichte dieses sündigen Priesters, seine Läuterung durch das Leiden und seine inoffizielle Heiligsprechung durch seine Taten. *Recuerdo Panamá* ist auch eine unaufhörliche Anklage gegen die rauhen Sitten, die Geldgier, die Korruption und die Willkür des Militärs, das sein Land nicht weiterkommen läßt. »Der einzige Weg, um uns als Nation respektieren zu lassen, ist, daß wir als menschliche Wesen geistig wachsen«. Es ist auch eine Soap-Opera, eine in ganz Lateinamerika sehr beliebte Gattung, in der die unwirklichsten und schrecklichsten Dinge passieren, aber die Helden am Ende doch ihr Glück erreichen. Eines seiner Leitmotive ist die Freundschaft, sei es zwischen verschiedenen Generationen oder zwischen Mann und Frau; ein anderes ist die Suche nach einer verlorenen Zeit, nach ihrer einmaligen Atmosphäre. Ein nicht ausgesprochener aber ständig spürbarer roter Faden ist die Suche nach den ewigen Werten, die aus der Jugendzeit hinaus in die Zukunft weisen. Der Roman spielt sich in Extremen ab und spricht die verschiedensten Leser/innen an: Er ist sentimental, schockierend, grausam, lyrisch und, was fast erstaunlich ist, er setzt sich entschieden für die Rechte der Frauen ein. Die Leser/innen erfahren viel über die Stadt Panamá und ihre Geschichte, vor allem in den 70er Jahren, über ihre Bewohner/innen und ihre Sitten, ihre Musik usw., aber die meisten Details werden über allgemein menschliche Charaktere und Schicksale erzählt, über Niederlagen und Hoffnungen in einem spannenden, wechselhaften Stil.

Die Mexikanerin *Irma Berenice González de Jahn* hat bisher außer einzelnen Gedichten zwei Gedichtbände veröffentlicht. Über das erste *De mi boca sale una brisa* (1992) sagte Raúl Bañuelos, der die Auswahl getroffen hat: »Es ist ein großartiger erster Schritt auf dem Wege zur Dichtung, mit einer guten thematischen Vielfalt. Man hört hier eine neue Stimme. Jahre der literarischen Bildung tragen ihre Früchte. Reife Früchte. Sie hat sich an Borges, Vallejo, Ledo Iva, Neruda, Paz und Darío ernährt. Hier sind die guten Konsequenzen.« Fünf Jahre später erschien ihre zweite Gedichtsammlung *Como abril el agua* (1997), noch kürzer, synthetischer und entfremdeter als die erste, wo die Wörter wie Rätsel- oder Wahrsagereifiguren, bewegt ungezwungen in einem Spiel dem Zufall der Metapher folgen. Ein schweres Buch für den Intellekt, ein leichtes für den Geist, für die spielerische Seele eines Kindes und für alle, die die Anmut, die Flüchtigkeit und die Unschuld ihrer jungen Jahre aufbewahrt haben. Sie ist der Meinung, daß man ihre Lyrik sowohl mit dem Kopf als auch mit dem Herzen verstehen kann. »Meine Gedichte sind wie Fotografien, es sind Bilder meines inneren Zustands« (In: *Fremde, die Herausforderung des Anderen*, Hg. Völkerkundemuseum, Frankfurt).

Die Argentinierin *Patricia Lladó* schreibt seit ihrer Jugend Gedichte, Tagebuch und philosophische Reflexionen, immer auf spanisch. Ihre früheren Publikationen haben mit ihrem Beruf als Psychologin zu tun. Ihr einziges Buch bis jetzt, der Gedichtband

Alas en valijas. Poemas en el exilio (1998), ist aus der Warte einer Ausländerin in Deutschland geschrieben. Freilich handelt es sich nicht um ein politisches Exil, wie man es üblicherweise verstehen würde; für die Autorin bedeutet Exil auch, wenn man im Ausland lebt, in einer anderen Sprache, Kultur, inmitten anderer Verhaltensmuster, »abgetrennt von Körper-Heimat-Mutter [...], die Spaltung unserer Person leidend, das Ende, die Verbannung, den Wahnsinn« (Einleitung). Sie hat das Buch veröffentlicht, als sie schon sieben Jahre fern ihrer Heimat gelebt hat, mit dem Ziel, die aufbewahrten, versteckten Gemmen zu entdecken, die präpariert wurden, um gerettet zu werden. Deswegen beziehen sich eigentlich wenige Gedichte auf die wirkliche Exilsituation; es sind auch schmerzhafte, wiederhallende Schöpfungen. (Ein Übersetzungsversuch: »Ausländerin zu sein / heißt gespalten zu leben / das Nest / auf einem irrtümlichen / Baum errichten / Es ist fallen, ohne den Boden zu berühren«). Die meisten Gedichte handeln jedoch von den Problemen, die eine Rettung, ein Echo, ein Nachdenken brauchen, so zum Beispiel die Gedichte, die sich mit den Kindern beschäftigen, wie eine Mutter die Beziehung sieht (»Meine Kinder«) und wie ein Vater sie sieht (»Kronos verschlingt seinen Sohn«); über verlorene oder erhoffte Liebe; wie die Autorin mit Hilfe der Flügel eines Vogels aus der Anonymität entfliehen will; wie sie sich mit Metaphern zu übersättigen versucht. Sie will frei sein, hinfliegen, wo die Frau willkommen ist, was wiederum wahrscheinlich nur ein Wunsch bleibt: »Undisziplinierte Kreatur, / Tot. / Begraben. / Schon frei.« Sie schreibt auch zyklisch, ganze Reihen von Gedichten, »Lieder in der Ruhe der Nacht« oder »Oden im Exil«. »Die leeren Worte«, »Form«, »Heute«, »Oden an meinen Vater« sind einmalige Höhepunkte ihrer Kunst. Der letzte Teil des Buches – »Stimmen« – sind Aphorismen in poetischer Form.

13. Autor/innen aus dem arabischen Kulturraum

Mustafa Al-Slaiman

Die 50er und 60er Jahre waren in der Bundesrepublik gekennzeichnet durch ein rapides Wirtschaftswachstum, vor allem im Exportbereich, durch den Wiederaufbau der Bundeswehr und durch die Ausdehnung des Dienstleistungssektors. Die arabische Welt litt zu dieser Zeit unter politischen, militärischen, wirtschaftlichen und sozialen Turbulenzen: der arabisch-israelische Konflikt und die Folgen der palästinensischen Tragödie, die Unterdrückung und Verfolgung politisch Andersdenkender, der Suez-Krieg, der Algerienbefreiungskrieg und nicht zuletzt der libanesische Bürgerkrieg. Diese Ereignisse bilden neben der wirtschaftlichen Not die Beweggründe für die arabische Migration nach Deutschland. Neben der großen Zahl von Arbeiter/innen, politisch Verfolgten und Intellektuellen entschieden sich auch Studierende aus der arabischen Welt für einen dauerhaften Aufenthalt in Deutschland. Inzwischen gehören einige von ihnen zu den deutschsprachigen Autor/innen der Gegenwart. Die meisten kamen in die Bundesrepublik Deutschland; auf der anderen Seite der damaligen deutsch-deutschen Grenze hat sich der Lyriker Adel Karasholi schon im Jahr 1961 niedergelassen und setzte dort seine kreative Tätigkeit auch auf deutsch fort.

Zu den ersten arabischen Autoren auf der bundesrepublikanischen Seite gehören Jusuf Naoum (Libanon), Suleman Taufiq (Syrien) und Rafik Schami (Syrien). Ende der 80er und Anfang der 90er Jahre kamen Salim Alafenisch (Palästina) und Ryad Alabied (Syrien) dazu. Wadi Soudah (Palästina) und Ghazi Abdel-Qadir (Palästina) sind in der ersten Häfte der 90er Jahre als Autoren in Erscheinung getreten. Der Marokkaner Mustapha El Hajaj hatte bereits 1969 sein Buch *Vom Affen, der ein Visum braucht* veröffentlicht. Für die Entwicklung der gesamten literarischen Bewegung blieb das Buch aber ohne große Bedeutung. 1987 veröffentlichte er dieses Buch, das sein einziges bleiben sollte, nochmals unter dem Titel *Mustaphas Geschichten aus dem Morgen- und Abendland*. Alle diese Autoren haben erst in der Bundesrepublik Deutschland zu schreiben begonnen. Über Rafik Schami wird berichtet, daß er in Syrien veröffentlicht und in Damaskus sogar eine Wandzeitung in der Altstadt mit herausgegeben hat, doch liegen keine Quellen für derartige schriftstellerische Arbeiten vor. Die Mehrzahl der Werke, die in diesen dreißig Jahren von arabischen Autoren vorliegen, sind auf deutsch geschrieben. Diese Sprache bot sich zunächst als neutrales, später jedoch als schwieriges Medium an. In der Anfangsphase war das Hauptthema ihrer literarischen Tätigkeit die Klage über den Alltag und den Heimatverlust in der Fremde. Auch aus diesem Grund wurden keine ästhetischen Maßstäbe für diese Literatur angewendet. Bald änderte sich die Situation, vor allem als die Autoren selbst den Anspruch erhoben, deutschsprachige Autoren zu sein und überwiegend auf deutsch zu schreiben. Auf deutsch zu schreiben ist für sie ein Wagnis. Denn in einer Fremdsprache Schriftsteller zu werden erfordert eine neue Adressatenperspektive. Das Thema, die Wortwahl und nicht zuletzt der Stil müssen auch diesem Anspruch gerecht werden. Für das Schreiben an sich gab es hinreichend Motivation und Gründe, angefangen mit dem Engagement für das Erlangen der fehlenden humanitären und politischen Rechte bis hin zu dem Wunsch, eine neuartige Literaturbewegung zu schaffen.

Wie die anderen nichtdeutschen Schriftsteller fanden auch die arabischen Autoren in den 80er Jahren kaum Beachtung oder gar Anerkennung in den Medien, und selten wurden sie von der Literaturkritik wahrgenommen. Das Interesse der Literaturkritik galt vor allem dem Aufkommen einer Literatur, deren Charakteristika und Gemeinsamkeiten aus dem besonderen Verhältnis der Autoren zu Deutschland – dem der Arbeitsmigration – resultieren (vgl. Chiellino 1995, S. 27). Das Literatur- und Autorenverständnis der Schriftsteller aus dem arabischen Kulturraum, die sich als »Gastarbeiterautoren« ansahen, orientierte sich dagegen an literarischen, ästhetischen und politischen Prämissen. Ihr politisches Selbstbewußtsein, daß nur das gemeinsame Handeln mit allen Betroffenen die Gründe für die Betroffenheit aufheben kann, bildete ihren Grundkonsens. Dies drückt u.a. Schamis Buch *Die Sehnsucht fährt schwarz* (1988) aus.

Die ersten Texte der arabischen Autoren in der ehemaligen Bundesrepublik Deutschland wurden in arabischer Sprache verfaßt. Sie behandeln die Situation in der Fremde und die Trennung von der Heimat. Die Autoren verstanden sich jedoch immer mehr als Angehörige ihrer Nationalgruppe und nicht so sehr einer multikulturellen Einheit. Sie suchten nach einem Ausweg aus der durch den Verlust der Heimat entstandenen Isolation. Eben dieser Verlust war es, der die Autoren mit der Heimat verband. Die Wortwahl ist gefühlsbetont, sie äußern Wut und Zorn über die erfahrene Diskriminierung, Trauer und Betroffenheit über den Verlust des eigenen Selbstverständnisses. Nachzulesen sind die frühen Texte unter anderem in vier der sechs Bände der Reihe »Südwind-Gastarbeiterdeutsch«, die von Suleman Taufiq, Jusuf Naoum und Rafik Schami zusammen mit Franco Biondi zwischen 1980–1983 herausgegeben worden sind.

Durch die anhaltende Wirtschaftskrise nahm der öffentliche Druck auf die Ausländer/innen im Lauf der 80er Jahre neue Formen an. Die Migrant/innen, und auch die Autoren, fühlten sich trotz ihrer nationalen Unterschiede gleichermaßen betroffen und suchten den Zusammenhalt. Man bemühte sich in der literarischen Arbeit um den kulturellen Brückenschlag unter den Migranten selbst und zu den Deutschen. Auch hier diente die Sprache Deutsch – in der die Fremdheit wohnt – als Mittel der Kommunikation. Innerhalb der gesamten literarischen Bewegung setzten sich auch die arabischen Autoren zunächst mit ihrer Situation in der Fremde auseinander und versuchten, die Öffentlichkeit auf ihr Anliegen aufmerksam zu machen. Gegen Anfang der 80er Jahre begannen sie, aus ihrer Erfahrung Konsequenzen zu ziehen und ihrer Literatur eine neue Richtung zu geben. Zwei neue Zielsetzungen sind festzustellen:

Zum einen wollten sie nicht nur die Aufmerksamkeit der deutschen Öffentlichkeit sondern deren Sensibilisierung erreichen. Satzbau und Wortwahl ihrer Texte sind an diesem Ziel ausgerichtet. Zum anderen bemühten sie sich um Solidarität und Zusammenhalt unter den Migranten. Sie schrieben zunehmend auf deutsch, als gemeinsame Brücke sowohl zu den Deutschen als auch zu den verschiedenen Minderheiten anderer Sprachherkunft (vgl. *Die Brücke* 84, 4 (Juli-August 1995), S. 41). Ein neues Selbstbewußtsein der Autoren entstand.

Einige der arabischen Autoren haben zunächst entweder im Eigenverlag veröffentlicht oder gemeinsam mit anderen ausländischen Autoren nach Wegen gesucht, um Sammelbände, Zeitschriften, Jahrbücher zu veröffentlichen. Sie waren bei der Gründung von *PoliKunst* sehr präsent. Z.B. waren Jusuf Naoum und Rafik Schami die Mitherausgeber der Reihe »Südwind-Gastarbeiterdeutsch« und zeitweise auch Mitherausgeber der »Südwind-Reihe« beim Neuen Malik Verlag (1984–1986). Aber vor allem Suleman Taufiq hat als Herausgeber von Anthologien, Zeitschriften und Werken ausländischer Autoren dazu beigetragen, daß diese Autoren im Laufe der 80er Jahre der deutschen Leserschaft vertraut wurden.

Die 80er Jahre waren eine erste produktive Schaffensperiode, die als die Periode der »doppelten Isolation« zu verstehen ist. Die Migrationserfahrung wurde in den Hintergrund gedrängt. Es begann die Suche nach dem verirrten Ich. Die Autor/innen schrieben gegen die doppelte Fremdheit – die fremde neue Heimat und die Fremde in der Sprache – an. Sie erhoben Anspruch auf einen eigenen Platz in der Literatur der Gegenwart, drängten auf Akzeptanz statt Toleranz. Chiellino faßt die Auseinandersetzung in der Literaturkritik folgendermaßen zusammen: »Gerade Stichwörter wie Anklage, Widerspiegelung, Bereicherung und Kulturaustausch, mit denen bis heute versucht wird, bei den Lesern für die Literatur der Ausländer zu werben, zeigen, daß nicht nach ihrem eigentlichen Stellenwert gesucht wird, sondern eine utilitaristische Aneignung vorgezogen wird. Insofern entspricht das Vorgehen eher den Bedürfnissen eines merkantilistischen Literaturbetriebes als den Erwartungen des Lesers und schon gar nicht den Zielsetzungen der Literatur selbst.« (Chiellino 1995, S. 24).

Am Ende der 90er Jahre ist der anfängliche Kreis der Migranten- und Exilautoren aus dem arabischen Kulturraum geschrumpft. Einige aus dem Irak zum Beispiel, die sich hier und dort mit Gedichten oder Kurzprosa zu Wort gemeldet hatten, haben sich vom Schreiben abgewandt. Andere wie Rafik Schami sind dagegen zu Erfolgsautoren avanciert.

Die Kunst des Märchenerzählens

Abgesehen von Adel Karasholi, Suleman Taufiq und Ryad Alabied, haben sich die arabischen Autoren fast ausschließlich dem Märchenschreiben gewidmet. In der arabischen Tradition dient die Kunst des Märchenerzählens der Unterhaltung, ist ein Mittel der Sozialisation und Erziehung, vermittelt kulturelle Werte, weist auf die sozialen Normen hin und ist ein Bestandteil der Geschichte jedes arabischen Landes. Die Frau eroberte sich mit dieser Erzählkunst den Bereich der Familie und der Nachbarschaft. Die Männer, v.a. die alten, blieben im öffentlichen Alltag z.B. im Männerdiwan dominant. Gegenstand dieser Erzählkunst ist der Kampf zwischen Gut und Böse, Liebe und Haß, Großzügigkeit und Geiz, Mut und Feigheit, Zusammenhalt und Opferbereitschaft. Schon früh wurde diese Erzählkunst von den Reisenden der arabischen Welt und den Orientalisten entdeckt und im Westen bekannt gemacht. Die Tatsache, daß Autoren wie Jusuf Naoum, Rafik Schami und Salim Alafenisch diese Tradition aufgreifen, ist nicht unproblematisch. Da im Westen über die arabische Welt weiterhin eine sehr exotische Vorstellung von Tausendundeiner Nacht verbreitet ist, sehen die Autoren im Märchenschreiben eine brachliegende Chance. Aber allzu oft zementieren sie durch die ›neuen‹ Märchen die westlichen Klischees. Ein weiterer Grund für das Märchenschreiben ist, daß diese Autoren auf ihre Biographie zurückgreifen und sie in einer märchenhaften Form erzählen, die das deutsche Publikum leicht aufnimmt. Außerdem schafft die orientalische Märchenwelt durch die Vielfalt der Themen und die ungewöhnlichen Handlungen der Figuren Spannung und Neugier. Das deutschsprachige Publikum nahm diese Märchen so dankbar an, daß Autoren wie Schami teilweise und Alafenisch ausschließlich orientalische Exotik als Dauerware auf dem ›Literaturbasar‹ anboten und noch anbieten. Ihre Märchen finden eher im westlichen und weniger im orientalischen Milieu Resonanz, da im Orient Märchen kaum gelesen, sondern heute noch erzählt werden.

Das Märchenschreiben in deutscher Sprache ähnelt seinem Wesen nach der Tätigkeit des *h̲^{a}k^{a}waty*, des Märchenerzählers im Orient, der sich stets nach seinem Zuhörerpublikum richtet und das Thema des Abends bestimmt. Lediglich der Rahmen und die Erzählsituation unterscheiden sich voneinander. Bei den hier veröffentlichten Märchen handelt es sich überwiegend um gesammelte, überarbeitete und in die deutsche Sprache übertragene Märchen. Der libanesische Autor Jusuf Naoum erklärt, daß er seine Märchen teilweise sammelte oder neu schrieb. Nun, da er fast erblindet ist, kaum lesen und schreiben kann, bietet sich ihm die Kunst des Erzählens an. Rafik Schami und Salim Alafenisch geben als Quellen für ihre Märchen beispielsweise die gesammelten aramäischen Malula-Märchen bzw. die Erzählungen der Mutter oder das Beduinenleben an. Zahlreiche der Motive und Figuren in Schamis Märchen sind wiederzufinden in den gesammelten damaszener Volksmärchen von Nizar Al-Aswad in arabischer Sprache; die Themen und Motive von Alafenisch trifft man in der umfassenden Enzyklopädie der arabischen Volksmärchen ebenfalls in arabischer Sprache von Shawqi Abelhakim an. Hier zwei extreme Beispiele. Die Geschichte *Der Geizhals und die kluge Nachbarin* in Schamis Band *Malula* (1990, S. 51 ff.) ist mit dem Märchen *albach̲il* = Der Geizige in dem arabischsprachigen Sammelband *alh̲kayat alš^{c}bya^{tu} alšamya^{tu}* = *Damaszener Volksmärchen* (1990, S. 172 ff) identisch. Die Schha-Geschichten (Mustaphas Geschichten, S. 127 ff) von Mustafa El Hajaj sind den bekannten arabischen Schhas Eselsgeschichten aus dem 13. Jahrhundert entlehnt, die in arabischen Quellen wie *n^{a}wadir* 'g^{u}*h̲a wa q^{a}r^{a}qwš* = 'g^{u}*h̲as* und q^{a}r^{a}qwšs Geschichten (Beirut 1991) überliefert sind. Erst in dem Kinderbuch *Der Wunderkasten* (1990) weist Schami auf die Quellen hin, aus denen er seinen Erzählstoff schöpfte. Auch der Titel selbst, *Wunderkasten*, entstammt dem arabischen Volksmärchen *s̲^{a}ndwq al^{c}'g^{a}b.*

Die Migranten- und Exilliteratur aus dem arabischen Kulturraum wird zwangsläufig im Lauf der Generationen ihre Charakteristika und Ziele verändern. Schon jetzt zeichnet sich ab, daß die Autoren der ersten Generation den Zusammenhang zwischen ihrer Herkunft und der deutschen Kultur zum Ausdruck bringen, während die jüngeren Autoren wie Alabied sich bemühen, ihren eigenen Weg zu gehen. So erstaunt es nicht, daß ein wiederkehrendes Thema dieser Autoren die Identitätsfindung ist. In ihren Werken geht es primär darum, einen Zustand der doppelten Nichtzugehörigkeit zu überwinden. Dieser äußert sich als kulturelle Fremde im Herkunftsland der Eltern und als gesellschaftliche Unsicherheit im Land ihrer kreativen Zugehörigkeit. Was wird aus dem Beitrag der Autoren aus dem arabischen Raum in die deutschsprachige Literatur eingehen? Möglicherweise wird das übrig bleiben, was sich vor der exotischen Vereinnahmung retten kann. Um Akzeptanz für das gesamte literarische Phänomen zu wecken, wird nach wie vor seine positive Funktion als edle Form von Kulturaustausch gerühmt. Die ästhetischen Maßstäbe werden auch deshalb außer acht gelassen und nur bedingt bei der Behandlung dieser Literatur angewandt. »Das Fremde wird deswegen angenommen, weil durch den Austausch das Fremde einer funktionalisierenden Dimension unterworfen wird, die die Grenze des exotischen reichlich überschreitet« (Chiellino 1995, S. 27). In der Tat ist kaum zu verkennen, daß einige Autoren im Namen des Kulturaustausches einen erfolgreichen ›Bazar‹ in Deutschland erobert haben, wo Leid und Elend in paradiesischen Zuständen vermarktet werden. In diesem Fall liegt der exotische Betrug darin, daß die Autoren, die sich selbst zu Kulturvermittlern ernennen, die Konflikte im eigenem Land negieren, um erfolgreichen Kulturaustausch zu betreiben.

Jusuf Naoum

1974 veröffentlichte Naoum seinen ersten Erzählband mit dem Titel *Der rote Hahn*. Danach folgten *Der Scharfschütze* (1983) und *Kaktusfeigen* (1989). Schauplatz der ersten Erzählung ist der Libanon während des Bürgerkriegs. Hier kündigen sich Themen an, die in *Der Scharfschütze* und *Kaktusfeigen* wiederkehren werden und den Autor permanent zu verfolgen scheinen. Es ist ihm ein fast zwanghaftes Bedürfnis, in literarischer Form mitzuteilen, was den Libanon quälte und doch zu einer spannenden persönlichen Identität führte. Liebe und Haß, Hoffnung und Resignation in authentischer Form: keine historischen Darstellungen, aber dennoch in einen historischen Rahmen eingebettet. Diese Tatsache verleiht den drei Werken von Naoum eine besondere Bedeutung. Zwölf Jahre nach dem Buch *Der rote Hahn* erschien 1986 sein Märchenband *Karakus und andere orientalische Märchen*. Karakus soll zum König gewählt werden, doch er zieht es vor, den einfachen Menschen zu helfen und die Obrigkeit zu entlarven. Er zieht mit seinem Esel Iwas, dem er die Menschensprache beibringt, weiter. Ein sozialkritisches Märchen in der Tradition des arabischen Märchens. Die Erzählungen des Bandes sind kurz, einfach geschrieben, witzig und voller Ironie. Ähnliche Figuren findet man in der türkischen und persischen Literatur.

Auch in den Märchen von *Die Kaffeehausgeschichten des Abu al Abed* (1987) greift Naoum auf die orientalische Tradition zurück. Tag für Tag erzählt Abu al Abed mit viel Phantasie in einem Kaffeehaus seine spannenden Geschichten. Oft verpaßt er den Anschluß an die vergangene Geschichte, dennoch erfindet er neue Geschichten und unterhält sein Publikum. Naoum greift die Tradition arabischer Märchen auf und erzählt sie in einer einfachen Sprache. Zwar sind Naoums Märchen sozialpolitisch und kritisch, sie wollen jedoch vor allem unterhalten. Er will der Realität mit viel Phantasie begegnen und gleichzeitig kritisch sein, dabei bietet er keine Lösungen an, läßt aber seine Figuren auf die Probleme hinweisen.

Bereits 1976 hatte sich Naoum als Dichter zu Wort gemeldet. Es waren allerdings nur sporadische und unausgereifte Versuche bis zur Veröffentlichung des Bandes *Sand, Steine und Blumen* (1991). Sand symbolisiert die Kindheit, Jugendzeit und den Aufbruch, die Steine stehen für die Hindernisse in der Fremde und die Blumen für Hoffnung und Liebe. Fremde, Ausländerfeindlichkeit und zerrissene Identität bilden seine Hauptthemen, das städtische Milieu ist sein Ort. Der arabisch-libanesische Hintergrund ist in seiner Lyrik stets präsent. Einige der Übersetzungen, wie *Sehnsucht* (S. 54), sind dem libanesischen Volksgesang der berühmten libanesischen Sängerin Fairuz entnommen. Auch der Einfluß von Gibran Khalil Gibran ist evident. Der libanesische Bürgerkrieg prägt sein Gesamtwerk.

Von Naoum sind bis jetzt zwei Romane erschienen: *Das Ultimatum des Bey* (1995) und *Nura* (1996). Als Thema des ersten Romans hat Naoum sozialpolitische und religiöse Konfliktherde im Libanon ausgewählt und die Handlung auch dort angesiedelt. Dagegen spielt die Geschichte von *Nura* zum Teil im Libanon und zum Teil in Deutschland. Die Kontinuität zwischen beiden Werken ist nicht so sehr in der Thematik zu suchen, sie liegt in der Erzählsprache, die durch die Zweisprachigkeit des Autors, also seine Herkunftssprache und die Ankunftssprache Deutsch, geprägt ist.

Salim Alafenisch

Gegenstand der Literatur von Salim Alafenisch ist das Beduinenleben in der Negev-Wüste. Er betont wiederholt seine beduinische Herkunft und den Einfluß seines Vaters als Beduinenscheich. Sein erster Märchenband *Der Weihrauchhändler* (1988) umfaßt fünf Märchen. Die Geschichten stammen hauptsächlich aus dem Beduinen-Milieu; zwar sind sie raumgebunden, aber zeitlos. Wie fast immer bei Alafenisch, erzählt die Mutter die Geschichte des Weihrauchhändlers den Kindern an der Feuerstelle. Salem liebt Soraya, doch die Dürre trennt sie voneinander. Sehnsucht und Liebe lassen ihn aber nicht ruhen, er macht sich als Weihrauchhändler auf den Weg durch die Beduinenzeltlager, um Soraya aufzusuchen. Nach langer Suche und Verzweiflung findet er Soraya und verbringt die Nacht mit ihr, während ihr Mann, der Kamelhändler, gerade seinen Geschäften nachgeht. Danach ist Salem glücklich und betreibt seinen florierenden Weihrauchhandel weiter.

Alafenisch erzählt in *Das versteinerte Zelt* (1993) von Musa, dem berühmten Rababaspieler, der in einem Beduinenzelt aufwächst und im hohen Alter in einem Haus aus Beton wohnen soll. Hier fühlt er sich nicht wohl und hört auf zu träumen. In seinem Band *Die acht Frauen meines Großvaters* (1994) läßt Alafenisch die Mutter in acht Nächten ihren Kindern vom mächtigen Großvater, seinen acht Frauen und dem Beduinenalltag erzählen. In *Amira. Prinzessin der Wüste* (1994) spielt die Großmutter die Hauptrolle. Sie berät Amira, die Prinzessin aus dem Stamm der Löwen und eines der schönsten Mädchen der Wüste, wie sie sich aus vierzig Heiratsbewerbern einen Ehemann aussuchen soll. Drei Bewerber kommen in die enge Auswahl und die Großmutter rät Amira: »Wähle den, der dir die schönste Geschichte erzählt«, denn materieller Reichtum ist vergänglich, aber eine schöne Geschichte ist von Dauer.

Erst in dem Band *Das Kamel mit dem Nasenring* (1995) unternimmt Alafenisch den Versuch, eine historisch-politische Geschichte zu schreiben. Der Stammesälteste, als Ich-Erzähler, hält in einer stürmischen Winternacht sich und seine Freunde mit seinen Geschichten wach. Er erzählt die Geschichte Palästinas unter den verschiedenen Kolonialmächten und die Entstehung der willkürlichen Grenzen, welche für die Tiere unbegreiflich sind. Deshalb gründet man eine Schule, in der die Tiere lernen sollen, die Grenzen zu achten. Salim Alafenisch reduziert dabei die Palästinafrage auf geographische Barrieren, die lediglich einen winzigen Bruchteil der Kernfrage bilden. Die Leser/innen können feststellen, daß Alafenisch sich bezüglich der Gattung und des Themas auf einem sehr schmalen Pfad bewegt. Die Themen und Figuren sowie Zeit und Raum bleiben in allen Erzählungen fast konstant. Und trotzdem empfinden deutschsprachige Leser/innen einen erstaunlichen Anreiz, diese Märchen zu lesen.

Rafik Schami

Rafik Schamis Märchen sind gleichermaßen von orientalischen und deutschen Merkmalen beeinflußt. Im Hinblick auf die Entwicklung des Erzählers sowie in bezug auf die Erwartungen des Adressaten, sind die Merkmale leicht zu identifizieren. Sie lassen sich mühelos drei Kategorien zuordnen:

1. Migrationsmerkmale, die durch Gastarbeitersein, Heimatlosigkeit, Fremdheit, Zweisprachigkeit und Alltag in der Fremde bedingt sind. Ziel des Autors ist es, die Minderheiten in der Fremde zur unbedingten Solidarität aufzurufen, um das Ausländerdasein als Identität zu bewahren sowie die bestehenden Zwänge und Ausgrenzungsversuche nicht zu akzeptieren und eine Widerstandsliteratur zu produzieren. Der Band *Die Sehnsucht fährt schwarz. Geschichten aus der Fremde* (1988) bietet dafür eine Fülle von Beispielen. So veranschaulicht Schami nichtdeutsche Identität durch die Sprachfärbung. Wenn der Grieche Adonis Modopulos sagt: »Guten Tag, Sie chaben mir diese Vorladung geschickt« (S. 10ff.), so ist das seine zusätzliche Visitenkarte. Den Araber charakterisiert er mit »Hier mein Buch, schöne Errsälung, 11 Mark 80, für Sie 10,80« (S. 35), als Basarhändler.

2. Orientalisch-arabische Themen, die ausschließlich durch die Herkunftskultur bedingt sind. Diese erlebt der Leser in den Szenen auf dem Marktplatz, im Diwan, im Suk, im Alltag und im Altstadtviertel von Damaskus. Ein Beispiel dafür ist der Band *Malula. Märchen und Märchenhaftes aus meinem Dorf* (1987). Arabische Sprichwörter und Redewendungen werden bei Schami oft eingedeutscht, um das Lesen zu erleichtern (*Malula*, S. 34). Die orientalische Übertreibungsform beherrscht Schami in brillanter Weise und löst damit beim Leser Faszination, Heiterkeit und Neugier aus. Hier einige Beispiele dafür: »Guten Tag, meine schöne Blume«. (*Das Schaf im Wolfspelz. Märchen & Fabeln*, S. 20); »Weißt du, daß ich drei Typen wie dich zum Frühstück verspeisen kann?« (*Malula*, S. 42); »Vielleicht aber erkannten sie sich in den Geschichten auch nicht wieder, da er sie manchmal stark würzte.« (*Das Schaf im Wolfspelz. Märchen & Fabeln*, S. 17); »Nur das alte Kleid wirkte wie ein schäbiger Blumentopf, in dem eine zauberhafte Blume wuchs« (ebd., S 21); »Ihr müßt das Meer leersaufen« (*Das letzte Wort der Wanderratte*, S. 79).

3. Allgemeine Aspekte der westlichen Erzählkunst. In den sog. Nebenhandlungen der Schachtelmärchen wird Nebensächliches zum Wesentlichen. Auch die Dialogstruktur, die die Authentizität bestärken soll, hat Schami der westlichen Erzählkunst entnommen. Ferner neigt Schami als Erzähler zum journalistischen Stil, weshalb seine Texte leicht und schnell aufgenommen werden. In dem Band *Die Sehnsucht fährt schwarz* (S. 56) heißt es: »Das Feuer schlug aus dem kleinen Fenster der Dachwohnung. Die Bewohner des Hauses rannten hinaus; Nachbarn strömten auf die Spelzenstraße; andere beobachteten die Flammen aus ihren Wohnungen gegenüber dem brennenden Haus Nr. 34«.

Schami veröffentlichte bereits 1987 seinen ersten Roman *Eine Hand voller Sterne*, in dem er die eigene Biographie zum Gegenstand des Erzählens und Damaskus zum Handlungsort machte. In seinen Geschichten verwendet er oft dieselben Figuren. Die Verwendung der Herkunftssprache im deutschsprachigen Text ist durch die Beibehaltung der Orts- und Sachbezeichnungen sowie die Wahl der Eigennamen wie Salim oder Kasim gekennzeichnet. Die Metaphorik im Roman ist auf deren Zweisprachigkeit zurückzuführen. So verwendet Schami als Metapher für Übertreibung folgende arabische Redewendung: »Übertreibt er, oder habe ich meine Erzählungen über Mariam zu stark gepfeffert« (*Eine Hand voller Sterne*, S. 122.). Sie beeinträchtigt jedoch keineswegs das Verständnis, sondern bereichert den Text mit unbekannten Bildern und Inhalten, die allerdings einer Rückübersetzung des Romans ins Arabische im Wege stehen.

1994 erschien Schamis Novelle *Erzähler der Nacht*. Der Kutscher Salim ist die Hauptfigur, Damaskus der Ort der Handlungen, und alle Figuren sprechen Arabisch, obwohl es sich um einen deutschen Text handelt. Schami schafft es, Spannung in seinen Erzählungen zu erzeugen. Trotz vieler Figuren mit arabischen Namen, Wortspielen, deutschen Bezeichnungen für Elemente arabischer Kultur und nicht zuletzt der Ortsnamen in Damaskus ermöglichen die einfache Sprache und der fließende narrative Stil dem Leser, sich in die Zusammenhänge der Erzählung einzufühlen und mitzudenken. Mit Recht erobert Schami das Feld der Kinderliteratur unter den arabischen Autoren in der Bundesrepublik Deutschland. Schami ist ein erfahrener Erzähler *h*^{a}k^{a}waty und so schreibt er seine Kinderbücher, als würde er sie gerade erzählen. *Der Wunderkasten* (1990), *Das ist kein Papagei* (1994) und *Fatima und der Traumdieb* (1996) sind einige Beispiele dafür.

Ryad Alabied

Ryad Alabied hat sich bis heute hauptsächlich der Lyrik gewidmet. Seine Gedichte in *Garten der Begierde* (1996) liegen in arabischer und deutscher Sprache vor. Alabied schreibt sowohl konkrete als auch hermetische Lyrik und ist von dem seit 1986 in Paris lebenden syrischen Lyriker Adonis (geb. 1930) beeinflußt. In seiner Lyrik behandelt er philosophische Themen, die vom Menschen als Individuum und von der Natur handeln. Er selbst hat seinen Band in die deutsche Sprache übersetzt. Zwischen dem arabischen Original und der deutschen Adaption bzw. Übersetzung sind zuweilen starke inhaltliche und sprachliche Diskrepanzen festzustellen. Dies wird in dem Gedicht »Mein Freund Gott« (S. 79) deutlich, dessen philosophischer Ausgangstext durch eine Wort-für-Wort- bzw. Satz-für-Satz-Übersetzung verzerrt wird. Hätte er eine deutsche Interlinearversion des Originals angefertigt, wäre diese Kluft möglicherweise nicht entstanden und hätte die Botschaft des arabischen Gedichts auch den deutschen Adressaten erreicht: *Die Extase ist mit ihrer Familie vergangen/ und es blieben nur dort/ einige gefühlsleere Flaschen/ Das Leben ist beinahe/ wegen des Schweigens in uns verdorben/ Wir leben an Ufern der Sünden/ die miteinander Schlafen/ Wir verkennen nahezu/ daß in uns noch Organe/ schlafen und aufstehen* (S. 79). Zwar spielen für die Botschaft seiner Lyrik Raum und Zeit keine Rolle, denn sein Adressat ist nicht daran gebunden. Doch können die Zweisprachigkeit und der fehlende explizite Bezug zur deutschen Sprache Barrieren errichten. 1999 veröffentlichte Alabied einen sehr umfangreichen Gedichtband in arabischer Sprache mit dem Titel *atashu albahr* (Meersdurst). Die Gedichte des Bandes zeigen ein hohes Sprachniveau, Reichtum an Metaphorik, die eine altarabische Tradition ins Leben ruft und ein Labyrinth von Symbolik, das die Leser/innen an Abi Aala Almaari, jenen Vertreter des hermetischen Gedichts, Adonis und Adel Karasholi erinnern. Auffallend an diesem Band ist die thematische Einschränkung, die er vorgenommen hat. Alles kreist um die Liebe, das Individuum, das aus sich herausgeht und von der Ich- bzw. Wir-Perspektive das Geschehen der Gefühle betrachtet. Er ist zweifellos ein vielversprechender Lyriker arabischer Sprache.

Suleman Taufiq

Suleman Taufiq veröffentlichte bis jetzt drei Gedichtbände. Er gehört zu den Vertretern der konkreten Poesie, obgleich die Symbolik bei ihm eine bedeutende Rolle spielt. Sprache und Wortwahl sind dem Alltag entlehnt. Der Mensch steht im Mittelpunkt seiner Lyrik. Er macht die Fremde, das Ausländerdasein, die Liebe und den Alltag zum Thema. Die Suche nach der eigenen Identität ist sein ständiges Anliegen. Der Ort seiner Lyrik ist das städtische Milieu. Häufig artikuliert er eine Machtlosigkeit der Fremdsprache Deutsch gegenüber dem Gedanken und der unvollendeten Idee. Wenn Suleman Taufiq sagt: »Ich möchte meine Vergangenheit entdecken« (Geduldig 1993, S. 4.), dann wird deutlich, daß er die Wurzeln seiner Lyrik auch in der Ausgangskultur, nämlich der arabischen Kultur, sucht. Dies erklärt die Zerrissenheit des Ausdrucks und des Gedankens. Das Gedicht »lob der fremde« (S. 7) aus dem Gedichtband *Spiegel des Anblicks* (1993) belegt diese These. Hier begibt sich Suleman Taufiq in die Details eines Augenblicks, und es gelingt ihm, das Ausländerdasein als Individuum genau zu beobachten, ihn, den Fremden, auf der einen Seite und das Andere, nämlich die Stadt mit ihrem Gesicht, auf der anderen Seite zu plazieren. Beide existieren parallel, bleiben sich jedoch fremd. Suleman Taufiq genügt dieser Moment, um sich in die Situation des Fremden einzufühlen und die tiefe Kluft zwischen ihm und der Stadt zu erkennen. Taufiq schließt sein Gedicht pessimistisch, indem er sagt, dieser Fremde bleibt dem Gesicht der Stadt fremd.

Die zweisprachige Novelle »Im Schatten der Gasse« (1992) zeigt, daß Suleman Taufiq den arabischsprachigen Adressaten nicht aus dem Auge verlieren möchte. Der Handlungsort ist Damaskus in einer unbestimmten Gegenwart. Die Figuren der Erzählung sind Araber, deren Alltag in der Erzählung wiedergegeben wird. Die meisten Bewohner der Gasse kommen vom Land und verdrängen den städtischen Charakter durch das Dorfleben, das sie mitbringen. Die Welt der Handlungen ist nicht erfunden, sondern einer fiktionalen historischen Wirklichkeit entnommen. Fiktional, weil Taufiq sie so gewoben hat, und dennoch ist sie historische Wirklichkeit, nicht nur weil sie möglich war und ist, sondern weil sie in einem sozial-historischen Rahmen alltäglich war. Mit Ausnahme von Kairo ist das Verdrängen des städtischen Charakters durch den unaufhaltsamen Wanderungsprozeß vom Land in die Stadt eines der gewaltigen Probleme der Gegenwart in der arabischen Welt. Der fiktive Ich-Erzähler, Rami, der eine wichtige Rolle in der Handlung spielt, läßt keine Distanz zwischen Taufiq und den Figuren in der gesamten Erzählung. Rami erinnert sich an seine Kindheit in einer Gasse der Altstadt von Damaskus. Die Wohnsituation, die sozialen Verbindungen und das Leben in der Gasse sind wichtige Erinnerungsmomente Ramis. Rami stellt dem Leser die wilde Figur Abu Hanna, »alwahsch«, vor, eine geachtete und gefürchtete Person, die trotzdem sympathisch erscheint, da Abu Hanna die Schwachen, vor allem die Mädchen, beschützt und Geschichten erzählt. Außerdem wird von der Figur Saadia erzählt, einer alleinstehenden Frau, die nicht heiraten möchte. Obwohl dies im arabischen Kontext ungewöhnlich ist, wird sie geduldet und akzeptiert. Dem Ich-Erzähler ist ein Erlebnis besonders im Gedächtnis geblieben, nämlich als er Saadia, die ihn später bemerkt, vom Dach seines Hauses aus in ihrem Schlafzimmer nackt beobachtet und von ihr deshalb bestraft wird. Auch die sexuellen Tabus bleiben nicht unerwähnt.

Taufiq ist der einzige Autor der Gruppe, der sowohl aus dem Arabischen ins Deutsche als auch aus dem Deutschen ins Arabische übersetzt. Dadurch hat er seinen Beitrag zur Verbreitung der arabischen Literatur im deutschsprachigen Raum geleistet. Er übersetzte Lyrik des syrischen Dichters Adonis, einem der wichtigsten Vertreter des hermetischen Gedichts im arabischen Kulturraum, und Prosa wie *Frauen in der arabischen Welt* (1987) .

Ghazi Abdel-Qadir

Abdel-Qadir bietet den Leser/innen seiner Romane palästinische Kindheitserinnerungen in *Abdallah und ich* (1991), palästinischen Alltag in einem Dorf, der von strenger Tradition geprägt ist in *Sulaiman* (1995), und palästinischen Alltag im Schatten der Intifada in *Die sprechenden Steine* (1992). Er berichtet in einer Alltagssprache, in einem journalistischen Stil und arbeitet stets mit denselben Figuren wie Muezzin, Großvater, Großmutter, Großonkel, Hadschi, dem Schafbock, den Hühnern u.s.w. Die Übersetzung der palästinischen Volksballaden in *Abdallah und ich* wird dem Original nicht gerecht; Transkription und Übersetzung lassen stellenweise Mängel erkennen, die allerdings nur einem ebenfalls zweisprachigen Leser auffallen können. In *Die sprechenden Steine* tauchen zum Teil langatmige Szenen, klischeehafte Beschreibungen und übertrieben religiöse Beteuerungen auf sowie Äußerungen wie »die Araber werfen die Israelis ins Meer« (S. 97), die der Propaganda israelischer Nachrichtendienste entstammen. Fraglich bleibt hier, welchen Zweck der Autor damit verfolgt.

Ghazi Abdel-Qadir wechselt in seinen Erzählungen stets den Handlungsort wobei die Figuren gewisse Ähnlichkeiten aufweisen. In *Mustafa mit dem Bauchladen* (1993) finden die Handlungen in Kuwait statt und erinnern stellenweise an den berühmten Roman von Ghasan Kanafani *Männer in der Sonne* (Basel 1985). Abdel-Qadir versucht hier, das Schicksal von palästinensischen Arbeitern in Kuwait darzustellen, was ihm teilweise auch gut gelingt. Das Kinder- und Jugendbuch *Das Geschenk von Großmutter Sara* (1999) besteht aus fünfzehn Kapiteln und spielt im Libanon. Das Stadtkind Liana besucht gerne die Großeltern auf dem Land. Als die Großmutter vom eigenen Tod träumt, geraten alle in Panik, da sich ihre Träume immer bewahrheitet haben und warten alle in Trauer auf ihren angekündigten Tod. Liana, die die Stute der Großmutter bekommt, stellt zunächst die Traumdeutung in Frage und versucht, den Tod der Großmutter zu verhindern. Die Erzählung ist langatmig, weist an mehreren Stellen Stilbrüche und überflüssige Wechsel der Sprachebene auf.

Adel Karasholi

Schon als Schüler hat Karasholi Gedichte geschrieben und veröffentlicht. Hikmet, Neruda, Lorca und Tagore gehörten zu den ersten Vorbildern des jungen Dichters. Als Schüler von Georg Maurer am Literaturinstitut in Leipzig beschäftigte er sich ab 1962 intensiv mit der deutschen Literatur, darunter mit Brecht, Kleist, Hölderlin, Rilke, Volker Braun und Enzensberger. Am Literaturinstitut genoß es Karasholi, von Literaten umgeben zu sein, die mit seinen arabischen Texten anders umgingen als später die BRD-Literaturkritik. Sein erster Gedichtband *Wie Seide aus Damaskus* (1968) zog große Aufmerksamkeit auf sich. Die Gedichte, die Karasholi rohübersetzt hat, haben Heinz Kahlau, Rainer und Sarah Kirsch und Volker Braun nachgedichtet. Eine fruchtbare, jedoch einmalige Zusammenarbeit in der arabischen Migrantenliteratur. Vom Gedicht mit dem Titel *a¡nt¡z*ar (Erwartung, 1963) gibt es zum Beispiel drei Nachdichtungen, von Sarah Kirsch, Volker Braun und Werner Bräunig. Im Gedicht steht die Minze im Mittelpunkt. Das lyrische Ich wird zwar nicht als Wort erwähnt, fungiert aber als Sprecher und Redner. Es entsteht ein einseitiger Dialog, eine Art Monolog. Das Gedicht ist in einem arabischen kulturellen Kontext entstanden, der bei der Übersetzung bzw. Nachdichtung große Schwierigkeiten bereitet. Während der Begriff ›Minze‹ im Arabischen die Konnotation: Duft, frisches Leben, Grün, Liebe, Weichherzigkeit und Schönheit (*bintun nanua*) hat, denkt man im deutschen Kontext an das lateinische ›menta‹, Menthol, ätherisches Öl, an Erkältung und Atemnot. Zwei völlig verschiedene Welten treffen aufeinander: Die eine spricht von der Liebe, die andere von der Qual. Was in Deutschland nicht unüblich ist, ist in Syrien, dem Herkunftsland des Lyrikers, eine Selbstverständlichkeit. Im Wüstenklima von Damaskus hat eine Brise in einer trockenen und klaren Sternennacht, mit dem Geruch, der am Barada-Fluß wachsenden Minze, einen anderen Stellenwert als in Leipzig. Adel Karasholi entschied sich für die Version von Sarah Kirsch, die dann in den 1968 erschienenen Gedichtband aufgenommen wurde. Sie kommt dem Original am nächsten. Das Beispiel zeigt, welche Schwierigkeiten die Nachdichtungen dem jungen Lyriker bereiten. Die Vermeidung dieses mühevollen Umwegs durch die Übersetzung war einer der Gründe, warum Karasholi ab 1963/64 zunehmend Gedichte in deutscher Sprache schrieb. In der DDR betrachtete man ihn als eine neuartige Erscheinung in der Literaturlandschaft. Bereits 1964 wurde er zusammen mit jungen Dichtern wie Johannes Bobrowski, Wolf Biermann und Volker Braun an der Humboldt-Universität in Berlin vorgestellt. Wie bei den arabischen Autoren aus der Bundesrepublik stellt auch bei Karasholi die Sehnsucht nach der Heimat und ihrer Kultur ein wichtiges Element in seinem Werk dar. Landschaftsbeschreibungen, Rückbesinnung auf die Geschichte, orientalische Tradition und Kultur bilden essentielle Merkmale seiner Werke.

Der Liebe hat Karasholi den Gedichtzyklus »Mit dir leben« aus dem Band *Umarmung der Meridiane* (1978) gewidmet. Im selben Band findet sich auch folgender Zweizeiler mit dem Titel »Für R« (S. 41), den er 1965 geschrieben hat: »Das Echo warst du meines Liedes. / Nun bist du das Lied«. Eine grenzenlose Liebe nach orientalischen Mustern, in ihrer Knappheit jedoch schon verbunden mit der neu erworbenen Dialektik eines Bertolt Brecht. Auch zu den politischen Ereignissen, sei es in der arabischen Welt oder außerhalb, nahm Karasholi Stellung und brachte seine unverkennbare Position zum Ausdruck. Er schrieb 1973 ein Vietnamgedicht in dem Band *Umarmung der Meridiane* (S. 66), in dem es heißt: »Und sie geben / Mir Mut und bauen / Mir Brücken / Zur Hoffnung«.

Mit den Gedichten des Bandes *Daheim in der Fremde* (1984) zeigt sich, daß »die grünen Träume«, mit denen er in die DDR kam, in den 80er Jahren nicht mehr so enthusiastisch besungen werden. In dem Gedicht »Daheim in der Fremde«, das das Gedicht »landessprache« von Enzensberger variiert, fragt er: »Was habe ich zu suchen / In diesem Land / Dahin ich gekommen bin / Mit grünen Träumen um die Stirn // Bin denn Michael Kohlhaas ich / Schrei ich mir die Kehle wund / Gegen Windmühlen / Und taubstumme Augen«. Doch er weiß, daß es kein Entrinnen mehr gibt, denn sein Schicksal ist mit zwei Ländern verknüpft: »Meine zwei Länder und ich / wir sind vermählt bis daß der Tod uns scheidet«

Karasholi gebraucht das Wort ›Exil‹ lediglich für die erste Phase seiner Emigration. Bis auf ein Gedicht in dem Band *Wie Seide aus Damaskus* (1968), geschrieben Anfang der 60er Jahre, hat er diesen Begriff nur in einem einzigen Gedicht seiner späteren deutschen Gedichte verwendet. Es heißt »Der Gang ins Exil« und beschreibt den Augenblick seines Abschieds vom Elternhaus. Er betont, daß er nicht im politischen Exil lebt, weil der Haftbefehl gegen ihn Mitte der 60er Jahre aufgehoben wurde und er jederzeit nach Syrien fahren kann. In dem erwähnten Gedicht schreibt er: »Hier halte ich mich fest/ An den Schultern einer Frau / Doch Hiersein ist mehr«. Das Exil-Erlebnis wird bei Karasholi nicht mehr auf das politische Spektrum reduziert, sondern auf einer philosophischen und existentiellen Ebene hinterfragt. Stilistisch äußert sich das seit Anfang der 80er Jahre in einer gewissen Abwendung vom

Adressaten, Karasholi scheint nun eine Zwiesprache mit sich selbst zuerst vorzuziehen.

Er greift auf die arabische Kultur als Quelle zurück und läßt die arabische altislamische Mystik in neuer Form sprechen: »wer keine Wurzel hat trägt keine Frucht / Wer aber keine Frucht trägt / Ist allein und verlassen/ Wie ein abgetrockneter Zweig / Meine Lippen sagten nichts außer einer Träne / Die dem Auge entfloh« (ebd., S. 77). Die Form seiner neuen Gedichte in dem Band *Also Sprach Abdulla* (1995) ist der Struktur altislamischer Sufi-Texte aus dem 10. Jahrhundert entlehnt. Die Befragung der Welt ist nicht nach außen gerichtet, sondern nach innen gekehrt. Seine Gedichte kreisen um das unlösbare Paradox von Einheit und Vielfalt, fügen sich ineinander und bilden eine philosophische Einheit. Sie reflektieren die Wanderung und den Seiltanz zwischen Welten und Kulturen. Karasholi nimmt von seiner Biographie nichts zurück, um vor sich selbst glaubhaft zu sein. Sie steht zwischen den Versen und tritt aus den Bildern der zwei Welten, der zwei Sprachen und Kulturen hervor, mit und in denen Karasholi lebt. Wie bei Lorca begleiten ihn die Minze am Bach, der Olivenhain und seine Gedichte in Leipzig und überall.

Karasholi setzt ein gewisses kulturelles Vorwissen voraus und nimmt bewußt Mehrdeutigkeiten in Kauf. Am Beispiel der folgenden Stelle aus *Also sprach Abdulla* wird sein Vorgehen besonders deutlich: »Ich aber sprach / Die Fremde ist mir nicht fremd/ In der Wurzel nistet sich Fremde ein / *Und immer / Ins Ungebundene gehet eine Sehnsucht/* Ruft mich zurück / In den einsamen Nächten / Hinter die sieben Berge.« (S. 13).

Die »sieben Berge« erinnern deutsche Leser/innen sofort an die Sieben Berge aus dem Schneewittchen der deutschen Märchenwelt. Dabei bezieht sich Karasholi aber auf die sieben vorbereitenden Stadien in der Laufbahn der sufischen Entwicklung. Diese Stadien, manchmal auch »Menschen« genannt, sind Grade der Bewußtseinswandlung, die mit dem Fachausdruck *nafs* (ICH=Atem=Ego) bezeichnet werden. Jedes dieser Entwicklungsstadien ermöglicht eine weitere Bereicherung des Seins unter der Anleitung eines Meisters. Die Zeile »*Und immer/ Ins Ungebundene geht eine Sehnsucht*« entnimmt er dem Gedicht »Mnemosyne« von Hölderlin. Wenn die Leser/innen erkennen, daß Hölderlins Gedicht als Titel den Namen der Göttin der Erinnerung trägt, dann erschließt sich ihm Karasholis Vorstellung, wonach rückgewandte Erinnerung stets verflochten ist mit der Sehnsucht ins Ungebundene. Trotzdem bleiben Karasholis Gedichte für die Leser/innen in ihrer allgemeinen Aussage verständlich, auch wenn das Eindringen in die tieferen Schichten, die durch Anspielungen, Zitate und Anlehnungen erzeugt werden, eine tiefere Beschäftigung mit dem Gedicht erfordert.

14. Autor/innen aus dem schwarzafrikanischen Kulturraum

János Riesz

Versucht man, die in Deutschland lebenden afrikanischen Autor/innen (oder Autor/innen afrikanischer Abstammung), bzw. die von afrikanischen Autor/innen deutscher Sprache veröffentlichten Werke zu ordnen und zu klassifizieren, so kann man vereinfacht vier Gruppen unterscheiden: 1. afrikanische Autor/innen aus ehemals deutschen Kolonien, die auf deutsch schreiben bzw. schrieben und neu (oder auch erstmals) ediert werden; 2. die Gruppe der Afrodeutschen, Söhne und Töchter von Afrikaner/innen bzw. Afroamerikaner/innen, die in Deutschland geboren sind und hier aufwachsen und sich zu ihrer ›Afrikanität‹ bekennen; 3. afrikanische Autor/innen, die schon vor ihrer Ankunft in Deutschland ein substantielles literarisches Werk aufweisen können, das sie während ihres (dauerhaften oder zeitlich begrenzten) Aufenthaltes in Deutschland weiterführen und um aktuelle, auf Deutschland bezogene Komponenten erweitern; 4. Afrikaner/innen, die erst während ihres Aufenthaltes in Deutschland zu schreiben angefangen haben und die sich auf diese Weise mit ihren in Deutschland gemachten Erfahrungen auseinandersetzen und diese literarisch verarbeiten; manche von ihnen haben sich auf Dauer in Deutschland niedergelassen, andere planen ihre Rückkehr nach Afrika oder haben diese bereits vollzogen. Als eine spezielle Teilmenge in dieser vierten Gruppe darf man die zahlreichen afrikanischen Priester und Geistlichen ansehen, die von der katholischen Kirche und den evangelischen Landeskirchen eingeladen werden und in Deutschland oft für mehrere Jahre den Gemeindepfarrern assistieren oder selbständig einer Gemeinde vorstehen.

Die afrodeutsche Literatur

In dem Aufsatz »Sprich, damit ich dich sehe! Eine afrodeutsche Literatur« von Leroy T. Hopkins werden die Afrodeutschen definiert als »eine heterogene, bikulturelle Gruppe von Deutschen afrikanischer und afroamerikanischer Herkunft, die zum großen Teil nach 1945 geboren wurden« (Hopkins 1996, S. 197). Als Gründungsereignis und auslösendes Moment für die Konstitution einer Gruppe von Afrodeutschen und zahlreicher organisatorischer und publizistischer Initiativen mit der Herausgabe diverser Texte und Textsammlungen, der Produktion von Filmen und der Übernahme des Rap wie weiterer Elemente des Afroamerikanischen nennt Hopkins den Auftritt der afroamerikanischen feministischen Autorin und Literaturwissenschaftlerin Audre Lorde, die 1984 einen Vortrag und einen Workshop in Berlin hielt.

Für ein historisch adäquates Verständnis dieser Gruppe, die sich durch ihre rassische Differenz definiert und sich deshalb mit Erwartungen konfrontiert sieht, die »durch das deutsche koloniale Erlebnis und einen alles durchdringenden wissenschaftlichen Rassismus erhärtet [wurden], so daß eine Voreingenommenheit schwarzen Menschen gegenüber entstand, die jeglicher ernsthaften interkulturellen Kommunikation hinderlich sein mußte« (ebd., S. 197), scheint es notwendig, eine Generation zurückzugehen und auf die erste Gruppe von Afrodeutschen zu verweisen, die Kinder der afrikanischen Soldaten (»Tirailleurs Sénégalais«, deren Einheiten Teil der französischen Besatzungstruppen in den Rheinlanden waren, vgl. Pommerin 1979). Gerade wenn man die Virulenz und die Persistenz des deutschen antiafrikanischen Rassismus verstehen will, ist die Kenntnis dieser Epoche und der haßerfüllten Kampagnen gegen die »Schwarze Schande« und die »Schwarze Schmach am Rhein« unerläßlich (vgl. Riesz/Schultz 1988).

Es handelt sich bei der Literatur dieser Gruppe nicht eigentlich um eine Literatur von Einwanderern/Migranten, sondern um im Lande geborene, auf Grund somatischer Merkmale als Angehörige (oder Abkömmlinge) einer anderen ›Rasse‹ identifizierbare Menschen, denen aber gerade die Erfahrung ihrer Differenz zum Anlaß wird, die Solidarität der Gruppe zu suchen, sich mit anderen Opfern von Rassismus und (bei Frauen) Sexismus zu verbinden und die eigene gespaltene Identität zu akzeptieren, indem man sich auf die Suche nach seinen afrikanischen ›Wurzeln‹ macht. So wie die Söhne Afrikas in der Fremde zu Vätern wurden, so werden ihre Kinder »[...] im land der mütter zu fremden, denn sie tragen nicht die blutigen weißen hemden, sondern die leidende maske ihrer schwarzen Väter. Wo seid ihr Väter?«, wie es in einem Gedicht von Modupe Laja heißt (zit. nach Hopkins 1996, S. 204).

Die Anthologien und Sammelbände der afrodeutschen Literatur enthalten überwiegend Texte, die – z. T. in Interviews – autobiographisch Zeugnis ablegen von den gemachten Erfahrungen, und die zugleich versuchen, durch eine historische und fremdkulturelle Perspektivierung des eigenen Erlebens dieses gedanklich zu verarbeiten und emotional zu bewältigen. In dem von Gisela Fremgen herausgegebenen Band *... Und wenn du dazu noch schwarz bist: Berichte schwarzer Frauen in der Bundesrepublik* (1984) alternieren zehn Lebensberichte von schwarzen, in Deutschland lebenden Frauen (die meisten eingewandert, einzelne auch hier geboren) mit Texten verschiedener Herkunft, von der Kolonialzeit bis heute. Hauptziel ist die Aufklärung über und der Kampf gegen den Rassismus gegenüber Menschen schwarzer Hautfarbe, zu dem sich Interessengruppen wie die mit »Ausländern verheirateten deutschen Frauen« und »Eltern schwarzer Kinder« in verschiedenen deutschen Städten zusammengeschlossen haben.

Einen Schritt weiter in der systematischen Aufarbeitung der ›afrodeutschen‹ Vergangenheit und Gegenwart geht der Sammelband, *Farbe bekennen – Afro-deutsche Frauen auf den Spuren ihrer Geschichte* (1986). Die von den Frauen ›afrikanischer‹ Herkunft immer wieder gestellten Fragen, um die ihre autobiographische Selbstvergewisserung kreist, kommen in dem Gespräch der drei jungen Frauen: Laura Baum (22 Jahre), Katharina Oguntoye (27 Jahre) und May Opitz (25 Jahre), das als der »erste Austausch für dieses Buch« vorgestellt wird, in den Zwischenüberschriften zur Sprache: »›Schön sein‹ – was heißt das? – Wie sehen uns andere?« usw. Es sind Fragen, die von May Opitz in ihrem »Aufbruch« betitelten Entwurf eines Lebensberichts (S. 202–207) intensiv vergegenwärtigt werden: »Als ich geboren wurde, war ich nicht schwarz und nicht weiß. Vor allen Namen, die ich bekam hieß ich ›Mischlingskind‹. Es ist schwer, ein Kind mit Liebe zu umgeben, wenn die Großeltern der Mutter sagen, daß das Kind fehl am Platze sei. [...] Es wird alles noch schwerer, wenn die weiße Mutter nicht möchte, daß ihr Kind in eine schwarze Welt entführt wird. Auch die Gesetze erlauben nicht, daß der afrikanische Vater das deutsche Töchterchen zu einer afrikanischen Mutter bringt.« (ebd., S. 202)

Leroy T. Hopkins kommentiert zu Recht: »Persönliche Pathologien, verursacht durch Sexismus und Rassismus, werden zwar in diesen Ich-Erzählungen dokumentiert, aber auch durch einen unterschwelligen Optimismus widerlegt, der sich in den Entscheidungen von Gruppen und Individuen äußert, sich gegen Rassismus und Sexismus zur Wehr zu setzen.« (1996, S. 198). Und vielleicht liegt in diesem Widerspruch zwischen Larmoyanz und Selbstmitleid an der Oberfläche und dem Willen, sich kämpferisch zur Schau zu stellen, zu provozieren und Verbündete zu gewinnen, ›aufklärerisch‹ zu wirken und zur Emanzipation beizutragen, gerade die literarische Spannung dieser Art von Literatur, die viele Anregungen in sich aufnimmt und ihrerseits wieder in viele Richtungen wirkt (in die Medien, öffentliche Debatten, Talkshows etc.). Ein wichtiger Bestandteil dieser öffentlichen Aufklärung sind Zeitschriften und Kalender, literarische Anthologien, Vorträge und Workshops, Feste und Gedenkfeiern. Die Titel der – meist kurzlebigen – Zeitschriften weisen bereits auf den kämpferisch-antirassistischen Impetus hin: *Onkel Tom's Faust, afro look, Afrekete* und *Strangers*, doch »widersetzt sich«, wie Leroy T. Hopkins anmerkt, »die Heterogenität der Afrodeutschen [...] jedem Versuch, eine Gruppenidentität zu entwickeln« (ebd., S. 201). Dies gilt umso mehr, wenn man versucht, den Kreis zu erweitern, neue Verbündete zu finden und in den gemeinsamen Kampf gegen Rassismus und Diskriminierung auch andere Gruppen von Immigranten und benachteiligten Minderheiten einzuschließen.

(Zeitweilig) in Deutschland lebende afrikanische Autor/innen

Eine besondere Gruppe bilden diejenigen afrikanischen Autor/innen, die eine bestimmte Zeit ihres Lebens (Studium, Arbeit, Exil) in Deutschland verbracht haben oder hier verbringen, die aber ihre literarische und sprachliche Sozialisation in einer afrikanischen Sprache und Kultur erfahren haben, die vorrangig eine afrikanische Realität in ihren Werken verarbeiten und sich (idealiter) an ein afrikanisches Publikum wenden. Z.T. haben sie während ihres Deutschland-Aufenthaltes auch Anregungen der deutschen Literatur und Kultur aufgenommen und auch deutsche Erfahrungen in ihrem Werk verarbeitet, d.h. die deutsche Kultur ist Teil der jeweiligen bi- oder multikulturellen Orientierung des ›afrikanischen‹ Werkes. Dies gilt insbesondere für drei afrikanische Autoren, die alle drei unbestreitbar zum Kanon der zeitgenössischen afrikanischen Literatur gehören und ihren Platz in den jeweiligen Literaturgeschichten haben: die beiden tanzanischen, in Swahili schreibenden Autoren Ebrahim Hussein und Said Khamis sowie der togoische Dramatiker und Erzähler Sénouvo Agbota Zinsou.

Ebrahim Hussein (geb. 1943) interessierte sich schon früh für die Geschichte seines Landes in der deutschen Kolonialzeit (auf die er in einigen seiner Stücke zurückgreift) und hat schon als Student Brechts Stücke und seine Theorie des ›epischen Theaters‹ rezipiert. Von 1970 bis 1975 studierte er an der Humboldt-Universität in Ost-Berlin

Theaterwissenschaft und promovierte bei Joachim Fiebach mit einer Doktor-Arbeit *On the development of the theater in East Africa* (1975). Hussein kommt immer wieder gerne auf seine Berliner Jahre zu sprechen (vgl. Ricard 1998), in denen er regelmäßigen Kontakt zu Heiner Müller und dem Berliner Ensemble pflegte, flicht gern in seine Gespräche deutsche Begriffe ein und bezieht sich immer wieder auf das Theater Brechts. Als die Berliner Mauer fiel, schrieb er ein Gedicht auf Swahili. Die zweite Strophe lautet in deutscher Übersetzung: »Ich hatte einen Traum / Er ist wahr geworden / In kürzester Zeit / Ist die Mauer gefallen / Die Mauer ohne Grund, ohne Rückgrat, ohne Würde« (zit nach Ricard 1998, S. 96f.).

Das Stück *Kinjeketile*, das 1969 entstand und mit Unterstützung von Joachim Fiebach in Dar es-Salaam aufgeführt wurde, behandelt eine Episode aus der Zeit des Maji-Maji-Aufstandes gegen die deutsche Kolonialherrschaft 1905–1907, in einer Gegend nahe dem Geburtsort Husseins, Kilwa, und in Lindi, wo die Deutschen ihr Hauptquartier hatten. »Mit diesem Stück wurde Ebrahim Hussein zum Avantgarde-Autor des Theaters in Ostafrika. Das Stück gab dem tanzanischen Theater das historische und patriotische Werk, das ihm fehlte. Es wurde viele Jahre lang als repräsentativ angesehen und 1977 in Lagos auf dem 2. Weltfestival der schwarzen Kunst als offizieller Beitrag Tanzanias aufgeführt.« (Ricard 1998, S. 62f.). Joachim Fiebach hat in seinen Aufsätzen über Ebrahim Hussein immer wieder den ›multikulturellen‹ Charakter seines Werkes betont »›Foreign‹ cultural forces are turned into means to enrich one's own creative potential and to resist, counteract, fight ›inner colonialism‹, oppressive power, and repressive phenomena of one's own society.« (Fiebach 1997, S. 29). Ebrahim Husseins Begegnung mit Deutschland, deutscher Kultur und Literatur hat unzweifelhaft sein afrikanisches Oeuvre unverwechselbar geprägt.

Der 1947 in Tanzania geborene Said A. M. Khamis kam zehn Jahre nach Ephraim Hussein in die DDR zum Studium nach Leipzig (1981–1985), wo er mit einer sprachwissenschaftlichen Arbeit promovierte. Auch Khamis war zu diesem Zeitpunkt bereits ein anerkannter und in Ostafrika viel gelesener Swahili-Autor. Seine ersten poetischen und literarischen Versuche gehen bis in seine Schulzeit Ende der 50er und Anfang der 60er Jahre zurück. Frühe Anerkennung fanden bei einem Wettbewerb der BBC seine Kurzgeschichten, von denen die ersten zwischen 1968 und 1970 publiziert wurden. Als Sekundarschullehrer gab er ab 1969 Sammlungen von Swahili-Texten für den Schulgebrauch heraus. Sein erster Roman *Asali Chungu* (Bitterer Honig, 1977), behandelt eine Periode aus der feudalen Geschichte Sansibars. Auch die weiteren Romane wählen bevorzugt die Geschichte Sansibars als Hintergrund: *Utengano* (Entfremdung) und *Dunia Mti Mkavu* (Die Welt ist wie ein trockener Baum) erschienen 1980; *Kiza Katika Nuru* (Licht in der Dunkelheit) kam 1988 heraus. *Tata za Asumini* (Die Rätsel Asuminis, 1990) ist ein psychologischer Roman, der die Konflikte eines jungen Mädchens mit den strengen moralischen Anforderungen der Familie und den Werten der Gesellschaft darstellt, die letztlich im Selbstmord des Mädchens enden. In seinen zahlreichen Theaterstücken hat sich Khamis, wie Ebrahim Hussein, auch mit Brechts Stücken und seiner Theorie des epischen Theaters auseinandergesetzt, seine Theater-Praxis will Brechts aufklärerischen Impetus mit ›surrealistischen‹ Elementen verbinden, so in dem 1995 in Kenia veröffentlichten Stück *Amezidi* (Zu viel).

Said Khamis hat neben Preisen der BBC und der Deutschen Welle auch die beiden angesehensten Literaturpreise seines Landes erhalten, den »Tanzania Writers' Association Award« und den »Tanzania National Swahili Council Award«. Viele seiner Texte gehören in Tanzania und Kenia bereits zu den Schulklassikern der Swahili-Literatur. Nach mehrjähriger Lehrtätigkeit in Osaka (Japan) ist Khamis seit 1997 Professor für Literatur in afrikanischen Sprachen an der Universität Bayreuth. Gegenwärtig arbeitet er an einem Roman, *Babu Alipofufuka* (Die Wiederauferstehung meines Großvaters), der stark von seinem Studium der Werke Nietzsches beeinflußt ist.

Zu den in Deutschland lebenden afrikanischen Schriftstellern, die sich schon vor ihrer Ankunft in Deutschland einen Namen in ihrer Heimat gemacht haben, gehört auch Sélom Komlan Gbanou (geb. 1964 in Togo), der seit 1985 in der Monatszeitschrift *Togo-Dialogue* Gedichte und Essays veröffentlicht hat und zwischen 1990 und 1995 in Lomé die satirische Wochenzeitschrift *Kpakpa Désenchanté* herausgab. 1995 kam er als Stipendiat des DAAD an die Universität Bremen, wo er im Dezember 1999 mit einer Dissertation zum Theater seines Landsmannes S.A. Zinsou promovierte.

Neben zahlreichen literaturhistorischen Essays und Artikeln und der Herausgabe der Zeitschrift *Palabres – Revue Culturelle Africaine / African Cultural Tribune* im Bremer Palabres-Verlag (seit 1996) hat S.K. Gbanou auch zwei Gedichtsammlungen und eine Monographie über den togoischen Dichter Gnoussira Anala veröffentlicht (Lomé 1999). Die Sammlung *Soldatesques* (1998) besteht aus einem Novellen-Vorwort und Gedichten, die z.T. von einer deutschen Übersetzung (von Iris Ohlendorf) begleitet werden. Die Bedeutung des Titels *Soldatesques* erläutert Martin Franzbach in seinem Vorwort »als Substantiv im pejorativen Sinne eine Truppe Soldaten, die die Disziplin und Haltung verloren hat und sich allen Exzessen hingibt, als Adjektiv all das, was für Soldaten steht, für Grobiane, für alles, was von Roheit, Brutalität, von Verwilderung gezeichnet ist« (S. 7). Es sind Gedichte in freien Versen, die sowohl Erinnerungsfragmente aus der afrikanischen Heimat verarbeiten wie die Situation des Exils mit Versatzstücken von deutschen Märchenstoffen provozierend vergegenwärtigen: »Der Esel und sein Hund, die Katze und ihr Hahn / Haben keine Melodie für die die kommen« heißt es in »La Poubelle / Der Abfalleimer« in Anspielung auf die Bremer Stadtmusikanten.

Sénouvo Agbota Zinsou

Ebenfalls in Bayreuth, als (anerkannter) politischer Flüchtling, lebt seit 1993 Sénouvo Agbota Zinsou, der zweifellos international anerkannteste und meistgespielte ›frankophone‹ Theater-Autor Westafrikas.

Das erste Theaterstück Zinsous, das aufgeführt wurde, war 1968 *La Fiancée du Voudou* (Die Verlobte des Voudou). Für *On joue la Comédie* (Wir spielen Komödie) erhielt er den ›Grand Prix du Concours Théâtral Interafricain‹ 1972; das Stück wurde auf dem Festival afrikanischer Kunst in Lagos 1977 und an zahlreichen anderen Orten in Afrika und Frankreich aufgeführt. Beim »Festival des Francophonies« in Limoges

1987 erhielt er den ›Prix Hors-Concours Théâtral‹ für *La Tortue qui chante* (Die singende Schildkröte); auch dieses Stück wurde auf einer Tournee an zahlreichen Orten in Frankreich, Belgien und Deutschland aufgeführt. Insgesamt hat Zinsou über 20 Stücke in Togo geschrieben und auf die Bühne gebracht. In gedruckter Form liegen sechs vor.

Am erstaunlichsten ist die Tatsache, daß das erzwungene politische Exil der künstlerischen Schaffenskraft Zinsous keinen Abbruch getan hat, sondern daß er es vielmehr verstanden hat, seine Stücke auch in Deutschland, z.T. mit Studierenden, aber auch mit deutschen Schauspieler/innen auf die Bühne zu bringen. Seit 1994 sind nicht weniger als acht neue Stücke entstanden, außerdem eine Reihe von Erzählungen und drei Romane: *Yévi et l'Eléphant chanteur* (1998), *Flora la Géante* (1999), *Les Nuits et les Jours* (1999), deren Drucklegung bevorsteht. Auch die Gattungsvielfalt seiner Stücke bleibt erhalten: Stücke, die auf traditionellen Erzählstoffen beruhen und als politische Parabeln gelesen werden können; die Gattung der ›Kantata‹, die in Westafrika (Ghana-Togo-Nigeria) durch den Einfluß protestantischer Missionare entstanden ist und biblische Stoffe in modernem Gewand als eine Art ›Singspiel‹ auf die Bühne bringt; die »Concert Party«, eine volkstümliche Gattung, die man am ehesten mit Formen des Stegreiftheaters in der europäischen Tradition (etwa der Commedia dell'Arte) vergleichen kann, ›philosophische‹ Stücke, Theater für Kinder, Theater für Senioren etc.

Ein ausgesprochener Erfolg waren die 18 Aufführungen des *Prinz von Wouya* (1996) in Bayreuth, wo Zinsou selbst Regie führte. Nach einem weiteren Stück für Kinder, *Coco und Pommette*, das es im Sommer 1998 auf elf Aufführungen brachte, folgte im November 1998 *Dina & Sichem – Ein burleskes Trauerspiel mit Gesang und Tanz*, das von Zinsous eigenem Ensemble, dem ›Atelier-Theater‹ in Bayreuth, auf die Bühne gebracht wurde. Wiederum dient ein biblischer Stoff als Vorlage: 1. Mose, 34, 1–30, eine Geschichte, die als Liebesgeschichte beginnt, aber im Massenmord endet.

Das Stück *La petite fille poisson – Das Fischmädchen* (1999) handelt von dem kleinen Fischmädchen Ninive, die es in ihrem engen Gebirgsbach und unter der ständigen Kontrolle von Mutter und Großmutter nicht mehr aushält und die deshalb ins Weite hinausstrebt, zur Selbständigkeit und Freiheit, über den Bach, den großen Fluß bis in die Weiten des Ozeans. Da es sich um eine ursprünglich ostafrikanische Geschichte von Ebrahim Hussein handelt (nach einem Vorbild von Samad Behrangi aus dem Iran), die von Zinsou in ein westafrikanisches Singspiel transponiert wurde, kann man das Stück auch als eine Parabel gesamtafrikanischer und gesamt-menschheitlicher Vorstellungen und Sehnsüchte lesen und erfahren.

Auch Zinsous erster Roman, »Yévi und der singende Elephant« (1998), ist eine politische Parabel, die traditionell afrikanische Erzählstoffe mit aktuellen politischen Ereignissen verbindet. Der selbstherrliche König Bodemakutu I. von der ›Wunderküste‹ kehrt von einer Auslandsreise zurück und sieht sich mit einem ›Empfangskomitee‹ konfrontiert, das unter der Regie Yévis Unruhe stiftet und am Ende sogar bürgerkriegsähnliche Zustände hervorruft, die das Regime letztlich zum Einsturz bringen.

Afrikanische Migrant/innen in Deutschland

Die zahlenmäßig (nach den ›Afrodeutschen‹) gewiß umfangreichste Gruppe afrikanischer Autor/innen in Deutschland bilden diejenigen, die für längere Zeit nach Deutschland kommen und durch die hier gemachten Erfahrungen zum Schreiben veranlaßt wurden. Auch diese Gruppe ist nicht einheitlich: es finden sich in ihr Asylanten und politische Flüchtlinge, Akademiker/innen, die nur für eine begrenzte Zeit in Deutschland leben; Afrikaner/innen, die hier einen Lebenspartner gefunden haben und sich längerfristig oder auf Dauer niederlassen wollen und Geistliche, die für einige Jahre eine Pfarrgemeinde verwalten. Auch gattungsmäßig herrscht eine große Vielfalt: autobiographische Berichte über das hier Erlebte, sei es in dokumentarischer Form, oder als Roman verarbeitet; Gedichte in der eigenen Muttersprache (oder der Sprache der schulischen Sozialisation) oder auf deutsch, vielfach auch in zweisprachigen Ausgaben oder Mischgattungen; Erzählungen, Theaterstücke usw. Häufig sind diese afrikanischen Autor/innen eingebunden in Vereine oder Assoziationen, die sich um eine bessere Kenntnis und ein besseres Verständnis Afrikas und seiner Menschen bemühen, Konzerte und Ausstellungen organisieren, interkulturelle Gesprächskreise aufbauen und den Dialog mit entsprechenden anderen Organisationen suchen. Oft geben diese Vereine auch regelmäßig erscheinende Vereinsnachrichten oder Zeitschriften heraus, welche die Verbindung zwischen den Angehörigen der afrikanischen Minderheit halten und ein öffentliches Forum der Selbstdarstellung, des Gedankenaustausches und der Diskussion darstellen.

In München beispielsweise leitet der aus Kongo/Zaïre stammende Claude Kalume Mukadi in einem von der Stadt zur Verfügung gestellten ›Internationalen Vereinshaus‹ die Initiative ›KIK – Kultur zur Integration und Kommunikation‹, die sich den Dialog zwischen den afrikanischen Kulturen und den deutschen und europäischen Menschen zum Ziel gesetzt hat und Ausstellungen, Konzerte, Theateraufführungen und andere Formen der öffentlichen Präsentation organisiert. Aus Dortmund kommt seit Ende 1998 die illustrierte Zeitschrift *Africa Positive – Länder, Menschen, Kultur auf dem Kontinent*, deren Zielsetzung die Herausgeberin, Veye Tatah, in ihrem Editorial zur ersten Nummer dahingehend definiert, daß nicht immer nur – wie meistens in den Medien – Schreckensmeldungen über Afrika verbreitet werden sollen, sondern daß man aufklärerisch über den Reichtum und die Vielgestaltigkeit der afrikanischen Staaten und Kulturen berichten will. Eine sehr lebendige Afrika-›Szene‹ findet man auch in Bremen, wie die vom ›Pan-Afrikanischen Forum Bremen‹ im dort ansässigen Atlantik-Verlag herausgegebenen »Afrobremensien« bezeugen: der Band *Afrika in Bremen* (1997) präsentiert zunächst die Probleme Afrikas und der in der Hansestadt lebenden Afrikaner/innen und enthält im zweiten Teil einen »Wegweiser durch afrikanische Politik und Kultur in Bremen«, der Auskunft gibt über Vereine, Initiativen, Läden, Bistros, Cafés, Discos, Behörden, kirchliche und religiöse Einrichtungen, Beratung und Hilfe sowie die Auslandsvertretungen afrikanischer Staaten. Der Band *... dann ist das Herz verwundet* (1997) des aus Kamerun stammenden Informatikers Kolyang Dina Taiwé enthält Prosatexte und Gedichte, die man als Zeugnisse einer nicht immer konfliktfreien »Begegnung der Kulturen« lesen kann, deren Verfasser einen »afrikanischen Blick« auf deutsche Realitäten wirft, wie in dem Gedicht »Einsame Kinder – Bremer Straßen«: »Ich habe einsame Kinder / auf Bremer Straßen beobachtet / verloren zwischen teuren, rollenden Autos / vergessen in himmlischen Schmuckhäusern / begraben in paradiesischen Parkanlagen« (ebd., S. 15).

Am vielgestaltigsten sind die kulturellen Aktivitäten der afrikanischen Minderheit gewiß in Berlin. Die alte/neue Hauptstadt blickt auf die längste und zahlenmäßig umfangreichste Präsenz afrikanischer Einwanderer zurück, wie eine Ausstellung über »Die afrikanische Diaspora in Berlin 1887–1967« unter dem Titel: *Kommen, Gehen, Bleiben* verdeutlicht hat, die 1998 im Heimatmuseum Wedding in Berlin gezeigt wurde. Die afrikanische Minderheit zählte in den 80 Jahren von 1887 bis 1967 zwischen 300 und 1000 Mitglieder.

Seit Januar 1994 gibt es in Bayreuth die ›Assoziation der Afrikanischen Student/innen und Akademiker/innen‹ (AASAB), die seit dem Sommer 1996 auch ihre eigene Zeitschrift (*Wadada*) herausbringt, die einmal pro Semester erscheint und neben politischen und wirtschaftlichen Artikeln, Interviews und Vereinsnachrichten auch Gedichte und Besprechungen literarischer Werke enthält. In einer Reihe von deutschen Großstädten gibt es auch Vereinigungen von Afrikaner/innen aus einzelnen afrikanischen Ländern, so z. B. eine ›Kamerunische Gemeinschaft e. V.‹ und ein ›Kongolesischer Verein in Bayern e. V.‹ in München oder den Verein ›Apohli-Fondio‹, die Interessenvertretung der Ivorer (=Bewohner der Elfenbeinküste) in Deutschland, die besonders in Göttingen sehr aktiv ist.

El Loko

Der vor allem als Maler und Bildhauer bekannte Künstler El Loko (geb. 1950 in Togo) lebt seit 1980 in Deutschland. Er pflegt aber weiterhin engen Kontakt zu togoischen Künstlern und reist oft in seine Heimat. Ein von ihm ins Leben gerufenes Projekt »Afrikanisch-Europäische Inspiration« vereinigt alle drei Jahre afrikanische und deutsche Künstler/innen zu einem intensiven Austausch. Neben seinem umfangreichen künstlerischen Werk, das durch zahlreiche Ausstellungskataloge – in denen auch Gedichte und andere kurze literarische Texte des Künstlers abgedruckt sind – dokumentiert wird, hat El Loko in den 80er Jahren auch (jeweils von ihm selbst illustriert) einen Gedichtband und eine autobiographische Erzählung veröffentlicht *Mawuena. Gedichte und Holzschnitte* (1983), enthält 23 Gedichte und 19 Holzschnitte. Der Band ist all jenen gewidmet, »Die nach Frieden dürsten, / und doch wohl wissen / Frieden wird nie durch Macht / Frieden wird nie durch Schwäche« (S. 3).

Mawuena, der Titel des Bandes, verweist auf den angestrebten Frieden als Geschenk Gottes. Die Gedichte verteilen sich auf den Zyklus »Geist und Freiheit« (S. 11–44), der die Schwierigkeiten der Emigranten thematisiert: den Aufbruch aus der vertrauten Heimat, um Freiheit und Selbstverwirklichung zu suchen; das Scheitern führt zu melancholischer Rückbesinnung. Ein zweiter Zyklus, »Du und Ich« (S. 67–88), geht von den ›globalen‹ Konstellationen des ersten Teils auf die individuelle Ebene der Zweierbeziehungen über, die aber ebenfalls nicht gelingen: Scheitern durch Unaufrichtigkeit, Scham und Selbstverleugnung, mit gelegentlichen Elementen der Hoffnung und utopischer Versöhnung. Zwischen diesen beiden Zyklen stehen die »Fragmente einer Reise«, die 1982 aus Anlaß einer USA-Reise entstanden und das Bild der USA als Heimstatt der Freiheit und ›Land der unbegrenzten Möglichkeiten‹ als Illusion und Mystifikation entlarven. Die Gedichte El Lokos sind ohne Reim und festes Versmaß, sie beeindrucken aber durch ihren Rhythmus und ihre Bildhaftigkeit und gelegentliche liedhafte, refrainartige Elemente, die sowohl Anklänge an deutsche Volkslieder wie an afrikanische Formen der Poesie (mit Musikbegleitung) enthalten. Oft hat El Loko auch den mündlichen Vortrag seiner Gedichte, zusammen mit Musik und Tanz, bei der Eröffnung seiner Ausstellungen eingesetzt und dadurch die Einheit und Verbindung der verschiedenen Bereiche seines Schaffens betont.

In *Der Blues in mir. Eine autobiographische Erzählung* (1986) erzählt El Loko, beginnend mit seiner afrikanischen Kindheit, den langen Weg seiner künstlerischen Ausbildung und Selbstfindung, der häufig von Zweifeln und Rückschlägen begleitet ist. Der Text wechselt zwischen einer realistischen Erzählweise, die anekdotenhaft Ereignisse und Erlebnisse seines Aufenthaltes in Deutschland aufnimmt, und poetisch-lyrischen Passagen, in denen innere Entwicklungen analysiert werden und ein mythisch-fernes Afrika aufscheint. 16 Buchseiten werden gefüllt mit Dokumenten, die die bürokratischen Mühlen deutscher Ausländerpolitik verdeutlichen und die schließliche Ausweisung El Lokos zur Folge haben. Die beiden Bewegungsrichtungen des Aufbruchs und der Rückkehr bestimmen die Struktur des Textes, wobei die de facto-Abschiebung (offiziell: »freiwillige Ausreise«) den Wendepunkt bildet. Das bis dahin (wie in Togo generell) idealisierte Deutschlandbild wird gründlich korrigiert: »Bis zu der dramatischen Auseinandersetzung mit den Behörden hatte ich aufrichtig geglaubt, daß keiner, der sich in Deutschland anständig verhält und fleißig ist, die Ausweisung zu fürchten hat. Schon gar nicht ein Togolese.« (S. 34). Damit ist ein Erfahrungsbereich vorgezeichnet, der in mehreren seither erschienenen Büchern afrikanischer Autor/innen bestimmend werden wird.

Chima Oji

Chima Oji (geb. 1947 in Enugu/Nigeria) lebt seit 1967 in Deutschland; seit 1973 versucht er, seine Erfahrungen in Deutschland literarisch zu verarbeiten: in Stücken wie *Ein Afrikaner kommt nach Deutschland* und in dem 1985 gemeinsam mit seiner Frau verfaßten: *Hilfe, ich liebe einen Schwarzen!* sowie im gleichen Jahr: *Heimkehr* (1985). In den Jahren 1986 bis 1990 entstand das Manuskript des Buches *Unter die Deutschen gefallen*. Sowohl die drei Theaterstücke wie die Autobiographie *Unter die Deutschen gefallen* beruhen bis in die Details auf eigenen Erlebnissen und Erfahrungen, vor allem rassistischer Diskriminierung und Zurücksetzungen aller Art. Gerade aber ihr präzis berichtender Charakter verleiht ihnen eine enorme Spannung (quasi als Übertragung der »Gespanntheiten« und »Angespanntheiten« des Erzählers, seiner Lebensgefährtin und ihrer Freunde und Gefährten), die zunehmend im Nachdenken über philosophische Probleme des »Anders-Seins«, der Abwehr des Fremden, aber auch des Überwindens von Rassenschranken und der Visionen eines gemeinsamen Lebens zwischen den Kulturen einmünden. Literarisches Schreiben als Resultat eines vielfachen Kommunikationsprozesses und des Sich-Abarbeitens an einer oft feindseligen Realität erscheint nicht nur als (Über)Lebenshilfe, sondern gelangt über die Denunziation und Anklage zur Perspektive einer möglichen ›Versöhnung‹.

An diesem Buch sind nicht nur die präzise erinnerten Erfahrungen von alltäglichem Rassismus und der Kampf um Anerkennung mit den (vor allem universitären) Institutionen von Interesse, sondern gerade auch die verhältnismäßig zahlreichen Rezensionen deutscher Zeitungen, die häufig vom Gestus der Abwehr und vom Vorwurf der ›Übertreibung‹ begleitet werden. Für den Rezensenten der *Stuttgarter Zeitung* (29. 10. 1993) enthält das Buch eine »bemerkenswerte Ansammlung von groteskem Unsinn«; der Rezensentin der *Süddeutschen Zeitung* (30. 9. 1993) stellt sich die Uni-Laufbahn Ojis als »Leidensweg, der gepflastert ist mit Demütigungen und Ungerechtigkeiten« dar; die *ZEIT* (25. 12. 1992) spricht von dem »alltäglichen Kleinkrieg, (der) Banalität der Diskriminierung und Schikane, der sich Schwarze in Deutschland ausgesetzt sehen«; die FAZ (10. 2. 1993) weist darauf hin, daß auch »viele positive Erfahrungen zur Sprache (kommen)«.

Amma Darko

Einen besonderen Platz in der Reihe der afrikanisch-deutschen Autor/innen nimmt Amma Darko (geb. 1955 in Ghana) ein. In ihrem Fall wurde das Schreiben ganz offensichtlich durch die Erfahrungen als Asyl-Bewerberin provoziert. Sie fuhr aber auch nach der Rückkehr in ihre afrikanische Heimat mit dem Schreiben fort, verarbeitete die in Deutschland gemachten Erfahrungen weiter, und hielt auch die Verbindung zu Deutschland weiter aufrecht. Mit ihren inzwischen auch in englischer und französischer Sprache vorliegenden drei Erzählwerken hat sie auch international Anerkennung gefunden. In Deutschland gehört sie inzwischen zu den meistgelesenen afrikanischen Autor/innen.

Ihr erster Roman, *Der verkaufte Traum: jenseits der Kornfelder* (1991), erschien 1995 im englischen ›Original‹ (in der renommierten »Heinemann's African Writer Series«). Daß es sich hierbei nicht bloß um eine ›autobiographische‹ Aufarbeitung eigener Erlebnisse handelt, sondern um den – literarisch zweifellos ehrgeizigen – Versuch, Probleme der Beziehungen zwischen ›Erster‹ und ›Dritter‹ Welt, afrikanischer ›Unterentwicklung‹ und den Lockungen westlicher Zivilisation in eine Lebensgeschichte einzubinden, verdeutlicht bereits der ›Plot‹ des Romans. Auf dem Weg der Ghanaerin Mara und ihres ehrgeizigen und skrupellosen Ehemanns Akobi treffen deutsche kleinbürgerliche Milieus und gesellschaftliche Randgruppen aufeinander. Die Ich-Erzählerin endet in vollständiger Isolation und Desillusionierung als Prostituierte. Die letzten Sätze gelten ihren zwei in Ghana zurückgelassenen Kindern: »Alles, was ich ihnen geben kann, ist käuflich. Würde und Anstand kann ich ihnen nicht bieten, davon ist nichts geblieben.« (S. 176).

Amma Darkos zweiter Roman, *Spinnweben* (1996), ist autobiographisch angelegt und erzählt im ersten Teil die ghanaische Kindheit und Jugend der Ich-Erzählerin Sefa, im zweiten kürzeren Teil ihre Zeit als Asylbewerberin in Deutschland und die Rückkehr nach Ghana. Die fremdkulturelle Erfahrung Deutschlands ist durchgehend präsent, da die Erzählerin sich von der ersten bis zur letzten Seite des Buches an Renate, ihre »beste Freundin in Deutschland« wendet, sich dieser zu erklären und verständlich zu machen sucht und das Buch mit einem Brief-Epilog an Renate enden läßt: die Deutschlanderfahrung ist damit nicht nur der Anstoß und Grund des Schreibens, sondern die Schwierigkeiten und Mißverständnisse deutsch-afrikanischer Kommunikation bilden auch weiterhin den Rahmen und den Hintergrund ihrer Literatur, die sich selbst als Dialog über kulturelle Grenzen hinweg versteht.

In den »zwei fast unglaublichen Geschichten aus Ghana« (Untertitel): »Das Hausmädchen« und »Im Überfluß« (1999) scheint Amma Darko die entschiedene Hinwendung zur Realität ihres Landes gelungen und das Erzählen ohne einen expliziten deutschen Adressaten auszukommen. Dennoch ist es weiterhin so, daß die hier verhandelten Themen (die Beziehungen zwischen den Geschlechtern, Kindestötung) erst durch die Erfahrungen in Deutschland bzw. in Europa in voller Schärfe bewußt geworden sind und entsprechend erzählerisches Relief gewonnen haben. In der Erzählung »Das Hausmädchen« setzt die entsprechende Rezeptionslenkung bereits mit dem ersten Satz ein: »Wenn du in Ghana als eine Sie auf die Welt kommst, dann lerne am besten gleich zu beten« (S. 91). Man darf gespannt sein, in welcher Weise sich das literarische Oeuvre Amma Darkos in der dialogischen Spannung zwischen Ghana/Afrika und Deutschland/Europa weiter entfaltet.

Der autobiographische Roman *Die Täuschung* (1987) des Maliers Aly Diallo erzählt die Erfahrungen des 30jährigen Amar, der aus Mali zum Studium der Ethnologie nach Hamburg gekommen war und sich hier in der fremdkulturellen Umgebung zurechtfinden muß. Dabei erfolgt eine zunehmende Distanzierung sowohl von den deutschen Modellen der Kommunikation und Interaktion wie eine Ablehnung der Verhaltensmuster anderer Afrikaner in der Fremde. Wissenschaft, Kunst und Politik verbinden sich mit Erfahrungen des Scheiterns: Amar bricht mit den politischen Organisationen seiner Landsleute, dem ›Internationalen Treffpunkt der Antirassisten‹ (I.T.A.R.), dem befreundeten Maler Christoph und schließlich auch mit der deutschen Studienkollegin Angela, mit der er eine Liebesbeziehung aufgebaut hatte. Es ist ein ›Entwicklungsroman‹ mit negativen Vorzeichen, der von der Entschlossenheit des Protagonisten bestimmt wird, seiner Position, gerade in ihrer Differenz zur deutschen Umgebung, Geltung zu verschaffen, was ihn aber letztlich in die Isolation führt. Parallel dazu erfolgt eine Rückbesinnung auf die eigenen kulturellen Wurzeln, die sich mit Erinnerungen an die Familie und idealtypischen Traumszenen verbinden, in denen ein positives Gegenbild zur deutschen Umgebung entworfen und die eigene Identität neu definiert wird.

Die Schwierigkeiten Thomas Mazimpakas, der vor dem Bürgerkrieg in Ruanda und dem drohenden Genozid an seinem Volk, den Tutsi (*Ein Tutsi in Deutschland*, ^{2}1998), floh, sind gewiß noch extremer als die des Studenten Chima Oji (der ja ebenfalls zunächst vor einem Bürgerkrieg flüchtete): einmal die lebensbedrohende Lage in seinem Heimatland, dann die oft unwürdigen Bedingungen in den Asylantenunterkünften – die Spannungen unter den Asylsuchenden selbst, die Schwierigkeiten mit anderen Ausländern (unter denen Mazimpaka oft der einzige Schwarzafrikaner ist), die Situationen im Umgang mit Behörden oder am Arbeitsplatz. Seine Lage wird noch verschärft durch die Tatsache, daß der Autor im ›Osten‹ (in der Nähe von Dresden) untergebracht ist und mehr als einmal regelrechte Todesangst ausstehen muß. Auch diesem Buch hat man den Vorwurf gemacht, es male allzu schwarz, aber die Schlußfolgerung am Ende wirkt mehr als glaubhaft: »Wie auch immer mein Asylantrag ausgehen mag, eines ist mir längst klar, daß Deutschland nicht meine zweite Heimat werden kann. [...] Freiwillig wird mich aber diese Reise auch nicht nach Ruanda führen.« Es ist eine Reise, die in die Hoffnungslosigkeit zu führen scheint. Im Widerspruch dazu steht ein ungeheurer Wille zum Lernen der deutschen Sprache, zu verstehen, aber auch sich selbst zu erklären, verständlich zu machen. Den Leser/innen teilen sich nicht nur Angst und Schrecken in beklemmender Weise mit, sondern sie erfahren auch die kulturspezifische Art, darauf zu reagieren. Es kommt zu einer wechselseitigen Verunsicherung sowohl des afrikanischen (literarischen) Bewußtseins als auch der deutschen Leser/innen, die kein deutscher Text leisten könnte.

Espérance-François Ngayibata Bulayumi (geb. 1930 in Musuni in Kongo/Zaïre) ist in der Landeshauptstadt Kinshasa aufgewachsen. Nach dem Studium der Theologie, Philosophie und Kunstgeschichte in Kinshasa, Wien und Lausanne war er 1989 bis 1995 in Wien im Pastoraldienst tätig. Er ist Initiator und Mitbegründer von KIAMVU – ›Gesellschaft für Dialogförderung mit Afrika‹ (Wien). In seinem 1997 erschienenen Werk, *Sina – Das Kongo Schicksal*, versucht er, die eigene Biographie mit Erzählungen der Geschichte und den Sitten und Gebräuchen seiner Kongo-Heimat zu verbinden. Sein Heimatdorf Musuni wird ihm dabei zum »Archiv« und zur »Metapher« der gesamten Geschichte der Kongo-Region.

Muepu Muamba (geb. 1946 in Kongo/Zaïre) verläßt 1979 seine Heimat und beginnt eine politische Irrfahrt durch verschiedene Länder Westafrikas auf der Suche nach politischem Exil. 1977 bis 1978 verbringt er in Deutschland und ist an der Vorbereitung des Berliner »Horizonte«-Festivals 1979 und des Afrika-Schwerpunktes der Frankfurter Buchmesse 1980 beteiligt. 1979 kehrt er nach Afrika zurück, wählt 1984 Frankreich als Land seines Exils, um 1986 die Verbindungen zu Deutschland wieder aufzunehmen. Seit 1978 sind immer wieder einzelne Gedichte, Erzählungen, Essays und Interviews von Muepu Muamba auch in deutscher Übersetzung erschienen (im *Jahrbuch Dritte Welt*). Die Auswahlsammlung *Devoir d'Ingérence* (Pflicht zur Einmischung) erschien 1988 im Verlag Kivouvou/Editions Bantoues (Heidelberg-Brazzaville).

Daniel Mepin (geb. 1938 in Kamerun) ist seit 1983 Kulturattaché an der kamerunischen Botschaft in Bonn. Neben Theaterstücken und unveröffentlichten Erzählungen sowie in Anthologien veröffentlichten Gedichten hat er einen Roman in deutscher Sprache verfaßt: *Die Weissagung der Ahnen* (1997). Es ist die Geschichte eines jungen Mannes, dessen Dorf kurz vor der Unabhängigkeit Kameruns in die Auseinandersetzung zwischen der Befreiungsbewegung und der Kolonialmacht gerät. Als der Protagonist, Taga, zum Studium nach Deutschland kommt, lernt er die ehemalige

DDR und das wiedervereinigte Deutschland kennen. Seine Ehe mit einer deutschen Frau scheitert an kulturellen Mißverständnissen und finanziellen Schwierigkeiten. Das Leben zwischen zwei Kulturen – Christentum hier und Ahnenglauben dort – wird mit ironischer Distanz beschrieben und führt gelegentlich zu komisch-grotesken Situationen; am Ende steht das Urteil eines im Totenreich Recht sprechenden internationalen Gerichtshofs, der den Afrikaner zur Wiedergeburt aufs neue in die Welt entläßt.

Jean-Félix Belinga Belinga (geb. 1956 in Kamerun) hat im Verlag der Evangelisch-Lutherischen Mission in Erlangen publiziert: *Wenn die Palme die Blätter verliert – Fünf Erzählungen aus Kamerun* (1988); außerdem das Kinderbuch: *Ngono Mefame, das Mädchen der Wälder – Ein Märchen aus dem Regenwald* (1990); *Gesang der Trommel – Gedichte* (1998) und den Jugendroman *Wir drei gegen Onkel Chef* (1998). Im gleichen Verlag erschienen zwei Bücher des aus Südafrika stammenden Andreas Ruben Khosa (geb. 1947), der sechs Jahre Pfarrer der Gemeinde Niederweimar in Hessen war. Insbesondere sein während dieser Zeit (1980–1986) entstandener Lebensbericht, *Deine Hand lag schwer auf mir – Mein Weg zu und mit Christus* (1986), ist ein bemerkenswertes Zeugnis für die (in zahlreichen afrikanischen Autobiographien zu beobachtenden) enormen psychischen und intellektuellen Spannungen, die sich aus der Bewegung vom traditionellen Ahnenglauben zur ›Freiheit eines Christenmenschen‹ ergeben; ein Konflikt, der oft von Gefühlen der Angst und der Hilflosigkeit, ja Ausweglosigkeit begleitet wird und zu psychischen und psychosomatischen Störungen führt, bis hin zu einer schweren Krankheit, von der der Erzähler nur durch ein ›Wunder‹ geheilt werden kann. Der Band *Die Ahnen fliegen mit – Sechs Jahre im Lande Luthers* (1989), der nach seiner Rückkehr in Südafrika entstanden ist, enthält Zeugnisse und Dokumente (vor allem Predigten) aus der in Deutschland verbrachten Zeit und äußert oft auch Kritik am europäischen Christentum aus afrikanischer Perspektive.

Die ihren Biographien zufolge sehr verschiedenen afrikanischen Autor/innen, die zwischen den 30er und 60er Jahren des 20. Jahrhunderts geboren sind und eher durch Zufall nach Deutschland kamen, verarbeiten ihre teilweise schmerzhaften und demütigenden Erfahrungen in vorwiegend autobiographisch bestimmten Narrationen und oft mit dem Gestus der Anklage und moralischer Empörung verbunden. Ihnen folgen in den 90er Jahren eine Reihe von in den 60er und 70er Jahren geborenen Autor/innen, die meistens mit einem Stipendium (in der Regel des DAAD) zum Studium nach Deutschland kommen und neben ihrem Studium Gedichte oder Essays schreiben, in denen sie ihre persönlichen Erfahrungen zu verarbeiten suchen. Da es sich meistens um Studierende der Literaturwissenschaft handelt, gehen auch die neuen literarischen Eindrücke und Einflüsse in die Texte ein. Die daraus resultierende bi- oder plurikulturelle Orientierung ihres Schreibens äußert sich häufig auch in der Mehrsprachigkeit der Texte, im Wechsel der sprachlichen Codes, einem insgesamt spielerisch-experimentierfreudigen Umgang mit der Literatur. Diese Generation der heute 30- bis 40jährigen afrikanischen Autor/innen sieht ihre Aufgabe in zweierlei Richtung: einerseits ist sie bemüht, tiefer in die deutsche Sprache und Kultur einzudringen (was oft in Verbindung mit der universitären Arbeit und der akademischen Qualifikation steht), andererseits möchte sie auch die eigene afrikanische Kultur und Literatur dem jeweiligen deutschen Umfeld vermitteln. Ein schönes Beispiel für diesen alternierenden »Dialog der Kulturen« bietet das von den Germanisten Leo Kreutzer und Jürgen Peters an der Universität Hannover herausgegebene »Jahrbuch für Essayismus«: *Welfengarten*, das seit 1990 jeweils zum Jahresende erscheint und vielen der jüngeren afrikanischen Autor/innen ein Forum geboten hat. So enthält der ›Jubiläumsband‹ 10/2000 neben literatur- und kulturwissenschaftlichen Essays deutscher Autoren z.B. eine Erzählung aus Uganda: »Die schwarze Ziege« von Shaban Mayanja aus Kampala, »Drei Affenschwanz-Geschichten aus Kamerun« von Jean Pascal Nga aus Yaounde und den Essay »Die Erfindung eines postkolonialen Subjekts im Film: Jean Rouch und Sembène Ousmane« von Alain Patrice Nganang. Die afrikanischen Autor/innen erscheinen so nicht mehr als ›fremde‹ und isolierte Objekte in einer feindseligen Umgebung, sondern sind eingebunden in einen weiteren Kommunikationszusammenhang, in dem sie sowohl Gebende wie Nehmende, Lernende und Lehrende sind.

Elias O. Dunu

Elias O. Dunu schreibt seit 1995 afrikanische Märchen- und Tiergeschichten und liest in Schulen daraus vor. Nach der Ermordung des nigerianischen Autors Ken Saro-Wiwa organisierte er seit 1996 mehrere Symposien unter dem Titel: »Which way Nigeria? – Welche Zukunft für Nigeria?«, um die Aufmerksamkeit der deutschen Öffentlichkeit auf Umweltzerstörung und Menschenrechts-Verletzungen in Nigeria zu lenken. Neben Gedichten, Märchen und Tiererzählungen in verschiedenen Anthologien hat Elias Dunu zwei Gedichtbände veröffentlicht: *Inner Slums / Herznebel* (1995) und *Naked Landscape – Poems in seven Tableaus* (1998). Das Titelgedicht von *Inner Slums / Herznebel* (S. 38/39) verdeutlicht mit großer sprachlicher Intensität den unentrinnbaren Zusammenhang von »Gefangenschaft« und dem »Zerbrechen der Ketten«, der sprachlichen Arbeit (das »Grübeln über Worte«) und dem quälenden Ausharren in Selbstzweifel und Hoffnung: »Gefängnisse liegen / In unseren freigiebigen Herzen verborgen / wir zerren an unseren Kleidern, / Um unsere schwere Last abzuwerfen / In unseren kraftstrotzenden Beinen / Wir treten uns gegenseitig, / Um unsere schweren Ketten zu zerbrechen.«

Eze Chi Chiazo

Eze Chi Chiazo (geb. 1962 in Nigeria) studierte von 1990 bis 1996 Vergleichende Literaturwissenschaft und Philosophie an der Universität Bayreuth. Neben der Erzählung *Notes from a Madhouse* (London 1996) und der Gedichtsammlung *Song of a Foetus* (Enugu/Nigeria 1997) erschien 1996 die Gedicht-Sammlung *Fremdenlieder* in deutscher Sprache. Es sind meist kurze Texte, die oft das Hoffnungslos-Hoffnungsvolle des eigenen Schreibens zum Thema wählen oder der Hoffnungslosigkeit in einer überraschenden Pointe ›die Spitze nehmen‹, wie jener »die Körner« überschriebene Siebenzeiler: »schau mal sagte mir der bauer / unsere körner! / Die vögel picken alle // weiter säen! / sagte uns eine stimme / manche körner sind clever / sie haben augen.«

Paul Oyema Onovoh (geb. 1962 in Nigeria) veröffentlichte zwei Gedichtsammlungen: 1996 *Chibeze* in englisch, deutsch und seiner Muttersprache Ibo; sowie *Bayreuth am Roten Main* (1998), wiederum Gedichte in ibo-englisch, englisch-ibo, englisch-deutsch, englisch-französisch, ibo-deutsch. Dabei ist sichtlich der (sprachspielerische) Übergang von einer sprachlichen Fassung zur andern Teil der Arbeit am Text, des Suchens nach den geeigneten expressiven Mitteln und der poetischen ›Wahrheitsfindung‹. Als Beispiel diene die erste Strophe von »Hurt« / »Verletzt« in der deutschen Fassung: »Wie fühlt sich der Baum / Dessen Ast abgeschnitten wurde? / Welchen Gedanken hat der Fluß / Dessen Quelle versperrt wurde? / Wie fühlt sich die Frau / Deren Kind an der Mauer zerquetscht wurde? / Wie fühlt sich die Henne / Deren Küken im Feuer geopfert wurde? / Welche Tränen vergießt die Kuh / Deren Kalb unter dem Messer liegt? / Welchen Zorn fühlt der Löwe / Dessen Junges von Hyänen gefangen wurde?«

Domitien Ndihokubwayo (geb. 1968 in einem Dorf im Norden Burundis) kam 1992 nach Deutschland und besuchte zunächst das »Staatliche Studienkolleg für Ausländische Studierende« zur Vorbereitung auf ein Theologie-Studium bei der Gemeinschaft der Schönstatt Patres. Nach einer vorübergehenden Tätigkeit als Hilfslehrer in Burundi mußte er sein Land wegen der Bürgerkriegsunruhen erneut verlassen und nahm im Sommer 1994 ein Studium der Ethnologie und Soziologie an der Universität Münster auf. Als Ergebnis seines Nachdenkens über die Kultur seines Exil-Landes darf man die von ihm zusammengestellten Märchen aus Burundi ansehen: *War es einmal...* (1998), die zugleich (in der einleitenden Erzählung des Autors) eine Reflexion über die Bedeutung der mündlichen Kultur und die Hoffnung auf eine Überwindung der ethnischen Gegensätze von Hutu und Tutsi in seinem Land ausdrückt. Ein Roman über Landflucht und die Not der Straßenkinder in der Stadt ist in Vorbereitung.

Alain Patrice Nganang (geb. 1970 in Yaounde, der Hauptstadt Kameruns) lebt seit 1993 in Deutschland, wo er an der Universität Frankfurt 1998 mit einer Arbeit über Brecht und Soyinka in Vergleichender Literaturwissenschaft promoviert wurde. In französischer Sprache erschienen 1995 sein Gedichtband *Elobi* und 1997 *La Promesse des Fleurs*. Aus der Sammlung *Elobi* hat A. P. Nganang, zusammen mit Nyasha Bakare das Titelgedicht übersetzt: elobi / der Gesang entsteht aus einem verschluckten Schrei / aus einem aufgelösten Wort / in Tränen, die mit männlicher Scham weggewischt werden / ein wahres Wort / bis zu den Grenzen des Rückzugs / geschoben / aus dem Kreuz, das mit dem Blut / des Lamms befleckt wurde, um dem Geist der Dunkelheit / zu sagen, er solle seinen Weg in Ruhe gehen / in dieser Nacht des Todes / und der Befreiung der Menschensöhne / du lieferst deine Kinder dem Wind der tausenden Stoffe aus / aber du bist / der Gesang der jungfräulichen Seelen / elobi / du bist nur ein Kleid / aber / auch das heilende Zeichen.«

15. Autor/innen aus dem asiatischen Kulturraum

Ulrike Reeg

Im Rahmen eines literarischen Überblicks über die Literatur von Migrant/innen in Deutschland ist die Angabe ›Asien‹ als Herkunftsregion notwendigerweise eine Konstruktion, die weder einen einheitlichen Kultur- und Sprachraum, noch alle, gemeinhin zum Großraum Asien zu rechnenden Länder bezeichnen kann, aus denen die vorübergehend oder ständig in Deutschland lebenden Autor/innen emigriert sind. Nicht berücksichtigt werden im folgenden vor allem die vorderasiatischen Länder, in denen das Persische und das Arabische als gemeinsame Kultursprache fungiert. Dies geschieht aus zwei Gründen: Autor/innen beispielsweise aus dem Irak oder dem Iran haben das Land meistens wegen politischer Repression verlassen, und Deutschland ist für sie im engeren Sinne Exilland geworden, weshalb es sich anbietet, ihre Literatur gesondert darzustellen. Der Einwanderung nach Deutschland und/oder dem Schreiben in der Fremdsprache Deutsch lagen bei den meisten der in diesem Kapitel dargestellten Autor/innen zunächst persönliche Interessen zugrunde, wie etwa das Studium der deutschen Sprache und Literatur, die Ausübung eines Berufs oder auch der Wunsch, ein europäisches Land intensiver kennenzulernen.

Dieser Ausgangsdisposition entspricht die große gattungsspezifische und thematische Spannbreite ihrer literarischen Texte sowie die jeweils unterschiedlich akzentuierten Bemühungen, im deutschen Literaturbetrieb Fuß zu fassen und sich einen Leserkreis zu erschließen. Zur Verdeutlichung dieses Aspekts sei auf zwei Texte verwiesen, die beide 1987 in Deutschland publiziert wurden: Bei *Flaneur im alten Peking* des 1914 in Peking geborenen Sohns einer mongolischen Adelsfamilie Ce Shaozhen (Tsedan Dorgi) handelt es sich um eine Zusammenarbeit mit der deutschen Journalistin Margit Miosga. Das Buch besteht aus erzählerisch unterhaltsamen Textcollagen, aus Anekdoten, Schilderungen historischer Hintergründe, persönlicher Erlebnisse und kolportierter Ereignisse aus dem Peking der 20er und 30er Jahre. Dagegen setzt sich *Wie der Mond verschwand und andere seltsame Geschichten* des 1954 in Bombay geborenen Mahesh Motiramani aus surrealen Erzählungen zusammen, in denen Traum und Realität miteinander verschmelzen und das Absurde zum narrativen Konstruktionsprinzip wird.

Eine gemeinsame Geschichte der auf deutsch schreibenden Autor/innen aus Indien, Indonesien, Vietnam, Thailand, China, Japan, Korea und der Mongolischen Volksrepublik läßt sich nicht darstellen, dennoch haben die hier zentral behandelten Texte gemeinsam, daß sie spezifische kulturelle Konfliktsituationen literarisieren. Dabei lassen sich drei (in vielen Texten sich überschneidende) Problemfelder unterscheiden, die von den Autor/innen mit unterschiedlicher Priorität bearbeitet werden:

- die Auseinandersetzung mit der deutschen Sprache und dem fremden Lebensumfeld in Deutschland
- die durch historische Veränderungen bedingten kulturellen Umbruchsituationen in den Herkunftsländern
- die Rolle und Identität der Frau

Im Rahmen der thematisch gesteuerten Anthologien *Als Fremder in Deutschland* (1982) und *In zwei Sprachen leben* (1983) sind die aus der Volksrepublik China stammenden Autor/innen Daxing Chen (Pseudonym Bei Min), Nai-Li (Pseudonym Nelly Ma), Yiu Wubin, der Vietnamese Kim Lan Thai und die Südkoreanerin Soon-Im Yoon mit kürzeren Texten vertreten, die sich oft humorvoll und ironisch mit der Fremdsprache und dem Lebensalltag in Deutschland auseinandersetzen.

Eine radikale und durch den politischen Kontext sozusagen provozierte Aufarbeitung von Fremdheitserfahrung hingegen ist der 1990 publizierte autobiographische Roman *Ein Chinese in Bautzen II. 2675 Nächte im Würgegriff der Stasi* des 1938 in Indonesien geborenen Xing-Hu Kuo, der in den 60er Jahren als Mitarbeiter der Botschaft der Volksrepublik China in Ost-Berlin wegen vermeintlicher Fluchthilfe verhaftet worden war. Im Roman werden in dokumentarisch-erzählerischer Form die Hintergründe seiner Verhaftung und seine Erlebnisse als Häftling in einem Stasi-Gefängnis dargestellt.

Eine kritische und dabei die Perspektive des Fremden, der das Deutsche zu seiner Literatursprache gemacht hat, betonende Auseinandersetzung mit Deutschland läßt sich auch in Texten jüngerer Autor/innen beobachten, wie etwa in der Kurzprosa und Lyrik des 1969 in Indien geborenen Autors Anant Kumar, der von 1991 bis 1997 an der Universität Kassel Germanistik studierte, in verschiedenen Anthologien und Literaturmagazinen seine Texte veröffentlichte und bisher mit zwei Einzelpublikationen *Fremde Frau – Fremder Mann – Ein Inder dichtet in Kassel* (1997) und *Kasseler Texte – Gedichte, Kurzgeschichten, Beobachtungen, Glossen, Skizzen, Reflexionen* (1998) hervortrat. In vielen seiner oft tagebuchartigen Texte, nimmt er Bezug auf seinen Alltag in Kassel, einer Stadt, der er sich in besonderem Maße verbunden fühlt. Die literarische Vermittlung konkreter Fremdheitserfahrung in Deutschland bestimmt auch die Lyrik des 1997 zum Stadtschreiber von Rheinsberg gewählten Inders Rajvinder Singh sowie eine Reihe von Texten der Japanerin Yoko Tawada.

Sowohl die Japanerin Hisako Matsubara als auch der aus der Mongolei stammende Galsan Tschinag thematisieren – wenn auch in bezug auf völlig unterschiedliche Herkunftsgesellschaften – kulturelle Umbruchsituationen. Matsubara greift in zahlreichen Texten auf historische Ereignisse und gesellschaftliche Entwicklungen zurück, die Japan geprägt und verändert haben. Zentrales Moment ist dabei dessen konfliktäre Beziehung zur westlichen Welt. Die Handlungen der Erzählungen und Romane von Tschinag sind weitestgehend in seiner Herkunftsregion angesiedelt und problematisieren an vielen Stellen die durch die politischen Umwälzungen hervorgerufenen Veränderungen des Lebens der Tuwa, einer vom Vergessen bedrohten Minderheit.

Ein anderer Aspekt der Literatur von Matsubara ist die Ausgestaltung der Protagonistinnen ihrer Texte. Mit der Entwicklung dieser in unterschiedlichsten historischen Situationen dargestellten zentralen Frauengestalten wird die kulturelle, aber auch die speziell weibliche Identitätsfindung in sozialen Umbruchsituationen angesprochen. Yoko Tawada radikalisiert dieses Problem, indem sie den Zusammenhang von weiblicher Identitätsfindung, Körperlichkeit und Fremdheitserfahrung anhand ihrer Frauenentwürfe aufzeigt. Mit der dokumentarisch-essayistischen Darstellung von Phoolan Devi, der ›Königin der Banditen‹ versucht hingegen Veena Kade-Luthra die Stellung der Frau in der indischen Kastengesellschaft und die Bedeutung des Weiblichen in Mythologie und Religion zu vermitteln. Die Ausbeutung und Unterdrückung der Frau ist Gegenstand des aus der Perspektive eines zur Prostitution gezwungenen thailändischen Mädchens konstruierten Romans *Tigerkralle und Samtpfote* der 1960 in Nordthailand geborenen Malee (Pseudonym), der 1960 publiziert wurde.

Hisako Matsubara

Ihren ersten großen Erfolg erzielte die Autorin 1978 mit ihrem Roman *Brokatrausch*, der in neun Sprachen übersetzt wurde und in dem sie ein Stück japanische Sozialgeschichte kritisch in Szene setzt: das Streben nach Reichtum, dem viele Japaner/innen nach der Jahrhundertwende erliegen und das sie zur Emigration in die USA veranlaßt und dem auch Nagayuki, der Protagonist des Romans zum Opfer fällt. Ihr Ziel ist es, mit neuerworbenem Besitz und in Brokat gekleidet in die Heimat zurückzukehren. Alle Hoffnung der verarmten Familie richtet sich auf die finanzielle Unterstützung Nagayukis, der jedoch die hohen Erwartungen seiner Familie nicht erfüllen kann. Nach vierjähriger Trennung wünscht sich seine Frau Tomiko nur noch die Schiffskarte, um zu ihm fahren zu können. Der Plan scheitert und Tomikos Vater verstößt ihn, um die Familienehre zu retten und seine Tochter mit dem reichen Makler Sono aus Osaka zu verheiraten. Fünfzig Jahre später erst kehrt Nagayuki in seine Heimat zurück.

Drei Jahre später wurde zuerst in Deutschland und dann in Japan der Roman *Abendkranich. Eine Kindheit in Japan* (1981) publiziert. Der Roman spielt in den Jahren 1945/46 vor dem Hintergrund der Kapitulation Japans. Hisako Matsubara, die in enger Berührung mit der Religion des Shintoismus aufgewachsen ist – ihr Vater war einer der angesehensten Shinto-Priester Japans – verdeutlicht in diesem Text die durch die siegreichen Amerikaner provozierte Bedeutung des Christentums. Analog zur Spaltung des Landes vollzieht sich auch eine Trennung in der Familie des shintoistischen Oberpriesters. Er ist in seiner Weitsichtigkeit und Toleranz der Gegenpart zu seiner aus einer Samurai-Familie stammenden, traditionsbewußten Frau, die versucht, die zehnjährige Saya und den achtjährigen Ryo dem Vater zu entfremden. Saya kommt jedoch immer mehr in Kontakt mit den Denk- und Handlungsweisen der westlichen Welt, als sie beginnt, bei den Amerikanern Englisch zu lernen. Eine zentrale Stelle des Romans ist die Auseinandersetzung zwischen Tochter und Vater, in der sie die Vorzüge und Nachteile der verschiedenen Religionen diskutieren.

Auch die beiden Romane *Glückspforte* (1980) und *Karpfentanz* (1994) thematisieren zentrale Problemfelder, die aus der Berührung zwischen östlicher und westlicher Welt entstehen, wobei Handlungsweisen der Protagonisten die Konflikte zwischen Tradition und Moderne verdeutlichen. Die Texte sind dabei auch sozialkritische Anmerkungen, die vor allem den westlichen, kulturfernen Leser/innen Einblick in die Innenwelten Japans gewähren. *Karpfentanz* knüpft an die bereits in *Abendkranich* entfaltete Welt der Familie des Shinto-Priesters. Der gütige Vater kann die ehrgeizigen Pläne seiner Frau nicht vereiteln. Sie will unter allen Umständen eine glanzvolle

Karriere ihres Sohnes Ryo – die Tochter ist zum Studium ins Ausland gereist – und als diese mißlingt, soll sie durch eine ebenso glanzvolle Hochzeit kompensiert werden, was aber durch die Tatsache erschwert wird, daß keine Tochter aus gutem Hause zu einem Mann eine Verbindung eingehen möchte, dessen Schwester einen Ausländer geheiratet hat und dessen Familie somit mangelndes Traditionsbewußtsein beweist. Auch als der Sohn nach einer erzwungenen Heirat mit einer unattraktiven Frau dennoch Karriere macht, ändert das nichts an der Tatsache, daß der »Prozeß der psychischen Kastration« (Harpprecht 1994) nicht mehr rückgängig zu machen ist. Der Blick des mit Japan nicht vertrauten Lesers wird bei der Lektüre des Romans auf das überraschende Phänomen des »verschwiegenen Matriarchats« (ebd.) gelenkt.

Der Rückgriff Matsubaras auf historische Fakten, die sie zum Geschehensraum ihrer Erzählungen fiktionalisiert, läßt sich an zwei Texten in unterschiedlicher Weise nachvollziehen. In dem 1986 erschienenen Roman *Brückenbogen* ist die Tragödie des Bombenabwurfs von Hiroshima Handlungshintergrund. Die 22jährige Yumi, die als Kind der Katastrophe nur deshalb entgangen ist, weil sie unter einem Brückenbogen Schutz fand, kommt an eine amerikanische Universität. Matsubara, die sich selbst zum Studium in den USA aufgehalten hatte, beschreibt anschaulich das Leben auf dem Campus und die Schwierigkeiten einer kulturellen Selbstfindung. Auf einer anderen Erzählebene entwirft sie durch die Kontakte und Beziehungen Yumis ein amerikanisches und japanisches Gesellschaftsbild, kontrastiert unterschiedliche Vorstellungen und korrigiert sie. Grundkonflikt der jungen, bei den anderen sehr beliebten Studentin und späteren Lehrbeauftragten ist ihre Angst vor eventuellen Spätfolgen der Strahlungen und die Unmöglichkeit, ihrem Partner, einem Theaterregisseur, den sie zwischenzeitlich kennengelernt hatte, die Wahrheit mitzuteilen. Yumi ist Opfer in zweierlei Hinsicht: als direkt vom Bombenabwurf Betroffene und als Stigmatisierte, die man zum Schweigen verpflichtete. Die Selbstbefreiung gelingt ihr erst durch ihre Mitwirkung an einem Theaterstück, das die Katastrophe von Hiroshima zum Thema hat.

Ihr zuletzt erschienener Roman *Himmelszeichen* (1998) greift im Unterschied zu *Brückenbogen* weiter in die Geschichte zurück und kann als historischer Roman bezeichnet werden. Der Text bietet den deutschsprachigen Leser/innen eine zweifache Fremde, die der kulturellen und die der historischen Distanz. Viele Elemente des Romans sind durch zeitgenössische Dokumente belegt, wie die Autorin in einer Nachbemerkung notiert, mit der sie auch Einblick in ihre umfangreiche Recherchearbeit gibt. Die Schwierigkeiten bei der Komposition dieses 33 Kapitel langen Textes lagen demnach darin, »Ereignisse, die sich vor fast vierhundert Jahren zugetragen haben, in einer Weise darzustellen, die dem Denken und Fühlen der damals Lebenden gerecht wird« (*Himmelszeichen*, S. 535). Die Handlung spielt Anfang des 17. Jahrhunderts vor dem Beginn der völligen über 200jährigen Abschottung Japans gegenüber dem Ausland. Hintergrund sind die gewalttätigen Missionierungsversuche christlicher Padres und ihre Gewinnsucht. Das wirft »einen bitterbösen Blick nicht nur auf die historisch nur allzu vertraute unheilige Allianz der Mission mit kolonialistischen Absichten – die Padres agieren stets als die Pfadfinder der Kaufleute und der Söldner – sondern auch auf den doktrinären Geist des missionierenden Christentums selber« (Lütkehaus 1998). In das »Filigranwerk historischer Fakten« (*Himmelszeichen*,

S. 541) wird das Schicksal der Personen eingewebt. Der historische Konflikt wird verdeutlicht anhand der Spaltung einer angesehenen Fürstenfamilie in zwei feindliche Lager. Die beiden Söhne, der die Missionare unterstützende Don João und sein Bruder Yoshitomo, der das kulturelle Erbe Japans verteidigt, kämpfen um die Vormachtstellung im Land. Zentrale Figur der Handlung ist ihre Schwester Mika, die furchtlos und unter Einsatz ihres Lebens für die Freilassung eines Holländers namens Hendrik kämpft, den ihr Bruder Don João gefangen hält. Die sich unter den dramatischsten Bedingungen entwickelnde Liebesbeziehung zwischen den beiden ist eine zentrale narrative Ebene im Text. Mika ist gleichzeitig die Schlüsselfigur im Glaubenskonflikt: Mehr und mehr gewinnt sie Abstand zur christlichen Glaubenslehre. Sie verliert das Vertrauen zu ihrem ehemaligen Mentor Hochwürden Feirrera und durchschaut im Laufe der Zeit die Machenschaften ihres Bruders Don João. Das dem Roman vorausgeschickte Motto »Viele Wege führen zum Gipfel / Über alle breitet der Mond sein Licht / Durch die Zweige und über den Felsenspitzen / Sieht man von überall die gleichen Gestirne« bezeichnet die Überzeugung, die in Mika herangereift ist.

Hisako Matsubara vermittelt den deutschsprachigen Leser/innen mit ihren Werken Kenntnisse über die kulturelle Entwicklung Japans und bietet Erklärungsmuster für ›fremde‹ Verhaltensweisen. Sie schreibt ihre Analysen von politischen Hintergründen auch in essayistischer Form, so z. B. in ihrem 1989 erschienenen Buch *Raumschiff Japan. Realität und Provokation.*

Galsan Tschinag

Der Autor sieht sich als Zeitzeuge, Dokumentarist und Verteidiger einer kulturellen Minderheit, des turksprachigen Volksstammes der Tuwa, seine Schreibdisposition ist autobiographisch. Der alltägliche Überlebenskampf dieses im Nordwesten der Mongolei lebenden Hirtenvolkes, sein Kampf gegen eine übermächtige Natur, sein Umgang mit Geburt und Tod, aber auch seine Sitten und Gebräuche sowie der allmähliche durch die gesellschaftspolitischen Veränderungen in der Mongolei ausgelöste Einbruch in die archaische Lebensweise bilden das erzählerische Fundament des Handlungsgeschehens von Tschinags Prosaerzählungen und Romanen.

Die zentrale Problematik der Erzählung *Eine tuwinische Geschichte* (1981) ist der Gewissenskonflikt eines Vaters, dem die Partei den Befehl erteilt, seinen Sohn, einen Armeedeserteur, zu richten und gegebenenfalls zu töten. Der Ich-Erzähler, ein nach längerer Abwesenheit zu seinem Volk Zurückgekehrter, interessiert sich für diese Geschichte des alten Dshaniwek, der bei den anderen in schlechtem Ruf steht. Er geht mit ihm auf die Wolfsjagd und sieht in ihm »das reitende Denkmal aus einer Zeitenwende und einem Weltenende« (ebd., S. 11). Die beiden Reiter werden schließlich von einem Schneesturm gezwungen, Schutz unter einem Felsvorsprung zu suchen. Diese von den Betrachtungen des Ich-Erzählers durchzogene Rahmenhandlung liefert erzählstrategisch den atmosphärischen Hintergrund für die Binnenerzählung, schafft für kulturferne Leser/innen jedoch auch Voraussetzungen zu ihrem besseren Nachvollzug.

Dshaniwek entfaltet seine Vergangenheit vor dem Ich-Erzähler. Er berichtet von seinem sozialen Gerechtigkeitsgefühl, seinem Engagement für den gesellschaftlichen Aufbau und seinem politischen Idealismus. Unbedingter Parteigehorsam und eine an Feigheit grenzende Abhängigkeit vom moralischen Urteil der anderen bedingen jenen tragischen Vater-Sohn-Konflikt, der den Kern seiner Erzählung ausmacht. Sujasch, die er in seiner Jugend liebt und die ein Kind von ihm erwartet, wird ihm von einem Mitgiftjäger weggenommen. Ihr Sohn Bajnak erfährt jedoch die Wahrheit. Dshaniwek kann sich auf Grund seiner politischen Stellung zu seinem unehelichen Sohn niemals öffentlich bekennen. Dieser zieht in den Krieg und soll später desertiert sein. Dshaniwek soll Bajnak festnehmen und notfalls erschießen. Eines Tages kommt dieser zu seinem Vater und schildert ihm die Hintergründe seiner Flucht. Dshaniwek läßt ihn laufen, erhält jedoch den Befehl, ihn zu suchen. Während einer Verfolgungsjagd erschießt Dshaniwek seinen Sohn. Er zieht sich daraufhin aus der Politik zurück und widmet sich der Kamelzucht. Der alte Dshaniwek äußert am Ende seiner dramatischen Lebenserzählung emphatisch den Willen, seine Heimat auch nach seiner Lebenstragödie nicht zu verlassen: »Ich möchte auch sehen, was weiter wird. Solange es geht. Und nur unter diesem Stück Himmel« (ebd., S. 58). Kontrapunktisch dazu schließt der Ich-Erzähler: »Es war ungewiß, wann und ob ich je wiederkommen würde« (ebd., S. 59).

Diese Erzählung Tschinags weist eine Reihe auch in seinen späteren Werken erscheinender unterschiedlich akzentuierter struktureller und inhaltlicher Komponenten auf: die Konstruktion fiktiver Erzählsituationen, die ihrerseits auch auf die orale Erzähltradition der Tuwa verweisen dürften, der autobiographische Standort des Erzählers, die den Texten eingeschriebene Absicht der Überlieferung und Dokumentation (stärker noch in den folgenden Texten werden an vielen Stellen Begriffe aus dem Tuwinischen beibehalten und in einem Glossar ins Deutsche übersetzt), die Vermittlung einer den westlichen Leser/innen fremden Lebensrealität in einem diesen eher vertrauten realistischen Stil und Erzählmuster, die Darstellung der Menschen in ihrer archaischen Lebenswelt, die Auswirkungen der politischen Entwicklungen auf die Organisationsformen ihrer Gesellschaft und das Leben des einzelnen, das Problem kultureller Identität und schließlich das der Trennung in einem übergeordneten Sinn.

Der Protagonist des 1994 erschienenen Romans *Der blaue Himmel* ist ein kleiner Junge, der sich an seine Kindheit in der mongolischen Steppe erinnert. Aus dieser Ich-Perspektive berichtet er vom täglichen Überlebenskampf seines Volkes und den Veränderungen, die die Ausrufung der mongolischen Volksrepublik mit sich bringen. Der Erzähler hält im Unterschied zu seinen Verwandten, die sich an die neuen Verhältnisse anzupassen versuchen, an den Traditionen unbeirrt fest. Stellvertretend für sein Volk erleidet er diese Zeit. Seine Wurzeln liegen in der Vergangenheit, seine wichtigste Bezugsperson ist die Großmutter. Sein täglicher Lebensgefährte ist der Hund Arsylang, mit dem zusammen er unter harten Bedingungen die Viehherde hütet. Durch zur Wolfsjagd ausgelegtes Gift stirbt der Hund und selbst der blaue Himmel, der ›Gök Deeri‹, den er verzweifelt um Hilfe anfleht, kann nicht helfen. Der

Text endet mit einem wilden Aufbäumen des Kindes, das mit seinem Schicksal hadert und verzweifelt trotzig erkennen muß, daß es den Abschied der inzwischen verstorbenen Großmutter und den Tod seines Weggefährten ertragen muß. Es empfindet, daß ihm Ungerechtigkeiten zugefügt worden sind, aber daß gerade dieses Wissen ihn nicht aufgeben läßt. »Ich wollte den Kampf auf keinen Fall aufgeben. Ich mußte ihn zu Ende führen.« (ebd., S. 173). Löst man diese letzten Sätze des kleinen Hirtenjungen aus dem Kontext der erzählten Geschichte, klingt in ihnen das programmatische Selbstverständnis des Autos Tschinag an: das Bewahren der alten Traditionen und der Kampf für ein von Gerechtigkeit und Solidarität getragenes Leben. Dieser Text wurde von der Presse überwiegend wohlwollend aufgenommen, wobei unterschiedliche Lesarten von der Jugendlektüre bis zur komplexen autobiographischen Erzählung in Betracht gezogen wurden.

Der Ich-Erzähler des 1995 erschienenen Romans *Zwanzig und ein Tag* ist nach längerer Zeit mit seiner Frau Nordshmaa in die tuwinische Heimat zurückgekehrt. Auch dieser Text ist autobiographisch angelegt und verdeutlicht die Absicht des Autors, den Leser/innen ein möglichst authentisches Bild vom Alltagsleben des Nomadenvolks und der zeitbedingten Veränderungen zu vermitteln. In die Schilderung der Ereignisse des 21 Tage dauernden Besuchs bei den Verwandten und den Bekannten von einst sind Kindheitserinnerungen eingeflochten. Gleichzeitig hat der Ich-Erzähler die Rolle des erklärenden und die Ereignisse deutenden Begleiters seiner Frau übernommen, für die die Lebensgewohnheiten der Tuwa in vielem fremd zu sein scheinen. »Nordschmaa versteht unsere tuwinische Sprache nicht. Der Dolmetscher in mir nimmt seinen Dienst auf, erstmalig bin ich die Brücke zwischen meiner Frau und meiner Tochter.« (ebd., S. 7). Erzählstrategisch ist damit ein textinterner Dialogpartner ins Spiel gebracht, dem, wie auch dem kulturfremden Leser des Romans, vom Ich-Erzähler Entschlüsselungshilfen gegeben werden.

Seine sich selbst gestellte Aufgabe, die Tuwa bekannt zu machen, sie vor dem Niedergang und dem Vergessen zu bewahren, verwirklicht Tschinag auch in seinen zusammen mit der Ethnologin Amélie Schenk publizierten Erzählungen *Im Land der zornigen Winde* (1997). Die Kooperation steht im Zeichen der Vermittlung zwischen den Kulturen im Hochaltai und Europa. Der Blickwinkel der Ethnologin erweist sich dabei als konsequente Ergänzung zum Erzählstandort Tschinags.

Veena Kade-Luthra

Die in Indien geborene Veena Kade-Luthra arbeitet in Deutschland als freie Autorin. Sie hat viele Artikel und Sendungen vor allem über Indien publiziert und sich mit literarhistorischen Themen auseinandergesetzt: in Zusammenarbeit mit C. Zeile entstand das Buch *Suchbilder der Liebe. Liebesgedichte vom Barock bis zur Frühmoderne* (1983). 1991 gab sie ein Lesebuch zu Indien heraus: *Sehnsucht nach Indien. Ein Lesebuch von Goethe bis Grass* .

Ein vollkommen anderer Text war 1983 im Verlag Neue Kritik erschienen. In der editorischen Notiz zu ihrem Buch *Phoolan Devi. Die Legende einer indischen Banditin* wird auf den aktuellen Entstehungskontext verwiesen, der zu dieser Publikation geführt hat. Zeitungen und Illustrierte berichteten von Phoolan Devi, einer berüchtigten indischen Bandenführerin, die sich im Frühjahr 1983 auf spektakuläre Weise im Unionsstaat Madhya Pradesh der Polizei ergeben hatte. Man war überzeugt davon, daß ein Buch, das sich mit dieser Frauengestalt auseinandersetzte von einer Inderin geschrieben werden mußte, »die mit den Kulturen und Traditionen des Landes aufgewachsen ist« (ebd., Editorische Notiz).

Kade Luthra-Veena hat das erste Mal 1981 von Phoolan Devi gehört. »Eine mir unbekannte indische Frau blickte bitter verdrossen aus einer deutschen Zeitung« (ebd., S. 9). Ihr Interesse ist geweckt, da sie sich eine indische Frau in der Rolle einer rachedürstigen Banditin nicht vorzustellen vermag. Diese Ausgangsdisposition führt zu einem Text, der zunächst in Form einer Reportage das Leben der Phoolan Devi nachzeichnet. Die Autorin hatte sie mehrmals im Gefängnis besucht und die dort durchgeführten Interviews später aufgearbeitet. Im Text entlarvt sie jedoch auch die kollektiven Phantasiebilder, die um Phoolan Devi als hinreißender Banditenschönheit entstanden sind und arbeitet den Lebensweg dieser Frau, Angehörige einer unteren Kaste, auf, die zunächst der Männergesellschaft brutal ausgeliefert ist und nach zahllosen Vergewaltigungen sowie dem Ausschluß aus ihrer Dorfgemeinschaft Mittel der Gegenwehr ergreift. Phoolan Devi lernt schießen, wird Anführerin einer Bande, die vor ihrer spektakulären Kapitulation 22 Männer der Landbesitzerkaste ermordet hatte. Die Autorin erweitert jedoch die Reportage, indem sie aufzeigt, daß der Ausbruch der Phoolan Devi aus der traditionellen Gesellschaftsordnung durchaus kein Einzelfall ist, sondern daß es eine Reihe von Vorbildern in Indien gibt, wo rebellierende Frauen gut in die Vorstellungswelt des untergründigen matriarchalischen Denkens passen. Die hinduistische Gesellschaft habe es in den vielen tausend Jahren ihrer Entwicklung geschafft, »dem Matriarchat den hohen ehrenvollen Platz im kosmologischen Himmel zu belassen, während sich die patriarchalische Gesellschaftsordnung im erdigen Feld des Lebens ausdehnte und ihre Schuld gegenüber den Frauen mit Opfergaben und Gebeten an die große Mutter zu büßen gedachte« (ebd., S. 64). Dies mag die öffentliche Verehrung der »Banditenkönigin« erklären. Kade-Luthra hat mit Phoolan-Devi die Entwicklung zu einem weiblichen Outlaw aufgezeichnet und in einen Erklärungskontext gestellt, der vor allem dem Indien unkundigen Leser eine Fülle von kulturellen Details präsentiert. Der Text ist ein Versuch, nicht nur das Phänomen des weiblichen Banditentums in Indien zu erhellen, sondern auch die Rolle der indischen Frau verständlicher zu machen.

Rajvinder Singh

Obwohl Rajvinder Singh als Studentenführer und politischer Autor in seinem Land verfolgt wurde, wollte er sein Leben in der Fremde nie als Exil begreifen. In einem Interview sagte er, daß Heimat für ihn zu einem Zelt geworden sei, »das er überall aufstellen kann, wo es Boden unter den Füßen gibt und Wind und Luft zum Atmen« (Otto 1997). Sein dreizeiliges Gedicht, mit dem er den Lyrikband *Spuren der Wurzeln* (1996) eröffnet, klingt demgemäß programmatisch: »Der Fremde / Ein Fremder / ist mir ein Freund / den du noch nicht kennst« (S. 7).

Die Entscheidung, das Deutsche zu seiner Literatursprache zu machen war auch bestimmt durch die Freude am Experiment mit einem neuen Ausdrucksmedium, das Wege zur Selbsterkenntnis aber auch zu einem erweiterten Dialog mit den Anderen eröffnet. »Ich muß mich in dieser Sprache selbst erleben, muß sehen, was noch in mir steckt, was ich den Menschen noch geben kann und was ich nehmen kann von ihnen« (ebd.). Ein anderer Aspekt dieser von ihm als Dialog mit der Fremde verstandenen Lyrik ist die ihr inhärente Möglichkeit, verändernd auf das Wahrnehmungsbewußtsein der Leser einzuwirken, ihre gewohnten Denk- Handlungs- und Sprechweisen in Frage zu stellen. Das Aufspüren eigener Ausdrucksmöglichkeiten bedeutet jedoch nicht Imitation oder Übersetzung, sondern »ein Begriff werden« (*Spuren der Wurzeln*, [2]1998, S. 21) und »nicht nur Synonym/oder Antonym sein« und somit letztlich zur Bereicherung der Fremdsprache beizutragen. Dies geht jedoch einher mit einer eher zweifelnden Einschätzung eigener Wirkungsmöglichkeiten: Gedichte, die wie Briefe geschrieben worden sind, blieben unbeantwortet, »Die Welt ist wie das Meer / Gedichte wie Flaschenpost / ohne Adresse / verfehltes Ziel / der Absender allein zählt nirgends« (S. 54).

In den Gedichten wird eine Bildwelt entwickelt, die Prozeßhaftigkeit als Seinszustand besonders in den Vordergrund stellt. Dabei bekommen die Koordinaten von Zeit und Raum ein besonderes Gewicht: »Wörter sind Wege / du ein Passant / zielstrebig läufst du / auf fremden Füßen« (S. 33). Der Standort des lyrischen Ich ist zwischen Heimat und Fremde. Beide Pole müssen miteinander verbunden und ausbalanciert werden: »Ihr Wechselrhythmus sind deine Schritte/links und rechts/sie sind deine Heimat, sie sind deine Fremde« (S. 32). Dem Vermessen von neuem Raum geht Trennung voraus, »Leben lehren dich die Zugvögel« (S. 46), dem sich das Verwurzeltsein »in deiner engen Erde« widersetzt. Die den Texten oft unterlegte Naturmetaphorik und die Vermittlung subjektiver Befindlichkeit im Dialog mit sich selbst und der Fremde schließt jedoch die literarische Aufarbeitung konkreter Geschehnisse in Deutschland nicht aus. Rajvinder Singh, der selbst Opfer ausländerfeindlicher Ausschreitungen in Berlin war, als ihn eine Gruppe Rechtsradikaler am Bahnhof Zoo überfallen hatte, und der sich von einer Gruppe Skinheads in Rheinsberg, als er 1997 das Amt des Stadtschreibers innehatte, bedroht fühlte, schreibt in dem Gedicht »Rückkehr« (S. 37): »Auschwitz erhebt sich wieder / wächst tagtäglich im Dunkeln / Schritt für Schritt trampelnd / zu Mölln, Solingen, Rostock / und Hoyerswerda«. Die Antwort auf die »Kälte am Fenster« (S. 38) ist der Kampf gegen Gleichgültigkeit und Resignation: »Ich werde aber nicht still sitzen – und sprachlos/ werde die Sonne ins Haus holen/alle meine Gedichte kauen und/Feuer anzünden in den angstleeren Augen« (S. 39).

Yoko Tawada

Die räumliche Entfernung von Japan und der erste Kontakt zu Europa sind der Ausgangspunkt für Yoko Tawadas literarisches Schaffen. Aus Neugier und Experimentierfreudigkeit hat sie die Reise angetreten, die gleichen Gründe veranlassen sie, in der Fremde zu bleiben, wo sie distanziert beobachten und sich einer »positiven Irritation« hingeben kann. Die Distanz schafft Zwischenräume, aus denen Tawada ihr kreatives Potential schöpft. Sie schreibe jedoch nicht autobiographisch, im Sinne der Wiederholung von Erlebtem, sondern es handle sich um antizipierendes Schreiben. Hörte sie auf zu schreiben, verliefe ihr Leben ereignislos« (Brezna 1995).

Tawadas Texte sind, und das macht ihr auf deutsch und japanisch erschienenes erstes Buch *Nur da wo du bist da ist nichts* (1987) deutlich, Entwürfe poetischer Zwischenwelten, surreale Traumwelten, wobei der distanzierte Blick Alltagsgegenstände seziert und verfremdet. Diese konzentrierte Wahrnehmung ist geknüpft an ein besonderes Körperempfinden in der Fremde. In ihrem auf deutsch geschriebenen Prosatext »*Eigentlich darf man es niemandem sagen, aber Europa gibt es nicht*« (*Talisman*, 1996) fällt der Ich-Erzählerin auf, »daß ein europäischer Körper immer nach einem Blick sucht. Nicht nur das Gesicht, sondern auch die Finger oder sogar der Rücken verlangen nach einem Blick« (S. 46 f.). Das verpflichte jeden Menschen nicht nur immer wieder einen Blick zu werfen, sondern auch eine Reaktion darauf zu zeigen. Dem, so mutmaßt sie, liege die Befürchtung zugrunde zu verschwinden. Die Ich-Erzählerin assoziiert mit Europa eine männliche Theaterfigur, die selbstkritisch ist und ständig zur Kritik herausfordert, um ihre eigene und weibliche Existenz unter Beweis zu stellen, die »in einer mythischen Zeit verloren gegangen sein soll« (S. 48).

Ihre literarischen Essays, erschienen unter dem Titel *Talisman* (1996), vermitteln Erfahrungen und sind zugleich Werkstattberichte, Einblicke in die Entwicklungsprozesse der Autorin, die die Fremdsprache Deutsch zu ihrer Literatursprache gemacht hat. Sie beschreibt den Prozeß der Decodierungen eines fremden Zeichensystems aus der Perspektive eines ›naiven‹ Blickwinkels. Ein Schriftzug wird als materielle Ausdrucksseite eines Zeichens wahrgenommen, dem das Signifikat nicht zugeordnet werden kann. Die Ich-Erzählerin in »Das Fremde aus der Dose« (S. 39) blickt täglich auf Werbeplakate an einer Bushaltestelle, ohne jemals die Namen der Produkte zu lesen. »Ich weiß nur, daß auf einem der schönsten Plakate von ihnen siebenmal der Buchstabe ›S‹ auftauchte«. Die Nachahmung der fremden Laute verändern das eigene Körpergefühl. Die Zunge bekommt einen fremden Geschmack. Das Bewußtsein von Fremdheit läßt sich jedoch im nachhinein auch auf das Japanische beziehen. Die Ich-Erzählerin stellt fest, »daß es auch in meiner Muttersprache kein Wort gab, das meinem Gefühl entsprach« (S. 41).

In ihrer ersten Tübinger Vorlesung als Poetikdozentin greift Tawada diesen Aspekt der körperlichen Fremdheitserfahrung über das Medium der Stimme wieder auf. Sie leitet ihren Vortrag »Stimme eines Vogels oder das Problem der Fremdheit« (in: *Verwandlungen*, 1998) mit der Feststellung ein: »Wenn man in einem fremden Land spricht, schwebt die Stimme merkwürdig isoliert und nackt in der Luft. Es ist, als würde man nicht Wörter, sondern Vögel ausspucken« (S. 7). Und sie endet nach Betrachtungen über die Bedeutung der Vogelsprache in der deutschen Romantik und im alten China und in der Musik mit der Feststellung, daß sie, wenn sie deutsch spricht, sich manchmal vorkommt »wie eine Komponistin, die in einem Wald steht und versucht, die Musik der Vögel zu hören, zu notieren und nachzuahmen«, und der Sprecher in einer Fremdsprache ist »ein Ornithologe und ein Vogel in einer Person ist« (S. 22).

Die Fremdsprache, das literarische Experimentieren mit ihr ähnelt einer Art Neugeburt. In ihrem Büroalltag kommt die Ich-Erzählerin aus dem Prosatext »Von der Muttersprache zur Sprachmutter« (in: *Talisman*, 1996) mit »dem deutschen Animismus« (S. 10) in Berührung. Sie beobachtet das grammatische Geschlecht der Dinge und den Bezug, den die Menschen zu ihnen entwickeln. Sie entwickelt dabei eine Vorliebe für das Wort »Heftklammerentferner« sowie den Gegenstand selbst und macht ihn zum Symbol eigener Spracherfahrung: »In einer Fremdsprache hat man aber so etwas wie einen Heftklammerentferner: Er entfernt alles, was sich aneinanderheftet und sich festklammert« (ebd., S. 15).

Ein anderer Aspekt von Yoko Tawadas Literatur ist die Verknüpfung von Fremdheit mit Weiblichkeit, womit sie an einen in der »westlichen Welt geführten wissenschaftlichen Diskurs« anknüpft (Fischer 1997, S. 101). Deutlich wird dies in ihrem 1989 auf japanisch geschriebenen und später übersetzten Kurzroman *Das Bad*. Eine Frau, die vor einem Spiegel sitzt, vergleicht ihr Bild mit einem Portraitphoto und schminkt die Unterschiede weg. Dabei entdeckt sie Schuppen auf ihrer Haut und gelangt als Schuppenfrau durch verschiedene traumartige und alltägliche Situationen »unter dem Einfluß fremder Blicke und fremder Körper durchläuft der Körper [...] ständige Metamorphosen und verliert zum Schluß seine Zunge« (ebd., S. 104). Die Figur der Fischfrau, ist in der japanischen Mythologie ein Wesen des Übergangs und symbolisiert das Fremde auf komplexe Weise. Der Fisch als Symbol gesellschaftlich tabuisierter Sexualität führt zu einer Lesart des Textes, in der die Fischfrau schließlich als Projektion männlicher Ängste und Wünsche erscheint. Im Verlauf ihrer Metamorphosen werden immer neue Weiblichkeitsbilder aufgedeckt und abgetragen, wobei »überkommene patriarchalische Bilder« nicht durch »positive feministische Alternativen« ersetzt werden (S. 111).

Das Thema der Verwandlung, der ständigen Neuinszenierung setzt Tawada auch in ihren Theaterstücken fort. Die Bühne eignet sich in besonderer Weise als Projektionsfläche, da sich die körperliche, visuelle und sprachliche Ebene direkt ins Bild setzen läßt. Im Theater am Halleschen Ufer in Berlin-Kreuzberg wurde 1993 ihr erstes Stück, eine Auftragsarbeit des Steirischen Herbstes mit dem Titel *Die Kranichmaske, die bei Nacht strahlt* (1993), aufgeführt. Um einen toten Frauenkörper versammeln sich ein Geschwisterpaar, ein Übersetzer und ein Nachbar. Wünsche, nicht in Erfüllung gegangene Hoffnungen, Rachsüchte werden artikuliert. Alles ist in Verwandlung. Ein Spiel mit Identitäten, das ins »aseptische Gelände eines Sprachspiels« gleitet, in dem der Abstand vermessen wird, »zwischen den Körpern und den Figuren, zwischen der Maske, die sie tragen, und ihrem Gesicht, zwischen ihren gesellschaftlichen Rollen und der Sprache des Ich« (Cramer 1996, S. 162).

III. Theater, Kabarett, Musik, Film und Kunst

1. Theater der Migrant/innen

Sven Sappelt

Daran, daß hierzulande mehr als nur deutschsprachiges Theater existiert, kann kein Zweifel bestehen. In nahezu jeder deutschen Großstadt stehen allabendlich Theatergruppen unterschiedlichster kultureller Bezugssysteme zur Auswahl. Die Angebotspalette reicht von spanischen oder italienischen Theatern, über polnische, kroatische, mazedonische, griechische, türkische, kurdische, iranische, assyrische bis zu englischen, amerikanischen und lateinamerikanischen, russischen und afrikanischen Theatern. Ihre Entstehungsgeschichte spiegelt die jüngste Migrationsgeschichte der Bundesrepublik. Entsprechend unterschiedlich fallen denn auch Infrastruktur und Interessensschwerpunkte der jeweiligen Theaterarbeit aus. Türkischsprachige Theater gehören zu den ältesten und sind bundesweit recht zahlreich vertreten. Afrikanische Theatergruppen sind dagegen noch selten und wenig etabliert. Den vielleicht professionellsten Versuch unternimmt derzeit das Ensemble des jungen afrikanischen Schauspielers Jubril Sulaimon in Essen. Die italienische Schauspielerin Elettra de Salvo kam 1998 mit dem ›Teatro Italiano‹ in Frankfurt am Main zu dem Schluß, daß der Bedarf an speziell italienischsprachigem Theater nicht mehr bestehe, da das italienische Publikum weitgehend in die deutsche Kulturszene integriert sei. Das erste kurdische Theater in Hamburg ›Teatroya Newroz‹ wurde dagegen 1996 laut eigenen Aussagen gerade für die 40.000 in Hamburg lebenden Kurden gegründet. Die Spielstätten konzentrieren sich bisher – von wenigen Ausnahmen abgesehen – auf den Westen Deutschlands.

Läßt sich angesichts der Heterogenität der Kulturen, der Ensembles und deren Entstehungs- und Produktionsgeschichten also sinnvoll von einem ›Theater der Migrant/innen‹ sprechen? Wer macht hier für wen und warum Theater? Die Subsumierung der Vielfalt unter der begrifflichen Hilfskonstruktion ›Theater der Migrant/innen‹ ist nicht wenig problematisch. Sie erscheint sinnvoll, so lange die *politische* Situation der Akteur/innen signifikant ist und gegenüber allen existierenden ästhetischen Differenzen verbindend wirkt. Gegenstand der vorliegenden Arbeit sind demnach jene Theatergruppen, deren Akteur/innen dauerhaft in Deutschland leben und arbeiten und außer dem deutschsprachigen mindestens einem weiteren kulturellen Bezugssystem zuzurechnen sind.

Forschungssituation

Die Theaterarbeit der Migrant/innen in der BRD ist 1998 noch immer nahezu unerforscht. In seinem Ausmaß einzigartig ist das Hamburger Forschungsprojekt »Populäre Theaterkultur« (1983) unter der Leitung des Theaterwissenschaftlers Manfred Brauneck. Vereinzelte Aufsätze zu Teilaspekten bieten Tantow (1985 u. 86), Portraits städtischer Szenen Ören (1981), Ahrens (1983) und Kranz (1998). Auch in populären Fachzeitschriften wie *Theater Heute* oder *Theater der Zeit* bleibt die Zahl der Beiträge marginal.

Das Dokumentationsproblem besteht auch auf anderer Seite. Den wenigsten Aufführungen liegt ein dramatischer Text zugrunde, der daraufhin angelegt ist, auch als literarischer Text rezipiert zu werden. »Texte existieren kaum, und wenn, dann sind sie in ganz seltenen Fällen auch veröffentlicht« (Tantow 1985b, S. 210). Den wenigen Bögen Papier steht aber eine unüberschaubare Anzahl aktiver und aufgelöster Gruppen gegenüber. Manfred Brauneck konnte im Rahmen seines dreijährigen Forschungsprojektes bereits 1981 über 100 ausländische und fremdsprachige Theatergruppen in der BRD verzeichnen, von denen nach eigenen Angaben rund zwei Drittel in seine Untersuchungen einbezogen wurden. Statistische Daten liegen von 53 Gruppen vor (vgl. Brauneck 1983, S. 17). Kaum eine von ihnen existiert heute noch.

Angesichts dieser Situation beschränke ich mich im folgenden auf eine Skizze der Entwicklung der vergangenen 30 Jahre sowie sieben Portraits professioneller Theatergruppen der Gegenwart. Gegenstand der Theaterwissenschaften ist die Inszenierung, weshalb die existierende Dramenliteratur den Literaturwissenschaften überlassen bleibt. Die Auswahl der Ensembles zeigt unterschiedliche Ansätze und Erscheinungsformen.

Das Erbe des Nationaltheaters

Betrachtet man das bundesrepublikanische Schauspiel an städtischen und staatlichen Bühnen, so sind dort bis heute im Gegensatz zu Tanz- und Musiktheatern nahezu keine ausländischen Regisseur/innen und Schauspieler/innen tätig. Internationales Theater ereignet sich als Gastspiel und auf Festivals. Die seltenen Beispiele internationaler Ensembles dagegen bleiben marginal. So ist vielleicht auch zu verstehen, warum Karin Beiers ansonsten recht konventionelle *Sommernachtstraum*-Inszenierung am Düsseldorfer Schauspielhaus 1996 ein so aufsehenerregender Erfolg wurde: Die Regisseurin ließ die 14 Schauspieler/innen aus neun Ländern Shakespeares Zeilen in deren jeweiliger Landessprache sprechen. Es ließe sich darüber streiten, ob allein der Gebrauch verschiedener Landessprachen losgelöst von deren spezifisch kulturellen Kontexten als Beitrag zur Verständigung zwischen den Kulturen zu werten sei, oder gar kulturelle Differenzen nivelliert. Unstrittig bleibt aber, daß Multikulturalität auf bundesrepublikanischen Bühnen alles andere als selbstverständlich ist. Die Argumentation der Sprechtheater läuft freilich auf eine angemessene Beherrschung der Bühnensprache hinaus, aber auch darauf, daß sich – trotz ausreichender Sprachkenntnisse – insbesondere außereuropäische Schauspieler/innen in die – noch immer häufig auf das klassische Repertoire ausgerichteten – Ensembles nicht einfügen lassen.

Die sozial- und kulturpolitischen Voraussetzungen der Theaterarbeit der Migrant/innen in den 60er und 70er Jahren

Die Entwicklung einer internationalen Theaterlandschaft in der Bundesrepublik und Westeuropa wurde wesentlich vorangetrieben durch die Entwicklung einer Kultur der Arbeitsemigrant/innen aus den Ländern Südeuropas, Nordafrikas, Westindiens, usw. zu Beginn der 70er Jahre. Weil sich die Bundesrepublik nie als Einwanderungsland verstand, überließen die Verantwortlichen die kulturellen Aktivitäten der Arbeitsemigrant/innen zunächst der »Eigeninitiative und Selbstorganisation der Ausländer« (Kommission ›Ausländerpolitik‹ der CDU/CSU, zit. n. Brauneck 1983, S. 12). Aufgrund der institutionellen Abhängigkeit des Theaters von Probenorten und Auftrittsmöglichkeiten sowie einem Finanzhaushalt, der mindestens wenige Requisiten und ein Minimum an Werbemitteln abdecken sollte, bleibt aber gerade die Theaterarbeit angewiesen auf die Unterstützung existierender Institutionen. Solche Institutionen müssen nicht unbedingt dem Theater nahestehen. Angesichts des herrschenden Integrationsverständnisses, »das auf die Auflösung der ursprünglichen nationalen und kulturellen Identität der Ausländer hinzielt und eine umfassende Assimilation anstrebt« (Brauneck 1983, S. 12), waren es zunächst vor allem im weitesten Sinne gesellschaftspolitisch engagierte Einrichtungen, die die Theaterarbeit der Arbeitsemigrant/innen der ersten Generation förderten: Kirchliche und soziokulturelle Zentren, Volkshochschulen, Gemeindehäuser etc. Im Vordergrund ihrer Programme standen weniger ästhetisches Interesse, als vielmehr die soziale Begegnung und die Integration der ausländischen Arbeitnehmer/innen. Es ging um die ganz grundsätzliche und noch keineswegs selbstverständliche Möglichkeit zur politischen, sozialen oder ästhetischen Artikulation. Daß sich Minderheiten zu Wort melden konnten, war auch auf dem Theater zunächst wichtiger als *wie* sie dies taten. Dies galt im Rahmen der Erweiterung des Kulturbegriffs im übrigen ganz allgemein für alle, die sich im etablierten Kulturbetrieb nicht wiederfanden. »Auf Qualität kam es weniger an, mehr aufs Engagement und die Tatsache, daß so etwas überhaupt machbar war« (Antonovic 1983, S. 182). Braunecks These, daß »aufgrund des vorherrschenden Amateur- und Laienspielstatus der ausländischen Gruppen [...] als Auftrittsorte insbesondere Freizeitzentren und Gemeindehäuser in Frage [kamen]« wird der kulturpolitischen Situation ausländischer Theaterarbeit in den Anfangsjahren daher nicht gerecht. Diese blieb mancherorts vielmehr laienhaft, weil sie auf unprofessionelle Einrichtungen beschränkt bleiben mußte. Einzig und allein die Berliner Schaubühne zeigte sich erstmals ab 1979 um die Förderung ausländischer Theaterarbeit bemüht.

Interkulturelles Theater und Theaterpädagogik

Der Ansatz, Migrationsbewegungen nicht ausschließlich als Arbeitsmigration, sondern als Kulturmigration zu verstehen, und die Einwanderungssituation als interkulturelle Situation, eröffnete eine »kritische[n] Auseinandersetzung mit dem Konzept der Ausländerpädagogik, genauer gesagt der migrationsorientierten Bildungspolitik der siebziger Jahre« (Bernstorff 1997, S. 68), die einerseits auf die vollständige Integration der ausländischen Kinder und Jugendlichen hinarbeitete, andererseits auf deren Rückkehr in das Herkunftsland durch Unterricht in der Muttersprache. Ergebnis dieser Debatte war das Programm einer *Interkulturellen Erziehung*, die sich die Akzeptanz kultureller Differenzen und nicht deren Beseitigung zum Ziel gesetzt hatte. »Interkulturelle Erziehung wird als pädagogische Reaktion theoretischer und praktischer Art auf die migrationsbedingte Pluralität der Gesellschaft verstanden. [...] In dem Versuch, zur Akzeptanz und Toleranz des anderen zu erziehen, soll das Fremde ausgehalten werden, auch wenn das eigene davon in Frage gestellt wird« (Bernstorff 1997, S. 69 f.).

Als Aspekt interkultureller Erziehung wird *Interkulturelles Theater* verstanden als eine Möglichkeit, auf die Prozesse interkultureller Kommunikation »bewußt, absichtsvoll und gestalterisch« einzuwirken (vgl. Müller 1985, S. 324). Es zeichnet sich gerade durch die gemeinsame Auseinandersetzung unter Angehörigen unterschiedlicher kultureller Bezugssysteme innerhalb einer Inszenierung aus. Als solches versteht es sich auch als Forum der kulturellen Artikulation und Kommunikation politischer Minderheiten. Es ist damit Aspekt jüngster Sozialgeschichte und bleibt bis heute hauptsächlich ein Phänomen des Freien Theaters. Zugleich aber ist es keineswegs auf die BRD beschränkt, sondern Teil einer europäischen, ja globalen Entwicklung. (Zu Möglichkeiten und Grenzen Interkultureller Theaterarbeit (u.a. Begriffsklärungen, theoretische Grundlagen, Themenkomplexe, Spielübungen und Arbeitstechniken) vgl. Bernstorff/Plate 1997).

Die Anfänge der Amateurtheater

Das spanische ›Teatro Popular‹, Hannover 1965

Eine der ersten Amateurtheaterinitiativen realisierte das ›Teatro Popular‹ in Hannover. Das circa dreißigköpfige spanische Ensemble fand sich bereits 1965 unter der Leitung des Basken Jesus Carretero im spanischen Kulturzentrum zusammen. »Nur einer der Initiatoren besaß damals Erfahrungen in diesem Bereich und wurde deshalb zum künstlerischen Leiter« (Brauneck 1983, S. 174). Was als Vergnügen am Spiel begann, wurde zunehmend als eine gesellschaftliche Arbeit betrachtet: »Wir spielen Theater, weil es eine Form ist, für uns zu manifestieren, daß es neben der Arbeit in der Fabrik auch für uns eine Realität gibt, und außerdem ist es eine Möglichkeit für uns, einen Zusammenhang zu entwickeln und andere Menschen kennenzulernen« (zit. n. ebd., S. 174). Das Ensemble reflektierte das Leben in der Fremde und machte die deutsche Öffentlichkeit erstmals auf schauspielende Migrant/innen aufmerksam.

Die Situation des spanischen Ensembles kann dabei als Beispiel für die Amateurtheater der Migrant/innen bis in unsere Gegenwart hinein betrachtet werden: Nicht oder gering subventioniert – im Falle des ›Teatro Popular‹ seit 1979 vom ›Instituto Espagnol de Emigracion‹ – bleiben Bühne und Kostüme improvisiert, Öffentlichkeitsarbeit auf Flugblätter, einfache Plakate und Mundpropaganda beschränkt und die Spielorte Gemeindehäuser und Freizeitzentren, Schulen, Straßen etc. Wegen der nicht selten bereits innerhalb der Gruppe bestehenden und zu überwindenden Sprachbarrieren werden neben einer eher realistischen Spielweise, wie sie in Film und Fernsehen allgegenwärtig ist, häufig Pantomime, musikalische und tänzerische Elemente benutzt. Das Repertoire umfaßt Dramen internationaler Autor/innen, die übernommen oder umgeschrieben werden, aber auch zahlreiche selbst entwickelte Theaterstücke, die erst im Verlauf des Probenprozesses, zum Beispiel mittels Improvisation, erarbeitet werden. Gegenstand solcher Produktionen sind häufig Erlebnisse, die in Zusammenhang mit der persönlichen Migrationsgeschichte der Akteure/innen stehen. Nicht kulturelles Erbe soll vermittelt werden, sondern alltägliche Erfahrungen eines Lebens im Spannungsverhältnis zwischen den Kulturen. Dementsprechend sind die Amateurtheaterproduktionen nicht selten nahezu authentischer Ausdruck persönlicher Lebensumstände. Die 1981 aufgeführte Pantomime des ›Teatro Popular‹ *Die Gastarbeiter – oder: Wie aus einem stolzen Spanier eine deutsche Arbeitskraft wurde* schilderte zum Beispiel das Leben einer spanischen Gastarbeiterfamilie von ihrer Abfahrt in Spanien bis zu ihrer unfreiwilligen Rückkehr. Stationen dieser Reise sind Ankunft, ärztliche Untersuchungen, Wohnungssuche, der tägliche Gang zur Fabrik, zermürbende Stunden bei Behörden, bis zur Krise, Rezession und der erneuten Arbeitslosigkeit.

Im Mittelpunkt eines solchen ›Theaters der Erfahrung‹ steht der persönliche Kommunikationsprozeß, der sich sowohl auf die Begegnung innerhalb der Gruppe als auch auf die zwischen Schauspieler/innen und Zuschauer/innen bezieht. Ein Dialog, der vom ›Teatro Popular‹ wie von vielen anderen Gruppen auch im Anschluß an die Aufführungen gesucht wird. Aufgrund dieser persönlichen Begegnung verfügt das Theater über wirksame Möglichkeiten einer Verständigung und Auseinandersetzung, zumal es nicht auf die Landessprache beschränkt bleibt, sondern ›mit Händen und Füßen‹ zu sprechen vermag. Zielgruppe solcher Produktionen sind sowohl Landsleute, die sich in einer ähnlichen Situation befinden und in der distanzierten Rezeption der nicht selten komisch inszenierten Alltagsprobleme Solidarität erfahren, als auch Deutsche, die in den seltensten Fällen eine konkrete Vorstellung von den Lebensumständen der Betroffenen haben. Hin und wieder werden die in Szene gesetzten Erfahrungen Zuschauer/innen im Herkunftsland auf kleinen Tourneen vermittelt.

Professionalisierungstendenzen in den 80er Jahren

Das türkische Ensemble der Schaubühne, Berlin (West) 1979/80

Für die Spielzeit 1979/80 beschloß die Berliner Schaubühne auf Anregung des künstlerischen Leiters Peter Stein, ein türkisches Theaterprojekt zu realisieren, um so türkisches Theater innerhalb der Schaubühne zu etablieren. Es sollte möglichst deutsches und türkisches Publikum angesprochen werden. Das türkische Künstler-Ehepaar Beklan und Aylan Algan wurde beauftragt, ein Ensemble zusammenzustellen: Die Gruppe formierte sich aus Mitgliedern der Laientheatergruppe der Volkshochschule Kreuzberg und aus einer Reihe erfahrener Schauspieler/innen aus der Türkei: Sener Sen, Kerim Afcar, Tuncel Kurtiz, dem Musiker Ergüder Yoldas, u.a. Die Realisierung der Projekte wurde aus dem Fond für Ausländerkultur des Senators für kulturelle Angelegenheiten und aus dem eigenen Etat der Schaubühne für Freie Gruppen finanziert.

Die türkischen Stücke wurden in türkischer Sprache, aber unter Einsatz musikalischer und tänzerischer Elemente gespielt. Zweisprachige Programmhefte sollten dem nicht türkisch sprechenden Publikum die Rezeption der Stücke zusätzlich erleichtern. Die erste Inszenierung *Wer geht kehrt nicht so schnell zurück – Lieder der Wanderung* hatte am 15. Juni 1980 Premiere. Doch trotz des Interesses der Schaubühne an professionellem türkischen Theater und den Engagements professioneller Schauspieler/innen währte das vielversprechende Unternehmen gerade einmal vier Jahre. 1984 brachte das türkische Ensemble seine letzte Produktion zur Aufführung. Der Grund: Der Berliner Senat strich die Zuschüsse. Überraschenderweise waren es aber gerade türkische Theatermacher, die das Projekt anfeindeten. Die Kritik des Arbeitertheaters ›Türk Merkezi Isci Tiyatrosu‹ des Berliner Türkenzentrums Schinkenstraße galt zum einen der Entscheidung, türkische Theaterleute aus der Türkei zu engagieren, anstatt die in Deutschland lebenden zu berücksichtigen, vor allem aber der finanziellen Bevorzugung des türkischen Schaubühnen-Ensembles gegenüber den freien türkischen Gruppen, die unter diesem Import türkischer Kultur zu leiden hatten.

Die ›Kollektiv-Theater GmbH‹ des Vasif Öngören, Berlin (Ost-West) 1980

Einer der ›Benachteiligten‹ unternahm den neben dem Schaubühnenprojekt vielleicht professionellsten Versuch, türkisches Theater in Berlin zu etablieren: der türkische Regisseur Vasif Öngören. Er kam 1962 nach Ost-Berlin, studierte Theaterwissenschaft und lernte beim Brecht-Ensemble. 1966 kehrte er nach Istanbul zurück und gründete dort 1968 das ›Kollektiv-Theater‹. Die Orientierung an Brecht war in der Geschichte des modernen türkischen Theaters ein Novum. Nach dem Militärputsch vom 12. März 1971 wurde das Theater sofort verboten und Vasif Öngören inhaftiert. Nach der Generalamnestie von 1974 nahm er die Arbeit mit dem ›Kollektiv-Theater‹ wieder auf. Da sich 1977 die politische Lage in der Türkei erneut verschlechterte, ging er nun ins West-Berliner Exil, wo er 1980 die ›Kollektiv-Theater GmbH‹ als selbständiges Unternehmen gründete. Die erste Inszenierung war *Menschenlandschaften* des türkischen Dichters Nazim Hikmet. Es folgten selbst verfaßte Stücke Vasif Öngörens, die sich an Brecht orientierten. Entsprechend verstand sich das Ensemble als Arbeitertheater, das einen Beitrag zur Emanzipation türkischer Arbeiter und der »Vermittlung der türkischen Kultur an Deutsche« leisten sollte (Öngören, zit. n. Brauneck 1983, S. 102). *Die Küche der Reichen* wurde mit einer türkischen und einer deutschen Besetzung an zwei verschiedenen Abenden gespielt und von einem zweisprachigen Programmheft kommentiert. Das ›Kollektiv-Theater‹ – als GmbH gegründet und auf Eigenfinanzierung angelegt – scheiterte letztlich »aus ökonomischen Gründen«

(Brauneck 1983, S. 103). Ab 1982 arbeitete Vasif Öngören aufgrund der besseren Arbeitsbedingungen in Amsterdam, wo er am 14. Mai 1984 während der Proben zu *Die zweite Generation* verstarb.

Das ›Teatro Siciliano‹ und ›I Macap‹, Frankfurt a.M. 1981

Wieder einen anderen Weg gingen fünf junge Italiener in Frankfurt am Main. 1981 gründeten sie, nachdem sie zuvor im ›Teatro Siciliano‹ mitgewirkt hatten, die italienische Theatergruppe ›I Macap‹. – Das ›Teatro Siciliano‹ wurde 1978 während eines Theaterlehrgangs der Hessischen Jugendbildungsstätte gegründet, hatte letztlich 13 Mitglieder im Alter zwischen 15 und 30 Jahren und setzte sich hauptsächlich mit den Problemen der Arbeitsemigrant/innen auseinander. Die Gruppe junger Spanier, Griechen und Italiener unter der Leitung des Engländers Brian Michaels fand sich im Frankfurter Gallus-Zentrum zusammen, um mit eigenen Geldern und eigenen Kräften in der ehemaligen Autoglaserei ein Theater zu gründen und Stücke zu spielen, »die ihr Problem ›Kinder mit zwei Vaterländern und doch keinem, zweisprachig aufgewachsen, aber keine Sprache richtig sprechend, mit Hauptschulabschluß wenn sie Glück und Energie hatten, mit Berufsausbildung, wenn sie in den für sie typischen Berufen Kellner, KFZ-Mechaniker unterkamen‹ aufzeigten« (Programmheft zu ›Blaubart‹, S. 1). Den Auftakt bildete die Premiere von *Qui et la – Hier und dort* am 12. Mai 1978. Wie in den darauffolgenden Produktionen ging es »um die authentische Darstellung einer komplizierten Wanderschaft zwischen zwei Welten, erspielt in situationskomischen Szenen traurigster Mißverständnisse, bewältigt in einem künstlichen Wortgemenge, das die ›natürliche‹ Gastarbeitersprache selbstironisch ad absurdum führt« (Diehl 1982, S. 13).

Doch das sozial- und theaterpädagogische Projekt entwickelte sich zu einer bemerkenswerten Theaterarbeit, für die sich Zeitungen und Fernsehanstalten zu interessieren begannen. Das »Kultur- und Jugendamt in Frankfurt stellten aus heiterem Himmel Geld zur Verfügung, der Berliner Kultursenator sowie die Gewerkschaft Erziehung und Wissenschaft würdigte die geleistete Arbeit mit zwei schönen Preisen« (ebd., S. 14). Angesichts dieses Erfolges und der sonstigen beruflichen Perspektivlosigkeit lag es für einen Teil der Gruppe nicht ganz fern, den Sprung in die Professionalität zu wagen. Im Unterschied zum ›Teatro Siciliano‹ wählte ›I Macap‹ – der Name der Gruppe setzte sich aus den Anfangsbuchstaben seiner Mitglieder Mario Borazio, Antonio Putignano, Camillo d'Ancona, Antonio Pavia und Pietro Bertino zusammen – die, der italienischen Volkskultur entstammende, Commedia dell'Arte als theatralische Form. Diese Darstellungsweise, die »aus den öffentlichen Belustigungen des Karnevals, den joculatorischen und artistischen Gewerben der Jahrmärkte und aus der aus ältesten Zeiten herüberreichenden Kultur der Straße« hervorging (Riha, zit. n. Müller 1985, S. 328) – und damit dem spontan improvisierten Wort viel näher stand als aller Literatur –, korrespondierte mit den konkreten Lebensumständen der Schauspieler und verlieh ihrem Spiel in den Augen der Kritiker/innen bemerkenswerte Authentizität. Der Rückgriff auf alte und doch vertraute Darstellungsformen ermöglichte ihnen, die neuen Erfahrungen selbstbewußt in Distanz zu setzen und kritisch bis ironisch zu reflektieren. Mit Komik, Mimik, Masken und phantasievollen Kostümen, deren Wechsel auf offener Bühne erfolgte, zeichneten sie in italienischer und deutscher Sprache sechs Bilder aus Shakespeares *Ende gut, alles gut*. Es folgten 1982 *Hollyday mit Eis*, 1984 *Einer von uns* und *Auf der Suche nach dem Land ich weiß nicht wo*, 1986 *Das Märchen vom Leben und Sterben*, 1987 *Der Held was er verspricht*, 1992 *Der Papagei des Imperators*, 1996 *Zu spät*. Die Inszenierungen wurden unter der Regie von Brian Michaels, Giulio Molnar und Giggio Brunnelo sowie Daniel Karasek im Gallus-Zentrum Frankfurt und in den Kammerspielen Köln erarbeitet. Die Begegnung mit dem Theater sollte für die jungen Italiener zur beruflichen Laufbahn werden, sie spielen heute in Film- und Fernsehproduktionen.

Die ersten Theaterfestivals: Stuttgart 1983 und Frankfurt a.M. 1984

Wenngleich die Initiativen der staatlichen und städtischen Bühnen zunächst auf vereinzelte Theaterabende für Ausländer/innen oder seltene Gelegenheiten zum Auftritt der einen oder anderen Gruppe beschränkt blieben, so gewann die Theaterarbeit der Migrant/innen im Lauf der 80er Jahre angesichts bemerkenswerter Inszenierungen zunehmend an öffentlichem Interesse. 1983 wurde sie denn auch erstmals zum Thema eines überregionalen Festivals. »Theater und Kultur der Gastarbeiter in der Bundesrepublik« lautete das Motto des »Theatersommer '83« des Staatstheaters Stuttgart. Das Veranstaltungsprogramm bot Aufführungen einiger Amateurtheater aus der BRD und Gastspiele professioneller Ensembles aus den verschiedenen Ländern.

Daß Migration allerdings ein europäisches Phänomen ist und keineswegs auf die Bundesrepublik beschränkt, verdeutlichte 1984 das »1. Europäische Theaterfestival der Arbeitsemigranten« in Frankfurt/Main: »Derweil wir alle mühsam nach einem Weg in ein einiges und freies Europa suchen, scheint mir die Überlegung nicht so abwegig, daß vielleicht gerade in der Kultur, die so oft vernachlässigt wird, im Kunstschaffen, in den Ideen, den großen Entwürfen und Ereignissen im geistigen Bereich, bereits jetzt ein konkretes Profil der europäischen Identität zu finden wäre, noch ehe Europa seine politische, wirtschaftliche und währungspolitische Wirklichkeit im engeren Sinne gefunden hat« (Matthies 1984, S. 3). Mit diesen vielversprechenden Worten eröffnete der 1996 verstorbene Giorgio Strehler, Leiter des ›Europa-Theaters‹ in Paris und des ›Piccolo Teatro‹ in Mailand, das Festival im Frankfurter Schauspielhaus. Die beteiligten professionellen und Amateur-Theatergruppen kamen aus der Türkei, aus Italien, England, Frankreich, den Niederlanden, Belgien, Dänemark und der Bundesrepublik, darunter das ›Teatro Popular‹ und ›I Macap‹, die türkische Theatergesellschaft ›El Kapisi‹ des mittlerweile in den Niederlanden lebenden Regisseurs Vasif Öngören sowie das noch heute aktive ›The Age Exchange Theatre‹ aus London. Doch trotz des dichten Festivalprogramms, das neben Theater auch Filmvorführungen, Autorenlesungen und eine Tagung über Gastarbeiter-Kultur beinhaltete, blieben die Veranstaltungen nur mäßig besucht. Ein Ergebnis, das in den Augen der Kritiker/innen allerdings erst recht die Notwendigkeit einer solchen Einrichtung angesichts der »notorische[n] Ignoranz öffentlicher Kulturinstitutionen« und der »jahrelangen Versäumnisse des städtischen Kulturangebotes« verdeutlichte (Caprivi, zit. n. Matthies 1984, S. 17). Das Festival bekam dennoch keine zweite Chance. Einen ersten Überblick über den Stand der Theaterarbeit der Migrant/innen hatte es gegeben.

Aspekte der Theaterarbeit der Migrant/innen in den 90er Jahren

Der Anteil der städtisch subventionierten Ensembles und temporären Initiativen der Stadt- und Staatstheater blieb angesichts der unzähligen semiprofessionellen oder Amateur-Theater, der theaterpädagogischen Programme und interkulturellen Begegnungen auf lokaler oder regionaler Ebene zunächst verschwindend gering. Und so galten Braunecks Forschungsergebnisse bis weit in die 80er Jahre hinein als charakteristisch: »Das Theater der Ausländer in der Bundesrepublik hat im großen und ganzen Amateurcharakter; es wird in der Freizeit betrieben, nur wenige Gruppen können als professionell oder zumindest semiprofessionell gelten. [...] Ähnlich wie vergleichbare deutsche Freie Gruppen sind nicht-subventionierte Ensembles aus eigener Leistung nicht finanzierbar« (Brauneck 1983, S. 19). Ein Bild, das sich erschreckend fest in den Köpfen der Theaterbesucher/innen eingenistet zu haben scheint, weshalb sich manche zeitgenössische Theatermacher/innen keinesfalls irrtümlich als interkulturelles Theater verstanden wissen wollen. Sie versuchen vielmehr, sich von allem Multi-Kulti-Ballast zu distanzieren und berufen sich angesichts der Vorurteile des Publikums, das Migrant/innentheater und Amateurtheater allzu simplifizierend gleichsetzt, auf die eigene Professionalität.

Die Theaterarbeit der Migrant/innen ereignet sich bis heute weitgehend in der freien Szene. Doch die Vielfalt der Theater und deren Professionalität haben seit Beginn der 80er Jahre kontinuierlich zugenommen. Vor allem Zuwanderungen aus dem Osten Europas und dem ehemaligen Jugoslawien wirkten sich bereichernd aus. Die gegenwärtigen Probleme – etwa finanzielle Planungsunsicherheit oder mangelnde öffentliche Rezeption – verweisen deshalb einmal mehr auf die Notwendigkeit, die existierenden staatlichen Subventionsprogramme für alle Theatergruppen neu zu überdenken. Sollen sich die Theater der Migrant/innen in der Bundesrepublik weiterhin etablieren, müssen sie sich künstlerisch, nicht nur sozialpolitisch durchsetzen. Wie die Beispiele zeigen, bedarf künstlerische Innovation, wie sie auch aus den eigenen Reihen und vor allem seitens der jüngsten Generation forciert wird, entsprechender Umstände, die die Entfaltung des zweifelsohne vorhandenen kreativen Potentials ermöglichen. Sie benötigt Zeit und die Möglichkeit zur Entwicklung. Noch immer aber fallen Förderprogramme zumeist als Ein-Jahres oder Projektförderungen aus. Die Theaterarbeit der Migrant/innen wird demnach gleich zweifach ausgebremst: Der Zutritt zu den städtischen Bühnen wird ihnen weitgehend verweigert, die Selbstorganisation den meisten freien Gruppen finanziell sehr erschwert. Fehlen private Investor/innen, bleibt eine eigene Spielstätte unerreichbar. Hinzu kommt die häufig politisch bedingte Fluktuation der Akteure/innen, die eine kontinuierliche Arbeit regelmäßig zunichte macht. Dementsprechend fügt sich das Bild der vergangenen 30 Jahre zu einem unentwegten Werden und Sterben einer unüberschaubaren Zahl unterschiedlichster Gruppen, die nicht selten vielversprechend begannen, aber letztlich – manchmal nach der ersten Produktion – an den Umständen scheiterten. Ein Szenario, dem die kulturpolitische Konzeptlosigkeit unschwer abzulesen ist.

Kulturpolitische Herausforderungen

Diese Konzeptlosigkeit behindert aber nicht nur die Entfaltung der vorhandenen ›Ressourcen‹, die mit selbstausbeuterischem Idealismus der alltäglichen Frustration zum Trotz seit Jahrzehnten Projekte realisieren, sie verhindert vielmehr die angesichts eines vereinigten Europa unabkömmliche Entwicklung einer gesamteuropäischen Kulturlandschaft – vor allem auf regionaler Ebene. Längst wurde die Frage nach der kulturellen Artikulation von Ausländern in der BRD überholt von der Notwendigkeit einer offensiven europa-orientierten Kulturpolitik. Und zwar einer Kulturpolitik, die nicht auf einem überholten Kulturbegriff von nationaler Repräsentation beruht, sondern interkulturelle Probleme vor Ort ernst nimmt. Die Möglichkeiten bleiben aber keineswegs auf Europa beschränkt. Internationaler Kulturaustausch bildet z.B. einen Arbeitsschwerpunkt des ›Theater Mühlheim an der Ruhr‹, das von dem italienischen Theaterregisseur Roberto Ciulli, dem Dramaturgen Helmut Schäfer und dem Bühnenbildner Gralf-Edzard Habben als GmbH 1981 gegründet wurde und das als die erste Theaterinstitution in der BRD ein Repertoire aus fremd- und mehrsprachigen Aufführungen anbietet. »Ziel ist es, die Minderheiten-Kulturen kontinuierlich in die europäische Theaterlandschaft zu integrieren und dies nicht allein in der traditionellen Form von gelegentlichen Gastspielen, die gönnerhaft von den etablierten Kulturen durchgeführt werden, um am Rand zu lassen, was ohnehin am Rand ist« (Info Brosch., S. 1).

Theater kann sich dabei unter ganz unterschiedlichen Prioritäten ereignen. Die Theater der Migrant/innen haben spezifische politische, soziale und ästhetische Dimensionen. Deshalb sollten wir Zuschauer/innen uns bemühen, kontextbezogen sehen zu lernen, um die jeweiligen Qualitäten einer Arbeit wahrzunehmen. Dies gilt insbesondere sowohl für jene Kritiker/innen, die unempfänglich sind für die ästhetische Qualität sozialer Theaterarbeit, z.B. der Theaterpädagogik, wie für jene, die die politische Dimension ästhetischer Prozesse im allgemeinen verkennen.

Gegenwärtige Tendenzen

Wenngleich im Rückblick auf die Entwicklung der vergangenen Jahre kein kulturpolitisches Konzept und folglich kein Profil der Theater der Migrant/innen zu erkennen ist, so sind zumindest zwei Tendenzen deutlich auszumachen: Eine Abkehr von der *expliziten* Auseinandersetzung mit der Problematik politischer oder sozialer Minderheiten und eine Bewegung weg von monokulturellen zu multikulturellen Ensembles. Die Bewahrung einer ›kulturellen Identität‹, die in Erinnerungs- und Vergegenwärtigungsprozessen vor allem seitens der ersten Generation stabilisiert wurde, weicht einer offeneren Auseinandersetzung mit dem Fremden in seinen unterschiedlichen Facetten. Damit verbunden ist der Vormarsch mehrsprachiger Aufführungen gegenüber ein- oder zweisprachigen. Die ebenfalls auszumachende Ästhetisierung der Produktionen kann dabei weder eindeutig als Desinteresse an der sozialpolitischen Diskussion noch als ›Normalisierungsschub‹ interpretiert werden. Die Verschiebung der künstlerischen Strategie – weg von der didaktischen Explikation und Agitation hin zu einer Sensibilisierung für das Ästhetische – ist vielmehr eine Entwicklung von Gegenwartskultur überhaupt.

Die neu errungene Freiheit wirkt sich aber bisher vornehmlich in thematischer, selten in formaler Vielfalt aus. Vor allem Migrant/innen aus außereuropäischen Ländern betrachten das Theater als – sicher funktionstüchtiges – Medium der Artikulation eigener Traditionen, Probleme, Erfahrungen und Befindlichkeiten. Als »Gebrauchstheater«, wie Oliver Kranz schreibt, als »eine moralische Anstalt, ein Medium, über das Reizthemen in die Diskussion gebracht werden können« (1998, S. 21). Doch die Möglichkeiten des Theaters auf die Konfrontation unterschiedlicher kultureller Bezugssysteme auf engstem Raum zu reagieren, sind vielfältig. Sie beziehen sich auf die Begegnung der Akteure/innen innerhalb der Gruppe und zwischen Gruppe und Publikum, auf die politischen, sozialen und ästhetischen Dimensionen dieser Begegnungen, auf Inhalte und Formen der Zusammenarbeit und der Produktionen. Das Theater muß in Bewegung bleiben, will es der Bewegung der beteiligten Diskurse gerecht werden. Offene Fragen gibt es genug. Es ist weder entschieden, welche staatliche Förderung welchen Theatern zugesichert werden können, noch worauf deren soziale oder politische Wirkung konzentriert werden soll. Soll ›kulturelle Identität‹ stabilisiert, oder eine gemeinsame Auseinandersetzung vorangetrieben werden? Begünstigt die Stabilisierung einer kulturellen Tradition nicht zugleich die Ghettoisierung einer kulturellen Szene? Es sind konkrete Fragen, denen auch in der Debatte um eine zukünftige europäische Kultur kaum Aufmerksamkeit geschenkt wird, ja die sträflich vernachlässigt werden. Es sind die Fragen der Betroffenen, die selbst im Ausland leben und die viele brisante Probleme in den öffentlichen Debatten nicht wiederfinden. Die Gefahr, daß Europa ein fragiles Gebilde in den Köpfen der *happy few* bleibt – ohne jede Basis auf regionaler Ebene – ist angesichts des Gewaltpotentials ethnischer oder sozialer Konflikte nicht zu unterschätzen. Theater ist einer der Orte, an welchem über ein funktionierendes Zusammenleben angesichts solcher Fragen *öffentlich* nachgedacht werden kann und nachgedacht wird. Eine Chance, aber auch eine Verantwortung, der sich gegenwärtig in erster Linie Migrant/innen aus ganz persönlichen Motiven stellen. Ihr wachsendes Selbstbewußtsein korrespondiert dabei mit der wachsenden Notwendigkeit, sich auf die Begegnung einzulassen. Die Porträts von sieben Gruppen eröffnen eine Reihe unterschiedlicher Ansätze und Perspektiven, die diese Herausforderung auf unterschiedliche Art und Weise – aber jeweils sehr professionell – annehmen.

Polnisches Theater, Kiel, 1983

Im Januar 1983 gründeten polnische Schauspieler/innen, die nach Verkündigung des Kriegsrechtes durch Jaruselski Polen verlassen hatten, das ›Polnische Theater‹ in Kiel. Sie wurden unterstützt durch die »Initiative Polnische Theater in Deutschland e.V.«, die das Theater bis heute finanziell trägt. Die ersten vier Jahre waren geprägt durch eine erhebliche Fluktuation innerhalb des Ensembles und der ständigen Suche nach Proben- und Spielstätten, bis 1986 geeignete Theaterräume mit circa 45 Sitzplätzen gefunden werden konnten. Die Künstlerische Leitung übernahm Tadeusz Galia (geb. 1949 in Breslau). Nach einer Theaterausbildung und etlichen Engagements als Regisseur und Schauspieler in Polen kam er 1982 in die BRD. Das Theater ist ein professionelles Privattheater, an dem nur ausgebildete Schauspieler/innen tätig sind, das allerdings von anfänglich 15 Mitgliedern auf drei Schauspieler/innen, einen Techniker und einen Bühnenarbeiter zusammengeschrumpft ist. Aufgrund der finanziellen Situation können keine weiteren Darsteller/innen verpflichtet, und damit lediglich Zwei- bis Drei-Personenstücke gespielt werden. Alle mit dem Theater verbundenen Arbeiten werden selbst geleistet. Es wird subventioniert durch das Land Schleswig-Holstein und die Stadt Kiel, die ihm 1994 den Kieler Kulturpreis verlieh. Insgesamt wurden bisher 37 Produktionen in deutscher Sprache erarbeitet, die jeweils 40 bis 50 mal aufgeführt wurden. Da dem deutschen Publikum polnische, bzw. osteuropäische Dramenliteratur fast unbekannt war, konzentrierte sich die Auswahl der Stücke bis 1990 auf zeitgenössische Autoren Osteuropas – etwa Gombrowicz, Witkacy, Mrozek oder Rózewicz –, die im sonstigen Theaterbetrieb keine Berücksichtigung fanden. Mittlerweile werden keine Einschränkungen mehr bei der Stückauswahl gemacht. – »Ich wollte keine farbigen Bilder aus Polen oder der Tschechoslowakei oder aus Rußland vorführen, nicht diese osteuropäische Folklore. Ich habe immer Stücke gemacht, von denen ich sagen konnte: Leute, das ist zwar in Polen passiert, aber es könnte genauso bei euch sein« (Tadeusz Galia, zit. n. Knauth 1992, S. 76).

Produktionschronologie: 1983 Slawomir Mrozek *Truthahn*, Tadeusz Rozewicz *Menschenflut*, 1984 Grigori Gorin *Der Flug der gebratenen Ente*, 1985 György Schwajda *Die Hymne*, Isaac B. Singer *Gimpel, der Narr*, 1986 Ireneusz Iredynski *Nur ein Text*, Tymoteusz Karpowicz *Sein kleines Mädchen*, 1987 Michail Welitschkow *Die blauen Flügel*, Henryk Bardijewski *Zärtlichkeit*, 1988 Ireneusz Iredynski *Ein Altar für mich*, Slawomir Mrozek *Schlachthof*, Stefan Zanew *Die letzte Nacht des Sokrates*, Polnische Lyrik *Landkarte schwer gebügelt*, 1989 Stanislaw Grochowiak *Morgenängste*, Slawomir Mrozek *Ein freudiges Ereignis*, 1990 Václav Havel *Protest*, Harald Kislinger *Ersticken*, Augusto Boal *Mit der Faust ins offene Messer*, 1991 Richard N. Nash *Echos*, John Ford Noonan *Gespräche mit Čechov*, Kazimierz Moczarski *Gespräche mit dem Henker*, 1992 Nikolai Koljada *Brikett Bardoof*, Friedrich Ch. Zauner *Aller Tage Abend*, 1993 Inez v. Dullemen *Schreib mich in den Sand*, Nicholas Wright *Frau Klein*, Slawomir Mrozek *Ein Sommertag*, 1994 Ira Levin *Veronicas Zimmer*, 1995 Lars Norén *Herbst und Winter*, Athol Fugart *Hallo und Adieu*, 1996 Alexander Kostinskij *Dialoge aus dem Käfig*, Per Olov Enquist *In der Stunde des Luchses*, 1997 Esther Vilar *Helmer in Puppenheim*, Esther Vilar *Die Strategie der Schmetterlinge*, Oskar Jan Tauschinski *Sakrileg*, 1998 Marsha Norman *Nacht Mutter*, Michael Ehnert *Die Polizei Die Sonne Münchhausen*.

Arkadas, Köln, 1986

Der ›türkische Lehrerverein Köln‹ veröffentlichte von 1984 bis 1988 die Zeitschrift *Arkadas*. Ziel dieser Publikationen war es, dem Konfliktpotential in Schulen, in denen verstärkt fremdsprachige Schüler auf deutschsprachige Lehrer trafen, durch Vermittlung von kulturellen Hintergrundinformationen entgegenzuwirken. 1986 führten die Aktivitäten dieses Kreises mit der Inszenierung von Aziz Nesins Stück *Demokrasi Gemisi – Ein Schiff Namens Demokratie* zur Gründung des ›Arkadas Theater‹. Mit der ursprünglichen Zielsetzung, die kulturelle Identität der türkischsprachigen Migrant/innen zu erhalten und zur Verständigung der in Deutschland lebenden Nationalitäten beizutragen, wurden vor allem deutsch-türkische Theaterstücke für Kinder produziert. Hinzu kamen Stücke für Erwachsene, zunächst in türkischer Sprache, schließlich deutschsprachiges Kabarett. Von 1986 bis 1997 war das ›Arkadas Theater‹ als Tourneebetrieb organisiert; seit der Gründung gab es etwa 700 Gastspiele im gesamten deutschsprachigen Raum und darüber hinaus. Seit 1997 besitzt es als eine der wenigen freien Theatergruppen ein festes Haus mit 150 Sitzplätzen. Mit der Eröffnung der eigenen Spielstätte wurde der Tourneebetrieb aber nicht aufgegeben, die im Repertoire befindlichen Produktionen bereichern vielmehr das Veranstaltungsprogramm vor Ort. Die Produktionskosten konnten zum größten Teil aus dem Verkauf der Vorstellungen erwirtschaftet werden. Hinzu kommen öffentliche Subventionen und Sponsorengelder. Gegenwärtig wird das ›Arkadas Theater‹ von einem internationalen Künstlerteam betrieben. Die 15 bis 25 Mitglieder zwischen 21 und 54 Jahren stammen aus der Türkei, aus Deutschland, Aserbaidschan, dem Iran und Bosnien.

Die Gründungsmitglieder kamen Mitte der 70er Jahre nach Deutschland. Davon gehören noch vier zum derzeitigen Ensemblekern. Bisher wurden 23 Produktionen aus den Bereichen Schauspiel, Kabarett, Kinder- und Jugendtheater erarbeitet, wovon sich neun im aktuellen Repertoire befinden. Während die Inszenierungen im Bereich Schauspiel vor allem auf vorhandene Dramenliteratur zurückgreifen, werden die Texte für das Kinder- und Jugendtheater vorwiegend, für das Kabarett ausschließlich selbst geschrieben. Die Ästhetik der Aufführungen lehnt sich an die Tradition des Volkstheaters an, vor allem an deren tragikomisches Potential. Damit soll gewährleistet werden, »daß die inhaltlichen Themen unserer Vorstellungen auch transkulturell verstanden werden, und zum anderen, daß die Tradition des politisch engagierten Theaters mit seinem unmittelbaren Bezug zum Tagesgeschehen Berücksichtigung erfährt« (zit. n. Fragebogen). Im Lauf der Jahre gewann eine allgemeinere Auseinandersetzung mit dem Fremden immer mehr an Bedeutung.

Produktionschronologie: 1986 Aziz Nesin *Demokrasi Gemisi*, 1987 Haldun Taner *Gözlerimi Kaparim Vazifemi Yaparim – Ich schließe meine Augen und tue meine Pflicht*, Meray Ülgen *Bir Varmis Bir Yokmus – Es war einmal es war keinmal*, 1988 Fernanda Arrabal *Cephede Piknik – Picknick im Felde*, Bertolt Brecht *Die Gewehre der Frau Carrar*, 1989 Gerhart Hauptmann *Die Weber*, 1990 Aziz Nesin *Yasar Ne Yasar Ne Yasamaz – Ob Yasar lebt oder nicht*, 1991 Meray Ülgen *Nasrettin Hoca Ve Esegi – Nasrettin Hoca und sein Esel*, Nizami/Fuzuli *Leyla und Medjunun*, Nihat Asyali *Yunus Diye Göründüm – Ich zeigte mich als Yunus*, 1992 Ülkü Ayaz *Es lebe der Regenbogen – Yasasin Gökkusagi*, 1993 Rainer Hannemann *Die Türkinnen kommen*, Murathan Mungan *Mahmud und Yezida*, Nazim Hikmet *Allem Kallem*, 1994 Necati Sahin *Heißt Du wirklich Hasan Schmidt* und *Hilfe! Die Menschen kommen!*, 1995 Bilgesu Erenus *Der Gast – Misafir*, 1996 Rainer Hannemann *Gemein sind wir Deutsch*, 1997 Turgut Özakman *Sehnaz*, Rainer Hannemann *HansWurst – Karagöz*, 1998 Ali Jalaly *Barfuß Nackt Herz in der Hand*, Necati Sahin *Allem Kallem*, 1999 Nihat Asyali *Yunus Diye Göründüm – ich zeigte mich als Yunus*, Rainer Hannemann *Die Heinzelmädchen von Köln*.

Teatr Kreatur, Berlin, 1989/90

Das ›Teatr Kreatur‹ im Berliner ›Theater am Ufer‹ wurde 1989 von dem polnischen Maler, Bühnenbildner und Regisseur Andrej Woron (geb. 1952 in Stare Juchy, Polen) gegründet. Woron diplomierte an der Warschauer Kunstakademie, folgte 1982 dem polnischen Regisseur Henryk Baranowski nach Berlin, wo er zunächst als Maler, Bühnenbildner und Dozent an der Hochschule der Künste arbeitete. Doch das eigene Theater wäre Vision geblieben ohne die tatkräftige und finanzielle Unterstützung des

Göttinger Juristen und Schauspielers Allard Stupperich, der nicht nur verantwortlich für Organisation, Verwaltung und Werbung, sondern gleichzeitig Hauptsponsor des zunächst aus eigenen Mitteln finanzierten Theaters blieb. Bereits die erste Inszenierung *Die Zimtläden*, inspiriert durch Bruno Schulz, wurde mit einigen Preisen ausgezeichnet und zu zahlreichen Festivals eingeladen. Der Berliner Senat und die Siemens Kulturstiftung in München subventionierten deshalb die folgende Produktion von Isaak Babels *Das Ende des Armenhauses*. Auch sie wurde ein Erfolg und 1992 zum Berliner Theatertreffen eingeladen sowie 1993 mit dem Hauptpreis des Figurentheaterfestivals in Erlangen ausgezeichnet. Dennoch bleibt die Fortsetzung der Arbeit aufgrund neuerer Einsparungen gefährdet. Das internationale Ensemble umfaßt bis zu 20 polnische, deutsche, russische, amerikanische, australische, griechische und türkische Mitglieder. Gespielt und erzählt wird in düster-bunten Bildern, mit Requisiten und Puppen. »Als ich mit dem Theater anfing, stellte ich fest, daß die Tatsache, daß ich ein Pole bin, für mich als Künstler das Wichtigste ist. [...] Ich habe begonnen, mich selber zu zeigen, meine Vergangenheit, alles, was ich mitgebracht habe. [...] Mein Ideal ist eine Art Symbiose zwischen Menschen, Requisit, Musik und Bewegung. [...] Die Gegenstände müssen eine unabhängige Qualität haben, so daß ich jedes einzelne Element meines Bühnenbildes jederzeit in einer Galerie als ein Objekt, eine Installation ausstellen könnte.« (Woron 1997, S. 2).

Produktionschronologie: 1990 Bruno Schulz *Die Zimtläden*, 1991 Isaak Babel *Das Ende des Armenhauses*, 1993 *Ein Stück vom Paradies* und *K*, 1994 Tadeusz Slobodzianik *Der Zug des Lazarus*, 1995 Tadeusz Slobodzianik *Der Prophet Ilja*, 1997 *Merlin*, 1998 *Menschen, Löwen, Adler und Rebhühner*, 1999 Wolfgang Deichsel *Frankensteins Fluch*.

Deutsch Griechisches Theater e.V., Köln, 1990

Das ›DGT‹ wurde 1990 von dem Regisseur Kostas Papakostopoulos (geb. 1962 in Athen) als gemeinnütziger Verein für deutsche und griechische Künstler/innen gegründet und finanziert sich als solcher aus öffentlichen und privaten Mitteln sowie Vereinsspenden. Papakostopoulos studierte zunächst an der Schauspielschule am Nationaltheater Athen und anschließend Theaterwissenschaft in Köln. Im Lauf der Jahre entwickelte sich die Theatergruppe zu einer multinationalen Künstlerinitiative, in der nicht nur Griechen und Deutsche, sondern auch Schauspieler/innen aus verschiedenen Nationen ein Forum zur gemeinsamen Arbeit finden. Gegenwärtig umfaßt das Ensemble einen festen Kern von acht Mitgliedern zwischen 25 und 45 Jahren. Darüber hinaus formiert es sich für jede Inszenierung neu. Insgesamt wurden bisher elf Produktionen erarbeitet, die als Gastspiele im gesamten Bundesgebiet jeweils circa 40 mal aufgeführt wurden. Inhalte des antiken Theaters und antiker Mythologie werden ausgewählt, umformuliert und in literarische und gesellschaftliche Themen der europäischen Moderne eingearbeitet. »Indem ein Bogen vom antiken zum zeitgenössischen Theater Europas und von Griechenland nach Deutschland gespannt wird, zeichnen wir ein heterogenes Bild der europäischen Völkergemeinschaft im Wechsel zwischen Tradition und Moderne« (Darstellung des DGT, S. 1).

Produktionschronologie: 1990 Aristophanes *Plutos* in gr. Sprache, 1991 Aristophanes *Die Weibervolksversammlung* in gr. Sprache, 1992 Heiner Müller *Philoktet* in dt. Sprache,

1993 Dimitris Kechaides *Der Ehering* in gr. Sprache, 1993 Euripides *Die Bacchen* in dt. Sprache, 1994 Aristophanes *Die Frösche* in dt. Sprache, 1995 Heiner Müller *Herakles 5* in dt. Sprache, 1995 Aristophanes *Die Wolken* in dt. Sprache, 1996 Dimitris Kechaidis *Wie neugeboren* in dt. Erstaufführung, 1997 William Shakespeare *Timon von Athen* in dt. Sprache, 1998 Vassilis Ziogas *Die Kommödie der Fliege* in dt. Uraufführung.

Theater Pralipe, Mühlheim an der Ruhr, 1991

Anfang der 70er Jahre faßte der Roma Rahim Burhan (geb. 1949 in Skopje, Mazedonien) den Plan, in der alten Barackensiedlung in Skopje, in der seit dem Erdbeben im Jahre 1965 40.000 Roma in ärmsten Verhältnissen leben, eine Theatergruppe zu gründen. Er suchte anhand einer Liste die nicht sehr zahlreichen Roma-Oberschüler zusammen, die also lesen und schreiben konnten. Nach gut einem Jahr autodidaktischer Studien sollte die erste Produktion des Theater ›Pralipe‹ – zu deutsch ›Brüderlichkeit‹ – tatsächlich Premiere haben. Von Anfang an lautete das selbstgesteckte Ziel des vorerst einzigen Roma-Theaters in Europa, »die kulturellen Wurzeln ihres Volkes aufzuspüren und in der Gegenwart zu einer ästhetischen Dimension zu entwickeln« (Info Brosch. S. 1). Wesentlicher Bestandteil dieser Arbeit ist die Pflege der eigenen Sprache, des Romanés, das mit Ausnahme der jüngsten Produktion in jeder Inszenierung ohne Übersetzung gesprochen wird. Erst vor gut 30 Jahren einigte man sich auf eine gemeinsame lateinische Schrift für das bis dahin nur mündlich überlieferte Romanés. Das Roma-Theater kann deshalb auf keine reichhaltige Literatur zurückgreifen, sondern bemüht sich um selbst angefertigte Übersetzungen. Seine bilderreiche Ästhetik entstand weniger aus reinem Gestaltungswillen, als aus der Erforschung der eigenen kulturellen Vergangenheit und indischen Herkunft.

Im Lauf der 80er Jahre entwickelte sich das Theater zu einem erfolgreichen Ensemble, das bald international gastierte und mit Preisen ausgezeichnet wurde, in Skopje allerdings weiterhin mit keinerlei Unterstützung rechnen konnte. Die politische und ökonomische Situation im ehemaligen Jugoslawien machte es dem Theater schließlich unmöglich, seine Arbeit fortzusetzen, so daß 1990 keine Aussicht mehr bestand, das existierende Unternehmen zu erhalten. Doch die ›Theater an der Ruhr GmbH‹, durch ihre internationale Arbeit dem Ensemble bereits seit 1986 verbunden, bot die notwendige Unterstützung an. Die Premiere von Lorcas *Ratvale Bijava – Bluthochzeit* war 1991 der Auftakt zu einer langfristig geplanten Integration des Roma-Ensembles in das Mühlheimer Theater. Seitdem übernimmt dieses Management, Organisation und Öffentlichkeitsarbeit für das ›Theater Pralipe‹, das außerdem vom Land Nordrhein-Westfalen gefördert wird. Das Roma-Theater gastierte in über 60 Städten der Bundesrepublik und Europas, erhielt 1992 den Preis des Deutschen Kritikerverbandes, 1993 beim 12. NRW-Theatertreffen die Auszeichnung für die beste Inszenierung und 1995 den Ruhrpreis für Kunst und Wissenschaft der Stadt Mülheim. 1998 wurde ihm der »Lorca Preis« in Granada, Spanien, verliehen.

Produktionschronologie: 1991 Federico Garcia Lorca *Ratvale Bijava – Bluthochzeit*, Peter Weiss *Marat/Sade*, William Shakespeare *Othello*, 1992 Aischylos/Sophokles *Sieben gegen Theben/Antigone*, 1993 Zivko Cingo *O Baro Phani – Das große Wasser*, 1994 William Shakespeare *Romeo und Julia*, *Hexen*, 1996 Goran Stefanovski *Tetovirime Vogja – Tätowierte Seelen*, *O Drumo – Der Weg*, 1997 Euripides *Die Bacchen*, 1998 Federico Garcia Lorca *Yerma*, Nigel Williams *Der Klassenfeind*, Marivaux *Der Streit*.

tko Koreodramatheater und Romano Theatro e.V., Köln, 1995/96

Das tko (Theater Kokotovic-Osman) mit Sitz in den ›Freien Kammerspielen‹ Köln besteht aus zwei frei organisierten Theatern: das ›Koreodramatheater‹ von Nada Kokotovic (geb. in Kroatien), gegründet 1995, und das ›Romano Theatro‹ von Nedjo Osman (geb. 1958 in Skopje, Mazedonien), gegründet 1996. Nada Kokotovic studierte Philosophie, Film- und Theaterregie in Zagreb und war als Tänzerin in verschiedenen Ensembles des klassischen und modernen Balletts engagiert. Sie erhielt zahlreiche Auszeichnungen, u.a. den Grand Prix des Theatre D'Essai de la Dance in Paris. Als Tänzerin und Choreographin nahm sie an der Musik-Biennale in Zagreb und der Biennale in Ljubljana teil. Seit 1992 lebt und arbeitet sie in Deutschland. Nada Kokotovics ›Koreodramen‹ sind am ehesten als eine sprach- und kulturübergreifende Synthese choreographischer und dramatischer Elemente zu fassen: »Meine Inszenierungen nenne ich Koreodramen, weil ich als Bühnensprache elementare menschliche Möglichkeiten benutze: die Stimme und den Körper. Die Stimme sowohl gesungen als auch gesprochen.« (Nada Kokotovic). – Nedjo Osman studierte an der Film- und Theater-Kunstakademie in Novi Sad. 1982 wurde er Mitglied des Theaters ›Pralipe‹ und von 1986 bis 1991 Mitglied des National-Theaters in Subotica. Als Schauspieler wurde auch er durch zahlreiche Preise ausgezeichnet.

Das ›tko‹ finanziert sich durch eigene und öffentliche Mittel. Bis 1998 wurden vier Produktionen gemeinsam und mit variierenden Ensembles erarbeitet. Jede Inszenierung ist mehrsprachig angelegt, Romanés, Deutsch und meist Französisch. Alle bisherigen Produktionen setzten sich thematisch und ästhetisch mit den politischen und sozialen Umbrüchen in Europa und Deutschland auseinander. Die Erfahrung des Bürgerkriegs in Ex-Jugoslawien hatte Kokotovic und Osman bestärkt, nationale und ethnische Grenzen nicht gelten zu lassen. In ihren Produktionen arbeiten beide mit mehreren Sprachen und verschiedenen theatralischen Formen. »Das tko wendet sich gegen Abgrenzung, gegen eine Ghettokultur und die Fiktion des Rückzugs auf eigene kulturelle Wurzeln und greift statt dessen universelle Themen auf. Es beschäftigt sich mit den Konflikten und Hoffnungen einer multinationalen und multikulturellen Realität in Deutschland und Europa« (tko Theater Zeitung 1/1998). In diesem Sinne geht es um ein Theater, »in das die unterschiedlichen Nationalitäten, Sprachen und Kulturen direkt in die künstlerische Arbeit einfließen.« (Nada Kokotovic)

Produktionschronologie: 1996 Koreodrama nach August Strindberg *Julie*, 1997 Frei nach Lorca *Yerma nach dem Tod*, 1997 Koreodrama *Ein Tag, eine Frau, ein Mann*, 1998 *Gute Reise – Bahtalo Drom* – Eine Auseinandersetzung mit der Reisegeschichte der Roma. Text Rajko Djuric.

Russisches Kammertheater, Berlin, 1998

Das ›Russische Kammertheater‹ am Prenzlauer Berg in Berlin wurde 1998 mit dem choreographischen Poem *Im Irrgarten der russischen Seele* als erstes russisches Theater in der Bundesrepublik eröffnet. Die Initiator/innen wollten bewußt an die Tradition der nach der Oktoberrevolution 1917 nach Berlin emigrierten russischen Theaterschaffenden anknüpfen, die – wie das 1922 von Boris Romanov gegründete ›Russische Romantische Theater‹ – das kulturelle Leben der Weimarer Republik mitgeprägt hatten. Das ›Russische Kammertheater‹ umfaßt circa 40 Sitzplätze und ist Bestandteil des eingetragenen Vereins »Nostalghia – Club zur Förderung der russischen Kultur in Berlin«, der sich zum Ziel gesetzt hat, insbesondere russische Künstler/innen in der BRD zu unterstützen sowie deutschen Zuschauer/innen die russische Kultur nahezubringen. ›Nosthalghia‹ – das ist aber nicht nur Vergegenwärtigung unter den Trümmern des Krieges verschütteter Spuren, es ist auch Reminiszenz an den russischen Regisseur Andrej Tarkowskij, dessen gleichnamiger Film von der Sehnsucht der Emigrant/innen nach der verlorenen Heimat handelt. Der Ausbau des Salons im Stile der Jahrhundertwende wurde durch private Investitionen der Direktorin Marina Lehmann (geb. 1958 in Moskau) realisiert. Marina Lehmann studierte am Institut für Textil- und Modedesign Moskau und an der Schule für Pantomime am Moskauer Theater für Mimik und Gestik. Sie siedelte 1980 in die DDR über und war dort 1983–85 kulturelle Mitarbeiterin am Haus der Sowjetischen Wissenschaft und Kultur. 1993 eröffnete sie das Literatencafe ›Pasternak‹ am Prenzlauer Berg. An ihrer Seite arbeiten erfahrene Theatermacher: Alexander Myznikov (geb. 1956 in Moskau) – Regisseur und Künstlerischer Leiter – studierte Regie an der Gorki-Theaterhochschule in Moskau und arbeitet seit 1981 als freier Regisseur und Lichtdesigner in Rußland, Europa und den USA. Seit 1994 lebt er in Berlin. Alexej Schipenko (geb. 1961 in Stavropol) – Dramaturg und Regisseur – studierte Schauspiel an der Moskauer Künstler Theaterhochschule MCHAT. Seit 1984 schreibt er Liedtexte, Theaterstücke und Hörspiele, die international inszeniert werden. Alexej Schipenko lebt seit 1992 als freier Autor und Regisseur in Berlin und gewann Stipendien des VG Wort, des Berliner Senats und der Akademie Schloß Solitude Stuttgart. Michail Shénon (geb. 1969 in Los Angeles, USA) – Choreograph – absolvierte die Moskauer Schule für Choreographie, war erster Solist des Bolschoi-Theaters in Moskau und erster Solotänzer des Balletts der Wiener Staatsoper. Er arbeitet seit 1998 als Choreograph für das ›Russische Kammertheater‹.

Bisher wird der Verein aus dem Kartenverkauf, dem Ausschank und privaten Investitionen finanziert und bleibt damit auf Sponsoring angewiesen, von dessen Ertrag die zukünftige Existenz abhängt. Das Programm des Clubs beinhaltet Konzerte klassischer und moderner Musik, Autorenlesungen, russische Romanzenabende, Puppen- und Marionettentheater sowie kostenlose Filmvorführungen. Auf dem Spielplan des Kammertheaters, deren bis zu fünfzehn Akteure/innen bisher honorarfrei proben, stehen ausschließlich Interpretationen russischer Autor/innen. Bisher wurden drei Produktionen in deutscher und russischer Sprache erarbeitet, etwa fünf pro Jahr sollen es werden. »Die Generallinie des Theaters ist eine Richtung des Neo-Romantismus, in dem [...] eine Welt der russischen Literatur verbindlich zu den Klassikern dramatisch-choreographisch dargestellt wird« (Info Mappe S. 4).

Produktionschronologie: 1998 *Der Irrgarten der russischen Seele* mit Gedichten von Sinaida Gippius, *Schuld ohne Sühne – Ein Ballett-Spektakel* nach Motiven aus »Die Alte« von Daniil Charms, 1999 *Zwei Regisseure – Ein Thema: ›Mozart und Salieri‹*. Zum 200jährigen Jubiläum des russischen Dichters Alexander Segejewitsch Puschkin. In Planung: 1999 *Verona – Prolog zu ›Romeo und Julia‹*, nach Vladimir Nabokov *Die Einladung zur Hinrichtung*, Nikolaj Gogol *Tote Seelen*, nach Fjodor Dostojewskij *Die Reue des Spielers*.

Literatur

Ahrens, Ursula: »Tiyatro. Von den Versuchen, in Berlin türkisches Theater unter die Leute zu bringen.« In: *TheaterZeitSchrift* 4 (1983), S. 34–45.

Antonovic, Danja: »Daß ein Türke das zustande gebracht hat!‹ Ausländische Künstler auf dem Weg aus der Subkultur.« In: Habbe, Christian (Hg.): *Ausländer: die verfemten Gäste.* Reinbek 1983, S. 181–192.

Arkadas Theater (Hg.): *Informationsschrift zum Arkadas Theater anläßlich der Spielstättener-öffnung am 7. November 1997.* Köln 1997.

Assmann, Jan: *Das kulturelle Gedächtnis – Schrift, Erinnerung und politische Identität in frühen Hochkulturen.* München[2] 1997.

Bausinger, Hermann: *Kulturelle Identität.* Tübingen 1982.

Becker, Peter von: »Von Babel nach Babylon – Andrej Worons sonderbares Kreaturentheater«. In: *Theater Heute Jahrbuch* 1991, S. 84–89.

Bernstorff, Wiebke von/Plate, Uta: *Fremd bleiben. Interkulturelle Theaterarbeit am Beispiel der afrikanisch-deutschen Theatergruppe Rangi Moja.* Frankfurt a.M. 1997.

Brauneck, Manfred (Hg.): *Ausländertheater in der Bundesrepublik Deutschland und in West-Berlin. 1. Arbeitsbericht zum Forschungsprojekt »Populäre Theaterkultur«.* Hamburg 1983.

Burckhardt, Barbara: »Warten auf ein Wunder – Andrej Worons Berliner Kreaturentheater in Nöten«. In: *Theater Heute* 4 (1997), S. 58–59.

Diehl, Siegfried: »La Deutsche Vita. Improvisationen schauspielender Gastarbeiter«. In: *FAZ Magazin* 26. 3. 1982, S. 8–14.

Faßbinder, Rainer Werner: *Katzelmacher / Preparadise sorry now.* Frankfurt a.M. 1982.

Giesen, Bernhard (Hg.): *Studien zur Entwicklung des kollektiven Bewußtseins in der Neuzeit. Band 1: Nationale und kulturelle Identität.* Frankfurt a.M. 1991.

Haag, Gerhardt: »›Nein! Hayir!‹ Ein Theaterprojekt mit türkischen und deutschen Jugendlichen.« In: *TheaterZeitSchrift* 14 (1986), S. 42–48.

Hammer, Wolfgang: »Türken in Berlin. Wie Gastarbeiter ihre Probleme theatralisieren«. In: *Theater Heute* 5 (1980), S. 48 f.

Hoghe, Raimund: »Blicke, die dich berühren. – Rahim Burhan ist Gründer und Chef des einzigen Roma-Theaters in Europa«. In: *Die ZEIT* 20. 11. 1992.

Knauth, Joachim: »Für die 100 Stunden Woche. Gespräch mit Tadeusz Galia, Direktor des Polnischen Theaters Kiel«. In: *Theater der Zeit* 1 (1992), S. 76.

Korn, Renke: »Die Reise des Engin Özkartal von Nevsehir nach Herne und zurück«. In: *Theater Heute* 8 (1975), S. 49–60.

Kranz, Oliver: »Babylonische Bühne Berlin – Die fremdsprachigen Theater in Berlin« In: *TAZ-Berlin* 23. 10. 1998.

Kroetz, Franz Xaver: *Furcht und Hoffnung der BRD. Szenen aus dem deutschen Alltag des Jahres 1984.* Frankfurt a.M. 1984.

Kurzenberger, Hajo/Matzke, Frank (Hg.): *Interkulturelles Theater und Theaterpädagogik.* Hildesheim 1994.

Leggewie, Claus: *Multi Kulti – Spielregeln für die Vielvölkerrepublik.* Nördlingen 1990.

Lemke, Klaus: »Theater im Austausch. Die internationalen Aktivitäten des Theaters an der Ruhr am Beispiel von Jugoslawien«. In: *TheaterZeitSchrift* 31 (1992), S. 92–120.

Linzer, Martin: »Von Santiago nach Cottbus – Der Regisseur Alejandro Quintana«. In: *Theater der Zeit* 11/12 (1996), S. 34–37.

Matthies, Klaus (Hg.): *1. Europäisches Theaterfestival der Arbeitsemigranten in Frankfurt am Main vom 8. bis 17. Juni 1984. – Eine Dokumentation.* Frankfurt a.M. 1984.

Merschmeier, Michael: »Die Freiheit und ihr Preis. Zwischen Bayern, dem Baltikum und Brasilien – ein Theater spielt weltweit ...«. In: *Theater Heute Jahrbuch* 1991, S. 90–98.

Müller, Frank: »Theater mit italienischen Jugendlichen als Praxis Interkultureller Kommunika-

tion«. In: Rehbein, Jochen (Hg.): *Interkulturelle Kommunikation.* Tübingen 1985, S. 324–335.
– : »Das Teatro Siciliano im Gallus-Zentrum Frankfurt«. In: Chiellino, Carmine (Hg.): *Die Reise hält an. Ausländische Künstler in der Bundesrepublik.* München 1988, S. 58–75.
Ney, Norbert (Hg.): *Sie haben mich zu einem Ausländer gemacht ... ich bin einer geworden. Ausländer schreiben vom Leben bei uns.* Reinbek 1984.
Ören, Aras: »Auf der Suche nach Synthese und Eigenwert. Türkisches Theaterleben in Berlin oder: Von der Notwendigkeit sozialer und kultureller Gleichberechtigung«. In: *Zeitschrift für Kulturaustausch* 31/3 (1981), S. 311–314.
Özdamar, Emine Sevgi: *Karagöz in Alamania. Ein türkisches Stück.* Frankfurt a.M. 1982.
Pazarkaya, Yüksel: »Karagöz – das Schattenspiel als Vorwegnahme des epischen und absurden Dramas?« In: ders.: *Rosen im Frost. Einblicke in die türkische Kultur.* Zürich 1982, S. 155–175.
Plepelič, Zvonko: *Ein Tisch muß her! Groteske in einer Pilotszene und zwei Folgen.* Zagreb/Berlin 1997.
Pommerin, Gabriele: »Migrantenliteratur und ihre Bedeutung für die interkulturelle Erziehung«. In: *Zielsprache Deutsch* 3 (1984), S. 41–49.
Rehder, Mathes: »Laßt uns viel zusammen machen.« Kritik zur gleichnamigen Veranstaltungsreihe des Hamburger Schauspielhauses. In: *Hamburger Abendblatt* vom 13. 12. 1983.
Reitenspieß, Rosa: »Deutsch-Polnisches. Polnisches Theater Kiel: ›Gespräche mit dem Henker‹«. In: *Theater der Zeit* 1 (1992), S. 75.
Santel, Bernhard: »Migration: Begriffserläuterung und wissenschaftliche Diskussion«. In: ders.: *Migration in und nach Europa.* Opladen 1995, S. 17–27.
Schnell, Rainer: »Dimensionen ethnischer Identität«. In: Esser, Hartmut/Friedrichs, Jürgen (Hg.): *Generation und Identität. Theoretische und empirische Beiträge zur Migrationssoziologie.* Opladen 1990, S. 43–72.
Stone, Michael: »Am Stempel hängt doch alles. Türkischer Kulturbetrieb in Berlin. Vom Agitationsstück bis zum anatolischen Folklorefest«. In: *Rheinischer Merkur* 26. 3. 1981.
Tantow, Lutz: »›Unsere Kanacken sind halt so komisch!‹ Supplement zum ›Gastarbeiter‹-Theater«. In: *Fremdworte. Zeitschrift zur gegenseitigen Annäherung* 1 (1985a).
– : »aber mit ein bißl einem guten Willen tät man sich schon verständigen können – Aspekte des ›Gastarbeiter‹-Theaters in der Bundesrepublik Deutschland und West-Berlin«. In: *Info DaF* 12/3 (1985b), S. 208–221.
– : »Jetzt geht es los mit den fremden Sitten. Der Wandel in der Ausländer-Darstellung des Theaters«. In: *TheaterZeitSchrift* 14 (1986), S. 49–59.
Tko/Kokotovic, Nada/Osman, Nedjo (Hg.): *Theater Zeitung – Theatroskeri Patrin* 1 (1998).
Tolmein, Oliver: »In der Fremde. Zum 1. Europäischen Theaterfestival der Arbeitsemigranten in Frankfurt.« In: *Theater Heute* 9 (1984), S. 62–64.
Wanner, Ulrich: »Gewalt der fremden Sprache. Türkisches Theater beim Stuttgarter Festival«. In: *Stuttgarter Nachrichten* 8. 6. 1983, S. 13.
Weber, Jörg: »Manchmal ›No puedo capitar‹ – Arbeitsprobleme einer deutsch-peruanischen Theatergruppe«. In: *TheaterZeitSchrift* 23 (1988), S. 25–27.
Wille, Franz: »Die Palästinenser Europas? Aus Mazedonien an die Ruhr – das Roma-Theater Pralipe zieht nach Mülheim«. In: *Theater Heute Jahrbuch* 1991, S. 80–83.
Wolffheim, Franziska: »Zur Hochzeit gibt's Basilikum. Tanz, Theater, Reggae, Folklore – etwa 100 Ausländer-Gruppen machen in Hamburg Kultur«. In: *Hamburger Abendblatt* 23./24. 1. 1993, S. 5.
Woron, Andrej: »Die Erinnerung ist der Motor«. In: *Theater Heute* 2 (1997), S. 1 f.

Den Gruppenportraits liegen außerdem Informationsmaterial des jeweiligen Theaters, sowie die Daten eines von mir verfaßten Fragebogens zu Grunde.

2. Kabarett und Satire deutsch-türkischer Autoren

Mark Terkessidis

Die wichtigsten Vertreter im Kontext

Im Gegensatz zu eher klassischen literarischen Formen wie dem Roman oder der Lyrik haben Autoren mit Migrationshintergrund die ›kleinen‹ Genres Satire und Kabarett erst relativ spät entdeckt. Der erste Satiriker nichtdeutscher Herkunft ist Şinasi Dikmen (geb. 1945 in Sadik/Samsum, Türkei), der zu Beginn der 80er Jahre neben seiner Tätigkeit als Krankenpfleger zu publizieren begann. 1983 erschien *Wir werden das Knoblauchkind schon schaukeln*, sein erster Band mit Satiren, 1985 folgte *Der andere Türke*. Im gleichen Jahr veröffentlichte Osman Engin (geb. 1960 bei Izmir), zuvor regelmäßiger Kolumnist der Stadtzeitschrift *Bremer*, seine sarkastischen Prosastücke erstmals im Buchform unter dem Titel *Deutschling*.

Ebenfalls 1985 gründete Dikmen zusammen mit dem zirka 15 Jahre jüngeren und bis dahin als Karikaturisten tätigen Muhsin Omurca (geb. 1959 in Bursa/Türkei) das erste deutschsprachige Migranten-Kabarett mit dem aussagekräftigen Namen ›Knobi-Bonbon‹. Zuvor waren beide von Dieter Hildebrandt für dessen Tourneen und die Fernsehsendung »Scheibenwischer« engagiert worden. Im März 1997 löste sich ›Knobi-Bonbon‹ nach fünf Programmen (»Vorsicht frisch integriert!«, 1985; »Putsch in Bonn«, 1988; »The Walls«, 1991; »Der Beschneider von Ulm«, 1992; »Best of Knobi-Bonbon«, 1995) auf. Dikmen gründete ein Jahr später mit Ayşe Aktay in Frankfurt eine eigene Kabarettbühne, das ›Kabarett Änderungsschneiderei‹ (KÄS). Omurca stellte 1997 sein Soloprogramm »Tagebuch eines Skinheads in Istanbul« vor. Sedat Pamuk (geb. 1952 in Istanbul) begann seine Bühnenkarriere mit der Aufführung des von ihm verfaßten Theaterstücks »Wird Ayse in die Schule gehen?« in Schwäbisch-Gmünd 1985. Ein Jahr später stellte er sein Kabarettprogramm »Deutsch Perfekt« (1986) vor, 1990 folgte »Gastarbeits-Los«. Den Titel hat Pamuk bis heute beibehalten, während er die Inhalte laufend aktualisiert.

Im großen und ganzen jedoch ist die Anzahl der Satiriker und Kabarettisten nichtdeutscher Herkunft relativ gering geblieben. Die genannten Künstler besitzen eine Reihe von offenkundigen gemeinsamen Charakteristika: Sie alle sind trotz ihres Altersunterschieds selbst noch in die Bundesrepublik Deutschland eingewandert (Dikmen 1972, Engin 1971, Omurca 1979, Pamuk 1980) – gehören also de facto zur sogenannten Ersten Generation –, und sie alle sind türkischer Herkunft. Offenbar hängt die Vorliebe für Satire und Kabarett noch mit der Bedeutung dieser literarischen Formen im Auswanderungsland Türkei zusammen. Tatsächlich waren und sind diese Gattungen ebenso wie die Karikatur dort von immenser Wichtigkeit. Dies hat zweifelsohne mit der traditionell sehr autoritären politischen Verfaßtheit des Landes zu tun: Angesichts von Unterdrückung und Zensur werden Formen des indirekten Sprechens notwendig attraktiv. Die Migrant/innen türkischer Herkunft in Deutschland scheinen diese Literaturformen gewissermaßen überführt zu haben. Neben dem deutschsprachigen Kabarett existiert auch eines in türkischer Sprache – etwa im

›Arkadas‹-Theater in Köln oder im ›Tyatrom‹ in Berlin. Zudem treten gerade in den letzten Jahren auch vermehrt Kabarettisten aus der Türkei in deutschen Städten auf.

Die Überführung der Formen korrespondiert allerdings mit einer ähnlichen Bedeutung dieser ›kleinen‹ Gattungen in Deutschland. Denn auch hier ›halfen‹ lange Phasen obrigkeitsstaatlicher Herrschaft dabei, die Kunst der versteckten Äußerung zu perfektionieren. Vor allem in der Adenauer-Periode nach dem Zweiten Weltkrieg konnten sich Kabarett und Satire als Medien einer kritisch-liberalen Öffentlichkeit etablieren. Mitte der 60er Jahre gelang verschiedenen Künstlern sogar der Durchbruch zu einem Massenpublikum. Etwa zehn Jahre darauf erreichte das politische Kabarett jedoch einen toten Punkt. Während einige Berühmtheiten vor allem im Fernsehen die einmal eingeschlagene Linie unverändert weiterverfolgten, beschränkten andere ihren Wirkungskreis auf das linksalternative Spektrum. Es entstand ein »Szene-Kabarett«, das der Alternativ-Öffentlichkeit den Spiegel vorhielt (zur Geschichte vgl. Appignanesi 1976, Rothlauf 1994).

Das Versteinern auf der einen und die Selbstbeschneidung auf den anderen Seite führten langsam aber sicher zu einem Verlust des politischen Impetus und damit auch zur abnehmenden der Relevanz von Kabarett und Satire in Deutschland insgesamt. Der Nachwuchs sattelte auf »Comedy« um, und in den 90er Jahren wurden die kritische Kleinkunst schließlich nachhaltig überrollt (vgl. Prüss 1995). So begannen die genannten Künstler türkischer Herkunft, auf deutsch Satiren zu schreiben und Kabarett aufzuführen, als diese Formen in Deutschland gerade massiv an Aufmerksamkeit einbüßten. Während die insgesamt fünf Programme von ›Knobi-Bonbon‹ sich noch als politisches Kabarett zwischen Hildebrandt und »Szene« behaupten konnten, versuchte der Rowohlt Verlag zu Beginn der 90er Jahre, die Bücher von Osman Engin bereits unverhohlen vom Odeur des Kritischen zu befreien und verpaßte ihnen das Etikett »Geschichten zum Lachen«.

Perspektive und Themen

Neben den schon genannten Gemeinsamkeiten teilen sich die Satiriker mit Migrationshintergrund auch ihren Blickwinkel und die thematische Orientierung: In den Geschichten und Stücken sprechen immer Einwanderer selbst, wobei es um das Leben der türkischen Migrant/innen in Deutschland sowie um die allgegenwärtigen ›Vorurteile‹ der Autochthonen geht. Dabei attackieren sie geradezu virtuos nicht bloß den offensichtlichen Rassismus der Straße, sondern auch die feinen symbolischen Ausgrenzungsstrategien der vermeintlich wohlmeinenden Mittelschicht. Şinasi Dikmen baut seine Satiren langsam und erzählerisch auf, während der jüngere Osman Engin weniger auf stilistische Eleganz denn auf effektvoll gesetzte und oft überraschende Pointen aus ist (vgl. Yeşilada 1997). Die Schreibweise Engins ähnelt durchaus jener der jüngeren autochthonen Satiriker etwa im Umfeld der Zeitschrift *Titanic*, für die er auch tätig war. Allerdings arbeitet Engin immer mit derselben Figur – einem ›Gastarbeiter‹ der ersten Generation namens Osman Engin – und daher handelt es sich bei seinen Figuren allgemein, wie Karin Yesilada beobachtet, »weniger um Typen als um Charaktere« (ebd., 1997, S. 550). So sei bei Engin auch die Grenze zur Humoreske fließend. Es verwundert auch nicht, daß Engin die Erlebnisse seiner Figur mittlerweile unter dem Titel *Kanaken-Ghandi* (1998) zu einem satirischen Roman »vervollständigt« hat. In dieser pikaresken Geschichte wird die Figur Engin, bereits jahrzehntelang als Arbeitsmigrant legal in Deutschland, durch einen Irrtum mit einem abgelehnten Asylbewerber verwechselt, worauf ihm ein Ausweisungsbescheid zugeht. Grandios spielt Engin hier auf die ständige Rechtsunsicherheit von Einwanderern an und schildert schließlich satirisch die Lebensumstände eines ›Illegalen‹.

Während Dikmens Satiren trotz ihrer Schärfe oft zurückhaltend wirken, setzen er und Omurca mit ›Knobi-Bonbon‹ etwa beim Programm »The Walls« auf wüste Provokation. Dabei nahmen sie den Post-Wiedervereinigungsrassismus im Osten (»50 Prozent der Ossis hassen uns, die Türken, obwohl sie uns nicht einmal zu Gesicht bekommen haben.«) ebenso aufs Korn wie den Lichterketten-Antirassismus im Westen (»Wollt ihr die totale Toleranz?«). Die *Frankfurter Rundschau* berichtete von einem Auftritt, bei dem zwei Drittel des Publikums das Theater verließen (21.6.94). In seinem Soloprogramm »Tagebuch eines Skinheads in Istanbul« (1998) setzt Omurca diesen Konfrontationskurs fort. Auch hier geht es um den Zusammenhang zwischen offen artikuliertem Rassismus an den Rändern und der ›Toleranz‹ der gesellschaftlichen Mitte.

Das Stück handelt von einem Skinhead, der zusammen mit seinem ›liberalen‹ Betreuer Dr. Botho Kraus – selbstverständlich eine Anspielung auf den Schriftsteller Botho Strauß – unter dem Motto »Tee trinken und Vorurteile abbauen« in die Türkei geschickt wird. Am Ende jedoch hat sich der Skinhead ausgezeichnet amüsiert, während sich Dr. Kraus vor lauter Ärger über die Türken sämtliche Haare ausgerauft hat. Der Skin resümiert: »So gesehen hat sich diese Reise [...] doch gelohnt; erstens, wir haben echt viel Tee getrunken; zweitens ›Vorurteile abbauen‹: Jawohl! Alle Türken in der Türkei haben ihre Vorurteile gegen uns Skinheads abgebaut!; drittens, die Umerziehungstherapie hat voll hingehauen: Unser Botho! Dieser alte Linke ist zur neuen Rechten konvertiert...« Omurcas Stück neigt einerseits – wie das avancierte einheimische Kabarett auch – zu einer mehr schauspielerischen Inszenierung, während er andererseits dem Thema gemäß die grellen Effekte der Comedy eines Tom Gerhard einbaut.

Weniger offene Angriffslust zeigt sich im Kabarett von Sedat Pamuk, dessen Programm »Gastarbeits-Los« eine Kritikerin des Berliner *Tagesspiegels* als »leise« bezeichnete: »weder schrill noch albern« (17.11.95). Pamuk mokiert sich über die Einheimischen in ihrer »Bauch-Tanz oder Dis-Tanz-Bereitschaft« und räsoniert mit vielen Wortspielen über Themen wie die permanente Frage der Autochthonen nach der Herkunft, über Integration, »Romanzen zwischen Döner Kebab und Bratwurst« oder die Frage: »Warum wird ein Türke zum Kabarettisten?«

Formale Elemente

Bei den genannten Autoren finden sich formal gesehen zunächst die gleichen ›Methoden‹ und ›Mittel‹ wie im autochthonen Kabarett. Dieser Schluß liegt auf der Hand, da sich die von Jürgen Henningsen in seiner *Theorie des Kabaretts* (1967) allgemein identifizierten »Methoden der Bewußtseinsbeeinflussung« (Travestie, Parodie, Karikatur, Entlarvung) und die zugehörigen »Mittel« (Irreführung, Auslassung, Abstraktion und Stilisierung, Sprachspielereien) in Karin Yeşiladas Analyse der Texte von Dikmen und Engin im großen und ganzen konkret wiederfinden lassen. Dennoch artikulieren sich in Kabarett und Satire von Migranten immense Differenzen zu den einheimischen Varianten. Şinasi Dikmen selbst verortet den generellen Unterschied zwischen der Literatur von eingewanderten Autor/innen und ›Eingeborenen‹ bereits auf der formalen Ebene: »Wir erzählen geradeaus, ohne Wortfindung und -spielerei. Die Technik ist einfach, die Sprache klar, die Thematik stimmt.« (*taz* 17.10.95). Zweifelsohne wirkt in diesem Sinne das allochthone Kabarett im ersten Moment überaus durchsichtig. Wenn man Hennigsens grundlegender These zustimmt, daß es sich beim Kabarett um ein »Spiel mit dem erworbenen Wissenszusammenhang des Publikums« handelt (1967, S. 9), dann scheint diese Transparenz sich fast wie von selbst herzustellen. Denn der Kabarettist nichtdeutscher Herkunft ist ja konfrontiert mit »ausgezeichnetem« Material: mit »Vorurteilen« bzw. einem »rassistischen Wissen« (vgl. Terkessidis 1998).

Bei näherem Hinsehen jedoch erweisen sich Kabarett und Satire von allochthonen Autoren als zutiefst kompliziert und verwirrend. Vergeblich sucht man allerdings nach einem klar definierten Unterschied zu den autochthonen Formen. Das Verhältnis zum Kabarett der Einheimischen realisiert sich vielmehr in Verschiebungen und Verrükkungen – vor allem in Hinsicht auf Prozesse der Identitätsbildung. Solche Verschiebungen sind vor allem in der angloamerikanischen Literaturwissenschaft der 90er Jahre bemerkt und analysiert worden (vgl. Bhabha 1994; Said 1994). Während in Deutschland manch offenkundig bornierter Literaturwissenschaftler etwa in der Satire von Osman Engin wenig mehr erkennen kann als vordergründige Platitüden (vgl. Hamm 1988, S. 174), äußern sich die interessanten Phänomene strukturell im spezifischen Umgang mit der Rolle des Kabarettisten einerseits und jener des Publikums andererseits.

Identitätsverwirrungen 1: Die Rolle des Kabarettisten

Jürgen Henningsen hat herausgearbeitet, daß der Kabarettist permanent und oft auf paradoxe Weise drei Rollen miteinander vereint. Zunächst stellt er eine Figur dar, mit der er sich gewöhnlich nicht identifiziert: »Mit Brecht könnte man sagen: der Kabarettist ›zeigt‹ seine Figur, er ist sie nicht.« (1967, S. 19). Zum zweiten verkörpert er von seinem Anspruch her jemanden, der auf oppositioneller Mission ist und deshalb ziemlichen Mut braucht. Freilich will er gleichzeitig sein Publikum zum Lachen bringen, und daher muß sein Widerstand mit einer gehörigen Portion Nonchalance versehen sein. Schließlich tritt der Kabarettist aber auch unter seinem eigenen, bürgerlichen Namen auf: Über seinem Programm steht etwa Muhsin Omurca. »Der Kabarettist«, schließt Henningsen, »wirkt vornehmlich nicht durch das, was er sagt oder tut, sondern durch die Nicht-Identität mit einer bestimmten Rolle.« (1967, S. 22).

Beim Kabarett der deutsch-türkischen Künstler wird die Interaktion dieser Rollen auf eine spezifische Weise durcheinandergewirbelt (die Beobachtungen gelten im übrigen selbstverständlich auch für die Satire). In ihrem Kabarett geschieht etwas Seltsames: Zwar führen auch sie bestimmte Figuren vor und markieren damit eine Nicht-Identität mit dem Dargestellten, aber *sie zeigen Figuren, die sie sind.* Der Protagonist/Ich-Erzähler bei deutsch-türkischem Kabarett und Satire ist in den meisten Fällen eine Person, die unter dem bürgerlichen Namen des Künstlers agiert: Engins Hauptfigur heißt wie erwähnt Osman Engin, Dikmens Erzähler Şinasi, Omurca und Pamuk sprechen auf der Bühne von sich selbst. Zudem werden auch keine Bemühungen unternommen, dieses verstörende Zusammenfallen von Autor und dargestellter Person zu verhindern, wenn der Protagonist/Erzähler einen anderen ›Türken‹ spielt. Neben dieser Grenzverwischung fehlt die zweite der genannten Rollen fast vollständig: Im Habitus der Figuren, die ja mit den Künstlern übereinstimmen, verkörpert sich keine sichtbare Opposition. Die Hauptpersonen im deutsch-türkischen Kabarett sind scheinbar naive ›Schelmen‹ – aber im Grunde noch nicht einmal das: Denn im Gegensatz zu den Anti-Helden der klassisch-pikaresken Literatur mangelt es ihnen an lebenspraktischer Tüchtigkeit.

Dieses Durcheinanderwirbeln der Rollen schafft eine immense Verwirrung. Zum einen fällt der deutsch-türkische Kabarettist mit seiner ›Rolle‹ zusammen, womit er aufzeigt, daß der ›Türke‹ in der deutschen Gesellschaft von mannigfaltigen Zuschreibungen erfaßt ist und aus diesem Grund seine ›Rollen‹ nicht an- und ablegen kann wie der Einheimische. Dabei sieht sich auch der deutsch-türkische Kabarettist selbst vom autochthonen Publikum dauernd mit einer Authentizitätsunterstellung konfrontiert: In dessen Augen kann er den ›Türken‹ eigentlich gar nicht spielen, weil er ja einer ›ist‹. Auf der anderen Seite jedoch entzieht er sich dieser Unterstellung, indem er ja gerade nicht er selbst ›ist‹ bzw. das Subjekt, das man unter einem bürgerlichen Namen kennt – denn dieses spielt er ja nur.

So hebt das allochthone Kabarett den Unterschied zwischen Künstlichkeit (Rolle) und Echtheit (bürgerlicher Name, Ich) auf. Dabei werden nicht nur die üblichen Rollen des Kabaretts unterlaufen, sondern auch die immer noch verbreiteten Vorstellungen von Identität. Denn während man sich gewöhnlich das bürgerliche Subjekt als Einheit vorstellt, findet hier jene ominöse Verdoppelung statt, die Homi Bhabha anhand der Werke minorisierter Autor/innen beschrieben hat – »die unheimliche Differenz desselben oder die Alterität der Identität« (Bhabha 1997, S. 110). Im allochthonen Kabarett zeigt sich, daß Migrant/innen – und das sollte mitnichten als Mangel begriffen werden – nicht im traditionellen Sinne identisch werden: Sie bewohnen einen »dritten Raum der Absenz« (ebd., S. 106), der genau zwischen der Behauptung und dem Hinterfragen von Identität liegt.

Identitätsverwirrungen 2: Die Rolle des Publikums

Dieses Verwirrspiel mit der Identität wird schließlich auch auf das Publikum übertragen. »Ist Kabarett«, schrieb Henningsen, »Spiel mit dem erworbenen Wissenszusammenhang des Publikums, dann sind seine möglichen Gegenstände die Bruchstellen dieses Wissenszusammenhangs« (1967, S. 29). Mit solchen Bruchstellen meint er Tabus oder Scheinselbstverständlichkeiten, die übertünchen, daß das Wissen an diesen Stellen nicht integriert sein kann. Dabei ist der eigentliche Ort des Geschehens beim Kabarett (und auch bei der Satire) das Bewußtsein des Publikums: ›Methoden‹ und ›Mittel‹ können nur wirken, wenn das Publikum ›mitarbeitet‹. Die Thematisierung des Wissenszusammenhangs und die Mitarbeit setzen daher auch eine gewisse Homogenität des Publikums voraus. Tatsächlich besteht in den allermeisten Fällen zwischen dem Kabarettisten und seinem gewöhnlich mittelständisch-linksliberalen Publikum eine Art Verschwörung. Der Referent des Lachens und der Kritik befindet sich gewöhnlich außerhalb: Der Kleinbürger, die Regierung etc. Selbst das »Szene-Kabarett«, welches dem Publikum einen Spiegel vorhielt, setzte dennoch voraus, daß Kabarettist und Publikum sich gemeinsam als Teil dieser »Szene« identifizierten.

Das unausgesprochene Einverständnis zwischen Kabarettist/Satiriker und seinem Publikum wird jedoch von den deutsch-türkischen Autoren nachhaltig aufgelöst: Tatsächlich agiert das allochthone Kabarett nicht mit, sondern strukturell gegen das autochthone Publikum. Hier taucht nun äußerst versteckt die Rolle des Oppositionellen doch auf. Denn der Künstler mit Migrationshintergrund, der unter seinem bürgerlichen Namen auftritt und daher quasi sich selbst spielt, zwingt das Publikum letztlich dazu, über seine Person zu lachen. Insofern setzt er sich einer ziemlichen Bedrohung aus. Diese Situation ist gleichzeitig aber auch immens unangenehm für das Publikum, das nicht nur mit seinen ›Vorurteilen‹, seinen rassistischen Wissensbeständen, konfrontiert wird, sondern auch dem »Objekt« dieses Wissens direkt gegenübersteht. Zudem ist rassistisches Wissen ohnehin paradox: Es existiert immer nur unter der Maßgabe seiner Illegitimität (vgl. Terkessidis 1998, S. 49 f.). Die Thematisierung der ›Vorurteile‹ ist für das Publikum nicht zuletzt deswegen so unangenehm, weil es den Widerspruch aushalten muß, etwas über ›Türken‹ zu wissen, aber auch zu wissen, das es diese Dinge über ›Türken‹ eigentlich nicht wissen sollte.

Die deutsch-türkischen Künstler zwingen also die einheimischen Zuschauer/innen und Leser/innen zur Nicht-Identität. Auf eine absurde Weise inszeniert sich der Kabarettist – der ›Türke‹ – dabei als Referenzpunkt der ›deutschen‹ Identität. Schon immer haben »Vorurteile« über bestimmte Gruppen spiegelverkehrt das Eigene der hegemonialen Gruppe bestätigt. In der heutigen Bundesrepublik ist es aber vor allem die als homogen betrachtete Gruppe der ›Türken‹, die häufig mit Straffälligkeit, Misogynie oder Fundamentalismus identifiziert wird, die der vollkommen heterogenen deutschen Gesellschaft vermittelt, daß sie zum einen überhaupt noch eine einheitliche Identität besitzt (vgl. Räthzel 1997) und zum anderen, daß diese Identität rechtsstaatlich, gleichberechtigt und demokratisch ist (vgl. Jäger 1996, Jäger et al. 1998). Da der ›Türke‹ somit das positive Selbstbild der Autochthonen garantiert, stellt das Klischee des ›Türken‹ – verkörpert im deutsch-türkischen Kabarettisten oder Satiriker – eben auch einen Punkt dar, von dem aus diese Vorstellung angegriffen werden kann. Der Kabarettist führt dem einheimischen Publikum an sich selbst dessen Identität vor wie auch dessen rassistische und ausgrenzende Prämissen und das ist schwer zu ertragen. Wie schwer, zeigt sich insbesondere dann, wenn die Kabarettisten die ›Vorurteile‹ der liberal-mittelständischen Öffentlichkeit thematisieren: Es wurde bereits erwähnt, daß bei Vorstellungen von ›Knobi-Bonbon‹ bis zu zwei Dritteln der Anwesenden das Theater verließen.

Nun weist Yeşilada darauf hin, daß das Besondere des deutsch-türkischen Kabaretts nicht zuletzt in seiner »Doppelperspektive« liege: »Es werden nicht nur deutsche Verhaltensmuster und Denkstrukturen angegriffen, sondern auch türkische Eigenschaften.« (1997, S. 538). Zweifellos richten sich die Interventionen der genannten Autoren zumindest implizit auch an ein Publikum türkischer Herkunft (doch kann man vermuten, daß sie real hier erst langsam unter der jüngeren, gebildeteren Schicht Fuß fassen). Allerdings verdeutlicht das Verwirrspiel mit der Identität, daß letztlich genau die scharfe Trennung zwischen dem angeblichen ›Deutschen‹ und dem angeblich ›Türkischen‹ attackiert wird. Kabarett und Satire allochthoner Autoren zeigen eben, daß der ›Türke‹ ohne den hegemonialen Blick ebensowenig existiert wie eine deutsche Identität ohne die Konstruktion des ›Türken‹. Insofern scheint die Betonung dieser »Doppelperspektive«, wie Yeşilada ebenfalls ironisch bemerkt (ebd.), wohl eher der Entlastung des einheimischen Publikums zu dienen.

Veraltete Aufklärung?

Mit ihrem grundlegenden Ansatz bleiben Kabarett und Satire von Autoren mit Migrationshintergrund letztlich dem Prinzip der Aufklärung verhaftet: Sie thematisieren die ›Vorurteile‹ als Bruchstellen des erworbenen Wissenszusammenhangs und drängen auf eine Integration des Wissens. Dies verweist selbstverständlich auch auf die Beseitigung der gesellschaftlichen Mißstände, die mit dem ›rassistischen Wissen‹ verleugnet oder legitimiert werden. Angesichts des Übergangs des einheimischen Kabaretts zur »Comedy«, stellt sich allerdings die Frage, ob diese Aufklärung noch funktionieren kann. Denn solche literarischen Formen benötigen ein Publikum, das diesen Bruch tatsächlich noch als Bruch und als unangenehm empfindet. Wenn man sich heute dagegen die Inszenierung von ›Ausländern‹ in der »Harald-Schmidt-Show«, in der »Bully-Parade« oder anderen Comedy-Sendungen anschaut, so zeigt sich, daß hier Brüche zwar aufgegriffen werden, aber ihre Integration auf eine neue ›postmoderne‹ Weise nicht mehr zur Debatte steht. Auch diese Comedy-Shows inszenieren Klischees vom ›Ausländer‹: Doch unter der Maßgabe der Ironie erzählt man letztendlich rassistische Witze. Insofern wird das rassistische Wissen hier nicht unterlaufen, sondern augenzwinkernd bestätigt: Das autochthone Publikum lacht gewissermaßen über das eigene Lachen. Die Illegitimität des rassistischen Wissens, der Bruch mit anderen Wissensbeständen, werden hier nicht mehr bearbeitet, sondern schlicht in affirmativer Weise übergangen.

»Es ist bezeichnend«, schreibt Karin Yeşilada, »daß die deutsche Literaturwissenschaft Engins Beitrag bis jetzt verschlafen hat ...« (1997, S. 554). Tatsächlich hat die hiesige Literaturwissenschaft das Phänomen des Kabaretts und der Satire allochthoner Autoren generell »verschlafen«. Allerdings bietet diese Ignoranz unter Umständen die Möglichkeit, bei der hoffentlich bald beginnenden Auseinandersetzung mit diesen Kunstformen auf die avancierten Konzepte der angloamerikanischen Literaturwissenschaft zurückzugreifen. So könnten in der Analyse sinnvoll Begriffe angewandt werden, die etwa in den *postcolonial studies* geprägt wurden: etwa Homi Bhabhas Begriff der »Hybridität« (1994) oder Edward Saids Vorstellung einer »voyage in«

(1993, S. 329). Ganz sicher verdienen die hier beschriebenen Varianten kultureller Mischarbeit eine weit intensivere Beachtung, als ihnen bislang zuteil wurde.

Literatur

Dikmen, Şinasi: *Wir werden das Knoblauchkind schon schaukeln.* Berlin: EXpress Verlag 1983.
– *Der andere Türke.* Berlin: EXpress Verlag 1985.
– *Hurra, ich lebe in Deutschland.* München: Piper 1995.
Engin, Osman: *Deutschling.* Berlin: XXX 1985.
– *Alle Dackel umsonst gebissen.* Berlin: XXX 1989.
– *Der Sperrmüll-Effendi.* Reinbek: Rowohlt 1991.
– *Alles getürkt!* Reinbek: Rowohlt 1992.
– *Dütschlünd, Dütschlünd übür üllüs.* Berlin: Dietz 1994.
– *Kanaken-Gandhi.* Berlin: Elefanten Press 1998.

Sekundärliteratur

Appignanesi, Lisa: *Das Kabarett.* Stuttgart 1976.
Bhabha, Homi: *The Location of Culture.* London/N. Y. 1994.
– : »Die Frage der Identität«. In: Bronfen, Elisabeth/Marius, Benjamin/Steffen, Therese (Hg.): *Hybride Kulturen.* Tübingen 1997.
Hamm, H.: *Fremdgegangen – freigeschrieben.* Würzburg 1988.
Henningsen, Jürgen: *Theorie des Kabaretts.* Ratingen 1967.
Jäger, Margret: *Fatale Effekte – Die Kritik am Patriarchat im Einwanderungsdiskurs.* Duisburg 1996.
– /Cleve, Gabriele/Ruth, Ina/Jäger, Siegfried: *Von deutschen Einzeltätern und ausländischen Banden – Medien und Straftaten.* Duisburg 1998.
Prüss, Jens: »Das Kabarett im zweiten Biedermeier – Ausblick in die 90er«. In: *Die Horen* 40/1, Nr.177 (1995), S. 223 ff.
Rothlauf, E.: *Theorie und Praxis im westdeutschen Kabarett.* Diss. Erlangen-Nürnberg, 1994.
Räthzel, Nora: *Gegenbilder – Nationale Identität durch Konstruktion des Anderen.* Opladen 1997.
Said, Edward: *Kultur und Imperialismus.* Frankfurt a. M. 1994.
Terkessidis, M.: *Psychologie des Rassismus.* Opladen/Wiesbaden 1998.
Yeşilada, Karin .E.: »Schreiben mit spitzer Feder – Die Satiren der deutsch-türkischen Migrationsliteratur«. In: J. Reulecke (Hg.): *Spagat mit Kopftuch – Essays zur deutsch-türkischen Sommerakademie.* Hamburg 1997.

(Für Hilfen und Anregungen möchte ich mich bei Karin Yeşilada bedanken.)

3. Musik – Mikrointervalle und Polyrhythmen

Hans-Dieter Grünefeld

Produzenten wie Produkte der Kunst, Literatur oder Musik lassen sich kaum sozial eindeutig plazieren. Haben sie sich profiliert, sind sie zumeist auch international im Blick. Oft läßt sich eine Rangskala von lokaler, regionaler, nationaler und zuletzt internationaler Resonanz feststellen. Bestimmte Musik auf (ehemalige) Arbeitsmigranten als Produzenten und/oder Adressaten zu fixieren, würde das Phänomen unzulässig verkleinern. Hinzu kommt, daß Musik in der Migration mit dem bereits vorhandenen Rahmen verbunden ist, nämlich dem der ›ernsten‹ Musik, des Jazz, des Pop und Rock, der Folklore und sogenannter Ethno- oder Weltmusik. Während insbesondere Folklore und Schlager schon aufgrund der verwendeten Sprachen kaum außerhalb der eingewanderten Nationalitäten von Interesse waren und sind, konvergierten andere Sparten allmählich zu Konzepten und Trends des dominanten Musikmarkts. Entscheidend für die Resonanz von Musik im Kontext der Migration dürfte aber der Grad ihrer Professionalität bei der Darbietung und Vermarktung sein. Der Weg zur akzeptierten Musik, die ihre Impulse aus der Erinnerung an und dem kulturellen Kontakt zu den ehemaligen Anwerbeländern bezieht, führt durch den kaum durchschaubaren Dschungel lokaler wie regionaler Konzerte und Festivals zum nationalen wie globalen CD-Markt.

Deutsche Schlager und die Sehnsucht nach Glück

Einwanderer von der Peripherie Europas landeten zu einer Zeit in West-Deutschland, als die Weichen ins Zeitalter der elektronischen Medien gestellt wurden: mittels Radio und insbesondere Fernsehen begannen neue Formen des kulturellen Diskurses. Die Menschen versammelten sich vor diesen Geräten und bauten sie in ihren Lebensalltag ein (Glaser 1991, S. 254ff.). In der Musik erreichten zweifellos Schlager, auf Massenerfolg getrimmte Lieder und als solche »Produkte für einen saisonalen Markt« (Port le roi 1998, S. 9), die Ohren der Mehrheit. Ihre Botschaften erzeugten und sublimierten Bedürfnisse, die auch kennzeichnend für die historische Phase waren, in der sie entstanden.

Sehnsucht ist das Gefühl, das in Deutschland schon vor der Anwerbung ausländischer Arbeiter ständig in die Gemüter schwappte. Und zwar in doppelter Funktion: zum einen als Wunsch nach Geborgenheit und einer ›heilen Welt‹, um Krieg und Zerstörung nach 1945 zu vergessen, zum anderen als Projektion eines Pseudo-Paradieses in ein imaginäres Südland (vgl. Kroymann 1987), um vermeintliche Defizite im Lebensgefühl auszugleichen. Nirgends anders als im deutschen Schlager sind diese Sehnsüchte immer wieder und immer wieder neu variiert und penetrant beschworen worden. Dabei war ausgerechnet Italien, das erste offizielle Anwerbeland für Arbeiter in den 50er Jahren, zeitgleich der Favorit für solche Sentimentalitäten (vgl. Port le roi 1998, S. 37, 80). Die »Caprifischer«, 1943 bzw. 1948 von Rudi Schurike besungen und Lieder wie »Arrividerci Roma« aus dem Jahre 1956 von Gerhard Wendland sind lediglich zwei Beispiele für solche »Idyllengemälde«. »Als das reale Italien nun verstärkt bereist wurde, verschwanden die gröbsten Vereinfachungen aus den Schlagertexten« (ebd., S. 85). Dieser Trend wurde Ende der 50er Jahre, gemäß den Reisezielen deutscher Urlauber, zum »Mittelmeerschlager« ausgebaut (Glück 1982, S. 7).

Während Südeuropa von Millionen Tourist/innen aus Deutschland ›erschlossen‹ wurde, summierten sich die Migranten in Deutschlands Wirtschaftswunder ebenfalls zu Millionen. Viele Schlagerstars sind selbst Einwanderer; sie sind wegen der Arbeit nach Deutschland gekommen, und viele haben sich hier niedergelassen. Der Band *Schlager in Deutschland* (Helms 1972) nennt im alphabetischen Register ca. 50 Personen, auf die dieses Merkmal zutrifft. Dabei sind so bekannte Namen wie Peter Maffay (Rumänien), Howard Carpendale (Republik Südafrika), Vicky Leandros (Griechenland), Salvatore Adamo (Sizilien bzw. Belgien), Daliah Lavi und Bata Ilic (Jugoslawien), Udo Jürgens (Österreich), Olivia Molina (Dänemark bzw. Mexiko), Peggy March, Billy Mo und Bill Ramsey (USA) und Caterina Valente (Frankreich). Als Kuriosum ist zu erwähnen, daß der Jodler Takeo Ischi, ein Japaner, der mit einer Deutschen verheiratet ist, als »Kehlkopfakrobat« bei Volksmusikveranstaltungen sowie im Fernsehen viel bestaunte Erfolge hat (Fuß 1992, S. 74). Dieser Befund hat aber keinen Bezug zur Arbeitsmigration als sozialem Prozeß, er wurde jedenfalls nirgends ernsthaft thematisiert. Für Künstler/innen ist eben ein gewisser Kosmopolitismus sogar vorteilhaft.

Fragwürdige Reaktionen auf die Anwesenheit von italienischen Arbeitsmigranten in Deutschland hörte man zuerst 1962 in »Zwei kleine Italiener« von Conny Froboess. In diesem Lied warten sie »am Bahnhof, da kennt man sie / sie kommen jeden Abend / zum D-Zug nach Napoli« und »schauen hinterdrein« (Text vgl. Sperr 1978, S. 289). Im Umkehrschluß ist Deutschland keine Idylle, jedenfalls nicht für italienische Arbeiter. Ihre Sehnsucht ist entgegengesetzt: nach Hause. So zeigt dieser Schlager eine Mitleidspose, »weil die [Italiener] zum Arbeiten und nicht zum Baden ins Ausland fahren« (Glück 1982, S. 7). Ebenso wirbt der Hit »Griechischer Wein« von Udo Jürgens noch im Jahre 1975 um Mitleid. Gesellschaftliche Verantwortung ist in diesen und zahlreichen anderen Texten unbekannt (vgl. Sperr 1978).

Mitleidige Solidarität: Folk und politische Lieder

Als ab Mitte der 60er Jahre der wirtschaftliche Aufschwung einknickte und studentischer Protest das Establishment verwirrte, war auch die ungetrübte Sehnsucht dahin. Waren bis dahin schon der Rock 'n' Roll und die Beatmusik in den Schlagermarkt eingebrochen, entwickelte sich etwa zeitgleich ein Interesse an internationaler Folklore und politischen Liedern, gesungen zur Begleitung akustischer Gitarren (vgl. Miller/Schulze 1998, S. 281 ff.). Mit den Songs von Bob Dylan und anderen Folksänger/innen aus den USA manifestierte sich eine ganz andere Sehnsucht, nämlich die nach Gerechtigkeit. Diese Musik hatte »weltweite Auswirkungen« (Frey/Siniveer 1987, S. 221). Auch das Pathos der Befreiungsbewegungen in Lateinamerika fand in

Deutschland mit der Verbreitung der Lieder von Victor Jara ein Echo (ebd. S. 224 f.). Nachdem in Griechenland das Militär 1967 geputscht hatte, ging Mikis Theodorakis ins Exil nach Frankreich. Seine Kompositionen für den Film ALEXIS ZORBAS hatten ihn berühmt gemacht, und seine »künstlerische Volksmusik« (Theodorakis 1987, S. 153), insbesondere jedoch seine Vertonung des »Canto General« des chilenischen Nobelpreisträgers Pablo Neruda aus dem Jahre 1971, knüpfte an das Motiv der Solidarität an, wie sie die nord- und südamerikanischen Folksänger/innen propagierten.

Gerechtigkeit und Solidarität strebten auch Liedermacher in Deutschland an, so vor allem Franz Josef Degenhardt, der 1966 mit »Tonio Schiavo« eins der ersten »Gastarbeiterlieder« schrieb (Degenhardt 1977, S. 69). Gerade aber diese Ballade »erweckt beim Zuhörer gemischte Gefühle.« Neben möglichem »Mitleid mit dem Betroffenen entsteht eine gewisse Wut auf den hitzköpfigen Südländer, der immer ein Klappmesser bei sich trägt, bereit, jede Beleidigung mit Blut zu waschen« (Picardi-Montesardo 1985, S. 41).

Eine neue Etappe setzte mit dem Chanson »Mein Mann ist Perser« (1982) ein, von der Kabarettistin Lisa Fitz mit einer orientalisierenden Melodie auf einem stampfenden Rockrhythmus gesungen. Auch sie skandiert Vorurteile: »Mein Mann ist Perser / ein ganz Perverser / Teppichhändler Frau'nvernascher / Fixer Wichser Dealer Hascher / chauvinistisch drogensüchtig / schreiben kann er auch nicht richtig.« Doch sie »boxt« diese Schlagworte satirisch ins Absurde, wodurch sie auf die Absender zurückprallen. Bis heute sind solche satirischen Relativierungen allerdings die Ausnahme. Die Folk- und Liedermacherszene blieb, zumindest was die Migrationsthematik betrifft, provinziell.

Die Kassetten-Jahre: Musikkonsum und erste Lieder der Migranten 1955–1973

Schlager und Volksmusik sind auch die bevorzugten Sparten, für die sich die Arbeitsmigranten der ersten Generation im allgemeinen interessieren: »Nahezu gleichlautend geht aus sämtlichen Forschungsberichten die große Bedeutung der Musik für die Ausländer hervor. Das belegen zum einen die Daten über Mediennutzung und Programmpräferenzen, zum anderen aber auch die zahlreichen Plattenspieler und Kassettenrecorder in den Ausländerhaushalten. Vor allem der Bedarf nach Musik aus der Heimat ist enorm groß. [...] Dabei beschränkt sich dieser Bedarf keineswegs auf traditionelle oder folkloristische Musik, sondern die Ausländer verfolgen auch mit großem Interesse, was sich zu Hause auf dem Schlager- und Pop-Markt tut« (Darkow/Eckhardt 1985, S. 105).

Unterschiede zu den Musikinteressen der deutschen Mehrheit sind kaum vorhanden (ebd., S. 145). Dennoch: die Musik der Herkunftsländer hat für die Migrant/innen eine ganz andere Funktion. Außer nostalgischen Erinnerungen festigt sie kulturelle und vor allem sprachliche Bindungen. Als Darkow und Eckhardt ihre Untersuchung durchführten, hatten Wünsche nach mehr Musiksendungen im Radio absolute Priorität (ebd., S. 156). War doch der Musikkonsum der ersten Jahre nach den Anwerbungen auf den Import von Kassetten aus den Herkunftsländern beschränkt. Auch Nedim Hazar hat in seiner Darstellung »Die Saiten des Saz in Deutschland« (1998, S. 285) auf die exponierte Bedeutung der Musikkassetten für Migranten aus der Türkei bis in die 70er Jahre hingewiesen. Genauso wichtig waren aber auch *aşıks* (Volkssänger), die noch vor der Verbreitung von Kassetten in den Wohnheimen bzw. bei Festen mit selbst komponierten Liedern für den notwendigen musikalischen Rahmen sorgten. Die wichtigsten Themen dieser Lieder war »Gurbet« – die Fremde. In dieser Zeit überwogen Unzufriedenheit und Ressentiments. Das häufigste Thema aber ist die Sehnsucht nach der Heimat, die in Texten oft als Vorwürfe gegen den türkischen Staat zum Ausdruck kommt: »Du hast uns an Deutschland verkauft« (zit. ebd., S. 23). Solche Tendenzen könnten bei Sängern anderer Nationalitäten auch zu beobachten sein. Leider liegen dazu keine Untersuchungen vor. Sicher ist jedoch, daß die Volksmusik, ob von Kassette oder selbst praktiziert, ein wesentlicher Faktor kultureller Identifikation war. Immerhin wurden mediterrane Volkstänze, vor allem der Bauchtanz, vermutlich durch Vorführungen bei »Ausländerfesten« oder in Kulturtreffs auch in Deutschland populär (vgl. Jachmann 1985, Chiellino 1988, S. 230–246).

Insofern hat sich in den 60er Jahren eine Basis für spätere Entwicklungen gebildet: ohne direkt miteinander zu korrespondieren haben sich doch die Wege internationaler und nationaler Folkmusik mit Importen aus den Herkunftsländern gekreuzt. Nicht zuletzt hatte für die Einwanderer aus Griechenland Theodorakis' Popularität in Deutschland einen gewissen Stellenwert, und zwar auch deshalb, weil er zusammen mit dem türkischen Liedermacher Zülfü Livaneli 1987 die LP »Together« aufgenommen hatte, die 18 Monate die türkischen Hitparaden anführte. Bereits 1983 konnte eine Kooperation von Livaneli und Maria Farantouri ähnliche Erfolge verbuchen: Ihre LP »Ensemble« erhielt u.a. den Preis der deutschen Schallplattenkritik. Beide Projekte können als willkommenes Signal zur Völkerverständigung gewertet werden. Ebensolche Funktion hatten wohl auch die Lieder von Victor Jara und die Stücke der Folkensembles ›Inti Illimani‹ und ›Quilapayun‹ für die spanischsprachigen Migranten (vgl. Frey/Siniveer 1988, S. 224). Zumal Schallplatten mit ihrer Musik auf dem deutschen Markt u.a. beim Label ›Pläne‹ bestellt werden konnten. Vor dem Anwerbestop im Jahr 1973 war also eine Szene vorhanden, zu der Musiker Zugang fanden, die entweder als Exilierte, als DAAD-Stipendiaten oder als Nachwuchskünstler mittlerweile eingewandert waren.

Über Ethnobeat, Weltmusik und Crossover

Jedes bessere Musikblatt hat eine Rubrik Ethnobeat, Weltmusik oder Crossover. Darin wird meist summarisch über Konzerte berichtet, es werden CDs rezensiert oder Künstler porträtiert, die sich nicht in die herkömmlichen Schubladen einordnen lassen. Anthologien mit Aufnahmen außereuropäischer Musik, Fusionen divergierender Musikkulturen oder –stile sind dort ebenso abgelegt wie folkloristisch inspirierter Jazz oder Rock; kurz: Mixturen jeglicher Art. Was fremd klingt, gehört zu einer Welt außerhalb, daher Weltmusik – Europas Zugänge zum Rest der Welt. Die

Begriffe sind so willkürlich und diffus wie die Zuordnungen. Musik und Musiker im Prozeß der Migration können deshalb die zweifelhafte Ehre haben, in diesen Diskurs über Weltmusik aufgenommen, oder aber das Pech, ignoriert zu werden. Der Grat zwischen Anerkennung und Makel ist schmal.

Eigenständige Musikproduktion seit 1973

Das Problem der Synthese von kulturell differenten Musiksystemen

Die erste Formation, die aus dem Kontext einer sich herausbildenden Migrationskultur entstand und den republikanischen Zielen der Liedermacher und der Folkmusik verbunden war, war der gemischte ›Türkische Arbeiterchor West – Berlin‹. Der Violinist und Komponist Tahsin Incirci (geb. 1938 in Devrek/Türkei), der 1961 als DAAD-Stipendiat nach Deutschland kam, gründete diesen Chor 1973, der erste Arbeiterchor in der Geschichte der Türkei überhaupt, allerdings, und das ist sicherlich symptomatisch, im Exil. Nicht nur bei seinen Landsleuten machte dieser Chor Furore, auch die alternative Szene in Deutschland, vor allem die sozialistisch geprägte, war tief beeindruckt von dieser »Pioniertat«. Denn »die Tradition des Volksliedes zu bewahren und zu pflegen – Lieder, die vom Kampf gegen feudalistische Unterdrückung erzählen [...] ist ein wichtiges Anliegen des Chores. Sie studieren ihre Lieder nach dem Gehör ein und singen sie auswendig, denn die wenigsten kennen die Notenschrift. Und doch ist, was sie vortragen, schwierig und anspruchsvoll« (F. W. 1975). Die türkischen Sänger/innen kamen zu 80% aus der Arbeiterklasse; die Instrumentalisten waren hingegen zumeist Deutsche und ausgebildete Musiker. Eine doppelte Premiere also, wodurch der Chor eine Funktion als Relais erhielt, nämlich eine eigenständige politisch motivierte Musik sowohl in Deutschland als auch in der Türkei zu repräsentieren und kulturell zu vermitteln. Incircis Kommentar zur Wirkung des Chores bestätigt diese Einschätzung: »Unsere Lieder sind bei Gewerkschaftsdemonstrationen, bei Streiks usw. gesungen worden. Die 70er Jahre bis zum neuen Putsch Anfang der 80er Jahre waren für die türkische Arbeiterbewegung eine wichtige Zeit. Die Kunst hat dieser Bewegung viele Impulse gegeben« (Incirci 1988, S. 201). Beispiele dafür sind, mit der Sängerin Sümeyra, auf der LP »Lieder für den Frieden und Lieder aus der Fremde« (1979) zu hören.

Vertonungen von Gedichten des revolutionären türkischen Dichters Nazim Hikmet, einem Freund Pablo Nerudas, haben im Repertoire des Türkischen Arbeiterchors einen herausragenden Status. Als »künstlerische Volksmusik« verknüpfen sie Incircis ästhetische Konzeption ideell mit der von Theodorakis. Außerdem hat Incirci mit dem deutschen Rezitator »Lutz Görner spricht Nazim Hikmet« (1981) aufgenommen, was seine Ambitionen als Kulturvermittler unterstreicht. Für ihn wie für viele andere Musiker/innen aus der Türkei ist die Volksmusik eine allgemein bekannte Referenz, auf die sie sich gerne berufen. Solche Haltung setzt fundierte Kenntnisse und eine emotionale Affinität zur Tradition voraus. Referenz bedeutet, daß türkische Volksmusik aus dem ursprünglichen Kontext herausgelöst und für einen neuen adaptiert wird. Kurz: vorhandene Melodien, Tänze oder Phrasen werden in eine andere kulturelle Sphäre transformiert. Eine Methode, die auch in der Türkei selbst aufgrund der dort von deutschen Musikern seit Beginn dieses Jahrhunderts neu strukturierten Musikausbildung beeinflußt worden war (vgl. Akdemir 1991, S. 27–85).

Deshalb stuft Incirci seine Kompositionen auch als »Neue Türkische Musik« ein: Sie ist im westeuropäischen Sinn mehrstimmig. Völlig abweichend von traditionaler türkischer (wie auch arabischer und anderer mediterraner) Musik, die auf einstimmigen ›makams‹ (festgelegte Skalen) basiert (vgl. Chottin 1980, Reinhard 1980). Anders gesagt: Lineare Parameter wie Melodien werden ins Vertikale verschoben, an systemfremden Akkorden befestigt. Außerdem haben ›makams‹ kleinere Tonabstände als die, die für die temperierten europäischen Ganz- und Halbtonintervalle typisch sind. Diese Mikrointervalle, in der türkischen Musik ›Kommas‹ genannt, bringen »in der Mehrstimmigkeit große Schwierigkeiten, weil die Musik untemperiert ist. Ich wähle Lieder, die [in das europäische System] passen«, um so »eine Synthese zu schaffen« (Incirci 1988, S. 202/203).

Erst nach einer solchen Bearbeitung des musikalischen Materials ist es möglich, westliche Instrumente wie Klarinette, Oboe, Saxophon oder Klavier neben Saz, Kanun und Darbuka ins Arrangement einzubeziehen. Incirci erreicht so eine erhebliche Erweiterung des Ensembleklanges und steuert mittels kontrapunktischer Stimmführung den Kurs rationaler Kunstmusik, die in ihrer formalen Strenge an Werke seines großen Vorbildes Bela Bartók erinnert. Wenn für die Hörer/innen aus der Türkei die Mehrstimmigkeit und Instrumentation ungewohnt war, eine Tatsache, die sich nicht negativ ausgewirkt hat (ebd., S. 203), so hatten für das an abendländischen Standards geschulte Publikum in Deutschland die nasalen oder ornamentalen Phrasierungen der Melodien und vor allem die ungeraden Metren zum Beispiel 7/8 oder 9/4 statt 4/4 oder 3/4 oft einen exotischen Reiz, präsentieren sie doch ein ganz anderes Zeitmaß, ein Gefühl, Zeit als »erfüllt« zu erleben (Ivanoff 1998, S. 68). Auf der LP »Wir kommen von weit her…« (1986) sind, instrumental und mit der Sängerin Sema, einige Stücke dieser Art auf hohem interpretatorischen Niveau zu hören. Sema, die 1980 nach Berlin kam, hat sich in den letzten Jahren selbständig gemacht und als eine der stilistisch vielseitigsten Musikerinnen aus der Türkei profiliert; neben politischen Liedern singt sie Jazz, wobei der prominente Saxophonist Charlie Mariano ihr assistiert (Greve 1997, S. 58).

Die Idee einer Verklammerung vermeintlich inkompatibler Musiksysteme ist nicht neu. Unter verschiedenen Bedingungen, anderen Interessen und Lösungen hatten Komponisten wie Bartók, István Kodály, George Enescu, Leoš Janácek, Alois Hába, Aram Khatschaturiam und Igor Strawinski bereits eine gewaltige Vorarbeit geleistet und hohe Maßstäbe angelegt. Incirci fügt diesem Mosaik ein weiteres Steinchen hinzu, nämlich seinen bikulturellen Stil. Spätestens jetzt wird deutlich, daß Musik in der Migration nicht nur simple Reminiszenz ist oder in einem Vakuum entsteht. Musiker/innen entwerfen je individuell Konzepte und verbinden sie mit eigenen Erfahrungen.

Der dominante Orient – Trend con variazione: Folklore in der Kunstmusik

Ohne Zweifel hat der Orient-Trend nachhaltig die Wahrnehmung von Musik in der Migration geprägt. Dieser Einfluß soll hier exemplarisch beschrieben werden. In seiner Publikation »Alla Turca-Musik aus der Türkei in Berlin« (1996) stellt Martin

Greve dieses Thema mit beinahe erdrückender Informationsfülle vor, berücksichtigt jedoch außer den Kurden keine andere Nationalität.

Der ›Türkische Arbeiterchor‹, das Instrumentalensemble ›Kreuzberger Freunde‹, das Incirci 1982 gründete, und sein jetziges Ensemble ›Raksan‹ sind Modelle, die hierzulande als erste Prinzipien für die Entwicklung einer Begegnung von Orient und Okzident im Medium Musik bereitstellten. Keine andere Formation hatte vor ihnen eine vergleichbare öffentliche Resonanz und regte derart viele neue Varianten solcher Synthesen oder Fusionen an. In bezug auf die Rezeption sind sie in Deutschland nun ein dominanter Trend und, in erweitertem Blickfeld, ein Relais zur Weltmusik.

Der Sazspieler Adil Arslan (geb. 1962 in Tunceli/Türkei), der seit 1979 in Berlin lebt, befaßte sich 1986 mit Semah–Tänzen, die zu den Zeremonien der Alewiten gehören. Carlo Domeniconi, ein Gitarrist, der eine Zeitlang in Istanbul gearbeitet hatte, arrangierte diese Stücke für ein Kammerensemble und Saz (eigentlich: bağlama = türkische Langhalslaute). Die untemperiert gespielte Saz erzeugt ›unreine‹ Schwingungen und Kontraste zu den europäischen Instrumenten, so daß die Klänge auf dem »West – Östlichen Divan« (Titel der LP) flimmern. Eine Fortsetzung dieses Konzepts ist das »Concerto di Berlinbul for Saz, Guitar and Chamber Orchestra« (1988) (vgl. Greve 1997).

Wegweisend für zeitgemäße Begegnungen mit islamischen und anderen mediterranen Musikkulturen primär des Mittelalters ist seit 1986 das ›Ensemble Sarband‹. Sein Gründer und Leiter Vladimir Ivanoff (geb. 1957 in Bulgarien), studierte und promovierte in München als Musikwissenschaftler und -ethnologe. Er ist sowohl der Mentor dieses Projekts mit Musikern aus neun Staaten wie auch Komponist, Arrangeur und Interpret. Sein Ziel ist nicht, Ost-West-Synthesen post festum zu produzieren. Das Repertoire speist sich vielmehr aus der Wiederentdeckung lange Zeit ignorierter oder verdrängter Werke mittelalterlicher Tonkunst, insbesondere sakraler Vokalmusik und Musik kultureller Minderheiten wie den Sepharad-Juden, die zur hispanisch-arabischen Tradition gehörten. Für Ivanoff ist die Beobachtung wesentlich, daß disparate Musikzonen nicht unbedingt isoliert, sondern durchaus zum Dialog fähig waren. Deshalb legt Ivanoff Wert darauf, daß Programme europäische Traditionen mit arabischen oder anderen gleichrangig konfrontieren, etwa auf der CD »The Emperors«, wo Musik der Höfe Friedrich II. von Sizilien und Timur Lengs in Samarkand (heute: Usbekistan) zu hören ist. Verbindungen werden erkennbar, und Okzident und Orient waren gar nicht so rigoros voneinander abgeschottet, wie es aus heutiger Sicht erscheint. Originale Instrumente oder deren Nachbauten geben Sarband einen schwebenden Sound, wie er vor der Durchsetzung temperierter Stimmung geklungen haben mag. Mit bemerkenswerter Kontinuität haben sich die Sarband-Musiker als Interpreten Alter Musik und auch traditionaler Volksmusik über ein Jahrzehnt und einem halben Dutzend CD-Produktionen auf dem internationalen Markt behaupten und eine Spitzenposition erlangen können.

Mit »Leyla und Medjnun« ist eine archaische Liebesgeschichte des Orients während er I. Münchner Biennale für die Opernbühne inszeniert worden. Der damals 28 Jahre alte Komponist Detlev Glanert hat sich mit dem türkischen Ud-Spieler Mehmet Yeşilçay, der während der Uraufführung auch den Solopart für den Ud (Kurzhalslaute) übernahm (Schreiber 1988), intensiv darauf vorbereitet. Auch das Libretto ist binationalen Ursprungs: der Dichter Aras Ören verfaßte es gemeinsam mit seinem Kollegen Peter Schneider, und es verlangte Akrobatik im Umgang mit zwei Sprachen, nämlich Türkisch und Deutsch. Außerdem waren die Rollen international besetzt. Erstmals waren Migrant/innen in so beachtlichem Maß aktiv am etablierten Medium Oper beteiligt. Leider gibt es weder eine Tonaufnahme noch ein Video, so daß auf einen Ohrenzeugen, Wolfgang Schreiber von der Süddeutschen Zeitung, verwiesen werden muß. Er attestierte diesem Werk eine »Kunst der feinsten Übergänge« und fand es letztendlich »großartig« (vgl. ebd.).

Bei dieser Oper hat sich also eine ebenso seltene wie gelungene Akkulturation von West nach Ost vollzogen. Zwar hat Glanert keine Klangsynthese komponiert, Folkloristisches und europäische Kunstmusik koexistieren im Wechsel von Spielebenen. Aber diese Aufführung hat die Münchner Biennale als eines der bedeutendsten Festivals zeitgenössischen Musiktheaters noch zehn Jahre nach dem Premierenerfolg beeinflußt. Das Festival hat programmatisch »Abschied vom musikalischen Eurozentrismus« genommen, und, wie der Leiter Peter Ruzicka meinte, einen »Dialog der Kulturen« eröffnet. Demonstrativ stellt das Magazin zum VIII. Festival Toshio Hosokawa aus Japan und Sandeep Bhagwati aus Indien vor, die in ihrer Musik eben diesen Dialog von Ost nach West führen (1998). Wohl ganz unabhängig von interkulturellen Projekten haben die Veranstalter den Orient-Trend als »sehr ernstzunehmenden Versuch« betrachtet, »zu einer ›zweiten Moderne‹ vorzustoßen« (Ruzicka 1998, S. 1).

Möglicherweise ist Betin Güneş (geb. 1957 in Istanbul), seit 1988 Dirigent des Kölner Sinfonieorchesters, bereits auf diesem Weg. Denn er gilt (laut Covertext der CD »Posaune in Europa«) als einer der führenden zeitgenössischen Autoren für Posaune und ist mit über fünfzig Werken, davon sechs Sinfonien, je ein Posaunen-, Klavier- und Klarinettenkonzert und viele Stücke für Kammerbesetzungen, ein sehr produktiver Komponist. Güneş war auch DAAD-Stipendiat und schloß in Deutschland seine Studien ab. Obwohl der Experte für türkische Musik Martin Greve meint, Güneş sei Eklektizist, ist diese Behauptung zumindest zu pauschal (Greve 1998, S. 55). Güneş' Stil ist nicht so strikt wie Incirci auf bestimmte Merkmale festgelegt, er befaßt sich mit Ost-West-Synthesen ebenso wie mit atonalen Fakturen, mit impressionistischen wie mit elektronischen Klängen. Kitschige Stereotypen eines Pseudo-Orientstils kennzeichnen ca. ein Drittel der Stücke des von Güneş geleiteten ad hoc Projekts ›United People Symphonic Orchestra – Avayava‹ mit Musikern aus acht Staaten, dessen CD immerhin bei EMI erschien. Solider und konstanter hingegen ist das freie und ebenfalls international besetzte ›Mondial Philharmonic Orchestra‹, mit dem Güneş seine 6. Sinfonie 1999 in Essen uraufführte. In diesem Werk wandte sich Güneş mit ungeraden Metren sowie melodischen und präzisen folkloristischen Einsprengseln im 3. Satz orientalischen Motiven zu. Für seine Werke erhielt er mehrfach internationale Auszeichnungen.

›Alla Turca-Alla Franga‹ ist Name und Programm eines Bremer Duos: Andreas Lieberg (Gitarre) und Can Tufan (Gesang), das seit 1987 gemeinsam auftritt. Lieder türkischer und zypriotischer Herkunft und auch vertonte Texte von Nazim Hikmet werden in westlicher Manier vorgetragen und in »klassischem« Stil begleitet. Sie wirken deshalb wie Kunstlieder, die aus einer imaginären Zone stammen, einem kühlen Intermundium der Musikkulturen. Nicht so kühl, eher dramatisch konnte

Can Tufan, der Tenor an der Bremer Oper ist, 1997 als Komponist reüssieren. Sein Oratorium »Scheich Bedreddin« nach dem Epos von Nazim Hikmet beginnt mit einem Paukenwirbel. Solo-Vokalisten und –Instrumentalisten sind mit dem Bremer Solidaritätschor und einem Kammerensemble (wie bei Incirci) verknüpft, wobei die manchmal poppige Melodieführung und Orchestrierung okzidental, die Rhythmik orientalisch geprägt ist. Wie selbstverständlich fügen sich diverse Einflüsse zu einer Gestalt, die die empathische Befreiungsperspektive des Textes zur Geltung bringt.

Exotismen und Synthesen sind spätestens seit den 40er Jahre auf Interesse im Bereich der Kunstmusik gestoßen. Und zwar als West-Ost-Achse, als Hinwendung europäischer Komponisten zu asiatischen Weltanschauungen und deren tönenden Pendants. Dafür stehen Namen wie Oliver Messiaen, John Cage und Karl Heinz Stockhausen. Doch bei diesen blieb die angeeignete Musik oft nur Dekor oder eine Attitüde. Deshalb warnt zum Beispiel der Komponist Dieter Schnebel (geb. 1930) vor einer »Vermischung«. Denn »sowohl die selbst schon vielfältige europäische Musik als auch die vielen Arten außereuropäischer Musik haben einen langen Werdegang, jahrtausendealte Geschichte. In bloßer Mischung aber wird nivelliert, verliert das Fremde das Eigenartige und das Eigene das Fremdartige. [...] Die Rettung und Bewahrung des Besonderen in der eigenen wie der fremden Musik« ist statt dessen anzustreben (Schnebel 1984, S. 127).

Indessen sollten solche Verdikte nicht allzu voreilig verbreitet werden. Denn gerade die Existenz in der Migration als einer kulturellen Pendelbewegung probiert sich mit und an Adaptionen und kreativen Neuformulierungen verbrauchten Materials, um zu sich selbst zu finden. Daß nicht alle Musiker in ein solches Schema einzuordnen sind, widerspricht nicht einer allgemeinen Tendenz des Verhaltens. Leitfiguren wie Bartók geben genug Stoff zum kritischen Weiterdenken. Sicherlich wird es in Zukunft noch manche Überraschung in der Kunstmusik geben, weil die meisten bisherigen Synthesen bikulturell geblieben sind. Ihre Urheber hatten und haben fundierte Kenntnisse ihrer Herkunftskultur wie auch der adaptierten, so daß lediglich neugierige Attitüden ausgeschlossen werden können.

Der Orient-Trend im Jazz

Individualität und Improvisation sind essentielle Signaturen des Jazz. Schon in der Entstehungsphase war Jazz ein Produkt kultureller Kreuzungen, sich dem Eindeutigen verweigernd. »Night in Tunesia« von Dizzy Gillespie (1942) war zur Zeit des Bebop-Umbruchs eins der Stücke, das erstmals modale Merkmale arabischen *Makams* entlehnte, also mittels horizontaler Spielweise neues Kolorit einbrachte. Andere Musiker versuchten später, die Mikrointervalle orientalischer Systeme einzufangen, indem sie sich Vierteltoninstrumente bauen ließen wie etwa der Trompeter Don Ellis, der außerdem ausgiebig mit ungeraden Metren experimentierte. Es wurde eine neue Offenheit propagiert, die für einige Jazzer zum Lebensstil erhoben wurde wie bei dem Trompeter Don Cherry, den Nomaden und Weltmusiker schlechthin. Seine Hinwendung zur Folklore wie auch die vieler anderer Musiker entsprang einem Interesse an authentischem, nicht kommerzialisiertem Material.

In den 60er Jahren begann unter diesen Vorzeichen der Trend »Jazz meets the World«, dessen Hauptmentor der deutsche Produzent und Autor Joachim Ernst

Berendt war. Die Begegnungen hatten jedoch oft den Charakter des Zufälligen, »wobei es hier eher um die bloße Erweiterung der musikalischen Mittel ging als um die Kreation eines neuen Stils« (Solothurnmann 1990, S. 282). Eine der Ausnahmen war wohl das Konzert »Noon in Tunesia« unter der Leitung des Schweizer Pianisten und Arrangeurs George Gruntz, bei dem Jazzer und Beduinen in einer Session spielten. Don Cherry, der daran beteiligt war, kommentierte diese Begegnung: »Es war nicht mehr Jazz und nicht mehr Beduinenmusik. Es war eine gemeinsame Sprache, es war Liebe. Wir kamen nach Tunesien, als kämen wir nach Hause« (zit. in Behrendt 1975).

Somit war im Jazz die Aneignung der Musik des Orients schon vorbereitet, als Migranten begannen, sich damit zu beschäftigen. Etwa mit den Klangspuren, die sich aus der Zeit des Osmanischen Reiches auf dem Balkan erhalten haben (vgl. Schomers 1979–1981). Eine dieser Spuren nahm der Schlagzeuger Lala Kovačev (geb. 1939 in Kikinda/ehemaliges Jugoslawien) als einer der ersten auf. Er kam 1966 nach Deutschland, war in diversen Big Bands und kleineren Besetzungen beschäftigt. Er »entwickelte ein Konzept, in das auch rhythmische Strukturen des Balkans integriert werden konnten« (Kunzler 1988). Seine deutsch-jugoslawische Gruppe nahm 1982 die LP »Balkan Impressions« u. a. mit schnellen Unisono-Themen aus Tänzen auf, über die ziemlich frei improvisiert wurde. Doch blieb es dabei. Folgeprojekte sind nicht bekannt.

Richtungsweisend und einflußreich für aktuelle Entwicklungen in Deutschland war und ist aber der Schlagzeuger Okay Temiz (geb. 1939 in Istanbul). Er startete seine Karriere als professioneller Jazzer von Stockholm aus, wo er 22 Jahre lebte. Don Cherry, mit dem er mehrere Schallplatten aufnahm, u. a. »Orient«, verpflichtete ihn 1969. Fünf Jahre später gründete er mit dem schwedischen Saxophonisten Lennart Åberg die Gruppe ›Oriental Wind‹, die, in größeren und kleinen Besetzungen, mit zahlreichen Konzerten in Europa, USA und Asien und mehr als drei Dutzend LPs und CDs eine internationale Reputation erlangte. Über seinen Stil berichtet das Jazz Lexikon: »Wie kein anderer Musiker vor ihm verbindet Okay Temiz Rhythmen der türkischen Musik mit Jazzelementen. [...] Vor allem das südamerikanische Percussionsinstrument Berimbau beherrscht der ungewöhnlich nuanciert spielende Temiz mit großer Virtuosität« (Kunzler 1988, S. 1164). Er selbst sieht sich nicht unbedingt als Jazzer, sondern er situiert sich in einem universalen Kontext.

Die Tatsache, daß Temiz seine Schallplatten bei der Firma JARO in Bremen produziert(e), hat(te) Bedeutung für Nachwuchsmusiker in Deutschland, die ähnliche Konzepte wie er favorisieren, wie etwa der Pianist Tayfun Erdem, der seit 1982 in Berlin lebt. Er ist sowohl von der türkischen Folklore als auch von der Kunst seines amerikanischen Kollegen Keith Jarrett stark beeinflußt. Beide Faktoren hat er in seinem Musikepos » Die Ararat-Legende« 1986 nach dem Roman des türkischen Nobelpreiskandidaten Yaşar Kemal zu einer Jazz-inspirierten Synthese verknüpft. Und bei den ersten Konzerten gehörten Okay Temiz und Lennart Åberg neben dem Ney-Spieler Süleyman Ergüner, dem Bassisten Hans Hartmann und der Rezitatorin Talip Özkan zu seinem Ensemble. »[Die Musik] zerstört keineswegs den märchenhaften Zauber des Stoffes, verleiht ihm jedoch an ihren Höhepunkten pulsierende Kraft und Bewegung. Tayfun übernahm aus der ländlichen Volksmusik der Türkei das epische

Erzählen der aşık–Volkssänger und die flächige Einstimmigkeit türkischer Tonleitern. Das traditionelle Instrumentarium aus Saz und Langhalsflöte Ney ergänzte er durch westliche Instrumente.« (Dümling 1987, S. 48). Tayfun hat damit die alte Tradition epischer Musik, die in Europa nahezu verschollen ist, wieder aktiviert. Weitere Kompositionen, die dieses Prinzip anwenden, sind »*Was will Niyazi in der Naunystraße?*« nach dem Poem von Aras Ören für Erzählerin und Orchester (1987) und »Eisen, Kohle und Zucker« für Erzähler, Orchester, Klavier und Gesang nach Gedichten von Nazim Hikmet (1991).

Ganz auf der Linie von Okay Temiz' Konzept liegen die Arrangements der Gruppe ›Besçay‹. Manche Stücke könnten direkt von ›Oriental Wind‹ übernommen sein. Die Dynamik des Schlagzeugers Benny Mokross treibt die Musik des Quartetts voran (Wim Wollner: Saxophone; Yulyus Golombeck: Gitarre, Ud und Darabouka und Django Kroll: Baß). Professionelles Handwerk in internationaler Besetzung verbürgt hohe Qualität, die Profis der Jazzszene beim Debütalbum »Besçay« (1991) unterstützt haben, so der Pianist Jasper van't Hof, der Trompeter Ack van Rooyen, beide aus den Niederlanden, sowie Nippy Noya als Percussionist und der Bassist Paranashivan aus Pakistan. Eins der bemerkenswertesten Stücke ihres Repertoires ist der ebenso impulsiv wie präzise gespielte »Bulgarian Waltz«, der ein extrem schwieriges 33/16 Metrum hat und schon 1969 von Don Ellis für Big Band und 1991 von Okay Temiz für seine Band bearbeitet worden war.

Jasper van't Hof hatte bereits 1984 bei einer internationalen Produktion mitgewirkt, nämlich der LP »No more« von ›Özay & Altinay Band‹, und dabei für die Arrangements verantwortlich gezeichnet. Diese ad hoc-Formation der Schauspielerin (Hauptdarstellerin im Film 40 M² DEUTSCHLAND) und Sängerin Özay Fecht (geb. 1953 in Istanbul), löste sich bald wieder auf. Es war wohl zu kostspielig und zu schwierig, über einen längeren Zeitraum vielbeschäftigte Jazzstars wie Tony Lakatos (Saxophon) aus Ungarn; Carlos Mieres (Gitarre) aus Uruguay; Manfred Schoof (Trompete) und Jürgen Wuchner (Baß) aus Deutschland; Janusz Stefanski, Schlagzeug, aus Polen und Tom Nicholas, Percussion, aus den USA zusammenzuhalten. Im Unterschied zu Bands, die ihr Repertoire zwar türkischer Folklore verdanken, aber später auf dem Jazzsektor aktiv wurden, legte Özay auf eine differenziertere Haltung Wert: »Die musikalische und textliche Symbiose dreier verschiedener Nationalkulturen gehört zum Kernstück dieses Programms. Texte des türkischen Dichters Nazim Hikmet, des Chilenen Pablo Neruda und des Afro-Amerikaners Langston Hughes wurden hier zum Ausgangsmaterial einer Jazz-Produktion. Ihre Vertonung [erfolgte] durch in Berlin lebende Komponisten gleicher Nationalität – Tahsin Incirci (Türkei), Tito Medina/Jaime Luengo (Chile) und Bruce Barthol (USA)« (Covertext). Özays flexible Stimme konnte jedem Song ein individuelles Gepräge geben. Sie wohnte zwischen 1971 und 1990 in Berlin und war zunächst beim ›Türkischen Arbeiterchor‹. Danach wandte sie sich definitiv dem Jazz zu. Auf ihrem letzten Album »The Man I Love« [1992] ist nur die Eigenkomposition »Turkish Delight« im weitesten Sinn orientalisch angehaucht, ansonsten singt sie feinfühlige Balladen. Sie gilt jetzt als eine der großen Balladensängerinnen (vgl. Mümpfer 1992, S. 46).

In mancher Hinsicht ist in den 90er Jahren die türkische Volksmusik zu einem Selbstbedienungsladen geworden. Gewisse Melodien wandern von Gruppe zu

Gruppe, werden neu bearbeitet, so daß eine Tendenz zur Uniformierung zu beobachten ist. Die deutsch-türkische ›Baba Jam Band‹ hat auf ihrer CD »Kayada« (1993) zum Beispiel eine Suite, deren erster Part schon von Tahsin Incirci verwendet worden ist. Sogar die Instrumentierung mit führender Violine und Sologesang ist übernommen worden. Dennoch hat Baba Jam einen ruhigen, weniger angestrengten sound als die ›Kreuzberger Freunde‹ und ist jazziger ausgerichtet. Latin swing hat einen stärkeren Einfluß auf den Rhythmus und fächert den Stil auf.

Wegen doppelter Unterdrückung (politisch und kulturell) in den Siedlungsgebieten in der Türkei, im Irak, im Iran und in Syrien sieht die kurdische Minorität auch in Deutschland im Kampf um die Anerkennung eigenständiger Musik eine hervorragende Aufgabe. Insbesondere die Verwendung der kurdischen Sprache ist hochgradig von politischer Bedeutung. Nicht episch, sondern zyklisch haben die kurdischen Volkslieder ein hymnisches Pathos. Sehr eigenständig hat die Sängerin Nûrê mit drei anderen Frauen diese Tradition mit improvisierten Jazzphrasen verwoben und um Eigenkompositionen dieses Stils erweitert. Mit Mustafa El Dino und Serpil Burnukara: Saz, Satyam: Dombak (Handtrommel), Veronika Vogel: Gitarre, Tina Wrase: Sopransaxophon und Baßklarinette und Gabriele Costas: Vibraphon entsteht so ein filigraner sound voller Sehnsucht und Freude.

Eine schnelle Karriere machte die Pianistin Aziza Mustafa-Zadeh (geb. 1970 in Baku/Aserbeidschan), die 1989 ihr Deutschland-Debüt hatte und jetzt ihr in Mainz lebt. Ihr überragendes Talent, sowohl auf dem klassischen als auch auf dem Jazzsektor, verschaffte ihr Kontakte zu internationalen Spitzenmusikern wie dem Gitarristen Al Di Meola, dem Saxophonisten Bill Evans und dem Bassisten Stanley Clarke. Ihr Stil formt sich aus beiden Quellen: »Klassik und Jazz sind das rechte und linke Auge der Musik«, sagte sie einmal (zit. in: Jurgeit 1995, S. 34). Ihr Vater, der selbst Komponist war, hat »Jazz mit der aserbeidschanischen Mugam-Musik verbunden, die sehr orientalisch klingt und in der viel improvisiert wird« (ebd.). Zadeh widmet sich den Kompositionen ihres Vaters und komponiert in diesem Sinne ihr eigenes Repertoire, das sowohl Jazzrock und als auch Balladen einbezieht. In Berichten und Rezensionen werden meistens ihre kultivierte Anschlagtechnik, die Vielfalt ihrer Nuancierungen sowie ihr »glockenheller Sopran« (Kumpf 1992, S. 33) hervorgehoben, und auch ein Klischee mit Vorliebe ausgebreitet, nämlich daß sie eine Sheherazade, eine Märchenerzählerin auf dem Piano sei. Orient wird wie so oft mit einem verträumten Phantasieland gleichgesetzt, um reizvolle Bilder zu erzeugen. Ein allzu fragwürdiges Manöver zur Verkaufsförderung, das aber kraft der Medien Wirkung zu haben scheint, insbesondere wenn eine Frau die Protagonistin ist.

Ein anderer »Märchenprinz zwischen Orient und Okzident« (Scheiner 1996) ist der Libanese Rabih Abou-Khalil (geb. 1957 in Beirut). Er kam 1978 nach München, wo er zunächst an der Musikakademie klassische Flöte studierte. Inzwischen ist er ein gefeierter Virtuose seines Instruments, der arabischen Kurzhalslaute Ud, begehrter Komponist, der für Spitzenensembles der neuen Musik wie das ›Kronos Quartett‹ schreibt und erfolgreicher Bandleader. Erste selbst produzierte LPs erschienen Ende der 80er Jahre mit Sonny Fortune, Charlie Mariano, Glen Moore und Glen Velez, allesamt Meister der Improvisation und erfahren im Umgang mit fremdkulturellen Musikstilen. Khalil verwendet, wie er selbst beschrieb, »arabische Tonskalen, nach wie vor arabische Rhythmen, und die Musik ist immer noch einstimmig, und zwar in dem Sinne, daß, wenn Noten gespielt werden, sie überall gleich gespielt werden, nur eben in verschiedenen Rhythmen. Diese Rhythmusverschachtelung klingt deswegen nicht schräg, weil immer wieder das Gleiche von den Tönen her passiert« (Endress 1992, S. 4).

Diese Linearität als Prinzip hat Khalil zu komplexen Polyrhythmen entwickelt, die traditionelle arabische Maßstäbe erheblich ausdehnen. »Aber anders als bei der harmonisch hochentwickelten westlichen Musik hört sich Khalils Musik – die quasi im Schnittpunkt von arabischer Modalität, klassischer Musik und Jazzimprovisation entsteht – fast durchweg leicht und unkompliziert an« (Scheiner 1996). Groove, swing und präzise Intonation kulminieren in dieser ambitionierten Fusion, die in solcher Stringenz bisher einmalig ist und sich dazu ausgezeichnet zu zehntausenden Exemplaren pro CD verkauft. Khalil ist deshalb der prominenteste Musiker der Schallplattenfirma Enja. Laut Pressemitteilung des Labels ist er »einer der erfolgreichsten Jazz-Künstler überhaupt«, allein für die letzten Alben erhielt er drei Jazz Awards. Hatte Khalil bisher mit wechselnden Besetzungen gearbeitet, so hat er jetzt ein gelegentlich um Gastmusiker erweitertes Quintett, bestehend aus Michel Godard (Frankreich): Tuba, Mark Nauseef (USA): Schlagzeug, Nabil Khaiat (Libanon): Percussion und vor allem Howard Levy (USA), der mit seiner Harmonika den ganz speziellen herben sound prägt. Die CD »Odd Times« (ver-rückte Metren) aus dem Jahr 1997 präsentiert Live–Aufnahmen mit kaum zu überbietender Intensität und erstmals auch längere Improvisationen von Khalil selbst. Die Soli wechseln wie bei einem Staffellauf, sie fügen sich reibungslos aneinander und haben avantgardistische Tupfer, während die Themen in rasantem Unisono und fabelhafter Synchronizität vorgetragen werden.

Trilok Gurtu (geb. 1951 in Bombay, Indien) hat sich in Hamburg niedergelassen. Der internationale Star mit selbst konzipiertem Set ohne Bassdrum, »der zu den großen Perkussionisten [mit stilistischer Originalität] der jüngeren Generation zählt« (Kunzler 1988, S. 451), ist dort seit 1978 zu Hause. Wie schon bei anderen Musikern waren auch bei ihm Charlie Mariano und Don Cherry Mentoren, die Gurtus Weg nach Westeuropa ebneten. Nach Engagements bei berühmten Solisten und Ensembles des zeitgenössischen Jazz, die sich im Bereich Worldmusik tummeln, begann 1998 eine neue Phase in seiner Karriere: Yehudi Menuhin ging einst zu Ravi Shankar, mit der CD »Kathak«, so sagte Gurtu in einem Interview, »kommen wir Inder auf halbem Weg dem Westen entgegen« (Endress 1998, S. 15). Sowohl die Besetzung ist aus beiden Hemisphären als auch das Material für seine Kompositionen: es fügen sich lateinamerikanische, nordafrikanische und indische Sounds zu einem vorzüglich swingenden, in sich schlüssigen Mix von Jazz und Pop.

Der Orient Trend: Zonen im Rock, im Pop und bei den Liedermachern seit 1980

Ziemlich schwach waren die Spuren, die manche Gruppe in der Rockszene hinterließ. So ›Kobra‹, die 1980 gegründete Berliner Band, die zwar im Fernsehen auftrat, aber außer einer LP und einer MC keine weiteren Tonträger produzierte und sich drei Jahre später wohl aufgelöst hatte. Dennoch gab ›Kobra‹ mit Adnan Bayrakç (Keyboards), Hayrettin Öneşol (Percussion), Nedim Ünal (Gitarre und Saz) und Fevzi

Bineytioğlu (Bass und Gesang) einen ersten Impuls, »denn ihre Musik richtet sich an eine neue Generation, an junge Türken und Deutsche« (Suhr 1982). Sogar ein Nachhall politischer Bekenntnisse zur Friedensbewegung, wie sie auch der ›Türkische Arbeiterchor‹ besang, ist im Stück »Baris / Frieden« zu hören: »laß deine Hände offen, ein Symbol des Friedens«. Etwas später, 1983, begann das ›Ensemble Oriental‹, türkischen Folk mit Jazzrock zu vermischen. Die Resultate auf ihrer einzigen LP »Orient« waren eher gefällige Tanznummern als stringente Fusionen.

Um diese Zeit platzte der türkische Popstar Cem Karaca in die Szene. Wegen des Putsches in der Türkei nach Deutschland geflüchtet, hat er u.a. mit Betin Güneş am Klavier ad hoc eine LP mit dem Titel »Kanaken« aufgenommen. Er sang auf deutsch Texte wie: »Komm Türke – trinke deutsches Bier / dann bist Du auch willkommen hier«, diese waren in eine krude, auch handwerklich bescheiden gespielte Rockmusik gefaßt. Leuten der politischen Alternativszene gefiel es eine Zeitlang, bis Karaca wieder wenige Jahre später in die Türkei zurückkehrte.

Abseits davon landete Mitte der 80er Jahre die deutsch-maghrebinische Popgruppe ›Dissidenten‹ in Südeuropa, Nordafrika und Kanada einen Hit nach dem anderen (vgl. Graves/Schmidt Joos 1990, S. 231). Arabische Texte und Melodien haben sie mit funky grooves, elektronischer Perkussion und europäischer Querflöte zu einer »tanzbaren Melange« (ebd.) verpackt. Hinzu kamen Musiker aus Marokko und Algerien, die instrumental und vokal für authentische Sounds sorgten. Die in Deutschland produzierte LP »Life at the Pyramids« brachte dann auch hier den Durchbruch. Zusammen mit ›Carte de Séjour‹ aus Lyon und den obskuren ›3 Mustapha 3‹ aus London starteten sie das TOHUWABOHU Orient-Rock-Festival vom 30. April bis 11. Mai 1986. Bemerkenswert ist dieses Festival deshalb, weil erklärtes Ziel der Veranstalter, DGB und Junges Forum Recklinghausen, war, »für die Kampagne ›Mach meinen Kumpel nicht an – gegen Ausländerfeindlichkeit und Rassismus‹ eine noch größere Öffentlichkeit herzustellen« (Tohuwabohu). Erstmals wurde Orient-Rock offiziell, nämlich auf Gewerkschaftsebene, in einen Diskurs politischen Protestes eingebunden. Doch die ›Dissidenten‹ ließen sich auf Dauer nicht funktionalisieren, ihnen war kommerzieller Erfolg wichtiger als politische Intervention. Auf den folgenden CDs und Tourneen perfektionierten sie ihre Ethno-Mixtur mit ebenso raffinierten wie ausgefeilten Arrangements, so daß fast jedes Album von der Kritik einhellig gelobt wurde.

Den von den ›Dissidenten‹ gelegten Faden nahm 1985 das deutsch-türkische Duo ›Yarinistan / Morgenland‹ mit Nedim Hazar am Akkordeon, der 1980 nach Deutschland einwanderte, und Geo Schaller an Saxophonen und Flöte auf. Zunächst war ihr Aktionsradius ebenfalls mit gewerkschaftlicher und alternativer Kulturarbeit verzahnt, nämlich mit den Ruhrfestspielen. Solch eine Position fand man »ganz und gar nicht abgehoben«, sondern in »ihrem politisch-kulturellen Selbstverständnis überzeugend« (Frey/Siniveer 1987, S. 317). An der ersten LP »Vielleicht« beteiligten sich Gastmusiker aus Köln, die zudem Stücke lieferten. Diese brachten das Konzept in eine Schieflage, weil ›Yarinistans‹ eigener ursprünglich swingender Orient-Rock mit düsteren Problemchansons versäuert wurde. Dennoch wurde »Vielleicht« 1986 auf Anhieb mit dem Preis der Deutschen Schallplattenkritik ausgezeichnet. Obwohl die zweite LP »One Day Soon« mit Liedern in den Sprachen Türkisch, Kurdisch, Englisch und Deutsch in sich schlüssiger war, steigerte sich das Interesse an ›Yarinistan‹ nicht: »Auch wir versuchten, an der Tür zum allgemeinen Markt zu rütteln [...] und traten pro Jahr in 80 bis 90 Konzerten und nahezu 25 Fernsehprogrammen auf. [...] Doch der deutsche Markt war damals, genau wie heute, nicht bereit für türkische Musik und türkische Stars«, schrieb Nedim Hazar rund zehn Jahre später resigniert (Hazar 1998, S. 294). Während sich die ›Dissidenten‹ ein komfortables Nest in Berlin bauen konnten, wurde ›Yarinistan‹ immer wieder in die Nische der Ausländer- und Solidaritätsfeste gezogen, ein »Alptraum« (ebd.), auf den die Gruppe mit zynischen Versen reagierte: »Macht's gut ihr Freunde, Schwestern Brüder ! / Wenn wieder mal ein Haus abbrennt / Dann sehen wir uns wieder« (ebd., S. 296). Auch eine Verlagerung aufs Musikkabarett mit Programmen wie »Dieses Gericht enthält kein Schweinefleisch« eröffnete keine neuen Perspektiven, so daß ›Yarinistan‹ sich schließlich 1996 auflöste.

Noch nicht resigniert hat der ehemalige Sänger der ›Dissidenten‹ Hamid Baroudi aus Algerien, dessen Wahlheimat seit Mitte der 80er Jahre Kassel ist. Im Gegenteil: »Groove steht im Mittelpunkt seines ersten Albums »City *No * Mad«, die Rhythmen des Maghreb vereinigen sich mit anglo-amerikanischem Rock. Mit dem »Song for Boudiaf«, gewidmet dem ermordeten algerischen Staatschef und der Hoffnung auf demokratische Bestrebungen, macht Baroudi seinen Standpunkt klar« (Vielklang Info). Die TOHUWABOHU-Ideen führt Baroudi mit seiner neuesten CD »Fünf« sowohl im Stil der ›Dissidenten‹ als auch mit Anleihen beim Rap und HipHop fort, und er protestiert gegen Ungerechtigkeit und wirbt für Frieden. Er singt in fünf Sprachen: Arabisch, Englisch, Spanisch, Französisch und Wolof, dabei die Symbolik dieser Zahl, z.B. fünf Kontinente oder fünf Finger, beschwörend. Baroudi überzeugt unangestrengt sein Publikum vom hohen Niveau seines mutigen Kosmopolitismus, indem er einfach und effektvoll seine Umarmungsbotschaft in der Sprache der Jugend abschickt.

Allerdings konnten sich andere eingewanderte Liedermacher in der Szene der Mehrheitsgesellschaft nicht durchsetzen. Zwar hatte der türkische Barde Zülfü Livaneli durch seinen Auftritte mit Theodorakis und Farantouri Kredit einspielen können, doch war ein Duo wie das von Mesut Çobancaoğlu an der Saz und Frank Baier am Akkordeon mit Liedern im allzu dilettantischen türkisch-deutschen Wechselgesang nicht in der Lage, davon zu profitieren.

Ebenso hatte der kurdische Star Şivan Perwer, der wie Livaneli in den 80er Jahren im schwedischen Exil lebte, den Boden für seine Musikkultur geebnet. Der Sänger Heval nahm in Bremen 1988 mit Fuat Saka eine LP mit dem Titel »Verliebte Wolke« auf, darauf elf anonyme Volkslieder, die sie beide harmonisiert hatten, um sie europäischen Ohren gefügig zu machen. Eine schöne Arbeit, die allerdings von großen Firmen ignoriert wurde und somit ein nur begrenztes Publikum erreichte.

Erst der Schauspieler, Komponist und Multiinstrumentalist Nizamettin Ariç, mit kurdischem Namen: Feqîyê Teyra (geb. 1956 in Agri/Türkei), schaffte es, daß seine Arbeit für den ersten kurdischsprachigen Spielfilm »EIN LIED FÜR BEKO« sogar international prämiert wurde, und er somit einen einigermaßen sicheren Status als Künstler erlangte. »Seine Musik ist aber keinesfalls harte oder langweilige Kampfmusik, sondern die Komposition atmosphärischer Malerei mit Instrumenten und einer eindringlichen, wandelbaren Stimme. [...] Ein wenig erinnern die Arrangements an ›Pink Floyd‹« (Suhr 1984). Innovative Sounds mit originalen Instrumenten kennzeichnen Teyras einzigartige Neuformulierungen kurdischer Musikkultur, die er im Studio mittels Overdubbing aufzeichnet. Er lebt seit 1980 in Berlin, wo er an vielen regionalen und internationalen Projekten beteiligt war. Er hat zehn Kassetten und CDs mit kurdischen, aber auch türkischen, aserbeidschanischen, armenischen oder kasachischen Liedern aufgenommen (vgl. Greve 1997, S. 46).

Zum Ud hat der ab 1986 in Aachen lebende Lyriker und Musiker Fouad Awad (geb. 1965 in Damaskus/Syrien) alte und neue Lieder, davon manche selbst geschrieben, für Kassetten aufgenommen. Im Unterschied zu seinem Kollegen Khalil stehen Awads Stücke mehr in der arabischen Tradition, weil er mit der Vokalistin Hiam Sayeg dialogische Rollengedichte in Arabisch zum Ud singt. Seine Interpretationen sind bluesig-ornamentierend, direkt ans Herz appellierende, aufgrund des nicht temperierten Ud Verse von herbem Aroma.

Zum Ende der 80er Jahre hatte sich im Rock- und Jazzsektor eine gewisse Konsolidierung vollzogen. In der Popmusik begann parallel ein Wechsel der Protagonisten, eine neue Generation schob sich in den Vordergrund: Rap und HipHop, aus den Subkulturen New Yorks über MTV nach Deutschland importiert, wurden als Medien entdeckt und von jungen Künstler/innen als adäquates Forum für kulturelle und politische Artikulation besetzt. Was in den 60er Jahren noch als Exotikum in der Popmusik galt (vgl. Kneif 1984), verselbständigte sich hier zum Lebensstil einer Minderheit: Polyglossie und Akkulturation. Ein rares Dokument dieser Zeit ist die LP »Elektro-Dschungel / Kebab-Träume«, die im Rahmen eines Projekts des Stadtjugendringes Wiesbaden produziert worden ist. Wie auf einer Spielwiese probieren die jugendlichen Musiker Sprachen – Arabisch, Türkisch, Französisch, Deutsch – und diverse Varianten von funky Rhythmen und Bauchtanz-Musik aus.

Es folgten viele »Stimmen aus dem Ethno-Ghetto« (Cheesman 1998, S. 191), die allerdings keinen einheitlichen und schon gar nicht kontinuierlich zu hörenden Chor formierten. So schnell wie die Positionen in den Hitparaden sich verschieben, so schnell bildeten sich Gruppen und lösten sich wieder auf. Immerhin: »In diesem Prozeß hat sich die Integration ethnischer Minderheiten im Pop vollzogen, wie nirgendwo sonst in der Kultur Deutschlands« (ebd., S. 194). Ihre Akzeptanz ist jedoch partiell der Gewalt politischer Brandstiftung und dem Protest dagegen geschuldet. Im Kontrast zum Zynismus von ›Yarinistan‹ artikuliert sich »in der direkten Sprache der türkischen Rap-Reime [...] das neue Selbstbewußtsein einer Migrantenjugend, die nach dem Schock von Solingen und Mölln nicht länger gewillt war stillzuhalten« (Bax 1997, S. 128). Ethno-Stolz markiert deutliche Fronten: Ausschluß oder Zugehörigkeit zur Mehrheitsgesellschaft: »Du bist Türke, vergiß das nicht« propagiert paradigmatisch die Kultband ›Cartel‹. Sie ist eine Kooperative aus drei Rap-Gruppen: ›Da Crime Posse‹ aus Kiel, ›Karakan‹ aus Nürnberg und Discjockey Erci E. Cartel aus Berlin. Sie konnte 1996 und 1997 spektakuläre Verkaufserfolge verbuchen, mehrere tausend CDs in Deutschland, in der Türkei gar mehr als 300.000 (ebd., S. 126). Ihr rebellischer Stolz, »Erfahrungsmusik und Kampf mit Worten« (Hunfeld 1995), geriet aber schnell zwischen ganz andere Fronten, nämlich in die Gefahr ›als Argument von den faschistischen Grauen Wölfen in der Türkei mißbraucht zu werden. »Ein Spiel mit Symbolen kultureller Differenz, welche in Deutschland mit vollständiger Machtlosigkeit verbunden wurden, unterstützten in der Türkei paranoiden Nationalismus mit sehr bedenklicher politischer Macht« (Cheesman 1998, S. 203). Diese ambivalente Botschaft hat sich aber schnell von selbst neutralisiert, »denn in der Türkei verflog das HipHop-Fieber so rasch, wie es gekommen war, und erwies sich als Mode ohne Bodenhaftung, da es in der Türkei keine eigene HipHop-Szene gibt« (Bax 1997, S. 126).

Was verbalradikal als Frust und Aufbegehren einer Generation publik wird, ist als Musik nicht unbedingt radikal. Der Aggressivität der Texte entspricht ein harter Beat und karges Arrangement bei ›Cartel‹, eine sehr körperbetonte Musik. Die Berliner Gruppe ›Ünlü‹ dagegen ist einfacher in den Texten, die sich oft auf den Kulturkonflikt beziehen, und auch in der schlagerähnlichen Musik. Das feminine Duo Derya und Sema ›Mutlu‹ aus Bremen wiederum hat emanzipatorische Ansprüche, sie erzählen von alltäglichen Erlebnissen und Grenzerfahrungen wie den Tod im Szenejargon, der jedoch nicht überdreht wirkt. Als Protegés von Udo Lindenberg hatten sie bald entsprechende Schlagzeilen in der Presse: »X – Large trifft Cremeschnitten« (*taz* vom 31. 11. 1997). Ihre eher poetischen Verse in deutsch sind nachdenklich, aufmüpfig, aber nicht militant. Ihre Musik ist paßt zu diesen Texte, sie erzeugt mit feinen Arrangements eine homogene Einheit. »Vielsprachigkeit und musikalischer Synkretismus wird normal im deutschen HipHop« (Cheesman 1998, S. 204). Vertonte Poesie etwa von Brecht oder Nelly Sachs tritt wohl an die Stelle agitatorischer Raps, eine Tendenz, die allgemein in der Szene bedeutsam wird (vgl. ebd., S. 208). Die Jugendszene konsolidiert sich auf neuen Feldern synästhetischer Experimente, deren Richtung noch nicht klar, deren Niveau aber zu schönsten Hoffnungen Anlaß gibt.

Regionale Projekte und die Musikpräsenz der Migranten

In jeder größeren Stadt gehören Folkloregruppen, zumeist Amateure, mittlerweile zum festen Kulturinventar. Sie treten häufig bei Vereinsveranstaltungen oder bei ›Ausländerfesten‹ auf. Viele, in den letzten Jahren insbesondere aus osteuropäischen Staaten, sind als Straßenmusiker/innen aktiv. Bei den kommunalen Kulturämtern sind diese Gruppen, im Unterschied zu den Profis, oft registriert und werden auch gern zu kommunalen Initiativen eingeladen. Von den Profis konnten sich nur wenige im internationalen Musikgeschäft profilieren. Aber in manchen Städten haben sich Szenen herausgebildet, in denen Ethnobeat, Weltmusik oder einzelne Persönlichkeiten einen signifikanten Anteil am Geschehen haben.

Hamburg

Im Jahr 1989 war Hamburg Gastgeber für WOMAD (World of Music, Arts and Dance), wofür der britische Impresario Peter Gabriel seit 1982 verantwortlich zeichnet. Musiker aus allen Kontinenten hatten Gelegenheit, ihre traditionale Musik vorzustellen: »Interkultureller Dialog« lautete die Parole. Doch weder fand echte Kommunikation zwischen den Musikern noch mit dem Publikum statt. »Das Gemeinsame, das Verbindende war kaum zu erkennen« (Veit 1989).

Im Kontrast dazu ist die Hamburger Ethno–Szene durchaus zu Dialog und gegenseitiger Hilfe fähig, gerade weil hier eingewanderte Musiker/innen Kontakt zu anderen finden, entweder von der eigenen Nationalität oder zu multinationalen Gruppen. Susanne Schedtler hat für ihre Dissertation *Musikkulturen in Hamburg* (1998) in dieser Szene recherchiert. Demnach war und ist die Universität oft erster Treffpunkt, auch für Musiker, die nicht dort studieren oder bereits studiert haben. Bestehende Kulturvereine der Migrant/innen helfen oft, erste Auftritte zu organisieren. Das »Musikrepertoire besteht häufig aus traditionellen Stücken (bzw. deren Bearbeitungen) und Eigenkompositionen« (ebd., S. 37). Dies gilt für jede Sparte, d.h. Jazz, Pop, Rock und auch klassische Formen, wie etwa aus dem Iran (ebd., S. 98). Gelungene interkulturelle Kommunikation scheint von der Intensität des Austauschs, der Bereitschaft und dem Willen zur Verständigung abzuhängen, wobei einheimische und eingewanderte Musiker/innen oft eng zusammenarbeiten (ebd., S. 50). So können sich jeweils klare Grenzen zwischen Eigenem und Fremden verwischen, sich in einem dritten Stil verschmelzen. Abgrenzungen, d.h. der Bezug vornehmlich auf die eigene Nationalität wie auch das Gegenteil, im dominanten Musikdiskurs zu verschwinden, sind Verhaltensweisen, die Schedtler genau registriert hat.

Musiker aus Lateinamerika haben ziemlich schnell Zutritt zu Salsabands gefunden oder selber solche gegründet. Manchmal führten diese Aktivitäten zur Suche nach verschütteten oder nicht bewußten Traditionen des Herkunftslandes wie bei dem Kolumbianer Romero Ramirez, der daraufhin das avancierte Tanztheater »Delirios« für Kammerorchester, Chor und Salsa Band, insgesamt siebzig Mitwirkende, komponierte. Sein Stück ist »eindeutig geprägt von seiner [...] Herkunft. [...] Es handelt vom Mythos der ewigen Wiederkehr, dem Lebensrhythmus schlechthin« (ebd., S. 128).

Das iranische Duo ›Rudaki‹ hat sich nahezu ausschließlich auf die Konservierung eigener Traditionen festgelegt. Fusionen mit Rockmusik sind die Ausnahme (ebd., S. 100). Andererseits gibt es Extrem-Fusionisten wie Boré aus Brasilien, der sagte: »30% Jazz, 20% Pop und Funk, 20% Folk, oder so ähnlich, dann Rock und afrobrasilianische Musik, Indianermusik [...]: Alles habe ich in einen Topf geworfen« (zit. ebd., S. 87). Moderater ist da schon der Liedermacher und Komponist Fuat Saka, der ein ähnliches Konzept wie Tahsin Incirci anwendet. Bei seinen Stücken kommt es »zu einer Art linearer Harmonisierung [...], wobei Viertelton- durch Halbtonintervalle ersetzt werden« (ebd., S. 114). So kann Saka auch Klarinette, Querflöte, Saxophon und Gitarre ins Arrangement seiner türkisch-deutschen Gruppe einbeziehen.

Saka (geb. 1953 in Trabzon/Türkei) wanderte nach dem Militärputsch 1980 zunächst nach Frankreich bzw. Holland aus, bis er sich 1985 endgültig in Hamburg niederließ. Sein Repertoire umfaßt traditionelle Lieder aus dem Schwarzmeergebiet, Vertonungen von Gedichten Nazim Hikmets sowie eigene Lieder und Musik für Kinder. Mit seinem deutschen Kollegen Wolf Biermann hat er einige Konzerte gegeben, etwa 1986 im Schauspiel Köln (vgl. ebd., S. 112). Auftritte bei Interkulturellen Festen und Veranstaltungen gegen Rassismus gehören zu seinem politischen Bekenntnis.

Der Gastronom und Musiker Francisco Fialho (geb. 1955 bei Lissabon) berichtete in einem Interview, daß Portugiesen eher zurückhaltend in Deutschland leben, weil sie sehr mit ihrer Familie verbunden und bescheiden sind. Daher ist wohl ihre Musik in Deutschland weniger bekannt als die anderer Nationalitäten, so vermutet er. Fialho ist mit dem urbanen Fado, dem portugiesischen Blues, verwachsen, der gerade nach der Aprilrevolution 1974 ein nachhaltiges Revival hatte (vgl. De Brito/Castelo-Branco 1997, S. 1728). Er hat an mehreren Wettbewerben in Portugal teilgenommen und einige CDs in England produziert. Im deutschen Fernsehen ist er zwei- oder dreimal aufgetreten, öffentliche Konzerte erreichen aber kaum ein anderes als das portugiesische Publikum. Obwohl die Folklore vom Westrand Europas durch Spezifika wie die portugiesische Gitarre (ovaler Korpus mit 6 Doppelsaiten) originäre Klänge hat, wird sie doch in Deutschland wenig beachtet. Francisco Fialho hat mit seiner klaren, sympathischen Stimme und durch Eigenkompositionen sicher auch nördliche Ohren für diese melancholischen, aber nicht deprimierenden Lieder und fröhlichen Tänze öffnen können.

»Hammoniale – Festival der Frauen« bietet seit 1986 ein Forum für exzellente Produktionen aus den kulturellen Nischen der Welt. »Displaced Blacks«, ein Musical der Sängerin Audrey Motaung, thematisiert Konflikte schwarzer Jugendlicher in Europa als Zwischenwelten: Zugehörigkeit bleibt ungewiß. Nach zwei Jahren Vorbereitung hat sie dieses Stück 1995 uraufgeführt. Mehr als zwanzig Jugendliche afrikanischer Herkunft aus Hamburg haben es zusammen mit Motaung einstudiert. Es verbindet den Rhythmus der Trommel, die Tänze des Schwarzen Kontinents und den großstädtischen HipHop mit Gospel und Balladen in Englisch und Deutsch. Das Musical hatte einen überwältigenden Erfolg dank der Courage und perfekten Darbietung aller Beteiligten. Motaung (geb. 1952 bei Pretoria/Südafrika) wohnt seit 1980 in Hamburg. Sie hat mit »Displaced Blacks« auch ihre Erfahrungen der Apartheid und Diskriminierung in Europa verarbeitet (vgl. Priebe 1989).

Kaum Berührungen mit Folklore hat die Musik des Autodidakten Nicos Apostolidis (geb. 1951 in Griechenland), der bald dreißig Jahre in Hamburg zu Hause ist. Mit der Gitarre als führendem Instrument und einem elfköpfigen Ensemble verwirklicht er einen ruhigen, an sanfte Popmusik angelehnten Stil. – Hamburg ist auch für György Ligeti (geb. 1923 in Ungarn) schon eine zweite Heimat geworden, betrachtet man die Feierlichkeiten, die zu seinem 75. Geburtstag stattfanden. Mit seiner dichten Tonsprache, die Mikrointervalle und die Verarbeitung ungarischer Folklore kennt, hat er für die Musik dieses Jahrhunderts neues Terrain erschlossen.

Weit über Hamburg hinaus ist die Tätigkeit von Professor Dr. Constantin Floros aus Griechenland bekannt. Der international renommierte Musikwissenschaftler ist Vorsitzender der Gustav Mahler Gesellschaft in Hamburg, hat Biographien über Mahler und György Ligeti geschrieben. Sein Sohn Marc-Aurel Floros (geb. 1971 in Hamburg) hat bereits als Klaviersolist und Komponist beachtliche Anerkennung erlangt. Ein Porträtkonzert anläßlich seiner Diplomprüfung 1998 an der Musikhochschule Lübeck präsentierte Werke in dissonant bis atonaler Manier und solche, die avancierte Schreibweisen mit starken rhythmischen bzw. skandierten Akzenten verknüpfen. Insbesondere die Uraufführung des Oratoriums »Agnus dei« für drei Soprane, Sprecher und großes Orchester war in seinem Wucht und Zartheit, subtile Rezitation und rasante Orchestertutti verknüpfenden Stil von beeindruckender Eigenständigkeit.

Ebenfalls der Avantgarde verpflichtet ist Dimitri Galón, der 1958 in Istanbul als griechischer Staatsbürger geboren wurde. Seit 1984 hat er seine Studien zunächst in Aachen und Köln und dann in Hamburg abgeschlossen. Als promovierter Musikwissenschaftler arbeitet er jetzt beim Sikorski Verlag. Obwohl die griechische Folklore in seinem Denken eine wichtige Rolle spielt, grenzt Galón sich als Komponist bewußt davon ab, denn seine Ausbildung hatte Schwerpunkte in elektronischer und serieller Musik. Seine Kompositionen, darunter »Illumination« für Kammerensemble sind mehrfach aufgeführt worden. Galóns Lehrer war u. a. der Komponist Dimitri Terzakis (geb. 1938), der in Darmstadt und Köln studierte und jetzt an der Robert-Schumann Hochschule in Düsseldorf unterrichtet.

Ruhrgebiet

Seit 1975 hatte die Kemnade, das internationale Festival der Migranten, eine zentrale Vermittlerfunktion für ganz Deutschland. Vom Museum Bochum wurden ab 1980 Seminare organisiert, die sich wissenschaftlich mit den Kulturen der Einwanderer befaßten. Publikationen aus dieser Zeit widmeten sich der Musik, wobei primär die Folklore aus den Herkunftsländern Türkei und Griechenland dargestellt wurde. Eine Umfrage zum Thema »Gastarbeiterkultur: Musik, Tanz, Theater« markierte klare, aber nicht repräsentative Tendenzen: Von den eingesandten Antwortbögen stammten die meisten von Gruppen, die Folklore aus der Türkei spielten. Regional kamen sie vor allem, in der Rangfolge der Häufigkeit, aus dem Ruhrgebiet, dem Raum Köln und Frankfurt sowie aus einigen norddeutschen Städten. Weitere Informationen zur Geschichte der Kemnade waren nicht verfügbar, da das Archiv nicht regelmäßig betreut wird.

Die Verantwortung für die Kemnade hat sich 1996 von öffentlichen Trägern auf den Verein »Ethno Art Ruhr« (EAR) mit Sitz in Essen verlagert. Vier Mitarbeiter sollen, bald unabhängig von Subventionen, das Ruhrgebiet mit Ethno Musik versorgen, mit dem Ziel, »die Künstler zu professionalisieren« (Beyer 1998). Aus der schlichten Vorführung von Folklore hat sich eine Strategie für internationale Musikdarbietungen entwickelt, erstmals beim neuen Kemnade Festival der Weltkulturen 1998. Im gleichen Jahr ist die erste eigene Produktion »Auf den Stufen von Sacré Coeur« mit Musik des Algeriers Djamel Laroussi auf CD erschienen. Während EAR sich vornehmlich mit Veranstaltungen befaßt, konzentriert sich das ebenfalls in Essen ansässige Netzwerk Interkultureller Projekte ›artlive‹ z. B. auf Produktionen von Konzerten und CDs des Komponisten Betin Güneş und des multinationalen ›Mondial Philharmonic Orchestra‹. Die Aktivitäten von ›artlive‹ werden im Internet unter /Kulturblock.com/ ständig aktualisiert.

Auch das gewerkschaftsnahe Junge Forum Recklinghausen hat immer wieder Programme vorgestellt, bei denen Begegnungen diverser Musikkulturen vorgesehen waren. Zuletzt 1997 bei der Veranstaltung »Europa der Kulturen« in der Dortmunder Westfalenhalle, wo es u. a. einen Workshop »HipHop« für Jugendliche gab. Mit dem Jungen Forum ist das Informations-, Dokumentations- und Aktionszentrum gegen Ausländerfeindlichkeit, für eine multikulturelle Zukunft e. V. (IDA) in Düsseldorf verbunden. Das IDA gibt in regelmäßigen Abständen eine Broschüre mit kurzen Selbstdarstellungen von Musik- und anderen Kulturgruppen und deren Kontaktadressen heraus. In der letzten Ausgabe sind zehn Bands verzeichnet. Ergänzt wird dieses Verzeichnis durch das bisher einzigartige Kulturinfo des Jungen Forum, das, periodisch aktualisiert, über 1000 Adressen zur Freien Musik- und Theaterszene in Deutschland sowie Gruppenbeschreibungen, Fotos, Agenturen etc. zugänglich macht.

Zu einer relativ stabilen Institution entwickelte sich das Projekt »Rüzgargülü / Windrose: Lieder aus allen Himmelsrichtungen – Menschen der Kulturen begegnen sich beim Singen«. Karl Adamek hat es mit Unterstützung der Kulturkooperative Ruhr und des Kulturbüros Dortmund seit 1988 aufgebaut. Mittlerweile gibt es neun Windrose-Gruppen in verschiedenen Städten des Ruhrgebietes. Bei der Auswahl und Einstudierung der Lieder beraten die Sängerinnen und Sänger von den Blickwinkeln ihrer je spezifischen (Migranten-)Kulturen, so daß Singen als gemeinsame Erfahrung erlebt wird (vgl. Adamek 1996). Diese Arbeit gestaltete sich nicht immer konfliktfrei, doch ein Liederbuch und eine CD verweisen auf gesteigertes öffentliches Interesse an der Windrose.

Lyrik und Musik hat der Dichter und Moderator Levent Aktoprak (geb. 1959 in Ankara, Türkei) mit seinem Bruder Ergün (geb. 1956 in Ankara), die beide seit 1964 im Ruhrgebiet leben, zum Programm »Unterm Arm die Odyssee« verknüpft. Ergün spielt auf der Saz traditionelle Musik der Türkei vom Mittelalter bis zur Gegenwart, womit er die Rezitation umrahmt (IDA 1998, S. 4). Dieses Duo arbeitet bereits, eine singuläre Erscheinung in dieser Szene, zehn Jahre zusammen, und es führt Lyrik zur ursprünglichen Bedeutung zurück, nämlich Poesie in Musik.

Köln

In Köln repräsentieren mehr als zwanzig Musikgruppen ein globales Spektrum, vom türkischen Chor mit Instrumentalensemble, über senegalesische und indische Tanzgruppen bis zum spanischen Konzertgitarristen. Namentlich zu erwähnen ist hier die Gruppe ›Terpsichore‹, dessen Leiter Klaus Eckhardt sich auch mit Publikationen zur griechischen Folklore verdient gemacht hat.

Ein kölsches Original ist Nick Nikitakis (geb. 1955 in Thessaloniki), der 1960 mit seinen Eltern nach Köln zog, wo Nikitakis vom Vater die Musik, von der Umgebung den Dialekt annahm. Schon im Alter von zwölf Jahren trat er mit griechischer Folklore im WDR-Fernsehen auf. Als Gitarrist interessierte ihn die Popmusik von Jimi Hendrix und den Cream; offen blieb er bis heute für Jazz; als spätere Basis erwies sich Rembetiko, die osmanisch beeinflußte Musik urbaner Subkulturen. Die Idee, die drei Elemente zu einem Stil »Rembetobluz« zu fügen, entstand 1985, als Nikitakis bereits mit zahlreichen etablierten Musikern aus Griechenland und Köln gespielt hatte. Auftritte bei den Leverkusener Jazztagen und im Rundfunk sorgten für überregionale Bekanntheit. Die Originalität seines Rembetobluz ist auf zwei CDs zu hören. Während eine Minidisc u.a. Coverversionen von Hendrix', Songs und Eigenwerke kompiliert, hat »Kitchensongs« nur Originale von Nikitakis, vor allem sowohl einfühlsame wie brodelnde Instrumentalstücke: hier bündelt er die Untergründe seines musikalischen Erbes und gestaltet sie zusammen mit versierten deutschen Kollegen zu einer glaubwürdigen Tonsprache mit eigenem Gestus um.

Den Deutschen Schallplattenpreis erhielt 1996 die kölsche ›Schäl Sick BrassBand‹ für ihre CD »Majnun«. Die rechte Rheinseite war der Namensgeber, die Bandmitglieder kommen aus fünf Staaten, Raimund Kroboth aus Bayern ist der Begründer und bestimmt den Kurs. Für seine Arrangements zieht er Quellen hauptsächlich aus dem Iran heran, Latin und Rock bringen Groove in die anspruchsvollen Bläsersätze und Improvisationen, die die sehnsuchtsvolle Stimme der Sängerin Maryam Akhondy umrahmen.

Frankfurt

Was EAR fürs Ruhrgebiet ist, ist seit 1995 inter.art mit Sitz in Frankfurt für die Rhein-Main-Region: eine Informationszentrale für internationale Künstler, »die mit Hilfe eines ständig aktualisierten Datenpools [...] Anfragen über Veranstalter, Agenturen, Fachverbände, Räume für Veranstaltungen etc.« beantwortet (inter.art 1998). Von herausragender Bedeutung für die Kenntnisse über Weltmusik ist das Label Network, das über fünfzig CDs mit Originalaufnahmen aus fünf Kontinenten produzierte. Dessen Geschäftsführer Jean Trouillet engagiert sich außerdem in der Öffentlichkeitsarbeit für Musiker/innen aus nicht europäischen Ländern.

›Prosechos‹ ist griechisch und bedeutet: »demnächst«; eine Formation, die über die Region hinaus Musik als Mittel zur Völkerverständigung betrachtet, wie ihr Leiter Jánnis Káris betont. Einige der Musiker haben bei Aufnahmen des ›Istanbul Oriental Ensemble‹, einer etablierten türkischen Gruppe, mitgewirkt. Aber auch innerhalb von ›Prosechos‹ ist der gesamte Mittelmeerraum vertreten, sowohl, was die Instrumente als auch was die Musiker betrifft: zwei aus der Türkei, einer aus Marokko, einer aus Indien und drei aus Griechenland. So entsteht eine populäres, aber nicht kommerzielles Panorama auf der Basis des Rembetiko, das als »Salto Orientale« eine betörende Synthese darstellt (vgl. Schäfer 1994). Schon ihr erstes Album »Saltadoros« erhielt deshalb 1991 den Preis der Deutschen Schallplattenkritik.

Rheinland Pfalz / Baden Württemberg / Saarland

Im Südwesten Deutschlands leistet die Verbandsgemeinde Simmern seit 1992 unschätzbare Dienste: sie ist für die Herausgabe des *Kursbuches Freie Szene Rheinland-Pfalz* verantwortlich, ein Nachschlagewerk mit allen relevanten Informationen zu diesem Thema, und natürlich ist die Ethno-Szene auch vertreten. Allerdings mit nur wenige Eintragungen, weil sich »die Auftrittsmöglichkeiten [...] reduziert [haben]« (Kursbuch 1998, S. 9). So sind einige Gruppen eingetragen, deren Programm Folkmusik aus der Region oder Deutschland, aus Irland oder auch Brasilien repräsentiert. Einzig der Gitarrist Manolo Lohnes hat sich auf spanischen Flamenco spezialisiert, aber wichtiger noch, eine Sektion zur Poesie Frederico García Lorca eingerichtet; darunter »Arrangements von Liedern, die Lorca selbst bei Volksliedforschungen wiederentdeckt hat« (ebd., S. 305). José Oliver (geb. 1961), Lyriker aus Hausach im Schwarzwald (s. S. 94 f.), der Gitarre zu seinen Vorträgen spielt, kreuzt andalusische mit deutschen Einflüssen. Lorca ist sein literarisches Vorbild. Seine CD »Lyrik oder Gesang« pointiert diese Bezüge, die in Deutschland kaum noch wahrgenommen werden. Allerdings erinnerte eine Serie mit Vorträgen und Lesungen vom Mai bis Oktober 1998 anläßlich Lorcas 100. Geburtstags im Ruhrgebiet an diesen bedeutendsten Dichter Spaniens in diesem Jahrhundert. Ein bemerkenswertes Signal der sonst nicht so offensiven spanischen Gemeinden in Deutschland ist gewesen, daß auch José Oliver daran teilnahm.

Musiker aus vier Kontinenten sind bei ›Udo Redlich & Talking Earth Trust‹ aus Saarbrücken vertreten. Es ist wohl der bisher waghalsigste Versuch, kulturelle Pluralität in Deutschland fast wörtlich zu nehmen. Denn ohne einheitliches Konzept »soll jede(r) seine eigene musikalische Identität bewahren können« (Info zur CD). Dennoch steht im Zentrum dieser Musik der Konzertgitarrist Udo Redlich, der in allen Stilvarianten sicher intoniert. Dabei sind die Vokalpartien in diversen Sprachen und die Texte genuin für die Idee der friedlichen Begegnung und zugleich des Kampfes gegen Rassimus, wie z. B. in dem song »Kepasa Imbasa«: »in meinen Träumen sah ich Menschen / in farbenfrohen Gewändern / mir schien, sie kamen alle / aus einem Land, das niemandem gehört / doch könnten sie Fremde oder Flüchtlinge gewesen sein / auf der Suche nach einem Platz, um ihr Haupt niederzulegen [...] Oh wie sehr habe ich mir gewünscht, daß meine Träume wahr werden.«

München

Netzwerke oder Kulturbörsen sind in München anscheinend nicht vorhanden. Und über Rabih Abou-Khalil ist bereits das Notwendige gesagt. Nur zum Taxifahrer und Musiker Daudi Sebanyiga entstand ein Kontakt, er schickte ein Video und eine CD zu Seba Mamba (geb. 1965 in Uganda), der seit 1991 in München lebt. Darauf befindet sich eine Mixtur aus grooves zu songs mit archaischen Texten, die anzüglich Liebesgeschichten erzählen, aber auch antikoloniale Themen kennen. Aufgepeppt sind die originalen Trommelrhythmen mit elektronischen Studiosounds und Synthesizerklängen; so entstand »Afro Cosmic«, eine afrikanische Popmusik, deren swing auch europäischen Ohren gefallen dürfte. Das 1998 gegründete Label Samaratone will in Zukunft weitere CDs dieser Art auf den Markt bringen, um so originären afrikanischen Pop in Europa zu verbreiten und berechtigtes Selbstbewußtsein zu demonstrieren.

Berlin

Das Haus der Kulturen der Welt ist ein wesentlicher Faktor in Berlin, wenn es um die Vermittlung und Präsentation aktueller Tendenzen in internationaler Perspektive geht (vgl. Panke 1989). Ein größeres Projekt zur europaweiten Kunst und Musik in der Migration wurde 1998 gestartet. Radio Multi-Kulti beim SFB ist ein weiterer Multiplikator in bezug auf Musikereignisse der Berliner Szene, wobei Komponisten und Bands aus den eingewanderten Nationalitäten stets gebührend berücksichtigt werden. Allerdings ist einzig die »Musik aus der Türkei in Berlin« bisher in angemessenem Umfang von Martin Greve (1996) dokumentiert worden. Dort finden sich auch weitere Informationen zur Folklore, zur Wissenschaft und anderen Publikationen, zum Vertriebssystem mit Adressenkartei und vieles mehr.

Eine öffentlich zu wenig bemerkte Persönlichkeit ist der Gitarrist Carlo Domeniconi (geb. 1947 in Cesena/Italien), der in diesem Zusammenhang von besonderer Bedeutung ist. Im Alter von 18 Jahren siedelte er nach Berlin um, wo er, neben internationaler Konzerttätigkeit, bis 1977 an der Musikhochschule unterrichtete. Danach verbrachte er drei Jahre in Istanbul als Gitarrenlehrer und kehrte dann erneut nach Berlin zurück. Domeniconi ist sowohl Interpret klassischer Werke von der Renaissance bis zur Gegenwart wie auch Komponist, Improvisator und Arrangeur. Er integriert in seinen Werken die europäische Tradition, aber auch Einflüsse aus Lateinamerika und dem Orient. Seine Komposition »Koyunbaba Suite« etwa, die vor kurzem von dem Gitarrenstar John Williams ins Repertoire übernommen wurde, hat impressionistische Couleurs, läßt allerdings durch die Anwendung spezieller Techniken [Tremolos] die Kenntnis des Saz-Spiels erahnen. Als Arrangeur und Komponist war er maßgeblich an Kammermusikwerken für Saz, Gitarre und Kammerensemble beteiligt, vor allem für den Saz-Solisten Adil Arslan. Weitere Werke wie »Orient Express« und »Uzun ince« dokumentieren sein Interesse an orientalischen Klangfarben. Schließlich hat Domeniconi gar einen dreiteiligen Zyklus, nämlich »Sindbad – Ein Märchen für Gitarre«, zu diesem Genre verfaßt. Er skizziert Stationen von Sindbads Reisen, ohne in eine flache Programmusik abzugleiten, weil mittels komplexer Stimmführung und differenzierter Intonation diese poetische Musik stets spannend und abwechslungsreich bleibt.

Literatur

Adamek, Karl/Merkt, Irmgard/Uysal, Sabri/Bursch, Peter (Hg.): *Rüzgargülü – Windrose. Deutsch – türkisches Liederbuch.* Bonn-Bad Godesberg 1989.

Adamek, Karl: »Erneuerung der ›Kultur des Singens‹. Ein Impuls durch interkulturelle Kommunikation«. In: Institut für Bildung und Kultur (Hg.): *Gemeinsam Erleben. Handreichungen zur interkulturellen Bildungsarbeit.* Remscheid 1996.

Akdemir, Hayrettin: *Die neue türkische Musik – dargestellt an Volksliedbearbeitungen für mehrstimmigen Chor.* Berlin 1991.

Anhegger, Robert: »Die Deutschlanderfahrung der Türken im Spiegel ihrer Lieder«. In: Helmut Birkenfeld (Hg.): *Gastarbeiterkinder aus der Türkei.* München 1982.

Apostolidis, Nicos: *20-jähriges Bühnenjubiläum / 20 Jahre Abenteuer Deutschland.* Infoblatt, Hamburg 1989.

Bax, Daniel: »HipHop, Hardrock, Pop – Müzik. Türkisch / deutsche Popbands«. In: *Zeitschrift für Kulturaustausch* 1 und 2 (1997).

Behrendt, Joachim Ernst: *Jazz meets the World.* Covertext zur Doppel LP. MPS. Frankfurt a. M. 1975.

Beyer, Thomas: »Ethno Art Ruhr. Pionierarbeit«. In: *Coolibri* Oktober 1998.

Brandes, E./Hauer, D./Hoffmann, M.: »Der türkische Arbeiterchor in West-Berlin«. In: Baumann, M. P. (Hg.): *Musik der Türken in Deutschland.* Kassel 1985.

Baroudi, Hamid: Presseinfo (5 Seiten) zu Person und Werk von *Vielklang Musikproduktion GmbH.* Berlin 1997.

De Brito, Manuel C./Castelo–Branco, Salwa el–Shawan: »Musik in Portugal«. In: Ludwig Finscher (Hg.): *Musik in Geschichte und Gegenwart*, Sachteil Band 7. Kassel/Stuttgart/Weimar [2]1997.

Buschmann, Ulf: »Zwei junge Frauen, die kein Blatt vor den Mund nehmen. ›Mutlu‹ aus Bremen«. In: *Weser Kurier* 15. 7. 1997.

Cheesman, Tom: »Polyglot Politics: Hip Hop in Germany«. In: *Debatte* 2 (1998).

Chiellino, Carmine: »Folklore ist international! Tanzen in der Fremde – Tanzen mit Fremden«. In: ders.: *Die Reise hält an. Ausländische Künstler in der Bundesrepublik.* München 1988.

Chottin, Alexis: »Arabische Musik. / Nordafrikanische Musik«. In: edition MGG (Hg.): *Außereuropäische Musik in Einzeldarstellungen.* München/Kassel 1980.

Cobancaoğlu, Mesut/Baier, Frank: *Warum seufzt du, Wasserrad?* Textheft zur Schallplatte. Dortmund 1986.

Darkow, Michael/Eckhardt, Josef/Maletzke, Gerhard: *Massenmedien und Ausländer in der Bundesrepublik Deutschland.* Frankfurt a. M. 1985.

Degenhardt, Franz Josef: *Spiel nicht mit den Schmuddelkindern.* Reinbek [12]1977.

Dümling, Albrecht: »Wiederbelebung des epischen Musizierens: ›Die Legende vom Berg Ararat‹ von Yasar Kemal und Tayfun«. In: Leibniz-Gesellschaft für kulturellen Austausch (Hg.): *Türkisches Leben – Kunst und Kultur.* Berlin 1987.

Endress, Gudrun: »Rabih Abou–Khalil oder das Bewegtwerden durch die Musik«. Interview. In: *Jazz Podium* 12 (1992).

– : »Trilok Gurtu – Die Kunst, Kompliziertes leicht erscheinen zu lassen. Interview«. In: *Jazz Podium* 4 (1998).

Frey, J./Siniveer, K. (Hg.): *Eine Geschichte der Folkmusik.* Reinbek 1987.

Fuß, Holger: »Heimat, Herz und Holdrio. Deutsche Volksmusik«. In: *Stern* 21 (1992).

F. W.: »Kulturelle Pionierarbeit. Der türkische Arbeiterchor in Westberlin«. In: *Deutsche Volkszeitung* 3. 7. 1975.

Glaser, Hermann: *Kleine Kulturgeschichte der Bundesrepublik Deutschland 1945–1989.* Bonn 1991.

Glück, Helmut: *Zwei kleine Italiener. Die »Gastarbeiter« im deutschen Schlager.* [Unveröffentlichtes Manuskript] Universität Osnabrück 1982.

Graves, Barry/Schmidt–Joos, Siegfried (Hg.): *Das neue Rock Lexikon.* Reinbek 1990 [Stichwort: Dissidenten].

Greve, Martin: *Alla Turca. Musik aus der Türkei in Berlin.* Berlin 1996. Bezug: Ausländerbeauftragte des Senats, Potsdamer Str. 65, 10785 Berlin.

– : »Ein Streifzug durch die Geschichte türkischer Musik in Deutschland«. In: *Zeitschrift für Kulturaustausch* 1 und 2 (1997).

– : Die Suche nach Synthese. Neue türkische Musik in Deutschland. In: *Neue Zeitschrift für Musik* 1 (1998).

Hazar, Nedim: »Die Saiten der Saz in Deutschland«. In: Eryilmaz, Aytac/Jamin, Mathilde (Hg.): *Fremde Heimat. Eine Geschichte der Einwanderung aus der Türkei.* Essen 1998.

Helms, Siegmund (Hg.): *Schlager in Deutschland. Beiträge zur Analyse der Popularmusik und des Musikmarktes.* Wiesbaden 1972.

Henze, Hans Werner (Hg.) *Almanach zur I. Münchner Biennale.* München 1988.

Hunfeld, Frank: »du bist Türke, vergiß das nicht. Über die Band ›Cartel‹«. In: *Stern* 45 (1995).

IDA–*KünstlerInnen Verzeichnis.* Bezug: Friedrichstr. 61 a, 40217 Düsseldorf

Incirci, Tahsin: »Die Oboe ist im Klang ähnlich unserer Zurna«. In: Carmine Chiellino: *Die Reise hält an. Ausländische Künstler in der Bundesrepublik.* München 1988.

Interkulturbüro Berlin (Hg.): *Tohuwabohu.* Presseinfomappe zur Orient–Rock Festival Tournee 1987.

Ivanoff, Vladimir: »Das Maß der Musik«. In: *Zeitschrift für Kulturaustausch* 3 (1998).

Jachmann, Johanna: »Wenn Bäuche beben: Bauchtanz«. In: *ZEIT-Magazin* 42 (1985).

Jahn, Thomas: »Türksun = Du bist Türke. HipHop, House und Pop: In den türkischen Ghettos von München, Köln, Berlin pocht ein neues Wir–Gefühl«. In: *Die Zeit* 12. 1. 1996.

Jurgeit, Ludwig: »Aziza Mustafa Zadeh. Virtuos und brillant in Klassik und Jazz«. In: *Jazz Podium* 6 (1995).

Kneif, Tibor: »Exotik im musikalischen Underground«. In: Hans Oesch (Hg.): *Europäische Musik zwischen Nationalismus und Exotik.* Winterthur/Schweiz 1984.

Kroymann, Maren: »Itsy – bitsy – teenie – weenie – Honululu – Strand – Bikini. Die Sehnsucht des Oberförsters nach der Yucca–Palme«. In: Institut für Auslandsbeziehungen (Hg.): *Exotische Welten / Europäische Phantasien.* Stuttgart 1987.

Kumpf, Hans: »Aziza Mustafa–Zadeh. Exotik aus Aserbeidschan«. In: *Jazz Podium* 2 (1992).

Kunzler, Martin (Hg.): *Jazz Lexikon.* Reinbek 1988. (darin die Artikel zu: Trilok Gurtu, Branislav ›Lala‹ Kovacev, Okay Temiz).

Miller, Manfred/Schulze, Peter (Hg.): *Geschichte der Pop Musik. Die Radio Bremen Sendereihe ›Roll Over Beethoven‹.* Bear Family Records Hambergen 1998.

Motaung, Audrey & African Heritage: *Displaced blacks. Dance, Song and Dialogue.* Presseinfo zur Hammoniale – Festival der Frauen. Hamburg 1995.

Mümpfer, Klaus: »Özay. Eine der großen Balladensängerinnen Europas«. In: *Jazz Podium* 1 (1992).

Museum Bochum (Hg.): *Dokumentation ›Gastarbeiterkultur‹ Nr. 1: Musik / Tanz / Theater.* Bochum 1975.

Özcan, Celal: »Jazz und Volksmusik. Interview mit Okay Temiz«. In: *Musikblatt* 6 (1989).

Panke, Peter: »Deutsches Dach für Hopis, Türken Tibetaner – Haus der Kulturen der Welt in Berlin«. In: *Neue Musikzeitung* 3 (1989).

Picardi-Montesardo, Anna: *Die Gastarbeiter in der Literatur der Bundesrepublik Deutschland.* Berlin 1985.

Port le roi, André: *Schlager lügen nicht. Deutsche Schlager und Politik in ihrer Zeit.* Essen 1998.

Priebe, Katharina: »Volkes Stimme. Porträt der Sängerin Audrey Motaung«. In: *Stern* 49 (1989).

Reinhard, Kurt: Türkei. In: MGG (Hg.): *Außereuropäische Musik in Einzeldarstellungen.* Kassel/München 1980.

Ruzicka, Peter: »Abschied vom musikalischen Eurozentrismus«. In. Münchner Biennale/Kulturreferat der Landeshauptstadt München (Hg.): *Dialog der Kulturen. Magazin der letzten Münchner Biennale* 1998.

Samartone. Label Information. München 1998.

Schäfer, Olaf: »Prosechós: Griechisch türkische Grenzüberschreitung«. In: *Die Brücke* 79 (1994).

Schedtler, Susanne: *Musikkulturen in Hamburg.* Diss. Hamburg 1998 [unveröffentlicht].

Scheiner, Michael: »Märchenprinz zwischen Orient und Okzident. Rabih Abou-Khalil: Ein Porträt«. In: *Neue Musikzeitung* 3 (1996).

Schnebel, Dieter: »Neue Weltmusik«. In: Hans Oesch (Hg.): *Europäische Musik zwischen Nationalismus und Exotik.* Winterthur/Schweiz 1984.

Schomers, Christian: »Musik der Balkanländer«. In: *Folk Michel* (ab 1998 *Folker*), Nr. 3–6, 11, 12 (1979) und Nr. 14, 17 (1980) und Nr. 19 (1981).

Schreiber, Wolfgang: »Entrückung im Zauberton. Detlev Glanerts Märchenoper ›Leyla und Medjnun‹«. In: *Süddeutsche Zeitung* 30. 5. 1988.

Solothurnmann, Jürg: »Jazz und ethnische Musik. Anknüpfungspunkte und Entwicklungen«. In: Klaus Wolbert (Hg.): *That's Jazz. Der Sound des 20. Jahrhunderts.* Frankfurt a. M. 1990.

Sperr, Monika (Hg.): *Das Große Schlager-Buch. Deutscher Schlager 1800–Heute.* München 1978.

Stauch v. Quitzow, Wolfgang: »Ohne Gastarbeiter keine Orchester. Probleme mit dem Musikernachwuchs in der Bundesrepublik«. In: *Nordwestzeitung* 18. 8. 1983.

Suhr, Constanze: »Der Orient rockt. Die Rockgruppe Kobra«. In: *Tip* 16 (1982).

– : »Die Sängerin Özay«. In: *Taz* 8. 6. 1983.

– : »Nizamettin Aric: Lieder für die kurdische Identität«. In: *Taz* 8. 12. 1984.

Terzakis, Dimitri. In: *Griechische Komponisten*, Reihe Hellenische Woche zeitgenössischer Musik, SCXG 58 [Label des Griechischen Komponistenverbandes]

Theodorakis, Mikis: *Meine Stellung in der Musikszene.* Leipzig 1986

Veit, Sven-Michael: »Come together – Drei Tage Weltbeat. WOMAD im Hamburger Stadtpark«. In. *Deutsche Volkszeitung/die tat* 32 (1989).

Verbandsgemeinde Simmern (Hg.): *Kursbuch 1998/99. Freie Szene Rheinland–Pfalz.* Simmern 1998.

Woelfle, Marcus: »Im Traum komponieren. Interview mit Aziza Mustafa–Zadeh«. In: *Jazz Podium* 9 (1996).

Einzelnachweise zu allen genannten Musiksparten sind in der zitierten Literatur oder im Klaus Kuhnke Archiv, Dechanat Str. 13–15, 28195 Bremen, E-mail: kkarchiv@zfn.uni-bremen.de zu finden oder auf Anfrage beim Autor zu bekommen, Email: HDGruenefeld@t-online.de.

Danksagung

Dieser Texte hätte ohne die Hilfe und Auskunftsbereitschaft vieler Kolleg/innen nicht geschrieben werden können. Folgenden Personen möchte ich besonders danken: Niki Eideneier, Verlegerin in Köln; Eleni Torossi, Autorin in München; den Mitarbeitern des Klaus Kuhnke Archivs in Bremen; Herrn Bunk vom Kulturamt Köln; Quintus Kannegießer von EFA; Nick Nikitakis und Betin Güneş, Musiker in Köln; den Mitarbeitern von Ethno Art Ruhr und inter.art Frankfurt, Nedim Hazar; Jannis Káris; Susanne Schedtler und Dimitri Galón aus Hamburg; Tom Cheesman aus Swansea.

4. Migration und Kino – Subnationale Mitleidskultur oder transnationale Rollenspiele?

Deniz Göktürk

Was wäre das deutsche Kino ohne seine Ausländer?

Migrant/innen sind keine Seltenheit im deutschen Kino. Die Filmgeschichte ist bevölkert von Ein- und Auswanderern, die aus wirtschaftlichen oder politischen Gründen, freiwillig oder gezwungenermaßen, fern von ihrem Geburtsort in anderen Ländern arbeiteten. Asta Nielsen, der erste große internationale Star der Stummfilmzeit, kam mit ihrem Regisseur Urban Gad aus Dänemark nach Berlin und spielte in DER FREMDE VOGEL (1911) die Ausländerin auf Abwegen. Pola Negri reiste aus Polen an, glänzte in feurig-exotischen Rollen und wurde schon bald nach Hollywood abgeworben, ebenso wie bereits 1922 der erfolgreiche Regisseur Ernst Lubitsch. Louise Brooks, die unvergeßliche Lulu mit schwarzem Pagenkopf, kam dagegen aus Hollywood nach Berlin. Der »blonde Traum« Lilian Harvey, die gebürtige Engländerin, sang und tanzte in Musikkomödien der frühen Tonfilmzeit ihre Rolle häufig auf deutsch, englisch und französisch in drei verschiedenen Fassungen. Lya de Putti kam aus Ungarn und hatte ihren Durchbruch als Verführerin in VARIETÉ (1925), bevor sie ihre Laufbahn als europäische Femme fatale in Hollywood fortsetzte, eine Rolle, die ab 1930 die ›verlorene Tochter‹ Marlene Dietrich übernahm. Auch dem Regisseur Friedrich Wilhelm Murnau eröffnete der internationale Erfolg Karrierechancen jenseits des Atlantik und weiter bis in den Pazifik.

Nach 1933 folgten weitere Regisseure des Weimarer Kinos wie Fritz Lang, Billy Wilder, Robert Siodmak und mit ihnen etwa zweitausend Beschäftigte der Filmbranche, meist Juden, die zur Emigration aus Nazi-Deutschland gezwungen waren und in Hollywood Zuflucht fanden, oft mit Umwegen über Frankreich oder England, darunter auch die Schauspieler Peter Lorre und Conrad Veit und der Produzent Erich Pommer. Unterdessen kam selbst das ›arisierte‹ Kino der Nazis nicht ganz ohne ›ausländisches‹ Personal aus. Lewis Brody wurde von der Reichsfilmkammer als Exot geführt und durfte in Tropenfilmen den ›Kolonialneger‹ spielen. Der deutsche Revuefilm wäre undenkbar ohne die in Kairo geborene, in Budapest aufgewachsene Marika Rökk oder die Lateinamerikanerin Rosita Serrano, und niemand konnte so herzbewegend von der Sehnsucht nach der Heimat singen wie der schwedische Ufa-Star Zarah Leander.

Auch nach 1945 arbeitete internationales Personal in der Filmindustrie. Der italienische Regisseur Roberto Rossellini drehte neorealistische Trümmerfilme im zerbombten Nachkriegsdeutschland. Emigranten kehrten zurück. Billy Wilder inszenierte in Berlin amerikanische Komödien wie A FOREIGN AFFAIR (1948) mit Marlene Dietrich oder EINS, ZWEI, DREI (1961) mit Liselotte Pulver. Die früheren Besatzungssoldaten Bill Ramsay und Chris Howland blieben und verdingten sich im Kino der 50er und 60er Jahre als komische Amerikaner und Briten. Die italienische Sängerin und Schauspielerin Caterina Valente entführte gemeinsam mit Freddy Quinn das deutsche Kinopublikum der 50er Jahre in die Scala und auf Capri. Der Franzose Pierre Brice als Winnetou und der Amerikaner Lex Barker als Old Shatterhand waren, zusammen mit Terence Hill (Mario Girotti) und Bud Spencer (Carlo Pedersoli), Markenzeichen des Euro-Westerns und gehörten zu den populärsten Schauspielern der 60er Jahre. Ein Regisseur europäischer Koproduktionen von »Karl May«- und »Dr. Mabuse«-Filmen hieß Hugo Fregonese und kam aus Argentinien. Ivan Desny, dem deutschen Fernsehzuschauer bekannt als der Gentleman-Verbrecher und Gegenspieler des Zollfahnders Kressin aus mehreren »Tatort«-Folgen des WDR aus den frühen 70er Jahren, später als distinguierter Fremdling in Fassbinder-Filmen wie Die Ehe der Maria Braun (1979), wurde als Sohn russischer Emigranten in Peking geboren, lebte in Frankreich und spielte seit den 50er Jahren in vielen französischen, britischen, deutschen, italienischen und sogar einigen amerikanischen Filmen. – Bei soviel ›ausländischem Blut‹ ist es schwierig, die Grenzen eines ›rein‹ deutschen Kinos zu bestimmen. Vielmehr scheint es geboten, die Filmgeschichtsschreibung unter dem Vorzeichen nationaler Kanonbildung zu überdenken.

Das ›Migrantenkino‹ als sozial-realistisches Genre, das sich seit den 60er Jahren im Gefolge der Masseneinwanderung von Arbeitsmigrant/innen in Deutschland etabliert hat, gedieh allerdings völlig abseits fröhlicher Vermischung. Vielmehr hat es sich eingebürgert, die neuen Migrant/innen als Opfer am Rande der Gesellschaft darzustellen. Unzählige Dokumentar- und Unterrichtsfilme beschäftigten sich mit dem »Ausländerproblem« (Filmkatalog in Schoenberner/Seifried 1983). Insbesondere der türkische ›Gastarbeiter‹ in Deutschland erscheint bis heute als der »siebte Mann«, eine mythisch- stumme Figur – unfähig zu Kommunikation und Integration (Berger/Mohr 1975). Zu Beginn des Foto-Text-Buchs *A Seventh Man* erläutert Berger, daß Mitte der 70er Jahre jeder siebte Arbeiter in Deutschland und Großbritannien ein Einwanderer ist. Von John Berger entlehnt beispielsweise auch der Theoretiker kultureller Hybridität Homi Bhabha die Figur des sprachlosen Türken in Europa (Bhabha 1990, S. 315–317). Dabei lehren uns Bhabha und andere postkoloniale Kritiker/innen den Status von Grenzgängern und zugewanderten Bevölkerungsgruppen als produktive Provokation gegen den Begriff einer reinen nationalen Kultur zu verstehen. Die Anwesenheit von Fremden wird zur Herausforderung, die Geschichte der Nation von den Rändern her neu zu erzählen. Traditionelle Auffassungen von Kultur gehen von einem lokal verwurzelten und gewachsenen, nahezu geschlossenen System aus. Dagegen stellt die Mobilität von Migranten diese Geschlossenheit in Frage und eröffnet einen »dritten Raum« der transnationalen Übersetzung, in dem herkömmliche Klassifikationsmuster in Frage gestellt werden (Bhabha 1994). Diese Verunsicherung ist insofern produktiv, als sie uns bewußt macht, daß es sich bei Definitionen von Kultur auf der Grundlage von nationaler oder ethnischer Zugehörigkeit meist um fragwürdige Konstruktionen und Zuschreibungen handelt.

In diesem Sinne ist auch der Mythos homogener Ursprungskulturen zu überdenken. Der »siebte Mann« findet sich bereits in der Türkei, wo innerhalb weniger Jahrzehnte große Teile der Landbevölkerung in Großstädte umgesiedelt sind. Ihre Lebensformen und Erwartungen weichen von denen der westlich orientierten städtischen Eliten ab, was nicht selten Anlaß zu Konflikten in Bussen, Grünanlagen und anderen öffentlichen Räumen gibt. Im türkischen Kino finden sich neben den Auslandsmigranten auch viele Binnenmigranten, denen großstädtisches Benehmen gelehrt wird, ohne daß sie in großstädtische Dekadenz verfallen – ein Thema, das neben melodramatischen auch humoristische Behandlungen zuläßt (Makal 1994). In Reise zur Sonne (1999) etwa, dem neuen Film der in Istanbul lebenden Regisseurin Yeşim Ustaoğlu (geb. 1960), der auf den Berliner Filmfestspielen mit dem Friedenspreis und dem Blauen Engel ausgezeichnet wurde, erscheint die Metropole Istanbul als Universum der Zugewanderten: Da ist der Kurde aus einem ostanatolischen Dorf, das es nicht mehr gibt, da ist der junge Mann aus Tire im Westen Anatoliens, der wegen seiner dunklen Haut und schwarzen Haare für einen Kurden gehalten wird, und da ist die Remigrantin aus Deutschland, eine mutige junge Frau, die in einer Wäscherei arbeitet und sich mit viel Stärke und Menschlichkeit über gesellschaftliche Konventionen hinwegsetzt. – Wie kommt es also, daß Türken im deutschen Kino jahrzehntelang so undifferenzierte, unwandelbare Rollen zu spielen hatten? Zeichnet sich heute ein neuer Trend zum wechselseitigen Grenzverkehr ab?

Im Zeichen von Integrationsbemühungen richtete sich das Augenmerk seit den 60er Jahren auf die Andersartigkeit fremder Kulturen. Die problematische Grundannahme von klar abgrenzbaren, homogen in sich geschlossen nebeneinander existierenden kulturellen Identitäten führte zu einer Rhetorik über Minderheiten, die von ethnographischem Interesse und sozialem Engagement getragen war, zugleich jedoch Ungleichheit und Ausgrenzung festschrieb. Vorbilder und Impulse für diese politisch engagierte Rhetorik über Minderheiten wurden aus den Bürgerrechtsbewegungen in den USA übernommen. Gut gemeinte Projekte zur Förderung des Multikulturalismus resultierten häufig in der Konstruktion binärer Oppositionen zwischen ›türkischer Kultur‹ und ›deutscher Kultur‹. Das Postulat kultureller Differenz, das vorgab, befreiend zu sein, verstellte häufig den Blick auf tatsächlich existierende Zirkulation und erschwerte den Dialog, statt ihn zu erleichtern. Mit der kulturellen Produktion der neuen Migranten tat sich die Kritik zunächst schwer, da sie nicht die Kriterien der einen oder anderen Nationalkultur erfüllten. Welche Nationalität hat beispielsweise ein Film, der in Hamburg spielt und dort unter deutscher Regie produziert ist, in dem jedoch türkische Schauspieler türkisch-deutsche Dialoge sprechen und türkische Milieus darstellen? Ist ein solcher Film dem deutschen oder dem türkischen Kino zuzurechnen? Macht er Aussagen über die deutsche oder die türkische Kultur oder über beide? Wie verhält es sich, wenn der Regisseur ein in Deutschland lebender Türke ist, der unter ähnlichen Produktionsbedingungen arbeitet wie seine deutschen Kolleg/innen? Fällt dann die Zuordnung leichter?

In Zeiten von Massenmigration und zunehmender globaler Mobilität von Menschen und Medien haben diese Fragen über den Stellenwert der transnationalen kulturellen Produktion von Reisenden und Heimatlosen aller Art, von Emigranten und Exilanten eine neue Brisanz gewonnen. Man spricht von einem neuen Genre, das die herkömmlichen geographischen, nationalen, kulturellen und filmischen Grenzen sprengt und das als »independent transnational cinema« (Naficy 1996), als »postcolonial hybrid films« (Shohat/Stam 1994, S. 42) oder einfach als *world cinema* bezeichnet worden ist. Die Bezeichnung als ›Weltkino‹ betont gegenüber älteren separatistischen Kategorien wie *third cinema* (›Dritte-Welt-Kino‹) oder »sub-state cinema« (Crofts 1998) die Universalität von Mobilität und Diversität. Migrant/innen beginnen in der kulturellen Imagination, der subnationalen Nische zu entwachsen und in transnationale Netzwerke einzutreten. »Das Minderheiten-Kino ist mehrheitsfähig geworden«, so lautet das Fazit einer deutschen Kritik des Films BERLIN IN BERLIN, die diese türkisch-deutsche Kinoproduktion in eine Reihe stellt mit anderen erfolgreichen Filmen über die Erfahrungen von Migranten wie Gurinder Chadhas BHAJI ON THE BEACH (1993, PICKNICK AM STRAND), Jan Schüttes deutsch-polnische Koproduktion AUF WIEDERSEHEN AMERIKA (1993), Wayne Wangs THE JOY LUCK CLUB (1993, TÖCHTER DES HIMMELS) und Ang Lees THE WEDDING BANQUET (1993, DAS HOCHZEITSBANKETT) (Peitz 1994). Damit eröffnet sich eine erweiterte, vergleichende Perspektive auf das Migrantenkino, die gerade in Deutschland geboten scheint, wo die Migrant/innen lange Zeit als Gefangene einer fürsorglichen Förderkultur in Erscheinung traten.

Minderheitenkino im Gefängnis der Förderung

Das Neue Deutsche Kino rebellischer Autor/innen, die in den 60er Jahren »Papas Kino« für tot erklärten und die Nation mit dem Spiegel ihrer Vergangenheit konfrontierten, entstand zu einer Zeit, als in Europa das populäre Kino im Sterben lag, während Hollywood sich immer größere Marktanteile sicherte und sich gleichzeitig das Fernsehen sich als Massenmedium etablierte. Der Aufbruch des Neuen Deutschen Kinos wurde ermöglicht durch öffentliche Filmförderung, Fernsehkoproduktionen und das Ansehen einiger Starregisseure auf internationalen Festivals (Elsaesser 1989). Dieser Rahmen von sozialem Sendungsbewußtsein und öffentlicher Förderung eröffnete Projektionsraum für Erfahrungen von Außenseitern, zunächst Frauen und allmählich auch ethnischen Minderheiten, als Gegenstand von Spielfilmproduktionen. Unter den Autoren des Neuen Deutschen Kinos stach besonders Fassbinder durch ein Interesse an Minderheiten hervor, das nicht nur von fürsorglich ausgrenzendem Mitleid geprägt war. In KATZELMACHER (1969), einer Satire auf die Enge, Langeweile und Feindseligkeiten des Kleinbürgerlebens, inszenierte er sich selbst als ein »Griech von Griechenland«, und der Arbeitstitel zu ANGST ESSEN SEELE AUF (1973) lautete »Alle Türken heißen Ali« – alle Nordafrikaner ebenso, möchte man hinzufügen, denn Türken kommen in dem Film nicht vor. Das dekonstruktivistische Melodrama von der unmöglichen Liebe zwischen der alten Frau (Brigitte Mira) und dem schönen jungen Araber (gespielt von Fassbinders Liebhaber Ben Hedi El-Saalem) ist insofern ungewöhnlich, da es einen Mann als Objekt der Begierde und der exotischen Projektion darstellt.

Zu der gleichen Zeit, als die ersten imaginären Türken auf der Leinwand in Erscheinung traten, vollzog sich auch eine grundlegende Veränderung des Publikums. Familien zogen sich vor den Fernseher ins Wohnzimmer zurück, und viele Kinos wurden zu Spielstätten für Pornofilme. In einem Standardwerk zur Geschichte des Neuen Deutschen Kinos begegnen wir unverhofft wieder dem stummen, lüsternen ›Gastarbeiter‹ als Zuschauer, der angeblich die letzten Reste des Familienpublikums aus dem Kino verdrängt (Elsaesser 1989, S. 67). Während man sich südeuropäische

Männer als Pornozuschauer vorstellte, die ihre Bedürfnisse im Kino befriedigten, wurden türkische Frauen zu Opfern filmischer Projektionen. Helma Sanders (geb. 1940) erzählt in SHIRINS HOCHZEIT (1975) die traurige Geschichte von Shirin (Ayten Erten), die ihr armes Heimatdorf in Anatolien verläßt, um in Köln nach dem Verlobten Mahmut zu suchen. Den Verlobten spielte Aras Ören, der zur selben Zeit mit Berlin-Poemen wie *Was will Niyazi in der Naunynstraße* (1973) als Autor bekannt wurde. Shirin endet auf der Straße und wird am Ende von einem Zuhälter umgebracht – elegisch kommentiert von Helma Sanders' Stimme aus dem Off, welche die Fremdheit Shirins in die Universalität weiblichen Leidens eingemeindet (Brauerhoch 1995).

Die Filmförderung auf Bundes- und Landesebene sowie die Möglichkeiten der Koproduktion mit dem öffentlich-rechtlichen Fernsehen, insbesondere mit der Redaktion »Das kleine Fernsehspiel« beim ZDF, die um die Förderung von künstlerischem Nachwuchs und experimentellen Filmen bemüht ist und die Produktion vieler ›Migrantenfilme‹ ermöglicht hat, schufen einen Nährboden für Filmprojekte, die nach einer neuen Rhetorik über ethnische Differenzen und Minderheitenkulturen suchten. Allerdings bedingten die Kriterien der Auswahl und Förderung oft eine Einschränkung auf bestimmte Themenfelder und Fragestellungen. Gefragt waren pflichtbewußte Problemfilme, ein »cinema of duty«, wie es im britischen Kontext genannt worden ist (Malik 1996). Mit einer gewissen Herablassung wurde den ›Ausländern‹ ihr kultureller Platz zugewiesen, und Filmemacher/innen sahen sich häufig festgelegt auf leidvolle Geschichten vom Verlorensein ›zwischen den Kulturen‹. Um der Förderung teilhaftig zu werden, reproduzierten in Deutschland lebende Autor/innen und Regisseur/innen ausländischer Herkunft in ihren Drehbüchern und Filmen häufig Klischees über die ›eigene‹ Kultur und deren archaische Sitten und Bräuche. Wer aus der Türkei stammte und in Deutschland Filme machen wollte, hatte lange Zeit nur Chancen mit einem Drehbuch, das von der Unterdrückung rückständiger Landbevölkerung handelte. Die Förderung hegte eine Reservatskultur, die sich große Mühe gab, Integration zu propagieren, aber selten große Popularität und Publikumswirkung erzielte.

Auch in den 80er Jahren erzählten die Filme häufig Geschichten von türkischen Frauen, von der Unterdrückung durch patriarchalische Väter, Brüder, Ehemänner, von dem Ausschluß aus der Öffentlichkeit und der Gefangenschaft in verschlossenen Räumen. So ist Tevfik Başers 40 QUADRATMETER DEUTSCHLAND (1986) ein »Kammerspiel« im wahrsten Sinne des Wortes über eine Frau, die von ihrem Mann in einer Hamburger Wohnung gefangengehalten wird. Der Film beginnt mit der Ankunft des Paares. Mit Vorratssäcken bepackt, kommen sie aus der Türkei an; sie trägt dörfliche Kleidung und wirkt fremd in der Wohnung. Am Morgen versucht sie, den Elektroherd mit Streichhölzern anzuzünden. Die junge Frau mit dem sprechenden Namen Turna (d.h. Kranich), gespielt von der Jazzsängerin Özay Fecht, ist frischverheiratet aus der Türkei hierhergebracht worden. Fröhlich beginnt sie mit Auspacken und Aufräumen, doch ihre gute Laune verfliegt, als sie merkt, daß ihr Mann Dursun sie in der Wohnung eingeschlossen hat. Er behauptet, Turna vor dem verderblichen Einfluß der deutschen Umwelt beschützen zu wollen. Den Film hindurch nennt er sie »Mädchen«. Monatelang bleibt sie eingeschränkt auf »40 qm Deutschland«, ohne jeden Kontakt zur Außenwelt. Die Kamera fängt ihr Eingeschlossensein in klaustrophobisch gerahmten Einstellungen ein, vor dem Spiegel beim Abschneiden ihrer Zöpfe oder am Fenster mit Blick auf einen grauen Hinterhof. An der Straßenecke geht eine Prostituierte auf und ab, was auf St. Pauli hindeutet. Die gleichförmigen Tage sind nur unterbrochen von subjektiven Rückblenden, Erinnerungen an Turnas Heimatdorf. Die animalischen Zuwendungen des Mannes führen schließlich zur Schwangerschaft. Dursun freut sich auf einen Sohn, Turna hat Alpträume. Als Dursun am Ende unter der Dusche an einem Herzanfall stirbt und Turna hinaustritt in die fremde Welt, bleibt offen, ob es ihr dort besser oder schlechter ergehen wird. Der Abspann beginnt, noch bevor sie die Schwelle zur Straße überschreitet. Der Regisseur Tevik Başer (geb. 1951) war durch ein Austauschprogramm der türkischen Universität Eskişehir nach Hamburg gekommen. 40 QUADRATMETER DEUTSCHLAND wurde 1987 für den Bundesfilmpreis nominiert und erhielt Filmbänder in Gold für die schauspielerische Leistung von Özay Fecht sowie die Komposition von Claus Bantzer – nationale Anerkennung, die paradoxerweise den subnationalen Status von ›Ausländerkultur‹ zementierte.

Freude an der Begegnung oder gar Vermischung der Kulturen kommt in diesem Film nicht auf. Die Migrant/innen erscheinen als Opfer, ausgeschlossen von der deutschen Gesellschaft und außerstande mit den Einheimischen zu kommunizieren. Insbesondere türkische Frauen werden als doppelte Opfer dargestellt, da sie zudem von ihren Männern eingeschlossen und am Kontakt mit der Außenwelt gehindert werden. Auch in seinem zweiten Film ABSCHIED VOM FALSCHEN PARADIES (1988), frei nach einer Erzählung von Saliha Scheinhardt, inszenierte Başer die Gefangenschaft von Frauen in verschlossenen Räumen, allerdings unter umgekehrten Vorzeichen. Hier spielt sich die Handlung in einem deutschen Gefängnis ab, das jedoch paradoxerweise eher als Zuflucht erscheint. Eine fragile junge Frau schneidet sich in der Zelle kurz vor der Entlassung mit einer Glasscherbe die Pulsadern auf. Die Geschichte von Elif wird in Rückblenden erzählt. Verurteilt zu sechs Jahren Haft, weil sie ihren Mann getötet hat, erlebt sie die Gefangenschaft als Befreiung. Im Gefängnis lernt sie mit Hilfe eines Wörterbuchs fließend Deutsch, hier gelingt ihre Integration in die deutsche Gesellschaft oder vielmehr in die Gemeinschaft der Frauen. Die Emanzipation verläuft allzu glatt. Die Schauspielerin Zuhal Olcay, bekannt aus anspruchsvollen Theater- und Filmproduktionen in der Türkei, wirkt in der Rolle nicht ganz glaubwürdig. Der weibliche Zusammenhalt, den Elif im Gefängnis erfährt, wird durch Rückblenden mit der Frauengemeinschaft im Heimatdorf gleichgesetzt. Draußen ist sie der Rache der Brüder ihres Mannes und der Abschiebung in die Türkei ausgeliefert. Daher ist die Entlassung wegen guter Führung für sie eine Bedrohung. In diesem Film kommuniziert die türkische Frau mit der deutschen Gesellschaft – allerdings nur hinter Schloß und Riegel.

Das Gefängnis, das türkischen Filmemachern in Europa häufig als symbolischer Raum diente, wird hier positiv umbesetzt. Hamid Naficy sieht in der Konfiguration klaustrophobischer Räume eine charakteristische Ikonographie des transnationalen Kinos, eine räumliche Begrenzung, der Başers weibliche Figuren nur durch Rückzug in ihre Subjektivität, in ihre Erinnerungen und Imaginationen entrinnen können (Naficy 1996). Başers Filme wurden auch von der feministischen Kritik anerkannt:

»Beide vermessen das kulturelle Niemandsland, in dem türkische Frauen im deutschen Exil leben – von Deutschen und ihren Landsmännern gleichermaßen ausgenutzt und mißachtet.« (Kühn 1995, S. 42). Bemerkenswert ist, daß die Leidensgeschichten, die diese Filme erzählen, von feministischen Kritikerinnen für bare Münze genommen und zu Erfahrungen der türkischen Frau schlechthin verallgemeinert werden.

Vom ›Dritte-Welt-Kino‹ erwartet man wahre Geschichten über wirkliche soziale Mißstände; Phantasie, Fiktion oder ironische Distanz behält sich das westliche Mainstream- oder Autoren-Kino selbst vor. Başers dritter Film LEBEWOHL, FREMDE (1993), der eine deutsch-türkische Liebesgeschichte mit individualisierten Charakteren auf der Hallig Langeneß ansiedelte, war kein großer Erfolg. Entweder war die Zeit für »Gegenwarts- und Problemfilme« vorbei, oder der Name Başers war zum Markenzeichen für die Darstellung von Migrantinnenelend geworden, so daß ihm kein Raum mehr blieb, andere Sujets zu erkunden. Das Werk von Sorab Shahid Saless, der 1974 aus dem Iran nach Deutschland kam und bis 1994 in Deutschland lebte, in dieser Zeit vier Kinofilme, sieben Fernsehfilme und zwei Dokumentarfilme drehte, darunter IN DER FREMDE (1975) über das Leben eines türkischen Arbeiters in Berlin-Kreuzberg, der Auszeichnungen auf internationalen Festivals erhielt und seit dem Film UTOPIA (1984) Mitglied der Akademie der Künste war, wurde ebenfalls weitgehend im Abseits vom deutschen Autorenkino rezipiert und schnell vergessen (Zahedi 1999).

Unter den deutschen Filmen der 80er Jahre, die sich mit Erfahrungen der Migrant/innen beschäftigen, war YASEMIN (1988) sicher der größte Publikumserfolg. Bis heute läuft der Film auf »türkischen Filmtagen« (1992 etwa im Berliner Eiszeit Kino und dem Filmmuseum Potsdam) und ist über die Goethe-Institute bis nach Thailand und Indien im Umlauf. Der Regisseur Hark Bohm (geb. 1939), ebenso wie Tevfik Başer in Hamburg ansässig, gilt seit NORDSEE IST MORDSEE (1975) als das personifizierte soziale Gewissen des Neuen Deutschen Kinos. Er war auch häufig als Schauspieler zu sehen, beispielsweise in Fassbinders DIE EHE DER MARIA BRAUN, wo er als Gegenspieler zu dem aus dem Exil zurückgekehrten Oswald (Ivan Desny) in einem schlüsselhaften Dialog die Verdienste der Daheimgebliebenen hervorhebt. In YASEMIN konzentriert sich sein politisches Engagement auf die Probleme der Türk/innen in Deutschland. Die ›Romeo und Julia‹-Geschichte spielt in Hamburg. Yasemin (gespielt von Ayşe Romey) ist eine lebhafte Siebzehnjährige und eine gute Schülerin. Die Lehrerin drängt sie zum Studium. Beim Judo kämpft sie mit großem Geschick und legt manchen Jungen auf die Matte. Dort taucht eines Tages Jan auf (gespielt von Uwe Bohm, dem Sohn des Regisseurs), der ihr zunächst aufgrund einer Wette nachstellt, sich jedoch bald in sie verliebt. Doch Yasemin führt ein Doppelleben, wie es in jenen Jahren vielen türkischen Mädchen zugeschrieben wurde: »morgens Deutschland abends Türkei« (Tebbe 1981). Wenn sie in den Gemüseladen des Vaters zurückkehrt, läßt sie den hochgesteckten Rock herunter, zieht sich einen Pullover über das ärmellose Sommerkleid und wird zur pflichtbewußten türkischen Tochter, die im Geschäft hilft und von ihrem Vetter Dursun begleitet werden muß, wenn sie auf die Straße geht. Die Doppelidentität spiegelt sich auch im sprachlichen Gemisch der Familiengespräche. Die Mutter, gespielt von Emine Sevgi Özdamar, überzeugt schließlich den Vater von Yasemins Studienplänen. Allerdings schlägt das freundliche Klima radikal um, als Yasemins Schwester in ihrer Hochzeitsnacht kein blutbeflecktes Laken vorweisen kann – den Beweis, daß sie noch Jungfrau ist. In seiner Ehre getroffen, verwandelt sich der liebevolle Vater plötzlich in einen brutalen Patriarchen, der seine älteste Tochter verstößt und Yasemin einsperrt, um sie dann bei Nacht und Nebel leichtbekleidet aus dem Bett zu zerren und in die Türkei zu verfrachten.

Der Film wurde vielfach als einfühlsame Leistung in Sachen deutsch-türkischer Verständigung angeführt. In Wirklichkeit reproduziert und verfestigt er altbekannte Stereotypen, nach denen die deutsche Gesellschaft als aufgeklärt und zivilisiert gilt, während das türkische Patriarchat archaischen Ritualen und Ehrbegriffen verpflichtet ist. Innerhalb dieses Modells läßt sich Integration nur durch einen radikalen Bruch zwischen der sogenannten ersten und zweiten Migrantengeneration realisieren. Tatsächlich war diese Haltung in der deutschen Ausländerpolitik jener Jahre weit verbreitet: ›Man muß sich um die bemühen, die sich integrieren lassen. Die erste Generation ist sowieso verloren, aber die zweite Generation kann noch gewonnen werden.‹ Der spielerische Umgang mit beiden Welten, den Yasemin anfangs mit viel Charme in Schule, Judo Club, Gemüsehandlung, auf dem Großmarkt und beim Tanz auf der Hochzeit der Schwester praktiziert, wird letztlich doch zurückgenommen und für unmöglich erklärt. Die Popularität des Films beruht auf der Vorstellung, daß türkische Frauen befreit werden müssen, daß man sie, insbesondere wenn sie jung und schön sind, vor ihren unterdrückerischen Männern retten muß. Dieser Logik folgt das Ende des Films: Yasemin »does the right thing« – sie droht mit Selbstmord, der Vater läßt sie gehen, sie läßt die türkischen Männer stehen, springt auf den Rücksitz von Jans Motorrad und fährt mit ihm davon. Hark Bohm wurde zu Recht »Harmoniesucht« und ein Hang »zum guten Klischee« bestätigt (Kühn 1995).

Geschichten über Türken in Deutschland arbeiten sich häufig an den Geschlechterbeziehungen ab. Die Befreiung der armen Türkin aus Gefangenschaft, Unterdrükkung, Abhängigkeit oder gar Prostitution ist eine populäre Phantasie, die dem Überlegenheitsgefühl des deutschen Publikums entspringt. Das Mitleid mit den Opfern der gewalttätigen anderen Kultur dient in erster Linie der eigenen Selbstbestätigung. Die kulturelle Produktion ethnischer Minderheiten wird gerne als authentischer Ausdruck der Lebenserfahrung der gesamten Gruppe verstanden. Während man von anderen Autoren, Künstler/innen oder Regisseur/innen in erster Linie Individualität, Originalität und Phantasie erwartet, wird der Angehörige einer Minderheit als Sprachrohr seiner Gruppe aufgefaßt. Grundsätzliche Unterschiede in der Darstellung deutsch-türkischer Verhältnisse durch einen deutschen und einen türkischen Regisseur lassen sich nicht feststellen. Die Filme Hark Bohms und Tevfik Başers entstammen den gleichen Förderungs- und Produktionsbedingungen und stehen sich ideologisch recht nahe. Beide definieren die türkische Frau letztlich als Opfer der Verhältnisse. Die Filme beider zehren von einem Arsenal populärer Annahmen, Bilder und Geschichten und bestätigen letztlich die Überlegenheit der deutschen Kultur. Die Rhetorik von Autor/innen, Regisseur/innen und Künstler/innen ausländischer Herkunft ist nicht unbedingt authentischer; häufig verstehen sie es recht gut, die Erwartungen der Inländer zu befriedigen.

Humoristische Spiegelungen

Einer der wenigen Filme, in denen türkisch-deutsche Begegnungen mit Humor betrachtet werden, ist Şerif Görens POLIZEI, eine türkische Produktion von 1988, aus demselben Jahr wie YASEMIN und ABSCHIED VOM FALSCHEN PARADIES. Hauptperson dieser »Köpenickiade« rund ums Kottbusser Tor ist der sympathisch-naive Straßenkehrer Ali Ekber (gespielt von dem populären Komiker Kemal Sunal). Die Liebe zur Schauspielerei treibt ihn in seiner Freizeit zu einem lokalen Laientheater. Der Regisseur ist Deutscher, spricht jedoch Türkisch – eine der vielen gegenseitigen kulturellen Mutationen in diesem Film. Ali bekommt eine kleine Rolle als Polizist. Die Uniform gefällt ihm so gut, daß er sie gleich anbehält und auf der Straße weiter den Polizisten spielt, was zu wechselseitigen Verwirrungen führt. Seine Landsleute zollen ihm endlich Respekt und halten ihn mit kleinen Bestechungen bei Laune. Durch das ironische Rollenspiel eröffnen sich Perspektiven, die über den sozialen Realismus anderer Migrantenfilme jener Jahre hinausreichen und eindeutige Zuordnungen von ethnischer und kultureller Identität karnevalistisch unterlaufen. Der Komiker Kemal Sunal hatte bereits in GURBETÇİ ŞABAN (1985, Regie: Kartal Tibet) die Rolle des bauernschlauen türkischen Einwanderers gespielt. Humoristische Annäherungen an das Sujet blieben bislang jedoch die Ausnahme.

BERLIN IN BERLIN (1993), eine türkisch-deutsche Koproduktion und Genre-Mix aus Thriller, Melodrama und Komödie, der die flotte Handschrift des in Istanbul lebenden Regisseurs und Werbefilmers Sinan Çetin (geb. 1953) trägt, geht über die bemühten Pflichtübungen um die sogenannte ›Ausländerkultur‹ hinaus. Das »multikulturelle Melodram« (Martenstein 1994) dreht den Spieß auf ironische Weise um und unterläuft gängige Muster der interkulturellen Begegnung. Spielerisch begibt sich die Kamera in voyeuristische Positionen und reflektiert die Macht des ethnographischen Blicks. In der Türkei war der Film ein Kassenschlager des Jahres 1993, wohl in erster Linie wegen der Popularität des weiblichen Stars Hülya Avşar. Die Eröffnungsbilder, zunächst Luftaufnahmen, dann Bilder vom Alexanderplatz, lokalisieren den Schauplatz im wiedervereinigten Berlin. Die Stadt ist dieser Tage eine einzige große Baustelle, und so beginnt auch diese Geschichte auf einer Baustelle. Thomas, ein Ingenieur und Hobbyfotograf (gespielt von Armin Block), stellt mit der Kamera heimlich der Frau eines türkischen Kollegen nach und fotografiert sie, ohne daß sie es merkt. Die Einstellungen folgen voyeuristisch dem Blick des Fotografen auf sein Objekt; die türkische Frau wird – trotz Kopftuch – zur Zielscheibe erotischer Faszination. Das laute Klicken des Fotoapparats bei jeder Aufnahme verstärkt die Thrilleratmosphäre. Als Dilber (Hülya Avşar) schließlich zurückblickt, direkt ins Objektiv, hat auch ihr Blick etwas Bedrohliches. Später hängt der Fotograf die vergrößerten Aufnahmen im Büro auf. Der Ehemann sieht sie und läuft wutentbrannt hinaus, um seine Frau zur Rede zu stellen. Er muß annehmen, daß die Fotos mit ihrem Einverständnis gemacht wurden. Sie hat sich fremden Augen preisgegeben, ja, sogar direkt in die Kamera geblickt und damit gegen Anstand und Ehre verstoßen. Um den Streit der Eheleute zu schlichten, läuft der Fotograf herbei, doch seine Erklärungsversuche enden in einem Handgemenge, das unglücklicherweise zum Tod des Ehemanns führt.

Drei Monate später lernt Thomas – im Liegestütz über den Fotos – türkische Sätze aus einem Wörterbuch: »Bu bir kaza. Ben katil değilim« (Es war ein Unfall. Ich bin kein Mörder.) Er versucht, Dilber in der U-Bahn anzusprechen, lauert ihrem Haus gegenüber in einem Café, das von ihren Schwagern betrieben wird. Als er sie schließlich auf der Straße anhält und seine Entschuldigung vorträgt, wird er von den Brüdern des Toten gestellt. Er läuft davon, sie jagen ihn durch Hinterhöfe und Treppenhäuser. Paradoxerweise führt seine Flucht in die Wohnung eben jener Großfamilie, wo er sich auf einem Kleiderschrank versteckt – im Zimmer der schönen Dilber. Durch die verängstigten Blicke des Eindringlings erschließt sich nach und nach die fremde Welt. Die Großmutter und Matriarchin der Familie (gespielt von Aliye Rona) erwacht zum Gebetsruf des Muezzins. An der Wand hinter ihrem Bett hängt ein Teppich mit dem Bild Mekkas. Deutsche Stimmen mischen sich in den Gebetsruf, dessen Quelle erst jetzt zu sehen ist. Der Muezzin ruft aus einer Uhr in Moscheengestalt, aber seine Stimme konkurriert mit dem Werbespot für eine Nagelkur, der aus dem Fernseher tönt. Der Vater erwacht auf dem Sofa. Das Gemisch der Stimmen, deren Quellen mit Verzögerung ins Bild gesetzt werden, dient als Einführung in »Berlin in Berlin« – einen Raum, wo der Tag mit konkurrierenden Stimmen und sich gegenseitig übertönenden Sprachen beginnt.

Schließlich wird der Eindringling auf dem Kleiderschrank entdeckt. Mürtüz (gespielt von Talkshowstar Cem Özer) wedelt mit der Pistole und schreit nach Rache für seinen toten älteren Bruder. Eine Nahaufnahme von Thomas zeigt emblematisch das Entsetzen des Deutschen vor den bedrohlichen Gesten des Türken. Die dramatische Eskalation wird gerade noch rechtzeitig unterbrochen durch den Auftritt des Vaters und der Großmutter, die ein Machtwort spricht und den Fremden für Gottes Gast erklärt, dem nichts angetan werden darf, solange er unter ihrem Dach weilt. Der Deutsche wird so zum Ausländer im eigenen Land. Er findet Asyl in der türkischen Großfamilie – eine Umkehrung der Situation der Asylbewerber auf deutschem Boden. Das türkische Heim wird zur Zuflucht für den heimatlosen Deutschen. Nur hier kann er leben: »Wenn du rausgehst, bist du tot. Hier bist du in Sicherheit«, erklärt ihm der jüngste der Brüder. Thomas richtet sich auf dem Fußboden ein – Berlin in Berlin, das sind »vier Quadratmeter Türkei« (Reinecke 1994). Die klaustrophobische Gefängnissituation, die Naficy als charakteristisch für Exil-Filme beschrieben hat, wird hier kurzerhand umbesetzt.

Es folgt eine bizarre Symbiose zwischen dem deutschen ›Ausländer‹ und der türkischen Familie. Vier Generationen leben in dieser Wohnung zusammen und kommunizieren auf unterschiedliche Art mit der Umwelt und dem Eindringling. Der älteste Bruder Mürtüz ist mit seiner Kanone und seinem Rachegeschrei geradezu die Karikatur eines türkischen Macho, er ist aber ebensosehr an seiner schönen Schwägerin Dilber interessiert. Er pocht zwar auf türkischer Sprache und Tradition, trinkt jedoch auch gerne Whisky und treibt es in der Wohnung mit einer schrillen Blondine, die in einer grotesken Szene halbnackt den Eltern vorgestellt wird und deren Ehemann ihr auf den Fersen folgt. Der nächstjüngere Bruder orientiert sich an seinem Vorbild, während der jüngste lieber deutsch spricht und ein zärtliches Verhältnis zu seiner Freundin Diana unterhält, die er gelegentlich mitbringt. Thomas wird nach und nach ins Familienleben einbezogen, auf Wunsch der Großmutter reicht man auch ihm einen Teller mit Essen, er spielt Gitarre und alle lauschen andächtig, er repariert den Fernseher, als dieser während eines Länderspiels zwischen Deutschland und der Türkei kaputtgeht, worauf die Männer ihm Anerkennung zollen und einen Platz auf dem Sofa anbieten, er freundet sich mit der Großmutter an und singt türkische Lieder mit ihr, und zum Opferfest befolgt er die beobachtete Sitte und küßt allen die Hände, sogar seinem Feind Mürtüz.

Die erzwungene Symbiose bringt es mit sich, daß der ethnographisch voyeuristische Blick nach und nach umgekehrt wird. Nun sind es die Türken, die den Deutschen beobachten wie ein Tier im Zoo. Klaustrophobisch verweilt die Kamera in Nahaufnahmen auf ihm. Als zum Opferfest die Verwandtschaft anrückt und zu deutschen Schlagern türkischen Bauchtanz vollführt, ist Thomas die Hauptattraktion. Während Thomas mit den Brüdern fraternisiert, wird Dilbers Position in der Familie zunehmend problematisch. Die Entdeckung der Fotos läßt sie schuldig am Tod ihres Mannes erscheinen. Am Ende verlassen Dilber und Thomas gemeinsam die Wohnung und gehen Hand in Hand einer ungewissen Zukunft entgegen. Dieses Ende wirkt erzwungen und fällt zurück in den Mythos, daß türkische Frauen von deutschen Männern gerettet werden müssen. Während es in der indisch-britischen Komödie BHAJI ON THE BEACH (1993), die ebenfalls von der Aneignung und Umbesetzung öffentlichen Raumes (dort ist es das englische Seebad Blackpool) durch Immigrant/innen handelt, die Frauen die Oberhand haben, ist BERLIN IN BERLIN eher ein Männerfilm. Die Frau öffnet bis zum Schluß kaum den Mund, und der Mann bekommt letztlich, was er will.

Alles in allem zeichnet sich BERLIN IN BERLIN jedoch durch ein gehöriges Maß an Ironie aus, nicht zuletzt gegenüber den Ritualen der türkischen Familie. Die Umkehrung der Asylsituation und die erzwungene Symbiose des deutschen Fremdlings mit der türkischen Großfamilie eröffnet Potentiale der wechselseitigen humoristischen Bespiegelung und geht damit über die pflichtbewußten Produktionen der 80er Jahre hinaus. Dabei schreckt der Film nicht davor zurück, Klischees plakativ auszureizen. Die multikulturell beflissene Rezeption sah auch in diesem Film eine ethnographische Studie und brachte die überkommenen Modelle von den Migrant/innen erster, zweiter und dritter Generation sowie Kulturkonflikte um archaische Rituale wie Ehre, Gastrecht und Blutrache ins Spiel (Wingender 1995). Der Film glänzt jedoch durch ironisch-spielerische Momente und konnte sich die distanzierte Perspektive wohl auch deshalb erlauben, weil er weitgehend außerhalb der deutschen Förderstrukturen produziert wurde.

Neues Deutsches Kino – gemacht von jungen Türken

Seit Herbst 1998 ist ein Durchbruch in der türkisch-deutschen Filmproduktion zu verzeichnen. Eine neue Generation von Filmemacher/innen und Schauspieler/innen profiliert sich allmählich – vor allem in Hamburg und Berlin. Auf den Berliner Film Festspielen im Februar 1999, als die Medien gerade die Debatte um die Staatsbürgerschaft unter der griffigen Formel ›Doppelpaß‹ abhandelten, wurden diese transnationalen Filme unter der Rubrik ›Neues Deutsches Kino‹ gezeigt und von der Kritik als Aufbruch aus dem Ghetto gefeiert. Ein Kritiker meinte sogar: »Vielleicht sind die Türken die einzigen, die in Deutschland zur Zeit politische Gegenwartsfilme machen« (Martenstein 1999, Kulaoğlu 1999). Andere schlossen sich dem Lob an, konnten es aber nicht lassen, wieder in die Rhetorik vom Leben ›zwischen den Kulturen‹ zu verfallen (Hallensleben/Noack 1999).

Im »Forum des jungen Films« zeigte das Festival Thomas Arslans (geb. 1962) den neuen Film DEALER mit Tamer Yiğit in der Hauptrolle, eine Produktion des ZDF/Das kleine Fernsehspiel wie schon der erste Film des Regisseurs GESCHWISTER (1996). DEALER bietet minimalistische Ansichten von Berlin-Kreuzberg, wo der Regisseur selbst seit einigen Jahren lebt. Die Darsteller werden vor dem Hintergrund von Betonwohnblöcken, grünen Parkwiesen oder pointillistischen Verkehrslichtern inszeniert. Begegnungen in privaten oder öffentlichen Räumen sind kühl und verhalten gespielt, charakteristisch für die stagnierende Atmosphäre in Bezirken, die Lichtjahre entfernt erscheinen von der Hochglanzarchitektur der wiedervereinigten Hauptstadt.

LOLA UND BILIDIKID, ein spannendes Drama aus dem Berliner Transvestitenmilieu, erregte als Eröffnungsfilm der »Panorama«-Sparte des Festivals ebenfalls Aufsehen. Der Regisseur Kutluğ Ataman (geb. 1961), der inzwischen in London lebt und an der University of California, Los Angeles studiert hat, inszeniert seine Figuren im städtischen Raum, auf Straßen, in Parks, Nachtclubs, öffentlichen Toiletten und verfallenen Fabrikgeländen, an Orten von nationaler Bedeutung wie dem Olympiastadion oder der Siegessäule im Tiergarten, in Kreuzberg vor einer von der Künstlerin Ayşe Erkmen gestalteten Hausfassade, wo die Kamera einen Moment lang auf einem Plakat mit der Aufschrift »Diaspora« verweilt. Lola (Gandi Mukli) glänzt beim Bauchtanz in einem Travestie-Trio, das unter dem sinnigen Namen »Die Gastarbeiterinnen« auftritt. Ihr Freund Bilidikid (Erdal Yıldız) ist ein rauher Lederjacken-Typ, für den es nichts Würdeloseres gibt, als »ein Loch« zu sein, und der vom trauten Glück in der Türkei träumt, wo Lola sich einer Geschlechtsumwandlung unterziehen soll. Lolas kleiner Bruder Murat (Baki Davrak), der selbst gerade erste homosexuelle Erfahrungen macht, findet die verstoßene »Schwester«, die jedoch bald darauf als Leiche in der Spree schwimmt. Von da ab entwickelt sich der Film zum Thriller mit Verfolgungsjagden und Verkleidungsszenen. Der kleine Bruder erkennt schließlich, daß Lola nicht wie angenommen von Neonazis umgebracht wurde, sondern von dem ältesten Bruder Osman, einem Macho, der seine eigenen homosexuellen Neigungen zu verbergen suchte. In der letzten Einstellung des Films gehen Murat und die Mutter hinaus auf die Straße, lassen den heuchlerischen Patriarchen stehen, die Mutter streift sich das Kopftuch ab. Eine ähnliche Aneignung von öffentlichem Raum wird von Lolas Travestie-Kolleginnen vollzogen, als sie sich im Tiergarten unweit der Siegessäule tummeln und dort eine teuere Brosche auflesen, die eine späte Nachfolgerin ostpreußischen Landadels weggeworfen hatte. Die deutschen Gestalten im Film geraten teilweise zur Karikatur, die Analyse von Familienbeziehungen und türkischem Machismo erscheint manchmal überzogen und fällt zurück in ethnische Stereotypisierung, dennoch gelingt es dem Film, biologistisch verstandene Geschlechteridentitäten zu verflüssigen. Die ›Gastarbeiterinnen‹ in LOLA UND BILIDIKID sind in Wirklichkeit Männer und erinnern uns daran, daß Konstruktionen von binären Gegensätzen wie männlich/weiblich oder deutsch/türkisch auf Sand gebaut sind. Der Film lief nach dem Festival mehrere Wochen in Berliner Kinos. Der Weltverleih wird von der New Yorker Firma Good Machine International besorgt, derselben Gesellschaft, die Ang Lees taiwanesisch-amerikanische schwule Familienkomödie DAS HOCHZEITSBANKETT (1993) vertreibt – ein Zeichen vielleicht, daß die türkisch-deutsche Filmproduktion die Schwelle von subnationaler Mitleidskultur überschritten und in transnationale Gefilde aufgebrochen ist, wo globale Diasporakulturen zunehmendes Interesse genießen und von der Unterhaltungsindustrie als Markt erkannt werden.

Auch in Hamburg herrscht neuerdings Aufwind in der türkisch-deutschen Filmszene. KURZ UND SCHMERZLOS (1998), der in Hamburg gedrehte und produzierte Debütfilm von Fatih Akın (geb. 1973), war sogar für den Bundesfilmpreis nominiert und wurde auf internationalen Festivals gezeigt und ausgezeichnet, hatte jedoch an der Kinokasse nicht den gewünschten großen Erfolg. Der Film handelt von drei Freunden aus dem Hamburger Gangstermilieu: Gabriel, der Türke (Mehmet Kurtuluş), Costa, der Grieche (Adam Bousdoukos) und Bobby, der Serbe (Aleksandar Jovanovic). Die Konstellation von drei wütenden jungen Männern unterschiedlicher Herkunft erinnert an den kontroversen französischen Film LA HAINE (1995), wo auch nicht eine ethnische Gruppe im Zentrum steht, sondern vielmehr die soziale Position am Rande der Stadt und der Legalität sowie deren Wahrnehmung in den Medien. In KURZ UND SCHMERZLOS wird jedoch die Reflexion und Kritik an Konventionen und Möglichkeiten der Medienrepräsentation nicht allzu weit getrieben, sondern eher die Ästhetik von Gangsterfilmen à la Martin Scorsese in die Straßen Hamburgs transponiert.

Regionale Filmförderung wird als Werbemittel für die Stadt verstanden. APRILKINDER (1998) ist ein weiterer Film aus der Hamburger Produktion. Das trilinguale Melodrama des in Hamburg lebenden Regisseurs Yüksel Yavuz (geb. 1964) handelt von einer kurdischen Familie in Hamburg, deren drei Sprößlingen auf Abwege geraten. Der älteste Sohn Cem (Erdal Yıldız) arbeitet als Schweinemetzger in einem Schlachthaus und verliebt sich in eine Prostituierte von androgyner Erscheinung, der jüngere Bruder Mehmet handelt mit Drogen, und die freche kleine Schwester Dilan hat ein Auge auf seinen Partner geworfen. Auch dieser Film ist in erster Linie eine Analyse junger männlicher Subjektivität im Konflikt zwischen Familie und Umwelt. Als Cem am Ende mit einem Mädchen aus dem kriegsgeschädigten kurdischen Heimatdorf verheiratet wird, kulminiert seine Verwirrung in einem schwindelerregenden Wirbel der Kamera. Die dargestellten Konflikte gehen zum Teil auf autobiographische Erfahrungen des Regisseurs zurück. Als Yüksel Yavuz 1980 nach Deutschland kam, teilte er sich zunächst eine Baracke – »zwölf Quadratmeter Deutschland« – mit seinem Vater. Später arbeitete er auch eine zeitlang in einer Fleisch- und Wurstfabrik (Kiontke 1999). In seinem ersten Film MEIN VATER, DER GASTARBEITER (1995), der ebenfalls vom ZDF/Das kleine Fernsehspiel gefördert wurde, arbeitet er die Familiengeschichte auf.

In KANACK ATTACK, einem ebenfalls in Hamburg gedrehten Gangsterfilm des Regisseurs Lars Becker nach der Vorlage von Feridun Zaimoğlus Roman *Abschaum* (1997), geht es wieder um junge Männer am Rande der Gesellschaft. Trotz eines immer vielfältigeren Repertoires in der Darstellung junger Türken in Deutschland ist unterdessen die Rhetorik von türkischen Mädchen als Opfern ›zwischen den Kulturen‹ noch durchaus gegenwärtig. YARA (Die Wunde, 1998) von Yılmaz Arslan (geb. 1968), eine deutsch-türkisch-schweizerische Koproduktion mit Eurimages-Förderung, könnte eine Fortsetzung von YASEMIN sein. Hülya (Yelda Renaud), ein fragiles junges Mädchen, das unter Orientierungslosigkeit leidet, wird gegen ihren Willen in die Türkei zu Verwandten gebracht, läuft davon und endet schließlich in einer psychiatrischen Anstalt. Ihre Mutter (gespielt von Özay Fecht, der eingesperrten Hausfrau aus 40 QUADRATMETER DEUTSCHLAND) hat die Familie verlassen, in der Türkei wieder geheiratet und will von ihrer Tochter nichts wissen. Am Ende ist das verstörte Mädchen wieder in Deutschland und weiß überhaupt nicht mehr, wo es hingehört. Der Versuch, ihre subjektiven Visionen zu inszenieren, bringt zweifelhafte Bilder hervor, die eher an gestellte Fotografien für eine Hochglanz-Modezeitschrift erinnern als an Tagträume eines verwirrten Teenagers. Inzwischen profilieren sich jedoch auch junge Frauen aus dem Migrantenmilieu als Regisseurinnen und erproben neue Formen der Darstellung. Ayşe Polat (geb. 1970), ebenfalls in Hamburg ansässig, hatte internationalen Erfolg mit Kurzfilmen wie FREMDENNACHT (1991), EIN FEST FÜR BEYHAN (1994) und GRÄFIN SOPHIA HATUN (1997) – traumartig phantastischen Miniaturen über Exilsituationen. Mit Förderung vom ZDF/Das kleine Fernsehspiel hat sie gerade ihren ersten Spielfilm DIE AUSLANDSTOURNEE gedreht.

ICH CHEF, DU TURNSCHUH (1998) ist ebenfalls eine Produktion vom ZDF/Das kleine Fernsehspiel und die zweite Regiearbeit des Schauspielers Hussi Kutlucan (geb. 1962), der selbst die Hauptrolle spielte. Die Abenteuer des Asylbewerbers Dudie führen uns von einem Flüchtlingswohnheim in Hamburg auf die Baustelle im Zentrum von Berlin. Özay Fecht tritt wieder in einer Nebenrolle auf, als Dudies Geliebte, die beschließt, ihn zu verlassen und einen deutschen Elektriker zu heiraten, um dem Leben im Wohnheim zu entkommen – eine Wahl, die weniger durch kulturelle, denn ökonomisch-pragmatische Gründe zu erklären ist.

In dieser anarchistischen Komödie stechen Szenen hervor, wo Ethnizität karnevalistisch als Maskerade und Rollenspiel inszeniert wird. In den Eröffnungsszenen des Films kommt – untermalt von südindischer Popmusik – ein Bus voller Inder an, während gleichzeitig eine andere Gruppe aus dem Wohnheim getrieben wird, um in die Türkei abgeschoben zu werden. Die alten Immigranten müssen Platz machen für die Neuankömmlinge, und ähnliche Auseinandersetzungen um Territorialrechte ziehen sich durch den gesamten Film. Ein schlauer Asylbewerber aus der Türkei beschließt kurzerhand, sich als Inder zu verkleiden, wickelt sich den Schal als Turban um den Kopf und stellt sich zu der neuangekommenen Gruppe. Er ›setzt sich einen anderen Hut auf‹ und eignet sich eine Ethnizität an, die in diesem Moment opportun erscheint – die globale Präsenz indischer Diasporakultur in Kino, Küche oder auch Literatur ist schließlich kaum zu überbieten. Eine ähnliche Mutation vom Türken zum Inder vollzieht sich auch in Osman Engins satirischem Roman *Der Kanaken-Gandhi* (1998) – im gleichen Jahr erschienen wie Kutlucans Film.

Kutlucan selbst spielt in ICH CHEF, DU TURNSCHUH eine angenommene ethnische Identität: Sein Dudie ist Armenier und positioniert sich damit in einer weltweit anerkannten Diasporakultur, deren Nachkommen sich als Opfer der Türken verstehen. Rhetorische Strategien im Umgang mit Ethnizität und Minderheiten werden durchgespielt und fixe Positionen unterlaufen. In der Berliner Wohnung, die Dudie mit einem Ghanaer, einem Iraner und einem Afghanen teilt, weiß er, den wütend nach der Miete schreienden Vermieter abzuwehren, indem er den Diskurs über kulturelle Differenzen und Eigenheiten ironisch persifliert. Er tritt aus dem Schrank, in dem er sich versteckt hielt, und auf die Frage, was er dort getan hätte, antwortet er echt kulturalistisch: »Ich habe gebetet. In meiner Religion betet man im Dunkeln. Ich muß allein sein.«

Dudie findet Arbeit auf der Baustelle am Potsdamer Platz, die bevölkert ist von illegalen Arbeitern unterschiedlicher Herkunft und Hautfarbe, die nicht zuletzt von den bereits ›naturalisierten‹ türkischen Gastarbeitern angefeindet werden. In diesen Dialogen und Szenen werden sozialrealistische Enthüllungsreportagen aus der Arbeitswelt wie Günter Wallraffs *Ganz unten* (1985) zum Gegenstand von Satire. Vor der Kulisse der unfertigen Reichstagskuppel beugt sich ein Türke zum muslimischen Gebet. Als die Schwarzarbeiter ihren Lohn nicht bekommen, besetzen sie kurzerhand ein Stück Land und feiern mitten in der Sandwüste eine wilde Grillparty.

Als Dudie wieder auf der Straße steht, ohne Job und ohne Wohnung, ›adoptiert‹ ihn das Kind einer Deutschen, die er heiraten wollte, die jedoch von ihrem Ex-Mann, einem deutschen Vorarbeiter, aus Eifersucht erstochen wurde, als Ersatzvater. Das Kind wird beim Friseur ›naturalisiert‹, läßt sich die Haare braun färben und beginnt prompt, gebrochenes Deutsch zu sprechen. Die beiden klingeln dann bei Frau Dutschke, einer alleinstehenden alten Dame, die sie im Park erspäht haben, und behaupten, vom Bezirksamt in ihre Wohnung eingewiesen worden zu sein. Die Szene erinnert an Einquartierung von Flüchtlingen in der Nachkriegszeit. Nach anfänglichem Mißtrauen bilden die drei eine utopische Familie jenseits von Geschlecht, Alter und Ethnizität. Doch das Glück ist nicht von Dauer. Der Film begann mit einer Ankunft und endet mit einer Abreise. Dudie wird abgeschoben und zusammen mit dem ›türkisierten‹ deutschen Kind in ein Flugzeug gesetzt. Der musikalische Mix von türkischem Folk bis zu indischem Pop in der Schlußsequenz signalisiert ebenfalls einen Aufbruch in die Weltmusik. Hier ist die Rhetorik von Multikulturalismus und kultureller Vielfalt zur Norm geworden, die in dieser Komödie karnevalistisch unterlaufen wird. Durch Humor und Irreverenz im Umgang mit Autoritäten werden herkömmliche Konventionen der Repräsentation durchbrochen und aktuelle Debatten um alte und neue Einwanderer, Asyl, Staatsbürgerschaft, nationale Einheit und Identität ironisch unterwandert. Der Film weist Parallelen auf zu Traditionen des »ethnic role-play« und der »anarchistischen Komödie«, wie sie im amerikanischen Kino in der frühen Tonfilmzeit beispielsweise von den Marx Brothers in Filmen wie MONKEY BUSINESS (1931) erfolgreich praktiziert wurden.

Es ist sicher kein Zufall, daß unter den neuen türkisch-deutschen Produktionen ICH CHEF, DU TURNSCHUH der einzige Film ist, der keinen Kinoverleih gefunden hat. Der Anarchismus der Berliner Subkultur ist offenbar noch nichts für das breite Publikum. In erster Linie werden vom Migrantenkino noch immer kohärent erzählte Familiendramen erwartet. Das kleine Fernsehspiel mit seinem Engagement für nichtkommerzielle Filmkultur ermöglichte die Produktion dieser anarchistischen Komödie für das Spätabendprogramm des ZDF. Damit stellt sich natürlich auch die Frage nach dem Publikum solcher Filme. Angesprochen wird wohl in erster Linie ein deutsches Kennerpublikum oder urbanes Mischpublikum, die Hörerschaft des Berliner Senders

Radio MultiKulti etwa, das hier über hysterische, unaufgeklärt rassistische deutsche Heimleiter, Meister und Vermieter lacht. Ob der Film auch große Gruppen türkischer Einwanderer anlockt, erscheint eher fraglich. Sie verbringen ihre Abende wohl immer noch lieber vor dem Satellitenfernsehen bei Sendungen aus der Heimat. Das Diasporakino entspricht nicht unbedingt dem Geschmack des Diasporapublikums.

Ich Chef, Du Turnschuh zeigt dennoch, daß ein Film über Migrant/innen in Deutschland auch ein Film über Deutschland sein kann. Die neuen Einwanderer sind seßhaft geworden, sie etablieren sich in deutschen Städten und auf deutschen Leinwänden, ebenso wie Immigranten in anderen Ländern der Welt. Filme wie Ich Chef, Du Turnschuh lassen hoffen, daß das Gespenst des sprachlosen türkischen Gastarbeiters endlich ausgetrieben wird. Migrant/innen, die im Kino lange Zeit als Objekte in Erscheinung traten, agieren jetzt – vor und hinter der Kamera – selbstbewußt als Subjekte und wissen sich rhetorisch zu behaupten. Mobilität und Migration sind in den letzten Jahren weltweit in den Brennpunkt der Diskussion gerückt und als Herausforderung für einen distanzierteren Umgang mit territorial und puristisch definierten nationalen Kulturen verstanden worden. Auch im Kino befreien Migrant/innen sich langsam aus dem Gefängnis einer subnationalen Mitleidskultur, gehen transnationale Allianzen ein und unterlaufen durch ironische Rollenspiele ethnische Zuschreibungen und Identifizierungen. Vielleicht wächst auch die deutsche Diskussion um Multikulturalität und Minderheitenkulturen allmählich über ihre Provinzialität hinaus, so daß wechselseitige Spiegelungen und Grenzverkehr in beiden Richtungen die einseitigen Integrationsbestrebungen ablösen und noch mehr Filmemacher/innen, Produzent/innen und Kritiker/innen lernen, Prozesse der Begegnung und Vermischung gelegentlich auch mit Humor zu reflektieren. In einer Zeit des »europäischen« Kinos und der medialen Globalisierung, in der die Finanzierung durch internationale Koproduktionen zur Regel wird, werden, jenseits der Reservate einer pflichtbewußten Förderkultur, auch die Filme perspektivenreicher. Um den Horizont zu öffnen, muß man sich nur daran erinnern, daß das Kino als Medium der Moderne seit jeher von Migration und Mobilität bestimmt war und vielen »fremden Vögeln« Heimat bot.

Literatur

Berger, John/Mohr, Jean: *A Seventh Man*. Harmondsworth 1975.

Bhabha, Homi: »DissemiNation: time, narrative, and the margins of the modern nation«. In: Bhabha (Hg.): *Nation and Narration*. London/New York 1990, S. 291–322.

– : »The Commitment to Theory«. In: Bhabha: *The Location of Culture*. London/New York 1994, S. 19–39.

Brauerhoch, Annette: »Die Heimat des Geschlechts – oder mit der fremden Geschichte die eigene erzählen: Zu Shirins Hochzeit von Helma Sanders-Brahms«. In: Karpf et al. (Hg.), S. 109–115.

Crofts, Stephen: »Concepts of national cinema«. In: Hill, John/Church Gibson, Pamela (Hg.): *Oxford Guide to Film Studies*. New York 1998, S. 385–394.

Elsaesser, Thomas: *New German Cinema: A History*. New Brunswick/New Jersey 1989.

Hallensleben, Silvia/Noack, Frank: »Auferstanden aus dem Ghetto. Die spannendsten deutschen

Filme werden derzeit von Türken gedreht: *Dealer* und *Lola und Billidikid* erzählen vom Leben zwischen zwei Welten«. In: *Der Tagesspiegel* 11. 2. 1999.

Karpf, Ernst/Kiesel, Doron/Visarius, Karsten (Hg.): *»Getürkte Bilder«: Zur Inszenierung von Fremden im Film.* Marburg 1995.

Kiontke, Jürgen: »Sechs qm in Germanistan. Der Regisseur Yüksel Yavuz und sein Film *Aprilkinder*«. In: *Filmforum* (Februar/März 1999), S. 12–14.

Kühn, Heike: »Mein Türke ist Gemüsehändler: Zur Einverleibung des Fremden in deutschsprachigen Filmen«. In: Karpf et al. (Hg.), S. 41–62.

Kulaoğlu, Tuncay: »Der neue ›deutsche‹ Film ist ›türkisch‹? Eine neue Generation bringt Leben in die Filmlandschaft« In: *Filmforum* (Februar/März 1999), S. 8–11.

Makal, Oğuz: *Sinemada Yedinci Adam. Türk Sinemasında İç ve Dış Göç Olayı* (Der siebte Mann im Kino. Migration im In- und Ausland im türkischen Film). İzmir 1994.

Malik, Sarita: »Beyond ›The Cinema of Duty‹? The Pleasures of Hybridity: Black British Film of the 1980s and 1990«. In: Higson, Andrew (Hg.): *Dissolving Views: Key Writings on British Cinema.* London 1996, S. 202–215.

Martenstein, Harald: »Das multikulturelle Melodram«. In: *Der Tagesspiegel* 13. 5. 1994.

– : »*Ich Chef, du Turnschuh.* Filme mit doppelter Staatsbürgerschaft: türkisches Kino auf dem Weg in die deutsche Gegenwart«. In: *Der Tagesspiegel* 11. 2. 1999.

Naficy, Hamid: »Phobic Spaces and Liminal Panics: Independent Transnational Film Genre«. In: Rob Wilson/Wimal Dissanayake (Hg.): *Global/Local: Cultural Productions and the Transnational Imaginary.* Durham/London 1996, S. 119–144.

Peitz, Christiane: »Überall ist es besser, wo wir nicht sind«. In: *taz* 13. 5. 1994.

Reinecke, Stefan: »Vier Quadratmeter Türkei: Berlin in Berlin – ein Kinomelodram von Sinan Çetin«. In: *FR* 20. 5. 1994.

Schoenberner, Gerhard/Seifried, Ursula: »Ausländer unter uns. Ein Filmkatalog«. In: *Deutsch lernen. Zeitschrift für den Sprachunterricht mit ausländischen Arbeitnehmern* 2/3 (1983), S. 1–273.

Shohat, Ella/Stam, Robert: *Unthinking Eurocentrism: Multiculturalism and the Media.* London/New York 1994.

Tebbe, Krista (Kunstamt Kreuzberg) (Hg.): *morgens Deutschland abends Türkei.* Berlin 1981.

Wingender, Christoph: »Berlin als Paradigma einer multikulturellen Werkstatt: Dialog auf primärer Ebene. Sinan Çetins Kinofilm *Berlin in Berlin*«. In: Kessler, Michael/Wertheimer, Jürgen (Hg.): *Multikulturalität: Tendenzen, Probleme, Perspektiven.* Tübingen 1995, S. 165–175.

Zahedi, Farschid Ali (Hg.): *Sohrab Shahid Saless: Bericht über ein abgekürztes Leben.* Oldenburg 1999.

Filmographie zum Migrantenkino (chronologische Auswahl)

Katzelmacher – Deutschland 1969, schwarz-weiß, 88 Minuten, Produktion, Buch und Regie: Rainer Werner Fassbinder. Kamera: Dietrich Lohmann. Musik: Peer Raben (nach Franz Schubert). Schnitt: Franz Walsch (Rainer Werner Fassbinder). Darsteller: Rainer Werner Fassbinder, Hanna Schygulla, Lilith Ungerer, Rudolf Waldemar Brem, Elge Storbas. FSK ab 18. Sendedatum: 8. 10. 1969 und 19. 9. 1973 ARD.

Angst essen Seele auf – Deutschland 1973, Farbe, 93 Minuten. Produktion: Tango. Produktion, Buch und Regie: Rainer Werner Fassbinder. Kamera: Jürgen Jürges. Musik: Archiv. Schnitt: Thea Eymèsz. Darsteller: Brigitte Mira, El Hedi Ben Salem, Irm Hermann, Barbara Valentin, Marquard Bohm, Peter Gauke, Karl Scheydt, Rainer Werner Fassbinder. FSK ab 12. Sendedatum: 5. 3. 1974 und 25. 7. 1977 ZDF.

Shirins Hochzeit – Deutschland 1975, schwarz-weiß, 125 Minuten. Produktion: WDR. Regie und Buch: Helma Sanders. Kamera: Thomas Mauch. Darsteller: Ayten Erten, Aras Ören, Jürgen Prochnow. Sendedatum: 20. 1. 1976 ARD.

Günter Wallraff – Ganz unten – Deutschland 1985, schwarz-weiß, 100 Minuten. Produktion:

Kaos, Video Team, Pirat, RB. Verleih: Neue Constantin. Regie: Jörg Gfrörer. Buch: Günter Wallraff. Kamera: Jörg Gfrörer, Dieter Oeckl. Musik: Heinrich Huber, Mehmet İpek. FSK ab 6. Prädikat: besonders wertvoll.

Gurbetçi Şaban – Türkei 1985, Farbe. Buch: Osman F. Seden, Regie: Kartal Tibel, Darsteller: Kemal Sunal.

40 Quadratmeter Deutschland – Deutschland 1986, 35 mm, Farbe, 80 Minuten. Buch und Regie: Tevfik Başer, Produktion: Tevfik Başer Film Produktion, Studio Hamburg Film Produktion, Förderung: FilmFörderung Hamburg, Darsteller: Özay Fecht, Yaman Okay, Demir Gökgöl. Sendedatum: 31. 7. 1986 und 3. 3. 1988 ZDF, 24. 6. 1988 Kino DDR, 22. 6. 1990 DFF 2.

Drachenfutter – Deutschland 1987, schwarz-weiß, 79 Minuten. Produktion: Novoskop, Probst, ZDF. Regie und Produktion: Jan Schütte. Buch: Jan Schütte und Thomas Strittmatter. Kamera: Lutz Konermann. Schnitt: Renate Merck. Musik: Claus Bautzer. Darsteller: Bhashker, Ric Young, Buddy Uzzaman. FSK ab 12. Sendedatum: 11. 2. 1988 und 9. 10. 1988.

Polizei – Türkei 1988, Farbe. Regie: Şerif Gören. Darsteller: Kemal Sunal.

Yasemin – Deutschland 1988, Farbe, 86 Minuten. Produktion: Hamburger Kino Kompanie, ZDF. Buch, Regie und Produktion: Hark Bohm. Kamera: Slawomir Idziak. Schnitt: Monne Barius. Musik: Jens-Peter Ostendorf. Darsteller: Ayşe Romey, Uwe Bohm, Emine Sevgi Özdamar, Şener Şen. FSK ab 12. Sendedatum: 5. 5. 1988.

Abschied vom falschen Paradies – Deutschland 1988, 35 mm, Farbe, 92 Minuten. Produktion: Ottokar Runze Film Produktion, Studio Hamburg Film Produktion. Buch und Regie: Tevfik Başer. Kamera: İzzet Akay. Darsteller: Zuhal Olcay, Brigitte Janner, Ruth Olafsdottir, Barbara Morawiecz. Sendedatum: 11. 5. 1989.

Lebewohl, Fremde – Deutschland 1990, 35 mm, Farbe, 97 Minuten. Produktion: Lichtblick Film Produktion, Tevfik Başer Film Produktion. Buch und Regie: Tevfik Başer. Kamera: Hans Günther Bücking. Darsteller: Grazyna Szapolowska, Müşfik Kenter, Gustav Peter Wöhler.

Sommer in Mezra – Deutschland 1991, Farbe, 81 Minuten. Produktion: Transfilm (Berlin), ZDF. Buch und Regie: Hussi Kutlucan. Kamera: Lars Barthel. Darsteller: Hussi Kutlucan, Abdurrahman Selvitop, Hüsseyin Selvitop, Zöhre Kutlucan. Sendedatum: 5. 11. 1991.

Mercedes Mon Amour – Frankreich/Türkei 1992, 35 mm, Farbe, 95 Minuten. Produktion: L'European, Promete. Regie: Tunç Okan. Kamera: Orhan Oğuz. Schnitt: André Gaultier. Musik: Vladimir Cosma. Darsteller: İlyas Salman, Valérie Lemoine, Micky Sebastian, Savaş Yurttaş.

Berlin in Berlin – Deutschland/Türkei 1993, Farbe, 117 Minuten. Produktion: Plato Film (Istanbul). Regie: Sinan Çetin. Buch: Sinan Çetin und Ümit Ünal. Kamera: Rebekka Haas. Schnitt: Ömer Sevinç. Musik: Nezih Ünen. Darsteller: Hülya Avşar, Cem Özer, Armin Block, Aliye Rona.

Aprilkinder – Deutschland 1998, 35 mm, Farbe, 85 Minuten. Produktion: zero film (Berlin) in Koproduktion mit ZDF (Mainz). Förderung: FilmFörderung Hamburg. Regie: Yüksel Yavuz. Darsteller: Erdal Yıldız, Inga Busch, Bülent Esrüngün, Senem Tepe.

Lola und Bilidikid – Deutschland/Türkei 1999, 35 mm, Farbe, 93 Minuten. Produktion: zero film (Berlin) in Koproduktion mit WDR (Köln), Boje Buck Film (Berlin) and C& O Production (Istanbul). Regie: Kutluğ Ataman. Darsteller: Gandi Mukli, Erdal Yıldız, Baki Davrak, Inge Keller.

Geschwister – Deutschland 1996, 35 mm, Farbe, 77 Minuten. Produktion: ZDF. Regie: Thomas Arslan. Kamera: Michael Wiesweg, Musik: Juks, DJ Hype, Darsteller: Tamer Yiğit, Savas Yurderi, Serpil Turhan, Mariam el Awat.

Kurz und schmerzlos – Deutschland 1998, 35 mm, Farbe, 100 Minuten. Produktion: Wüste Filmproduktion (Hamburg) in Koproduktion mit ZDF (Mainz). Buch und Regie: Fatih Akın. Förderung: FilmFörderung Hamburg. Kamera: Frank Barbian. Musik: Ulrich Kodjo Wendt. Darsteller: Mehmet Kurtuluş, Aleksandar Jovanovic, Adam Bousdoukos, Regula Grauwiller, İdil Üner, Ralph Herforth.

Yara – Germany 1998, 35 mm, Farbe, 96 Minuten. Produktion: Yılmaz Arslan Filmproduktion

(Heidelberg) in Koproduktion mit Vega Film (Zürich), Gün İzi (Istanbul) and WDR (Köln). Förderung: Eurimages, MFG Baden-Württemberg, Hessische Filmförderung, T.C. Kültürbakanlığı (Ankara). Buch und Regie: Yılmaz Arslan. Kamera: Jürgen Jürges. Schnitt: André Bendocchi Alves. Musik: Rabih Abou-Khalil. Darsteller: Yelda Reynaud, Nur Sürer, Halil Ergün, Füsun Demirel, Özay Fecht.

Ich Chef, Du Turnschuh! – Deutschland 1998, Farbe, 93 Minuten. Buch und Regie: Hussi Kutlucan, Produktion: Margarita Woskanjan Filmproduktion, ZDF. Kamera: Lars Barthel. Schnitt: Catherine Steghens, Patricia Rommel. Darsteller: Hussi Kutlucan, Senta Moira, Özay Fecht, Wiebke Inn, Heinz Werner Kraehkamp, Moutlak Osman, Augustine Thulah.

Dealer – Deutschland 1999, 35 mm, Farbe, 80 Minuten. Produktion: Trans-Film (Berlin) in Koproduktion mit ZDF (Mainz). Buch und Regie: Thomas Arslan. Kamera: Michael Wiesweg. Darsteller: İdil Üner, Birol Ünel, Hussi Kutlucan.

Güneşe Yolculuk / Reise zur Sonne – Türkei/Niederlande/Deutschland 1999, 35 mm, Farbe, 104 Minuten. Produktion: Behrooz Hashemian, Ifr in Zusammenarbeit mit The Film Company, (Amsterdam), Medias Res (Berlin), Fabrica, ZDF/Arte. Förderung: Eurimages, Filmfonds Rotterdam, Montecinemaverita Foundation, ABP/EZEF. Buch und Regie: Yeşim Ustaoğlu. Kamera: Jacek Petrycki. Schnitt: Nicolas Gaster. Musik: Vlatko Stefanovski. Darsteller: Newroz Baz, Nazmi Qirix, Mizgin Kapazan, Ara Güler.

5. Bildende Kunst: Malerei, Grafik, Plastik, Installationen

Eva Weber

An der Kunst der Künstler/innen, die seit vielen Jahren in der Bundesrepublik leben und die sich für längere Zeit hier eingerichtet haben, lassen sich Auswirkungen des Migrationsprozesses und im Lauf der Zeit charakteristische Wandlungen beobachten. Viele von ihnen sind in den 40er Jahren geboren und haben ihre Heimat im Alter von 20 bis 30 Jahren verlassen, nachdem sie zuhause bereits eine künstlerische Ausbildung absolviert hatten. Es sind sozusagen Künstler-Emigrant/innen der ersten Generation, die ihre Identität im Herkunftsland aufgebaut und dann als Erwachsene einen Kulturwechsel mit all seinen Anregungen und Belastungen erlebt haben. Künstler/innen der zweiten Generation – meist bereits hier geboren und ausgebildet – sind in viel höherem Maße und von Anfang an ins deutsche Kulturleben integriert und wollen sich oft ganz bewußt stilistisch nicht von den Einheimischen unterscheiden.

Ausländische Künstler/innen kamen in den späten 60er und frühen 70er Jahren auf verschiedene Weise nach Deutschland: mit Stipendien ihrer Heimatländer oder über kulturelle Austauschprogramme, bisweilen auch als Gastarbeiter, oder aber als politische Flüchtlinge. Sie alle versprachen sich hier eine Verbesserung ihrer Existenzbedingungen, sowie künstlerische Anregungen. Einen ersten Überblick über ihr Schaffen erstellte die kulturpolitische Gesellschaft in Bonn; ihre Werke wurden seit Beginn der 80er Jahre in Sammelausstellungen – insbesondere in Berlin – einer breiteren Öffentlichkeit vorgestellt. Die Wanderausstellungen »Das andere Land« und »Die in der Fremde arbeiten« trugen zur bundesweiten Auseinandersetzung mit Fragen der Migration bei.

Trotz der Vielfalt der Migrationsgeschichten formulieren diese Künstler/innen vergleichbare Eindrücke: so besonders am Anfang die Erfahrung von Fremdheit und Einsamkeit, von kultureller Verunsicherung. Alle stellen Veränderungen und Weiterentwicklungen sowohl in ihrem Verhältnis zum Gastland als auch zur Heimat fest. Was sie zudem erreichen wollen, ist ein selbstverständlicher Stellenwert im Kulturbetrieb. Nach langen Jahren des Aufenthaltes hier wollen sie keine »ausländischen Künstler« mehr sein.

Die 70er Jahre

Ökonomische Unterentwicklung, Massenarbeitslosigkeit, starke gesellschaftliche Gegensätze und politische Unterdrückung sind Hauptgründe für die massenhafte Auswanderung der letzten Jahrzehnte. Das Bild vom ›Tisch der prassenden Reichen‹, wird sowohl von dem türkischen Künstler Hanefi Yeter (geb. 1947), als auch von dem Iraner Akbar Behkalam (geb. 1944) gebraucht. Beide Künstler leben seit den 70er Jahren in Berlin. »Die Pupillen der Hungernden« (Weber 1988, Abb. I) demonstrieren Yeters Auseinandersetzung mit der Misere seines Herkunftslands vom neuen Heimatort aus. Am überquellenden, üppig bunten Bankettisch sitzen türkische Poltiker

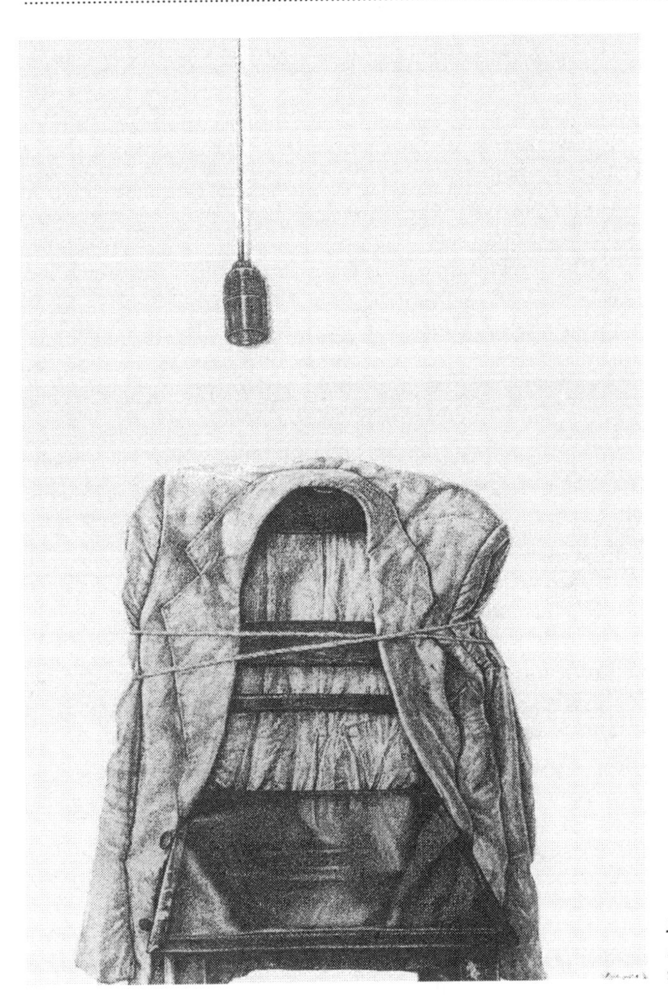

Jannis Psychopedis: ***Das Verhör*** **1978, Farbstift (100×70cm)**

(Demirel, Erbakan und Türkes) und suchen Schutz vor den riesigen Gestalten des Hungers.

Akbar Behkalam ist Aserbeidschaner, Angehöriger einer ethnischen Minderheit im Iran, deren (türkische) Sprache unter dem Schah-Regime verboten war. Er beschreibt die Situation im Iran der 70er Jahre: »Viele Intellektuelle waren im Gefängnis, meine Freunde konnten nur im Keller arbeiten und nicht ausstellen, den Dichtern war der Gebrauch von 300 Worten verboten [...] Um als Maler zu arbeiten, mußte ich mein Land verlassen« (Katalog *Akbar Behkalam* 1981, S. 50). Behkalams Zyklus »Gerechtigkeit in Allahs Namen« wurde ausgelöst vom Tod des jungen Neffen im persischen Gefängnis. Er schildert in expressiv-dynamischer Formauflösung die Perversionen, die Menschenverachtung der fanatischen Mullahs: »Bevor sie ihn richten, nehmen sie sein Blut« zeigt die makabre Verwertung des zum Tode verurteilten Körpers. »Keine

Jungfrau darf gerichtet werden« demonstriert die grausame Praxis, junge Frauen vor ihrer Hinrichtung zu vergewaltigen, um dem Wortlaut des islamischen Gesetzes gerecht zu werden. Ismail Cobans monumentales Werk »Die Toten von Milönü« erinnert an das Massaker von Corum (Anatolien), dem Heimatort des Künstlers, der heute in Wuppertal lebt (Weber 1988, S. 14).

Auch die griechische Militärdiktatur, die bis 1974 dauerte, fand ihren Reflex in Darstellungen, die im Ausland entstehen mußten, so etwa »Das Verhör« von Jannis Psychopedis, der 1945 in Athen geboren wurde. Die Faszination dieser Zeichnung liegt im Weglassen, im Aussparen: an den Stuhl gebunden ist lediglich die Jacke des Verhörten. Er selbst und eine grell leuchtende Glühbirne existieren einzig in der Vorstellung des Betrachters.

Eine Reihe von chilenischen Künstler/innen kam nach Deutschland, so etwa Christian Olivares, dessen »Stadion« den Militärputsch von 1973 thematisiert mit Stilmitteln, die etwa an den deutschen Expressionisten Otto Dix denken lassen (Weber 1988, Abb. XV). Bilder dieser Art bezogen politisch Stellung – um der breiteren Verständlichkeit willen – z.T. in realistischem Stil. Sie konnten im Rahmen der politisierten Kunstvorstellungen der 70er Jahre insbesondere in Berlin auf ein breiteres Echo stoßen.

Die zentrale Erfahrung von Auswanderung, Ortswechsel, Verlust von Heimat findet vielfältigen Niederschlag. Es gibt Bilder von endlosen Zügen von Menschen, vom einsamen Wanderer mit Koffer oder Bündel, und Bilder, die Emigration als Fortsetzung der Wanderung innerhalb des Heimatlandes zeigen, als die ewig gleiche Suche nach besseren Existenzbedingungen. Als Kristallisationspunkte von Emigrationserfahrung, als assoziationsreiche Verdichtung von Alltäglichkeit werden immer wieder Bilder von Koffern, Briefen, Bahnhöfen gemalt. Zu nennen sind die vielen drastischen Zeichnungen von Dragutin Trumbetaš (geb. 1938 in Jugoslawien), die den Bahnhof als Freizeittreffpunkt, auf dem die an- und abfahrenden Züge gleichsam einen Blick in die ferne Heimat ermöglichen, beschreiben (*Dragutin Trumbetas – Gastarbeiter*, 1977). »Kofferbilder« von Ohannes Tapyuli (geb. 1944 als Armenier in der Türkei) sind in virtuoser Licht-Schattentechnik gehalten. »Bahnhof« von Cecilia Boisier (geb. 1943 in Santiago de Chile) gibt das Transitorische der Begegnung suggestiv wieder (Weber, 1988 Abb. XVII). Die Serie »Der Brief, der nie ankam« von Jannis Psychopedis enthält 160 Collagen, die sowohl in Berlin als auch in Athen entstanden sind (Weber 1988, S. 19).

Blick aufs neue Land

»Man hat Arbeitskräfte gerufen« – »Es kamen Menschen«

Die erste Phase massenhafter Migration in den 60er Jahren wird am treffendsten als ›Arbeitskräftewanderung‹ bezeichnet. Alleinstehende Männer wurden mit Zeitverträgen angeworben und meist in Werksbaracken untergebracht. Ihren Alltag schildert Dragutin Trumbetaš seit den späten 60er Jahren. Er zeigt die Armseligkeit ihres Lebens, das mit dem unserer Arbeiter vor hundert Jahren vergleichbar ist: die drangvolle Enge der Baracken, die zu einem unwürdigen Verlust von Intimität führt,

Dragutin Trumbetaš: *Tontschek schreibt Brief an Frau* Anfg.70er Jahre, Federzeichnung (60×44cm)

den ersten Schock beim Ankommen in einer Welt, in der menschliche Beziehungen durch Reklamesprüche ersetzt scheinen; hilflose Kämpfe auf deutschen Ämtern, sexuelle Nöte, den Freizeittreffpunkt Bahnhof, Desillusionierung und die erste erzwungene Korrektur des Deutschlandbildes. Trumbetaš' *Gastarbeiterzyklus* ist eine Sozialreportage – voll Insider-Wissen, detailreich, drastisch und sarkastisch. Seine Zeichnungen dokumentieren die Anfangsetappe der Migration, schildern den erbärmlichen Alltag der Wanderarbeiter. Trumbetaš findet aber auch symbolische Bilder für eine sich neu konstituierende gesellschaftliche Randgruppe: sein »Gastarbeiter in Europa« (Weber 1988, S. 21) signalisiert Angst, Anstrengung, Demütigung. Er ist hingeworfen in den Dreck, geholt worden zum Wegschaffen von Dreck, fühlt sich selbst wie Dreck.

Auch Vlassis Caniaris (geb. 1928 in Athen) befaßte sich in den 70er Jahren mit diesem Thema. Seine Environments suggerieren die spezifische Lebensrealität der neu Eingewanderten (Weber 1988, S. 31). Die Arbeitswelt der Emigranten selbst wird in unterschiedlicher Weise thematisiert: direkt erzählerisch als Müllmänner und Bauarbeiter eines Trumbetaš und Ihsan Ece (geb. 1949 in Istanbul) (Weber 1988, S. 23), oder aber als Symbolbilder des Schocks von Menschen, die aus vorwiegend agrarischen Ländern in die deutschen Industriestädte kommen: »In der Fabrik« von Metin Talayman (geb. 1939 in Istanbul) ist eine surreal-expressive Bedrohungsvision von glühenden Geschossen oder elektrischen Feuerbällen (Weber 1988, Abb IX).

In den 70er Jahren lassen immer mehr Ausländer ihre Familien nachkommen. Diese beziehen billige Wohnungen in meist sanierungsbedürftigen Altstadtquartieren. Je nachdem prägen italienische, griechische, spanische und besonders türkische Familien ganze Stadtteile. Hanefi Yeter schildert ausführlich das Leben seiner Landsleute in Berlin-Kreuzberg. Seine »Picknick-Bilder« (Weber 1988, Abb. II, III) zeigen türkische Familien, die auf Rasenflächen lagern. Traumhaft schöne Farben der Tücher und blühenden Bäume, die vertrauliche Nähe ausruhender Menschen weisen auf die unverwüstliche Fähigkeit hin, Elemente der gewohnten Lebenskultur auch in die neue Großstadtwelt herüberzuretten. Der ovale Rahmen mit Schrift- und Ornamentzyklen geht auf die Tradition osmanischer Buchmalerei zurück und zeugt von dem kulturellen Stolz einer ethnischen Minderheit. Häufiger als die Idylle werden allerdings die Schwierigkeiten der Emigrantensituation, insbesondere für die heranwachsende zweite Generation, dargestellt. Yeter malt »Analphabeten in zwei Sprachen« (Katalog *Yeter* 1982, Abb. 101). Zwei Schüler stehen an der Tafel wie am Pranger, eingeschüchtert, versagend gegenüber einem Schulsystem, das ihnen gegenüber versagt hat, da es viel zu spät und völlig unzureichend auf Kultur- und Sprachwechsel der Emigrantenkinder reagierte.

Azade Kökers »Frau mit Schleier« zählt zu den prägnantesten Darstellungen von Normenverunsicherung. In der raffiniert reduzierten Tonskulptur der türkischen Künstlerin (geb. 1949) liegen Verhüllung und Enthüllung in größter Polarität nebeneinander. Der Schleier mit dem Augenschlitz ist Symbol für die Handlungsunfähigkeit der Frau – es fehlen die Arme, die Beine sind eng aneinandergedrückt. Im Kontrast dazu steht die freche Offenheit des nackten Vorderkörpers. Die Unterdrückung der Frau wird von Azade Köker in Kenntnis sozialpsychologischer Zusammenhänge als Weiterleitung gesellschaftlicher Macht interpretiert. Im »Thron« (Weber 1988, S. 29) ist die Frau doppeltes Opfer: von Männlichkeit und von militärischer Gewalt.

Künstler/innen in der Emigration thematisieren schwere Verunsicherungen durch fremde Anforderungen und Normen. Die psychische Befindlichkeit drückt sich in manchen Werken implizit aus, etwa als schwermütig depressiver Zug, wie er bei vielen Emigranten als Folge von unverarbeitetem Trennungsschmerz auftaucht. Werktitel wie »Entfremdung«, »Erdrückt werden«, »Isoliert« (Talayman), »Wohin gehöre ich« (Yeter) sind bezeichnend. Auseinanderklaffen, Verdoppelung, Polarisierung sind Bild-Metaphern für gespaltene Identität.

»Ausländer Raus!«

Die sich andeutende Weltwirtschaftskrise wurde zum Anlaß genommen, 1973 einen Anwerbestop zu verhängen, den Familiennachzug zu erschweren, Rückkehrprämien anzubieten; vor allem aber kam es zu einer Zunahme von Fremdenfeindlichkeit bis hin zu Attentaten. Zuerst die ökonomische Krise des Heimatlandes, dann die des Gastlandes – beide Male wird der Arbeiter gezwungen, sein Land zu verlassen, wird er zum Wanderarbeiter. »Zuzugssperre«, »Ausweisung« werden seit den späten 70er Jahren Bildthemen von Hanefi Yeter. Berühmt wurde sein »Zurück«. Ausgeliefertsein

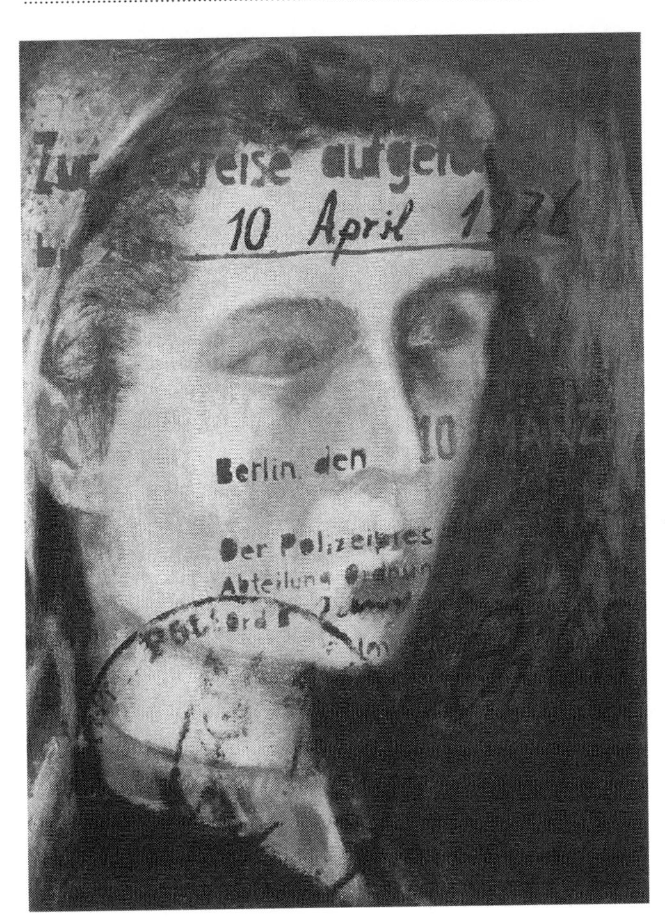

Hanefi Yeter: ***Zurück***
1976, Öl /Leinwand
(90×70cm)

an höhere Gewalt, sich Fügen in scheinbar Unabänderliches wird hier mit Fatalismus gesehen. Die Stempelprägung über der Stirn »Zur Ausreise aufgefordert« läßt massenhafte Abfertigung ahnen, die Unterschrift des Polizeipräsidenten verschließt den Mund. Ihsan Eces »Ungültig« schließt an das berühmte Bild von Felix Nußbaum mit dem Judenpaß von 1943 an (Weber 1988, S. 33). Akbar Behkalam malt »Wir wollen nicht die Juden von morgen werden« (Katalog *Behkalam* 1987, Abb. 173). Drei Männer, denen Judensterne auf die Stirn geritzt wurden, treten scheinbar aus dem Bild, sind wieder zum Leben erwacht, aber auch transformiert: der mittlere Stern ergänzt sich mit dem Halbmond zur Figur der türkischen Fahne. Behkalam zeigt hier in gekonnter Montage von türkischen und jüdischen Assoziationsträgern die historische Dimension des deutschen Rassismus auf. Fruttuoso Piccolos (geb. 1953 in Italien) Schriftcollage »Ausländer Raus!« erinnert an drastische Verschärfungen der Ausweisbestimmungen – etwa bei zu geringem Wohnraum! (Weber 1988, S. 34).

Die 80er Jahre

Vom Auswanderer zum Einwanderer

In einer späteren Phase der Emigration tritt bei vielen Künstler/innen eine grundlegende Veränderung ein: sie beschäftigen sich in ihrer Kunst nicht mehr mit den Verhältnissen in ihren Heimatländern, auch weniger mit der Situation der Arbeitsemigranten in Deutschland. Bisweilen distanzieren sie sich generell von einem früheren Habitus kritisch-realistischer Kunst. Die Gründe sind vielfältig: nach langen Jahren des Aufenthaltes und nach einer gewissen Anerkennung durch die deutsche Gesellschaft lehnen sie es ab, immer wieder als »ausländische Künstler« vom deutschen Kulturbetrieb ghettoisiert zu werden. Ausländische politische Gruppen zerfallen durch anhaltende Abgeschiedenheit vom Heimatland und sektiererische Tendenzen. Dies führt bei einigen Künstler/innen zu einer neuen Orientierung an deutschen politischen Bewegungen (etwa Behkalam, Yeter) oder auch zu einer Entpolitisierung und Privatisierung der Kunst (etwa Psychopedis, Boisier). Nicht zu unterschätzen ist auch die allgemeine Abwendung des Kunstmarktes von Strömungen eines kritischen Realismus der 70er Jahre. Einige Beispiele künstlerischer Entwicklungsprozesse mögen das belegen:

In den 80er Jahren etwa verfolgt Akbar Behkalam von Berlin aus mit reger Wachheit die Entwicklung im Iran, zunehmend kritisch aber auch das, was in seiner neuen Heimatstadt vor sich geht. Er malt eine Serie von Bildern zur Räumung von Häusern, die von Jugendlichen besetzt, zum Teil auch renoviert worden waren und zuletzt mit massivem Polizeieinsatz gestürmt und endgültig abbruchreif gemacht wurden. Sein zentrales Thema sind Menschengruppen in Bewegung: in dramatischen Kompositionen verschmelzen Individuen zu Gruppen, politisches Bewußtsein und Erfahrungen aus einer Gesellschaft, in der ›Wir-Gefühle‹ noch vor ›Ich-Gefühlen‹ dominieren, sprechen daraus. Behkalam beschäftigt sich auch zunehmend mit der Geschichte seiner neuen Heimat. »Verteidigung« etwa (Weber 1988, Abb. VI) thematisiert die Barrikadenkämpfe in Berlin im Jahre 1848. Der Stil ist abstrakter, summarischer geworden, die Einflüsse aus der islamischen Buchmalerei sind verschwunden. Dragutin Trumbetaš zeichnete nach seinem frühen *Gastarbeiterzyklus* eine Bilderserie über seine neue Wahlheimat Frankfurt: *Bankfurt ist Krankfurt.*

Auch Hanefi Yeter beschäftigt sich in den späten 80er Jahren vielfach mit seinem neuen Wohnort (»Berlin ist doch eine bunte Palette«, »Die Schaffenden«), oder er thematisiert allgemeine Bedrohungsängste, etwa ausgelöst durch die Katastrophe von Tschernobyl: »Wenn der Tod nochmals vom Himmel kommt«, »Es liegt was in der Luft« (s. Weber in Katalog *Hanefi Yeter* 1989, S. 36–46). Vom Himmel herab stürzen große, bildbeherrschende, schwarze Genien oder Todesengel, die die entsetzte Kreatur in ihren unheilvollen Sog ziehen – materialisierte Visionen vielfältiger Bedrohung durch Katastrophen, wie Krieg oder Radioaktivität. Stilistisch ist eine Abkehr vom »Fotorealismus« der 70er Jahre zu bemerken, die Malweise wird dynamischer: Formauflösung, heftigere, lockere Pinselstriche, Diagonale und Spiralen lassen auch auf Einflüsse durch den zeitgleichen Expressionismus der »Neuen Wilden«, der wieder in Berlin ein Zentrum hatte, schließen. Die Herkunft aus islamischem Kulturkreis äußert sich subtiler, vielleicht sogar unbewußt: sie drückt sich vorwiegend im Primat des

Begrifflichen aus: Bilder haben genaue, erzählerische Titel, oft allegorischen Charakter, bisweilen illustrieren sie Sprichwörter.

Ausländer/innen in Deutschland staunen oft über die Kontaktlosigkeit von Menschen in U-Bahnen; zutiefst entsetzt sind sie aber über die Ausgegrenztheit und das Elend alter Menschen, Arbeitsloser oder Armer. Sie kommen meist aus Ländern ohne relevante staatliche Sozialversorgung, in denen die Familie noch diese Funktion übernimmt. Yeter malt Bilder wie »Drei Berliner Alte«, »Blicke, die ins Leere gehen« und »Der Mann ist nicht mehr da« (Katalog *Yeter* 1982, S. 143 ff.).

Andere Künstler/innen ziehen sich eher in die Privatsphäre zurück. Cecilia Boisier etwa wechselte ihre Bildthemen: Im Mittelpunkt stehen jetzt Räume, Lichteinfälle, Oberflächenstrukturen; die Menschen (die chilenischen Flüchtlinge) sind aus den Bildern verschwunden (Weber 1988, Abb. XVIII). Die Malerin formuliert ein neues Bedürfnis nach ästhetischem Experimentieren, in dem sie aber gleichzeitig die Gefahr einer gewissen inhaltlichen Belanglosigkeit sieht. Eine nahezu identische Entwicklung ist auch bei Tapyuli zu beobachten (Katalog *Tapyuli* 1979).

Auch Psychopedis verändert sich: Die frühen politischen Werke wurden 1980 abgelöst durch ästhetisch subtile Bilder mit vorwiegend privatem, intimem Charakter: Interieurs und Aktdarstellungen (Weber 1988, S. 90). Bei etlichen Künstler/innen ist also die Anklage gesellschaftlicher Mißverhältnisse einer liebevollen und schönheitsdurstigen Akzeptanz der Umwelt gewichen. Die künstlerischen Intentionen sind von dem »Was« mehr auf das »Wie« verlagert worden. Für diese Veränderungen ist neben der zunehmenden Integration in die neue Umgebung wohl auch eine allgemeine Entpolitisierung des Kulturbetriebes der 80er Jahre verantwortlich zu machen.

Bei anderen Künstler/innen dient die Kunst nach längerer Zeit des Aufenthaltes in der Fremde der Vergegenwärtigung des Heimatlandes. Adelchi-Ricardo Mantovani (geb. 1942 in Italien) empfindet seine Emigration als Flucht vor seiner Kindheit und Jugend, die er in streng katholischen Heimen in Ferrara verbracht hat. Seine Bilder erinnern an die Verlassenheitsgefühle, die er als kleiner Junge fernab von der Familie erdulden mußte (Katalog *Mantovani*, 1995 Abb. 27), aber auch an die Idylle italienischer Kleinstädte. »Gesichter einer Straße« zeigt einen alten Mann, der auf sein Leben zurückblickt, die Straße ist versperrt – es gibt keinen Weg in die Vergangenheit zurück. Rechts drängen die Bilder der Kindheit in den Vordergrund: ein Gruppenbild wie aus dem Familienalbum wird zum schön gerahmten Fresko, dessen Farben zu blättern beginnen. Malerei also als Erinnerung an die Kindheit, an Italien, an die berühmte italienische klassische Kunst: Erstaunlich ist die Ähnlichkeit in der räumlichen Gesamtdisposition mit Crivellis »Verkündigung von 1486« (Weber 1988, S. 40), auch in seiner exakt durchkonstruierten perspektivischen Wirkung. Mantovani konnte zweifellos damit rechnen, daß die ›italianità‹ seiner Kunst ihm im nördlichen Berlin als Bonus angerechnet wird.

Der in Wuppertal lebende Giuseppe Medagli (geb. 1959 in Neapel) nennt seine Kunst ›Pittura della memoria‹ (vgl. »L'Aurora«). Er ist fasziniert von alten Fresken, vom oft Fragmentarischen, vom schichtenweisen Abblättern, das tiefer gelegene Schichten mit linearen Vorzeichnungen zum Vorschein bringt. Medagli schuf eine ganze Serie von Bildern, die an verschnürte Pakete erinnern, die z. T. aufgerissen scheinen. Medagli mischt Momente der ›arte povera‹ und der ›Konzeptkunst‹ der 60er

Adelchi-Riccardo Mantovani: *Gesichter einer Straße* 1981, Mischtechnik (60×45cm)

und 70er Jahre mit der ›Zitatkunst‹ der 80er Jahre. Er legt großen Wert darauf, sich als italienischer Künstler zu definieren, der im Ausland lebt und der um eine Stilsynthese bemüht ist.

Mehmet Güler (geb. 1944 in Malatya/Türkei) verarbeitet während seines Aufenthaltes in Kassel ausschließlich Erfahrungen aus seiner Kindheit in einem anatolischen Dorf, das er mit 13 Jahren verlassen hat. In seiner Kunst findet sich keinerlei Niederschlag der Erfahrungen, die er in den letzen 20 Jahren gemacht hat, auch keinerlei Anklang an die deutsche Landschaft. Noch in der Türkei waren Holzschnitte entstanden, die die Unerbittlichkeit und Kargheit der Lebensbedingungen dort beschreiben, so etwa »Müdigkeit« (Weber 1988, S. 41), das faszinierende Bild einer alten verhärmten Frau. Je länger Güler in Deutschland lebt, desto verklärter, idealisierter erscheint die anatolische Welt. So etwa in dem Gemälde »Ich bin machtlos«: Die weite Landschaft füllt das Bild bis oben hin. Es gibt schöne, erdig getönte Farbflächen. Rinnsale und Furchen bilden wohlüberlegte Zäsuren, die das Bild im formalen Gleichgewicht halten. Die Gestalt der anatolischen Landschaft wird zum ästhetischen

Auslöser für Farbflächen von geschlossener Eleganz, die wie Emaille auf einem Schmuckstück wirken. Der inzwischen zum Städter gewordene Maler betrachtet die ländliche Welt mit romantisch-ästhetisierendem Blick, sucht meditative Versenkung in harmonisch in sich ruhender Formenwelt. Die Härte des realen Lebens auf dem Land ist ihm kein Thema mehr.

Mantovani, Medagli und Güler zehren in der Emigration hauptsächlich von der Erinnerung an ihr Herkunftsland. Sie zitieren dabei im Ausland sehr bewußt die Kunst ihrer Heimat. Eine gewisse Tendenz, eindeutige »Kultursignale« geben zu wollen, die im Ausland unmißverständlich begriffen werden, taucht auf. Bewußt wird bisweilen mit dem Reiz des Fremdländischen gespielt. Mantovani: »Als Künstler ist es jetzt sowieso besser, Ausländer zu sein. Das klingt immer ein bißchen exotisch« (Katalog *Kunstquartier*, 1982, S. 58).

Rückkehr oder Pendler zwischen den Welten

Die Frage nach dem langfristigen Verhältnis zum Herkunftsland bleibt für alle Künstler/innen, die im Ausland leben, von existentieller Bedeutung. Gespräche zeigen, daß sich viele von ihnen eine explizite Entscheidung offen lassen, oder angeben, daß sie »irgendwann einmal« zurückkehren wollen. Auf genaueres Nachfragen erfährt man häufig, daß sie sich effektiv bereits hier angesiedelt haben und eine Rückkehr für schwierig halten, insbesondere, wenn sie mit Deutschen verheiratet sind und ihre Kinder in deutsche Schulen gehen. Der Einwanderungsprozeß vollzog sich in diesen Fällen gleichsam hinter dem Rücken der Betroffenen. Die Heimat wird in dieser Lebenssituation zum Urlaubsland, in das man regelmäßig fährt. Die heimatliche Kulturtradition, die vertraute Ästhetik einer Landschaft kann zum wichtigen künstlerischen Fundus, zum Stimulans für die im Ausland produzierten Werke werden, die öfters nostalgische Züge aufweisen (Güler, Medagli).

Einige Künstler/innen versuchten nach einer Ausbildung in Deutschland als Lehrer/innen an die Akademien ihrer Heimatländer zurückzukehren. Der Vergleich mit dem reicher entfalteten Kulturleben und einem politisch liberaleren Klima hierzulande läßt sie aber früher oder später wieder in die Bundesrepublik zurückkehren (Yeter, Köker, Behkalam, Ehrari). Es kam gleichsam zu einer zweiten Auswanderung; danach ist oft eine stärkere Auseinandersetzung mit der »neuen Heimat« unter einer längerfristigen Perspektive zu beobachten, die sich auch in der Kunst ablesen läßt. Einige andere eingewanderte Künstler/innen haben inzwischen auch eine erfolgreiche Position im deutschen Kunstbetrieb gefunden, eigene Häuser, geräumige Ateliers erworben; bisweilen gelang ihnen auch der Sprung in eine akademische Laufbahn (Azade Köker etwa wurde Professorin in Halle). Wiederum andere pendeln zwischen Deutschland und dem Herkunftsland und auch weiteren Ländern hin und her, sind verankert im internationalen Kulturbetrieb und haben stellenweise auch eine gewisse Distanz zu allen Aufenthaltsorten.

Anders ist die Situation für diejenigen, die definitiv in ihre Heimat zurückgekehrt sind. Vlassis Caniaris ging nach dem Ende der Militärdiktatur, ähnlich wie viele andere Künstler und Intellektuelle, nach Athen zurück. Er erhielt einen Ruf als Professor. Den Beginn der Diktatur hatte Caniaris in Griechenland erlebt. Seine Werke waren damals subversiv und verschlüsselt: »Auferlegtes Schweigen« von 1969 etwa führte zu einer kulturpolitischen Sensation – Caniaris mußte überstürzt das Land verlassen. Seit seiner Rückkehr im Jahre 1975, unter nun wieder demokratischen Verhältnissen, hatte seine Kunst die Möglichkeit breiter öffentlicher Entfaltung. Das riesige Environment »Hélas Hellas« (Fehr 1991, S. 106–119) tritt mit universellem Anspruch auf. Es spielt mit vielen Möglichkeiten künstlerischer Imagination auf verschiedenen Ebenen des Alltagslebens und der großen Tradition griechischer Kultur, Philosophie und Mythologie. Möglicherweise hat Caniaris' Bemühung um eine Definition des Landes noch etwas mit der Außensicht, des wieder in die Heimat ›Eingewanderten‹ zu tun: der ›Blick des Fremden‹ ist diesmal auf die Heimat gerichtet. 1983 realisierte Caniaris dieses Environment auch in Dortmund.

Eine ganze Reihe von chilenischen Künstlern ist nach der Liberalisierung der politischen Verhältnisse ebenfalls wieder zurückgekehrt (Cecilia Boisier, Christian Olivares u. a.). Trumbetaš' Rückkehr nach Jugoslawien 1980 gestaltete sich ungleich konfliktreicher. Es kam zu einer vorübergehenden Inhaftierung und Ausreiseverbot. Nach einigen Jahren gelang es ihm, wieder nach Deutschland zu kommen, wieder nach Frankfurt, wo er seither lebt. Trumbetaš blieb sich, seinem realistisch erzählerischen Stil, seinem sozialkritischen Blick ›von unten‹ treu, etwa in einem Zyklus über Zigeuner, einer ethnischen Minderheit in seinem Lande.

Die 90er Jahre – Integration und transnationaler Kulturdialog

Die veränderte weltpolitische Lage führt zu neuen Migrationsbewegungen und schlägt sich auch in künstlerischen Entwicklungen nieder. Nach dem Fall des Eisernen Vorhanges kommt es zu Einwanderungen aus den ehemaligen Ostblockländern, die Katastrophe des Balkankriegs verursacht neue Flüchtlingsströme. Ökonomische Globalisierungstendenzen werden von den Ansprüchen kultureller Internationalität begleitet, sie provozieren aber auch regionale Gegenbewegungen; die Problematik kultureller Identität wird aus neuem Blickwinkel gesehen.

Eine große Gruppe von Migrant/innen – oft Aussiedler – kommt in den 90er Jahren aus den ehemaligen Ostblockländern, aus Rußland, Polen, Rumänien, Bulgarien. Institutionen entstehen, die den Neuankömmlingen, unter denen sich auch Künstler/innen befinden, als Anlaufstelle dienen. Die Organisation jüdischer Künstler aus Rußland beispielsweise konnte in Berlin seit 1992 in einer ›jüdischen Galerie‹ bei der Jüdischen Gemeinde ausstellen. Viele von ihnen haben sich auch in dieser Stadt angesiedelt (s. Kat. *Künstler der jüdischen Galerie 1997*). Sie stammen aus verschiedenen Gegenden der ehemaligen UDSSR. Ihre Werke und die Form erster öffentlicher Präsentation in Gruppenausstellungen erinnern an die Kunst der ersten Emigranten-Welle der 70er Jahre, etwa an Yeter oder Behkalam. Wieder sind es mehrheitlich Künstler/innen, die im Heimatland ausgebildet wurden, meist solide handwerkliche Qualitäten zeigen und einen gewissen Stil- und Wertekonservativismus aufweisen, der mit der gesellschaftlichen und künstlerischen Entwicklungsstufe ihrer Heimatländer zu erklären ist. Das traditionelle Tafelbild ist kaum in Frage gestellt, realistische und kubistische Stilelemente dominieren auch noch in Werken der 90er Jahre. Pavel Feinstein (geb. 1960 in Moskau) etwa malt in naturalistischem Stil Bilder, die z. T. ostentative Zeugnisse jüdischer Kultur enthalten. Vadim Brodsky (geb. 1945 in Leningrad) erinnert in seinen Lithographien stilistisch an Marc Chagall, den großen jüdischen Künstler, der zu Beginn des Jahrhunderts von Rußland nach Paris emigrierte (etwa »Nachtkutscher« nach einem Sujet von Gogol; s. Kat. *Jüdische Galerie*, 1997, S. 13). Michail Schnitman (geb. 1953 in Odessa) malt einen Zyklus zum Hohen Lied, dem *Lied der Lieder*, der berühmten alttestamentarischen Sammlung von Liebesliedern (ebd., S. 25). Wir sehen also auch hier wieder die bewußte Auseinandersetzung mit den eigenen kulturellen Wurzeln, mit Religion, Malerei, Literatur. Es wird zu beobachten sein, ob auch bei diesen Künstlern eine allmähliche Abkehr von der Vergangenheit und stärkere Zuwendung zu der neuen Welt des Gastlands zu konstatieren ist, inwiefern also die oben skizzierten Veränderungsstufen System haben und sich auch bei diesen Migranten wiederholen.

In Frankfurt, der Stadt mit dem größten Ausländeranteil des gesamten Landes, wurde 1995 ›Inter.Art‹ gegründet, »eine Kooperation internationaler Künstler/innen aus Frankfurt und Rhein Main«, unterstützt vom ›Amt für multikulturelle Angelegenheiten‹. Ziel ist es, aus Immigration und kulturellem Austausch gewachsenes künstlerisches Potential zu bündeln und ihm ein Forum zu bieten. 1998 etwa wurden neben musikalischen und literarischen Arbeiten bildende Künstler/innen aus Rußland, Iran, Irak, Algerien (Malerei, Installationen, Plastiken, Objekte, Fotos) gezeigt.

Der Schock des Balkankrieges hat bisher die Weltöffentlichkeit weitgehend verstummen lassen. Marina Abramovic (geb. 1946 in Belgrad) hingegen leistete mit ihrer radikalen Performance »Balkan Barock« 1997 auf der Biennale von Venedig einen Beitrag von atemberaubender Symbolik: Auf einem riesigen Knochenhaufen sitzend, schrubbte sie unter melancholischem Singsang stundenlang blutige Knochen sauber, während auf einer Videowand eine Parabel über die Entartung friedlicher Kreaturen zu ›Wolfsratten‹ erzählt wurde. Die in Amsterdam lebende Künstlerin erhielt für diesen Beitrag einen Goldenen Löwen. Sie ergriff die Gelegenheit, vom Ausland her auf die katastrophalen Entwicklungen in ihrem Heimatland hinzuweisen und auf einem der größten internationalen Kunst-Foren eindringlich Kritik am weltweiten Wegsehen zu üben.

Kriegsflüchtlinge aus den Balkankrisengebieten hingegen haben noch kaum Möglichkeiten künstlerischer Äußerungen gefunden – elementare Existenznöte verstellen wohl vorerst gestalterische Sublimierungen. Eher wird hier auf kunsttherapeutischem Gebiet gearbeitet: Flüchtlingskinder werden angehalten, ihre traumatischen Erlebnisse zu malen, um sie einer Bearbeitung zugänglich zu machen.

Politische Sensibilisierung, Kritik von Rassismus und Nationalismus

Ausländische Künstler/innen, die schon seit Jahrzehnten in der Bundesrepublik leben und nicht in ihre Herkunftsländer zurückkehrten, haben sich meist gut etabliert, nehmen mit Erfolg am hiesigen, zunehmend auch am internationalen Kulturbetrieb teil. Einige von ihnen nehmen zu den politischen Veränderungen Stellung: Zu erwähnen ist Giuseppe Medaglis Serie zur deutschen Wiedervereinigung *Ohne Mauer*. Auf dem Hintergrund der Titelseiten internationaler Tageszeitungen vom 3. und 4. Oktober 1990 entstehen Collagen in Mischtechnik. Dokumentarische Präzision und spielerischer Umgang mit deutscher Symbolik sind bei den Werken des Italieners zu beobachten, der mit dieser Serie eines der größten Ereignisse neuerer deutscher Geschichte festhielt.

Bemerkenswert scheint auch, daß sich einige ausländische Künstler/innen in den letzten Jahren als besonders sensible Mahner in bezug auf Unterdrückung, Rassismus, Ausländerfeindlichkeit darstellen. Tapyuli etwa realisierte ein Projekt für die Gedenkstätte Buchenwald: Bilderserien von Sintis nach letzten Fotografien knapp vor ihrer Vernichtung entstehen. Sein sublimer zeichnerischer Stil scheint ein ästhetisches Äquivalent für das Transitorische ihrer Existenz zu sein. Der armenische Künstler hatte selbst leidvolle Erfahrungen als Angehöriger einer Minderheit in der Türkei machen müssen und sieht seine Auseinandersetzung mit den Verfolgungen des Nazi-Regimes auch in diesem Zusammenhang.

Akbar Behkalam – als Angehöriger der aserbeidschanischen Minderheit im Iran aufgewachsen – entwarf 1996 ein Mahnmal für Cemal Altun, das erste Denkmal für einen Asylbewerber. Der junge Türke hatte sich 1983 als politischer Flüchtling aus dem 6. Stockwerk des Verwaltungsgerichts in Berlin gestürzt – aus Angst vor der Auslieferung. Das große Granitdenkmal wurde in Berlin-Charlottenburg errichtet – der Sturz schemenhaft in Stein gebannt. Behkalam betont auch immer wieder, das eigentliche Thema seiner Kunst sei ›Bewegung und Veränderung‹ – ein Niederschlag der Grundsituation von Ortswechsel und Wanderung – nicht als individuelles Phänomen verstanden, sondern als kollektive, weltweite Erfahrung.

Azade Köker entfernt sich in den 90er Jahren von den geschlossenen kompakten Skulpturen der früheren Zeit und wendet sich verstärkt Rauminstallationen zu. Es entstehen formal und inhaltlich faszinierende, vieldimensionale Werke zur deutschen Geschichte. Sie arbeitet jetzt mit durchsichtigem Papier. Verschwundene Körper, Entindividualisierung, Entmaterialisierung werden zum Symbol für Auslöschen entwerteten, ›lebensunwerten‹ Lebens von KZ-Insassen, Fremdarbeiter/innen; für hilfloses Ausgeliefertsein, vielleicht auch für geschichtliches Verblassen. Eine weitere Rauminstallation von Azade Köker wurde 1997 in der Bibliothek der TU Berlin eröffnet. »Ich packe meine Bibliothek aus, Walter Benjamin« wurde angeregt durch einen Essay des Philosophen über den Wert des Sammelns und zeigt einen Koffer mit Büchern als ein Stück aufbewahrter Lebensgeschichte im Exil. Die Bücher sind durchsichtig und geben den Blick frei auf eine Regalwand, auf die Lichtbilder projiziert werden, welche gegenwärtige Straßenszenen aus Rußland zeigen. Der Blick geht also durch die Bücher wieder zurück auf die Realität (Katalog *Köker* 1998, S. 31–35).

Mile Prerad (geb. 1947 in Bosnien) verweist auf seine Erfahrungen in seinem Heimatdorf, in dem vor dem Bürgerkrieg Moslems, orthodoxe Christen und Katholiken ohne Probleme miteinander gelebt hatten. Riesige Holzplastiken mit Themen wie »Miteinander leben« entstanden im Rahmen eines großangelegten Skulpturenparks in Menden.

Transnationale Projekte, Künstler/innen als Kulturvermittler

Insgesamt ist in den 90er Jahren eine Öffnung des Kulturbetriebes für Kunst aus peripheren Ländern zu beobachten. Waren bis in die 90er Jahre hinein etwa auf der »Documenta« zu 80 bis 90 Prozent Künstler/innen aus NATO-Ländern vertreten, so ist inzwischen eine Tendenz zur Globalisierung festzustellen. Dafür steht auch die

Gründung des ›Hauses der Kulturen der Welt‹ in Berlin (1989), das etwa mit seiner Ausstellung »Die andere Moderne, zeitgenössische Kunst aus Afrika, Asien, Lateinamerika« (1997) einen Gegenpol zur gleichzeitigen großen »Westkunst-Schau« »Die Epoche der Moderne« versucht.

Von besonderem Interesse scheint ein Projekt von Adem Yilmaz, einem türkischen Künstler, der seit 1977 in Köln lebt und sich einen Namen mit multimedialen Objekten und Ausstellungskonzeptionen gemacht hat: *INBETWEEN – Nationaler Internationalismus oder Internationaler Nationalismus.* Dieses Projekt stellt den offiziellen türkischen Beitrag zur 45. Biennale in Venedig 1993 dar. Es wurde realisiert in Zusammenarbeit mit Jarg Geismar, einem Schweden, der in Düsseldorf lebt. Das Projekt besteht aus 45 gleichen Vitrinen für 45 Künstler aus 45 Ländern, die alle Beispiele internationaler, grenzüberschreitender Lebens- und Arbeitsweise repräsentieren. Ganz bewußt wurde anfangs darauf verzichtet, die Vitrinen namentlich zu kennzeichnen: die Künstler/innen wollen sich als ein vielstimmiger Chor einer großen Völkergemeinschaft verstanden wissen, sich auch bewußt von der großen Leistungsschau der bekanntlich nach Ländern gegliederten übrigen Biennale abheben. Jeder der Künstler wurde zunächst aufgefordert, die Vitrine unter Einbeziehung von Erde seines Heimatlandes und eines Familienfotos zu gestalten. In Kenntnis des Themas – Internationalismus versus Nationalismus – entstanden 45 Arbeiten unterschiedlichster Ansätze, so etwa Yilmaz' »Zwischen Ankunft und Abreise«.

In der Kulturszene der 90er Jahre schlägt sich die Perspektive einer globalen Weltkultur in vielfältiger Weise nieder. Grenzüberschreitende Kulturveranstaltungen entstehen an diversen Orten: z.B. das *Mittelfest* in Cividale, einem Ort an der Nahtstelle zwischen Österreich, Italien und Jugoslawien. Begründet wurde es 1991 von George Tabori, dem ungarisch-jüdischen Theatermacher. 1996 stand diese Veranstaltung unter dem Thema »Identität« und verfolgte einen bewußt transnationalen, völkerverbindenden Ansatz: italienische, slowenische, ungarische, griechische, türkische, deutsche, jüdische Künstler/innen nahmen teil.

Inhaltlich besonders kritisch und intellektuell brillant kommentiert sind Ausstellungen, die Peter Weibel seit 1992 in Graz im Rahmen des ›Steirischen Herbstes‹ veranstaltet. Österreich hat ja zweifellos im Kontext multikultureller Ansprüche auf einen besonders reichen Erfahrungsschatz (noch aus den Zeiten der Donau-Monarchie) hinzuweisen. Besonders beeindruckend ist die Konzeption von »INKLUSION-EXKLUSION – Kunst im Zeitalter von Postkolonialismus und globaler Migration« (1996). Geladen wurden 64 Künstler/innen aus 5 Kontinenten, die im Kontext von Kulturwechsel leben und arbeiten. Weibel läßt in seiner Argumentation keinerlei sentimentale Vorstellungen einer gleichberechtigten globalen Kultur aufkommen (vgl. Weibel 1997): Multikulturalismus erlaubt Anderssein, aber keine Gleichheit! Universelle Kultur steht nach wie vor unter der Hegemonie der nordamerikanischen-europäischen Normen, die die Kultur des weißen, männlichen Subjektes des europäischen Bürgertums vertritt: »Weltkunst ist Westkunst«! Kunstmuseen sind voll mit ›Westkunst‹ – für die Kunst anderer Zivilisationen entstehen ›Häuser der Kulturen‹. Es wird also gewissermaßen an die alte Trennung in Kunstmuseum und Völkerkundemuseum angeknüpft. Präzise wird definiert, wie kompliziert und hybrid die Identitätsbildung der aus peripheren Ländern emigrierten Künstler/innen ist: Mischformen von Beharren und Anpassung, von Bruch und Kontinuität, eine Konstruktion aus Fragmenten. Es kommt zu kulturellen Konfrontationen und Vermischungen, komplexen Transfers auf geographischem, ästhetischem, emotionalem Wege. Das Buchenwald-Projekt Tapyulis war auf dieser Ausstellung ebenfalls vertreten.

Die immer wieder auftauchende Frage heißt: Wie sehr assimilieren Künstler/innen aus peripheren Ländern die ästhetischen Strategien der kolonisierenden Länder, und wie sehr können ihre Mentalität, ihr Stil, oder ihr Material ihrem Ursprungsland verhaftet bleiben, ohne als ethnische Kunst diffamiert zu werden?

Die Etikettierung von Ethnooriginalität weist auch der aus Nigeria stammende, in Mannheim lebende Künstler Mo Edoga entschieden zurück. Der promovierte Mediziner sammelt Hölzer und Abfälle aus seiner näheren Umgebung und verknüpft sie zu archaisch anmutenden Gebilden, ›organismischen Kunstwerken‹. Berühmt wurde er mit seinem »Signalturm der Hoffnung« auf der 9. Documenta in Kassel im Jahre 1992. Er war der einzige Künstler, der die ganze Zeit an seinem Werk weiterarbeitete – auch unter Beteiligung des Publikums. Er bezeichnet sein Gestaltungsprinzip als ›Nicht Euklidie‹, als Absage an das reine Denken, das Wissen im abstrakten Sinn. Denken muß nach Edoga auch Machen sein und Machen ist für ihn Kunst. Er baut einen Turm der Hoffnung und zeigt zugleich die Realität der menschlichen Handlung, die sich in einem organischen Wachstumsprozeß weiterentwickelt. Edoga steht in der Tradition von Joseph Beuys und verfolgt wie dieser ökologische und sozial-kommunikative Anliegen. In den USA verwirklichte er ähnliche Projekte mit bis zu zwanzig Meter hohen Freiluftplastiken aus Treibholz und Industrieabfällen, die von Schulkindern der Region herbeigeschafft worden waren. ›Retrovision – Fortschritt in Rückschritt ohne Atavismus‹ nennt er seine künstlerischen Intentionen, die dem Faden, dem nach Edoga ersten menschlichen Werkzeug, eine zentrale Rolle einräumen.

Den Spannungen zwischen Westkunst und peripheren Kunstentwicklungen geht auch die Ausstellung »Echolot – oder 9 Fragen an die Peripherie« (Kassel 1998) nach. Sie zeigt Werke von 9 Künstlerinnen, die sich selbst in das Spannungsfeld zwischen heimischer Kultur und westlicher Kunst begeben haben, zugleich vertritt sie einen offen eurozentrierten Standpunkt: »Die Künstlerinnen aus Arabien, Asien, Australien repräsentieren nicht die Kunst jener Länder. Sie sprechen vielmehr die uns vertraute Sprache. Sie eröffnen uns aber den Zugang zu den Fragestellungen jener Kulturen und verhelfen der Kunst zu neuer Durchschlagskraft« (Schwarze in: *Kunstforum* 141 (1998), S. 356).

Ayşe Erkmen (geb. 1949 in Istanbul) stellte im Rahmen dieser Ausstellung Videoinstallationen mit hüpfenden Landminen aus. Die arrivierte türkische Künstlerin lebt in ihrer Heimatstadt, war aber bereits mehrfach in Deutschland präsentiert: 1994 gestaltete sie in Berlin eine Hausfassade in Kreuzberg, Oranienstraße 18, indem sie eine Fülle von türkischen Endsilben auf die Mauer malte. Sie wies damit auf eine Besonderheit der türkischen Sprache hin.« Dadurch wurde die Unterscheidung Einheimischer/Ausländer einmal umgekehrt. Die Kreuzberger Türken, die meistens für sich bleiben, konnten damit sozusagen nach außen gehen und den sprachfremden Berlinern einmal etwas erklären, was für sie das Allernormalste ist« (Erkmen in: Weibel 1997, S. 195). Zu erwähnen sind weiterhin Erkmens Installationen von 7

Sicherheitseingängen (wie sie etwa auf Flughäfen zur täglichen Antiterrormaßnahme zählen) vor der klassizistischen Fassade des Frankfurter Portikus (1996) und ihr spektakulärer Beitrag zu der Ausstellung »Skulptur Projekte Münster 1997«, wo sie, als ihr von der katholischen Kirche eine geplante Arbeit am Dom verboten worden war, mit dem Hubschrauber ostentativ Heiligenfiguren über den Domplatz fliegen ließ. In ihren Werken der letzten Jahre zeigt sie einen außerordentlich selbstbewußten Umgang mit kultureller Identität – dieser ist einer türkischen Frau in den 90er Jahren wohl eher möglich als zu Beginn der großen Migrationsbewegungen in den 60er und 70er Jahren.

Kunst im Zeichen von multikulturellen Erfahrungen: Zieht man Bilanz über den hier abgehandelten Zeitraum von gut dreißig Jahren, so kann man konstatieren, daß ein Kulturwechsel, auch wenn er öfters einen Ortswechsel erzwang, für Künstler/innen spezifische, durchaus positive Entwicklungschancen ermöglichen kann. Die Fähigkeit, das »andere Land« als solches zu definieren, hellsichtig und bewußt den Einheimischen selbstverständliche Strukturen und Lebensweisen vorzuführen (etwa Kommunikationsarmut, Individualismus, Umweltzerstörung), kann sich aus der Distanz des Fremdseins entwickeln. Existentielle persönliche Erfahrungen von Diskriminierung führen zu einer hohen Sensibilität für Unrechtssituationen in vergleichbaren anderen, auch historischen Fällen und damit zur Kritik an Rassismus und Nationalismus. Die utopische Dimension der Hoffnung auf eine gleichberechtigte Weltkultur ohne nationale und regionale Ressentiments ist aus der Sicht solcher Künstler/innen besonders zu verstehen und zu begrüßen.

Literatur

Akbar Behkalam- Flucht und Annäherung. Hg. Volker Volker. Berlin 1984.

Katalog *Akbar Behkalam: »Bewegung und Veränderung«, Bilder und Zeichnungen 1976–86.* Staatliche Kunsthalle Berlin, 1987.

Katalog *Vlassis Caniaris- Gastarbeiter-Fremdarbeiter.* Hg. Neue Gesellschaft f. bildende Kunst. Berlin 1975.

Fehr, Michael (Hg.): *Vlassis Caniaris Werkverzeichnis 1952 bis 1983.* Köln 1991.

Katalog *Ismail Coban – Gemälde, Zeichnungen, Druckgrafik.* Kunsthalle Recklinghausen 1985.

Katalog *Ismail Coban – »Menschenbilder«.* Hg. Kunstverein Rosenheim 1994

Katalog *Ismail Coban – »Fegefeuer«, Zeichnungen 1976–1996.* Herne/Bergkamen 1997.

Katalog *Das andere Land- Ausländische- Künstler in der Bundesrepublik.* Edition Deplana Kunsthalle G.m.b.H. Berlin 1986.

Katalog *Die anderen Modernen, Zeitgenössische Kunst aus Afrika, Asien und Lateinamerika.* Hg. Haus der Kulturen der Welt. Berlin 1997.

Katalog *Echolot oder 9 Fragen an die Peripherie.* Hg. René Block. Museum Fridericianum. Kassel 1998.

Herbstreuth, Peter: »*Ayse Erkmen.* Das Haus-Zum Haus-Am Haus«. In: *Kunstforum* 128 (1994).

Fehr, Michael (Hg.): *Kultur im Migrationsprozeß – Tendenzen einer neuen europäischen Kultur.* Berlin 1982.

Katalog *Fotis – Bronzen, Zeichnungen.* Galerie Hans Barlach. Hamburg 1982.

Katalog *Fotis.* Galerie Hartmann & Noe. Berlin 1998.

Katalog *Mehmet Güler – Vergangenheit in der Sonne – 1970–1985.* Hg. Kunstamt Kreuzberg. Berlin 1985.

Katalog *Mehmet Güler- Durch die glühende Hitze – Holzschnitte 1969–1985.* Edition Wiegand. Köln o. J.

Katalog *Mehmet Güler – Die Fremde/Yabanci 1985–1992.* Kassel o. J.

Hetmann, Frederik: *Zwei unter uns – Akbar Behkalam und Hanefi Yeter.* Berlin 1984.

Ipsiroglu, M.S: *Meisterwerke islamischer Kunst – Gemälde und Miniaturen im Topkapi-Museum in Istanbul.* Stuttgart 1980.

Katalog *Azade Köker.* Kunstamt Kreuzberg. Berlin 1984.

Katalog *Azade Köker.* Kunstverein Darmstadt e. V. Darmstadt 1998.

Katalog *Künstler der Jüdischen Galerie Berlin.* Hg. Jüd. Galerie bei der Zentralwohlfahrtsstelle der Juden in Deutschland e. V. und Jüd. Gemeinde in Berlin. Berlin 1997.

Katalog *Kunstquartier – Ausländische Künstler in Berlin.* Berlin 1982.

Katalog *Adelchi-Riccardo Mantovani – »Dreamy Realism«.* Treviso 1995.

Katalog *Giuseppe Medagli – La pittura della Memoria, o della Citazione.* Edition Galleria Panetta. Mannheim 1985.

Katalog *Giuseppe Medagli – »Pagine di storia«.* Goetheinstitut Neapel 1994.

Nungesser, Michael: »Ausstellungskonzeption und Einführung«. In: *»Katalog Kunstquartier-Ausländische Künstler in Berlin«.* Berlin 1982.

Katalog *Jannis Psychopedis – »Der Brief, der nie ankam«, Materialbilder 1978–83.* München 1984.

Katalog *Jannis Psychopedis 1982–84.* Zumboulakis Galerie. Athen 1985.

Katalog *Metin Talayman.* Kunstamt Neukölln. Berlin 1981.

Katalog *Ohannes Tapyul i- Zeichnungen 1973–79.* Städtische Galerie. Nordhorn 1979.

Dragutin Trumbetas – Gastarbeiter. Frankfurt a. M. 1977.

Weber, Eva: »Kunst in der Emigration-Kunst im Wandel – Skizzen zu Ikonologie und Stil«. In: Katalog *Das andere Land – ausländische Künstler in Deutschland.* Berlin 1986.

– : »Anmerkungen zur Kunstgeschichte der Türkei und der kulturellen Wechselbeziehungen zwischen Orient und Okzident«. In: *Katalog Türkisches Leben – Kunst und Kultur, Mozaik Bd. II (750 Jahre Berlin).* Berlin 1987.

– : *In Zwei Welten – Migration und Kunst.* Frankfurt a. M. 1988.

– : »Zur künstlerischen Entwicklung Hanefi Yeters«. In: Katalog *Hanefi Yeter.* Hg. Volker Martin. Berlin 1989.

– : »Zur Geschichte der türkischen Malerei«. In: Eberhard Schmitt: *Türkei – Politik, Ökonomie, Kultur.* München 1991.

Weibel, Peter (Hg.): *INKLUSION : EXKLUSION, Versuch einer neuen Kartografie der Kunst im Zeitalter von Postkolonialismus und globaler Migration.* Köln 1997.

Katalog *Hanefi Yeter – 1969–1982.* Hg. Volker Martin. Berlin 1982.

Katalog *Hanefi Yeter – Traum und Tanz.* Hg. Volker Martin. Berlin 1985.

Katalog *Hanefi Yeter.* Hg. Volker Martin. Berlin 1989.

Katalog *Adem Yilmaz – Der verfemte Ort – Skulpturen: Innen/Außeninstallationen.* Annosaal Stollwerk. Köln 1986.

Yilmaz, Adem/GeismarJarg: *INBETWEEN – Nationaler Internationalismus oder Internationaler Nationalismus,* ein Projekt auf der Biennale in Venedig 1993. Köln 1995.

IV. Interkulturelle Synergien

1. Kulturen im Prozeß der Migration und die Kultur der Migrationen

Konrad Köstlin

Kultur als Melange

Alle Kulturen der heutigen Welt haben eine Geschichte der Wanderungen und des Austausches von Ideen, Dingen und Menschen hinter sich: Sie sind Ergebnis von Migrationsprozessen. Insofern sind die Kulturen aller Gesellschaften in ihrer Genese multikulturell – auch wenn sie sich, sei es im ethnischen, religiösen oder ständischen Sinn, als einheitlich-hierarchisch verfaßt verstehen oder, wie im Nationalstaat, Homogenität behaupten.

Streng genommen dürfte der moderne, weltanschaulich neutrale Verfassungsstaat eine einzige nationale oder religiöse Kultur gar nicht zulassen. Er hat vielmehr die Wahlfreiheit der Individuen zu garantieren und zu schützen, die nur vor den Grundwerten der Verfassung und deren gesetzter Ordnung Halt zu machen hat. So stehen die bis heute wirksamen Konstruktionen des Nationalstaates, dessen Idee einer kollektiven Kultur und gemeinsamer, in der ethnischen Geschichte auf gemeinsamem Territorium verankerter Wurzeln im Gegensatz zum kulturellen Pluralismus des Verfassungsstaates. Die Idee der nationalen Kultur setzt das Interesse und die Teilhabe aller Menschen an dieser gemeinsamen Kultur voraus. Das wiederum läßt sich kaum verwirklichen, und so werden auch in Verfassungsstaaten meist die Überlieferungen und Werte der maßgeblichen Bevölkerungsgruppe als nationale Kultur gehandelt.

Im Deutschland des 19. Jahrhunderts wird als dominante Kultur das Wertesystem der bürgerlichen Elite zur Substanz der Nation erklärt. Hier ist die Vorstellung einer nationalen Kultur an die Konstruktionen der romantischen Philosophie gebunden, die Kulturen ethnisch definiert und ihre Homogenität als Gemeinsamkeit des modernen Staates erfindet. So wird im 19. Jahrhundert etwa ein auf ethnischen Unterschieden gegründetes Volkskundemuseum konstruiert und die Ethnologen zu Fachleuten für dessen einzelne Abteilungen bestellt. Damit wird die Idee der ethnischen Differenz einer Profession an die Hand gegeben, die sie weiter entwickelt: Kultur wird, nationalisiert und ethnisiert, zum Bestandteil moderner Staaten. Diese historisch gewachsene und festliegende Meinung der bürgerlichen Gesellschaft über Autonomie und Identität (Raphaël 1994) und damit über die prinzipielle Unvereinbarkeit von als kreisförmig abgezirkelt gesehenen Kulturen ist bis heute wirksam.

Das Fremde im eigenen Land

Gewöhnlich ist ›fremde‹ Kultur immer schon da. Sie ist meist in so selbstverständlicher Weise präsent, daß wir ihre Herkunft kaum noch bemerken. Spaghetti und Ravioli, Wiener Schnitzel und Salami, Salate und Pasta, Erdnußbutter und Blauschimmelkäse, Champagner und Campari, Jeans, Ketchup und Curry, McDonald's und Coca-Cola, Döner Kebab und Gyros, Raki, Ouzo und Pastis, Cevapcici, Rasnici, Sangria, italienischen Restaurants und Espresso-Bars, englische Pubs und französische Bistros, japanische Sushi- und amerikanische Cocktail-Bars à la Hemingway, vietnamesische Lebensmittelläden oder der Paprika, den uns die vertriebenen Ungarndeutschen nach dem Zweiten Weltkrieg schmackhaft gemacht haben – all das sind nur einige Hinweise auf Dinge ›fremder‹ Herkunft, die sich längst etabliert haben und – mit dem Zauberwort der deutschen Ausländerdebatte – in unseren Alltag ›integriert‹ sind (Köstlin 1990). Noch mehr gilt das für Artefakte und Importe, die wir, wie etwa Wein oder Dachziegel, der provinzialrömischen Kultur verdanken.

Jedes Jahr bringen die Deutschen Millionen von Objekten als Souvenirs aus dem Urlaub nach Hause. Es sind die Trophäen eines modernen Migrationsphänomens und eines vermeintlichen Eindringens in eine fremde Kultur, in der man sich zeitweise aufgehalten hat: Sarazenenschwert und Finnenmesser, afrikanische Keramik und bunte Teppiche, Stoffe, kleine Buddhas oder Wasserpfeifen. Besonders häufig sind es Lebensmittel und kunstgewerbliche Gegenstände lokaler Produktion, die für das Urlaubsland als typisch gelten und jederzeit verfügbar sind. Diese Verfügbarkeit verweist einerseits auf weltweite Verflechtungen und kann andererseits als Zeichen von Weltoffenheit und von multikultureller Kompetenz jener Konsumenten fungieren, die sie als Signale zu entschlüsseln gelernt haben. Solche Vielfalt der Kulturen ist nicht nur in den Programmen der Reiseanbieter offeriert, sondern auch längst bei uns zuhause angekommen: Wir leben längst diese Art ›Globalisierung‹, ein Ausdruck, mit dem, nicht immer ganz scharf, heute derartige Phänomene begrifflich gebündelt werden.

Die folkloristische Kultur der Migrant/innen hat es in Deutschland nicht allzu schwer, sie hat es jedenfalls leichter als die Migrant/innen selbst und die Kultur ihrer alltäglichen Lebenswelten, wenn sie den Deutschen als religiös-fundamentalistisch und patriarchalisch erscheint. Bei Straßenfesten sind die Gerüche der fremden Küchen, sind fremde Musik und fremde Kleidung ein belebender und gern akzeptierter Buntmacher. Allerdings hat diese Präsentation einer meist festlichen Kultur nicht nur bei Migranten, die sich ungern auf dieses Segment von Kultur reduzieren lassen wollen, Kritik hervorgerufen. Diese bunte Festkultur, so heißt es, fungiere als liberales Aushängeschild für eine Gesellschaft, die sich mit ›Kultur‹ im Sinne einer fremden Lebenswelt sonst schwer tue. Hier spiele der Reiz der Exotik jene Rolle des Gezähmten, das als Kolorierung unserer modernen Welt dient, und insofern seien die

Kulturen der Fremden und die der folkloristischen Präsentation des Eigenen in ihrer Buntheit vergleichbar.

Tatsächlich hat sich ›Multikultur‹ vor allem als Euphemismus für eine Art ›Bereicherungsthese‹ eingebürgert, die das Angebot der fremden Kultur als Erweiterung der eigenen kulturellen Möglichkeiten begreift – wobei es, wohlgemerkt, um eine bereits gezähmte Exotik geht, mit der viele – aber bei weitem nicht alle – umzugehen gelernt haben. Fremde Kultur tut in dieser Perspektive nicht weh, ja, sie putzt ungemein. Sie erlaubt, von ›meinem‹ Türken oder Italiener zu reden, sie zielt auf das bunte, folkloristische Zusammenleben in Festen und Kulinarik, nobilitiert auch den Türken an der Ecke, der frisches Gemüse anbietet, das man anfassen und auf seine Frische prüfen darf. Es ist Paolo, der Italiener im Restaurant an der Ecke, der es zuläßt und das Spiel mitspielt, ihn Paolo zu nennen – wie im Urlaub. Kompetent sind oft jene, die pedantisch und beflissen nicht mehr von Zigeunern, sondern von Sinti und Roma sprechen und sich deshalb schon als gute Menschen fühlen. Es fällt leicht, diese Bereicherung des Angebots und der Vielfalt zu würdigen.

Dieser spätbürgerlichen Version der Multikultur sind in den letzten Jahren durch fremdenfeindliche Attacken herbe Schläge verpaßt worden. Die Lichterketten der guten Deutschen hatten ja – und das zeigt die wechselseitige Beeinflussung der Kulturen ganz trefflich – auch das Ziel, die Deutschen mit ihrer notorischen Fremdenfeindlichkeit in der Welt zu rehabilitieren und zu resozialisieren. Es ging also genau besehen auch darum, ein nationales Bedürfnis der Deutschen zu stillen: von der Welt geliebt zu werden, als Menschen, und vor allem als (deutsche) Nation.

Migrationen und Kulturen

Üblicherweise wird Migration in den Stadien und Kontexten des Aufbrechens und Wanderns, des Ankommens und – wenn es gut geht – der sozialen und kulturellen Integration gedacht. Studien zur expressiven, demonstrativen Kultur der Heimatvertriebenen nach dem zweiten Weltkrieg haben gezeigt, daß eine ›eigen‹ genannte Kultur erst spät, nämlich nach erfolgter Integration, gepflegt wurde, daß sie in gewisser Weise also Ausdruck eines Angekommenseins ist (Bausinger 1956; Bausinger et al. 1959). Ähnliche Beobachtungen sind für die Re-Ethnisierung der US-amerikanischen Gesellschaft in den 1970er Jahren gemacht worden (Marzio 1976). Eine Kultur als ›mitgebracht‹ zu zelebrieren und als Ausdrucksform zu nutzen, bedeutet, daß man seinen Platz gefunden hat. Redet man über sie als ›Kultur‹, dann hat sie bereits ihren expressiven Stellenwert erhalten, ist betonte Ausdrucksform des Eigenen, das sich von der Umgebung als ›anders‹ unterscheiden will. Solcher Bedarf nach Unterscheidbarem kann der Furcht vor Integration entstammen, die immer auch eine Furcht vor dem Verlust einer als ›eigen‹ definierten Lebensweise ist. Sie kann aber auch Ergebnis einer Positionierung sein: Als Lebensweise wird sie ausdrücklich zur ›Kultur‹, wenn sie nicht mehr als selbstverständlich wahrgenommen wird.

Migrationen gehen oft mit der Furcht vor dem Verlust von Selbstverständlichkeiten einher. Deshalb gewinnen kulturelle Kompetenzen im Kontext moderner Migrationen neue Horizonte ihrer Nutzung und Wirkung. ›Kultur‹ ist bei diesem Vorgang ein

Schlüsselwort geworden, das Mißlingen ebenso wie Gelingen zu erklären scheint. Sie ist das Gepäck, das man am Ankunftsort aufmacht oder erst einmal verpackt läßt. Oft hat das in diesem Gepäck Enthaltene mit dem zuhause Eingepackten nicht mehr viel zu tun: Es hat sich in der Fremde, also in einem anderen Kontext, neu formiert. Jedes Objekt und jede Attitüde des Eigenen und das Fremden läßt sich als ›kulturell‹ bezeichnen, seit man mit dem ›weiten‹ Kulturbegriff operiert, der alles umfaßt, was sich als der von Menschen gemachte Teil der Umwelt verstehen läßt.

Lange ist vor allem die Perspektive der Migrant/innen eingenommen worden: man fragte also, wie die Zugewanderten diese Fremde erleben. Diese Perspektive hat eine lange Tradition. Die erwähnten Untersuchungen der Nachkriegszeit über Reaktionen und Verhalten der Heimatvertriebenen haben nach den Merkmalen und Bedingungen der verschiedenen Strategien von Einfügung in die neue Unwelt und Beharren auf der ›alten‹ Kultur gefragt. Und in vielen darauf folgenden Studien hat sich gezeigt, daß es sich keineswegs um die alte Kultur gehandelt hat, die als Reisegepäck mitgenommen worden war. Vielmehr handelte es sich immer um Konstruktionen bestimmter Merkmale der Kultur, die, als ›eigen‹ interpretiert, für alle Stadien zwischen »Beharrung und Einfügung« (Bausinger 1956) genutzt wurden. Auf Unterschiedlichkeit angelegte Akzente wie die zwischen Döner (türkisch) und Gyros (griechisch) markieren dies in der Gegenwart der Bundesrepublik.

Migration und die Kultur des Lokalen

Migration – Wort, Sache und Bilder gehen von der Vorstellung aus, daß Menschen eigentlich ortsfest zu leben hätten, sie setzen voraus, daß die Menschen eine ›Heimat‹ haben, aus der sie weg müssen. Der übliche Gebrauch des Wortes Migration umfaßt den Anspruch auf Bodenhaftung, wobei von der Ortfestigkeit der Menschen als Normalität ausgegangen und die Ortsbezogenheit als Maß genommen wird. Das alljährlich auf den Nürnberger Veranstaltungen der Vertriebenenverbände eingeforderte »Recht auf Heimat« ist Ausdruck dieses Anspruchsdenkens, dessen Folie ein Kulturmuster ist, das der Nationalstaat des 19. Jahrhunderts zur Voraussetzung seiner Existenz genommen hat. Doch die Vorstellung einer stationären und damit auch sozial stabilisierten Gesellschaft war eine Fiktion der damaligen Gesellschaftstheorie. Sie blendete aus, was schon damalige Geschichtsschreibung besser wissen mußte: Auch vormoderne Gesellschaften sind durch Migrationen bestimmt. Doch diese Migrationen sind damals freilich üblich, sind also in gewisser Weise, weil gewohnt, auch selbstverständlich gewesen und hatten stets einen großen Teil der Bevölkerung betroffen: Die vielen nachgeborenen Söhne, die von der Erbschaft ausgeschlossen waren, gehörten ebenso dazu wie die Töchter, die Taglöhner und Saisonarbeiter, die Knechte und Mägde, die Händler und Hausierer. Entscheidend ist so die kulturelle Wahrnehmung und die gesellschaftliche Bewertung der Migration.

Migration als ›Wegmüssen‹ wird erst dann zum kulturellen Drama, zum Schicksal und zum schweren Los, wenn Seßhaftigkeit und das Bild einer Heimat und einer lokalisierbaren Kultur als Normalität zum Leitbild menschlicher Existenz werden. Bis heute noch gehorcht das Bild der Migration der Ikonographie des Auswanderers oder

Flüchtlings, der mit seinem Bündel auf dem Rücken oder mit dem Handwagen die Heimat verlassen muß. Die Medien versorgen uns, mangels anderer ikonographischer Typologien – und das ist einer weiterhin existenten und bedrohlichen Realität geschuldet –, mit der Reproduktion eines Bilderkanons der Geschichte. Albaner erreichen auf überfüllten Schiffen die italienische Küste, von wo aus sie möglicherweise auch nach Deutschland wollen; abgemagerte schwarze Menschen tragen, als Flüchtlinge und Vertriebene, ihre Habe auf dem Kopf von einem Land ins andere. Vor allem Kleinkinder in Afrika leiden auf dem postkolonial verwirbelten schwarzen Kontinent unter einer erzwungenen Migration, so fokussieren es die Bilder bei Spendenaufrufen. Aus den Flüchtlingslagern in aller Welt wird dieses Bildprogramm reproduziert. Im Südosten Europas erleben wir, ähnlich wie in Afrika, Versuche einer gewaltsamen Entmischung der Bevölkerung entlang der Linien des Ethnischen und Kulturellen, wobei es hier wie dort historische Muster der Koexistenz verschiedener Konfessionen oder Volksgruppen durchaus gegeben hat und die Auslöser der Gewalt in der Regel ökonomische, im ethnisch-kulturellen und oft rassistischen Argumentationsrahmen camouflierte Faktoren sind.

Migration und Mobilität

Migration wird heute als Sammelbegriff für alle Arten von Wanderung, ob freiwilliger oder unfreiwilliger Natur, gebraucht, und deshalb läßt sich auch über die Kultur der Migrant/innen im neuen Umfeld wenig Generalisierendes sagen. Denn die Bedeutung der eigenen wie der fremden Kultur kann nur vor der Folie der jeweiligen Auslöser der Migration und ihrer Bedingungen verständlich werden. Manager in weltweit operierenden Konzernen, IBM oder McDonald's, können Ortsveränderung mehr oder weniger spielerisch praktizieren, können von einer neuen ›Herausforderung‹ in New York und fünf Jahre später in Hongkong reden und diese ›Mobilität‹ überhaupt nicht bedauern. ›Kultur‹ fügt sich hier einem internationalistischen Stil ein und der Akzent der Herkunftssprache, der das Englische dekorativ färbt, macht das Spiel mit den ›Wurzeln‹ reizvoll und läßt es keineswegs als dramatisch erscheinen – während in anderen Kontexten der falsche Akzent einem Todesurteil gleichkommen kann.

Es gibt Gesellschaften, in denen das Weggehen oder Wegmüssen Tradition hat, in denen schon der Vater und der Großvater weggegangen, vorausgegangen sind. Und es gibt Gesellschaften, in denen – wie in den USA – das Aufnehmen von Fremden Tradition hat. Historisch lassen sich verschiedene Migrationsmuster namhaft machen. Wanderungen sind nicht nur ein Phänomen der industriellen Gesellschaft. Für historische Muster wie das der Auswanderung nach Amerika hatte Wilhelm Heinrich Riehl 1854 in den Häusern der Pfälzer die Auswandererkiste in den Fluren als Zeichen einer selbstverständlichen und immer wieder als Möglichkeit gedachten Bereitschaft gedeutet, die Heimat, wenn es nötig sein sollte, zu verlassen (Riehl 1858). In historischen Gesellschaften waren diese Migrationen als Zeitwanderungen – die auch zu dauerhafter Ansiedlung führen konnten – üblicher, als man heute meint. Die Auswanderung aus religiösen Gründen, die durch Überbevölkerung ausgelösten saisonalen Wanderungen von Arbeitskräften, etwa die sog. Schwabenkinder im Alpenvorland (Uhlig 1983), sind zu nennen. Saisonale Arbeitskräfte aus Osteuropa haben in Deutschland den Agrarkapitalismus im 19. Jahrhundert ermöglicht. Ziegler, Stukkateure und Eiserzeuger, Händler, Katzelmacher und Rastelbinder, Handwerker mit Spezialkenntnissen aus Italien, später dann die für den Eisenbahnbau nötigen Arbeiter gehörten zum Inventar frühmoderner und moderner, weitgehend unproblematischer, aber nicht konfliktloser Wanderungsbewegungen in Deutschland, bei denen die Bedingungen – meist als Zeitwanderung – geklärt waren (Höher 1987). Auch heute existiert eine solche Zeitwanderung: Polnische, englische oder portugiesische Arbeitskräfte etwa leben ein halbes Jahr daheim und verbringen die andere Hälfte als Apfelpflücker oder Spargelstecher, als Maurer, Bauarbeiter oder Restauratoren auf ihren Arbeitsplätzen in Deutschland (Bade 1994). ›Unproblematisch‹ – das schließt nicht aus, daß solche Wanderungen nicht belastend und leidvoll gewesen wären, aber sie waren, weil üblich, selbstverständlich, als gemeinsames Schicksal allen als Perspektive vertraut.

Homogene Kulturen in geographischen Räumen?

In ein fremderes Land »konnte ich nicht kommen, und lieber ginge ich in die Türkei«. Die so schreibt, ist in Thomas Manns Roman die junge Tony Buddenbrook, die, mit einem Bayern verheiratet, vom hanseatischen Lübeck in die bayerische Landeshauptstadt München reist. Dort trifft sie auf Leute »ohne Würde, Moral und Ehrgeiz« und kehrt schließlich empört nach Hause zurück. Das war um 1900 geschrieben und ließ an eine homogene deutsche Kultur nicht denken; zu groß waren die Unterschiede zwischen Nord und Süd. Der Traum von einer gemeinsamen deutschen Kultur, an der alle Deutschen teilhaben und die alle Deutschen verbindet, war schon damals ein Wunschbild. Dennoch erhält dieser Traum seine Bedeutsamkeit, wenn es um die Fremden geht und um deren Kultur, die so gänzlich anders sein soll als die eigene. Kultur ist das erträumte Gemeinsame, Kultur ist damit aber auch das Trennende, das immer wieder aufgeboten werden kann – hier wie dort. Kultur gilt als das jeweils Eigene, als das Unverwechselbare, das Eingravierte, das sich durch die Zeiten zu halten scheint. Sie, die Kultur, wird immer dann als Argument ins Feld geführt, wenn es um die Behauptung des Eigenen, oder anders und umgekehrt formuliert: um die Abgrenzung vom Anderen geht, das damit zum Fremden erklärt wird. Das kann auf ziemlich willkürliche Weise geschehen, alles kann zum Gegenstand der Unterscheidung gemacht werden.

Migrationen gehen nicht immer gut, denn nicht alle Gruppen sind bereit, Ortsveränderungen gelingen zu lassen. ›Kulturell‹ genannte Momente werden ins Feld geführt, auch wenn sich dahinter oft handfeste wirtschaftliche Gründe verbergen. Die Idee der Homogenität einer Kultur und die Gefahr ihrer Störung und Zerstörung stehen dabei als Argument im Vordergrund. Woher kommt das? Eine derartige Bewertung der Migration basiert auf dem nationalstaatlichen Bild des Kollektivs als homogenem ›Volkskörper‹, das sich durch das gemeinsame Territorium und eine gemeinsam genannte nationale Kultur definiert. Alle Aktivitäten in Nationalstaaten zielen auf kulturelle Vereinheitlichung. Die Welt abgegrenzter Territorien und darauf gegründeter kollektiver Identitäten und persönlicher, politisch befriedigter Emotionen existiert als Ergebnis dieses Denkens. Diese Welt scheint, das zeigen nicht nur die Kriege im ehemaligen Jugoslawien, sondern auch die national begründeten Aggressionen gegen Fremde in Deutschland, jederzeit aktivierbar. Für ›Kultur‹ bleibt die territoriale Bindung gültig, sie wird als Fremdbild und als Selbstbild – spätestens, seit wir modern sind und reisen – mit bestimmten Regionen assoziiert. Das war historisch nicht immer so, macht jedoch Migration zu einem Feld kultureller Auseinandersetzung in der Moderne, seit sich Identität verstärkt am Lokalen und am Ortswechsel orientiert. Die Vorstellung ortsgebundener Kulturen macht Migration zum Problem des Ortswechsels.

Integrationszauber und Kultur als Argument

Das Bild, das hinter dem Wort ›Integration‹ steht, meint eine Kultur und eine Bevölkerung, die rein (Tschernokoshewa 1997), einheitlich und damit übersichtlich sein soll, ein unkrautfreier Rasen, keine Wiese mit bunten Blumen oder gar mit Unkraut – wie es in der Metaphernsprache der ›guten‹ Menschen heißt. Man will die fremde Kultur einbauen, verweben, einflechten, recht besehen aber über einen Kamm scheren, kurz: man will ihre Fremdheit unsichtbar machen. Es handelt sich um ein Bild der Homogenität von Kultur, die dem Fremden seine Fremdheit genommen, die das Fremde unkenntlich gemacht und die Fremden amalgamiert hat. Integration steht also nicht für die Vielfalt oder Buntheit von Kulturen in unserer Gesellschaft; leitend ist die Idee der Einheitlichkeit der einen nationalen (und besser organisierbaren) Kultur, die dem Bild eines ethnisch-völkisch orientierten Nationalstaats des 19. Jahrhunderts verpflichtet ist.

Hinter dem Zauberwort ›Integration‹ steht als Weltbild eine fixe Idee von der Art und Weise, wie Menschen in Deutschland (zusammen)leben sollen: Kulturell integriert sollen sie sein und sich so verhalten wie ›wir‹, die Deutschen. ›Integriert‹ – das mögen die oben angeführten Beispiele zeigen – ist das bereits zur Exotik gezähmte Fremde: Was nicht mehr auffällt und als selbstverständlich angesehen wird, worüber man nicht mehr reden muß. Nicht jeder Befund der Integration einer fremden Kultur wird freilich von allen geteilt werden. Nicht alle Menschen in der deutschen Gesellschaft haben die chinesische Küche probiert, nicht alle haben jugoslawisch gegessen und nicht alle Fremden haben die deutsche Küche verkostet. Das kann an prinzipiellen Gründen liegen, die einem etwa gegenwärtig die serbische Bohnensuppe verleiden: Man findet das einst fast ›integrierte‹ Gericht in Deutschland kaum mehr auf der Speisekarte; Serben sind, weil als Bösewichte ausgemacht, nicht mehr goutierbar, und ein serbischer Wirt tut gut daran, nicht eigens auf seine ethnokulturelle Herkunft zu pochen.

Das Bild einer integrierten Gesellschaft ist heute vorherrschend – dahingestellt sei, ob andere Bilder das Geschäft der Regulierung einfacher machen. Das Bild ist in einem historischen Prozeß gewachsen, es läßt sich nicht einfach verändern und – es überträgt sich auf die Kulturbilder, die die Zuwanderergruppen haben. Das Bild der Homogenität einer Kultur und die daraus abgeleitete Vorstellung von Mentalitäten und Habitusformen eines kulturell und ethno-anthropologisch fixierten Verhaltens haben sich als bestimmend für das Verständnis der eigenen wie der fremden Kultur erwiesen. Ausgehend von der Idee einer organischen Entwicklung ›von den Wurzeln her‹, sakralisiert diese Vorstellung ›Kultur‹ und macht sie unvergleichlich. Was zuerst vor allem als Schutz der eigenen Kultur gilt, überträgt sich auch auf die Sicht der fremden Kultur: Beide Kulturen werden damit sowohl unantastbar wie auch unvermischbar. Zudem verknüpft die Wurzelmetaphorik Kultur mit dem Ort ihrer vermeintlichen geographischen Herkunft. Wenn also etwa den Türken das »Recht auf Heimat, aber bitte in Anatolien« zugestanden wird, wie das vor Jahren der damalige bayerische Innenminister Edmund Stoiber einmal formuliert hat, dann meint dies eben jene Territorialität von Kultur. Diese ist vor allem einem männlichen Blick geschuldet. Auch bei uns ist ›Heimat‹ eine männliche Kategorie, bei der Heirat zogen Frauen an den Ort des Mannes und nahmen dessen Namen an (Köstlin 1996).

›Kultur‹ hat erst in der Moderne ihre gegenwärtige Bedeutung profiliert: sie kann alles sein, dient der Selbstdefinition und damit auch der Abgrenzung gegenüber anderen, gerade dort, wo von der ›Entgrenzung‹ unserer Welt gesprochen wird. Wanderungsprozesse, die es an sich immer gegeben hat, werden in modernen Diskursen – etwa im Wahlkampf – kulturalisiert. Die neue Potenz der Kultur wird heute in der öffentlichen Rede thematisiert und schafft damit ihre Wirklichkeit. Denn die Staatsgrenzen Europas werden nicht nur durchlässiger, sondern auch undurchdringlicher, wie die Rede von der ›Festung Europa‹ zeigt: Politische, nationale Grenzen werden als Grenzen der eigenen und der fremden Kultur verstanden, die Wanderungen immer häufiger als Bedrohungen der eigenen Kultur interpretiert. Darauf weist auch das Argumentieren in einer Bildsprache, die von ›Masse‹ und ›Flut‹ der Zuwanderer und Asylanten oder von einer ›Schwemme‹ redet, wie wenn es um Naturkatastrophen ginge, gegen die ›Dämme‹ zu errichten seien.

Kulturen ohne Raumbindung

Wie sehr das Kulturargument greift, zeigen die Diskussionen um den Koranunterricht in den öffentlichen Schulen in Deutschland. Hier fungiert ein Kulturbegriff des Mitgebrachten, der zu fassen vorgibt, was die Gesellschaft im Innersten zusammenhält – alltägliche Praxen, Orientierungen und Weltbilder, Erfahrungen und Gegenstände, die eine Gesellschaft kennzeichnen, sie von anderen unterscheiden und sie selbst als anders wahrzunehmen erlauben. Die Idee des Kulturbegriffs geht von historischen Gruppenprägungen aus, die sich in geographischen Räumen ausgebildet hätten.

Schon die modernen Kommunikationsmittel und -formen verhindern heute, daß Kultur an bestimmte geographische Räume gebunden bleibt (Hannerz 1995). Menschen nehmen kulturelle Bedeutungen und Wertungen mit auf ihre Migrationen – und ›Kulturen‹ gehen auch ohne Menschen auf Wanderung: Es geht also nicht allein um die Migrationen der Menschen, sondern auch um die Wanderungen der Waren und der Ideen, um den Verkehr der Konsumartikel und Güter, der Medienerzeugnisse, Erfindungen und Wissensbestände, die ohne Menschen ihren Ort verlassen und sich auf die Reise begeben.

Kulturkritisch werden diese Vorgänge oft als Bedrohung der eigenen Kultur gesehen. Wenn etwa von der McDonaldisierung der Welt die Rede ist, dann ist der Teufel des Verfalls der eigenen Kultur an die Wand geschrieben. Begriffe wie ›Multikulturalität‹ und ›Ethnizität‹ betonen einerseits die Kulturalisierung der Wahrnehmung und andererseits die Akzentuierung dieser Auseinandersetzung mit dem Fremden. Es ist vor allem die Wanderung der Ideen, die als Bedrohung wahrgenommen wird, weil sie an die Wurzeln der nationalen oder gar der abendländischen Kultur gehe. Dies führt zu Fundamentalismen, die sich auf die kulturellen Essentials der eigenen Gesellschaft beschränken. Hier wird Kultur zum Kampfmittel, hier erhält sie erst die Konturen von Integrität und Kohärenz, von sozialer Homogenität und historischer Kontinuität, die eine nie gekannte Schärfe und Prägnanz erst in dieser Art der Auseinandersetzung mit sich weltweit vernetzenden Migrationen erhalten.

Der sog. ›weite‹ Kulturbegriff, der sich vom Begriff der Hochkultur gelöst hat, umfaßt alle menschlichen Arbeits- und Lebensformen. Damit verändert sich die moderne Rede von der Kultur die Alltage, weil sie Alltagspraxen zu ›Kultur‹ stilisiert und ihnen eine hochsymbolische Bedeutung zumißt. Dieser verkulturierte Alltag (Köstlin 1990) und seine Lebensstile lassen sich leicht nationalisieren, sie werden damit von ihrer Klassen- und Milieuspezifik gelöst und schichtenübergreifend als das gemeinsame Vielfache des Nationalen angesehen. Kulturen werden, wie in dem Wort ›Kulturkreis‹ deutlich, als geschlossene Systeme gedeutet. Die alltägliche Auskunft »das paßt nicht zueinander« oder »die passen nicht zueinander« verweist auf das traditionales Muster einer Reinhaltung der Ethnien, das historisch meist auf ein Zusammenhalten des Besitzes oder auf einen konfessionellen Unterschied zielte.

In diesem Prozeß werden jeweils nationale ›top ten‹ als nationale Stereotypen festgelegt, die dann als Essentials eines kulturellen Selbstverständnisses gehandelt werden (Löfgren 1995). Erkennen und Erkanntwerden funktioniert in der Moderne über Kürzel, braucht Signets, die wie Markenzeichen wirken. Der unberedete Teil der Kultur bleibt weiterhin im Schatten der Selbstverständlichkeit; nur die auf Signets verkürzten und herausdestillierten Kultursegmente werden erkannt, und nur sie werden ausdrücklich gepflegt. Von ihnen erwartet und erhofft man, daß sie sich gegen die weltweite Gleichmacherei stemmen. Doch was da als Eigenes vorgeführt wird – und das erleben die Deutschen im eigenen Land – ist längst verfremdet und kann nur noch als ästhetische Oberfläche entschlüsselt werden. Die regionale Küche in Deutschland unterscheidet sich von fremden Küchen nicht mehr, beide müssen eigens annonciert und als Besonderheit ausgewiesen werden: Schwäbische Hausmannskost ist ebenso exotisch wie die chinesische oder sizilianische Küche (Köstlin 1995). Die Inhalte der Kulturen müssen also markiert werden.

Bei europäischen Kulturen, die als ›verwandt‹ bezeichnet werden, wird eine gemeinsame Schnittmenge angesetzt. Der traditionale Ideengehalt des Begriffs ›Kultur‹, der als kohärent, integriert und sowohl als historisches Kontinuum wie auch sozial homogenisiert definiert ist, wird zwar postuliert – realiter existiert er jedoch nicht: Niemand kann empirisch begründen, wie geschlossen eine Kultur zu sein hat, wie einheitlich nationale oder konfessionelle Handlungsmuster zu sein haben, die für eine Handlungsgemeinschaft bestimmend sind. Das kann man nur behaupten.

Kultur als Inventar zur Selbstethnisierung

Als eines der Probleme bei sog. Integration wird häufig die ›Selbstethnisierung‹ ausländischer Gruppen angesprochen. Oft ist von Kultur die Rede, wenn es um die Eingliederung etwa der Türken – als der größten Gruppe – in Deutschland geht. Von ihnen wird gefordert, sich zu integrieren – eine Forderung, mit der die deutsche Politik das produziert, was sie fürchtet und verhindern will: die Islamisierung der Türken in Deutschland. Die Verkennung des Anderen ist nicht nur ein Ausdruck mangelnden Respekts vor dem Anderen, sondern auch Ausdruck der Nichtanerkennung des Anderen (Köstlin 1987). Dies führt dazu, daß ethnische Gruppen sich erst in neuen Kontexten weit eindeutiger ›ethnisch‹ verstehen als in ihrem Herkunftsland und sich in Konsequenz von der Mehrheitsgesellschaft abschotten: Sie leben in der neuen Situation nicht bloß die Unterschiede, sie akzentuieren sie. Die Folgen sind Kontaktarmut oder gar Kontaktvermeidung zwischen Deutschen und Ausländer/innen, was wiederum zur Abnahme der Sprachkompetenz mit dem Resultat von Arbeitslosigkeit und – vor allem unter ausländischen Jugendlichen – Frustration führt und zur Verhärtung der Fronten und der ›kulturell‹ genannten Unterschiede. Das mitgebrachte Gepäck der als ›eigen‹ verstandenen Kultur enthält im neuen Kontext am anderen Ort mehr an Rigidität und an Radikalität als sie am Herkunftsort je hatte.

Alle Versuche, die alltäglichen – einschließlich der politischen und kulturellen – Lebensgewohnheiten von Menschen zu homogenisieren und damit zu normieren, führen so zu Separierung und Ausgrenzung. Zudem verhindert diese Forderung nach Integration, die es den Fremden verwehrt, fremd zu bleiben, zunehmend die Selbstbestimmungsansprüche aller Individuen im Verfassungsstaat. Das gilt auch für die Menschenrechte, die unter diesem Aspekt als »westlicher Exportschlager« (Mbaya 1994) bezeichnet worden sind. Ganz offensichtlich haben die Einwanderungsprobleme der westlichen Länder insgesamt den Mythos zerstört, daß die zunehmende Technisierung automatisch zur Konvergenz der Kulturen oder zur Vereinheitlichung der Kultur überhaupt führen werde (MacLuhan/Powers 1995). Zur Erläuterung kann der Fall der Lehrerin Fereshta Ludin dienen, der im Juli 1998 durch die Zeitungen gegangen ist: Die junge Frau sollte nicht in den baden-württembergischen Landesdienst übernommen werden, weil sie darauf beharrte, ihr Kopftuch im Unterricht zu tragen. Gewiß hatte die Kultusministerin juristisch nicht viel Überzeugendes vorzuweisen; ihre Entscheidung, dem Kopftuch der Lehrerin den Segen zu verweigern und die Frau zu entlassen, erschien illiberal. Aber sie wollte wohl auch ein Zeichen setzen und den Druck traditionalistischer türkischer Milieus auf – in westlichem Sinne – aufgeklärte türkische Frauen aushebeln.

Paradoxerweise rücken die Kulturen durch Migrationen einerseits zusammen, werden Grenzen allenthalben durchlässiger – Begriffe wie ›Multikultur‹, ›Globalität‹, ›Transnationalität‹ und ›Multitethnizität‹ deuten diesen Sachverhalt sprachlich an –, und gehen zugleich doch auf Distanz zueinander, wird ›Kultur‹ zum Signet von Differenz. Seit die Vereinheitlichung der Welt sich zu beschleunigen scheint, werden die Kulturen neu gedeutet und ihre Potenzen neu formuliert – man könnte auch sagen: mit einer Wirkkraft ausgestattet, die Differenz betont und das Eigene als Unterscheidbares akzentuiert.

Die Idee einer gemeinsamen Kultur und die darauf gegründete Rede von der Geschlossenheit der eigenen wie der fremden Kultur produziert in der Selbstethnisierung der Fremden und ebenso der Deutschen jeweils eigene, erfahrbare Wirklichkeiten, die Ergebnis dieses Konstrukts von Kultur sind. Diese Konstruktionen funktionieren, obwohl die Entkoppelung der Alltagswelten oft weit fortgeschritten ist: auch dort, wo sich Kultur auf bestimmte Bereiche fokussieren läßt, etwa in der Kultur des Hauses und der Familie, jenem Raum der Reproduktion also, den man unsichtbarer Privatheit zuordnet. Die Verknüpfung von Ausgrenzung und Selbstisolation gilt für alle an dieser Beziehung beteiligten, für Fremde und Deutsche.

Als Gefährdung wird dies vor allem dort wahrgenommen, wo die Kultur der Migrant/innen in institutionelle Formen gegossen ist, etwa wenn muslimische Prediger deutsche Türkenkinder den Koran und die Essentials der heimatlichen Kultur lehren. In der Tat läßt sich eine Trend zum Rückzug in die jeweils ›eigene‹, in diesem Fall türkische Lebenswelt feststellen. Dabei entstehen ungeplante ethnische ›Homelands‹, in denen interne Gruppensolidarität ausgebildet wird. Diese Gruppensolidarität gründet sich auf kulturelle Unterschiede, die als biologisch-ethnisch, als in den Menschen angelegt, gedeutet werden. Anders formuliert: je mehr die Zuwanderer mit sich selbst beschäftigt sind, umso leichter fällt es ihnen – aber dann immer auch den Deutschen –, eine, allerdings höchst prekäre, Identität auszubilden. Die Ghettobildung kommt also einem ratlosen Abgrenzungsbedarf entgegen.

Fremde Kultur als Gegenwelt: zwischen Faszination und Ärgernis

Vor dem Bahnhof einer württembergischen Mittelstadt sitzen an einem sonnigen Frühlingssonntag Männer mittleren Alters auf den Bänken in der Sonne. Es sind keine Schwaben, sondern, wie die Fahrer der städtischen Busse, Griechen. Einige reden miteinander. Sie haben den Bahnhofsvorplatz, so muß es dem deutschen Beobachter scheinen, zu einem mediterranen Dorfplatz umfunktioniert. Die an- und abfahrenden Busse sind kaum belegt, und niemals fährt der Busfahrer seine Tour ohne einen Landsmann, der auf dem vorderen Einzelplatz sitzt und sich mit ihm unterhält, ungeachtet des Schildes, das dazu auffordert, nicht mit dem Fahrer zu sprechen. Das funktioniert so ruhig, so beneidenswert freundlich und selbstverständlich und ist doch so fremd, daß man versucht ist, diese Praxis als Gepäck einer anderen Kultur zu interpretieren: als eine mitgebrachte Fähigkeit.

Fremdenfeindlichkeit, die immer wieder kulturell argumentiert, oszilliert eigenartig zwischen Angst und Bewunderung. Die Fremden werden häufig als wild, als unkultiviert gesehen, doch wird diese ›Wildheit‹ in einer Mischung von Abscheu und Faszination wahrgenommen. Dieses ambivalente Verhältnis gilt auch für die Fremden der eigenen Nation, wie sie etwa im Rahmen des Land-Stadt-Gegensatzes oder in der Vielfalt kultureller Ausprägungen innerhalb der Klassen und Schichten der endogenen Bevölkerung entgegentreten.

Allgemein ist das Verhältnis von Migration und Kultur durch imaginäre und tatsächliche Begegnung, durch gegenseitige Nachahmung, durch einseitige Ausbeutung, durch Verehrung und Zerstörung gekennzeichnet. Hier spiegeln sich Angst und

Faszination, die Phantasien und Projektionen von verlorener Einfachheit und Unvermittelheit, von einem gesunden und damit besseren Leben, von mehr Harmonie, die man in den fremd genannten Kulturen noch aufgehoben wähnt – Bilder von der verlorenen Ordnung der eigenen Kultur. Diese Ordnung findet man in Segmenten fremder Kulturen, die so fremd nicht mehr sind, bei transzendentaler Meditation und Mun-Kirche, bei Taek-Won-Do und Shiatsu, in den Kliniken für chinesische Medizin – und man braucht dazu nicht mehr zu reisen; alle neuen Heilslehren haben bereits ihre Stützpunkte in Deutschland. Man entdeckt auch die Vielfalt und Logik der nichtchristlichen Weltreligionen, sie scheinen unserer Moderne angemessener: Deutsche Frauen tragen den Schador und praktizieren den einst in feministischen Kreisen der Frauenfeindlichkeit geziehenen Islam als ihre Religion; junge Männer aus Schwaben spielen die von jüdischen Intellektuellen wiederentdeckte Klezmer-Musik, die längst als eine Art ›world-music‹ fungiert. Die andere – islamische, jüdische etc. – Kultur und Religion ist ihnen interessant – oder auch nicht: Die Welt-Kulturen werden zum Fundus für die Inszenierung des Individuums.

Eines der zentralen Unterscheidungsmomente in einer Welt, die als hochgradig beschleunigt wahrgenommen wird, ist das unterschiedliche Lebenstempo der Kulturen. Robert Levine spricht von einer »Landkarte der Zeit«, auf der Deutschand zu den schnellsten Ländern der Welt gehört, Mexiko oder Brasilien zu den langsamsten. In individualistischen Kulturen – so Levine – bewege man sich schneller als in von Kollektivismus geprägten Kulturen mit ausgeprägtem Familiensystem (Levine 1998, 46 ff.). Der Roman *Die Entdeckung der Langsamkeit* (Sten Nadolny) ist mehr als nur ein Stück Literatur, er markiert eine andere, faszinierende Welt des Denkens. In den 50er Jahren, zu Zeiten der ersten touristischen Erfahrungen der Deutschen, war es das ›dolce far niente‹, das man im Urlaub in Italien zu entdecken glaubte, heute kann es der Familiensinn sein, den man selbst in der eigenen Lebenswelt als Verlust bilanziert und den man also nicht nur – wie etwa die oben genannte Ministerin – als Bedrückung und Einschränkung des Individuums sieht, sondern dessen Existenz in der türkischen Kultur man zugleich auch neidvoll registriert. Junge deutsche Männer bewundern die verhaßte Solidarität türkischer Jugendlicher und sie ärgern sich, daß sie selbst an türkische Frauen nicht ›rankommen‹, während die deutsche Mädchen von jungen Türken scheinbar ohne Probleme zu ›kriegen‹ sind. Und auch die als Kontrastprogramm wahrgenommene Geruhsamkeit der alltäglichen Lebensvollzüge der Fremden kann als Provokation wirken: Den Anderen scheint Hektik selbst im Supermarkt fremd zu sein.

Die neue Qualität der Migration – also nicht nur Flucht und Vertreibung, sondern auch Tourismus und jede Art von Mobilität insgesamt – hat dazu geführt, daß Kulturen ihre bisherige Raumbindung verändern bzw. aufgeben. Die Theorie, daß Kulturen als aus gemeinsamen Erfahrungen entwickelte kollektive Lebensweisen an geographische Räume gebunden seien, ist brüchig geworden: Kulturen sind mobile Zeichen für gesellschaftliche Praxen und Techniken, Gegenstände und Symbole geworden, für Situationen, in denen sich Menschen an verschiedenen Orten der Welt befinden. Mit ihnen markieren sie eine nicht immer eindeutig fixierte Zugehörigkeit zu Kollektiven auf eine Weise, die sie von anderen unterscheidbar macht und ihnen selbst erlaubt, sich als verschieden zu verstehen. Ein »Leben im Transit« (Löfgren

1995) mit seiner Destabilisierung traditionaler gesellschaftlicher Praxen wird – so scheint es – zur Normalität. Migration wäre dann nicht mehr als die Opposition von Abschied und Ankunft, sondern als eine Form moderner Existenz zu verstehen.

Auffällig ist die Beobachtung, daß die Beziehungen zwischen Kultur und Migrationen die These – besser den Mythos – von der kulturellen Konvergenz, die für die einen Hoffnung, für die anderen Bedrohung bedeutet, ad absurdum führen. Die Moderne provoziert geradezu die neue Bedeutung von Kultur. Denn längst sind – und das zeigt das Beispiel Deutschland – die Migrant/innen nicht mehr nur Objekte politisch-kultureller Argumentation, längst und sehr deutlich sind sie selbst Handelnde – mit dem Instrumentarium der Kultur. Als Akteure sind sie selbst aktiv bei der Vermittlung und Verhandlung der kulturellen Muster, die sie als die eigenen bezeichnen und von denen sie glauben und vorgeben, sie hätten sie aus der Heimat mitgebracht. Das Stichwort ›Assimilation‹ trägt da nicht mehr, weil es in eine Einbahnstraße führt, die weder bei Immigranten noch bei den ›Wirtsvölkern‹ ans Ziel führt.

Die Fremde, das Ausland und die Kultur der Ausländer sind in unserer eigenen Alltagskultur längst präsent – und nicht erst, seit man von Globalisierung oder Überfremdung redet. Diese beiden Begriffe verweisen allerdings auf unterschiedliche Perspektiven der Wahrnehmung des Ausländischen, des Fremden. Die Einschätzung der Rolle der Kultur folgt immer auch gesellschaftlichen Stimmungen und ihren Schlingerbewegungen.

Migration: ein mehrfacher Fokus auf Kultur

Der Vorgang der Migrationen und ihre Bedeutung für die Kulturen läßt sich nicht ohne Berücksichtigung der Gesellschaften beschreiben, in deren Rahmen sie stattfinden. Sie betreffen sowohl die Kultur des Einwanderungslandes als auch die des Herkunftslandes. ›Kultur‹ hat dabei immer eine gewisse Unschärfe, die von Fall zu Fall jedoch zugespitzt werden kann. Doch die Bedeutung von Kultur ist freilich nicht nur unscharf und freischwebend: im Zeitalter moderner Medien lebt sie zudem nicht ohne den Kontakt zum Herkunftsland und kann somit auf mehrfache Weise ihre Rolle im gesellschaftlichen Leben spielen. Auch hier wieder handelt es sich um eine Bedeutung, die für beide Parteien zutrifft – für die Migranten und für die Bewohner des Einwanderungslandes. Es lassen sich Bedrohungsszenarien aufbauen, geschürt von Bildern, in denen die Arbeitsmigranten am Gängelband des Heimatlandes und seiner Interessen gesehen werden. So macht die deutsche Berichterstattung glauben, daß sich die Türkei mit Anweisungen in die deutsche Innenpolitik einmische, etwa der, zur Bundestagswahl 1998 nicht CDU zu wählen (Koydl 1999).

Migrant/innen sind nicht mehr nur Opfer, sondern auch Akteure in der Moderne, und Migration ist keine Einbahnstraße mehr. Die Rede von der Migration verlangt also nach einem doppelten Fokus, gerichtet sowohl auf die Diskurse in der Region, in der der Konflikt stattfindet, als auch auf die Bezüge zu jenen Orten, an denen der Prozeß kommentiert wird und Veränderungen hervorruft (Matter 1987). Dazu gehören Zeitungen, TV-Sender, Filme oder die familiäre Video-Kultur und die sie konsumierenden Menschen ebenso wie die sogenannte Weltpresse, in der Vorgänge der Migration kommentiert werden – und nicht zuletzt die Internet-Medien, über die Migranten und Daheimgebliebene in internationalen Netzen immer häufiger miteinander kommunizieren. Der Zusammenhang von Migration und Kultur hat unter den Bedingungen einer gesteigerten Mobilität eine andere Brisanz als unter der stationären Perspektive entwickelt. Für die systemische Komplexität moderner Mobilität der Migrationen in einer globalisierten Welt aber fehlen uns im Moment noch die Bilder.

Heute sieht man den Vorgang der Migration nicht mehr als einen Prozeß, der Menschen von einem Ort zum andern führt und der vor allem am Ankunftsort Auswirkungen hat, die vor allem die Zuwanderer betreffen. Denn weder die Herkunftsgesellschaften noch die Zielgesellschaften sind funktional integrierte Gemeinschaften: Sie sind allenfalls als integriert gedeutet. Die heutigen Kulturen lassen sich nicht mehr in Bildern von geschlossenen, integrierten Völkern, von monolithischen Kulturblöcken auf fest umrissenen Territorien verstehen. Immer klarer wird, daß die Auswanderungsorte und die Ankunftsorte durch viele Netze verknüpft sind und daß sich beide in diesem Prozeß, der Migration genannt wird, verbinden und verändern. Es sind Verbindungen, die immer schon vor dem eigentlichen Vorgang der Migration existieren, wie die ärgerliche Existenz der sog. ›Schlepper‹ zeigt.

Was in der Vergangenheit als ›Los‹ und ›Schicksal‹ Gegenstand von traurigen Liedern und heimwehtrunkenen Balladen gewesen ist, meinte den Verlust von Heimat. Das Wegmüssen war tragisch – und das gibt es sicher auch heute noch. Doch werden heute soziale Beziehungen – und darum handelt es sich bei diesen historischen Lokalisierungen – auch als Potential individueller Experimente gedeutet und verstanden: Ortsabwesenheit und Ortswechsel sind dann kein Stigma, sondern können auch als eine Bereicherung, als eine neue Qualifikation interpretiert und gelebt werden (Beck 1997).

Kultur als Kapital

Wir leben zunehmend in Umfeldern, in denen es nicht mehr gesichert scheint, daß sich unser Leben an einem Ort, in einem Land, das für uns wichtig ist, abspielt. Der Ort, an dem wir uns aufhalten, muß nicht unser Lebensmittelpunkt sein. Die Auseinandersetzungen haben sich verlagert. Die gängigen Argumentationsmuster unseres Alltags stammen immer seltener aus dem Bereich der Wirtschaft, sie haben als Feld, als Schlachtfeld sozusagen, die Kultur entdeckt. Identität und Kultur, das Eigene und das Fremde, das sind die Stichworte, und sie zeigen, daß eben dieses Eigene als Ausdrucksmittel der Differenz genutzt wird. Das Transnationale ist normal geworden. Die Rede vom Transnationalen und Globalen hat – das ist die andere Seite dieses Prozesses – als scheinbar lebensnotwendigen Bedarf die Akzentuierung der Unterschiede, ja, die Suche nach Unterscheidbarkeit aktiviert, auch wenn das nicht allen Menschen bewußt ist. Bei Yoga, Pizza und Karate, Popmusik, Futon und Döner Kebab weisen schon die Bezeichnungen darauf hin, und auch unsere Hemden und Videorecorder kommen aus Taiwan: wir sind schon durch unseren Konsum Akteure in der

Welt, die man als ›globalisiert‹ bezeichnet. Globalisierung gab es bereits, bevor dieses neue Wort in Umlauf gesetzt wurde, das diesen Zustand als Prozeß erklärt, ihn nachträglich rechtfertigt und als Option auch legitimierend beschleunigt.

Je mehr erkannt wird, daß die Grenzen durchlässig geworden sind und die Kompetenzen der alten Nationalstaaten ausgehöhlt werden, umso mehr wird paradoxerweise das Nationale als Kultur eingefordert. Das läßt sich durchaus den Prozessen der Privatisierung, Deregulierung und Liberalisierung an die Seite stellen, mit denen der Staat die alten Verläßlichkeiten wie auch seine Zuständigkeit und Fürsorge – für das Alter, die Gesundheit, den Müll, die Bahn, die Post – als staatliche Aufgabe an den ›frei‹ genannten Markt abgegeben hat. Eine vage und an die jeweilige Situation anpaßbare Vorstellung von Kultur als Eigenem wird zum spielerischen Instrument, die das Unterscheidende formulieren soll. Viele Menschen gehen damit recht entspannt um, andere empfingen diese Zumutung der Moderne als Bedrohung. Deshalb sehen sich die Menschen auf unterschiedliche Weise damit konfrontiert. Samuel Huntingtons Buch über den Kampf der Kulturen (*Clash of cultures*, 1996) weist, bei allem möglichen Mißverständnis, das sich aus der Vorstellung geschlossener Kulturen ergeben kann, auf ein Faktum hin, das bisher kaum im Mittelpunkt gestanden ist: auf die zentrale Rolle der Kultur, die im Zeitalter der Globalisierung und der Migrationen zum Ausgangspunkt und Auslöser von Konflikten gemacht wird.

Diese neue Rolle der Kultur läßt sich mit den Migrationen insofern in Verbindung bringen, als Kulturen immer weniger ortsfest sind, sondern sich weltweit ausgebreitet haben. Der Islam ist weltweit eine mögliche Option, italienische Kultur existiert seit langem nicht nur in Italien, sondern in den USA, in Deutschland und in Nordafrika, türkische Kultur nicht nur in der Türkei, sondern auch in Berlin, das als drittgrößte türkische Stadt bezeichnet wird, und sie lebt in Stuttgart ebenso wie in Zürich, in Neumünster oder in Hamburg. Sie existiert an diesen Orten aber auch auf eine neue Weise. Denn sie existiert ausdrücklich und sie existiert durchaus lokalspezifisch.

Globalisierung als Kulturprozeß

Die Globalisierung wird zuerst als ökonomischer Prozeß beschrieben, der in den industrialisierten Hochlohnländern Arbeitsplätze wegrationalisiert und die Produktion in Billiglohnländer verlagert, wie es die Rede vom ›Standort Deutschland‹ andeutet. Globalisierung impliziert aber immer öfter auch eine kulturelle Dimension, die für alltägliche Erfahrungen bedeutsam zu werden scheint. In diesem Sinne ist ›Globalisierung‹ eine bereits alltäglich gewordene Formel für ein eher vages Unbehagen am Zustand der Welt, das sich an ›Kultur‹ orientiert und in dem sich das gesamte politische Spektrum in gemeinsamem Unbehagen trifft.

Als besonders bedrohlich werden inzwischen neben den ökonomischen Faktoren die kulturellen Aspekte der Globalisierung und einer durch weltweite Information wachsenden kulturellen Einförmigkeit gesehen. Modern ist die Rede von der Zerstörung der regionalen, gar der nationalen Kulturen. Man redet von der McDonaldisierung einer weltweit nivellierten Welt, die sich vor allem dem ökonomisch-kulturellen Diktat der westlichen Welt unterzuordnen habe, was sich im Konsum von MTV,

Microsoft, McDonald's, Coca Cola und Apple zeige. Das ›Franglais‹, jene Mischung aus Englisch und Französisch, hat man in Frankreich gesetzlich einzudämmen versucht: Die Kulturnationen fürchten um ihre heiligsten Güter. Das Vordringen des US-Santa Claus in der ganzen Welt, selbst in Ländern, in denen man ein christliches Weihnachtsfest nicht kennt, dient als Beleg.

Die Benennung des Fremden und der fremden Kultur läßt sich als Erfindung und Konstruktion beschreiben. Sie gehört zu einer Kulturtechnik des Abgrenzens in der Moderne, die durch die Präsenz der Zuwanderer erst geschaffen wird. In der Globalisierung, jener ortsvergessenen Radikalisierung der Moderne, verschärft sich angesichts der Beschleunigung offenbar der lebensweltliche Bedarf nach Klarheit. Die Gegenüberstellung von ›hier‹ und ›dort‹, von ›wir hier‹ und ›die dort‹ setzt ein Denken in fest umrissenen Kulturen voraus, produziert fest umrissene Einheiten und definiert diese Ideenprodukte als gegensätzlich. Das hängt mit der ungeklärten Situation der zugewanderten Menschen zusammen: Diese Fremden sind keine Gäste (obwohl man sie auch einmal ›Gastarbeiter‹ nannte), dazu sind sie zu lange und auch zu selbstverständlich hier; ebensowenig sind sie aber vollangesehene Bürger unseres Landes und werden es auch so schnell nicht werden. Das stationäre Bild von den Lebensräumen der Völker prägt unseren Umgang mit den Fremden und bestimmt die Beurteilung ihrer Kultur ebenso wie die unsrige. Wie wir die Fremden einem stationären Gesellschaftsbild verpflichten, imaginieren wir unsere eigene Kultur als seßhaft, als an den Ort gebunden und als homogen. Der deutsche Bundestagspräsident Wolfgang Thierse hat kürzlich gemeint, »zum sozialen Zusammenhang gehört so etwas wie ein Bildungskanon«; wenn die Menschen nichts mehr vom Alten und Neuen Testament wüßten, verstünden sie Dreiviertel des kulturellen Erbes nicht mehr; das gelte auch für Goethe, von dem die nachwachsende Generation etwas wissen müsse, und in den Schulen solle deshalb die Bibel und Goethe gelesen werden (Süddeutsche Zeitung vom 18. 1. 1999). Das ist gewiß nicht grundsätzlich falsch; doch die Verpflichtung auf Gemeinsames kann auch als eine Art kultureller Aufrüstung gedeutet werden. Tatsächlich ist ja jede Lebensweise eine kulturelle Mischung, aus allerlei Zutaten zusammengesetzt, ist ›kulturelle Identität‹ ein homogenisierendes Schlagwort.

Migration hat in einer globalisierten Welt ihre Exzeptionalität verloren, seit sie in mehrfacher Weise zur Normalität geworden ist. Wir verbinden zwar mit Wort und Sache ›Migration‹ angesichts der Bilder, die uns abendlich die Auslandsreports liefern, Flucht und Vertreibung, wir kategorisieren die Ankommenden in Wirtschaftsflüchtlinge, denken an Kriegsflüchtlinge aufgrund ›ethnischer Säuberungen‹. Doch wir blenden aus, daß Wegmüssen viele Gründe – auch bei uns – haben kann und vergessen, daß Migration als das Verlassen der Heimat als Arbeitsmigration auch und gerade Höchstqualifizierter immer deutlicher und häufiger in die Lebensentwürfe vieler Menschen eingebaut ist. Kultur als Referenzsystem für Herkunft und Lebensstil erhält deshalb neue und oftmals spielerische Konturen, oft vor allem solche der Freizeit, wenn die Migration eine selbstgewählte ist.

Neue Kulturen

Seit von Globalisierung die Rede ist, wird – so könnte man meinen – Migration als neues Kollektivschicksal erlebt – und oft sogar als Kollektivchance. Was zynisch klingen mag, klärt sich, wenn Migration und ihre Bedingungen als Gemeinsamkeit des Lebens in einer globalisierten Welt verstanden werden.

Für die jeweilige kulturelle Situation und ihre symbolische Bedeutung und Besetzung ist es nicht gleichgültig, ob sie mit Ausländerpolitik oder mit Einwanderungsgesetzgebung konfrontiert ist. Weder Kultur noch Migration sind Themen, die in Deutschland staatlicherseits seriös und kompetent behandelt werden. Die verfassungsrechtliche Situation in Deutschland ist vor allem für jüngere Migrant/innen denkbar schlecht. Man hat einmal die Lebenswelten der Gastarbeiter als »Zwischenwelten« beschrieben und damit eine in beiden Kulturen reduzierte Handlungskompetenz gemeint. Daran hätte man vielleicht anknüpfen können, als 1998 der Fall des 13jährigen Mehmet in Bayern und Deutschland debattiert wurde, den man nach der Verübung von über 60 Straftaten gemeinsam mit seinen seit 30 Jahren in München lebenden Eltern ausgewiesen hat: »Fassungslos zwischen Döner und Knödel«, titelte die *Süddeutsche Zeitung* am 27. 5. 1998 und markierte so diese zwischenweltliche Kultur kulinarisch – jener Praxis folgend, die Kultur in folkloristischer Reduktion vor allem an Kulinarischem festmacht.

Wären die Türken dabei geblieben, Döner anzubieten und dazu noch frisches, ausgesuchtes Gemüse außerhalb der Ladenschlußzeiten, hätten die Italiener sich auf die Herstellung und den Verkauf von Eis und Spaghetti, die Spanier auf ihren Rioja und ihre Paella beschränkt und hätten sie alle dabei noch bei besonderen Anlässen ihre bunten Trachten angezogen, Volkstänze getanzt und Musik gemacht – Kultur wäre kein Thema, oder doch nur ein freundliches. Döner verträgt sich gut mit Bratwurst, und die Buntheit der Trachten und das Tempo der Tänze und der Musik gleichen sich prinzipiell auf verblüffende Weise. Doch der Reiz der Exotik der Fremdheit verfliegt mit dem Anspruch der Fremden, unter vergleichbaren Bedingungen zu leben und zu arbeiten. Wie sehr dieses Fremde kulturell grundiert und damit eine Frage der Perspektive ist, zeigt sich am Fast-Food, einem Wort, bei dem man vor allem an die allgegenwärtigen Produkte der amerikanischen Imbißketten denkt. Das relativiert sich freilich, wenn man in Betracht zieht, daß die mit Kebab erzielten Umsätze in Deutschland die von McDonald's bei weitem übersteigen (Seidel-Pielen 1996). Diese Döner, die man ja auch als ein Ethno-Fast-Food bezeichnen könnte, muten uns weitaus ›kultureller‹ an. Das mag daran liegen, daß es nur wenige Ketten gibt, der Vertrieb also nicht durch einen großen Konzern gesteuert ist, sondern durch einen eher familiären Hintergrund einer neuen Kultur des Ethno-business einer ›Nischenökonomie‹ sympatischer wirkt. Aber auch die Nischenökonomie bleibt kein Monopol der Fremden.

Es läßt sich hier erkennen, daß das Leben in Zwischenwelten zunehmend zum Schicksal aller Menschen wird. Und auch hier zeigen sich Migrant/innen nicht nur als Objekte des Handelns, sondern auch als selbst Handelnde: Sie bringen kulturelle Prägungen mit, die mit denen des Aufnahmelandes vermittelt werden müssen. In der Moderne läßt sich von einer »Inszenierung kultureller Vielfalt« (Welz 1996) reden.

Wir haben es mit einer Instrumentalisierung von Kultur zu tun, in der Kultur zum Ausdrucks-, aber immer auch zum Kampfmittel werden kann und dazu der Kulturexperten bedarf. Kulturelle Vielfalt, meist als ›Multikultur‹ etikettiert, wird zum Markenzeichen, zum ethnischen Label. Das freilich funktioniert nicht ohne die exotischen Phantasien, ohne jene Bilder von den ›top ten‹, die sich bei Fremden und Einheimischen zusehends angleichen. Ausgewählte kulturelle Requisiten der Kultur der Migrant/innen haben wir längst veralltäglicht. Der Alltag scheint – auf Dauer – der große Harmonisierer zu sein.

Migration ist eine der neuen Erfahrungen der Welt. Sie umgreift nicht nur die transnationalen Migrationen, die heute als Fernsehbilder zu uns kommen, sondern auch die Wanderungen im eigenen Land, vom Dorf in die Stadt, von einer Industrieregion in die andere, für die ähnliche Überlegungen gelten. Und sie betrifft auch jene Teile der Bevölkerung, die ortsansässig bleiben: sie werden von den kulturellen Interaktionen ebenso betroffen. Während die soziologischen Prognosen stets von der Assimilationsthese beherrscht wurden, bauten volkskundlich-kulturanthropologische Skizzen auf ein Konstrukt interethnischer Beziehungen (Weber-Kellerman 1978). Man kann heute, nach den Erfahrungen der letzten Jahrzehnte, tatsächlich fragen, wessen Lebenswelt sich grundsätzlicher verändert habe, die der Migrant/innen oder die der einmal ›Wirtsgesellschaft‹ genannten Deutschen. Nicht nur in den USA, für die vor allem die These vom ›melting-pot‹ gegolten hatte, ist ein Paradigmenwechsel zu konstatieren, der sich nun der naturhaft-bunten Metapher der ›salad-bowl‹ bedient.

In einer globalisierten Welt ist Migration der Regelfall, nicht mehr die Ausnahme. Jede Art von Migration verändert die Perspektive auf Kultur. Wanderer zwischen den Welten, die zu lebensweltlichen Pendlern werden, markieren eine Tendenz: Die Gleichzeitigkeit des historisch Ungleichzeitigen macht diese Moderne – wie immer sie genannt werden mag – aus (Bauman 1996). In ihr werden – je nach sozialer Lage – sowohl alte Muster der Migration exekutiert wie auch neue Formen, die als Bestandteil neuer, und zwar kulturell akzentuierter Lebensstile deutbar sind.

Der Versuch, historische Tiefe zu vermitteln, erfordert den Vergleich und das Aufbrechen des alten Migrationsbildes, dessen Dramaturgie von den Einheiten der Orte lebte. Herkunfts- und Zielort sind heute – entmaterialisiert fast – als Variablen zu verstehen. Da sich ganz unterschiedliche Verläufe und Deutungen selbst im Zeitraum der letzten zwanzig Jahre ausmachen lassen, ist zu erwarten, daß eine lebensgeschichtliche Revision zurückliegender Migrationsverläufe neue Konturen ausbilden wird, die Migration auch neu fassen läßt. Lebensgeschichtliche Entwürfe, wie sie Individuen immer wieder neu zu verfassen haben, entsprechen einer lebensgeschichtlichen Flexibilität, die zu einer neuen Auffassungen von Migration führt.

Einwanderer wollen sich erinnern und müssen doch vergessen, Migrant/innen müssen irgendwann ihr Gepäck auspacken und klären, was sie damit machen wollen. Die neue Kultur bekennt sich zu planvollen Erinnerungslücken, und sie betont, wo nötig, nostalgisch ihre Herkunft. Die Perspektive der Einwanderer, die Flexibilität der Migrant/innen, die Unterschiede der lokalen Prägung der Migration werden immer wichtiger. Denn es ist nicht gleichgültig, wo die Migranten leben und wie sie ihre Anwesenheit präsentieren. Schwäbische Türken reden nicht nur anders als Berliner

Türken, sie sind auch anders und konstruieren sich – als Kulturtechnik – eine andere Selbstnarration.

Kultur neu

Der eurozentrische Menschenrechtsimperialismus wird sich in diesem Verfahren vor seiner Geschichts- und Gegenwartskulisse ein permanentes Verhandeln individueller und kollektiver Identitätszuschreibungen gefallen lassen müssen. In ihm hat sich die für die europäische Entwicklung so dominante Rede von der kulturellen Identität verheerend ausgewirkt (Raphaël 1994), weil sie die Idee der Identität als Anspruch auf Unverletzlichkeit einer homogenen eigenen Kultur etablieren half. Kulturelle Identität konnte so zum ethnischen oder religiösen Essential stilisiert werden und als Anspruch schnell und direkt zum Kampfbegriff mutieren. Das Verständnis der eigenen wie der fremden Kulturen als in sich geschlossene Systeme, die autonom seien und auf deren Intaktheit und Unversehrtheit man ein Recht habe, hindert das Aushandeln. Der Ansatz eines hermetisch geschlossenen Verweisungszusammenhangs von Symbolen läßt es nicht zu, Kultur als prozessuales, offenes System zu verstehen. Das erlaubt es den Einheimischen, die fremde Kultur als störend zu beschreiben, wie etwa der fremde Ruf des Muezzin in vielen Orten Deutschlands vor den Gerichten gegen den kulturellen Lärm der Kirchenglocken ausgespielt worden ist. Die ›fremde‹ Kultur beharrt aber mit dem gleichen Recht auf der ungestörten Ausübung ihrer Religion. So wird in Deutschland versucht, das Selbstethnisierung fördernde Monopol der Koranschulen zu brechen und statt dessen – und das zielt in die Richtung des Aushandelns – vorgeschlagen, »ein Islamverständnis zu entwickeln, das sich mit den demokratischen und pluralistischen Grundsätzen im Lande vereinbaren läßt«, also sozusagen einen »deutschen Islam« zu etablieren, der es ermöglichen soll, »ihren Glauben in die deutsche Lebenswirklichkeit zu integrieren« (Krill 1999).

Kultur erhält durch die Prozesse der Migration eine neue, hochsymbolische Bedeutung. Das Eigene als Kultur wird zum Mittel der Selbstbeschreibung. Diese Selbstbeschreibung wiederum wird notwendig in einer Umwelt, in der die Konditionen der Anwesenheit des Anderen nicht geklärt oder akzeptiert sind. Als ›Kultur‹ kann freilich alles ausgewiesen werden, sie ist das, was die jeweiligen Deutungseliten als Kultur definieren. Immer weniger wird man dabei als selbstverständlich ansetzen können, immer mehr muß ausgehandelt werden. Das kann auf sehr sanfte Weise geschehen: In einem Land, in dem der Hinweis auf ›Deutsche Küche‹, auf ›Bayerische‹ oder ›Schwäbische‹ Küche, auf ›Hausmannskost‹ notwendig zu sein scheint, zeigt sich – so läßt sich das entschlüsseln –, daß solche früheren Selbstverständlichkeiten eben nicht mehr selbstverständlich sind. Daß man ›italienisch essen‹ geht, wird man in Italien nicht sagen müssen und ›italienische Küche‹ als Werbung in Italien nicht erwarten. Vielmehr kann man davon ausgehen, daß – wenn nicht anders angegeben – das Übliche, also italienisch, gekocht wird. Hier liegt der Unterschied: Daß man deutsch ißt, sagt man in Deutschland sehr wohl. Andererseits zeigt dieses Beispiel aus dem kulinarischen Feld, daß auch die Küche – so banal das erscheint – sehr wohl zum Ort der nationalisierten Kultur werden kann.

Die Argumentation mit Kultur (Kaschuba 1995) wird dort verstärkt eingesetzt, wo Realität und Selbsteinschätzung – man könnte auch sagen: Ideologie – weit auseinanderklaffen. Arbeitsmigranten, Asylbewerber, Flüchtlinge werden anders behandelt als Aus- und Übersiedler, sog. Volksdeutsche aus Osteuropa, die wie verlorene Söhne und Töchter wieder ›heimgeholt‹ werden, um der romantischen Idee folgen zu können, vier Millionen Menschen aufgrund des ›jus sanguinis‹ aufzunehmen und dabei nicht als das Einwanderungsland zu erscheinen, das Deutschland de facto geworden ist. Das hat auch historische Gründe: aus Deutschland – so die trügerische Wahrnehmung – sei man immer nur ausgewandert. Die »fremden Deutschen« (Graudenz/Römhild 1993) werden längst nicht mehr so bereitwillig akzeptiert. Dieses Unbehagen äußert sich in neuen Verordnungen, die den Zuzug von Rußlanddeutschen beschränken und an die Kenntnis der deutschen Sprache knüpfen wollen (Becker 1997). Vor 10 Jahren genügte einem Kölner Verwaltungsgericht als einzige ›kulturelle‹ Kompetenz, einen ›deutschen‹ Kirschenkuchen backen zu können. Das Beharren auf den muttersprachlichen Unterricht verweist – auf beiden Seiten – auf das Festhalten an der Idee einer ethnisch grundierten Identitätsbildung. Es belegt die Ratlosigkeit beider Seiten und erinnert daran, daß die Sprache immer noch als das wesentliche Merkmal derart ethnisierter Kultur gehandelt wird. Generationskonflikte in den Migrantenfamilien bleiben – wie bei allen Migrationsgeschichten – nicht aus. In ihnen geht es nur vordergründig um Sprache, grundsätzlicher aber um Differenzen in den Lebenswelten und ihren Moralen.

Mit der Differenz der Kulturen wird man zu leben lernen. Diese Kompetenz in breitem Umfang zu vermitteln, erfordert eine politische Klärung der Situation in Deutschland, die zugleich eine kulturelle Klarstellung für die Fremden und die Eigenen wäre. Sonst bliebe der Diskurs, vom emotionalen Wechselspiel zwischen Hypertoleranz und Fanatismus geleitet, in kollektiven Sackgassen stecken. Die mittlerweile gelebte Ethnizität kann nicht nur auf ein kulturell genanntes Problem reduziert, sondern muß in ihren sozialen Konnotationen gesehen werden. Eine Gesellschaft, die mehrere Optionen anbietet, eröffnet allen ihren Mitgliedern neue Denk- und Praxisformen, sie ließe es auch zu, andere als die eigenen kulturellen Gedanken aufzunehmen und so die eigene Kultur als das zu erkennen, was sie ist: eine gesellschaftliche Konstruktion. Diese Einsicht nimmt der Kultur nichts von ihrer faktischen Bedeutung, würde jedoch zeigen, daß Kultur immer eine von Menschen hergestellte Praxis meint, die eben diese Menschen auch verändern können, allein und gemeinsam mit anderen. Allerdings wird, was Kultur genannt wird, immer weniger selbstverständlich sein, und, wenn Migration zur Normalität wird, der reflektierte Part aller menschlichen Existenz sein.

Literatur

Bade, Klaus J.: *Ausländer, Aussiedler, Asyl. Eine Bestandsaufnahme.* München 1994.

Bauman, Zygmunt: *Moderne und Ambivalenz. Das Ende der Eindeutigkeit.* Frankfurt a.M. 1996.

Bausinger, Hermann: »Beharrung und Einfügung. Zur Typik des Einlebens der Flüchtlinge.« In: *Jahrbuch für Volkskunde* der Heimatvertriebenen 2 (1956), S. 9–16

– /Markus Braun und Herbert Schwedt: *Neue Siedlungen. Volkskundlich-soziologische Untersuchungen.* Stuttgart 1959.

Beck, Ulrich: *Kinder der Freiheit.* Frankfurt a.M. 1997.

Becker, Siegfried: »Kulturbewahrung bei ethnischen Minderheiten in der SU/GUS.« In: *Jahrbuch für deutsche und osteuropäische Volkskunde* 40 (1997), S. 27–51.

Graudenz, Ines/Regina Römhild: »Fremde Deutsche. Aussiedler und Fremdenfeindlichkeit – eine Herausforderung für das bundesrepublikanische Selbstverständnis.« In: Peter Döbrich und Georg Rutz (Hg.): *Fremdenhaß und politischer Extremismus – was kann die Schule tun?* Frankfurt a.M. 1993, S. 17–30.

Hannerz, Ulf: »›Kultur‹« in einer vernetzten Welt. Zur Revision eines ethnologischen Begriffes.« In: Wolfgang Kaschuba (Hg.): *Kulturen-Identitäten-Diskurse. Perspektiven Europäischer Ethnologie* (= zeithorizonte 1). Berlin 1995, S. 31–44.

Hoffmann-Nowotny, Hans-Joachim: *Migration. Ein Beitrag zu einer soziologischen Erklärung.* Stuttgart 1970.

Höher, Peter: »Die Welt überschaubar machen – Aspekte der Fremdheit, dargestellt am Beispiel der Sauerländer Wanderhändler.« In: Andreas Kuntz, Beatrix Pfleiderer (Hg.): *Fremdheit und Migration* (= Lebensformen 2). Berlin/Hamburg 1987, S. 33–50.

Huntington, Samuel P.: *Der Kampf der Kulturen. The Clash of Civilizations. Die Neugestaltung der Weltpolitik im 21. Jahrhundert.* München/Wien 1996.

Kaschuba, Wolfgang: »Kulturalismus. Vom Verschwinden des Sozialen im gesellschaftlichen Diskurs.« In. *Zeitschrift für Volkskunde* 91 (1995), S. 27–46.

Köstlin, Konrad: »Die Erfahrung des Fremden.« In: Ina-Maria Greverus, Konrad Köstlin, Heinz Schilling (Hg.): *Kulturkontakt. Kulturkonflikt. Zur Erfahrung des Fremden* (= Notizen 28). Frankfurt a.M. 1987, Band 1, S. 17–27.

– »Das Fremde im eigenen Land. Anmerkungen zur Alltäglichkeit des Fremden.« In: *kea. Zeitschrift für Kulturwissenschaften* 1 (1990), S. 42–59.

– »Das ethnographische Paradigma und die Jahrhundertwenden.« In: *Ethnologia Europaea* 24 (1994), S. 5–20.

– »Das fremde Essen – das Fremde essen. Anmerkungen zur Rede von der Einverleibung des Fremden.« In: Müller, Siegfried/Hans-Uwe Otto und Ulrich Otto (Hg.): *Fremde und Andere in Deutschland. Nachdenken über das Einverleiben, Einebnen, Ausgrenzen.* Opladen 1995, S. 219–234.

– »Heimat als Identitätsfabrik«. In: *Österreichische Zeitschrift für Volkskunde* 99/50 (1996), S. 312–338.

Koydl, Wolfgang: »Einmal Türke, immer Türke. Ankara will Einfluß auf die ›Deutschländer‹ behalten.« In: *Süddeutsche Zeitung* 9./10. 1. 1999.

Krill, Hannes: »Opposition fordert islamischen Religionsunterricht auf Deutsch.« In: *Süddeutsche Zeitung* 19. 1. 1999.

Levine, Robert: *Eine Landkarte der Zeit.* München 1998.

Lindner, Rolf: »Kulturtransfer. Zum Verhältnis von Alltags-, Medien- und Wissenschaftskultur.« In: Wolfgang Kaschuba (Hg.): *Kulturen-Identitäten-Diskurse. Perspektiven Europäischer Ethnologie* (= zeithorizonte 1). Berlin 1995, S. 31–44.

Löfgren, Orvar: »Leben im Transit?« In: *Historische Anthropologie* 3 (1995), S. 349–363.

MacLuhan, Marshall/Bruce R. Powers: *The global village. Der Weg der Mediengesellschaft in das 21. Jahrhundert.* Paderborn 1995.

Marzio, Peter (Hg.): *A Nation of Nations. The People Who Came to America as Seen Through Objects and Documents at the Smithsonian Institute.* New York u.a. 1976.

Matter, Max: »Fremde im eigenen Land. Zur Situation türkischer Arbeitnehmer und ihrer Familien nach der Rückkehr aus der Bundesrepublik Deutschland.« In: Andreas Kuntz/ Beatrix Pfleiderer (Hg.): *Fremdheit und Migration* (= Lebensformen 2). Berlin/Hamburg 1987, S. 221–252.

Mbaya, Etienne-Richard: »Menschenrechte – ein westlicher Exportschlager?« In: *Universitas* (1994/5), S. 423–433.

Raphaël, Freddy: »Identität – Ein tödlicher Mythos.« In: Klaus Beitl/Olaf Bockhorn (Hg.): *Enthnologia Europaea. 5. Internationaler Kongreß der Société Internationale d'Ethnologie et de Folklore (SIEF) Wien, 12.–16. 9.1994* (= Veröffentlichungen des Instituts für Volkskunde der Universität Wien 16/II). Wien 1995, S. 31–50.

Riehl, Wilhelm Heinrich: *Die Pfälzer. Ein rheinisches Volksbild.* Stuttgart/Augsburg [2]1858.

Schiffauer, Werner: *Fremde in der Stadt. Zehn Essays über Kultur und Differenz.* Frankfurt a.M. 1997.

Seidel-Pielen, Eberhard: *Aufgespießt – wie der Döner über die Deutschen kam.* Hamburg 1996.

Tschernokoshewa, Elka: »Blending Worlds. On Ethnic Identities in Late Modernity.« In: *Ethnologia Europaea* 27 (1997), S. 139–152.

Uhlig, Otto: *Die Schwabenkinder aus Tirol und Vorarlberg* (= Tiroler Wirtschaftsstudien 34). Innsbruck 1983 (1. Auflage 1978).

Weber-Kellermann, Ingeborg: *Zur Interethnik. Donauschwaben, Siebenbürger Sachsen und ihre Nachbarn.* Frankfurt a.M. 1978.

Welz, Gisela: *Inszenierungen kultureller Vielfalt. Frankfurt am Main und New York City* (= zeithorizonte 5). Berlin 1996.

2. Interkulturalität und Literaturwissenschaft

Carmine Chiellino

Disziplinen wie Geschichte, Wirtschaft, Pädagogik, Rechts- und Kulturwissenschaft haben beim Thema Einwanderung und Migration nach einer Phase des sich Herantastens nun die Grundlagen erarbeitet. Die zahlreichen Forschungszentren und -initiativen sowie die inzwischen vorgelegten Ergebnisse beweisen es am deutlichsten. Die bundesdeutsche Literaturwissenschaft hingegen tut sich schwer, Literatur im Kontext von Einwanderung, Exil und Repatriierung als Bestandteil der Lehre und Forschung zu verstehen. Zur Literaturwissenschaft zählen hier zunächst Germanistik mit dem Schwerpunkt Neuere deutsche Literaturwissenschaft und Komparatistik aber auch die Wissenschaften, die sich mit den Literaturen und den Kulturen der Herkunftsländer der Einwanderer, Exilierten und Repatriierten befassen. Seit der Entstehung dieser Literaturen sind fast vier Jahrzehnte vergangen, und keine bundesdeutsche Universität hat sich bereit erklärt, ein Archiv einzurichten, um ein systematisches Erforschen der betreffenden Literatur zu ermöglichen. Der Versuch von Harald Weinrich Anfang der 80er Jahre, am Institut Deutsch als Fremdsprache (DaF) der Universität München eine erste Forschungsstelle zu etablieren, hat inzwischen ein beschämendes Ende gefunden. Ohne Widerstand von Seiten der zuständigen Gremien, im Namen der Lehr- und Forschungsfreiheit, hat Weinrichs Nachfolger die dortige Dokumentation 1995 aus dem Institut entfernt und den Schwerpunkt deutschsprachige Literatur von Autor/innen nichtdeutscher Herkunft aus der Lehre gelöscht. Dies geschah an der Universität einer Stadt, die auf eine jahrhundertelange und stets positive Einwanderungstradition zurückblicken kann und deren gegenwärtige ausländische Wohnbevölkerung in einigen Stadtbezirken ein Viertel der gesamten Stadtbevölkerung ausmacht. Die Zahl der ausländischen Studierenden an derselben Universität betrug im Jahr 1999 5545 (=12,7%). Die Aufkündigung der Forschungsstelle steht zudem im eklatanten Widerspruch zum Auftrag der Universitäten, gesellschaftlich relevante Fragestellungen aufzugreifen. In München vergriff man sich so an der verdienstvollen Entwicklung eines gesamten Faches, das auf eigenes Risiko Wesentliches dazu beigetragen hat, daß die entstehende Literatur nicht an der Gleichgültigkeit des bundesdeutschen Literaturbetriebs scheitert.

Es waren Vertreter/innen des Faches DaF, die die Erstlingswerke der Autor/innen aus den Reihen »Südwind-Gastarbeiterdeutsch« und »Südwind-Literatur« sowie aus dem Sammelbecken um PoLiKunst (s. Kap. V.3) als eigenen Forschungsbereich entdeckt haben. Möglicherweise hat diese literarische Produktion den ausstehenden Legitimationsbeweis für das Fach DaF geliefert. Diese Texte wurden dann aber zu schnell als Nachweis für die These vereinnahmt, daß die Gastarbeiter bereit waren, die Sprache der Gastgesellschaft auf kreative Weise zu bereichern. Trotz dieser eventuell eigennützigen Absicht war der Beitrag von DaF (Weinrich 1982; *Materialien DaF* 22/1983; Ehnert/Hopster 1988) und des jüngeren Faches Interkulturelle Erziehung (Rösch 1989) von entscheidender Tragweite. Allein von Seiten der Interkulturellen Germanistik (Wierlacher 1985) wurde kein Interesse an dieser literarischen Strömung geäußert, obwohl sie doch mit Hilfe der deutschen Sprache interkulturelle Kontexte erzeugt. Die sozio-kulturelle und politische Entwicklung der Bundesrepublik der 80er Jahre legt nahe, daß das staatliche Aufwarten mit dem Fach Interkulturelle Germanistik zu dem Zeitpunkt, als eine bundesdeutsche Debatte über interkulturelle Prozesse im Lande ernsthaft anlief, der kostspielige, umstrittene und gescheiterte Versuch gewesen ist, sich an dem internationalen Interkulturalität-Diskurs zu beteiligen, um von konkreten, zukunftsweisenden Veränderungen im Lande abzulenken (Zimmermann 1989).

Die Wiedervereinigung Deutschlands hat sicherlich von den interkulturellen Prozessen im Land abgelenkt; für die Literaturwissenschaft und -kritik drängten sich die kulturellen Prozesse zwischen Ost und West in den Vordergrund. Allerdings hat sich die diffuse Hoffnung, die Wiedervereinigung möge die durch anhaltende Einwanderung gefährdete bundesdeutsche Monokulturalität retten, nicht erfüllt (Waldenfels 1990; Habermas in Taylor 1993; Bahr 1994). Und trotzdem ist es der Literaturwissenschaft noch nicht gelungen, ihren monokulturellen Standort aufzugeben und sich »an das Ufer der Fremde« zu begeben.

Die größte Welle der Ausländerfeindlichkeit in der jüngsten Geschichte der Republik (Hoyerswerda 1991, Rostock 1992, Mölln 1992, Solingen 1993, Lübeck 1996, Dresden 1997) hat allerdings dazu beigetragen, daß an manchen literaturwissenschaftlichen Instituten darüber nachgedacht wird, ob nicht doch Handlungsbedarf im Bereich der deutschsprachigen Interkulturalität besteht. Bei der Neugründung der Europa-Universität Viadrina in Frankfurt/Oder wurden im Frühjahr 1992 zwei Stellen, jeweils für West- und Osteuropäische Literaturen, ausgeschrieben. Unter den erwünschten Schwerpunkten waren angeführt »nationale Eigen- und Fremdbilder sowie kulturelle Transfers und Internationalität von Literatur«, »außereuropäische Literaturen in europäischen Sprachen« und »Literaturen von Minderheiten«. Diese Schwerpunkte hängen allesamt eng mit der literarischen Produktion im Kontext von Einwanderung, Exil und Repatriierung zusammen. Bei der Besetzung beider Stellen haben sie allerdings keine Rolle mehr gespielt.

Zur selben Zeit plante die Universität Hamburg die Einführung des Faches Interkulturelle Literaturwissenschaft mit sechs Schwerpunkten, darunter »Interkulturelle Hermeneutik«, »Literatur als Ort von Kulturbegegnungen« sowie »Immigrantenliteratur in Deutschland«. Auch die Hamburger Stelle wurde mit einem Literaturwissenschaftler deutscher Herkunft und traditioneller Ausprägung besetzt, der den Studierenden daher nur eine monokulturelle Sichtweise bieten kann. Ein Blick auf die interkulturelle Zusammensetzung des Lehrkörpers jeder nordamerikanischen Universität hätte genügt, um zu begreifen, daß das anvisierte Fach nicht durch »Recycling« von monokulturellen Fachvertretern und Schwerpunkten vorangebracht werden kann.

Interkulturalität als Grundsubstanz der Lehre und der Forschung setzt voraus, daß der Fachvertreter die Grenze der eigenen kulturellen Zugehörigkeit exakt vor Augen hat. Ihm oder ihr muß bewußt sein, daß z. B. im Bezug auf die interkulturelle Hermeneutik die eigene Kultursprache die Grenze des eigenen Verstehens bestimmt. Gerade dieser substantielle Teil des Faches wird zwangsläufig deswegen unterschlagen, weil die Fachvertreter/innen die Sprache der Studierenden als Muttersprache sprechen. Dort entsteht im besten Fall ein monokultureller Gesprächsversuch über Interkulturalität. Damit bleibt das Fach weit hinter seinen Möglichkeiten und Zielen zurück. Immerhin machen in der BRD schon seit 1955 ethnokulturelle Minderheiten interkulturelle Erfahrungen mit der deutschen Sprache. So werden Fachvertreter/innen und Lernenden niemals ihr Ziel erreichen, das darin besteht, Interkulturalität in deutscher Sprache zu erfahren, da sie nicht zur Kenntnis nehmen, daß ein monokulturelles Gespräch über Interkulturalität eine wissenschaftliche Fehlleistung ist. Im Kontext der gesamteuropäischen sozialen und wirtschaftlichen Entwicklung, die immer mehr auf interkulturelle Denkprozesse angewiesen ist, und angesichts der steigenden Nachfrage von interkulturellen Kompetenzen im Lande erweist sich jede monokulturelle Besetzung der erwähnten literaturwissenschaftlichen Lehrstühle als eine fatale Fehlinvestition.

Zur Dialogfähigkeit der Wissenschaften hat Hans-Georg Gadamer angemerkt, daß ein Gespräch nur dann gelingen kann, wenn die Gesprächspartner im Lauf des Gespräches unter die »Wahrheit der Sache« geraten (*Wahrheit und Methode*, 1975, S. 360). Gadamers Anmerkung gilt um so mehr für Wissenschaften, die im Kontext der Interkulturalität wirken.

Aber worum geht es eigentlich bei der Begegnung von Literatur und Interkulturalität auf der einen Seite und der Literaturwissenschaft der Gastgesellschaft auf der anderen Seite?

Aus der Debatte einer Gruppe italienischer Autoren, die von Deutschland aus eine italienischsprachige Literatur weltweit starten wollten, entstand (1975–77) der Kernbegriff »Letteratura Gast« (Reeg 1988, S. 88). Es folgte der Begriff »Literatur der Gastarbeiter« als Kernidee der Reihe »Südwind Gastarbeiterdeutsch« beim CON-Verlag (1980–1983). Eine »Literatur der Betroffenheit« wurde von Franco Biondi und Rafik Schami (1981) als Projekt vorgeschlagen. Für Hans Eideneier handelte es sich um eine bilaterale Begegnung von Sprachkulturen, und daher sprach er von »Griechischer Gastarbeiterliteratur« (Eideneier 1982). Mit »Eine deutsche Literatur von außen« und »Gastarbeiterliteratur« versuchte Harald Weinrich (1983), einen doppelten Sammelbegriff aufzustellen. Im selben Jahr wurde die Reihe »Südwind-Literatur« ins Leben gerufen. Durch den deutlichen Hinweis auf die Herkunftskulturen sollte das Gespräch über die Entwicklung der Autor/innen aus dem Bereich der Arbeitsweltliteratur gelöst werden. Mit dem Titel »Migrantenliteratur« versuchte Heimke Schierloh (1984), den Protagonisten mehr Aufmerksamkeit einzuräumen. Bei Franco Biondi ging es um dasselbe, jedoch aus der Perspektive der Herkunftskulturen, daher lautete sein Vorschlag: »Emigrantenliteratur« (Biondi 1984). Kurz danach schlug Salvatore Sanna (1985) die Benennung »Letteratura de-centrata« vor, um die Autonomie der italienischsprachigen Autor/innen gegenüber der Herkunftsliteratur deutlich zu markieren. Für den Verfasser des vorliegenden Beitrages handelte sich um eine »Literatur in der Fremde« (Chiellino 1985), d.h. um eine Literatur um den Kernbegriff ›Fremde‹. Als Reaktion auf Harald Weinrichs Vorschlag, der 1983 von einer »Literatur von außen« gesprochen hatte, sind u.a. die folgenden zwei Gegenvorschläge zu registrieren: »Eine Literatur von innen« von Suleman Taufiq (1985) und »Eine Brückenliteratur« von Zafer Şenocak (1986). In einem zweiten Anlauf sprach sich

Harald Weinrich gleichzeitig für: »Eine nicht nur deutsche Literatur« und »Ausländerliteratur« (1986) aus. Mit dem fachbezogenen Hinweis »Migrationsliteratur im interkulturellen Kontext« hat Heide Rösch (1992) dieselbe zum Forschungsbereich des jungen Faches Interkulturelle Erziehung erklärt. Zur selben Zeit zog Sargut Şölçün es vor, operativ vorzugehen, indem er sich für eine »Literatur in der multikulturellen Gesellschaft« (1992) aussprach. Mit »Literatur nationaler Minderheiten« bezeichnete Ulrike Reeg (1988) diese Literatur im Kontext von sich etablierenden Minderheiten auf dem Gebiet der Bundesrepublik. Am Ende ihres breitangelegten Versuchs, die einheimische »Literatur der Fremde« mit der neuartigen »Literatur in der Fremde« zu einer konzeptuellen Einheit zu führen, sprach sich Sigrid Weigel (1992) für eine »kleine Literatur« im Kontext der »fünf deutschsprachigen Literaturen« aus. Von seiner eher anarchistischen Warte aus stellte Fruttuoso Piccolo die solidarische Funktion der gesamten interkulturellen Literatur unmißverständlich heraus, indem er die Formulierung »Grenzüberschreitende Literatur« (1992) in die Diskussion einbrachte. Es folgte der Vorschlag des Lyrikers José F.A. Oliver, der sich als Vertreter einer »Rand-Literatur in Deutschland« (1995) sieht. Mit dem Buchtitel *Multinationale deutsche Literatur* haben Bernd und Jutta Gräf (1995) ihre Vorstellung einer monokulturellen Kontinuität im Bereich der deutschen Literatur der Gegenwart, im Sinne einer verspäteten Germanophonie, unterstrichen. Mit »Immigrantenliteratur« hat Amrei Probul (1997) erneut die Zielrichtung des Phänomens mit der Gastgesellschaft gleichgesetzt.

Die Grenze dieser fruchtbaren Auseinandersetzung ist deutlich zu erkennen. Die angehenden Autor/innen waren mit der Absicherung ihres Debüts beschäftigt. Ihre Vorschläge kamen aus der Werkstatt und drückten den Wunsch nach ästhetischer Unabhängigkeit aus. Für die Fachvertreter/innen stand die Verbindung zwischen dem Fach und den Werken im Mittelpunkt ihres Interesses. Ihnen lag sehr daran, durch eine neuartige deutschsprachige Literatur für die öffentliche Akzeptanz des Faches zu werben. Die jungen Wissenschaftler/innen waren von dem unbekannten Forschungsgebiet stark angezogen, und zugleich spürten sie, wie mühsam es war, das Neue mit monokulturellen Kategorien erfassen zu wollen. Im Kielwasser der wissenschaftlichen Rezeption der engagierten Frauenliteratur und der Literatur der Arbeitswelt der 70er Jahre versuchten sie, die interkulturelle Literatur als homogenen und authentischen Ausdruck eines wirtschaftlichen und sozialen Umbruches innerhalb der Aufnahmegesellschaft auszulegen. Der Versuch hat deswegen zu keinem Durchbruch geführt, weil die Beteiligten über kein ausgereiftes Konzept von ›Auswanderung‹, ›Einwanderung‹, ›Exil‹ oder ›Repatriierung‹ verfügten. Dies ist daran zu erkennen, daß die Kernfrage nach der Authentizität eines literarischen Phänomens, das auf dialogische Sprachen angewiesen ist, nirgendwo gestellt worden ist. Statt dessen wurden Rezeptionsmodelle aufgestellt, die sich als vorteilhaft für die Gastgesellschaft erweisen sollten. Der Hauptgewinn besteht darin, daß die Leser/innen durch die Werke ausländischer Autor/innen, das Eigene besser verstehen können. Diese ethnozentrische Sichtweise zielte darauf ab, den Dialog mit den Minderheiten zu pflegen, das Zentrum der Aufmerksamkeit aber nach wie vor selbst zu belegen, um dadurch Akzeptanz bei den ausländerfreundlichen Leser/innen zu erwecken. Allerdings fanden die bundesdeutschen Leser/innen der 80er Jahre, die eigentlich engagierter Literatur gegenüber aufgeschlossen waren, nur selten den Weg zu den Werken der ausländischen Autor/innen. Zu dieser Zeit ließ sich nur ein geringer Teil der engagierten Leserschaft durch die Frauenliteratur bei der Stange halten. Davon haben Autorinnen wie Aysel Özakın und später Emine Sevgi Özdamar profitiert. Die Verkaufszahlen der 80er und 90er Jahren zeigen allerdings, daß die angesprochene Leserschaft, sich nicht »durch das Fremde« erkennen wollte. Sie wünschte sich lediglich märchenhafte Ablenkung von ihrem monokulturellen Alltag.

Zwischen den Förderern und Freunden der Ausländer/innen auf einer Seite und den Autor/innen auf der anderer Seite lief die Diskussion unterdessen weiter: Stichwörter und Einwürfe wurden blitzschnell aufgegriffen, verändert und weitergegeben, um eine griffige Bezeichnung für eine Literatur zu entwerfen, die sich gerade angekündigt hatte. Aus der Frauenliteratur oder der Literatur der Arbeitswelt, die damals in aller Munde war, wurde abgeleitet: Gastarbeiterliteratur, Ausländerliteratur, Emigranten-, Migranten- und Immigrantenliteratur. Damit sollte deutlich gemacht werden, daß das entmündigte Objekt – der Gastarbeiter – durch das Erkennen und Einklagen der eigenen Rechte zum handelnden Subjekt wird, daß die Ausländer/innen dabei waren, aus dem Blickwinkel ihrer eigenen Erfahrungen in Deutschland eine deutschsprachige Literatur zu entwerfen. Der Vorschlag ›Gastarbeiterliteratur‹ schien deswegen besonders griffig zu sein, weil er in der Tat beruhigend nahe bei den kreativen Modellen der deutschsprachigen Frauen- und Arbeitsweltliteratur lag.

Das zweite Modell lag genauso in der Luft wie das erste. Aus dem globalen Diskurs um Zentrum und Peripherie wurde eine Außen-, eine Innen-, eine Rand- und eine Brückenliteratur abgeleitet. Es mag sein, daß bei einer thematischen Aufarbeitung der Werke solche Standorte leicht einzunehmen sind, ein solches Kriterium bleibt aber oberflächlich. Ort der Literatur ist die Sprache, in der das Werk entsteht, und nicht die kulturelle Andersartigkeit der Standorte, der Figuren oder der Verfasser/innen. Und dies trifft auch für die jeweilige Sprache jener Autoren zu, die wie Aras Ören, ihre Werke in enger Beziehung zur deutschen Sprache verfassen (Pazarkaya 1991), so daß oft ihre deutschsprachige Übersetzung als Original betrachtet wird.

Bei dem Ringen um die endgültige Bezeichnung dieser Literatur wurde dagegen mit Vorliebe auf der kulturelle Herkunft der Autor/innen beharrt. Es wurde übersehen, daß die Betonung der kulturellen Herkunft das Prinzip des Kulturaustausches bestätigt, mit dem Staaten ihre Kulturpolitik im Ausland regeln. Bekanntermaßen ist ja die Andersartigkeit die Voraussetzung des Austausches. Daher hat die These, daß die aufkommende Literatur eine Bereicherung für die deutsche Literatur sei, genügend Akzeptanz erfahren. Dennoch haben ihre Befürworter es nicht gewagt, konsequent vorzugehen und die Frage nach der kulturellen und sprachlichen Authentizität von deutschsprachigen Werken zu stellen, die ihrer Meinung aus der Begegnung von nationalen Literaturtraditionen entstehen. Inwieweit Goethes Vorstellung einer »Weltliteratur« als symbiotische Summe oder Synthese der großen Werke aus jeder »Nationalliteratur« sich hinderlich ausgewirkt hat, sei später erörtert. Hier sei als Zwischenergebnis festgehalten, daß es bislang bei der Suche nach einer griffigen Benennung dieser neuen Literatur keineswegs um eine kritische Würdigung der Werke ging. Denjenigen, die nach einer Bezeichnung suchten, lag sehr daran, entweder die Entwicklung eines vielversprechenden Phänomens zu steuern oder öffentliche Akzeptanz für eine aufkommende deutschsprachige Literatur zu stiften, d.h. ihr eine Leserschicht zu erschließen, um ihr dadurch Kontinuität zu sichern.

Unterschiedliche Faktoren haben dazu beigetragen, daß die Auslandsgermanistik im Lauf der 80er Jahre auf die interkulturelle Literatur innerhalb der deutschsprachigen Literatur der Gegenwart aufmerksam geworden ist. Zum einen gab es die sozialpolitische Diskussion über Inter- und Multikulturalismus in klassischen Einwanderungsländern wie USA und Kanada, die in Europa wiederum unter dem Einfluß der Postmoderne zu einem akademischen Diskurs über ›das Eigene‹, ›das Fremde‹, über ›Andersartigkeit‹ und ›Alterität‹ führte. Zum anderen ist es der Vermittlungsarbeit des Goethe-Instituts zu verdanken, daß es zu weiterführenden Kontakten zwischen Vertreter/innen der Auslandsgermanistik und den Autor/innen gekommen ist.

Ein erstes Interesse der Auslandsgermanistik für diese besondere Entwicklung in der deutschsprachigen Literatur der Gegenwart zeigte sich 1990 auf dem VIII. Weltkongreß der IVG (Internationale Vereinigung für germanische Sprache und Literaturwissenschaft), der den Titel »Begegnung mit dem Fremden« trug. Von den 32 Referaten über deutschsprachige Emigranten- und Immigrantenliteratur der Sektion 14 befaßten sich drei mit den türkischen Autor/innen, einer mit den arabischen Autor/innen und einer mit den ausländischen Autorinnen in der Bundesrepublik. Weitere zwei waren der Sprache der Autor/innen gewidmet. Die Fortsetzung in Vancouver (1995) hat allerdings keine wesentliche Vertiefung in der Fragestellung gebracht (vgl. Howard 1997). Von dem X. Weltkongreß der IVG (Wien 2000) ist mehr zu erwarten, denn die Sektionsverantwortlichen haben dem Vorhaben klare Konturen gegeben. In der Ankündigung ist folgendes zu lesen: »Deutschsprachige Literatur entsteht und entstand immer wieder im Zusammenhang mit nicht deutschsprachigen Kulturen in europäischen und außereuropäischen Ländern sowohl als Literatur der Minderheiten und von Emigranten (Exilliteratur) als auch als Literatur von Ausländern im deutschsprachigen Raum. Ebenso erfährt die deutschsprachige Literatur in der Germanistik außereuropäischer Länder oftmals unter deren ganz andersartigen kulturellen Voraussetzungen entsprechende Interpretationen und beeinflußt ihrerseits wieder deren Literatur. Beide großen Problemkreise sollen in dieser Sektion erörtert werden.«

Das Vorhaben kann allerdings nur dann gelingen, wenn es die Auslandsgermanistik, die per se vergleichend vorgeht, zu ihrem Anliegen macht. Jeder germanistische Versuch vom deutschsprachigen Raum aus droht weiterhin an der Monokulturalität der Wissenschaftler/innen zu scheitern. Daher wundert es auch nicht, daß bis heute keine vergleichende Arbeit über deutsche Exilliteratur und die »Literatur von Ausländern im deutschsprachigen Raum« vorgelegt worden ist. Mit welchem Grundkonzept von Exil und Einwanderung und mit welchem Instrumentarium sollte die vermutete Nähe zwischen beiden Literaturen auch erforscht werden? Die Frage danach ist nicht einmal gestellt worden. Allerdings ist sich die Auslandsgermanistik der Fragestellung bewußt geworden. Sie hat sich mittlerweile auf ein bipolares Forschungsvorhaben eingelassen, das sich, je nachdem, als interkulturell oder als ethnisierend auswirkt. Was dies bedeutet sei am Beispiel der Germanistik in Italien, in Großbritannien und in den USA verdeutlicht.

Für die Germanistik in Italien hat Cesare Cases den Anfang gemacht, der die Arbeit von Anna Picardi-Montesardo *Die Gastarbeiter in der Literatur der Bundesrepublik Deutschland* (1983/84) als Diplomarbeit angenommen hat. Es folgten weitere Arbeiten (Tesi di laurea) an den Universitäten Perugia, Milano, Ancona, Messina, Bari. Inzwischen hat sich die italienische Germanistik durch zwei Tagungen, in Potenza (1995) und Mailand (1997), über die Zielrichtungen der Forschung in bezug auf die interkulturelle Literatur verständigt. Thema der Tagungen waren die Werke deutschsprachiger Autor/innen mit italienischer Herkunft. Die Ergebnisse beider Tagungen liegen als Buch vor: *Die Fremde. Forme d'interculturalità nella letteratura tedesca contemporanea* (1988) und *Letteratura e immigrazione* (1998). Die Aufmerksamkeit der Wissenschaftler/innen gilt dem Sprachkontext (*Die Fremde*) und der Literaturtradition (*Letteratura e immigrazione*), in denen die Werke entstanden sind, ohne die Herkunftskultur der Autor/innen zu vergessen. Diese ist ihnen so vertraut, daß sie eher als Folie bei der Lektüre der Werke denn als Auslöser derselben verstanden wird. Für Virginia Cisotti, Pasquale Gallo, Ulrike Reeg und Giovanni Scimonello steht außer Zweifel, daß Piccolos, Chiellinos und Biondis Werke als zentral für die deutschsprachige Literatur der Gegenwart auszulegen sind. Dem tragen sie Rechnung, indem sie bei der kritischen Betrachtung der minderheitsbezogenen Inhalte besonders auf die intersprachige Bezugnahme zur deutschen Literatur der Moderne und der Gegenwart achten.

Ähnlich verfährt der italienische Germanist Maurizio Pinarello, der von der Schweiz aus *Die italodeutsche Literatur* (1998) zum Thema seiner Doktorarbeit gemacht hat. Pinarellos Vorschlag läuft Gefahr, als ethnisierend mißverstanden zu werden. Die unmittelbare Nähe zu klassischen Begriffen wie italo-amerikanisch (Tamburri 1991) legt eine derartige Auslegung nahe. Pei Pinarello ist allerdings der Umgang mit den Werken überraschend. Sie werden keineswegs als Beitrag einer Ethnie zur Literatur der Mehrheit gelesen. Ihm geht es weder um die Fortsetzung der literarischen Tradition des Landes noch um die intertextuellen Bezüge der Werke zu deutschen Vorbildern. Er versteht die deutschsprachigen Werke der »italodeutschen« Autoren schlechthin als Hauptgegenstand des Diskurses um die neueste deutschsprachige Literatur in der Schweiz und in der Bundesrepublik (S. 86).

Die Tagungen, Forschungsberichte und einzelnen Projekte außerhalb Deutschlands bzw. der Herkunftsländer der Autor/innen zeigen, daß sich eher die bilaterale, ethnisierende Tendenz in Rezeption und Forschung durchsetzt. Die Germanistik in Großbritannien z.B. hat in letzter Zeit mit zwei Tagungen den Trend bestätigt. Bei der Tagung »MigrantInnenliteratur« an der Universität Sheffield (1994) stand das Interkulturelle im Vordergrund. Die Beiträge sind in dem Band von Sabine Fischer und Moray McGowan *Denn du tanzt auf einem Seil. Positionen deutschsprachiger MigrantInnenliteratur* (1997) nachzulesen. Es folgte eine Tagung an der Universität von Swansea (1998) auf Initiative des britischen Germanisten Tom Cheesman. Diese Tagung ist als ›bipolar‹ zu verstehen, denn ihr Gegenstand waren jüngere Autor/innen und Künstler/innen aus der türkischen Minderheit, die auf deutsch schreiben oder wirken, und dem Organisator ging es darum, Vergleichsmomente mit der entsprechenden englischsprachigen Literatur der Gegenwart herauszuarbeiten. Cheesmans Ansatz ist deswegen innovativ, weil dadurch die Rezeption der Werke von jeder vertikalen (deutsch-ausländischen) Betrachtungsweise befreit wird, die noch in den 80er Jahren üblich war. Statt dessen werden die Werke einer ethnisch definierten Gruppe in einen horizontalen Zusammenhang mit Werken von anderen Autor/innen aus einer anderen westeuropäischen Literatur gebracht. Das Risiko einer ethnisierenden Betrachtungsweise beider Literaturen bleibt jedoch sehr hoch. Dieser Ansatz ist aber lohnend, wenn es den Wissenschaftler/innen gelingt, die dialogische Dimension zwischen der geschriebenen Sprache und der Herkunftskultur der Schriftsteller/innen zu erfassen. Dies ist für Germanisten aus der Herkunftskultur der Autor/innen eher zu leisten, soweit sie über ein umfassendes und differenziertes Bild dessen verfügen, was Auswanderung im Kontext der eigenen Kulturgeschichte ist.

In der nordamerikanischen Germanistik zeichnen sich drei Schwerpunkte ab. Die Germanistin Iman O. Khalil, die an der University of Missouri lehrt, arbeitet seit Mitte der 80er Jahre über die Rezeption von Autor/innen arabischer Herkunft in Deutschland. Leslie A. Adelson von der Cornell University verfolgt die Entwicklung der *Migrant's* oder *German Literature*, ihr Schwerpunkt liegt jedoch eindeutig auf den deutschsprachigen Autor/innen türkischer Herkunft. Der dritte Schwerpunkt liegt im Bereich der Frauenforschung. Ein Beispiel ist die Arbeit von Annette Wierschke (1996), die an der Radford University entstanden ist. Sie untersucht jedoch nur das Schreiben von Autorinnen mit türkischer Herkunft als Form der Selbstbehauptung in der Fremde. Da es unter den türkischen Migranten genügend Autorinnen und damit genug Werke gibt, hat sich eine sichere Grundlage für derartige Forschungsarbeit herausgebildet. Zudem spiegelt sich in diesen Arbeiten auch der hohe Stand der nordamerikanischen interkulturellen Frauenforschung. Auf Grund der möglichen Vergleiche zwischen der nordamerikanischen und der betreffenden deutschsprachigen Literatur ist ferner eine Erweiterung dieser Ausgangsposition zu erwarten (Fachinger 1997).

Joseph Pivato, Francesco Loriggio, Marino Tuzi und Pasquale Verdicchio haben mit ihren Arbeiten über italo-amerikanische Autor/innen die besten Voraussetzungen für einen Vergleich mit der »italodeutschen Literatur« geschaffen. Dabei lassen sich Vergleiche zwischen den folgenden drei Literaturen anstellen: die Literatur der Italo-Amerikaner von John Fante bis Mario Puzo; die englischsprachige Literatur der italokanadischen Autor/innen ab den 70er Jahren bis in die Gegenwart und die schon erwähnte »italodeutsche Literatur«. Nordamerikanische Germanist/innen, darunter Iman O. Khalil, wären in bezug auf ihre Sprachen, die Kenntnis der Kulturen und der Schauplätze der Werke bestens ausgerüstet, um ein neues interkulturelles Forschungsgebiet zu erschließen.

Weniger befriedigend fallen allerdings die Arbeiten aus, die sich nach den Prämissen der aktuellen Diskussion über *Minority Literature* ausrichten (Suhr 1989) und die so die Sackgasse einer kultur-ethnischen Auslegung einzelner Werke kaum vermeiden. Der bundesdeutsche Beitrag in diese Richtung ist nicht unwesentlich. Eine ethnisierende Reduktion einer Literatur liegt dann vor, wenn die Interpretation nicht die interkulturelle Komplexität der Werke im Vordergrund stellt, sondern die Werke ausschließlich in einem Wechselspiel von Mehrheit und Minderheit deutet. Allerdings gibt es auch etliche Werke, deren Sprache eine ethnisierte Auslegung geradezu selbst erzwingt. Dies ist der Fall, wenn der Autor seine deutsche Sprache der vertikalen

Logik des ›Mehrheit-/Minderheit Diskurses‹ unterordnet, anstatt sie dialogisch und interkulturell zu entwickeln. Eine ethnisierte Wahrnehmung wird allerdings in der Regel von der Mehrheit erzeugt, indem sie z. B. eine kultur-ethnische Minderheit auf ihre religiöse Andersartigkeit reduziert. Dadurch erzeugt sie sich einen auserwählten Gesprächspartner: für die deutsch-christliche Mehrheit wird die türkisch-muslimische Mehrheit unter den Minderheiten zum ebenbürtigen Gesprächspartner. Vorteilhaft für die Mehrheit ist die faktische Negation der Vielfalt der Kulturen vor Ort, die komplexes Denken abverlangt (*Anderssein, ein Menschenrecht*, 1995).

Im Bereich der Literatur und ihrer wissenschaftlichen Erforschung erinnert das Verdrängen der Vielfalt der Kulturen zugunsten ethnisch-religiöser Wahrnehmung einer einzelnen ethno-kulturellen Minderheit, an ähnliche Praktiken zur Zeit des Nationalsozialismus. Dagegen ist das Festhalten an der interkulturellen Zusammensetzung dieser Literatur als Ausgangsposition für jede Art literaturwissenschaftlicher Arbeit die Voraussetzung dafür, eine ethnisierende Auslegung der Werke zu vermeiden. Widerspricht dann das bipolare, d. h. das italienisch-deutsche Vorgehen der Germanisten in Italien nicht dieser Annahme? Das wäre der Fall gewesen, wenn sie eine sprachliche oder literarische ›Hybridität‹ (*Hybride Kulturen*, 1997) als Ziel ihrer Forschungsarbeit angepeilt hätten. Kern ihres Vorhabens ist dagegen die Frage nach der Authentizität der Werke im Kontext der deutschsprachigen Literatur der Gegenwart. Zugleich fällt auf, daß die italienischen Wissenschaftler/innen sich die Frage nach der Authentizität der Werke im Kontext der Herkunftskultur nicht gestellt haben. Dies ist kein Versehen, sondern der implizite Beweis dafür, daß die Werke in diesem Kontext keinen Zweifel haben aufkommen lassen. Sie führen zwei Sprachkulturen zusammen und lassen dabei ein Werk entstehen, das in beiden Literaturen gleichwertig ist. Aber was macht die Gleichwertigkeit eines Werkes in zwei oder mehreren Literaturen aus? Mindestens drei innovative Komponenten sind nötig: An erster Stelle ist das Projekt eines interkulturellen Gedächtnisses zu erwähnen, an dem sich Romanautor/innen und Lyriker/innen gleichermaßen beteiligen. Die Entstehung eines interkulturellen Gedächtnisses in ihren Werken ist der Beweis dafür, daß Aus- und Einwanderung keine Flucht ins Paradies sondern ein Lebensprojekt ist (Chiellino 1998). An zweiter Stelle ist die dialogische Zusammensetzung der Sprache zu sehen: In der deutschen Sprache eines Biondi, eines Pazarkaya oder der Herkunftssprache Fenoglios oder Örens integrieren sich das Italienische, bzw. das Türkische unauffällig, weil nur so eine sinnliche Wiedergabe der Gleichzeitigkeit des Unterschiedlichen erreicht werden kann. An dritter Stelle steht die Präsenz eines interkulturellen Gesprächspartners als Leser und neben dem impliziten Leser aus der eigenen Kultur. Gesprächspartner und Leser gehören somit unterschiedlichen Sprachkulturen an. Auf dieser Basis entstehen Werke, die weder auf diese noch auf jene Literaturtradition zurückzuführen sind. Sie bilden etwas Neues innerhalb der deutschen Sprachkultur und der literarischen Tradition der Herkunftskultur. Und selbst wenn die Inhalte der Werke weiterhin bikulturell ausgerichtet sind, verleiht ihnen das kreative Vorgehen interkulturelle Authentizität.

Diese neuartige Authentizität als ästhetischen Kern dieser Literatur erkennt man auch daran, daß die betreffenden Werke sich sowohl dem konservativen Prinzip des Kulturaustausches als auch Goethes Wunsch nach einer kumulativen Ergänzung der

Literaturen der Welt entziehen. Sie tun dies, gerade weil die »National-Literatur jetzt nicht viel sagen [will], die Epoche der Welt-Literatur ist an der Zeit, und jeder muß jetzt dazu wirken, diese Epoche zu beschleunigen« (Goethe an Eckermann). Zur ›Beschleunigung‹ dieser Epoche werden kaum die deutschsprachigen Werke beitragen, deren Sprache und Inhalt sich spätestens bei der Übersetzung in die Sprache der Herkunftskultur des Verfassers als kumulativ offenbaren, weil sie nicht in beiden Literaturen als gleichwertig gelten können. Mit dieser Frage wird sich besonders die junge Generation von Wissenschaftler/innen befassen, die in der Interkulturalität zu Hause sind und die über ein erlebtes Wissen verfügen. Zu diesem gehört Kulturgeschichte, Sprache und Literatur mindestens zweier Länder.

Wieso die zentrale Kategorie dieser Literatur die interkulturelle Authentizität zu sein hat, liegt auf der Hand. Aus den vorliegenden deutsch- sowie muttersprachlichen Werken geht deutlich hervor: Sollte die deutschsprachige Literatur jemals monokulturell gewesen sein, spätestens ab 1964 kann dies nicht mehr behauptet werden. Mit der Aufhebung der Monokulturalität im Bereich der deutschsprachigen Literatur der Gegenwart ist zugleich der erste Stein zur Entstehung eines interkulturellen Gedächtnisses innerhalb jeder kultur-ethnischen Minderheit gelegt worden. Da dieses Gedächtnis der einzelnen Minderheiten in der deutschen Sprache verankert ist, ist eine Erweiterung des Kulturgedächtnisses der gesamten Republik längst in Gang gesetzt worden. Genau diese fruchtbare Entwicklung, die dem Land der Anschluß an Europa ermöglichen wird, ist den Initiatoren der Reihe »Stauffenburg Diskussion« nicht entgangen. Mit Studien zur Inter- und Multikultur wie *Europäische Identität und Multikultur* (1997) von Peter Michael Lützeler und *Interkulturelle Lebensläufe* (1998) herausgegeben von Bernd Thum/Thomas Keller werben sie um Akzeptanz für die heutige interkulturelle Entwicklung der Republik, indem sie deutlich machen, daß der Abschied von einer nie erreichten deutschen Monokulturalität vernünftig ist, weil es an der Zeit ist.

Literatur

Adelson, Leslie A.: »Migrant's oder German Literature? Torkan's Tufan: Brief an einen islamischen Bruder«. In: *German Quarterly* 3/4 (1990), S. 382–389.

Anderssein, ein Menschenrecht. Hg. Hilmar Hoffmann/Dieter Kramer. Weinheim 1995.

Bahr, Hans-Dieter: *Die Sprache des Gastes. Eine Methaethik.* Leipzig 1994.

Biondi, Franco/Schami, Rafik: »Literatur der Betroffenheit«. In: Christian Schaffernicht (Hg.): *Zu Hause in der Fremde: Ein bundesdeutsches Ausländer-Lesebuch.* Fischerhude 1981, S. 124–36; Reinbek 1984.

Biondi, Franco: *»Von den Tränen zu den Bürgerrechten«. Italienische Emigrantenliteratur in der Bundesrepublik Deutschland.* Frankfurt a.M.: vhs Hessen Heft 20/7 (1984).

»Buchstäblich«. Ausstellung grenzüberschreitender Literatur. Ein literarischer Katalog. Zusammengestellt von Fruttuoso Piccolo. o.O. 1993.

Chiellino, Gino: *Literatur und Identität in der Fremde. Zur Literatur italienischer Autoren in der Bundesrepublik.* Augsburg 1985; Kiel 1988.

–: »La nascita della memoria biculturale«. In: *Letteratura e immigrazione*, S. 23–32.

Denn du tanzt auf einem Seil. Positionen deutschsprachiger MigrantInnenliteratur. Hg. Sabine Fischer/Moray Mc Gowan. Tübingen 1997.

Ehnert, Rolf/Norbert Hopster (Hg.): *Die emigrierte Kultur.* 2 Bde. Frankfurt a. M. 1988.

Eideneier, Hans: »Griechische Gastarbeiterliteratur«. In: *Fremdworte* (Hg. Suleman Taufiq/ Michael Albers) 4 (1982), S. 5.

Fachinger, Petra: »Zur Vergleichbarkeit der deutschen mit der amerikanischen und der englischsprachig-kanadischen Migrantenliteratur«. In: *Literatur der Migration*, S. 49–59.

Fernell, Barbara A.: *Language, Literature, and the Negotiation of Identity.* Chapel Hill/London 1997.

Das Fremde und das Eigene. Prolegomena zu einer interkulturellen Germanistik. Hg. Alois Wierlacher. München 1985.

Die Fremde. Forme d'interculturalità nella letteratura tedesca contemporanea. Hg. Pasquale Gallo. Fasano 1998.

Gadamer, Hans-Georg. *Wahrheit und Methode.* Tübingen 1975 (1960).

Interkulturelle Germanistik: Dialog der Kulturen auf Deutsch? Hg. Peter Zimmermann. Frankfurt a. M./Bern u.a 1989.

Interkulturelle Lebensläufe. Hg. Bernd Thum/Thomas Keller. Tübingen 1998.

Howard, Mary: *Interkulturelle Konfigurationen. Zur deutschsprachigen Erzählliteratur von Autoren nichtdeutscher Herkunft.* München 1997.

Janowski, Karen: »German Literature Contested: The 1991 Ingeborg-Bachmann-Prize Debate, Cultural Diversity and Emine Sevgi Özdamar«. In: *German Quarterly* 79 (1997), S. 261–276.

Khalil, Iman O.: »Zur Rezeption arabischer Autoren in Deutschland«. In: *Denn du tanzt auf einem Seil*, S. 115–131.

Hybride Kulturen. Beiträge zur anglo-amerikanischen Multikulturalismusdebatte. Hg. Elisabeth Bronfen/Therese Steffen/Benjamin Marius. Tübingen 1997.

Letteratura e immigrazione. Gast-Hg. Giovanni Scimonello. In *Cultura tedesca.* (Hg. Marino Freschi) Nr. 10 (1998).

Literatur der Migration. Hg. Nasrin Amirsedghi/Thomas Bleicher. Mainz: Donata Kinzelbach 1997.

Literatur im interkulturellen Kontext. Red. Heidi Rösch. Berlin: TUB-Dokumentation, Heft 20 1989.

Lützeler, Paul Michael: *Europäische Identität und Multikultur.* Tübingen 1997.

Materialien DaF. Hg. Armin Wolff/Erhard Heilmann/Haluk Turat. Heft 22. Regensburg 1983.

»Multinationale deutsche Literatur«. In: *Der Romanführer*, Bd. XXIX. Hg. Bernd und Jutta Gräf. Stuttgart 1995.

Nell, Werner: »Zur Begriffsbestimmung und Funktion einer Literatur von Migranten«. In: *Literatur der Migration*, S. 34–48.

Oliver, José F. A.: »Kanak Sprak – Schreiben am Ufer der Fremde. Eine Rand-Literatur in Deutschland?«. In: *Universitas* 50/12 (1995), S. 1158–1165.

Pazarkaya, Yüksel: »Das Chaos als Vorphase der Symbiose«. In. *Emigranten- und Immigrantenliteratur.* Bd. 8. Akten des VIII. Internationalen Germanisten-Kongresses. Hg. Yoshinori Shichiji. München 1991, S. 101–108.

Pinarello, Maurizio: *Die italodeutsche Literatur. Geschichte Analysen Autoren.* Tübingen/Basel 1998.

Pivato, Joseph: *Contrasts. Comparative Essays on Italian-Canadian Writing.* Montreal 1991 (1985).

Probul, Amrei: *Immigrantenliteratur im deutschsprachigen Raum. Ein kurzer Überblick.* Frankfurt a. M. 1997.

Reeg, Ulrike: *Schreiben in der Fremde. Literatur nationaler Minderheiten in der Bundesrepublik Deutschland.* Essen 1988.

Rösch, Heide: *Migrationsliteratur im interkulturellen Kontext.* Frankfurt a. M. 1992.

Schierloh, Heimke: *Das alles für ein Stück Brot. Migrantenliteratur als Objektivierung des »Gastarbeiterdaseins«.* Frankfurt a. M. 1984.

Şenocak, Zafer: »Plädoyer für eine Brückenliteratur«. In: *Eine nicht nur deutsche Literatur. Zur Standortbestimmung der »Ausländerliteratur«*. Hg. Irmgard Ackermann/Harald Weinrich. München/Zürich 1986, S. 65–69.
Social Pluralism and Literary History. The Literature of the Italian Emigration. Hg. Francesco Loriggio. Toronto 1996.
Şölçün, Sargut: *Sein und Nichtsein. Zur Literatur in der multikulturellen Gesellschaft*. Bielefeld 1992.
Suhr, Heidrun: »Ausländerliteratur: Minority Literature in the Federal Republic of Germany«. In: *New German Critique* 46 (1989), S. 80 ff.
Tamburri, Anthony Julian: *To Hyphenate or Not to Hyphenate. The Italian/American Writer: An Other American*. Montreal 1991.
Taufiq, Suleman: »Plädoyer für eine Literatur von innen«. In: *Fremdworte* Hg. Suleiman Taufiq. Aachen 1 (1985), S. 5–6.
Taylor, Charles: *Multikulturalismus und die Politik der Anerkennung*. Frankfurt a.M. 1993.
Tuzi, Marino: *The Power of Allegiances*. Toronto 1997.
Verdicchio, Pasquale: *Devils in Paradise*. Toronto 1997.
Waldenfels, Bernhard: *Der Stachel des Fremden*. Frankfurt a.M. 1990.
Weigel, Sigrid: »Literatur der Fremde – Literatur in der Fremde«. In: *Gegenwartsliteratur seit 1968*. Hg. Klaus Briegleb/Sigrid Weigel. (*Hansers Sozialgeschichte der deutschen Literatur*. Bd. 12). Hg. Rolf Grimminger. München 1992, S. 182–229.
Weinrich, Harald: »Vorwort«. In: *Als Fremder in Deutschland*. Hg. Irmgard Ackermann. München1982, S. 9–11.
–: »Um eine deutsche Literatur von außen bittend«. In: *Merkur* 37/8 (1983), S. 911–920.
–: »Gastarbeiterliteratur in der Bundesrepublik Deutschland«. In: *LiLi – Zeitschrift für Literaturwissenschaft und Linguistik* 14/56 (1984), S. 12–22.
Wierschke, Annette: *Schreiben als Selbstbehauptung. Kulturkonflikt und Identität in den Werken von Aysel Özakin, Alev Tekinay und Emine Sevgi Özdamar*. Frankfurt a.M. 1996.

3. Deutsch als Fremdsprache und Deutsch als Zweitsprache

Stefanie Ohnesorg und Bernhard R. Martin

Konsequenzen der (Dis)Integration der Arbeitsmigrant/innen von Mitte der 60er bis Mitte der 70er Jahre

Bis in die 50er Jahre war Deutsch als Fremdsprache eine Angelegenheit der Auslandsgermanistik. Als 1955 das erste Abkommen zur Anwerbung ausländischer Arbeitskräfte abgeschlossen wurde, gab es in Deutschland fast keinerlei Infrastruktur zur Vermittlung der Sprachkenntnisse, die notwendig sind, um sich in der bundesrepublikanischen Gesellschaft zurechtzufinden. Diese Situation änderte sich zunächst kaum, obwohl die Zahl der ausländischen Arbeitnehmer bis zum Anwerbestopp im Jahr 1973 ständig anstieg. Um die Arbeiter wenigstens zu befähigen, Arbeitsanweisungen und Sicherheitsvorschriften verstehen zu können, richteten etliche Großbetriebe Anfang der 70er Jahre Deutschkurse ein. Aber nachdem man erkannte, daß die Sprachprobleme ausländischer Arbeiter den Produktionsablauf nicht wesentlich behinderten, ging das Interesse an der Durchführung von Sprachkursen bei der Industrie sehr schnell zurück (vgl. Barkowski et al. 1986, S. 34).

Die gesellschaftliche Isolation der Gastarbeiter wurde dadurch verdrängt, daß man den ›positiven Austausch,‹ Arbeitslosigkeit gegen sichere Entlohnung, hervorhob. Ihrerseits gingen die Gastarbeiter von einem befristeten Aufenthalt aus und entwickelten deshalb kaum Initiativen, Deutsch zu lernen. Diese Einstellung unterstützte die passive Haltung auf deutscher Seite: Es wurde angenommen, daß ein ›richtiges Deutsch‹ von der Gruppe der Arbeitsmigranten kaum erlernbar sei. Die scheinbar wohlgemeinten Versuche sich auf die limitierte Sprachbeherrschung der Ausländer einzulassen, und Kommunikation in einer Art Pidgin-Deutsch ablaufen zu lassen, waren und sind ein verbreitetes Phänomen, das diese Fehleinschätzung tagtäglich untermauert (vgl. ebd., S. 9–10).

Aber schon in den 60er Jahren war man auf Unternehmerseite an mehr Kontinuität interessiert, und auf Arbeitnehmerseite hatte man damit begonnen, Familienmitglieder nachkommen zu lassen. Durch den Wunsch der Arbeitsmigranten, für einige Jahre die Familie nach Deutschland zu holen, mußten sich nun auch die Schulbehörden mit der sprachlichen Integration von Ausländern beschäftigen, denn da sich nun immer mehr ausländische Kinder und Jugendliche aller Altersgruppen in Deutschland aufhielten, stand die Frage an, wie man sie schulisch versorgen könnte. Zunächst wurde nur auf Einzelfälle reagiert, erst ab etwa Mitte der 70er Jahre versuchte man durch die Einrichtung von ›Vorbereitungsklassen‹ etwas systematischer mit der Situation umzugehen. Die Vorbereitungsklassen wurden jedoch schulartunspezifisch sowie jahrgangs- und nationenübergreifend angeboten, und Bezeichnungen wie ›Vorbereitungsklassen,‹ ›nationale Übergangsklasse,‹ ›multinationale Vorbereitungsklasse,‹ ›Auffangklasse,› ›muttersprachliche Klasse‹ und ›Nationalklasse‹ unterstreichen, wie unterschiedlich die Unterrichtsschwerpunkte gelagert waren, und daß die Schulbehörden die Situation kaum im Griff hatten (Neumann 1995, S. 96).

In der theoretischen Debatte standen dabei folgende Fragen im Zentrum der Diskussion: 1. sollte die Muttersprache unterrichtet werden, weil die Schüler/innen später wieder in ihre Heimat zurückkehren wollen, oder sollte der Anschluß an die Regelklasse erreicht werden, 2. hatte der Unterricht ein reines Sprachlernprogramm zu sein oder auch einen inhaltsspezifischen Anschluß an die Regelklasse zu verfolgen, 3. wie sollte man mit der Heterogenität der Gruppen bezüglich Herkunft, Alter, Ausdrucksfähigkeit in der Muttersprache und im Deutschen umgehen, 4. welche Erwartungen hinsichtlich der Ausbildung waren an die Lehrer/innen zu stellen, und 5. wer sollte für den muttersprachlichen Unterricht verantwortlich sein und die Finanzierung übernehmen: Herkunfts- oder Aufnahmeland? Es gab für all diese Fragen kein theoretisches Rahmengerüst, es wurde aus der Situation heraus reagiert und ausprobiert. Für den Deutschunterricht fehlte es an Lehrkräften, die mit Arbeitsmigrantenkindern umgehen konnten, und relativ schnell stellte sich heraus, daß Ansätze aus dem Fremdsprachenunterricht für Englisch oder Französisch nur bedingt zu übertragen waren. Ferner konnte das Heranziehen von Vermittlungsmodellen für Deutsch als Fremdsprache im Ausland – im Gegensatz zur heutigen Situation spielte damals die Einbeziehung der Situation von Minoritäten in Deutschland bzw. die Darstellung der Bundesrepublik unter dem Aspekt ›multikulturelle Gesellschaft‹ im DaF-Unterricht kaum eine Rolle – wenig Lösungsstrategien für die Situation im Inland eröffnen.

Die nur bedingte Übertragbarkeit vorhandener theoretischer Ansätze auf die Situation von Arbeitsmigranten und ihren Familien in Deutschland spiegelt sich dann z. B. ab Mitte der 70er Jahre konkret in dem Versuch, sowohl auf theoretischer Basis, als auch in der Praxis eine deutliche Abgrenzung von ›Deutsch als Zweitsprache‹ gegenüber ›Deutsch als Fremdsprache‹ vorzunehmen. Gelernt wurde dabei u. a. aus den Problemen und Fehleinschätzungen der Vorbereitungsklassen, nämlich daß die reine Vermittlung von Deutschkenntnissen bei gleichzeitiger Unterschätzung oder Ausblendung der relativen Bedeutung sozialisatorischer Probleme kaum als geeigneter Schlüssel zu Schulerfolg und sozialer Integration betrachtet werden kann (ebd., S. 96).

Reality Check: Anwerbestopp, Aussiedler und Asylanten im Kontext migrations- und spracherwerbstheoretischer (Fehl)Prognosen

Aus konjunkturellen Gründen wurde 1973 ein Anwerbestopp für ausländische Arbeitnehmer aus nicht EG-Staaten verhängt. Durch den Nachzug von Familienangehörigen stieg der Anteil der ausländischen Frauen und Kinder jedoch proportional an, was insgesamt zu einer weitaus größeren Heterogenität dieser Gruppe führte, und das »zentrale Anliegen des Anwerbestopps, nämlich die Senkung der Kosten der Ausländerbeschäftigung nicht erreicht wurde« (Gugel 1991, S. 63).

Die Anzahl der Aussiedler, die in die Bundesrepublik kamen, stieg Ende der 80er Jahre rapide an, wobei die Aussiedler aus Polen, der ehemaligen Sowjetunion und Rumänien mit Abstand den größten Anteil dieser Gruppe von Zuwanderern ausmachte (Dürsch/Herrmann et al. 1991, S. 8–9). Weil es sich bei Aussiedlern vielfach um die Umsiedlung ganzer Familien handelt, gestaltete sich diese Gruppe im Hinblick auf Alter, Einschätzung der Verhältnisse in der Bundesrepublik, Ausbildungsstand usw. als sehr heterogen.

Flüchtlinge und Asylanten fielen bis etwa Anfang der 80er Jahre in der Zuwandererstatistik noch kaum ins Gewicht. In den 80er Jahren stieg ihre Zahl trotz zwischenzeitlich rückläufiger Tendenzen jedoch ständig an. Nach Rekordzahlen von 438 191 Asylbewerbern im Jahre 1992 (Anerkennungsquote: 4,3%) und 322 599 im Jahre 1993 (Anerkennungsquote 3,2%) fielen die Asylbewerberzahlen in den Folgejahren aufgrund der restriktiveren Neugestaltung des Asylrechts rapide ab (Bundesministerium für Arbeit und Sozialordnung, Statistik »Asylbewerber,« www.bma.de/de/arbeit/auslaender/stat/asyl1.htm).

Die erwähnten Tendenzen und ein Blick auf die bundesrepublikanische Gesellschaft belegen, daß sich die Prognosen und Behauptungen, die Zuwanderung aus nichteuropäischen Ländern sei weitgehend abgeschlossen, Zu- und Abwanderung sei politisch steuerbar, und eine gesellschaftliche Integration würde sich spätestens ab der dritten Generation einstellen, als Trugschlüsse erwiesen haben (vgl. Boos-Nünning 1995, S. 317–318; Hopf/Tenorth 1994, S. 3).

Begriffsverwirrung? ›Deutsch als Zweitsprache‹ und ›Deutsch als Fremdsprache‹ im Vergleich

»Der andere als Fremder wird in seiner Autonomie akzeptiert und nicht ›vereinnahmt‹, falls seine Fremdheit als prinzipiell gleichrangig angesehen wird. [...] Falls allerdings ein Fremder aus einer sozial schwachen Position heraus in unserem Land um Asyl und Arbeit bitten muß, und aufgrund der Lebensbedingungen im Aufnahmeland seine Kultur und Sprache nur mit Mühen und Abstrichen aufrechterhalten kann, erscheint das Fremde des anderen defizitär« (Steinig 1994, S. 202). Diese Feststellung Steinigs, daß es eben nicht egal ist, wer sich darum bemüht, in einer fremden Sprache zu kommunizieren, sondern daß jegliche nicht-muttersprachliche Äußerung sehr weitgreifenden Bewertungsprozessen unterliegt, die mehr vom Kontext als vom tatsächlich Gesagten abhängen, wird in Gerlind Belkes anekdotenhaftem Beispiel deutlich, in dem sie betont, daß wir den »entzückenden Akzent« einer »auf Deutsch radebrechenden Französin« bewundern, auf Türken dagegen unter Umständen trotz besserer Sprachkenntnisse herabblicken (Belke 1994, S. 181).

Was bedeuten diese unterschiedlichen Reaktionen, die unabhängig von der eigentlichen Äußerung allein durch den Kontext und ein vermeintliches Vorwissen hervorgerufen werden, für die sprachlichen Integrationsmöglichkeiten und die damit verbundene gesamtgesellschaftliche Akzeptanz unterschiedlicher Gruppen von Nicht-Muttersprachlern in Deutschland? Und wie ist die Aussage Belkes, daß oft übersehen wird, daß sich in einer fremden Sprache auszudrücken ja auch impliziert, bereits über kommunikative Kompetenz in der Muttersprache zu verfügen (ebd.), in Relation zu Steinigs Beobachtung zu sehen, daß die Bewertung der Sprachkompetenz von Menschen in sozial schwachen Positionen oft nicht nur aus der Perspektive des Aufnahmelandes, sondern auch aus der Perspektive der (alten) Heimat als defizitär eingeschätzt wird (Steinig 1994). Zwischen diesen beiden Äußerungen läßt sich die ganze Debatte, ob muttersprachlicher Zusatzunterricht für Kinder von Migranten in der deutschen Regelschule sinnvoll oder eher integrationsbehindernd sei, ansiedeln.

Während es wahrscheinlich zu weit ginge wie Joshua Fishman zu behaupten, daß Zwei- oder Mehrsprachigkeit in einer »ausgewogenen und symmetrischen« Form überhaupt nicht existiere (Fishman 1971), herrscht in der neueren Forschung insgesamt Übereinstimmung darin, daß Menschen, die über »volle Kompetenz« in zwei oder mehreren Sprachen (konstant) verfügen, in Wirklichkeit eher die Ausnahme als die Regel bilden (Bausch 1995, S. 85). Neben dieser ›maximalen Zwei- oder Mehrsprachigkeit‹ differenziert man in der Forschung auch zwischen vielen anderen Formen der Zwei- oder Mehrsprachigkeit, die nach der unterschiedlichen Sprachkompetenz in den Einzelsprachen und deren Konstanz unterschieden werden, und die dann ihrerseits anhand der hierfür determinierenden Faktoren (z. B. Alter, soziokultureller Kontext, in dem der Spracherwerb stattfindet usw.) weiter untergliedert werden können (vgl. ebd., S. 82–85).

Man sollte meinen, daß diese Erkenntnisse und Überlegungen zur Zwei- und Mehrsprachigkeit aus der zweiten Hälfte der 70er Jahre eindeutige Signale für die Schulpraxis hätten setzen sollen, nämlich sowohl die Muttersprache zu fördern als auch für einen Anschluß an die Regelklasse zu sorgen. Daß dieses Ideal in der Regel nicht umgesetzt werden konnte, lag nicht nur an der mangelhaften Finanzierung, dem Fehlen geeigneter Fachkräfte und dem Nicht-Vorhandensein entsprechender Curricula, sondern schlicht auch an der Tatsache, daß die Umsetzung all dieser Ziele impliziert hätte, daß die Migrantenkinder neben den Regelklassen nicht nur den Förderunterricht für das Deutsche als Zweitsprache, sondern auch den Zusatzunterricht in der Muttersprache hätten besuchen sollen, was zusammengenommen eine zeitlich kaum zumutbare Überbelastung bedeutet hätte.

Viele der in diesem Zusammenhang eingegangenen Kompromisse entpuppten sich rückblickend als Notlösungen, die der Situation der Migrantenkinder meist nur wenig gerecht wurden. Der status quo im schulischen Bereich bezeugt, daß – obwohl in den letzten 25 Jahren beträchtliche Fortschritte gemacht wurden – eine für alle befriedigende Lösung noch immer aussteht. Die immerhin nachweisbaren Fortschritte sind nicht zuletzt der Bewußtseinsentwicklung zu verdanken, daß sich der Deutschunterricht für die Zuwanderer stärker auf deren tatsächliche Bedürfnisse einstellen müsse. Man erkannte allmählich, daß es hier um den Erwerb einer Sprache geht, die außerhalb der Familie und der ethnischen *community* alle Bereiche der Lebenswelt bestimmt, und daß deshalb auch der Deutschunterricht nicht nur dieser Kombination von natürlichem und gesteuertem Spracherwerbs gerecht werden muß, sondern auch gezielt darauf hinauslaufen sollte, daß sich die Lerner in der Regelschule, am Arbeitsplatz und ganz allgemein in der deutschen Gesellschaft besser zurechtzufinden können.

Ende der 70er Jahre setzte sich in diesem Kontext der Begriff ›Deutsch als Zweitsprache‹ allmählich durch, um in Abgrenzung zu »Deutsch als Muttersprache« und ›Deutsch als Fremdsprache‹ den außerunterrichtlichen sowie den unterrichtlich unterstützten Spracherwerb von Arbeitsmigrant/innen und deren Kindern, von Flüchtlingen und Aus- und Umsiedlern innerhalb Deutschlands zu umreißen (Barkowski 1995, S. 360). ›Deutsch als Zweitsprache‹ wurde jedoch durch diese zielgruppenspezifische Festschreibung jedoch nicht automatisch zum weniger prestigeträchtigen Inland-Pendant von ›Deutsch als Fremdsprache,‹ und die neuesten Entwicklungen gehen sogar wieder in die Richtung, einen gemeinsamen Rahmen für ›Deutsch als Fremdsprache‹ und ›Deutsch als Zweitsprache‹ zu definieren, in dem man an der Bezeichnung ›Deutsch als Fremdsprache‹ für den Gesamtbereich festhält, dabei aber den Fokus auf den Aspekt der ›potentiellen Mehrsprachigkeit‹ verschiebt.

Zielgruppenspezifische Vermittlung von »Deutsch als Zweitsprache«

Der Stellenwert von DaZ, Förderunterricht und muttersprachlichem Ergänzungsunterricht für die Integration ausländischer Schüler/innen in die Regelschule

In den Informationsmaterialien des Bundesinstituts für Berufsbildung (BIBB) wird betont, daß sich die formale Schulbildung der Ausländer/innen in den letzten zwanzig Jahren im allgemeinen erheblich verbessert habe (vgl. www.bibb.de/aufgaben/arbfeld/auslaend.htm). Natürlich ist eine solche Aussage relativ und bezieht sich auf eine sehr heterogene Gruppe, innerhalb derer man nach folgenden Subkategorien differenzieren muß, wenn man zu einer klareren Aussage hinsichtlich des Schulerfolgs von Ausländer/innen in der deutschen Regelschule gelangen will: 1. nach Kindern und Kindeskindern von Arbeitsmigrant/innen, die in Deutschland geboren sind oder schon im Vorschulalter nach Deutschland kamen, und die daher zumindest bis zu einem gewissen Grad eine Sozialisation in beiden Kulturen erfahren haben; 2. nach ›Seiteneinsteigern‹, d.h. Kindern und Jugendlichen, die im Rahmen der Familiennachzugsregelungen nach dem ›Anwerbestopp‹ in fortgeschrittenerem Alter nach Deutschland kamen, über keine oder nur geringe Deutschkenntnisse verfügen und aufgrund der allgemeinen Schulpflicht sofort, oder unmittelbar nach zeitlich begrenzten Fördermaßnahmen, in das allgemeine deutsche Schulsystem einsteigen müssen 3. nach Kindern von Flüchtlingen und Asylbewerbern, die jedoch im Gegesatz zu den ›Seiteneinsteigern‹ über keine in der Bundesrepublik lebende Familie verfügen, die den anfänglichen ›Kulturschock‹ lindern hilft sowie nach 4. ausländische Schüler/innen, die aufgrund der höheren Mobilitätsmöglichkeiten innerhalb der Europäischen Union aus den verschiedensten Gründen nach Deutschland kommen. Statistisch nicht in der Kategorie ›ausländische Schüler/innen‹ erfaßt sind die Kinder von Aussiedler/innen, da sie automatisch die deutsche Staatsbürgerschaft erhalten. Je nach Herkunftsland bringen aber auch sie sehr unterschiedliche Deutschkenntnisse mit und werden daher mit den gleichen Schwierigkeiten und Problemen konfrontiert wie ›ausländische Schüler/innen.‹

Die Mitte der 70er Jahre aufgestellte Prognose, daß sich das schulische Integrationsproblem und dabei insbesondere die sprachliche Angliederung der Nachkommen von Migrant/innen irgendwann »von selbst« lösen würde, war offensichtlich falsch. Die Statistik der Schulabgänger/innen bestätigt, daß sich die Situation in den letzten 15–20 Jahren verbesserte – Anfang der 80er Jahre verließen noch ca. 30% aller ausländischen Schulabgänger die Schule ohne Abschluß und 1995 waren es ›nur‹ noch 15,4% –, die neuesten Zahlen des Statistischen Bundesamtes stimmen allerdings wieder eher pessimistisch, denn für das Schuljahr 1996/97 ist die Tendenz mit 19,4% wieder steigend. Und selbst für die Phase, in der sich scheinbar eine Verbesserung eingestellt hatte, ernüchtert der Vergleich mit den Daten für deutsche Schulabgänger, von denen sowohl 1995 als auch 1996/97 immerhin 92,3% die Schule erfolgreich abschlossen (vgl. www.bundesauslaenderbeauftragte.de/publikationen/index.stm).

Bedenkt man außerdem, daß viele der Aussiedlerkinder in der Schule mit ähnlich gelagerten (sprachlichen) Integrationsproblemen zu kämpfen haben wie die Kinder von Ausländer/innen, die Statistik jedoch lediglich nach deutschen und nicht-deutschen Staatsbürgern unterscheidet, so läßt sich vermuten, daß die hier zitierten Zahlen den Schulerfolg der Kinder von Zuwanderern (einschließlich Aussiedlern) eher beschönigen.

Man beginnt zu ahnen, daß die Situation kaum mit der Intensivierung bestehender Fördermaßnahmen allein zu verbessern ist, sondern daß zumindest in der Praxis an dem wahren ›Problem‹ in all seiner Komplexität für lange Zeit mehr oder weniger vorbeigearbeitet wurde, denn – so lautet die Erklärung in den schon weiter oben erwähnten Informationsmaterialien des Bundesinstituts für Berufsbildung weiter: »Das Potential Zweisprachigkeit wird ignoriert. Damit werden den ausländischen Jugendlichen Entwicklungsmöglichkeiten genommen« (vgl. www.bibb.de/aufgaben/arbfeld/auslaend.htm). Erst eine Neugestaltung des Schulalltags dahingehend, daß interkulturelle Kompetenz bei der schulischen Bewertung positiv zu Buche schlägt, kann eine Basis dafür schaffen, daß schulische Integration tatsächlich stattfinden kann.

Gemeinhin gilt der Projektunterricht als eines der geeignetsten Mittel, um ›Seiteneinsteiger‹ möglichst zügig auf die Regelschule vorzubereiten, da bei dieser Art von Unterricht die Hemmschwelle, das neu erlernte Deutsch anzuwenden, schon mehrmals im außerschulischen Umfeld überwunden werden muß, bevor diese Schüler/innen mit der Situation konfrontiert werden, sich im deutschen Schulalltag (sprachlich) zurecht finden zu müssen. Durch die Anbindung des Lernprozesses an den ›Ernstfall,‹ d.h. durch die direkte Relevanz des Lehrstoffs in ihrer Lebensumwelt, erscheint Projektunterricht den Lernern auch gewöhnlich attraktiver als traditionelle Vermittlungsmethoden (vgl. Huth 1993, S. 417–419).

Neben der Förderung des Deutschen darf auch nicht übersehen werden, daß der muttersprachliche (Ergänzungs)Unterricht nicht nur eine wichtige identitätsstiftende Funktion für die Ausländerkinder erfüllt, sondern darüber hinaus in kaum zu unterschätzender Weise für den Erwerb der Zweitsprache und den schulischen Erfolg allgemein von Relevanz ist, indem er hilft, der Gefahr einer ›doppelten Halbsprachigkeit‹ vorzubeugen (vgl. Belke 1994, S. 182–184).

Angesichts der Tatsache, daß gegenwärtig weit mehr als 100 verschiedene Muttersprachen an deutschen Schulen vertreten sind (Gogolin/Neumann/Reuter 1998, S. 664), stellt sich jedoch die Frage, inwieweit angesichts dieser Fülle von Sprachen die Theorie überhaupt umsetzbar ist. Ein Blick in die Praxis zeigt dabei, daß selbst im Hinblick auf die schon eher ›traditionellen‹ Sprachen im Kontext der Migrationsbewegungen (z.B. Türkisch, Griechisch, Spanisch, Italienisch usw.) noch sehr vieles im

Argen liegt, da weder das Angebot noch der schulische Stellenwert, der diesen Sprachen zugestanden wird, auch nur ansatzweise an die theoretischen Vorgaben heranreicht.

Der Kindergarten als erstes Begegnungsfeld

Zweitsprachenerwerb, Ausbau der Ausdrucksfähigkeit in der Muttersprache, Eingliederung in den Regelklassenunterricht, soziale Integration usw. überfordern – wenn sie alle gleichzeitig angestrebt werden – oft nicht nur das System, sondern vor allem auch die betroffenen Kinder und Jugendlichen. Im Gegensatz zur Gruppe der schulpflichtigen Kinder und Jugendlichen eröffnen sich für jene im Kindergarten- oder Vorschulalter jedoch mehr Optionen, da zumindest der ›Block Regelschule‹ noch wegfällt, und man stärker das Erlernen der Zweitsprache Deutsch, die Pflege der Muttersprache und eine positive Selbsterfahrung in einem multikulturellen Umfeld in den Mittelpunkt stellen kann.

In den 80er Jahren fanden in Deutschland eine Reihe interessanter Kindergarten-Modellversuche statt, die noch heute als richtungsweisend gelten können; hingewiesen sei in diesem Kontext insbesondere auf 1. das von der Robert Bosch Stiftung Mitte der 80er Jahre in Berlin, München und Stuttgart durchgeführte Programm »Deutsche und Ausländer im Stadtteil – Integration durch den Kindergarten,« dessen Ergebnisse in der 3-bändigen Reihe *Materialien zur interkulturellen Erziehung* Niederschlag fanden (Jakubeit 1988, 1989; Heuchert 1989), 2. den zwischen 1979 und 1983 in Berlin durchgeführten und von Ruth Zimmer geleiteten Modellversuch »Sozialstationshilfen für ausländische Kinder im Kindergarten« (vgl. Esser/Steindl 1984, S. 51–53 & S. 115–118) und 3. den Anfang der 80er Jahre unter der Leitung von Wassilos E. Fthenakis in Bayern unternommenen Modellversuch »Förderung deutscher und ausländischer Kinder im Elementarbereich« (ebd. S. 48–51 & S. 112–115), der als Grundlage für die von ihm und Ulrich Diekmeyer zwischen 1984–1987 herausgegebene Reihe *Gemeinsame Förderung ausländischer und deutscher Kinder im Kindergarten. Anregungen – Arbeitshilfen – Materialien für Erzieher und Sozialpädagogen* diente.

Wichtige Ergebnisse dieser ersten Modellversuche waren die Erkenntnis, daß es notwendig ist, die Zusammenarbeit deutscher und ausländischer Erzieher/innen zu verstärken und die Eltern stärker in den Kindergartenalltag mit einzubeziehen, um ihnen einerseits die Angst vor einer Überfremdung ihrer Kinder zu nehmen und sie andererseits für andere Kulturen zu sensibilisieren, und um so Vorurteile abzubauen und Befürchtungen deutscher Eltern entgegenzuwirken, daß ihre Kinder durch den Versuch, der multikulturellen Konstellation der Kindergartengruppe pädagogisch gerecht zu werden, letztendlich benachteiligt würden (vgl. ebd., S. 50, 168–169).

Trotz diverser Probleme, die bei den oben genannten Kindergartenmodellversuchen und daran anknüpfenden Folgeprojekten auftraten (vgl. z.B. Heuchert 1994), läßt sich als Ergebnis festhalten, daß der Kindergarten dadurch, daß sowohl Erst- als auch Zweitsprache in dieser Altersgruppe in einem darauf abgestimmten, sozialintegrativen Umfeld auf spielerische und auf natürliche Weise erworben werden können, wie wohl kaum eine andere Institution dazu geeignet ist, Sprach- und Integrationsproblemen auf schulischer Ebene vorzubeugen und *alle* Kinder an einen positiven, d.h. einem nicht von Abwehr, sondern von Neugier geprägten Umgang mit Fremden und Fremdem heranzuführen.

Die Rolle des »Sprachverbands – Deutsch für ausländische Arbeitnehmer e. V.«

1974 wurde auf Anregung des Bundesministeriums für Arbeit und Sozialwesen und der Bundesanstalt für Arbeit der »Sprachverband – Deutsch für ausländische Arbeitnehmer e.V.« gegründet, um die bis dahin ungenügende infrastrukturelle Versorgungslage im Bereich der Erwachsenenkurse für Migrant/innen zu verbessern und die unabhängig voneinander ablaufenden Bemühungen einzelner Trägerorganisationen im nicht-schulischen Bereich zentral zu koordinieren. Ziel des Vereins ist, neben der Förderung und Entwicklung von Sprachkursen die soziale und gesellschaftliche Integration von Ausländer/innen voranzutreiben, was sich u. a. in seiner Öffentlichkeitsarbeit und dem breiten Spektrum der von ihm herausgegebenen Publikationen ausdrückt (vgl. insb. Paleit 1995, Kaufmann 1995 und die Leitseite des Sprachverbands www.unimainz.de/Sprachverband/veroeff.htm). Die Vergabe der Bundesmittel, die dem Sprachverband zur Förderung von Deutschkursen zur Verfügung gestellt werden, ist daran gebunden, daß die antragstellenden Trägerorganisationen in der inhaltlichen und organisatorischen Gestaltung ihrer Sprachkurse den Vorgaben des Vereins folgen. Der Sprachverband stellt auch konkrete Forderungen hinsichtlich der Ausbildungsvoraussetzungen und Fortbildungsverpflichtungen der Lehrkräfte, und er läßt für die von ihm geförderten Kurse nur jene Lehrbücher zu, die als zielgruppengerechte Lehrmittel für ausländische Arbeitnehmer/innen und deren Familien eingestuft werden (vgl. Paleit 1997a,b; Gadatsch/Härtel et al. 1997).

Mittlerweile ist die Anzahl der Trägerorganisationen, die die vom Sprachverband konzipierten und geförderten Kurse in ihr Programm aufgenommen haben, auf rund 500 angewachsen, und der Sprachverband hat inzwischen eine ganze Palette verschiedener Kurse entwickelt, für die von den Trägerorganisationen Fördermittel beantragt werden können: allgemeine Sprachkurse (seit 1975), Intensivkurse (seit 1977), Frauenkurse (seit 1982), Alphabetisierungskurse (seit 1986), Kurse mit der Abschlußprüfung ›Grundbaustein zum Zertifikat Deutsch als Fremdsprache‹ (seit 1991) und als neueste Entwicklung seit Ende 1995 ›Berufsorientiertes Deutsch.‹

Insgesamt wurden seit 1975 rund 1,3 Mio. ausländische Arbeitnehmer/innen und deren Familienangehörige über vom Sprachverband geförderte Kurse erreicht, wobei in den letzten Jahren fast zwei Drittel der Teilnehmer Frauen und mehr als ein Drittel Arbeitslose waren (Kaufmann 1995, S. 335–340; www.uni-mainz.de/Sprachverband/sv.htm; Beauftragte d. Bundesreg. f. Ausländerfragen, 1997a, www.bundesauslaenderbeauftragte.de/publikationen/index.stm). Ein Problem hinsichtlich der vom Sprachverband geförderten Kurse ist die mitunter als willkürlich erscheinende Einschränkung der potentiellen Kursteilnehmer auf »ausländische Arbeitnehmer/innen sowie deren Familienangehörige aus EU-Mitgliedsländern, aus den ehemaligen Anwerbeländern Türkei, Jugoslawien, Marokko und Tunesien sowie aus Südkorea und den Philippinen, mit denen es bilaterale Regierungsabsprachen über die Anwerbung von Arbeitnehmern gab« und auf »ehemalige DDR-Vertragsarbeitnehmer/innen aus Angola, Mosambik und Vietnam.« Ausdrücklich ausgeschlossen von diesen Kursen sind bisher Jugendliche unter 15 Jahren sowie Aussiedler, Asylberechtigte und Kontingentflüchtlinge. (Sprachverband DfaA 1995, S. 10 & S. 92 vgl. auch ›Grundsätze für die Förderung von Sprachkursen des Sprachverband‹, Stand 01. 01. 1997, Online-Version: www.uni-mainz.de/sprachverband/gs1.htm).

»Deutsch für ausländische Arbeitnehmer« (DfaA) – Allgemeine Sprachkurse und Intensivkurse: Während sich die Gestaltung der von den unterschiedlichen Trägerorganisationen angebotenen Deutschkurse für ausländische Arbeitnehmer/innen auch nach Gründung des Sprachverbands zunächst an den für ›Deutsch als Fremdsprache‹ entwickelten Konzepten orientierte, wurde schnell deutlich, daß man hiermit den sprachlichen und sozialen Voraussetzungen der Zielgruppe kaum gerecht wurde (vgl. Neumann 1995, S. 96). In dieser Hinsicht sind spätestens Anfang der 80er Jahre einige Dinge in Bewegung gekommen. Es wurde nun zentral in die Planung und Gestaltung der Sprachkurse einbezogen, daß die ausländischen Arbeitnehmer/innen und ihre Familienangehörigen im täglichen Leben und am Arbeitsplatz permanent der deutschen Sprache ausgesetzt sind, und daß daher dieser ungesteuerte Zweitsprachenerwerb und die Vermittlung des Deutschen in Kursen aus Lernerperspektive nicht als zwei voneinander isolierte Bereiche erscheinen dürfen. Die DfaA-Kurse müssen vielmehr so gestaltet sein, daß die Komponente des natürlichen Zweitsprachenerwerbs mit einbezogen und dies für die Lerner transparent wird. Hält man sich vor Augen, wieviel Flexibilität in der Unterrichtsgestaltung allein die unterschiedlichen Lernvoraussetzungen von den Kursleiter/innen verlangen, und vergegenwärtigt man sich auch noch, daß die Lerner von den Lehrenden oft erwarten, daß sie ihnen darüber hinaus als eine Art Sozialberater zur Seite stehen, so deutet sich hier schon an, wieviel mehr an Qualifikation bei DfaA-Lehrer/innen erforderlich ist als eine reine Sprachlehrerausbildung (vgl. Paleit 1989, S. 50).

Die allgemeinen DfaA-Kurse des Sprachverbands sind so konzipiert, daß sie neben dem Beruf oder sonstigen hauptamtlichen Verpflichtungen belegt werden können, während die Intensivkurse mit 10–20 Wochenstunden unterrichtet werden und somit für die Dauer des Kurses mehr oder weniger zur Hauptbeschäftigung der Lerner werden. Darüber hinaus bietet der Sprachverband Sprachkurse an, die darauf zielen, die Teilnehmer/innen auf die Grundbaustein-Prüfung – eine standardisierte Prüfung, die niveaumäßig unterhalb des ›Zertifikats Deutsch als Fremdsprache‹ angesiedelt ist – vorzubereiten. Insbesondere bei den Intensivkursen ist es jedoch selbst bei größtem Engagement einzelner Lehrer/innen kaum möglich, den sehr heterogenen Gruppen auf allen Ebenen gerecht zu werden. Um dies zu kompensieren, konzipierte der Sprachverband neben der Option, für die Dauer des Kurses eine Kinderbetreuung bereitzustellen, die Bausteine ›Team-teaching‹ und ›sozialpädagogische Begleitung,‹ die alternativ – je nach individuellem Bedarf der Gruppe – vom Träger zusammen mit dem Kurs beantragt werden können. (Sprachverband DfaA 1995, S. 14, 77, 79).

Um sein Angebot noch stärker auf individuelle Bedürfnisse einstellen zu können, begann der Sprachverband in den 80er Jahren mit der Entwicklung von reinen Frauenkursen und Alphabetisierungskursen auch gezielt dort anzusetzen, wo sich im bisherigen Programm die größten Schwierigkeiten ergeben hatten.

Frauenkurse: In Deutschland leben etwa 3,3 Mio. ausländische Frauen und Mädchen, d. h. sie stellen ca. 45% der Ausländerpopulation. Um es den ausländischen Frauen zu erleichtern, in einer von ihnen als akzeptabel empfundenen Atmosphäre Deutsch zu lernen, werden alle vom Sprachverband DfaA e.V. geförderten Kurstypen seit 1982 auch als reine Frauenkurse angeboten. Hierbei geht es vor allen Dingen darum, jene ausländischen Frauen, die aus den unterschiedlichsten Gründen nicht an den regulären Kursen teilnehmen können oder wollen, zu ermutigen, Deutsch zu lernen. Mit diesem frauenspezifischen Kursangebot war und ist somit keinesfalls intendiert, stereotypischen Fehleinschätzungen jener Art, daß »Frauen, besonders ausländische, nicht imstande wären, einem ›normalen‹ Unterricht zu folgen,« Vorschub zu leisten (Gürkan et al. 1984, S. 51).

Inhaltlich werden diese Kurse sehr oft durch Themen bestimmt, die in der Lebenswelt jener Frauen, die sich für diese Art von Kurs entscheiden, in vielen Fällen von zentraler Relevanz sind: z. B. Gesundheit, Ernährung und Kindererziehung, und es ist auch typisch für diese Kurse, daß sie relativ stark am praktischen Handeln orientiert sind. Darüber hinaus spielt bei der Gestaltung der Frauenkurse auch eine große Rolle, daß die Alphabetisierung der Kursteilnehmerinnen nicht unbedingt vorausgesetzt werden kann, so daß der Zweitsprachenerwerb und das Erlernen von Lesen und Schreiben oft parallel stattfinden und daher entsprechende Modifikationen im Curriculum vorgenommen werden müssen (vgl. Szablewski-Çavuş 1989, S. 79–80; Sprachverband DfaA 1995, S. 34–35).

Alphabetisierungskurse: Schätzungen aus den frühen 90er Jahren gehen davon aus, daß etwa 10% – 12% der in Deutschland lebenden Ausländer/innen Analphabeten sind. Interessant ist, daß in der ersten Hälfte der 80er Jahre, als man sich im Hinblick auf Modelle für die Alphabetisierung erwachsener Deutscher vermehrt mit didaktischen Fragen auseinandersetzte, kaum reflektiert wurde, daß sich die Gründe für Analphabetismus bei Ausländer/innen und Deutschen oft sehr stark unterscheiden, und somit dieselbe Vermittlungsmethode kaum beiden Zielgruppen gerecht würde (Schramm 1995, S. 105). Es ist aus diesem Grund wenig förderlich, wenn nicht sogar für beide Seiten frustrierend, gemeinsam alphabetisiert zu werden, und es ist darüber hinaus auch dringend nötig, mehr zielgruppenspezifische Lehrmaterialien für ausländische Analphabeten zu entwickeln (vgl. ebd., S. 114–121).

Die 13 vom Sprachverband herausgegebenen Hefte *Materialdienst Alphabet* in Verbindung mit dem 1992 erschienenen *Alpha-Buch* (1992) bieten inzwischen wenigstens eine kleine Materialgrundlage, um die von den Kursleitern geforderte Flexibilität zu unterstützen – zumindest im Hinblick auf die Alphabetisierung in der Zweitsprache Deutsch, denn der Ansatz zur zweisprachigen Alphabetisierung hat in den Lehrwerken bisher noch wenig Niederschlag gefunden.

Goethe-Institut

Die Vermittlung des Deutschen im Inland orientierte sich bis etwa Ende der 70er Jahre sehr stark an der vom Goethe-Institut entwickelten Methodik und Didaktik für ›Deutsch als Fremdsprache.‹ Die Gründung des ›Sprachverbands – Deutsch für ausländische Arbeitnehmer e.V.‹ im Jahr 1974 führte zu einer Veränderung dieser

Situation, und die Entwicklung von zielgruppengerechten Deutschkursen für erwachsene Migrant/innen aus den ehemaligen Anwerbestaaten wurde nun primär vom Sprachverband vorangetrieben. Das Goethe-Institut, selbst ein Mitglied des Sprachverbands, übernimmt seither in diesem Bereich die Entwicklung und Durchführung von Fortbildungsmaßnahmen für DfaA-Lehrer/innen und befaßt sich insbesondere seit Anfang der 90er Jahre gezielt mit jener Gruppe von erwachsenen, nach Deutschland aus- oder umgesiedelten Deutschlernern, die per Definition von den durch den Sprachverband geförderten Maßnahmen bisher ausgeschlossen waren. Im Auftrag des Bundesministeriums für Arbeit und Sozialordnung entwickelte das Goethe-Institut 1990/91 z.B. ein auf erwachsene Aussiedler/innen zugeschnittenes Curriculum für einen 6-monatigen Vollzeit-Deutschkurs, auf das weiter unten noch näher eingegangen werden soll.

Fortbildungsmaßnahmen für DfaA-Lehrer/innen: Allein aufgrund der Tatsache, daß DaF/DaZ ein sehr junger (Aufbau)Studiengang ist, mußte die Lehrerschaft für diese Kurse bisher notwendigerweise größtenteils aus anderen Ausbildungsbereichen kommen (vgl. Welter 1995, S. 57). Für DfaA sucht man immer noch vergeblich nach einem entsprechenden (Aufbau)Studiengang (Paleit 1989, S. 51).

Der ›Mangel‹ eines spezifischen Ausbildungsgangs im Bereich DfaA impliziert jedoch keinesfalls, daß bei der Anstellung von der DfaA-Lehrer/innen seitens der durch den Sprachverband unterstützten Trägerorganisationen keine konkreten Qualifikationen gefordert werden. Ein Blick in die Statuten des »Sprachverbands DfaA e.V.« bestätigt, daß die Berechtigung, einen durch den Sprachverband geförderten Kurs unterrichten zu dürfen, an relativ streng definierte Kriterien gebunden ist. Hierbei forciert der Sprachverband die Auflage, zielgruppenspezifische Zusatzqualifikationen zu erwerben deshalb so stark, weil die (Sprach)Arbeit mit ausländischen Arbeitnehmer/innen und ihren Familien insgesamt große Anforderungen an die pädagogischen Fähigkeiten, die Flexibilität und das Einfühlungsvermögen der Kursleitenden stellt.

In den Beiratsthesen des Goethe-Instituts zu den »Grundlagen der Fremdsprachenvermittlung« von 1997 heißt es: »An die Stelle der Suche nach der einen ›guten Methode‹ tritt die Entwicklung von Fremdsprachenlern- und -lehrkonzepten, die vorhandene Lehr- und Lernsituationen, individuelle Lern-/Erwerbsstrategien und kulturspezifisch geprägte Wissensbestände ebenso wie bereits erworbene Sprachkenntnisse und Kommunikationsfähigkeit in anderen Sprachen nutzen und zielbezogen sowie lernunterstützend weiterentwickeln. Hierzu gehören auch die Erfahrungen mit Zwei- und Mehrsprachigkeit, die Lernende aus ihrer Lebenssituation (zwei- bzw. mehrsprachige Familiensituation, Migrationserfahrungen, mehrsprachige und multikulturelle Umwelt) als Sprachenprofil in den Fremdsprachenunterricht mitbringen« (Goethe-Institut, Beiratsthesen 1997, Online-Version: www.goethe.de/z/50/beirat/). In dieser Formulierung spiegeln sich die konkreten Erfahrungen aus dem »Projekt DfaA,« d.h. den Fortbildungsmaßnahmen für DfaA-Lehrer/innen, in denen Strategien und Modelle erprobt werden, die flexibel genug sind, um konkret auf die individuelle Situation von Migrant/innen in Deutschland eingehen zu können.

Entwicklung eines zielgruppenspezifischen Curriculums für Aussiedler/innen: Die Gruppe der in Deutschland lebenden Aussiedler/innen ist wie die Gruppe der Arbeitsmigrant/innen in vielfacher Hinsicht sehr heterogen. Für die Planung und Durchführung von Deutschkursen hat diese Heterogenität wichtige Konsequenzen: Während es bei Kindern und Jugendlichen im schulpflichtigen Alter genau wie bei den Kinder von Arbeitsmigrant/innen darum geht, ihnen den Übergang in die Regelschule zu ermöglichen, steht bei erwachsenen Aussiedler/innen im Vordergrund, den deutschen Alltag meistern zu lernen, die berufliche Eingliederung vorzubereiten und ihnen zu helfen, sich als Deutsche in Deutschland einzuleben, ohne dabei die eigene, durch das Herkunftsland geprägte Identität zu verlieren (vgl. Neuner 1991, S. 14).

Hinsichtlich der Unterrichtsgestaltung für die Zielgruppe der Aussiedler/innen ist neben den sprachlichen Voraussetzungen zu beachten, daß sie im Herkunftsland »überwiegend autoritäre Lehrtraditionen erlebt haben und meist über ein niedriges bis mittleres Bildungsniveau verfügen,« d.h. oft »lernunerfahren bzw. nicht mehr an das Lernen im Klassenverband gewöhnt« sind und daher behutsam an lernerorientierte Unterrichtsformen herangeführt werden müssen (Hubatsch/Köchling 1990, S. 329).

Die Rahmenbedingungen der Sprachkurse, die für Aussiedler/innen nach ihrer Ankunft in der Bundesrepublik zur Verfügung stehen, haben sich seit 1993 erheblich verschlechtert: die finanzielle Unterstützung der Aussiedler/innen – die Eingliederungshilfe, deren Höhe etwa der Arbeitslosenhilfe entspricht – wird seither nur noch für 6 Monate und nicht mehr wie vorher für 9 bzw. 15 Monate gewährt, und die Dauer der staatlich geförderten Sprachkurse für Aussiedler/innen beschränkt sich inzwischen auf 6 Monate, so daß kaum noch davon ausgegangen werden kann, daß im Anschluß an diese aus sprachpädagogischer Sicht wesentlich zu knapp bemessenen Sprachfördermaßnahmen eine problemlose berufliche Eingliederung stattfinden kann (vgl. hierzu z.B. Kühn 1995, S. 82; Worbs 1994, S. 137; Ausbildungsförderungsgesetz, Stand 1997, Online-Version: www.bma.de/index.htm).

Als man Anfang der 70er Jahre damit anfing, in breiterem Umfang Deutschkurse für Aussiedler/innen anzubieten, gab es noch keine speziell auf diese Zielgruppe abgestimmten Lehrwerke. Während Ende der 80er/Anfang der 90er Jahre mit *Neuer Start, Deutsch – unsere Sprache* und *Mit uns leben* zwar schon einige speziell für Aussiedler/innen konzipierte Lehrwerke erschienen waren, liegt erst seit Anfang der 90er Jahre mit dem vom Goethe-Institut veröffentlichten *Curriculum zur Gestaltung eines sechsmonatigen Sprachlehrgangs für Aussiedler* ein zielgruppenspezifisches Curriculum für einen 6-monatigen Intensivsprachkurs für Aussiedler/innen vor (vgl. Dürsch/Herrmann 1991, S. 111).

Ausbildungsbegleitender DaZ-Unterricht und berufsbezogener Deutschunterricht

Die Integration der Ausländer/innen kann durch berufliche Qualifizierung erheblich erleichtert werden. Daher wird in den letzten Jahren dem berufsorientierten Deutschunterricht eine größere Bedeutung als bisher beigemessen, wobei unterschieden wird zwischen berufsorientiertem Deutschunterricht, der nicht auf einen bestimmten Beruf ausgerichtet ist und solchen Kursen, die berufs- oder ausbildungsbegleitend angeboten werden. Gemeinsam ist beiden Konzepten, daß es zumeist nicht primär um den Erwerb einer hochspezialisierten Fachsprache geht, sondern daß die Zielgruppe im berufsbezogenen Deutschunterricht auf die Bewältigung fachsprachlicher Anforderungen im Berufsleben vorbereitet werden soll. Das heißt, es müssen vor allem Lernstrategien vermittelt werden, mit denen sich die Lerner später selbst einen spezialisierten Fachwortschatz oder komplexe Fachtexte erschließen können (vgl. insb. Funk 1992). Es geht also um ›Lernen lernen‹ bzw. die Vermittlung von ›Sprachlern-Know-how‹, das zusammen mit wichtigen Schlüsselqualifikationen wie z.B. »Teamarbeit, Eigeninitiative, Flexibilität, eigene Bedürfnisse formulieren, realistische Ziele stecken und Kritikfähigkeit« vermittelt werden soll (vgl. Klein/Leray 1990, S. 65; Sprachverband DfaA, 1997b, S. 15).

Schon Ende der 70er Jahre übernahm der Sprachverband die Planung der Programmbestandteile für Maßnahmen zur sozialen und beruflichen Eingliederung bzw. zur Berufsvorbereitung jugendlicher Ausländer/innen, die von der Bundesanstalt für Arbeit und den jeweiligen Arbeitsämtern angeboten wurden (Kaufmann 1995, S. 344). Auf der Basis der Auswertung einer Studie innerhalb des ›Modellversuchsprogramms des Bundesministers für Bildung und Wissenschaft zur Ausbildung ausländischer Jugendlicher in anerkannten Ausbildungsberufen‹ entstand 1990 das von Rosemarie Klein und Regina Leray entwickelte Curriculum für den ausbildungsbegleitenden DaZ-Unterricht mit türkischen Auszubildenden.

Ausgangspunkt für die Entwicklung von Maßnahmen zur Unterstützung ausländischer Jugendlicher beim Eintritt ins Berufsleben war die Feststellung, daß der Anteil von Ungelernten unter den jungen Ausländer/innen zwischen 20 und 29 Jahren sehr hoch ist – er liegt derzeit bei rund 32% und ist damit etwa viermal so hoch wie bei der gleichaltrigen deutschen Bevölkerung –, und daß sich die ursprüngliche Prognose, daß sich die Bildungssituation ausländischer Jugendlicher allmählich an jene von deutschen Jugendlichen angleichen würde, nicht eingestellt hat. (vgl. www.bibb.de/aufgaben/arbfeld/auslaend.htm)

In der Einleitung zu dem von Klein und Leray entwickelten Curriculum, das die Autorinnen als einen Lehr*rahmen* verstanden wissen wollen (vgl. Klein/Leray 1990, S. 12), werden neben den schon in anderen Zusammenhängen diskutierten Problembereichen, die die Unterrichtsgestaltung beeinflussen – die Heterogenität der Lernergruppe in bezug auf Sprache, Lernvoraussetzungen und Lerntechniken – auch noch die beiden folgenden Faktoren erwähnt, auf die bei der Konzeption eines ausbildungsbegleitenden oder berufsbezogenen Deutschkurses geachtet werden muß. Es zeigte sich, daß der Gebrauch des Deutschen bei ausländischen Jugendlichen zumeist primär in kommunikativen Situationen erlernt wurde, weshalb es ihnen recht schwer fiel, sich mit über Texte vermittelten, abstrakten Sachverhalten auseinanderzusetzen, da sie in diesen Situationen mit einer alltagsunüblichen, d.h. für sie ungewohnten bzw. ›unbekannten‹ Sprache konfrontiert wurden. Diese Schwierigkeit wird in vielen Fällen durch die schon weiter oben erwähnte ›doppelte Halbsprachigkeit‹ verstärkt: die Tatsache, daß die Muttersprache sich nicht ungestört entwickeln konnte, und die Jugendlichen oft keine absolute Sicherheit im Umgang mit dem muttersprachlichen Referenzsystem empfinden, ist vermutlich ein zusätzlicher Einschränkungsfaktor für den Grad an Sprachbeherrschung in der Zweitsprache (vgl. ebd., S. 17). Damit müssen die Ergebnisse dieses Modellversuchs zum ausbildungsbegleitenden DaZ-Unterrichts als weiteres Indiz dafür angesehen werden, wie wichtig es für ausländische Kinder und Jugendliche ist, daß parallel zum Deutschunterricht auch der Erhalt und Ausbau ihrer Muttersprache gezielt gefördert wird.

Während in diesem Modellversuch die fachsprachliche Komponente des ausbildungsbezogenen DaZ-Unterrichts durch seine betriebliche Einbindung inhaltlich sehr stark auf das tatsächliche Geschehen in der Werkstatt abgestimmt werden konnte (vgl. ebd., S. 17–24) und dies zunächst bei einigen Ausbilder/innen auch zu der Fehleinschätzung führte, der Sprachunterricht habe lediglich für die Ausbildung effektiv zu sein und müsse daher in direkter Relation zum Ausbildungsalltag zu stehen (vgl. ebd., S. 21), wich diese Vorstellung allmählich einer realistischeren Einschätzung der Situation. Das Gelingen des Modellversuchs hing letztlich in großem Maße davon ab, daß die betriebliche Einbettung als »stützender Rahmen des Sprachunterrichts« funktionalisiert werden konnte, und neben der Sprachlehrerin auch alle anderen Beteilgten (Ausbilder, Werkstattleiter usw.) aktiv in den Lehr- und Lernprozeß einbezogen werden konnten (vgl. ebd., S. 22).

Trotz einiger Probleme bei der Umsetzung von Konzepten für den berufs- und ausbildungsbezogenen DaZ-Unterricht sind die Dinge seit diesem Modellversuch in Bewegung gekommen. 1996 hat der Sprachverband aufgrund einer Initiative des BMA und der Bundesanstalt für Arbeit den Sprachkurs »Berufsorientiertes Deutsch« (BoD) eingerichtet und durchgeführt und in der Folge beschlossen, diesen Kurstyp dauerhaft und bundesweit anzubieten (vgl. Fiedler, www.uni-mainz.de/Sprachverband/akt–of.htm). Darüber hinaus hat der Sprachverband 1996 eine Bestandaufnahme der vorhandenen Unterrichtsmaterialien für den berufsbezogenen Deutschunterricht in Form einer kommentierten Bibliographie erstellt, die regelmäßig aktualisiert werden soll, um den Kursleitenden die mühsame Suche nach geeigneten Informationen und Materialien in diesem Bereich zu erleichtern (Sprachverband, 1996). Z. Zt. ist auch ein Autorenteam des Sprachverbands damit beschäftigt, mit der acht Themenbände umfassenden Unterrichtsreihe »Arbeitssprache Deutsch« kurstragende Lehrmaterialien zu entwickeln, mit denen sprachliche Fertigkeiten und Schlüsselqualifikationen anhand von Inhalten eingeübt werden, die für das Berufsleben wichtig sind und die in der Zukunft die bedarfsorientierte und zielgruppenspezifische Gestaltung berufsorientierter Deutschkurse wesentlich erleichtern sollten. (Kaufmann/Kessel et al.).

Gegenwärtige Entwicklungen und Ausblick

1984 führte das Bundesinstitut für Berufsbildung, Berlin, eine Befragung unter ausländischen Auszubildenden durch, wobei u.a. die Frage gestellt wurde: »Wobei hilft dir der Sprachunterricht am meisten? In der Ausbildungswerkstatt, bei der Fachtheorie im Betrieb oder in der Berufsschule?« Die Antwort eines jungen Mannes im 3. Ausbildungsjahr zeigt, wie wenig die auf dem Fragebogen angebotenen Kategorien greifen. Indem er nicht nur alle vorgegebenen Optionen durchstreicht, sondern sie mit der Aussage »Der Sprachunterricht hilft mir leben,« als der für ihn einzig relevanten Antwort korrigiert, bringt er vieles von dem, was hier für die unterschiedlichsten Zielgruppen von Deutsch als Zweitsprache abgehandelt wurde, zu einer Kernaussage verdichtet auf den Punkt (vgl. Klein/Leray 1990, S. 86). Die sprachliche Eingliederung ermöglicht nicht nur ein (Über)Leben in einem neuen und ungewohnten gesellschaftlichen Umfeld, sondern ist auch eine – wenn nicht die wichtigste – Grundvoraussetzung für die Integration und die gegenseitige Akzeptanz von Eigenem und Fremden seitens der Migrant/innen und der Einheimischen. Denn nur über Sprache kann Gesellschaft und Kultur in all ihren Ausprägungen differenziert erfahren und verstanden werden, können Informationen möglichst unmißverständlich ausgetauscht, Schwellenängste vor Fremdem abgebaut und flüchtige Bekanntschaften zu Freundschaften vertieft werden.

Aber ganz so einfach ist es natürlich doch nicht, denn gute Deutschkenntnisse seitens der Migrant/innen schaffen zwar die notwendige Basis für die Integration, jedoch kann diese kaum vollständig vollzogen werden, wenn die Einheimischen nicht ihrerseits stärker auf die ›neuen‹ Mitbürger/innen, die ja in vielen Fällen schon seit Jahrzehnten in der Bundesrepublik leben bzw. sogar dort geboren sind, zugehen und sie in ihrer Vielfalt und Individualität als Bereicherung der eigenen Kultur annehmen anstatt Assimilation als ultimativen Preis dafür fordern, die ›Anderen‹ im eigenen Land zu tolerieren.

Oft hängt die Fremd- und Selbstwahrnehmung von Ausländer/innen und Aussiedler/innen in der Bundesrepublik in starkem Maße davon ab, in welcher Form sie am Berufsleben teilnehmen (können), ob sie insgesamt gesehen eher erfolgreich sind und schulisch oder beruflich gut vorankommen, oder ob sie – oft aufgrund fehlender Deutschkenntnisse – ihren Lebensunterhalt in schlecht bezahlten Anlernberufen verdienen, ihre eigene Lage als dumpf und stigmatisierend empfinden und insgesamt wenig Hoffnung auf Veränderung haben.

Für die, die jung genug nach Deutschland kamen und kommen, oder sogar dort geboren wurden, sollte sich dieses Problem erst gar nicht stellen. Denn würden in Kindergärten, Kinderhort und Schule genügend geeignete Maßnahmen angeboten, diesen Kindern und Jugendlichen solide Deutschkenntnisse zu vermitteln, so könnten sie in den meisten Fällen nicht nur die Schule erfolgreich abschließen, sondern wären auch beim Start ins Berufsleben ihren Mitschüler/innen, die nicht ein- oder zugewandert sind, chancenmäßig gleichgestellt.

Vollkommene Anpassung der Migrant/innen an die deutsche Kultur, die Andrzej Stach in einem unlängst veröffentlichten Artikel fordert (Stach in *Die Welt* vom 08. 10. 1999) ist sicherlich keine adäquate Antwort auf die Problematik, Zuwanderer in der Bundesrepublik (sprachlich) zu integrieren. Viele Akzente, die in den letzten Jahren von interkulturell engagierten Pädagogen im In- und Ausland gesetzt wurden, sind in diesem Zusammenhang wesentlich produktiver und realitätsnäher, weil sie zumeist Mehrsprachigkeit und Multikulturalität als Bereicherung, als »Mehrwert,« postulieren und von Migrant/innen eben nicht vollkommene Anpassung fordern, sondern gerade daran interessiert sind, aus deren Individualität neue Impulse zu schöpfen.

Modelle von bilingualen Schulen, die in den letzten Jahren in etlichen Bundesländern als Modellversuche gestartet wurden, scheinen in diesem Kontext ein positives Zeichen für die Zukunft zu setzen, und »[m]indestens auf der Ebene der

Rhetorik wird durch [die] Empfehlungen [der Kultusministerkonferenz von 1996, d. Verf.] sprachliche und kulturelle Heterogenität in der Schülerschaft zum allgemein pädagogischen Faktum erklärt, auf welches die Schule nicht nur in der Form von Sondermaßnahmen für eine spezifische Klientel, sondern weiterreichend reagieren soll« (Gogolin/Neumann/Reuter 1998, S. 676). Es hat sich also in diesem Bereich zumindest auf der Ebene des Rhetorischen etwas getan, aber es ist zunächst noch mit Skepsis abzuwarten, ob sich auch in der Praxis auf absehbare Zeit die Dinge entsprechend verändern werden. Wie Gogolin, Neumann und Reuter weiter betonen, kann erst die Zukunft zeigen, ob die »monolingual-monokulturelle Grundüberzeugung des deutschen Bildungswesens« tatsächlich allmählich an Kraft verliert (ebd., S. 677).

Literatur

Augustin, Viktor/Rauer, Stephan u. a.: »Lehrbücher ›Deutsch für Aussiedler‹ – Gebrauchsanweisungen für Deutschland.« In: *Deutsch lernen* 15. Jg. (1990), Nr. 4, S. 356–373.

Barkowski, Hans/Harnisch, Ulrike u. a.: *Handbuch für den Deutschunterricht mit Arbeitsmigranten.* Mainz [2]1986.

Barkowski, Hans: *Kommunikative Grammatik und Deutschlernen mit ausländischen Arbeitern.* Mainz 1986.

– : »›Setz dich zu mir, mein Kamel!‹ – Interkulturelles Lernen und Lehren und der Erwerb des Deutschen als Zweitsprache.« In: *Deutsch lernen,* 17. Jg. (1992), Nr. 2, S. 144–166.

– : »Deutsch als Zweitsprache.« In: Bausch/Christ/Krumm (Hg.) 1995, S. 360–365.

Bausch, Karl-Richard/Christ, Herbert/Krumm, Hans-Jürgen (Hg.): *Handbuch Fremdsprachenunterricht.* Tübingen/Basel [3]1995.

Bausch, Karl-Richard: »Zwei- und Mehrsprachigkeit.« In: Bausch/Christ/Krumm 1995, S. 81–87.

Beauftragte der Bundesregierung für Ausländerfragen (Hg.): *Deutsch lernen – (K)ein Problem? Sprache und Sprachkompetenz als Instrument der Integration.* Konzipiert und verfaßt von Silke Katzenbach de Ramírez. Bonn 1997a. – Online Version: http://www.bundesauslaenderbeauftragte.de/publikationen/index.stm

Beauftragte der Bundesregierung für Ausländerfragen, (Hg.): *Bericht der Beauftragten der Bundesregierung über die Lage der Ausländer in der Bundesrepublik Deutschland.* Bonn: Dezember 1997b. – Online Version: http://www.bundesauslaenderbeauftragte.de/publikationen/index.stm

Belke, Gerlind: »Schulpolitische Voraussetzungen und sprachdidaktische Konsequenzen einer zweisprachigen Erziehung.« In: Oomen-Welke, Ingelore (Hg.): *Brückenschlag. Von anderen lernen – miteinander handeln.* Stuttgart 1994, S. 181–192.

BMA – Bundesministerium für Arbeit und Sozialordnung, Referat VIIIa 2: *Ausländer-Daten: Bevölkerung, Beschäftigung, Arbeitsmarkt.* Berlin, Stand: Mai 1995.

Boos-Nünning, Ursula: »Die deutsche Sprache als ein Mittel zur sozialen und beruflichen Integration – eine Aufgabe auch in der Zukunft.« In: *Deutsch lernen,* 20. Jg. (1995), Nr. 4, S. 317–323.

Dürsch, Barbara/Herrmann, Karin u. a.: *Curriculum zur Gestaltung eines sechsmonatigen Sprachlehrgangs für Aussiedler. Projekt Sprachförderung für Aussiedler.* (Erstellt im Auftrag des Bundesministers für Arbeit und Sozialordnung München). München: Goethe Institut, 1991.

Dürsch, Barbara/Jochem, Klaus u. a.: *Mitreden. Ein Deutschkurs zur Einführung in das Alltags- und Berufsleben* (erstellt im Auftrag des Goethe-Instituts). Ismaning, 1994

Esser, Hartmut/Steindl, Michael: *Modellversuche zur Förderung und Eingliederung ausländischer*

Kinder und Jugendlicher in das Bildungssystem. Hg. Bund-Länder-Kommission für Bildungsplanung und Forschungsförderung. Bonn 1984 [= Materialien zur Bildungsplanung, Heft 8].

Fiedler, Gerhard: »Der Sprachverband als Servicecenter.« In: *Deutsch lernen* 20. Jg. (1995), Nr. 4, S. 324–325.

Fishman, Joshua A.: *Advances in the Sociology of Language.* Den Haag 1971.

Fremdsprache Deutsch. Sondernummer 1989: »Deutsch als Fremdsprache in der Bundesrepublik Deutschland«; Sondernummer 1991: »Deutschunterricht mit Aussiedlern«; Sondernummer 1992: »Berufsbezogener Deutschunterricht mit Jugendlichen«; Sondernummer II/1993: »Deutschunterricht mit Erwachsenen«; Sondernummer 1994: »Neue Wege in der Deutschlehrerausbildung«; Sondernummer II/1997: »Trends 2000« – alle erschienen in München: Klett Edition Deutsch.

Fthenakis, Wassilios E./Diekmeyer, Ulrich (Hg.): *Gemeinsame Förderung ausländischer und deutscher Kinder im Kindergarten. Anregungen – Arbeitshilfen – Materialien für Erzieher und Sozialpädagogen.* 7 Bde. Donauwörth 1984–1987.

Funk, Hermann: »Berufsbezogener Deutschunterricht. Grundlagen – Lernziele – Aufgaben.« In: *Fremdsprache Deutsch.* Sondernummer 1992: »Berufsbezogener Deutschunterricht mit Jugendlichen« 1992, S. 4–15.

Gadatsch, Michael/Härtel, Martin u. a.: »Fragen zur Beurteilung von Lehrwerken in Kursen, die vom Sprachverband Deutsch für ausländische Arbeitnehmer e. V. gefördert werden.« In: Sprachverband Deutsch für ausländische Arbeitnehmer e. V. (Hg.): *Ansicht – Einsicht. Zur zielgruppenspezifischen Betrachtung von DaF-Lehrwerken.* (Lose-Blatt-Sammlung) Mainz 1997a, S. 4–15.

Goethe Institut: Thesen des Beirats Deutsch als Fremdsprache (1987, 1991 und 1997); Online-Version: http://www.goethe.de/z/50/beirat/

Gogolin, Ingrid: »Interkulturelles sprachliches Lernen. Überlegungen zu einer Neuorientierung der allgemeinen sprachlichen Bildung.« In: *Deutsch lernen* 17. Jg. (1992), Nr. 2, S. 183–197.

– : *Der monolinguale Habitus der multilingualen Schule.* Münster 1994.

Gogolin, Ingrid/Neumann, Ursula/Reuter, Lutz: »Schulbildung für Minderheiten. Eine Bestandaufnahme«. In: *Zeitschrift für Pädagogik* 44. Jg. (1998) Nr. 5, S. 663–687.

Gugel, Günther: *Ausländer – Aussiedler – Übersiedler. Fremdenfeindlichkeit in der Bundesrepublik Deutschland.* Tübingen [3]1991.

Gürkan, Ülkü/Laqueur, Klaus/Szablewski, Petra: *Aus Erfahrung lernen. Handbuch für den Deutschunterricht mit türkischen Frauen.* Frankfurt a. M. [2]1984.

Heuchert, Lucija: *Zweisprachigkeit.* Hg. Robert Bosch Stiftung. Berlin 1989 – Inhaltsverzeichnis: http://www.vwb-verlag.com./Katalog/n017.html

– *»Sie müssen doch Deutsch lernen!« Vom Umgang mit Mehrsprachigkeit im Kindergarten.* Mannheim: Trägerverbund für die Fachberatung in Mannheim Kindertagesstätten. Mannheim (Bezug über Stadtjugendamt Mannheim), 1994.

Hopf, Diether / Tenorth, Heinz-Elmar: »Migratio und kulturelle Vielfalt. Zur Einleitung in das Themenheft.« In: *Zeitschrift für Pädagogik*, 40. Jg. (1994), Nr. 1, S. 3–7.

Hubatsch, Irmtraud/Köchling, Margareta: »Projekt Sprachförderung für Aussiedler. Entwicklung von neuen Curricula für sechsmonatige Vollzeitsprachkurse.« In: *Deutsch lernen* 15. Jg. (1990), Nr. 4, S. 325–337.

Huth, Manfred: »Welche Möglichkeiten bietet projektorientierter Unterricht für die Entfaltung der spachlichen Fähigkeiten migranter SchülerInnen?« *Info DaF* 20 Jg. (1993), Nr. 4, S. 414–427.

Jakubeit, Gudrun: *Kinder* [= Materialien zur interkulturellen Erziehung im Kindergarten, Bd. 1]. Hg. Robert Bosch Stiftung. Berlin: Express Ed. 1988. [Inhaltsverzeichnis: http://www.vwb-verlag.com./Katalog/n017.html]

– : *Eltern, Stadtteil, Fortbildung, Heimatländer* [= Materialien zur interkulturellen Erziehung im

Kindergarten, Bd. 2]. Hg. Robert Bosch Stiftung. Berlin: Verlag für Wissenschaft und Bildung (VWB) 1989. [Inhaltsverzeichnis: http://www.vwb-verlag.com./Katalog/n017.html]

Kaufmann, Susan, »Sprachverband in Zahlen, Daten, Fakten.« In: *Deutsch lernen* 20. Jg. (1995), Nr. 4, S. 335–351.

Kaufmann, Susan/Kessel, Ursula u. a.: *Arbeitssprache Deutsch* ..., 8 Themenbände. Hg. Sprachverband Deutsch für ausländische Arbeitnehmer e. V. Köln. (z. T. noch nicht erschienen)

Klein, Rosemarie/Leray, Regina: *Ausbildung – Eine Gelegenheit zu systematischem Sprachlernen. Curriculum für den ausbildungsbegleitenden DaZ-Unterricht mit türkischen Auszubildenden (Lehrerhandbuch mit kleiner Grammatik).* Mainz: Sprachverband – Deutsch für ausländische Arbeitnehmer e. V. 1990.

Kühn, Günter (Hg.): *Deutsch für Ausländer. Eine Bibliographie berufsbezogener Lehrmaterialien mit Kommentierung.* Bielefeld 1996.

– : »›Weiterbildung von Aussiedlern unter besonderer Berücksichtigung fachübergreifender Kompetenzen‹ – Abschlußbericht.« In: *Deutsch lernen* 20. Jg. (1995), Nr. 1, S. 82–88.

Kühn, Günter/Marek, Stephan/Neumann, Karl-Heinz: *Berufliche Weiterbildung von Aussiedlerinnen und Aussiedlern.* Bielefeld 1994.

Kultusministerkonferenz (KMK): *Empfehlung ›Interkulturelle Bildung und Erziehung in der Schule‹* [= Beschluß der KMK vom 25. Okt. 1996]. Bonn, 1996. Ebenfalls abgedruckt in: *Deutsch lernen*, 22. Jg. (1997), Nr. 1, S. 81–89.

Neumann, Ursula: »Zweitsprachenunterricht Deutsch.« In: Bausch/Christ Krumm (Hg.) 1995, S. 95–99.

Neumann, Ursula/Häberlein, Jana: Manuskript »Länderbericht: Hamburg,« Stand: 6. 4. 1999 [zu beziehen über das Hamburger »Amt für Schule«].

Neuner, Gerhard: »Apotheke – apteka – apteka. Wortschatzarbeit im Deutschunterricht mit Aussiedlern.« In: *Fremdsprache Deutsch.* Sondernummer 1991: »Deutschunterricht mit Aussiedlern.« München 1991, S. 14–20.

– : »Die Lernenden im Blickpunkt: Wege der Didaktik und Methodik des fremdsprachlichen Deutschunterrichts ins nächste Jahrhundert.« In: *Fremdsprache Deutsch:*, Sondernummer II/1997, »Trends 2000«, S. 38–48.

Oomen-Welke, Ingelore (Hg.): *Brückenschlag. Vom anderen lernen – miteinander handeln.* Stuttgart: Klett 1994.

Paleit, Dagmar, »Kursleiterfortbildung als Qual?« In: Sprachverband Deutsch für ausländische Arbeitnehmer e. V. (Hg.): *Fürs Leben Deutsch lernen. 15 Jahre Sprachförderung.* Mainz/Eltville 1989, S. 49–52.

– : »Sprachkurse mit Alphabetisierung.« In: Sprachverband Deutsch für ausländische Arbeitnehmer e. V. (Hg.): *Materialdienst Alphabet: Reprint aus den Heften 1–6.* Mainz 1994, S. 74–78

– : »Miteinander sprechen lernen – die Ziele des Sprachverbands DfaA e. V.« In: *Deutsch lernen* 20. Jg. (1995), Nr. 4, S. 326–334.

– : »Lehrwerksbeurteilung als aktuelles Thema.« In: Sprachverband Deutsch für ausländische Arbeitnehmer e. V. (Hg.): *Ansicht – Einsicht. Zur zielgruppenspezifischen Betrachtung von DaF-Lehrwerken.* (Lose-Blatt-Sammlung) Mainz 1997a Teil 0.1, S. 1–4.

– : »Lehrwerke beurteilen, Lehrwerke zulassen.« In: Sprachverband Deutsch für ausländische Arbeitnehmer e. V. (Hg.): *Ansicht – Einsicht. Zur zielgruppenspezifischen Betrachtung von DaF-Lehrwerken.* (Lose-Blatt-Sammlung) Mainz 1997b Teil 0.2, S. 1–7.

Palt, Beatrix/Reuter, Lutz R./Witte, Alexander: *Schulbildung für Migrantenkinder und Kinder autochthoner Minderheiten in der Bundesrepublik Deutschland: Eine Synopse schulrechtlicher Bestimmungen.* Entspricht: *Beiträge aus dem Fachbereich Pädagogik der Universität der Bundeswehr Hamburg.* Nr. 2/1998.

Schramm, Karin: »Alphabetisierung erwachsener Ausländer in der Zweit- und Zielsprache Deutsch.« In: *Deutsch lernen* 20. Jg. (1995), Nr. 2, S. 99–124.

Sprachverband Deutsch für ausländische Arbeitnehmer e. V. (Hg.): *Materialdienst Alphabet.* Heft 1–13 (1986–1993). Mainz 1986–1994. [Der *Materialdienst Alphabet* enthält neben vielen

Unterrichtsentwürfen auch zahlreiche Artikel zur Thematik ›Alphabetisierung,‹ die aus Platzgründen hier nicht alle einzeln aufgeführt werden können.]
– (Hg.): *Fürs Leben Deutsch lernen. 15 Jahre Sprachförderung.* Mainz/Eltville 1989.
– (Hg.): *Sprachverband von A – Z. 20 Jahre Deutschförderung für ausländische Arbeitnehmer und ihre Familienangehörigen.* Mainz 1995.
– (Hg.): *Extrablätter für den Unterricht: Berufsbezogener Deutschunterricht: Bibliographie mit Anmerkungen (überarbeitete Fassung).* Mainz 1996.
– (Hg.): *Ansicht – Einsicht. Zur zielgruppenspezifischen Betrachtung von DaF-Lehrwerken.* Mainz 1997a.
– (Hg.): *Extrablätter für den Unterricht: Deutsch für den Arbeitsalltag. Modellkurs in Mainz: Konzepte – Fachtagungen – Materialien.* Mainz 1997b.
Stach, Andrzej: »Multikultur funktioniert nicht Das Erlernen der Sprache ist der Königsweg zur Integration.« In: *Die Welt,* 8.10. 1999. – Online-Version: http://www.welt.de/daten/1999/10/08/1008fo132504.htx
Steinig, Wolfgang: »Fremde Sprachen – Zweisprachigkeit – sprachliche Minderheiten.« In: Oomen-Welke, Ingelore (Hg.): *Brückenschlag. Von anderen lernen – miteinander handeln.* Stuttgart 1994, S. 193–205.
Szablewski-Çavuş, Petra: »Und die Frauen?« In: Sprachverband Deutsch für ausländische Arbeitnehmer e.V. (Hg.): *Fürs Leben Deutsch lernen. 15 Jahre Sprachförderung.* Mainz/Eltville 1989, S. 79–82.
Welter, Winfried: »Zum Aus- und Fortbildungsstand der DaF-Lehrer: Anforderungen aus der Praxis der Universitäten/Lehrgebiete.« In: *Materialien Deutsch als Fremdsprache.* Heft 41: »Fort- und Weiterbildung von Lehrkräften für Deutsch als Fremdsprache,« 1995, S. 47–50.
Worbs, Michael: »Das Ende der Aussiedlerkurse?« In: *Deutsch lernen* 19. Jg. (1994), Nr. 2, S. 137–139.

Wir danken folgenden Personen und Institutionen für die freundliche Unterstützung mit Informationen und Materialien: Herrn Prof. Dr. Lutz R. Reuter (Universität der Bundeswehr Hamburg), dem Sprachverband für ausländische Arbeitnehmer e.V. (Susan Kaufmann), dem Goethe-Institut (Dr. Christa-Merkes-Frei, GI Atlanta, Margareta Hauschild, GI München, Kristina Pavlovic, GI München, Heinz Becker, GI Montreal), dem Sekretariat der ständigen Konferenz der Kultusminister in der Bundesrepublik Deutschland, den Kultusministerien der Länder Hessen, Niedersachsen, Thüringen, dem Ministerium für Kultus, Jugend und Sport des Landes Baden-Württemberg, dem Ministerium für Bildung und Wissenschaft des Landes Mecklenburg-Vorpommern, dem Ministerium für Schule und Weiterbildung, Wissenschaft und Forschung des Landes Nordrhein-Westfalen, dem Ministerium für Bildung und Sport des Landes Brandenburg, der Schulbehörde des Landes Hamburg, dem Landesinstitut für Schule und Ausbildung bzw. Lehrerfortbildung, Lehrerweiterbildung und Unterrichtsforschung der Länder Mecklenburg-Vorpommern und Sachsen-Anhalt, dem Bayrischen Staatsinstitut für Schulpädagogik und Bildungsforschung, der Bund-Länder-Kommission für Bildungsplanung und Forschungsförderung, dem Landesinstitut Schleswig-Holstein für Praxis und Theorie der Schule und dem Bundesministerium für Bildung, Wissenschaft, Forschung und Technologie

V. Anhang

1. Medien der Migrant/innen

Andreas Goldberg

Mehr als 40 Jahre sind vergangen, seit die ersten ausländischen Arbeitnehmer als sogenannte ›Gastarbeiter‹ in die Bundesrepublik Deutschland einreisten. Mittlerweile haben die Millionen von Migrant/innen eine eigene Infrastruktur in Deutschland geschaffen, zu denen seit Jahrzehnten auch eigene Medien gehören. Insbesondere fremdsprachige Tageszeitungen sind seit geraumer Zeit zu einem festen Bestandteil der Presselandschaft in der Bundesrepublik Deutschland geworden.

Sowohl die wachsende Zahl der in der Bundesrepublik erscheinenden fremdsprachigen Zeitungen als auch deren gestiegene Auflagenhöhe lassen auf eine Zunahme des Stellenwerts dieser Zeitungen für die Migrantengesellschaft in der Bundesrepublik Deutschland schließen. Das ist insofern bemerkenswert, als mit zunehmender Aufenthaltsdauer und dem Heranwachsen der zweiten und dritten Generation zu erwarten wäre, daß die sprachlichen Voraussetzungen für den Konsum deutscher Zeitungen zunehmen müßten.

Vor diesem Hintergrund stellt sich die Frage nach dem möglichen Beitrag der fremdsprachigen Medien zur Integration ihrer Nutzer/innen in die bundesdeutsche Gesellschaft. Vor dem gesellschaftspolitischen Hintergrund einer umfassenden Integration der zugewanderten ausländischen Bevölkerung stellt somit das mediale Verhalten und der Medienkonsum von Migrant/innen einen wichtigen Aspekt in der Migrationsforschung dar. Im krassen Gegensatz zur Bedeutung der Thematik steht die recht überschaubare Zahl von wissenschaftlichen Arbeiten, die in den letzten Jahren hierzu veröffentlicht wurden.

Erste, Anfang bis Mitte der 80er Jahre durchgeführte Untersuchungen zum Medienverhalten von Migrant/innen stellten übereinstimmend fest: Die bestehenden sprachlichen Defizite, vor allem der ersten Generation von Migranten, aber auch die emotionale Verbundenheit mit ihrem Herkunftsland, die mehr oder weniger alle Generationen betrifft, haben in der Vergangenheit dazu geführt, daß der Großteil der Migranten auf Medienangebote in der Muttersprache zurückgriff, soweit diese verfügbar waren.

Bis zum Ende der 80er Jahre war die Auswahl bei den elektronischen Medien relativ gering. Die ausländische Bevölkerung war ausschließlich auf die überregionalen Fernsehprogramme der öffentlich-rechtlichen Fernsehanstalten für Migrant/innen angewiesen. Neben den muttersprachlichen Zeitungen stellten diese Sendungen den wichtigsten Kontakt zur Heimat dar. Die Zuschauerquote dieser Medienangebote erfuhr Anfang der 80er Jahre durch den regelrechten Videoboom innerhalb der ausländischen Bevölkerung einen ersten Einbruch. Während im Jahr 1982 weniger als die Hälfte der deutschen Haushalte über einen Videorecorder verfügten, betrug der Anteil innerhalb der ausländischen Bevölkerung in Deutschland bereits 64%. Die Videofilme wurden überwiegend in der Türkei produziert und konnten über 13 verschiedene Vertriebsfirmen in Deutschland bezogen werden. Allein in Nordrhein-Westfalen existierten ca. 300 Videoverleihe. Dabei stellten die Videorecorder häufig die einzige Möglichkeit dar, türkischsprachige Filme in Deutschland zu konsumieren. Neben Filmen aus dem trivialen Bereich wie Arabesken, Komödien, Heimatfilmen sowie Abenteuer- und Actionfilmen hatten religiöse Filme einen großen Marktanteil. Nach Einführung der Kabel- bzw. Satellitenempfangstechnik ist die Entwicklung auf dem Videomarkt jedoch stark rückläufig. Die spezifischen Interessen der Migrant/innen haben dabei in den letzten Jahren durch den Boom neuer Medien bzw. Übertragungstechniken zu völlig neuen Dimensionen im Medienverhalten dieser Bevölkerungsgruppe geführt und eine verstärkte Nutzung von muttersprachlichen Medien zur Folge.

Die Hinwendung zu speziell muttersprachlichen Medien wird in der wissenschaftlichen und politischen Diskussion unterschiedlich bewertet. Befürchtet wird, daß diese Entwicklung insbesondere zu einem allmählichen bzw. einem endgültigen Rückzug der ausländischen Wohnbevölkerung in die eigene Medienwelt führen wird. Dieser Rückzug könnte zu einer Beeinträchtigung des für ein Funktionieren des gesellschaftlichen Lebens in der Bundesrepublik Deutschland notwendigen Informationsflusses führen und so zu einer weiteren Isolierung der Migrant/innen beitragen. Darüber hinaus könnten spezifische Inhalte muttersprachlicher Medien zur Verfestigung nationaler, religiöser und sozialkultureller Einstellungen beitragen und den Bestrebungen zur Integration direkt entgegenwirken.

Diese mediale »Ghettoisierung« der ausländischen Wohnbevölkerung könnte, so wird befürchtet, zu einem einseitigen Informationsfluß führen, der nur die Innensicht der Minderheiten in Deutschland widerspiegelt. Informationen über die Strukturen und Entwicklungen der Mehrheitsgesellschaft würden dabei systematisch ausgegrenzt. Dies kann nicht ohne negative Konsequenzen für gesellschaftliche Integrationsprozesse bleiben, da gegenseitiger Informationsaustausch zwischen den Zugewanderten und der deutscher Mehrheitsgesellschaft als Voraussetzung für eine mittelfristige Integration gesehen wird.

Aus einer anderen Perspektive betrachtet, kann der Konsum muttersprachlicher Medien zur Unterstützung der eigenen ethnisch-kulturellen Identität beitragen. Außerdem können aktuelle Informationen über politische, gesellschaftliche und kulturelle Entwicklungen in den Herkunftsländern verfolgt werden. In dieser Hinsicht stellen die elektronischen und gedruckten Medien auch eine Möglichkeit dar, sich politisch zu artikulieren und gesellschaftspolitische Probleme im Zusammenhang mit der Minderheitssituation der nichtdeutschen Bevölkerung aufzugreifen und zu thematisieren. Theoretisch könnten die muttersprachlichen Medien eine wichtige Funktion bei der Vermittlung von allgemeinen Informationen über gesellschaftspolitische Entwicklungen in Deutschland einnehmen. Insbesondere komplexe Sachverhalte, wie z. B. die Einführung der Pflegeversicherung oder die momentan intensiv diskutierte Steuerreform, ließen sich in der Muttersprache für eine größere Gruppe innerhalb der Migrantengesellschaft in Deutschland besser vermitteln.

Die Funktion muttersprachlicher Medien ist auf Grund der geschilderten Sichtweisen durchaus ambivalent.

Migrant/innen und Printmedien

Fremdsprachige Presse in Deutschland

Der fremdsprachige Tageszeitungsmarkt besteht aus Tageszeitungen, die hier in Deutschland redaktionell gestaltet und gedruckt werden, und solchen ohne expliziten Deutschlandbezug, die aus dem Ausland importiert und hier verkauft werden. – So werden z. B. die in der Bundesrepublik gedruckten türkischen Tageszeitungen von Redakteur/innen in Deutschland und der Türkei gemeinsam gestaltet. Ihr Umfang variiert zwischen 12 und 28 Seiten. Nachdem die Originalausgabe von den Redakteur/innen in Istanbul vorbereitet und veröffentlicht wurde, gestaltet die Redaktion der Deutschlandausgabe diese je nach Menge der von der Frankfurter Redaktion beschafften Materialien und Anzeigenvorlagen um und schickt sie online nach Frankfurt.

Abends werden die Tageszeitungen gedruckt, von deutschen Verteilerfirmen abgeholt und in der Bundesrepublik oder sonstigen europäischen Staaten vertrieben und an den Kiosken verkauft. Neben den hauptamtlichen Journalist/innen in verschiedenen Großstädten wie Berlin und Köln gibt es zahlreiche nebenamtliche Lokalreporter/innen, die einen

Großteil der Berichterstattung leisten. Man schätzt ihre Zahl allein bei türkischen Tageszeitungen auf 190 Personen im gesamten Bundesgebiet. Da sich deren Berichterstattung hauptsächlich auf lokale Ereignisse bezieht, werden diese Artikel von der türkischstämmigen Bevölkerung mit großem Interesse gelesen.

Im Gegensatz dazu ist die Berichterstattung in den fremdsprachigen Tageszeitungen, die im Ausland redaktionell gestaltet und gedruckt werden, nur in Ausnahmefällen auf die Lebenssituation von Migrant/innen in Deutschland ausgerichtet. Sie stellen vielmehr für ihre Leserschaft eine Brücke zur Heimat dar und dienen damit der Aufrechterhaltung ihrer kulturellen und nationalen Identität. Andererseits bieten sie durch ihre Berichterstattung weniger Orientierungshilfen in der deutschen Gesellschaft und tragen somit auch nur unwesentlich zur gesellschaftlichen Integration ihrer Leser/innen bei.

Welche dieser beiden Funktionen von der fremdsprachigen Presse primär erfüllt wird, hängt sehr stark vom jeweiligen redaktionellen Konzept, der Themenauswahl und der Art der Berichterstattung der Zeitungen ab und kann daher nur auf der Basis einer näheren Analyse der jeweiligen Zeitungen und Zeitschriften dargestellt werden.

a. Türkische Printmedien

Einen ersten Versuch, eine türkische Tageszeitung auf dem deutschen Markt zu etablieren, unternahm bereits Ende der 60er Jahre die türkische Zeitung *Akşam*. Auf Grund der geringen Nachfrage mußte sie nach kurzer Zeit wieder eingestellt werden. 1971 bzw. 1972 folgten dann die drei großen türkischen Tageszeitungen *Tercüman*, *Hürriyet* und *Milliyet*, die seit diesem Zeitpunkt kontinuierlich in der Bundesrepublik erscheinen. Seit Mitte der 70er Jahre versuchen immer mehr türkische Zeitungen, in der Bundesrepublik Deutschland Fuß zu fassen.

Einige dieser Zeitschriften mußten ihr Erscheinen in der Bundesrepublik zeitweilig wieder einstellen, darunter so renommierte Zeitungen wie *Cumhuriyet* und *Sabah*. Z.Zt. erscheinen in der Bundesrepublik acht türkischsprachige Tageszeitungen mit eigenen Europa-Ausgaben. Dabei handelt es sich um die Zeitungen *Hürriyet, Milliyet, Sabah, Türkiye, Zaman, Evrensel, Özgür Politika und Milli Gazete*. Ab März 2000 wird die *Cumhuriyet*, die seit 1990 eine wöchentliche Ausgabe für Europa herausbringt, täglich in Deutschland erscheinen. Alle diese Zeitungen werden in Frankfurt gedruckt. Dort befindet sich auch der jeweilige Hauptsitz der Redaktionen.

Die türkische Presse weist gegenüber der europäischen einige Besonderheiten auf: Die Presse in der Türkei ist immer auch ein Instrument der Modernisierung gewesen, durch das neue Ideen, vor allem westlicher Orientierung, in die Bevölkerung hineingetragen wurden. Aus dieser Tradition folgt ein spezifisches Selbstverständnis der türkischen Presse, das in dieser Form im Westen nicht zu finden ist. Türkische Zeitungen sind nicht nur bemüht, für ihre Leserschaft eine Informationsfunktion zu erfüllen, sondern wollen selbst eine aktive Rolle im Prozeß der gesellschaftlichen Entwicklung spielen. Diesem Selbstverständnis türkischer Zeitungen entspricht der Sachverhalt, daß zu ihren Mitarbeiter/innen traditionell zahlreiche bekannte türkische Schriftsteller/innen zählen und daß das Ansehen einer Zeitung in der Türkei stark von den Namen ihrer Kolumnisten geprägt und beeinflußt wird.

Eine weitere Besonderheit der türkischen Presse besteht in ihrem äußeren Erscheinungsbild: Türkische Zeitungen legen ausgeprägten Wert auf das Visuelle, so daß ihr äußeres Erscheinungsbild in der Regel für ausländische Beobachter alle Anzeichen der europäischen Boulevardpresse aufweist. Die Schlagzeilen erscheinen kürzer und größer als in europäischen Blättern. Fotos beanspruchen einen großen Teil des zur Verfügung stehenden Raumes. Wichtiger als diese formalen Besonderheiten ist jedoch in diesem Zusammenhang das spezifische Selbstverständnis der türkischen Presse, das für alle hier erscheinenden Zeitungen, unabhängig von ihrem politisch-ideologischen Standort, zutrifft: Ausgehend von einem ursprünglichen ›Bildungsauftrag‹ zu den Zeiten der türkischen Elitepresse versteht sich die türkische Presse heute explizit als Anwalt ihrer jeweiligen Leserschaft. Eine entsprechende Interpretation der eigenen Aufgaben findet sich in westlichen Medien so ausgeprägt ausschließlich in der Boulevardpresse. Dieses spezifische Selbstverständnis der türkischen Presse prägt wesentlich die inhaltlichen Schwerpunkte und die Art der Berichterstattung der türkischen Tagespresse.

Daraus folgt für die inhaltliche Konzeption türkischer Zeitungen: Von ihrem eigenen Selbstverständnis her rangiert für türkische Zeitungen die Information ihrer Leserschaft (im Sinne der westlichen Presse) keineswegs an erster Stelle. Damit im Zusammenhang steht aber auch ein anderes Verständnis von Aktualität als in der westlichen Presse. Aktualität bestimmt sich in der türkischen Presse nicht ausschließlich aus den Ereignissen, sondern auch durch die gesellschaftlichen Interessen ihrer als Klientel verstandenen Leserschaft.

Darüber hinaus prägt dieses Selbstverständnis aber auch die Art der Berichterstattung türkischer Tageszeitungen. Ihre anwaltschaftliche Funktion zwingt die Zeitungen auch zu dem Nachweis, sich im Verhältnis zu öffentlichen Institutionen und Behörden massiv für die Interessen ihrer Leserschaft einzusetzen. Auf ihre Berichterstattung wirkt sich dieser Druck häufig in der Weise aus, daß Rang und Bedeutung der verwendeten Quellen oder der Interviewpartner übertrieben dargestellt werden. Zudem läßt sich feststellen, daß Einzelfälle in der Berichterstattung häufig verallgemeinert und als generelle Entwicklungstendenzen dargestellt werden.

In einer Studie des Zentrums für Türkeistudien im Auftrag des Presse- und Informationsamtes der Bundesregierung im Jahr 1996 gab immerhin fast jeder dritte türkische Befragte an, daß er keine türkischen Tageszeitungen liest. Mehr als die Hälfte der Befragten liest mindestens mehrmals pro Woche eine Tageszeitung. Aufgrund fehlender Vergleichswerte muß hier offen bleiben, welchem dieser beiden gegensätzlichen Beobachtungen eine größere Bedeutung beizumessen ist. Es kann allerdings festgestellt werden, daß der Eindruck einer regelmäßigen Nutzung der Tageszeitungen sich nicht beim Abonnement von Tageszeitungen niederschlägt. Der Anteil von 11,2% Zeitungsleser/innen mit Zeitungs-Abonnement an der Gesamtleserschaft deutet daraufhin, daß die tägliche Lektüre einer Tageszeitung nicht automatisch zu einer festen Bindung an eine Tageszeitung führen muß. Es ist vielmehr anzunehmen, daß die geringe Abonnentenzahl von 154 (bei 590 Befragten, die täglich eine Zeitung lesen) auf die wechselhafte Lektüre verschiedener Tageszeitungen schließen läßt.

Bei den türkischen Tageszeitungen ist *Hürriyet* eindeutig marktbeherrschend. Dies ergibt sich aufgrund der offiziellen Auflagenhöhe und wird durch Befragungen der Leserschaft bestätigt. Die Zeitung *Türkiye* erreicht die zweitgrößte Auflagenhöhe. Es folgen *Sabah* und *Milliyet*. Auch diese Reihenfolge nach Auflagenhöhe ist durch die Bevorzugung bestimmter Tageszeitungen bei den türkischen Befragten nachvollziehbar. Für die von der türkischen Bevölkerung gelesenen deutschen Tageszeitungen stellte das Zentrum für Türkeistudien fest, daß den Regionalzeitungen eine hohe Bedeutung zukommt. Die einzige überregionale deutsche Zeitung, die von einem nennenswerten Anteil der Befragten gelesen wird, ist die *Bild-Zeitung*.

Die Mehrheit der Befragten konsumiert ausschließlich heimatsprachliche Tageszeitungen. Allerdings liest fast die Hälfte der Befragten auch deutsche Tageszeitungen. Dennoch bildet die türkische Bevölkerungsgruppe in Deutschland für die Herausgeber von türkischen Tageszeitungen in Deutschland einen interessanten Markt. Nach Angaben der einzelnen Redaktionen erscheinen die türkischen Tageszeitungen z.Zt. mit einer europaweiten Gesamtauflage von ca. 300.000 Exemplaren, wovon ca. 210.000 Exemplare für die Leser/innen in der Bundesrepublik gedruckt werden.

Die Gesamtauflage der auflagenstärksten Tageszeitung, der seit 1971 erscheinenden *Hürriyet*, beträgt nach eigenen Angaben ca. 160.000 Exemplare täglich. Davon werden ca. 107.000 Exemplare in Deutschland abgesetzt. *Hürriyet* gilt als konservativ und hat insbesondere in den letzten Jahren eine deutlich nationalistische Tendenz in der Berichterstattung gezeigt.

Seit Mai 1996 ist auch die größte Tageszeitung in der Türkei, *Sabah*, mit einer eigenständigen Redaktion in Deutschland vertreten. Sabah gilt als liberal und startete mit einer Gesamtauflage von 100.000 Exemplaren für Europa. Nach eigenen Angaben beträgt die derzeitige Auflage ca. 40.000 Exemplare, von denen etwa 25.000 Ausgaben für Deutschland vorgesehen sind.

Milliyet gehört seit 1996 ebenfalls, wie auch *Hürriyet*, zur Doğan-Holding und gibt die tägliche Auflage mit 25.000 Exemplaren an. Etwa 16.000 Zeitungen werden davon für die türkische Bevölkerung in Deutschland produziert. *Milliyet* gilt als linksliberal und erscheint seit 1972 regelmäßig in Deutschland.

Die Tageszeitung *Türkiye*, die seit 1987 in Deutschland erscheint, wird in ihrer redaktionellen Linie allgemein als konservativ-religiös-nationalistisch charakterisiert. Die durchschnittliche Auflagenhöhe gibt die Redaktion mit täglich 65.000 Exemplaren für Gesamt-Europa an. Den größten Absatzmarkt bildet Deutschland mit etwa 40.000 Zeitungen täglich.

Zaman ist seit 1990 auf dem deutschen Markt erhältlich. Die Redaktion von Zaman versteht sich selbst als Vertreter einer intellektuellen, konservativen, religiös orientierten redaktionellen Linie. Die Gesamtauflage beträgt täglich 16.000 Exemplare, davon 13.000 für den deutschen Markt.

Milli Gazete, das Organ der islamistischen Organisation »Islamische Gemeinschaft Nationale Sicht (Milli Görüş)«, wird nur an Abonnenten vertrieben. Die von der Redaktion angegebenen 12.000 Abonnenten sind in der Regel Vereinsmitglieder. Diese Tageszeitung stand der Wohlfahrts-Partei nahe, die im Januar 1998 verboten wurde und nun unter dem Namen Tugend-Partei aktiv ist, und erschien 1973 zum ersten Mal in Deutschland.

Evrensel, vormals *Emek*, versteht sich selbst als linksorientiert und produziert seit 1995 täglich etwa 12.000 Zeitungen. Davon sind etwa zwei Drittel für Deutschland vorgesehen.

Die rechts-nationalistische Tageszeitung *Ortadoğu* ist die türkischsprachige Tageszeitung mit dem kleinsten Leserkreis und gibt ihre Auflage für Deutschland mit täglich 3.000 Exemplaren an. *Ortadoğu* existiert seit dem Jahr 1996.

Eine Sonderrolle im Gesamtspektrum türkischsprachiger Tagespresse in Deutschland nimmt die Zeitung *Özgür Politika* ein. Nach mehrfachem Namenswechsel erscheint die kurdisch-nationalistische Zeitung seit 1995 unter diesem Namen. Sie gilt als links, der PKK nahestehend und erscheint in türkischer Sprache. Die Gesamtauflage für Europa wird von der Redaktion mit ca. 15.000 Exemplaren angegeben.

Neben den Tageszeitungen und zwei reinen Sportzeitungen, *Fotospor* und *Fanatik*, sowie der Wirtschaftszeitung *Dünya Hafta* erscheinen in Deutschland sechs reine Boulevardzeitungen: *Hafta-Sonu, Türkstar, Alem, Show-Magazin, Şamdan und Manşet.*

Neben der türkischen Tages- und Wochenpresse, die als Deutschland- bzw. Europaausgaben der in der Türkei erscheinenden Zeitungen charakterisiert werden können, gibt es mittlerweile eigene Presseerzeugnisse von privaten türkischen Anbietern bzw. von türkischen Selbstorganisationen in Deutschland. Dazu zählt z. B. *Avrupa*, eine kostenlose Quartalszeitschrift in türkischer Sprache, die überwiegend migrationsbezogene und kulturelle Themen behandelt. *Türkiyem*, eine Monatszeitschrift, die in türkischer Sprache erscheint und gleichfalls überwiegend migrationsbezogene und kulturelle Themen behandelt, erscheint mit einem beachtlichen Anzeigenteil. Alle zwei Monate erscheint in deutscher und türkischer Sprache *Sesimiz* (Unsere Stimme), ebenfalls mit Schwerpunkt auf migrationsbezogene und kulturelle Themen.

Seit Anfang 1996 erscheint die türkisch-hessische Tageszeitung *Almanya'da Sesimiz* als »Unsere Stimme in Deutschland«. Zu nennen wäre außerdem für das Ruhrgebiet die *Ruhr-Postasi*, eine 14tägig erscheinende Regionalzeitung, die Nachrichten und Informationen speziell von und für Türken im Ruhrgebiet beinhaltet. *Yöremizin Sesi* und *Öztürk* sind ähnliche, im zweiwöchigen Rhythmus erscheinende Zeitungen aus Solingen. In dieser Art erscheinen in jeder größeren Stadt in Deutschland eine Vielzahl von – auf unterschiedliche Leserkreise abgestimmten – Presseerzeugnissen in türkischer Sprache.

b. Italienische Printmedien

Neben der türkischsprachigen Presse in Deutschland bilden die italienischen Tageszeitungen eine zweite bedeutsame Gruppe auf dem fremdsprachigen Tageszeitungsmarkt. So sind allein acht italienische Zeitungen in Deutschland erhältlich, von denen aber sieben für den italienischen Medienmarkt bestimmt sind und daher keine speziell migrationsbezogenen Themen enthalten.

Lediglich eine Zeitung, die *Corriere d'Italia*, wird ausschließlich in Deutschland vertrieben und berichtet zentral über migrationsbezogene Themen. *Corriere d'Italia* unterhält eine eigene Redaktion in Frankfurt. Sie gilt als liberal, hat eine Gesamtauflage von 7.000 Exemplaren und ist nur im Abonnement erhältlich. Seit Februar 1999 hat die Redaktion einen zweisprachigen *Webgiornale.de* eingerichtet, der im Internet zu lesen ist. Die Beiträge des *Webgiornale.de* betreffen ausschließlich die italienische Minderheit in der Bundesrepublik und sind größtenteils auf italienisch verfaßt. Hinzu kommen Beiträge aus italienischen Zeitungen, die die Italiener im Ausland betreffen. Ein weiterer Teil besteht aus Beiträgen bundesdeutscher Zeitungen, die migrationsspezifische Themen oder Ereignisse des Tagesgeschehens aufgreifen.

Alle anderen Tageszeitungen wie die *Corriere della Sera, Il Giornale, La Stampa, La Repubblica, L'Unita, Gazzetta dello Sport* und die *Il Sole 24 ore* sind Publikationen, die für den Markt in Italien produziert werden.

Die einzige italienischsprachige Wochenzeitschrift, *L'Eco*, die speziell für italienische Migrant/innen in verschiedenen europäischen Ländern produziert wird, unterhält eine Redaktion in der Schweiz. Da in dieser Publikation zahlreiche Migrationsthemen behandelt werden, besitzt sie unter den italienischen Migranten einen relativ hohen Stellenwert. Die Gesamtauflage beträgt 22.000 Exemplare, wovon etwa 1.000 in Deutschland verkauft werden. Außerdem sind in Deutschland gegenwärtig fünf weitere italienische Wochenzeitschriften erhältlich. Diese Zeitschriften werden jedoch für den italienischen Medienmarkt herausgegeben und beschäftigen sich nicht explizit mit Migrationsthemen. Sie werden in Italien gedruckt und mit eintägiger Verspätung von deutschen Vertriebsfirmen in der BRD verkauft.

c. Spanische Printmedien

Für die spanischen Migrant/innen ist die Versorgung mit heimatsprachlichen Medien weniger reichhaltig. Auf dem deutschen Medienmarkt gibt es vier spanische Tageszeitungen, von denen jedoch keine in Deutschland gedruckt wird. Dies sind die links-liberale *El Pais*, die konservative *ABC* und die konservative *El Mundo* sowie die Sportzeitung *Marca*, die auch von der BRD aus abonniert bzw. an Kiosken oder Bahnhöfen erworben werden können. Vor allem *El Pais* findet unter der spanischen Wohnbevölkerung in Deutschland Zuspruch, da sie zum Teil auch Migrantenproblemen Platz einräumt. *El Pais* besitzt eine Gesamtauflage von 565.000 Exemplaren. Die verkaufte Auflage in Deutschland ist leider nicht bekannt.

Außerdem existieren mehrere Wochenzeitschriften. Hinzu kommt die Monatszeitschrift der »Spanisch-katholischen Mission in der BRD«, *Ventana Europea*. Diese ist bei den spanischen Migrant/innen beliebt, da sie sich hauptsächlich ihren spezifischen Angelegenheiten widmet. *Ventana Europea* ist bei den Missionen erhältlich oder kann abonniert werden. Die Zeitschrift *Carta de Espana*, die vom spanischen Ministerium für Arbeit und Soziales herausgegeben wird, beinhaltet speziell für spanische Migrant/innen relevante Themen. Diese Publikation erscheint monatlich, wird in Spanien redaktionell gestaltet und kann von Deutschland aus abonniert werden. Nach Auskunft der Presseabteilung der spanischen Botschaft sind in Deutschland außerdem regionale spanische Wochenzeitschriften wie die *Galicia en el mundo* oder die *La Region* erhältlich, die sich speziell an im Ausland lebende Spanier/innen richten.

d. Portugiesische Printmedien

In der Bundesrepublik Deutschland sind drei portugiesische Tageszeitungen erhältlich. Neben der *Correiro da Manha* ist dies die *Publico*, eine Tageszeitung der politischen Mitte. Darüber hinaus wird die Wochenzeitung *O Emigrante* von der Botschaft, den Konsulaten, den portugiesischen Vereinen und Privathaushalten direkt aus Portugal bezogen. Diese Zeitung besitzt eine Gesamtauflage von 5.000 Exemplaren, kann in Portugal nicht erworben werden und ist speziell für Migrant/innen konzipiert.

Daneben sind in Deutschland diverse Monatszeitungen, die in Deutschland gedruckt und redaktionell für portugiesische Migrant/innen gestaltet werden, erhältlich. Dazu zählt die *Diálogo Europeu*, die *Correio Portugal* und die *Tribuna potugesa*. In Portugal gedruckt und für den deutschen bzw. europäischen Markt hergestellt werden die *Mino Portugês, Lusitano* und *Cravela*. Außerdem sind auf dem deutschen Markt die Wochenzeitschriften *Visao* und *Espresso* erhältlich, die sich aber nicht explizit an Migranten richten. Seit 1998 erscheint quartalsweise das *VPU-Journal*, die Zeitschrift des »Verbandes portugiesischer Unternehmer in Deutschland«. Diese deutsch-portugiesische Wirtschaftszeitschrift richtet sich besonders an die wachsende Zahl portugiesischer Existenzgründer und Unternehmer in Deutschland, aber auch an eine wachsende deutsche Leserschaft.

e. Griechische Printmedien

Die meistverkaufte griechische Tageszeitung in der Bundesrepublik Deutschland ist die *Eleytherotypia*. Sie gilt als liberales Blatt, wird in Griechenland gedruckt und erscheint daher mit eintägiger Verspätung in Deutschland. Für die in Deutschland lebenden Griech/innen haben daher die Wochen- und Monatszeitschriften, die von Griechen in Deutschland herausgegeben und vertrieben werden, eine ungleich größere Bedeutung. Jeweils sonntags erscheint die *To Vima*, eine Wochenzeitung, die der politischen Mitte zugeordnet werden kann.

Als wichtigste Monatszeitschrift gilt *Metanasteftika Nea*, die mit einer monatlichen Auflage von 10.000 Exemplaren vom Verband der griechischen Gemeinden seit 1984 herausgegeben wird. In ihr werden hauptsächlich Themen der Migration behandelt; daher ist sie für die Griechen in Deutschland eine wichtige Informationsquelle. In ähnlicher Auflagenhöhe erscheint *Ellada*, ebenfalls eine Monatszeitschrift, deren Redaktion in Stuttgart ansässig ist. *Das Griechische Echo* und *Die Griechische Stimme* komplettieren das Angebot der griechischen Wochenzeitschriften in Deutschland. Ferner sind für die griechischen Migrant/innen in Deutschland Mitgliederzeitschriften von diversen Verbänden und regionale Anzeigenblätter von Bedeutung. Hier werden vorwiegend Themen, die sich mit der Situation griechischer Migrant/innen in Deutschland auseinandersetzen, redaktionell aufgegriffen. So erscheint im Nürnberger Raum monatlich das Anzeigenblatt *Ellineka Nea*, in Baden-Württemberg das Anzeigenblatt *Odigos* oder im Kölner Raum *Das Griechische Echo*.

Doryforos erscheint viermal im Jahr und greift insbesondere Themen der griechischen und allgemeinen Migration nach Deutschland sowie innen- und außenpolitische Entwicklungen in Griechenland auf. Die Zeitschrift *Orthodoxi Parousia* ist eine vierteljährlich erscheinende Zeitschrift des griechisch-orthodoxen Metropoliten und beschäftigt sich hauptsächlich mit religiösen Themen und ethischen Fragen. Von der Gesellschaft Griechischer Akademiker NRW (GREKA) wird ferner die Zeitschrift *Fylladio* herausgegeben. Sie erscheint jedoch nur einmal jährlich.

Als zweisprachige Zeitschrift ist das Monatsmagazin für griechische Kultur *Chronika-Xponika* hervorzuheben. Sitz der Redaktion ist Berlin. Die Schwerpunkte des Magazins liegen auf den Themenbereichen Politik, Literatur, Musik, Film und Archäologie.

f. Jugoslawische (serbische) Printmedien

In Deutschland erscheinen zwei serbische Tageszeitungen, die in Frankfurt gedruckt werden und speziell für serbische Migranten in Europa konzipiert sind. Es handelt sich dabei um die Zeitungen *Vesti* und *Evropske Novosti*, die in ihrer Berichterstattung stark nationalistisch geprägt sind. Die Redaktionen geben die in Deutschland gedruckte Auflage mit insgesamt 30.000 Exemplaren täglich an. Neben zahlreichen Berichten über die Entwicklungen in der Bundesrepublik Jugoslawien informieren die Blätter ihre Leser insbesondere über Ereignisse innerhalb der serbischen Migrantenszene in Europa.

g. Kroatische Printmedien

In der Bundesrepublik Deutschland werden zwei kroatische Tageszeitungen vertrieben, die beide mehr oder weniger nationalistische Züge zeigen. Neben der *Slobodna Dalmacija* ist dies die *Vecernji*, die in der redaktionellen Linie als stärker nationalistisch gilt und von Kritikern als ›Tudjman-Zeitung‹ charakterisiert wird. Über die Höhe der verkauften Auflage wurde vom Verlag leider keine Angaben gemacht.

h. Bosnische Printmedien

In Deutschland sind gegenwärtig je zwei bosnische Tages- und Wochenzeitschriften, die in Deutschland gedruckt und speziell für die bosnischen Migrant/innen in Deutschland konzipiert sind, erhältlich. Neben der Tageszeitung *Nova Bosna*, einem Boulevard-Blatt mit einer gedruckten Auflage von ca. 15.000 Exemplaren, ist dies die eher als linksliberal einzuordnende *Oslobodenje*. Von der *Oslobodenje* werden täglich 7.000 Exemplare gedruckt. Beide Zeitungen berichten in bosnischer Sprache über aktuelle Entwicklungen in Bosnien, aber auch explizit über die Situation von Bosniern in Deutschland. Wöchentlich erscheinen in Deutschland zwei bosnische Zeitungen: *Ljiljan* und *Slobodna Bosna*. Während die *Ljiljan* redaktionell eher als rechtsnationalistisch zu kategorisieren ist, gilt die *Slobodna Bosna* in ihrer Berichterstattung eher als kritisch und wird dem links-liberalen Spektrum zugeordnet. Beide Wochenzeitungen geben ihre wöchentliche Auflage mit je etwa 10.000 Exemplaren an.

i. Printmedien aus den Maghreb-Staaten

Tageszeitungen aus Marokko sind in Deutschland nicht erhältlich. Die in der Bundesrepublik lebenden Marrokaner/innen nehmen aber – wie auch die Tunesier – arabische oder französische Printmedien in Anspruch. In Deutschland ist ausschließlich eine einzige tunesische Tageszeitung *El Horia* erhältlich. *El Horia* steht der tunesischen Regierungspartei nahe und erscheint in einer Gesamtauflage von 120.000 Exemplaren. In Deutschland werden aber lediglich 300 Zeitungen täglich verkauft.

Als Informationsquelle für tunesische Migrant/innen in Deutschland ist die *Deutsch-Tunesische Rundschau*, die von der Deutsch-Tunesischen Gesellschaft in Bonn herausgegeben wird, von gewissem Interesse. Die Zeitschrift ist speziell für tunesische Migrant/innen und für Mitglieder der Deutsch-Tunesischen Gesellschaft konzipiert und erscheint in deutscher Sprache.

Exkurs: Medienlandschaft von Aussiedler/innen

Deutschstämmige aus dem ehemaligen Ostblock gelten in der wissenschaftlichen und politischen Diskussion um Zuwanderung Sonderfall. Sie müssen hier insbesondere deswegen berücksichtigt werden, da sich in den letzten Jahren in Deutschland eine breite Medienlandschaft entwickelt hat, die in den rußlanddeutschen Zuwanderern ihre Hauptzielgruppe sieht. In der Regel handelt es sich bei den Zeitungen um Wochen- bzw. Monatszeitschriften in russischer und/oder deutscher Sprache. Tageszeitungen speziell für russischstämmige Deutsche existieren nicht. Selbstverständlich sind auf dem deutschen Markt auch russische Tageszeitungen (*Iswestja*, *Wremja* etc.) erhältlich. Diese sollen in der folgenden Übersicht aber nicht berücksichtigt werden.

Russkaya Germanija erscheint seit 1996 wöchentlich in einer Druckauflage von 60.000 Exemplaren in Berlin und ist somit die auflagenstärkste Wochenzeitschrift in russischer Sprache in Deutschland.

Kontakt ist eine der führenden russischsprachigen Zeitungen Deutschlands und erscheint seit 1994 alle 14 Tage in Hannover. Explizites Ziel der Herausgeber ist es, bei der Integration der Spätaussiedler und Zuwanderer aus den Republiken der ehemaligen Sowjetunion durch die Vermittlung von Informationen über Deutschland behilflich zu sein. So wird neben dem aktuellen Weltgeschehen und Entwicklungen insbesondere über die wichtigsten politischen Entwicklungen in Deutschland in russischer Sprache berichtet. Die Druckauflage beträgt nach Angaben der Herausgeber ca. 55.000 Exemplare pro Ausgabe. Die Zeitung verfügt über einen festen Abonnentenstamm von 35.000 Haushalten. *Kontakt* ist an den meisten Flughäfen und Bahnhöfen sowie in 350 russischen Geschäften, ca. 400 Aufnahmeeinrichtungen und bei ca. 100 russischen Vereinen erhältlich.

Ost Express hat eine gesamte Druckauflage von 35.000 Exemplaren und erscheint zweimal monatlich in Ahlen. Die absolute Mehrzahl der Artikel sind in russisch, einige Artikel werden aber auch in deutscher Sprache verfaßt. Auffällig ist ein großer Anzeigenteil und als Beilage das deutsche Fernsehprogramm. Insgesamt befassen sich zahlreiche Artikel mit dem politischen, gesellschaftlichen und kulturellem Leben in Deutschland. Darüber hinaus wird insbesondere über die politischen Entwicklungen in der ehemaligen Sowjetunion ausführlich berichtet.

Ost-West-Dialog erscheint einmal pro Monat in Rheda-Wiedenbrück, überwiegend in russischer Sprache. Einige ausgewählte Artikel sind in deutscher Sprache verfaßt. Die Druckauflage beträgt nach Angaben der Herausgeber ca. 20.000 Exemplare.

Blick, ebenfalls eine rein russischsprachige Monatszeitschrift in Nürnberg, wird gegenwärtig noch kostenlos verteilt und existiert vom Anzeigengeschäft. Die Druckauflage beträgt 5.000 Exemplare. *Blick* ist ein klassisches Anzeigenblatt mit regionalem Bezug.

Volk auf dem Weg (der Name soll nach Angaben der Redaktion die 200jährige Wanderschaft der Rußlanddeutschen zum Ausdruck bringen) erscheint seit 1950 und im Gegensatz zu anderen rußlanddeutschen Publikationen zu 99% in deutscher Sprache in Augsburg. Die Zeitung ist das offizielle Presseorgan der Landsmannschaft der Deutschen aus Rußland, wird ausschließlich den Mitgliedern der Landsmannschaft zugeschickt und ist nicht im Handel erhältlich. Es werden fast ausschließlich volksgruppenspezifische Themen behandelt, wie z.B. integrative Maßnahmen auf allen Ebenen, Aussiedlergesetzgebung, Geschichte der Volksgruppe etc. Die Auflage beträgt z.Zt. 30.000 Exemplare.

Partner ist eine monatlich erscheinende russisch-deutsche Werbungs- und Informationszeitschrift. Fast alle Artikel erscheinen in russisch. Herausgeber ist der »Partner-Verlag« in Dortmund. Neben vielen Anzeigen bietet die Zeitschrift zahlreiche Informationen über Entwicklungen in Deutschland. Aktuelle Urteile oder rechtliche Änderungen (z.B. das neue 630 DM-Gesetz oder das neue Staatsangehörigkeitsgesetz) werden ausführlich erklärt. Die Auflage beträgt 6.000 Exemplare und wird hauptsächlich im Ruhrgebiet vertrieben.

Daneben erscheint in Hamburg monatlich in deutscher Sprache der Euroasiatische Kurier mit einer Gesamtauflage von 40.000 Exemplaren.

Deutschsprachige Zeitschriften für In- und Ausländer/innen

Die Stimme ist eine Monatszeitschrift für In- und Ausländer/innen im Land Bremen und erscheint seit 1986 in deutscher Sprache. Vorrangig werden Themen wie Kultur, aktuelle migrationspolitische Entwicklungen und politische Nachrichten aus dem Ausland behandelt. Ein besonderer Service ist ein umfangreicher Veranstaltungskalender.

Die *Brücke* erscheint seit 1989 alle zwei Monate in deutscher Sprache und wird von dem gemeinnützigen Verein zur Förderung politischer, sozialer und kultureller Verständigung zwischen Menschen deutscher und ausländischer Herkunft, ›Die Brücke e.V.‹ herausgegeben. Sämtliche Themen sind migrationsbezogen. Die Zeitschrift enthält Dokumentationen mit international-politischem Inhalt. Feste Bestandteile sind die Rubriken Medien, Kultur, Portraits, Reportagen.

Cibedo erscheint seit 1986 alle zwei Monate in deutscher Sprache. Herausgeber ist Cibedo e.V., ein eigenständiger Verein, der im Auftrag der Katholischen Bischofskonferenz arbeitet und in Frankfurt sitzt. Die Themen sind ausschließlich religiös und sollen einen Beitrag zum Gespräch zwischen Christen und Muslimen bieten.

Lernen in Deutschland, eine Zeitschrift für interkulturelle Erziehung, erscheint seit 1980 halbjährlich und ist eher als eine pädagogische Fachzeitschrift zu klassifizieren. Intention der Redaktion ist die Förderung des Verständnisses für ethnische Minderheiten, Unterstützung der Sozialisationsarbeit in der Schule, Bereitstellung praktischer Hilfen für Lehrende und Lernende in Form von fachdidaktischen und fachsystematischen Beiträgen.

Die *Zeitschrift für Kulturaustausch* erscheint seit 1950 vierteljährlich, überwiegend in deutscher Sprache. Herausgeber ist das Institut für Auslandsbeziehungen in Stuttgart. Schwerpunkthemen sind die deutsche und europäische Kulturpolitik.

Austausch, ein Informationsdienst, erscheint vierteljährlich und ist nur im Abonnement zu beziehen. Herausgeber ist ebenfalls das Institut für Auslandsbeziehungen in Stuttgart. Veröffentlicht werden Hinweise auf Forschungsarbeiten zum internationalen Kulturaustausch, Artikel zu Themen wie Einstellungen zu Fremden, Vorurteilsforschung, auswärtige Kulturpolitik, deutsches Auslandspersonal, Entwicklungshelfer, Auslandsstudium, ausländische Arbeitnehmer etc.

Die *Zeitschrift für Türkeistudien*, eine wissenschaftliche Fachzeitschrift, erscheint seit 1988 halbjährlich und wird vom Zentrum für Türkeistudien, Essen/Bonn, herausgegeben. Jedes Heft hat einen Themenschwerpunkt. Vorgestellt werden migrationsbezogene Forschungsprojekte, Beiträge über die Türkei sowie über die EU-Türkei-Beziehungen. Feste Rubriken sind: Abhandlungen, Berichte und Kommentare, Dokumentationen, Porträts, Buchbesprechungen, Zeitschriftenschau.

Vom Institut für Sozialarbeit und Sozialpädagogik, Frankfurt/M., wird seit 1979 die *Zeitschrift für Migration und Soziale Arbeit* (ehemals »Informationsdienst zur Ausländerarbeit«) herausgegeben. Diese Zeitschrift erscheint in Form von zwei Einzelheften und einer Doppelnummer jährlich. Neben einem jeweiligen Schwerpunktthema bietet die Zeitschrift Buchbesprechungen, eine umfangreiche Bibliographie zu Migrationsthemen sowie einen Nachrichtenteil.

Mit zwölf Ausgaben pro Jahr informiert *DAMID* (Das Ausländer- und Auslands-Magazin im deutschsprachigen Raum) in Form eines Informationsdienstes über Themen wie Ausländerpolitik, Entwicklungsländer und Entwicklungshilfe. Herausgegeben wird »DAMID« seit 1990 vom Verein Publicata e.V. in Berlin. Themenvielfalt und besonders Aktualität zeichnen diese Publikation aus.

Fernseh- und Hörfunkprogramme der deutschen Sender für Migrant/innen

1961 wurde im Hörfunk der Landesrundfunkanstalten der ARD die erste »Gastarbeitersendung« ausgestrahlt, zunächst für italienische Arbeitsmigranten, die damals die größte Ausländergruppe in der Bundesrepublik bildeten. Erster Anbieter war der Saarländische Rundfunk (SR), es folgten der Bayerische Rundfunk (BR) und dann der Westdeutsche Rundfunk (WDR). Der Ausstrahlung von Rundfunksendungen für die italienischen Arbeitsmigranten folgten 1962 Sendungen für Spanier/innen und Griech/innen. Seit 1964 produzieren die Rundfunkanstalten der ARD Rundfunkprogramme für die in Deutschland lebenden Türk/innen. Diese bildeten für sie – sieht man von Kurz- oder Langwellensendern aus der Heimat einmal ab – neben türkischen Zeitungen lange Zeit die einzige aktuelle muttersprachliche Informationsquelle. Die Intention dieser Programme war, »den der deutschen Sprache nicht mächtigen ausländischen Mitbürgern Grundinformationen für ihre Existenz in der Bundesrepublik, vor allem über das Arbeitsleben, ihre Pflichten und Rechte, zu vermitteln«. (Quelle: Das Ausländerprogramm der ARD, Broschüre des Bayerischen Rundfunks, 1991.) Die veränderte Lebenssituation der Ausländer/innen in der Bundesrepublik spiegelt sich auch in den Inhalten der Programme wider. Das fremdsprachige Programm der ARD umfaßt nach eigenen Angaben vier Themenschwerpunkte: »Existenz- und Orientierungshilfen für das Leben in der Bundesrepublik, Brücke zur Heimat, Musik und Unterhaltung, Sportinformationen«.

Zur Zeit der ersten türkischsprachige Hörfunksendungen von 1964 gab es bereits ca. eine Million ausländische Arbeitskräfte in der Bundesrepublik Deutschland. Gesendet wurde sieben Mal in der Woche zwischen 19.00 und 22.00 Uhr, in türkischer, griechischer, spanischer, polnischer, russischer und italienischer Sprache. Ab 1970 gab es in den Hörfunksendungen auch einen Block in serbokroatischer Sprache. Er wurde jedoch bei Beginn des Bürgerkriegs im ehemaligen Jugoslawien geteilt und wird nun in serbischer, kroatischer und slowenischer Sprache ausgestrahlt.

Bereits im Jahr 1964 beschlossen die Landesrundfunkanstalten, die Ausländersendungen als tägliches Gemeinschaftsprogramm zu senden. Produktion und redaktionelle Gestaltung dieser Sendungen wurden dem Westdeutschen Rundfunk und dem Bayerischen Rundfunk übertragen. Diese Vereinbarung gilt bis heute. In den 60er Jahren wurden den Migrant/innen weder von deutscher Seite noch aus der Heimat muttersprachliche Fernsehprogramme angeboten. Über den möglichen Umfang der Nutzung der deutschen Programme durch die Migrant/innen in dieser

Zeit liegen – soweit bekannt – keine Erkenntnisse vor. Es darf aber davon ausgegangen werden, daß Fernsehen in dieser Zeit keine besondere Rolle spielte, da zum einen die Migrant/innen zum weitaus überwiegenden Teil davon ausgingen, in absehbarer Zeit in die Heimat zurückzukehren, zum anderen die Anschaffung eines damals noch teuren Fernsehgerätes zunächst keine Priorität besaß, zumal das vorrangige Ziel in der Ansparung eines möglichst großen Kapitals zur Realisierung der Pläne in der Heimat bestand.

Fernsehen

Nach der Einführung von muttersprachlichen Angeboten im Rundfunkbereich boten bald auch die ARD-Anstalten, später auch das ZDF Fernsehprogramme für Ausländer/innen an, die bis heute gesendet werden. Diese in italienisch, spanisch, griechisch, türkisch und serbokroatisch ausgestrahlten Sendungen besaßen eine besondere Bedeutung für die Migrantengruppen, die sich in einer hohen Zuschauerquote äußerte. Vor allem die türkische Wohnbevölkerung in der Bundesrepublik nutzte diese Medienangebote in einem überproportional hohen Maß. So sahen vor 1980 75 bis 80% der Türk/innen in Deutschland die türkischsprachigen Fernsehangebote und 40 bis 60% hörten die türkischen Hörfunkprogramme der ARD.

Mit *Babylon* strahlt der WDR Köln seit 1965 kontinuierlich eine fremdsprachige Fernsehsendung aus. Sie ist eine der ältesten »Gastarbeitersendungen« der deutschen öffentlich-rechtlichen Sendeanstalten. Ursprünglich sendete die Vorläufersendung *Ihre Heimat – unsere Heima«* Nachrichten und Berichte aus den Heimatländern der Arbeitsmigranten, die in der Bundesrepublik am stärksten vertreten waren: Türken, Italiener, Jugoslawen, Griechen, Spanier, Portugiesen und Polen. *Babylon* versteht sich heute als Magazinsendung, die auch von vielen Deutschen gern gesehen wird. Daher sendet *Babylon* als einzige Magazinsendung im deutschsprachigen Raum im Zwei-Kanal-Ton-System. Die Themenpalette ist breit und erstreckt sich von Politik und Wirtschaft bis Kultur und gesellschaftspolitischen Themen. Die 60minütige Sendung besteht aus drei Blöcken: Einem EU-Teil (ca. 30 Minuten), der osteuropäische Teil (ca. 15 Minuten für Polen und Ex-Jugoslawien) und einem türkischen Teil (ca. 15 Minuten). Vom WDR-Fernsehen wird *Babylon* jeweils samstags und sonntags, in der Zeit von 10.00 bis 11.00 Uhr ausgestrahlt. Das hessische Fernsehen strahlt die Sendung samstags von 12.00 bis 13.00 Uhr aus. Im Südwest-Fernsehen wird *Babylon* sonntags von 8.00 bis 9.00 Uhr wiederholt.

Bereits seit 1964 strahlt das Zweite Deutsche Fernsehen Sendungen für Ausländer/innen aus, die in Zusammenarbeit mit den staatlichen Sendern ihrer Herkunftsländer produziert werden. Am Anfang stand die vom italienischen Fernsehen RAI produzierte einstündige Sendung *Cordialmente dall'Italia – Herzliche Grüße aus Italien*, die zweiwöchentlich vom ZDF gesendet wurde. Ab 1966 wurde dann in Zusammenarbeit mit Televisione Espana an jedem zweiten Sonntag 45 Minuten lang *Aqui Espana – Hier ist Spanien* ausgestrahlt. 1970 entstand in Zusammenarbeit mit dem jugoslawischen Fernsehen *Jugoslavijo dobar dan – Guten Tag, Jugoslawien*, und ab 1973 wurden auch *Kalimera – Guten Morgen* in griechischer Sprache und *Türkiye Mektubu – Brief aus der Türkei* in türkischer Sprache in das ZDF-Programm aufgenommen. Ab 1975 wurden in diesen Sendungen zusätzlich zu den bis dahin ausgestrahlten Nachrichten und Unterhaltungselementen aus der Heimat Beiträge gesendet, die sich auf das Leben in der Bundesrepublik beziehen.1979 wurde *Portugal minha terra – Portugal, meine Heimat* erstmalig ausgestrahlt. Unter dem Sendenamen *Nachbarn in Europa* bot das ZDF von nun an abwechselnd am Wochenende entweder die türkische, italienische und portugiesische oder die griechische, spanische und jugoslawische Sendung an. Die Nachfolgesendung *Schwarzrotbunt* ist seit 1997 im 14tägigen Rhythmus samstags in der Zeit von 12:30 bis 13:00 Uhr zu empfangen und besitzt ähnlich wie *Babylon* Magazincharakter. Obwohl von der Redaktion nicht explizit genannt, richtet sich *Schwarzrotbunt* heute vermutlich auch an ein breites deutsches Publikum.

Der Videoboom in den 80er Jahren veränderte die Fernsehgewohnheiten der Migrant/innen. Die Funktion der Brücke zur Heimat wurde nun von den Videofilmen erfüllt. Auf Grund der mangelnden Möglichkeiten der

Nachrichtenvermittlung behielten die Ausländerprogramme der deutschen Rundfunkanstalten jedoch zunächst ihre Bedeutung bei. Redakteure und Mitarbeiter der deutschen Angebote muttersprachlicher Sendungen sahen sich jedoch neben der

Etablierung des Videos noch mit einem anderen Problem konfrontiert. Während die Migrantengesellschaft in Deutschland anfangs eine relativ homogene Gruppe bildete, vollzog sich im Laufe der 80er Jahre eine umfassende sozio-demographische Ausdifferenzierung, z. B. durch das Heranwachsen der zweiten und dritten Generation, deren stärkere Bildungsbeteiligung oder auch durch unterschiedliche berufliche oder gesellschaftspolitische Orientierungen innerhalb der türkischen Minderheit. Es wurde daher zunehmend schwierig, in der zur Verfügung stehenden wöchentlichen Sendezeit von 30 bis 40 Minuten die Bedürfnisse der gesamten Zielgruppe zu berücksichtigen.

Diese Medienangebote besitzen heute immer noch eine nicht zu unterschätzende Bedeutung, da sie programmatisch von Konflikten frei sind (bzw. sein sollen), die aus der Heimat importiert werden, wie z. B. das Kurdenproblem oder die Konflikte aufgrund des Erstarkens islamistischer Strömungen in der Türkei. Zudem wird dem deutschen Fernsehen trotz eines starken Rückgangs der Zuschauerzahlen der Ausländerprogramme gerade von den Türken eine größere Objektivität bescheinigt, was möglicherweise für eine Konsolidierung der Zuschauerquoten auf einem niedrigeren Niveau sorgt.

Auf der anderen Seite haben technische Innovationen in der Satelliten- und Übertragungstechnik dafür gesorgt, daß fremdsprachige Programme mittlerweile aus allen Teilen der Welt in Deutschland zu empfangen sind. Somit steht heute fast allen Migrantengruppen auch hier in Deutschland ein breites Spektrum an muttersprachlichen Sendern zur Verfügung. Besonders für die Türken ist dieses Angebot außerordentlich reichhaltig. Im Gegensatz zu allen anderen Gruppen bieten diese Sender z. T. auch ein spezielles, deutschlandbezogenes Programm. Außerdem existieren eine Reihe von türkischsprachigen Fernsehsendern in Deutschland, die sich speziell an die in Deutschland lebenden Migrant/innen richten.

a. Türkisches Fernsehen in der Bundesrepublik Deutschland

Seit November 1986 sendet *BTT (Berlin Türkiyem Televizyonu)* täglich 6 Stunden. Das Programm besteht aus Serien, Musikvideos, Zeichentrickfilmen, Sport- und Frauensendungen.

Das *TFD (Türkisches Fernsehen in Deutschland)* sendet seit 1989 und wird von der islamischen Organisation IGMG (Islamische Gemeinschaft Nationale Sicht) unterstützt, die wiederum die Politik der pro-islamischen türkischen Tugendpartei (ehemals Wohlfahrtspartei) fördert. *TFD* sendet hauptsächlich Programme religiösen Inhalts sowie zahlreiche Berichte und Diskussionen über politische Fragen, eine Presseschau über türkische Zeitungen, Kabarett und satirische Beiträge.

Ebenfalls seit November 1986 ist das *ATT (Avrupa Türk Televizyonu)* zu empfangen. Täglich werden zwei Stunden (von 16 bis 18 Uhr) Programm mit deutschen und türkischen Beiträgen anderer Sender ausgestrahlt. Eigenproduktionen gibt es kaum.

TD 1 ist der größte türkische Privatanbieter in Berlin und verfügt über die längste Sendezeit. *TD 1* hat eine eigene Nachrichtensendung und produziert zum Teil auch Livesendungen. Das Programm besteht aus Musik, Serien, Kinder- und Magazinsendungen, Sport und telefonischer Zuschauerberatung.

Seit April 1991 wird im Zuge der Versorgung vor allem der Großstädte mit Kabelanschlüssen auch der staatliche türkische Fernsehsender *TRT-INT*, der zuvor bereits ein Radioprogramm für die im Ausland lebenden Türken auf Kurzwelle sendete, flächendeckend in die Kabelnetze eingespeist. *TRT-INT* hat die Aufgabe, ein spezielles Programm für die im Ausland – vor allem in Deutschland – lebenden Türk/innen anzubieten. In dem Maße, in dem die Kabelanschlußquote der türkischen Haushalte stieg, sanken Bedeutung und Konsum der türkischen Videokassetten.

Gleichzeitig sank auch die Zuschauerquote der deutschen Fernsehangebote für Migranten. Es zeigte sich deutlich, daß diese Angebote bis dahin in so hohem Maße genutzt worden waren, weil den Migrant/innen in Deutschland keine Alternative zur Verfügung gestanden hatte. Während also die Videokassetten die Möglichkeiten boten, auch außerhalb der Heimat am Unterhaltungsangebot des Herkunftslands teilzuhaben, (aktuelle) Informationen aus dem Herkunftsland jedoch kaum genutzt werden konnten, schloß *TRT-INT* diese Lücke und konnte so einen Großteil der türkischen Fernsehzuschauer/innen von deutschen Sendern abwerben und an sich binden.

TRT-INT dient in erster Linie der Stärkung der Bindung der Auslandstürken an die Türkei und weniger als Medium zur Artikulation und Diskussion ihrer Probleme in Deutschland oder anderen Einwandererstaaten. Schließlich darf nicht vergessen werden, daß es sich bei *TRT-INT* um einen staatlichen Sender handelt, dessen Programminhalte an der staatlichen Politik ausgerichtet sind. Es gelten die Grundsätze des Kemalismus wie Laizismus, Westorientierung, Trennung von Staat und Religion.

Die letzte und aktuellste Phase des Fernsehkonsums ist der Siegeszug des Privatfernsehens. Im Zuge der Liberalisierung der entsprechenden türkischen Gesetze entstand seit 1990 eine ansehnliche Anzahl privater Fernsehsender. Die meisten dieser Fernsehsender werden über Satellit ausgestrahlt und sind im Prinzip, entsprechende Empfangsanlagen vorausgesetzt, auch in fast ganz Mittel- und Westeuropa zu empfangen. Einige Privatsender beabsichtigten, nach dem Vorbild von *TRT-INT* eigene Europa-Programme für die türkischen Migrant/innen anzubieten. Diese unterschieden sich allerdings kaum von den in der Türkei ausgestrahlten Programmen. Da die damit verbundenen Kosten zu hoch und die Werbeeinnahmen zu gering waren, sind diese Pläne mittlerweile wieder aufgegeben worden. Für *TRT-INT* bedeutete die private Konkurrenz einen deutlichen Rückgang der Zuschauerzahlen. Überdies haben sich die Fernsehkonsumgewohnheiten vor allem der jüngeren türkischen Migrant/innen verändert, und sie nutzen auf Grund ihrer besseren Sprachkompetenz häufig gleichermaßen deutsche wie türkische Angebote.

Grundsätzlich läßt sich eine Dreiteilung des türkischen Medienmarktes feststellen, die sowohl für die Türkei als auch für den türkischen Markt in Deutschland gilt: (1) staatliches Fernsehen; (2) privates, kommerziell ausgerichtetes Fernsehen; (3) privates, politisch ausgerichtetes Fernsehen.

Allerdings ist das staatliche Fernsehen nicht politisch unabhängig, wie dies etwa für den öffentlich-rechtlichen Rundfunk in Deutschland gilt. *TRT* befindet sich unter der Kontrolle des türkischen Staates. So ernennt der Staat beispielsweise die Direktoren. Außerdem gelten die in der türkischen Verfassung festgelegten Grundsätze des Kemalismus, die bzw. deren Interpretation für die nationalistischen Elemente des Programms verantwortlich sind.

Demgegenüber sind die kommerziellen Privatsender weitgehend unpolitisch. In ihrer Programmstruktur überwiegt der Unterhaltungsanteil bei weitem. Die Auseinandersetzung mit Politik und gesellschaftlichen Problemen findet lediglich in den Nachrichten und den wenigen Informationssendungen statt. Eine politische Ausrichtung im Sinne einer programmatischen Beeinflussung der Zuschauer läßt sich bislang nicht feststellen.

Für die Türkei gilt zudem eine Differenzierung in landesweite und regionale Sender. Letztere gibt es mittlerweile in nahezu jeder größeren Stadt, so daß die Gesamtzahl der türkischen Fernsehsender momentan zwischen 50 und 60 liegen dürfte. Über Satellit ins Ausland ausgestrahlt werden aber nur landesweit operierende Sender. Eine umfassende Analyse des Deutschlandbildes in türkischen Medien und eine repräsentative Befragung zum Medienkonsum der türkischen Wohnbevölkerung hat das Zentrum für Türkeistudien Ende 1996 im Auftrag des Presse- und Informationsamtes der Bundesregierung durchgeführt.

1990 ging aus den Kabelpilotprojekt-Studios der Anstalt für Kabelkommunikation des Landes Rheinland-Pfalz das türkische Programm *Star 1* der TV-Gesellschaft Magic Box hervor, eine Gründung der Rumeli-Holding. Dieses Programm war allerdings für die etwa 4 Millionen Türk/innen in der Türkei gedacht, die zu dieser Zeit über eine Satellitenempfangsanlage verfügten. *Star 1* wurde nach kurzer Zeit in Interstar umbenannt und war als erster türkischer Sender dann über Satellit auch in Deutschland zu empfangen.

Zwar operierten türkische Privatsender anfangs ohne gesetzliche Grundlage, da entsprechende Gesetze noch fehlten, doch wurden rasch private TV-Gesellschaften gegründet, die ihr Programm teilweise auch über Satellit in Europa ausstrahlten, so daß 1992 vier weitere türkische Sender in Deutschland hinzukamen: *Show TV, HBB, Tele On* und *Kanal 6*. Dieser Trend setzte sich 1993 mit der Aufnahme des Sendebetriebs von *TGRT, atv, Kral TV* und *Kanal Market* fort.

Mit *TGRT* tauchte erstmals ein zwar privates, aber politisch ausgerichtetes Programm auf dem deutschen Markt auf. *TGRT* vertritt bis heute eine nationalistisch-religiöse Linie, die sich auch in der türkischen Tageszeitung *Türkiye*, die seit 1987 in Deutschland vertrieben wird, wiederfindet. Dies verwundert nicht, denn beide gehören zur gleichen Gesellschaft, der Ihlas-Holding. Der türkische Fernsehmarkt differenzierte sich rasch aus. Beispielsweise kam mit *Kral TV* ein reiner Musiksender und mit *Kanal Market* ein Werbekanal auf den Markt.

Der Trend zur Ausdifferenzierung setzte sich 1994 fort, als mit *Satel 2* ein zweiter Musiksender und mit *Cine 5* ein Pay-TV-Sender hinzukamen. Außerdem stieg mit der Doğan-Gruppe, die unter anderem die auflagenstärkste türkische Tageszeitung *Hürriyet* herausgibt, einer der Großen der türkischen Medienbranche ins private Fernsehgeschäft ein. Gemeinsam mit der Doğuş- und der Tekfen-Gruppe gründete Doğan *Kanal D*, der von Beginn an auch in Deutschland zu empfangen war.

1995 und 1996 beschlossen dann die größeren Privatsender *Kanal D, Show TV* und *atv*, nach dem Vorbild von *TRT-INT* ein spezielles Programm für die in Europa lebenden Türk/innen zu produzieren. Die an dieses Programm, *EURO D, Euroshow* und *atv-Int*, geknüpften Erwartungen in Bezug auf die Werbeeinnahmen erfüllten sich jedoch nicht, so daß *atv-Int* und *Euroshow* im Oktober 1996 aufgaben. Statt dessen senden beide Gesellschaften seitdem ihr türkisches Programm. *EURO D* firmiert zwar noch unter dem alten Namen, doch unterscheidet sich auch dessen Programm kaum von *Kanal D*. Die Unterschiede zwischen dem türkischen Programm und dem in Deutschland ausgestrahlten, die auch in der vorliegenden Auswertung festgestellt wurden, beziehen sich auf verschiedene Spielfilme, die am gleichen Sendeplatz in der Türkei und in Europa gesendet werden. Die Gründe sind vermutlich lizenzrechtlicher Art.

Mit *Kanal 7* und *Samanyolu* kamen 1995 und 1996 zwei weitere Privatsender mit politischer Ausrichtung auf den türkischen Markt. Beide senden ein stark religiös-politisch geprägtes Programm, das sich neben einer klaren Betonung islamischer bzw. islamistischer Positionen auch im Unterhaltungsteil durch eine deutlichen Kritik an dem, was die Programmacher unter westlichen Werten verstehen, auszeichnet. Diese Ausrichtung zeigt sich exemplarisch in der völligen Abwesenheit vor allem US-amerikanischer Unterhaltungssendungen (Serien und Spielfilme), die ansonsten einen erheblichen Teil des Programms (nicht nur) der türkischen Privatsender ausmachen.

Ende September 1996 wurden dann auch alle 4 *TRT*-Programme über den türkischen Satelliten *Türksat 1C* in Europa ausgestrahlt. Dieses Angebot wurde jedoch bereits am 25. Oktober aus nicht ganz ersichtlichen Gründen wieder eingestellt. Dies hatte unter anderem eine Kampagne in *Hürriyet* zur Folge, in der die Leser/innen bzw. Zuschauer/innen aufgefordert wurden, durch Anrufe und Briefe ihre Mißbilligung dieser Entscheidung des staatlichen Senders auszudrücken.

Davon abgesehen setzte sich auch 1996 die Etablierung weiterer kommerzieller Programme, die in Deutschland zu empfangen sind, fort. So nahm am 2. Dezember der Musiksender MTV den Betrieb auf. Einige Programme sind unterdessen bereits gescheitert. So gab *Tele On* seinen Betrieb schon im Juli 1993 wieder auf. Der Eigentümer, Cem Uzan, der auch Besitzer von *Interstar* ist, ersetzte ihn aber durch den Musiksender *Kral TV*, der den frei gewordenen Sendeplatz belegte. Ebenfalls wieder verschwunden ist das Werbeprogramm *Kanal Market*. Wie in anderen Ländern so zeigt sich auch in der Türkei eine Tendenz zur Überschätzung der erreichbaren Marktanteile und der damit verbundenen Werbeeinkünfte, die gegenwärtig zu lebhaften Entwicklungen auf dem türkischen Fernsehmarkt führen.

Eine Sonderstellung nimmt *MED TV* ein. Dieser Sender, dessen Eigentumsverhältnisse nicht einwandfrei feststellbar sind, sendet seit einigen Jahren ein pro-kurdisches Programm in türkischer wie in kurdischer Sprache, wobei türkisch überwiegt. Gesendet wurde zunächst aus London, dann aus Belgien. Das Programm zeigt eine deutliche Ausrichtung an den Positionen der radikalen kurdischen Gruppen, was zu heftigen Angriffen in der türkischen Presse geführt hat. Dies betraf auch Deutschland, da Programmteile in Deutschland produziert worden sein sollen. Im März 1999 ist die Ausstrahlung des Senders im Zuge der Festnahme des PKK-Führers Abdullah Öcalans und unter dem Vorwurf der pro-terroristischen Berichterstattung von der belgischen Regierung unterbunden worden. Derzeit läuft gegen das Sendeverbot eine Klage der Betreibergesellschaft.

In der Studie des Zentrums für Türkeistudien im Auftrag des Presse- und Informationsamtes der Bundesregierung wurde die Häufigkeit des Fernsehkonsums bei mehr als der Hälfte der Befragten mit mehr als drei Stunden täglich angegeben. Eine breite ›Spitzengruppe‹ von fünf türkischen Fernsehsendern (*TRT-INT, atv, Show TV, Interstar, TGRT*) zählt dabei zu den am häufigsten gesehenen Sendern. Bei den deutschen Fernsehsendern ist hingegen eine deutliche Bevorzugung der Privatsender (*RTL, Pro 7, Sat 1*) gegenüber den öffentlich-rechtlichen Anbietern (*ARD, ZDF*) zu erkennen.

Beim Fernsehkonsum ist die Bevorzugung heimatsprachlicher Sender deutlich geringer ausgeprägt als bei den Tageszeitungen. Das Radio besitzt für die türkische Wohnbevölkerung offenbar einen geringen Stellenwert. Hier bleibt festzuhalten, daß die Radiokonsumenten mehrheitlich türkische Angebote auswählen. Grundsätzlich konnten zwischen den verschiedenen Medien – Zeitung, Fernsehen und Radio – starke Unterschiede hinsichtlich der heimat- oder deutschsprachigen Orientierung festgestellt werden.

Hörfunk

Seit man auf Grund technischer Innovationen in der Lage ist, ohne größere Investitionen ausländische Programme über Satellit zu empfangen, bevorzugen viele in Deutschland lebende Migrant/innen die muttersprachlichen Sender aus ihrem Herkunftsland. Dennoch stehen auch gegenwärtig noch eine Reihe von fremdsprachigen Angeboten der öffentlich-rechtlichen Sender zur Verfügung. Unter dem Druck von Einschaltquoten und allgemeiner Akzeptanz wurden die bisherigen Sendekonzepte weiterentwickelt und richten sich heute vielfach auch an das deutsche Publikum. Dieser Spagat, einerseits Migrant/innen anzusprechen und andererseits eine für deutsche Zuschauer/innen und Hörer/innen interessante Sendung zu konzipieren, ist einigen Redaktionen offensichtlich gut gelungen.

So wird die Sendezeit des – bis Mai 1999 nur regional in Nordrhein-Westfalen zu empfangenden – einstündigen Programms *Funkhaus Europa* (WDR 5) in Zukunft weiter ausgebaut. Neben einem dreistündigen Morgenmagazin wird auch ein zweistündiges Mittagsmagazin eingerichtet. Gleichzeitig laufen Bestrebungen, dieses Programm künftig bundesweit anzubieten. *Funkhaus Europa* bietet Platz für Reportagen und Gespräche. Insbesondere aktuelle Berichte und Kommentare zur Einwanderungs- und Integrationspolitik und zu bedeutsamen multikulturellen Entwicklungen in Deutschland und Europa machen dieses Programm besonders hörenswert. In der Zeit von 19.00 bis 21:40 Uhr wird auf der Frequenz von *Funkhaus Europa* das fremdsprachige ARD-Gemeinschaftsprogramm ausgestrahlt.

Ein ähnliches Programmschema bietet das Programm *Radio MultiKulti*, das vom Sender Freies Berlin (SFB 4) täglich von 6.00 bis 17.00 Uhr gesendet wird. Wie auch das *Funkhaus Europa* steht das multikulturelle Programm des SFB in der Tradition des öffentlich-rechtlichen Rundfunks und erfüllt eine doppelte Aufgabe: das Programm bietet eine Grundversorgung für Migrant/innen und ihre Familienangehörigen sowie ein Forum der Verständigung zwischen Deutschen und Zugewanderten, »da Information, Aufklärung und wechselseitiges Kennenlernen die Voraussetzungen für Integration sind«, so die Redaktion.

Zunächst war *Radio MultiKulti*, das im September 1994 startete, als Modellversuch auf drei Jahre angelegt. Doch auf Grund der hohen Akzeptanz gehört *Radio MultiKulti* seit Januar 1998 zum Regelprogramm des SFB.

Jeweils sonntags zwischen 11.05 und 14.00 Uhr wird im Hessischen Rundfunk (HR 4) die Sendung *Rendezvous in Deutschland* ausgestrahlt. Die Sendung ist in mehrere fremdsprachige (spanische, türkische, italienische, serbische/kroatische, griechische) und deutsche Blöcke gegliedert und versteht sich als Forum der Migration sowie der Verständigung zwischen Deutschen und Ausländer/innen. Muttersprachliche und deutsche Informationen, Musik und Unterhaltung werden in einem Rhythmus angeboten, so die Redaktion, der es den Hörer/innen unterschiedlicher Herkunft und Sprache und Interessen ermöglicht, sich als Teilnehmer am *Rendezvous in Deutschland* zu verstehen.

Radio Bremen bietet seit 1993 mit der Sendung *Daheim in der Fremde* ein einstündiges Informationsprogramm, das sich zwar ebenfalls primär an Ausländer/innen richtet, aber auch Deutsche informieren möchte und nach Auskunft der Redaktion auch über ein deutsches Stammpublikum verfügt. Die Sendung ist als deutschsprachiges Magazin konzipiert, das neben Weltmusik insbesondere Interviews und Reportagen mit Bezug zur Bremer Region ausstrahlt. *Daheim in der Fremde* wird jeweils samstags in der Zeit von 13.00 bis 14.00 Uhr gesendet.

Fazit

Für fast alle Migrantengruppen in der Bundesrepublik Deutschland stehen heute eigene muttersprachliche Medien zur Verfügung. Ganz besonders ausgeprägt und vielfältig ist dies bei den Türken in Deutschland. Zurückzuführen ist dies in erster Linie darauf, daß die Türken traditionell die größte Ausländergruppe in Deutschland bilden. Aber auch der Grad der gesellschaftlichen Integration und Akzeptanz ist hier von Bedeutung. Somit bildete die Analyse der türkischen Medien bei der Gesamtbetrachtung einen gewissen Schwerpunkt. Die bisherigen Ausführungen zeigten aber auch, daß die Hinwendung von Migrant/innen zu muttersprachlichen Medien durchaus ambivalent ist. So kann diese zur Unterstützung der eigenen ethnisch-kulturellen Identität beitragen. Außerdem können aktuelle Informationen über politische, gesellschaftliche und kulturelle Entwicklungen im Heimatland verfolgt werden. In dieser Hinsicht stellen die Medien Fernsehen und Zeitung auch eine Möglichkeit dar, sich politisch zu artikulieren und gesellschaftspolitische Probleme in Zusammenhang mit der Minderheitensituation der Ausländer aufzugreifen. Im Gegensatz zu diesen integrativen Funktionen der Medien bestehen jedoch auch Befürchtungen, daß die starke Hinwendung zum heimatsprachlichen Medienangebot zu einer allmählichen, sozialen Abschottung der ausländischen Wohnbevölkerung von deutschen Kommunikationsstrukturen z.B. innerhalb der Nachbarschaft führen kann. Außerdem würde eine ›mediale Ghettoisierung‹ der ausländischen Wohnbevölkerung zu einem einseitigen Informationsfluß führen, der nur die Innensicht der nicht-deutschen Minderheit in Deutschland widerspiegelt. Informationen über Strukturen der Mehrheitsgesellschaft werden so systematisch ausgegrenzt. Dies kann nicht ohne negative Konsequenzen für gesellschaftliche Integrationsprozesse bleiben, da gegenseitiger Informationsaustausch zwischen Minderheiten- und Mehrheitsgesellschaft als Voraussetzung für die Entstehung von Vertrauen gesehen werden kann. Wenn auch die türkischstämmige Bevölkerung in Deutschland über die breiteste Angebotspalette verfügt, so können auch andere Ausländergruppen auf zahlreiche muttersprachliche Medien zurückgreifen. Boten diese zunächst z.T. Orientierungshilfen in der fremden Gesellschaft oder schlugen eine Brücke zum Herkunftsland, so sind sie heute in ihrer Funktion und in ihrem Erscheinungsbild so vielfältig wie es die Menschen sind, die in den letzten 40 Jahren nach Deutschland kamen. Eine pauschale Bewertung ist daher nicht möglich – zu heterogen ist die Medienlandschaft von und für Migranten in der Bundesrepublik. Durch technische Innovationen in der Übertragungs- und Computertechnik, durch immer günstigere und vielfältigere Reisemöglichkeiten, sind die Bindungen der Auswanderer an ihre Herkunftsländer im Laufe der Jahre immer einfacher aufrecht zu erhalten. Die Funktion muttersprachlicher Medien wird daher nicht in erster Linie von ihren Inhalten bestimmt, sondern in besonderem Maße durch die deutsche Aufnahmegesellschaft.

Literatur

Ausländerbeauftragte der Bundesregierung (Hg.): *Bericht ›99. Zur Situation der ausländischen Arbeitnehmer und ihrer Familien.* Bonn 1990.

Bundeszentrale für politische Bildung (Hg.): *Ausländer und Massenmedien. Bestandsaufnahme und Perspektiven.* Bonn 1987.

Darkow, M./Eckhardt, J./Maletzke, G.: *Massenmedien und Ausländer in der Bundesrepublik Deutschland.* Schriftenreihe Media Perspektiven. Bd. 5, Frankfurt a. M./Berlin 1985.

Eckhardt, Josef: »Massenmedien und Ausländer in Nordrhein-Westfalen«. In: *Media Perspektiven* 10 (1990).

– : »Nutzung und Bewertung von Radio- und Fernsehsendungen für Ausländer. Ergebnisse einer Studie am Beispiel Nordrhein-Westfalen«. In: *Media-Perspektiven* (1996).

Goldberg, Andreas: »Importierte Fremdheit«. In: *Zeitschrift für Kultur* 47. Jg. 1&2 (1997).

– : »Mediale Vielfalt versus mediale Ghettoisierung«. In: *Zeitschrift für Migration und soziale Arbeit* 2 (1998).

– /Şen, Faruk: *Türken in Deutschland.* München 1994

Gökçe, Orhan/Wachtel, Martin: »Medienangebot im Gastland Bundesrepublik. Für Ausländer und über Ausländer«. In: *Forum. Zeitschrift für Ausländerfragen und –kultur* 3–4 (1986).

Zentrum für Türkeistudien (Hg.): *Die türkische Presse in der Bundesrepublik.* Bonn 1986

– (Hg.): *Zum Integrationspotential der türkischen Tagespresse in der Bundesrepublik Deutschland.* Opladen 1991

– (Hg.): *Ergebnisse einer Untersuchung zum Fernsehverhalten in türkischen Haushalten in der Bundesrepublik.* ZfT-aktuell Nr. 2. Essen 1992

– (Hg.): *Die türkischen Programme im Berliner Kabelfernsehen zwischen Integration und medialer Isolation. Ergebnisse einer Tagung in Berlin am 5. Mai 1992.* Working Paper Nr. 8. Essen 1992.

– (Hg.): *Medienkonsum innerhalb der türkischen Bevölkerung in Nordrhein-Westfalen mit besonderer Berücksichtigung von Videofilmen mit islamisch-fundamentalistischem Inhalt.* Essen 1993

– (Hg.): *Kurzfassung der Studie zum »Medienkonsum der türkischen Bevölkerung in Deutschland und Deutschlandbild im türkischen Fernsehen«.* Bonn 1997

2. Forschungszentren / Institutionen / Interkulturelle Preise

Institut für Migrationsforschung, Ausländerpädagogik und Zweitsprachendidaktik (IMAZ) an der Universität GH Essen

Die fünf Schwerpunkte des Instituts widmen sich folgenden Teilbereichen:

1. Migrationsforschung: Soziale, historische und ökonomische Aspekte der Arbeitskräftewanderung in Europa. Problem der Rückwanderung von Wanderarbeitnehmern. Ethnische Identität im internationalen Vergleich. Integration ausländischer Arbeitnehmer in Ballungsgebieten.

2. Interkulturelle Pädagogik: Internationaler Vergleich von Maßnahmen zur schulischen Betreuung der Kinder von Wanderarbeitnehmern. Entwicklung von Studien- und Ausbildungskonzepten für die Qualifizierung pädagogischen Fachpersonals. Analysen der Bildungsbeteiligung ausländischer Schüler in den Schulformen und Schulstufen des westdeutschen Schulsystems. Entwicklung einer Didaktik für den Unterricht von ausländischen und deutschen Schülern im deutschen Schulsystem (interkulturelle Erziehung). Berufsorientierung und Berufsausbildung ausländischer Jugendlicher. Entwicklung und Erprobung von Konzeptionen für eine Sozialarbeit mit Ausländern (Gemeinwesenarbeit). Konzepte des Umgangs mit Fremden in der schulischen und außerschulischen Bildungsarbeit.

3. Zweisprachendidaktik: Angebot von problemorientierten Sprachkursen zum Aufbau einer Qualifikation für den Unterricht des Deutschen als Zweitsprache auf der Grundlage des Erwerbs vertiefter Kenntnisse des Türkischen oder Griechischen. Entwicklung didaktischer Konzeptionen und Materialien für den Unterricht des Deutschen als Zweitsprache. Entwicklung von Handreichungen für die Verwendung des Türkischen in speziellen Kommunikationssituationen (z. B. Türkisch am Krankenbett).

4. Weiterbildung/Beratung: Förderkurse für ausländische Schüler von Essener Schulen. Weiterbildung von Lehrern und pädagogischem Fachpersonal des außerschulischen Erziehungs- und Bildungswesens für den Umgang mit Adressaten ausländischer Herkunft. Wissenschaftliche Beratung und Begleitung von Modellmaßnahmen und Modellversuchen in Interkultureller Pädagogik.

5. Ausländersozialarbeit und Zweitsprachendidaktik: Integration von Aussiedlern, Interkulturelles Lernen.

Zentrum für Antisemitismusforschung (ZfA) der Technischen Universität Berlin

Im Mai 1979 beschließt das Kuratorium der Technischen Universität die Gründung eines »Zentrums für Antisemitismusforschung« als gemeinsame Initiative des TU-Präsidenten und des Vorsitzenden der jüdischen Gemeinde in Berlin. Im Juni 1982 nimmt das ZfA seine Tätigkeit offiziell auf. 1983 wird die Forschungsbibliothek mit einem Erstbestand von 3500 Titeln antisemitischer Literatur eröffnet. 1992 entsteht der Verein »Freunde und Förderer des Zentrums für Antisemitismusforschung«.

Das Zentrum für Antisemitismusforschung ist die einzige und zentrale Einrichtung ihrer Art in Europa. Die interdisziplinäre Grundlagenforschung zum Antisemitismus wird durch angrenzende Schwerpunkte, deutschjüdische Geschichte und Holocaustforschung, ergänzt. Das Zentrum für Antisemitismusforschung, das in die akademische Lehre eingebunden ist, wird in hohem Maße auch als eine öffentliche Institution verstanden, die weit über den Rahmen eines Universitätsinstituts hinaus Dienstleistungen und Aufklärungsarbeit für die Öffentlichkeit erbringt. Der Antisemitismus kann aufgrund seiner langen Existenz und seiner vielfältigen Erscheinungsweisen als das Paradigma für die Erforschung von sozialen Vorurteilen und Gruppenkonflikten gelten. Mit den gegenwärtigen weltweiten Wanderungsbewegungen und mit der Neuformierung von Gesellschaften mit großen ethnischen Minderheiten in Europa wiederholen sich strukturell viele Konflikte und Problemstellungen, die wir aus der Geschichte des Zusammenlebens von Juden und Nichtjuden kennen. Gerade deshalb kann sich das ZfA nicht auf den engeren Gegenstand beschränken, es versteht sich vielmehr als zentraler Ort für allgemeine und übergreifende Forschungen zu Vorurteil und Diskriminierung, zu allen Formen gewaltsamer Verfolgung von ethnischen Gruppen bis hin zum Völkermord, zu Migrationsprozessen und Minoritätenkonflikten, zur Geschichte diskriminierter Minderheiten, zu ethnozentrischem politischen Extremismus. Der Begriff des Antisemitismus muß deshalb im Sinne einer Forschungsstrategie erweitert werden und die genannten Phänomene einbeziehen. Die Beobachtung aktueller Trends im Bewußtsein und im politischen Verhalten der Deutschen (Antisemitismus, Fremdenfeindschaft, Extremismus) mit empirischen Methoden der Sozialwissenschaft ist ein wichtiger Arbeitsbereich des Zentrums. Zu den Aktivitäten (Tagungen, Gastprofessuren, Betreuung von Studien) des ZfA gehören auch regelmäßige Gespräche und Lesungen in der Reihe *Horizonte* in Zusammenarbeit mit dem Berliner Ensemble. Darin berichten Zeitzeugen über die nationalsozialistische Verfolgung und deren Wirkungen nach 1945.

Gleichzeitig kooperiert das Zentrum seit 1994 mit dem Literaturforum im Brechthaus (Berlin) in der Reihe *Lebenszeugnisse*. Autoren biographischer und autobiographischer Neuerscheinungen kommen dabei zu Wort.

Adresse: Zentrum für Antisemitismusforschung, Technische Universität Berlin, Ernst-Reuter-Platz 7, 10587 Berlin.

Das Zentrum für Türkeistudien (ZFTS), Essen

Die Zielsetzungen des 1985 gegründeten Zentrums für Türkeistudien sind die Intensivierung der deutsch-türkischen Beziehungen, Förderung des Wissens- und Informationsstandes über die Türkei und die türkischen Migrant/innen in Europa, Förderung der Zusammenarbeit zwischen der Türkei, Deutschland und europäischen Staaten, Forschung, Öffentlichkeitsarbeit. Das Zentrum organisiert wirtschafts- und sozialwissenschaftlichen Studien, Expertisen und Berichte als auch Fachtagungen, Kongresse und ähnliche Veranstaltungen sowie die regelmäßige Berichterstattung über wissenschaftliche und politische Entwicklungen, die insbesondere die ausländerpolitischen Interessen der Bundesrepublik Deutschland berühren. Inhaltlich stehen dabei Fragen der Arbeitsmigration sowie der wirtschaftlichen und sozialen, wissenschaftlichen und kulturellen Beziehungen mit der Türkei im Vordergrund.

Arbeitsschwerpunkte: 1. Sozioökonomische und politische Entwicklungen in der Türkei; außenwirtschaftliche und politische Beziehungen der Türkei zu den Nachbarstaaten und der EU; 2. Allgemeine Migrationsforschung in der Bundesrepublik Deutschland und anderen europäischen Staaten (Schwerpunkte: Ausländische Senioren, Ausländische Unternehmer, Ausländer als Konsumenten, ausländische Medien, Islam in der Migration, etc.); Regionale Schwerpunkte: Türkei, Mittelasien, Balkan, Deutschland, EU.

Veröffentlichungen: Reihe: *Studien & Arbeiten, Working-Paper, ZfT-aktuell, Zeitschrift für Türkeistudien* (ZFTS), *ZfT-Info* und Tätigkeitsbericht.

Periodische Veranstaltungen: »Bonner Gespräche« (6 × jährlich), »Literaten aus der Türkei« (5 × jährlich), »Essener Runde« (4 × jährlich), Tagungen, Symposien, Workshops (unregelmäßig).

Einige der laufenden Projekte:
- Lebenssituation der Türken in NRW. Eine Quasi-Panel-Befragung. Ständiges Projekt im Auftrag des Ministeriums für Arbeit, Soziales und Stadtentwicklung, Kultur und Sport des Landes Nordrhein-Westfalen.
- »Muslime in Deutschland«. Rahmenbedingungen und Handlungsstrategien zur Verbesserung des Integrationspotentials muslimischer Selbstorganisationen auf kommunaler Ebene.
- Die Ablehnung bzw. Akzeptanz infrastruktureller Einrichtungen der türkischen Minderheit. Teilprojekt im Auftrag des Ministeriums für Wissenschaft und Forschung

des Landes Nordrhein-Westfalen. Abschluß Mai 1999.

- Ansätze der Islamisierung in der türkischen Wirtschaft. Im Auftrag des Ministeriums für Schule und Weiterbildung, Wissenschaft und Forschung des Landes Nordrhein-Westfalen. Abschluß im Juli 1999.
- Interkulturelles Konfliktmanagement: Entwicklungen von Bearbeitungsstrategien fremdenfeindlicher Strukturen bei Deutschen und Nichtdeutschen. Im Auftrag des Bundesministeriums für Arbeit und Sozialordnung.
- Fortführung und Erweiterung der regionalen Transferstellen zur Integration ausländischer Unternehmen in NRW mit Sitz in Duisburg, Essen und Bonn. Im Auftrag des Ministeriums für Wirtschaft und Mittelstand, Technologie und Verkehr des Landes Nordrhein-Westfalen.
- Modellprojekt zur Förderung der beruflichen Ausbildung in türkischen Betriebsstätten. Im Auftrag des Bundesministeriums für Arbeit und Sozialordnung.

Adresse: Zentrum für Türkeistudien, Altendorfer Straße 3, 45127 Essen –
http://www.uni-essen.de/zft

Institut für Migrationsforschung und Interkulturelle Studien (IMIS) an der Universität Osnabrück

IMIS beschäftigt sich mit Problemen von Wanderungsbewegungen (Migration) und Eingliederung (Integration) in Geschichte und Gegenwart. Das Institut wurde 1991 als eine interdisziplinäre und interfakultative Einrichtung der Universität Osnabrück gegründet. IMIS vereinigt Wissenschaftler/innen aus Demographie, Geographie, Geschichte, Literaturwissenschaft, Pädagogik, Politikwissenschaft, Psychologie, Rechtswissenschaft und Soziologie. Zu den Aufgaben des Instituts gehören u.a. der Ausbau des interdisziplinären Forschungsschwerpunktes ›Migration und Interkulturelle Studien‹ an der Universität Osnabrück, die Koordination von Arbeitsvorhaben, die Kooperation mit anderen Forschungsinstitutionen im In- und Ausland, Veranstaltungen, Kolloquien, Veröffentlichungen und wissenschaftliche Beratung.

Forschungsbereiche: Wanderung und Wanderungspolitik in Deutschland, Europa und im atlantischen Raum: Geschichte und Gegenwart; Migration – Nationalstaat – Wohlfahrtsstaat: Deutschland und Europa; Einwanderungspolitik und Einwanderungsgesetzgebung: Deutschland im internationalen Vergleich; Migration – Ethnizität – Multikulturalismus; Kulturelle Lebensformen im Eingliederungsprozeß – Geschlechterverhältnisse – Frauenforschung; Aussiedlerzuwanderung und Aussiedlerintegration; Flucht – Vertreibung – Umsiedlung; Migration, Arbeitsmarkt- und Bildungsforschung.

Im *Graduiertenkolleg* ›Migration im modernen Europa‹, das seit 1995 besteht, werden unter Beteiligung verschiedener Fachdisziplinen Wanderungsgeschehen und Wanderungsverhalten, Formen und Folgen der Einbeziehung bzw. Ausgrenzung sowie Traditionen, aktuelle Verhaltensweisen und Regeln des Umgangs mit Zu- und Einwanderern in europäischen Staaten vergleichend untersucht. Die Dissertationen der bisherigen Graduierten sind detailliert im Internet vorgestellt.

Die IMIS Webseite bietet sehr präzise Angaben über alle Veröffentlichungen des Instituts. Manche Schriften sowie Beiträge der IMIS-Hefte können von der Seite heruntergeladen werden.

Im Eigenverlag erscheinen (etwa halbjährlich) die »IMIS-Beiträge«. Sie enthalten Projektergebnisse und Informationen des Instituts sowie Vorträge und andere kleinere Arbeiten.

Adresse: Universität Osnabrück IMIS / Fachbereich 2, Neuer Graben, 19/21, D-49069 Osnabrück –
http://www.IMIS.uni-osnabrueck.de

Das Fremde und das Eigene – Probleme und Möglichkeiten interkulturellen Verstehens. Ein Forschungsprojekt der Volkswagen-Stiftung in Hannover

Aus der Vielzahl der Forschungsprojekte, die im Kontext der Einwanderung oder der Interkulturalität im Lauf der 90er Jahre angelaufen sind, nimmt dieses Projekt eine besonders exponierte Stellung ein. Zum ersten Mal in der Geschichte der jungen Republik bekennt sich eine öffentliche Stiftung zur eigenen Verantwortung im Bezug auf das Zusammenleben von alten und neuen Bürgern des Landes: »Weder soll das Eigene dem Fremden, noch das Fremde dem Eigenen geopfert werden«. Dem Bekenntnis hat dieses Mal die Tat zu folgen und daher lautet das engagierte Ziel des Schwerpunktes: »Dieses [s. o.] für das politische, gesellschaftliche und kulturelle Leben immer dringlicher werdende Problem muß auch für die Wissenschaft als Aufgabe und Herausforderung verstanden werden. Gerade sie hat mit den ihr eigenen Möglichkeiten verbesserte Voraussetzungen für interkulturelles Verstehen zu schaffen.« Der Schwerpunkt wurde 1992 als neuer Bereich des Stiftungsprogramms mit einem mittleren Förderungsvolumen von 16,4 Mio. DM 1992 eingerichtet. Inzwischen sind Forschungsprojekte, Fachtagungen und Nachwuchswissenschaftler/innen sowohl in der Bundesrepublik als auch im Ausland gefördert worden. Vor allem die ab 1998 bewilligten Projekte weisen jene praktischen Bezüge aus, die vom Schwerpunkt vorgesehen sind. Ob sich daraus auch die gewünschten Perspektiven ableiten lassen, ist abzuwarten. Die im Internet vorgestellten Projekte vermitteln den Eindruck, daß trotz intellektueller Notwendigkeit der einzelnen Projekte brisante Forschungsansätze rar sind.

Veröffentlichungen: *Bericht 1995*. Hannover 1996; *Informationen für Antragsteller*. Hannover 1996.
Internet-Adresse: http://www.volkswagen-stiftung.de/

Das europäische Forum für Migrationsstudien (EFMS) an der Universität Bamberg

Das europäische Forum für Migrationsstudien (EFMS) ist ein wissenschaftliches Institut an der Otto-Friedrich-Universität Bamberg, das 1993 gegründet worden ist. Seine Aufgaben umfassen Forschung, Dokumentation, Beratung und Öffentlichkeitsarbeit im Bereich Migration, Integration und Migrationspolitik in der Bundesrepublik Deutschland und in Europa. Als universitäres Forschungsinstitut erfüllt das EFMS Infrastrukturaufgaben wie Dokumentation, Politikberatung, Öffentlichkeitsarbeit und Dienstleistungen und führt einige wissenschaftliche Projekte zum Themenkreis Migration, Integration von Migranten und Migrationspolitik durch.

Das EFMS schrieb 1998 erstmals den von der Kreissparkasse Bamberg gestifteten Forschungspreis Migration und Integration aus.

Forschungsbereiche: Migration und Integration in Zahlen, Migrationsprozesse, Europäische Migrationspolitik, Illegale Ausländerbeschäftigung, Einwanderungsgesellschaft, Netzwerkaktivitäten.

Veröffentlichungen: *Forum Migration* ist eine Buchreihe des EFMS, in der Kernthemen der Institutsarbeit behandelt werden. *Migration Report* (ehemals Press Mirror) ist ein seit 1994 vierteljährlich erscheinender Überblick über die Berichterstattung der wichtigsten überregionalen Tageszeitungen und Zeitschriften sowie einiger ausgewählter internationaler Zeitungen über aktuelle Ereignisse im Themenbereich der Institutsarbeit. Die *Migration* und *Integration in Zahlen* (Bonn 1997), ein statistisches Handbuch mit Gesetzestexten und methodenkritischen Gelben Seiten ist als CD-Rom oder als Buch über das EFMS erhältlich; die *EFMS Papers* bieten Beiträge aus der Arbeit des Instituts; sie können gegen eine Schutzgebühr über das EFMS bezogen werden.

Adresse: Europäisches Forum für Migrationsstudien (EFMS) an der Otto-Friedrich-Universität Bamberg, Katharinenstr. 1, D-96052 Bamberg

Das Forschungszentrum für internationales und europäisches Ausländer- und Asylrecht (FZAA) an der Universität Konstanz

Das Forschungszentrum für internationales und europäisches Ausländer- und Asylrecht (FZAA) wurde 1994 an der Universität Konstanz gegründet. Ziel des Zentrums ist es, die internationalen und europäischen Einflüsse auf das bundesdeutsche Ausländerrecht verstärkt in das öffentliche und akademische Interesse zu rücken.

Seit Ende 1995 sind die eigenen elektronischen Dokumentationssysteme »HaiLite« und »HaiRspr« unter dem Datenbankprogramm »AskSam« im Einsatz. Es werden kontinuierlich Internet-Publikationen von Mitarbeitern des Forschungszentrums sowie EU-Verträge, Entscheidungen und Konferenzbeiträge bereitgestellt. Sie geben die Meinungen der Verfasser wieder und dürfen nicht als Tendenz des Forschungszentrums mißverstanden werden. Das Institut veranstaltet regelmäßigen Konferenzen, Tagungen und Lehrveranstaltungen.

Arbeitsbereiche: Europarecht (Aufenthaltsrecht, Sozialrecht, Assoziationsrecht), Nationales Recht (Aufenthaltsrecht, Ausländerrecht, rechtliche Rahmenbedingungen einer Migrationspolitik in der Bundesrepublik Deutschland, Arbeitsrecht), ausländisches Recht am Beispiel Österreichs; Statistiken zu Europa und Deutschland: z.B. Asylbewerberzahlen 1998, Asylbewerberzugänge aus Jugoslawien (Januar 97 – Juli 98), Entscheidungen des Bundesamtes im Juli 98, Hauptherkunftsländer (Januar – Juli 98), monatlicher Asylbewerberzugang (Vergleich von 92 bis Juli 98).

Landeszentrum für Zuwanderung Nordrhein-Westfalen (LzZ)

Das Landeszentrum für Zuwanderung ist eine Abteilung der Landesstelle für Aussiedler, Zuwanderer und ausländische Flüchtlinge in Nordrhein-Westfalen. Es untersteht der Dienstaufsicht des Landesversorgungsamtes Nordrhein-Westfalen und der Fachaufsicht des Ministeriums für Arbeit, Soziales und Stadtentwicklung, Kultur und Sport des Landes Nordrhein-Westfalen. Das Zentrum wurde 1995 gegründet und nach dem politischen Willen der Landesregierung soll der Mitarbeiterstab aus unterschiedlichen Ethnien bestehen. Das LzZ versteht sich als Vernetzung von Praxis und Forschung, d.h. als Schnittstelle zwischen den öffentlichen und privaten Trägern der Migrationspraxis sowie zwischen wissenschaftlichen Einrichtungen und politischen Entscheidungsträgern. Hierzu werden gleichstellungsorientierte Integrationskonzepte in enger Kooperation mit Trägern der Migrationsarbeit entwickelt, umgesetzt und evaluiert; Programme der Fort-, Weiterbildung und Beratung mit und für Migranten und ethnische Minderheiten modellhaft entwickelt, implementiert und evaluiert; Diskriminierungstatbestände dokumentiert und auf deren Basis Vorschläge zu ihrer Überwindung erarbeitet; der bewußte Umgang mit in der Mehrheitsgesellschaft und in den Gruppen der Zugewanderten geltenden Werten und Normen gefördert; Modelle der Konfliktvermeidung in Stadtteilen mit unterschiedlichen Bevölkerungsgruppen entwickelt und erprobt; Migranten angeregt, sich in Vereinen, Verbänden, politischen und gewerkschaftlichen Organisationen der Aufnahmegesellschaft zu engagieren sowie diese Prozesse wissenschaftlich begleitet und interkulturelles Lernen in allen Altersstufen und Lebenslagen unterstützt.

Ein Teilbereich des LzZ ist die Gleichstellung ethnischer Minderheiten, die folgende Ziele verfolgt:

Begleitung und Evaluation von Projekten und Maßnahmen gegen Rassismus und Diskriminierung; Aufbau einer laufenden Dokumentation von Diskriminierungstatbeständen in Kooperation mit bestehenden Antidiskriminierungsprojekten in Nordrhein-Westfalen; Mitwirkung bei der Konzipierung und Erprobung von Trainingsprogrammen zur Prävention und Überwindung von Rassismus und Diskriminierung; Beratung öffentlicher und privater Institutionen bei der Konzipierung und Erprobung von Gleichstellungsplänen und -vorhaben sowie ihre Begleitung und Evaluierung.

Internet-Adresse: http://www.lzz-nrw.de

Interkulturelle Preise:

Der Adelbert-von-Chamisso-Preis der Robert Bosch Stiftung in Stuttgart

Der Chamisso-Preis benannt nach dem deutschen Schriftsteller französischer Herkunft und Muttersprache, Adelbert von Chamisso (1781–1838), wurde 1985 von der Robert Bosch Stiftung (Stuttgart) eingerichtet. Er wird jährlich von der Bayerischen Akademie der Schönen Künste in München vergeben und ist mit einem Preisgeld von 20.000 DM verbunden; direkte Bewerbungen sind nicht vorgesehen.

Mit dem Preis soll das literarische Werk von Autor/innen ausgezeichnet werden, die nichtdeutscher Sprachherkunft sind, aus einer Einwanderungsfamilie stammen oder Deutsch in einem nichtdeutschen Sprach- und Kulturraum erlernt haben, deren Werke aber von ihren Themen und Adressaten her der deutschsprachigen Literatur angehören. In Frage kommen nur literarische Texte, die in deutscher Sprache verfaßt oder in unmittelbarem Zusammenhang mit dem Entstehungsprozeß ins Deutsche übertragen worden sind. Berücksichtigt werden nur veröffentlichte Werke.

In Verbindung mit dem Adelbert-von-Chamisso-Preis wurde ein jährlicher Förderpreis von DM 10.000,– eingerichtet. Bei diesem Preis können auch unveröffentlichte und unselbständig veröffentlichte Texte berücksichtigt werden, die (jeweils bis Ende Mai für das folgende Jahr) einzureichen sind.

Über die Preise sowie über die Ehrengabe entscheidet eine von der Bayerischen Akademie der Schönen Künste eingesetzte Jury. Zwischen 1895–1995 wurde die Jury von dem Initiator des Preises, Harald Weinrich, geführt, der wegen eines Rufes an das Collège de France im Jahre 1996 aus dem Beirat ausgeschieden ist.

Liste der Preisträger 1985–2000

1985 Aras Ören – Rafik Schami (Förderpreis)
1986 Ota Filip – (statt des Förderpreises wurde ein literarisches Preisausschreiben unter dem Motto »Über Grenzen« durchgeführt)
1987 Franco Biondi und Gino Chiellino ex aequo
1988 Elazar Benyoetz – Zafer Şenocak (Förderpreis)
1989 Yüksel Pazarkaya – Zehra Çırak (Förderpreis)
1990 Cyrus Atabay – Alev Tekinay (Förderpreis)
1991 Libuše Moníková – SAID (Förderpreis)
1992 Adel Karasholi und Galsan Tschinag ex aequo
1993 Rafik Schami – Ismet Elçi (Förderpreis)
1994 Dante Andrea Franzetti – Dragica Rajčic (Förderpreis)
1995 György Dalos – Lásló Csiba (Förderpreis)
1996 Yoko Tawada – Marian Nakitsch (Förderpreis)
1997 Güney Dal und José F.A. Oliver ex aequo; Jiří Gruša (Ehrengabe zum Adelbert-von-Chamisso-Preis)
1998 Natascha Wodin – Abdellatif Belfellah (Förderpreis)
1999 Emine Sevgi Özdamar – Selim Özdogan (Förderpreis)
2000 Ilja Trojanow – Terézia Mora und Aglaja Veteranyi (Förderpreis).

Zur weiteren Förderung der Chamisso-Preisträger veranstaltet die Robert-Bosch-Stiftung gezielte Aktivitäten wie z.B. die Veranstaltungsreihe »Viele Kulturen – eine Sprache. Chamissos Enkel zu Gast in Stuttgart« vom 19. bis 22. Oktober 1998 in Stuttgart und Umgebung. Es wurden mehr als sechzig Lesungen in Stadtteilbüchereien und Schulen abgehalten. Weiterhin war eine Ausstellung zu den bisherigen Preisträgern in der Stadtbücherei im Wilhelmspalais zu sehen, zu der ein Katalog erschienen ist: *Viele Kulturen – eine Sprache. Adelbert-von-Chamisso-Preisträgerinnen und Preisträger 1985–1998.* Hg. Irene Ferchl. Stuttgart: Robert Bosch Stiftung 1998; ferner vgl. *Der gefundene Schatten. Chamisso-Reden 1985 bis 1993.* Hg. Dietrich Krusche. München: A1 Verlag 1993.

Der Augsburger Wissenschaftspreis für interkulturelle Studien in Augsburg

Das Forum Interkulturelles Leben und Lernen (FILL) e.V. ist ein Zusammenschluß von Repräsentanten der Bereiche Kultur, Politik, Verwaltung und Wirtschaft mit ausländischen Vereinen und mit Vertretern der sozialen, interkulturellen und konfessionellen Praxis in Augsburg. FILL verfolgt das Ziel, die multikulturelle Wirklichkeit aufzugreifen und für ein besseres Miteinander der aus verschiedenen Kulturen stammenden Menschen in der Stadt Augsburg und der Region Schwaben zu arbeiten.

FILL schreibt in Zusammenarbeit mit der Universität und der Stadt Augsburg seit 1997 alljährlich einen mit DM 10.000,– dotierten Förderpreis für wissenschaftliche Arbeiten aller Fachrichtungen aus, die einen substantiellen Beitrag zum Generalthema »Interkulturelle Wirklichkeit in Deutschland: Fragen und Antworten auf dem Weg zur offenen Gesellschaft« leisten. Hierzu gehören: wissenschaftliche Arbeiten, insbesondere Magister-, Staatsexamens- und Diplomarbeiten sowie Dissertationen und Habilitationsschriften, die nicht früher als zwei Jahre vor dem jeweils aktuellen Bewerbungsschluß an einer deutschen Universität vorgelegt wurden.

Über die Vergabe des Preises entscheidet eine Jury unter Vorsitz des Münchner Germanisten und ehemaligen Vorsitzenden der Deutschen Forschungsgemeinschaft (DFG), Prof. Dr. Wolfgang Frühwald, die sich aus Professoren der Universität Augsburg und anderer bayerischer Universitäten sowie aus Vertretern von FILL und der Stadt Augsburg zusammensetzt.

Bisherige Preisträger:

1998: Alfredo Märker: *Zuwanderung in die Bundesrepublik: Universalistische und partikularistische Gerechtigkeitsaspekte.* (Diplomarbeit, Universität Bamberg).

1999: Encarnación Gutiérrez Rodriguez: *Jongleurinnen und Seiltänzerinnen«. Dekonstruktive Analyse von Biographien im Spannungsfeld von Ethnisierung und Vergeschlechtlichung.* (Dissertation, Universität Frankfurt a. M.)

2000: Yasemin Karakasoglu-Aydin: »Religiöse Orientierung und Erziehungsvorstellungen. Eine empirische Untersuchung an türkischen Lehramts- und Pädagogik-Studentinnen im Ruhrgebiet«. (Dissertation).

Veröffentlichung: *Nationale Grenzen können niemals Grenzen der Gerechtigkeit sein.* Ansprachen und Reden anläßlich der erstmaligen Verleihung des Augsburger Wissenschaftspreises für Interkulturelle Studien (Augsburger Universitätsreden Nr. 36). Augsburg: Universität Augsburg 1998.

Adresse: Rektoramt der Universität Augsburg, Universitätsstraße 2, 86 159 Augsburg.

Verschiedenes

Polynationaler Literatur- und Kunstverein: PoLiKunst (Frankfurt 1980-Paderborn 1987)

Die Gründung von PoLiKunst im Frankfurter Club Voltaire am 11.10. 1980, war durch ein Treffen bei Franco Biondi in Lörzweiler vorbereitet worden. Im Gründungsmanifest ist zu lesen: »PoLiKunst findet seine Notwendigkeit in den 4,5 Millionen Ausländern, die in der BRD arbeiten und leben. Sie sind Träger einer polynationalen Kultur, die sich Tag für Tag immer mehr ausweitet. PoLiKunst will dieser Kultur zu ihrer Befreiung verhelfen und damit Toleranz und Völkerverständigung auf allen Gebieten des Zusammenlebens schaffen. Mitglied von PoLiKunst kann jeder kulturschaffende Ausländer werden, der in der BRD tätig ist.«

Im Jahre 1985 erreichte PoLiKunst mit 75 Mitgliedern aus 23 Herkunftskulturen seine größte Verbreitung. Die drei PoLiKunst-Jahrbücher 1983–1985, in denen u.a. die Referate der Frankfurter, Freiburger und Münchner Tagungen veröffentlicht sind, geben reichlich Auskunft über die Mitglieder und ihre Erstlingswerke. Die Jahrbücher belegen auch, wie es der PoLiKunst gelungen ist, die gesamte Bewegung auf eine sichere Basis zu stellen. Durch Öffentlichkeitsarbeit, Literaturwochen in verschiedenen Städten und Veröffentlichungen wie Reihen und Jahrbücher hat sie dafür gesorgt, daß debütierende Autor/innen im bundesdeutschen Kulturbetrieb und in der deutschsprachigen Öffentlichkeit in der zweiten Hälfte der 80er Jahre Fuß gefaßt haben.

Veröffentlichungen: Ein Gastarbeiter ist ein Türke. PoLiKunst-Jahrbuch 1983. Augsburg: Selbstverlag 1983; *Der Tanz der Fremden.* PoLiKunst-Jahrbuch 1984. Augsburg: Selbstverlag 1984; *Lachen aus dem Ghetto.* PoLiKunst-Jahrbuch 1985. Klingelbach: Mandala Verlag 1985.

Literatur: *Gino Chiellino. Werkheft Literatur.* Hg. Mechthild Borries/Hartmut Retzlaf. München 1993, S. 51–57.

Dükkan-Kulturladen e. V. in München

Der Dükkan-Kulturladen wurde 1986 als Leihbibliothek gegründet mit dem Ziel Literatur, Film, Tanz und Musik aus der Türkei nach München zu holen und vorzustellen. Inzwischen haben Dükkans anfängliche Zielsetzungen an Schärfe gewonnen. Zum ursprünglichen Aufgabenbereich Vermittlung der türkischen Kultur kamen hinzu: die Entwicklung, die Pflege und die Förderung der türkischen Kultur in Deutschland; die Förderung von Künstler/innen türkischer Herkunft in München und Deutschland; langfristige Beiträge zur Entwicklung der Multikulturalität. Der Dükkan-Kulturladen organisiert Literaturveranstaltungen, Konzerte und Theatervorstellungen. Ihrem Ziel entsprechend bietet die vielsprachige Dükkan-Leihbibliothek türkische Belletristik und Fachbücher über die türkische Gesellschaft und Geschichte. Ausreichend vertreten ist auch die deutschsprachige Literatur anderer kultur-ethnischer Minderheiten. Der Dükkan-Kulturladen ist Informationsstelle für interessierte Institutionen oder Privatpersonen, die in Kontakt mit der türkischen Kultur und Sprache sowohl in Deutschland als auch in der Türkei treten möchten, und ein Münchner Begegnungszentrum: drei Mal in der Woche wird türkisch gesprochen, für alle die Interesse haben, türkisch zu lernen oder die Sprache ihrer Herkunftskultur zu pflegen.

Veröffentlichung: 10 Jahre On Yil Dükkan-Kulturladen 86–96 (Jubiläumsbroschüre, zweisprachig)

Adresse: Dükkan-Kulturladen e. V., Auenstraße 19, 80469 München.

Buchausstellung: »Buchstäblich – grenzüberschreitende Literatur«, Sülbeck bei Hannover

Die Ausstellung bietet eine bundesweite einmalige Sammlung deutschsprachiger Literatur von Autor/innen nichtdeutscher Muttersprache. Seit 1988 wurden insgesamt mehr als 1.200 Veröffentlichungen erworben, zusammengestellt und vielfältig eingesetzt. Schwerpunkte der Sammlung sind: Einzelveröffentlichungen, Anthologien, Berichte und Darstellungen, Untersuchungen, Dokumentationen und Zeitschriften. Die Initiatoren der Buchausstellung verstehen die Präsentation der Buchausstellung in Büchereien, in Schulen, bei Tagungen, in Akademien etc. als einen kulturellen Beitrag zum Miteinander und zur Förderung des Verständnisses zwischen den Bevölkerungsgruppen. Für die Initiatoren erfüllt diese neuartige deutschsprachige Literatur eine Scharnier- und Brückenfunktion, sie ist ein Kommunikationsforum für Alteingesessene und Zugewanderte. Der Ausstellungskatalog ist über »Buchstäblich – grenzüberschreitende Literatur & Kunst e. V.« zu beziehen. Falls erwünscht kann der Verein die Betreuung der Ausstellung übernehmen sowie Autorenlesungen organisieren.

Adresse: »Buchstäblich«, Achter Höfen 6a, 31688 Sülbeck.

Haus der Kulturen der Welt in Berlin

Das Haus der Kulturen der Welt hat seine Arbeit offiziell im Jahr 1989 aufgenommen; Sitz ist die ehemalige Kongreßhalle der Stadt Berlin, die im Jahre 1957 mit amerikanischer Förderung als Beitrag zur Internationalen Bauausstellung gebaut worden ist. Seiner Satzung nach hat das Haus der Kulturen der Welt ein Forum für die Kulturen Afrikas, Asiens und Lateinamerikas. Schwerpunkt der interkulturellen Arbeit ist der Dialog zwischen Deutschland und den Ländern Afrikas, Asiens und Lateinamerika. Hierzu wird den Künsten, den Alltagskulturen und den Wissenschaften dieser Länder größere Aufmerksamkeit gewidmet. Die Vermittlungsarbeit selbst findet in Form von Ausstellungen, Konzerten, Tanz, Theater, Symposien und Workshops statt, wie z. B. für »Korea im Jahr des Tigers« vom 2.4. bis 14. 6. 1998, oder »Heimat Kunst« im Frühsommer 2000 mit Ausstellungen und Veranstaltungen zur interkulturellen Kunst in Deutschland. Aber das Haus der Kulturen der Welt versteht sich auch als Werkstatt für neue Ideen und Impulse zur kreativen Lösung anstehender Kulturfragen in Europa (vgl. die Vortragsreihe »Entwürfe 2000. Kulturen im Dialog: Europa neu denken« im März/April 1998). Darüber hinaus ist das Haus der Kulturen der Welt auch ein Präsentation- und Begegnungsort in der BRD lebender Künstler/innen und Schriftsteller/innen geworden. Es wird gefördert durch das Auswärtige Amt, das Bundesministerium des Inneren und die Ber-

liner Senatsverwaltung für Wissenschaft, Forschung und Kultur.
Veröffentlichung: *Heimat Kunst. Kulturelle Vielfalt in Deutschland*. Berlin 2000.
Adresse: Haus der Kulturen der Welt, John-Foster-Dulles-Allee 10, 10557 Berlin – http://www.hkw.de

Inter.Art in Frankfurt

Inter.Art ist eine neuartige Kulturbörse für internationale Künstler/innen der verschiedensten Sparten in der Rhein-Main-Region, die 1995 als Initiative des Vereins der Förderer angewandter Stadtteilkultur (FaSt e.V.) beim Amt für multikulturelle Angelegenheiten der Stadt Frankfurt und der Saalbau GmbH gegründet wurde. Zu ihren Aufgabenbereichen gehören: Information, Beratung, News und Kontakte. Inter.Art verfügt über eine ständig aktualisierte Datenbank, die es erlaubt, Anfragen über Veranstalter, Agenturen, Fachverbände, Räume für kulturelle Veranstaltungen, Kulturinitiativen sowie Ausbildungsstätten zu beantworten. Sie berät zudem ausländische Künstler/innen in Fragen des Urheberschutzes, in der Sozialversicherung und des Aufenthaltsrechts.
Inter.Art versteht sich als Vermittlerin zwischen örtlichen Kulturanbietern und Künstlern. Bei dem internationalen Künstler-Jour Fixe werden Kontakte zwischen den Künstlern aus den verschiedensten Herkunftskulturen und Sparten gefördert.
Adresse: ZAB (Zentrum am Bügel), Ben-Gurion-Ring 110a, 60437 Frankfurt a.M.

Goethe-Forum in München

Das Goethe-Forum in München koordiniert die Kulturarbeit der Goethe-Institute im Ausland. Da das Goethe Institut sich entscheiden hat, neben der Präsentation der eigenen Kultur, sich verstärkt für internationale kulturelle Zusammenarbeit einzusetzen, beteiligt es sich an kreativen Prozessen vor Ort und stellt sie in Deutschland, bzw. in München vor. Das Goethe-Forum wurde 1996 gegründet. Bis heute sind drei Aspekte des Goethe-Forums sichtbar geworden. Das Forum fungiert als Ort der Präsentation von Kooperationsprojekten, als Diskussionsraum und Werkstatt für internationale Künstler. Die Vermittlungsarbeit des Forums konzentriert sich auf einführende Vorträge von ausländischen Intellektuellen und auf Kunstformen wie Theater, Musik, Tanz, Film. Das Goethe-Forum ist am Hauptsitz des Goethe Instituts in München untergebracht, wo es über einen eigenen Veranstaltungssaal verfügt. Aus der bisherigen Arbeit ist das »Festival der Kulturen« hervorzuheben, mit seinen 26 Programmen aus den Bereichen Tanz, Theater, Performance, Musik, Film, Videokunst und Installation, das anläßlich der Übergabe Hongkongs an die Volksrepublik China veranstaltet worden ist.
Adresse: Helene Weber Allee 1, 80637 München – http://www.goethe.de
Veröffentlichung: *Jahrbuch 1997/1998. Goethe Institut München*. München 1998.

Migranten Litera-touR in Mainz

Die ›Mainzer Migranten Litera-touR‹ wurde 1996 durch den Verein für Kultur und Migration ›Deutschland von Innen und Außen‹ als eine neuartige Buchmesse ins Leben gerufen. Ziel der Veranstaltung ist die Vermittlung des »literarischen Auslands im deutschen Inland.« Unterdessen wurde aus der Buchmesse eine Biennale der Literaturen, die zur Zeit in der Bundesrepublik geschrieben werden. Schon im zweiten Jahr 1998 gewann sie ein klares Profil durch den Schwerpunkt »Fremde-Heimat-Nation«. Die Biennale verfolgt folgende Schwerpunkte: Leserfreundliche Präsentation der jüngsten Literaturtrends durch Lesungen und Gespräche mit den Autoren; kritische Würdigung der Werke und Auseinandersetzung mit der Rezeption; Gespräche mit Fachleuten über Verlagsfragen; und vor allem der Kontakt mit dem Publikum.
Traditionsgemäß wird die Biennale durch die literarische Prozession »Wandelnde Poeten« in der Mainzer Innenstadt angekündigt. Als erweitertes Rahmenprogramm finden Lesungen in Schulen und Hochschulen in ganz Rheinland-Pfalz statt. Als Abschlußlesung wird eine lange Nacht der Poesie über »Liebe und Erotik in der Fremde« veranstaltet. Die Mainzer Biennale wird primär getragen von Rheinland-Pfalz, der Heinrich-Böll-Stiftung und der Stadt Mainz. Im Mittelpunkt der Litera-touR-2000 steht das Thema »Exilliteratur der Gegenwart im internationalen Kontext«. Zum ersten Mal werden Autor/innen aus anderen europäischen Ländern und aus Nordamerika

eingeladen, um über ihre Werke und ihre Erfahrungen als Autoren kultur-ethnischer Minderheiten zu diskutieren.
Veröffentlichung: Literatur der Migration. Hg. Nasrin Amirsedghi/Thomas Bleicher. Mainz: Donata Kinzelbach 1997.
Adresse: Deutschland von Innen und Außen e.V., Adam-Karrillon-Str. 25, 55118 Mainz.

Amt für multikulturelle Angelegenheiten der Stadt Frankfurt (AMKA)

Das Amt für multikulturelle Angelegenheiten der Stadt Frankfurt ist ein politisches Pilotprojekt. Es wurde 1989 als Ergebnis der Koalitionsverhandlung zwischen SPD und Grünen bei der Bestellung der Stadtdezernenten eingerichtet. Das Projekt, das bis heute keine Nachahmung gefunden hat, ist durch seine Aufgabenbereiche definiert. An erster Stelle steht, »das konstruktive Zusammenleben der unterschiedlichen nationalen, ethnischen und kulturellen Bevölkerungsgruppen zu fördern«. Dies soll durch Bekämpfung jeder Art von Diskriminierung, durch Integrationsmaßnahmen, durch Beteiligung der kultur-ethnischen Gemeinden am Stadtleben erreicht werden. Um Förderung von Toleranz und Verständnis füreinander zu erreichen, versteht sich das AMKA als ein Gesprächspartner für »Deutsche und Migranten, Zugereiste und Zugewanderte«. Im Bereich des interkulturellen Zusammenlebens veröffentlicht das AMKA Broschüren, Handbücher, Studien und Untersuchungen, die zu einer sachlichen Betrachtung des Lebens in der Stadt führen sollen. Das AMKA versteht sich als Antidiskriminierungs- und Beschwerdestelle der Stadt Frankfurt. Dabei wird zuerst an Hilfe und Unterstützung für alle gedacht, die Opfer von rassistischen, sexistischen und ausländerfeindlichen Angriffen werden. Das AMKA wird, falls es nicht aufgelöst wird, bis auf weiteres einzigartig bleiben, weil bundesrepublikanische Gemeinden es scheuen, in interkulturelle Modelle des Zusammenlebens zu investieren.
Veröffentlichungen: Fünf Jahre Amt für multikulturelle Angelegenheiten. Tätigkeitsbericht. Frankfurt: Amt für multikulturelle Angelegenheiten. 1996; *Multikultureller Ratgeber für Frankfurt.* Hg. Amt für multikulturelle Angelegenheiten. Frankfurt [3]1997.

Kanak Attak & Co., bundesweit

Das »Manifest gegen Mültükültüralizm, gegen demokratische und hybride Deutsche sowie konformistische Migranten« ist in der Berliner *Tageszeitung* (taz) am 28. Januar 1999 anonym erschienen. Die Bundeswahl war vorbei und die rot-grüne Koalition plante euphorisch, das interkulturelle Dasein im Lande durch eine Reform des Staatsbürgerschaftsrechtes einzuholen. In diesem Kontext hatten die zukünftigen ›Kanak Attaker‹ sich bundesweit durch einige Vorbereitungstreffen in Mannheim, Frankfurt und Berlin im Wahljahr 1998 zusammengeschlossen. Ihnen lag viel daran, deutlich zu machen, daß sie anders als die Generation der Väter, d.h. der Gründer der kultur-ethnischen Minderheiten vorgehen wollen. Vor allem wollen sie nicht durch das scheiternde Ideal einer multikulturellen Gesellschaft von ihrem Anspruch auf volle Bürgerschaft ablenken. Laut *Die Brücke* (Nr. 107 (1999), S. 64–65) gehören zu den prominenten ›Kanak Attakern‹ junge deutsch-türkische Kulturschaffende wie die Berliner Rapperin Aziza A., der Kölner Taz-Journalist Mark Terkessidis, der Hamburger Regisseur Fatih Akın, die Homo-Oriental Gayhane Djerin Ipek Ipekcioglu aus Berlin und der Kieler Schriftsteller Feridun Zaimoğlu. Die Verfasser/innen machen entschieden klar, daß sie sich von der ersten Generation und von den alten »Freunden der Ausländer« durch selbstbewußtes Auftreten distanzieren. Befreites Bewußtsein, das nicht durch ethnische Zugehörigkeit zu legitimieren ist, möchten sie durch politisches Handeln und künstlerisches Schaffen erreichen.

Das Vorpreschen der ›Kanak Attaker‹ ist allerdings in einem größeren Kontext anderer neuartiger Gruppen zu sehen. Hierzu gehört an erster Stelle der Naumburger Kreis, der sich 1997 bei einem Treffen von Immigrantenkindern unterschiedlicher Herkunft in Naumburg gebildet hat. Der Naumbuger Kreis besteht aus einzelnen Personen und aus regionalen Vereinen. Dazu gehören z.B. der CEMYC (Council of Europe Minority Youth Committees) aus Nordrhein-Westfalen, der Berliner ›Jus Soli e.V‹., der Frankfurter ›Saz-Rock e.V‹. und der Mannheimer ›Die Unmündigen e.V.‹ Zu erwähnen ist auch der Verein ›ImmiGrün e.V.‹, der von grünen Abgeordneten türkischer Herkunft 1994 ins Leben gerufen wurde und der sich als »grünennahe Bürgerbewegung« versteht.

Und selbst wenn das Schlußwort des Manifestes der ›Kanak Attaker‹ lautet: »Wir treten an, eine neue Haltung von Kanaken aller Generationen auf die Bühne zu bringen, eigenständig, ohne Anbiederung und Konformismus. Wir greifen auf einen Mix aus Theorie, Politik und künstlerischer Praxis zurück. Dieser Song gehört uns. Es geht ab. Kanak Attak!« läßt sich nicht behaupten, daß dieser Song der kultur-ethnischen Minderheitengruppen bis heute große Unterstützung durch die fortschrittliche Öffentlichkeit des Landes erfahren hat. Nach der Studenten- und Arbeiterrevolte, den emanzipatorischen Bewegungen jeder Art, in der Zeit der amorphen Postmoderne, wäre die einzige problematische, jedoch wirksame Förderung ein Quotensystem gekoppelt mit Antidiskriminierungsgesetzen, um die Chancengleichheit unter Inländern jeder Kulturherkunft zu gewährleisten. Vor einer derartigen Einsicht in den bundesrepublikanischen Alltag scheuen die ›Kanak Attaker‹ aber zurück und riskieren, sich im Gestrüpp der feuilletonistischen Schaukämpfe zu verlieren.

Literatur: Halil Can: »Allemanische Jung-Kanaken betreten das Parkett«. In: *Die Brücke* 107 (Mai-Juni 1999), S. 64–65.

3. Interkulturelle Lebensläufe – Bibliographie der Primär- und Sekundärliteratur

1. Literatur der italienischen Minderheit

Anthologien:

Gast, Antologia di opere di emigrati. Hg. Antonio Polidori. Hüflingen/Baden: Eigenverlag 1981.

Wurzeln hier/Le radici qui. Gedichte italienischer Emigranten. Hg. Giuseppe Giambusso. Bremen: Con-Verlag ²1982.

Nach dem Gestern/Dopo ieri. Aus dem Alltag italienischer Emigranten. Hg. Gino Chiellino. Bremen: Con-Verlag 1983.

Testi di emigrazione. Hg. Alice Romberg, Monika Wunderlich. Bochum: Ampal 1983.

In questa terra altrove. Testi letterari di emigrati italiani in Germania. Hg. Carmine Abate. Cosenza: Pellegrini Editore 1987.

Quando venni in Germania. Storie di italiani in Germania. Hg. Mauro Montanari. Roma 1996.

Die Tinte und das Papier. Dichtung und Prosa italienischer Autor/innen in Deutschland. Hg. Franco Biondi, Gino Chiellino, Giuseppe Giambusso. Aachen: Shaker 1999.

Jahrbücher:

Ein Gastarbeiter ist ein Türke – PoLikunst/Jahrbuch 83. Augsburg: PoLiKunst e.V. 1983.

Der Tanz der Fremden – PoLikunst/Jahrbuch 84. Augsburg: PoLiKunst e.V. 1984.

Lachen aus dem Ghetto – PoLikunst/Jahrbuch 85. Klingelbach: Mandala 1985.

Reihen:

Südwind-gastarbeiterdeutsch. Hg. Franco Biondi, Jusuf Naoum, Rafik Schami, Suleman Taufiq. 4 Bde. Bremen: Con-Verlag.
- *Im neuen Land.* 1980.
- *Zwischen Fabrik und Bahnhof.* 1981.
- *Annäherungen.* 1982.
- *Zwischen zwei Giganten.* 1983.

Zeitschriften/Zeitungen:

Agora. Italienmagazin international (Monatszeitschrift). Zürich/Berlin ab 1988.

Il Corriere d'Italia (italienische Wochenzeitung). Frankfurt a.M. ab 1956.

Incontri. Zeitschrift für Italiener und Deutsche (zweisprachige Monatszeitschrift). Berlin 1973–1988.

Italienisch. Zeitschrift für italienische Sprache und Literatur in Wissenschaft und Unterricht. Hg. Arno Euler/Salvatore A. Sanna. Frankfurt a.M.: Diesterweg, ab 1979.

Il Mulino (Monatszeitschrift). Hg. Antonio Pesciaioli. Nordrach: Eigenverlag, ab 1975.

I quaderni dell'ALFA. Hg. Antonio Pesciaioli. Nordrach: Eigenverlag 1975–1986.

Verlag:

Giuseppe Zambon. Frankfurt a.M. ab 1974.

Sekundärliteratur:

Amodeo, Immacolata: »*Die Heimat heißt Babylon*«. *Zur Literatur ausländischer Autoren in der Bundesrepublik Deutschland.* Opladen: Westdeutscher Verlag 1996. Chiellino, Carmine: »Continuità e alternativa alla letteratura nazionale italiana. Autori italiani nella Repubblica Federale Tedesca«. In: Jean-Jacques Marchand (Hg.): *La letteratura dell'emigrazione.* Torino: Edizioni della Fondazione Giovanni Agnelli 1991, S. 99–102. – : *Am Ufer der Fremde. Literatur und Arbeitsmigration 1870–1991.* Stuttgart/Weimar: Metzler 1995. – : »Italian Literature in Germany«. In: Francesco Loriggio (Hg.): *Social Pluralism and Literary History. The Literature of the Italian Emigration.*Toronto/New York: Guernica Editions 1996, S. 305–328. – : *Il contesto e l'antologia.* In: *Die Tinte und das Papier.* Hg. Franco Biondi/Gino Chiellino/Giuseppe Giambusso. Aachen: Shaker 1999, S. XI-XXII. Chiellino, Gino: *Literatur und Identität in der Fremde. Zur Literatur italienischer Autoren in der Bundesrepublik.* Kiel: Neuer Malik 1989 (Augsburg 1985). *Letteratura de-centrata. Italienische Autorinnen und Autoren in Deutschland.* Hg. Caroline Lüderssen/Salvatore A. Sanna. Frankfurt a.M.: Diesterweg 1995. *Die Fremde. Forme d'interculturalità nella letteratura tedesca contemporanea.* Hg. Pasquale Gallo. Fasano: Schena 1998. *Letteratura e immigrazione.* Hg. Giovanni Scimonello. Heft Nr. 10 der Zeitschrift *Cultura tedesca.* Roma 1998. Picardi-Montesardo, Anna: *Die Gastarbeiter in der Literatur der Bundesrepublik Deutschland.* Berlin: Ex-Press 1985. Pinarello, Maurizio: *Die italodeutsche Literatur. Geschichte, Analysen, Autoren.* Tübingen/Basel: A. Francke 1998. Reeg, Ulrike: *Schreiben in der Fremde. Literatur nationaler Minderheiten in der Bundesrepublik Deutschland.* Essen: Klartext 1988. Röhrig, Johannes: *Begegnung über Grenzen hinweg. Italienische Emigrantenlyrik in der BRD und ihre Traditionen.* Gerbrunn bei Würzburg: A. Lehmann 1989. – : *Worte in der Fremde. Gespräche mit italienischen Autoren in Deutschland.* Gerbrunn bei Würzburg: A. Lehmann 1992. Schierloh, Heimke: *Das alles für ein Stück Brot. Migrantenliteratur als Objektivierung des ›Gastarbeiterdaseins‹.* Frankfurt a.M.: Peter Lang 1984.

Franco Antonio Belgiorno (geb. 1939 in Siracusa/Sicilia) lebt seit 1969 in der Bundesrepublik, arbeitet als Journalist und Nachrichtensprecher bei der ZDF-Sendung für Italiener; übersetzt Bücher aus dem Deutschen; zahlreiche literarische und journalistische Mitarbeiten an Sammelbänden, Zeitschriften und Tageszeitungen wie *La Stampa* (Torino); lebt als Privatier in Wiesbaden.

Werke:

Quaderno tedesco (Gedichte). Modica: Il Gallo 1974.
Quaderno di Ulisse. Liriche (Gedichte). Modica: Privatdruck 1974.
Zibaldone estero e casereccio (Erzählungen). Modica: Pro Loco 1979.
»Rosaria vor der Tür«. In: Röhrig 1992, S. 43.
Ore rubate (Erzählungen). Modica: Meeting Edizioni 1993, S. 99–102.
Ore barocche (Erzählungen). Frankfurt a.M.: Control data 1994.
Il giardino e l'assenza (Prosa). Modica: Edizioni »Il Giornale di Scicli« 1996.
l'Arca sicula (Erzählungen). Modica: Edizioni »Il Giornale di Scicli« 1997.

Sekundärliteratur (Auswahl):

Arezzo, Carmelo: »La scrittura della memoria«. In: *Il Giornale di Scicli* 8.9.96; Barone, Piergiorgio: »Franco Antonio Belgiorno, Quaderno tedesco«. In: *La Fiera Letteraria* 17. 8. 1975; Chiellino 1989, S. 109/110; Chiellino 1996, S. 305–328; Köhler, Hartmut: »Nachwort« zu *Ore barocche.* Frankfurt a.M. 1994; Miracolo, Rita: »Poesia e assenza in Belgiorno«. In: *La Pagina* Mai 1997; Möhrle, Katja: »Langsame Annäherung an die Fremde«. In: *FAZ* 6. 1. 1993; Dies.: »Zeugnisse der Vergangenheit«. In: Lüderssen, Caroline/Sanna, Salvatore A. (Hg.): *Letteratura de-centrata*, S. 83–92; Nifosí, Giuseppe: »Le Persone, le cose, i luoghi cari«. In: *Il Giornale di Scicli* 28.7.96; Pisana, Domenica: »Von Mensch zu Mensch: Franco A. Belgiorno«. In: *Wiesbadener Tageblatt* 23. 1. 1991; Röhrig, Johannes: »Gespräch mit Franco Antonio Belgiorno«. In: Röhrig 1992, S. 44–47; Ternullo, Domenico: »I Siciliani. Un popolo di sognatori senza passato?«. In: *ABC* Januar 1998.

Franco Biondi (geb. 1947 in Forlì/Romagna) reist 1965 zum Vater nach Deutschland, später folgt der Rest der Familie. 1967/68 kehrt diese nach Italien zurück. Franco Biondi bleibt in der Bundesrepublik; 1965–1974 Arbeiter; holt ab 1971 an Abendschulen Mittlere Reife und Abitur nach; 1976–1982 Studium der Psychologie; lebt in Hanau, wo er in einer sozialpsychologischen Einrichtung arbeitet. Anfang der siebziger Jahre beginnt er zu schreiben, zunächst in italienischer Sprache, seit Mitte der siebziger Jahre in deutscher Sprache; Mitglied im ›Werkkreis Literatur der Arbeitswelt‹; 1980 Mitbegründer der Literaturgruppe »Südwind Gastarbeiterdeutsch« (später »Südwind Literatur«) und Mitinitiator PoLiKunst; 1984 Ehrengabe der Bayerischen Akademie der Schönen Künste; 1987 Adelbert-von-Chamisso-Preis ex aequo mit Gino Chiellino.

Werke:

R.F.T. una favola (Drama). Quaderno Alfa Nr. 6. Hg. Antonio Pesciaioli. Nordrach 1975.
Corsa verso il mito (Gedichte). Quaderno Alfa Nr. 13. Hg. Antonio Pesciaioli. Nordrach 1976.
Tra due sponde (Gedichte und Balladen). Quaderno Alfa Nr. 25. Hg. Antonio Pesciaioli. Nordrach 1978.
Isolde e Fernandez (Drama in 13 Akten). Poggibonsi: Lalli Editore 1978.
Nicht nur gastarbeiterdeutsch (Gedichte). Klein Winternheim: Privatdruck 1979.
Passavantis Rückkehr (Erzählungen I). Fischerhude: Atelier im Bauernhaus 1982, dtv 1985).
Die Tarantel (Erzählungen II). Fischerhude: Atelier im Bauernhaus 1982, München: dtv 1985.
Abschied der zerschellten Jahre (Novelle). Kiel: Neuer Malik 1984.
Die Unversöhnlichen. Im Labyrinth der Herkunft (Roman). Tübingen: Heliopolis 1991.
Ode an die Fremde (Gedichte 1973–1993). Sankt Augustin: Avlos 1995.
In deutschen Küchen (Roman). Frankfurt a.M.: Brandes & Apsel 1997.
I mi zir. Poesie circolate (1989–1993). In: *Die Tinte und das Papier,* 1999, S. 5–21.

Essays (Auswahl):

»Verliert sich die PoLiKunst-Literatur im Glaslabyrinth der Fremde?« In: *Die Brücke* (Juni-Juli 1985), S. 61–65.
»Die Fremde wohnt in der Sprache«. In: *Eine nicht nur deutsche Literatur. Zur Standortbestimmung der »Ausländerliteratur«.* Hg. Irmgard Ackermann/Harald Weinrich. München/Zürich: Piper 1986, S. 25–32.
»Die Unversöhnlichen«. Ein Briefwechsel zwischen Franco Biondi und Karl Corino. In: *Die Brücke* 84 (Juli/August 1995), S. 15–19.
»Sprache, Literatur, Anwesenheit und Begegnung«. In: *Letteratura e immigrazione*, S. 15–22.
»Sui sentieri della lingua letteraria«. In: *Die Fremde.* Hg. Pasquale Gallo, 1998, S. 57–78, bzw. »Über literarische Sprachwege«. In: *Krautgarten. Forum für junge Literatur* 34 (April 1999), S. A-L.

Sekundärliteratur:

Amodeo 1996, S. 137–193; Chiellino, Carmine: »Betroffenheit als Weg, die Entfremdung aufzuheben«. In: ders.: *Die Reise hält an. Ausländische Künstler in der Bundesrepublik.* München 1988, S. 22–35; Ders.: »Franco Biondi. Die bikulturelle Reminiszenz«. In: ders.: 1995, S. 361–395; Chiellino 1996, S. 305–328; Chiellino 1989, S. 53–56, S. 86–94, 99–102; Krechel, Rüdiger/Reeg, Ulrike: »Franco Biondi«. Eine Publikation des Goethe-Instituts. In: *Werkheft Literatur.* München 1989, S. 20–25; Möhrle, Katja: »Franco Biondi: Ein literarischer Spurensucher«. In: *Letteratura de-centrata*, S. 99–108; Dies.: »Die Ästhetik der Differenz im Werk Franco Biondis«. In: *Letteratura e immigrazione*, S. 43–56; Phtong-Wollmann, Pinonmas: Literarische Integration in der Migrationsliteratur anhand der Beispiele von Franco Biondis Werken. Siegen: Elektronische Dissertationen und Habilitationen 1996 – http://www.ub.uni-siegen.de/epub/diss/fbdiss.htm; Pinarello 1998; Reeg, Ulrike: »Die Literarisierung fremdkulturell bestimmter

Schreibsituation in den Werken von Aysel Özakin und Franco Biondi«. In: Sabine Fischer/Maray Mc Gowan (Hg.): *Denn du tanzt auf einem Seil. Positionen deutschsprachiger MigrantInnenliteratur.* Tübingen: Stauffenburg 1997, S. 151–164; Dies.: »Abitare la lingua. Franco Biondi nel contesto della Migrationsliteratur in Germania«. In: *Die Fremde.* Hg. Pasquale Gallo. 1998, S. 89–107; Röhrig, Johannes: »Gespräch mit Franco Biondi«. In: Röhrig 1992, S. 50–64.

Gino Chiellino (geb. 1946 in Carlopoli/Calabria) Studium der Italianistik und der Soziologie in Rom; 1970 Staatsexamen über die Lage der italienischen Arbeiter eines Metallbetriebs in Düsseldorf; lebt seitdem in Deutschland; Studium der Germanistik in Gießen; 1976 Promotion; 1980 Gründungsmitglied von PoLiKunst sowie dessen Vorsitzender von 1981 bis 1984; ab 1983 Mitherausgeber der Reihe Südwind-Literatur beim Neuen Malik Verlag in Kiel; Der Band *Mein fremder Alltag* bildete 1986 die Grundlage für den Fernsehfilm *Felice heißt der Glückliche* in der Reihe »Die literarische Filmerzählung«; 1987 Adelbert-von-Chamisso-Preis ex aequo mit Franco Biondi; Professor für Komparatistik an der Universität Augsburg.

Werke:

Mein fremder Alltag (Gedichte). Kiel: Neuer Malik 1984.

Sehnsucht nach Sprache (Gedichte). Kiel: Neuer Malik 1987.

Equilibri estranei. Poesie di Gino Chiellino con opere di Gjelosh Gjokaj. Bergamo: El Bagat 1991.

Sich die Fremde nehmen (Gedichte 1986–1991). Kiel: Neuer Malik 1992.

Literaturwissenschaftliche, essayistische Werke:

Literatur und Identität in der Fremde. Zur Literatur italienischer Autoren in der Bundesrepublik. Augsburg 1985, Kiel: Neuer Malik 1989.

Die Reise hält an. Ausländische Künstler in der Bundesrepublik. München: Beck 1988.

Am Ufer der Fremde. Literatur und Arbeitsmigration. 1870–1991. Stuttgart: Metzler 1995.

Fremde. Discourse on the Foreign (Essays) Übers. Louise von Flotow. Toronto/New York: Guernica Editions 1995.

»Die Verweigerung der Identifikation. Diskrepanz zwischen Entwicklung der Autoren und Sensibilität der Literaturkritik«. In: *Inn* 13/35 (Oktober 1995), S. 8–10.

Geschichte der Italiener in Deutschland 1870–1995 Hg. Carmine Chiellino. Essen: Klartext. – Bd. 1: Giuseppe De-Botazzi: *Italiani in Germania. Als Italiener im Deutschland der Jahrhundertwende.* 1993, (1895). – Bd. 2: Ina Britschgi-Schimmer: *Die wirtschaftliche und soziale Lage der italienischen Arbeiter in Deutschland.* 1996 (1916).

»Nostalgia. Heimweh oder Sehnsucht?« In: *Wenn bei Capri die rote Sonne.* Hg. Harald Siebenmorgen. Karlsruhe: INFO 1997, S. 192–199.

»Das bikulturelle Gedächtnis als Weg zur offenen Gesellschaft«. In: *Die Brücke* 99, 1 (1998), S. 77–79.

»Parole migranti. La contemporaneità del diverso nella lingua degli scrittori italiani in Germania. In: *Die Fremde.* Hg. Pasquale Gallo. 1998, S. 25–38.

Sekundärliteratur:

Amodeo, Immacolata: »Gino Chiellino: Der Bruch als Kontinuität«. In: *Letteratura de-centrata*, S. 114–119; Ders.: 1996, S. 137–193; Borries, Mechthild/ Retzlaff, Hartmut (Hg.): »Gino Chiellino«. In: *Werkheft Literatur.* München 1992; Braune-Steininger, Wolfgang: »Themen und Tendenzen von Migrantenlyrik in der Bundesrepublik Deutschland«. In: Sabine Fischer/Moray McGowan (Hg.): *Denn du tanzt auf einem Seil. Positionen deutschsprachiger MigrantInnenliteratur.* Tübingen 1997, S. 87–99; Gallo, Pasquale: »Terra straniera. Lingua estranea. La lirica di Gino Chiellino e la dimensione della Fremde«. In: *Die Fremde.* Hg. Pasquale Gallo. 1998, S. 43–56; Pinarello 1998; Reeg, Ulrike: »Die ›andere‹ Sprache. Zur Lyrik zweier italienischer Autoren in der Bundesrepublik Deutschland (Gino Chiellino/ Salvatore A. Sanna)«. In: *Italienisch* 21 (1989), S. 28–44; Röhrig, Johannes: »Gino Chiellino: Sich die Fremde nehmen – Aufbruch in der deutschen Sprache«. In: *Deutsch lernen* 3 (1992), S. 294–296; Ders.: »Gespräch mit Gino Chiellino«. In: Röhrig 1992, S. 67–83; Scimonello, Giovanni: »Heimat e Fremde nella lirica di Gino Chiellino. In: *Letteratura e immigrazione*, S. 67–86; Szabó, János: »Vom Gratwanderer Gino Chiellino«. In: *Neue Zeitung* 49 (1991), S. 8.

Marisa Fenoglio (geb. 1933 in Alba/Piemonte) Studium der Naturwissenschaft an der Universität Turin; folgt 1957 ihrem Mann nach Allendorf (Oberhessen), wo ihre drei Kinder geboren werden; als Schwester des bekannten italienischen Schriftstellers Beppe Fenoglio erkennt sie ihre Begabung zum Schreiben erst spät; 1990–1996 Mitarbeit am *Marburger Literatur Almanach*; seit 1993 enge Kontakte mit den Autoren der *Letteratura de-centrata*; lebt als freie Schriftstellerin in Marburg; 1996 Premio Rapallo »Opera prima« für *Casa Fenoglio*; 1996 Premio Pavese, dritter Platz, für *Casa Fenoglio.*

Werke:

»Gli uomini e il tempo« (Erzählung). In: *Il Ponte* XLV/2 (April 1989), S. 183–191.

»Un'estate coi polli – Ein Sommer mit Hühnern« (Erzählung). In: *Literatur um 11*, Juni 1989.

»Michele e Lucia« (Erzählung). In: *Il Ponte* XLVI/4 (April 1990), S. 149–154.

»Eine verhinderte Reise nach Mailand« (Erzählung). *Marburger Almanach.* Marburg: Jonas 1990, S. 77–81.

»Allendorf« (Auszug). In: Röhrig 1992, S. 85–88.
»Mittagessen in der Langa«. In: *Bonner Generalanzeiger* 25./26. 7. 1992.
»Schwärmerei/Mittagessen auf italienisch« (Erzählung). *Marburger Almanach,* Marburg: Jonas 1992, S. 45–63.
Estratti di »Casa Fenoglio« (Prosa). In: *Il Ponte* XLIX/3 (Oktober 1994), S. 384–393.
»Neue Helden, neue Hoffnungen«. In: *Bonner Generalanzeiger* 5./6. 3. 1994.
»Viaggio – Reise« (Erzählung). In: *Marburger Almanach.* Marburg: Jonas 1994, S. 39–49.
Casa Fenoglio (Roman). Palermo: Sellerio Editore 1995.
»*Helix pomatia*« (Hörspiel). Hessischer Rundfunk, Mai 1995 und 1996.
»Michele e Lucia« (Erzählung). In: *Marburger Almanach.* Marburg: Jonas 1996, S. 68–74.
Vivere altrove (Roman). Palermo: Sellerio Editore 1998.

Sekundärliteratur:
Cases, Cesare: »Esperienze tedesche: Scoprendo la Germania da amare«. In: *Il Sole-24 Ore* 30.8.98, S. 19; Gori, Tiziana: *»Marisin«, memoria e autobiografia in Marisa Fenoglio.* Abschlußarbeit (Tesi di laurea). Universität Siena 1998; Lüderssen, Caroline: »Marisa Faussone Fenoglio: Von Alba nach Allendorf. Notizen über einen Kulturtransfer«. In: *Letteratura de-centrata,* S. 137–140; Röhrig, Johannes: »Gespräch mit Marisa Faussone Fenoglio«. In: Röhrig 1992, S. 89–96.

Giuseppe Fiorenza Dill'Elba (geb. 1923 in Centuripe/Sicilia; gest. 1988 in Centuripe) wandert mit Frau und drei Kindern zuerst in die Schweiz (1961–1964) und dann allein nach Deutschland (1964–1969) aus. Nach einem mißglückten Versuch, wieder als Schuster in Centuripe mit der Familie zusammenzuleben, geht er allein nach Rüsselsheim. 1971 beginnt er auf Italienisch zu schreiben; Bekanntschaft mit Franco Biondi; ab 1975 beteiligt er sich an den literarischen Initiativen von ›Il Mulino‹, ›Alfa‹ und ›Fisc‹; 1980 Gründungsmitglied von PoLiKunst und dessen Symbolfigur; 1986 Rückkehr nach Centuripe als Rentner; Aufbau eines privaten Museums der Auswanderung am Geburtsort; oft zu Besuch in Deutschland; 1988 Kulturpreisträger der Stadt Rüsselsheim; stirbt 1993 in Centuripe.

Werke:
Il tempo stringe (Gedichte). Quaderno Alfa Nr. 8, 1976.
Se fosse un marciapiede (Gedichte). Quaderno Alfa Nr. 16, 1976.
Perdonami Italia (Gedichte). Quaderno Alfa Nr. 23, 1976.
La cartolina (Gedichte). Quaderno Alfa Nr. 26, 1978.
Cos'è questo paese (Gedichte). Quaderno Alfa Nr. 28, 1978.
La chiamerei Anna (Gedichte). Poggibonsi: Lalli Editore 1981.
Adernò: Roma della mia infanzia (Prosa). Poggibonsi: Lalli Editore 1984.
Fast ein Leben/Quasi una vita. Gedichte und Erzählungen/Poesie e racconti. Hg. Walter Raitz. (Übers. Anna Cardone). Rüsselsheim: Brün 1991.
Un freddo estraneo. Memorie di un emigrato in Svizzera, a cura di Carmine Abate. Cosenza: Pellegrini 1991.

Sekundärliteratur:
Abate, Carmine: »Prefazione«. In: Dill'Elba, Giuseppe Fiorenza: *Un freddo estraneo,* S. 9–11; Chiellino 1998, S. 106/107; Chiellino 1996, S. 305–328; Raitz, Walter: »Der Autor Giuseppe Fiorenza Dill' Elba/l'autore Giuseppe Fiorenza Dill'Elba«. In: Giuseppe Fiorenza Dill'Elba: *Fast ein Leben/Quasi una vita,* S. 90–99; Ders.: »Giuseppe Fiorenza Dill'Elba: Ein literarischer Zeitzeuge der Arbeitsemigration«. In: *Letteratura de-centrata,* S. 152–156.

Giuseppe Giambusso (geb. 1956 in Riesi/Sicilia) schreibt 1971 seine ersten Liebesverse, 1972 einen sozialkritischen Kurzroman; lebt seit 1974 in der BRD, zuerst als Arbeiter dann als Lehrer für Italienisch in Westfalen; beginnt 1975 wieder zu schreiben; 1977 erster Preis des Literatur- und Kunstvereins L'ALFA für sein Gedicht »Die Karussels sind wieder da«; weitere Preise 1978/79/80; 1981 Herausgeber der Anthologie *Wurzeln, hier;* Mitglied im »Polynationalen Literatur- und Kunstverein e. V.«; Verfasser von Werken zur Alphabetisierung in italienischer Sprache von deutschsprachigen Italienern; von Juli 1993 bis August 1994 lebt er in Riesi; dann wieder in Fröndenberg.

Werke:
Al di là dell'orizzonte – Jenseits des Horizonts (Gedichte). Bremen: Edition CON 1985.
Partenze – Abfahrten (Gedichte 1986–1991). Cosenza: Pellegrini Editore 1991.

Sekundärliteratur:
Biondi, Franco: »Sul lavoro lirico di Giuseppe Giambusso/Zur lyrischen Arbeit Giuseppe Giambussos«. In: *Jenseits des Horizonts/Al di là dell'orizzonte.* Bremen: Edition CON 1985, S. 6–9; Chiellino 1991, S. 102–104; Ders.: »Italienisches Gerundium und Andersartigkeit in der Lyrik von Giuseppe Giambusso«. In: ders.: 1995, S. 349–360; Chiellino 1996, S. 305–328; Ders.: »La nascita della memoria biculturale«. In: *Letteratura e immigrazione,* S. 23–32; Chiellino 1989, S. 51–53 bzw. 107–109; Pinarello 1998; Röhrig, Johannes: »Gespräch mit Giuseppe Giambusso«. In Röhrig 1992, S. 100–108; Taudte-Repp, Beate: »Giuseppe Giambusso: ›Zwischen zwei Flüssen‹«. In: *Letteratura de-centrata,* S. 166–169.

Lisa Mazzi (geb. 1945 in Modena/Emilia) 1963–1971 Studium der modernen Sprachen und

Literaturwissenschaften an den Universitäten Bologna, Münster, Marburg und Kiel; DAAD-Forschungsstipendium im Bereich der niederdeutschen Philologie; wissenschaftliche Mitarbeiterin an der sozialpsychologischen Abt. des Sigmund-Freud-Instituts in Frankfurt/Main; 1973–1975 Gymnasiallehrerin für deutsche Sprache und Literatur in Reggio Emilia; gleichzeitig Lehraufträge für Deutsch an der Fakultät für BWL der Universität Modena und Mitarbeiterin am Institut für Kriminalanthropologie derselben Universität; lebt seit 1975 endgültig in Deutschland; seitdem Dozentin am Institut für Angewandte Sprachwissenschaft der Universität des Saarlandes; pendelt zwischen Saarbrücken und Freiburg, wo sie mit ihrem Mann und ihren Kindern lebt.

Werke:

»Der Erzähler Klaus Groth in den Geschichten ›Ut min Jungsparadies‹«. In: *Klaus-Groth-Jahrbuch* 1971, S. 16–45.

»Deutschland – warum?« (Kurzgeschichte). In: *Sensus und Kommunikation* 3 (1983).

Der Kern und die Schale. Italienische Frauen in der BRD (Porträts). Frankfurt a. M.: Zambon 1986.

»Die Eine und die Andere« (Kurzgeschichte). In: *Muttersprache* 4 (1989), S. 308–309.

»Das Go-Spiel« (Kurzgeschichte). In: Röhrig, 1992, S. 110–111.

»Die Angst der Tania M.« (Kurzgeschichte). In: *Letteratura de-centrata*, S. 193–196.

Unbehagen (Kurzgeschichten). Frankfurt a. M.: Zambon 1998.

»Das Löschpapier« und »Die Flucht« (Kurzgeschichten). In: *Die Tinte und das Papier*, 1999, S. 115–123.

Sekundärliteratur:

Chiellino 1996, S. 305–328; Chiellino 1989, S. 102–106; Lüderssen, Caroline: »Lisa Mazzi: Chronistin des deutschen Alltags«. In: *Letteratura de-centrata*, S. 188–192; Röhrig, Johannes: »Gespräch mit Lisa Mazzi«. In Röhrig 1992, S. 112–120.

Fruttuoso Piccolo (geb. 1953 in Stanghella/Veneto) lebt seit 1972 in Deutschland; 1973–74 Militärdienst in Italien; danach als Hilfsarbeiter in Hannover, seit 1980 als Autodidakt im Bereich der visuellen Poesie; 1982–1986 Mitglied von PoLiKunst; 1984 Lyrikpreis »Germania«, gestiftet von COASIT (Italienisches Fürsorgekomitee) Dortmund; 1984/85 Multimedia-Rock-Lesung »Nix Stempel Gastarbeiter«; 1986 experimentelle-akustische Lesung »Tempo Gastarbeiter«; seit 1986 Mitglied im VDS; 1986 Literaturstipendium vom Ministerium für Wissenschaft und Kunst in Niedersachsen; 1988–1989 Kulturreferent im »Haus für Alle« in Hamburg; Einzelausstellungen sowie Beiträge zu Kollektivausstellungen in übergreifenden Mischformen von Lyrik, Malerei, Collage, Komposition und Fotografie in München, Hamburg, Freiburg, Mainz, Augsburg, Hannover, Wolfsburg; Initiator von »Buchstäblich«, Ausstellung Grenzüberschreitender Literatur; lebt als freischaffender Künstler im Teutoburger Wald.

Werke:

1970 – 1980. 10 anni fra due mondi (Gedichte). Hannover: Privatdruck 1980.

Arlecchino »Gastarbeiter« (Gedichte und Collagen). Hannover: Postskriptum 1985.

durch DIE SPRACHE ein ander(es) ICH (Gedichte und Collagen). Hannover: Internationalismus Verlag 1987.

Tempo Gastarbeiter (Experimentelle, akustische Gedichte. Tonkassette). Hannover: Privatdruck 1988.

Sekundärliteratur:

Chiellino 1989, S. 86–94; Chiellino 1991, S. 104–105; Ders.: »Das bikulturelle Gedächtnis als Weg zur offenen Gesellschaft«. In: *Die Brücke* 99/1 (1998), S. 77–79; Ders.: »La nascita della memoria biculturale«. In: *Letteratura e immigrazione*, S. 23–32; Cisotti, Virginia: »L'Appellstruktur dei testi di Fruttuoso Piccolo«. In: *Letteratura e immigrazione*, S. 57–66; Reeg 1988, S. 154–161; Dies.: »Fruttuoso Piccolo (Mao): »Gegen Xenophobie mache ich mich bekannt«. In: *Letteratura de-centrata*, S. 197–203; Röhrig, Johannes: » Gespräch mit Fruttuoso Piccolo«. In: Röhrig 1992, S. 124–132; *Internationaler Kalender ›89*. ISG Hamburg, 1998.

Salvatore A. Sanna (geb. 1934 in Oristano/Sardegna) Studium der Germanistik und der Anglistik an der Universität Cagliari; kommt 1958 durch ein Jahresstipendium nach Deutschland; ab 1959 Student der J. W. Goethe-Universität Frankfurt; erste Gedichte zu seinen Erfahrungen in Deutschland; seit 1962 Dozent für italienische Sprache und Literatur an derselben Universität; 1966 Mitbegründer und seitdem Leiter der Deutsch-Italienischen-Vereinigung e. V. in Frankfurt; 1977 Ernennung zum »Cavaliere all'Ordine della Repubblica Italiana«; 1979 Mitbegründer und Mitherausgeber der Zeitschrift *Italienisch*; 1996 Verleihung des »Bundesverdienstkreuzes am Bande« für seine Vermittlungstätigkeit; 1996 »Premio Pannunzio per la poesia« für sein Werk *La fortezza dell'aria*.

Werke:

Fünfzehn Jahre Augenblicke (Gedichte). Übers. Ragni Maria Gschwend. Frankfurt a. M.: Privatdruck 1978.

Wacholderblüten (Gedichte). Übers. Birgit Schneider. Frankfurt a. M.: Privatdruck 1984.

Löwen-Maul (Gedichte). Übers. Gerhard Goebel-Schilling. Frankfurt a. M./Aarau: Sauerländer 1988.

Feste (Gedichte). Übers. Gerhard Goebel-Schilling. Mainz: von Hase und Koehler 1991.

La fortezza dell'aria (Gedichte). Torino: Franco Masoero Edizioni 1995.

Mnemosyne (Gedichte). Übers. Gerhard Goebel-Schilling. Frankfurt a. M./Aarau: Sauerländer 1999.

Sekundärliteratur:

Chiellino 1989, S. 113/114; Chiellino 1991, S. 99–102; Chiellino 1996, S. 305–328; Macke, Carl-Wilhelm: »Salvatore A. Sanna, Feste«. In: *Zibaldone* 13 (1992), S. 118–119; Meda, Anna: »Salvatore A. Sanna, Löwen-Maul (Bocche di Leone)«. In: *Studi d'Italianistica nell'Africa Australe* 2 (1989), S. 60/61; Dies.: »Salvatore A. Sanna, Feste«, *Studi d'Italianistica nell'Africa Australe* 2 (1992), S. 112–113; Möhrle, Katja: »Langsame Annäherung an die Fremde«. In: *FAZ* 6. 1. 1993; Natale, Angela: »Salvatore A. Sanna – Radici sarde e anima tedesca«. In: *L'Unione Sarda* 13. 4. 1993; Perrone Capano, Lucia: »A casa delle parole: La lirica di Salvatore A. Sanna«. In: *Die Fremde.* Hg. Pasquale Gallo. 1998, S. 113–131; Pulvirenti, Grazia: »Sublime e quotidiano nella lirica di Salvatore A. Sanna«. In: *Rassegna di cultura e vita scolastica* Dezember 1987; Dies.: »Bocche di Leone«. In: *Rassegna di cultura e vita scolastica* März/April 1990; Dies.: »Salvatore A. Sanna: Die ›Feste‹ der Worte«. In: *Letteratura decentrata*, S. 210–219; Reeg, Ulrike: »Die ›andere‹ Sprache. Zur Lyrik zweier italienischer Autoren in der Bundesrepublik Deutschland (Chiellino/Sanna). In: *Italienisch* 21 (1989), S. 28–44; Röhrig, Johannes: »Gespräch mit Salvatore A. Sanna«. In: Röhrig 1992, S. 135–145.

Werke weiterer Autor/innen:

Anonimo: *Gardenie e proletari. Storia di una comune di Francoforte 1968* (Reportage). Milano: Nuova Cultura Editrice 1979.

Abate, Carmine: *Den Koffer und weg!* (Erzählungen). Kiel: Neuer Malik 1984; *Il ballo tondo* (Roman). Genova: Casa Editrice Marietti 1991; *Il ballo tondo-Der Reigen* (Roman). Kiel: Neuer Malik 1993; *Il muro dei muri* (Erzählungen). Lecce: Edizioni Argo 1993.

Bertagnoli, Gianni: *Arrivederci, Deutschland!* (Bericht). Stuttgart: Franckh 1964.

Continanza, Marcella: *Piume d'angeli* (Gedichte). Frankfurt a. M.: Zambon Editore 1996.

Farina, Salvatore: *Storia di un emigrato* (Bericht). Milano: Jaca Book 1988.

Guerrera, Sonja: *Medea in fiamme* (Gedichte). Roma: Lo Faro Editore 1990; Gedichte, in: *Fremd im Hier. Erzähl (mir nicht) von Heimat.* Hg. Heinrich-Böll-Stiftung. Köln 1995.

Moretti, Maurizio: *Una faccia made in Italy* (Gedichte). Perugia: Guerra Edizioni 1993.

Mura, Antonio: *Und wir die klugen Mondmeister* (Gedichte). München 1981 (Nuoro 1971).

Neri, Livia: *Il pane degli altri* (Roman). Perugia: Guerra Edizioni 1998.

Pasquale, Ciro: *Vagabondaggi in versi* (Gedichte). Poggibonsi: Lalli Editore 1981.

Sepe, Franco: *Elegiette berlinesi* (Gedichte). Firenze: Firenze Libri 1987; *L' incontro* (Lustspiel in drei Akten). *BERLINTURCOMEDEA* (Einakter). In: *Sipario* 501 (1990), S. 33–42; »Der Himmel erzählt/Il cielo racconta« (Erzählung). In: *Letteratura de-centrata*, S. 239–244 bzw. S. 284–288.

Villa, Antonella: *Brezel calde* (Gedichte). Milano: Bine editore 1995; *Dica 33* (Gedichte). Milano: La vita felice 1999.

Trové, Donata: *Die Reise/Il viaggio.* (Freie Übers. von Antonia Fuso-Hesse). Offenburg: Samira 1998.

2. Literatur der spanischen Minderheit

Anthologien:

»Huérfanos de sol en estas tierras«. (100 Gedichte der 70er Jahre). Hg. Epifanio Domínguez/Karl-Heinz Anton. In: *Hispanorama* 53 (1989), S. 79–125.

Zeitschriften:

7 Fechas. Hg. Víctor Canicio (Köln).

Viento Sur. Hg. Nono Carrillo/Remedios Quintana (Hamburg). 1977–1993; ab 1996 Hg. von José Napoleón Mariona.

Sekundärliteratur:

Anton, Karl-Heinz/Domínguez, Epifanio: »Emigración detenida, problemática aclarada?« In: *Spanien und Lateinamerika.* Nürnberg 1984, S. 562–576.

Aparicio, Guillermo: »(Kein) Lobgesang zum Sondertarif«. In: *Info DaF* 3 (1985), S. 223–236.

Navarro, José María: »Teatro de los emigrantes«. In: *Hispanorama* 44 (1986), S. 108–109.

Rodríguez Richart, José: *Emigración española y creación literaria. Estudio introductorio.* Madrid 1999.

Guillermo Aparicio (geb. 1940 in Kastilien) wächst zwischen Kastilien und dem Baskenland auf; wandert 1970 aus Fernweh nach Deutschland aus, wo er nach eigenen Angaben aus Liebe bleibt; heiratet eine Bayerin und bekommt zwei Töchter; lebt vier Jahre in Berlin, sechs Jahre in Aachen und seit 15 Jahren in Stuttgart; zur Zeit ist er arbeitsloser Spanischlehrer, Kulturvermittler, Hausmann und Schriftsteller; er ist einer der Gründer und Herausgeber der Zeitschrift *Stuttgarter Osten* und schreibt regelmäßig für die Sender SDR, SFB, WDR und HR.

Werke:

Meine Wehen vergehen (Gedichte). Stuttgart: Alektor 1979.

Spanisch für Besserwisser, Was den Deutsche an Spanisch spanisch vorkommt (Prosa). Stuttgart: Schmetterling 1995.

Lob der Pellkartoffel, Ess- und Kochgeschichten für Deutsche, Halbdeutsche und Undeutsche (Prosa). Stuttgart: Schmetterling 1996.

Aufsätze in:

»Wahl ohne Ausländer«. In: *Annäherungen.* Hg. Franco Biondi/Jusuf Naoum/Rafik Schami/Suleman Taufiq. Bremen: Con-Verlag 1982, S. 151–156.

»Gilftwolke«. In: *Dies ist nicht die Welt, die wir suchen.* Essen: Klartext 1983, S. 80–81.

»La-rra-men-di«. In: *Über* Grenzen. Hg. Karl Esselborn. München: dtv 1987, S. 247–258.

»Vom Knoblauch – Vorsichtige Annäherung«. In: *Im Land der begrenzten Möglichkeiten, Einwanderer in der Bundesrepublik.* Redaktion: F. Biondi/G. Chiellino/J. Naoum/H. Friedman. Frankfurt a. M.: Büchergilde Gutenberg 1987, S. 102–104.

»Greifbarer, aber nicht faßbarer«. In: *Der jüdische Frisör.* Redaktion der Stuttgarter Osten (Lokalzeitung). Stuttgart: Silberburg 1992, S. 28–31.

Victor Canício (geb. 1937 in Barcelona) zieht Ende der 60er Jahre nach Heidelberg, wo er seither wohnt, zahlreiche Besuche an der Mittelmeerküste; er verläßt seine Heimat nicht aus wirtschaftlichen Gründen, sondern flüchtet als Student vor der Unterdrückung in Spanien. Wie viele andere läßt er sich schließlich »aus Gründen der Liebe« in Deutschland nieder; ist von Jugend auf als Schriftsteller erfolgreich und arbeitet als Übersetzer (u. a. von Heinrich Böll, Peter Handke und Wilhelm Busch) und Lehrer; arbeitet als Spanienexperte für verschiedene deutsche Sender (z. B. Deutsche Welle).

Werke:

»El españolito bueno« (Der brave kleine Spanier; Erzählung). In: *Heraldo de Aragón.*

Contamos contigo. Krónikas de la emigración (Prosa). Barcelona: Laia 1972.

Pronto sabré emigrar (Prosa). Barcelona: Laia 1974.

Hausgemachtes und Ausgekochtes oder von der Kunst, ein Gemüsesuppchen zu bereiten (Kulinarisches Brevier). Stuttgart: Fachhochschule für Druck 1976.

Vida de un emigrante español. Testimonio auténtico de un obrero que emigró a Alemania (Prosa). Barcelona: Gedisa 1979.

La fiebre amarilla (Gedichte). Barcelona: Ediciones del Serbal 1989.

La república de las letras (Prosa). Barcelona: Thassalia 1996.

Almanaque (Prosa). Barcelona 1996.

Patricio Chamizo (geb. am 2. 10. 1936 in Santa Amalia/Badajoz) sein Vater war während des Krieges politischer Gefangener; verließ mit 14 Jahren die Schule und arbeitete in der Metzgerei seines Vaters; u. a. als Hirte und in vielen anderen Berufszweigen; 1962 Emigration nach Deutschland; die harten Arbeitsbedingungen und Wohnverhältnisse griffen die Gesundheit seiner Frau an, so daß beide kurze Zeit später die Rückreise antraten; seitdem hat Patricio Chamizo im Theater über Jahre hinweg viel Energie, Kreativität und Geld investiert, ohne je wirklich anerkannt zu werden; verdient seinen Lebensunterhalt als Maler, unterstützt von seiner Frau, die als Gesangslehrerin in Madrid arbeitet.

Werke:

La margarita deshojada (Theaterstück). 1963 in Deutschland aufgeführt.

En un lugar en Alemania (Theaterstück). 1964.

Ganarás el pan con el sudor del de enfrente (Du wirst Dein Brot mit dem Schweiss deines Nächsten verdienen; Prosa). Madrid: HOAC 1974.

Paredes, un campesino extremeño (Paredes, Bauer aus Extremadura; Prosa). Madrid: HOAC 1976.

Don Benito (Theater). Madrid: HOAC 1976.

Rudens (Theaterstück für das Römische Theater Merida) (1986).

Antonio Hernando (geb. 1936 in Madrid; gest. 1986? in Aachen) als Sohn einer Arbeiterfamilie; erlebt die Belagerung und Bombardierung von Madrid und wird dann nach Barcelona evakuiert, wo ihn eine Familie aufnimmt, die mit den Anarchisten sympathisiert. Nach dem Krieg kehrt er nach Madrid zurück; besucht in Barcelona eine Schule der Anarchisten und in Madrid eine kirchliche Schule; Bäckerlehrling; muß seine Laufbahn als Fußballer nach einer Knieverletzung aufgeben; wird Goldschmied, heiratet und emigriert Anfang der 60er Jahre mit seiner Frau und Tochter nach Aachen; stirbt nach langer, schmerzhafter Krankheit an Krebs; durch das Engagement seiner Familie und Freunde wird nach seinem Tod sein einziges Buch, die Gedichtanthologie *Emigration- Emigración*, veröffentlicht.

Werke:

Emigración- Emigration (Gedichte). Berlin: Karin Kramer 1989.

Aufsätze in:

»Das Gastspiel eines Gastarbeiters«. In: *Im neuen Land.* Hg. Franco Biondi/Jusuf Naoum/Rafik Schami/Suleman Taufiq. Bremen: Con-Verlag 1980, S. 109–113, 125–126.

»Die Würmer«. In: *Annäherungen.* Hg. Franco Biondi/Jusuf Naoum/Rafik Schami/Suleman Taufiq. Bremen: Con-Verlag 1982, S. 94–95.

»Zwei Gedichte«. In: *Dies ist nicht die Welt, die wir suchen.* Hg. Suleman Taufiq. Essen: Klartext 1983, S. 24 u. 94.

José F. A. Oliver (geb. 1961 in Hausach im Kinzigtal/Schwarzwald) als Sohn spanischer Gastarbeiter, die 1960 aus Málaga (Andalusien) in die Bundesrepublik eingewandert sind; Studium der Romanistik, Germanistik und Philosophie an der Universität Freiburg; 1980 Mitbegründer des Polynationalen Literatur- und Kunstvereins e. V. (PoLiKunst) in Frankfurt a. M.; fünf Jahre im Vorstand tätig, 1985–1986 Vorsitzender; 1989 Literaturstipendium des Berliner Senats im Literarischem Colloquium Berlin; 1996/97 Stipendium der Kurt-Tucholsky-Stiftung Hamburg; 1997 Adelbert-von-Chamisso-Preis für sein Gesamtwerk; veröffentlichte Lyrik, Kurzprosa, kulturpolitische Aufsätze und Essays und andere literarische Beiträge in Anthologien und Zeitschriften in Deutschland, der Schweiz, Italien und Peru; seine Gedichte wurden in verschiedene Sprachen übersetzt; in Spanien ist er jedoch im Moment nicht sehr bekannt; erst 1997 wurde er in Madrid vom Goethe Institut als deutscher Schriftsteller vorgestellt.

Werke:

Auf-Bruch (Gedichte). Berlin: Das Arabische Buch 1987.

Heimatt und andere Fossile Träume (Gedichte). Berlin: Das Arabische Buch 1989.

Weil ich dieses Land liebe (Gedichte). Berlin: Das Arabische Buch 1991.

Vater unser in Lima (Gedichte) Tübingen: Heliópolis 1991.

Gastling (Gedichte). Berlin: Das Arabische Buch 1993.

Los caminos de Son Yollardir (Gedichte dt.-türk.). Stuttgart: Papyrus 1994.

austernfischer, marinero, vogelfrau (Gedichte). Berlin: Das Arabische Buch 1997.

Duende (Gedichte dt.-span.-alemannisch). Gutach: Drey 1997.

Lyrik oder Gesang! CD. Stuttgart 1997.

Sekundärliteratur:

Ackermann, Irmgard (Hg.): *Fremde AugenBlicke. Mehrkulturelle Literatur in Deutschland.* Bonn 1996, S. 149–158; Chiellino, Carmine: *Die Reise hält an. Ausländische Künstler in der Bundesrepublik.* München 1988, S. 126–138; Raddatz, Fritz J.: »Meine Wiegenlieder waren andere«. In: *Die ZEIT* 26.4.94; Röhrig, Johannes: *Romanisch- Germanisch. Aufsätze und Gespräche zum Sprach- und Kulturkontakt in Deutschland und in Französisch-Flandern.* Veitshöchheim bei Würzburg 1994, S. 63–90; Weinrich, Harald: »José F.A. Oliver«. In: *Die Brücke* 5 (1997), S. 76–77.

3. Literatur der griechischen Minderheit

Anthologien:

Dimitrakis ›86 »um eine Heimat bittend«. Hg. Eideneier, Niki. Köln: Romiosini 1985.

Gute Reise meine Augen. Texte von Griechinnen und Griechen in Deutschland. Eine Anthologie. Hg. Mathioudakis G. Zacharias. Dresden: Peter-Grohmann 1993.

Kalimerhaba. Griechisch – Deutsch – Türkisches Lesebuch. Hg. Eideneier, Niki/Toker, Arzu. Köln. Romiosini 1992.

Anamesa se dio kosmus. Sigrafis stin Germania me elliniko diavatirio (Zwischen zwei Welten. Schriftsteller in Deutschland mit griechischem Paß). Hg. Matzouranis, Giorgos. Athen: Kastaniotis 1994.

... die Visionen deiner Liebeslust. Liebe und Erotik in der Fremde. Hg. Eideneier, Niki. Köln: Romiosini 1995.

Kinder des Meeres. Geschichten der Heimat und der Fremde. Hg. Eideneier, Niki. Köln: Romiosini 1997.

Deutschland, deine Griechen. Griechisch-Deutsch. Hg. Giannakakos, Kostas/Gerogiorgakis, Stamatis (Vereinigung griechischer Autoren in der BRD). Köln: Romiosini 1998.

Verlag:

Romiosini Verlag. 1982 von Niki Eideneier in Köln gegründet.

Jahrbücher:

Hellenika – Vereinigung der Deutsch-Griechischen Gesellschaften e. V. Bochum ab 1964

Zeitschriften/Zeitungen:

Chronika (Monatszeitschrift; dt./griech.). Berlin ab 1997.

Kassandra (erscheint alle zwei Monate, zweisprachige Zeitschrift für Politik und Kultur). Tübingen ab 1995.

Ellinika (Hellenika) Zeitschrift der Griechischen Gemeinde Göttingen. Göttingen ab 1994.

Sekundärliteratur:

Blioumi, Aglaia: »Gründung der Vereinigung griechischer Schriftsteller in Deutschland«. In: *Griechische Schwingungen in Berlin* 8 (1996a), S. 10. – : »Das Bild Deutschlands im Werk von Dimosthenes Kourtovik ›Drei tausend Kilometer‹«. In: *Diavazo* 368 (1996b), S. 97–102. – : »Vom Gastarbeiterdeutsch zur Poesie. Sprachliche Entwicklungstendenzen in der Migrationsliteratur«. In: Amirsedgi, Nasrin/Bleicher, Thomas (Hg.): *Literatur der Migration.* Mainz 1997a, S. 174–186. – : »Zum lyrischen Werk von Kostas Giannakakos ›Frühe Dämmerung‹«. In: *O Daochos* 1997b, S. 58–62. – : Nachwort. In: Patentalis, Michalis: *Die Kurzsichtigkeit einer Stadt. Gedichte griechisch-deutsch.* Köln 1998, S. 87–89. – : »Migrationsliteratur, der schwarze Peter für die Allgemeine und Vergleichende Literaturwissenschaft? Plädoyer für eine Komparatistik mit doppelter Staatsbürgerschft«: In: *Arcadia* 34 (1999), S. 355–365. Chiellino, Carmine: *Die Reise hält an. Ausländische Künstler in der Bundesrepublik.* München 1988. – : *Am Ufer der Fremde. Literatur und Arbeitsmigration 1870–1991.* Stuttgart/Weimar 1995. Eideneier, Hans: »Griechische Gastarbeiterliteratur«. In: *Zeitschrift für Kultur und Internationale Solidarität (IKA)*, Nr. 22 (1992), S. 17. – : »Deutschland, deine Griechen – in der Literatur«. In: Barbara Hoffmann (Hg.): *Griechenland.* Berlin 1985, S. 265–269. – : »Chrisafis, Lolakas. Soweit der Himmel reicht« (Rezension). In: *Die Brücke* (Juni/Juli 1987), S. 81 f. – : »I metanasteusi apo tin Optiki tis ginekas logotechnidas se sigrisi me ton andra logotechni«.

(Die Migration aus der Sicht der weiblichen Literatin im Vergleich zum männlichen Literaten. In: *Frau und Literatur.* Komotini 1995. Elsaesser, Michael: »Griechische Migrantenliteratur – ein Überblick«. In: Ehnert, Rolf/Hopster, Norbert: *Die emigrierte Kultur. Wie lernen wir von der neuen Ausländerkultur in der Bundesrepublik Deutschland? Ein Lese- und Arbeitsbuch.* Bd.1. Frankfurt a.M. 1988, S. 157–186. Michel, Herbert: *Odysseus im wüsten Land. Eine Studie zur Verarbeitung des Identitätsproblems in der griechischen Migrantenliteratur.* Köln 1992. Rosenthal-Kamarinea, Isidora: »Das griechische Theater Wuppertal«. In: *Hellenika* (1996), S. 184–187.

Eleni Delidimitriou-Tsakmaki (geb. 1938 in Zagliveri bei Thessaloniki) lebt seit 1969 in München; Engagement im kulturellen Bereich: gründete eine Theatergruppe mit griechischen Rentner/innen, die ihre Komödie *Geschichten aus dem Leben* in verschiedenen deutschen Städten aufgeführt haben.

Werke:

Die Stoffpuppe. Köln: Romiosini 1994.
I panini koukla (Die Stoffpuppe). Athen: Lampsi 1994.
Die ewige Suche nach der Heimat. Athen: Lampsi 1994.
»Abschied vom Leben oder Seniorenheim« (Erzählung). In: *Kinder des Meeres,* 1997.
Aris, der Sohn des Emigranten (Kurzgeschichten). Köln: Romiosini 1999.

In Anthologien:

»Archontula«. In: *Deutschland, Deine Griechen,* 1998.

Vaios Fassoulas (geb 1947 in Gorgogiri/Zentralgriechenland) wuchs bei Adoptiveltern auf, da seine Mutter kurz nach seiner Geburt gestorben ist und sein Vater als Partisan verfolgt wurde. Diese traumatischen Erfahrungen werden in seinem ersten Roman *St' achnaria tis zois* (1981) dargestellt; 1970 Emigration nach Deutschland; führt in Nürnberg ein griechisches Restaurant.

Werke:

St'achnaria tis zois (Auf den Spuren des Lebens; Roman). Athen: Eigenverlag 1981.
Sto staurodromi tis gitonias (An der Kreuzung der Nachbarschaft; zwischen Lyrik und Prosa). Fürth: Eigenverlag 1994.
Der Trobadour der Fremde (Roman). Fürth: Eigenverlag 1995.
I Ellada ston eona mas (Griechenland in unserem Jahrhundert; Versepos). Fürth: Eigenverlag 1996.
I megali thisia (Das große Opfer; Roman). Fürth 1997.
I sirines tis xenitias (Die Sirenen der Fremde; Lyrik). Fürth: Eigenverlag 1997.
Psachnontas st' achnaria sou zois (Leben, deine Spuren suchend; Roman). Fürth: Eigenverlag 1998.
Politeies (Roman). Fürth: Eigenverlag 1998.
Die Sirenen der Fremde (Roman). Fürth: Eigenverlag 1998.

Kostas Giannakakos (geb. 1956 in Ropoton bei Trikala/Griechenland) lebt seit 1974 in der BRD; studierte Kommunikationswissenschaft und Neuere deutsche Literatur; Mitherausgeber der Zeitschrift *Sirene;* zur Zeit Vorsitzender der Vereinigung griechischer Schriftsteller in Deutschland; Übersetzer von Karyotakis, Ritsos und Papoulias; Mitherausgeber der Anthologie der Vereinigung griechischer Schriftsteller *Deutschland, deine Griechen* (1998); bislang ist noch keines seiner Werke in einem griechischen Verlag erschienen.

Werke:

Merikes Fores... München (Eigenverlag) 1987.
Frühe Dämmerung (Gedichte). Köln: Romiosini 1989.
Ohne Gegenwert (Gedichte). München: Babel 1997.

In Anthologien:

Gedichte. In: *Das Unsichtbare Sagen.* Kiel: Malik 1984.
Gedichte. In: *Dimitrakis ›86.* Köln: Romiosini 1985.
Gedichte. In: *Kalimerhaba,* 1992.
Gedichte. In: *Gute Reise meine Augen,* 1993.
Gedichte. In: *Anamesa se dio kosmous,* 1995.
Gedichte. In: *Deutschland, Deine Griechen*..., 1998.

Giorgos Krommidas (geb. 1936 in Kavalla/Nordgriechenland) kam 1961 nach Deutschland, um Architektur zu studieren, wurde aber Spieler und leitet auch eigene Spielclubs; den Weg zur Dichtung fand er durch eine große Liebesenttäuschung; schreibt auf deutsch; keines seiner Werke wurde bislang auf griechisch übersetzt.

Werke:

Tagebuch einer Trennung (Gedichte). Bonn: gelber igel 1987.
Du aber, Lissi, hab‹ keine Angst... (Gedichte). Bonn: gelber igel 1987.
Ithaka (Erzählung). Bonn: Die Mücke 1989.
Die Liebe übrigens (Gedichte). Sankt Augustin: Avlos 1994.
Der Ölberg (Erzählung). Sankt Augustin: Avlos 1996.
»Quitt«. In: *Deutschland, Deine Griechen*... 1998.

Jakovos Papadopoulos (geb. 1940 am Fuß des Olymp) emigrierte 1965 nach Deutschland, wo er in verschiedenen Fabriken arbeitete; Studium der Wirtschaftswissenschaften in Hamburg; politisches Engagement als Vorsitzender der griechischen Gemeinde in Hamburg; 1989 zweiter Preis im Lyrik-Wettbewerb der Zeitschrift *Die Brücke;* Mitglied des ÖTV und des Deutschen Schriftstellerverbandes.

Werke:

Ta paidia tis xenitias (Kindergeschichten). Athen: Foustanos 1985. – *Kinder der Fremde*. Berlin: Express Edition 1988.
Wie lange noch Gedichte. Athen: Foustanos 1986.
Diaspora und Einsamkeit (Gedichte). Athen: Foustanos 1988.
Die Fabeln von Aesop Frankfurt a. M.: Fischer 1988.
Heimweh in der Fremde (Gedichte). Hildesheim: Ed. Collage 1989.
Land des Regenbogens (Gedichte). Hildesheim: Ed. Collage 1990.
Elli. Wege in die Freiheit (Roman). Hildesheim. Ed. Collage 1990.
Der Geschmack der blauen Küsse (Gedichte). Köln: Romiosini 1998.

In Anthologien:

»Lichtsonate«. In: *Gute Reise meine Augen*, 1993.
Gedichte. In: *Deutschland, Deine Griechen* . . ., 1998.

Sekundärliteratur:

Prüfer, Inge: »Jakovos Papadopoulos« (Rezension). In: *Die Brücke* 52 (Jan.-Feb. 1989), S. 39.

Eleni Torossi (geb. 1947 in Athen) 1968 Emigration nach Deutschland, wo sie politisches Asyl bekam; Mitherausgeberin der Frauenanthologie *Freihändig auf dem Tandem* und der Berichtsammlung *Begegnungen, die Hoffnungen machen*; 1986 Literaturpreis der Stadt Trier für deutschsprachige ausländische Autoren für *Tanz der Tintenfische*; 1996 Literaturförderpreis der Stadt München im Bereich Kinder- und Jugendliteratur für das Projekt *Dollars, Gangster und Kojoten*; 1997 dritter Preis beim Schreibwettbewerb des SDR für die Geschichte »Zwei Städte-zwei Rhythmen«; Gründungsmitglied der Vereinigung griechischer Autoren in Deutschland; 1984–86 im Vorstand des »Polikunst« Vereins.

Werke:

Tanz der Tintenfische (Kurzgeschichten). Kiel: Malik 1986.
Paganinis Traum (Kurzgeschichten). Kiel: Malik: 1988.
Die Papierschiffe (Kurzgeschichten). Hauzenberg 1990.
To oniro tou Paganini (Der Traum von Paganini; Kurzgeschichten, griech.). Athen: Kastaniotis 1993.
Koumbotripes kai elefantes (Knopflöcher und Elefanten; Kurzgeschichten). Athen: Kastaniotis 1998.
Gangster, Dollars und Kojoten (Kinderbuch). Holzkirchen: Engl & Lämmel 1999.
Marko, Elefanten und Knopflöcher (Kurzgeschichten). Holzkirchen: Engl & Lämmel 1999.

In Anthologien:

»Die Wut des Luftballons«. In: *Das Unsichtbare sagen. Prosa und Lyrik aus dem Alltag des Gastarbeiters*. Kiel: Neuer Mali 1983.
»Eine rote Paparúna«. In: *Das Unsichtbare sagen*, 1983.
»Die neue Freundin«. In: *Eine Fremde wie ich*, 1985.
»Katerinas Zauberschächtelchen«. In: *Eine Fremde wie ich*, 1985.
»Deutschland, Tortenland?«. In: *Lachen aus dem Ghetto*, 1985.
»Deutschland, Tortenland?« In: *Dimitrakis '86*, 1985.
»Jetzt sind wir alle Ausländer«. In: *Dimitrakis '86*, 1985.
»Die bunten Wutpakete«. In: *Dimitrakis '86*, 1985.
»Ta chartina karavakia tis Germanias mou«. In: *Zwischen zwei Welten*, 1994.
»Brief an den Vater«. In: *Kalimerhaba*, 1992.
»Margaritas Tagebuch«. In: *Gute Reise meine Augen*, 1993.
»Das Relief«. In: *. . . die Visionen deiner Liebeslust*, 1995.
»To ble kapelo Der blaue Hut«. In: *Kinder des Meeres*, 1997.
Zauberformeln. Erzählungen (griech./dt.). Köln: Romiosini 1998.
»Babis, der Mann aus Eisen«. In: *Deutschland, Deine Griechen*, 1998.

Herausgeberin:

Freihändig auf dem Tandem (Anthologie). Kiel: Malik 1985.
Begegnungen, die Hoffnungen machen (Berichtsammlung). Freiburg/Basel: Herder 1993.

Essays:

»Deutschland, Tortenland? Jetzt sind wir alle Ausländer«. In: *Lachen aus dem Ghetto*.
»Mutter-Sprache«. In: *Freihändig auf dem Tandem*. 1985.
»Den Trägern der Zukunft erzählen. Ein Plädoyer für Kinderliteratur in der Fremde«. In: *Die Brücke* 28 (1985), S. 25ff.
»Deutsche und Nicht-Deutsche auf der Suche nach einem Heimatgefühl«. In: Engelmann, Rainer (Hg.): *Morgen kann es zu spät sein. Texte gegen Gewalt – für Toleranz*. Würzburg: Arena 1993.

Sekundärliteratur:

Michel, Herbert: »Eleni Torossi: Paganinis Traum«. In: Michel 1992, S. 214–219; Iliadou, Eleni/Chatzoglou, Danai: »Eleni Torossi. Mia Ellinida sigrafeas gnosti stin Germania schedon agnosti stin Ellada« (Eleni, Torossi. Eine griechische Schriftstellerin bekannt in Deutschland, fast unbekannt in Griechenland). In: *To gramma* (Juni 1994), S. 64–65; Steffen, Jeannette: »Eleni Torossis Geschichen – Eine Chance für interkulturelles Lernen?« In: *Lernen in Deutschland* 1 (1993), S. 30–39; Wenderott, Claus: »Ein Tintenfisch will schreiben lernen. Geschichten von Eleni Torossi im interkulturellen Kontext«. Bezug: *Arbeitsstelle Migrantenliteratur der Universität Essen* 1991; Wuckel, Ursula: »Eleni Delidimitriou-Tsakmaki ›Die Stoffpuppe‹« (Rezension). In: *Die Brücke* (Juli-August 1995), S. 96.

Werke weiterer Autor/innen:

Angou, Theologos: *Poiisi 1980–1990. Odofragma* (Gedichte). Thessaloniki: Kodikas 1996.

Blioumi, Aglaia: »Gedichte«. In: Birger, Gestuisen/ Tina Jerman (Hg.): ›*40 Jahre Migration. Gedichte und Erzählungen aus einer unendlichen Geschichte*‹. Bonn: Edition aragon, 1997a; »Das Andere in mir. Einwandern – Auswandern« (Kurzgeschichte). In: Münzberg, Olav/Elsbeth de Roos/ Dieter Straub (Hg.): ›*Brüche und Übergänge*‹. *Gedichte und Prosa aus 23 Ländern*. Berlin: Jovis 1997b.

Chalkou, Thanassis: *Metanastes* (Gedichte). Athen: Stochastis 1973.

Chatzis, Dimitris: *Das doppelte Buch* (Roman). Köln: Romiosini 1983.

Christidis, Aris: »Weisen Sie sich aus!« (Theaterstück). In: *Info DaF* 13, 1 (1986), S. 59–65.

Delingas, Garefis: *Ta Endiamesa* (Die Zwischenräume; Gedichte). Thessaloniki: Avakio 1987; *Unsere Schatten in Offenbach. Gedichttrilogie.* Thessaloniki: Avakio 1991.

Elikis, Georg: *Das Geheimnis der marmornen Steine.* Kafoussias 1990.

Ganas, Michalis: *Sieh zu, daß du weinst! Odysse. Hörspiel.* München: Ohrbuch-Verlag, 1989; *Stiefmutter Heimat.* Köln: Romiosini 1985.

Gazis, Thymios: *Niemandsland.* Athen: Pyli 1982.

Grigoriadou-Sureli, Galatia: *Spiel ohne Regeln.* Athen: Patakis 1982.

Jakobs-Samolis, Marianthi: Gute Reise, meine Augen (Kurzgeschichte). In: *Gute Reise meine Augen.* 1993.

Karaoulis, Kostas: *I eklipsi* (Die Finsternis). Athen: Kastaniotis 1984; *Die Finsternis.* Frankfurt a. M.: Brandes & Apsel 1988; *I sarantapichi. Kritiki trilogia* (Vierzig mal eine Hand voll. Kretische Trilogie). Athen: Proskinio 1997.

Karavia, Maria: *Stigmes* (Gedichte). Athen: Eigenverlag 1983.

Kirimis, Petros: *I kardia tou kotsifa* (Das Herz der Amsel). Athen: Kastaniotis 1997.

Kleopas, Euripidis: *O Marathonodromos* (Der Marathonlauf). Athen: Epson 1990.

Kosmidis, Dimitris: *Der Muschel zugeflüstert* (Gedichte). Weissach: Alkyon 1991; *Die Botschaft der Zikaden* (Gedichte). Weissach: Alkyon 1995.

Kourtovik, Dimosthenis: *Tris chiliades chiliometra* (Dreitausend Kilometer). Athen: Kalvos 1980.

Koumidis, Glavkos: *Peri Poiiseos* (Gedichte). Leukosia: Papouxios 1995; ›*pnades*‹ (Gedichte). Leukosia: Papouxios 1995; *Von Stiftern und Anstiftern* (Gedichte). Köln: Romiosini 1995.

Ladaki-Philippou, Niki: *Blutiger Frühling. Gedichte.* Saarbrücken: Die Mitte 1985.

Ladaki, Fotini: *Giudice. Gedichte.* St. Michael: Bläschke 1984.

Lazanis, Napoleon: *Die Fischer* (Roman). Köln: Romiosini 1989; *Ichni zois* (Spuren des Lebens; Roman). Athen: Odisseas 1991; *Ego o Petros* (Ich, Peter; Roman). Athen: Kastaniotis 1993.

Lolakas, Chrisafis: *So weit der Himmel reicht.* Köln: Romiosini 1985.

Mathioudakis, G. Zacharias: *Unter der Platane von Gortyna – kretische Prosa und Lyrik.* Weissach: Alkyon ²1992.

Markaris, Petros: *Fremdgeblieben.* Köln: Romiosini 1988.

Matzuranis, Jorgos: *Mas lene Gastarbeiter.* Athen: Themelio 1977 – Man nennt uns Gastarbeiter. Frankfurt a. M.: Zambon 1977.

Mavridis, Homer: *Die Steinschlacht bei Sappe* (Roman). München: Pfeiffer 1987.

Nicolau, Thomas: *Nachts kamen die Barbaren.* Berlin 1968; *Die Schwanenfeder.* Berlin: Der Kinderbuchverlag 1979.

Nollas, Dimitris: *Sto dromo gia to Wuppertal* (Auf dem Weg nach Wuppertal). Athen: Kastaniotis 1996.

Panagiotidis, Leonidas: *Ein paar Zentimenter unter der Oberfäche.* Köln: Romiosini 1995.

Panagiotidou-Karageorgiou, Evtihia: *I zoi tou metanasti* (Das Leben des Auswanderers). Berlin: Eigenverlag 1996.

Papakonstantinou, Dimitris: *Dunkelziffer. Kriminalroman um eine Männerfreundschaft.* Reinbek: Rowohlt 1988.

Papanagnu, Miltiadis: *I xeni* (Die Fremden). Athen: Themelio 1979; *I Lasogermani.* Athen: Stochastis 1985.

Papastamatelos, Tryphon: »Gedichte«. In: Biondi, Franco u. a. (Hg.): *Im neuen Land.* 1980; »Gedichte«. In: *Info DaF* 13, 4 (1986), S. 351–357.

Patentalis, Michlalis: *Kurzsichtigkeit einer Stadt. Gedichte Griechisch – Deutsch.* Köln: Romiosini 1998.

Polichronidis, Christos: *Mein Berg heißt Ai-Lia.* Berlin: Neues Leben 1976.

Rizos, Antonis: *Ksorkia* (Gedichte). Thessaloniki: Enteuktirio 1995.

Saraditi- Panajotou, Eleni: *Otan figame* (Als wir gingen). Athen: Kastaniotis 1989.

Sideri, Dadi: Gedichte. In: *Dimitrakis ›86 »um eine Heimat bittend«.* 1985; Gedichte. In: *Gute Reise meine Augen.* 1993; (Hg.): *UND ICH, DIE NUR WOLLTE; ICH. Griechische Lyrikerinnen der Moderne.* Köln: Romiosini 1993; (Hg.) *Unter dem Gewicht der Wörter. Griechische Lyrik der Gegenwart* Köln: Romiosini 1999.

Skurtis, Giorgos: »Der Migrant«. In: *11 Einakter.* Athen: 1980.

Surunis, Anthonis: *I simbektes* (Die Mitspieler). Athen: Kastaniotis 1977, ⁷1988; *Meronychta Frankfurtis.* Athen: Kastaniotis 1982, ⁵1988. – *Frankfurter Nächte.* Köln: Romiosini 1992; *Ta timbana tis kilias kai tou polempou* (Die Trommeln des Bauches und des Krieges). Athen: Kastaniotis 1983; *I proti pethainoun teleutaioi* (Die ersten sterben als letzte). Athen: Kastaniotis 1985; *Pascha sto chorio* (Ostern auf dem Dorf). Athen: Kastaniotis 1991; *Ipopsin tis Litsas* (Betreff Litsa). Athen: Kastaniotis 1992, *To bastouni, paramithi gia mikrous kai megalous* (Der Stock, Märchen

für klein und groß). Athen: Kastaniotis 1996; *O choros ton rodon* (Der Tanz der Rosen). Athen: Kastaniotis 1997.
Tachos, Giorgos: *Ston asterismo tis xenitias* (Im Sternbild der Fremde). Athen: Pitsilos 1996.
Tsikliropoulos, Babis: *Diakosia chronia xenitias* (Zweihundert Jahre Fremde). Athen: Kastaniotis 1983.
Valetas, Kostas: *Die Einwanderer.* Athen 1983.
Wassilikos, Wasilis: *Glafkos Thrasakis.* Athen: Gnosi 1990.

4. Autor/innen aus dem ehemaligen Jugoslawien und den Nachfolgestaaten (Kroatien, Bosnien-Herzegowina und Bundesrepublik Jugoslawien)

Anthologien:
Mein Erlebnis mit den Deutschen. Hg. Deutsche Welle. Köln 1978.
Horizonti – Zbirka poezije i proze Jugoslavenskih iseljenika u Francuskoj (Horizonte; Lyrik- und Prosasammlung). Hg. Ivica Momčinović. Sarajevo/Paris 1980
Domovino noćas sam ta sanjao (Heimat, heute nacht träumte ich von dir). Hg. Bagdala. Kruševac 1980
Als Fremder in Deutschland. Hg. Irmgard Ackermann. München 1982 (Draško Antov, S. 118–128).
Zu Hause in der Fremde. Hg. Christian Schaffericht. Fischerhand 1981 (Edita Bermel-Rodominsky, S. 15–17, 137–40; Marina Micić, S. 73, 193; Dragutin Trumbetaš, S. 21, 119).
In zwei Sprachen leben. Hg. Irmgard Ackermann. München 1983 (Draško Antov, S. 118–128, Srđan Keko, S. 38–43, 175; Mojca Posavec, S. 121–125).
Dies ist nicht die Welt, die wir suchten. Hg. Suleman Taufig. Essen 1983 (Draško Antov, S. 61).
Sie haben mich zu einem Ausländer gemacht ... ich bin einer geworden. Hg. Norbert Ney. Hamburg 1984 (Vera Vukešin, S. 130; Snežana Prvulović, S. 102; Draško Antov, S. 111).
Eine Handvoll Licht. Hg. Siegfried P. Rupprecht. Augsburg 1985 (Vito Šipragić, S. 8, 31 '39, 44, 47, 49).
Freihändig auf dem Tandem. 30 Frauen aus 11 Ländern. Hg. Luisa Costa Hölzl/Eleni Torossi. Kiel 1985 (Grozdana Petrović, S. 42; Marijana Senftleben, S. 22, 67, 68, 149; Edita Bermel-Rodominsky, S. 98–101, 151–155).
Radnik pjesnik u tudjini (Arbeiter-Dichter in der Fremde). Hg. Radnik pjesnik u tudjini. Stuttgart 1985 (mit 25 Dichtern).
Blumen der Nacht. Hg. Siegfried P. Rupprecht. Augsburg 1986 (Vito Šipragić, S. 104–111).
Ptice bez gnjezda – Zbornik radova jugoslovenskih radnika privremeno zaposlenih u SR Njemackoj (Vögel ohne Nester). Hg. Šimo Ešić. Drugari/Sarajevo 1986 (mit 32 Autoren).
Sunčano nebo domovine (Sonniger Heimathimmel). Hg. Reuf Kolak/Mijat Barišić und Literarno dramska sekcija »Maj« iz Hanburga. Drugari/Sarajevo 1987
Deutsche und Jugoslawen – Begegnungen und Erfahrungen. Hg. Deutsche Welle. Köln 1988.
Usnule zvezde – Almanah poezije, proze i aforizama Jugoslovena zaposlenih u Evropi (Schlafende Sterne, Lyrik und Prosa). Hg. Alempijević Milutin. Frankfurt a. M. 1989.
Pismo sa Majne (Brief vom Main). Hg. Alempijević Milutin. Priština 1991.
45 hrvatskih emigrantskih pisaca (45 kroatische Emigrantenautoren). Hg. Šimun Šito Ćorić. Zagreb 1991.
Razglednica iz Nemačke (Postkarte aus Deutschland). Hg. M. Alempijević. Frankfurt a. M. 1992.
60 hrvatskih emigrantskih pisaca (60 kroatische Emigrantenautoren). Hg. Šimun Šito Ćorić. Zagreb 1995.
Oktobarski susreti pisaca iz dijaspore (Oktobertreffen der Diaspora-Autoren). Hg. Milutin Alempijević. Frankfurt a.M 1995.
Večna pesma (Ewiges Lied). Hg. Milovanović Dragan, Dečije novine. Gornji Milanovac 1995 (mit 29 Dichtern).
Jezik nam je otadžbina (Die Sprache ist unsere Heimat). Hg. Milutin Alempijević. Frankfurt a. M. 1996.
Tamo gde vrhovi podupiru nebo – Zbirka proze članova knjizevne radionice in Frankfurta na Majni (Dort, wo die Gipfel den Himmel stützen). Hg. Milanović Dragan, Lio-Požega. Gornji Milanovac 1996 (mit 9 Prosaautoren).
Brüche und Übergänge, Gedichte und Prosa aus 23 Ländern. Hg. Münzberg Olav, Neue Gesellschaft für Literatur. Berlin: Jovis 1997.
Jezik roda mog (Sprache meines Volkes). Hg. Milutin Alempijević. Frankfurt a. M. 1997.
Pesma je biljka – Zbornik radova Udruženja »Radnik -pjesnik u tudjini iz Stutgarta (Das Gedicht ist eine Pflanze). Hg. Lukić Relja M. Požega 1997 (mit ausführlichen Bio- und Bibliographien von 58 Autoren).
Literaritäte. Hg. Volkmar von Pechstaedt. Göttingen/Braunschweig: Hainholz 1998 (Harris Džajić, S. 50).
Ideš l, rode – Zbornik poezije i proze sa književnog konkursa za nagradu »Petar Kočić« (Gehst du, mein Lieber – Poesie und Prosa des Petar-Kočić-Literaturwettbewerbs). Hg. Janko Vujinović. Dortmund/Belgrad 1998 (mit ausführlichen Bio- und Bibliographien von 42 Autoren).
40 Jahre »Gastarbeiter« Deutschland auf dem Weg zur multikulturellen Gesellschaft (Der Schreibwettbewerb des Süddeutschen Rundfunks). Hg. Meier-Braun. Tübingen: Stauffenburg 1998

Zeitschriften/Zeitungen:
Naše staze (Unsere Gassen). Dositej, Gornji Milanovac Nr. 1 1997.
Vjesnik (der Bote). Frankfurt a.M./Zagreb 1982.
Vjesnik (der Bote). Zagreb 1991–1999.
Glas komune (Stimme des Landkreises). Doboj 1982–84.
Osvit (Morgendämmerung) serbokroat./dt. Sondernummer, Juli 1986 Karlovac.
Večernje novosti (Abendnachrichten) Europa-Ausgabe. Frankfurt a.M. 1987–1995.
Viva zajednica (Lebendige Gemeinde). Mitteilungsblatt der kroatisch-katholischen Mission. Frankfurt a.M. 1990–1999.
Politika. Beograd 1991–1999.
Tenenum. Basel 1996–1998.
Oslobodjene (Befreiung), Sarajevo 1992–1999.

Sekundärliteratur:
Ackerman, Irmgard: Literatur von ausländischen Frauen – eine Randgruppe in der Randgruppe. In: *Palette*- 12 (1990). Baur, Rupprecht S.: *Schreiben, um zu verändern? Satire als Darstellungsform in der Migrantenliteratur,* In: Pušić 1988, S. 15–19. – : (Hg.): *Interkulturelle Erziehung und Zweisprachigkeit.* Interkulturelle Erziehung in Praxis und Theorie, Bd.15. Baltmannsweiler 1992. Biondi, Franco (Hg.): *Annäherungen.* Bremen 1982. – : *Zwischen zwei Giganten.* Bremen 1983. Buz, Martin: »Emigrantenliteratur« In: *Die Brücke* 73 (1993), S. 33–37. *Buchstäblich – Ausstellung Grenzüberschreitender Literatur* (Zusammengestellt von Fruttuoso Piccolo). Hannover 1993. Bučevac, Jelenko (Hg.): *Ausstellung jugoslawischer Kinder- und Jugendbücher 1973–1977. Katalog.* Dortmund 1978. *Bücher aus Jugoslawien* (Katalog). Frankfurter Buchmesse 1973. *Bücher der jugoslawischen Völker und Nationalitäten in deutschen Übersetzungen – Literaturverzeichnis.* Hg. Jugoslavenski bibliografski institut-Beograd. Dortmund 1979. Chiellino, Carmine: *Die Reise hält an.* München 1988. Clausen, Jeanette: »Broken but not silent«. In: *Women in German Yearbook* 1 (1985), S. 115–134. Dedović, Dragoslav: »BH Književnost na njemačkom jeziku« (Bosnisch-herzegowinische Literatur in dt. Sprache). In: *Slobodna Bosna.* Sarajevo 31. 10. 1998, S. 40f. *Dokumentation.* Schreibwettbewerb »40 Jahre ›Gastarbeiter‹ – Deutschland auf dem Weg zur multikulturellen Gesellschaft?« SDR, Stuttgart 1997. Donat, Branimir: »Irena Vrkljan«. In: *Pet stoljeća hrvatske književnosti* (Fünf Jahrhunderte kroatischer Literatur). Buch 153. Zagreb 1985, S. 391–401. Džajić, Azra: *Literatur in der Fremde – Motive und Stilelemente der gegenwärtigen deutschsprachigen Dichtung ausländischer Autoren.* Magisterarbeit, Universität Göttingen, Göttingen 1986 (unveröffentlicht). Djuričković, Milutin: »Povratak korenima – Lazar Dašić »Azbučni tipik«. In: *Jedinstvo.* Priština 9. 7. 1997. Esselborn, Karl (Hg.): *Über Grenzen.* München 1987. Gräf, Bernd und Jutta: *Der Romanführer* (Der Inhalt der Romane und Novellen der Weltliteratur). Band XXIX Multinationale deutsche Literatur. Stuttgart 1995. Grubišić, Vinko: *Hrvatska književnost u egzilu* (Kroatische Exilliteratur). München/Barcelona 1990. Haberl, N. Othmar: *Die Abwanderung von Arbeitskräften aus Jugoslawien.* München 1978. Hoos, M.: Vorwort zu: Aleksandra Stipetić. »Die Holzschatule«. Leverkusen 1992, S. 5. Keko, Srđan: *Na kojem jeziku pisati i objavljivati u SR Njemačkoj* (In welcher Sprache schreiben und veröffentlichen in Deutschland). In: Pušić 1988, S. 8–14. Lauer, Reinhard: *Serben und Kroaten in Gegenwart und Geschichte.* Hannover 1994. – : »Am Ende der jugoslawischen Literatur«. In: *FAZ* 30. 11. 1991. – : »Zur Rezeption serbischer und kroatischer Autoren im deutschen Sprachraum« In: *Wechselbeziehungen zwischen deutscher und slavischer Literatur.* Köln/Wien 1978, S. 77–99. – (Hg.): *Serbokroatische Autoren in deutscher Übersetzung.* Wiesbaden 1995. Milojković-Djurić, Jelena: »The Poetic Messages of Serbian Women Writers: Kosara Gavrilović, Milena Miličić, Milica Miladinović, and Ljiljana Vukić« In: *Serbian Studies.* Austin 1997, S. 96–107. Montesardo, Anna Picardi: *Die Gastarbeiter in der Literatur der Bundesrepublik Deutschland.* Berlin 1985 Milošević-Vitman, Mirjana: »Ni ovde, ni tamo« (Weder hier noch dort). In: *NIN,* Belgrad 3. 4. 1988, S. 35. Nemec, Krešimir: *Der kroatische Roman der achtziger Jahre* · Zagreb: The Bridge 1990. Nikolić, Vinko:*Hrvatski razgovori o slobodi-Drugi simpozij »Hrvatske revije«* (Kroatische Gespräche über die Freiheit). München/Barcelona 1974. Okuka, Miloš: *Eine Sprache – viele Erben.* Klagenfurt 1998. Ott, Ivan : Kulturno stvaralaštvo Hrvata u tudjini (Kroatisches Kulturschaffen in der Fremde). In: *Večernji List* (Zagreb) 27. 10. 1998. »Ausländer unter uns«. In: *Parlament* Nr.48. 20. 11. 1998. Poljak, Inge: *Ein Beitrag zur deutschen Literatur: Autobiographische Texte von Autoren und Autorinnen aus dem ehemaligen Jugoslawien – unter besonderer Berücksichtigung des literatursoziologischen Umfeldes.* Magisterarbeit, Universität München. München 1993 (unveröffentlicht). Piccolo, Fruttuoso (Hg.): *Buchstäblich grenzüberschreitende Literatur,* Dokumentation zeitgenössischer deutschsprachiger Autor(inn)en nichtdeutscher Muttersprache. Sülbeck 1999. Pušić, Petar (Hg.): *Radna mapa – Dokumentacija književnog susreta u Duisburgu* (Arbeitsmappe). Duisburg 1988. Prüfer, Rosemarie Inge: »Srđan Keko. Autor, Satiriker und Karikaturist aus Kroatien« In: *Die Brücke* 56 (1990), S. 34f. Radisch, Iris: »Der Engel des Exils«. In: *Die ZEIT* 18. 6. 1998. Reeg, Ulrike: *Schreiben in der Fremde – Literatur nationaler Minderheiten in der Bundesrepublik Deutschland.* Essen: Klartext 1988. Rehbein, Maha: »Dana Nain – Radović«. In: *Berlin International* 3 (1996), S. 72. Rüb, Matthias: »Verteidigung einer unreinen Literatur«. In: *FAZ* 24. 1. 1995. Schwenche, Olaf (Hg.): *Kulturelles Wirken in einem anderen Land,* Dokumentation 31, Loccumer Protokolle 03/87, Rehburg-Loccum 1987.

Vera Kamenko (geb. 1947 in Sonbor/Jugoslawien) 1969 wurde sie durch die Deutsche Bundesanstalt für Arbeitsvermittlung in die BRD angeworben; Arbeit als Fabrikarbeiterin; 1976, nach dreieinhalb Jahren im Gefängnis wird Kamenko nach Jugoslawien abgeschoben.

Werke:

Unter uns war Krieg, Autobiographie einer jugoslawischen Arbeiterin. Berlin: Rotbuch 1978.

Sekundärliteratur:

Ackermann, Irmgard: »Literatur von ausländischen Frauen – eine Randgruppe in der Randgruppe«. In: *Palette* 12 (1990); Clausen, Jeanette: »Broken but not Silent: Language as Experience in Vera Kamenko's »Unter uns war Krieg«, In: *Women in German Yearbook* 1 (1985), S. 115–134; Herzog, Marianne: »Vorwort«. In : Vera Kamenko: *Unter uns war Krieg*, S. 6–8; Poljak 1993, S. 52–64; »Vera Kamenko« In: *Der Romanführer.* Hg. Bernd und Jutta Gräf. Stuttgart 1995, S. 81.

Srđan Keko (geb. 1950 in Zagreb/Kroatien) seit 1965 in der BRD; Übersetzer, Dolmetscher und Dozent für Deutsch, Englisch und Kroatisch; 1984–86 Mitglied im Polynationalen Literatur- und Kunstverein PoLiKunst e. V.; Initiator der von 1986 bis 1988 in Düsseldorf veranstalteten Lesereihe »Literatur ohne Grenzen«; 1986 Erster Preis beim Lyrikwettbewerb der Jugoslawischen Literaturwerkstatt e. V.; 1990 Dritter Preis beim Lyrikwettbewerb der Zeitschrift *Die Brücke*; 1989 Stipendium des Kultusministeriums Nordrhein-Westfalen; schreibt in deutsch.

Werke:

Marko Anderswo – Brechungen einer Kindheit (Roman). Hagen: Reiner Padligur Verlag 1990.

Veröffentlichungen in Anthologien (Auswahl):

»Am Ende eines langen Weges« (S. 38–43),«In zwei Sprachen leben« (S. 175),«Die Schuld« (S. 20), »zur zeit« (S. 85),«Linksorientierte Linientreue« (S. 86). In: *In zwei Sprachen leben* 1983.
»Frau Till«. In: *Der Tanz der Fremde.* Augsburg 1984, S. 99–192.
»O slonovima i miševima«, »Zavičajni putevi«. In: *Usnule zvezde*, S. 12–13.
»Sprachlos«. In: *Lyrik 87. Jahrbuch mit Gedichten deutschsprachiger Autoren.* Hg. A. Kutsch. Köln 1987, S. 97.
»und doch«, »verschmelzung«, »es wird gegangen«. In: *Abstellgleise.* Hg. Ingeborg Drewitz. Kiel 1987, S. 40–41.
»Was heißt denn hier ›Kanake‹. In: *Land der begrenzten Möglichkeiten.* Frankfurt: Büchergilde Gutenberg 1987, S. 96–98.
»von elefanten und mäusen«. In: *Wortnetze.* Hg. Autoreninitiative Köln. Köln 1988, S. 100.
»von herzen«. In: *Unterwegs – Spur um Spur.* Hg. Buntstift e. V. Saarbrücken 1991, S. 39–40.

Sekundärliteratur (Auswahl):

Drawer, Christel: »Srđan Keko: Marko Anderswo« In: *Die Brücke* 61 (Juli/August 1991), S. 58; Keko, Srđan: »Literatur ohne Grenzen« In: *die Brücke* 42 (1988), S. 21; Prüfer, Rosemarie Inge: »Srđan Keko. Autor Satiriker und Karikaturist aus Kroatien« In: *Die Brücke* 53 (1900), S. 42–43; »Srăn Keko – Marko Anderswo« In: *Der Romanführer.* Hg. Bernd und Jutta Gräf. Stuttgart 1995, S. 85.

Zvonko Plepelić (geb. 1945 in Pleso bei Zagreb) kommt als 12jähriges Kind politischer Exilanten nach Deutschland; studierte Slawistik und Balkanologie an der FU Belrin; arbeitet in der Berliner Staatsbibliothek; schreibt in kroatischer und deutscher Sprache; Übersetzungen ins Deutsche: Neda Miranda Blažević, Vladimir Vidrić, Ante Stamać.

Werke:

Jedem das Seine oder auch nicht (Gedichte). Berlin: Edition Neue Wege 1978.
Du kommen um sieben (Gedichte). Berlin: Bücherei Oberbaum Nr.1026 1980.
Niti ovdje – niti tamo (Gedichte). Zagreb 1981.
Marthas Kimono (Kurze Geschichten). Worms: The World of Books Ltd. 1992.
Trebamo stol/Ein Tisch muss her (Groteske in einer Pilotszene und zwei Folgen). Zagreb: Erasmus/ Berlin: Theater Wind-Spiel 1997.

Sekundärliteratur (Auswahl):

Chiellino, Carmine: Zvonko Plepelić: In: Ders.: *Die Reise hält an.* München 1988, S. 46–57; Gerlinghoff, Peter: »Literatur in zwei Sprachen«. In: Rolf Dürr (Hg.): *Stadtansichten.* Berlin 1982, S. 153f; Meckel, Christoph: Nachwort. In: Zvonko Plepelić: *Du kommen um sieben.* Berlin 1980, S. 76f; »Zvonko Plepelić«. In: *Der Romanführer.* Hg. Bernd und Jutta Graf. Stuttgart 1995, S. 162.

Irena Vrkljan (geb. 1930 in Belgrad) die kroatische Autorin lebt seit 1967 in Berlin; Studium an der Film- und Fernsehakademie in Zagreb und Berlin; schreibt kroatisch und deutsch; Verfasserin von über 50 Drehbüchern und Hörspielen; als literarische Übersetzerin tätig; 1982 Lyrikpreis des Schriftstellerverbandes für das beste Buch für *U koži moje sestre*; 1986 Preis »Ivan Goran Kovačić« für *Marina ili o biografiji.*

Lyrikbände:

Krik je samo tišina (Der Schrei ist nur Stille). Belgrad: Novo Pokoljenje 1952.
Paralele (Parallelen). Zagreb: Lykos 1957.
Stvari već daleke (Dinge, schon fern). Zagreb: Zora 1962.
Doba prijateljstva (Zeiten der Freundschaft). Zagreb: Mladost 1963.
Soba, taj strašan vrt (Das Zimmer, der schreckliche Garten). Belgrad: Prosveta 1966.
Moderkrebse. Berlin: Wagenbach 1971.
Stationen. Berlin: Mariannenpresse 1981.
U koži moje sestre (In der Haut meiner Schwester). Zagreb: Naprijed 1982.
Veče poezije (Poesieabend). Zagreb: CKD 1987.

Prosabände:

Tochter zwischen Süd und West. Berlin: Ullstein 1982.
Svila, škare (Seide, Schere). Zagreb: GZH 1984 (Preis »Ksaver Šandor Đalski« 1984/85). – *The silk, the shears and Marina*, Evanston, USA 1999 (Übers. Sibelan Forrester und Celia Hawkesworth)
Marina ili o biografiji. Zagreb: GZH 1986. – *Marina, im Gegenlicht.* Graz: Droschl 1988. – *Marina or about biography.* Übers. Celia Hawkesworth. Zagreb: Durieux 1991.
Mehr als ein schönes Leben. Hamburg: Hofmann und Campe 1982.
O biografiji (Über die Biografie). 1987.
Berlinski rukopis (Berliner Manuskript). Zagreb: GZH 1988.
Schattenberlin. Graz: Droschl 1990.
Dora, ove jeseni (Dora, in diesem Herbst). Zagreb: GZH 1991. – *Buch über Dora.* Graz: Droschl 1992.
Pred crvenim zidom. Zagreb: Durieux 1994. – *Vor roter Wand.* Graz: Droschl 1994.

Sekundärliteratur (Auswahl):

Branimir. Donat: *Tri desetljeća poezije I. Vrkljan* (Drei Jahrzehnte der Poesie von I. Vrkljan). Novi Sad 1985; Mangodt, Renate von: *Berlin literarisch.* 120 Autoren aus Ost und West. Berlin 1988; Raabe, Katharina: »Bücher der Unruhe. Zur Prosa der kroatischen Autorin Irena Vrkljan«. In: *NZZ* 29. 4. 1994; Rakusa, Ilma: »Vergangene Leben machen uns aus«. In: *NZZ* 22. 3. 1989; Schlag, Evelyn: »Ein Strom von Worten, der schreibt sich in der Fremde. Zu Irena Vrkljans biographischer Erzählung über Marina Zwetajewa: ›Marina im Gegenlicht‹«, HR: »Die Alternative – Kultur am Vormittag« 21. 6. 1989; »Irena Vrkljan: Schattenberlin«. Österreichischer Rundfunk: »Steierisches Literaturmagazin« 20. 12. 1990; Irena Vrkljan: In: *The Bridge*, Zagreb 1990 (Bibliographie).

5. Literatur der portugiesischen Minderheit

Anthologien:

Als Fremder in Deutschland. Berichte, Erzählungen und Gedichte von Ausländern. Hg. Irmgard Ackermann. München: dtv 1982.
In zwei Sprachen leben. Berichte, Erzählungen, Gedichte von Ausländern. Hg. Irmgard Ackermann. München: dtv 1983.
Dies ist nicht die Welt, die wir suchen. Hg. Suleman Taufiq. Essen: Klartext 1983.
Freihändig auf dem Tandem. Hg. Luísa Costa Hölzl/E. Torossi. Kiel: Neuer Malik 1985.
Eine Fremde wie ich. Erzählungen und Gedichte von Ausländerinnen. Hg. H. Özkan/A. Wörle. München: dtv 1985.
Lachen aus dem Ghetto. Hg. Polynationaler Literatur- und Kunstverein. Klingelbach: Mandala 1985.
Über Grenzen: Berichte, Erzählungen und Gedichte von Ausländern. Hg. K. Esselborn. München: dtv 1987.
... die Visionen deiner Liebeslust. Liebe und Erotik in der Fremde. Hg. Niki Eideneier. Köln: Romiosini 1987.
Die Lehre der Fremde. Die Leere des Fremden. Prosa, Lyrik, Szenen und Essays. Texte zum 2. Würth-Literaturpreis. Hg. Curt Meyer-Clason/J.V. Ribeiro/J. Wertheimer. Tübingen: Konkursbuchverlag 1997.

Zeitschriften:

Peregrinação. Revista de Artes e Letras da diáspora portuguesa (Wanderschaft. Zeitschrift für Kunst und Literatur in der portugiesischen Diaspora). Hg. José David Rosa. Baden/Schweiz: Juni 1983 – Juni 1989.
L'80. Zeitschrift für Literatur und Politik. Heft 43. Das Eigene und das Fremde. Hg. L. Arnold/G. Grass. Köln: L'80 Verlag 1987.
Die Palette 6. Jg., Nr. 12. Schreiben übers fremde Land: Literatur von Ausländerinnen. Hg. A. Greichen/A. Jesse. Berlin: Aurora Vertrieb 1990.

Sekundärliteratur:

Silva-Brummel, Fernanda: *›E todos, todos se vão‹. Emigration und Emigranten in der portugiesischen Literatur.* Frankfurt a.M. 1987. Chiellino, Gino: *Literatur und Identität in der Fremde. Zur Literatur italienischer Autoren in der Bundesrepublik.* Kiel 1988. Reeg, Ulrike: *Schreiben in der Fremde. Literatur nationaler Minderheiten in der Bundesrepublik Deutschland.* Essen 1988. Hamm, Sabine: »Zwischen zwei Welten«. In: *Zeitschrift für Kulturaustausch* 1 (1994), S. 79–81.

Manuel Salvador Campos (geb. 1948 in Lever (Vila Nova de Gaia), Portugal) Studium der Philosophie und Theologie an einem Priesterseminar in Cuajães/Portugal und in Porto; 1971 aus politischen Motiven Ausreise in die BRD; seit 1974 politischer Sekretär bei der Vorstandsverwaltung der IG-Metall in Frankfurt, zuständig vor allem für die portugiesischen Immigrant/innen in Deutschland; für sein kulturelles und auch politisches Engagement erhielt er das Bundesverdienstkreuz; lebt in Frankfurt.

Werke:

Novas descobertas. Poemas e Canções/Entdeckungen. Lieder und Gedichte. Offenbach: Terra prometida, Comunidade Portuguesa 1990.

Lyrik in folgenden Zeitschriften und Anthologien:

»Aqui« (Hier). In: *Peregrinação* 1 (Juni 1983), S. 24.
»Sonhos« (Träume). In: *Peregrinação* 2 (Oktober 1983), S. 22.
»Onde a terra acaba e o mar começa« (Wo die Erde

zu Ende ist und das Meer anfängt). In: *Peregrinação* 4 (April 1984), S. 27.
»Aves de emigração« (Emigrationsvögel). In: *Peregrinação* 6 (Oktober 1984), S. 18.
»Epopeia« (Epos). In: *Peregrinação* 10 (Oktober 1985), S. 39.
»Heróis sem mar« (Helden ohne Meer). In: *Peregrinação* 17 (Juni 1987), S. 40.
»Sorte de cão« (Hundeleben). In: *Peregrinação* 24 (Juni 1989), S. 41.
»Es irrt«. In: *Dies ist nicht die Welt, die wir suchen.*

Elizabeth Gonçalves (geb. 1952 in Portugal) kam 1975 zum Studium nach München. Gegenwärtig ist sie Lektorin für Portugiesisch an der Universität Münster.

Lyrik in folgenden Anthologien:

»Bekanntschaft«. In: *Als Fremder in Deutschland*, S. 63.
»In der U-Bahn«: In: *Als Fremder in Deutschland*, S. 64.
»Weil«. In: *Als Fremder in Deutschland*, S. 167.
»Der ewige Auswanderer«. In: *In zwei Sprachen leben*, S. 13.
»Mit Geld«. In: *Eine Fremde wie ich*, S. 82.
»Der Weg zur Liebe«. In: *Eine Fremde wie ich*, S. 133.
»Dafür«. In: *Eine Fremde wie ich*, S. 133–134.
»Zwei Aphorismen über die Liebe«. In: *Eine Fremde wie ich*, S. 134.
»Liebesgedicht«. In: *Eine Fremde wie ich*, S. 144.
»Sprachlos«. In: *Eine Fremde wie ich*, S. 162.

Luísa Costa Hölzl (geb. 1956 in Lissabon). Abitur an der deutschen Schule in Lissabon; ab 1975 Studium an der Universität München, Magister in französischer Literatur, deutscher Literatur und Linguistik; Zusatzstudium Erwachsenenpädagogik; 1981 erster Preis des Literaturwettbewerbs für Ausländer des Instituts für Deutsch als Fremdsprache der Universität München; lebt in München, Hausfrau und Mutter von vier Kindern; nebenberuflich als Portugiesischdozentin (VHS-München, Universität Regensburg), Übersetzerin; zahlreiche noch unveröffentlichte Werke.

Lyrik und Prosa in folgenden Zeitschriften und Anthologien:

»Bilanz zu fünf Jahren Deutschland – Versuchstexte (Prosa). In: *Als Fremder in Deutschland*, S. 73–79.
»Frau Meyer, geboren ...«. In: *Als Fremder in Deutschland*, S. 67–68.
»Eine unheimliche Frau« (Prosa). In: *In zwei Sprachen leben*, S. 113–115.
»Mit der Stadt schwanger«. In: *Eine Fremde wie ich*, S. 84–87.
»Einschulung wie beschrieben« (Prosa). In: *Lachen aus dem Ghetto*, S. 129–132.
»Fragmente aus dem Hausfrauendasein« (Prosa). In: *Freihändig auf dem Tandem*, S. 12–16.
»Lied einer Mutter an ihre Tochter« (Lyrik). In: *Freihändig auf dem Tandem*, S. 26–29.
»fühle mich heimisch in dieser Sprache« (Lyrik). In: *Freihändig auf dem Tandem*, S. 75.
»Heimatsprache« (Lyrik). In: *Freihändig auf dem Tandem*, S. 83.
»Der Tag danach« (Prosa). In: *Freihändig auf dem Tandem*, S. 103–106.
»einundaus« (Lyrik). In: *Freihändig auf dem Tandem*, S. 107.
»Bundesdeutscher Abend« (Prosa). In: *L'80.*
»Lisboa 1985 em seis andamentos« (Lissabon 1985 in sechs Takten; Prosa). In: *Peregrinação* 16 (April 1987), S. 59–61.
»Fins de 85« (Ende 85; Lyrik). In: *Peregrinação* 16 (Oktober 1987), S. 31.
»procuro saudades vãs« (Ich suche zwecklose Erinnerungen; Lyrik). In: *Peregrinação* 18, S. 52.
»mesmo se os houvesse« (Auch wenn es sie gäbe; Lyrik). In: *Peregrinação* 22, S. 46.
»Stellengesuch« (Prosa). In: *Die Palette* 6. Jg., Nr. 12 (1990), S. 7.
»ziehst mich in die Nacht mein Boot meine hohe See meine Woge und mein Mond« (Lyrik). In: *... die Visionen deiner Liebeslust*, S. 60.
»Jubiläum« (Prosa). In: *Die Lehre der Fremde*, S. 145–153.

Luciano Caetano da Rosa (geb. 1946 in Beja/Portugal) 1965–1970 Studium der Germanistik und Anglistik an der Klassischen Universität Lissabon; kam 1970 als politischer Flüchtling in die Schweiz, wo er bis 1975 mit einem UN-Paß lebte; unterschiedliche berufliche Tätigkeiten; kehrte 1975 nach dem Sturz der Diktatur nach Portugal zurück und beendete sein Studium; 1975–1981 Lehrer an verschiedenen Gymnasien in Portugal; 1981–1983 Lektor für Portugiesisch an der Universität Trier und 1983–1992 an der Universität Frankfurt, wo er 1993 promovierte; seit 1993 vom Instituto Camões an die Universität Mainz entsandter Lektor für Portugiesisch; zahlreiche Veröffentlichungen über portugiesische Sprach- und Literaturwissenschaft; Mitherausgeber der Zeitschrift *Lusorama – Zeitschrift für Lusitanistik.*

Werke:

O ofício da voz (Beruf Schriftsteller; Kurzgeschichte). Frankfurt a.M.: TMF 1986.
Da inspiração avulsa (Lose Inspiration; Gedichte). Baden/Schweiz: Peregrinação 1989.

Lyrik, Kurzgeschichten und kleine Essays:

»Os vidros da vida« (Die Gläser des Lebens; Kurzgeschichte). In: *Peregrinação* 10 (Oktober 1985), S. 25–27.
»Presençausente« (Sehnsucht immer anwesend; Gedichte). In: *Peregrinação* 13 (Juni 1986), S. 27.
»Nove – Noves – Fora, Nada« (Rechnung richtig; Kurzgeschichte). In: *Peregrinação* 17, S. 62–63.
»A feliz subversão picaresca« (Die glückliche pika-

reske Subversion; Essay). In: *Peregrinação* 21 (Juni 1988), S. 23–26.
»O tempo que a tudo dá talho« (Die Zeit, die alles verändert/Essay). In: *Peregrinação* 23 (Januar 1989), S. 28–29.
»Studium anima poesis ou a sabedoria poética do mundo« (Die poetische Weisheit der Welt/Essay). In: *Peregrinaçã* 24 (Juni 1989), S. 3–9.

Sekundärliteratur:

Simões, Manuel, »As metamorfoses da escrita« (Die Verwandlungen des Schreibens). In: Rosa, Luciano Caetano da: *Da inspiração avulsa.* Baden/Schweiz 1989, S. 45–48.

6. Literatur der türkischen Minderheit

Anthologien:

Als Fremder in Deutschland. Berichte, Erzählungen, Gedichte von Ausländern. Hg. Ackermann, Irmgard. München 1982.
In zwei Sprachen leben. Berichte, Erzählungen, Gedichte von Ausländern. Hg. Ackermann, Irmgard. München 1983.
Das Unsagbare Sagen! Hg. Habib Bektaş u. a. Kiel: Neuer Malik 1983.
Türken deutscher Sprache. Berichte. Erzählungen. Gedichte. Hg. Irmgard Ackermann. München: dtv 1984.
Eine Fremde wie ich. Berichte. Erzählungen. Gedichte von Ausländerinnen. Hg. Hülya Özkan/Andrea Wörle. München: dtv 1985.
Freihändig auf dem Tandem. 30 Frauen aus 11 Ländern. Hg. Luisa Costa Hölzl/Eleni Torossi. Kiel: Neuer Malik 1985.
Eine nicht nur deutsche Literatur. Zur Standortsbestimmung der »Ausländerliteratur«. Hg. Irmgard Ackermann/Harald Weinrich. München/Zürich 1986.
Land der begrenzten Möglichkeiten. Einwanderer in der Bundesrepublik. Hg. Franco Biondi u. a. Frankfurt a. M.: Büchergilde Gutenberg 1987.
Schöne Gegend. Erfahrungen mit Deutschland. Hg. Peter Renz. Friedrichshafen: Robert Gessler 1989.
Geschichten aus der Geschichte der Türkei. Hg. Güney Dal/ Yüksel Pazarkaya. Neuwied: Luchterhand 1990.
Unterwegs – Spur um Spur. Eine Anthologie. Saarbrücken: die Brücke 1991.
Jedem Wort gehört ein Himmel. Türkei literarisch. Hg. Zafer Şenocak/Deniz Göktürk. Berlin: Babel 1991.
Kalimerhaba. Griechisch-Türkisches Lesebuch. Hg. Niki Eideneier/Arzu Toker. Köln: Romisioni 1992.
Kavşak/Kreuzung. Ein Lesebuch (dt.-türk.). Hg. Helga Kohne/Halit Ünal. Hückelhoven: Anadolu 1995.

Verlage:

Ararat Verlag: Stuttgart 1975–1980; Berlin ab 1980.
Dağyeli Verlag: Frankfurt ab 1982
Babel Verlag; gegründet 1989 von Eva Hund und Zafer Toker in Berlin. 1995 hat Bülent Tulay den Verlag nach München gebracht.

Reihen:

Südwind-gastarbeiterdeutsch. Hg. Franco Biondi/Jusuf Naoum/Rafik Schami/Suleman Taufiq. 4 Bde. Bremen: Con-Verlag.
- *Im neuen Land.* 1980.
- *Zwischen Fabrik und Bahnhof.* 1981.
- *Annäherungen.* 1982.
- *Zwischen zwei Giganten.* 1983.

Jahrbücher:

Ein Gastarbeiter ist ein Türke – PoLikunst/Jahrbuch 83. Augsburg: PoLiKunst e. V. 1983.
Der Tanz der Fremden – PoLikunst/Jahrbuch 84. Augsburg: PoLiKunst e. V. 1984.
Lachen aus dem Ghetto – PoLikunst/Jahrbuch 85. Klingelbach: Mandala 1985.
Die emigrierte Kultur. Hg. Rolf Ehnert/Norbert Hopster. Bd. I und Bd. II. Frankfurt a. M. Peter Lang 1988.
10 Jahre On Yıl Dükkan Kulturladen 86–96. Hg. Dükkan Kulturladen e. V. München 1996.
Fremde deutsche Literatur. Autorinnen und Autoren ausländischer Herkunft in NRW. Ein Reader. Hg. Stadt- und Landesbibliothek Dortmund. Dortmund 1996.
Viele Kulturen – Eine Sprache. Chamissos Enkel zu Gast in Stuttgart. Red. Günter Gerstberger/Andrea Haas. Hg. Robert Bosch Stiftung. Stuttgart 1999.
»Buchstäblich«. Grenzüberschreitende Literatur. Red. Thomas Frahm/Fruttuoso Piccolo. Sülbeck 1999 (1993).

Zeitschriften/Zeitungen:

Anadil. Gegr. und hg. von Yüksel Pazarkaya. Stuttgart 1980–1982
Die Brücke. Forum für antirassistische Politik und Kultur. Hg. Die Brücke e. V. Saarbrücken. Verantwortlicher Redakteur Necati Mert, gegründet 1981. Ab Ausgabe 100 verlegt bei Brandes & Apsel Frankfurt a. M.
Forum. Zeitschrift für Ausländerfragen und -kultur. Yabancilar Sorunu ve Kültürü Bergisi. Begründet von Halil Özak und Yıldırı m Dağyeli. Frankfurt a. M. 1985–1987
dergi/die Zeitschrift. Hg. Duisburger Initiative, zweimonatlich. Duisburg ab 1986.
Zeitschrift für Türkeistudien (ZFTS, monatlich). Hg. Zentrum für Türkeistudien. Essen ab 1985

Sekundärliteratur:

»Multinationale deutsche Literatur«. Hg. Bernd und Jutta Gräf. In: *Der Romanführer.* Stuttgart 1995.
Adelson, Leslie A.: »Touching Tales of Turks, Germans, and Jews: Cultural Alterity, Historical Nar-

rative, and Literary Riddles for the 1990s«. In: *New German Critique. An Interdisciplinary Journal of German Studies*, Heft 80. New York 2000. Dies. : »Response to Ülker Gökberk, *Culture Studies* und die Türken«. In: *German Quarterly* 70 (1997), S. 277–282. Amodeo, Immacolata: *»Die Heimat heißt Babylon«. Zur Literatur ausländischer Autoren in der Bundesrepublik Deutschland.* Opladen 1996. *Anderssein, ein Menschenrecht.* Hg. Hilmar Hoffmann/Dieter Kramer. Weinheim 1995. Cheesman Tom: »Polyglot Pop Politics: Hip Hop in D«. In: *Debate. Journal of Contemporary German Affairs* Vol. 6, Nr. 2 (1998), S. 191–214. Ders. / Goektuerk Deniz: »German Titles, Turkish Names: The Cosmopolitan Will«. In: *New Books in German.* London Autumn 1999, S. 22–23. Chiellino, Carmine: *Die Reise hält an. Ausländische Künstler in der Bundesrepublik.* München 1988. – : *Am Ufer der Fremde. Literatur und Arbeitsmigration 1870–1991.* Stuttgart/ Weimar 1995. *Denn du tanzt auf einem Seil. Positionen deutschsprachiger MigrantInnenliteratur.* Hg. Sabine Fischer/Moray Mc Gowan. Tübingen 1997. *Der gebrochene Blick nach Westen. Positionen und Perspektiven türkischer Kultur.* Hg. Safer Şenocak. Berlin 1994. *Eine nicht nur deutsche Literatur. Zur Standortbestimmung der »Ausländerliteratur«.* Hg. Irmgard Ackermann/Harald Weinrich. München/ Zürich 1986. *Emigranten- und Immigrantenliteratur.* Bd. 8. Akten des VIII. Internationalen Germanisten-Kongresses. Hg. Yoshinori Shichiji. München 1991. Eryilmaz, Aytac/Jamin, Mathilde (Hg.): *Fremde Heimat. Eine Geschichte der Einwanderung aus der Türkei.* Essen 1998. Fennell, Barbara A.: *Language, Literature, and the Negotiation of Identity.* Chapel Hill/ London 1997. Förderzentrum Jugend schreibt e.V. (Hg.): *Täglich eine Reise von der Türkei nach Deutschland.* Fischerhude 1980. Frederking, Monika: *Schreiben gegen Vorurteile. Literatur türkischer Migranten in der Bundesrepublik Deutschland.* Berlin 1985. *Fremde AugenBlicke. Mehrkulturelle Literatur in Deutschland.* Hg. Irmgard Ackermann. Bonn 1996. Friedrich, Heinz (Hg.): *Chamissos Enkel, Zur Literatur von Ausländern in Deutschland.* München 1986. *Germanistentreffen. Thema: Deutschland-Türkei* (Tagungsbeiträge). Hg. DAAD. Bonn 1995. *Global kolorit. Multikulturalismus und Populärkultur.* Hg. Ruth Mayer/Mark Terkessidis. St. Andrä/Wördern 1998. Gökberk, Ülker: *»Culture Studies* und die Türken«. In: *German Quarterly* 70 (1997), S. 97–122. Heinze, Hartmut: *Migrantenliteratur in der Bundesrepublik.* Berlin 1986. Howard, Mary: *Interkulturelle Konfigurationen. Zur deutschsprachigen Erzählliteratur von Autoren nichtdeutscher Herkunft.* München 1997. *Ich habe eine Fremdsprache gewählt.* Hg. Lerke von Saalfeld. Gerlingen 1998. Jankowsky, Karen: »German« Literature Contested: The 1991 Ingeborg-Bachmann-Prize Debate, »Cultural Diversity, an Emine Sevgi Özdamar. In: *German Quarterly* 70 (1997), S. 261–276. Kelletat, Andreas F.: »Wie deutsch ist die deutsche Literatur?« In: *Jahrbuch DaF* 21 (1995), S. 37–60. Kuruyazici, Nilüfer: »Stand und Perspektiven der türkischen Migrantenliteratur«. In: *Emigranten- und Immigrantenliteratur*, S. 93–100. Lange, Anja: *Migrationsliteratur – ein Gegenstand der interkulturellen Pädagogik?* Frankfurt a. M. 1996. Lindert, Maria: *Migrantenbiographien.* Frankfurt a. M./Berlin u. a. York 1998. *Literatur der Migration.* Hg. Nasrin Amirsedghi/Thomas Bleicher. Mainz 1997. Lützeler, Paul Michael: »Die Gegenwart der Vergangenheit«. In: *Die ZEIT* 6.12. 1992. Meinhardt, Rolf (Hg.): *Türken raus? oder Verteidigt den sozialen Frieden.* Reinbek 1984. Metin, Mehmet: *Rassismus in der Sprache.* Aachen 1992 (1990). Raddatz, Fritz J.: »In mir zwei Welten«. In: *Die Zeit* 24. 6. 1994. Reulecke, Jürgen (Hg.): *»Spagat mit Kopftuch«. Essays zur Deutsch-Türkischen Sommerakademie.* Hamburg 1997. Riemann, Wolfgang: *Das Deutschlandbild in der modernen türkischen Literatur.* Wiesbaden 1983. Ders. : *Über das Leben in Bitterland. Bibliographie zur türkischen Deutschland-Literatur und zur türkischen Literatur in Deutschland.* Wiesbaden 1990. Rösch, Heide: *Migrationsliteratur im interkulturellen Kontext.* Frankfurt a. M. 1992. Dies. : *Interkulturell unterrichten mit Gedichten. Zur Didaktik der Migrationslyrik.* Frankfurt a. M. 1995. Şölçün, Sargut: *Sein und Nichtsein. Zur Literatur in der multikulturellen Gesellschaft.* Bielefeld 1992. Schierloh, Heimke: *Das alles für ein Stück Brot. Migrantenliteratur als Objektivierung des »Gastarbeiterdaseins«.* Frankfurt a. M. 1984. Shichiji, Yoshinori (Hg.): *Internationaler Germanisten-Kongreß in Tokyo 1990.* Band 8. Sektion 14. *Emigranten- und Immigrantenliteratur.* München 1991. *Spagat mit Kopftuch. Essays zur Deutsch-Türkischen Sommerakademie.* Hg. Jürgen Reulecke. Hamburg 1996 Suhr, Heidrun: »Ausländerinnen schreiben deutsche Literatur«. In: *Emigranten- und Immigrantenliteratur*, S. 71–79. *Türkische Literatur in deutscher Sprache.* Red. Tayfun Demir/Karl Koß. Hg. Stadt Duisburg. Duisburg 1987. Waldenfels, Bernhard: *Der Stachel des Fremden.* Frankfurt a. M. 1990. Weber, Antje: »Der Aufstand der Vorzeige-Exoten«. In: *SZ* 17. 4. 1999. Weigel, Sigrid: »Literatur der Fremde – Literatur in der Fremde«. In: *Gegenwartsliteratur seit 1968.* Hg. Klaus Briegleb Klaus/Sigrid Weigel. Bd.12. *Hansers Sozialgeschichte der deutschen Literatur.* München 1992, S. 182–229. Weinrich, Harald: »Um eine deutsche Literatur von außen bittend«. In: *Merkur* 37/8 (1983), S. 911–920. Wierschke, Annette: *Schreiben als Selbstbehauptung. Kulturkonflikt und Identität in den Werken von Aysel Özakın, Alev Tekinay und Emine Sevgi Özdamar.* Frankfurt a. M. Yeşilada, Karin: »Die fünf Köpfe der Medusa. Migrationsliteratur 2000. Leitartikel zur Autorenumfrage«. In: *taz* 17. 10. 1995. – : »Die geschundene Suleika. Das Eigenbild der Türkin in der deutschsprachigenLiteraturtürkischerAutorinnen«.In:Howard 1997, S. 95–114. Dies. : *Türkisch-deutsche Migrationsliteratur der zweiten Generation.* Dissertation an der Philipps-Universität Marburg. Voraussichtlicher Abschluß Herbst 2000. Dies. : »Topographien im ›tropischen Deutschland‹ – Türkisch-deutsche Literatur nach der Wiedervereinigung«. In: Loyola College in Maryland (Hg.): *Schreiben im heutigen*

Deutschland. Berlin Literature Series. Frankfurt a. M./New York 2000. Zielke-Nadkarni, Andrea: *Migrationsliteratur im Unterricht.* Hamburg 1993.

Habib Bektaş (geb. 1951 in Salihli/Türkei) Sohn einer Landarbeiterfamilie; kommt 1973 nach Deutschland, arbeitet in Textil- und Metallfabriken und zwischen 1987–1991 als Streetworker in der Drogenszene; diese Tätigkeit findet Eingang in seine Lyrik; 1982 Kulturförderpreis der Stadt Erlangen; sein dortiges Theatercafé ist ein Treffpunkt der Literaten; zwei Romane Bektaş', die in der Türkei erschienen, liegen noch nicht auf deutsch vor.

Werke:

Belagerung des Lebens/Yaşami Kuşatmak (Gedichte und Geschichten. Aus d. Türk. von Yüksel Pazarkaya). Berlin: Ararat 1980.

Ohne dich ist jede Stadt eine Wüste (Gedichte. Aus d. Türk. von Yüksel Pazarkaya). Neuss/München: Damnitz 1984.

Reden die Sterne (Kindergedichte für Erwachsene; dt./türk.). Neuss/München: Damnitz 1985.

Die Erde und der Mensch (Prosa). Berlin: Express 1985.

Das vergessene Wachsen (Texte von Habib Bektaş und Fotos von Bernd Böhner). Erlangen: art: direct 1989.

Das Länderspiel. Erzählungen. Tübingen: Heliopolis 1991.

Sirin wünscht sich einen Weihnachtsbaum (Bilderbuch; zus. mit Ingrid Kellner). Ravensburg: Ravensburger 1991.

Metin macht Geschichten (Kinderbuch). Erlangen: Boje 1994.

Wie wir Kinder. Çocukça. Kindergedichte für Erwachsene (türk/dt.). Erlangen: Ev.-Luth.-Miss. 1996.

Zaghaft meine Sehnsucht. (Gedichte; türk./dt.). Bearb. v. Wolf Peter Schnetz. Unkel: J. Horlemann 1997.

Sekundärliteratur:

Schnetz, Wolf Peter: »Du verwünscht deine Einsamkeit«. In: Habib Bektaş: *Ohne dich ist jede Stadt eine Wüste,* S. 7–13.

Zehra Çırak (geb. 1960 in Istanbul) kommt 1963 mit ihren Eltern nach Deutschland; Ausbildung als Kosmetikerin; 1982 verläßt sie das elterliche Haus und flüchtet nach Berlin. Die Flucht bestimmt das Eigene im Migrationskontext; der innere Antrieb zur Freiheit und Kreativität wird ergänzt durch fremdbestimmte Anregungen. Hierzu gehört die Unterstützung von Walter Höllerer und Hilde Domin; 1989 Adelbert-von-Chamisso-Förderpreis; 1993 Friedrich-Hölderlin-Förderpreis; 1987 Arbeitsstipendium vom Senator für Kulturelle Angelegenheiten Berlin; Perfomances gemeinsam mit Jürgen Walter.

Werke:

Flugfänger (Gedichte mit Illustrationen von Jürgen Walter). Karlsruhe 1987.

Vogel auf dem Rücken eines Elefanten (Gedichte). Köln: Kiepenheuer u. Witsch 1991.

Fremde Flügel auf eigener Schulter (Gedichte). Köln: Kiepenheuer u. Witsch 1994

Anfang sein für einen neuen Tanz kann jeder Schritt. Junge Berliner Literatur der achtziger Jahre. Berlin: LCB 1998, S. 31–42.

Leibesübungen (Gedichte). Köln: Kiepenheuer u. Witsch 2000.

Sekundärliteratur:

Bärenbold, Kuno: »Mißglücktes Debüt«. In: *Karlsruher Kurier* 13. 3. 1992; B. L.: Kolumne: Das aktuelle Buch. In: *Badische Neueste Nachrichten* 4.3.94; Farin, Klaus: »Utopie einer Mischkultur«. In: *Berliner Zeitung* 9.10.91; H. Harald: »Das Dummbein«. In: *FAZ* 1. 8. 1994; Schrott, Paul: »Fliegen im Ruhestand«. In: *Die Presse* 26/27. 2. 1994; Kolumne: Spitze: »Sich warmlaufen im Land der Deutschen«. In: *Die Welt* 13.11.91

Güney Dal (geb. 1944 in Canakkale/Türkei) arbeitet nach der Schulzeit und einigen Jahren an der Universität in verschiedenen Studios als Synchronsprecher und schreibt für Zeitschriften und Hörfunk; 1972 Umsiedlung nach Berlin; als Fabrik- und Transportarbeiter lernt er das Arbeiter-Leben in Berlin aus der Nähe kennen; Autor und Rundfunkjournalist beim Sender Freies Berlin; 1976 Romanpreis des Istanbuler Millyet Verlages; seit Ende der 70er Jahre freier Schriftsteller; in den Jahren 1980, 1983 und 1986 Literaturstipendiat des Berliner Senats; 1997 Adelbert-von-Chamisso-Preis der Bayerischen Akademie der Schönen Künste; seine Romane erscheinen regelmäßig in der Türkei.

Werke:

Wenn Ali die Glocken läuten hört (Roman). Berlin 1979.

Europastraße 5 (Roman). Hamburg 1981.

Die Vögel des falschen Paradieses (Erzählungen). Frankfurt a. M. 1985.

Der enthaarte Affe (Roman). München/Zürich 1988; Titel der Tb-Ausgabe: *Janitscharenmusik.* München: Piper 1999.

»Wie ein Märchen« (Erzählung). In: *Geschichten aus der Geschichte der Türkei,* S. 224–235.

Eine kurze Reise nach Gallipoli (Roman). München: Piper 1994.

Teestunden am Ring. Piper: München 1999.

Sekundärliteratur:

Brockschmidt, Rolf: »Im Rhythmus der Janitscharenmusik«. In: *Der Tagespiegel* 5. 10. 1988; Eggebrecht, Harald: »Vom Gehen und Sitzen auf dem Meer«. In: *SZ* 25. 4. 1994; Encke, Julia: »Das sachliche Matschauge«. In: *FAZ* 13. 9. 1999; Endres, Elisabeth: »Du Türk: Schön Schreibe«. In: *SZ* 1./2. 3. 1997; Heldt, Uwe: »Blätter im Wind des Schicksals«.

In: *Die Welt* 17. 7. 1999; Güktürk, Deniz: »Albträume eines dünnen Mannes«. In: *FAZ* 16. 8. 1994; Nadolny, Sten: »Geträumte Katastrophen«. In: *Der Spiegel* 18 (1994), S. 235–237; Ders.: »Vorwort« zu Janitscharenmusik, 1999; Schlodder, Holger: »Das geteilte Herz der Auswanderer« In: *Hannoversche Allgemeine Zeitung* 18. 2. 1989; Schmiltz-Albohn, Thomas: »Ein Türke boxt sich durch die zwanziger Jahre«. In: *Gießener Anzeiger* 18. 8. 1999; Strube, Rolf: »Linke, Rechte, Schach«. In: *Der Tagespiegel* 27. 6. 1999; Tantow, Lutz: »Wider in Zeichensprache reden«. In: *SZ* 15. 10. 1998.

Şinasi Dikmen (geb. 1945 in Ladik/Türkei) nach der Ausbildung als Krankenpfleger vier Jahre im staatlichen Gesundheitsdienst tätig; wandert 1972 auf Anregung einer deutschen Ärztin in die Bundesrepublik; Fachkrankenpfleger in Ulm; die anfängliche Neugier auf das »Gastarbeiter«-Leben in Deutschland endet mit großen Enttäuschungen; sie wiederum liefern Material für seine Satiren; schreibt seit Anfang der 80er Jahre in deutsch; tritt 1983–1984 wiederholt als Gast in dem Fernsehprogramm »Scheibenwischer« von Dieter Hildebrandt auf; 1985 gründete er ›Knobi-Bonbon-Kabarett‹, das erste türkische Kabarett in der BRD, mit dem Cartoonisten Muhsin Omurca; seit 1988 ist er freischaffender Autor und Kabarettist; 1988 Deutscher Kleinkunstpreis der Stadt Mainz; 1990–1992 Kolumnist u. a. für die *taz*; 1991 Journalistenpreis der ÖTV. 1996 beendete er die erfolgreiche und international anerkannte Zusammenarbeit bei Knobi-Bonbon-Kabarett; gründete 1997 mit Ayse Aktay die erste nichtdeutsche Privat Kabarettbühne, KÄS: Kabarett ÄnderungsSchneiderei in Frankfurt.

Werke:

Wir werden das Knoblauchkind schon schaukeln. Satiren. Berlin 1983.
Der andere Türke. Berlin 1986.
Hurra, ich lebe in Deutschland. München/Zürich: Piper 1995.

Sekundärliteratur:

Baypinar, Üksel: »Deutschland: ein türkisches Märchen? Schlaraffenland als Zielscheibe der satirischen Erzählungen Şinasi Dikmens«. In. *Emigranten- und Immigrantenliteratur,* S. 84–92; Chiellino 1988, S. 111–125; Hildebrandt, Dieter: »Vorwort«. In: *Hurra, ich lebe in Deutschland,* S. 7–9; Reeg, Ulrike: »Möglichkeiten der Wirklichkeitserfassung und -verarbeitung in der Satire«. In: Dies.: *Schreiben in der Fremde. Literatur nationaler Minderheiten in der Bundesrepublik Deutschland.* Essen 1988, S. 175–187; Tantow, Lutz: »›Solange die Deutschen in Deutschland leben, wird es mir an Themen nicht fehlen‹. Gespräch mit dem deutsch-türkischen Satiriker Sinasi Dikmen«. In: *Die Brücke* 35 (1987), S. 33–37; Yeşilada, Karin: »Schreiben mit spitzer Feder. Die Satiren der türkisch-deutschen Migrationsliteratur«. In: Reulecke 1997, S. 529–564.

Kemal Kurt (geb. 1947 in Corlu/Türkei) Maschinenbaustudium in Ankara und Miami; kommt 1975 nach Berlin, um Deutsch zu lernen. Nicht nur aus privaten Gründen, sondern auch weil er sich in der Türkei beengt fühlt, bleibt er in Deutschland; seit 1981 ist er schriftstellerisch und im Bereich künstlerischer Fotografie tätig; 1983 Promotion an der Technischen Universität Berlin; seit 1986 Mitglied im »Verband Deutscher Schriftsteller«; 1991 Stipendium der Stiftung Preussische Seehandlung für Jugend- und Kinderbuchautoren; 1990–1993 Drehbücher für die Reihe »Karfunkel – Geschichten mit Kindern aus aller Welt«, ZDF; zahlreiche Rundfunkbeiträge.

Werke:

Scheingedichte. Berlin 1986.
Beim nächsten Ton (Gedichte). Berlin 1988.
Was ist die Mehrzahl von Heimat? Bilder eines türkisch-deutschen Doppellebens. Bericht. Reinbek: Rowohlt 1995.
Sieben Zimmer voller Wunder (Kinderbuch). Hamburg: Cecile Dressler 1996.
Wenn der Meddah kommt (Kinderbuch). Hamburg: Cecile Dressler 1995.
Die Kinder vom Mondhügel (Kinderbuch). Hamburg: Cecile Dressler 1997.
Blau Die fünf Finger und der Mond (Kinderbuch; zus. mit Aljoscha). Zürich/Hamburg/Salzburg: Nord-Süd Verlag 1997.
Cora die Korsarin (Kinderbuch). Hamburg: Cecile Dressler 1998.
Ja, sagt Molly (Kinderbuch). Berlin: Hitit 1998.
Als das Kamel Bademeister war. Kegoglans lustige Geschichte. Berlin: Edition Orient 1998.
Bilder einer Kindheit (Erzählung und Fotos). Berlin 1986.

Sekundärliteratur:

Karger, Ulrich: »Ja, sagt Molly«. In: *Der Tagesspiegel* 10. 3. 1998; Zur Kemal Kurt-Ausstellung. In: *Der Tagesspiegel* 8. 2. 2000.

Aras Ören (geb. 1939 in Istanbul) beginnt seine ersten literarischen Versuche Ende der 50er Jahre; 1959–1969 Schauspieler und Dramaturg an verschiedenen Theatern in Istanbul; kommt aus privaten Gründen in die Bundesrepublik, lebt seit 1969 in Berlin im »Privatexil«; Tätigkeiten als Schauspieler und Dramaturg; seit 1974 Redakteur in der türkischen Redaktion des Senders Freies Berlin; seit den 80er Jahren verschiedene Auszeichnungen u. a.: 1980 Förderpreis des Kulturkreises des Bundesverbandes der Deutschen Industrie; 1983 Ehrengabe der Bayerischen Akademie der Schönen Künste; 1985 Adelbert-von-Chamisso-Preis. Seine Bücher erschienen außer in der deutschen und türkischen auch in englischer und holländischer Sprache; seine Werke erscheinen regelmäßig in der Türkei.

Werke:

Disteln für Blumen (Gedichte). Berlin 1970.
Hinterhof U-Bahn (Gedichte). Berlin 1972.

Was will Niyazi in der Naunynstraße? Ein Poem. Berlin 1973.
Der kurze Traum aus Kagithane. Ein Poem. Berlin 1974.
Privatexil (Gedichte). Berlin 1977.
Deutschland. Ein türkisches Märchen (Gedichte). Düsseldorf 1978.
Alte Märchen neu erzählt. Berlin 1979.
Die Fremde ist auch ein Haus (Poem). Berlin 1980.
Mitten in der Odyssee (Gedichte). Düsseldorf 1980.
Bitte nix Polizei (Erzählung). Düsseldorf 1981.
Der Gastkonsument Konuk Tüketici und andere Erzählungen in fremden Sprachen (türk/dt.). Berlin 1982.
Manege. Eine Erzählung. Düsseldorf: Claassen 1983.
Ich anders sprechen lernen (Kinderbuch). Berlin 1983.
Widersinnige Sinnsprüche (Kinderbuch). Berlin 1984.
Das Wrack. Second-hand Bilder (Gedichte). Frankfurt a. M. 1986.
Paradies kaputt (Erzählungen). München 1986.
Gefühllosigkeiten/Reisen von Berlin nach Berlin (Gedichte). Frankfurt a. M. 1986.
Eine verspätete Abrechnung oder Der Aufstieg der Gündogdus (Roman). Frankfurt a. M.: Dağyeli 1988.
Dazwischen (Gedichte). Frankfurt a. M.: Dağyeli 1987.
Wie die Spree in den Bosporus fließt. Briefe zwischen Istanbul und Berlin (Ören/Peter Schneider). München: Babel 1991.
Verlorene Zärtlichkeit (Erzählungen). Frankfurt a. M.: Dağyeli 1991.
Leyla und Medjnum (Märchen für Musik). (A. Ören/Peter Schneider). Berlin/München: Babel 1992.
Berlin-Savignyplatz (Roman). Berlin: Elefanten Press 1995.
Unerwarteter Besuch (Roman). Berlin: Elefanten Press 1997.
Granatapfelblüte (Roman). Berlin: Elefanten Press 1998.
Sehnsucht nach Hollywood (Roman). Berlin: Elefanten Press 1999.
Privatexil. Tübinger Poetik-Vorlesungen. Tübingen: Konkursbuch 1999.
Sehnsucht nach Hollywood (Roman). Berlin: Elefanten Press 1999.

Sekundärliteratur:

Becker Peter von: »Kurzer Traum vom langen Abschied«. In: *Die ZEIT* 8. 7. 1977; Bender Hans: »Bekir Ucal ein Türke in Berlin. In: Aras Ören Manege«. In: *SZ* 14. 7. 1983; Budde Harald D.: »Kulturarbeit als Brückenschlag: Aras Ören Privatexil«. In: *Vorwärts* 17. 11. 1977; Ders.: »Brücke ohne Ufer: Ein Gespräch mit dem in West-Berlin lebenden türkischen Schriftsteller Aras Ören«. In: *FR* 10. 8. 1977; Ders.: »Wie ein Verbannter im privaten Exil«. In: *Die Tat* 30. 4. 1982; Chiellino 1988, S. 163–175; Chiellino 1995, S. 307–339; Drewitz Ingeborg: »Poem von den Kreuzberger Türken/Aras Ören Was will Niyazi in der Naunynstraße«. In: *Der Tagesspiegel* 16. 12. 1973; Dies.: »Türken-Schicksale: Aras Ören Der kurze Traum aus Kagithane«. In: *Der Tagesspiegel* 16. 2. 1975; Endres, Elisabeth: »Das Graue ins Graue gemalt: Aras Ören Bitte nix Polizei«. In: *SZ* 3./4. 10. 1981; Fels, Ludwig: »Vom Slum ins Ghetto: Aras Örens Poem Was will Niyazi in der Naunynstraße«. In: *FR* 22. 12. 1973; Ders.: Horizontverfärbung: »Ein Poem aus dem Türkischen: Aras Ören Der kurze Traum aus Kagithane«. In: *Deutsche Zeitung* 28. 11. 1974; Frederking 1985, S. 57–81 und S. 128–30; Fried, Erich: »Sinnlichkeit statt Innerlichkeit: Aras Ören Deutschland ein türkisches Märchen«. In: *Konkret Literatur* Herbst 1978, S. 37; Haufs, Rolf: »Privatexil: Neue Gedichte des Türken Aras Ören«. In: *SZ* 1. 12. 1977; Heise, Hans-Jürgen: »Orientale in Kreuzberg: Neue Gedichte von Aras Ören«. In: *Die Weltwoche* Nr. 47 (1978), S. 33; Hohoff, Ulrich: »Aras Ören«. In: *Kritisches Lexikon zur deutschsprachigen Gegenwartsliteratur.* Hg. Heinz Ludwig Arnold. München 1987; Kaarst, Karl H.: »Dauernder Bruch mit der Geschichte«. In: *Kölner Stadt-Anzeiger* 7. 10. 1981; Kappert, Petra K.: »Die Verse der Sprachlosen«. In: *FAZ* 12. 3. 1981; Pataki, Heidi: »Aras Ören: Der Kurze Traum aus Kagithane«. In: *Forum* 259/60 (1975), S. 66–67; Pazarkaya, Yüksel: »Über Aras Ören«. In: *Chamissos Enkel: Zur Literatur von Ausländern in Deutschland.* Hg. Heinz Friedrich. München 1986, S. 15–21; Ders.: »Das Chaos als Vorphase der Symbiose«. In: *Emigranten- und Immigrantenliteratur*, S. 101–108; Rösch 1992; Stocker, Karl: *Wege zum kreativen Intepretieren: Lyrik.* Baltmannsweiler 1993, S. 116–130; Zeller, Michael: »Kleider der Geliebten: Kämpferische und andere Gedichte«. In: *Kölner Stadt-Anzeiger* 2. 12. 1980 (Buchbeilage S. 2).

Aysel Özakın (geb. 1942 in Urfa/Türkei) arbeitete nach dem Studium als Dozentin für Französisch am Pädagogischen Institut in Istanbul; Anfang der 70er Jahre erste Prosatexte, wird in kurzer Zeit eine anerkannte Schriftstellerin; kommt Ende 1980 auf Einladung des Literarischen Colloquiums nach Berlin und bleibt aufgrund der politischen Entwicklung in ihrer Heimat; Stadtteilschreiberin in Hamburg-Altona, lebt dann eine Weile in Worpswede, wo sie zum ersten Mal versucht, einen Roman in deutscher Sprache zu verfassen. Das Experiment scheitert, und sie beendet ihr Werk auf türkisch; 1989 Umzug nach England und Wechsel zur englischen Sprache; 1990 Stipendium der Berliner Akademie der Künste; 1991 deutschsprachige Übersetzung ihres ersten englischsprachigen Romans *Faith, Lust and Airconditioning*; ihre Bücher erscheinen regelmäßig in der Türkei.

Werke:

Die Preisvergabe (Roman). Hamburg: Buntbuch 1982.

Soll ich hier alt werden? (Erzählungen). Hamburg 1982.
Die Leidenschaft der Anderen (Aufzeichnungen). Hamburg 1983.
Das Lächeln des Bewußtseins (Erzählungen). Hamburg 1985.
Du bist willkommen (Gedichte). Hamburg 1985.
Zart erhob sie sich, bis sie flog (Poem). Hamburg 1986.
Der Fliegende Teppich. Auf der Spur meines Vaters (Roman). Reinbek: Rowohlt 1987.
Die blaue Maske (Roman). Frankfurt a.M. 1989.
Glaube, Liebe, Aircondition. Eine türkische Kindheit (Roman). Hamburg/Zürich 1991.
Die Vögel auf der Stirn (Roman). Frankfurt a.M.: Luchterhand 1991.
Deine Stimme gehört dir (Erzählungen). München: Luchterhand 1992.
Die Zunge der Berge (Roman). München: Luchterhand 1994.

Sekundärliteratur:

Amodeo, Immacolata: »*Die Heimat heißt Babylon«. Zur Literatur ausländischer Autoren in der Bundesrepublik Deutschland.* Opladen 1996, S. 137–151; Blatter, Marie-Luise: »Abenteurerin, Kosmopolitin«. In: *Basler Magazin* 4. 9. 1993, S. 14–15; Brockschmidt, Rolf: »Leben in zwei anderen Welten: Zwei Romane von Aysel Özakın«. In: *Der Tagesspiegel* 9. 10. 1991; Chiellino 1995, S. 413–439; Deuber-Mankowsky, Astrid: »Grenzenlos und lokal: Gespräch mit der türkisch-deutschen Schriftstellerin Aysel Özakın«. In: *Die Wochenzeitung* 24. 11. 1989; Ders.: »Eine Kindheit in Izmir«. In: *Basler Zeitung* 28. 9. 1991; Ders.: »Tradition, Aufbruch, Selbständigkeit: Über die Schriftstellerin Aysel Özakın«. In: *FR* 2. 6. 1990; Dörfler, Mechthild: »Asysl Özakın. Die Blaue Maske«. In: *Listen* Nr. 19, 5. Jg. 1999; Doetzkies, Maya: »Mit einer Lesung in Zürich fängt es an: Zwei türkische Frauen zwischen Tradition und Emanzipation«. In: *Tagesanzeiger* 2. 3. 1990; Eggenberger, Ursula: »Demaskierung in Zürich: Aysel Özakıns Roman ›Die blaue Maske‹«. In: *NZZ* 28. 4. 1990; Gauß, Karl-Markus: »Ein Abschied ohne Ankunft«. In: *Der Standard* 1. 4. 1990; Ders.: »Nicht da nicht dort zu Hause: Die türkische Schriftstellerin Aysel Özakın«. In: *Kommune. Forum für Politik Ökonomie Kultur.* Mai 1990; Ders.: »Zwischen zwei Welten: Aysel Özakıns Roman ›Die blaue Maske‹«. In: *NZZ* 21. 3. 1990; Gerberding, »Christine: Eine junge Frau zwischen Traum und Wirklichkeit«. In *Berliner Morgenpost* 28. 1. 1995; Hempel-Cirkel, Ursula: »Eine türkische Schriftstellerin in Berlin: Interview mit Aysel Özakın« und »Roman einer Frau aus der Türkei: Rezension«. In: *Informationsdienst zur Ausländerarbeit.* Heft 4. Hg. Institut für Sozialarbeit und Sozialpädagogik. Frankfurt a.M. 1983, S. 69–70/71–72; Lock, Birte: »Wir sehen uns im Spiegel: Ausländische Frauen in der Bundesrepublik«. In: *FR* 13. 8. 1985; Miehle, Renate: »Sehnsucht nach dem starken Mann: Ein türkischer Emanzipationsroman wirft viele Fragen auf«. In: *FAZ* 26. 3. 1990; Printz, Erika: »Nomadin zwischen Orient & Okzident: Zu Glaube Liebe Aircondition von Aysel Özakın«. In: *Tages-Anzeiger* 29. 11. 1991; Reber Amman, Karin: »Eine poetisch-zarte Liebesgeschichte. Aysel Özakıns Roman ›Die Zunge der Berge‹«. In: *Der kleine Bund* 11. 3. 1995; Rösch 1992; Santak, Michael: »Auf der Suche nach Leidenschaft: Aysel Özakıns multikulturelle Emanzipationsromane«. In: *FR* 26. 3. 1990; Sch., S.: »Die Gefühle blieben in der alten Heimat: Polarisierung zwischen Ost und West«. In: *Die Presse* 17./18. 3. 1990; Soltau, Heide: »Verlust von Sprache«. In: *Die ZEIT* 6. 6. 1986; Stefani, Guido: »Erinnerungen und Suche in Zürich: Aysel Özakın: ›Die blaue Maske‹«. In: *St. Gallener Tagblatt* 26. 3. 1990; Stocker, Karl: *Wege zum kreativen Interpretieren: Lyrik.* Baltmannsweiler 1993, S. 116–130; W. R. »Ein Sommer auf dem Land: Geschichte einer Kindheit in der Türkei«. In: *Neue Osnabrücker Zeitung* 9. 4. 1992; Wierschke 1996.

Emine Sevgi Özdamar (geb. 1946 in Malatya/Türkei) als Kind Schauspielerin am Staatstheater Bursa; 1965–67 erster Berlinaufenthalt: lernt deutsch und arbeitet in verschiedenen Fabriken; 1967–1970 Schauspielschule in Istanbul; 1976 dramaturgische Mitarbeit an der Volksbühne Berlin unter Benno Besson; 1980–1986 Schauspielerin und Regieassistentin am Schauspielhaus Bochum; 1982 erstes Theaterstück Karagöz in Alemania als Auftragsarbeit für das Bochumer Ensemble; Rollen in verschiedenen Kino- und Fernsehfilmen, u.a. YASEMIN von Hark Bohm und in HAPPY BIRTHDAY, TÜRKE« von Doris Dörrie; 1991 Ingeborg Bachmann-Preis für ein Kapitel ihres Romans *Das Leben ist eine Karawanserei*; 1992 Walter-Hasenclever-Preis der Stadt Aachen für *Mutterzunge*; Jahrestipendium und das New-York-Stipendium des Deutschen Literaturfonds Darmstadt; 1999 Adelbert-von-Chamisso Preis.

Werke:

Karagöz in Alemania (Theaterstück). Frankfurt a.M.: Verlag der Autoren 1984.
Mutterzunge (Erzählungen). Berlin: Rotbuch 1990.
Keloglan in Alemania. Die Versöhnung von Schwein und Lamm (Theaterstück). Frankfurt a.M.: Verlag der Autoren 1991.
Das Leben ist eine Karawanserei, hat zwei Türen, aus einer kam ich rein, aus der anderen ging ich raus. Köln: Kiepenheuer u. Witsch 1992.
Die Brücke vom goldenen Horn (Roman). Köln: Kiepenheuer u. Witsch 1998.

Sekundärliteratur:

Aytaç, Gürsel: »Sprache als Spiegel der Kultur. Zu Emine Sevgi Özdamars Roman *Das Leben ist eine Karawanserei*«. In: Howard 1997, S. 171–178; Ders.: Dil-Kültür Bağını sergileyen cesur bir roman: E. Sevgi Özdamar'dan »Das Leben ist eine Karawanserei«. In: G. A.: *Edebiyat Yazıları III. Ankara* (Gündoğan Yayınları) 1995, S. 221–226; Brandt, Sabine:

»Plaudertasche, prall gefüllt«. In: *FAZ* 4. 6. 1998; Bürgi, Chudi: »Spazierengehen, das heißt Würmer ausschütteln«. In: *Woz* 5. 2. 1993; Fessmann, Meike: »Als gingen die Wörter von Mund zu Mund«. In: *SZ* Beilage 226 1992; Dies.: »Europäerin aus Anatolien«. In: *SZ* 23./24. 5. 1998; Dattenberger, Simone: »In dieser Sprache kann man schweigen«. In: *Münchner Merkur* 24. 2. 1999; Hinck, Walter: »Großmutter und die Bagdadbahn«. In: *FAZ* 13. 10. 1992; Hüb, Eberhard: »Allahs, Liebling«. In: *Spiegel Spezial.* Nr. 31. 1992; *Ich habe eine Fremdsprache gewählt.* Hg. Lerke von Saalfeld. Gerlingen 1998, S. 163–182; Kuruyazici, Nilüfer: »Emine Sevgi Özdamars *Das Leben ist eine Karawanserei* im Prozeß der interkulturellen Kommunikation«. In: Howard 1997, S. 179–188; Ozil, Seyda: »Einige Bemerkungen über den Roman »Das Leben ist eine Karawanserei« von Emine Sevgi Özdamar«. In: *Diyalog* 1 (1994), S. 125–131; Pfister, Eva: »Ohne das Märchen bleibt nur Statistik«. In *Tages-Anzeiger* 27. 10. 1992; Dies.: »Ein Roman wie ein Teppich«. In: *Börsenblatt* 8. 4. 1993; Rönneburg, Carola: »Das mutige Mädchen«. In: *taz* 11.–13. 4. 1998; Schilling, Regina: »Ein Leben auf Reisen«. In: *Kölner Stadt-Anzeiger* 23. 3. 1998; Sartorius, Joachim: »Mit Bismillahirahmanirrahim in seine zitternden Arme«. In: *Taz* 30. 9. 1992; Schmidt, Sabine: »Die Türkei im Banne Brechts«. In: *Rheinische Post* 22. 4. 1998; Schott, Christiane: »Harte Bandagen«. In: *NZZ* 14. 4. 1998; Schülke, Claudia: »Das Leben ist eine Karawanserei«. In *FAZ* 28. 4. 1993; Schütte, Wolfram: »Ganz einfach: ein großes Buch«. In: *FR* 28. 3. 1998; Stangl, Manfred: »Brillanten auf den Augen«. In: *Wiener Zeitung* 6. 11. 1992; Thelen, Sibylle: »Wie eine zusammengedrückte Spirale in einer Schachtel«. In: *Stuttgarter Zeitung* 30. 4. 1998; Wierschke 1996; Zimmermann, Harro: »Spinnennetz der Tradition«. In: *FR* 10. 2. 1993.

Yüksel Pazarkaya (geb. 1940 in Izmir) kommt 1958 in die Bundesrepublik, um Chemie zu studieren; danach Studium der Germanistik und Philosophie; 1972 Promotion über die Einakter des 18. Jahrhunderts; seit Anfang der 60er Jahre journalistische Tätigkeit in Deutschland und der Türkei; Übersetzungen aus dem Türkischen ins Deutsche und umgekehrt, schreibt Lehrwerke für Türkisch und Deutsch und Glossare; 1986 Leiter der türkischen Redaktion im Westdeutschen Rundfunk; 1986 Verleihung des Bundesverdienstkreuzes; 1989 Adelbert-von-Chamisso-Preis; 1989–1990 und 1994 Gastprofessuren an der Princeton University und der Washington University in St. Louis; Entdecker und Förderer junger Autor/innen; Autor von Hör- und Fernsehspielen; seit 1995 Mitglied der Jury des Adelbert-von-Chamisso-Preises; seine Werke erscheinen regelmäßig in der Türkei.

Werke:

Utku und der stärkste Mann der Welt (Kinderbuch). Wien/München 1974.
Das Minarett, das zum Mond fliegt (Hörspiel für Kinder). SDR 1979.
Im Himmel gesucht, auf Erde gefunden (Hörspiel). SFB 1980
Heimat in der Fremde? (Geschichten). Berlin ³1981.
Ich möchte Freuden schreiben (Gedichte). Fischerhude 1983.
Beobachtungen zum »Deutschland-Türkischen«. Frankfurt a. M./Bonn 1983.
Warmer Schnee lachender Baum (Kinderbuch). München 1984.
Irrwege/Koca Sapmalar (Gedichte türk./dt.). Frankfurt a. M. 1985.
Die Liebe von der Liebe (Gedichte). Stuttgart 1988.
Der Babylonbus (Gedichte). Frankfurt a. M. 1989.
Kemal und sein Widder (Kinderroman). Würzburg 1993.

Monographien:

Spuren des Brotes. Zur Lage ausländischer Arbeiter. Zürich: Unionsverlag 1983
Die Türken. Frankfurt a. M.: Ullstein 1983.
Rosen im Frost. Einblicke in die türkische Kultur. Zürich ²1989.

Essays:

»Stimmen des Zornes und der Einsamkeit in Bitterland«. In: *Zeitschrift für Kulturaustausch* 35/1 (1985), S. 16–27.
»Türkiye Mutterland – Almanya Bitterland: Das Phänomen der türkischen Migration als Thema der Literatur«. In: *LiLi* – Gastarbeiterliteratur 56 (1984), S. 101–24.
»Das Chaos als Vorphase einer Symbiose.« In: *Emigranten- und Immigrantenliteratur,* S. 101–08.
»Die Hochzeit der Kulturen«. In: *Viele Kulturen – Eine Sprache,* S. 8–19

Sekundärliteratur (Auswahl):

Chiellino 1988, S. 100–110; Chiellino 1995, S. 340–348; Domin, Hilde: »Über Chamisso und den Chamisso-Preis. Mit einer Laudatio auf Yüksel Pazarkaya, Chamisso-Preisträger 1989«. In: dies.: *Gesammelte Essays.* München/Zürich 1992, S. 168–180; Heise, Hans-Jürgen: »Weg von der Diwan-Poesie.« In: *SZ* Nr. 68, 1986; Scheuer, Helmut: »Moderne Kultursymbiose. Ein Portät Yüksel Pazarkayas«. In: Ackermann, Irmgard (Hg.): *Fremde Augenblicke. Mehrkulturelle Literatur in Deutschland.* Bonn 1996, S. 41–43.

Saliha Scheinhardt (geb. 1950 in Konya/Türkei) wandert als Siebzehnjährige, die streng nach der islamischen Tradition erzogen wurde, mit einem deutschen Theologiestudenten nach Deutschland aus; Tätigkeiten in Textilfabriken, als Kellnerin und Flugstewardess. Nach dem Abitur studiert sie Pädagogik und beginnt, in deutscher Sprache zu schreiben; 1985 Promotion und Literaturpreis der Stadt Offenbach.

Werke:

Frauen, die sterben, ohne daß sie gelebt hätten (Erzählungen). Berlin: Express Edition 1983.

Drei Zypressen (Erzählungen): Berlin: Express Edition 1984.
Und die Frauen weinten Blut (Erzählungen). Berlin: Express Edition 1985.
Träne für Träne werde ich heimzahlen. Kindheit in Anatolien. Reinbek: Rowohlt 1987.
Von der Erde bis zum Himmel Liebe. Eine Erzählung vom Leben und Sterben des aufgerechten Bürgers G. Frankfurt a.M.: Büchergilde Gutenberg 1990.
Sie zerrissen die Nacht (Erzählung). Freiburg: Herder 1993.
Die Stadt und das Mädchen (Roman). Freiburg: Herder 1993.
Liebe, meine Gier, die dich frißt (Erzählung). Feriburg: Herder 1994.
Mondscheinspiele (Roman). Frankfurt a.M.: Brandes u. Apsel 1996.
Lebensstürme (Roman). Frankfurt a.M.: Brandes u. Apsel 2000.

Zafer Şenocak (geb. 1961 in Ankara) lebt seit 1970 in der Bundesrepublik; studierte Germanistik, Politik und Philosophie; seit Anfang der 80er Jahre veröffentlicht er Gedichte in deutscher Sprache; Übersetzungen aus dem Deutschen und dem Türkischen (u.a. Aras Ören; mehrere Stipendien und Preise; 1988 Adelbert-von-Chamisso-Förderpreis; Mitherausgeber der mehrsprachigen Literaturzeitschrift *Sirene*; Gastprofessuren in den USA; Mitbegründer des Babel Verlags; seine Werke werden ins Türkische, Französische, Englische, Hebräische und Holländische übersetzt.

Werke:

Elektrisches Blau (Gedichte). München: Ströme Verlag Ulrich Hohoff 1983.
Verkauf der Morgenstimmung am Markt (Gedichte). München: Edition Literazette 4/3, 1983.
Milchstraßen Atlas '84. Literaturbüro München 1984.
Flammentropfen (Gedichte). Frankfurt a.M.: Dağyeli 1985.
Ritual der Jugend (Gedichte). Frankfurt a.M.: Dağyeli 1987.
Das senkrechte Meer (Gedichte). Berlin/München: Babel 1991.
Fernwehanstalten (Gedichte). Berlin/München: Babel 1993.
Atlas des tropischen Deutschland (Essays). Berlin/München: Babel 1993.
War Hitler ein Araber? (Essays). Berlin/München: Babel 1993/1994.
Der Mann im Unterhemd (Prosa). Berlin/München: Babel 1995.
Die Prärie (Roman). Hamburg: Rotbuch 1997.
Gefährliche Verwandtschaft. Berlin/München: Babel 1998.
Der Erottomane. Berlin/München: Babel 1999.
Atlas of a Tropical Germany: Essays on Politics and Culture. 1990–1998 (translated and edited Leslie A. Adelson). Lincoln/London: University of Nebraska Press 2000.

Herausgeberschaft:

Leggewie, Claus/Şenocak, Zafer: *Deutsche Türken.* Reinbek: Rowohlt 1993.
Der gebrochene Blick nach Westen. Positionen und Perspektiven türkischer Kultur. Hg. Zafer Şenocak. Berlin/München: Babel 1994.

Sekundärliteratur:

Adelson, Leslie A.: »Coordinates of Orientation: An Introduction«. In: *'Atlas of a Tropical Germany.* S. xi-xxxvii; Carbe, Monika: »Mord im Halbdunkel«. In: *NZZ* 7. 3. 2000; Freund, Jutta: »Kuddelmuddel. Zafer Şenocak über Deutschland«. In: *FAZ* 26. 6. 1993; Frischmuth, Barbara: »Künstlerfragen: War Hitler Araber? Warum geht ein Türke nicht in die Oper?« In: *Die Presse* 8. 2. 1996; Glombitza, Birgit: »Die Insekten auf dem Gedankenstrich«. In: *taz* 5. 08. 1997; Gutschke, Irmtraud: »Alles offen ohne Mauer«. In: *Neues Deutschland* 8. 1. 1999; Heise Hans-Jürgen: »Mit kalkuliertem Unschuldsblick«. In: *SZ* 23. 10. 1997; Schmid, Thomas: »Konspiration mit der Finsternis«. In: *taz* 2. 4. 1994; Yeşilada, Karin: »Darf man Türken und Juden vergleichen, Herr Şenocak?« In: *Der Tagesspiegel* 13./14.1995, S. 26; Dies.: *Zafer Şenocak.* Autoren-Beitrag im Kritischen Lexikon zur deutschsprachigen Gegenwartsliteratur, hg. v. Heinz-Ludwig Arnold. 58. Nachlieferung, Göttingen 1998.

Werke weiterer Autor/innen:

Akçam, Durcun: *Deutsches Heim -Glück Allein. /Alaman Oçaci. Wie Türken Deutsche sehen* (Satiren). Bornheim-Merten: Lamuv 1982.
Aktoprak, Levent: Entwicklung (Gedichte). Duisburg 1983; *Ein Stein, der blühen kann* (Gedichte). Berlin 1985; *Unterm Arm die Odyssee* (Gedichte). Frankfurt a.M. 1987; *Das Meer noch immer im Kopf* (Gedichte). Frankfurt a.M. 1991.
Astare, Kemal: *Tausend Wogen im Herzen/Hasar Dengize Zerre Mi De.* Gedichte. Stockholm: Berhem Publishing House 1992; *Cer Hard, Cor Asmen.* Erzählungen. Istanbul: Wesane Doz 1994; *Gulbahare* (Erzählungen. Zaza-kurdisch/deutsch). Bonn: Verlag für Kultur und Wissenschaft 1995; *Gome* (Gedichte. Zaza-kurdisch). Istanbul: Piya Kitapligi 1995; *Volksmärchen aus Kurdistan.* Winterthur: Ararat Publikation 1995.
Bahadınlı, Yusuf Ziya: *Zwischen zwei Welten – Iki dünya arasinda* (Kurzgeschichten). Berlin: Ararat 1980; *In der Dunkelheit des Flures* (Erzählungen). Berlin: Express Edition 1984.
Basargan, Özdemir: *Teoman der Ungültige* (Erzählungen). Berlin: Hitit 1984; *Der einäugige König* (Märchen; dt./türk.). Berlin: Emek Edition 1987.
Baykurt, Fakir: *Die Friedenstorte – Baris çöregi* (dt.-türk.). Stuttgart: Ararat 1980; *Die Rache der Schlangen. Romantrilogie I.* Berlin: Ararat 1981; *Mutter Irazca und ihrer Kinder. Romantrilogie II.* Berlin: Ararat 1981; *Das Epos von Kara Ahmet. Romantrilogie III.* Berlin: Ararat 1984; *Nachschicht und andere Erzählungen aus Deutschland.* Zürich: Unionsverlag 1984.

Behram, Nihat: *Gurbet – Die Fremde* (Roman). Wuppertal: Peter Hammer 1989; *Tödlicher Mai. Leben und Tod im türkischen Widerstand* (Roman). Wuppertal: Peter Hammer 1989; *Schwalben des verrückten Lebens* (Roman). Wuppertal: Peter Hammer 1992.

Çumart, Nevlel: *Im Spiegel* (Gedichte). Stade: Eigenverlag 1983; *Herz in der Schlinge* (Gedichte). Stade: Eigenverlag 1986; *Ein Schmelztiegel im Flammenmeer* (Gedichte). Frankfurt a. M.: Dağyeli 1988; *Das ewige Wasser* (Gedichte). Düsseldorf: Grupello 1990; *Das Lachen bewahren* (Gedichte). Düsseldorf: Grupello 1993; *Verwandlungen* (Gedichte). Düsseldorf: Grupello 1995; *Zwei Welten* (Gedichte). Düsseldorf: Grupello 1996; *Schlaftrunken die Sterne* (Gedichte). Düsseldorf: Grupello 1995; *Hochzeit mit Hindernissen* (Erzählungen). Düsseldorf: Grupello 1998; *Waves of Time/ Welle der Zeit* (Gedichte; engl./dt.). Düsseldorf: Grupello 1998.

Demirkan, Renan: *Schwarzer Tee mit drei Stück Zukker* (Roman). Köln: Kiepenheuer und Witsch 1991; *Die Frau mit Bart* (Erzählung). Köln: Kiepenheuer und Witsch 1994; *Es wird Diamanten regnen vom Himmel* (Roman). Köln: Kiepenheuer und Witsch 1999

Dewran, Hasan: *Entlang des Euphrath* (Gedichte). Berlin: Express Edition 1983; *Feuer seit Zarathustra* (Gedichte). Frankfurt a. M.: Brandes u. Apsel 1992; *Mit Wildnis im Herzen* (Gedichte). Frankfurt a. M.: Brandes u. Apsel 1998; *Tausend Winde. Ein Sturm. Gedichte und Aphorismen.* Meerb.: Edition Orient 1990.

Elci, Ismet: *Sinan ohne Land* (Erzählung). Berlin: C. Zerling 1988; *Gesetz des Schweigens* (Erzählung). Berlin: C. Zerling 1990; *Cemile oder das Märchen von der Hoffnung* (Erzählung). Berlin: C. Zerling 1991; *Die verwundeten Kinder des Zarathustra* (Roman). Berlin: Edition Amadis 1997.

Engin, Osman: *Deutschling* (Satire). Berlin: Express Edition 1985; *Alle Dackel umsonst gebissen* (Satire). Berlin: Türkisch-Deutscher Kultur-Austausch 1989; Reinbek: Rowohlt 1994; *Der Sperrmüll-Efendi* (Prosa). Reinbek: Rowohlt 1991; *Dütschlünd, Dütschlünd, übür üllüs* (Prosa). Berlin: Dietz 1994; *Kanaken-Gandi* (Prosa). Berlin: Elefanten Press 1998.

Ergin, Özgen: *Charlie Kemal* (Erzählungen unter Mitarbeit von Thomas Wenzler). Köln: Dittrich 1992.

Pirinçci, Akif: *Tränen sind immer das Ende* (Roman) München: Goldmann 1984; *Felidae* (Roman). München: Goldmann 1989; *Der Rumpf* (Krimi). München: Goldmann 1992; *Francis. Felidae II.* (Roman). München: Goldmann 1993; *Akif Pirinçҫis großes Lesebuch der Schreibtischtäter* München: Goldmann 1995; *Cave Canem. Ein Felidae – Roman.* München: Goldmann 1999; *Felidae/ Francis* (Zwei Romane in einem Band). München: Goldmann 2000; *Der Rumpf/Tränen sind immer das Ende* (Zwei Romane in einem Band). München: Goldmann 1997; *Yin* (Roman). München: Goldmann 1997.

Özdemir, Hasan: *Was soll es sein? Bu ne sey* (Gedichte; dt./türk.). Mannheim: Anadulu Ekspress 1989; *Zur schwarzen Nacht flüstere ich deinen Namen* (Gedichte; türk./dt.). Berlin: Das Arabische Buch 1994; *Das trockene Wasser* (Gedichte). Berlin: Das Arabische Buch 1998; *Vogeltreppe zum Tellerrand* (Gedichte). Berlin: Das arabische Buch 2000.

Özdogan, Selim: *Es ist so einsam im Sattel, seit das Pferd tot ist.* Berlin: Rütten u. Loening 1995; *Nirgendwo und Hormone* (Roman). Berlin: Rütten u. Loening 1996; *Ein gutes Leben ist die beste Rache* (Roman). Berlin: Rütten u. Loening 1998; *Mehr* (Roman). Berlin: Rütten u. Loening 1998.

Savaşçi, Fethi: *Bei laufenden Maschinen/Makinalar çalişirken* (Erzählungen; dt.-türk.). Frankfurt a. M.: Dağyeli 1983; *München im Frühlingsregen. Erzählungen und Gedichte.* Aus dem Türk. Zafer Şenocak. Frankfurt a. M.: Dağyeli 1987.

Taner, Haldun: *Lachend sterben* (Erzählungen). Berlin: Express Edition 1985; *Die Ballade von Ali aus Kesan* (Theaterstück). Frankfurt a. M.: Dağyeli 1985.

Tekinay, Alev: *Die Deutschprüfung* (Lyrik und Prosa). Frankfurt a. M.: Brandes u. Apsel 1989; *Es brennt ein Feuer in mir* (Erzählungen). Frankfurt a. M.: Brandes u. Apsel 1990; *Der weinende Granatapfel* (Roman). Frankfurt a. M.: Suhrkamp 1990; *Das Rosenmädchen und die Schildkröte* (Märchen). Frankfurt a. M.: Brandes u. Apsel 1991; *Nur der Hauch vom Paradies* (Roman). Frankfurt a. M.: Brandes u. Apsel 1993.

Zaimoğlu, Feridun: *Kanak Sprak. 24 Mißtöne vom Rande der Gesellschaft.* Hamburg: Rotbuch 1995; *Abschaum. Die wahre Geschichte des Ertan Ongun.* Hamburg: Rotbuch 1997; *Koppstoff. Kanak Sprak. 24 Mißtöne vom Rande der Gesellschaft.* Hamburg: Rotbuch 1998.

7. Literatur der Rußlanddeutschen

Anthologien:

Hand in Hand. Gedichte und Erzählungen. Hg. Anna Gaus. Moskau: Verlag für Fremdsprachige Literatur 1960.

Hand in Hand. Gedichte und Erzählungen sowjetdeutscher Autoren. Bd. 2. Hg. Anna Gauss [sic]. Moskau: Progress 1965.

Immer in der Furche. Sowjetdeutsche Erzählungen und Gedichte. Hg. S. Österreicher/E. Richter. Moskau: Progress 1967.

Durch der Heimat weite Fluren. Sowjetdeutsche Poesie und Prosa. Hg. W. Grimm/S. Österreicher. Moskau: Progress 1967.

Ein Hoffen in mir lebt ... Almanach sowjetdeutscher Lyrik. Hg. Robert Weber. Moskau. Progress 1972.

Sage über meine Freunde. Sowjetdeutscher Almanach. Prosa, Lyrik, Nachdichtungen, Humor. Hg. Robert Weber. Moskau: Progreß 1974.

Nachrichten aus Kasachstan. Deutsche Dichtung in der Sowjetunion. Hg. Alexander Ritter. Hildesheim/New York: Olms Presse 1974.
Schön ist die Jugend. Sowjetdeutsches Liederbuch. Hg. Victor Klein. Moskau: Progreß 1975.
Vorhang auf! Ernstes und Heiteres für die sowjetdeutsche Laienbühne. Hg. Robert Weber. Moskau: Progress 1976.
Lichter in den Fenstern. Sowjetdeutscher Almanach. Hg. Robert Weber. Moskau: Progress 1979.
Sozidanie. Stichi sovetskich nemeckich poėtov. Perevod s nemeckogo (Aufbau. Verse sowjetdeutscher Dichter. Übers. aus dem Deutschen). Moskau: Sovetskij pisatel‹ 1981.
Russische Lyrik. Gedichte aus drei Jahrhunderten. Hg. Efim Etkind. München/Zürich: Piper 1981.
Anthologie der sowjetdeutschen Literatur. 3 Bde. Alma-Ata: Kasachstan 1981–82.
Wetterleuchten. Almanach sowjetdeutscher Prosa und Lyrik. Hg. Robert Weber. Moskau: Progress 1982.
Zehn sowjetdeutsche Erzähler. Hg. Lothar Grünewald/Marijke Lanius. Berlin: Volk und Welt 1982.
Blizkie dali. Rasskazy nemeckich pisatelej Kazachstana (Nahe Fernen. Erzählungen deutscher Schriftsteller Kasachstans). Alma-Ata: »Žazuši« 1984.
Vertrauen zum Leben. Sowjetdeutsche Prosa. Hg. Rober Weber. Moskau: Raduga 1986.
Vetter Gottlieb liebt die Wahrheit. Schwänke. Hg. Leo Marx. Alma»Ata: Kasachstan 1988.
Otčij dom. Sovetskaja nemeckaja proza. Romany, povesti, rasskazy. Perevod s nemeckogo (Das Vaterhaus. Sowjetdeutsche Prosa. Romane, Erzählungen, Novellen. Übers. aus dem Deutschen). Hg. H. Wormsbecher. Moskau: Sovetskij pisatel' 1989.
Auf Geheiß des Gewissens. Prosa, Poesie, Übersetzungen. Hg. W. Spaar/R. Erhardt. Barnaul: Altaier Buchverlag 1989.
Barfuß liefen meine Kinderträume. Deutsche Stimmern aus Kasachstan. Hg. Verein für das Deutschtum im Ausland. Berlin/Bonn: Westkreuz 1993.
Goldkäfer. Gedichte für unsere Kleinen. Hg. Nora Pfeffer. Moskau: Raduga 1993.
Wo bist du, Vater? Rußlanddeutsche Prosa. Hg. Robert Weber. Moskau 1994.
Podzemnye kolokola/Die Glocken in der Erde/Sbornik poėzii rossijskich nemcev/Sammelband der rußlanddeutschen Poesie. Hg. Hugo Wormsbecher. Moskau: Literaturnoe agentstvo »Varjag« 1997.
Zwischen »Kirgisen-Michel« und »Wolga, Wiege unserer Hoffnung«. Lesebuch zur rußlanddeutschen Literatur. Hg. Redaktion der »Zeitung für Dich«. 2 Bde. Slawgorod 1998.

Reihen:

Texte der Rußlanddeutschen Autorentage I: Hohenheim, im Juli 1991.
Texte der Rußlanddeutschen Autorentage II: Alma-Ata, im Juni 1992.
Texte der Rußlanddeutschen Autorentage III: Eriskirch, im Juni 1993.
Texte der Rußlanddeutschen Autorentage IV: Würzburg, im Okt. 1994. (=*TRA*); jeweils: Hg. Ulrich Gohl/Bernd Weiler. Stuttgart: Landsmannschaft der Deutschen aus Rußland 1994.

Zeitschriften/Periodika:

Volk auf dem Weg. Hg. und Verlag: Landsmannschaft der Deutschen aus Rußland. Stuttgart ab 1949.
Informationsdienst »Deutsche in der ehemaligen Sowjetunion« (IDDSU). Hg. Institut für Deutschland- und Osteuropaforschung – Göttinger Arbeitskreis – Göttingen.
Heimatbuch der Deutschen aus Rußland (Jb.) Hg. und Verlag: Landsmannschaft der Deutschen aus Rußland. Stuttgart 1954 ff.
Heimatliche Weiten. Sowjetdeutsche Prosa, Poesie und Publizistik. Hg. »Neues Leben«. Moskau: »Prawda«, Nr. 1 (1983) – Nr. 1 (1990) (zweimal jährlich).
Forschungen zur Geschichte und Kultur der Rußlanddeutschen. (Jb.) Hg. Institut für Kultur und Geschichte der Deutschen im östlichen Europa (Heinrich-Heine-Universität Düsseldorf), (1991 ff.).
Feniks/Phönix. Almanach der Rußlanddeutschen für schöngeistige Literatur und Publizistik, Politik und Geschichte, Christ und Welt/ Nemeckij literaturnochudožestvennyj i obščestvenno-političeskij al'manach. Hg. wechselnd: Theodor Schulz, Göttingen; ›Ministerstvo pečati i massovoj informacii‹, Almaty; ›Nacional'noe agentstvo po delam pečati i massovoj informacii Respubliki Kazachstana‹, Almaty; ›Dojče Al'gemajne Cajtung‹ (= Deutsche Allgemeine Zeitung), Almaty. (1993 ff.) (vierteljährlich).
Morgenstern. Literarisch-künstlerischer und gesellschaftlich-politischer Almanach. 1. Ausgabe: *Klassiker der deutschen Literatur. Prosa und Poesie der Rußlanddeutschen. Aktuelle Publizistik.* 1. Ausgabe. Hg. Eugen N. Miller. Uljanowsk: Redaktion der Zeitung »Nachrichten« 1996.
Wir selbst. Rußlanddeutsche Literaturblätter (Jb.) Hg. und Verlag: Landsmannschaft der Deutschen aus Rußland. Stuttgart 1996 ff.
Rußlanddeutscher Literaturkalender 1997 ff. Hg. Literaturkreis der Deutschen aus Rußland. Berlin: Design & type 1996, Hg. und Verlag danach: Bonn, Literaturkreis der Deutschen aus Rußland. (= *RL*)

Sekundärliteratur:

Belger, Herold: *Der Verwandtschaft traute Züge.* Alma-Ata 1981. Ders. : *Inmitten des Zeitgeschehens. Literaturkritische Notizen.* Alma-Ata 1985. Ders. : *Rußlanddeutsche Schriftsteller von den Anfängen bis zu Gegenwart. Biographien und Werkübersichten.* Übers. und erg. von Erika Voigt. Berlin 1999. Berend, Nina/Hugo Jedig (Hg.): *Deutsche Mundarten in der Sowjetunion. Geschichte der Forschung und Bibliographie.* Marburg 1991. Boll, Klaus: *Kulturwandel der Deutschen aus der Sowjetunion. Eine em-*

pirische Studie zur Lebenswelt rußlanddeutscher Aussiedler in der Bundesrepublik. Marburg 1993. Brandes, Detlef/Margarete Busch/Kristina Pavlovic&:*Bibliographie zur Geschichte und Kultur der Rußlanddeutschen.* Bd. 1: *Von der Einwanderung bis 1917.* München 1994. Ders. /Viktor Dönninghaus: *Bibliographie zur Geschichte und Kultur der Rußlanddeutschen.* Bd. 2: *Von den Revolutionen von 1917 bis 1998.* München 2000. Brantsch, Ingmar: *Das Leben der Rußlanddeutschen nach dem Zweiten Weltkrieg im Spiegel ihres Schrifttums. War der weite Weg umsonst?* Wien 1999. Busch, Margarete: *Deutsche in St. Petersburg 1865–1914. Identität und Integration.* Essen 1995 – : »Bildung und Wissenschaft.« In: *Deutsche Geschichte im Osten Europas. Rußland.* Hg. Gerd Stricker. Berlin 1997, S. 492–538. Buchsweiler, Meir: *Rußlanddeutsche im Sowjetsystem bis zum Zweiten Weltkrieg. Minderheitenpolitik, nationale Identität, Publizistik.* Essen 1995. Dahlmann, Dittmar/Ralph Tuchtenhagen (Hg.): *Zwischen Reform und Revolution. Die Deutschen an der Wolga 1860–1917.* Essen 1994. Ders./Carmen Scheide (Hg.): *« . . . das einzige Land in Europa, das eine große Zukunft vor sich hat.« Deutsche Unternehmen und Unternehmer im Russischen Reich im 19. und frühen 20. Jahrhundert.* Essen 1998. Deeg, Lothar: *Kunst & Albers Wladiwostok. Die Geschichte eines deutschen Handelshauses im russischen Fernen Osten. (1864–1924).* Essen 1996. Duwidowitsch, Ljudmila/ Volker Dietzel (Hg.): *Russisch-jüdisches Roulette. Jüdische Emigranten erzählen ihr Leben.* Zürich 1993. Ehrlich, Konstantin: *Panorama der sowjetdeutschen Literatur.* Alma-Ata 1983. Eisfeld, Alfred: *Die Rußlanddeutschen.* München 1992. Ekkert, Woldemar: »Die Literatur der Rußlanddeutschen bis 1917 und der Sowjetdeutschen von 1917–1957«. In: *Anthologie der sowjetdeutschen Literatur.* Bd. 1. Alma-Ata 1981, S. 9–55. Engel-Braunschmidt, Annelore: »Russisches und Deutsches bei den Sovjetdeutschen«. In: *Korrespondenzen. Festschrift für Dietrich Gerhardt aus Anlaß des 65. Geburtstages.* Gießen 1977, S. 139–166. Dies. : »Sowjetdeutsches Theater: Fakten und Probleme.« In: *Literatur- und Sprachentwicklung in Osteuropa. Ausgewählte Beiträge zum 2. Weltkongreß für Sowjet- und Osteuropastudien.* Hg. Eberhard Reißner. Berlin 1982, S. 20–36. Dies. : »›Kaiser, Pfaffe und Kulak‹. Zur sogenannten Pfaffen- und Kulakenliteratur der Rußlanddeutschen.« In: *Kirche im Osten,* Bd. 29 (1986), S. 38–68. Dies. /Clemens Heithus (Hg.): *Bibliographie der sowjetdeutschen Literatur 1960–1985. Ein Verzeichnis der in Buchform erschienenen sowjetdeutschen Publikationen.* Köln/ Wien 1987. Dies. : »Identitätsbildende Faktoren bei den Deutschen in der Sowjetunion seit Beginn der Perestrojka«. In: *Osteuropa* 10 (1988), S. 915–930. Dies. »Identitätsverlust – Identitätsgewinn. Literatur der deutschen Minderheit in der Sowjetunion.« ebd., S. A427-A493. Dies. : »Sowjetdeutsche Literatur heute.« In: *Ins Gestern tauche ich ein* (1994), S. 27–45. *Geschichte und Kultur der Deutschen in Rußland/ UdSSR. Auf den Spuren einer Minderheit.* Bearb. von Ute Richter-Eberl. Sigmaringen 1989. Heidebrecht, Heinrich: *Deutsche Baumeister in Rußland. 18. Jahrhundert.* Stuttgart 1996. Henning, Alexander: *Für Gedeihen und Neuerblühen.* Alma-Ata 1970. Hörmann, Artur: »Jugenderinnerungen an Spat auf der Krim«. In: *Heimatbuch der Deutschen aus Rußland* 1997/1998, S. 122–125. *Ins Gestern tauche ich ein. Eine Dokumentation der Tagung »Sowjetdeutsche Literatur heute« in Berlin 18.–20. Oktober 1990.* Hg. Annelore Engel-Braunschmidt/Olav Münzberg. Esslingen 1994. Keil, Reinhold: *Russland-Deutsche [sic] Autoren. Weggefährten, Weggestalter 1764–1990.* Mannheim 1994. Kirjuchina, Ljubow: »Suche nach dem Ausgang aus der Unmündigkeit. Rußlanddeutsche Literatur zwischen Hoffnung auf Zukunft und Last der Vergangenheit.« In: *Neues Leben* 17, 10. 9. 1999, S. 1, 7. Kontschak, Ernst: *Unvergeßliche Begegnungen.* Alma-Ata 1975. Markina, Ludmilla: »Bildende Kunst der Deutschen in Rußland vom Anfang des 18. bis zum Anfang des 20. Jahrhunderts.« In: *Bildende Kunst der Rußlanddeutschen im 18.–20. Jahrhundert.* Moskau 1997, S. 7–142. Neutatz, Dietmar: *»Die deutsche Frage« im Schwarzmeergebiet und in Wolhynien. Politik, Wirtschaft, Mentalität und Alltag im Spannungsfeld von Nationalismus und Modernisierung* (1856–1914). Stuttgart 1993. Ritter, Alexander: »Deutschsprachige Literatur in der Sowjetunion. Bestandsaufnahme und Folgerung.« In: *Deutsche Studien* 12 (1974), S. 170–179. Ders. : »Patriotische Akklamation und nationale Existenzbeschreibung«. In: *Akzente* 1 (1975), S. 46–74). Ders. : »Sprache als Metapher für Heimat. Über lyrische Bekenntnisformeln und Beschwörungsgesten in der deutschsprachigen Literatur des Auslands.« In: *Kolloquium zur Sprache und Sprachpflege der deutschen Bevölkerungsgruppen im Ausland.* Redaktion: Alexander Ritter. Flensburg 1985, S. 223–242. Ders. : »Die Deutschen und die Völker der Sowjetunion«. In: *Die Deutschen und ihre östlichen Nachbarn III.* Hg. Akademie für Lehrerfortbildung Dillingen/Haus des deutschen Ostens München. Dillingen 1990, S. 206–257. Solowjowa-Wolynskaja, Inge: »Bildende Kunst der Rußlanddeutschen im 20. Jahrhundert.« In: Bildende Kunst der Rußlanddeutschen im 18.–20. Jahrhundert. Moskau 1997, S. 143-[160]. *Stimmen und Schicksale. Literarische Porträts.* Hg. Harry Carlson. Alma-Ata: Kasachstan 1991. Stöckl, Ernst: *Musikgeschichte der Rußlanddeutschen.* Dülmen 1993 (= *Die Musik der Deutschen im Osten Mitteleuropas,* Bd. 5). Stricker, Gerd (Hg.): *Deutsche Geschichte im Osten Europas.* Rußland. Berlin 1997. Terechin, Sergej: *Deutsche Architektur an der Wolga.* Bonn/Berlin 1993. Warkentin, Johann: *Kritisches zur sowjetdeutschen Literatur.* Moskau 1977. Ders. : »Leser und Autor in der sowjetdeutschen Literaturlandschaft.« In: *Sinn und Form* 34 (1982), S. 680–688. Ders. : »Notizen zur sowjetdeutschen Literatur.« In: *Rußlanddeutsche – Woher? Wohin?* Hg. Johann Warkentin. Berlin 1992, S. 195–213. Ders. : *Geschichte der rußlanddeutschen Literatur aus persönlicher Sicht.* Stuttgart 1999. Weber, Waldemar: »Wozu sich abkapseln?« In: *Neues Leben* 1. 6. 1988. Ders. : »Gedanken über die sowjetdeutsche Literatur von heute und morgen.– In: *Tränen sind Linsen. Lyrik und Essays.* Moskau 1992, S. 189–211. Ders.: »Sowjetdeutsche Literatur – eine eigenständige Literatur?« In: *Rußlanddeutsche – Woher? Wohin?* Hg. Johann Warkentin. Berlin 1992, S. 213–226. *Zweig eines großen Baumes* [Literaturkritische Aufsätze]. Hg. H. Belger. Alma-Ata 1974.

Lia Frank (geb. 1921 in Kaunas/Litauen) kommt als Kind nach Deutschland; bis 1930 Volksschule in Berlin-Grunewald; 1940 Abitur an einem lettischen Gymnasium; Jurastudium in Riga; ab 1941 in der Evakuierung in Swerdlowsk/Ural; 1943 Diplom; 1945 Rückkehr nach Riga; seit 1960 Dozentin für Deutsch und Latein an der Universität im tadschikischen Duschanbe; 1961 beginnt sie zu schreiben, stets auf deutsch; 1969 Promotion in Moskau zur Kandidatin der Psychologischen Wissenschaften über die Psychologie des Fremdsprachenunterrichts; 1988 Ausreise nach Zittau; Umzug nach Sigmaringen und später nach Berlin; Mitglied des Sowjetischen Schriftstellerverbands.

Werke:

Improvisationen (Gedichte). Moskau: Progress [1973].
Zaubersprüche (Gedichte). Alma-Ata: Kasachstan 1976.
»Spiele für Deutschstunden und Sprachzirkel«. In: *Neues Leben* 34–36 (1981).
Teper' ja znaju. Stichi. Perevod s nemeckogo (Nun weiß ich ... Gedichte. Übers. aus dem Deutschen). Moskau: Sovetskij pisatel' 1986
Licht, in die Stunden gestreut (Gedichte). Alma-Ata: Kasachstan 1990.
»Selbstporträt« (Autobiographie). In: *Stimmen und Schicksale.* Hg. Harry Carlson. Alma-Ata: Kasachstan 1991, S. 165–174.
Auf den Flügeln der Zeit in Weite und Welt (mit Peter Coryllis; Gedichte dt. u. russ.). Werlte: Goldschmidt-Bruck 1991.
Ein Exodus. Von Duschanbe nach Zittau (Gedichte). Göttingen: Graphikum 1991.
Verkannt und verbannt. Erstes Emigrantenjahr in Deutschland. Verse. Tecklenburg: Leeden 1992.
Erinnerungen. In: *Russisch-jüdisches Roulette. Jüdische Emigranten erzählen ihr Leben in der Sowjetunion.* Hg. Ljudmila Duwidowitsch/Volker Dietzel. Zürich: Ammann 1993, S. 64–73.
Das deutsche Haiku und seine Problematik. Silben und Moren. Sassenberg: PAVO o. J. [1993].
Buntes Fest des Abschieds. Haiku, Senry, Tanka. [Titelblatt:] Sigmaringen 1997, [Impressum:] Marl: PAVO o. J.

Lyrik und Prosa in folgenden Anthologien, Almanachen und Jahrbüchern:

»Der Nachtwächter«. In: *Hand in Hand II* (1965), S. 26.
In: *Ein Hoffen in mir lebt...* (1972) passim.
In: *Sage über meine Freunde* (1974), S. 81–84 und passim.
Zwei Gedichte. In: *Nachrichten aus Kasachstan* (1974), S. 22–24.
Sechs Erzählungen, dreiundzwanzig Gedichte. In: *Lichter in den Fenstern* (1979), S. 54–79.
Neun Gedichte. In: *Anthologie der sowjetdeutschen Literatur.* Bd. 2 (1981), S. 43–49.
Dreizehn Gedichte. In: *Wetterleuchten* (1982), S. 85–96.
»Schwierige Übung«. In: *Heimatliche Weiten* 1 (1983), S. 155–158.
»Der Schulterriemen meiner Tasche«. In: *Heimatliche Weiten* 2 (1985), S. 170–172.
»Wir diskutieren einen Grundsatz«. In: *Heimatliche Weiten* 1 (1988), S. 229–238.
»Schlimme Zeiten«. In: *Heimatliche Weiten* 2 (1989), S. 148–152.
Gedichte. In: *Ins Gestern tauche ich ein* (1994), S. 76–96.
Gedichte. In: *Wir selbst* (1997), S. 82–89.
»Feldzug gegen das Vergessen«. In: *Wir selbst* (1997), S. 53–58.

Sekundärliteratur:

Ins Gestern tauche ich ein (1994), S. 34–36; *Zwischen »Kirgisen-Michel« und »Wolga, Wiege unserer Hoffnung« II*, (1998), S. 237f; Ritter 1990, S. 237f; Warkentin 1999, S. 344–346.

Agnes Giesbrecht (geb. 1953 im Dorf Podol'sk/Gebiet Orenburg) studierte Slavistik und Bibliothekswesen; unterrichtete Russisch im Orenburgischen und im Kaukasus; Tätigkeit als Bibliothekarin und freie Journalistin; leitete schon im kaukasischen Prochladnyj einen Literaturzirkel; 1979 erste Veröffentlichung; 1989 Übersiedlung nach Deutschland; lebt in Bonn; arbeitet als Bibliothekarin an der Bonner Universitätsbibliothek.

Werke:

Agnessa Gizbrecht: *Labirinti. Stichi* (Gedichte, russ.). Bonn-Moskau: Eigenverlag 1997.
Pesnja junosti. Bonn: Eigenverlag o. J. [1999]

Lyrik und Prosa in folgenden Periodika, Jahrbüchern und Anthologien:

»Privkus goreči«. In: *Moskovskij komsomolec* 26. 12. 1993.
»Arbeitsamt«. In: *TRA III*, S. 6–8.
Elf Gedichte (russ.). In: *Prochladnenskie Izvestija* 26. 4. 1994.
»Wahrsagungen«. In: *Volk auf dem Weg* 1 (1994).
»Nur nicht aufgeben«. In: *Volk auf dem Weg* 7 (1994).
»Ich bin eine Europäerin«, »Meine ersten neuen Freunde«, »Sprachlos«. In: *Heimatbuch 1992–1994*, S. 11–17.
»Zwei Welten«. In: *Volk auf dem Weg* 1 (1995).
»Wortgefechte«, »Die Finsternis in meiner Seele«. In: *Volk auf dem Weg* 3 (1995).
»Wetter im Herzen«. In: *Volk auf dem Weg* 7 (1995).
»Aussiedler molodoj« (russ.). In: *Vostočnyj Ėkspress* 1/13 (1995).

Acht Gedichte. In: *Vostočnyj Ėkspress* 3/15 (1995).
»Drei Osterglocken«. In: *Morgenstern* (1996), S. 308–311.
»Die Neue«, »Die Schranken«, Drei Osterglocken«, »Der Im-Käfig-Geborene« In: *Wir selbst* (1996), S. 43–54.
»Ein Telefongespräch«, »Gololed« sowie sieben russ. Gedichte. In: *RL 1997*, S. 14-17.
»Lethargie«, »Das Bild«. In: *Wir selbst* (1997), S. 95–108.
»Besinnliche Gedichte«. In: *Heimatbuch 1997/1998*, S. 309 f.
Fünf Gedichte (russ.). In: *RL 1998*, S. 9 f.
»Agnes Giesbrecht – Gedichte«. In: *Volk auf dem Weg* 1 (1998).
»Ein Verlorener Tag«. In: *InterContinent* 25 (1998).
Sechs Gedichte. In: *RL 1999*, S. 15 f.

Viktor Heinz (geb. 1937 in Nowoskatowka im Gebiet Omsk) 1992 Ausreise nach Deutschland; lebt in Göttingen; 1959–1963 Studium der Deutschen Philologie an der Pädagogischen Hochschule Nowosibirsk mit Schwerpunkt Mundartforschung bei Hugo Jedig; schreibt seit 1962 Gedichte, Erzählungen, Stücke; Dozent an verschiedenen Hochschulen Westsibiriens. Er ist in allen sowjetdeutschen Zeitungen und Anthologien gedruckt, einzelne seiner Gedichte wurden ins Russische und Kasachische übertragen, Sprachen, aus denen Heinz auch selbst übersetzt hat. Mitglied des Schriftstellerverbandes der UdSSR und jahrelang Leiter der Literaturabteilung der *Freundschaft* in Alma-Ata.

Werke:
»Die Starrköpfige« (Erzählung). In: *Neues Leben* 25, 15. 6. 1976, S. 8.
Lebensspuren (Gedichte). Alma-Ata: Kasachstan 1980.
Regen im Juni (vier Erzählungen, 25 Gedichte). Alma-Ata: Kasachstan 1984.
Schritte des Jahrhunderts. Gedichte und Prosa. Moskau: Raduga 1988.
Otčij dom. Rasskazy i povest'. Perevod s nemeckogo (Das Vaterhaus. Novellen und eine Erzählung. Übers. aus dem Deutschen). Alma-Ata: »Žazušy« 1989.
Herbstwind (neun Erzählungen). Alma-Ata: Kasachstan 1989.
Auf den Wogen der Jahrhunderte. Theatertrilogie. Moskau: Raduga 1993.
In der Sackgasse. Roman. Aufzeichnungen eines »Außenseiters« in Rußland. Stuttgart: Landsmannschaft der Deutschen aus Rußland 1996.

Gedichte, Stücke und Erzählungen in Sammelbänden:
Gedichte. In: *Ein Hoffen in mir lebt...* (1972), passim.
Gedichte. In: *Sage über meine Freunde* (1974), passim
»Einsamkeit«. In: *Nachrichten aus Kasachstan* (1974), S. 32.
»Schritte des Jahrhunderts« (Gedicht). In: *Heimatliche Weiten* 1 (1981), S. 175–178.
Gedichte. In: *Anthologie der sowjetdeutschen Literatur.* Bd. 2 (1981), S. 63–67; Bd. 3 (1982), S. 159–169.
»Der Anfang«. In: *Zehn sowjetdeutsche Erzähler* (1982), S. 430–436.
Sechs Gedichte. In: *Heimatliche Weiten* 2 (1983), S. 148–153.
»Menschen und Schicksale« (Poem). In: *Heimatliche Weiten* 1 (1984), S. 149–156.
»Ferien«, »Damals« (Poeme). In: *Heimatliche Weiten* 2 (1985), S. 157–169.
»Herein«, »Forscher und Spießer«. In: *Heimatliche Weiten* 1 (1986), S. 151–154.
»Der letzte Brotlaib« (Erzählung). In: *Vertrauen zum Leben* (1986), S. 103–111.
»Kein Augenblick verweilt« (Gedicht). In: *Heimatliche Weiten* 1 (1987), S. 162–164.
»Pyramiden«, »Aufwind«, »Zum Gedenken an Victor Klein« (Gedichte). In: *Heimatliche Weiten* 1 (1990), S. 224–229.
»Der Wichtigtuer«. In: *TRA I* (1992), S. 6.
»Ein Ruhetag«. In: *TRA II* (1992), S. 11 f.
»Der erste Zusammenstoß« (Auszug aus dem Roman »In der Sackgasse«). In: *TRA III* (1993), S. 10–14.
»Der rote Kavalier«. Satirisches Lustspiel (Frei nach E. T. A. Hoffmanns Märchen »Klein Zaches genannt Zinnober«). In: *Feniks/Phönix* 1 (1993), S. 168–212.
»An meine Stammesgenossen« (sechs Gedichte). In: *Feniks/Phönix* 2 (1993), S. 203–213.
Vier Kapitel aus dem Roman »In der Sackgasse«. In: *Wir selbst* (1996), S. 56–77.
Zwei Gedichte. In: *RL 1997*, S. 18.
»Das Racheschwert« (sieben Gedichte dt./russ.). In: *Podzemnye kolokola/Die Glocken in der Erde* (1997), S. 282–311.
Vier Erzählungen in: *Wir selbst* (1997), S. 113–125.
»Die Panne« (Auszug aus der Erzählung »Der große Wagen über der Burg«). In: *RL 1998*, S. 11–13.
»Nostalgie«, »Deutschland. Ein Herbstmärchen«, »An meine Altersgenossen« (Gedichte). In: *Wir selbst* (1998), S. 72–77-.
»Wo ist Lichtenberg?« In: *RL 1999*, S. 17 f.

Sekundärliteratur:
Hollmann, Dominik: »Junge Prosaiker«. In: *Neues Leben* 9, 24. 2. 1976, S. 8 f; Ehrlich, Konstantin: Rez. von V. Heinz, *Lebensspuren*. In: *Neues Leben* 33, 13. 8. 1980, S. 9; Werner, Rudolf: »Fasziniert von dem Wunder des Lebens«. In: *Stimmen und Schicksale*, S. 114–120; *Zwischen »Kirgisen-Michel« und »Wolga, Wiege unserer Hoffnung«* II (1998), S. 211 f; Warkentin 1999, S. 365–376; Brantsch 1999, S. 77–82.

Waldemar Hermann (geb. 1951 in Krasnoturinsk/Ural) Sohn von Deportierten; die Familie zog 1963 nach Kasachstan, wo er 1968–1972 an der Technischen Hochschule Pavlodar studierte und, nach praktischer Tätigkeit als Konstrukteur in einer Automobilfabrik, auch Assistent wurde. Der Ausreise nach Deutschland 1979 ging ein Umweg über Litauen voraus. Erzählungen schreibt Hermann, im Hauptberuf Maschinenbauingenieur, seit 1984.

Werke:

Erzählungen. Stuttgart: Landsmannschaft der Deutschen aus Rußland 1989.
Das fremde Land in dir. Erzählungen. Stuttgart: Landsmannschaft der Deutschen aus Rußland 1999.

Kurzprosa in folgenden Anthologien und Jahrbüchern:

»Der Letzte«. In: *TRA II*, S. 16–21.
Sieben Erzählungen. In: *Wir selbst* (1997), S. 126–147.
»Das Tauchen«. In: *RL 1998*, S. 14.
Drei Erzählungen. In: *Wir selbst* (1998), S. 78–92.
»Die Waldlichtung«. In: *RL 1999*, S. 19–22.

Sekundärliteratur:

Brantsch 1999, S. 103f; Warkentin 1999, S. 352–356.

Wendelin (Wandelin) Mangold (geb. 1940 im Gebiet Odessa) gelangte als Kind über den Warthegau nach Deutschland, wurde 1945 in den Nordural verschleppt und kam 1956 nach Nowosibirsk, wo er sich als Gelegenheitsarbeiter durchschlug; 1962–1967 Studium der Germanistik bei Victor Klein; erste Gedichte; 1967–1990 Dozent für Deutsche Sprache und Literatur an der Pädagogischen Hochschule im kasachischen Koktschetaw; 1990 Ausreise; lebt als Sozialarbeiter in Königstein/Ts.

Werke:

Erstling der Muse (Gedichte). Alma-Ata: Kasachstan 1981.
Mir träumte im Süden von Schnee (Gedichte). Alma-Ata: Kasachstan 1987.
Rund um das Leben (Gedichte). Stuttgart: Landsmannschaft der Deutschen aus Rußland 1998.

Lyrik in Periodika, Anthologien:

Zahllose Gedichte aus den 70er und 80er Jahren in: *Neues Leben, Freundschaft, Rote Fahne, Zeitung für Dich.*
In: *Ein Hoffen in mir lebt...* (1972), passim.
In: *Sage über meine Freunde* (1974), passim.
In: *Anthologie der sowjetdeutschen Literatur* Bd. 2 (1981), S. 136–144.
»Anspruch auf Würde«. In: *Feniks/Phönix* 2 (1993), S. 141–151.
Gedichte in: *Ost-West-Dialog* 2 (1995).
»Außenseiter«, »Neuer Anfang« (Gedichte). In: *TRA III* (1993), S. 24f.
»Zwischling«, »Wiesen-Wolken-Wälder« (Gedichte). In: *TRA IV* (1994), S. 14–16.
»Beim Wechsel der Winde« (Gedichte). In: *Heimatbuch 1992–1994*, S. 227.
Gedichte in: *RL 1997*, S. 31.
»Zur Frage der Identität«, »Dichterschrein« (Gedichte). In: *RL 1998*, S. 18.
Neun Gedichte in: *RL 1999*, S. 30f.

Sekundärliteratur:

»Zum 50. Geburtstag von Wandelin Mangold«. In: *Rote Fahne* 102, 12. 9. 1990, S. 2; Engel-Braunschmidt, Annelore: »Heimatliche Existenzkost als erfrischendes Nachtgetränk. Wendelin Mangolds Gedichte«. In: *Deutsch-Russische Zeitung* Nr. 9 (21), 10.9.–15. 10. 1998, S. 5; Brantsch 1999, S. 82–87; Warkentin 1999, S. 347–351.

Nora Pfeffer (geb. 1919 in Tiflis), wächst in einem kosmopolitisch offenen, den Künsten und Wissenschaften verpflichteten Elternhaus auf, die Eltern sind Lehrer; Studium der Anglistik, Germanistik und Musik; verlor ihr Diplom durch Lagerhaft (1943–1952) und Verbannung; 1953 Einschreibung im Fremdspracheninstitut Alma-Ata; Hochschuldozentin in Alma-Ata; Sprecherin des Deutschen Senders von Radio Kasachstan; Mitarbeit bei deutschsprachigen sowjetischen Zeitungen; 1958 erste Veröffentlichungen; hatte in den 80er Jahren maßgeblichen Einfluß auf die Literaturseiten des Moskauer *Neuen Lebens*; 1992 Ausreise; lebt in Köln; seit 1974 Mitglied des Schriftstellerverbandes der UdSSR; seit 1976 Mitglied von dessen Literaturfonds; ihre Gedichte sind in mehrere Unionssprachen übersetzt; 1989 Erster Literaturpreis der kasachischen Abteilung des Unionsschriftstellerverbandes; seit 1994 Mitglied des ›Verbands deutscher Schriftsteller/Fachgruppe Literatur‹ in Nordrhein-Westfalen.

Werke:

Nur nicht heulen über Beulen (Versmärchen). Alma-Ata: Kasachstan 1968.
Otars Entdeckungsreise (Versmärchen). Alma-Ata: Kasachstan 1971.
Vom Blöken, Bellen und Brüllen (Sprachspiele für Kinder). Alma-Ata: Kasachstan 1972.
Sonnenregen (Lieder für Kinder). Musik: Oskar Geilfuß. Alma-Ata: Kasachstan 1973.
Viele gute Kameraden (Poem für Kinder). Alma-Ata: Kasachstan 1974.
Der Zaubergeist (Märchen). Alma-Ata: Kasachstan 1975.
Mick, das Äfflein (sechs Versmärchen). Alma-Ata: Kasachstan 1976.
Fracki, der Kaiserpinguin. Fünfzehn lustige Tiermärchen (in Versen). Alma-Ata: Kasachstan 1978.
Jahresringe (Gedichte). Alma-Ata: Kasachstan 1984.
Wie Schnauzerl sich selbst wiederfand (Erzählungen und Gedichte für Kinder). Alma-Ata: Kasachstan 1987.
Meister Hase ist Friseur (Gedichte für Kinder). Alma-Ata: Kasachstan 1989.
Meine Freunde (Nachdichtungen). Alma-Ata: Kasachstan 1990.
Wieviel goldene Teller...? (Lieder und Rätsel für

Kinder). Blätter zur Kulturarbeit. Folge 73/74. Hg. DJO. Bonn 1994.
Sieben junge Schnatterenten (Kinderlieder). Blätter zur Kulturarbeit. Folge 79/80. Hg. DJO. Bonn 1994.
Zeit der Liebe/Vremja ljubvi (Lyrik dt./russ). Moskau: Gotika 1998.

Lyrik und Prosa in Anthologien, Almanachen und Jahrbüchern:
Fünf Liedertexte. In: *Für alle Kinder.* Hg. Oskar Geilfuß Alma-Ata: Kasachstan 1979.
Zehn Gedichte. In: *Anthologie der sowjetdeutschen Literatur.* Bd. 2 (1981), S. 157–164.
Zwölf Gedichte. In: *Heimatliche Weiten* 1 (1986), S. 172–181.
Elf Gedichte. In: *Heimatliche Weiten* 1 (1987), S. 191–202.
Dreizehn Lieder. In: *Ob Sonne, ob Regen.* Alma-Ata: Kasachstan 1988, passim.
»Abschied«. In: *TRA I,* S. 24 f.
»Der Brief«. In: *TRA II,* S. 28. »Samyj molodoj iz kavkazskich narodov. K istorii russkich nemcev v Zakavkaz'e« (Abhandlung). In: *Feniks/Phönix* 1 (1993), S. 270–286.
»Noch bin ich nicht soweit«. In: *TRA III,* S. 28 f.
»Es läutet silberhell und fein« (dreißig Gedichte). In: *Goldkäfer* (1993), S. 51–84.
Gedichte. In: *Wir selbst* (1996), S. 131–141.
»Kindheit«. *TRA IV,* S. 18.
»Noch liebe ich das Leben«. In: *Feniks/Phöix* 14 (1996), S. 70–76.
Sieben Gedichte. In: *RL 1997,* S. 34–35.
»Triptychon«. In: *Wir selbst* 1997, S. 196–205.
Zehn Gedichte (dt./russ.). In: *Die Glocken in der Erde/Podzemnye kolokola.* 1997, S. 118–153.
Neun Gedichte. In: *Wir selbst* (1998), S. 127–134.
»Blumen«, »Eberesche«. In: *RL 1998,* S. 25 f.
»Ich bin in dem Zimmer«, »Mutter, verzeih!«, »Auf einem alten Friedhof«. In: *RL 1999,* S. 38–40.
Gedichte. In: *Heimatbuch 2000,* S. 238–243.

Sekundärliteratur:
Dubrovin, Boris: »Put' poėta« (Der Weg einer Dichterin). In: Nora Pfeffer: *Zeit der Liebe* 1998, S. [9 f.]; Kling, Oleg: »Vremja ljubvi« (Zeit der Liebe). In: *Vostočnyj Ėkspress* 36 (80), 15. 12. 1999, S. 19; Peters, Andreas: »Ein Hohelied der Liebe«. In: Nora Pfeffer: *Zeit der Liebe* 1998, S. [5–8]; Reimer, Lore: »Nora Pfeffer zum Geburtstag« In: *Neue Arena* 15. 12. 1999, S. 48 f; Schmidt-Goertz, Ursula: »Ich bin doch als Deutsche geboren ...«. Von der Kura an den Rhein: Die rußlanddeutsche Schriftstellerin Nora Pfeffer«. In: *Rheinisch-Bergischer Kalender 1995. Heimatjahrbuch für das Bergische Land.* 65. Jahrgang, S. 169–183; Wacker, Nelly: »Untilgbare Daseinsfreude und des Geistes Beschwingtheit«. In: *Stimmen und Schicksale,* S. 104–112; Warkentin 1999, S. 357–364; Warkentin, Johann: »... und kein bisschen müde. Nora Pfeffer zum 80. Geburtstag am 31.12.«. In: *Volk auf dem Weg* 12 (1999), S. 18 f.

Lore Reimer (geb. 1947 im Leninpol'/Kirgisien) Studium der Germanistik (›Deutsch als Muttersprache‹) an der Pädagogischen Hochschule Nowosibirsk u. a. bei Victor Klein, Hildegard Wiebe, Peter Hermann; Redakteurin der Kinderecke in der sowjetdeutschen Zentralzeitung *Neues Leben*; 1974 Ausreise; erneutes Studium: Deutsch und Religion für das Lehramt; lebt in Espelkamp.

Werke:
Lichte Räume (Gedichte). Eigenverlag [1997].
Wunderwort (Gedichte). Eigenverlag [1998].
Viele Farben hat der Wind. Ausgewählte Lyrik. Hg. vom Aussiedlerbeauftragen der Ev. Kirche von Westfalen 8/98.
Die Flucht. Nach einer wahren Begebenheit (Erzählung). Hg. vom Aussiedlerbeauftragten der Ev. Kirche von Westfalen 1/99.

Lyrik und Prosa in folgenden Anthologien und Jahrbüchern:
In: *Ein Hoffen in mir lebt ...* (1972), passim.
In: *Sage über meine Freunde* (1974), passim.
»Der Wasserfall«, »Wildgänse«, »Rudolf Nurejew«. In: *TRA III,* S. 30–33.
Sieben Gedichte. In: *Heimatbuch 1992–1994,* S. 223 f.
»Blaue Silberfäden«, »Sehe dich breitest du«. In: *TRA IV,* S. 20 f.
Acht deutsche, zwei russische Gedichte. In: *Morgenstern* (1996), S. 204–210.
»Brombeeren« (Erzählung), zwölf Gedichte (davon zwei in Mundart). In: *Wir selbst* (1996), S. 146–155.
Vier Gedichte. In: *RL 1997,* S. 38 f.
Neun Gedichte. In: *Wir selbst* (1997), S. 210–216.
»Einer hebt sein Gesicht«, »Jeder gestreut in das Eigene«. In: *RL 1998,* S. 28 f..
Sechs Gedichte. In: *Wir selbst* (1998), S. 144–148.
»rhythmen des verlierens«, »unter dem pflaumenbaum«, »Hitze«. In: *RL 1999,* S. 43 f.

Sekundärliteratur:
Warkentin 1999, S. 339–343.

Nelly Wacker (geb. 1919 in Tokmak/Krs. Simferopol' als Nelly Bäuerle) stammt aus einer kinderreichen Familie von der Krim, wo der Vater als Dorfschullehrer wirkte; zweijährige Deutschlehrer-Ausbildung am Lehrerseminar in Engels a. d. W.; 1965 schloß per Fernunterricht an der Pädagogischen Hochschule Omsk ein Germanistikstudium ab; ihre Gedichte, Erzählungen, Märchen und Artikel erschienen seit 1962 in allen sowjetdeutschen Zeitungen von Moskau bis Alma-Ata (*Neues Leben, Rote Fahne, Zeitung für Dich, Freundschaft, Deutsche Allgemeine Zeitung*). 1973 Aufnahme in den ›Sowjetischen Schriftstellerverband‹ als erste deutschsprachige Autorin; 1993 Ausreise; lebt in Köln.

Werke:
Meinen Altersgenossen (Gedichte). Alma-Ata: Kasachstan 1969.

Sieben Gedichte. In: *Nachrichten aus Kasachstan* (1974), S. 82–86.
Der Zauberstift (Märchen). Alma-Ata: Kasachstan 1975.
Blumenmärchen (Prosa). Alma-Ata: Kasachstan 1976.
Bekenntnis (Gedichte). Moskau: Progress 1978.
Nelken für Dich (Erzählungen). Alma-Ata: Kasachstan 1982.
Tanz der Kraniche (Gedichte, eine Erzählung). Moskau: Progress 1985.
Friedenslieder (Gedichte). Alma-Ata: Kasachstan 1987.
Blumenmärchen II (Prosa). Almaty 1995.
Es eilen die Tage... (Gedichte). Stuttgart: Landsmannschaft der Deutschen aus Rußland 1998.

Lyrik und Prosa in Anthologien, Almanachen, Jahrbüchern:
»Meinen Altersgenossen«, »Hoffnung«. In: *Hand in Hand* II (1965), S. 102f
Zwölf Gedichte. In: *Ein Hoffen in mir lebt* (1972), passim.
Elf Gedichte. In: *Sage über meine Freunde* (1974), passim.
»Nelken für dich« (Erzählung). In: *Vorhang auf! Ernstes und Heiteres für die sowjetdeutsche Laienbühne.* Hg. Robert Weber. Moskau: Progress 1976, S. 3–21.
Elf Gedichte. In: *Anthologie der sowjetdeutschen Literatur.* Band II (1981), S. 219–226.
»›Wilde‹ am Strand« (Erzählung). In: *Anthologie der sowjetdeutschen Literatur.* Bd. 3 (1982), S. 366–379.
»Pis'ma Tevadrosa« Perevod avtora (Tevadros Briefe. Übers. der Autorin). In: *Blizkie dali* (1984), S. 88–101.
»Gedichte aus der Kriegszeit«. In: *Heimatliche Weiten* 1 (1985), S. 166–174.
»Nelken für Dich«. In: *Vertrauen zum Leben* (1986), S. 241–254.
»Und sag die Wahrheit«. In: *Heimatliche Weiten 1* (1988), S. 213–223.
»Im Mauseloch«. In: *Heimatliche Weiten 2* (1989), S. 277–282.
»Trickfilmfan«. In: *Heimatliche Weiten* 1 (1990), S. 282f.
»Vom Dichten«. In: *TRA I*, S. 35.
»Meine Beichte«. In: *TRA II*, S. 39–43.
»Trauergedichte aus einem Tagebuch«. In: *Feniks/Phönix* 3 (1993), S. 189–195.
»Ich bitte ums Wort«. In: *Barfuß liefen meine Kinderträume*, S. 29–33.
»Einer hilft dem andern« (Sechzehn Gedichte). In: *Goldkäfer* (1993), S. 109–124.
»Wermut. Eine Familienchronik« (Autobiographie). In: *Feniks/Phönix* 6 (1994), S. 96–165.
»Grüß Gott!«, »Der freigebige Herbst«. In: *TRA IV*, S. 40–42.
»Minigedichte«. In: *Heimatbuch 1995/1996*, S. 263f.
»Ich bitte ums Wort«. In: *Wir selbst* (1996), S. 162–167.
»Der Wolf«. In: *RL 1997*, S, 57f.
»Prosa und Gedichte«. In: *Feniks/Phönix* 19 (19997), S. 151–160.
Zehn Gedichte. In: *Wir selbst* (1997), S. 237–242.
»Aprilmorgen«, »Septemberlied«. In: *RL 1998*, S. 45.
»Wermut (eine kleine Familienchronik)« (Autobiographie) und »Ich bitte ums Wort« (Gedicht). In: *Heimatbuch 1997/1998*, S. 203–220, 306–308.
»Obdachlos«, »Neujahrsnacht 1998« (Gedichte). In: *RL 1999*, S. 60.
»Die letzten Stunden der Einsamkeit« (Erinnerungen). In: *Heimatbuch 2000*, S. 172–176.

Sekundärliteratur:
Heinz, Viktor: »Vorwort« zu Nelly Wacker: *Es eilen die Tage* 1996, S. 3–8; Warkentin 1999, S. 218–223; Ders.: »Mildes Abendlicht«. In: *Volk auf dem Weg* 10 (1999), S. 28–30; Ders.: »Nelly Wacker, die Lyrikerin«. In: Ders., *Kritisches zur sowjetdeutschen Literatur.* Moskau 1977, S. 97–103; Weber, Robert: »Das Vertrauen zum Leben«. In: *Stimmen und Schicksale* (1991), S. 136–146.

Johann Warkentin (geb. 1920 in Spat auf der Krim), 1937–1941 Studium der Anglistik in Leningrad; meldete sich freiwillig zum Militärdienst; wird 1942 – als Deutscher – von der Leningrader Front in ein sog. Baubataillon in der ostsibirischen Taiga abgeschoben; bei seiner Demobilisierung 1946 ließ er als ›Nationalität‹ »Holländer« in den Wehrpaß eintragen, was angesichts der niederländisch-friesischen Herkunft der Mennoniten nicht abwegig war; im Mai 1981 reiste die Familie nach Berlin-Ost aus; hat Englisch, Deutsch und Latein an Schulen und Hochschulen im Altaj unterrichtet und sich unter Mißachtung von Gefahren in der rußlanddeutschen Autonomiebewegung engagiert.

Werke:
Stimmen aus fünfzehn Republiken. Ausgewählte Nachdichtungen. Hg. K. Kratschkewitsch. Moskau: Progress 1974.
Kritisches zur sowjetdeutschen Literatur (Aufsätze). Hg. Sepp Österreicher. Moskau: Progress 1977.
Gesammeltes. Verse und Nachdichtungen. Hg. Robert Weber. Moskau: Progress 1980.
(Hg.) Rußlanddeutsche – Woher? Wohin? (Rußlanddeutsche Geschichte und Kultur) Berlin: Aufbau 1992.
Rußlanddeutsche Berlin-Sonette (Gedichte). Stuttgart: Landsmannschaft der Deutschen aus Rußland 1996.
»Gerhard Sawatzkys Roman *Wir selbst*« (Literaturkritik). In: *Wir selbst* (1998), S. 247–256.
Mit Victor Klein (Hg.): Verschiedene, mehrfach aufgelegte *Lehr- und Lesebücher* für die Klassen 5–8 an Schulen mit erweitertem und mit muttersprachlichem Deutschunterricht beim Moskauer Verlag Prosveščenie (Aufklärung) von 1963 bis 1980.
Nachdichtungen. Höhepunkte der russischen Lyrik. Texte russisch und deutsch – Iz russkoj poėzii.

Perevody parallell'no s podlinnikom. Lage-Hörste: BMV Robert Burau 2000.

In Anthologien und Almanachen:

Gedichte. In: *Immer in der Furche*, S. 195–214.
Gedichte. In: *Ein Hoffen in mir lebt* (1972), passim.
Vier Gedichte. In: *Nachrichten aus Kasachstan* (1974), S. 87–92.
Gedichte. In: *Sage über meine Freunde* (1974), passim.
»Rußlands Macht wird an Sibirien Zuwachs haben!« und »Wir zwingen es! Lose Blätter aus einem sowjetdeutschen Dorf«. In: *Wir zwingen es. Sowjetdeutsche Skizzen und Reportagen.* Hg. Robert Weber. Moskau 1978, S. 5–18, 84–126.
Gedichte. In: *Lichter in den Fenstern* (1974), S. 328–338.
»Notizen zur sowjetdeutschen Literatur«. In: *Ins Gestern tauche ich ein* (1994), S. 46–60.
Vier Gedichte. In: *Vorhang auf! Ernstes und Heiteres für die sowjetdeutsche Laienbühne.* Hg. Robert Weber. Moskau: Progress 1976, passim.
Vier Gedichte. In: *Anthologie der sowjetdeutschen Literatur.* Bd. 2 (1981), S. 230–237.
»Es gibt nichts Gutes, außer – man tut es!« (Erzählung), zwei Gedichte. In: *Wir selbst* (1997), S. 260–264.
Zwanzig Gedichte. In: *RL 1997*, S. 62–65.

Sekundärliteratur:

Brantsch 1999, S. 55–63; Warkentin 1999, S. 376f.

Waldemar Weber (geb. 1944 in Sarbala/Gebiet Kemerowo), 1962–1968 Studium der Germanistik in Moskau; Tätigkeit als freier Kulturjournalist, Literaturkritiker und Übersetzer;; Herausgeber wichtiger Anthologien westeuropäischer Vers- und Prosadichtung; leitete 1990–1992 Seminare für ›Poetik und Literarische Übersetzung‹ am Maxim-Gorki-Literaturinstitut in Moskau; seine Essays und Artikel erschienen in russischen, rußlanddeutschen, deutschen und österreichischen Periodika; Ko-Autor der Drehbücher von 3 Dokumentarfilmen über die Geschichte der Rußlanddeutschen; 1992–1994 Gastprofessuren in Graz und Innsbruck, 1995/96 in Wien und Innsbruck; 1996 Ausreise; 1996–1999 Chefredakteur der *Deutsch-Russischen Zeitung* in München, seit der Einstellung des Blattes freier Schriftsteller in München; Lehrauftrag an der Universität Passau; Mitglied des ›Verbandes russischer Schriftsteller‹ in Moskau und des PEN-Clubs Liechtenstein.

Werke:

Tränen sind Linsen. Lyrik, Essays. Moskau: Raduga 1992.
Teni na obojach. Stichotvorenija raznych let i perevody s nemeckogo. (Schatten auf Tapeten. Gedichte aus verschiedenen Jahren und Übersetzungen aus dem Deutschen) |Moskau| Vest' VIMO 1995.

Lyrik in Anthologien und Almanachen:

In: *Ins Gestern tauche ich ein* (1990), S. 144–153.
In: *TRA I*, S. 39–44.
In: *TRA III*, S. 42–44.
In: *Strofy veka* (Strophen des Jahrhunderts). Hg. Evgenij Evtušenko. Moskau 1995.
»Gedichte in Vers und Prosa«. In: *Wir selbst* (1996), S. 177–185.
(Gedichte russ.) In: Arion. Žurnal poėzii 3/15 (1997).

Lyrik in Periodika:

Novaja Rossija (Neues Rußland, Moskau), *Segodnja* (Heute, Moskau), *Arion* (Moskau), *Neman* (Minsk), *Neues Leben* (Moskau), *Freundschaft* (Zelinograd, Alma-Ata), *Deutsche Allgemeine Zeitung* (Alma-Ata), *Rote Fahne* (Barnaul), *Zeitung für Dich* (Barnaul), *Issykul'skaja Pravda* (Prševal'sk, Kirgisien), *Neue Literatur* (Bukarest), *Kulturpolitische Korrespondenz* (Bonn), *Decision* (Hamburg), *Salz* (Salzburg), *Lichtungen* (Graz), *Les Cahiers Luxembourgeois* (Luxemburg), *Krautgarten* (Neundorf, Belgien), *Rodnaja reč'* (Hannover), *Kontakt* (Hannover).

Publizistik:

(Aufsätze zur Literatur und nationalen Identität der Rußlanddeutschen, zur kulturellen Situation nach dem Zusammenbruch der Sowjetunion im allgemeinen, zu Fragen der Konfessionen in der UdSSR, zum Schulwesen) in sämtlichen sowjetdeutschen Periodika in Moskau, Barnaul, Alma-Ata, in der russischen *Literaturnaja gazeta* (Literaturzeitung, Moskau), in den deutschsprachigen Organen *Transit* (Wien), *Die Presse* (Wien), *Europäische Rundschau* (Wien), *Kursbuch* (Berlin), *Wochenpost* (Berlin-Ost), *FAZ* (Frankfurt a.M.), *FR* (Frankfurt a.M.), u.a..
»Nach Osten – nach Westen?« In: *Kursbuch* 103 (1991), S. 114–122.
»Schuld und Sühne«. In: *Transit* 2 (1991), S. 123–132.
»Sowjetdeutsche Literatur – eine eigenständige Literatur?« In: *Ins Gestern tauche ich ein* (1994), S. 61–74.
»Die gegenwärtige kulturpolitische Situation in Rußland«. In: *Von der Zensur zum Marktdiktat. Osteuropäische Literatur im Systemwandel.* Hg. A. Engel-Braunschmidt/A. Tippner. Kiel: Landeszentrale für Politische Bildung 2000, S. 79–87.

Herausgeber von Lyrik-Anthologien:

Iz sovremennoj poėzii FRG. Vyp. pervyj. (Aus der zeitgen. Lyrik der Bundesrepublik Deutschland. In zwei Folgen. Übers. Hans Magnus Enzensberger bzw. Wilhelm Lehmann. Moskau: Raduga 1983 bzw. 1988.
Mit D.S. Davlianidze (Hg.): *Zolotoe sečenie/Der goldene Schnitt. Avstrijskaja poėzija XIX-XX vekov v russkich perevodach* (Lyrik aus Österreich in russ. Nachdichtungen. 19.–20. Jh.). Moskau: Raduga 1988.

Sekundärliteratur:
Ritter 1990, S. 239f; Brantsch 1999, S. 97–101.

8. Literatur der russischen Emigrant/innen

Zeitschriften/Almanache:

Gamburgskaja mozaika (Hamburger Mosaik). Hamburg seit 1997.

Grani (Die Schliffe; erschien alle 3 Monate). Frankfurt a.M. [ab 1952], Moskau [seit 1991]: Possev-Verlag seit 1946.

Kreiščatik (Kreschtschatik, die Hauptstraße Kievs). Heringshausen seit 1995.

Literaturnyj evropeec (Der literarische Europäer; Monatszeitschrift). Hg. vom Verband russischer Schriftsteller in Deutschland. Frankfurt a.M. seit 1998.

Novaja studija (Das neue Studio). Berlin seit 1997.

Ostrov (Die Insel). Berlin seit 1994.

Studija (Das Studio). Berlin seit 1995.

Posev (Die Saat; erschien einmal pro Woche, ab 1968 monatlich, später alle 2 Monate, seit 1997 monatlich). Frankfurt a.M. [ab 1952], Moskau [seit 1992]: Possev-Verlag seit 1945.

Rodnaja reč' (Die Heimatsprache; erscheint alle 2 Monate). Hannover: Verlag Infoblatt Kontakt GmbH seit 1998.

Strana i mir (Das Land und die Welt; Monatszeitschrift). München: Strana i mir 1984–1992.

Zerkalo zagadok/Spiegel der Geheimnisse. Berlin seit 1995.

Zeitungen mit Literaturrubriken oder -seiten:

Evropacentr (Das Europa-Zentrum; erscheint 14tägig). Berlin seit 1992.

Kontakt (Der Kontakt; erscheint alle 2 Wochen). Hannover.

Literaturnye vedomosti (Die literarischen Nachrichten; die literarische Beilage zur Wochenzeitung *Vedomosti*). Dortmund.

Nemecko-Russkaja Gazeta/Deutsch-Russische Zeitung (Monatszeitung). München.

PressEXpress (Erscheint wöchentlich). Frankfurt a.M.

Vedomosti (Die Nachrichten; Wochenzeitung). Dortmund.

Vostočnyj Ekspress/Ost-Express (Erscheint zweimal pro Monat). Ahlen.

Sekundärliteratur:
Jur'enen, Sergej: »Mjunchen kak forma vyživanija RL«. In: *Znamja* 7 (1994), S. 203–205. Kasack, Wolfgang: *Die russische Schriftsteller-Emigration im 20. Jahrhundert: Beiträge zur Geschichte, den Autoren und Ihren Werken.* München 1996. »Pjatidesjatiletie ›Poseva‹«. In: *Posev* 6 (1995), S. 12–27. Romanov, Evgenij: »Pjat'desjat let«. In: *Grani* 178 (1995), S. 5–15. *Russische Emigration in Deutschland 1918 bis 1941: Leben im europäischen Bürgerkrieg.* Hg. Karl Schlögel. Berlin 1995. [Mit einer Auswahlbibliographie: S. 485–504]. *Russische Zeitgenössische Schriftsteller in Deutschland. Ein Nachschlagewerk.* Hg. Elena Tichomirova. München 1996.

Boris Chazanov – Pseudonym für Gennadij Moiseevič Faibusovič (geb. 1928 in Leningrad) studierte Altphilologie ohne Abschluß; wurde 1949 verhaftet und wegen ›antisowjetischer Agitation und Propaganda‹ zu Lagerhaft verurteilt und 1955 entlassen; medizinische Ausbildung; Promotion; Tätigkeit in der Sowjetunion als Übersetzer; 1974–1982 Redakteur einer populärwissenschaftlichen Zeitschrift; beteiligte sich an der Samizdatzeitschrift *Evrei v SSSR* und veröffentlichte seit Mitte der 70er Jahre seine literarischen Werke im Ausland; sah keine Möglichkeit, sein schöpferisches Potential in der Heimat zu verwirklichen, zudem drohte ihm neue Haft, so emigrierte er 1982; lebt in München; 1984–1992 Mitherausgeber und Redakteur der Zeitschrift *Strana i mir*; Mitglied des Internationalen PEN-Clubs und des Bayerischen Journalistenverbandes; 1996 Prämie des PEN-Clubs; 1998 Hilde-Domin-Exil-Literaturpreis (Heidelberg).

Werke:

Zapach zvežd (Der Geruch der Sterne; Erzählungen, Essays). Tel Aviv: Vremja i my 1977.

Čas korolja. Ja Voskresenie i Žizn' (Die Stunde des Königs. Ich bin die Auferstehung und das Leben; 2 Romane und Erzählung). New York/Jerusalem/Paris: Vremja i my 1985.

Iduščij po vode. Statji i pis'ma (Der über das Wasser gehende. Aufsätze und Briefe). München: Strana i mir 1985.

Mif Rossija. Opyt romantičeskoj politologii. New York: Liberty Publishing House 1986. – *Mythos Rußland: Betrachtungen aus deutscher Zuflucht* (Abhandlungen). Mainz: Dieterich 1986.

Strach. Rasskazy (Angst; Erzählungen). Moskau: Pravda 1990.

Die Königsstunde. 3 Erzählungen. Stuttgart: DVA 1990.

Čas korolja. Antivremja: moskovskij roman. Moskau: Kn. red. sov.-brit. SP »Slovo« 1991. – *Gegenzeit: ein Moskauer Roman.* Stuttgart: DVA 1986.

Nagl'far v okeane vremën. Čudotvorec (Naglfar im Ozean der Zeiten. Der Wundertäter; Roman, Erzählung) Moskau: Tekst 1993.

Unten ist Himmel: ein Roman aus Rußland. Stuttgart: DVA 1993.

»Chronika N. Zapiski nezakonnogo čeloveka« (Chronik von N. Aufzeichnungen eines Illegalen; Povest'). In: *Oktjabr'* 9 (1995), S. 9–103.

Der Zauberlehrer (Povest'). Stuttgart: DVA 1996.

»Posle nas potop« (Nach uns die Sinflut; Roman). In: *Oktjabr'* 6 (1997), S. 3–69, 7 (1997), S. 94–146. – *Vögel über Moskau.* Stuttgart: DVA 1998.

Sekundärliteratur:
Ivanickaja, Elena: »Bez propiski«. In: *Znamja* 1 (1996), S. 223–224; Kasack, Wolfgang: »Boris Cha-

zanow – Erzählungen«. In: Kasack 1996, S. 132–134; Ders.: »Boris Chazanov«. In: *Novyj žurnal* 214 (1999), S. 300–308; Munz, Marion: *Boris Chasanow: Erzählstrukturen und thematische Aspekte*. München 1994. [Mit einer Bibliographie der Sekundärliteratur bis 1994, S. 103- 114]; Pivovarov, Jurij: »O Borise Chazanove«. In: *Rubeži* 5 (1996), S. 156–158; Pomeranz, Grigorij: »Anatolij Bachtyrev v serii zerkal: Dekonstrukcija i dokonstrukcija odnogo charaktera«. In: *Voprosy literatury* 5 (1995), S. 158–170.

Fridrich Naumovič Gorenštejn (geb. 1932 in Kiev) sah sich gezwungen zu emigrieren, nachdem er in der Sowjetunion keine Perspektive mehr für sich und sein Schaffen fand. Er konnte dort nur eine Erzählung 1964 in der Zeitschrift für Jugend *Junost'* publizieren; ab 1977 ließ er seine Werke im Westen erscheinen; Hochschulausbildung für Drehbuchautoren des ›Verbandes für Kinematographie‹ in Rußland; arbeitete für berühmte Filmregisseure wie Andrej Tarkovskij und Nikita Michalkov; 1980 Ausreise; lebt in Berlin; in Deutschland literarische Tätigkeit, u. a. als Drehbuchautor für italienische Filmproduzenten; Ehrenmitglied der Akademie der Künste Westberlin; Mitglied des deutschen Schriftstellerverbandes.

Werke:

»Zima 1953 goda« (Winter 1953; Erzählung). In: *Kontinent* 17 (1978), S. 11–107, 18 (1979), S. 133–175.

»Berdičev« (Berditschev [Stadtname]; Drama). In: *Vremja i my* 50 (1980), S. 41–100, 51 (1980), S. 27–87.

»Drei Begegnungen mit M. Ju. Lermontov«, »Der Konterevolutionär«. In: *NRL, Neue russische Literatur.* Almanach. 2–3 (1980), S. 353–356, 357–363.

»Jakov Kaša« (Jakov Brei; Povest'). In: *Kontinent* 29 (1981), S. 11–81.

»Volemir« (Volemir [Name]; Theaterstück). In: *Vremja i my* 67 (1982), S. 5–71.

»Mucha u kapli čaja« (Eine Fliege neben dem Teetropfen; Erzählung). In: *Kontinent* 35 (1983), S. 24–69, 36 (1983), S. 107–122.

»Kuča« (Der Haufen; Erzählung). In: *Kontinent* 39 (1984), S. 150–217.

Iskuplenie (Roman). Tenafly, N. J.: Hermitage 1984. – *Die Sühne*. Darmstadt/Neuwied: Luchterhand 1979.

»Ulica Krasnych Zor'« (Erzählung). In: *Grani* 137 (1985), S. 105–156. – *Die Straße zum schönen Morgenrot*. Berlin/Weimar: Aufbau 1991.

»Skrjabin. Kinoroman« (Kinoroman). In: *Tretja volna* 18 (1985), S. 9–73, 19 (1986), S. 6–85. – *Skrjabin: Poem der Ekstase*. Berlin/Weimar: Aufbau 1994.

Psalom. Roman-Razmyšlenie o četyrëch kaznjach Gospodnich (Roman). München: Strana i mir 1986. – *Psalm: ein betrachtender Roman über die vier Strafen Gottes*. Berlin: Rütten und Loening 1992.

»Detoubijca« (Kindermörder; Drama). In: *Vremja i my* 92 (1986), S. 5–70.

3 p'esy (3 Theaterstücke). New York: Slovo 1988.

Poputčiki (Roman). Lausanne: L'Age d'Homme 1989. – *Reisegefährten*. Berlin: Rowohlt 1995.

»Poslednee leto na Volge« (Erzählung). In: *Vremja i my* 105 (1989), S. 5–60. – »Abschied von der Wolga«. In: Rosanow, Wasilij/Gorenstein, Friedrich: *Abschied von der Wolga*. Hg. S. Margolina. Berlin: Rowohlt 1992, S. 115–199.

»Spory o Dostoevskom« (Streit um Dostoevskij; Drama). In: *Teatr* 2 (1990), S. 13–50.

Izbrannoe v 3ch tomach (Ausgewählte Werke in 3 Bänden). Moskau: Exlibris – Kn. red. sov.-brit. SP »Slovo« 1991–1993. [U. a. Roman »Mesto« im Band 1].

Čok-Čok: filosofsko-ėrotičeskij roman (philosophisch-erotischer Roman). S.-Petersburg: B-ka »Zvezdy« 1992. – *Tschok-Tschok. Philosophisch-erotischer Roman*. Berlin: Rütten und Loening 1993.

Drezdenskie strasti (Dresdner Leidenschaften; Aufsätze). New York: Slovo 1992.

»Pritča o bogatom junoše. Povest'« (Das Gleichnis vom reichen Jüngling; Erzählung). In: *Družba narodov* 7 (1994), S. 10–46.

Der Platz. Berlin: Aufbau 1995.

»Letit sebe aėroplan. Svobodnaja fantazija po motivam žizni i tvorčestva Marka Šagala« (Ein Flugzeug fliegt für sich allein. Fiktion zu Motiven des Lebens und Schaffens von Mark Chagall). In: *Oktjabr'* 8 (1996), S. 3–37, 9 (1996), S. 89–132. – *Malen, wie die Vögel singen. Ein Chagall-Roman*. Berlin: Aufbau 1996.

Tovarišču Maca – literaturovedu i čeloveku, a takže ego potomkam. Pamflet-dissertacija s ličnymi ėtjudami i memuarnymi razmyšlenijami (An den Genossen Maca, den Wissenschaftler und Menschen, und seine Nachkommen. Pamflet-Dissertation mit persönlichen Etüden und Memuaren-Nachdenken; Memoiren, Pamflet). (Literarische Beilage zu *Spiegel der Geheimnisse*). Berlin 1997.

Champagner mit Galle (Erzählungen). Berlin: Aufbau 1997.

Sekundärliteratur:

Anninskij, Lev: »F. Gorenštejn: miry, kumiry, chimery«. In: *Voprosy literatury* 1 (1993), S. 82–90; Al'perovič, Lidija: »Samozvanec«. In: *Zerkalo zagadok* 4 (1996), S. 43–45; Chazanov, Boris: »Odnu Rossiju v mire vidja«. In: *Oktjabr'* 2 (1992), S. 115–119; Ivanov, Vjačeslav: [Vorwort]. In: *Oktjabr'* 10 (1991), S. 3–6; Kamjanov, Viktor: »Vek XX kak uchodjaščaja natura«. In: *Novyj mir* 8 (1993), S. 234–242; Ders.: »V tesnote i obide, ili ›novyj čelovek‹ na zemle i pod zemlëj«. In: *Novyj mir* 12 (1991), S. 219–230; Kasack, Wolfgang: »Friedrich Gorenstein – Erster Roman auf Deutsch«. In: Kasack 1996, S. 148–149; Lazarev, Lazar': »O romane F. Gorenštejna ›Mesto‹«. In: Gorenstejn, Friedrich: *Izbrannoe v 3ch tomach*. T. 1. Moskau 1991, S. 3–14; Milivojevic, Dragan: »The Cardinal Points in Friedrich Gorenstein's Writing«. In: *NRL, Neue russische*

Literatur Almanach 4–5 (1983), S. 205–211; Murav, Harriet: »A Curse on Russia: Gorenshtein's Anti-Psalom and the Critics«. In: *Russian review.* Columbus, Oh. 2 (1993) (Bd. 52), S. 213–227; Zverev, Aleksej: »Zimnij pejzaž. F. Gorenštejn: tri povesti i odna p'esa«. In: *Literaturnoe obozrenie* 12 (1991), S. 16–22.

Vladimir Nikolaevič Vojnovič (geb. 1932 in Duschanbe) seit 1961 professioneller und erfolgreicher Schriftsteller: sein *Lied der Kosmonauten* war im ganzen Land bekannt, einige von seinen Prosawerken wurden zu Theaterstücken bearbeitet und hatten auch Erfolg; seit 1968 wurde er wegen seines Einsatzes für Menschenrechte und wegen seiner Darstellung der sowjetischen Realität, u. a. in Čonkin-Roman, verfolgt; stand unter der ständigen Beobachtung und dem Druck des KGB; bis 1988 Publikationsverbot (mit einer kurzen Pause 1972); 1974 Ausschluß aus dem Schriftstellerverband; 1980 Ausreise 1980 und Ausbürgerung; 1990 erhielt er wie viele anderen Schriftsteller/innen die Staatsbürgerschaft der Sowjetunion zurück; lebt teils in München, teils in Moskau; Mitglied des Schriftstellerverbandes Moskau und der russischen, französischen, jugoslawischen Sektionen des PEN-Clubs; Mitglied der Bayerischen Akademie der schönen Künste und der serbischen Akademie der Wissenschaften und Künste; Ehrenmitglied der amerikanischen Mark-Twain-Gesellschaft; literarische Auszeichnungen u. a. 1979 Preis der Mark-Twain-Gesellschaft; 1993 internationaler Karl-Wolfskel-Preis; 1995 internationaler Mondello-Preis; 1997 russischer Preis ›Triumph‹.

Werke:

My zdes' živëm. Povest' (Wir leben hier). Moskau: Sov. pisatel' 1963.
Zwei Freunde. Roman. München: Hanser 1969.
Povesti (Erzählungen). Moskau: Sov. pisatel' 1972.
Stepen' doverija (Der Grad des Vertrauens; Erzählung). Moskau: Politizdat 1972.
Žizn' i neobyčajnye priključenija soldata Ivana Čonkina (Roman). Paris: YMKA-Press 1975. – *Die denkwürdigen Abenteuer des Soldaten Iwan Tschonkin.* Darmstadt/Neuwied 1975.
Ivankiada ili rasskaz o vselenii pisatelja Vojnoviča v novuju kvartiru (Iwankiade oder Erzählung über eine Einquartierung des Schriftstellers Vojnovič in eine neue Wohnung; Dokumentarische Prosa). Ann Arbor, Mich.: Ardis 1976. – *Iwankiade.* Frankfurt a. M./Berlin/Wien: Ullstein 1979.
Brieffreundschaften (Erzählung'). Darmstadt/Neuwied: Luchterhand 1976.
Pretendent na prestol (Roman). Paris: YMKA-Press 1979. – *Iwan Tschonkin, Thronanwärter.* Zürich: Diogenes 1983.
Putëm vzaimnoj perepiski (Prosa, offene Briefe). Paris: YMKA-Press 1979. – *Auf gut russisch oder der ich hätte werden können.* Zürich: Diogenes 1982.
Tribunal (Das Tribunal; Drama). London: Overseas Publ. Interchange 1985.
Antisovetskij sovetskij sojuz (Die antisowjetische Sowjetunion; Skizzen, Feuilletons). Ann Arbor, Mich.: Ardis 1986. – *Ihr seid auf dem richtigen Weg, Genossen! Essays.* München/Zürich: Piper 1986.
Moskva 2042 (Antiutopie). Ann Arbor, Mich.: Ardis 1987. – *Moskau 2042.* München/Zürich: Piper 1988.
Šapka (Erzählung). London: Overseas Publ. Interchange 1988. – *Die Mütze.* München/Zürich: Piper 1990.
Choču byt' čestnym (Ich will ehrlich sein; Erzählungen, offene Briefe). Moskau: Mosk. Rabočij 1989. [Erweiterte Ausgabe Moskau: SP »Vsja Moskva« 1990].
Maloe sobranie sočinenij v pjati tomach (Eine kleine Werkausgabe in 5 Bänden). 5 Bde. Moskau: Fabula 1993–1995.
Delo No. 34 840: soveršenno nesekretno (Verschlußsache 34 840. Überhaupt nicht zum internen Gebrauch bestimmt; Dokumentarische Prosa). Moskau: Tekst 1994. – *Zwischenfall im Metropol. Meine erstaunliche KGB-Akte.* München/Zürich: Piper 1994.
Zamysel (Das Vorhaben; Prosa). Moskau: Vagrius 1995.

Sekundärliteratur:

Freihof, Gerd: »Metasprachliche Eröffnungen von Repliken als Mittel der illokutiven Verzögerung und Blockade«. In: *Welt der Slaven* 1–2 (1992), S. 282–294. [Mit einer Bibliographie, S. 294–295]; Kaempe, Anton: »Versuch über Wladimiw Wojnowitsch und das Sowjetbewußtsein«. In: Wojnowitsch, Wladimir: *Zwei Freunde.* München 1969, S. 185–200; Kasack, Wolfgang: »Wladimir Wojnowitsch – Erschütternde Vergnüglichkeit«, »Schwierigkeiten um Wojnowitschs Ausreise«, »Wladimir Wojnowitsch verließ die UdSSR«, »Wojnowitsch in Köln«, »Wojnowitsch – Texte über das Absurde als Norm«, »Wladimir Wojnowitsch ›Moskau 2042‹«, »Wladimir Wojnowitsch – Exil als Aufgabe«. In: Kasack 1996, S. 322–339; Nemzer, Andrej: »V poiskach utračennoj čelovečnosti«. In: *Oktjabr'* 8 (1989), S. 184–194; »Postanovili! Pod tribunal!« In: *Teatr* 6 (1990), S. 52–53; »Počta Junosti«. In: *Junost'* 1 (1990), S. 76–78; Reißner, Eberhard: »Der unaufhaltsame Aufstieg des Soldaten Tschonkin. Wladimir Wojnowitsch und sein humoristischer Gegenwartsroman«. In: *Osteuropa* 8 (1981), S. 615–628; Ryan-Hayes, Karen: »Vojnovič's ›Moskva 2042‹ as literary parody«. In: *Russian literature* Vol. 36 Nr. 4 (1994), S. 453–479; Šochina, Viktorija: »Vosemnadcatoe brjumera generala Bukašëva«. In: *Oktjabr'* 3 (1992), S. 198–201; Vasjučenko, Irina: »Čtja voždja i armejskij ustav«. In: *Znamja* 10 (1989), S. 214–216.

Werke weiterer Autor/innen:

Badaš, Semën: *Kolyma ty moja, Kolyma: dokumental'naja proza* (Kolyma, du meine Kolyma: dokumentarische Prosa). New York: Èffekt 1986.
Barskij, Vilen: *Wörter/Slova javljajutsja, mysljat, zvučat* (Visuelle Gedichte). Siegen 1983.

Barskij, Vilen/Denisova, Ol'ga: »Nomady« (Nomaden; Essay). In: *Forum* 13 (1985), S. 218–233.
Bešenkovskaja, Ol'ga: »Viewasen. Istorija s geografiej, ili dnevnik serditogo ėmigranta« (Viewasen. Eine Historie mit Geographie, oder das Tagebuch eines verärgerten Emigranten; Prosa). In: *Rodnaja reč'* 2 (1998), S. 118–209; *Zwei Sprachen. Zwei Farben* (Gedichte). Wilhelmhorst: Göpfert 1997.
Bezrodnyj, Michail: *Konec Citaty* (Das Ende des Zitats; Prosa). S.-Petersburg: Izd-vo Ivana Limbacha 1996.
Burichin, Igor': *Oda Bol'šoj Medvedice i dr.* (Ode für die große Bärin und andere; Texte an der Grenze zwischen Literatur und visueller Kunst). Moskau: B-ka al'manacha »Vesy« 1991; *Grafika, performans, installjacii* (Grafiken, Performances, Installationen). Moskau: B-ka al'manacha »Vesy« 1992.
Giršovič, Leonid: *Obmenënnye golovy* (Getauschte Köpfe; Roman). S.-Petersburg: Bibliopolis 1992; »Bremenskie muzykanty« (Bremer Stadtmusikanten; Roman). In: Giršovič, Leonid: *Čarodei so skripkami.* S.-Petersburg 1997, S. 11–230.
Jur'jenen, Sergej: *Narušitel' granicy* (Der Grenzverletzer; Roman). Paris/New York: Tretja volna 1986.
Kopelev, Lev: *Chranit' večno!* (Aufbewahren für alle Zeit!; Memoiren). Ann Arbor, Mich.: Ardis 1975. – *Aufbewahren für alle Zeit!* Hamburg: Hoffmann und Campe 1976; *I sotvoril sebe kumira* (Und schuf mir einen Götzen; Memoiren). Ann Arbor, Mich.: Ardis 1978. – *Und schuf mir einen Götzen. Lehrjahre eines Kommunisten.* Hamburg: Hoffmann und Campe 1979; *Utoli moja pečali* (Tröste meine Trauer; Memoiren). Ann Arbor, Mich.: Ardis 1981. – *Tröste meine Trauer.* Hamburg: Hoffmann und Campe 1981; (Mit R. Orlova:) *Wir lebten in Köln. Aufzeichnungen und Erinnerungen.* (Übers.: E. Rönnau). Hamburg: Hoffmann und Campe 1996.
Neznanskij, Fridrich: *Operacija Faust* (Operation Faust; Roman). Frankfurt a. M.: Possev 1986. – *Drogen für den Kreml.* Bern/München/Wien: Scherz 1988.
Sochrina, Anna: *Moja ėmigracija* (Meine Emigration; Erzählungen). S. Petersburg: Press 1997.
Šapiro, Boris: *Metamorphosenkorn* (Gedichte). Tübingen: Heliopolis 1981.
Veršvovskij, Michail: *Moj nemeckij dom. Emigranty* (Mein deutsches Haus. Emigranten; Prosa). Jerusalem: Ierusal. izdat. centr 1997.
Vladimov, Georgij: »General i ego armija« (Der General und seine Armee; Roman). In: *Znamja* 4 (1994), S. 3–71, 5 (1994), S. 6–49; *Vernyj Ruslan. Povest'* (Der treue Hund Ruslan; Erzählung). Frankfurt a. M.: Possev 1975. – *Die Geschichte vom treuen Hund Ruslan.* Bergisch Gladbach: Lübbe 1975.
Volochonskij, Anri: *Pochvala Toporovu* (Ein Lob für Toporov; Poem). Hamburg: Chor 1986.
Voznesenskaja, Julia: *Ženskij dekameron* (Das Frauen-Dekameron; Prosa). Tel Aviv: Zerkalo 1987. – *Das Frauen-Dekameron.* München: Rojtman 1985.
Zinov'ev, Aleksandr: *Gomo sovetikus* (Homo soveticus; Prosa). Lausanne: L'Age d'Homme 1982. – Homo sovieticus. Zürich: Diogenes 1984; *Idi na Golgofu* (Geh nach Golgatha; Prosa). Lausanne: L'Age d'Homme 1985; *Moj dom – moja čužbina* (Mein Haus – meine Fremde; Gedichte). Lausanne: L'Age d'Homme 1982; *Našej junosti polët* (Der Flug unserer Jugend; Prosa). Lausanne: L'Age d'Homme 1983; *Para bellum* (Prosa). Lausanne: L'Age d'Homme 1986; *Zijauščie vysoty* (Prosa). Lausanne: L'Age d'Homme 1976. – *Gähnende Höhen.* Zürich: Diogenes 1981; *Žëltyj dom* (Das Irrenhaus; Prosa). 2 Bde. Lausanne: L'Age d'Homme 1980; *Živi* (Lebe; Prosa). Lausanne: L'Age d'Homme 1988.

9. Literatur der deutschsprachigen Minderheit Rumäniens

Anthologien:

Schneider, Eduard (Hg.): *Wortmeldungen. Eine Anthologie junger Lyrik aus dem Banat.* Temeswar: Facla 1972
Motzan, Peter Hg.): *vorläufige protokolle. Anthologie junger rumäniendeutscher lyrik.* Cluj-Napoca: Dacia 1976
»Wem gehört die schöne weise Politik?« In: *Nachruf auf die rumäniendeutsche Literatur.* Hg. Wilhelm Solms. Marburg: Hitzeroth 1990, S. 24–89
Elsie, Robert: *The Pied Poets. Contemporary Verse of the Transylvanian and Danube Germans of Romania.* London/Boston: Forest Books 1990.
Wichner, Ernst (Hg.): *Ein Pronom ist verhaftet worden. Texte der Aktionsgruppe Banat.* Frankfurt a. M.: Suhrkamp 1992;
Ders. (Hg.): *Das Land am Nebentisch. Texte und Zeichen aus Siebenbürgen, dem Banat und den Orten versuchter Ankunft.* Leipzig: Reclam 1993.
Colin, Amy/Kittner, Alfred (Hg.): *Versunkene Dichtung der Bukowina. Eine Anthologie deutschsprachiger Lyrik.* München: Fink 1994.

Sekundärliteratur (Auswahl):

Bergel, Hans: *Literaturgeschichte der Deutschen in Siebenbürgen. Ein Überblick.* Thaur bei Innsbruck [2]1981. Colin, Amy/Kittner, Alfred (Hg.): *Versunkene Dichtung der Bukowina. Eine Anthologie deutschsprachiger Lyrik.* München 1994. Fassel, Horst (Hg.): *Deutsche Literatur im Donau-Karpatenraum (1918–1996). Regionale Modelle und Konzepte in Zeiten des politischen Wandels.* Tübingen 1997. Florstedt, Renate (Hg.): *Wortreiche Landschaft. Deutsche Literatur aus Rumänien-Siebenbürgen, Banat, Bukowina. Ein Überblick vom 12. Jahrhundert bis zur Gegenwart.* Leipzig 1998. Kegelmann, René: *»An den Grenzen des Nichts, dieser Sprache . . .« Zur Situation rumäniendeutscher Literatur der achtziger Jahre in der Bundesrepublik Deutschland.* Bielefeld 1995.

Kessler, Dieter: *Die deutschen Literaturen Siebenbürgens, des Banates und des Buchenlandes von der Revolution bis zum Ende des Ersten Weltkrieges (1848–1918)*. Köln/Weimar/Wien 1997. Krause, Thomas: »*Die Fremde rast durchs Gehirn, das Nichts...« Deutschlandbilder in den Texten der Banater Autorengruppe (1969–1991)*. Frankfurt a.M./Bern u.a. 1998. Motzan, Peter: *Die rumäniendeutsche Lyrik nach 1944. Problemaufriß und historischer Überblick*. Cluj-Napoca/Klausenburg 1980. Motzan, Peter/Sienerth, Stefan: *Deutsche Regionalliteraturen 1918–1944*. München 1997. Schwob, Anton (Hg.): *Deutsche Literatur Ostmittel- und Südosteuropas von der Mitte des 19. Jahrhunderts bis heute. Forschungsschwerpunkte und Defizite*. München 1992. Sienerth, Stefan (Hg.): »*Daß ich in diesen Raum hineingeboren wurde«. Gespräche mit deutschen Schriftstellern aus Südosteuropa*. München 1997. Solms, Wilhelm (Hg.): *Nachruf auf die rumäniendeutsche Literatur*. Marburg 1990. Wittstock, Joachim: »Die Emigration nach innen und andere Ortsveränderungen«. In: *Neue Literatur* 7/8 (1990/91), S. 104–116.

Herta Müller (geb. 1953 in Nitzkydorf/Banat) studierte nach dem Besuch des deutschsprachigen ›Nikolaus Lenau Lyzeums‹ von 1973 bis 1976 Deutsch und Rumänisch an der Universität Temeswar; 1976 stieß sie zur Banater Autorengruppe; arbeitete u.a. als Lehrerin und Übersetzerin, bekam jedoch bald Berufs- und Reiseverbot; 1987 kam sie – zusammen mit ihrem damaligen Ehemann Richard Wagner – in die BRD; Engagement für Menschenrechtsgruppen und den Sturz des Ceauşescu-Regimes; ihre Werke wurden bisher in dreizehn Sprachen übersetzt; zahlreiche Preise, u.a. 1994 den Kleist-Preis.

Werke:

Niederungen (Erzählungen). Bukarest: Kriterion 1982.
Drückender Tango (Erzählungen). Bukarest: Kriterion 1984.
Niederungen (ergänzte Ausgabe). Berlin: Rotbuch 1984.
Der Mensch ist ein großer Fasan auf der Welt (Erzählungen). Berlin: Rotbuch 1986.
Barfüßiger Februar (Erzählungen). Berlin: Rotbuch 1987.
Reisende auf einem Bein (Roman). Berlin: Rotbuch 1989.
Der Teufel sitzt im Spiegel (Poetik). Berlin: Rotbuch 1991.
Der Fuchs war damals schon der Jäger (Roman). Hamburg: Rowohlt 1992.
Eine warme Kartoffel ist ein warmes Bett (Erzählungen). Hamburg: EVA 1992.
Der Wächter nimmt seinen Kamm. Hamburg: Rowohlt 1993.
Herztier. (Roman). Hamburg: Rowohlt 1994.
Hunger und Seide (Erzählungen; Essais). Hamburg: Rowohlt 1995.
In der Falle (Poetik). Bonn: Wallstein 1996.
Heut wär ich mir lieber nicht begegnet (Roman). Hamburg: Rowohlt 1997.

Sekundärliteratur:

Delius, Friedrich Christian: »Jeden Monat einen neuen Besen«. In: *Der Spiegel* 30. 7. 1984, S. 119–123; Eke, Norbert Otto: *Die erfundene Wahrnehmung. Annäherung an Herta Müller. Mit ausführlicher Bibliographie*. Paderborn 1991; Kegelmann 1995; Krause 1998; Schirrmacher, Frank: »In jedem Haus nur einen Augenblick bleiben. Herta Müllers Essays über die Entstehung der Literatur aus Angst«. In: *FAZ* 3.8. 1991 (Literaturbeilage).

Oskar Pastior (geb. am 20. 10. 1927 in Hermannstadt/Sibiu, Siebenbürgen), Anfang 1945–1949 Zwangsdeportation in die Sowjetunion (Ukraine, Donbas); arbeitete in verschiedenen Berufen, u.a. als Kistennagler; 1955–1960 Studium der deutschen Sprache und Literatur an der Universität Bukarest, ab 1960 Redakteur beim Rumänischen Rundfunk. 1968 ist er auf Einladung der ›Österreichischen Gesellschaft für Literatur‹ in Wien, danach reist er in die Bundesrepublik weiter. Seitdem lebt er in Berlin/West. Zahlreiche Preise u.a. 1967 Lyrikpreis des Schriftstellerverbandes der SR Rumänien; 1997 Horst-Bienek-Preis für Lyrik der Bayerischen Akademie der Schönen Künste; Übersetzungen aus dem Rumänischen (u.a. Tristan Tzara, Marin Sorescu, Gellu Naum).

Werke:

Offne Worte. Bukarest 1964.
Gedichte. Bukarest 1965.
Vom Sichersten ins Tausende. Frankfurt a.M. 1969.
Gedichtgedichte. Darmstadt/Neuwied 1973.
Höricht. Sechzig Übertragungen aus einem Frequenzbereich. Lichtenberg 1975.
Fleischeslust. Lichtenberg 1976.
An die neue Aubergine. Zeichen und Plunder. Berlin 1976.
Ein Tangopoem und andere Texte. Berlin 1978.
Der krimgotische Fächer. Lieder und Balladen. Erlangen 1978.
Wechselbalg. Gedichte 1977–1980. Spenge: Ramm 1980.
sonetburger. Berlin 1983.
Francesco Petrarca. 33 Gedichte. Dt./Ital. München: Hanser 1983.
Anagrammgedichte. München 1985.
Ingwer und Jedoch. Texte aus diversem Anlaß. Göttingen 1985.
Lesungen mit Tinnitus. Gedichte 1980–1985. München: Hanser 1986.
Römischer Zeichenblock. 125 Zeichnungen. Berlin 1986.
Jalousien aufgemacht. München: Hanser 1987.
Modeheft des Oskar Pastior. I. A. Klasse. Schuljahr 1934/35. Faksimiledruck von Kinderzeichnungen. München: Hanser 1987.

Vier Scharniere mit Zunge. Renshi-Kettendichtung. Zus. mit H.C. Artmann, Makoto Ooka und Shuntaro Tanikaa. München 1989.
39 Gimpelstifte. Berlin 1990.
Kopfnuß Januskopf. Gedichte in Palindromen. München 1990.
Urologe kuesst Nabelstrang. Verstreute Anagramme 1979–1989. Augsburg 1991.
Feiggehege. Listen-Schnüre-Häufungen. Berlin: Literarisches Colloquium 1991.
Vokalisen und Gimpelstifte. München: Hanser 1992.
G. Perec/La Clôture. Oskar Pastior/Okular ist eng oder Fortunas Kiel. Franz./Dt.. Berlin: Edition Plasma/BUGRIM 1992.
Eine kleine Kunstmaschine. 34 Sestinen. Mit einem Nachwort und Fußnoten. München: Hanser 1994.
Das Unding an sich. Frankfurter Poetik-Vorlesungen. Frankfur a./M.: Suhrkamp 1994.
Spielregel, Wildwuchs, Translation/.... o.O. 1995.
Das Hören des Genitivs. Gedichte. München: Hanser 1997.
Gimpelschneise in die Winterreise-Texte von Wilhelm Müller. Mit CD »Oskar Pastior liest die Gimpelschneise«. Basel: Engeler 1997.
Gliederwind isst nebensonnen. Originalgrafisches Memory-Spiel zu Texten von Oskar Pastior. Berlin: Kunsthaus 1998.

Schallplatten/Tonbandkassetten/CD's:
Höricht Gedichtgedichte. S Press Tonbandverlag 1977.
Summatorium. S Press Tonbandverlag 1977.
TANGO EMER DENN PORREN. Sprechtexte. S Press Tonbandverlag 1979.
Der krimgotische Fächer. Sprechtexte. S Press Tonbandverlag 1979.
lyrics-Texte und Musik live. (2. Teil) pläne 1985.
sonetburger nach den Texten von Oskar Pastior. Jazzhaus Musik (=Foolish Music) o.J..
Stiftung Gerhart-Hauptmann-Haus (Hg.): *Edith Konradt: Oskar Pastior-Deutsche Autoren aus dem östlichen Europa.* Tonkassette mit Begleitheft. von Nottbeck 1993.
Mein Chlebnikov. Scholz 1993.
Christian Scholz (Hg.): *BOBEOBI, Lautpoesie. Eine Anthologie.* Scholz 1994.
Gimpelschneise in die Winterreise-Texte von Wilhelm Müller. Mit CD »Oskar Pastior liest die Gimpelschneise«. Basel: Engeler 1997.

Moses Rosenkranz (geb. am 20. 6. 1904 in Berhometh am Pruth) wächst mehrsprachig auf (deutsch, polnisch, rumänisch, ruthenisch und jiddisch); führt ein abenteuerliches Leben in halb Europa; später arbeitete er als Referent der Kulturpresseabteilung des Rumänischen Außenministeriums und als Sekretär des rumänischen Autors Ion Pillat (1891–1945); Gefangenschaft in mehreren Arbeitslagern in der Moldau und der Walachei; 1944 Flucht; ab 1945 Mitarbeiter beim Internationalen Roten Kreuz in Bukarest; April 1947 Verhaftung und bis 1957 Internierung im sowjetischen Gulag und in Gefängnissen; lebt seit 1969 in der BRD.

Werke:
Leben in Versen (Lyrik).Czernowitz: Verlagsbuchhandlung H. Pardini 1930.
Maria von Rumänien. Traum und Leben einer Königin (Biographie). Leipzig: Paul List 1935.
Gemalte Fensterscheiben (Lyrik). Czernowitz 1936.
Die Tafeln (Lyrik). Czernowitz: Niedermayer 1940.
Gedichte. Bukarest 1940 (unter dem Pseydonym Martin Brant).
Im Untergang. Ein Jahrhundertbuch I (Lyrik). München: Südostdeutsches Kulturwerk 1986.
Im Untergang. Ein Jahrhundertbuch II (Lyrik). Thaur: Wort und Welt 1988.
Bukowina. Gedichte 1920–1997. Ausgew. v. Moses Rosenkranz. Aachen: Rimbaud 1998.

Sekundärliteratur:
Margul Sperber, Alfred: »Brief an einen Dichter. Moses Rosenkranz, ›Leben in Versen‹«. In: *Czernowitzer Morgenblatt* 21. 12. 1930; Schlesak, Dieter: »Über den Dichter Moses Rosenkranz«. In: *Halbjahresschrift für südosteuropäische Geschichte, Literatur und Politik* 2 (1995); Wildberger, Kaspar Niklaus: »Moses Rosenkranz – der Vater der Bukowina-Dichtung«. In: *Südostdeutsche Vierteljahresblätter* 3 (1989).

Werner Söllner (geb. 1951 in Neupanat/Banat) besuchte das Lyzeum in Arad; ab 1971 Physikstudium in Klausenburg/Cluj-Napocaen, kurz darauf Germanistik/Anglistik; Redakteur der Zeitschrift *Echinox* (1971–1974); 1975–1982 Lektor für deutschsprachige Literatur in Bukarest; seit 1982 in der BRD.

Werke:
Wetterberichte (Lyrik). Klausenburg: Dacia 1975.
Mitteilungen eines Privatmannes (Lyrik). Klausenburg: Dacia 1978.
Sprachigkeit. Ein Gedicht. Dreieich 1979.
Eine Entwöhnung (Lyrik). Bukarest 1980.
Das Land das Leben (Lyrik). Büdingen: pawel pan presse 1984.
Es ist nicht alles in Ordnung, aber o.k. Ein Monolog. Assenheim: Der Rüsselspringer 1985.
Kopfland. Passagen (Lyrik). Frankfurt a.M.: Suhrkamp 1988.
Der Schlaf des Trommlers (Lyrik). Zürich 1992.

Sekundärliteratur:
Fassel, Horst: Begegnung mit Werner Söllner. In: *Südosteuropäische Vierteljahresblätter* 2 (1990), S. 97–102; Kegelmann 1995; Motzan, Peter: »Kontinuität und Wandlung. Zu Werner Söllners Lyrikbänden ›wetterberichte‹ und ›Mitteilungen eines Privatmannes‹«. In: *Neue Literatur* 11 (1979), S. 98–103.

Richard Wagner (geb. 1952 im Banat) studierte zwischen 1971 und 1975 Deutsch und Rumänisch in Temeswar; debütierte 1969 als Schüler in der Zeitschrift *Neuer Weg;* ab 1978 ist er Redakteur der *Karpatenrundschau* in Temeswar. 1987 kommt er in die BRD.

Werke:

Klartext (Lyrik). Bukarest: Albatros 1973.
Die Invasion der Uhren (Lyrik). Bukarest: Kriterion 1977.
Der Anfang einer Geschichte (Erzählungen). Klausenburg: Dacia 1980.
Anna und die Uhren. Ein Lesebuch für kleine Leute. Bukarest 1981 und Frankfurt a. M. 1987.
Hotel California I (Lyrik). Bukarest: Kriterion 1980.
Hotel California II (Lyrik). Bukarest: Kriterion 1981.
Gegenlicht (Lyrik). Temeswar: Facla 1983.
Das Auge des Feuilletons. Geschichten und Notizen. Klausenburg: Dacia 1984.
Rostregen (Lyrik). Darmstadt/Neuwied: Luchterhand 1986.
Kieferklemme. (mit Johann Lippet) Berlin 1987.
Ausreiseantrag (Erzählungen). Darmstadt/Neuwied: Luchterhand 1988.
Begrüßungsgeld (Erzählungen). Darmstadt/Neuwied: Luchterhand 1989.
Die Muren von Wien (Roman). Frankfurt a. M.: Luchterhand 1990.
Der Sturz des Tyrannen. Rumänien und das Ende einer Diktatur (Sachbuch) (Hg. mit Helmuth Frauendorfer). Reinbek bei Hamburg: Rowohlt 1990.
Schwarze Kreide (Lyrik). Frankfurt a. M.: Luchterhand 1991.
Sonderweg Rumänien. Bericht aus einem Entwicklungsland (Sachbuch). Berlin: Rotbuch 1991.
Der Himmel von New York im Museum von Amsterdam (Erzählungen). Frankfurt a. M.: Frankfurter Verlagsanstalt 1992.
Völker ohne Signale. Zum Epochenumbruch in Osteuropa (Sachbuch) Berlin: Rotbuch 1992.
Giancarlos Koffer (Erzählungen). Berlin: Rotbuch 1993.
Heiße Maroni (Lyrik). Stuttgart: DVA 1993.
Mythendämmerung. Einwürfe eines Mitteleuropäers. Berlin: Rotbuch 1993.
Der Mann der Erdrutsche sammelte (Erzählungen). Stuttgart: DVA 1994.
In der Hand der Frauen (Roman). Stuttgart: DVA 1995.
Lisas geheimes Buch (Roman). Stuttgart: DVA 1996.
Im Grunde sind wir alle Sieger (Romans). Stuttgart: Klett-Cotta 1998.

Sekundärliteratur:

Kegelmann 1995; Kolf, Bernd: »Unser Beitrag in dieser Runde. Recherchen zu unserer lyrischen Situation nach der Lektüre von Richard Wagner »Klartext. Ein Gedichtbuch«. In: *Neue Literatur* 1 (1974); Krause 1998; Ders.: »Im Land des Neuanfangs. Richard Wagners Erzählung ›Begrüßungsgeld‹«. In: *Blickpunktwechsel. Literarische Deutschlandbilder von diesseits und jenseits der Grenzen.* Hg. Thomas Krause. Schweinfurt 1997, S. 26–3.

10. Literatur osteuropäischer Migrant/innen

Anthologien:

Stunde namens Hoffnung. Almanach tschechischer Literatur 1968–1978. Hg. Jiří Gruša /Milan Uhde/ Ludvik Vaculik): Zürich: Reich 1978.
Verfemte Dichter. Eine Anthologie aus der ČSSR. Hg. Jiří Gruša Köln: Bund 1984.
Inzwischen fallen die Reiche. Poesie aus Ungarn. Hg. Zsuszanna Gahse, Gregor Laschen. Bremerhaven: Wirtschaftsverlag N. W. 1990.
Roter Faden Anthologie. Hg. Zsuzsanna Gahse, Werner Dürrson, Reinhard Gröper u. a.: Leonberg: Keicher 1987.

Allgemeine Sekundärliteratur:

Jürgen Serke: *Die Verbrannten Dichter.* Hamburg: Knauss 1982.

György Dalos (geb. 1943 in Budapest) studierte 1962 bis 1967 an der Moskauer Lomonossow-Universität; Diplomarbeit über das Heidelberger Programm der SPD von 1925; 1964 Veröffentlichung seines ersten Lyrik-Bandes;1964–1968 Mitglied der kommunistischen Partei Ungarns; wegen staatsfeindlicher Aktivitäten im sog. »Maoistenprozeß« Haftstrafe auf Bewährung und Berufsverbot; Mitglied der Opposition Ungarns in den 70ern; verheiratet mit der russischen Historikerin und Lyrikerin Rimma Dalos-Trussowa (geb. 1944); 1984 Gast des Berliner Künstlerprogramms des DAAD und der Forschungsstelle Osteuropa in Bremen; 1987 Wien wird neben Budapest sein zweiter Wohnsitz; 1992–1996 im Vorstand der Kölner Heinrich-Böll-Stiftung e. V., 1995–1999 Leiter des »Haus Ungarn« in Berlin, das sich der Förderung und Verbreitung von Literatur und Kultur Ungarns widmet; 1999 Organisator del literarischen Programms des Schwerpunkt Ungarn auf der Frankfurter Buchmesse; Übersetzungen; arbeitet an Dokumentation der politischen und kulturellen Situation in Ungarn; schreibt ungarisch und deutsch und nimmt lediglich für die Endredaktion seiner Texte die Hilfe seiner Mitarbeiterin Elsbeth Zylla in Anspruch; 1995 Adelbert-von Chamisso-Preis. 1999 Gryphius Sonderpreis.

Werke:

Meine Lage in der Lage. Gedichte und Geschichten. Bearb. Thomas Brasch, Hans Magnus Enzensberger. Hamburg: Rotbuch 1979.
Neunzehnhundertfünfundachtzig. Ein historischer Bericht. Berlin: Literarisches Colloquium 1982.

Előtörténetek (Vorgeschichten; Erzählungen). Budapest 1983.
A cselekvés szerelmese. Duczynska Ilona élete (Liebhaber der Handlung. Das Leben der Ilona Duczynska, 1987–1978). Budapest 1984.
A kulcsfigura regény. Budapest 1985. – *Der Versteckspieler. Gesellschaftsroman.* Übers. G. D. u. Elsbeth Zylla. Frankfurt a. M. 1994.
Hossú menetelés, rövid tanfolyam. Budapest 1985. – *Kurzer Lehrgang – langer Marsch. Eine Dokumentation.* Übers. R. Kasbauer, P. Weisshuhn. Berlin: LCB 1985.
Mein Großvater und die Weltgeschichte. Eine Dokumentage. Berlin: LCB 1985.
A körülmetélés. Budapest 1990. – *Die Beschneidung. Eine Geschichte.* Frankfurt a. M.: Insel 1990
Proletarier aller Länder, entschuldigt mich. Das Ende des Ostblockwitzes. Übers. u. Bearb. Elsbeth Zylla. Bremen: Edition Temmen 1993.
Das Volk, der Souverän. Berlin 1994 (Kursbuch 117).
Der Rock der Großmutter. Geschichten. Frankfurt a. M.: Suhrkamp 1996.
Der Gottsucher. Roman. Frankfurt a. M.: Insel 1999.
Olga Pasternaks letzte Liebe. Fast ein Roman. Hamburg: Europa 1999.
Königreich am Rande ... Erzählungen aus Ungarn. München: Heyne 1999.
Ungarn von Montag bis Freitag. Geschichten. Frankfurt a. M.: Suhkrkamp 1999

Herausgeberschaft und essayistische Werke:

Szavaink születése (Die Geburt unserer Wörter). Budapest 1964.
»Befreit die UdSSR von ihren Satelliten!« In: *Die andere Hälfte Europas.* Kursbuch 81 (1985).
Archipel Gulasch. Entstehung der demokratischen Opposition in Ungarn. Mit vielen Dokumenten. Bearb. Elsbeth Zylla. Bremen: Edition Temmen 1986.
Beitrag in: Andreas Pribersky (Hg.): *Europa und Mitteleuropa. Die Frage der kulturellen Identität.* Wien: Sonderzahl 1989.
Nachwort zu: Bibó István: *Die deutsche Hysterie – Ursachen und Geschichte.* Übers. Hans H. Paetzke. Frankfurt a. M.: Insel 1991.
Ungarn. Vom Roten Stern zur Stephanskrone. Übers Elsbeth Zylla. Frankfurt a. M.: Suhrkamp 1991.
Vom Propheten zum Produzenten. Zum Rollenwandel der Literaten in Ungarn und Osteuropa. Wien: Wespennest 1992.
»Der zerbrochene Spiegel«. In: Karl-Markus Gauß (Hg.): *Das Buch der Ränder.* Klagenfurt: Wieser 1992, S. 392–398.
Beitrag in: Gundula Fienbork, Bernd Rheinberg (Hg.): *Stasi, KGB und Literatur. Beiträge und Erfahrungen aus Rußland und Deutschland.* Köln: Heinrich-Böll-Stiftung 1993.
Zusammen mit Ursula Härtl, Norbert Meyn u. a.: *erSchlossene räume* (sic!). *Schloß Ettersburg bei Weimar.* Weimar: Kuratorium Schloss Ettersburg 1994.
»Vorwort« zu: Hans H. Paetzke: *Ungarisches Lesebuch.* Frankfurt a. M.: Insel 1995.
Zusammen mit Wolfgang Neugebauer: Vorwort zu: Karl Pfeifer: *Nicht immer ganz bequem. Politische Essays.* Wien: Der Apfel 1996.
Herausgeber: *Der Gast aus der Zukunft. Anna Achmatowa und Sir Isaiah Berlin. Eine Liebesgeschichte.* Bearb. Elsbeth Zylla und Andrea Dunai. Hamburg: EVA 1996.
»Nachwort« zu: Karoly Bari: *Vom Gellen der Geigen oder und Weiber schmuggeln Fellhaare krepierter Katzen ins Brot ihrer Feinde.* Übers. Paul Karpati. Berlin: Oberbaum 1997.
Herausgeber: *Lajos Kossuth: Große Ministerrede am 11. Juli 1848 vor dem Pester Landtag.* Hamburg: EVA 1998.
»Kossuths Sommer. Der Mann, der 1848 zu Ungarns Mythos wird«. In: *Die ZEIT* 13. 8. 1998, S. 68.

Ota Filip (geb. 9. 3. 1930 in Mährisch-Ostrau; tsch. Ostrava); 1948 Reifeprüfung in Prag, 1949–1961 Journalist beim Rundfunk sowie bei verschiedenen Periodika, darunter *Mlada Fronta* (Junge Front); Journalistikstudium in Prag; 1959 Eintritt in die KPČ; 1960 Ausschluß wegen kritischer Ansichten; Berufsverbot und Tätigkeit als Hilfsarbeiter; bis 1969 Lektor im Verlag ›Profi‹«; August 1969 Verhaftung wegen subversiver Tätigkeit; 1970/71 Gefängnisstrafe; nach Druck aus dem Ausland entlassen; Arbeit als Hilfsarbeiter; vom Regime unter schweren Druck gesetzt, wurde er zur Verleumdung befreundeter Bürgerrechtler gezwungen; 1974 Übersiedlung in die Bundesrepublik; seit 1976 Lektor für slawische Literatur beim S. Fischer Verlag; 1958 Literaturpreis der Stadt Ostrau; 1986 Adelbert-von-Chamisso-Preis; 1991 Andreas-Gryphius-Preis der Künstlergilde Esslingen; 1991 Die Löwenpfote, Münchener Großstadtpreis für Literatur 1991; 1994 wird sein Roman *Lebensleerläufe* vom Verlag S. Fischer abgelehnt, dem das Thema – das Schicksal von Emigranten in der neuen Bundesrepublik – nicht mehr zeitgemäß erschien.

Werke:

Das Café an der Straße zum Friedhof. Übers. Josefine Spitzer. Frankfurt a. M. 1968. Fischer 1982.
Ein Narr für jede Zeit. Übers. Josefine Spitzer. Frankfurt a. M.: Fischer 1969.
Die Himmelfahrt des Lojzek Lapaček aus Schlesisch-Ostrau. Übersetzung: Josefine Spitzer. Frankfurt a. M. 1972. Fischer Tb 1978.
Zweikämpfe. Übers. Josefine Spitzer. Frankfurt a. M. 1975.
Maiandacht. Übers. Marianne Pasetti-Swoboda. Frankfurt a. M. 1977.
Wallenstein und Lucretia. Übers. Marianne Pasetti-Swoboda. Frankfurt a. M. 1978.
Weihnachtsknödel, böhmisch. Windeck-Altwindeck: Windecker Winkelpresse 1980.
Der Großvater und die Kanone. Frankfurt a. M.: Fischer 1981.

Tomatendiebe aus Aserbeidschan und andere Satiren. Frankfurt a.M.: Fischer 1981.
Café Slavia. Frankfurt a.M.: Fischer 1985.
»Judäa – Jahr Eins bis Null. Uraufführung: Torhaus-Kulturzentrum, Aalen. 4. 12. 1987. Regie: Dusan Parisek.
Sehnsucht nach Placida. Frankfurt a.M.: Fischer 1988.
Mein Prag. Mit Fotografien von Michael Schilhansl. Dortmund: Harenberg 1992.
... doch die Märchen sprechen deutsch. Geschichten aus Böhmen. München: Langen-Müller 1996.
Die stillen Toten unterm Klee. Wiedersehen mit Böhmen. München: Langen Müller 1997.

Herausgeberschaft und essayistische Texte:
»Die Internationale des Samisdat«. In: *Jahrbuch der Deutschen Akademie für Sprache und Dichtung* 2 (1978), 2, S. 42–50.
Jaroslav Hašek: *Von Scheidungen und anderen tröstlichen Dingen.* Übers. Grete Reiner. Frankfurt a.M.: Fischer 1983.
Die zerbrochene Feder. Schriftsteller im Exil (Hg. zusammen mit Egon Larsen). Stuttgart 1984.
»Sudetendeutsche und Tschechen«. In: *Die neue Gesellschaft* Jg. 33 (1986), Nr. 9, S. 823.
»Mirovacena nemeckych knihkupcu Vaclavu Havlovi« (Der Friedenspreis des Deutschen Buchhandels an Václav Havel) In: *Listy* 19,4 (Aug 1989), S. 82–84.
Beitrag in: *Bayerische Akademie der Schönen Künste. Jahrbuch* 4 (1990).
»Die Stille und die mährische Nationalhymne. Gedenkblatt für Jan Skacel«. In: *Neue Rundschau* 101 (1990), S. 171–174.
»Vorwort« zu: Ludvîk Vaculîk, Peter Becher: *Ach Stifter.* Tschech./Dt. München 1991.
»Weshalb ich begann, in deutscher Sprache zu schreiben.« *In: Neues Deutschland* 23. 7. 1993.
»Kein Platz für Dissidenten«. In: *Die ZEIT* 2. 12. 1994.
»Mon aspiration a de nouvelles patries, si possible de langue etrangère ...« In: *Revue de Litterature Comparée* 69, 1 (Jan-Mar 1995), S. 63–71.
Zusammen mit Samuel Beer: *Vorwort* zu: Doppelte *Sprachbürgerschaft.* Andreas-Gryphius-Preis 1996. Eine Dokumentation der Künstlergilde. Übersetzung: Gudrun Heisig, Eva Patková. Esslingen 1996

Sekundärliteratur:
Beham, Mira: »Die geistige Doppelidentität bei Ota Filip«. In: Irmgard Ackermann (Hg.): *Fremde AugenBlicke. Mehrkulturelle Literatur in Deutschland.* Bonn 1996, S. 91–93; Lubos, Arno: *Von Bezruč bis Bienek. Acht deutsche, polnische und tschechische Autoren.* Darmstadt: Bläschke 1977, S. 37–49; Mazza, Antonino: »Ota Filip in Conversation«. In: *Brick: A Literary Journal* 51 (Winter 1995), S. 47–51; Mose, Dietz-Rüdiger: »Brückenschlag nach Prag. Gespräch mit Ota Filip«. In: *Literatur in Bayern* 17 (1989), S. 2–13.

Zsuzsanna Gahse (geb. 1946 in Budapest) flieht 1956 nach dem Ungarnaufstand mit ihrer Familie nach Wien auf, wo sie auch zur Schule ging. 1978 wurde sie von Helmut Heißenbüttel zum Schreiben und Übersetzen angeregt; 1989–1993 Lehrauftrag der Universität Tübingen; in Überlingen am Bodensee stieß sie zu einem literarischen Kreis um Peter Salomon, Ernst Köhler und Peter Renz; lebt in Stuttgart; Übersetzerin; 1983 Literaturpreis des ZDF-Kulturmagazins »Aspekte«; 1986 Preis der Stadt Wiesbaden im Rahmen des Ingeborg-Bachmann-Preises; 1986 Förderpreis des Ida-Dehmel-Literaturpreises der GEDOK; 1987 Stipendium Edenkoben; 1988 Stipendium des Centro Tedesco in Venedig; 1990 Stuttgarter Literaturpreis; 1993 Preis der Stadt Zug »Zuger Stadtbeobachterin«; 1996 Bamberger Poetikprofessur 1996.

Werke:
Zero. Prosa. München: List 1983.
Berganza. Erzählung. München: List 1984; Piper Tb.
»Die Lyrik im Karpatenbecken«. In: *Jahresring* 1985–1986, S. 36–45.
Abendgesellschaft. München: Piper 1986.
Liedrige Stücke. Warmbronn: Keicher 1987.
Stadt Land Fluß. Erzählungen. München: List 1988.
Einfach eben Edenkoben. Hamburg: EVA 1990.
Hundertundein Stilleben. Hamburg: EVA 1991.
Nachtarbeit. Leonberg 1991.
Essig und Öl. Hamburg: EVA 1992.
Übersetzt. Eine Entzweiung. Prosa. Leipzig: Aufbau 1993.
Laune (Handgeschriebene Blätter, signiert, in limitierter Auflage). Stuttgart 1993.
Passepartout. Prosa. Hamburg 1994.
Gesprochene Anthologie auf der Meersburg. Autoren stellen Autoren vor. Heft 1. Zusammen mit Martin Walser, Peter Renz u.a. (1995).
Kellnerroman. Hamburg: EVA 1996.
Wie geht es dem Text? Bamberger Vorlesungen. Hamburg: EVA 1997.
»Für den Kuhhirten. Vermißtenanzeige«. In: *Wörter, Wörter, Wörter! Essays von Valentin Braitenberg, Zsuzsanna Gahse und Stefana Sabin.* Göttingen: Wallstein 1999, S. 17–28.
Nichts ist wie oder Rosa kehrt nicht zurück. Hamburg: EVA 1999

Essayistische Texte:
Vorwort in: Curt H. Geiselhart, Beate Gruber: *CHC Geiselhart. Bilder und Objekte.* Reutlingen 1991.
»Essay« in: Sabine Groenewold (Hg): Petöfi, Sandor: *Nemzeti dal. Das National-Lied. Vorgetragen am 15. März 1848.* Hamburg: EVA 1993.
Sandor Pötöfi. Essay. Hamburg: EVA 1993.
»Christoph Rütimann«. In: Bundesamt f. Kultur, Bern (Hg.): *Schiefe Ebene. Katalog zur Biennale Venedig* 1993. Baden (Schweiz) 1993.
Beitrag in: Sabine Groenewold (Hg.): *Nach Europa. Texte zu einem Mythos.* Hamburg EVA 1993.
Beitrag, in: Esther M. Jungo (Hg.): Jahreskatalog 1997. Kunsthalle Palazzo.

Sekundärliteratur:

»Im Land von Launen und erzählten Inseln« Dorothee Rothfuß im Gespräch mit Zsuzsanna Gahse. In: *Flugasche* 14 (1993), H. 46. S. 18–19; Gehrmann-Cinti, Renate: »Rezension von Passepartout«. In: *World Literatur Today* 69/3 (1995), S. 572; Segebrecht, Wulf (Hg.): *Auskünfte von und über Zsuzsanna Gahse.* Universität Bamberg 1996; Ueding, Gert: »Porträt«. In: *Die Welt* 14. 12. 1991, S. 21.

Jiří Gruša (geb. 1938 in Pardubice/ČSSR) von 1960 bis 1969 Redakteur bei verschiedenen literarischen Zeitschriften und Wochenblättern; 1962 Promotion in Philosophie; 1963 Mitbegründer der Zeitschrift *Tvar* (Das Gesicht); 1969 Berufsverbot wegen des Romans *Mimner,* danach Referent im Ingenieur- und Marketingwesen; 1978 verbreitete er illegal den Roman *Dotaznik* (dt. *Der dreizehnte Fragebogen*); Unterzeichner der Charta 77 (tschechoslowakischen Bürgerrechtsbewegung), trotz Berufsverbots weitere illegale Veröffentlichungen; 1981 Ausbürgerung in die Bundesrepublik; lebt in Mekkenheim bei Bonn; Botschafter der Tschechoslowakei bzw. der Tschechischen Republik; 1997 kurzzeitig Schulminister in Prag, seit Juni 1998 Botschafter in Wien; 1996 Andreas-Gryphius Preis.

Werke:

»Dieseits und jenseits von Schloß und Riegel.« In: *Stunde namens Hoffnung.*

»Onkel Antons Mantel«. In: *Stunde namens Hoffnung.*

»Beitrag«, in Karin Thomas: *Tradition und Avantgarde in Prag. »Versuch in der Wahrheit zu leben ...«.* Köln: DuMont 1991

»Die Verlockung auf dem Dorfe oder ›Die Jungfrau und das Ungeheuer‹«. In: Hans-Dieter Zimmermann (Hg.): *Nach erneuter Lekture: Franz Kafkas ›Der Prozeß‹.* Würzburg 1992.

»The Portable Ghetto«. In: John Glad (Hg.): *Literature in Exile.* Durkam 1990, S. 28–33.

Der Babylonwald (Gedichte 1988). Stuttgart: DVA 1991.

Franz Kafka aus Prag. Fotos: J. G. Frankfurt a. M.: Fischer 1983.

Gebrauchsanweisung für Tschechien. München: Piper 1998.

Janika. Roman. Köln: Bund 1994.

Pavel Kohout (Hg.): Jiří Gruša: *Mama, tata, ja a Eda aneb. Česka abeceda. Tschechische Fibel.* Wien 1988.

Wandersteine (Gedichte). Stuttgart: DVA 1994.

Herausgeberschaft und essayistische Texte:

Slovnik českych spisovatelu: 1948–1979 (Lexikon tschechischer Schriftsteller 1948–1979). Hg zusammen mit Jiří Brabec, Igor Hajek, Petr Kabes, Jan Lopatka. Toronto: Sixty-eight Publishers 1982.

»In Praise of Aunt Censorship«. Übersetzung: Paul Wilson. In: *Index on Censorship* 11 (Aug. 1982)4, 4–5, S. 10.

»Vom Spießbürgertum des Fortschritts«. In: Hanns Lothar Schütz, Marlott Linka Fenner (Hg.): *Weltliteratur heute. Eine Bestandsaufnahme.* München: dtv 1982, S. 196–212.

»Migration und Emigration. Die Tschechen und ihre Literatur nach 1945«. In: Wolfgang Kasack (Hg.): *Zur tschechischen Literatur 1945–1985.* Berlin: Arno Spitz 1990, S. 19–35.

Beitrag in: Manfred Leier (Hg.): *Prag und die Landschaften der Tschechoslowakei.* Hamburg: Gruner+Jahr: Stern-Bücher 1991.

Beitrag in: Peter Becher, Hubert Ettl (Hg.): *Böhmen. Blick über die Grenze. Reise-Lesebuch.* Viechtag: Lichtung 1991.

Prag. Einst Stadt der Tschechen, Deutschen und Juden (zusammen mit Eda Kriseová und Petr Pithart). München: Langen-Müller 1992.

Beitrag in: *Reden über Deutschland 3*: Von Hans D. Genscher, Georg Baselitz, Günter Grass, Jirí Gruša, Peter Nadas, Wolfgang Schäuble. München: Bertelsmann 1993.

Die Entwicklung der Beziehungen zwischen der Bundesrepublik Deutschland und der Tschechischen Republik seit Öffnung des Eisernen Vorhangs. Stadtfreiheitstag – Ansprachen und Ehrungen 1993. Festvortrag anläßlich des Stadtfreiheitstages 1993. Presse- und Informationsstelle der Stadt Regensburg 1993.

Beitrag in: Christel Schüppenhauer, Jirí Kolár: *Zwischen Prag und Paris.* Köln: Christel Schüppenhauer 1994.

Beitrag in: *Doppelte Sprachbürgerschaft.* Andreas-Gryphius-Preis 1996. Eine Dokumentation der Künstlergilde. Esslingen 1996.

Vorwort zu: Nicole Leopold, Oliver Heinl, Libor Studnicka: *Cafés in Prag. Die 50 interessantesten Cafés in Prag.* o. O.: Art of Slide 1996.

Vorwort (zusammen mit Reinhard Höppner und Matthias Rataiczyk) In: *Halle meets Prag – Prag meets Halle. Malerei, Grafik, Objekte, Fotografie.* Wien, Niels H. (Kunstverein Talstrasse) 1997.

Sekundärliteratur:

Huff, Steven R.: »Bassompierre Pays Another Visit: An Episode from Jiří Grusa*s ›Questionnaire‹ and Its Indebtedness to Goethe and Hofmannsthal«. In: *Germano-Slavica* 6,5 (1990), S. 285–98; Lankutis, Jonas: »Etiudai apie Juoza Grusa« (Versuch über Jiri Grusa). Vilnius 1981.

Gabriel Laub (geb. 1923 in Bochnia/Polen; gest. 3. 2. 1998 in Hamburg) seine Familie jüdischer Herkunft floh vor den Nationalsozialisten aus Polen in die UdSSR; 16 Monate Verbannung im Ural; 1945 Studium der Volkswirtschaft in Prag; Arbeit als Journalist und Übersetzer; 1968, beim Einmarsch der Truppen des Warschauer Paktes, Flucht nach Hamburg; u. a. Mitarbeiter der Wochenzeitung *Die ZEIT,* ihm zu Ehren schrieb die Hamburger Autorenvereinigung Ende 1998 den mit 20.000 DM dotierten Gabriel-Laub-Satiriker-Preis für unveröffentlichte satirische Kurzprosa aus; übersetze die polnische Erzählerin Sofia Nakowska und Václav Havels *Versuch, in der Wahrheit zu leben* (1980).

Werke:

Verärgerte Logik. Übers. Friedrich Torberg. München: Hanser 1969.
Enthüllungen des nackten Kaisers. Satire in Begriffen. München: Hanser 1970.
Ur-Laub zum Denken. Satire in Begriffen. München: Hanser 1972.
Er-Laubte Freiheiten. Aphorismen. München: Hanser 1975.
Doppelflinten. Satiren. München: Hanser 1975.
Denken erlaubt. Gütersloh: Bertelsmann 1977.
Das Recht, recht zu haben. Alle Aphorismen in einem Band. Gütersloh: Bertelsmann 1982.
Alle Macht den Spionen! Ein Schock neuer Satiren. Hamburg: Knaus 1978.
Der leicht gestörte Frieden. Von der hohen Kunst, einander die Köpfe einzuschlagen. Hamburg: Knaus 1981.
Der Aufstand der Dicken. Roman über eine (ge)wichtige Revolution. Bergisch Gladbach: Bastei Lübbe 1983.
Denken verdirbt den Charakter. Alle Aphorismen. Zürich: Sanssouci 1984.
Entdeckungen in der Badewanne. Neue Satiren. München: Goldmann 1987.
Urmenschenskinder. Respektlose Geschichten. München: Goldmann 1988.
Olympisches Laub. Zeitlose Sportgeschichten. München: Goldmann1988.
Dabeisein ist nicht alles. München: Goldmann 1989.
Unordnung ist das ganze Leben. Satiren. München: Langen-Müller 1992.
Mein lieber Mensch. Gespräche mit dem Vogel. München: Langen-Müller 1993.
Urlaub muß sein. Satiren zur Freizeit. München: Langen-Müller 1993.
Gut siehst du aus. Alltag satirisch. München: Langen-Müller 1994.
Schafft die Arbeit ab! Satiren. Berlin: Ullstein 1994.
Gespräche mit dem Vogel. Satiren. Berlin: Ullstein 1995.
Je kleiner der Unterschied ... Satiren. München: Langen-Müller 1995.
Mein lieber Mensch. Neue Gespräche mit dem Vogel. Satiren. Berlin: Ullstein 1996.
Denken verdirbt den Charakter. Alle Aphorismen. Zürich: Sanssouci 1996.
Man kann's auch positiv sehen. München: Langen-Müller 1996.
Die Kunst des Lachens. München: Langen-Müller 1997.

Essayistische Texte:

»Wladimir Kornilow und Wladimir Maramsin« und »Was lesen die Massen?«. In: Gisela Lindemann (Hg.): *Sowjetliteratur heute.* München: Beck 1979.
Vorwort zu: Asta Scheib (Hg.): *Dein wahrhaft sorgfältiger Vater. Briefe an Kinder* Köln: Middelhauve 1988.

Sekundärliteratur:

Grundmann, Ute: »Ein Satiriker muß die Menschen lieben«. In: *Börsenblatt* Nr. 20, 11. 3. 1994, S. 23; Mieder, Wolfgang: »Gedankensplitter, die ins Auge gehen. Zu den sprichwörtlichen Aphorismen von Gabriel Laub«. In: *Wirkendes Wort* 41, 2 (1991), S. 228–239; Fischer-Diehl, Gerlind (Hg.): *Ein Lächeln zwischen den Zeilen.* München 1999.

Libuše Moníková (geb. 30. 8. 1930 in Prag, gest. 12. 1. 1998 in Berlin) Studium der Anglistik und Germanistik; Promotion über Coriolan bei William Shakespeare und Bert Brecht; 1987 Alfred-Döblin-Preis für *Die Fassade*; 1984 die Ehrengabe des Kulturkreises im Bundesverband der deutschen Industrie; 1989 Franz-Kafka-Literaturpreis; 1989 Stadtschreiberin in Graz; 1991 Adelbert-von-Chamisso-Preis; 1992 Johannes-Bobrowski-Medaille; 1992 Berliner Literaturpreis der Stiftung Preußische Seehandlung; 1993 Vilenica-Literaturpreis; 1994 der Stadtschreiber-Literaturpreis des ZDF und der Stadt Mainz; 1995 die Roswita-Madaille der Stadt Bad Gandersheim; 1997/98 Arno-Schmidt-Stipendium; hinterließ einen unvollendeten Roman mit dem Arbeitstitel *Jakub Brandl*, der erst 2000 posthum unter dem Titel *Der Taumel* erschien.

Werke:

Eine Schädigung. Prosa. Hamburg 1981, München 1998.
Pavane für eine verstorbene Infantin. Roman. Hamburg: Rotbuch 1983.
Die Fassade. Ein kollektiver Schelmenroman. München: Hanser 1987.
Unter Menschenfressern. Ein dramatisches Menü in vier Gängen. Theaterstück. Frankfurt a. M.: Verlag der Autoren 1990. (Enthält: *Teotom und Tuba. Ein Volksdiskurs nach Nestroy und anderen Wienern; Caliban über Sycorax. Nach Shakespeare und Arno Schmidt; Mozart. Szenen aus der Geschichte der Pietät; ArAl. Gespräch in der Küche).*
»Unter Menschenfressern«. Theaterstück. In: *Anthropophagen im Abendwind. Vier Theatertexte nach Johann Nepomuk Nestroys Operette »Häuptling Abendwind«.* Von Helmut Eisendle, Elfriede Jelinek, Libuše Moníková, Oskar Pastior, Johann Nestroy. Nachw. u. Hg.: Herbert Wiesner, Berlin (Texte aus d. Literaturhaus Berlin 2)
Treibeis. Roman. München: Hanser 1992.
Prager Fenster Essays. München: Hanser 1994.
Verklärte Nacht. München: Hanser 1996

Essayistische Texte/Film:

»Brechtovo prepracovani Shakespearova Koriolana«. (Brechts Bearbeitung von Shakespeares ›Coriolan‹) In: Časopis pro Moderni Filologii, Prag. 52, 1970, S. 180–188.
»Das totalitäre Glück: Frank Wedekind«. In: *Neue Rundschau* 96, Heft 1 (1985), S. 118–125.
Schloß, Aleph, Wunschtorte. Essays. München: Hanser 1990
Zusammen mit Gyula Horn, Daniil Granin, Wim

Wenders, Freya von Moltke und Jorge Semprún: *Reden über Deutschland 2*: München: Bertelsmann 1992.
Weltweit. Begegnung mit der Fremde. Von Gertrud Schier, Franjo Tholen, Libuše Moníková u. a. Hg. v. Thomas Seelig, Michael Wiesehöfer. Bearb.: Thomas Seelig, Claudia Grotefendt, Karsten Moll. Bielefeld 1993.
Wer nicht liest, kennt die Welt nicht. Grönländisches Tagebuch. ZDF 13. 12. 1994

Sekundärliteratur:

Braunbeck, Helga G.: »The Body of the Nation: The Texts of Libuše Moníková«. In: *Monatshefte für Deutschen Unterricht* 89, 4 (Winter1997), S. 489–506; Dies.: »Gespräche mit Libuše Moníková 1992–1997«. In: *Monatshefte für Deutschen Unterricht, Deutsche Sprache und Literatur*. 89, 4 (Winter 1997), S. 452–467; Chvatik, Kvetoslav: »›Fasada‹ Libuše Moníkové«. In: *Listy* 1 18,3 (Juni 1988), S. 104–106; Engler, Jürgen: »›Wer nicht liest, kennt die Welt nicht‹: Gespräch mit Libuše Moníiková«. In: *Neudrucke Deutscher Literaturwerke*. Tübingen 1997, S. 9–23: Fingerhut, K.: »›Ich taste nach Verhärtungen.‹ Libuše Moníková: *Pavane für eine verstorbene Infantin*«. In: *Diskussion Deutsch* 143 (1995), S. 236ff; Gross, Sabine: »Libuše Moníková /Herta Müller: Sprache, Ort, Heimat«. In: *Monatshefte für Deutschen Unterricht* 89, 4 (Winter 1997), S. 441–540; Haines, Brigid: »›New Places from Which to Write Histories of Peoples‹: Power and the Personal in the Novels of Libuše Moníková«. In: *German Life and Letters* 49,9 (Okt 1996), S. 501–512; Jankowsky, Karen Hermine: »Between ›Inner Bohemia‹ and ›Outer Siberia‹: Libuše Moníková Destabilizes Notions of Nation and Gender«. In: Jankowsky, Karen/Love, Carla (Hg.): *Other Germanies: Questioning Identity in Women's Literature and Art*. Albany/New York 1997; Dies.: »Remembering Eastern Europe: Libuše Moníková«. In: *Women in German Yearbook* 12 (1996), S. 203–215; Kraus, Wolfgang: »Laudatio für Libuše Moníková zum Franz-Kafka-Preis 6. 6. 1989. In: *Prager deutschsprachige Literatur zur Zeit Kafkas*. Wien: Braumüller 1991, S. 184–206; Krumme, Detlef: »Ausschluß aus den Zirkeln. Über die beiden ersten Prosatexte von Libuše Moníková.« In: Norbert Miller/Volker Klotz u.a (Hg.): *Bausteine zu einer Poetik der Moderne*. München 1987, S. 223–232; Kublitz-Kramer, Maria: »Die Freiheiten der Straße. Stadtläuferinnen in neueren Texten von Frauen«. In: Dies./Friedmar Apel u. a. (Hg.): *Kultur der Stadt*. Paderborn 1993, S. 15–36; Mansbrügge, Antje: »Der Text ist der Anfang eines Buches. Einige Überlegungen zu Libuše Moníkovás *Pavane für eine verstorbene Infantin*.« In: *LiLi* 112 (1998), S. 120–133; Modzelewski, Jozef A.: »Libuše's Success and Francine's Bitterness: Libuše Moníková and Her Protagonist in ›Pavane fur eine verstorbene Infantin‹«. In: Blackshire-Belay, Carol Aisha (Hg.): *The Germanic Mosaic: Cultural and Linguistic Diversity in Society*. Westport 1994; Radisch, Iris: »Ein freier Mensch. Zum Tod der Schriftstellerin Libuše Moníková«. In: *Die ZEIT* 22. 1. 1998, S. 46; Trumpener, Katie: »Is Female to Nation as Nature Is to Culture? Božena Nemcova, Libuše Moníková, and the Female Folkloric«. In: Jankowsky, Karen/Love, Carla (Hg.): *Other Germanies: Questioning Identity in Women's Literature and Art*. Albany, New York, 1997; Vedder, Ulrike: »Mit schiefem Mund auch ›Heimat‹«: Heimat und Nation in Libuše Moníkovás Texten«. In: *Monatshefte für Deutschen Unterricht, Deutsche Sprache und Literatur* 89, 4 (Winter 1997), S. 477–488; Venske, Regula: »Entmannung. Kritik der Männlichkeit als Kulturkritik in Texten von Christa Wolf, Anne Duden, Libuše Moníková, Jutta Heinrich und anderen.« In: Regula Venske: *Das Verschwinden der Männer in der weiblichen Schreibmaschine. Männerbilder in de Literatur von Frauen*. Hamburg 1991, S. 79–100; Weigel, Sigrid: »Vom Körper schreiben – Schreibweisen radikaler Subjektivität.« In: Dies.: *Die Stimme der Medusa. Schreibweisen in der Gegenwartsliteratur von Frauen*. Dülmen-Hiddingsel 1987, S. 116–130.

11. Brasilianische Autor/innen in Deutschland

Zeitschriften:

Info-Brasil (vierteljährlich). München: Casa do Brasil von 04/1993 bis 12/1997.
Matices (vierteljährlich). Köln: Projektgruppe Matices e. V. seit 1993.
Ila-latina (monatlich). Bonn: Informationsstelle Lateinamerika e. V.
El Colibrí (drei Mal jährlich). München: Edition Quinde.
Boletín (Zeitschrift). München: Centro Cultural Latino Americano.
Vamos – Das Brasilien Magazin (zweimonatlich). Hamburg.

Sekundärliteratur:

»América Latina Presente!«. In: *Matices* No 15 10 (1997), S. 61–62. »Munique debate condição do escritor brasileiro no exterior«. In: *Euro-Brasil Press* No 37. London: International Press Corporation 06. 11. 1997. »América Latina Presente!«. In: *Humboldt* (portug. Version: 40/76; span. Version 40/123, 1998), S. 64–67.

Carlos Alberto Azevedo (geb. 1941 in João Pessoa, der Hauptstadt des Nordstaates Paraíba) Studium der politischen Soziologie in Recife; flüchtet vor der Militärdiktatur nach Deutschland; lehrt seit 1978 an der Freien Universität Berlin Brasilianische Literatur; 1992 Mitherausgeber von Röhrig-Assunção *Ausgewählte Gedichte* – eine Sammlung von Gedichten und Sonetten von Gregório de Mattos, einem der Klassiker der brasilianischen Literatur; 1997 Herausgeber der zweisprachigen Anthologie von Augusto dos Anjos: *Monólogo de uma Sombra e Outros Poemas.*

Werke:

Literatura de Cordel (Essay). Recife: Edicordel 1971.
Sociologia da Arte na América Latina (Essay). Recife: Edicordel 1972.
Tríade (Erzählungen). São Paulo: Edições Lulav 1985.
Quimeras (Erzählungen). Sabará: Edições Dubolso 1988.
Hamburgo Blues (Erzählungen). Belo Horizonte: Mazza Edições 1994.
Os Herdeiros do Medo (Roman). Lissabon: Escritor 1996.
Saber com Sabor (Essay). Belo Horizonte: Mazza Edições 1996.
Meu Nome é Ninguém (Roman). Lissabon: Escritor 1997.
Os Lobos de Manhattan não uivam ao amanhecer (Erzählungen). Lissabon: Escritor 1999.

Beiträge in Zeitschriften, Zeitungen und Anthologien:

»Paulo Francis, esse nosso (des)conhecido«. In: *O Cometa* 91/5 (1986).
»Mein Doppelgänger« und »Ein Tag im Leben von Odete« In: *Aufenthalt-Collagen einer Stadt.* Hg. Hedi Schulitz/Wanjiru Kinyanjui/Alexandra Magk. Übers. Curt Meyer-Clason. Berlin: Neue Gesellschaft für Literatur 1988, S. 14 und 34–35.
»Berlin na literatura brasileira«. In: *Zero Hora* (Porto Alegre) 14. 07. 1990.
»Presença do Judeu (Antônio José da Silva): a obra do Judeu e o Brasil«. In: *Zero Hora* (Porto Alegre) 23. 03. 1991.
»Ana C. – um ser no mundo com os outros«. In: *Suplemento Cultural de Pernambuco* (Recife) 8/1993.
»Ana Cristina Cesar, leitora de Drummond«. In: *O Cometa* (Belo Horizonte) 66 (1993).
»Desaparece uma mestra do gênero policial: Patricia Highsmith«. In: *O Cometa* (Belo Horizonte) 191/2 (1995).
»O Velho e a Cidade«. In: *Contoário Cem.* Hg. Serafim Ferreira. Lissabon: Editorial Escritor 1996.
Tranvia (Monatszeitschrift). Berlin von 1994 bis 1996.
»Os herdeiros do medo«. In: *Jornal de Letras* (Rio de Janeiro) 22. 05. 1996, S. 38.
»Copacabana: cinco da tarde, 39 graus (Memória: João Antônio). In: *O Cometa* (Belo Horizonte) 213/11 (1996).
»Antônio Callado: um lorde muito subversivo«. In: *O Cometa* (Belo Horizonte) 216/1(1997).
»Copacabana, fünf Uhr nachmittags, 39 Grad – zum Tod von João Antônio«. In: *ila-latina* 203/3 (1997).
»Quanto custa um romance histórico« (Aussage). In: *ila-latina* 24/9 (1997), S. 9–10.

Sekundärliteratur:

»Vom Dialog über Grenzen – Ein Gespräch mit dem brasilianischen Schriftsteller Carlos Azevedo«. In: *Tranvía* 12/3 (1989), S. 30–33; »O judeu, personagem de romance«. In: *Jornal de Letras* (Rio de Janeiro) 22. 5. 1996, S. 39; Almeida, Margarete: »O eterno estrangeiro«. In: *A União* (João Pessoa) 25. 07. 1998, S. 17; Ferreira, Serafim: »Carlos A. Azevedo – um brasileiro das sete partidas«. In: *O Acto e a Letra.* Lissabon 1998, S. 141–147. [Kurzbiographie von Carlos Azevedo und weiteren 16 Autoren]; Gonçalves, Adelto: »Um pícaro paulista perdido em Hamburgo«. In: *A Tribuna* (Santos) 25. 05. 1998; Guedes, Cristina: »Os Lobos de Manhattan não uivam ao amanhecer, de Carlos Azevedo«. In: *A União* (João Pessoa) 31. 1. 2000; Magalhães, Augusto: »Escritor paraibano traduz Augusto para o alemão«. In: *Correio da Paraíba* (João Pessoa) 19. 7. 1998, S. 5; Pimentel, Gisela: »Chuvas de Abril«. In: *Info-Brasil* 8/4 (1995), S. 10; Rodrigues, Elinaldo: »Literatura exportada – escritor paraibano radicado na Alemanha divulga Augusto dos Anjos e publica seus livros«. In: *O Norte* (João Pessoa) 3. 7. 1998, S. 5; Tadeu, Felipe: »Carlos Azevedo estréia como romancista«. In: *Info-Brasil* 14/10 (1996), S. 16.

Chandal Meirelles Nasser (geb. 1958 in Südbrasilien) schrieb bereits mit elf Jahren ihre ersten Geschichten; 1975–1979 Studium der Biologie an der Bundesuniversität Paraná; 1981 Magisterarbeit in Genetik; nahm Deutschkurse beim Goethe-Institut; zweimonatiges Stipendium in Deutschland; schrieb weiter, während sie ihr Studium fortsetzte; 1985 Endrunde bei dem von der ›Fundação Catarinense de Cultura‹ jährlich veranstalteten Wettbewerb mit ihrem Buch *Os mil domingos*; 1987 Reise nach Hamburg; 1990 Promotion; Lehrstuhl an der Universität von Florianopolis; 1995 heiratete sie einen Deutschen und verlegte ihren Wohnsitz nach Hamburg; 1996 Stipendium für das Künstlerhaus Kloster Cismar, finanziert von der Regierung von Schleswig-Holstein. Dort entstanden die ersten Zeilen von *As sete medidas de sal.*

Werke:

Os mil domingos (Gedichte). São Paulo: Massao Ohno Editor 1985.
A alma não encolhe na chuva (Gedichte). Florianópolis: Editora da Universidade Federal de Santa Catarina, 1993.

Beiträge in Zeitschriften und Zeitungen:

»Literatrip«. In: *Info-Brasil* 16/4 (1997), S. 18.
»Poemas – Gedichte«. In: *ila-latina* 213/3 (1998), S. 49.
Vamos No 3 (06 und 07/1997), No 4 (10/1997), No 6 (12/1997) und No 1 (1/1998).

Sekundärliteratur:

»A poesia de Chandal M. Nasser e ela«. In: *Ô Catarina!* 14/9 und 10/1995; »Chandal exercita criação em estágio na Alemanha«. In: *O Estado* (Tageszeitung; Santa Catarina) 6. und 7/7 (1996); »Chandal Meirelles Nasser«. In: *ila-latina* 213/3 (1998), S. 48.

José Leal (geb. 1946 in Rio de Janeiro) Studium der Geschichte an in Rio de Janeiro; später Journalismus an der Universität Gama Filho; Interesse an Kunstgeschichte und Volkskunst; lernte in Frankreich die Bühnen der Fakultät von Vincennes und der Cité Universitaire Panorama in Rouen kennen; während der Militärdiktatur Ende der 60er Jahre Mitarbeit bei linken Untergrundzeitungen; journalistische Tätigkeit für *Jornal Opinião* und *Jornal do Brasil*; Schauspieler in Spielfilmen; nahm Theaterkursen nach Stanislawskis; 1967–1982 Erzählungen und Romane wie *Brasil de Calças Curtas*, *Farinha Folclórica* und *O Futuro é Logo Ali*; 1983 Auszeichnung für *Arte de um Povo*; 1986 Umsiedlung nach Hamburg; seit 1988 mehrere Musik-Projekte über das Werk brasilianischer Sänger für den deutschem Markt; Theaterautor und -regisseur; 1997–1998 Chefredakteur der deutsch-brasilianischen Zeitschrift *Vamos!*

Werke:

Sabor de Vida (Gedichte in zwei Sprachen). Hamburg: Editora Favela 1989.
Kanniballade (Anthropophagische Erzählungen in zwei Sprachen). Hildesheim-Achtum: Internationales Kulturwerk e. V. 1995.
Stille Reise – über die Erde von Abaporu (Roman mit Illustrationen von Tita do Rêgo Silva). Mettingen: Brasilienkunde-Verlag 1999.
Arte de um Povo (Essay). Rio de Janeiro: Funarte 1982.

Beiträge in Zeitschriften, Zeitungen und Anthologien:

Jornal do Brasil (Tageszeitung). Rio de Janeiro 1982/1983.
O Globo (Tageszeitung). Rio de Janeiro 1983.
O Estado de São Paulo (Tageszeitung). São Paulo 1983.
Die Brücke (zweimonatliche Zeitschrift). Saarbrükken 1988.
Hamburger Rundschau (Wochenzeitung). Hamburg 1988.
»Luxo atônito« und »Convite«. In: *VI Antologia de Poesia Contemporânea*. Hg. Luís Felipe Soares. Lissabon: Verlag Livros Universo 1989, S. 148–149.
Correio Braziliense (Tageszeitung). Brasília 1989.
BIZZ (Monatszeitschrift). São Paulo 1995.
The Brasilians (Monatszeitung), New York 1995.
Vamos 1997/1998.
Roda de Capoeira (Magazin), Hamburg 07/1998.

Theater:

Gala Diner der Zukunft, als Autor und Regisseur. In: XII Internationales Sommer Theater. Hamburg: Kampnagel-Fabrik 1995.

Sekundärliteratur:

»Para descobrir João Pernambuco«. In: *O Estado de São Paulo* (São Paulo) 5. 5. 1983; Bormann, S.: »Eine Erde – aber wieviele Welten«. In: *Hamburger Rundschau* 29. 9. 1988; Dutra, Maria Helena: »Uma fascinante lembrança«. In: *Jornal do Brasil* (Rio de Janeiro) 27. 02. 1983; Frias, Lena: »A redescoberta«. In: *O Globo* (Rio de Janeiro) 22. 2. 1983; Máximo, João: »Leia e ouça a música brasileira«. In: *Ele & Ela* (São Paulo) 3/1983; Panic, Ira: »Kalte Pasta und ein Blauhelm voller Obst – Gala Diner der Zukunft«. In: *Morgenpost* 18. 8. 1995; Ruiz, Cristina: »Tom Zé e José Leal, canibais brasileiros na Alemanha«. In: *The Brasilians* 23. 10. 1995; Torres, Angelica: »Sementes da língua brasileira na Alemanha«. In: *Correio Brasiliense* 3. 10. 1989.

Felipe Tadeu (geb. 1962 in Rio de Janeiro/Brasilien) entdeckte früh seine Liebe zur Música Popular Brasileira (MPB); beeinflußt von Allen Ginsberg, Raul Bopp, Chico Buarque, Ronaldo Bastos und anderen, schrieb er Gedichte und Kompositionen, verfertigte kunsthandwerkliche Bücher und komponierte Lieder; seit 1981 Studium des Journalismus; Promotion in Sozialkommunikation; arbeitete als Redakteur und Korrektor; nahm an Dramaturgie-Kursen am ›Instituto de Artes Cênicas‹; 1991 reiste er nach Deutschland und heiratete seine Freundin mit doppelter Staatsangehörigkeit; Tätigkeit in der Datenverarbeitung, in seiner Freizeit als Journalist, Schriftsteller, Diskjockey (als DJ Fila) und Musiktexter; 1995–1997 Herausgeber des *Info-Brasil*; Zusammenarbeit mit dem deutschen Musiker Daniel Tochtermann, Aufnahmen seiner Lieder durch angesehene Sänger der MPB wie Ivan Lins und Clara Sandroni; seit 1997 Produzent und Ansager des Rundfunkprogramms »Radar Brasil« in Darmstadt, schreibt für die Zeitschriften *Tópicos*, *Matices*, *Humboldt* (Deutschland), *International Magazine* (Brasilien) und ist Mitarbeiter der Deutschen Welle.

Werke:

Insekten/Certos Insetos (Dichtung in zwei Sprachen). Aachen: Karin Fischer 1994.
»Música Popular Brasileira« (Essay). In: *Gesichter eines Landes* (Reiseführer). St. Ottilien: EOS 1994.

Beiträge in Zeitschriften und Zeitungen:

»Das Leben eines jeden« (Gedicht). In: *Darmstädter Echo* Juli 1994.
»AusSprache: Felipe Tadeu und Zuca Sardan« (Dichtungen). In: *ila-latina* 187/7 (1995), S. 58–59.
»Literatrip« (Dichtungen). In: *Info-Brasil* 14/10 (1996), S. 21.

Sekundärliteratur:

»Nada Marginal«. In: *Jornal do Brasil* 13. 11. 1994, S. 12; »Sucesso literário no Rio«. In: *O Globo* (Rio de Janeiro) 17. 11. 1994, S. 53; Essinger, Silvio: »Maldito carioca cai em uma ›autobahn‹ literária«.

In: *Tribuna da Imprensa* (Rio de Janeiro) 14. 11. 1994, S. 1; Hensel, Bert: »Wer, wann, was«. In: *Darmstädter Echo* 7 (1994), S. 10; Köninger, Alex und Bete: »Buchbesprechung«. In: *Circulando* (Remseck) 5 (1995), S. 11; Küpper, Klaus/Mertin, Ray-Güde: »Tadeu, Felipe«. In: *Literatur aus Brasilien*. Frankfurt a. M.: Teo Ferrer de Mesquita 1994, S. 43.

Elza Wagner-Carrozza (geb. 1941 in São Paulo) Studium der Literatur; Staatsexamen in Deutsche Sprache und Literatur, Portugiesische Sprache und Literatur in São Paulo (USP); ab 1967 gab sie Sprachunterricht in Deutsch und Englisch; 1968–70 Stipendium des DAAD für ein Germanistikstudium in Tübingen und München; lernte ihren künftigen Ehemann kennen und erarbeitete mit ihm Dokumentarfilme für das deutsche Fernsehen; seit 1974 verfaßte sie Beiträge für das Programm »Stimme Deutschlands« des Rundfunksenders »Deutsche Welle«; 1990 Promotion an der USP, über Portugiesische und Brasilianische Literatur im Bereich der Komparatistik; lehrte fast zehn Jahre lang Portugiesisch und Deutsch an der Fachhochschule München; 1992–1994 Ehrenpräsidentin des ›Centro Cultural Latino-americano‹, in dem sie eine Reihe von Veranstaltungen über Lateinamerika leitete; gründete 1995 mit Luisa Costa Hölzl die ›Lusofonia – Sociedade de divulgação das culturas de língua portuguesa‹-, die sich auf Literatur konzentriert; 1996 begann sie für den Langenscheidt-Verlag die Herstellung eines Wörterbuchs Brasilianisch-Deutsch und Deutsch-Brasilianisch.

Essays:

Esse incrível jogo de amor. São Paulo: Editora Hucitec 1992.
Brasilianische Literatur – Der Regionalismus (Essays). In: *El Colibrí* No 8/7 (1997).
»Die Lieder der Suruí-Indianer!« In: *Khipu* 18/12 (1986) und 29/1 (1992).
»Um encontro com Sérgio Telles, o ›pintor de Porto Seguro‹«. In: *Dicas & Contatos* (München) 93/6 (1987).
»Irene Lisboa, ›Título qualquer serve‹ – uma análise«. In: *Akten des »XII Encontro de professores universitários brasileiros de literatura portuguesa.* São Paulo: Universidade de São Paulo 04/1988.
»Maria Alice Barroso«. In: *Boletín* 29/4 (1992).
»A configuração do relacionamento ›homem-mulher‹ nos contos de Maria Judite de Carvalho e Lygia Fagundes Telles«. In: *Akten des IV Congresso da Associação Internacional de Lusitanistas.* Hamburg 09/1993.
»Masculino/Feminino – o eterno contraponto«. In: *Akten des Internationalen Kongresses »O rosto feminino da expansão portuguesa«*. Lissabon 11/1994.
»Zé do Rock ›fom winde ferfeelt‹«. In: *El Colibrí* 3/11 (1995) und 2 (1996).
»O conto »As formigas«, de Lygia Fagundes Telles, e o mito de Amor e Psiquê«. In: *Akten des V Congresso Internacional de Lusitanistas*. Oxford 09/1996.
»Luiz Cláudio Cardoso in München«. In: *Rastros* 51/7 (1997).
»›Lygia Fagundes Telles‹ Erzählung ›As formigas‹ und der Mythos von Amor und Psyche«. In: *Akten des Internationalen Kolloquium »Moderne Mythen in den Literaturen Brasiliens, Portugals und des portugiesischsprachigen Afrikas«*. Berlin 1997.
Moderne Mythen in den Literaturen Portugals, Brasiliens und Angolas. Hg. Dietrich Briesemeister/Axel Schönberger. Frankfurt a. M. 1998.

Beiträge in Zeitschriften und Anthologien:

»Sono« (Poetische Prosa). In: *Khipu* 15/6 (1985).
»O Pátio« (Poetische Prosa). In: *Khipu* 20/12 (1987).
»Cantiga III e Contradição« (Dichtungen). In: *Boletín* 33/4 1993.
»Sono« (Poetische Prosa). In: *Boletín* 33/4 (1993).
Juana Beltrán: Deine letzte Chance! (Erzählungen). Hg. Marco Alcántara. München: Edition Amauta 1994, S. 91–99.

Claudio Matschulat, oder **Zé do Rock** (geb. 1956 in Porto Alegre) stammt von Russen, Litauern und Deutschen ab; 1979–1982 Weltreise; beschloß, sich in Deutschland niederzulassen; verschiedene Gelegenheitsarbeiten, wie Hilfskoch, Prospektenverteiler, Verkäufer von Lexika, Vorarbeiter in Indien, Taxifahrer und Übersetzer in München; *fom winde verfeelt* (1995) wurde ein Verkaufserfolg (17000 Exemplaren in drei Jahren); 1996 Stipendien in Schloß Wiepersdorf und das Münchner Literatur Stipendium 96'; verfolgt zwei Filmprojekte, von dem eines sein erstes Buch zur Grundlage hat.

Werke:

fom winde ferfeelt (Roman). Berlin: Edition Diá 1995. Leipzig: Kiepenheuer 1997. München: Piper 1997.
Zé do Rock – o erói sem nem um Agá. Porto Alegre/Brasilien: Editora L&PM 1997.
UFO in der küche – ein autobiografischer seiensfikschen (Roman). Leipzig: Kiepenheuer 1998.

Beiträge in Zeitschriften, Zeitungen und Anthologien:

Info-Brasil von 1995 bis 1997.
»die sprache brasiliens«. In: *ila-latina* 6 (1995), S. 59.
»one tittel«. In: *Edit* 9 (1995), S. 56.
»die verhaftung von marcel« und »muss schreiben«. In: *SZ* 31. 12. 1995.
»brasilianisches piranha-grill« und »brasilianische Hamburger«. In: *Das literarische Bankett*. Hg. Heinz Ludwig Arnold. Leipzig: Kiepenheuer 1996, S. 81, 225.
»rund um di welt in 11 seiten«. In: *NDL* 3 (1996).
»deutsch in 500 jaren«. In: *Argument* 6 (1996).
»konsekwentes ultradoitsh: ietz geet di reform loos«. In: *Münchner Abendzeitung* 22. 8. 1996.

In: *El Colibri* 9 (1996).
»kaos forher, kaos danach«. In: *Die ZEIT* 24. 10. 1996.
»ultradoitsh-kolumne«. In: *Täglich alles* (Wien) 1.–31. 1. 1997.
»hengengebliben«. In: *Münchner Tageszeitung* 16. 1. 1997.
»spilplatz für gelerte«. In: *SZ* 19. 2. 1997.
»finnland, schandinavien, schweden«. In: *Die Buchwoche* 3 (1997).
»supahirne im einkaufszentrum«. In: *Weltwoche* Dezember 1997.
»ein viereck, in dem es rund geht«. In: *Gong TV* 28. 2. 1998, S. 109.
»mein kampf«. In: *Wenn Kopf und Buch zusammenstoßen*. Hg. Thomas Tebbe. München: Piper 1998, S. 158.
»a grande final one hexenschuss«. In: *Münchner Abendzeitung* 11. 7. 1998.
»kreditkarte«. In: *100 Wörter des Jahrhunderts*. Hg. Wolfgang Schneider. Frankfurt a. M.: Suhrkamp 1999, S. 165.
»wenn blut deutsch, dann auch doppelpass OK«. In: *SZ* 20. 3. 1999.
»Schandinavien und Froncraisch«. In: *Lesen macht lustig*. München 4(1999), S. 103.
»telekom, kommt aber nicht«. In: *FAZ* 27. 7. 1999.
»ein himmlishes interviu«. Hg. Helmut Lotz und Kai Precht. In: *Schluß mit dem Jahrtausend!* München: Edition Diá/dtv 1999, S. 155.
»götä find ich gut«. In: *Die ZEIT* 26. 8. 1999.
»kreditkarte«. In: *SZ* 30. 10. 1999.
»isch se schwarz«. In: *Die ZEIT* 5. 12. 1999.
»querspalte: afro 2000«. In: *taz* 27, 29 und 31. 12. 1999, S. 5.

Sekundärliteratur:

»ain ernsthafta fersuc?«. In: *Der Spiegel* 7 (1995), S. 186; »erói sem agá«. In: *Diário Popular* (São Paulo) 07/1997; »o erói sem nem um agá«. In: *Zero Hora* (Porto Alegre) 19. 07. 1997; »um ômi bao di língua«. In: *Sexy* (São Paulo) 11/1997; »why the fuck cant the tuwort come früher?« In: *Die ZEIT* 15. 10. 1999; »Zé do Rock dá aula de ultradoitsh«. In: *Folha de São Paulo* 04/1997; Allmaier, Michael: »Sitzlehne nach unten gedreht«. In: *FAZ* 8. 8. 1996; Altmann, A.: »seiens-fikschen«. In: *Münchner Tageszeitung* 28. 9. 1998; Aretz, Tilman: »der han muss mit han in den han han«. In: *Edit* (Leipzig) 9 (1995), S. 53; Bayer, Peter: »Na klar: Steuerknüppel ist eine Waffe zur Zwangseintreibung von Steuern«. In: *Kötztinger Umschau* 24. 4. 1996; Beckmann, Brigitta: »Wenn el Nino zum el Grande wird«. In: *Bayerischer Staatsanzeiger* 20. 11. 1998; Berns, Kathrin: »Aventuras ortográficas«. In: *Info-Brasil* 9/7 (1995), S. 15; Dies.: »Sprachabenteuer«. In: *Matices* 7/10 (1995), S. 74; Bittencourt, Silvia: »Escritor brasileiro provoca língua alemã«. In: *Folha de São Paulo* 24. 03. 1997; Cunha, Paulo: »Zé do Rock, o inventor de línguas«. In: *Jornal da Tarde* São Paulo 04/1997; Drews, Jörg: »peta, gidu mi butabuta rumba?«. In: *SZ* 15. 7. 1995; Ders.: »Sprachbuch und Reisebericht im Doppelpack«. In: *Basler Zeitung* 7. 7. 1995; Fuchs, Oliver: »aine supa teori«. In: *Schwäbisches Tagblatt* 4. 5. 1996; Haupt, Klaus: »Blödeleien zur Rechtschreibreform«. In: *Neues Deutschland* 21. 11. 1998; Heisz, Irene: »die deutschstunde«. In: *Tiroler Tageszeitung* 10. 11. 1999; Dies.: »wozu mit fil müe falsh shreiben?«. In: *Tiroler Tageszeitung* 21. 11. 1996; Hildebrandt, Antje: »Der Rechtschreibfeind«. In: *Hannoversche Allgemeine Zeitung* 26. 10. 1995; Hochkeppel, Oliver: »Die etwas andre Rechtschreibung«. In: *SZ* 24. 2. 1999; Ders.: »Verbesserungsvorschläge zum Schwerdeutsch«. In: *SZ* 24. 2. 1996; Isfort, Volker: »rasante irrfahrt durch zeit und welt«. In: *Abendzeitung* 9/1998; Karbe, Ariane: »Was dabei gedacht!«. In: *Nordbayerischer Kurier* 13. 6. 1996; Kayser, Beate: »Schüler Verwirrspiele«. In: *Münchner Tageszeitung* 16. 1. 1997; Kegler, Michael: »Fora de série«. In: *Nova Cultura* (Info-Heft). Frankfurt a. M.: TFM 02/1995, S. 4; Krutsch, Peter: »pé rennt«. In: *Kreuzer* 10. 10. 1998; Küppers, Gaby: »Zé do Rock«. In: *ila-latina* 6 (1995), S. 59; Lau, Peter: »Buchtest«. In: *Prinz* 7 (1995), S. 56; Medeiros, Jotabê: »Brasileiro Zé do Rock reinventa o alemão«. In: *O Estado de São Paulo* 10. 04. 1997; Minarik, Lynda: »Literatur in Cyberspace und Ultra-deutsch«. In: *Münchner Merkur* 20. 7. 1999; Morante Neto, Augusto: »Zé do Rock volta com ›erói‹«. In: *Folha de São Paulo* 31. 7. 1997; Oertel, Holger: »kriech um frieden one häppi end«. In: *Sax* (Monatszeitschrift). 7 (1999); Otte, Carsten: »Kügelchen vom Gasplaneten«. In: *Junge Welt* 13. 4. 1999; Pane Baruja, Salvador: »Zé do Rock declara guerra ao alemão«. In: *Jornal do Brasil* (Rio de Janeiro) 24. 11. 1996; Pfetzing, Boris: »hailige ku geslactet«. In: *Grauzone* 2 (1996), S. 36; Pimentel, Gisela: »E o Zé foi morar no castelo ...«. In: *Info-Brasil* 15/1 (1997), S. 7; Rabenstein, Edith: »Warum ist das Weib sächlich und die Sache weiblich?«. In: *Passauer Neue Presse* 13. 2. 1999; Rosenacker, Gerd: »Reformator zwischen Grammatik und groteske«. In: *Donaukurier* 27. 3. 1998; Salzbrenner, Uwe: »Ultradeutsch«. In: *Sächsische Zeitung* 30. 9. 1998; Soyer, Thomas: »Für Sprachfetischisten«. In: *SZ* 18. 11. 1998; Upward, Chris: »Virtuoso orthografic hichhiking«. In: *Journal of the simplifying spelling society* London 1 (1998), S. 24; Vahabzadeh, Susan: »Schriftsteller als Marktschreier«. In: *SZ* 3. 4. 1996; Vetten, Horst: »ultradoitsch«. In: *Die Woche* 25. 10. 1996; Zozin, Roberto: »fom winde ferfeelt«. In: *Mohr* 10 (1998), S. 21.

Carlos Felipe Saldanha oder **Zuca Sardan** (geb. 1933 in Rio de Janeiro) Sohn eines Architekten und Malers; illustrierte mit knapp 14 Jahren *Le Français Commercial* von Louise Jacquier; 1954 erste Ausstellungen in Rio de Janeiro; 1956 Abschlußprüfung in Architektur; 1957 Reise nach Europa, lebte einige Zeit in Paris; 1963 Abschluß seiner diplomatischen Ausbildung; Tätigkeit im Außenministerium Itamaraty; 1966 Auslandsreise; 1975–1977 lebte er wieder in Brasília; schloß sich der sog. ›Geração Mimeógrafo‹ an, einer Gruppe von Dichtern, die ohne Verlage auskommen wollten und ihre Bücher im Eigenverlag unter Freunden und Bekannten der literarischen Szene verteilen; 1977 Auslandsreise in diplomatischer Mission, läßt sich 1988 als Pensionär endgültig in Hamburg nieder.

Von 1955 bis 1963 verschiedene Veröffentlichungen, meist im Eigenverlag:

Cadeira de Bronze (Gedichte und Kartendruck). Rio de Janeiro: Firmino Saldanha 1957.
Manifesto Geometrista (Gedichte). Rio de Janeiro 1958.
O Dragão de Rodas (Fabel). Hg. Wesley Duke Lee. Rio de Janeiro: Petite Galerie 1964.
Bebhè-Gomão Anuncia (Roman). Hg. Nirval Garcia. Rio de Janeiro: Soeli 1968.
Poemas Zum (Gedichte). Hg. Helder Martins. Tokio 1969.
Aqueles Papéis (Gedichte). Rio de Janeiro: Vida de Artista 1975.
Às de Colete (Gedichte). Editora Gralha 1979.
Os Mystérios (Fabeln). Editora Gralha 1980.
Visões do Bardo (Gedichte mit Kartendruck). Editora Gralha 1980.
Almanach Sportivo (Gedichte mit Kartendruck) von João Padilha und Zuca Sardana. Rio de Janeiro: Capricho 1981.
Osso do Coração (Gedichte). Campinas: Editora da Unicamp 1993.
Às de Colete (Gedichte). Campinas: Editora Unicamp 1994
La Muerte Mi Violetera (Gedichte auf Spanisch). Madrid: Ediciones La Torre Magnética 1998.

Beiträge in Zeitschriften und Anthologien:

26 Poetas Hoje (Gedichte). Hg. Heloísa Buarque de Hollanda. Rio de Janeiro: Editora Labor 1976, S. 23–32.
Águas Emendadas (Gedichte). Brasília: Thesaurus 1977, S. 35–46.
Francisco Alvim y Zuca Sardan (Gedichte in zwei Sprachen). Lima: Centro de Estudios Brasileños 1978, S. 49–73.
Poesia Jovem Anos 70 (Gedichte). Hg. Heloísa Buarque de Hollanda und Carlos Alberto Messeder Pereira. São Paulo: Editora Abril Educação 1982, S. 61.
»Heléboro Negro«, »A Sombra do Arauto«, »Gazetta das Phynanças«, »Papagaio Verde«, »Columbus«, »Novos Truques Conceituais« (Gedichte mit Kartendruck). In: *Arte* (São Paulo) 04/1984, 06/1984; 07/1984, 08/1984; 11/1984; 01/1995.
A Tinta das Letras II. Rio de Janeiro: Fundação Casa de Rui Barbosa 1988, S. 18–19.
26 Poetas Hoje (Gedichte). Hg. Heloísa Buarque de Hollanda. Rio de Janeiro: Editora Aeroplano 1988, S. 25–38.
»Manual Cartographico«, »Problemas«, »Salto Mortal« (Gedichte mit Kartendruck). In: *Bricabraque* III. 1989; IV. 1990; V. 1990.
Artes e Ofícios da Poesia (Gedichte). Hg. Augusto Massi. Porto Alegre: Editora Artes e Ofícios 1991, S. 315–326.
»This book«. In: *The Dedalus Book of Surrealism* (Erzählungen). Hg. Michael Richardson. Langford Lodge: Edição Dedalus 1993, S. 250–251.
»The Sun and his Rose – Pink Buick«. In: *The Myth of the World* (Erzählungen). Hg. Michael Richardson Langford. Lodge: Edição Dedalus 1994, S. 223–226.
Info-Brasil ab 02/1996.

Sekundärliteratur:

»AusSprache: Felipe Tadeu und Zuca Sardan« (Dichtungen). In: *ila-latina* 187/7 (1995), S. 58–59; Alexandre Martins, Alberto: »Poemas do riso e do silêncio«. In: *Folha de São Paulo* 25. 09. 1994, Mais (literarische Beilage) S. 6–10; Azevedo, Carlos: »Quem tem medo da hiena Jasão?« (Artikel und Interview). In: *Info-Brasil* 12/4 (1996), S. 11–12; Ders.: »Rien, cette écume . . .« (Interview). In: *Infos Brésil* No 85. Paris 10/1993, S. 21–22; Carvalho, Bernardo: »Editoras desconhecem talentos literários«. In: *Folha de São Paulo* 2. 6. 1993; Francisco, Severino: »O senso de humor dá sentido à poesia«. In: *Jornal de Brasília* 19. 1. 1992 ; Frateschi Vieira, Yara: »O caos, o osso e a vaca«. In: *Remate de Males* No 16. Campinas: Editora Unicamp 1996; Paixão, Fernando: »Discretas piruetas e malabarismos líricos«. In: *O Estado de São Paulo* 7. 1. 1995; Retrato de época – poesia marginal anos 70. Hg. Carlos Alberto Messeder Pereira. Rio de Janeiro: MEC-Funarte 1981, S. 138, 273, 289, 306–309, 316, 358 und 335; Spiel, Ellen: »Die brasilianische Poesie der Gegenwart«. In: *Börsenblatt* Nr. 77 27. 9. 1994, S. 42; Süssekind, Flora: »Papéis colados«. In: *34 Letras* No 5 und 6. Rio de Janeiro 09/1989, S. 226–239; Dies.: »Zuca Sardana«. In: *Jornal do Brasil* 22. 11. 1997; Teixeira da Costa, Cacilda: »REX: Paralelismos e influências patafísicas: Wesley Duke Lee e Carlos Felipe Saldanha«. In: *Arte em São Paulo* Nr. 22. 04 (1984).

12. Literatur der spanischsprachigen Autor/innen aus Lateinamerika

Anthologien:

Erkundungen. 24 chilenische Erzähler. Hg. Andreas Klotsch. Berlin: Volk und Welt 1974.
Als Fremder in Deutschland. Berichte, Erzählungen, Gedichte von Ausländern. Hg. Irmgard Ackermann. München: dtv 1982.
Frauen in Lateinamerika 2. Erzählungen und Berichte. Hg. Marco Alcántara. München: dtv 1986.
Lateinamerikanische Anthologie (Gedichte). Hg. Sergio Villarroel. Berlin: Ed. CLAL 1987.
Aufenthalt. Collagen einer Stadt. Hg. H. Schulitz/W. Kinyanjui/A. Magk. Berlin: Das Arabische Buch 1988.
Einige Indizien oder Der letzte Ausweg. Erzählungen aus Chile. Hg. Peter B. Schumann. Berlin: Haus der Kulturen der Welt; Ed. Diá 1994.

Zeitschriften/Zeitungen:
Hispanorama. Nürnberg ab 1972.
Iberoamericana. Frankfurt a.M. ab 1977.
Viento Sur. Hamburg ab 1977.
Khipu. Zweisprachige Kulturzeitschrift über Lateinamerika. München 1978–1988.
Rastros (früher *Boletín*). München ab 1984.
ila latina. Bonn ab 1991.
Matices Köln ab 1994.
El Colibrí München ab 1994.
Quetzal. Leipzig ab 1995.
El Rincón del Lector. Wiesbaden ab 1998.

Sekundärliteratur:
Avaria, Antonio: »Proceso de elaboración en la novela chilena del exilio«. In: *Beiträge zur romanischen Philologie* 21/1 (1982), S. 91–99.
Daus, Ronald: »Lateinamerikanische Literatur im europäischen Exil«. In: *Neue Romania* 2 (1985).
Jogfré, Manuel Alcides: *Literatura chilena en el exilio.* Santiago de Chile: CENECA 1986.
Kohut, Karl: »Berlín: ¿Ciudad latinoamericana?« In: *Actas del I Encuentro Franco-Alemán de Hispanistas.* Hg. Christoph Strosetzki/Jean-François Botrel/Manfred Tietz. Frankfurt a.M. 1991.
Lingán, Walter: »Autores latinoamericanos en Alemania. ›ALA 98‹: La fiesta de las letras«. In: *El Colibrí* 8 1997.
Skármeta, Antonio: »Jóvenes escritores latinoamericanos en Alemania: cómo sienten y expresan su experiencia.« In: *Intellectual Migrations: Transcultural Contributions of* European and Latin American Emigres. Hg. Iliana L. Sonntag. SALALM XXXI, University of Wisconsin 1987.

Luis Gustavo Acuña (geb. 1927 in Concepción/Chile) Studium der Geisteswissenschaften, Latein und Literatur; Tätigkeit als Lehrer; Redaktionsmitglied der Universitätszeitschrift *Numen*; Gedichtveröffentlichungen u.a. in der deutschen Zeitschrift *Austral* in Temuco; Leiter einer literarischen Gruppe und eines Kulturprogramms im Rundfunk; 1958 Literaturpreis bei einem Wettbewerb unter der Schirmherrschaft des Amerikanischen Schriftstellerverbandes; 1961 Ausreise aus wirtschaftlichen Überlegungen, wo er noch heute lebt; Lesungen in verschiedenen Ländern; »korrespondierendes akademisches Mitglied« in der Internationalen Akademie für Literatur, Wissenschaft und Kunst in Ponza, Neapel; 1992 *Die Feder des Ernster Lyrik-Kreis* von München; komponierte ein gutes Dutzend Musikstücke für Klavier und Gitarre, die in verschiedenen Ländern aufgeführt wurden und zum Teil im Margaux-Verlag/Berlin, erschienen sind.

Gedichte:
Poemas. Memmingen: ohne Verlagsangabe 1967.
Copihual (Zweisprachig). Übers.: Hans Th Asbeck. München: Reflief 1975.
Flecos de mi poncho. Poemas chilenos. Madrid: S.E.R.E.S.A 1977 – *Fransen meines Ponchos.* Memmingen 1983.
Palabras a mi hijo Daniel. Madrid 1977.
Mi camarada Daniel. Madrid 1978.
Synapse (Zweisprachig). Memmingen 1978.
Gehen wir auf die Dinge ein. Zweisprachig. Memmingen 1978.
Literarische Bogen (Zweisprachig). Nr. 1 und 2. Übers. Walter Hümpfner. München: Tortuga 1981.
Medaillons (Zweisprachig). Memmingen: Freizeit-Verlag 1980. (Übers. Rudolf Grossmann.
Sembraré tu memoria. Barcelona: Ediciones Rondas 1983.
Poemas de la Hispanidad. Santiago de Chile: Rumbos 1989.
Gedichte. In: *Puerto Norte y Sur.* Anthologie. Hg. José M. Oxholm, Michigan 1993.
Páginas olvidadas. Santiago de Chile 1996.

Essays (Auswahl):
»La cadena conceptual aliterativa en los ›Sonetos de Madera‹ de Pablo Neruda« In: *Khipu* 6 (1980).
»La vivencia poética en Pablo Neruda«. Salamanca: Ateneo 1984.
»Breves apuntes sobre la evolución del soneto clásico español al soneto libre latinoamericano«. Barcelona 1986.

Sekundärliteratur:
Anonym: »Crónica de libros. Sembraré tu memoria«. In: *El Mundo* (Caracas) 20. 4. 1987; Anonym: »Der Dichter Luis Gustavo Acuña und die Beredsamkeit der Steine«. In: *Memminger Zeitung* 14. 5. 1994; Bemmerlein, Anton: »Flecos de mi poncho«. In: *Mitteilungsblatt Deutsch-Spanischlehrerverband* 19 (Juni 1978); Castelao, Estela: »Flecos de mi poncho«. In: *Foro literario,* Montevideo, o.J.; Fuentealba, Sergio Ramón: »Un creador penquista en Alemania«. In: *El Sur* 11. 12. 1997; Grossmann, Rodolfo: »A guisa de prólogo«. Prolog zu Flecos de mi poncho. Barcelona 1977; Krebs, Hans: »Notizen über Luis Gustavo Acuña«. In: *Augsburger Allgemeine* 11. 12. 1976; León Morales, César Augusto de: »Poesía hispanoamericana«. In: *La Idea Creativa, Quetzaltenango* 1. 10. 1987; A.M.: »Poeta y compositor local presenta su obra«. In: *El Sur* 23. 9. 1990; Maack, A.: »Ecos de un poeta penquista«. In: *El Sur* 17. 5. 1987; Merino, J.F.: »Acuña recupera sus ›Páginas olvidadas‹ en un nuevo poemario«. In: *El Adelanto* 28. 8. 1996; Oczkowicz, Dariusz T.: »Interessant vor allem dank der Uraufführungen«. In: *Schwäbische Zeitung* 13. 3. 1990; Ophey, Bernward: »Prolog« In: *Medaillons. Memmingen* 1980; Peñin Nogueras, Arturo: »Conferencia de José Santolaya, sobre un ensayo del poeta chileno Luis Gustavo Acuña«. In: *La Religión* (Caracas) 24. 3. 1988; Sánchez, Tomás y Raúl Vacas: »Luis Gustavo Acuña: poeta, compositor y crítico literario. La elocuencia de las piedras«. In: *Tribuna Universitaria* (Salamanca). 25.4.94; Santolaya Silva, José Miguel: »Luis Gustavo Acuña, Dichter und chilenischer Komponist«. In: *Hispanorama* 78 (November 1997); Sobrino, Begoña L.: Acuña: »Mis poemas hablan de la

justicia social«. In: *Tribuna de Salamanca* 24. 8. 1996; Stefanovics, Tomás: »Sembraré tu memoria«. In: *Hispanorama* 36 (März 1984); Steuer, Robert: »Copihual«. In: *Memminger Zeitung* 3. 7. 1976; Verde, Josefina: »Valores literarios de la América española«. In: *Diario Español Montevideo*. o. J.

Marco Alcántara (geb. 1936 in Cerro de Pasco/ Peru) Buchhändlerlehre; bevor er 1966 nach München kam, hatte er keine Kontakte zu Deutschland; Verlagshersteller in einem großen Münchner Verlag; Herausgeber von Bänden, die die Literatur Lateinamerikas in Deutschland bekannt gemacht haben. Er ist der wichtigste Lateinamerikaner im deutschen Verlagswesen.

Gedichte:

In: *Drei Kontinente. Ein Lesebuch aus Lateinamerika, Asien, Afrika und der arabischen Welt*. Hg. Andrea Wörle. München: dtv 1992.
In: *Liebe – was denn sonst?* Hg. Anne Bender, Dagmar Kalinke. München: dtv 1994.
In: *Liebe und Freundschaft – über alle Grenzen*. Hg. Anna Gersby, Lisbeth Möller Kristensen. Kopenhagen: Kaleidoscope 1995.
In: *Im Schatten der Leidenschaft*. Hg. Christiane Zaininger. Haar: Christiane Zaininger 1996.
In: *Rind & Schlegel*. Zeitschrift für Poesie. Sondernr. XIV (1995).
In: *El Colibrí* 8 (1997).
Der Wilde (Gedichte). München: Edition Quinde 1997.

Als Herausgeber:

Frauen in Lateinamerika 1 (Erzählungen und Berichte). München: dtv 1983.
Unheimliche und phantastische Geschichten aus Lateinamerika. München: dtv 1985.
Frauen in Lateinamerika 2 (Erzählungen und Berichte). München: dtv 1986.
Liebe, Macht und Leidenschaft (Erzählungen, Theater und Gedichte). München: Edition Amauta 1988.
Frauen in Spanien (Erzählungen und Berichte). München: dtv 1989.
Spanische Erzählungen. München: dtv 1992.
Juana Beltrán: Deine letzte Chance und andere Erzählungen. München: Edition Amauta 1994.
Erzählungen aus Spanisch Amerika: Peru (zweisprachig). München: dtv 1998.

Esther Andradi (geb. 1950 in Ataliva, Santa Fe/ Argentinien) studierte Kommunikationswissenschaften an der Universidad Católica Argentina in Rosario, wo sie ihre Magisterarbeit über die Darstellung der Frau in argentinischen Illustrierten schrieb; mußte 1975 ins Exil, zunächst nach Peru, wo sie als Journalistin tätig war; Chefredakteurin der Wochenzeitschrift *Testimonio* und Mitbegründerin der alternativen Frauenzeitschrift *La Tortuga*; 1980 ging sie nach Europa; seit 1983 lebte sie in Berlin, wo sie als Spanischlehrerin, Drehbuchautorin, Korrespondentin und Mitarbeiterin beim Rundfunk, unter anderem RIAS Berlin, arbeitete; 1995 kehrte sie nach Buenos Aires zurück.

Werke:

Ser mujer en el Perú (Essay; zusammen mit Ana María Portugal). Lima: Ediciones Mujer y Autonomía 1978.
Chau Pinela (Erzählungen). Lima: Ediciones Tigre de Papel 1988.
Come, éste es mi cuerpo. 30 textos eucarísticos (Reflexionen rund ums Essen). Buenos Aires: Ediciones Ultimo Reino 1991.
Tanta vida (Prosa). Buenos Aires: Ediciones Simurg 1998.

Sekundärliteratur:

Esther Andradi. In: Erna Pfeiffer (Hg.): *AMORica Latina. Mein Kontinent – mein Körper. Erotische Texte lateinamerikanischer Autorinnen*. Wien 1991, S. 269–271.

Jorge Avila (geb. 1957 in Pamplona/Kolumbien) studierte an den Universitäten von Bogotá, Complutense von Madrid, Salamanca und an der Freien Universität von Berlin Literatur, Philosophie und Kunstgeschichte; lebt seit 1988 in Berlin als freier Schriftsteller und Journalist, wo er eine Zeitlang von einem Stipendium des Berliner Senats für Schriftsteller lebte. Seit seinen Gymnasiumsjahren schreibt er, und veröffentlicht seine Gedichte in den Kulturbeilagen der angesehensten kolumbianischen Zeitungen *El Tiempo* und *El Espectador*. Zur Zeit arbeitet er an der spanischen Übersetzung von Gedichten von Georg Heym und Thomas Bernhard.

Gedichte:

»Poemas«. In: *Pluma* Nr. 34 (1982).
»Poemas«. In: *Intermedio* (1982).
»Poemas«. In: *Punto de Partida* Nr. 5 (1984).
»Poemas«. In: *Poesie Presente. La Nouvelle Poesie Colombienne*. Hg. Brian Mallet. Paris: Centre National des Lettres 1984.
La Alquimia de la Hidra. Bogotá: Editorial Ulrika 1985.
»Poemas«. In: *Ulrika* Nr. 9 (1985).
»Poemas«. In: *El Espectador* (1985).
Fragmente. Poemas. In Zusammenarbeit mit Inken Reinert (Grafiken) und Detlev Beck (Gestaltung). Berlin 1985.
»Poemas«. In: *Antología. Panorama Inédito de la Nueva Poesía en Colombia*. Hg. Santiago Mutis. Bogotá 1986.
»Poemas«. In: *El Tiempo* (1985–1987).
»Poemas«. In: *Puesto de Combate* (1987).
»Gedichte«. In: *Dann fliegt mein Gefiedertes Herz*. Hg. Wolfgang Eitel/ Esther Muschelknautz/Jorge Avila. München: Piper 1992.
»Gedichte«. In: *Lust an der Liebe. Ein Lesebuch*. Hg. Uwe Heldt. München: Piper 1994.

Sekundärliteratur:

Carvajal, Alfonso: »La alquimia de la hidra«. *El Tiempo* (Bogotá) April 1986.

Nora Becker Alvarez (geb. 1949 in Dalcahue auf der Insel Chiloé/Chile) als neuntes von zwölf Kindern geboren. Ihr deutscher Urgroßvater war im 19. Jahrhundert mit seiner Familie nach Chile ausgewandert. Ihr Studium wurde durch den Militärputsch 1973 beendet, die Universität geschlossen und sie auf Grund ihres sozialpolitischen Engagements inhaftiert. Im Juni 1976 kam sie nach zweieinhalbjähriger Haft mit ihrem Sohn und dem damaligen Ehemann durch die Initiative von Amnesty International als politischer Flüchtling in die BRD, wo sie Asyl erhielten. Nach dem Sprachkurs studierte sie Pädagogik, später machte sie eine Ausbildung als EDV-Organisatorin; arbeitete in der Drogenprävention, organisierte Frauenwochen, war Verlagsassistentin und hatte Lehraufträge an der Universität Bremen, u.a. für Kreatives Schreiben; diverse kulturelle und journalistische Aktivitäten; u.a. Arbeiten für die dpa-Hamburg; siebenteilige Produktion über die Inselwelt von Chiloé für den Südwestfunk; Mitbegründerin der mehrsprachigen Zeitschrift *Contrapunto*. Außerdem: Kreativitätstraining, Übersetzungen, Besprechungen von Kunstausstellungen, Vorträge und Lesungen.

Werke:

Drei Erzählungen. In: *abbant vers*. Liège/Belgien 1979.

Aufsatz und zwei Kurzgeschichten. In: *Erzählen, die Wiederentdeckung einer vergessenen Kunst*. Hg. J. Merkel/M. Nagel. Hamburg, ohne Verlagsangabe 1982.

Aufsatz. In: *Dokumentation der I. Bremer Frauenwoche*. Hg. Verein Frauen lernen gemeinsam e.V. Bremen 1983.

Aufsatz. In: *Materialen zur Initiative und Dokumentation des Jugendforums »Stoppt die Alkohol und Tabakreklame!«* Bremen 1986.

»Entdeckungsreisen« (Erzählung). In: *Contrapunto* (1991–1992).

Poesie. Bremen: Edition Brauer 1992.

Die Geister leben um die Ecke/Los fantasmas viven en la esquina (Kurzgeschichten, zweisprachig.). Bremen: Edition Brauer 1994.

Die Bremer Stadtmusikanten und ihre ungewöhnliche Reise zum Glück. Bremen: Edition Brauer 1995 (als interaktive CD-Rom herausgegeben, mit Fotos von Gustav Brauer und Musikkompositionen von Tilman Purrucker).

Sekundärliteratur:

Anonym: »Die Neo-Kolonisatorin in uns. Eine Auseinandersetzung mit äußeren Bildern (Dias) und inneren Bildern mit der Chilenin Nora Becker«. In: *Wuppertaler Frauenzeitung* April-Juni 1992; Anonym: »Die Ungewißheit ist wieder da. Nora Becker las im Kulturspeicher«. In: *Ostfriesen-Zeitung* 8. 12. 1992; Anonym: »Poesía de la diáspora. Nora Becker, poetisa de Bremen«. In: *El Chileno* 23. 9. 1994; Anonym: »Reise mit Stadtmusikanten. Eine Sight-Seeing-Tour durch Bremen mit Nora Becker Alvarez«. In: *Weser Kurier* 15. 12. 1995; Anonym: »Die Bremer Stadtmusikanten«. In: *Wirtschaft in Bremen* 6 (1998); Anonym: »Vom Schreiben einer Biographie: Die Autorin Nora Becker Alvarez zeigt, wie's geht«. In: *Mallorca Magazin. Die deutsche Wochenzeitung* 2. 5. 1998; Anonym: »Nora Becker Alvarez zu Gast bei ›Menschen an der Weser‹«. In: *Weser Report* 21. 10. 1998; Dalichow, Irene: »Feuerwerk der Kreativität«. In: *Esotera* Juni 1996; Fiedler, Katja: »Lateinamerikanische Autoren«. In: *taz hamburg* 7. 7. 1997; Hillebrand, Birgit: »Als Vorlage dient ein Familienfoto. Kreatives Schreiben bei Nora Becker Alvarez«. In: *Kurier am Sonntag* (Weser-Kurier) (Bremen) 13. 7. 1997; Maidt-Zinke, Kristina: »In jedem Land gibt es viele Länder (über ihr Buch *Die Geister...*)«. In: *Weser Kurier* 23. 11. 1994; Naujok, Ingrid: »Poesie von Nora Becker«. In: *Kreiszeitung Syke* 10. 12. 1992; Rhode, Eva: »Chiloé liegt bei Feuerland (über ihr Buch *Die Geister...*)«. In: *taz* Bremen 31. 1. 1995; Schulz, Peter: »Bücher aus und über Bremen«. In: *Brillant* 7 (1996); Schumann, Frank: »... und immer wieder rufen in der neuen Heimat die Geister der alten Welt. Nora Becker Alvarez floh vor 22 Jahren aus Chile in die Hansestadt«. In: *Die Welt* 29. 6. 1998; Werner, Petra: »Schmerz den ich ansehe – Freude die ich umarme. Die Chilenin Nora Becker schreibt ihre Poesie auch in der Sprache des Exils«. In: *Stimme*, o.A.; Dies.: »Stadtmusikanten erreichen Bremen mit Rotenburger Unterstützung«. In: *Rotenburger Kreiszeitung* 20. 6. 1996.

Carlos Cerda (geb. 1942 in Santiago de Chile) studierte Geisteswissenschaften und Theater; langjähriger Redakteur von *El Siglo*, der Zeitung der Kommunistischen Partei Chiles; verläßt wegen des Staatsstreiches von 1973 das Land; lebte von 1973 bis 1985 in Ostberlin und promovierte an der Humboldt Universität in Literatur, dort unterrichtete er von 1979 bis 1984 Lateinamerikanische Literatur. Als die Demokratie in seiner Heimat wiederhergestellt war, kehrte er 1985 nach Chile zurück, wo er unter anderen an der Theaterschule an der Katholischen Universität von Chile lehrte.

Werke:

El leninismo y la victoria popular (Essay). Santiago ohne Verlagsangabe 1971.

La noche del soldado (Theater). Dresden 1976.

Encuentro con el tiempo (Erzählungen). Berlin 1976. – *Begegnung mit der Zeit*. Berlin: Aufbau 1976.

Pan de pascua (Roman). Berlin 1978. – *Weihnachtsbrot*. Berlin 1978.

Abril tiene treinta días (Filmdrehbuch). Berlin 1978.

Lo que está en el aire (Theater). Santiago: Editorial Sin Fronteras 1986.

Por culpa de nadie (Erzählungen). Santiago: Galisnost 1986.

José Donoso: originales y metáforas (Essay). Santiago 1988.

Este domingo (Theater, in Zusammenarbeit mit dem Autor des gleichnamigen Romans, José Donoso). Santiago: Andrés Bello Editor 1990.

Morir en Berlín (Roman). Santiago: Planeta 1993. –

Santigo – Berlin, einfach. München: Luchterhand 1995.
Primer tiempo (Erzählungen). Santiago: Andrés Bello Editor 1995.
Una casa vacía (Roman). Santiago: Alfaguara 1996.
Sombras que caminan (Roman). Santiago: Alfaguara 1999.

Sekundärliteratur:

Díaz, Nelson: »Con el novelista Carlos Cerda. ›Escribo para conmover‹«. In: *El País* (Montevideo) 20. 2. 1998; Encke, Julia: Verbannt ins Paradies. In: Rastros o.J; Olguín, Sergio S.: »El tema del exilio. Chile y los años oscuros, en un relato conmovedor«. *La Nación* (Buenos Aires) o.J; Scharff, Anna María: »Morir en Berlín«. In: *Chasqui* 2/1998; Töpferwein, Gabi: »Sterben in Berlin«. In: *Quetzal Frühling* 1996.

Luis Fayad (geb. 1945 in Bogota/Kolumbien) studierte in seiner Heimat Soziologie und dann Kunstgeschichte an der Sorbonne/Paris; verbrachte einige Jahre in Paris, später in verschiedenen Städten Spaniens, bis er 1986 auf eine Einladung des DAAD, nach Berlin kam; arbeitete als Journalist, Sprachlehrer; Lesungen und Vorträge in Kulturzentren und Universitäten; Mitarbeiter verschiedener Organisationen, zum Beispiel des »Hauses der Kulturen der Welt«; hervorragender literarischer Übersetzer, übersetzte z. B. *Traumbilder und Lieder* von Heinrich Heine, ins Spanische, erschienen in einer zweisprachigen Ausgabe mit seinem Vorwort und Anmerkungen.

Werke:

Los sonidos del fuego (Erzählungen). Bogota: Ediciones Testimonio 1968.
Olor de lluvia (Erzählungen). Medellin: Ed. La Pulga 1974.
»Erzählungen«. In: *Guerrilla-Erzählungen aus Kolumbien.* Hg. Peter Schultze-Kraft. Frankfurt a. M.: Fischer 1977.
Los parientes de Ester (Roman). Madrid: Ediciones Alfaguara 1978. – *Auskunft über Esters Verwandte.* Bornheim-Merten: Lamuv 1987.
»Erzählungen«. In: *Kinder sind auf der Welt, um glücklich zu sein.* Frankfurt a. M.: Fischer 1981.
»Erzählungen«. In: *Der Tag, an dem wir die Waffen vergruben.* Hg. Peter Schultze-Kraft. Frankfurt a. M.: Eichborn 1982.
»Erzählungen«. In: *Lesebuch Dritte Welt.* Wuppertal: Peter Hammer 1984.
Una lección de la vida (Erzählungen). Bogota: El Ancora Editores 1984.
»Erzählungen«. In: *Das Lied des Feuers.* München: Piper 1988.
»Erzählungen«. In: *Der Paradiesbaum.* Zürich: Ammann 1988.
Compañeros de viaje (Roman). Bogota: Tercer Mundo Editores 1991.
»Erzählungen«. In: *Die verdammte Inspiration.* Berlin: Volk & Welt 1992.
La carta del futuro – El regreso de los ecos (Zwei Erzählungen). Medellin: Editorial Universidad de Antioquia 1993.
Eine Blume auf dem Platz des schönen Todes. Erzählungen aus dem peruanischen Alltag. Hg. Luis Fayad/Kurt Scharf. St. Gallen: Edition diá 1994.
Un espejo después (Erzählungen). Bogota: El Ancora Editores 1995.
»Erzählungen«. In: *Erzählungen aus Spanisch Amerika: Kolumbien.* München: dtv 1997.

Sekundärliteratur:

Acosta Peñaloza, Carmen Elisa: »Calidoscopio en blanco y negro. Compañeros de viaje«. In: *Boletín Cultural y Bibliográfico.* Vol. 28, Nr. 27, 1991; Arévalo, Guillermo Alberto: »Destino: la ciudad«. In: *Semana* 96, 12. 3. 1984; Ders.: »Luis Fayad, narrador de lo contemporáneo«. In: *La novela colombiana ante la crítica 1975–1990.* Hg. Luz Mery Giraldo B. Santafé de Bogotá: Editorial Facultad de Humanidades 1994. S. 243–257; Ayala Poveda, Fernando: In: *Novelistas colombianos contemporáneos.* Bogotá: Universidad Central 1982. S. 159–180; Cadena Silva, Claudia: »La lectura de un malentendido. Compañeros de viaje «. In: *Boletín Cultural y Bibliográfico* Vol. 28, Nr. 28, 1991; Contreras, Julio: »Luis Fayad. La literatura como un acto íntimo y solitario«. In: Fin de siglo: narrativa colombiana. Hg. Luz Mery Giraldo. Santafe de Bogotá: Editorial Facultad de Humanidades 1995. S. 297–312; Díaz Granados, José Luis: » Los parientes de Ester «. In: *Magazin Dominical, Tiempo,* o.J; Eitel, Wolfgang: Zwischen Resignation unf Hoffnung. Das andere Kolumbien: Luis Fayads Roman »Auskunft über Esters Verwandte«. In: *Basler Zeitung* 14. 7. 1987; Escherig, Ursula: »Berliner auf Zeit: Luis Fayad. Schriftsteller aus Kolumbien«. In: *Tagesspiegel* Nr. 13357; Fayad, Luis (Gastkommentar): »Schau mal, ein Berliner!« In: *Berliner Zeitung* 11. 9. 1993; Gilard, Jacques: »Hacia los parientes de Ester«. In: *Semanario Cultural* 6. 5. 1989; Giraldo de Jaramillo, Luz Mery: »La novela urbana en Colombia o la conciencia del presente«. In: *Universitas Humanística* 81, nov. 1982; Hernández, David: » Luis Fayad y sus parientes «. In: *ila latina* Nr. 26, Mai 1998; Horstmann, Ulrich: »Reich der Illusionen. Luis Fayads Gesellschaftkritik aus Kolumbien«. In: *Kölner Stadt Anzeiger* 16. 10. 1987; Irro, Werner: »Einfache Geschichten. Luis Fayads *Auskunft über Esters Verwandte*«, In: *FR* 11. 4. 1987; Jessen, Jens: »Intrige, Schnorrertum, Völlerei. Ein Roman des Kolumbianers Luis Fayad«. In: *FAZ* 24. 7. 1987; Jung, Rosemarie: »Una lección de vida. Der kolumbianische Autor Luis Fayad liest in der daad-Galerie«. In: *taz* 13. 5. 1987; Kerscher, Rudolf: »Los parientes de Ester«. In: *Hispanorama* Nr. 51; Koberg, Evelina: »Dichter aus Kolumbien: Humorvolle Entzauberung« In: *NZ* (Wien) 21. 1. 1988; Lock, Birte: »Auskunft über Esters Verwandte«. In: *Zitty* (Berlin) 24. 9. 1987; Rama, Angel: »Los contestatarios del poder«. In: *Quimera* julio-septiembre 1981; Schmitt, Hans-Jürgen: »Macht Hunger alle gleich?

Ein Roman aus Kolumbien«. In: *SZ* 22. 8. 1987; Thomas, Christian: »Luis Fayad: Auskunft über Esters Verwandte«. In: *Stadtblatt Münster* 11; Trujillo, Luisa Fernanda: »La presencia de la ausencia en ›Los parientes de Ester‹«. In: *Magazín Dominical* (El Espectador) 13. 5. 1984; Valderrama, Jorge: »Tres contrastes literarios y otros también«. In: *Vanguardia dominical* (Bucaramanga) 27. 7. 1980; Williams, Raymond L.: Entrevista a Luis Fayad. In: *Revista de Estudios Colombianos* 2/1987; Wischmann, Christine: »Roman vom Alltag der Kleinbürger in Kolumbien. Trostlosigkeit und viele Tassen Kaffe«. In: *Volksblatt Berlin* 30. 8. 1987.

Irma Berenice González de Jahn (geb. 1965 in Guadalajara/Mexiko) »Licenciada en Letras Hispánicas« (etwa: Staatsexamen in Hispanischer Literatur). 1989 führte sie die zu einem ihrer deutschen Sprachschüler entflammte Liebe in das Rhein-Main-Gebiet, wo sie neun Jahre blieb und wo sie Spanisch unterrichtete. Sie hat drei Kinder und ist inzwischen mit ihrer Familie nach Lateinamerika zurückgekehrt. Sie hat begonnen zu schreiben, als sie achtzehn Jahre alt war; gründete in Frankfurt mit anderen Lateinamerikanerinnen die literarische Werkstatt »Voces latinas«.

Werke:

De mi boca sale una brisa (Gedichte). Guadalajara: Editorial Conexión Gráfica 1992.

Poemas – Gedichte (zweisprachig). In: *ila* Nr. 170, Nov. 1993.

Como abril el agua (Gedichte). Guadalajara: Talleres de Cedec 1997.

Sekundärliteratur:

»Dos poetas tapatíos ... Imágenes y palabras«. In: *El Informador* (Guadalajara) 21. 5. 1994; Gómez, Alana: De su pluma sale. In: *Siglo 21* 23. 5. 1993; Suárez, Arturo: Vía de anhelos inconclusos en Berenice González. In: *El Occidental* (Guadalajara) 26. 7. 1988; Ders.: De su boca sale la poesía. In: *Trashumancia* Mayo-Agosto 1994.

David Antonio Hernández Santos (geb. 1955 in San Salvador/El Salvador) studierte Wissenschaftstheorie, Literatur, Mathematik und Englisch, schließlich Agrarwissenschaften; ging 1977 mit der politisch motivierten Schließung der Universität nach Rußland, wo er als Agraringenieur arbeitete; 1988 Stipendium für ein Studium an der Universität Hannover; seit 1994 schreibt er an seine Doktorarbeit: »Die deutsche Anthropologie und die präkolumbianischen Kulturen in Mesoamerika«; Mitbegründer der Zeitschrift *La Cebolla Púrpura* (1971), *Poder Estudiantil* (1971), *Brecha* (1975); vier wichtige Literaturpreise; u.a den zweiten Preis »Ramón del Valle Inclán« (1990) – vom Instituto de Cooperación Iberoamericana und vom Editorial Universitaria Centroamericana für seinen Roman *Salvamuerte*; spricht oder liest außer seiner spanischen Muttersprache Russisch, Deutsch, Englisch, Italienisch, Französisch und Latein.

Werke:

Poemas dispersos e inconclusos (Gedichte). San José: Universidad de Costa Rica 1975.

En la prehistoria de aquella declaración de amor (Gedichte und Erzählungen; Übersetzt auf Russisch, Ukrainisch und Italienisch). San Salvador: Editorial Taller de los Vagos 1977.

»Poemas«. In: *Poesía joven de América Latina*. La Habana: Casa de las Américas 1978.

»Poemas«. In: *La novísima poesía latinoamericana*. Hg. Jorge Boccanera. México: Editores Mexicanos Unidos 1979.

»Poemas.« In: *Poesía amorosa en América Latina*. Hg. Jorge Boccanera. México: Editores Mexicanos Unidos 1980.

»Poemas«. In: *Poesía rebelde en América Latina*. Hg. Jorge Boccanera. México: Editores Mexicanos Unidos 1981.

»*Gedichte*« und Fragment des Romans *Salvamuerte*. In: *Auf nach Lyropa*. Anthologie. Hg. David Antonio Hernández Santos. Hannover: Dachluke 1989.

Salvamuerte (Roman). San Salvador: UCA Editores 1992. – *Salvamuerte. Affairen der Liebe und eines kleinen Krieges*. London: The World of Books 1993.

»Hannoversche Zwischenstation« (Gedicht). In: *StadtAnsichten* (1994).

Ein Hannover-Kaleidoskop. Hannover: Sache und Heinzelmann 1994.

»El Salvador: Exil und Literatur« (Essay). In: *Mittelamerika: Abschied von der Revolution?* Hg. Rafael Sevilla und Edelbert Torres Rivas. Bad Honef: Horlemann 1994.

Putolión (Roman). San Salvador: UCA Editores 1995.

Alexander von Humboldt, die andere Suche nach El Dorado und weitere Essays über die zeitgenössische *lateinamerikanische Literatur* (Essays). London: The World of Books 1996.

Sekundärliteratur:

Anonym: »Destrucción de un libro provoca polémicas en El Salvador«. In: *El Diario de Hoy* 8. 11. 1995; Góchez, Rafael Francisco: »Salvamuerte. Más que un viaje inútil, una novela«. In: o. J. und Ort; Quintana Díaz, Hernán: »El caso Putolión o la sacrilega página 177. In: *El Colibrí* 6 (1996); Rivera, Francisco: »›Salvamuerte‹, una novela de David Hernández«. In: o. J. und Ort; Roeder, Stephanie: »Salvadoreño publica en Alemania libro sobre Humboldt«. In: *Diario Latino, Suplemento Cultural Tres Mil* (San Salvador) 7. 12. 1996; Verschiedene Autoren: »Drei Seiten über die Zensur und Vernichtung des Romans Putolión«. In: *Diario Latino, Suplemento Cultural Tres Mil* (San Salvador) 18. 11. 1995.

Raúl de la Horra (geb. 1950 in Guatemala Stadt) von Beruf Psychologe; studierte in seiner Heimatstadt und später in Paris, wo er sich auf Sozialpsychologie spezialisierte; lebte insgesamt 18 Jahre in Frankreich, unterbrochen durch einen Lehrauftrag an der Universität Leipzig (1984–1990) und eine Tätigkeit als Korrektor in einem Berliner Verlag; seit 1996 in München Psychotherapeut für Exilierte, die Opfer von Folterungen waren; Chefredakteur der zweisprachigen Münchner Zeitschrift *El Colibrí*; Mitglied von ALAM.

Werke:

Se acabó la fiesta (Roman). Guatemala Stadt: Editorial Artemis & Edinter 1996.
»Pasiones públicas de un romántico« (Essay). In: *El Colibrí* 10 (1998).
»El orangután lingüista« (Erzählung). In: *El Colibrí* 9 (1998).
»Las entrañas del poder« (Erzählung). In: *Alamedas*. Hg. ALAM. München: Editorial Quinde 1998.

Sekundärliteratur:

Anonym: »Historia picaresca«. In: *El Colibrí* 8 (1997); Horra, Raúl de la: »Algunas consideraciones onanísticas sobre ›Se acabó la fiesta‹«. In: *Rastros* 56 (Okt.-Dez. 1998); Stefanovics, Tomás: »Se acabó la fiesta«. In: *Hispanorama* 78 (Nov. 1997).

Walter Lingán (geb. 1954 in San Miguel de Pallaques/Cajamarca/Peru) studierte in Lima und in Köln Medizin; arbeitet in der Radiologie-Abteilung der Universitätsklinik Köln. Da Peru einige harte und diktatorische Regierungen hatte, mußte Lingán für fast sechs Monate ins Gefängnis. Er hat mitgewirkt bei Gründungen von Zeitschriften, wie *El Obrero*, wo Lingán seine ersten Gedichte und kulturellen Beiträge veröffentlicht hat. Lingán nahm aktiv teil an dem »Grupo Artístico Popular César Vallejo«. Er ist Mitglied der Redaktionsgruppe der Zeitschrift *Ila-Latina* und hatte die Idee 1997 die Gruppe ALA, »Autores Latinoamericanos de Alemania«, eine Art Dachorganisation, zu gründen. Einige Literaturpreise u. a. den ersten Preis im Internationalen Erzählungswettbewerb »José María Arguedas«, 1988 Paris; im Internationalen Dichterwettbewerb »Josafat Roel Pineda« 1988 Lima usw.

Werke:

El amor también es subversivo (Gedichte). Lima: Ediciones Arte 1986.
»Un caballo y su espuela me cabalgan« (Erzählung). In: *Escritores peruanos*. Hg. Jorge Tafur. Paris 1992.
»La danza de la viuda negra« (Erzählung). In: *Nouvelles d'ailleurs*. Hg. Isabel Soto. Paris 1993.
Por un puñadito de sal (Roman). Lima: Editora Magisterial 1993.
»Escandalosas reflexiones de un joven casi decente« (Erzählung). In: *Ediciones del V Centenario*. Hg. Deutsch Spanischlehrerverband, Nürnberg 1995.
»Rayas sobre un papel privado« (Erzählung). In: *ila latina* 14 (1995).
El lado oscuro de Magdalena (Roman). Trujillo, Peru: Rada Ediciones 1996.
»Sal y canela sobre una silla« (Erzählung). In: *De botellas y náufragos*. Hg. Francisco Afilado. Madrid 1996.
Los tocadores de la pocaelipsis – Die Musikanten der Pokaelypse (zweisprachig). Bonn: Ila (1997).

Sekundärliteratur:

gmz: »Literaturfest Südamerika machte die Literatur zum Gespräch. Lesung von Walter Lingán provozierte im Gebrüder-Busch-Theater«. In: *Siegener Zeitung* 19.11.97; Quintana Díaz, Hernán: »Dioses y demonios del Marañón. El lado oscuro de Magdalena«. In: *matices*, Nr. 12, Winter 1996; Ders.: »Götter und Dämonen des Marañón«. In: *El Rincón del Lector* Nr. 7, enero/febrero 1997; Tafur García, Jorge: »Los modelos indieros de Magdalena«. In: *ila latina* Nr. 25, febr. 1998; Wollenhaupt, Annette: »An die Grenzen von Sprache gestoßen – aber es bleibt die Musik«. In: *FR* 12. 6. 1997.

Isabel Lipthay (geb. 1951 in Santiago de Chile) ist in Südchile unter den Nachkommen von im letzten Jahrhundert eingewanderten Deutschen aufgewachsen, hat aber nicht deutsch gelernt; studierte an der Katholischen Universität bzw. an der Universität von Chile Journalismus und Gesang; Kulturjournalistin für Fernsehen, Radio und viele Zeitschriften; veröffentlichte ca. 1000 Artikel für deutsche Zeitschriften über Literatur, Musik, Theater, Folklore usw.; kam 1983 aus politischen Gründen nach Deutschland, wo sie in Münster Publizistik, Soziologie und Romanistik studierte. Erster Preis in der »2. Münsterschen Literaturmeisterschaft« mit der Erzählung »Die Begegnung«. Viele ihrer Texte sind von ihr selbst vertont, und sie singt ihre Kompositionen und auch andere lateinamerikanische Folklore-Lieder mit ihrem deutschen Mann, mit dem sie seit 1986 als das »Duett Contraviento« auftritt. Außerdem hat sie Theater gespielt, die Musik für ein Theaterstück komponiert (*Pumpenhaus*, von Jorge Díaz), Musikunterricht gegeben, usw.

Werke:

Seltsame Pflanzen und andere Lebensbilder. Curiosas plantas y otros sueños (Erzählungen und Gedichte, zweisprachig). Münster: Unrast 1995.
»Karrusel der verlorenen Ilusionen« (Essay). In: *UniKunstKultur* (1997/98), S. 45.
»Blau und Weiß«. In: *ila* 203 (1997) S. 21.
»Azul y blanco«. In: *ila* (1997).
»Ein Kongreß über Gedichte?« (Essay) In: *Lateinamerika Nachrichten* Nr. 271 (1997).
»Die friedliche Erstürmung von Eugene«. In: *ila* 202 (1997) S. 65–66.
»Wenn ein ganzes Volk aus Chile im deutschen Klassenraum tanzt« (Essay). In: *Entwicklungsland D.* (1998).

Die Begegnung – Aquel encuentro (18 Erzählungen, zweisprachig). Münster: Unrast 1998.

Sekundärliteratur:

Anonym: »In der ›Brücke‹ stellte Isabel Lipthay ihr erstes Buch vor. Seltsame Pflanzen: Diktaturen, Rassismus und Frausein«. In: *MZ* 30.10.95; Anonym: »Texte lateinamerikanische AutorInnen in Deutschland. Isabel Lipthay«. In: *ila-latina* Sept. 1995; dfu: »Leben zwischen Chile und der Wahlheimat. Isabel Lipthay präsentierte ihr erstes Buch«. In: *Stadt Münster* 1. 11. 1995; Leisten, Georg: »Münstersche Literaturmeisterin Isabel Lipthay«. In: *Stadt Münster* 12. 10. 1997; Miklis, Claudia: »Ein Leben zwischen zwei Kulturen. Isabel Lipthay liest morgen abend in der Stadtbücherei«. In: *WN* 9. 10. 1997; Petersen, Kathrin: »Kampf um den Titel war reine Frauensache«. In: *Stadt Münster*; o.J; Villanueva Cruz, Ricardo: »Pflanze mit zwei Wurzeln. Isabel Lipthay, chilenische Autorin in Münster«. In: *Stadt Münster* 12/1998.

Patricia Lladó (geb. 1952 in Buenos Aires), lebte in der Umgebung der argentinischen Hauptstadt unter deutschen Einwanderern und gewöhnte sich sehr gut an ihre Gewohnheiten und an die Sprache; lebt seit 1991 mit ihrem deutschen Mann in der Nähe von Frankfurt; studierte Psychologie und Journalismus; arbeitet als Psychologin (gemischte Ehen, Frauengruppen, Rassismus) und als Korrespondentin für die Deutsche Welle und andere Rundfunkanstalten.

Werke:

Alas en valijas. Poemas en el exilio (Gedichte). Wiesbaden: Club de Libro Ediciones 1998.

Carlos Mazuré (geb. 1954 in Lima/Peru) studierte Physik an den Universitäten von Lima, Grenoble und München; durch seine Arbeit oft unterwegs, kam er mit verschiedenen Kulturen in Asien, Amerika und Europa in Berührung; lebte in Besançon, Grenoble, München (1980), Austin und New York, seit 1994 wieder in München; seit 1978 wissenschaftliche Arbeiten in Fachzeitschriften; 1997 dritter Preis im »International Amateur Poetry Competition«, Kent/England, mit einem englischen Gedicht; Mitglied von ALAM.

Werke:

Eva, dónde estás? (Gedichte). München: Edition Quinde 1998.
»San Francisco Ephemerals« (Gedicht). In: *A Quiet Storm*. Hg. Tiffany Piper. Kent 1998.
Prosa und Gedichte. In: *Alamedas*. Hg. ALAM. München: Edition Quinde 1998.

Olga Lucía Obando Salazar (geb. 1959 in La Virginia/Risaralda/Kolumbien) ist Psychologin, diplomierte Musikpädagogin und hat einen Magister in Erziehungswissenschaft; promoviert zur Zeit über »Antirassistische Arbeit mit jungen Frauen«; hat schon in ihrer Heimat als Psychologin gearbeitet; 1988 Forschungs-Stipendium vom Katholischen Akademischen Auslandsdienst; seit 1992 Dozentin, Forscherin und Vortragende in verschiedenen Institutionen; Mitglied in der Gruppe »Canto de Flores«.

Werke:

Gedichten und Erzählungen (zweisprachig). Hg. Schreibwerkstatt »Blumengesänge«. In: *Wieder-Erzählungen und Kaleidoskope*. Berlin 1995.
»Reise in die Unterwelt« und »Irreversible Spiegel« (zweisprachig). Hg. Schreibwerkstatt »Blumengesänge« und »El Patio«. In: *Tatort U-Bahn*. Berlin 1995.
»Poesías« (zweisprachig). Hg. Schreibwerkstatt »Blumengesänge« In: *Palabras de Fiesta I*. Berlin 1997.
Poesía y prosa. Berlin: Eigenverlag 1997.
»Poesías« (zweisprachig). Hg. Schreibwerkstatt »Blumengesänge«. In: *Palabras de Fiesta II*. Berlin 1998.
»Poesías«. Hg. Thomas Harwick. In: *Tercer encuentro de poetas en Berlín*. Berlin: Trilce Gesellschaft 1998.

Essays (Auswahl):

»Der Machismus in Kolumbien; Macht unter Frauen«. Hg. Arbeitsstelle Dritte Welt-Technische Universität. In: *Dokumentation des autonomes Frauenseminars Feminismus-Sexismus-Rassismus*. Berlin 1990.
»Ausstellung über die Bildungssituation in Ländern der sogenannten Dritten Welt«. Hg. Katholischer Akademischer Ausländer-Dienst. Bonn: *KAAD Korrespondenz* 1991.
»Der heiße Wind meiner Stadt«. Hg. Katholischer Ausländer-Dienst. In: *KAAD Korrespondenz*. Bonn 1991.

Luis Pulido Ritter (geb. 1961 in Panama Stadt) studierte dort Soziologie, machte später seinen Master an der Universität Nanterre, Paris, und seinen Doktor in Soziologie und Philosophie an der Freien Universität Berlin; zwei Jahre lang Lehrbeauftragter an der Universität von Panama, später Dozent in Berlin (für Literatur und politisches Denken in der Karibik); unterrichtet zu Zeit Kultur, Literatur und politisches Denken in Lateinamerika an der Universität Potsdam; gründete 1981 die Zeitschrift *Re-Vista* in Panama und war deren Direktor bis 1986; lebt seit in Berlin.

Werke:

Los dioses del Caribe abandonan el museo (Essay). Panama: Universidad de Panamá 1997.
Matamoscas (Gedichte). Berlin: Ediciones Visión 1997.
Recuerdo Panamá (Roman). Madrid: Olalla Ediciones 1998.

Sekundärliteratur:
Sañudo, Raquel: »Un recuerdo de Panamá en los años 70, escrito desde Berlín. La búsqueda de nosotros mismos«. In: *Chasqui*, Septiembre 1998.

José Pablo Quevedo (geb. 1945 in Catacaos/Peru) begann seinen künstlerischen Werdegang in den 70er Jahren in Lima und setzte ihn in der DDR fort, wohin er 1976 auf Einladung des Kulturministeriums ging; Detuschstudium am Herder-Institut in Leipzig und Philosophiestudium an der Humboldt-Universität zu Berlin; 1989 Promotion über den peruanischen Philosophen José Carlos Mariátegui; freiberuflicher Schriftsteller, Journalist, Hörspielautor und Übersetzer; organisiert Lesungen und Ausstellungen; seit zehn Jahren auch als plastischer Künstler tätig; 1992 und 1993 Gastdozentur in Kulturwissenschaften an der Humboldt Universität; gründete die Gruppe »Melo-Poe-Fant« und organisiert die Berliner Dichterbegegnungen.

Werke:
Torsos y piedras (Gedichte. Mit Illustrationen des Autors). Trujillo 1994.
»Gedichte«. In: *Melo-Poe-Fant*. Berlin 1995.
Immer ein anderer. Gedichte aus drei Jahrzehnten. Berlin 1996.
Der Kontinent der Sonne (Hörspiel). Berlin 1997.
»Gedichte«. In: *Sismo Poético Resistente – Poetisches Beben Widerstand* (zweisprachig). Hg. Gruppe Melo-Poe-Fant. Berlin 1997.
»Die Feder der Schnecke« (Essay). In: *Tranvia* 50 (Sept. 1998).

Sekundärliteratur:
Anonym: »Los torsos y las piedras de José Pablo Quevedo«. In: *Nuevo Norte* 18. 7. 1995; Cortez, Juan Félix: »El escritor José Pablo Quevedo«. In: *Nuevo Norte* 18. 3. 1997; Dill, Hans Otto: »Sobre cuerpos y minerales«. In: *Nuevo Norte* 19. 7. 1995; Grunow, Karen: »Steine spielen zentrale Rolle«. In: *Zeitung Oranienburg* 10. 12. 1996; Dies.: »Spanische Poesie ganz philosophisch«. In: *Neues Deutschland* 11. 12. 1996; Schirmacher, Dietlinde: »José Pablo y sus Torsos y Piedras«. In: *Entreletras* 28. 8. 1994; Torres, Hermes: »Poemario de José Pablo Quevedo fue traducido al alemán«. In: *Nuevo Norte* 16. 8. 1996; Warschat, Petra: »Kämpferische Poesie. ›Immer ein anderer‹ – ein neuer Gedichtband von José Pablo Quevedo«. In: *Neues Deutschland* 17. 9. 1996.

Teresa Ruiz Rosas (geb. 1956 in Arequipa/Peru) besuchte die Peruanisch-Deutsche Schule »Max Uhle« ihrer Geburtsstadt, entdeckte sehr früh die Literatur in der Buchhandlung ihrer Eltern; studierte drei Semester Sprachwissenschaft und Literatur; erste Europa-Reise; verbrachte drei Jahre in Budapest als Stipendiatin; es folgte ein Jahr »im wilden Westen Europas« (Ibiza, Paris, Genf, Brüssel wo sie von baby-sitting bis Modellsitzen für Malerei gejobt hat), Studium in Barcelona (Diplom Übersetzerin); seit 1985 Direktorin des »Instituto Cultural Peruano-Alemán«, später Assistentin des Rektors der Universität Arequipas; zwischen 1987 und 1989 zweimal DAAD-Stipendium, Lehrbeauftragte am Romanischen Seminar der Universität Freiburg und vier Semester lang Lektorin für lateinamerikanisches Spanisch; seit 1993 freie Mitarbeiterin bei einigen Rundfunkanstalten, speziell bei der Deutschen Welle; erster Preis der peruanischen Stiftung »Alfonso Bouroncle Carreón«; 1994 zweiter Preis für Romane »Herralde« in Spanien und den zweiten Preis Tigre Juan, Oviedo, Spanien.

Werke:
Dios te salve (Erzählung). In: *Cuentan las mujeres.* Hg. José Adolph. Lima: Goethe Institut 1986.
»Erzählung«. In: *Ufer der Sehnsucht.* Hg. Leopoldo Chariarse. Düsseldorf: GGF 1988.
El desván (Erzählungen). Arequipa: La Campana Catalina 1989.
El copista (Roman). Barcelona: Editorial Anagrama 1994.- *Der Kopist.* Zürich: Ammann 1996
»Hinter der Calle Toledo« (Erzählung). In: *Eine Blume auf dem Platz des schönen Todes.* Hg. Kurt Scharf, Luis Fayad. Sankt Gallen: Edition diá 1994.
»Szorke Dalur, verwirrter Schriftsteller«, »Generalprobe« (zwei Erzählungen). In: *Brecht-Almanach 1995.* Hg. Ewa Boura, Inge Gellert. Berlin: Argon 1995.
»Es gibt Umarmungen, Liebster, und Umarmungen« (Erzählung). In: *Mohnblumen auf schwarzem Filz.* Zürich: Unionsverlag 1998.

Omar Saavedra Santis (geb. 1944 in Valparaíso/Chile) studierte zunächst Medizin, dann Journalismus und Schauspiel, schrieb Kurzprosa, Schauspiele und Drehbücher für das Fernsehen und Dokumentarfilme; bis September 1973 Chefredakteur der Tageszeitung *El Popular*; ging 1974 ins Exil, zuerst nach Belgien: lebt seit 1974 in Deutschland, zuerst in Rostock, ab 1993 in Berlin; arbeitete als Dreher, ab 1975 Dramaturg am Volkstheater Rostock; Studium am Institut für Literatur »Johannes R. Becher« in Leipzig; Mitglied des Schriftstellerverbandes; 1987 Anna-Seghers-Stipendium; seit 1962 schreibt er Prosa, Theaterstücke und Hörspiele; seine Erzählungen und publizistischen Beiträge sind in Anthologien und Zeitschriften erschienen; verfaßte mehrere Filme für das Fernsehen; seine Werke wurden in mehreren Ländern veröffentlicht bzw. inszeniert: Bulgarien, Chile, Costa Rica, Japan, Niederland, Schweden, Sowjetunion, USA, usw.; wichtige Preise u.a. 1986 Anna-Seghers-Preis, Berlin; 1987 Kritikerpreis fürs Szenario des Filmes »Blonder Tango« 1988 erster Preis im Dramatiker-Wettbewerb der Katholischen Universität von Chile; mehr als zehn Spiel- und Fernsehfilme wurden nach seinen Texten gedreht.

Werke:
Historias posibles (Theater). Rostock 1976.
In Deinem Schmerz seh ich den neuen Tag (Erzählungen). Berlin: Aufbau 1977.

Amapola (Theater). Rostock 1980.
Eine Uhr im Regen (Hörspiel, zus. mit Carlos Cerda). DDR/SWF 1981.
Amapola (Hörspiel, Adapt. von Hans Bräunlich). DDR 1982.
Eine Tulpe, ein Stein, ein Schwert (Höspiel, zus. mit Carlos Cerda). DDR/SWF 1982.
Torero (Erzählungen). Berlin: Neues Leben 1983.
Die Kunst des Kochens (Erzählung). Berlin: Neues Leben 1983.
Blonder Tango (Roman). Berlin: Neues Leben 1984.
»Das Haus in der Französischen Straße« (Essay). In: *Almanach*, Berlin: Aufbau 1985.
Die Große Stadt (Roman). Berlin: Neues Leben 1986.
Wirklich ist nur der Ozean (Erzählung). Berlin: Hinstorff 1987.
Felipe kommt wieder (Roman). Berlin: Aufbau 1987.
Pachamama (Theater). Santiago de Chile 1987.
Der Konsul und die Terroristin (Theater). Berlin (West) 1988.
Fall im Morgengrauen (Hörspiel). DDR 1989.
Frühling aus der Spieldose (Roman). Berlin: Aufbau 1990.
»Deutschland – Drei Übungen zum Erwachen« (Essay). In: *Denk ich an Deutschland.* Frankfurt a. M.: Fischer 1992.
»Spätes Wiedersehen« (Erzählung). In: *Euterpe.* Husum 1992.
Das Buch der Verbote (Roman). 1994.
Begegnungsort Buch (Essay). Iserlohn: Evang. Akademie 1996.
Delirium Tremens Americanum (Theater). Rostock 1999.

Luis Sepúlveda (geb. 1949 in Ovalle/Chile) ist wahrscheinlich mit Pablo Neruda der meistgereiste Schriftsteller Lateinamerikas. bwohl er sich immer auf Reisen befand und befindet, hat er mit 19 Jahren einen der wichtigsten Literaturpreise, den Premio Casa de las Américas, Havanna, für einen Erzählband bekommen. Mit 18 wollte er dem Beispiel Ches, des universellsten Menschen, den Lateinamerika hervorgebracht hat, folgen; Direktor der Theaterschule der Universität von Chile; 1973 Verurteilung zu 28 Jahren Haft, kam aber durch die Unterstützung von Amnesty International nach zweieinhalb Jahren aus dem Gefängnis; lebte in Schweden und Jugoslawien, und seit 1980 in Hamburg, wo er hauptsächlich als Journalist tätig war; seine Erfolgsstory begann 1992 mit dem Buch *Der Alte, der Liebesromane las*; mehrere wichtige Literaturpreise u. a. Casa de las América, Gabriela Mistral, Tigre Juan, Juan Chabas, Superflaiano, usw.; 1990 Besuch in Chile zurück; Er muß feststellen, daß die dortige Regierung keine Notiz von ihm nimmt, weil er, gegen den offiziellen Standpunkt, die Verbrechen des Regimes von Pinochet nicht vergibt und auch nicht vergißt. Er faßt sein Exil teilweise als Stipendium für Reisen und Studieren auf, nimmt am literarischen Betrieb nicht teil.

Werke:

Crónicas de Pedro Nadie (Erzählungen). La Habana: Casa de las Américas 1969.
Los miedos, las vidas, las muertes y otras alucinaciones (Erzählungen). Stockholm: Editorial Nordan – Comunidad 1984.
Cuaderno de viaje (Erzählungen). Alcalá de Henares: Fundación Colegio del Rey 1986.
Un viejo que leía novelas de amor (Roman). Santiago de Chile 1989. – *Der Alte, der Liebesromane las.* Frankfurt a. M.: Fischer 1991.
Mundo del fin del mundo (Roman). Barcelona: Tusquets 1994. – *Die Welt am Ende der Welt.* Frankfurt a. M.: Fischer 1992.
Nombre de torero (Roman). Barcelona: Tusquets 1994.
Patagonia Express (Roman). Barcelona: Tusquets 1995. - *Patagonien-Express. Notizen einer Reise.* Frankfurt a. M.: Fischer 1998.
Historia de una gaviota y del gato que le enseñó a volar (Roman). Barcelona: Tusquets 1996. – *Wie Kater Zorbas der kleinen Möwe das Fliegen beibrachte.* Frankfurt a. M.: Fischer 1997.
»Confieso que he viajado« (Essay). In: *Clarín*, 21. 3. 1996.
»Entre el cubata y el libro« (Essay). In: *El País*, 6. 7. 1996.
»Historias marginales« I-XVIII (Essays). In: *Magazín de El País*, 1997–99.
Desencuentros (Erzählungen). Barcelona: Tusquets 1997.
Die Spur nach Feuerland. Berlin: Libertäre Assoziation 1997.
Diario de un killer sentimental – Yacaré (Zwei Kurzromane). Barcelona: Tusquets 1998. – *Tagebuch eines sentimentalen Killers.* München: Hanser 1999.

Sekundärliteratur (Auswahl):

Anonym: »Literatura ecológica«. In: *El País* 24. 4. 1995; Antolín, Enriqueta: »Sepúlveda: ›El cuento es el género más democrático‹«. In: *El País* 30. 5. 1997; Arancibia, Mercedes: »Ciudadano del Mundo«. In: *Cambio 16*, 5. 2. 1996; Briones, Carlos: *Ese espejo que es la página en blanco. Entrevista con Luis Sepúlveda, escritor chileno radicado en Hamburgo.* Köln 1989; Celis, Daniel: »Tesoro nazi«. In: *La Nación* 8. 1. 1995; Cuartas, Javier: »Los autores de novela negra resaltan la labor de denuncia del género«. In: *El País* 11. 7. 1994; Esquivada, Gabriela: »Un sobreviviente de los ›70«. In: *Primer Plano* 12. 3. 1995; García-Posada, Miguel: »Una novela policiaca. El triunfo de la intriga en la nueva obra de Luis Sepúlveda«. In: *El País* 29. 10. 1994; Goñi, Javier: »El territorio de la imaginación. Luis Sepúlveda recopila relatos que hablan de desamores y derrotas«. In: *El País* o.J; Kerscher, Rudolf: »Luis Sepúlveda: Desencuentros«. In: *Hispanorama* 79, febrero 1998; Ders.: »Luis Sepúlveda: Diario de un killer sentimental/Yacaré«. In: *Hispanorama* 81, agosto 1988; Lessig, Doris: *Un drama en la selva amazónica. Materialien zu ›Un viejo que leía novelas de amor‹ von Luis Sepúlveda*. Bonn: Romanistischer Verlag o.J; Maneiro, María: Luis Sepúlveda. »Sin viajar no podría escribir«. In: *Cambio 16*, 27.1.97; Mendez Asensio, Luis: »Yo no perdono, ni olvido«. In: *Cambio 16*, 28. 8. 1995; Muñiz, Enriqueta: »Mundo del fin del mundo«. In: *La Nación* o.J; Portilla Fuentes, Enrique: »Luis Sepúlveda: Die ›Neue Chilenische Erzählung‹ ist nur Firlefanz«. In: *Quetzal* 12, Herbst 1995; HQ: »Nombre de torero«. In: *El Colibrí* 2 (1995); Vázquez, María Esther: »Historia de exiliados y derrotas«. In: *La Nación* o. J.; Zuleta, Rodrigo: »La naturaleza está en desorden. Semblanza del escritor chileno Luis Sepúlveda, en Hamburgo«. In: *D+C* 1/93.

Antonio Skármeta (geb. 1940 in Antofagasta/ Chile) ging mit seinen Eltern nach Santiago und später nach Buenos Aires, wo er schon mit zehn Jahren arbeiten musste; studierte Philosophie und Literatur in Santiago; dann an der Columbia University fort; 1973 Professor für Lateinamerikanische Literatur an den zwei wichtigsten Universitäten Chiles; Kulturredakteur verschiedener Zeitschriften; führte Regie bei Theateraufführungen (Calderón, Ionesco, Albee, Saroyan) und organisierte das Literaturprogramm eines universitätseigenen Fernsehsenders. Nach dem Putsch von Pinochet ging er kurz nach Argentinien, und dann bekam er ein Stipendium vom Künstlerprogramm des DAAD; lebte von 1975 bis 1989 in Berlin, wo er Dozent für Dramaturgie an der Film- und Fernsehakademie war; seit 1988 Professor für Romanische Sprachen und Literaturen an der Washington University in Saint Louis, Missouri; seine Werke wurden in 15 Sprachen übersetzt; übersetzt Norman Mailer, Jack Kerouac, Scott Fitzgerald, William Golding, Herman Melville ins Spanische und auch *Malerdichter aus Berlin*; unzählige Preise, darunter den der Casa de las Américas, Havanna.

Werke:

El entusiasmo (Erzählungen). Santiago de Chile: Zig/Zag 1967.

Desnudo en el tejado (Erzählungen). La Habana: Casa de las Américas 1969.

Tiro libre (Erzählungen). Buenos Aires: Siglo XXI 1973.

El ciclista de San Cristobal (Erzählungen). Santiago de Chile: Quimantú 1973. – *Der Radfahrer von San Cristóbal*. München: Piper 1986.

Soñé que la nieve ardía (Roman). Barcelona: Planeta 1975. – *Ich träumte, der Schnee brennt*. Darmstadt: Luchterhand 1978.

Novios y solitarios (Erzählungen). Buenos Aires 1975.

Joven narrativa después del golpe (Essay). Indiana, Vereinigten Staaten: The American Hispanist 1976.

No pasó nada (Roman). Barcelona: Pomaire 1980. – *Nixpassiert*. Reinbek: Rowohlt 1980.

»La reformulación del status del escritor en el exilio« (Essay). In: *Eco*, enero 1980.

»Perspectiva de ›los novísimos‹« (Essay). In: *Hispamérica* 28, 1981.

La insurrección (Roman). Hanover, USA: Ediciones del Norte 1982. - *Der Aufstand*. Wuppertal: Peter Hammer 1981.

»Antonio Skármeta por sí mismo« (Essay). In: *Mensaje*, Agosto 1983.

»Primer amor alemán de un exiliado chileno en Berlín Occidental« (Gedichte). In: *Spanien und Lateinamerika*. Hg. Carlos Segoviano, José M. Navarro. Nürnberg: Deutscher Spanischlehrer-Verband 1984.

Ardiente paciencia (Roman). Hanover, USA: Ediciones del Norte 1984. – *Mit brennender Geduld*. München: Piper 1985.

»Jóvenes escritores latinoamericanos en Alemania: cómo sienten y expresan su experiencia« (Essay). In: *Intellectual Migrations: Transcultural Contributions of European and Latin American Emigres*. Hg. Iliana L. Sonntag. SALALM XXXI, University of Wisconsin 1987.

Match Ball (Roman). Buenos Aires: Sudamericana 1989. – *Sophies Matchball*. München: Piper 1991.

»Chile 1989, Bretón en el Hipódromo« (Essay). In: *Hispamérica*, agosto-diciembre 1989.

»Reina radio, soy tu esclavo« (Essay). In: *Nueva Sociedad* 100, marzo-abril 1989.

Heimkehr auf Wiederruf, Chile im Umbruch? (Essay). München: Piper 1989.

Uno a uno (Erzählungen). Buenos Aires: Sudamericana 1996.

Sekundärliteratur (Auswahl):

Anonym: »Der Radfahrer von San Cristobal«. In: *Lateinamerika Nachrichten* Juli 1988; Almada Roche, Armando: »Es posible transformar la sociedad. Entrevista a Antonio Skármeta«. In: *La Prensa* 9. 12. 1990; Blanco, María Luisa: »Siento orgullo por la inteligencia política de mi pueblo«. In: *Cambio 16*, 14. 10. 1996; Bolesch, Cornelia: »Aufbruch aus dem Exil. Die Rückkehr des chilenischen Autors Antonio Skarmeta in seine Heimat«. In: *SZ* 25. 3. 1989; Brode, Hanspeter: »Der Dichter und sein Postbote. Der Roman »Mit brennender Geduld« des chilenen Antonio Skármeta«. In: *FAZ* 20. 4. 1985; Buchka, Peter: »Die Kraft des menschlichen Anstands«. In: *SZ* 15. 10. 1988; Coddou, Marcelo: »Sobre Match Ball. Entrevista a Antonio Skármeta«. In: *Revista Iberoamericana* abril-junio 1990; Cuadros, Ricardo: »Soñé que la nieve ardía«. In: *América Joven* enero-abril 1986; Galán, Diego: »Antonio Skármeta, ganador de los festivales de cine de Biarritz y Huelva«. In: *El País* 12. 12. 1983; Gudiño Kieffer, Eduardo: »Match Ball«. In: *La Nación* 21. 1. 1990; Haro Tecglen, Eduardo: »Teatro. El cartero de Neruda« In: *El País* 27. 10. 1998; Kornberger, Reiner: »Entrevista con Antonio Skármeta«. In: *Hispanorama* März 1983; Ledanff, Susanne: »Damals und danach. Antonio Skármetas Erzählungen aus der Zeit vor und nach dem Putsch Pinochets«. In: *SZ* 26. 7. 1986; Lira, Constanza: *Skármeta: La inteligencia de los sentidos*. Santiago de Chile: Dante 1985; Lucía, Alejandra: »Ciudades y mujeres fáciles. Cuentos de Skármeta«. In: *El País* Montevideo, 17. 1. 1997; Marín, Karmentxu: »Toda Italia, pendiente de ›El cartero‹«. In: *El País*18. 3. 1996; Mascaró, Roberto: »Asedio moderado a Antonio Skármeta«. In: *Zona Franca* mayo 1982; Miguel, María Esther de: »Los poderes de la admiración. ›Ardiente paciencia‹«. In: *La Nación* o.J; Pagni, Andrea: »Antonio Skármeta: Inventando a Berlín«. In: *Der Umgang mit dem Fremden.* Hg. Titus Heydenreich. München: Fink 1986; Rodríguez Villouta, Mili: »La novela Matchball en busca del reconocimiento«. In: *El Nacional* 21. 7. 1991; Shaw, Donald: *Antonio Skármeta and the Post Boom.* Hanover, USA: Ediciones del Norte 1994; Silva Cáceres, Raúl (Hg.): *Del cuerpo a las palabras: la narrativa de Antonio Skármeta.* Madrid: Literatura Americana Reunida 1983; Thieringer, Thomas: »Liebeserklärung (über »Mit brennender Geduld«)«. In: *SZ* 17. 9. 1983; Varchmin, Ulla: »Dichter, Briefträger, Liebende, eine glückliche Beziehung«. In: *Rastros* o.J; Xaubert, Horacio: »Entrevista a Antonio Skármeta«. In: *Brecha* 1990; Yovanovich, Gordana: »La unificación de lo personal y lo social en una novela post-moderna de Antonio Skármeta«. In: *Alba de América* julio 1996; Zapata, María Rosa: »Seit zwölf Jahren auf der Durchreise. Ein Interview mit dem chilenischen Schriftsteller Antonio Skármeta«. In: *Tagesspiegel* Berlin, 28. 2. 1988.

Sonia Solarte (geb. 1959 in Cali/Kolumbien) studierte Psychologie und arbeitete als Lehrerin, Psychotherapeutin, Hörspielautorin und als Kulturbeauftragte; nahm während ihres Studiums an Lyrikwerkstätten teil; verlegt ihren Wohnsitz 1988 nach Berlin, wo sie »Die Werkstatt des Wortes« und 1991 die Schreibwerkstatt »Cantos de Flores« (Blumengesänge) mitbegründete, die sie seitdem leitet; zur Zeit arbeitet sie in der Planung und Verwirklichung von Projekten und kulturellen Aktivitäten im »Interkulturellen Frauenzentrum S.U.S.I.«; außerdem ist sie als Psychotherapeutin tätig, und singt in »Burundanga«, der ersten Frauen-Salsa-Band in Berlin. Einige ihrer Gedichte wurden erstmals 1995 unter dem Titel *Die Seereise* szenisch umgesetzt.

Werke:

Para que el olvido no te toque (Lyrikband). Berlin: Ediciones Ariadna 1990.
Einleitung und Erzählungen in: Xochicuicatl: *Cantos de Flores.* Berlin: Eigenverlag 1992.
»Esclavitud« (Gedicht). In: *Diosas en bronce. Poesía contemporánea de la mujer colombiana.* Hg. Teresa Rozo-Moorhouse. Irvine, California: Ediciones Latidos 1995.
Mundo Papel – Papierwelt (zweispr. Lyrikband). Berlin: Ariadna 1996.

Tomás Stefanovics (geb. 1934 in Montevideo) studierte Rechts- und Sozialwissenschaften in Montevideo, Philosophie in Köln und Romanistik in München; kam 1963 mit einem Stipendium des DAAD nach Deutschland; Dozent für Lateinamerikanistik am Sprachen- und Dolmetscher-Institut München und im Instituto Cervantes; aktiver Kulturvermittler zwischen Deutschland und Lateinamerika in verschiedenen Organisationen und Gruppen oder als Einzelkämpfer; zwölf Jahre lang stellvertretender Vorsitzender des Deutsch-Spanischlehrerverbandes; zehn Jahre Herausgeber der zweisprachigen Kulturzeitschrift über Lateinamerika *Khipu*; schrieb hunderte von Artikeln und Buchbesprechungen; Kolumnist bei verschiedenen Zeitschriften; Vorträge und Lesungen quer durch Europa und Lateinamerika; Mitglied bei ALAM.

Erzählungen:

»Vidalita«. In: *Correo de los Andes* Bogota, Nr. 2 (1980).
El divorcio. Montevideo: Ediciones Géminis 1980.
»El preso«. In: *Escena literaria de Latinoamérica.* Hg. Gonzalo Ramírez Prado, Sara Beatriz Vanégas. München 1982.
»La liquidación«. In: *Cuentistas hispanoamericanos en la Sorbona.* Hg. Olver Gilberto de León. Barcelona: Ediciones Mascarón 1983.
»Veinte años después«. In: *Contrastes*, Cali, Kolumbien 177 (1984).
»El profesor«. In: *Puro Cuento*, Buenos Aires 6 (1987).
»Kampf dem Schatten«. In: *Die Frau im Gobelin. Ungewöhnliche Liebesgeschichte von heute.* Hg. Manfred Mai. Stuttgart: Kreuz 1988.
Fünf Erzählungen. In: *Liebe, Macht und Leidenschaft.* Hg. Marco Alcantara. München: Edition Amauta 1988.
»Identidad«. In: *La Nación*, San José, (1989). – »Identität«. In: *Litterazette* (1996).
»Vidas tangentes«. In: *18 Conejos*, Tegucigalpa 28 (1990).
»Keine Dummheiten mehr«. In: *Schleichwege.* Hg. Erik Grischke. Brühl: Erik Grischke 1990.
»Vidas paralelas«. In: *Alba de América*, Westminster, California 16–17 (1991).
»Hamacarse«. In: *Punto de Encuentro*, Montevideo 6 (1991). – »Schaukeln«. In: *Deutschlands neue Dichter und Denker.* Hg. F. Freidhof. Frankfurt a.M.: Freidhof 1990.
»Inmortalidad«. In: *Solotextos*, Cuenca, Ecuador 1 (1991).
»Lo cotidiano«. In: *Alba de América* 18–19 (1992).
»El coleccionista«. In: *Punto de Encuentro*, Montevideo 10 (1992).
»El culto secreto«. In: *El Diario*, Paraná, Argentina. 15. 12. 1992.
»Die Maus«. In: *Litterazette* (1994).
Vier Erzählungen. In: *Juana Beltrán: Deine letzte Chance! und andere Erzählungen.* Hg. Marco Alcantara. München: Edition Amauta 1994.
»Asegurar el futuro«. In: *Noticias*, Asunción 1. 10. 1995.
»Hijos míos, hijos tuyos«. In: *Xicóatl* (Salzburg) 22 (1995).
»Perspectiva«. In: *El Colibrí* 4 (1996).

»Como todo el mundo«. In: *III Cita de la Poesía*, Berlin (1998).
»El salvataje«. In: *Alamedas*. Hg. ALAM. München: Edition Quinde 1998.

Essays (Auswahl):
Dilthey, una filosofía de la vida (1. Preis Ministerio de Instrucción Pública y Consejo Directivo Central de la Universidad del Uruguay). Montevideo: Editorial Bibliográfica Uruguaya 1961.
»Cubanismos«. In: *Lebende Sprachen* 5 (1971).
»Nostalgia, de José Santos Chocano«. In: Porrata y Santana: *Antología comentada del modernismo*. Sacramento, California: Editorial Explicación de Textos Literarios 1974.
»Integrations- und Identitätsprobleme der Chicanos in den USA«. In: *Lateinamerika-Berichte* 26 (1979).
»Germanismos en el español de hoy«. In: *Yelmo*, abril 1978-septiembre 1980.
Los indios de América Latina. Nürnberg: Pädagogisches Institut 1982.
»Fiesta en Teusaquillo«. In: *Vanguardia Dominical*, Bucaramanga 11. 4. 1982.
»Der Traum eines Lebens. Gespräch mit dem Schriftsteller Gabriel García Márquez«. In: *SZ* 29. 4. 1984.
»Der ›Voseo‹ in Argentinien«. In: C.Segoviano, J.M.Navarro, Hg.: *Spanien und Lateinamerika*. Nürnberg: Deutscher Spanischlehrer-Verband 1984, II.
Symposion über Gabriel García Márquez. Hg. Tomás Stefanovics. Nürnberg: Pädagogisches Institut 1984.
»La casa de los espíritus«. In: K.H.Joppich, W. Hillen. Hg.: *Lengua, literatura, civilización en la clase de español*. Bonn: Romanistischer Verlag 1986.
»La transtextualidad en la obra de Onetti«. In: *El Guacamayo y la Serpiente*. 26 (1986).
»Mi Borges«. In: *Selected Writings*, Boulder, Colorado, 15 (1987).
»Die Hundert Jahre der Einsamkeit. Verschiedene Strömungen in Dichtung und Literatur Lateinamerikas«. In: *Sachsen-Spiegel* 7. 12. 1990.
»Los Premios Nobel latinoamericanos«. In: C.H. Danner (Hg.): *Viva América*. Salamanca: Asociaciones de Amigos 1993.
»La aventura de una lectura en ›El otoño del patriarca‹ de Gabriel García Márquez«. In: *Iberoamericana* 54 (1994).
»¿Cuántas patrias tenemos?« In: *El Colibrí* 11 (1998).

Sekundärliteratur:
Anonym: »Conferencista uruguayo en el Andrés Bello«. In: *Noticias Culturales* Bogotá, Set-Oct. 1983; Anonym: »Letras latinoamericanas en el exilio«. In: *Mundo Latinoamericano* 16. 4. 1995; Ch. W.: »Erzählen in der Fremde. Über: Juana Beltrán«. In: *Boletín del Centro Cultural Latinoamericano* Januar-März 1995; Kerscher, Rudolf: »Liebe, Macht und Leidenschaft«. In: *Hispanorama* 51 (1989); Ruhlant, Michael: »Ich schreibe gegen die Familie«. In: *SZ* 9. 5. 1995; Serpa-Flórez de Kolbe, Gloria: Entrevista con Tomás Stefanovics. In: *Boletín del Centro Cultural Latinoamericano* 10 (1987); Vanégas C., Sara B.: »El divorcio«. In: *Hispanorama* 29 (1981).

Hernán Valdés (geb. 1934 in Santiago de Chile). Der Wortkarge Autor bezeichnet sich als Autodidakt; 1970–1973 Herausgeber der Zeitschrift *Cuadernos de la realidad nacional*, von der Universidad Católica. Nach dem Staatstreich von Pinochet lebte er in England und Spanien, seit 1980 in Deutschland, verheiratet mit einer Deutschen. Bevor er hierher kam, hatte er nur Schlechtes über Deutschland gehört, was sich für ihn – wie er sagt – zum größten Teil geändert hat. Er ist davon überzeugt, daß das Bild eines Landes vor allem, in diesem Fall, »von uns allen abhängt«.

Werke:
Apariciones y desapariciones (Gedichte). Santiago de Chile: Editorial Universitaria 1964.
Cuerpo creciente (Roman). Santiago de Chile: Editorial Zig-Zag 1966.
Zoom (Roman). Mexiko: Editorial Siglo XXI 1971.
Tejas verdes (*Diario de un campo de concentración en Chile*). Barcelona: Editorial Ariel 1974. – *Auch wenn es nur einer wäre. Tagebuch eines Konzentrationslagers in Chile*. Ostberlin: Volk und Welt 1976.
A partir del fin (Roman). Mexiko: Era 1981. – *Vom Ende an*. Berlin: Rotbuch 1984.
Ansilania oder die Geschichte darunter (Roman). Berlin: Rotbuch 1986.
»Die Stereotype auf die Probe stellen« (Essay). In: *die horen* Nr. 129.

Sekundärliteratur:
Daus, Ronald: »Einführung in das Werk von Hernán Valdés«. In: *Khipu* 12 (1983); Valdivieso, Jaime: »Cuerpo creciente«. In: *Anales de la Universidad de Chile* 140 (1966).

Sara Beatriz Vanégas Coveña (geb. 1950 in Cuenca/Ecuador) studierte dort Geisteswissenschaften und wurde Studienrätin; im Goethe Institut München erwarb sie ihr Diplom in Deutscher Sprache und Kultur und studierte Vergleichende Literaturwissenschaft und Kunstgeschichte an der Universität München; lebte in den 70er und 80er Jahre in Deutschland resite in Europa, um literarische und sprachwissenschaftliche Vorträge und Lesungen aus ihrem Werk zu halten. Ihre Gedichte und Beiträge sind in vielen Zeitschriften veröffentlicht worden: *Akzente, Humboldt, Hispanorama, Khipu, Cuadernos Literarios, Cultura, Pucara, El guacamayo y la Serpiente*. Nach ihrer Rückkehr in die Heimat wurde sie Professor für Literatur an der staatlichen und an der katholischen Universität ihrer Geburtsstadt; Mitherausgeberin von Literaturanthologien die in Chile, Deutschland, Kolumbien, Puerto Rico und

Spanien erschienen sind; Chefredakteurin der seit 1991 in Cuenca erscheinenden Kulturzeitschrift *Solotextos.*

Gedichte:

Poemas. Cuenca: Antinomias 1980.
90 poemas (1973–1979). Cuenca: Casa de la Cultura Ecuatoriana 1980.
»Gedichte«. In: *Als Fremder in Deutschland.* Hg. Irmgard Ackermann. München 1982.
»Gedichte«. In: *Escena literaria de Latinoamérica.* Hg. Gonzalo Ramírez Prado und Sara Beatriz Vanégas Coveña. München 1982.
Luciérnaga y otros textos. Cuenca: Universidad de Cuenca 1982.
»Poemas«. In: *Khipu* 12 (1983).
Entrelíneas (poesía). Cuenca: Universidad Central del Ecuador 1985.
Indicios (micropoemas). Cuenca: Casa de la Cultura Ecuatoriana 1988.
*Poemar.*Cuenca: Casa de la Cultura Ecuatoriana 1994.
Más allá del agua. Guayaquil: Manglar Editories 1998

Essays (Auswahl):

»La esperanza en ›Sobre héroes y tumbas‹«. In: *Pucara* 3 (1977).
»Estudio introductorio« zu dem Buch *Cuentos de amor, de locura y de muerte. Cuentos de la selva,* von Horacio Quiroga. Quito: Libresa o. J.
»Estudio introductorio« zu dem Buch *Bruna, soroche y los tíos,* von Alicia Yánez Cossío. Quito: Libresa 1991.
»Los estudios humanísticos y nuestra universidad«. In: *Promoción Humana. América Latina al umbral de los años noventa.* Hg. Hermann Weber. Bonn: Katholischer Akademischer Ausländer-Dienst 1993.
»A propósito de ›El ejercicio crítico‹ de Jorge Enrique Adoum«. In: *La literatura ecuatoriana de las dos últimas décadas 1970–1990.* Cuenca: Universidad de Cuenca, Casa de la Cultura Ecuatoriana 1993.
El castellano hablado por los maestros bilingües (quichua-castellano). Cuenca: GTZ-MEC-UNESCO-BID-LAEB-UNIVERSIDAD DE CUENCA-PROANDES-UNICEF 1994.
»Aurora Estrada y Mary Corylé: dos poetas, dos estilos«. In: *V encuentro de literatura ecuatoriana.* Cuenca o. J.

Sekundärliteratur (Auswahl):

Anonym: »Se integró directorio en la sección de literatura«. In: *El Mercurio* 19.9.91; Anonym: »Sara Vanegas. (Cuenca 1950)«. In: *Solotextos* o.J; Anonym: »Sara Vanegas ›Más allá del agua‹«. In: *El Telégrafo* 9. 12. 1998; Aguilar Orejuela, Rodrigo: »Sobre el cuento cuencano«. In: *El Mercurio* 8. 2. 1997; Blum, Ana Cecilia: »Los motivos de Sara Vanegas«. In: *Hoy* 17. 12. 1998; Dávila Vázquez, Jorge: »Sara Vanegas: el microcosmos poético«. In: *El Mercurio* 20. 5. 1998; Encalada Vásquez, Oswaldo: »Poemas, niebla y luz«. In: *El Mercurio* 28. 1. 1995; Espinel, Ileana: »Raíces y alas. Entrelíneas«. In: *El Universo* 26. 4. 1988; Galiana, Dr. G. R.: »Poesía cuencana: de los Andes a los Alpes«. In: *El Tiempo* 17. 7. 1982; Klinkicht, Susana: »Sara Vanegas presenta ›Poemar‹. ›Tengo unas libertades internas‹«. In: *Hoy* 6. 10. 1994; Martillo, Jorge: »Antología de poesía y cuentos ecuatorianos de Sara Vanegas«. In: *El Universo* 18. 6. 1998; Rodríguez Castelo, Hernán: »A Sara no le gustan las mayúsculas«. In: *El Expreso* 19.3.83; Ders.: »Literatura de la década«. In: *Letras del Ecuador* mayo-agosto 1990; Tello Espinosa, Rolando: »Palabras, silencios y sugerencias«. In: *El Comercio* 7. 4. 1991; Valenti, Susana: »›Poemar‹ por Sara Vanegas Coveña«. In: *Gaceta Literaria* Santa Fe, Argentina, diciembre 1996.

Sergio Vesely (geb. 1952 in Santiago de Chile) kam 1976 als Flüchtling nach Deutschland, in ein Land, zu dem er früher keine Beziehung hatte und wo er seitdem als Kunstmaler, Sänger und Schriftsteller arbeitet; Mitglied im Schriftstellerverband.

Werke (meist gemeinsam mit Urs M. Fiechtner):

Jenseits der Mauern (Lieder mit Texten, Erzählungen, Berichten, Kommentaren und Dokumenten). Tübingen: AS-Verlag 1978.
xipe totec (Legenden, Mythen, Märchen der präkolumbianischen Kulturen Lateinamerikas in Überlieferungen und Neudichtungen). Tübingen: AS-Verlag 1979.
Auch wenn es Tage wie Nächte gibt (Liederbuch). Tübingen: AS-Verlag 1982.
Gesang für América (I). Eine poetische Version der Geschichte Lateinamerikas. St. Gallen: Edition diá 1986.
Erwachen in der Neuen Welt (Die Geschichte des Fray Bartolomé de Las Casas). St. Gallen: Edition diá 1988.
Notizen vor Tagesanbruch (Gedichte). St. Gallen: Edition diá 1990.
Geschichten aus dem Niemandsland (I) (Kurzgeschichten und Prosaskizzen). St Gallen: Edition diá 1990.
Gesang für América (II). (Epische Lyrik zu Geschichte Lateinamerikas). St. Gallen: Edition diá 1991.
Im Auge des Jaguars (Episoden aus der indianischen Geschichte Lateinamerikas). Baden-Baden: Signal 1991.
Geschichten aus dem Niemandsland (II) (Kurzgeschichten). Würzburg: Arena 1996.

Herausgeberschaft meist zusammen mit Urs M. Fiechtner:

»Lyrik und Prosa«. In: *an-klagen.* Tübingen: AS-Verlag 1977.
»Lyrik und Prosa«. In: *Suche nach M.* Tübingen: AS-Verlag 1978.
Mexiko anders. Die Autobiographie des Häftlings Si-

món Hipólito Castro, übers. und komment. und hg. Tübingen: AS-Verlag 1981.
Länger als 1001 Nacht – Plus de 1001 nuits (Lyrik und Grafik inhaftierter Künstler in Marokko, zweisprachig französisch-deutsch bzw. spanisch-deutsch). Übers. und kommentiert und hg. Tübingen: AS-Verlag 1982.
Die stummen Hunde (Tierfabel aus Kuba). Übers., eingel. und bearb. St. Gallen: Edition diá 1986.
Traigo un cantar (Liederbuch mit MC). Stuttgart: Klett 1989.
Puchuncavi. Theaterstücke, Berichte, Erzählungen und Dokumente geschr. und hg. Tübingen: AS-Verlag 1979.

Sekundärliteratur (Auswahl):
Anonym: »Ich will hier nicht leben, fliehend vor mir. Interview mit Sergio Vesely«. In: *IKA* o.J; Huhle, Rainer: »Geschichten aus dem Niemandsland. Notizen vor Tagesanbruch«. In: *Hispanorama* o. J.

Werke weitererAutor/innen:
Aguilera, César [Chilene]: *Las cuatro estaciones de Arsenio Borbarán* (Roman). 1996.
Ampuero, Roberto [Chilene]: *Ein Känguruh in Bernau* (Roman). Berlin: Aufbau 1984; *¿Quién mató a Cristián Kustermann?* (Roman). Santiago de Chile: Planeta 1993; *Der Schlüssel liegt in Bonn*. Berlin: Eisbär 1994; *Boleros en La Habana* (Roman). Santiago de Chile: Planeta 1995; *Nuestros años verde olivo* (Roman). Santiago de Chile: Planeta 1999.
Avaria, Antonio [Chilene]: *Primera muerte* (Erzählungen). Santiago de Chile: Editorial Universitaria 1971.
Bargas, Myriam [Uruguayerin]: *Lejanías* (Gedichte). Berlin: Editora CLAL 1986.
Barreiro, Malena [Argentinierin]: Mara (Erzählung). In: *Juana Beltrán: Deine letzte Chance!* Hg. Marco Alcántara. München: Edition Amauta 1994; *Bridge of light* (Essay). Michigan: UMI Bell & Howell 1996; *Puente de luz* (Essay). Kassel: Edition Reichenberger 1998; Zwei Erzählungen. In: *Alamedas*. Hg. ALAM. München: Edition Quinde 1998; *Eros el agridulce* (Erzählungen). München: Lagrev 1999.
Candela, Antonio [Peruaner]: *Ein Stadtviertel, genannt Chicago Chico* (Roman). Hamburg: Theorie und Praxis 1992.
Cartens, Iscorti [Chilene]: *Diasporero. Poemas del exilio chileno. – In der Diaspora. Gedichte aus dem chilenischen Exil*. Bremen: Roter Funke 1981.
Castillo, Segundo [Peruaner]: *Versos de dolor y esperanza. Poemas para ser cantados*. Berlin: Trilce Gesellschaft 1998.
Castro Mendoza, Melacio [Peruaner]: *De sones y de proles o poemas de las cosas sencillas* (Gedichte). Chepén, Peru: Ediciones San Sebastián 1988.
Cerda-Hegerl, Patricia [Chilenin]: *Fronteras del Sur. La región del Bío-Bío y la Araucania chilena 1604–1883* (Essay). Temuco: Ediciones Universidad de la Frontera o. J.; *El pozo del pasado* (Roman). München: Edition Quinde 1999.
Coppola, Salvattori [Chilene]: *Los años de una vida*, 1964; *Arquitectura de la búsqueda*, 1966; *Minúscula vida la de uno*, 1969; Hg. *Ich trage Chile in meiner Seelentasche* (Textsammlung u. Notizen). Rostock: Ostsee- Dr. 1985.
Cortés, Cristián [Chilene]: *Bitácora. Logbuch* (zweispr. Gedichte). Göttingen: Lamuv 1989.
Cruz, Antonio [Chilene]: *Rojo/Negro – RotSchwarz. Poemas/Gedichte*. München: Edition Quinde 1997; *Antojos. Versos, adversos y moco* (Gedichte). München: Edition Quinde 1998.
Cuervo, Germán [Kolumbianer]: *Los judíos que mató John Wayne* (Erzählungen). Bogotá: Oveja Negra 1986; »Noche« (Erzählung). In: *Historias de amor, salsa y dolor*. Hg. Germán Cuervo. Cali: Cuervo Editores 1989; El acero del norte (Erzählung). In: *Antología del cuento vallecaucano*. Hg. Harold Kremer. Cali: Universidad del Valle 1992; *El mar* (Roman). Bogotá: Plaza y Janés 1994.
Freyhofer, Armando [Chilene]: *Vengo de un lugar... Ich komme aus einem Land* (zweispr. Gedichte). Hamburg: Bormann 1990.
Gantier B., Martha [Bolivianerin]: *Encuentro* (Gedichte). Zusammen mit Norah Zapata Prill. Berlin: Ed. CLAL 1987; *Poemas* (Gedichte). La Paz: Empresa Editora Urquizo 1988; *Alba retorna con la niebla* (Gedichte). Medellín/Kolumbien: El Propio Bolsillo 1990.
Gracia, Jaime de la [Kolumbianer]: *Los lobos hacen milagros* (Roman). Berlin: Editorial Flor y Piedra 1993; *Abrepalabra* (Gedichte). Berlin: Editorial Flor y Piedra 1994; *La opera de los años locos – poema para desarmar* (Gedichte). Berlin: Editorial Flor y Piedra 1995; *Poemas de la dispersión* (Gedichte). Berlin: Unteraugen 1996. – *Zerstreute Gedichte*. Berlin: Unteraugen 1998; *No le pegues ese garrotazo* (Roman). Berlin: Editorial Flor y Piedra 1996. – *Der Schlag*. Berlin: Unteraugen 1997; *El primer día que el turco vio el mar* (Erzählungen). Berlin: Editorial Flor y Piedra 1996: *Esta primavera es poco seria* (Gedichte). Berlin: Editorial Flor y Piedra 1997; *Dieser Frühling ist kaum ernst zu nehmen*. Berlin: Unteraugen 1998; *Una conversa con Santiago García en Berlín. Los perros de George Grosz*. (Erzählungen). Berlin: Editorial Flor y Piedra 1997.
Lagos, María Soledad [Chilenin]: *Sonambulismos* (Erzählungen). Santiago de Chile: Editorial La Trastienda 1994.
Lange, Claudio [Chilene]: *Rückkehr ins Exil und andere Gedichte*. Reinbek: Rowohlt 1980.
Lira, Carlos [Chilene]: *Der gefangene Gefängnisdirektor*. 1977; *Und Chile ist weit und nah* (Essay). Wuppertal: Dritte Welt Laden 1981; *Yo soy mellizo. Cuentos y/o relatos* (Erzählungen). Hamburg: Editora Lonquén 1984.
Lira, Pablo & Carlos [Chilene]: *Mantelito blanco* (Roman). Hamburg: Edición Lonquén 1985.
Macías, Sergio [Chilene]: *Las manos del leñador* (Gedichte). Santiago de Chile: Ediciones Tebaida 1969; *La sangre en el bosque* (Gedichte). Santiago de Chile: Ediciones del Grupo Fuego de la Poesía

1974; *En el tiempo de las cosas* (Gedichte zweisprachig). Rostock: Casa de la Cultura 1977; *El niño y la tierra* (Gedichte). México: Universidad Nacional Autónoma de México 1980; *El jardinero del viento* (Gedichte). Madrid: Ed. Swan 1980; *Memoria del exilio* (Essay). Madrid: Ediciones Cultura Hispánica 1985; *Noche de nadie* (Gedichte). Madrid: Ed. Centro de Estudios Salvador Allende 1988; *El libro del tiempo* (Gedichte). Alicante: Caja de Ahorros del Mediterráneo 1988; *Tetuán en los sueños de un andino* (Gedichte). Madrid: Ed. Betania 1989; *La región de los últimos prodigios* (Gedichte). Murcia: Ed. Sociedad Estatal V Centenario 1992; *El manuscrito de los sueños* (Gedichte). Santiago de Chile: Ediciones Zona Azul 1994; *El sueño europeo* (Roman). Santiago de Chile: Cesoc Ediciones 1994; *Presencia árabe en la literatura latinoamericana* (Essay). Santiago de Chile: Editorial Universitaria 1995; *Literatura marroquí en lengua castellana* (Essay). Madrid: Ediciones Magalia 1996; *Crónica de un latinoamericano sobre Bagdad y otros lugares encantados* (Gedichte). Santiago de Chile: Zona Azul 1997.

Mendívil, Julio [Peruaner]: *La agonía del condenado y otras historias de biblioteca* (Erzählungen). León: Ediciones del Curueño 1998.

Morales Saravia, José [Peruaner]: *La hora escarlata. Berlín Weddingplatz* (Erzählungen). Frankfurt a.M.: Vervuert 1991.

Moulines, Carlos-Ulises [Venezolaner]: *Antes del olvido. Tríptico de la contemplación del tiempo* (Roman). México: Consejo Nacional para la Cultura y las Artes de México 1996.

Pérez, Israel [Ecuadorianer]: *Caballos al amanecer* (Roman). 1987.

Pineda Zaldívar, Juan de Dios [Honduraner]: *Andares y cantares.* (Erzählungen). Tegragalpa 1995 – *Wanderung und Gesang.* Göttingen: Eigenverlag 1992; *Itinerario y otros poemas. Reiseplan und andere Gedichte* (zweispr.). Göttingen: Eigenverlag 1997; *Silencios del calendario. Das tägliche Schweigen des Kalenders* (zweispr. Gedichte). Göttingen: Eigenverlag 1997.

Rivera, Sergio [Chilene]: *Cariño malo* (Roman). Wiesbaden: Club del Libro Ediciones 1998.

Saavedra W., Annabel [Kolumbianerin]: *Isla del viento* (Gedichte). Cali, Kolumbien 1979; *La misma sangre (poemario).* Zusammen mit Martha Gantier B. Berlin: Ed. CLAL 1985; *Viaje interior* (Gedichte). Berlin: Ed. CLAL 1986; *Dimensión del silencio* (Gedichte). Berlin: Ed. CLAL 1986.

Salas, Jaime Rolando [Chilene]: *La serpiente y los signos* (Gedichte). Berlin: Eigenverlag 1982.

Saldarriaga von Loebenstein, Patricia [Peruanerin]: *Espacios como cuerpos* (Gedichte). Lima: Caracol 1984; *Voz de agua – Wasserstimme* (zweispr. Gedichte). München: Hagen 1990.

Serpa-Kolbe, Gloria [Kolumbianerin]: *Safo. Poesía lírica* (Übersetzungen). Bogotá: Ed. Tercer Mundo 1972; *Fábulas del príncipe* (Erzählungen). Bogotá: Ed. Carrera Séptima 1976; *Cuentos de lluvia* (Erzählungen). Bogotá: Ed. Tercer Mundo 1977; *Gran reportaje a Eduardo Carranza* (Biographie und Anthologie der Kritik). Bogotá: Instituto Caro y Cuervo 1978; »Gorro de astracán gris – Die graue Persianermütze« (zweisprachige Erzählung). In: *Khipu* 13 Juni 1984; »Drei Frauen am Sonntag« (Erzählung). In: *Frauen in Lateinamerika 2.* Hg. Marco Alcántara. München: dtv 1986; »La gruta simbólica« (Essay). In: *Manual de literatura colombiana.* Bogotá: Planeta 1988; »Das Fischauge« (Erzählung). In: *Liebe, Macht und Leidenschaft.* Hg. Marco Alcántara. München: Edition Amauta 1988; »Juana Beltrán: Deine letzte Chance!« (Erzählung). In: *Juana Beltrán: Deine letzte Chance!* Hg. Marco Alcántara. München: Edition Amauta 1994; *Todo nos llega tarde. Biografía del poeta colombiano Julio Flórez* (Biographie). Bogotá: Planeta 1994.

Sui-Yun [Peruanerin]: *Cresciente* (Gedichte; engl.). Oakland, USA 1977; *Rosa fálica* (Gedichte). Lima: Ediciones Loto 1983.

Triana, Jaime E. León [Kolumbianer]: *Das Schwingen des Windes* (Gedichte). Berlin: Eigenverlag 1987; *750 Jahre Berlin 1987* (Gedichte; zweispr.). Berlin: Eigenverlag 1987.

Val, Nemesia del [Argentinierin]: *Una azul llamarada (1980–91)* (Gedichte). Berlin: Ed. CLAL 1982; *Desde Berlín (Poesía 1977–79).* Berlin: Ed. CLAL 1983; *El camaleón y la tórtola (Poesía 1982).* Berlin: Ed. CLAL 1983; *Las estaciones líricas. Selección de poesía nunca publicada.* Berlin: Ed. CLAL 1983; *Como un río (Prosa 1982).* Berlin: Ed. CLAL 1983.

Vergara, José [Chilene]: *Juntando erizos bajo un techo muy jodido,* 1988; *Carnívoros/Mi chey/Bajo un cielo de madera,* 1995.

Villarroel, Sergio [Chilene]: *Con todo. Poemario urbano* (Gedichte). Berlin: Ed. CLAL 1980; *Metamorfosis cotidiana* (Gedichte). Berlin: Ed. CLAL 1981; *Relatos interiores* (Erzählungen). Berlin: Ed. CLAL 1981; *Aquí estoy, aquí canto. Ich bin hier, ich dichte hier* (Gedichte; zweispr.). Berlin: Ed. CLAL 1982; *Apenas un hombre* (Gedichte). Berlin: Ed. CLAL 1984; Hg. *Lateinamerikanische Anthologie (Huldigung zur 750-Jahrfeier Berlins)* (Gedichte). Berlin: Ed. CLAL 1987.

Wölfel, Karin [Guatemaltekin]: *Spass mit Bildern* (Essay). München: Kösel 1978; *Farbspiele mit Kindern* (Essay). München: Kösel 1981; Zwei Erzählungen. In: *Alamedas.* Hg. ALAM. München: Edition Quinde 1998.

Yáñez Barrios, Pablo [Chilene]: *Antenor Flores. Das Leben eines chilenischen Arbeiters, erzählt im Exil.* Bornheim-Merten: Lamuv 1983.

13. Autor/innen aus dem arabischen Kulturraum

Anthologien:

Im neuen Land. Hg. Suleman Taufiq/ Franco Biondi u.a. Bremen: Con-Edition 1980.

Zwischen Fabrik und Bahnhof. Hg. Suleman Taufiq/ Franco Biondi u.a Bremen: Con-Edition 1981.

Zu Hause in der Fremde. Hg. Christian Schaffernicht. Fischerhude: Atelier im Bauernhaus 1981.

Annäherungen · Hg. Jusuf Naoum u. a. Bremen: Con-Edition 1982.

Zwischen zwei Giganten. Hg Jusuf Naoum u. a. Bremen: Con-Edition 1983.

Dies ist nicht die Weit, die wir suchen. Hg. Suleman Taufiq u. a. Essen: Klartext 1983.

In zwei Sprachen leben. Berichte, Erzählungen, Gedichte von Ausländern. Hg. Ackermann, Irmgard. München 1983.

Lachen aus dem Ghetto. Hg. Polynationaler Literatur- und Kunstverein. Klingelbach: Mandala 1985.

Die letzte Rede der Wanderratte. Hg. Jusuf Naoum/ Rafik Schami. Kiel : Neuer Malik 1985.

Eine nicht nur deutsche Literatur. Hg. Irmgard Akkermann/Harald Weinrich. München: Piper 1986.

Kamel, Nadim: *n^{a}wadir ›g^{u}ẖa wa q^{a}r^{a}qwš, ('g^{u}ẖas und q^{a}r^{a}qwšs Geschichten).* Beirut 1991.

Lange, Claudio/Schiller, Hans: *Moderne Arabische Literatur.* Berlin 1988.

Littmann, Enno: *Arabische Märchen.* München 1961.

Schmidt, Hans D./Kahle, Paul Dr. (Hg.): *Volkserzählungen aus Palästina.* Göttingen 1918.

Sekundärliteratur:

Abelẖ^{a}kim, Šawqi: m^{a}wsw^{uctu} alf^{u}lklw^{u}r w^{a} alas̱aṯyr al ^{c}r^{a}b$_{i}$y^{tu} (Enzyklopädie der arabischen Folklore und Volksmärchen). Beirut: dar al^{ca}wd^{atu} 1982. *Al-Aswad, Nizar: alẖkayat alš^{c}bya^{tu} alšamya^{tu}* (Damaszener Volksmärchen). Damaskus ^{2}1990. Al-Slaiman, Mustafa: »Literatur in Deutschland am Beispiel arabischer Autoren – Zur Übertragung und Vermittlung von Kulturrealien-Bezeichnungen in der Migranten- und Exilliteratur«. In: Amirsedghi, Nasrin/ Bleicher, Thomas (Hg.): *Literatur der Migration.* Mainz 1997. S. 88–99. Böhme, Thomas: »Böse Ahnung zur bitteren Gewißheit geworden«. In: *Leipziger Volkszeitung* 11. 5. 1994. Brockelmann, Carl: *Geschichte der arabischen Literatur.* Leiden 1942. Chiellino, Gino: »Ich verstehe euch nicht«. In: *Die Brücke* Nr. 84, 4 (Juli-August 1995). Dankert, Birgit: »Tagebuch aus Damaskus«. In: *Die ZEIT* 10. 4. 1987. Ehnert, Rolf und Hopster, Norbert: *Die emigrierte Kultur.* Band II. Frankfurt a. M. 1988. Gibb, Hamilton A. R./Landau, Jacob. M.: *Arabische Literaturgeschichte.* Zürich/München 1968. Iwasaki, Eijiro (Hg.): *Begegnung mit dem »Fremden«; Grenzen – Traditionen – Vergleiche; Akten des VIII. Internationalen Germanisten-Kongresses, Tokyo 1990.* München 1991. Janota, r. Johannes (Hg.): *Kultureller Wandel und die Germanistik in der Bundesrepublik. Vorträge des Augsburger Germanistentags 1991,* Bd. 1. Tübingen 1993. Ken-ichi, Shimato: »Zwischen Daheim und Heimat. Probleme der Migrantenliteratur in der deutschen Moderne«. In: *Journal of Language and Culture* 10. Sendai. Japan: Faculty of Language and Culture – Tohoku University 1998. S. 1–12. Khalil, Iman Osman: »Der Beitrag arabischer Autoren zur deutschen Gegenwartsliteratur«. In: *Grenzen – Traditionen – Vergleiche; Akten des VIII. Internationalen Germanisten-Kongresses, Tokyo 1990.* Bd. 8, Sektion 14, Emigranten- und Immgrantenliteratur. München 1991, S. 225–234. Köpke, Wulf: »Das Wartesaal-Leben. Die Nicht-Erfahrung der Fremde im Exil nach 1933«. In: *Begegnung mit dem Fremden* Naff, Alixa: »Lebanese Immigration into the United State: 1880 to the Present«. In: Horani, Albert/Shehadi, Nadim (Hg.): *The Lebanese in the World – A Century of Emigration.* London 1991. Rösch, Heidi: »Interkulturelle Erzählformen in der deutsche Migrantenliteratur«. In: Johannes Janota (Hg.): *Kultureller Wandel und die Germanistik in der Bundesrepublik. Vorträge des Augsburger Germanistentags 1991,* Bd. 1. Tübingen 1993. Saalfeld, Lerke von (Hg.): *Ich habe eine fremde Sprache gewählt. Ausländische Schriftsteller schreiben deutsch.* Gerlingen 1998, S. 113. Schami, Rafik: »Vom Circus der Kulturen«. In: *Zeit Schrift für KulturAustausch* 3 (1999), S. 30–37. Shah, Idries: *Die Sufis. Botschaft der Derwische, Weisheit der Magier.* München 1989. Statistisches Bundesamt (Hg.): *Statistisches Jahrbuch 1986 für Bundesrepublik Deutschland.* Stuttgart/ Mainz 1986/1987. Taufiq, Suleliman (Hg.): *Frauen in der arabischen Welt.* München: dtv 1987; ^{6}1993. *Tausend und eine Nacht. Arabische Erzählungen.* Band 1 und 3. Nachdruck der Originalausgabe von 1865. Erlangen: Karl Müller 1992.

Ghazi Abdel-Qadir (geb. 7. 1. 1948 in Palästina) mußte mit sechzehn Jahren die Schule verlassen, um zum Familienunterhalt beizutragen; ging im Kuwait verschiedenen Arbeiten nach; Schulabschluß in Jordanien; in Deutschland Studium der Germanistik, Anglistik, Evangelische Theologie und Islamwissenschaft in Bonn und Siegen; arbeitet als Übersetzer und Lehrbeauftragter; seit 1988 freier Schriftsteller tätig; lebt in Wilnsdorf; 1992 Friedrich-Gerstäcker-Preis und Auswahlliste Deutscher Jugendliteraturpreis; 1993 Literaturpreis der Stadt Boppard; 1994 Gustav-Heinemann-Friedenspreis; 1994 Österreichischer Jugendbuchpreis und Züricher Kinderbuchpreis »La vache qui lit«.

Werke:

Abdallah und ich (Roman). Weinheim/Basel: Beltz & Gelberg 1991.

Die sprechenden Steine (Roman). Weinheim/Basel: Beltz & Gelberg 1992.

Mustafa mit dem Bauchladen (Roman). Zürich/ Frauenfeld: Nagel & Kimche 1992.

Spatzenmilch und Teufelsdreck (Roman). München: Erika Klopp 1993.

Das Blechkamel (Roman). München: Erika Klopp 1994.

Der Wasserträger (Märchen). Esslingen: Esslinger 1994.

Sulaiman (Roman). Weinheim/Basel: Beltz & Gelberg 1995.

Schamsi und Ali Baba (Bilderbuch). Zürich/Frauenfeld: Nagel & Kimsche 1995.
Mohammed – Worte wie Oasen (Kinderbuch). Freiburg: Herder 1995.
Mister Petersilie (Kinderbuch). Aarau/Frankfurt a. M./Salzburg: Saurländer 1997.
Mountainbike & Mozartkugeln (Kinderbuch). München: Erika Klopp 1997.
Hälftchen und das Gespenst (Märchen). Schöngesing: Dachs 1997.
Weizenhaar – Ein Sommer in Marokko. Aarau/Frankfurt a. M./Salzburg: Saurländer 1998.
Mustafa mit dem Bauchladen (Roman). Reinbek: Rowohlt 1998.
Das Blechkamel (Roman). München: dtv 1998.
Spazenmilch und Teufelsdreck (Roman). München: dtv 1999.
Schamsi und Ali Baba. Frankfurt a. M.: Fischer 1999.
Das Geschenk von Großmutter Sara (Kinderbuch). Aarau/Frankfurt a. M./Salzburg: Saurländer 1999.

Ryad Alabied (geb. am 17. 6. 1960 in Alragga/Syrien) ging an verschiedenen Schulen in Syrien; 1986 Licence-Grad in Philosophie und Soziologie an der Universität Damaskus; 1989 Ausreise nach Deutschland; 1994 Magister in Philosophie und Psychologie an der Universität Trier; arbeitet an seiner Dissertation; seit 1991 freier Schriftsteller und Journalist; seine Artikel, Aufsätze und Berichte in arabischen Zeitungen und Zeitschriften sind von einem hohen literarischen Niveau; Mitbegründer der literarischen Zeitschrift *Fremde Verse*; Mitbegründer und seit 1992 Vorsitzender des Arbeitskreises ›Ausländische Poesie und Literatur‹ an der Universität Trier.

Werke:
Umwandlungen in der Erde (Gedichte; arabisch). Köln: Hannibal 1990.
Gebete im Tempel der Zeit (Gedichte; arab./dt.). Köln: Hannibal 1991.
Koran der Auswanderung (Gedichte; arab./dt.). Köln: Hannibal 1992.
Garten der Begierden (Gedichte). Köln: Muhtadi 1996.
Über das freie Denken (Gedichte). Köln: Muhtadi 1997.

Salim Alafenisch (geb. 1948 in der Negev-Wüste/Palästina) Sohn von Beduinen; lernte erst mit vierzehn Jahren Lesen und Schreiben; 1971 Schulabschluß in Alnaserah (Nazareth); 1972 ist er am Londoner Princeton College; Jurastudium in Palästina: 1973 Ausreise nach Deutschland; Studium der Ethnologie, Soziologie und Psychologie an der Universität Heidelberg; 1984–1989 in der Erwachsenenbildung tätig; lebt und arbeitet seit 1989 in Heidelberg als freier Schriftsteller.

Werke:
Der Weihrauchhändler. Berlin: Das Arabische Buch 1988.
Das versteinerte Zelt. Zürich: Unionsverlag 1993.
Die acht Frauen des Großvaters. Zürich: Unionsverlag 1994.
Amira, Prinzessin der Wüste. Ravensburg: Ravensburger Buchverlag 1994.
Das Kamel mit dem Nasenring. Zürich: Unionsverlag 1995.

Adel Karasholi (geb. 1936 in Damaskus) 1951 erste Gedichtveröffentlichung; gründete 1953 eine Zeitung für Kunst und Literatur, die sofort durch die Behörde des damaligen Diktators verboten wurde; arbeitete in einer Druckerei, wurde Kulturredakteur, schrieb für den Rundfunk und übernahm die Redaktion der Studentensendung von Issam Hammad, der zum Ostberliner Rundfunk gegangen war; seit 1957 jüngstes Mitglied des damals in der arabischen Welt renommierten ›Arabischen Schriftstellerverbands‹, der 1959 verboten wurde, die verfolgten Mitglieder mußten Syrien verlassen; über Ostberlin, Fürstenwalde, Westberlin und München kam er 1961 nach Leipzig, wo er seither lebt; Studium am Literaturinstitut Johannes R. Becher bei Georg Maurer und an der Theaterhochschule; Promotion über das Theater Brechts; schreibt seit 1964–65 in deutscher Sprache; 1968–1993 Lektor an der Universität Leipzig; seitdem freier Schriftsteller. Karasholi ist als zweisprachiger Lyriker, Essayist und als Übersetzer von Dramen, Gedichten und Erzählungen ins Deutsche wie Arabische bekannt geworden; 1985 Kulturpreis der Stadt Leipzig; 1992 Adelbert-von-Chamisso-Preis.

Gedichtbände:
Das Lied in der Fremde (Gedichte; arab.). Damaskus 1967.
Wie Seide aus Damaskus (Gedichte). Berlin: Volk und Welt 1968.
Umarmung der Meridiane (Gedichte). Halle: Mitteldeutscher Verlag 1978/82.
Georg Maurer – Das Unsere (Essay; Gedichtauswahl; arab.). Damaskus 1981.
Brecht in arabischer Sicht (Abhandlung). Berlin: Brecht-Zentrum 1982; Damaskus 1982.
Daheim in der Fremde (Gedichte). Halle: Mitteldeutscher Verlag 1984.
Hinaussteigen aus dem eigenen Ich (Gedichte; arab.). Damaskus 1985.
Wenn Damaskus nicht wäre (Gedichte). München: A1 Verlag 1992/93.
Also sprach Abdulla (Gedichte). München: A1 Verlag 1995.

Beiträge in Anthologien, Sammelbänden und Zeitschriften:
»Ausländer raus. Ich lebe und arbeite aber in diesem Land seit mehr als einem Vierteljahrhundert«. In: *Beilage der Leipziger Volkszeitung* 6./7. 1. 1990.
»Rhapsodie in Grau«. In: *Börsenblatt* Nr. 31, 19. 4. 1991.

Die Umarmung der Meridiane (Interview). In: *West meets East.* Frankfurt a. M.: IAF 1992, S. 177 ff.
»Demokratie nur für Deutsche oder Die Macht des Vorurteils« (Vortrag). In: *Nachdenken über Deutschland.* (Vorträge von Günter Grass, Rolf Hochhuth, Henry Marx und Carl Friedrich von Weisäcker u.a). Berlin: Verlag der Nation 1990, S. 120–137.

Gedichte:
In: *Auftakt 63.* Hg. Zentralrat der Freien Deutschen Jugend. Berlin: Neues Leben 1963, S. 17–21.
Appell für Vietnam. In: *Freie Welt* 31 (1966), S. 5.
Gedichte. In: *DaF* (1986), S. 96–108.
Das Seil, Die Brücke. In: *Poetry* (Oktober-November 1998), S. 44–45.
und Beiträge. In: *Neue Deutsche Literatur* Nr. 8/1965, Nr. 9/1965, Nr. 11/1968, Nr. 10/1969, Nr. 7/1978, Nr. 6/1990, Nr. 5/1992
Der alte Turban. In: *kürbiskern.* München: Damnitz 4/1977.

Sekundärliteratur:
»Im Gespräch mit Adel Karasholi« (Lutz Richter spricht mit Adel Karasholi). In: *DaF* Sonderheft 1986. S. 96–103; Bagdadi, Schauki: »Ein Gruß an Adel Karasholi«. In: *Al-Thaura.* Damaskus 11. 6. 1977; Basse, Michael: »Züruck zu den Vätern. Neue Gedichte von Adel Karasholi«. In: *SZ* 14. 3. 1996; Böhme, Thomas: »Die Gnade der Göttinnen«. In: *Kreuzer* 10 (1996); Dochow, Bernd: »Logik und Emotion – Sie müßten Hochzeit machen«. In: *LVZ* 10 (Januar 1963); Heiduczek, Werner: »Also sprach Abdulla oder die augenblicklichen Leiden des neuen Karasholi«. In: *Die andere Zeitung* Nr. 45/46 (Dezember 1990); Heublein, U.: »Sein Gedicht kennt Eiche und Baum«. In: *UZ* 4. 10. 1985; Jäger, Annette: »Reizvolle Verse in einfacher, klarer Sprache«. In: *SZ* 28. 2. 1996; Karasholi, Adel: »Der verlorene Schatten« (Dankesrede zur Verleihung des Adelbert-von-Chamisso-Preises 1992). In: *Leipziger Volkszeitung* 6. 5. 1992; Melchert, Rulo: »Kunstvolles Selbstgespräch. Gedichte Karasholis über das Fremde und das Zuhause«. In: *Sächsische Zeitung* 16./17. 3. 1996; Möbius, Regine: »Adel Karasholi«: In: *Börsenblatt* Nr.15. (21. 2. 1992), S. 12–15; Ruddigkeit, Frank: »Weil ich mich in der Tat durch das Leben ganz anders provoziert fühle« (Gespräch mit Adel Karasholi am 28. Januar 1987). In: *Ansichtssache. Schriftsteller und Künstler im Gespräch.* Halle/Leipzig 1987, S. 120–137; Scherenschmidt, H.: »Die Straße blutet. Ein syrischer Poet liest Gedichte«. In: *LVZ* 30 (Juni 1962); Schreinert, Andreas: »Ich will tiefe Gedanken einfach ausdrücken«. In: *Funkzeitung* 3. 3. 1964; Steineckert, Gisela: »Liebe in dieser Zeit«. In: *Berliner Zeitung* 14. 6. 1964; Zimmer, Heidi: »Heimat im Gedächtnis, Adel Karasholis Gedichtband »Wenn Damaskus nicht wäre»«. In: *Applaus* 5 (1995).

Jusuf Naoum (geb. 1941 in El Mina bei Tripoli/Libanon) wuchs in einer Familie mit einer gut ausgestatteten Bibliothek auf; durch diese Bibliothek und durch seine Mutter wurde er früh in die Tradition des Märchenerzählens eingeweiht; kommt 1964 in die Bundesrepublik Deutschland; Tätigkeiten im Hotel- und Gastronomiegewerbe; nach Arbeitslosigkeit Umschulung zum Masseur; seit 1983 freier Schriftsteller in Niederhausen bei Frankfurt a. M.; zwei Reisestipendien des Bundesbildungsministeriums; 1992 Kulturpreis des Rheingau-Taunus-Kreises; April bis Juni 1995 Stipendium des ›Schriftstellerhäusle‹ in Stuttgart.

Werke:
Der rote Hahn. Erzählungen des Fischers Sidaoui. Darmstadt: Luchterhand 1974; ^{2}1989; griechische Übersetzung: Athen 1977.
Der rote Hahn. Nachdruck des Luchterhand-Buchs mit Nachbemerkungen des Autors. Berlin: Der Olivenbaum 1979.
Der Scharfschütze (Erzählungen aus dem libanesischen Bürgerkrieg). Erschienen in der Neuen Reihe Atelier 11. Fischerhude: Atelier im Bauernhaus 1983.
Karakus und andere orientalische Märchen. Frankfurt a. M.: Brandes & Apsel 1986.
Die Kaffeehausgeschichten des Abu al Abed. Frankfurt a. M.: Brandes & Apsel 1987.
Der Scharfschütze (Erzählungen aus dem libanesischen Bürgerkrieg). Frankfurt a. M.: Brandes & Apsel 1988.
Kaktusfeigen (Erzählung). Frankfurt a. M.: Brandes & Apsel 1989.
Sand, Steine und Blumen (Gedichte). Frankfurt a. M.: Brandes & Apsel 1991.
Die Kaffeehausgeschichten des Abu al Abed. Reihe drei Kontinente. München: dtv 1993.
Nacht der Phantasie. Der Kaffeehausgeschichtenerzähler Abu al Abed lädt ein. Reihe Literarisches Programm 32. Frankfurt a. M.: Brandes & Apsel 1994.
Das Ultimatum des Bey (Roman aus dem Libanon). Reihe Galileo. Wuppertal: Peter Hammer 1995.
Karakus und andere orientalische Märchen. Mit einem Nachwort von Lutz Tantow. München: dtv 1995.
Nura. Eine Libanesin in Deutschland (Roman). Reihe Galileo. Wuppertal: Peter Hammer 1995.

Beiträge in Anthologien:
Hannelore – Mädchen für alles. In: *Liebe Kollegin.* Hg. Werkkreis Literatur der Arbeitswelt. Frankfurt a. M.: Fischer 1973, S. 117 ff.
Was wird mit mir geschehen? In: *Scenen-Reader.* Made bei Ulcus Molle. Hg. Literarisches Informationszentrum Bottrop 1973/74, S. 101.
Liebe und Revolution (Gedicht). In: *Almanach 7 für Literatur und Theologie.* Wuppertal: Peter Hammer 1973, S. 87.
Chile lebt/Die Mumien (Gedichte). In: *Lyrik non stop.* Hg. Neue Gesellschaft für Literatur. Berlin: Einhorn Presse 1975, S. 55, 57.
Die Stadt (Gedicht). In: *Almanach 9 für Literatur und Theologie.* Wuppertal: Peter Hammer 1975, S. 119.

Für einen Fremdenlegionär (Gedicht). In: *Federkrieg. Gedichtanthologie.* Hg. Ulrich Jean Marre. Frankfurt a. M.: Direkt Verlag 1976, S. 61.
Als ich noch Kind war (Gedicht). In: *Almanach 10 für Literatur und Theologie.* Hg. Adam Weyer. Wuppertal: Peter Hammer 1976/77, S. 67.
Die Stadt/Meine Beziehungen (Gedichte). In: *Stadtansichten. Gedichte Berliner Autoren.* Hg. Peter Gerlinghoff u. a. Berlin: H. W. Herrmann 1977, S. 86, 94.
Liebe und Revolution (Gedicht). In: *F. & M. Rickers Revolution und Christentum als Thema des Religionsunterrichts.* Gütersloher Verlagshaus Gerd Mohn 1977, S. 256.
Meine Beziehungen (Gedicht). In: *Warte nicht auf bessere Zeiten. Jugendarbeitslosigkeit.* Berlin: Elefanten Press 1978.
Das gelobte Land/Die großen Bauten (Gedichte). In: Zu *Hause in der Fremde. Ein bundesdeutsches Ausländer-Lesebuch.* Hg. Christian Schaffernicht. Fischerhude Atelier im Bauernhaus 1981; Reinbek: Rowohlt [2]1984, S. 31, 39.
Sindbads letzte Reise. In: *Narren und Clowns.* Hg. von Wolfgang Fehse und Martin Pohl. Berlin: W. Fehse 1982, S. 84 ff.
In: *Als Fremder in Deutschland.* Hg. Irmgard Ackermann. München 1982: »Als Hund« (Gedicht). S. 66, »Sindbads letzte Reise« (Märchen). S. 147 ff., »Das gelobte Land« (Gedicht). S. 165.
»Das Gelobte Land«/»Die großen Bauten« (Gedichte). In: *Wenn das Eis geht. Ein Lesebuch zeitgenössischer Lyrik.* Hg. Helmut Lamprecht. Fischerhude: Atelier im Bauernhaus 1983, S. 33.
»Zwei Steine«/»Schön ist es«/»Ohne Titel« (Gedichte). In: Ein *Gastarbeiter ist ein Türke. PoLiKunst-Jahrbuch.* Augsburg 1983, S. 58/59.
»Die Uniform«/»Meine Beziehungen« (Gedichte). In: *Der Tanz der Fremde. PoLiKunst Jahrbuch.* Augsburg 1984, S. 72/73.
»Als Hund« (Gedicht). In: *Tanzende brennende Fakten. Zeitungsausschnitte und literarische Phantasie.* Hg. Wolfgang Fehse. Berlin: W. Fehse 1984, S. 19.
»Sindbads letzte Reise« (Märchen). In: *Sindbads neue Abenteuer. Fremdengeschichten.* Hg. Horst Heidtmann. Baden-Baden: Signal 1984, S. 73.
»Omas Auto« (Erzählung). In: *Sie haben mich zu einem Ausländer gemacht.* Hg. Norbert Ney. Reinbek: Rowohlt 1984, S. 35 ff.
»Der Schafschmuggler« (Erzählung). In: *Lachen aus dem Ghetto,* S. 84 ff.
»Das Gelobte Land«/»Die großen Bauten« (Gedichte). In: *Wenn das Eis geht. Ein Lesebuch zeitgenössischer Lyrik.* Hg. Helmut Lamprecht. München: dtv 1985, S. 38.
»Aus dem Ghetto heraus« (Essay), »Die Reise« (Erzählung). In: *Eine nicht nur deutsche Literatur,* S. 79 ff., 153 ff.
»Omas Auto« (Erzählung). In: *Vergessen, was Angst ist. Mut im Alltag.* Hg. Horst Heidtmann. Baden-Baden: Signal 1986, S. 40.
»Großmutters Auto« (Erzählung). In: *Niemand ist allein.* Hg. Reiner Didszuweit und Rainer Meier. Gütersloher Verlagshaus Gerd Mohn 1987, S. 131 ff.
»Vorwort« (Erzählung). In: Fouad Awad, *Gesicht der Nacht.* Aachen: Vlinder op't 1991.
»Liebe«/»Die Stadt«/»Wozu?«/»Zwei Steine« (Gedichte). In: *Mir fremd, doch nah. Ein Lesebuch.* Hg. Hans Eichel. Frankfurt M.: Insel 1993, S. 46, 56, 82, 97.

Herausgeberschaft:
Sehnsucht im Koffer. Frankfurt a. M.: S. Fischer 1981.
Land der begrenzten Möglichkeiten. Einwanderer in der BRD. Frankfurt a. M.: Büchergilde Gutenberg 1987

Sekundärliteratur:
»Der Schafschmuggler«. In: *Literatur in Frankfurt. Ein Lexikon zum Lesen.* Hg. Peter Hahn. Frankfurt a. M. 1987, S. 426–429; Khalil, Iman Osman: »Writing Civil War: The Lebense Experience in Jusuf Naoum's Short Stories«. In: *The German Quarterly* Vol. 67, No. 4 (Fall 1994), S. 549–560.

Rafik Schami (eigentl. Suheil Fadél; geb. am 23. 6. 1946 in Damaskus/Syrien) kam 1971 nach Deutschland zum Studium der Chemie in Heidelberg; 1979 Promotion; bis 1982 u. a. in der Industrie tätig; 1971–1977 Veröffentlichungen in Zeitschriften und Anthologien, in arabischer und deutscher Sprache; Mitbegründer der 1980 entstandenen Literaturgruppe »Südwind« und des PoLiKunst-Vereins; 1980–1983 Mitherausgeber und Autor der Reihe »Südwind-Gast arbeiterdeutsch«; 1983–1985 Mitherausgeber und Autor der Reihe »Südwind-Literatur«; seit 1982 ist freier Schriftsteller; lebt in Kirchheimbolanden bei Mainz; schrieb bis 1977 in arabischer Sprache und ließ seine Texte ins Deutsche übersetzen; zahlreiche Auszeichnungen u. a. 1985 Adelbert-von-Chamisso-Förderpreis für sein Gesamtwerk; 1987 ZDF-Leseratten-Preis (BRD) für »Eine Hand voller Sterne«;1987 Zürcher-Kinder- und Jugenbuchpreis (Schweiz) für »Eine Hand voller Sterne«; 1987 Ehrenliste des Staatspreises (Österreich) für sein Gesamtwerk; 1990 Rattenfängerpreis der Stadt Hameln (BRD) für »Erzähler der Nacht«; 1991 Mildred L. Batchelder Award (USA) für sein Gesamtwerk; 1993 Adelbert-von-Chamisso-Preis (BRD) für sein Gesamtwerk; 1994 Hermann-Hesse-Preis (BRD) für »Der ehrliche Lügner«; 1997 Hans-Erich-Nossack-Preis für sein Gesamtwerk 1997.

Werke:
Andere Märchen (Märchen). Bonn: PDW 1978.
Das Schaf im Wolfspelz (Märchen). Dortmund: PAD 1982.
Luki: Die Abenteuer eines kleinen Vogels (Märchen). Göttingen: W. Fischer 1983.
Das letzte Wort der Wanderratte (Märchen). Kiel: Neuer Malik 1984.
Der Fliegenmelker (Märchen). Berlin: Das Arabische Buch 1985.

Weshalb darf Babs wieder lachen? (Märchen). Göttingen: W. Fischer 1985.
Der erste Ritt durchs Nadelöhr (Märchen). Kiel: Neuer Malik 1985.
Bobo und Susu (Märchen). Wien: Jungbrunnen 1986.
Eine Hand voller Sterne (Roman). Weinheim: Beltz & Gelberg 1987.
Malula (Märchen). Kiel: Neuer Malik 1987.
Die Sehnsucht fährt schwarz (Märchen). München: dtv 1988.
Der Löwe Benilo (Märchen). Wien: Jungbrunnen 1989.
Erzähler der Nacht (Roman). Weinheim Beltz & Gelberg 1989.
Der Wunderkasten (Märchen). Weinheim: Beltz & Gelberg 1990.
Malula (Märchen). München: dtv 1991.
Vom Zauber der Zunge (Märchen). Schweiz: Verlag im Waldgut 1991.
Der fliegende Baum (Märchen). Kiel: Neuer Malik 1991.
Der ehrliche Lügner (Roman): Weinheim: Beltz & Gelberg 1992.
Der Fliegemnelker (Märchen). München: dtv 1992.
Eine Hand voller Sterne (Roman). München: dtv 1993.
Der brennende Eisberg (Märchen). Schweiz: Verlag im Waldgut 1994.
Das ist kein Papagei (Märchen). München/Wien: Hanser 1994.
Reise zwischen Nacht und Morgen (Märchen). München/Wien: Hanser 1995.
Der Schnabelsteher (Märchen). Gossau Zürich: Nord Süd Verlag 1995.
Fatima und der Traumdieb (Märchen). Gossau Zürich: Nord Süd Verlag 1996.
Loblied und andere Olivenkeme (Märchen). München/Wien: Hanser 1997.
Milad (Märchen). München/Wien: Hanser 1997.
Der Fliegenmelker (Märchen). München/Wien: Hanser 1997.
Die Sehnsucht fährt schwarz (Märchen). München/Wien: Hanser 1997.
Vom Circus der Kulturen. In: *Zeit Schrift für Kultur-Austausch* 3 (1999), S. 30–37. Stuttgart: Institut für Auslandsbeziehungen 1999.

Sekundärliteratur:

»Literatur der Betroffenheit in Zuhause in der Fremde«. In: *Die Brücke*, Nr. 84/ Juli-August 1995/4; Raddatz, Fritz J.: »In mir zwei Welten«. In: *Die ZEIT* 26 (1994); »Es war oder es war nicht ...« (Interview: mit Rafik Schami spricht Werner Schultz). In: *Zivil* 1 (1996), S. 24–26; Seuss, Siggi: »Alle guten Geister der vereinigten Morgenländer. Rafik Schami, der Fabulierer, bietet seinen Lesern wortgewaltige, tiefsinnige, auch banale Gedankenabenteuer«. In: *SZ* 8. 11. 1995; Tantow; Lutz: »Es war einmal ein »Gastarbeiter««. In: *SZ* 20. 2. 1985; Ders.: »Ritt durchs Nadelöhr. Rafik Schami und seine Märchenwelt«. In: *Die ZEIT* 14. 11. 1986; Ders.: »Abenteuer in der deutschen Sprache. Die List der Märchen« (Interview). In: *SZ* 22. 2. 1989; Ders.: »Deutsche Literatur von außen. Aras Ören und Rafik schami erhalten den Chamisso-Preis«. In: *SZ* 25. 2. 1989.

Suleman Taufiq (geb. 1953 in Damaskus/Syrien) ältestes Kind einer elfköpfigen Familie; kam 1971 nach der Beendigung der Schule nach Deutschland; Studium der Philosophie und Komparatistik in Aachen und lebt dort als freier Schriftsteller und Übersetzer; 1980–87 Mitbegründer von PoLiKunst (Polynationaler Literatur und Kunstverein e. V.); 1979–1982 Mitbegründer und Mitherausgeber der literarischen Reihe »SÜDWIND Gastarbeiterdeutsch« bei CON Edition Bremen; 1983–1986 Herausgeber der Reihe, »Unterwegs« bei Klartext Verlag Essen (vier Bände); 1890–85 Mitherausgeber und Redaktionsleiter der Zeitschrift »FREMDWORTE«; ständiger Mitarbeiter der WDR-Reihe »Musikpassage« und »Eurowerkstatt«; seit 1985 tätig für WDR und andere Rundfunkanstalten; schreibt für die *Neue Züricher Zeitung*. Mitarbeit an den Filmen DER WAHRE SCHLEIER IST DAS SCHWEIGEN (Frauen im Islam), ZDF 1992 und NICHT FREMD UND NICHT ZU HAUS ausländische Autoren in Deutschland, ZDF 1993; Übersetzer und Herausgeber von elf Bänden aus dem Arabischen in die deutsche Sprache; 1983 Förderpreis der Stadt Aachen; 1990 Arbeitsstipendium für Schriftsteller des Kultusministeriums in NRW.

Werke:

Wir sind fremd wir gehen fremd (Gedichte). Mit B. Böhm und G. Aparício. Aachen: Klenkes 1979.
Layali (Gedichte). Essen: Klartext 1984.
Ausländer in Aachen (Handbuch). Aachen: 1984.
Zu Gast bei den Entwickelten (Hg. mit S. Pater). Dortmund: Pad 1985.
Das Schweigen der Sprache (Gedichte). Berlin: Edition Orient 1988.
Oh wie schön ist Fliegen (Kinderbuch). Berlin: Edition Orient 1988.
Arabische Erzählungen (Hg.). München: dtv 1991.
Im Schatten der Gasse (Erzählung). Berlin: Edition Orient 1992.
Spiegel des Anblicks (Gedichte). Berlin: Edition Orient 1993.
Mittenaus Mittenein (Irakische Lyrik). (Hg. und Übers. mit K. Al-Maaly und Stephan Weider). Berlin: Das Arabische Buch 1993.
Der Wahre Schleier ist das Schweigen (mit Jutta Szostack). Frankfurt M.: Fischer 1995.

Veröffentlichungen in Sammelbänden:

»Wie Schwer, geduldig zu sein«. In: *Sehnsucht im Koffer*. Hg. Werkkreis Literatur der Arbeitswelt. Frankfurt a. M.: Fischer 1981.
»Die Frage«. In: *Als Fremder in Deutschland*. 1982.
»Ich weiß«, »Entwurzelung«, »Wenn ich«, »Ich möchte dich wiedersehen«, »Meiner Stadt«. In:

Steck Dir einen Vers. Hg. Manfred Eichborn/Urs M. Fiechtner. Tübingen: AS Verlag 1983.
»Schreien«, »Du wanderst jeden Tag aus«. In: *Ausländer Inländer.* Hg. Adolf-Grimme-Institut. Zürich: Unionsverlag 1983.
»Das Exil«, »Soll ich weinen oder lachen«. In: *Materialien DaF* Heft 22. Regensburg 1983.
»Warum«. In: *Zu Hause in der Fremde,* 1981.
»Die Frage«, »Schreien«, »Wie schwer geduldig zu sein«. In: *Das alles für ein Stück Brot.* Hg. Heimke Schierloh. Frankfurt a.M.: Peter Lang 1984.
»Du wanderst täglich aus«. In: *Lachen aus dem Ghetto,* 1985.
»Erwartung an die deutschen Kulturvermittler« und »Impressionen einer Stadt«. In: *Eine Nicht Nur Deutsche Literatur,* 1986.
»Die Frage«. In: *Land der Begrenzten Möglichkeiten.* Hg. Förderverein Deutscher Schriftsteller in Hessen. Büchergilde, Gutenberg 1987.
»Wo ich aufwuchs«. In: *Im Schatten der Paläste.* Hg. Armin Kerker. Frankfurt a.M.: Athenäum 1987.
»Lob der Fremde«. In: *Kontraste.* Hg. Jürgen Linden. Aachen: Alano 1993.
»Sehnsucht als Identität« In: Neue Generation Neues Erzählens. Hg. W. Delabar/W. Jung/I. Pergande. Opladen: Westdeutscher Verlag 1993.
»Der Rhythmus der Stille«. In: *Heute Tanz.* Hg. Detlef Michelers. Bremen: Edition Temmen 1995.
»In dieser Nacht«, »In deinen Augen«, »Ich rufe dein Gesicht«, »Die Frau«, »Warum ich deine Augen liebe«, »Sehnsucht«, »Impression«. In: *Die Visionen deiner Liebeslust.* Hg. Niki Eideneier. Köln: Romiosoni 1995.

Sekundärliteratur:

Geduldig, Gernot: »Ein Mittler zwischen zwei Kulturen«. In: *Aachener Nachrichten* 27. 1. 1993.

14. Autor/innen aus dem schwarzafrikanischen Kulturraum

Anthologien:

Afrikaner erzählen ihr Leben. Elf Selbstdarstellungen afrikanischer Eingeborener aller Bildungsgrade und Berufe und aus allen Teilen Afrikas. Hg. Diedrich Westermann. Essen 1938 u.ö.
Entfernte Verbindungen. Rassismus, Antisemitismus, Klassenunterdrückung. Hg. Ika Hügel u.a. Berlin 1993, [2]1999.
Farbe bekennen. Afro-deutsche Frauen auf den Spuren ihrer Geschichte. Hg. Katharina Oguntoye u.a. Frankfurt a.M. 1986, [2]1992.
Haferkamp, Rose: *Afrikaner in der Fremde. Lehrjahre zwischen Wunsch und Wirklichkeit.* München 1989.
Macht der Nacht. Eine Schwarze Deutsche Anthologie. Hg. ISD [Initiative Schwarze Deutsche]. München. München 1991/92.
Und wenn du dazu noch schwarz bist. Berichte schwarzer Frauen in der Bundesrepublik. Hg. Gisela Fremgen. Bremen 1984.
»Dies Land ist unser« – Eine Anthologie afrikanischer Literatur in deutscher Sprache. Hg. Willfried Feuser. Mit einem Vorwort von Albert Gérard. Ungedrucktes Ms. 210 S.

Zeitschriften:

Wadada. Hg. Assoziation der Afrikanischen Student/innen und Akademiker/innen. Bayreuth seit 1994
Etudes Germano-Africaines. Revue annuelle du Département de Langues et Civilisations Germaniques. Hg. Amadou B. Sadji. Dakar (Sénégal), seit 1983.
Welfengarten. Jahrbuch für Essayismus. Hg. Leo Kreutzer/Jürgen Peters. Hannover, seit 1990.
Palabres. Revue Culturelle Africaine/African Cultural Tribune. Hg. Sélom Komlan Gbanou. Bremen, seit 1996.

Sekundärliteratur:

Ackermann, Irmgard: »›An der Kreuzung der Zeit‹. Deutschsprachige Literatur von Autoren aus Afrika«. In: *Stimmen der Zeit* 218, 2 (Februar 2000), S. 1–15. Adams, Anne V.: »The Souls of Black *Volk*: The Afro-German Extension of the African Diaspora«, Vortrag zum Kolloquium aus Anlaß des 50jährigen Bestehens der Zeitschrift *Présence Africaine,* Paris, Dezember 1997 (erscheint im 2. Bd. Der Akten des Kolloquiums). *Afrika in Bremen.* Bremen: Atlantik 1997. *Afrikanische Literatur als Baustein im interkulturellen Dialog? Produktion und Rezeption afrikanischer Literatur in Deutschland.* Dokumentation zum Kolloquium am 14./15. 12. 1997 im Literaturhaus e.V. Hamburg. Hamburg/Bremen 1998. Becker, Jörg: *Afrikanische Literatur in der entwicklungspolitischen Bildungsarbeit,* München/Köln/London 1981. *Blacks in German Culture.* Hg. Reinhold Grimm/Jost Hermand. University of Wisconsin Press 1986. Debrunner, Hans Werner: *Presence and Prestige – Africans in Europe. A History of Africans in Europe before 1918.* Basel 1979. Fiebach, Joachim: »Ebrahim Hussein's Dramaturgy: A Swahili Multiculturalist's Journey in Drama and Theater«. In: *Research in African Literatures* 28, 4 (Winter 1997), S. 19–37. Gérard, Albert: *African Language Literatures. An Introduction to the Literary History of Sub-Saharan Africa.* Washington D.C. 1981. Gouaffo, Albert: *Fremdheitserfahrung und literarischer Rezeptionsprozeß. Zur Rezeption der frankophonen Literatur des subsaharischen Afrika im deutschen Sprach- und Kulturraum.* Frankfurt a.M. 1998. Herzberger-Fofana, Pierrette: »Afrikanische Autorinnen in Deutschland bzw. in deutscher Sprache«. In: *Afrikanische Literatur...,* S. 93–117. *Histoire, lttérature et société au Togo.* Hg. J. Riesz/S.A. Amegbleame, Frankfurt a.M. 1997 (darin u.a. der Beitrag von K. Alemdjrodo über Raphaël Armattoe, S. 3–20). Hopkins, Leroy T.: »Sprich, damit ich dich sehe! Eine afro-deutsche Literatur«. In: *Schreiben zwischen den Kulturen. Beiträge zur deutschsprachi-*

gen Gegenwartsliteratur. Hg. Paul Michael Lützeler. Frankfurt a.M. 1996, S. 196–210. Jahn, Janheinz: *Muntu. Umrisse der neoafrikanischen Kultur,* Düsseldorf/Köln 1980 (1958). Ders. : *Geschichte der neoafrikanischen Literatur. Eine Einführung,* Düsseldorf/Köln 1966. – /Ulla Schild/Almut Nordmann: *Who's Who in African Literature. Biographies, Works, Commentaries.* Tübingen 1972. *Lexikon der Afrikanistik. Afrikanische Sprachen und ihre Erforschung.* Hg. H. Jungraithmayr und W.J.G. Möhlig. Berlin 1983. Martin, Peter: *Schwarze Teufel, edle Mohren. Afrikaner in Bewußtsein und Geschichte der Deutschen.* Hamburg 1993. *Négritude et Germanité. L'Afrique Noire dans la littérature d'expression allemande.* Dakar 1983. Onovoh, Paul: »*Afrikaner erzählen ihr Leben.*« *Sammlungen afrikanischer Autobiographien als Ereignis der späten dreißiger Jahre.* Bayreuth 1998. Pommerin, Reiner: *Sterilisierung der ›Rheinlandbastarde‹. Das Schicksal einer farbigen deutschen Minderheit.* Düsseldorf 1979. *Quellen. Zeitgenössische Literatur aus Afrika, Asien und Lateinamerika in deutscher Übersetzung.* Frankfurt a.M. [7]1997. Ricard, Alain: *Littératures d'Afrique noire. Des langues aux livres.* Paris 1995, [2]1998. Ders. : *Ebrahim Hussein. Théâtre swahili et nationalisme tanzanien.* Paris 1998. Riesz, János/Schultz, Joachim (Hg.): »*Tirailleurs Sénégalais*«. *Zur bildlichen und literarischen Darstellung afrikanischer Soldaten im Dienste Frankreichs.* Frankfurt a.M. 1989. Ders. : *Koloniale Mythen – Afrikanische Antworten.* Frankfurt a.M. 1993, [2]2000. Ders. : *Französisch in Afrika – Herrschaft durch Sprache.* Frankfurt a.M. 1998. Sadji, Amadou Booker: *Das Bild des Negro-Afrikaners in der Deutschen Kolonialliteratur (1884–1945).* Berlin 1985. Warmbold, Joachim: *Germania in Afrika. Germany's Colonial Literature.* New York u.a. 1988.

Amma Darko (geb. 1955 in Tamale/Nordghana) wuchs bei Pflegeeltern auf, die ihr den Schulbesuch ermöglichten und studierte an der Universität Kumasi Soziologie; 1981–1987 Asylbewerberin in Deutschland; Tätigkeit als Putzfrau und Kellnerin; in dieser Zeit entstanden wesentliche Teile ihres ersten Romans *Der verkaufte Traum*; 1987 kehrte sie »freiwillig« wieder nach Ghana zurück. Aus den Erfahrungen und Demütigungen als Asylbewerberin in Deutschland entstand der Ansporn und die Kraft zum Schreiben, mit dem sie auch fortfährt, nachdem sie in Ghana zu einer ›bürgerlichen‹ und familiären Existenz als Finanzangestellte und Mutter dreier Kinder gefunden hat; kehrt 1999 trotz der Schwierigkeiten mit deutschen Behörden und der Erfahrung ausländerfeindlicher Angriffe nach Deutschland zurück, zunächst zu einer Lesereise, an die sich ein sechsmonatiges Stipendium der »Akademie Schloß Solitude« in Stuttgart anschließt.

Werke:

Der verkaufte Traum: jenseits der Kornfelder. Übers. Carmen Baerens. Stuttgart: Schmetterling 1991; München: dtv 1994.

Beyond the Horizon. Oxford: Heinemann's African Writers Series 1995.

Par-delà l'horizon. Arles: Actes Sud 1997.

Spinnweben. Übers. Anita Djafari. Stuttgart: Schmetterling 1996.

The Housemaid. Oxford: Heinemann's African Writers Series 1998.

Das Hausmädchen. Übers. Anita Jörges Djafari. Stuttgart: Schmetterling 1999.

Elias O. Dunu (geb. 1961 in N'Djamena/Tschad) nach seiner Schulausbildung in Tschad Flucht vor dem Bürgerkrieg in seiner Heimat nach Nigeria; Studium Deutsch/Französisch an der University of Nigeria in Nsukka; 1982–83 Aufenthalt zum Studium der deutschen Sprache in Saarbrücken; 1985–88 Magisterstudium an der Universität Hannover; 1988–1992 Dozent für deutsche Literatur in Nsukka; 1992–1998 Promotionsstudium in Hannover; rege Tätigkeit als Kämpfer für ein demokratisches Nigeria und für eine bessere Kenntnis des Landes in Deutschland; organisiert zwei Symposien über Nigeria, im Zusammenhang mit der Hinrichtung des nigerianischen Autors Ken Saro Wiwa; Mitbegründer und Koordinator der nigerianischen Schriftsteller-Vereinigung in Deutschland; Engagement in der »United Democratic Front of Nigeria« (UDFN), einem Bündnis nigerianischer Menschenrechts- und Demokratie-Organisationen im Exil, die unter der Federführung des nigerianischen Nobelpreisträgers Wole Soyinka stehen; vermittelt in öffentlichen Lesungen und vor Schulklassen moderne nigerianische Literatur.

Werke:

Inner Slums/Herznebel. Poems/Gedichte. Übers. Heidrun Becker u. Elias Dunu. Hannover: Internationalismus Verlag 1995.

Naked Landscape. Poems in Seven Tableaus. Bremen: Yeti Press 1998.

Lyrik und Prosa in Sammelwerken und Zeitschriften:

»Entwürfe einer humanen Entwicklung in Wilhelm Raabes Stuttgarter Romanen«. In: *Welfengarten – Jahrbuch für Essayismus.* Hg. Leo Kreutzer u. Jürgen Peters. Nr. 2 (1992), S. 46–59.

»Wo bleiben alle die Bilder oder Requiem für eine tot-lebendige Welt«. In: *Welfengarten* Nr. 5 (1995), S. 153–17.

»Das Märchen vom gepanzerten Palast der Königin Schildkröte« und »Gedanken über das Märchenerzählen in einer entzauberten Welt«. In: *Welfengarten* Nr. 6 (1996), S. 177–192, 193–200.

»Cemetery of Laments – Friedhof der Wehklagen« (Gedichte, Auszug aus »Naked Landscape«). In: *Welfengarten* Nr. 7 (1997), S. 50–63.

»Amanwa und der wunderbare Baum am Fluß« (Märchen). In: *Welfengarten* Nr. 8 (1998), S. 15–22.

»Schön, Geier zu sein!« [Tiergeschichte] In: *Mein Gott Leo!* (Welfengarten, Extra-Ausgabe zum 60. Geburtstag von Leo Kreutzer. Hg. Jürgen Peters). Hannover 1998, S. 10–19.

Sekundärliteratur:

Onovoh, Paul Oyema: »Fleeing ants and instant kisses« (Besprechung von *Inner Slums*). In: *West Africa* 8–14. 4. 1996, S. 562.

El Loko (geb. 11. 2. 1950 als Edoh Lardemash Lucien Loko in Pédakondji/Togo) Grafikdesign-Lehre in Accra/Ghana; kam 1971 mit einem Stipendium nach Deutschland; bis 1976 Studium an der Kunstakademie Düsseldorf u. a. bei Beuys, Crummenauer und Heesich; 1978 Rückkehr nach Togo, als ihm ein weiterer Aufenthalt in der Bundesrepublik als freischaffender Künstler verwehrt wurde; durch das Engagement einer Bürgerinitiative in Duisburg (Partnerstadt von Lomé) konnte er Anfang der 80er Jahre nach Deutschland zurückkehren und arbeitet seitdem in Duisburg; pflegt weiterhin engen Kontakt mit togoischen Künstlern und reist oft in seine Heimat. Ein von ihm ins Leben gerufenes Projekt »Afrikanisch-europäische Inspiration« vereinigt alle drei Jahre afrikanische und europäische Künstler/innen zu einem intensiven Austausch in Pédakondji und Ahlsdorf (Dtld). Als künstlerisches Multitalent hat El Loko zu seinen bildnerischen Werken literarische Texte verfaßt und umgekehrt seine literarischen Werke mit eigenen Holzschnitten illustriert.

Werke:

Mawuena (in Ewe: »Geschenk Gottes«). *Gedichte und Holzschnitte.* Erkrath: El Loko Franke 1983.

Der Blues in mir. Eine autobiographische Erzählung (mit Holzschnitten des Autors). Oberhausen: M. Krumbeck 1986.

Folgende vier Manuskripte sind noch nicht veröffentlicht (Briefliche Mitteilung des Autors vom 21. 5. 1998): »Die Macht des Wortes«. Roman, 300 S.; »Das Kuckucksei«. Roman, 160 S.; »Du und ich«. Gedichte; »Fragmente einer Reise«. Gedichte.

Sekundärliteratur:

Ackermann 2000, S. 2–4; Gehrmann, Susanne: »El Loko: Maler, Bildhauer, Schriftsteller. Bild-, Form- und Wortbotschaften eines togoischen Künstlers in Deutschland«, Vortrags-Manuskript; Imfeld, Al: »Das falsche Wohin oder die neue Seuche der Eindeutigkeit«. Nachwort zu El Loko: *Der Blues in mir,* S. 103–111.

Chima Oji (geb. 1947 in Enugu/Nigeria); lebt seit August 1967 in Deutschland; Studium (4 Semester) der Chemie an der Universität Münster, danach Wechsel zur Medizin; 1975 Promotion zum Dr. med., Medizinalassistent; ab 1976/77 Studium der Zahnmedizin in Münster, Düsseldorf, Hannover; im Dez. 1981 Dr. med. dent., kieferchirurgische Facharztausbildung an der Universität Freiburg i. Br. bis Herbst 1982. Zusatzausbildung in Homöopathie; seit Nov. 1976 verheiratet mit Barbara geb. Lüttmann; März 1989 Übersiedlung mit der Familie nach Nigeria; seit 1990 Direktor der »School of Dentistry« an der University of Nigeria in Enugu. Regelmäßige Rückkehr nach Deutschland, wo die Familie in Gelsenkirchen ansässig ist.

Werke:

»Ein Afrikaner kommt nach Deutschland« (Theaterstück, aufgef.: Münster 1973; Freiburg 1985).

»Hilfe, ich bin ein Schwarzer!« (Theaterstück, gemeinsam mit seiner Frau, 1985).

»Heimkehr« (Theaterstück, 1985).

Unter die Deutschen gefallen. Erfahrungen eines Afrikaners (Autobiographischer Bericht). Wuppertal: Peter Hammer 1992, [2]1993.

Sénouvo Agbota Zinsou (geb. 1946 in Lomé/Togo) Studium der Literaturwissenschaft und der Theaterwissenschaft; seit 1974 Studium in Paris und Bordeaux; 1989 Promotion über »Theater und Bibel in Westafrika«; 1971–72 Leiter der Theatergruppe der Universität Lomé; 1978–93 Leiter des togoischen Nationaltheaters (»Troupe Nationale Togolaise«); 1988–90 Präsident des togoischen Schriftstellerverbandes (›Association Togolaise des Gens de Lettres‹); zahlreiche internationale Preise u. a.: 1972 Grand Prix du Concours Théâtral Interafricain und 1977 Preis beim Afrika-Theater-Festival in Lagos/Nigeria für »On joue la comédie«; 1987 Auszeichnung auf dem »Festival des Francophonies« in Limoges für »La Tortue qui chante«; bis Ende der 80er Jahre galt Zinsou als eine Art togoischer »National-Dichter«, dessen Stücke auch dem diktatorialen Eyadéma-Regime keinen Anlaß zur Besorgnis boten; Anfang der 90er Wortführer der Demokratiebewegung in Togo; nach deren Scheitern 1993 (z. T. auch als Folge der Untätigkeit der europäischen Partnerländer) mußte er um sein Leben fürchten; Flucht über den Nachbarstaat Bénin nach Deutschland; erhält politisches Asyl; lebt in Bayreuth; Lehrbeauftragter am Afrika-Schwerpunkt der Universität; wo er seine Theaterarbeit fortsetzen und neue Verbindungen für seine vielfältigen Initiativen schaffen konnte.

Werke (in chronologischer Reihenfolge; bei nicht gedruckten Theaterstücken bezeichnet die Jahreszahl das Datum der Erstaufführung):

»Les Bureaucrates«, 1965; »La Fiancée du Vaudou«, 1968; »L'Amour d'une sauvage«,1968 ; »L'Africaine de Paris«, 1971; »On joue la comédie«, 1972; »Les Gentils monstres«, 1973; »La Tortue qui chante«, 1974 ; »La Femme du blanchisseur«, 1978 ; »Akakpovi reviendra«, 1984; »Le Chien royal«, 1986; »La peau de Caïn«, 1991/92; »Adam et Eve«, 1992; »Le Déluge«, 1993.

Die ›Kantata‹ »Le Déluge« war das letzte Stück, das Zinsou noch in Afrika (Togo, Bénin) zur Aufführung brachte; unter dem Titel »Die Zeit wird kommen« wird es als erstes seiner Stücke in deutscher Bearbeitung im Juli 1994 in mehreren Städten in Oberfranken aufgeführt; es folgen: »Und wenn Lumumba ...«, szenische Lesung, Juli 1994; »Le dépouillement des fesses«/»Die Zählung der Hintern«, 3. Oktober 1995; »Die singende Schildkröte«, Juni 1995; »Yévi im Land der Monster«, ein Märchenstück, Juni 1996; »Der Prinz von Wouya oder Aus der Traum«, Oktober 1996; »Dina und Sichem – Eine Passion«, burleskes Trauerspiel, 1996; »Coco und Pommette«, Stück für Kinder, 1998; »Ninive, la petite fille poisson«, d'après un conte d'Ebrahim Hussein, März 1999; »Das Fischmädchen Ninive«, November 1999.

Theaterstücke:

On joue la comédie. Paris: RFI 1975; Lomé: Haho 1984.
Le Club. Lomé: Haho 1984.
La tortue qui chante, suivi de *La femme du blanchisseur* et *Les aventures de Yévi au pays des monstres,* Paris: Hatier 1987.
L'Africaine de Paris, Lomé: Les Nouvelles Eds du Golfe 1987.
»Die singende Schildkröte«. Übers. Bettina Schiller. Bremen: Litag-Theaterverlag 1995.
»Yevis Abenteuer im Land der Monster«. Übers. János Riesz, Bremen: Litag-Theaterverlag 1995.
»Ninive, la petite fille poisson«, Kantata. In: *Französischlehrer Fortbildung.* Hg. J. Riesz und V. Porra, Bremen: Eds. Palabres 1999, S. 137–168.

Erzählungen:

»L'Ami-de-celui-qui-vient-après-le-directeur«. In: *Le Fossoyeur,* Paris: Hatier 1987.
»Mon ami«. In: *Le Requin borgne.* Paris: Hatier 1987.

Interviews und Aufsätze:

»Entretiens avec S.A. Zinsou« (mit Denise de Saivre). In: *Recherche, Pédagogie et Culture* 87 (1982), S. 71–75.
»S.A. Zinsou, de Lomé à Limoges« (mit Bernard Magnier). In: *Notre Librairie* 102 (1990), S. 61–63.
»Entretiens avec le dramaturge Zinsou« (mit Sélom Komlan Gbanou). In: *Palabres – Revue Culturelle Africaine* 2 (1997), S. 81–88.
»Les formes de théâtre populaire au Togo«. In: *Théâtre africain – Théâtres africains?.*Paris: Eds. Silex 1990, S. 67–77.
»Rencontre euro-africaine et langage artistique: l'exemple du théâtre togolais«. In: *Togo, Kamerun und Angola im euro-afrikanischen Dialog.* Bremen 1996, S. 134–153.
»La Violence au Togo à travers la presse pendant la transition démocratique«. In: *Histoire, littérature et société au Togo.* Hg. János Riesz/Simon A. Amegbleame. Frankfurt a.M. 1997, S. 245–273.

Sekundärliteratur (in Auswahl, ausführlich bei S.K. Gbanou 1999):

Conteh-Morgan, John: *Theatre and Drama in Francophone Africa.* Cambridge Univ. Press 1994. (Darin: »S.A. Zinsou: *On joue la comédie*«, S. 193–201); Gbanou, Sélom Komlan: »Dramatic Esthetics in the Work of Sénouvo Agbota Zinsou«. In: *Research in African Literatures* 29/ 3 (1998), S. 34–57; Ders: »La théâtralité du conte et l'écriture dramatique en Afrique francophone – Le cas de S.A. Zinsou«. In: *Französischlehrer Fortbildung.* Hg. J. Riesz/ V. Porra. Bremen 1999, S. 121–136; Ders: *Textes et contextes dans le théâtre de S.A. Zinsou – Les paradigmes d'une dramaturgie au confluent des genres.* phil. Diss. Univ. Bremen 1999; Ricard, Alain: »Francophonie et théâtre en Afrique de l'Ouest. Situation et perspectives«. In: *Etudes littéraires* 7/3 (1974), S. 453–458; Ders: »Réflexion sur le théâtre à Lomé. La dramaturgie du concert-party.« In: *Recherche, Pédagogie et Culture* 57 (1982), S. 63–70; Ders.: »Au pays des tortues qui chantent«. In: *Mélanges pour Jacques Schérer.* Paris 1986, S. 99–103.

15. Autor/innen aus dem asiatischen Kulturraum

Matsubara Hisako (geb. 1935 in Kioto) als Tochter eines Shinto-Priesters; studierte klassischen japanischen Tanz, Religion, Literatur, Theater- und Geistesgeschichte in Tokio, den USA und Deutschland; 1949 Übersiedlung nach Deutschland; 1970 Promotion an der Ruhruniversität Bochum; seit 1967/68 ist sie journalistisch tätig (u.a. für *die ZEIT, die Welt,* den *Spiegel, Geo*) und erstellt Dokumentarfilme für die ARD und das ZDF; ihr Roman *Brokatrausch* wird in neun Sprachen übersetzt; 1981 Literary Critics Price; 1981 spanischer Nationalpreis für den besten übersetzten Roman; ab Mitte der 80er Jahre Wissenschaftlerin an der Stanford University (Hoover Institution for War and Peace); Preis als Writer in Residence; lebt heute in den USA.

Werke:

Die Geschichte vom Bambussammler und dem Mädchen Kaguya (Übers. u.m. einem Nachwort von Hisako Matsubara). Ebenhausen b. München: Langwiesche-Brandt 1968.
Diesseitigkeit und Transzendenz im Taketori-Monogatari (Diss.). Universität Bochum 1970.
Brokatrausch (Roman). Hamburg: Albrecht Knaus 1978.
Blick aus Mandelaugen: ost-westliche Miniaturen. Hamburg: Albrecht Knaus 1980.
Glückspforte (Roman). Hamburg: Albrecht Knaus 1980.
Abendkranich. Eine Kindheit in Japan (Roman). Hamburg: Albrecht Knaus 1981.
Weg zu Japan: west-östliche Erfahrungen (Sachbuch). Hamburg: Albrecht Knaus 1983.

Brückenbogen (Roman). Hamburg: Albrecht Knaus 1986.
Raumschiff Japan. Realität und Provokation. Hamburg/München: Albrecht Knaus 1989.
Karpfentanz (Roman). München: Albrecht Knaus 1994.
Himmelszeichen (Roman). München: Albrecht Knaus 1998.

Sekundärliteratur:
Bucerius, Gerd: »Triumphales ›Made in Japan‹. Wirtschaftswunder oder natürliche Begabung?«. In: *Die ZEIT* 28. 4. 1989; Carson, Sharon-G.: »Violence in Female Bildung. Hisako Matsubara and Ella Leffland«. In: *Literature-Interpretation-Theory* 3,2 (1991), S. 151–161; Engels, Günther: »Das Mädchen aus Hiroshima. Ein neues Buch der deutsch schreibenden japanischen Wahlkölnerin Hisako Matsubara«. In: *Kölnische Rundschau* 19. 11. 1986; Harpprecht, Klaus: »Die Kastration der Söhne«. In: *Die ZEIT* 1. 4. 1994; Hijiya-Kirschnereit, Irmela: »Polemisch und tendenziös. Japan als Modell?«. In: *FAZ* 14. 9. 1989; Dies.: »Schön und rein, edel und sanft. ›Brückenbogen‹ – ein Roman der Japanerin Hisako Matsubara«. In: *FAZ* 14. 10. 1986; Knorr-Anders, Esther: Sinkende Sonne. Zwischen Tradition und Moderne: die Zerrissenheit der japanischen Gesellschaft in den Romanen von Hisako Matsubara«. In: *Deutsches Allgemeines Sonntagsblatt* 22. 4. 1994; Leitenberger, Ilse: »Japan für Fortgeschrittene«. In: *Die Presse* 10. 5. 1989; Lütkehaus, Ludger: »Missionarisches Pandämonium. Ein Roman von Hisako Matsubara«. In: *NZZ* 24. 8. 1998; Mommsen, Katharina: »Juwelensammlung. Der neue Roman der deutsch schreibenden Japanerin Matsubara«. In: *Der Tagesspiegel* 2. 8. 1998; Remlein, Thomas: Hochzeitsfeier als Showdown einer Katastrophe. Hisako Matsubaras Roman ›Karpfentanz‹ zeigt Innenansichten der japanischen Gesellschaft/Tragödie eines Ödipussy«. In: *Mittelbaierische Zeitung* 13. 3. 1994; Uhde, Anne: »Angst vor dem Verhängnis«. In: *Welt am Sonntag* 5. 10. 1986; Wallhäußer, Marlies: »Leben nach der Bombe. Hisako Matsubaras Roman ›Brückenbogen‹«. In: *Münchner Merkur* 4. 11. 1986.

Veena Kade-Luthra (geb. in Fazilka/Indien) Studium in Deutschland; lebt als freie Autorin in München, später in Frankfurt a. M.; Artikel und Sendungen, die sich mit Indien befassen. Bekannt wurde sie vor allem durch ihre Reportage über Phoolan Devi.

Werke:
Phoolan Devi. Die Legende einer indischen Banditin. Frankfurt a. M.: Neue Kritik 1983.
Suchbilder der Liebe: Liebesgedichte vom Barock bis zur Frühmoderne (Kommentiert von Veena Kade-Luthra und Christine Zeile. Münster 1983.
Sehnsucht nach Indien. Ein Lesebuch von Goethe bis Grass (Hg. u. eingel. von Veena Kade-Luthra). München: Beck 1991.

Sekundärliteratur:
Appel, Rainer: »Der klassische Weg zur Gewalt. Die Legende einer indischen Banditin«. In: *FAZ* 15. 3. 1984; Keller, Fritz: »Indiens berühmteste Banditenkönigin«. In: *Neues Tagblatt* 24. 4. 1987; Musseau, François: »Reine des bandits et femme au foyer«. In: *Libération* 1. 11. 1994; Renton, Alex: »Shock of the East«. In: *Evening Standard* 12. 5. 1994; R. C.: »Will Bandit Queen Be Banned?« In: *Times* 26. 9. 1994; Sen, Mala: »The outlaw«. In: *Guardian* 9. 12. 1994.

Rajvinder Singh (geb. 1956 in Kapurthala, Panjab/Indien) Studium der Englischen Philologie, Mathematik, Politischen Ökonomie und der Panjabi-Literatur; Reisen nach Paris und Holland; kommt 1981 nach Berlin, wo er zunächst die deutsche Sprache lernt; Studium der Anglistik und Linguistik; 1988 Stipendium der Senatsverwaltung für Kulturelle Angelegenheiten Berlin; 1992 Literaturpreis der Stadt Kapurthala/Indien; 1997 Stadtschreiber von Rheinsberg; Mitglied der ›Neuen Gesellschaft für Literatur‹, der VS Berlin und des PEN (Ost); Gründer und Mitherausgeber der Zeitschrift *The Rags.*

Werke:
Spuren der Wurzeln (Gedichte). Berlin: BONsai-typART 1996.
Ufer der Zeit (Gedichte). Berlin BONsai-typART 1998.
Rheinsberger Rhapsodien. Berlin BONsai-typART 1998.

Sekundärliteratur:
Jeannette Otto: »Baumwimpern und andere Fremdwörter. In der märkischen Idylle ließ sich ein indischer Stadtschreiber von 300 Jahren Geschichte verführen«. In: *Die ZEIT* Nr. 51 1997; S. 17.

Yoko Tawada (geb. 1960 in Tokyo) macht bereits mit zwölf Jahren ihre ersten Schreibversuche; Studium der Literaturwissenschaft mit dem Schwerpunkt russische Literatur in Japan; reist 1979 mit der Transsibirischen Eisenbahn nach Deutschland; wird nach mehreren Zwischenstationen 1982 in Hamburg ansässig; Studium der Literaturwissenschaft mit dem Hauptfach Neuere deutsche Literatur; Begegnung mit Claudia Gehrke, ihrer zukünftigen Verlegerin; publiziert ab 1987 in Deutschland und ab 1991 in Japan; 1990 Förderpreis für Literatur der Stadt Hamburg; 1991 Gunzo-Shinjin-Bungaku-Sho für die japanische Originalfassung der Erzählung *Fersenlos*; 1993 *Akutagawa-Sho* (angesehenster japanischer Literaturpreis) für die japanische Originalfassung von *Hundebräutigam*; 1994 Lessingförderpreis der Stadt Hamburg; 1996 Adelbert-von-Chamisso-Preis der Robert Bosch Stiftung; 1997 »Writer in Residence« in der Villa Aurora in Pacific Palisades; 1998 Poetik-Dozentur der Universität Tübingen.

Werke:

Nur da wo du bist ist nichts (Gedichte und Prosa). Übers. Peter Pörtner. Tübingen: Konkursbuch 1987.
Das Bad (Kurzer Roman). Übers. Peter Pörtner. Tübingen: Konkursbuch 1989.
Wo Europa anfängt (Prosa und Gedichte). Tübingen: Konkursbuch 1991.
Das Fremde aus der Dose (Essay). Graz/Wien: Droschl 1992.
Ein Gast (Kurzer Roman). Tübingen: Konkursbuch 1993.
Die Kranichmaske, die bei Nacht strahlt (Theaterstück). Tübingen: Konkursbuch 1993.
Spiegelbild. (dt/jap.; Aquarelle von Angelika Riemer). Hg. Bildungswerk des Berufsverbandes Bildender Künstler Berlin. Berlin: Ed Mariannenpresse 1994.
Tintenfisch auf Reisen (3 Geschichten). Erzählungen aus den japanischen Büchern *Sanninkankei, Inumukoiri, Gottoharutotetsudo.* Übers. Peter Pörtner. Tübingen: Konkursbuch 1994.
Der fremde Blick. Schreiben in neuen Kulturen. (Entwürfe für Literatur. Jg. 2, März. 1996). Zürich: Pinkus-Genossenschaft 1996.
Ein Gedicht für ein Buch. Photos von Stephan Köhler. Hamburg: Ed Lange 1996 (Libretto Bd. 1).
Talisman (Literarische Essays). Tübingen: Konkursbuch 1996.
Aber die Mandarinen müssen heute abend noch geraubt werden (Poetische Prosa, Traumtexte, Gedichte; dt. u.jap.). Tübingen: Konkursbuch 1997.
Chancen der Literatur: literarisches Collegium Wolfenbüttel. Yoko Tawada und Sten Nadolny. Wolfenbüttel: Stiftung Niedersachsen 1997.
Wie der Wind im Ei (Theaterstück). Tübingen: Konkursbuch 1997.
Zweihundertdreiunddreißig Grad Celsius. Ein Feuerbuch. Blixa Bargeld, Kain Karawahn, Yoko Tawada. Tübingen: Konkursbuch 1998.
Orpheus oder Izanagi (Hörspiel). *Till* (Theaterstück). Deutsch und Japanisch. Tübingen: Konkursbuch 1998.
Verwandlungen (Tübinger Poetik-Vorlesungen). Tübingen: Konkursbuch 1998.
Verwandlungen: Prosa, Lyrik, Szenen und Essays. Hg. Y. Tawada. Tübingen: Konkursbuch 1999.
Opium für Ovid – Ein Kopfkissenbuch von 22 Frauen. Tübingen: Konkursbuch 2000.
Spielzeug und Sprachmagie in der europäischen Literatur. Tübingen: Konkursbuch 2000.

In Anthologien und Sammelbänden:

»Körper, Stimme, Maske – Korrespondenzen zwischen dem Theater Heiner Müllers und dem japanischen Nô-Theater«. In: Sigrid Weigel (Hg.): *Leib- und Bildraum. Lektüren nach Benjamin.* Köln 1992, S. 65–75.
»Der Luftzug«. In: *Entwürfe für Literatur* 5 (1996), S. 2.
»Rabbi Löw und 27 Punkte: Physiognomie der Interpunktion bei Paul Celan«. In: *Arcadia* 32, H.1 (1997), S. 283–86.
»Blumen blühen auch elektrisch. Zu ›Blumen‹ von Peter Waterhouse«. In: *Text und Kritik* 137 (1998), S. 21–24.
»Afrikanische Zunge« (Gedicht). www.offox.de, 21. 9. 1998.

Sekundärliteratur:

Braun, Adrienne: »Die Welt als Bilderbuch. Yoko Tawada hat in der Rampe gelesen«. In: *Stuttgarter Zeitung* 21. 2. 1997; Brežna, Irena: »Die fremde Forscherin im Bauch des Herrn Gotthard«. In: *Leben heute* 19. 10. 1995; Cramer, Sibylle: »Zwischen den Kulturen, den Sprachen, den Worten. Über Yoko Tawada«. In: Irmgard Ackermann (Hg.): *Fremde AugenBlicke. Mehrkulturelle Literatur in Deutschland.* Bonn 1996, S. 161–163; Duden, Anne: »In unsere Augen prasseln auch heute wieder verbotene Protokolle. Yoko Tawada stellt sich mit einer Erzählung und zwanzig Gedichten vor«. In: *SZ* 20. 3. 1988; Fischer, Sabine: »Verschwinden ist schön: Zu Yoko Tawadas Kurzroman *Das Bad*«. In: Sabine Fischer/Moray McGowan (Hg.): *Denn du tanzt auf einem Seil. Positionen deutschsprachiger MigrantInnenliteratur.* Tübingen 1997, S. 101–113; Goetsch, Monika: »Fremdes Wasser. Die japanische Autorin Yoko Tawada lebt in Deutschland und schreibt in zwei Sprachen«. In: *Das Sonntagsblatt* 24. 2. 1995; Grund, Walter: »Das Deutschlandbild Yoko Tawadas«. In: Ders.: *Stimmen. Ein Roman als Konzept.* Graz 1994, S. 89–100; Hillgruber, Katrin: »Lichtjahre entfernt. Ein Treffen deutscher und amerikanischer Lyrikerinnen«. In: *Der Tagesspiegel* 5. 9. 1997; Imgrund, Bernd: »Schuppenfrau und Faltenmann. ›Tintenfisch auf Reisen‹, Erzählungen von Yoko Tawada«. In: *StadtRevue* 6 (1995); Luzina, Sandra: »Am Text verschluckt. Die Tanzkompagnie Rubato im Theater am Halleschen Ufer«. In: *Der Tagesspiegel* 22. 11. 1997; Oesterle, Kurt: »Heimatlust dank Fremdsprache. Literarische Essays der Chamisso-Preisträgerin Yoko Tawada«. In: *SZ* 6/7. 7. 1996; Prieser, Uwe: »Yoko Tawada«. In: *FAZ*-Magazin 18. 3. 1994; Riha, Karl: »Welt ist Sprache: diese und jene. Ein Essayband von Yoko Tawada«. In: *FR* 27. 7. 1996; Ulrich, Holde-Barbara: »In Wörtern wohnen«. In: *Elle* 6 (1994).

Galsan Tschinag (Irgit Schynykbai-oglu Dshurukuwaa) (geb. Anfang der 40er Jahre in der Mongolei) jüngster Sohn einer Nomadenfamilie der Tuwa; kommt in den 60er Jahren nach Leipzig, um Germanistik zu studieren; bei seiner Ankunft spricht er tuwinisch, kasachisch und mongolisch und schreibt kyrillisch; lernt in kurzer Zeit Deutsch und macht es zu seiner Literatursprache; intensive Beschäftigung mit Autoren wie Kurt Tucholsky und Heinrich Mann, von deren Texten er nach seiner Rückkehr in die Mongolei Übersetzungen ins Mongolische vornahm; besondere Affinität zu Erwin Strittmatter, der zu seinem Mentor wird; 1968 Rückkehr in die Mongolei; Dozent für Deutsch an der Staatsuniversität; 1976 politisch motiviertes Berufsverbot; bis 1987 ist er gezwungen, bei der Gewerkschaftszeitung *Hödölmör* (Die Arbeit) mitzuwirken; 1987–1990 Herausgeber der Zeitschrift *Setgüültsch* (Der Journalist), dem ersten Perestrojka-Organ seines Landes; Entlassung nach Meinungsverschiedenheiten; Tätigkeit bei dem Filmbetrieb *Mongol-Kino*; Verfilmung seiner Erzählung *Eine tuwinische Geschichte*; eröffnet ein Reisebüro, um sein vom Aussterben bedrohtes Volk unterstützen zu können; 1992 Adelbert-von-Chamisso-Preis; 1995 Puchheimer Lesepreis; Mitte der 90er Jahre führte er das Volk der Tuwa in einer langen Karawane über fast 2000 Kilometer in ihre angestammte Heimat zurück, aus der es durch die stalinistische Zwangsumsiedlung vertrieben worden war; lebt seit 1991 in der Mongolei.

Werke:

Eine tuwinische Geschichte und andere Erzählungen. Berlin: Volk und Welt 1981.
Der siebzehnte Tag (Zwei Erzählungen). München: A1 Verlag 1992.
Das Ende des Liedes (Erzählung). München: A1 Verlag 1993.
Der blaue Himmel (Roman). Frankfurt a.M.: Suhrkamp 1994.
Alle Pfade um deine Jurte (Gedichte). Frauenfeld: Verlag im Waldgut 1995.
Eine tuwinische Geschichte und neue Erzählungen. München: A1 Verlag 1995.
Zwanzig und ein Tag (Roman). Frankfurt a.M.: Suhrkamp 1995.
Nimmer werde ich dich zähmen können (Gedichte). Frauenfeld: Verlag im Waldgut 1996.
Im Land der zornigen Winde (Geschichte und Geschichten der Tuwa-Nomaden in der Mongolei, Amélie Schenk und Galsan Tschinag). Frauenfeld: Verlag im Waldgut 1997.
Die Karawane. München: A1 Verlag 1997.
Wolkenhunde (Gedichte). Frauenfeld: Verlag im Waldgut 1998.
Die graue Erde (Roman). Frankfurt a.M: Insel 1999.
Der Wolf und die Hündin. Erzählung. Frauenfeld: Verlag im Waldgut 1999.
Sonnenrote Orakelsteine. Schamanengesänge. Frauenfeld: Verlag im Waldgut.

Sekundärliteratur:

Baldegger, Rita: »Die enge Stadt im weiten Land der Mongolei«. In: *Tages-Anzeiger* 17. 9. 1997; Bohm, Hark: »Der Himmel über der Steppe«. In: *Die ZEIT* 8. 10. 1993; Broos, Susanne: »Der Nomade, der ein deutscher Schriftsteller wurde«. In: *FR* 14. 3. 1998; Buhrer, Jean-Claude: »Le barde du Haut-Altai«. In: *Le Monde* 9. 2. 1996; Espenlaup, Brigitte: »Vater Himmel und Mutter Erde«. In: *Info3* November 1996; Held, Monika: »Erst Mensch, dann Stein – dann Erde, Blume, Tier. Der mongolische Dichter Galsan Tschinag«. Feature, Sendung am 9. 5. 1995 *NDR* 24. 1. 1996 *HR*; Linsen, Albrecht: »Galsan Tschinag, ein Nomadenkind«. In: *SZ* 8. 7. 1994; Linsmayer, Charles: »Völkerverbindend«. In: *Der Bund* 8. 12. 1995; März, Ursula: Der Sprachnomade. Über den tuwinischen, deutschsprachigen Schriftsteller Galsan Tschinag«. In: *FR* 15. 10. 1994; Neubert, Winfried: »Mann ohne Geburtstag«. In: *Sinn und Form* 1 (1997), S. 143–149; Rauber, Hanna: »Eine Brücke zwischen Ost und West«. In: *Der Landbote* 27. 9. 1997; Schoepp, Sebastian: »Mongolischer Moses. Der Autor Galsan Tschinag in der Grafinger Stadtbücherei«. In: *SZ* 26. 11. 1997; Schrudde, Cornelia: *Galsan Tschinag: der tuwinische Nomade in der deutschsprachigen Literatur.* Frankfurt a.M. u.a.: Lang 2000; Spinnen, Burkhard: »Bei den Mongolen. ›Der blaue Himmel‹: Galsan Tschinag überschreitet Kulturen«. In: *FAZ* 22. 3. 1994; Steinberger, Karin: »Mit 20 Ohren und einem Mund«. In: *SZ* 13. 11. 1995; Zeisler, Bettina: »Im Anfang war der Traum. Erinnerungen an eine verlorene Kindheit in der Mongolei«. In: *Die Welt* 18. 6. 1994.

Abkürzungen

FAZ = Frankfurter Allgemeine Zeitung
SZ = Süddeutsche Zeitung
NZZ = Neue Zürcher Zeitung
FR = Frankfurter Rundschau
taz = die tageszeitung

4. Personenregister

5. Der Herausgeber/die Autorinnen und Autoren

Carmine Chiellino , geb. 1946; Studium der Italianistik und der Soziologie in Rom; Studium der Germanistik in Gießen; 1976 Promotion; 1995 Habilitation; Dozent für Komparatistik an der Universität Augsburg; hat vier eigene Lyrikbände veröffentlicht; Beiträge zur interkulturellen Literatur in Bundesrepublik: *Literatur und Identität in der Fremde. Zur Literatur italienischer Autoren in der Bundesrepublik*, 1985; *Die Reise hält an. Ausländische Künstler in der Bundesrepublik*, 1988. Bei J. B. Metzler ist erschienen *Am Ufer der Fremde. Literatur und Arbeitsmigration. 1870–1991*, 1995.

Mustafa Al-Slaiman , geb. 1960 in Jordanien, seit 1979 in Deutschland; lebt in Germersheim; Studium der Angewandten Sprach- und Kulturwissenschaft an der Johannes Gutenberg-Universität Mainz; Diplom-Übersetzer; Forschungsgebiet: Migrantenliteratur in Deutschland. Veröffentlichungen: »Zur Übersetzung von arabischen Heiratsurkunden«. In: A. F. Kelletat: *Übersetzerische Kompetenz*, 1996; »Literatur in Deutschland am Beispiel arabischer Autoren – Zur Übertragung und Vermittlung von Kulturrealien-Bezeichnungen in der Migranten- und Exilliteratur in Deutschland«. In: N. Amirsedghi/T. Bleicher (Hg.):1987. Lyrik-Übersetzungen ins Arabische: Erich Fried: Höre Israel (1998), Manfred Peter Hein: Zwischen Winter und Winter (1999), Gino Chiellino: Sich die Fremde nehmen (1999), Adel Karasholi: Im Gepäck (2000).

Gianni D'Amato , geb. 1963 in Paternopoli (AV)/Italien, aufgewachsen in Zürich; Studium der Soziologie, der Sozial- und Wirtschaftsgeschichte und der Politologie in Zürich, 1998 Promotion an der Universität Potsdam; seit 1999 Projektleiter am Schweizerischen Forum für Migrationsstudien in Neuchâtel (Schweiz). Eine Vertiefung der Studie zu Fragen der Staatsbürgerschaft und Migration erscheint beim Fakultas Verlag unter dem Titel *Vom Ausländer zum Bürger. Der Streit um die politische Integration von Einwanderern in Deutschland, Frankreich und der Schweiz*, 2000.

Pero M. Anušić , geb. 1953 in Gornja Motičina (Kroatien); studierte Literaturwissenschaft und lebt in Kassel; schreibt Lyrik und Prosa in kroatischer und deutscher Sprache; Literaturperformances und Ausstellungen; Veröffentlicht in Kroatien und Deutschland.

Aglaia Blioumi , geb. 1972 in Bad Cannstatt bei Stuttgart; Studium der Germanistik und der Allgemeinen und Vergleichenden Literaturwissenschaft an der Aristoteles Universität Thessaloniki und der Freien Universität Berlin; seit 1995 Arbeit an der Promotion über »Fremd- und Eigenbilder in der deutsch-griechischen Migrationsliteratur«; seit 1999 Lehrbeauftragte des ›Master of intercultural education‹ an der FU Berlin. Veröffentlichungen in deutschen und griechischen Zeitschriften zur Migrationsliteratur. Literarische Veröffentlichungen in Anthologien. Gründungsmitglied der Vereinigung Griechischer Schriftsteller in der BRD e. V.

Azra Džajić , geb. 1960 in Konjic (Bosnien-Herzegowina); studierte Germanistik und Slavistik; Magisterarbeit über »Literatur in der Fremde – deutschsprachige Ausländerliteratur«; Tätigkeit als Sprachdozentin an den Universitäten von Leipzig und Göttingen sowie als literarische Übersetzerin und Literaturagentin; Dissertation zum Thema »Miloš Crnjanski und Deutschland«; Leiterin des Regionalbüros der Heinrich-Böll-Stiftung in Sarajevo.

Annelore Engel-Braunschmidt , geb. 1941 in Königsberg i.Pr.; Studium der Slavistik, Anglistik und Philosophie in Göttingen, München, Zürich und Hamburg; 1967 Staatsexamen für das höhere Lehramt; Stipendiatin der DFG in Moskau und Leningrad; 1970 Promotion; Wissenschaftliche Assistentin, dann Professorin auf Zeit an der Universität Hamburg; 1986 Gastprofessur am

Smith College Northampton, MA; seit 1994 Inhaberin des Lehrstuhls für Slavische Philologie an der Christian-Albrechts-Universität zu Kiel. Publikationen zur russischen Literatur, zu den russisch-deutschen Wechselbeziehungen, zur Kultur der Rußlanddeutschen; Übersetzung von Vladimir Nabokovs Roman *Die Gabe*.

Andreas Goldberg , geb. 1961 in Dülmen; Studium der Ethnologie, Politikwissenschaft und Soziologie an den Universitäten Heidelberg und Münster; 1989 Magisterarbeit über »Ethnic Business in einem komplexen Wirtschaftssystem«; seit 1990 wissenschaftlicher Mitarbeiter und seit 1992 Geschäftsführer des ›Zentrums für Türkeistudien‹ in Essen; Zahlreiche Publikationen zu den Themen »Migranten und Medien«, »Selbständige Erwerbstätigkeit von Migranten«, »Zuwanderungspolitik«, etc.; Leitung diverser Forschungsprojekte zu Aspekten der Zuwanderung nach Deutschland und Europa.

Deniz Göktürk , geb. in Istanbul; lebte lange Jahre in Berlin und lehrt seit 1995 Germanistik und Filmwissenschaft an der University of Southampton in Großbritannien; sie ist derzeit assoziiert mit dem vom Economic and Social Sciences Research Council geförderten Forschungsprogramm »Transnational Communities« und arbeitet an einem Buch über Rollenspiel und Komik im Migrantenkino. Veröffentlichungen: *Künstler, Cowboys, Ingenieure ... Kultur- und mediengeschichtliche Studien zu deutschen Amerika-Texten 1912–1920*, 1998; Mitherausgeberin einer Anthologie zeitgenössischer türkischer Literatur in deutscher Sprache, und Übersetzerin von Romanen von Aras Ören und Bilge Karasu.

Hans-Dieter Grünefeld , geb. 1955 in Leer/Ostfriesland; freiberuflicher Lehrer in der Erwachsenenbildung und Publizist; 1985–1988 wissenschaftlicher Mitarbeiter beim UNESCO Projekt »The Role of Information in the Realization of Human Rights of Migrant Workers«; Referent bei internationalen Kongressen u. a. »Migration and Global Change« 1993 in Tallin, Estland und »Axial Writing« 1998 in Swansea, Wales, sowie bei zahlreichen Tagungen in Deutschland, zuletzt 1998 »Migrantenliteratour« in Mainz; schreibt als Musikjournalist für: *Neue Musikzeitung*, Regensburg; *Jazz – Zeitung*, Regensburg; *JazzLive*, Wien; *SCALA*, Stuttgart; *Crescendo*, Berlin; *Piano News*, Düsseldorf; Publikationen zu Themen der Interkulturellen Kommunikation, Komparatistik und zeitgenössischen Musik sind in Büchern (als Mitautor) und Zeitschriften erschienen.

Konrad Köstlin , geb. 1940 in Berlin; 1962–67 Studium der Volkskunde, Soziologie und Philosophie an den Universitäten Tübingen und München; Professuren an den Universitäten Kiel, Regensburg, Tübingen; seit 1994 Vorstand des Instituts für Europäische Ethnologie der Universität Wien; Arbeiten zu Heimat und Identität, Wissenskonstruktionen des Eigenen, Erfahrung des Fremden, Wissenschaftstheorie, Museologie, Ästhetisierung des Ethnischen, Volkskulturen in der Moderne.

Thomas Krause , geb. 1967 in Schlema/Erzgebirge; studierte von 1988 bis 1993 Germanistik und Anglistik (Lehramt) in Zwickau und Chemnitz; 1995 II. Staatsexamen; 1997 Promotion; Wissenschaftlicher Mitarbeiter an der Technischen Universität Chemnitz und Projektberater; Publikationen zur deutschsprachigen Minderheitenliteratur Ost- und Südosteuropas, zur modernen albanischen Literatur, zur Gegenwartsliteratur und Imagologie; literaturkritische Arbeiten; Übersetzungen. Veröffentlichungen: Herausgeber: *Blickpunktwechsel. Literarische Deutschlandbilder von diesseits und jenseits der Grenzen*, 1997; *Die Fremde rast durchs Gehirn, das Nichts ...« Deutschlandbilder in den Texten der Banater Autorengruppe (1969–1991)*, 1998; Mitherausgeber: *Anthologie der modernen albanischen Lyrik*. (Albanisch/Deutsch), 2000 (in Vorb.)

Bernhard R. Martin , geb. 1958 in Karlsruhe, Studium der Germanistik und Anglistik in Mannheim, Waterloo (Ontario, Canada) und McGill University (Montreal, Canada); 1991 Promotion in Germanistik; 1992–1994 Gastdozent im Fachbereich Deutsch als Fremdsprache, Universität Bayreuth; seit

1994 Assistant Professor an der Tufts University, Medford, MA. Veröffentlichungen in den Bereichen mittelalterliche Literatur, Cultural Studies und Mediendidaktik.

Stefanie Ohnesorg, geb. 1959 in Neunkirchen/Saar; Studium der Germanistik, Geographie und Pädagogik in Mannheim, Waterloo/Ontario und Montréal; 1995 Promotion an der McGill University/Montréal im Fachbereich Germanistik zur Reiseliteratur von Frauen; seit 1994 Anstellung als Assistant Professor an der University of Tennessee, Knoxville im Department of Modern Foreign Languages and Literatures; Veröffentlichungen zur Reiseliteratur, Literatur von Frauen, Satire etc., u. a. *Mit Kompaß, Kutsche und Kamel. [Rück-]Einbindung der Frau in die Geschichte des Reisens und der Reiseliteratur*, 1996.

Gisela Pimentel, geb. 1967 in Rio de Janeiro; Journalistik-Studium in Rio de Janeiro; lebt seit 1991 lebt in Darmstadt, wo sie als Korrespondentin der Zeitung *Euro-Brasil Press* (International Press Corporation, Londres) und als Chefredakteurin der Zeitschrift *Info-Brasil* tätig war; zur Zeit schreibt sie sowohl für die Zeitschriften *Tópicos* und *Humboldt* als auch für die Homepage *e-brasileuropa*; sie ist freiberufliche Korrespondentin des Kabel-Senders *CBS Telenotícias Miami* und der brasilianischen Tageszeitung *O Dia* in Rio de Janeiro.

Ulrike Reeg, geb. 1957 in Frankfurt/Main; Studium der Germanistik und der Romanistik an der Albert-Ludwigs-Universität in Freiburg/Brsg.; 1987 Promotion über »Schreiben in der Fremde. Beiträge zu einer neuen literarischen Entwicklung in der Bundesrepublik Deutschland«; seit 1988 Lehr- und Forschungstätigkeit im Bereich Deutsch als Fremdsprache, Neuere deutsche Literaturwissenschaft und Fachdidaktik an der Università degli Studi in Perugia und Bari sowie der Universität zu Köln.

János Riesz, geb. 1941 in Budapest; seit 1946 in Deutschland; Studium der Germanistik und Romanistik in Heidelberg, Rom und Bonn; 1968 Promotion in Vergleichender Literaturwissenschaft über *Die Sestine* (1971); 1968–70 DAAD-Lektor in Metz; 1969–1978 an der Universität Mainz; 1975 Habilitation in Romanischer Philologie über *Beat Ludwig von Muralts »Lettres«* (1979); seit 1979 Inhaber des Lehrstuhls für Romanische und Vergleichende Literaturwissenschaft an der Universität Bayreuth; Forschungsschwerpunkte deutsch-romanische Kultur- und Literaturbeziehungen; frankophone afrikanische Literatur; europäisch-afrikanische Literaturbeziehungen; Veröffentlichungen u. a. *Koloniale Mythen – Afrikanische Antworten* (1993) und *Französisch in Afrika – Herrschaft durch Sprache* (1998).

Ana Ruiz, geb. 1966 in San Sebastian/Spanien; Germanistikstudium an der Universität Valladolid (1984/89); Aufbaustudium an der Universität Kiel. Dozentin für Spanisch für Ausländer an der Universität Internacional Menéndez Pelayo und für Deutsche Sprache und Literatur an der Universität Autónoma Madrid; schreibt zur Zeit ihre Doktorarbeit über Migrantenliteratur; langjährige Mitarbeit in Projekten zur Religionsfreiheit und zur sozialpädagogischen Unterstützung kultureller Minderheiten in ihrem Land; verschiedene Veröffentlichungen zu den oben genannten Themen.

Sven Sappelt, geb. 1973 in Nürnberg; studierte Kulturwissenschaften und ästhetische Praxis an den Universitäten Hildesheim und York/GB; Regiearbeiten u. a. mit der deutsch-afrikanischen Theatergruppe Rangi-Moja.

Werner Sesselmeier, geb. am 18. 12. 1960 in Straubing; Studium der Volkswirtschaftslehre von 1982 bis 1988 an der Universität Regensburg, seit 1988 Wiss. Mitarbeiter am Fachgebiet Finanzwissenschaft an der TU Darmstadt; 1992 Promotion; seit WS 1996 Privatdozent an der TU Darmstadt; Venia legendi für Volkswirtschaftslehre; Lehraufträge u. a. in Darmstadt, Leipzig, Wien, Bukarest; Forschungsschwerpunkte: Arbeitsmarkttheorie und -politik; Ursachen und Auswirkungen von Migration; Verzahnung von Steuer- und Sozialsystem; Neue Institutionenökonomik. Veröffentlichungen zu Arbeitsmarkttheorien Beschäftigungspolitik. Arbeitslosigkeit, u. a. *Gewerkschaften und Lohnfindung. Zur arbeitsmarkt- und gewerkschaftstheoretischen Analyse flexibler Lohnstruktur*, 1993; Mitautor: »Gesamtwirtschaftliche Kosten-Nutzen-Überlegungen zu neuen Beschäftigungsformen: Werkvertragsarbeitnehmer und EU-Selbständige in der Bauwirtschaft« (Aufsatz), 1995; »Negative Einkommensteuer und ihre Auswirkungen auf die Beschäftigung (Aufsatz), 1997; »Entkopplung von Erwerbsarbeit und sozialer Sicherung« (Aufsatz), 1998.

Fernanda da Silva-Brummel , geb. 1943 in Lissabon; Studium der Germanistik, Anglistik und Lusitanistik an der Klassischen Universität Lissabon; 1971 ›licenciatura‹ über Hermann Hesse; seit 1972 Wissenschaftliche Mitarbeiterin am Romanischen Seminar der Universität Mainz (portugiesische Sprache und portugiesischsprachige Literatur); 1986 Promotion in Mainz mit der Dissertation *'E todos, todos se vão'. Emigration und Emigranten in der portugiesischen Literatur.* Zahlreiche Veröffentlichungen zur portugiesischen und portugiesischsprachigen afrikanischen Literatur.

Sargut Şölçün , geb. 1947 in Ankara; studierte Germanistik, Linguistik, Römische und Griechische Literatur, Pädagogik und Politologie an den Universitäten Ankara und München; 1980 Promotion; 1974–1998 Lehrtätigkeiten an der Hacettepe-Universität Ankara, der Freien Universität Berlin und der Universität Erlangen-Nürnberg; seit 1999 Professor für Fachdidaktik Türkisch /Literaturwissenschaft an der Universität GH Essen; Veröffentlichungen u. a. *Sein und Nichtsein. Zur Literatur in der multikulturellen Gesellschaft*, 1992; *Unerhörter Gang des Wartenden. Dekonstruktive Wendungen in der deutschen Essayistik*, 1998.

Tomás Stefanovics , geb. 1934 in Montevideo; Promotion in Rechts- und Sozialwissenschaften an der Universität von Paraguay; Studium der Philosophie in Montevideo und Köln, der Romanistik in München; Dozent für Lateinamerikanistik am Sprachen- und Dolmetscher-Institut München und am ›Instituto Cervantes‹; Kulturjournalist und Korrespondent verschiedener deutscher und lateinamerikanischer Publikationen; Herausgeber der zweisprachigen Kulturzeitschrift über Lateinamerika *khipu*; Verbandstätigkeiten; Vorträge und Lesungen, Literaturkritiker und Erzähler.

Mark Terkessidis , geb. 1966 in Eschweiler, Diplom-Psychologe; 1992–1994 Redakteur der Zeitschrift *Spex*; Beiträge zu den Themen Jugend- und Populärkultur, Identitätsbildung, Migration und Rassismus in *die tageszeitung*, *Die ZEIT*, *Freitag*, *Wochenzeitung*, *Spex*, *Texte zur Kunst*, *Freibeuter* etc. sowie für den »Westdeutschen Rundfunk« und »DeutschlandFunk«. Buchveröffentlichungen: *Kulturkampf – Volk, Nation, der Westen und die Neue Rechte*, 1995; Herausgeber (mit Tom Holert): *Mainstream der Minderheiten – Pop in der Kontrollgesellschaft*, 1996; *Psychologie des Rassismus*, 1998; Herausgeber (mit Ruth Mayer): *Globalkolorit – Multikulturalismus und Populärkultur*, 1998; *Migranten*, 2000.

Elena Tichomirova , geb. 1962 in Rußland; Promotion an der Leningrader Universität, am Institut der russischen Literatur der Akademie der Wissenschaften/Puschkinhaus; Dozentin an der staatlichen Universität Ivanovo und Kritikerin; ca. 50 Veröffentlichungen zu literaturkritischen Themen. Herausgeberin des Nachschlagewerkes *Russische zeitgenössische Schriftsteller in Deutschland*; zur Zeit Arbeit an der Habilitationsschrift.

Klaus-Peter Walter , geb. am 18. 4. 1955 in Michelstadt im Odenwald; lebt in Bitburg/Eifel; Studium der Slawistik, Osteuropäischen Geschichte und Philosophie in Mainz; Magister 1980, Promotion 1983; freier Fachautor und Literaturkritiker. Veröffentlichungen u. a.: *Studien zur russischsprachig jüdischen Dramatik des 20. Jahrhunderts* (Dissertation), 1983; »General und Leutnant Faust« (Aufsatz), 1985; *Das Bild des Juden im russischen Roman des 20. Jahrhunderts. Ein Überblick*, 1985; »Lyssenko und Lyssenkoismus in der sowjetischen Gegenwartsliteratur« (Aufsatz), 1989; *Buchers Reisebegleiter Rußland*, 1992; *Das James Bond Buch*, 1995; *Begegnung mit* *dem Horizont: Die Große Taiga*, 1996; *Lexikon der Kriminalliteratur* (Autor und Herausgeber), Loseblattsammlung seit 1993; *Reclams Neuer Kriminalromanführer* (in Vorbereitung).

Eva Weber, geb. 1940 in Berlin; 1960–65 Studium der Kunstgeschichte und Archäologie an der Universität Wien, seit 1972 Professorin für Ästhetik und Kommunikation an der Fachhochschule Frankfurt a. M. Veröffentlichungen zum Thema Kunst und Migration, türkische Malerei etc. u. a. *In zwei Welten – Migration und Kunst*, 1988.

Hisashi Yano, geb. 1950 in Yokkaichi/Japan; Studium der Wirtschaftswissenschaft an der Keio Universität in Tokyo, 1983 Promotion an der Abteilung für Sozialwissenschaft an der Ruhr-Universität Bochum; ab 1989 Assistenzprofessor; seit 1996 Professor für Sozial- und Wirtschaftsgeschichte an der Keio Universität in Tokyo; 1996–97 Gastprofessor an der Ruhr-Universität Bochum. Veröffentlichungen: *Hüttenarbeiter im Dritten Reich. Die Betriebsverhältnisse und soziale Lage bei der Gutehoffnungshütte Aktienverein und Fried. Krupp AG 1936 bis 1939*, 1986; »›Wir sind benötigt, aber nicht erwünscht.‹ Zur Geschichte der ausländischen Arbeitnehmer in der Frühphase der Bundesrepublik«. In: M. Jamin u. a. (Hg.): *Fremde Heimat. Eine Geschichte der Einwanderung aus der Türkei*, 1998.

6. Bildquellenverzeichnis

Europäisches Literaturbüro e.V., Kassel 13, 114 (Foto: HansPeter Heinrichs, Düsseldorf)
Markus Kaufhold 1
Ann-Christine Jansson, Berlin 4
Landsmannschaft der Deutschen aus Rußland 59, 162, 163
Renate Mangoldt, München 52, 272
Isolde Ohlbaum, München 84, 185, 192
Suhrkamp Verlag, Frankfurt 67
Mehmet Ünal, Mainz 2, 53, 144, 145
Aus: Zur Geschichte der Gastarbeiter in München: München 2000 3, 41

Weitere Abbildungen stammen aus dem Archiv des Herausgeber beziehungsweise wurden von den Verfasser/innen der Kapitel, bzw. von den besprochenen Autor/innen selbst zur Verfügung gestellt.

Sollten dennoch bei manchen der Abbildungen berechtigte Ansprüche von Rechteinhabern bestehen, ist der Verlag bereit, diese nach Meldung abzugelten.

Made in the USA
Lexington, KY
03 August 2017